REISE KNOW-HOW

Türkei
West- & Südküste

Edgar Hoff Verlag
ist Mitglied der
Verlagsgruppe

REISE KNOW-HOW

Reise Know-How

Türkei
West- & Südküste

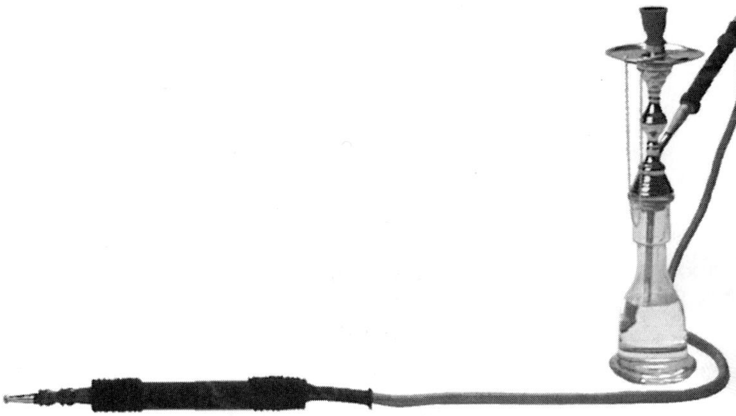

Edgar P. Hoff & Marita Korst

Impressum

Edgar P. Hoff, Marita Korst

Türkei
West- und Südküste
Von Troja bis zum Golf von Antakya
ISBN: 3-923716-11-7

3. aktualisierte Auflage 1997/9

erschienen bei
Reise Know-How
Edgar Hoff Verlag
Zwalbacher Str. 3
D-66709 Rappweiler

Recherche: Edgar P. Hoff, Marita Korst
Umschlaggestaltung: M. Schömann, P. Rump
Karten: Hans-Joachim Ehrig
Cartoons: Bärbel Koslowski-Peltzer
Fotos: die Autoren und andere
Layout: Edgar P. Hoff, Marita Korst
Druck: Clausen & Bosse
Lithos: M & R Zimmer

Vertrieb für den Buchhandel
Deutschland: prolit, Postfach 9, 35461 Fernwald/ Annerod
oder die Barsortimente
Schweiz: AVA-buch 2000, Postfach 89, CH-8910 Affoltern
Österreich: Mohr Morawa, Sulzengasse 2, A-1232 Wien
Niederlande: Nilsson & Lamm, Postbus 195, NL-1380 AD Weesp

Redaktionsschluß: August 1997

Das Türkei-Buch "West- und Südküste" ist im Buchhandel erhältlich
oder gegen Voreinsendung des Kaufpreises (36,80 DM) beim Verlag.

Land und Leute

Reisevorbereitung

Tips für unterwegs

Reiseteil

Westküste und Hinterland

Südküste und Hinterland

Anhang

Verzeichnis der Karten und Pläne

Allgemeine Karten

Reiseteil

In den Umschlagklappen

Besondere Artikel

Vorwort

West- und Südküste der Türkei erfüllen so ziemlich alles, was man sich von einem Urlaub verspricht: viel Sonne, feinsandige Strände, idyllische Buchten, Wassersport, Reiten, Wandern und viele andere attraktive Freizeitmöglichkeiten, einzigartige Landschaften und zahlreiche kulturelle Sehenswürdigkeiten. Die Türkei, ein Land mit vielen Gesichtern, begeistert uns seit unserem ersten Besuch. Dabei haben wir immer wieder die Gastfreundschaft der Türken und Türkinnen schätzen gelernt. Aus der Liebe zu diesem Land schrieben wir 1986 das *Türkei-Handbuch,* das mittlerweile in der 6. Auflage erschienen ist. Einige Jahre später entstand das vorliegende Buch, ebenfalls ein praktischer Reiseführer. Es beschreibt ausführlich die türkische Ägäis- und Mittelmeerküste sowie deren Hinterland. So ist auch die bizarre Tufflandschaft Kappadokiens, die in Zentralanatolien liegt, entsprechend berücksichtigt, da viele Besucher von der Küste dorthin einen mehrtägigen Ausflug machen.

In diesem Buch haben wir Wissenswertes über Land und Leute, praktische Informationen zur Reisevorbereitung und viele Tips für unterwegs zusammengetragen. Dies soll gewährleisten, die Reise optimal zu gestalten, einen umfassenden Eindruck von der türkischen West- und Südküste zu gewinnen sowie die Türken kennen und verstehen zu lernen. Reiserouten mit detaillierten Ortsbeschreibungen und eine Vielzahl von brauchbaren Karten und Plänen sollen auf der Reise helfen.

Wir haben uns bemüht, Preise und Fahrpläne so aktuell wie möglich zu halten. Jedoch sollte man nicht überrascht sein, wenn innerhalb weniger Wochen bzw. während des Türkeiaufenthalts die hohe Inflation Preisangaben im Buch verändert. Hotels, die abgerissen und neu gebaut wurden oder deren Besitzer gewechselt haben, können ebenfalls Veränderungen unterliegen, die mit anderen Vorstellungen von Preisen oder Sauberkeit verbunden sind.

Deshalb wären wir froh, wenn uns Abweichungen nicht allzu übel genommen würden. Für Zuschriften über Ungenauigkeiten und Neuerungen sind wir dankbar, denn sie helfen nicht nur uns, die nächste Ausgabe zu aktualisieren, sondern in erster Linie denjenigen, die sich auf der Reise befinden. Für verwertbare Tips gibt es ein Freiexemplar der neuen Auflage.

Wir wünschen viel Spaß beim Reisen!

Rappweiler, September 1997

Zur Benutzung des Buches

Der Reiseteil setzt sich aus von uns bereisten *Routen* zusammen, die auch miteinander zu kombinieren sind. Ausführliche *Ortsbeschreibungen* informieren über Wissenswertes für den praktischen Reisealltag.

Unter dem Punkt "Umgebung" eines Ortes sind in der Regel solche Orte erfaßt, die in einem Umkreis von ca. 20 km liegen. Ansonsten sind die Orte und Sehenswürdigkeiten an der Strecke entlang bzw. von dieser als Umweg oder Ausflug aufgeführt.

Die Telefonvorwahl zu einem Ort steht - sofern als Kapitel angeführt - unter "Nützliche Adressen und Telefonnummern". Sollte dies nicht der Fall sein, dann ist sie unter dem Punkt "Übernachten" zu finden.

Wer andere Routen als die im Buch vorgeschlagenen bereisen möchte, kann jeden beschriebenen Ort mühelos mit Hilfe des umfangreichen *Ortsregisters* im Anhang auffinden und die eigene Strecke individuell zusammenstellen. Ebenfalls im Anhang gibt es ein *Personen- und Sachwortregister*.

Fachausdrücke, die sich leider nicht immer vermeiden ließen, sind im Anhang erklärt. Nützlich ist hier auch die kleine *Flugpreisliste*, die einen Überblick über die Anreise mit dem Flugzeug gibt.

Auch verwendete Abkürzungen sind erklärt, wie z.B. die Zeichen → und ♦.

In allen *Stadtplänen* sind für die Reise wichtige Besonderheiten, wie Touristeninformation, Unterkünfte, Sehenswürdigkeiten u.a. verzeichnet; dabei sind zuerst Einrichtungen für den Reisealltag, dann Sehenswürdigkeiten und anschließend Unterkünfte und aufgeführt. Stadtpläne und Karten haben wir, soweit es möglich war, mit einem Maßstab versehen. Ansonsten sollen diese nur zur ersten Orientierung dienen.

Alle Preise sind in *DM* oder *US-Dollar* umgerechnet, da Preisangaben in türkischer Lira aufgrund der hohen Inflationsrate in der Türkei wenig sinnvoll wären.

Hinweis: Die türkische Telekom hat in den letzten Jahren alle Vorwahlen und Telefonnummern umgestellt. Sollte bei einer gewählten Nummer nicht der gewünschte Anschluß zustandekommen, empfiehlt es sich, im entsprechenden Telefonbuch nachzuschlagen oder die Auskunft anzurufen.

Land und Leute

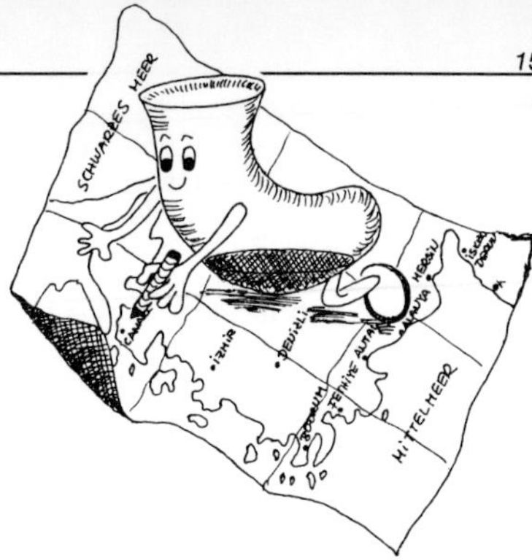

Lage, Größe, Grenzen

Die Türkei liegt etwa auf der Höhe von Spanien, zwischen dem 36. und 42. nördlichen Breitengrad. Der europäische Teil *(Thrakien)* wird vom asiatischen Teil *(Anatolien)* durch die Meerengen des *Bosporus* im Osten und der *Dardanellen* im Westen sowie durch das dazwischenliegende Marmarameer getrennt. Die Westküste am *Ägäischen Meer* (trk. *Ege Deniz*) und die Südküste am *östlichen Mittelmeer* (trk. *Ak Deniz*) gehören zur asiatischen Landmasse.

Der Küste sind, vor allem im Bereich der Ägäis, zahlreiche Inseln vorgelagert, von denen die meisten mit weniger als 1 km^2 Fläche zu den "Inselchen" zählen. Nur einige gehören zum türkischen Staatsgebiet, darunter *Gökçeada* (279 km^2) westlich von Çanakkale, *Marmara* (117 km^2), *Bozcaada* (36 km^2) südwestlich von Çanakkale, *Uzunada* (25 km^2) in der Bucht von İzmir und *Alibey* (23 km^2) bei Ayvalık. Obwohl nur wenige Kilometer vor dem türkischen Festland gelegen, sind die meisten Inseln griechisch, wie *Lesbos* westlich von Ayvalık, *Chios* westlich von Çeşme/ İzmir, *Samos* westlich von Kuşadası, *Kos* südwestlich von Bodrum und *Rhodos* südlich von Marmaris.

Im Südosten grenzt die Küstenregion an Syrien und im Westen an Griechenland.

Die Küstenlandschaften

Die Küstenstreifen im Westen und Süden der Türkei bieten ein recht unterschiedliches Landschaftsbild.

Die Ägäisküste ist sehr buchtenreich. Bewaldete Halbinseln springen weit ins Meer vor. Dazwischen liegen Golfe wie der von *Gemlik, Edremit* oder *İzmir.* Nach Osten ziehen sich Grabensenken, die heute von den Tälern der großen Flüsse, z.B. von *Menderes, Gediz* und *Bakırçay*, eingenommen werden. Die Gewässer haben in Tausenden von Jahren durch die Verlagerung ihres Laufs im Bereich ihrer Mündung weite und fruchtbare Schwemmlandebenen geschaffen. Ansonsten überwiegt flaches Hügelland, das ostwärts in Richtung Anatolien leicht ansteigt. Da die Berglandschaft zum Landesinnern hin aufgrund ihrer von Westen nach Osten verlaufenden Senken verkehrsfreundlich ist, war dieser Küstenabschnitt schon immer ein bevorzugtes Siedlungsgebiet. Davon zeugen heute noch eine Vielzahl bekannter antiker Stätten wie *Troja, Milet* und *Ephesos*.

Eine in weiten Teilen andere Landschaft zeigt sich an der *Mittelmeerküste*, wo felsige Klippen dominieren und Hafenbuchten rar sind. Dieser Küstenstreifen galt bereits in der Vergangenheit sowohl von See als auch von Land her als sehr unzugänglich. Zwei große Küstenhöfe gibt es nur mit *Antalya* im Westen und mit der *Çukurova* im Osten. Die letztere ist die größte Schwemmlandebene der Türkei und zugleich das wichtigste Agrargebiet an der Küste. Landeinwärts bildet der *Taurus* die Kulisse der schmalen Küstenebene. Seine Bergketten sind im Westen die Fortsetzung eines Faltengebirges, das bei Kreta seinen Anfang nimmt. Es besteht vor allem aus Kalkstein, aber auch aus Sand und Ton. So ist der Taurus für zahlreiche Karsterscheinungen bekannt, z.B. für Höhlen, Quellen und ausgewaschene Vertiefungen. Von *Antalya* bis *Anamur* steigt er als *Westli-*

cher Taurus bis zu Höhen von 3.000 m auf. Da die Gebirgstäler fast durchweg in West-Ost-Richtung verlaufen, bilden sie eine natürliche Barriere zum Inneren Anatoliens. Für eindringende Völker erwies es sich als schwieriges Unterfangen, Kleinasien von der Südküste aus zu erobern, da nur wenige Pässe ins Landesinnere führen. Auch Wirtschaft und Handel mit dem Hinterland hielten sich in Grenzen. Von Anamur ostwärts verläuft das Gebirge als *Zentraler Taurus* bis zur Kilikischen Ebene, und zwar in zwei Ketten: als *Innerer Taurus* südlich der Linie Malatya - Van und parallel zu diesem weiter im Süden als *Östlicher Taurus*. Bei *Karaman* und *Silifke* erreicht das Gebirge Höhen von 3.800 m.

Flüsse und Seen

Zahlreiche Flüsse und Bäche münden ins Mittelmeer und die Ägäis. Die Flüsse führen je nach Jahreszeit sehr unterschiedliche Wassermengen. Im Sommer sind die Flußbetten häufig ausgetrocknet, um dann nach der Schneeschmelze im Frühjahr Hochwasser zu führen. Eine rentable Schiffahrt ist aufgrund dieser wechselhaften Wasserverhältnisse kaum möglich.

Zu den bedeutenden Flüssen in der Küstenregion gehören westlich von Selçuk *Küçük Menderes* (Kleiner Mäander), südlich von Kuşadası *Büyük Menderes* (Großer Mäander) mit 530 km Länge, nördlich von İzmir *Gediz* mit 300 km Länge sowie bei Adana *Seyhan* (560 km Länge) und *Ceyhan* (509 km Länge). Diese wie auch andere Flüsse, die in Ägäis und Mittelmeer münden, haben durch Ablagerung mitgeführten Materials wie Sand und Geröll fruchtbare Schwemmlandebenen in ihrem Mündungsgebiet geschaffen. So hat beispielsweise der *Büyük Menderes* mittlerweile 12 bis 15 Millionen m^3 Feinerde ins Meer transportiert. Dies hatte in der Vergangenheit zur Folge, daß im Bereich solcher Flüsse oft die Häfen an der Küste versandeten. Auch manche Städte, die in der Antike noch am Meer lagen, befinden sich heute einige Kilometer landeinwärts.

Mit etwa zweihundert natürlichen Seen, die eine Gesamtfläche von 9.249 km^2 einnehmen, ist die Türkei zwar ein seenreiches Land, aber nur 42 Seen haben eine Oberfläche von mehr als 10 km^2. Ihre Größe ist aufgrund jahreszeitlicher Schwankungen des Wasserspiegels recht unterschiedlich. So schrumpft die Seenoberfläche im heißen, trockenen Sommer beträchtlich, während sie sich im Frühjahr derartig vergrößert, daß Wasser über die Ufer tritt. Viele Gewässer versumpfen in ufernahen Bereichen, Folge auch des häufig wechselnden Pegelstands.

Da viele Seen keinen Abfluß haben, reichert sich ihr Wasser im Laufe der Zeit stark mit Salzen an, so daß Salzseen entstehen.

Einige Seen im Küstenhinterland wie *Burdur Gölü* (200 km^2) in 845 m Höhe, *Beyşehir Gölü* bei İsparta (656 km^2) in 1.121 m Höhe und *Eğridir Gölü* (468 km^2) in 916 m Höhe bilden zusammen mit kleineren Seen eine Seenplatte (→ Artikel "Das Seengebiet - Göller Bölgesi").

Außer den natürlichen Gewässern zählt man heute mehr als 300 künstliche Seen, die der Bewässerung, Trinkwasserversorgung und Elektrizitätsgewinnung dienen. Zwei gigantische Stauwerke sind am Euphrat entstanden: Bei Elâzığ ist es der Keban-Damm. Ein Fassungsvermögen von 30 Mrd. m^3 und eine Seefläche von 675 km^2 machen den 1974 angelegten *Keban Gölü* zu einem der bedeutendsten Stauseen der Welt. Zwischen den Städten Urfa, Adıyaman und Siverek ist am Euphrat - mit der Inbetriebnahme des *Atatürk Barajı* - ein noch gewaltigerer Stausee (Seefläche von 817 km^2) hinzugekommen. Im Vergleich zu diesen beiden Seen sind die Stauseen in der Küstenregion, wie *Seyhan Gölü* bei Adana (67,8 km^2) und *Demirköprü Gölü* bei Manisa (47,7 km^2) eher klein.

Türkei im Überblick

Fläche: 780.576 km² (Deutschland 356.954 km²)
Bevölkerung: ca. 65 Mio. (Deutschland 81,8 Mio.)
Bevölkerungsdichte: 73 Einw./ km² (Deutschland 221 Einw./ km²)
Grenzlänge: 9.958 km, davon 7.205 km Seegrenze
Hauptflüsse: Fırat (Euphrat) mit 2.800 km (1.262 km auf türkischem Staatsgebiet), Dicle (Tigris) mit 1.900 km (523 km auf türkischem Gebiet), Kızılırmak mit 1.355 km, Aras Nehri mit 1.058 km (548 km auf türkischem Gebiet), Büyük Menderes mit 530 km
Höchste Erhebung: Ararat (5.172 m) in Ostanatolien
Größte Inseln: İmroz (279 km²), Marmara (117 km²)
Staatsname: Türkiye Cumhuriyeti (Türkische Republik), Kurzform "Türkiye"
Staatsgründung: Gründung als Republik im Oktober 1923 durch Kemal Atatürk
Staats- und Regierungsform: Republik auf einer parlamentarischen Grundlage
Staatsoberhaupt: Süleyman Demirel
Regierungschef: Ministerpräsident *Mesut Yilmaz*
Währung: Türkische Lira (TL)
Hauptstadt: Ankara (3,1 Mio. Einw.)
Millionenstädte: İstanbul (9,4 Mio. Einw.), İzmir (2,2 Mio. Einw.)
Mitglied u.a. in folgenden internationalen Organisationen:
UNO (Vereinte Nationen), GATT (Allgemeines Zoll- und Handelsabkommen), IBRD (Weltbank), IMF (Internationaler Währungsfonds), UNESCO (Organisation der Vereinten Nationen für Erziehung, Wissenschaft und Kultur), WHO (Weltgesundheitsorganisation), Europarat, NATO, OECD (Organisation für wirtschaftliche Zusammenarbeit und Entwicklung), assoziiert mit der WEU (Westeuropa-Union) und mit der EU

Klima

An Ägäis- und Mittelmeerküste herrscht mediterranes Klima. Die Sommer sind sonnig, warm bis heiß und niederschlagsarm, die Winter dagegen mild und regnerisch. Kühlende Meeresbrisen zur Mittagszeit mildern oft die sommerliche Hitze ein wenig. Zuweilen kann die relativ hohe Luftfeuchtigkeit an der Küste, besonders bei geringer Luftzirkulation, auch als unangenehm empfunden werden (Schwüle). Regengüsse treten im Sommer nur bei gelegentlichen Gewittern auf. Die Niederschläge fallen vor allem zwischen November und März.

Obwohl beide Küstenregionen ein ähnliches Klima haben, gibt es feine Unterschiede.

An der Westküste ist die Sonnenscheindauer im Jahresdurchschnitt geringer als an der Südküste: Bei İzmir werden 2.952 Stunden registriert, bei Antalya immerhin 77 Stunden mehr. Auch die Luft- und Wassertemperaturen sind an der Mittelmeerküste etwas höher als in der Ägäis: In Antalya wird im Januar um die Mittagszeit eine Lufttemperatur von 15 °C gemessen (höher als an der französischen und italienischen Riviera), in İzmir von 13 °C. Im April wird es in Antalya und auch in İzmir bis 21 °C warm. Die Wassertemperaturen liegen in diesem Monat in Antalya bei 19 °C, in İzmir bei 15 °C. Die Monate Juli und August bringen es in Antalya auf 33-35 °C und in İzmir auf 33 °C. Das Meer erwärmt sich in diesen Monaten in Antalya auf 26-28 °C, in İzmir auf 26 °C. Im November sinkt in Antalya die Temperatur auf 22 °C ab, in İzmir auf 20 °C. Das Meer hält in Antalya noch 20 °C, in İzmir nur noch 17 °C. Die Niederschlagsmenge an

West- und Südküste liegt zwischen 600 und 900 mm im Jahr. Dabei ist die Westküste ein wenig regenreicher. Hin und wieder ist hier ein Schneeschauer möglich, aber keine Schneedecke.

Das Klima an den Dardanellen und in der nördlichen Ägäis ist ungünstiger. Dort nämlich ist es wesentlich kühler und stürmischer als an der übrigen Ägäisküste.

Das küstennahe Hinterland unterscheidet sich in klimatischer Hinsicht deutlich von der Küstenregion. Dort können die Temperaturen bis zu 5 °C niedriger sein als an der Küste. Außerdem wird mit zunehmender Höhe der Temperaturunterschied zwischen Tag und Nacht sehr gravierend; er kann bis zu 10 °C und mehr ausmachen. An der Küste dagegen sind die Temperaturen im Tagesverlauf ausgeglichener. Im September fallen im Taurus die ersten Niederschläge, oft auch schon als Schnee. Weiteres zum Thema "Klima" → Reisevorbereitung/ Reisezeiten.

Pflanzenwelt

An Süd- und Westküste, insbesondere in den Schwemmlandebenen, ist die natürliche Vegetation durch eine Reihe von Kulturpflanzen zurückgedrängt worden. Das mediterrane Klima ist ideal für den Anbau von *Oliven-* und *Feigenbäumen* und, vor allem in der Südküstenregion, für *Zitrus-* und *Bananenpflanzungen.* Darüber hinaus gedeihen hervorragend *Wein, Tabak, Reis* und *Baumwolle.*

Große, geschlossene Waldareale und üppiges, dichtes Grün dagegen sind selten. Ausgedehnte Zedern-, Tannen- und Kiefernwälder, wie es sie vor allem zwischen Alanya und Gazipaşa gab, fielen in der Vergangenheit dem Schiffbau zum Opfer. Die Ägypter und auch alle nachfolgenden Völker bis zu den Osmanen schlugen hier das zum Bau ihrer Flotten benötigte Holz. Größere Bestände von Nadelhölzern findet man heute nur noch an steilen, unwegsamen Hängen oder in küstenfernen Gebirgslagen. Ehemals ansehnliche Wälder sind durch Kahlschlag, Viehverbiß und Brände im Laufe der Zeit zur Macchie degeneriert. Die Ägäis- wie auch Mittelmeerregion unmittelbar an der Küste ist bis in 1.000 m Höhe durch meist immergrüne Hartlaubgewächse bestimmt, darunter die knorrige *Kermeseiche, Lavendel, Zistrose, Myrte, Stechpalme*, *Zypresse* und *Johannisbrotbaum.* Zu den Hartlaubgewächsen gesellen sich lichte Nadelwaldbestände aus *Pinien und Schwarzkiefern*.

Landeinwärts und mit zunehmender Höhe treten ab 1.200 m Mischwälder aus *Eichen* und *Kiefern* auf. Dort ist neben sommergrünen Eichen vor allem die *Aleppokiefer* weit verbreitet. Im Südosten kommen in den Bergwäldern des Taurus *Zedern* und *Tannen* hinzu, aber auch verschiedene *Wacholderarten* wie Baumwacholder und die anspruchslose *Schwarzkiefer.* Letztere dringt bis zur Baumgrenze in 2.200 m Höhe vor. Am Boden wachsen wilde *Alpenveilchen, Traubenhyazinthen* und *Steppentulpen.*

Ab 3.000 m ist die Vegetation alpin. In dieser Höhe bestimmen Gräser, niedrige Wacholderbüsche, Moose und Flechten die Gebirgslandschaft.

Tierwelt

In der Türkei sind kleinere und größere Tiere in einer überaus großen Artenvielfalt heimisch. Im Laufe der erdgeschichtlichen Entwicklung sind Tiere aus Asien, Indien, Afrika und Europa eingewandert und haben sich den jeweiligen Gegebenheiten angepaßt. Die heutige Verbreitung der Gattungen und Arten hängt von Klima und Vegetation in den einzelnen Regionen ab.

Zu dem, was einem so über den Weg laufen kann, zählt die *Landschild-*

kröte. Ihre Verwandte im Wasser, die *Wasserschildkröte,* ist ebenfalls weit verbreitet. Meeresschildkröten der Art *caretta caretta* kommen zur Eiablage an Strände der Südküste. Sie sind vom Aussterben bedroht, vor allem weil man Strände, an denen ihre Nistplätze liegen, für den Tourismus erschließen will (→ Artikel "Naturschutz in den Buchten um Marmaris und Fethiye").

Unter den mehr als siebzig verschiedenen Reptilienarten sind *Eidechsen* mit mehr als zwanzig Arten stark vertreten. Sie bevorzugen die sonnigen, trockenen Plätzchen, wie zum Beispiel das Mauerwerk der zahlreichen Ruinen an West- und Südküste. Hier lebt auch der muntere *Gecko,* der sich nachts hin und wieder bemerkbar macht und sich in Häusern besonders wohlfühlt. Die kleine Schuppenechse klettert flink an den Wänden hoch, läuft an der Decke umher und stellt mit großer Geschicklichkeit Insekten, wie Käfern, Spinnen und Moskitos, nach. Die kleine Echse ist vollkommen harmlos.

Schlangen sind mit etwa dreißig verschiedenen Arten vertreten. Da sie von Natur aus sehr scheu sind, hat man jedoch nur selten das fragwürdige Vergnügen, mit ihnen nähere Bekanntschaft zu machen. Nur in abgelegenen, ruhigen Gebieten kann man sie beobachten. Hier kriechen zahlreiche ungiftige *Nattern-* und *Otternarten* herum oder die harmlose *Sandboa.* Aber auch Giftschlangen wie *Kreuz-* und *Sandotter* sind hier heimisch. Zu den sehr giftigen Schlangen zählt die *Levanteotter,* die mehr als zwei Meter lang werden kann. Festes Schuhwerk und dicke Strümpfe schützen vor Schlangenbissen.

In der warmen Mittelmeerregion ist auch das *Chamäleon* zu Hause, ein eigenartiges Reptil mit schneckenförmig aufgerolltem Schwanz und wulstigen Augenlidern, das seine Hautfarbe der jeweiligen Umgebung anpassen kann. Es lebt auf Bäumen und ist mit seiner blitzschnell hervorschießenden Zunge ein hervorragender Insektenfänger.

Obwohl der Mensch sie auch in der Türkei zunehmend verdrängt (z.B. durch Jagdveranstaltungen für Touristen), sind eine Reihe von Wildarten, die in Westeuropa verschwunden sind, dort noch heimisch. Die meisten von ihnen leben glücklicherweise in unzugänglichen, abgelegenen Regionen. Zu den allgemein verbreiteten Arten zählen *Fuchs, Wolf, Wildschwein, Dachs* und *Rotwild.* Aber auch Exoten wie *Luchs* und *Wildkatze* in Südanatolien, *Mungo, Schakal* und *Streifenhyäne* im Südosten sind vertreten. Sogar *Leoparden* hat es in den Gegend um Manavgat und Alanya gegeben. *Gemsen* und *Bezoarziegen* (Wildziegen) in den höheren Berglagen des Ostens und Südwestens sowie *Mufflons* (Wildschafe) im östlichen Hochland und Mittleren Taurus sind wie die meisten anderen Großwildarten nur mit viel Glück zu sehen.

Die Artenfülle in der Vogelwelt ist beeindruckend. Sie reicht vom *Adler, Geier, Bussard, Milan* über verschiedene *Falkenarten* bis zum *Storch* und unzähligen *Singvogelarten.* Eine große Storchenkolonie gibt es in Selçuk. Die Seen sind die Reviere der Wasservögel wie *Kormorane, Pelikane, Reiher* und *Flamingos.* In den Seen selbst gibt es exotische Arten wie *Süßwasserkrabben* (Eğırdır-See) und *Süßwassergarnelen* (Bafa-See).

Alles, was summt, surrt, kriecht und krabbelt, ist in der Türkei artenmäßig ebenfalls reichlich vertreten. Plagegeister sind *Moskitos,* aufdringliche *Wanzen* und *Flöhe*, aber auch *Küchenschaben* und *Kakerlaken* können einem den Aufenthalt verleiden.

Geschichte

Im Laufe der Geschichte wurde Kleinasien mit verschiedenen Völkern, Kulturen, Religionen und Traditionen konfrontiert, alte Reiche verschwanden, während sich neue bildeten, Regierun-

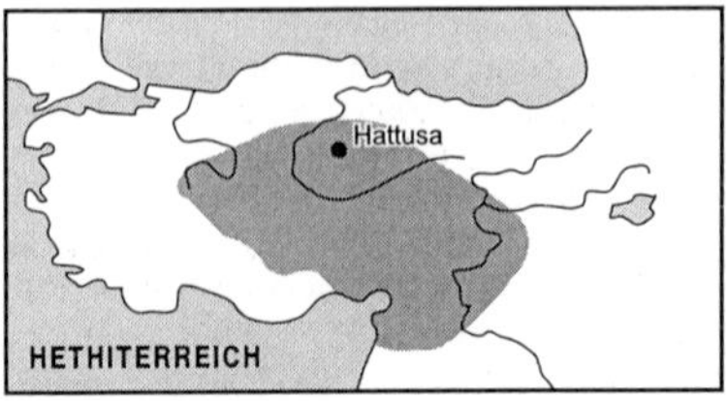

gen wechselten einander ab. Zahl-reiche historische Funde, die in türkischen Museen ausgestellt sind, antike Ruinenstätten, mittelalterliche Festungen (trk. *kale*) und Karawansereien (trk. *hanı*) im Westen und Süden der Türkei deuten auf eine geschichtsträchtige Vergangenheit der Küste.

Die Anfänge

In der *Altsteinzeit* (Paläolithikum) und *Mittleren Steinzeit* (Mesolithikum) lebten im vorderasiatischen Raum nomadisierende Jäger und Sammler. In der *Jungsteinzeit* (Neolithikum) ab 7./8. Jahrtausend v. Chr. wurden die Menschen seßhaft und siedelten bevorzugt in Zentralanatolien, aber auch in den fruchtbaren Schwemmlandebenen des südlichen Taurusvorlandes. Es entstanden erste Haufendörfer mit dicht beieinanderstehenden Lehmhäusern. Da die Gebäude aber wenig solide waren, mußte fast jede Generation ein neues Haus, meist auf den Trümmern des alten, errichten. So wuchs das Dorf jahrtausendelang buchstäblich in die Höhe, und es entstanden große Siedlungshügel (trk. *hüyük*), die heute noch in der Landschaft zu erkennen sind. Die Jagd war zunächst ausschließliche Lebensgrundlage. Erst allmählich entwickelte sich eine Bauernkultur mit Akkerbau (Getreideanbau) und Viehzucht (Schafe, Ziegen, Schweine, Rinder). Alsbald beherrschte man das Keramikhandwerk, und die folgende *Steinkupferzeit* (Chalkolithikum ab 5.500 v. Chr.) brachte die Verarbeitung von Kupfer zu Bronzegegenständen, die ihren Höhepunkt während der *Bronzezeit* (ab 3.000 v. Chr.) erreichte. Funde aus dieser Zeit machte man unter anderem im antiken *Troja* an der Westküste.

Das Reich der Hethiter

Indogermanische Bevölkerungsgruppen, zu denen ab 2.000 v. Chr. vor allem die *Hethiter* zählten, zerstörten die Siedlungen der anatolischen Urbevölkerung, vernichteten assyrische Handelskolonien in Kleinasien und gründeten kleine Fürstentümer, die später zum *Alten Hethiterreich* (1.640 - 1.380 v. Chr.) zusammengefaßt wurden. Auf dieser Grundlage entwickelte sich ab 1.400 v. Chr. mit dem Aufstieg einer neuen Dynastie das *Hethitische Großreich* (1.380 - 1.200 v. Chr.) mit der Hauptstadt *Hattuşa*. In der folgenden Zeit versuchten die Hethiter ihren Machtbereich auszudehnen. Ihr Expansionsbestreben richtete sich auf die damaligen Kulturzentren *Mesopotamien* (Babylon), *Assyrien* (Assur) und *Ägypten* (Ramsesstadt).

Das Großreich war als Feudalstaat organisiert, an dessen Spitze der König stand, gefolgt von Adel, Großgrundbesitzern, Beamten, Bürgern, abhängigen und freien Bauern und Sklaven als unterster Gesellschaftsschicht. Neben der Landwirtschaft war das Handwerk (Bronzegießerei, Eisen-, Silber- und Goldschmiede) die Existenzgrundlage. An kulturellen Leistungen sind in der Baukunst die Anlage von Höhenburgen und in der Keramik Gefäße in Tiergestalt und markante Schnabelkannen zu erwähnen.

Um 1.200 v. Chr. drangen Seefahrer über das Marmarameer ein und legten das blühende Reich in Schutt und Asche. Nur einige kleinere hethitische Territorien im Süden und Osten des Landes überlebten die Anstürme und konnten noch wenige Jahrhunderte weiterbestehen.

Griechische Kolonien

Die Küsten blieben bis auf wenige Enklaven vom Einfluß der Hethiter unberührt. Erst die Griechen zeigten hier verstärktes Interesse und setzten sich in drei Kolonisationswellen an der West- und Südküste Kleinasiens fest. Familien und kleinere Gruppen verließen ihr Heimatland, da es ihnen keine ausreichende Existenzgrundlage mehr bot. Die ersten Auswanderer gründeten Burgsiedlungen nach dem Vorbild der griechischen *Polis* (Stadtstaat). Für ihre Siedlungen bevorzugten die Neuankömmlinge des besseren Schutzes wegen Anhöhen und Bergplateaus, von denen sie das Land überblicken konnten, und fruchtbares Ackerland in der Nähe, um die Versorgung mit Nahrungsmitteln zu sichern. Jede Siedlung war eine kleine Einheit für sich, die sich unabhängig verwaltete und versorgte.

Die *erste Einwanderungswelle* ab dem 15. Jahrhundert v. Chr. brachte griechische *Mykener* an die Westküste. *Pamphylien* (= Land aller Stämme) hieß die Landschaft, in der sie sich niederließen. Sie erstreckte sich vom Gebiet südwestlich des heutigen Antalya bis Alanya und wurde im Norden durch den Taurus begrenzt. Dieser Küstensaum gehörte vom 15. bis zum 13. Jahrhundert v. Chr. nicht zum Reich der Hethiter, wenn auch kriegerische Auseinandersetzungen zwischen den Bewohnern Pamphyliens und den Hethitern belegt sind. Zu den mykenischen Ansiedlungen gehörten *Perge* am Aksu Çay, *Sillyum* am Acisu und *Aspendos* am Köprü Çay. Ungeklärt ist bis heute, ob diese Orte bereits vor Ankunft der Griechen bewohnt waren, oder ob es sich hier um griechische Neugründungen handelte.

In *Kilikien*, das im Altertum den Küstenstreifen von Alanya über die Kilikische bis zur Syrischen Pforte einnahm, verhinderten die Hethiter eine mykenische Kolonisation. Die große Schwemmlandebene im Osten, auch das "Ebene Kilikien" genannt, galt strategisch - wegen des Zugangs nach Syrien und Ägypten - wie auch wirtschaftlich als äußerst wichtig.

Als um 1.200 v. Chr. Seevölker über das Marmarameer einfielen und das blühende Hethiterreich bis auf kleine Territorien in Schutt und Asche legten, waren davon auch die griechisch-mykenischen Städte betroffen.

Etwa ab dem Jahr 1.000 v. Chr. setzte die *zweite Kolonisationswelle* der Griechen in das für sie "barbarische" (nicht-griechische) Kleinasien ein. Es waren zunächst von der Peleponnes stammende *Dorer*, die sich im Süden der Westküste *(Knidos, Halikarnossos)* ansiedelten. *Äolier* aus Thessalien und Boioten aus Mittelgriechenland fanden nördlich des Siedlungsgebiets der Dorer ihre neue Heimat. *Smyrna*, das heutige İzmir, war ihre südlichste Kolonie. Schließlich ließen sich im Norden der Westküste *Ionier* aus Attika und Euböa aus Mittelgriechenland nieder. *Phoka-*

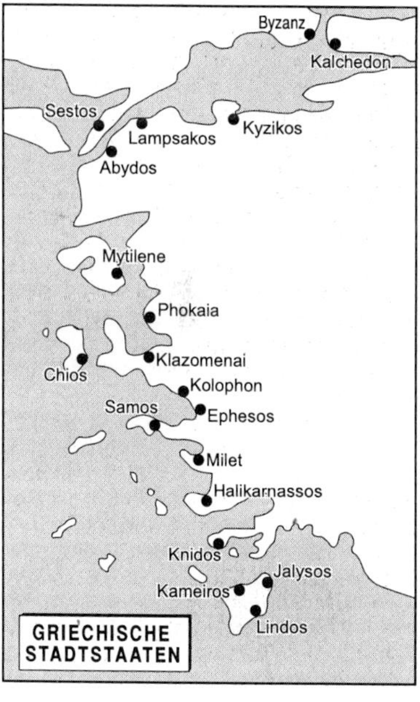

von Seeräubern im 2. Jahrhundert v. Chr. erbauten *Korakesion* (Alanya), in *Anamurium* (bei Anamur) und an der buchtenreichen Klippenküste zwischen den Flüssen *Göksu* (bei Silifke) und *Lamas*.

Die Griechen lebten mehr oder weniger friedlich in Nachbarschaft zu lokalen Königreichen und Fürstentümern, wie im Südwesten zu *Karien*, westlich des heutigen Antalya zu *Lykien* (bei Fethiye und Myra) und im Südosten zu den wenigen noch verbliebenen hethitischen Kleinstaaten.

eia, Ephesos, Priene und *Milet* gehörten neben anderen zu ihren Siedlungen.

Im Laufe der Zeit wuchsen die griechischen Siedlungen in Zahl und Größe beträchtlich, obwohl sich nur einige zu bedeutenden Stadtstaaten entwickelten, darunter *Ephesos, Milet* und *Smyrna* (İzmir). Man lebte und wirtschaftete in den Kolonien weitgehend isoliert voneinander. Erst ab dem 8. Jahrhundert v. Chr. fand hin und wieder eine Kooperation zwischen einzelnen Siedlungen statt.

Die *dritte Einwanderungswelle* vom 8. bis 6. Jahrhundert v. Chr. unterschied sich von den vorherigen durch eine gezielte Landnahme an der Mittelmeer- und auch der Schwarzmeerküste Kleinasiens, bei der zahlreiche bäuerliche Siedlungen gegründet wurden. Dabei rückte die Idee der Polis in den Hintergrund.

Zu jener Zeit noch fest in assyrischer Hand, blieb der Osten Kilikiens den Griechen weiterhin verschlossen. Nur in Westkilikien, wegen der unzugänglichen Küstenlandschaft auch das "Rauhe Kilikien" genannt, gelang es den Griechen, sich anzusiedeln. *Nagidos* bei Anamur, *Kelendris* bei Aydıncık und *Aphrodisias* bei Ovacık sind einige Gründungen. An der Südküste hatten auch Piraten ihre Schlupfwinkel, so im

Neuaufteilung Kleinasiens

Während die Griechen die Küste besiedelten, entstanden im Inneren Anatoliens neue Reiche, von deren Einfluß die Städte der Griechen oft nur am Rande berührt waren.

Zwischen 835 und 825 v. Chr. gründeten die *Urartäer* im Osten Kleinasiens, wo noch uranatolische Bevölkerungsgruppen lebten, das *Reich von Urartu* mit der Hauptstadt *Tuspa* (bei Van).

Etwa um 800 v. Chr. schufen indogermanische *Phryger,* die wahrscheinlich zu den von See einfallenden Völkern jener Zeit zählten, im westlichen Hochland ein mächtiges Reich mit der Hauptstadt *Gordion,* im Südwesten von Ankara. Sie beeinflußten nachhaltig den westanatolischen Raum, vor allem durch die Verbreitung ihrer Sprache.

Gegen Ende des 7. Jahrhunderts v. Chr. zerstörten *Skimmerer* und *Skythen,* Reitervölker aus den östlichen Steppengebieten, die beiden Großreiche Urartu und Phrygien. Die eroberten Gebiete nahmen diese Völker offenbar nicht in Besitz. Vielmehr traten wenig später kleinere, selbständige Herrschaftsgebilde auf, wie z.B. *Kilikien* an der Südküste.

Im gleichen Jahrhundert fiel *Phrygien,* und zwar sein östlicher Teil, in die Hände der *Lyder*, die zur Großmacht aufstrebten. Sie vergrößerten ihr Territorium an der Westküste und drangen weit bis ins zentralanatolische Hochland vor. Auch die griechischen Siedlungen an der Ägäis, mit Ausnahme von Milet, brachten sie unter ihre Herrschaft. Es gelang ihnen jedoch nicht, Lykien und Kilikien ihrem Reich einzuverleiben.

Vorherrschaft der Meder und Perser

Ab 600 v. Chr. zogen die benachbarten *Meder* aus dem Iran in den kleinasiatischen Raum, eroberten Armenien und drangen nach Westen bis zum Reich der Lyder vor.

Die Meder mußten weichen, als um 550 v. Chr. die *Perser* die Vormachtstellung in Kleinasien übernahmen. Sie drangen bis nach Westen auf der *Königsstraße* vor, einem unbefestigten Weg, der von der persischen Hauptstadt *Susa* im Iran durch den Raum Malatya/ Elâzığ nach Kayseri verlief und von dort über Ankara und Gordion bis nach Sardes, dem Zentrum der Perser in Westanatolien, führte.

Auch der mächtige Lyderstaat unter dem legendären König *Krösus* (546 v. Chr.) und die griechischen Städte an der Küste wurden dem *Persischen Großreich* einverleibt. Auch Kilikien wurde für 200 Jahre lang persische Satrapie (Provinz) mit Hauptsitz in Tarsus. Die Perser aber breiteten sich vor allem im inneren Hochland (Zentrum Kappadokien) aus, weniger stark in den Randgebieten, die sie zum Teil nur kurz, wie z.B. Thrakien, oder gar nicht, wie z.B. die Schwarzmeerregion, unter Kontrolle hatten.

Auseinandersetzungen zwischen Griechen und Persern bestimmten die folgende Zeit. So wurde ein von griechischen Ioniern ausgehender Aufstand gegen die Perserherrschaft (500 - 494 v. Chr.) bei Ephesos niedergeschlagen. Erst 479 v. Chr. gelang es den Griechen in einer Schlacht zu Land und zu See, die Perser zu bezwingen. Doch die Perser gaben nicht nach. Das über Jahrhunderte hinweg autonome *Lykien*, fremdenfeindlich und antigriechisch eingestellt, wurde nun, 366 v. Chr., mit Karien im Norden kurzfristig zu einer persischen Satrapie mit Residenz in *Halikarnossos* (Bodrum).

Das hellenische Zeitalter

Alexander der Große , König von Makedonien (Nordgriechenland), eroberte 334/ 333 v. Chr. fast ganz Kleinasien

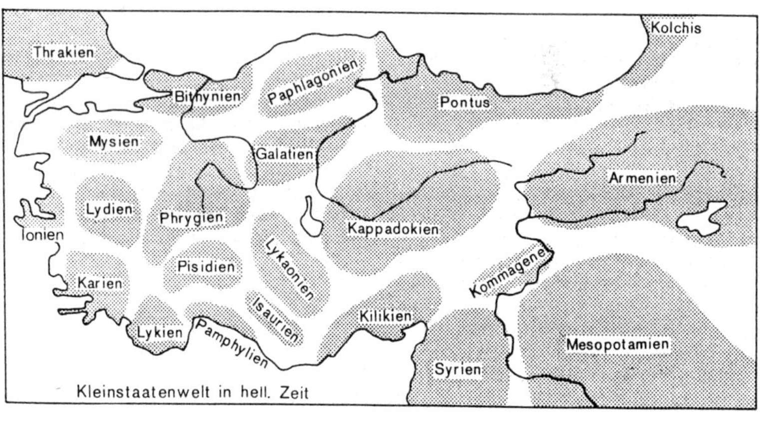

Kleinstaatenwelt in hell. Zeit

und damit auch die griechischen Küstenstädte, Karien, Phrygien und Kilikien, unterwarf anschließend Syrien, Ägypten, Mesopotamien und drang, vom Weltherrschaftsgedanken getrieben, nach Indien bis zum Indus vor. Kleinasien wurde von nun an mit Ausnahme kleinerer Gebiete im Norden und Osten politisch und kulturell von den Griechen beeinflußt *(Hel-le-nisierung).* Träger der griechischen Kultur in Kleinasien waren eingewanderte Kaufleute, Handwerker und Söldner, die hier Kleinstaaten gründeten, in denen sie als Oberschicht regierten. Sie errichteten große, befestigte Stadtanlagen mit rechtwinklig sich kreuzenden Straßen. Im Mittelpunkt standen pompöse Gebäude wie Sportstätten, Rathaus, Theater, Markthallen und Bäder. Auch die Wirtschaft florierte; man trieb Handel zwischen dem Mittelmeerraum und dem *Fernen Orient.* Es entstand ein großes Welthandelsgebiet mit den Zentren *Alexandria* und *Seleukeia.* Handelsstaaten waren vor allem Arabien, Nordafrika, Indien und China. Auch für Kunst und Wissenschaft (Medizin, Mathematik, Astronomie) begann eine Blütezeit.

Mit dem Tod Alexanders 323 v. Chr. zerfiel das Weltreich. Unter seinen Nachfolgern, den *Diadochen,* begannen kriegerische Auseinandersetzungen. *Lysimachos* erhielt ein Territorium im westlichen Landesteil, aus dem später das *Reich von Pergamon* (263-133 v. Chr.), das kulturelle Zentrum in der hellenischen Welt Kleinasiens, wurde. Sein Gegenspieler *Seleukos* errang 281 v. Chr. jedoch die Vormachtstellung in Kleinasien und damit, wenn auch nur für kurze Zeit, die Herrschaft über die griechischen Städte an der Westküste. Im übrigen Raum, den Seleukos verschonte, entwickelten sich *Kleinstaaten* (Königreich Pontus am Schwarzen Meer, Bithynien im Nordwesten, Galatien, Paphlagonien, Kappadokien, Amardea, Armenien).

Ab dem 2. Jahrhundert v. Chr. setzte der Verfall der griechischen Kulturen ein. Eine Wirtschaftskrise, die wachsenden Einflüsse orientalischer Nachbarvölker auf das hellenische Vorderasien und nicht zuletzt die antigriechische Einstellung der Urbevölkerung gegen die fremde Sprache und Kultur drängten die Griechen allmählich zurück. In dieser Phase kündigte sich bereits die Herrschaft Roms über Kleinasien an.

Anfänge römischer Herrschaft

Die Römer beendeten durch eine erfolgreiche Land- und Seeschlacht 188 v. Chr. die Herrschaft der Seleukiden in Kilikien. Der Südosten wurde zunächst zum "Niemandsland", in dem das Piratenwesen seine Blüten trieb. Waren die Seeräuber anfangs noch gerne gesehen, weil sie die Märkte römischer Städte mit Sklaven füllten, so änderte sich dies, als sie im Bunde mit dem Römerfeind *Mithridates VI.* fast vor den Toren Roms standen. 67 v. Chr. führte *Pompeius* im Mittelmeer eine große "Säuberungsaktion" gegen pamphylische, lykische und kilikische Piraten durch und vernichtete als letzte Piratenfestung *Korakesion* (Alanya).

Nach der Abtretung des *Reichs von Pergamon* 133 v. Chr. an Rom besetzten die Römer in nur wenigen Jahren ganz Kleinasien. Bereits 64 v. Chr. ordnete *Pompeius* die Verhältnisse auf der Halbinsel neu: Zu römischen Provinzen wurden *Asia* (ehemals das Reich von Pergamon), *Cilicia* (dazu gehörten das "*Rauhe Kilikien*", das "*Ebene Kilikien*" und auch kurzfristig *Pamphylien*), *Pontus* und *Syria. Pamphylien* und *Lykien* wurden später zu zwei römischen Provinzen. Unter römischer Schutzherrschaft standen zunächst *Armenia, Cappadokia, Colchis, Galatia* und *Judaea.*

Konstantin der Große

Einen neuen Akzent in der Geschichte des *Römischen Imperiums* und damit auch in der Kleinasiens setzte *Konstan-*

tin der Große (324-337). Er verlegte 330 seine Residenz von Rom in die alte dorisch-griechische Kolonialstadt *Byzantion* (heute İstanbul), die in *Konstantinopel* umbenannt wurde und als Hauptstadt im Zentrum der Christianisierung bewußt im Gegensatz zum heidnischen Rom stehen sollte. Für diese Verlegung nach Osten waren sicherlich nicht das religiöse Motiv ausschlaggebend, sondern vielmehr wirtschaftliche Überlegungen. Das wirtschaftliche Zentrum nämlich hatte sich im Laufe der Zeit nach Kleinasien, an die Schwarzmeerküste und die östliche Mittelmeerküste, verlagert.

Byzantinisches Reich

Das Römische Imperium zerbrach 394/395 aufgrund starken Drucks von außen und Auseinandersetzungen im Innern in einen östlichen und westlichen Teil. Damit begann die tausendjährige Geschichte des *Byzantinischen Reichs* (Oströmisches Reich), das sich anfänglich von der Balkanhalbinsel über die asiatischen Provinzen und Inseln des östlichen Mittelmeerraums bis nach Ägypten erstreckt hatte.

Römisches Recht, römische Verwaltung, griechische Sprache und Kultur sowie das Christentum bildeten die Grundlage der byzantinischen Reichsordnung.

Einen kulturellen und machtpolitischen Höhepunkt erreichte der byzantinische Staat unter *Justinian I.* (527-565). Er ließ die prunkvolle *Hagia Sophia* in Konstantinopel erbauen, die die Stärke und Kraft des Byzantinischen Reichs symbolisieren sollte. Ihm gelang es, Nordafrika, Teile Südspaniens und Italiens zurückzuerobern.

Den glanzvollen Zeiten, die von großen Ideen getragen waren, folgten nun die Jahre des Rückschritts. In ständigen Kämpfen verteidigten die Byzantiner ihr Reich nach außen: ab dem 3./4. Jahrhundert gegen die nach Kilikien immer wieder einfallenden *Sassaniden* des persischen Großreichs, ab dem 6. Jahrhundert gegen *slawische*

Säulenstraße in Ephesos

Seldschukische Karawanserei

Völker und seit Ende des 7. Jahrhunderts gegen die *Araber.* In den folgenden Jahren hatte das Großreich des östlichen Christentums unter Einfällen der *Abbasiden, Omaijaden, Fatamiden, Seldschuken* und *Rum-Seldschuken* zu leiden. Im Innern erschütterten Unruhen das Land; sie entfachten sich vor allem an dem Streit um die Bilderverehrung in der christlichen Kirche, der zu Beginn des 8. Jahrhunderts erneut entbrannte. Die Diskussion, ob eine bildliche Darstellung Christi, der Apostel und Heiligen erlaubt sei oder nicht, führte zu Bilderstürmen, in denen unzählige sakrale Kunstwerke zerstört wurden. 843 endeten die Auseinandersetzungen mit dem Sieg der "Bilderfreunde", und ein neues Kapitel byzantinischer Kunstgeschichte begann.

Das Seldschukenreich - Beginn türkischer Geschichte in Kleinasien

Lange Zeit konnten die Byzantiner Angriffe fremder Völker abwehren und den Frieden durch Tributzahlungen wahren. Mit dem Einfall von *Turkstämmen* (ab dem 10. Jh.) aus dem Osten war das nicht mehr möglich.

Ursprünglich kamen die Turkvölker aus Zentralasien, hatten aber im Laufe der Zeit ihren Lebensraum immer mehr nach Westen verlagert, wo sie Fuß faßten und auch später den islamischen Glauben annahmen. Die wichtigsten Stützen innerhalb ihrer Gesellschaft waren die Nomaden, die in lokkeren Stammesverbänden lebten. Als Viehzüchter und berittene Bogenschützen spielten sie in der Wirtschaft und Verteidigung eine bedeutende Rolle.

Die entscheidende Wende im Ringen um Kleinasien brachte die Schlacht bei *Malazgirt* 1071, in der Turkmenen die Byzantiner besiegten. Die Türken stießen mit ihren Eroberungszügen bis weit in den Westen vor. Die neu erworbenen Gebiete benannten sie nach den Dynastien, aus denen die türkischen Befehlshaber hervorgegangen waren. Am erfolgreichsten war die Kriegertruppe der Dynastie *Selçuk,* die im anatolischen Hochland das *Rum-Seldschukenreich* ("Reich der Seldschuken auf römischem Boden") mit der Hauptstadt *Ikonion* (heute Konya) gründete.

Die Seldschuken kontrollierten das gesamte Landesinnere; das Kaiserreich von Trapezunt beherrschte die östliche Schwarzmeerregion. In Kilikien regierten armenische Fürsten und an der Südküste die Kreuzfahrer.

Während der Herrschaft der Seldschuken schrumpfte das Byzantinische Reich in Kleinasien bis auf die Küstenstreifen im Westen, Südwesten, Nordwesten und bis auf einige Städte in Phrygien beträchtlich, und im Jahr 1207 fiel mit Attaleia (Antalya) auch der letzte byzantinische Vorposten an der Südküste. Nur Kilikien blieb unter der Führung von Armeniern, die gegen Ende des 11. Jahrhunderts auf Druck der Seldschuken hierher abgewandert waren und das Königreich *Kleinarmenien* gegründet hatten.

Unter seldschukischer Vorherrschaft blühte der Handel in Kleinasien auf. Prachtvolle Gebäude wie Karawansereien, Moscheen, Medresen, Bäder und vieles mehr wurden errichtet, so daß die Städte orientalischen Charakter annahmen. Daneben verbreitete sich der sunnitische Islam als Staatsreligion (→ Religion). Die Seldschuken aber waren gegenüber anderen islamischen Glaubensrichtungen und dem Christentum sehr tolerant, wahrscheinlich weil ihr Bekenntnis zum Islam noch wenig gefestigt war. Eine Persönlichkeit wie *Celal-eddin Rumi,* großer islamischer Mystiker im 13. Jahrhundert und Gründer des Ordens der *Tanzenden Derwische* in Konya, fand großen Zulauf.

Mitte des 13. Jahrhunderts zerstörten einfallende *Mongolen* das Reich der Seldschuken, das nun in Kleinterritorien zerfiel.

Die Kreuzfahrerbewegung

Ende des 11. Jahrhunderts führten mehrere Kreuzzüge an die Küsten Kleinasiens, zunächst nur an die Westküste. Die Idee der Kreuzfahrerbewegung, heidnische Völker zu bekehren, wurde rasch zur Nebensache, denn bereits Mitte des 12. Jahrhunderts hatten die Ritter zahlreiche fränkische Fürstentümer an der Küste Kleinasiens gegründet. Der 3. Kreuzzug unter Kaiser *Friedrich Barbarossa* führte an der gesamten Südküste entlang bis an den Fluß *Göksu* (→ Artikel "Feldherr Barbarossa"). Höhepunkt des 4. Kreuzzuges war 1203/ 1204 die Eroberung Konstantinopels und die Proklamation des *Lateinischen Kaiserreichs* durch die Kreuzritter.

Nachdem sie vertrieben worden waren, schien sich die Geschichte für die Byzantiner noch einmal zu wenden, denn ein Kaiser aus ihrem Volk bestieg 1261 den Thron. Doch das einst mächtige Reich blieb zerrüttet. Die alten Machtverhältnisse konnten nicht wieder hergestellt werden.

Niedergang des Seldschukenreichs

Mitte des 13. Jahrhunderts zerstörten die *Mongolen* das Reich der Seldschuken. 1266 eroberten *Mameluken* aus Ägypten in mehreren Vorstößen das Königreich Kleinarmenien.

Mit dem Zusammenbruch des Seldschukenreichs entstanden zahlreiche neue Kleinstaaten. Pamphylien und Lykien fielen an das Emirat der *Hamidoğulları* mit Residenz in Antalya, der Osten Kilikiens wurde mamelukisch, der Westen Kilikiens kam in die Hände des Emirats der *Ramazanoğuları* mit Herrschaftssitz in Adana, und im *Rauhen Kilikien* regierte die Dynastie der *Karamanoğulları.*

Die Osmanen

Unter dem Druck der vordringenden Mongolen sahen sich die Nomaden aus Turkestan gezwungen, in Richtung Westen abzuwandern, unter ihnen der Oghusenstamm *Kayı.* Er ließ sich ab 1243 in Kleinasien nieder. Die männlichen Stammesangehörigen standen zunächst als Söldnergemeinschaft unter der Führung von *Osman* (1281-1326) im Dienst der Rum-Seldschuken, konnten aber in den folgenden Jahren durch ihre militärischen Erfolge in den Auseinandersetzungen seldschukischer Fürsten mit den Mongolen und anderen Feinden Macht und Einfluß gewinnen. Schließlich erklärte sich Osman zum Sultan, gründete 1301 das *Osmanische Reich*, indem er Dynastie und Staat seinen Namen gab.

Rote Halle in Pergamon

Beständig dehnten die Osmanen ihren Machtbereich aus und brachten bis zu Beginn des 16. Jahrhunderts die gesamte Halbinsel unter ihre Herrschaft. 1326 wurde *Brussa* (heute Bursa) Hauptstadt des Osmanenstaates. Dort liegen auch die Grabstätten Osmans und anderer Sultane. Nach jeder bedeutenden Eroberung wurde die Residenz in die jeweils besiegte Stadt verlegt, so 1330 nach *Nikaia* (İznik) und 1365 nach *Adrianopel* (Edirne).

Als die Osmanen 1354 die Dardanellen überschritten, begann die europäisch-osmanische Geschichte. Feldzüge führten sie in den folgenden Jahren über den Balkan (Serbien, Ungarn), in die Steiermark und auf die griechische Halbinsel. Kriegs-, aber auch Heiratspolitik waren für die Vergrößerung des Osmanenreichs nach Westen entscheidend.

Der Mongolenkhan *Timur Lenk* beendete jedoch vorläufig die weitere Expansion der Osmanen, als er sie 1402 mit seinem Heer bei Angora (Ankara) besiegte. Er hinterließ ein verwüstetes Reich, das sich nur langsam erholte.

Aufstieg und Blüte des Osmanenreichs

Eine bessere Zeit begann für die Osmanendynastie erst wieder, als Sultan *Mehmet II. Fatih,* der Eroberer, 1453 Konstantinopel einnahm und unter dem neuen Namen *İstanbul* zur Hauptstadt des Osmanischen Reichs machte. Die Byzantiner verloren mit der Stadt am Bosporus und der Niederlage des Kaiserreichs *Trapezunt* 1462 ihre letzten christlichen Vorposten in Kleinasien.

Die nächsten Jahrhunderte waren vom Vorstoß der Osmanen nach Südost- und Mitteleuropa gekennzeichnet. Dabei standen sie 1529 zum ersten Mal vor den Toren Wiens.

Unter den Sultanen *Selim I.* (1512-1520), vor allem aber unter *Süleyman II.* (1520-1566), bekannt auch als der "Prächtige", erreichten die Türken einen Höhepunkt ihrer Macht. Zum Osmanenreich zählten seinerzeit asiatische Gebiete wie Syrien, Mesopotamien, Arabien, die Kaukasusländer und Kleinasien, aber auch afrikanische Länder wie Ägypten und einige Gebiete an der Nordküste, und schließlich sogar europäische Gebiete wie die gesamte Balkanhalbinsel und der größte Teil Ungarns.

Die militärischen Erfolge beruhten auf der unumschränkten Herrschaft der Sultane und der Stärke des türkischen Heeres, das sich aus Sklaven und Elitetruppen der Janitscharen zusammensetzte. Die Janitscharen waren Kinder, die die christlichen Familien in den eroberten Balkanregionen als sogenannten *Knabenzoll* "liefern" mußten; die Osmanen erzogen sie zu strenggläubigen Moslems. Das nicht anpassungswillige Janitscharentum wurde 1826 abgeschafft.

Das eroberte Land wurde in Militärlehen aufgeteilt, die von Großwesiren, den Ministern des Sultans, verwaltet wurden. Solange die Untertanen in den unterworfenen Gebieten "gefügig" waren, zeigten sich die Osmanen ihnen gegenüber tolerant.

Mit dem Gebietsgewinn ging ein wirtschaftlicher und kultureller Aufschwung im Türkenreich einher, zu dem nicht zuletzt die Steuereinnahmen aus den eroberten Ländereien beitrugen. Der Sultan ließ prunkvolle Monumentalbauten orientalischen Stils errichten, darunter Moscheen, Medresen, Bibliotheken, Bäder und Serails. Auch Künstler, Dichter und Wissenschaftler wurden gefördert.

Verfall des Osmanenreichs

Nach dem Tod *Süleymans* (1566) begann der Zerfall des Reichs. Nach ihm gab es keinen Sultan mehr, der an seine Größe heranreichte. Sultansfrauen gewannen zunehmend Macht, und es entstand eine Höflingswirtschaft, in der Intrigen an der Tagesordnung waren.

Das 17. und 18. Jahrhundert standen im Zeichen wechselvoller Kämpfe auf dem Balkan, im Iran und Irak, die für die Osmanen meist mit Gebietsabtretungen endeten. Hauptgegner des Reichs waren *Österreich* und *Rußland.* Ein weiterer Gegenspieler, bereits seit dem 15. Jahrhundert, war *Venedig,* das in Kämpfe mit den Osmanen um Zypern und Kreta verstrickt war.

Militärische Mißerfolge verursachten unter anderem den wirtschaftlichen Abstieg des Osmanenreichs, denn mit den Gebietsverlusten versiegten die wichtigen Steuerquellen. Die Entdekkung Amerikas und des Seewegs nach Indien taten ein übriges, da die rentablen zollpflichtigen Karawanenstraßen im Reich nun funktionslos wurden.

Der Niedergang im 19. Jahrhundert beschleunigte sich durch eine Kette kriegerischer Auseinandersetzungen sowie durch einseitige wirtschaftliche Beziehungen, an denen *Frankreich, Rußland* und *Großbritannien* beteiligt waren; das Osmanische Reich war eine Art "Kolonie"). Beträchtliche Gebietseinbußen verkleinerten das Reich.

Auch Reformansätze im Innern konnten den Untergang nicht aufhalten, zumal die reaktionären Kräfte im Land stark waren. Weder Umorganisationen des Heeres noch die Ausarbeitung einer Verfassung (1876) konnten den Zerfall des zur Industrialisierung unfähigen Reichs verhindern. Die Verfassung, nach der alle Glaubensrichtungen und Nationen im Osmanischen Reich gleichgestellt sein sollten, wurde außer Kraft gesetzt. An die Stelle des kurzlebigen, an die Verfassung gebundenen Herrscherhauses trat nun wieder ein despotisches Regime. In jenen Zeiten gründeten sich oppositionelle Gruppierungen gegen die Willkürherrschaft, wie die *Jungtürkische Bewegung,* der Studenten und Offiziere angehörten.

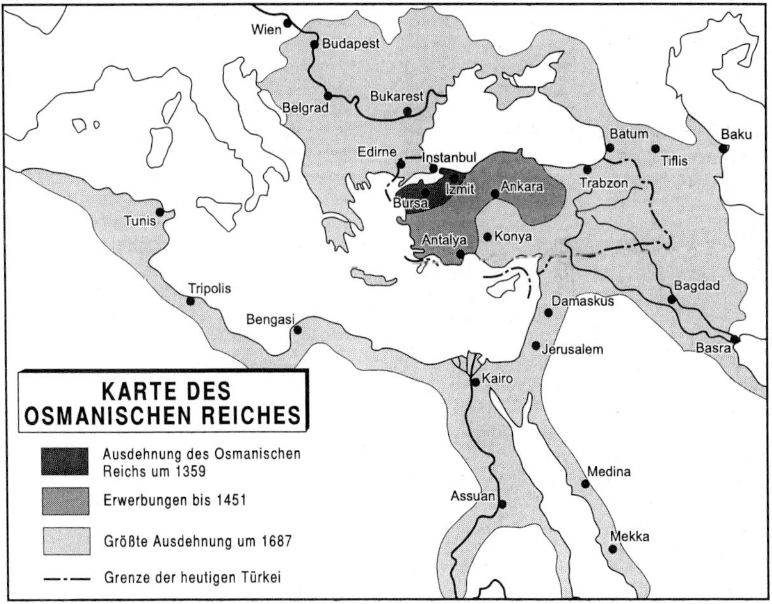

1914 trat das Türkische Reich an der Seite Deutschlands in den Ersten Weltkrieg ein. Seine Landesgrenzen schrumpften weiter: Die Briten annektierten 1914 Zypern; die Russen eroberten 1916 Osmanisch-Armenien; 1918 gingen die arabischen Gebiete verloren. Der Krieg war eine einzige Katastrophe; an allen Fronten war man nach schweren Niederlagen auf dem Rückzug. Nach dem Ende des Krieges verloren die Sieger alle Hemmungen und machten sich über das Land her. Die Griechen nahmen Thrakien und das Gebiet um Smyrna (İzmir) ein, die Italiener setzten sich um Antalya und Konya fest, die Franzosen beanspruchten Kilikien; zusammen besetzten sie 1919 İstanbul.

Im Reich selbst herrschten chaotische Verhältnisse, die den Zerfall von innen förderten: Autonomiebestrebungen kurdischer und armenischer Gruppen; Aufstände der christlichen Bevölkerung in Thrakien, İzmir und im gesamten Ägäisgebiet, die von separatistischen Zielen getragen waren; religiös motivierte Unruhen in Konya, Tokat und anderen Orten.

Unter diesen ungünstigen Vorzeichen stellte sich in der internationalen Runde die *Türkische Frage*, wie nämlich das zukünftige Staatsgebilde in Kleinasien auszusehen habe. Nach dem *Friedensvertrag von Sèvres* (1920) war eine Aufteilung des Landes vorgesehen, nach der İstanbul unter alliierter Besatzung bleiben und die übrigen türkischen Gebiete an Griechenland, Frankreich und Italien abgetreten werden sollten. Daneben plädierte man für ein unabhängiges Armenien und Kurdistan und die Neutralisierung der Meerengen unter internationaler Kontrolle. Den Türken sollten die Steppengebiete Inneranatoliens bleiben. Ehe dieser Vertrag jedoch wirksam wurde, trat *Mustafa Kemal Paşa* (später bekannt als Atatürk, "Vater der Türken") auf. Nach seiner Landung in Samsun 1919 rief er eine Unabhängigkeitsbewegung ins Leben, gründete schließlich eine Notstandsregierung in Ankara und organisierte den "Nationalen Widerstand" gegen die Besatzungsmächte. Die Stimmung in der offiziellen Regierung, die die Nationalisten als Rebellen verfolgte, schlug zugunsten der Nationalbewegung um, als die Forderungen des Friedensvertrags bekannt wurden.

Der Befreiungskampf spitzte sich im wesentlichen zu einem Kampf gegen die griechische Armee zu, die tief nach Inneranatolien vorgedrungen war. Nach der Niederlage der Griechen bei Inönü im August 1922 war Atatürk mit der Volksarmee auf dem Vormarsch. Als es ihm schließlich auch bald darauf gelang, İzmir einzunehmen, befand sich Kleinasien, von verschiedenen Gebieten im Südosten abgesehen, vollständig unter der Kontrolle der Unabhängigkeitsbewegung.

Die neue Lage führte dazu, daß die Zerstückelung Kleinasiens von den alliierten Siegermächten durch den Vertrag von Lausanne zurückgenommen wurde und der neuen Republik Türkei ein wesentlich größeres Staatsgebiet zuerkannt wurde.

Mit dem *Frieden von Lausanne* (1923) wurde die Grenzfrage geregelt. Die Türkei erhielt Ostthrakien bis zum Fluß Maritza, Westarmenien und das Gebiet um Smyrna (İzmir) sowie die Inseln *İmbros* und *Tenedos.* Der damals festgelegte Umfang des Staatsgebietes entspricht im wesentlichen dem heutigen, sieht man einmal von der Provinz Hatay im Südosten (früher Sandschak Alexandrette) ab, die erst 1939 zur Türkei kam. Der Vertrag von Lausanne segnete ferner den sogenannten Bevölkerungsaustausch ab, in dessen Rahmen ca. 1,7 Millionen griechisch-orthodoxe Christen (Griechen) Kleinasien und 400.000 Moslems (Türken) Griechenland, ihre angestammte Heimat, verlassen mußten. Nach dem Massenmord an den Armeniern (1915) und dem Massenexodus der Griechisch-Orthodoxen, die 1914 immerhin noch ein Viertel der Bevölkerung Klein-

Ein großer Staatsmann

Mit den Reformen Atatürks nahm die Türkei endgültigen Abschied vom Reich der Osmanen und näherte sich damit der westlichen Welt.

Heute wird Atatürk als Held der Nation gefeiert, der Kleinasien vor der Zerstückelung durch die alliierten Besatzungsmächte nach dem Ersten Weltkrieg bewahrt hatte. So ehrt man sein Andenken mit unzähligen Wandbildern, Büsten, Denkmälern in Stadt und Land, nicht zuletzt auch mit seiner monumentalen Ruhestätte auf *Anit Tepe* in Ankara.

Atatürk wurde 1881 als *Mustafa Kemal* im osmanischen Saloniki (heute Thessaloniki) geboren. Von 1893 bis 1905 besuchte er die Militärschulen in Saloniki, Bitola und İstanbul. 1906 rief er in Damaskus (Syrien) einen politischen Geheimbund ins Leben. Seine Aktivitäten fielen in eine Zeit des Umbruchs, als das Sultanat bereits im Niedergang war und die *Jungtürkische Bewegung,* bekannt unter dem Namen "Einheit und Fortschritt", mit ihren radikalen Reformbestrebungen für Aufregung und Unruhe im Reich sorgte.

Mit dem Eintritt der Türkei in den Ersten Weltkrieg (1914) richtete sich das Interesse stärker auf die äußeren Ereignisse. Mustafa Kemal, zwischen 1913 und 1915 Militärattaché in Sofia (Bulgarien), machte während des Ersten Weltkriegs durch militärisches Talent von sich reden, so daß er schließlich den Beinamen *Gazi* (Sieger) erhielt.

Der Krieg endete für die Türken mit einer völligen Niederlage: Die alliierten Siegermächte besetzten İstanbul und andere Landesteile. Mustafa Kemal, der als Inspekteur für die Nordprovinzen und als Generalgouverneur für die Ostprovinzen mit dem Auftrag nach Anatolien gesandt wurde, im eigenen Lager für Ruhe und Ordnung zu sorgen, begann stattdessen nach seiner Landung in Samsun (19. Mai 1919), den Nationalen Widerstand gegen die Besatzungsmächte zu organisieren; er gründete eine Regierung des nationalen Notstands in Ankara. Für diese Eigenmächtigkeit wurde er von der İstanbuler Regierung zum Rebellen erklärt. Um zu verhindern, daß die Siegermächte das Land ganz unter sich aufteilten, setzte ein dreijähriger, verbissener Befreiungskampf gegen die Besatzungsmächte ein, der damit endete, daß der Türkei die Unabhängigkeit zugesichert wurde. Auch wurde die Regierung in Ankara als rechtmäßig anerkannt. Im Jahr 1923 wurde die Türkische Republik ausgerufen. Damit trat die entscheidende Wende in der Geschichte Kleinasiens ein. Atatürk wurde Staatspräsident und bestimmte fortan die Geschicke des Landes.

Der große Staatsmann starb am 10. November 1938 in İstanbul.

asiens stellten, waren die letzten Spuren der byzantinischen Ära beseitigt. Die Vielfalt der Bevölkerungsgruppen aber blieb in der Türkei erhalten, denn während der Jahrzehnte und Jahre vor 1923 waren im Zusammenhang mit dem Schrumpfen des Osmanischen Reichs zahlreiche Moslems aus dem Balkan (Muhacir) nach Kleinasien eingewandert, die zunächst einmal Serben, Makedonier, Albaner, Griechen etc. waren. Dem Modell des ethnischen Einheitsstaates widersprach ferner, daß der gesamte Südosten Anatoliens, der ebenfalls zur neuen Republik kam, von Kurden bewohnt war. Diese Bevölkerungsgruppe lebt heute noch im Gebiet der Osttürkei, im Norden des Iraks und im Westen des Irans.

Republik unter Atatürk

Nach den Unabhängigkeitskriegen begann in der Türkei eine Revolution, deren Ziel es war, den Staat von osma-

Mustafa Kemal Paşa - Atatürk

nisch-islamischen Traditionen zu lösen und sich an westlichen Wertmaßstäben zu orientieren (→ Artikel "Ein großer Staatsmann"). Ankara wurde Hauptstadt der jungen Republik (trk. *Türkiye Cumhuriyeti*). Die einzige zugelassene Partei bis 1946 war die *Republikanische Volkspartei* (CHP/ Cumhuriyet Halk Partisi).

Mit zahlreichen Reformen griff Atatürk tief und nachhaltig in die Gesellschaftsstruktur des Landes ein. So hob er zunächst die traditionell enge Verbindung zwischen Staat und Religion auf, indem er den Islam aus Verwaltung, Verfassung, Erziehung und Justiz verbannte. Nachdem 1929 alle religiösen Elemente aus der Verfassung gestrichen waren, wurde im Rahmen einer Schrift- und Sprachreform die arabische Schrift durch das lateinische Alphabet ersetzt. Sodann folgte eine Alphabetisierungskampagne, in deren Verlauf die allgemeine Schulpflicht eingeführt und Schulen und Hochschulen errichtet wurden. So sollte das Land an den Standard der westlichen Welt, die als Inbegriff des Wohlstands und Fortschritts galt, herangeführt werden.

1924 schaffte er das Kalifat, das Amt des höchsten islamischen Würdenträgers, ab, und damit gleichzeitig das Ministerium für islamische Rechtspflege. Er verbot alle religiösen Titel und löste 1925 die Derwischklöster und Koranschulen auf. Grundlage für die Rechtsordnung wurden 1926 das Schweizer Zivil- und Obligationsrecht und das italienische Strafrecht. Die neuen Gesetze stellten die Frau rechtlich dem Mann gleich und verboten Polygamie (Mehrehe).

1934 erhielten die Frauen das aktive und passive Wahlrecht. Zu den letzten Reformen Atatürks zählten die Einführung von Familiennamen (1934), die Auflage, die Geburt eines jeden Kindes registrieren zu lassen, und die Verlegung des moslemischen Ruhetags vom Freitag auf den Sonntag.

Man übernahm den in Europa üblichen *Gregorianischen Kalender* und brach so mit der traditionellen moslemischen Jahreszählung nach dem Mondkalender.

Auch in der Kleidung sollte die Neuorientierung der Türkei zum Ausdruck kommen. So wurde der Fes, die traditionelle Kopfbedeckung der Männer, abgeschafft und den Frauen empfohlen, den Schleier abzulegen.

Politik in der Türkei nach Atatürk

Innenpolitik

So bewegt die Geschichte der Türkei durch die Jahrhunderte war, so wechselhaft war und ist die Politik in diesem Land bis in die Gegenwart.

Nach dem Tod Atatürks 1938 übernahm *İsmet İnönü* das Präsidentenamt. Er führte die junge Republik, bis 1950 eine neue Regierung unter Ministerpräsident *Adnan Menderes* und Staatspräsident *Celal Bayar* den Kurs bestimmte.

Reislamisierungstendenzen, Beschneidung der Rechte des Parlaments, Einschränkung der Meinungsfreiheit und wirtschaftliche Probleme mit galoppierender Inflation und dramatischem Anstieg der Arbeitslosigkeit stärkten eine Opposition unter Intellektuellen und in Kreisen der Armee. So kam es schließlich 1960 zu einem Staatsstreich kemalistischer Offiziere unter Führung von *Cemal Gürsel*.

Menderes, Bayar und anderen Politikern wurde der Prozeß gemacht, und Menderes im September 1961 hingerichtet. Auch nach Wahlen 1961, die Cemal Gürsel als Staatspräsident bestätigten und İsmet İnönü von neuem in das Amt des Ministerpräsidenten brachten, blieb die Lage instabil. Die Regierungskoalitionen wechselten häufig, neue sozialistische und kommunistische Parteien wurden gegründet.

Mittlerweile war *Süleyman Demirel* Ministerpräsident, und gegen sein rechtskonservatives Regime formierten sich Oppositionsbewegungen, vor allem in den Gewerkschaften und an den Universitäten. In diese Zeit fällt auch die Gründung der rechtsextremen, paramilitärischen Jugendorganisation *Bozkurt* - besser bekannt als *Graue Wölfe* -, die sich mit linken Gruppen regelrechte Schlachten lieferte. Dieses innenpolitische Chaos und die immer noch desolate wirtschaftliche Lage führten 1971 wiederum zu einem Militärputsch, und Demirel trat zurück.

Das Militär behielt auch das Sagen, als sich mit *Nihat Erim* eine neue, rechtsorientierte Staatsführung etablierte, die aber weder politische Stabilität noch wirtschaftlichen Aufschwung brachte. Demirel übernahm 1975 erneut die Regierung, wurde 1977 von *Bülent Ecevit* abgelöst, der wiederum 1979 zurücktrat. Da sich die Mehrheit aus Konservativen, Religiösen und Faschisten nicht auf eine Koalition einigen konnte, versuchte es Demirel nochmals mit einer Minderheitsregierung, der es aber nicht gelang, das Land aus dieser tiefen Krise zu führen.

Wieder einmal war die Zeit reif für einen Putsch der Offiziere im September 1980. Massenweise Verhaftungen, Todesurteile, Verbot politischer Aktivitäten und Zensur waren an der Tagesordnung. Der Europarat schaltete sich mit einer Resolution gegen Menschenrechtsverletzungen in der Türkei ein, und auch die internationale Juristenkommission in Genf beschuldigte die Militärregierung, Folter an Häftlingen zuzulassen.

Im November 1982 wurde in einer Volksabstimmung mit überwältigender Mehrheit eine neue Verfassung angenommen und General *Kenan Evren* zum Staatspräsidenten gewählt.

Süleyman Demirel

Nach dieser auch heute noch gültigen Verfassung werden Parteien kommunistischer, faschistischer und streng islamischer Richtung nicht geduldet, Gewerkschaften dürfen sich nicht politisch betätigen, Streiks können verboten und die Meinungsfreiheit eingeschränkt werden - großer Spielraum also, die Grundrechte einzuengen oder gar außer Kraft zu setzen.

Nach Wahlen im November 1983 und der Konstituierung des Parlaments wurde noch im Dezember das Militärregmie "offiziell" beendet.

Turgut Özal, der mit seiner Mutterlandspartei (AnaP) 45 % der Stimmen gewonnen und als Wirtschaftsminister unter Demirel und im Miltärkabinett bereits Regierungserfahrung gesammelt hatte, wurde zum Ministerpräsidenten ernannt. Unter seiner Führung besserte sich die wirtschaftliche Lage leicht.

Bereits vor den nächsten Parlamentswahlen 1987 hatte das türkische Volk in einem Referendum mit knapper Mehrheit für die Rückkehr der "alten Politiker", die die Militärs 1982 für zehn Jahre von der politischen Bühne verbannt hatten, votiert. Demirel und Ecevit traten wieder an, konnten Özal jedoch noch nicht verdrängen, der aber zwei Jahre später in das Amt des Staatspräsidenten wechselte.

1991 jedoch gelang es Demirels Partei des rechten Weges (DYP), Özals AnaP in der Wählergunst zu überflügeln. Demirel wurde Chef einer Koalitionsregierung, blieb allerdings nur bis 1993 im Amt, da er sich die Chance nicht entgehen lassen wollte, nach Özals Tod diesen im Amt des Staatspräsidenten zu beerben und damit seine politische Laufbahn zu krönen.

In seiner Nachfolge trat mit *Tansu Cıller* erstmals in der Geschichte der türkischen Republik eine Frau an die Spitze der Regierung. Kein Grund zum Jubeln für Feministinnen, denn auch diese "Eiserne Lady" interessiert sich weniger für Frauenrechte als vielmehr für harte Machtpolitik, wie ihr Vorbild Margaret Thatcher.

Die Koalition kam 1995 in die Krise, und bei vorgezogenen Neuwahlen wurden dann die Islamisten der Wohlfahrtspartei (Refah) unter *Necmettin Erbakan* stärkste Kraft.

Drei Monate wurde um die Regierungsbildung gefeilscht, und schließlich kam eine Koalition von AnaP und DYP zustande, die aber nur drei Monate hielt.

Die DYP tat sich daraufhin mit dem Wahlsieger, den Islamisten der Refah, zusammen. Es wurde eine Rotationslösung ausgekungelt, nach der zunächst Erbakan für ein Jahr die Geschäfte des Ministerpräsidenten führen und dann von Cıller abgelöst werden sollte, um nach zwei Jahren wieder zu übernehmen. Das funktionierte aber nicht, und im Juni 1997 trat Erbakan zurück - wohl auch unter dem Druck der Militärs, die damit den Islamisierungstendenzen entgegentraten.

Staatspräsident Demirel beauftragte nun aber nicht etwa Cıller mit der Neubildung einer Regierung, sondern Oppositionsführer *Mesut Yilmaz* von der AnaP.

Außenpolitik

Im Zweiten Weltkrieg verhielt sich die Türkei weitgehend neutral, trat dann aber 1945 doch noch in den Krieg gegen Deutschland ein. Im selben Jahr wurde das Land Mitglied der UNO: 1952 wurde die Türkei in die NATO aufgenommen, 1955 schloß sie mit den USA, dem Iran und Irak den Bagdad-Pakt (Cento-Pakt) und mit den USA noch ein zusätzliches Verteidigungsabkommen.

1964 erfolgte die Assoziierung der Türkei mit der EWG. Immer noch schwelt der Zypenkonflikt mit dem NATO-Partner Griechenland (→ Artikel "Zypern - Zankapfel zwischen Türken und Griechen").

Für Schlagzeilen sorgt vor allem das Kurdenproblem, da Flüchtlinge auch z.B. in Deutschland nicht vor illegalen und sogar gewalttätigen Aktionen zu-

Zypern - Zankapfel zwischen Türken und Griechen

Zypern, 65 km vor der türkischen Küste gelegen, 800 km vom griechischen Festland entfernt, gehörte bis 1960 zu England. Danach wurde es unabhängig und vom zypriotischen Erzbischof *Makarios* regiert, nachdem dieser das Amt des Staatspräsidenten übernommen hatte. Die Verfassung räumte den Zypern-Türken, die 18 % der Bevölkerung ausmachten, besondere Rechte ein, wie z.B. ein Mitspracherecht im Parlament. Doch bereits 1963 und 1964 kam es zu Auseinandersetzungen zwischen beiden Bevölkerungsgruppen, die in bürgerkriegsähnliche Zustände ausarteten. 1971 kamen mit dem Oppositionspolitiker *Georgios Grivas* Bestrebungen auf, Zypern an Griechenland anzugliedern. Grivas, der bereits in den sechziger Jahren gegen die Kolonialherrschaft der Briten auf Zypern opponiert hatte, rief die bisher verbotene Untergrundorganisation *EOKA I* (Ethniki Organosis Kiprion Agoniston/ Nationale Vereinigung zypriotischer Kämpfer) ins Leben und gewann für seinen geplanten Staatsstreich gegen die Regierung Makarios Offiziere der griechischen Militärregierung. Ohne Grivas, der kurz vorher gestorben war, putschten die Generäle am 15. Mai 1974 in *Nikosia,* der Hauptstadt Zyperns, setzten die Regierung ab und ernannten das ehemalige EOKA-Mitglied *Nikos Sampsun* zum Präsidenten. Um die drohende Angliederung Zyperns an Griechenland zu verhindern, rückten am 20. Juli 1974 türkische Truppen ein, drängten die Griechen vom Norden der Insel in den Süden. Die Türken nahmen den gesamten Nordteil und damit knapp 40 % der Insel ein. 1975 verkündeten die Zypern-Türken einen türkischen Teilstaat und im November 1983 die *Türkische Republik Nordzypern,* die jedoch international - mit Ausnahme der Türkei - nicht anerkannt wird.

Zypern ist ständiger Zankapfel zwischen Türken und Griechen, weil es wirtschaftlich ein sehr großes Potential besitzt. Im Norden der Insel befanden sich vor 1974 ca. 80 % der touristischen Unterkünfte; außerdem wurden hier 60 % der Bodenschätze (vor allem Kupfer) gefördert und 60 % der landwirtschaftlichen Erzeugnisse für den Export (Zitrusfrüchte) gestellt.

Auf der Insel sind heute die verfeindeten Volksgruppen durch die *Atilla-Linie* mit Stacheldrahtzaun und Erdwällen voneinander getrennt, eine Linie, die den Frontverlauf im Jahr 1974 markiert.

Die Bemühungen, in der Zypernfrage zu einer für beide Parteien befriedigende Lösung zu kommen, haben bis heute keinen Erfolg gehabt.

rückschrecken, um die Öffentlichkeit auf ihre Lage aufmerksam zu machen.

Staatsaufbau

Staatsform: Republik
Staatsname: Türkiye Cumhuriyeti (Türkische Republik)
Flagge: rot mit weißem Halbmond und Stern
Staatswappen: roter Kreis mit weißem Halbmond und Stern

Staatsoberhaupt der Republik Türkei ist seit 1993 - und bis zum Jahre 2000 - *Süleyman Demirel* (geboren 1924 in einem Dorf bei Isparta, studierter Bauingenieur). Damit wird der türkische Staat gegenwärtig durch einen mit allen Wassern gewaschenen Vormann des Konservativismus repräsentiert: Demirel war zwischen 1964 und 1993 achtmal Ministerpräsident der Türkei, er ist zweimal vom Militär weggeputscht worden (1971, 1980) und jedes Mal wieder nach oben gekommen.

Der *Volksvertretung* (Türkische Große Nationalversammlung) gehören 550

Abgeordnete an. Diese werden alle fünf Jahre neu gewählt. Die Amtszeit der Mitglieder im Präsidentschaftsrat ist auf sechs Jahre beschränkt.

Die neue *Verfassung*, die von der beratenden Versammlung nach Anweisungen der Militärs ausgearbeitet und im November 1982 unter massivem Druck von 90,5 % (bei einer Wahlbeteiligung von 90 %) angenommen wurde, besteht aus 177 Artikeln und 16 Übergangsartikeln. Sie bestimmt u.a., daß der Präsident vom Parlament für die Dauer von sieben Jahren gewählt wird, daß er nach Rücksprache mit den Parlamentsabgeordneten das Kriegsrecht verhängen oder den Notstand ausrufen kann. Darüber hinaus bestimmt er den Ministerpräsidenten und ernennt auf dessen Vorschlag die Minister.

Parteien sind verboten, wenn sie die Herrschaft einer bestimmten Bevölkerungsgruppe anstreben. Weiterhin dürfen sie keine Auslandsorganisationen haben und keine materiellen oder finanziellen Hilfen aus dem Ausland erhalten. So ist ihnen die Mitgliedschaft in einer internationalen Organisation und Kooperation mit den Gewerkschaften untersagt. Personen, die in irgendeiner Form beim Staat angestellt sind, dürfen keine Parteimitglieder sein.

Gewerkschaften dürfen sich nach der neuen Verfassung nicht politisch betätigen oder gar mit Parteien zusammenarbeiten. Ihre Funktionäre müssen mindestens zehn Jahre gearbeitet haben, um ein gewerkschaftsinternes Amt übernehmen zu können.

Von 1980 bis 1983 waren alle Gewerkschaftsverbände und ihre Mitgliedsorganisationen verboten, wobei das Verbot der linken Gewerkschaften *DISK* aber bis 1991 aufrechterhalten wurde. Viele Gewerkschaftsführer saßen im Gefängnis. Auch wenn nun wieder Gewerkschaften zugelassen sind, ist ihr Aktionsfeld begrenzt.

Die Türkei ist in 79 *Provinzen* (trk. *il*), in 36.156 Landkreise und Dörfer (trk. *bucak* und *köy*) unterteilt. An der Spitze einer jeden Provinz steht ein Gouverneur (trk. *vali*), der sowohl die Zentralregierung als auch die Provinz als Gebietskörperschaft in sämtlichen Angelegenheiten vertritt. In den Städten (Orte mit mehr als 2.000 Einwohnern) werden ein Bürgermeister (trk. *belediye reisi*) und ein Gemeinderat gewählt, in den Dörfern ein Bürgermeister (trk. *muhtar*) und ein Dorfrat.

Tip: Wer sich eingehend über die politischen Zustände in der Türkei informieren möchte, findet dazu im Anhang ein Literaturverzeichnis mit einer Auswahl entsprechender Bücher.

Massenmedien

Obwohl die Pressefreiheit in der neuen Verfassung verankert ist, kann sie eingeschränkt werden, wenn es darum geht, Staatsgeheimnisse oder die Einheit der Nation zu schützen, die territoriale Integrität oder die öffentliche Moral zu bewahren. Also immer!

Wie überall auf der Welt gibt es auch in der Türkei viele populäre Zeitungen, die es darauf anlegen, in erster Linie die Bedürfnisse der Massen zu befriedigen.

Die wichtigsten Tageszeitungen

- *Akşam* (Regenbogenpresse; ca. 900.000 Exemplare)
- *Sabah* (Regenbogenpresse; Bildzeitung vergleichbar; ca. 720.000 Exemplare)
- *Milliyet* (rechtskemalistisch; ca. 700.000)
- *Hürriyet* (Regenbogenpresse, nationalistisch; ca. 650.000 Exemplare)
- *Türkiye* (Regenbogenpresse; ca. 620.000 Exemplare)
- *Zaman* (islamistisch; ca. 300.000 Exemplare)
- *Yeni Yüzyıl* (linksliberal, Abspaltung von Cumhuriyet; ca. 110.000 Exemplare)
- *Cumhuriyet* (sozialdemokratisch, renommierteste Zeitung des Landes,

Zeitung mit den zuverlässigsten Informationen; ca. 55.000 Exemplare)
- *Radikal* (linksliberal, Auflagenhöhe nicht bekannt)
- *Özgür Ülke* (prokurdisch, links, meist verboten; aber regelmäßige Auslandsausgabe *Özgür Politika*; sehr kleine Auflagen)
- *Emek* (links orientiert; sehr kleine Auflagen)

Außerdem erscheinen noch eine Tageszeitung *(Turkish Daily News)* und eine Wochenzeitung (*Turkish Probe,* leider keine Angaben über die Auflage) in Englisch, die beide nur in größeren Städten erhältlich sind.

Der staatliche Sender *TRT* hat 1994 sein Monopol, das bereits seit 1990 unterlaufen wurde, abgeben müssen. Die Folge war das Aufkommen zahlreicher Privatsender, darunter auch eine Reihe ganz kleiner Sender auf lokaler oder regionaler Ebene. Die Islamisten haben übrigens auch "ihr" Fernsehen. Wie in Deutschland wird das Privatfernsehen von Werbesendungen überschwemmt. Das staatliche Fernsehen, früher von der jeweils regierenden Partei stark zensiert, ist unabhängiger geworden.

Bildungswesen

Die Gründung der Republik 1923 brachte eine gesetzliche Regelung des Bildungswesens mit allgemeiner Schulpflicht. Das System wurde im Laufe der Zeit immer wieder reformiert. So gilt seit 1991 eine achtjährige Schulpflicht. Die Primarstufe I (Grundschule/ trk. *ılkokul*) und die Primarstufe II (Mittelschule/ trk. *ortaokul*) wurden durch die achtklassige *eğitim okulu* abgelöst. Als weiterführende Schule der *Sekundarstufe* stehen das Allgemeinbildende Gymnasium (trk. *lise*) sowie Technische und Berufsbildende Gymnasien (Handelsgymnasium, Industrie- und Berufsgymnasium, Landwirtschaftliches Gymnasium, Lehrergymnasium zur Ausbildung von Grundschullehrern, Imam-Hatip-Schulen zur Ausbildung Geistlicher) zur Auswahl. Die Ausbildung dauert in der Regel drei Jahre und endet mit der elften Klasse. Der Schulabschluß der Sekundarstufe (etwa vergleichbar mit dem Abitur/ der Reifeprüfung) berechtigt zur Aufnahmeprüfung für die Hochschulen. Bei diesen Prüfungen bestehen nach wie vor hohe Durchfallquoten. Viele Studierende müssen sich auch mit Fächern und Studienorten zufriedengeben, die nicht ihrem Wunsch entsprechen.

Die *Hochschulausbildung* dauert mindestens zwei, in der Regel jedoch vier Jahre. Ausbildungsstätten sind Universitäten, Fachhochschulen, Akademien und Erziehungsinstitute für ein Lehramtsstudium. Das Studium umfaßt Grund-, Haupt- und Aufbaustudium. Aufnahme- und Prüfungsgebühren, Unterkunft, Lebensunterhalt - also fast alles - sind aus eigener Tasche zu bezahlen. Eine nennenswerte Unterstützung gibt es nur im Rahmen einer Begabtenförderung, das heißt, Studenten mit entsprechenden Leistungen erhalten Stipendien oder sonstige Hilfen. Die Universitäten besaßen bis 1980 sehr viel Autonomie. Diese wurde von den Militärs durch ein autoritäres System beseitigt, was totale Kontrolle durch den Staat und extreme inneruniversitäre Hierarchie (einschließlich Dis-

In der Dorfschule

ziplin und Kleiderordnung) bedeutete. Diese "Ordnung" wurde lange zähneknirschend hingenommen, bis es 1996 zur offenen Revolte (Protestveranstaltungen, Demonstrationen) kam.

Ein schwerwiegendes Problem im Bildungswesen ist der auch heute noch recht weit verbreitete Analphabetismus, nach offiziellen Angaben 1995 bei 17,7 % der erwachsenen Bevölkerung (8,3 % der Männer, 27,6 % der Frauen; 10 % in Istanbul, aber 40 % in Südostanatolien). Nach statistischen Angaben konnten 1980 nur 67,2 % der Bevölkerung lesen und schreiben. Damit sah es allerdings bei den Männern wesentlich besser aus als bei den Frauen: 79,8 % der Männer hatten eine Schulbildung genossen, aber nur 53,8 % der Frauen.

Alphabetisierungskampagnen, vor allem im Bereich der Erwachsenenbildung, brachten bisher beachtliche Ergebnisse. Ebenso positiv wirkt sich bereits seit einigen Jahren die Einführung der achtjährigen Schulpflicht aus (faktischer Schulbesuch von 93 % der Schüler im grundschulpflichtigen Alter), die allerdings heute immer noch in Gebieten Ostanatoliens stark vernachlässigt wird. Die Gründe hierfür sind vielfältig. Die Regionen sind mit Ausbildungskapazitäten unterversorgt. Das bedeutet in der Praxis: Um eine Schule zu erreichen, sind mitunter weite Wege zurückzulegen. Dies ist für die Kinder aus abgelegenen Gebirgsdörfern aufwendig und gefährlich, bei chaotischen Schneeverhältnissen im Winter ohnehin unmöglich. Die Alternative zum täglichen Pendeln zwischen Wohn- und Schulort ist das Internat, das allerdings für die meisten Familien unerschwinglich ist. Anders sieht es mit den Bildungsmöglichkeiten in städtischen Bereichen und im westlichen Landesteil der Türkei aus, wo die Dichte der Ausbildungseinrichtungen um einiges höher ist und die Schulen auch leichter zu erreichen sind.

Doch nicht nur das Stadt-Land-Gefälle ist für den Bildungszustand verantwortlich. Häufig wird der Schulbesuch den Kindern im schulpflichtigen Alter verwehrt, da sie als billige Arbeitskräfte in der Landwirtschaft, als Schuhputzer oder Wasserverkäufer gebraucht werden.

Bevölkerung

Bevölkerungsgruppen und Glaubensgemeinschaften

Die Bevölkerung setzt sich aus verschiedenen ethnischen Gruppen zusammen.

Über 80 % der Bevölkerung sind *Türken*, 15 bis 20 % *Kurden* (sehr vorsichtige Schätzung) und 1 bis 2 % *Araber*. Darüberhinaus gibt es zahlreiche nichttürkische ethnische Gruppen (Griechen, Armenier, Georgier etc.).

Im Küstenraum haben Angehörige der *römisch-katholischen Kirche* kleine Gemeinden in *İzmir* und *Antakya.*

Orthodoxe Christen der Ostkirche sind als Glaubensgemeinschaften in den Provinzen *Hatay* im Südosten, in *İstanbul* und *Çanakkale* (Insel Gökçeada, İmroz) im Westen vertreten. Sie werden als "Rum" (byzantinische Römer) bezeichnet. Ihr geistliches Oberhaupt mit Sitz in İstanbul (seit 1972) ist *Dimitrios I. Papadopoulos.* Ihm sind auch unabhängige Patriarchate und Erzbistümer außerhalb der Türkei unterstellt.

Die Griechisch-Orthodoxen in der Türkei waren einst zahlreicher vertreten. Nach dem Befreiungskrieg 1923 und dem sogenannten "Bevölkerungsaustausch" zwischen der Türkei und Griechenland, in deren Verlauf über 1 Million griechisch-orthodoxe Christen das Land verlassen mußten, blieb nur noch eine große Gemeinde in İstanbul (Sonderregelung), die aber 1967 nach antigriechischen Ausschreitungen im Zusammenhang mit dem Zypernkonflikt ebenfalls großenteils das Land verließ. Heute leben noch ca. 6.000 griechisch-orthodoxe Christen in der Türkei. Neue Reibereien zwischen Türken und Griechen entfachten sich an Zypern, nachdem die Briten ihren Rückzug von der Insel angekündigt hatten. In diesem Zusammenhang löste ein Anschlag auf Atatürks Geburtshaus im griechischen *Thessaloniki* eine Welle der Gewalt aus, die unter anderem auch gegen die griechisch-orthodoxe Bevölkerung in İstanbul gerichtet war.

Armenier waren einst stark im Südosten vertreten; heute leben viele in İstanbul. Im übrigen Land gibt es nur noch kleinere Gemeinden, wie z.B. in *İskenderun*. Mit den Armeniern, die neben den Griechen bis zum Ersten Weltkrieg zu den zahlenmäßig stärksten Minderheiten in der Türkei zählten, verbindet sich ein weniger glanzvolles Kapitel türkischer Geschichte. Nach dem Krieg ließen die Verfolgungsaktionen der türkischen Regierung, die unter anderem gegen die separatistischen Zielsetzungen der Armenier gerichtet waren, diese Volksgruppe in der Türkei verschwinden.

Arabisch sprechende Türken sind nach den Kurden heute die zweitgrößte Minderheit. Sie leben vor allem in den Provinzen *Hatay, Mardin, Diyarbakır, Sıırt* und *Adana*.

Bevölkerungswachstum

Nach Ergebnissen der letzten Volkszählung 1990 zu urteilen, lebten in der Türkei 56,473 Millionen Menschen. Mit einem jährlichen Wachstum von 2,17 % nimmt die Bevölkerung pro Jahr um 1,2 Millionen zu. Dies ist jedoch in den einzelnen Regionen sehr unterschiedlich. So steigt die Wachstumsrate vom westlichen zum östlichen Landesteil insgesamt an, wobei die wirtschaftlich rückständigsten Provinzen in der Regel die höchsten Zuwachsraten haben.

Das rasche Bevölkerungswachstum, das mit dem vieler Entwicklungsländer vergleichbar ist, bedeutet für die Türkei eine Verschärfung ihrer Probleme im wirtschaftlichen und sozialen Bereich. Da mehr als 37 % der Bevölkerung jünger als 15 Jahre sind, entsteht auch in Zukunft eine Nachfrage nach Arbeitsplätzen, die beim relativ schwachen Wirtschaftswachstum der Türkei kaum zu befriedigen ist. Die Folge davon ist eine hohe Arbeitslosigkeit vor allem jüngerer Leute im ländlichen Raum. Mangelnde Arbeitsplätze und die Suche nach Erwerbsmöglichkeiten zwingen viele dazu, ihre Heimat zu verlassen. Der Weg führt dabei meistens in die großen Städte, insbesondere in die des Westens, aber auch an die Südküste (*Adana, Mersin*). Bevorzugte Ziele der Land-Stadt-Wanderung sind *İstanbul,* gefolgt von *İzmir* und *Ankara.* Die Gastarbeiterwanderung ins Ausland, die Anfang der sechziger Jahre begann, erreichte 1970 einen Boom und ebbte schließlich nach 1973 allmählich ab. Die Anwerbung führte die meisten in die Bundesrepublik Deutschland, aber auch nach Österreich und in die Niederlande. Aus fast allen türkischen Provinzen strömten Gastarbeiter ins Ausland.

Bevölkerungsverteilung

Eine hohe Bevölkerungsdichte haben vor allem *İstanbul* und Umgebung, an der Ägäis die Beckenlandschaften um *İzmir*, an der östlichen Schwarzmeerküste die Räume um *Samsun* und *Trabzon* und an der Südküste die Regionen um *Antalya, Mersin* und *Gaziantep*.

Dorfjügend

Diesen Ballungsräumen stehen die relativ schwach besiedelten Gebiete des inneren Hochlandes und der östlichen Gebirgsregionen um Hakkâri und Van gegenüber. Ankara ist die Ausnahme im dünn besiedelten Landesinnern.

Die Volkszählung ergab ebenfalls, daß rund 59 % der Bevölkerung in Kreis- und Bezirksstädten lebten, 41 % in Dörfern und sonstigen Siedlungen.

Geçekondu

Geçekondu - der Begriff bedeutet etwa soviel wie "über Nacht gebaut". Damit sind die meist primitiven Häuser und Hütten am Rand der türkischen Städte gemeint, die von Zugewanderten aus dem ländlichen Raum ohne Genehmigung und oft in einer Nacht errichtet werden. Ankara, İstanbul, İzmir, Eskişehir und Adana sind Städte, die hohe Anteile an *geçekondu*-Bewohnern haben. Für 1995 wurde geschätzt, daß ca. 13 Millionen Menschen in solchen Vierteln hausen, das ist rund ein Drittel der ganzen Stadtbevölkerung (bzw. ein Fünftel der Gesamtbevölkerung). In İstanbul, Ankara und İzmir sind diese Anteile noch höher.

Die Geschichte der Elendsviertel begann mit den Saisonarbeitern, den *gurbetcilik*, die in Kleinasien eine lange Tradition haben. Sie zogen aus ländlichen Gebieten in die Städte, um dort den Unterhalt für ihre Familien zu verdienen, die sie nur während ihres Urlaubs oder nach beendeter Saisonarbeit sahen. Viele ließen ihre Familien nachkommen und machten den Arbeitsort zu ihrem ständigen Wohnsitz.

Die ersten Ansätze einer zunehmenden Landflucht waren bereits nach dem Zweiten Weltkrieg zu erkennen. Doch erst in den sechziger Jahren setzte die Land-Stadt-Wanderung in der Türkei massiv ein. Starkes Bevölkerungswachstum, eine unzureichende Existenzgrundlage durch vielfach parzelliertes Ackerland und fehlende Arbeitsplätze zwangen viele dazu, den ländlichen Raum zu verlassen. Ziel war die Stadt, wo sie Arbeitsplätze, günstigere Arbeitsbedingungen, größere Bildungschancen und bessere Lebensqualität zu finden hofften. So zogen viele Arbeitssuchende, vor allem aus den armen, wenig entwickelten Gebirgsregionen des Ostens und Südostens, in die Metropolen der relativ wohlhabenden West- und Südwesttürkei. Da die Mieten in den Städten für die Verhältnisse einer Landfamilie zu hoch waren, zogen die meisten von ihnen an den Stadtrand und errichteten dort auf unbebautem Gelände (privatem oder städtischem Eigentum) eine Unterkunft aus billigem, leichtem Baumaterial. Wenn das Quartier zunächst auch nur als Übergangslösung gedacht war, so wurde es doch später zum festen Wohnsitz, als sich nämlich an der wirtschaftlichen Situation der Familie kaum etwas änderte. Arm auf dem Land, arm in der Stadt! Die Probleme aus dem ländlichen Raum sind lediglich auf das Stadtgebiet verlagert worden.

Ländliche Gewohnheiten wie der Anbau von Obst und Gemüse oder die Kleintierhaltung wurden meist beibehalten. Daher haben *geçekondu*-Siedlungen oft einen etwas dörflichen Charakter. Mit herkömmlichen Slums lassen sich diese Viertel kaum vergleichen, da zu vielen Häusern noch ein Hofraum und ein kleiner Garten gehören. Außerdem etablierten sich nach und nach bescheidene Läden, Teehäuser und Lokantas.

Allerdings ist das Leben in diesen Siedlungen nicht so idyllisch, wie es vielleicht den Anschein hat. Oft leben drei Generationen auf engstem Raum, in zwei oder drei Zimmern zusammengedrängt. Die sanitären Anlagen sind unzureichend, da es weder fließendes Wasser noch Kanalanschluß gibt, überhaupt läßt die Infrastruktur zu wünschen übrig. In vielen Fällen ist die Existenz der Familien von Gelegenheitsarbeiten abhängig. Nicht selten wird Müll durchsucht, Kinder werden zum Schuhputzen oder Betteln auf die Straße geschickt, um zum kärglichen Lebensunterhalt beizutragen.

Die Stadtverwaltungen stehen den *geçekondu*-Siedlungen aus verständlichen Gründen skeptisch gegenüber. Nach türkischem Gesetz aber dürfen die Häuser nicht ohne weiteres abgerissen werden. Sanierungsprogramme, die den Abriß von *geçekondu*-Häusern vorsehen, scheitern häufig an der Rechtslage, ganz zu schweigen vom Widerstand der Bewohner. Dennoch kommt es oft dazu, und die Betroffenen büßen oft ihre gesamte Habe ein.

Frauen in der türkischen Gesellschaft

Das Thema "Frau in der islamischen Gesellschaft" wird nur allzugern auf den klischeehaften Nenner "Unterdrükkung" gebracht. Dabei hat man etwa folgendes Bild vor Augen: Vermummt, ein Kopftuch tief in die Stirn gezogen, schuftet die Türkin von morgens bis abends auf dem Feld, erledigt Hausarbeiten, ist fürsorgliche Mutter ihrer Kinder und Dienerin ihres Mannes, der sich beim Tavla-Spiel im Teegarten die Zeit vertreibt. Er entscheidet alles allein, läßt sich von seiner Frau bedienen, die erst nach ihm essen darf, und kann immer auf ihren Fleiß, ihre Zurückhaltung und Bescheidenheit zählen.

Dieses Bild stimmt nur zum Teil. Zugegeben, Frauen sind in der Türkei, gemessen an westeuropäischen Verhältnissen, unfrei und in ihrer Entfaltung eingeschränkt, was ihr Auftreten in der Öffentlichkeit betrifft. Allerdings gibt es je nach gesellschaftlichem Standort unterschiedliche Freiräume.

Die Nomadin im Osten oder die Bäuerin sind sicher Extremfälle, da sie der unumschränkten Autorität des Mannes unterworfen sind. Ihre Position kann sich nur mit der Zahl ihrer Kinder oder im Alter verbessern, denn je älter sie ist, desto größer sind Ansehen und Einfluß der türkischen Frau.

In der Stadt sieht es wieder anders aus. Dort gehört die berufstätige Frau zum vertrauten Bild. Sie stammt meist aus der Mittelschicht und arbeitet, modebewußt gekleidet, in Banken, Postämtern, Verwaltungen und ähnlichen Einrichtungen und ist damit ein Stückchen in die Männerwelt vorgedrungen. Allerdings ist der fortschrittliche Eindruck, den sie erweckt, doch wohl nur äußerlich.

Wieder anders zeigen sich Frauen in den Elendsvierteln der Städte. Arbeitslosigkeit des Mannes und verstärkte Bemühungen der Frau um die Existenzsicherung ließen das festgeschriebene Rollenverhalten schwinden. Die Frau muß nun auch über den ihr traditionell zugewiesenen Zuständigkeitsbereich 'Haus und Familie' hinausgehen und sich mit um den Lebensunterhalt kümmern. Daher zeigen Frauen aus einem *geçekondu* häufig nicht nur eine hohe Bereitschaft zur beruflichen Mobilität, sondern haben darüber hinaus Selbstbewußtsein und starkes Engagement in der Öffentlichkeit entwickelt.

Die Position der Frau wird durch den Lebensraum (Land oder Stadt), die soziale Stellung der Familie (Unter-, Mittel-, Oberschicht), durch ihre Bildung bzw. Berufsausbildung sowie durch Kontakte mit westlichen Touristen beeinflußt. Frauen, die sich selbstbewußt in die Männerwelt gewagt haben, geraten wie hier ständig in Rollenkonflikte.

Durch Atatürks Reformen wurde die Frau erstmals rechtlich und politisch dem Mann gleichgestellt. In der Praxis änderte sich allerdings kaum etwas. Daß man der Frau 1930 das allgemeine Wahlrecht zuerkannte, sollte wohl nur den Modernitätsanspruch der Türkei signalisieren. Daher hat sich im Grunde an der patriachalisch-hierarchischen Struktur bis heute wenig geändert. Nach wie vor ist die Zahl der Frauen gering, die sich eigenständig politisch betätigen.

Die türkische Verfassung von 1924 und das neu eingeführte Schweizer Zivilrecht (1926) brachten für Frauen fortschrittliche Bestimmungen wie das Recht auf Ehescheidung, Verbot der Polygamie (Mehrehe) und die Einführung der Zivilehe bei gleichzeitiger Abschaffung der bis dahin gültigen İmam-Ehe (geschlossen vor dem islamischen Geistlichen). Allerdings ließ die Verfassung dem Mann viele Wege offen, die neu gewonnenen Rechte und Freiheiten der Frauen einzuengen. So wird im Fall des Ehebruchs immer noch mit zweierlei Maß gemessen. Auch das Heiratsalter wird zwischen Jungen und Mädchen unterschiedlich gehandhabt (Mädchen ab 15 Jahre, Jungen ab 17 Jahre).

Trotz der Benachteiligungen war die Verfassung für die Frau doch ein wesentlicher Schritt vorwärts. Aber traditionell-islamische Einstellungen, bei Männern und Frauen gleichermaßen noch wirksam, blockieren den Wandel im sozialen und politischen Bereich und damit auch eine wirkliche Emanzipation. So werden immer noch viele Ehen ausschließlich vor dem *imam* (Geistlicher) geschlossen, obwohl die Zivilehe heutzutage die einzig gültige ist. Ähnlich ist es mit der verbotenen Polygamie, auch heute noch in ländlichen Regionen des Ostens und Südostens keine Seltenheit. Daneben wird die vorgeschriebene Grenze für das Heiratsalter vielfach nicht eingehalten, denn Mädchen werden bereits mit zwölf oder auch zehn Jahren verheiratet. Das geschieht nicht nur aus islamischem Traditionsbewußtsein (außereheliche Beziehungen sind nämlich verboten!), sondern auch aus wirtschaftlichen Erwägungen. Denn die Heirat ist zumindest auf dem Land immer noch ein Handel, da der Bräutigam bzw. dessen Familie einen Brautpreis zahlen muß (→ Heirat).

Insgesamt kommen Mann und Frau innerhalb des Gesellschaftssystems sehr unterschiedliche Funktionen zu. Der Mann hat die Aufgabe, die Familie zu ernähren und zu schützen und ihre Belange in der Öffentlichkeit zu vertreten. Während ihm die größeren Verpflichtungen in der Gesellschaft zugedacht sind, übernimmt die Frau als Mutter, Ehefrau und Hausfrau oder Arbeiterin die größere Rolle innerhalb der Familie, die dort sogar manchmal die des Mannes übertrifft.

Türkische Gastarbeiter

Als sich nach dem Zweiten Weltkrieg in Deutschland ein gigantisches Wirtschaftswachstum einstellte und überall Arbeitskräfte fehlten, warb man Arbeiter aus den süd- und südosteuropäischen Ländern an, wo die Wirtschaftslage weit schlechter war. Mit diesen Staaten schloß man Abkommen, in denen die "Gastarbeiterwanderung" für die kommenden Jahre geregelt wurde. So strömten Türken nach 1961 verstärkt ins Land. Sie waren zunächst bei uns "willkommen", vor allem für niedrige und schmutzige Arbeiten. Sie zogen vorzugsweise in die großen Industriezentren (Rhein - Ruhr - Gebiet, Rhein-Main - Gebiet, Rhein - Neckar - Gebiet, Stuttgart, München, Nürnberg, Bremen, Hannover) und nach West-Berlin.

Als ihre Familien nachzogen, reichten Arbeiterwohnheime nicht mehr aus, und man mußte sich auf dem privaten Wohnungsmarkt umsehen. Zumeist bekamen sie nur heruntergekommene oder abbruchreife Häuser, häufig zu Wucherpreisen. Wo sich eine Gastarbeiterfamilie niedergelassen hatte, gesellte sich bald die nächste hinzu. Ganze Häuser wurden von Ausländern bewohnt. Es begannen sich ganze Stadtteile mit einem überwiegenden Anteil ausländischer Bewohner zu entwickeln, wie etwa in Berlin-Kreuzberg, das schon seit langem als *Klein-İstanbul* bekannt ist.

Nach den Jahren des Wirtschaftswunders kam es in den siebziger Jahren zu einer deutlichen Verlangsamung des Wachstums, verbunden mit einem Umschwung auf dem Arbeitsmarkt. Als die Arbeitslosenzahl die Millionengrenze überschritten hatte, schlug die Stimmung rasch gegen die Gastarbeiter um. "Sie waren die Ursache allen Übels, sie mußten weg, wenn die Arbeitsplätze im Lande wieder ausreichen sollten." Dieser und ähnlichen Parolen waren sie ausgesetzt. Die Abschiebementalität trat offen hervor, als nach dem Anwerbestopp für Nicht-EG-Ausländer (1973) Maßnahmen eingeleitet wurden, deren Ziel es war, den Zuzug weiterer Ausländer zu erschweren oder sie zur Rückkehr in ihre Heimatländer zu veranlassen.

Die Isolation, in der die Gastarbeiter lebten, teils freiwillig, teils gezwungenermaßen, ist mit ihrer kulturellen und sozialen "Andersartigkeit" zu erklären, mit der man sich hierzulande schwertut. Inzwischen ist das Wort "Ausländerhaß" wieder täglich in den Zeitungen zu finden. Gewaltanwendung durch meist rechtsradikale Gruppen macht das Leben für Ausländer schwierig. Es erscheint mehr als fraglich, ob die Probleme der Wohnungsnot oder Arbeitslosigkeit, häufig von Rechtsextremisten vorgeschoben, gelöst wären, wenn die fast 2 Millionen Türken (davon 637.936 Arbeitnehmer, die Steuern und Sozialabgaben zahlen) in Deutschland uns den Rücken kehren würden, denn die Ursachen der negativen Entwicklung auf dem Arbeitsmarkt liegen in anderen Bereichen, wie etwa dem wirtschaftlichen Strukturwandel.

Freundschaftliche Kontakte zwischen Türken und Deutschen sind heute die rühmliche Ausnahme. Seit der deutschen Wiedervereinigung sind die Parolen wie "Ausländer raus" unüberhörbar. Die Brandanschläge und Morde von Mölln und Solingen sind die äußeren Zeichen dieses neu entfachten Hasses. 1992 wurden bundesweit 2.285 rechtsextremistische Gewalttaten gegen Ausländer gezählt. Die deutsche wie die türkische Boulevardpresse helfen kräftig mit, das Negativimage der Gastarbeiter oder des "bösen Deutschen" aufrechtzuerhalten. Die Ausländer, ohnehin am Rand der Gesellschaft, werden zum Sündenbock der Nation gemacht, und anstatt dieser Tendenz mit aller Schärfe entgegenzutreten, haben einige Politiker nichts Eiligeres zu tun, als aus der "Ausländerproblematik" ein Wahlkampfthema zu machen.

Es ist jedoch verantwortungslos, Familien in die Türkei abzuschieben, die jahrzehntelang in unserem Staat gelebt haben und deren Kinder hier geboren und aufgewachsen sind. Sie sprechen meist besser Deutsch als Türkisch, haben ihre Freunde hier und kennen die Türkei allenfalls aus einem mehrwöchigen Urlaub.

Religion

Islam

Grundsätze

Der größte Teil der türkischen Bevölkerung bekennt sich zum *Islam,* dessen Anhänger als *Moslems* oder *Muslime* bezeichnet werden. *Islam* bedeutet *Hingabe an Gott* (arabisch: *Allah*).

Die jüngste Weltreligion wurde von *Mohammed* (569-632) gestiftet, dem sich Allah nach dem Glauben der Moslems durch den Engel Gabriel offenbart hatte: Mohammed ist der letzte in einer Reihe von Propheten, die Gottes Gesetze verkündeten. Er wird damit zum "Siegel der Propheten". Die Offenbarungen, die mit Abraham begonnen und sich mit Jesus fortgesetzt hatten, sollten nun ihre Vollendung finden. Damit begreift sich der Islam als die Vervollkommnung von Juden- und Christentum. Nach Mohammed kamen weitere Propheten oder werden noch erwartet, je nach Auffassung der verschiedenen islamischen Glaubensrichtungen.

Die Mitteilungen Allahs sind in der Heiligen Schrift des Islam, dem *Koran*, in 114 *Suren* (Abschnitte) festgehalten. Beim Tode Mohammeds gab es keine schriftliche Fixierung der Offenbarungen. Sie wurden bis dahin größtenteils mündlich weitergegeben. Erst unter dem Kalifen *Uthman* (644 - 656) wurde die auch heute noch verbindliche Fassung niedergeschrieben. Der *Koran* wird durch die *Sunna* ergänzt ("gewohnte Handlungsweise", "der Weg, den man beschreitet", "Brauch"), eine Schrift, in der Handlungen, Reden und Wirken Mohammeds nach seinem Tode festgehalten wurden.

Aus den Schriften geht hervor, daß der Islam nicht nur das Prophetentum mit der christlichen und jüdischen Lehre gemeinsam hat, sondern auch Motive wie das *Jüngste Gericht* (Tag der Auferstehung der Toten), die Belohnung oder Bestrafung nach dem Tod im *Paradies* bzw. in der *Hölle* sowie die *Schöpfung* durch einen Gott. Abgesehen davon gibt es natürlich viele grundsätzliche Unterschiede zwischen islamischem, christlichem und jüdischem Glauben.

Ein elementarer Grundstein des Islam ist der Glaube an die Bestimmung durch den einzig(artig)en, allwissenden und mächtigen Gott. Der Allwissenheit Gottes, die Gegenwärtiges, Vergangenes und Zukünftiges gleichermaßen einschließt, steht die Willensfreiheit jedes einzelnen Menschen gegenüber. Erst wenn der Moslem alle seine Möglichkeiten ausgeschöpft hat, um zum Beispiel seine Lebenssituation zu ändern, nimmt er sein Schicksal hin.

Zahlreiche Vorschriften begleiten das Leben eines gläubigen Moslem. Zu den wichtigsten Pflichten, die er zu erfüllen hat, gehören die *Fünf Säulen des Islam:*

▸ Das *Glaubensbekenntnis (schahada),* das vom Muezzin gesungen bzw. über Tonband fünfmal am Tag vom Minarett abgespielt wird, beginnt mit "Allah-o-akbar" (Allah ist der Größte) und endet mit "La ilaha illallah" (Es gibt keinen Gott außer Allah).

▸ Das *Gebet (salat),* das fünfmal am Tag zu bestimmten Zeiten zu verrichten ist: in der Morgendämmerung, kurz nach Sonnenhöchststand, zwischen Mittagsgebet und Dämmerung, bei Anbruch der Dämmerung und nach Sonnenuntergang. Wenn die Stimme des Muezzin zum Gebet ruft, begeben sich viele in die Moschee. Dort zieht man die Schuhe aus, wäscht sich am Brunnen Gesicht, Hände, Unterarme und Füße nach einem festgelegten Ritus und betritt die Moschee. Dort wird dann auf dem Gebetsteppich das Gebet verrichtet. Dabei nimmt man nach einer festgelegten Reihenfolge verschiedene Körperhaltungen ein. Der Gläubige muß sich beim Gebet gegen Mekka wenden. In der Moschee ist die Gebetsrichtung *(kibla)* an einer Nische *(mihrab)* zu erkennen. Moslems, die im Hotel, am Arbeitsplatz oder im Feld beten, machen die Himmelsrichtung nach dem Sonnenstand aus.

▸ Das *Fasten (sawm)* im Monat *Ramadan* (trk. *ramazan*), das nach dem islamischen Kalender im neunten Monat eines Mondjahres stattfindet. Der Beginn des Fastens verschiebt sich von Jahr zu Jahr um 10 bis 13 Tage. An 29 oder 30 Tagen, je nach Stellung des Mondes, wird von Sonnenauf- bis Sonnenuntergang gefastet, d.h., während dieser Zeit sollte der Moslem auf Essen, Trinken und Rauchen verzichten. Wenn in großen Städten ein Kanonenschuß bei Sonnenuntergang den Fastentag beendet hat, füllen sich Lokale, die tagsüber geschlossen waren. Die Hauptmahlzeit für den nächsten Tag nimmt man frühmorgens vor Sonnenaufgang ein, der durch den Trommler angekündigt wird. Ausgenommen vom Fasten sind Reisende, alte und kranke Menschen, schwangere und stillende Frauen, aber auch körperlich schwer Arbeitende. Sie müssen jedoch das Versäumnis nachholen, sei es durch späteres Fasten oder durch Almosen. Überdies ist Fasten auf freiwilliger Basis sowie zur Buße eine Empfehlung des Korans für das ganze Jahr.

Alevis - ein anderer Islam

Etwa ein Fünftel der türkischen Moslems, überwiegend im Osten des Landes (insbesondere in den Regionen Tokat, Sivas, Erzincan, Tunceli), bekennt sich zum Alevitentum, das sich sehr deutlich von den Vorstellungen des Sunnitentums unterscheidet.

Eine besondere Verehrung wird Ali, dem Schwiegersohn des Propheten, der beim Kampf um die Nachfolge ermordet wurde, entgegengebracht. Hierin treffen sie sich mit den Schiiten. Daraus ist oft fälschlicherweise der Schluß gezogen worden, daß sie Angehörige der Schia seien. Sie praktizieren ihre Religion in privaten Hausgottesdiensten "Gemeinschaftsversammlungen", Cem, zu denen Männer und Frauen gleichermaßen Zugang haben.

Gemeinsam ist nur der Glaube an den einen Gott und die hervorgehobene Rolle des Propheten Mohammed; dagegen lehnen die Alevis Moscheen, das tägliche Ritualgebet (fünfmal pro Tag nach bestimmten Vorschriften), das Ramadanfasten und die Pilgerfahrt nach Mekka ab, auch das Alkoholverbot hat für sie keine Gültigkeit. Das macht sie in den Augen der sunnitischen Orthodoxie zu Ketzern.

Sie wurden im Osmanischen Reich, dessen Sultan zugleich das Kalifat, das höchste Amt des sunnitischen Islam innehatte, als Häretiker verfolgt. Entsprechend wurde von ihnen der von Atatürk eingeleitete Säkularisierungsprozeß begrüßt. In den siebziger Jahren standen sie überwiegend hinter Ecevits Republikanischer Volkspartei. Unter ihnen hatten aber auch Gruppierungen links von der Sozialdemokratie zahlreiche Anhänger. In den 70er Jahre waren in den islamischen Mischgebieten Zentral- und Ostanatoliens alevitische Wohnviertel Zielscheibe faschistischer und islamistischer Gewalt (Çorum, Maraş).

Seit in jüngster Zeit der sunnitische Islam wieder verstärkt im öffentlichen Bereich Fuß faßt, gehen erneut von offiziell staatlicher Seite Diskriminierungen gegen die Aleviten aus. "Gegen ihren Willen werden in ihren Dörfern Moscheen errichtet, werden ihre Kinder zum sunnitischen Religionsunterricht gezwungen. Berufliche Aufstiegschancen im öffentlichen Dienst werden ihnen häufig verweigert. Da alle politischen Parteien inzwischen unter dem Zwang stehen, sich zumindest aus wahltaktischen Erwägungen islamisch zu profilieren, erhalten die Aleviten bei Diskriminierungen und Ausschreitungen gegen ihre Gemeinschaft nicht mehr die staatliche Unterstützung, die sie brauchen und die ihnen gebührt." (Irina Wiesner, Pogrom 175, März/ Februar 1994).

- Das *Almosen (sakat)* an Bedürftige, das in Form von Steuern oder einer Spende zu entrichten ist.

- Die *Wallfahrt (haddsch)* nach *Mekka* (Saudi-Arabien) zum islamischen Heiligtum, der *Kaaba.* Mindestens einmal im Leben sollte ein Moslem - vorausgesetzt die Gesundheit und wirtschaftlichen Verhältnisse lassen dies zu - dorthin gepilgert sein. Die Pilgerfahrt berechtigt ihn, den Ehrentitel *haddschi* zu tragen. Meist geht es mit dem Bus von der Türkei nach Mekka, wo man eine Reihe festgelegter Wallfahrtshandlungen vollzieht, wie Teilnahme am Pilgerzug, Schlachten von Opfertieren und Umwandern der Kaaba. Die Wallfahrt muß im vorgegebenen Ablauf an bestimmten Tagen des zwölften Monats eines Mondjahres ausgeführt werden. Zum Programm gehört ebenfalls ein Besuch der Grabstätte Mohammeds in Medina.

Außer diesen grundlegenden Pflichten gibt es zahlreiche andere Verbote oder Gebote, die ein Moslem beachten muß: Verboten sind der Verzehr von Schweinefleisch, der Genuß von Alkohol und sonstigen Rauschmitteln sowie das Glücksspiel, vorgeschrieben ist die Beschneidung der Jungen (→ Beschneidung). Besonders strikt werden die Vorschriften von einem Kreis strenggläubiger Moslems befolgt, aus dem die Korangelehrten hervorgehen, die ihr Leben konsequent nach den Gesetzen des Islam ausrichten.

Bedeutung des Islam in der Gesellschaft

Atatürk definierte den Stellenwert des Islam innerhalb der Gesellschaft neu, indem er 1924 zunächst die traditionelle Einheit von Staat und Religion im Osmanenreich aufhob und schließlich 1928 den Islam als Staatsreligion abschaffte. Er brach mit der vierhundert Jahre alten Sitte, nach der die *Sultane* (weltliche Herrscher) gleichzeitig *Kalifen* (geistliche Führer) waren, die sich bei ihren Machtbestrebungen auf eine Schar frommer, untertäniger Moslems stützen konnten. Atatürk erklärte den Glauben zur Privatsache des Einzelnen.

Mit der Trennung von Islam und Staat wurde u.a. das auf dem Koran basierende Gesetzbuch, *şeriat,* durch ein bürgerliches Rechtssystem ersetzt, und die arabisch-islamische Zeitrechnung nach dem Mond vom Gregorianischen Kalender abgelöst.

Seit einigen Jahren ist ein Erstarken des Islam in einer konservativ-traditionellen Variante festzustellen, die Einfluß auf gesellschaftliche, wirtschaftliche und politische Entwicklungen nehmen will. Das Land ist von einer Reislamisierungswelle erfaßt worden, in deren Verlauf man die Koranschulen wieder zuließ und sich auf die ehemaligen Aufgaben von *hoça* und *imam,* die traditionellen religiösen Führer, rückbesann. Zugleich gingen fundamentalistische Gruppen mit dem von Atatürk propagierten "Volksislam" hart ins Gericht und forderten eine strengere Beachtung der religiösen Vorschriften. Auch wollen sie dem Koran eine stärkere Geltung bei der Rechtsprechung verschaffen und die Stellung der Frau in der islamischen Gesellschaft neu definieren.

Islamische Glaubensrichtungen

Anhänger zweier Bekenntnisformen des Islam sind in der Türkei hauptsächlich vertreten: die *Sunniten*, zu denen die türkischen Moslems mehrheitlich gehören (70-80 %) und die *Aleviten* (20-30 %). Siehe hierzu → Artikel "Alevis - ein anderer Islam".

Für die sunnitischen Moslems ist die Glaubenspraxis Mohammeds und seiner direkten Nachfolger, der Kalifen, das große Vorbild *(Sunna).* Bestimmte Glaubensregeln sind in den *Hadith-Sammlungen* festgehalten, die neben dem Koran Richtschnur für die Sunniten sind.

Andere Religionen

Außer dem Islam sind in der Türkei auch andere Religionen vertreten wie Juden- und Christentum. Zu Türken mit christlichem Glauben zählen Protestanten, Katholiken, griechisch- und syrisch-orthodoxe Christen und die der gregorianischen Kirche angehörenden Armenier (→ Bevölkerungsgruppen und Glaubensgemeinschaften).

Eine Religion, die schwierig einzuordnen ist, sind die *Yezidis*, oft verleumdet als "Teufelsanbeter", die seltsame, undurchsichtige Orgien feiern. Ihr Glaube basiert auf islamischen, christlichen und altpersischen Elementen. Eine Seelenwanderung nach dem Tod, die Verehrung von Sonne, Mond und Sternen als Götter und mystische Erklärungen für Naturkatastrophen sind einige ihrer Glaubensprinzipien. Eine Minderheit kurdischer Abstammung im Südosten gehört dieser Glaubensgemeinschaft an.

Moschee und Kultus

Sakrales Zentrum der Sunniten und Schiiten, aber nicht der Aleviten, ist die Moschee, jenes Bauwerk, in dessen Saal oder Innenhof die Männer der Gemeinde am Freitag nachmittag zum Gebet zusammenkommen.

Während das äußere dieser Bauwerke durch Kuppeln und Minarette sehr abwechsungsreich gestaltet sein kann, ist das Innere, das häufig lediglich aus einem großen Gebetssaal besteht, vergleichsweise wenig gegliedert, obwohl es doch immerhin sakrales Zentrum ist.

Das bedeutet freilich nicht, daß es unansehlich wäre. Die Böden sind mit mitunter sehr alten, wertvollen Teppichen ausgelegt. Säulen und Wände können mit Kunstschrift (Kalligraphie) und schönen Keramikfliesen gestaltet sein - Bilder, etwa die Darstellung von Heiligen, sucht man freilich vergeblich, denn die Orthodoxie verbietet die Abbildung von Personen. Weiteren farblichen Kontrast bringen mitunter herrlich bunte Fenster, wie z.B. in den großen İstanbuler Moscheen.

Bedeutendster Teil der Moschee ist die meist kunstvoll verzierte Gebetsnische, *mihrab* genannt, die in jener Wand angelegt ist, die in Richtung Mekka, der heiligen Stadt, weist - in der Westtürkei ist das Südosten, in der Osttürkei Süden. Einziges Inventar ist zumeist die kleine Kanzel, die *mimbar* heißt, von der der *imam* seine Freitagsansprache hält. Dieser Geistliche hat eine mehrjährige Ausbildung. Seine Predigten sollen sich im Rahmen des Verfassungsgrundsatzes des Laizismus halten; dies wird staatlicherseits durch eine Behörde kontrolliert. Die Prediger werden vom Staat besoldet, die Moscheen sind seit Atatürks Reformen Staatsbesitz.

Ein weiteres Element von Moscheen ist schließlich noch der *şadırvan,* der Reinigungsbrunnen im Vorhof. Im Mittelpunkt des Kultus steht das Gebet, das einen vorgeschriebenen äußeren Ablauf hat. Insgesamt ist dies alles ausgesprochen einfach, bescheiden und kurz - und somit weit entfernt von der Pracht und Vielfalt der Liturgie der griechisch-orthodoxen und der römisch-katholischen Kirche.

Dieser rituellen Schmucklosigkeit und Zweckmäßigkeit entspricht das Fehlen von Musik. Die sunnitische Orthodoxie lehnt Musik überhaupt ab. Die türkische Musik speist sich notgedrungen aus anderen Quellen, der Musik der sunnitischen Mystiker (religiöse Orden, Janitscharen), der alevitischen Volksmusik - aus dieser Tradition kommen die Sazspieler - und der Militärmusik.

Die Moschee ist primär ein Versammlungsort der Männerwelt. Nur in ganz wenigen Moscheen ist für Frauen eine kleine Empore angelegt oder ein Hinterraum ausgegrenzt. Die Regel lautet: Frauen beten zu Hause.

Wirtschaft

Landwirtschaft im Überblick

Die Türkei ist heute ein sogenanntes Schwellenland. Die Landwirtschaft ist nicht mehr von zentraler Bedeutung: Sie liefert nur noch 15,7 % des Sozialprodukts (1994), auch an den Exporten ist ihr Anteil auf 13,6 % (1994) zurückgegangen. Die führenden Sektoren der türkischen Wirtschaft sind heute *Industrie* und *Dienstleistungen*. Das bedeutet allerdings nicht, daß die Landwirtschaft bedeutungslos geworden wäre: So spielt sie z.B. eine wichtige Rolle als Lückenfüller auf dem Arbeitsmarkt, da die modernen Sektoren viel zu wenig Arbeitsplätze bieten. Unter diesen Umständen sind immer noch knapp 45 % der Erwerbstätigen in der Landwirtschaft beschäftigt.

Großgrundbesitz und Pachtwesen spielen, mit Ausnahme von Südostanatolien, in der Türkei eine geringe Rolle. Im allgemeinen dominiert das selbständige Bauerntum, das im Kleinbetrieb wirtschaftet. So entfallen ca. 75 % der landwirtschaftlichen Nutzfläche auf Betriebe, die kleiner als 20 ha sind. Die geringe Betriebsgröße ist historisch zu erklären. Die meisten Höfe entstanden in einer Zeit, in der es ausschließlich um Eigenversorgung ging und kleinere Betriebe den Ansprüchen voll genügten. Zudem förderte das Erbrecht (Realerbteilung) die Zersplitterung des Besitzes. An diesem Erbmodus hat sich bis zum heutigen Tag nichts geändert.

Gegenwärtig befinden sich diese Kleinbetriebe in der Krise. Heute erwirtschaftet man nicht mehr den Eigenbedarf, sondern spezialisiert sich auf einige wenige Produkte, die für den Markt bestimmt sind. Mit dem Erlös bestreitet man nicht nur den Lebensunterhalt, sondern will sich auch Konsumwünsche erfüllen. Es liegt allerdings auf der Hand, daß die geringen Erträge hierfür nicht ausreichen, zumal die Lebenshaltungskosten steigen. Der Minibetrieb ist nur noch dort rentabel, wo er sich auf Wein oder Zitrusfrüchte spezialisiert hat.

Die Produktion der türkischen Landwirtschaft bewegt sich, je nach Region, heute zwischen Eigenversorgung und Marktorientierung. Für die unterschiedliche Nutzung ist neben Klima und Bodenbeschaffenheit auch der regional unterschiedliche Entwicklungstand bzw. Modernisierungsgrad - Mechanisierung, Chemieeinsatz - der Landwirtschaft entscheidend. Erschwerend kommt hinzu, daß für nötige Neuerungen die Mittel fehlen oder Reformversuche an mangelnder Innovationsbereitschaft scheitern. Vielerorts hält man daher noch an den überkommenen Formen der Bewirtschaftung mit Hakenpflug und Dreschschlitten fest. Die Erträge reichen hier kaum für die Selbstversorgung.

Baumwollfelder findet man oft an der West- und Südküste

Ackerbau

Zu den wichtigsten Getreidearten zählen *Weizen* und *Gerste*.

Obwohl sich die Weizenerzeugung seit 1950 mehr als verdoppelt hat, deckt sie heute gerade den Eigenbedarf der rasch wachsenden Bevölkerung. Ein Zentrum des Weizenanbaus liegt an der Westküste zwischen Manisa und Salihli im Gediz-Tal. Getreide wird als Winterfrucht angebaut; *Mais* findet man nur dort, wo bewässert werden kann.

Einen hohen Anteil an der Produktion von Fettpflanzen machen *Oliven* aus, die im ganzen Land, hauptsächlich aber an der Ägäisküste geerntet werden. Oliven werden mehr als je zuvor angebaut, nicht zuletzt, weil für die anspruchslose Frucht ausreichend Land zur Verfügung steht. Olivenbaumhaine werden bevorzugt in Hanglagen angelegt, wo die Krume dünn und der Boden wenig fruchtbar ist. Als Speiseoliven oder als Olivenöl verarbeitet, wird diese Frucht auf dem Markt angeboten.

Etwa 90 % der türkischen Baumwollanbaufläche liegt an West- und Südküste bzw. in den Ebenen des Hinterlandes. An der Westküste gibt es ausgedehnte *Baumwollfelder* in den Tälern von *Bakırcay* und *Gediz* sowie von *Küçük-* und *Büyük Menderes*, im Mittelmeerraum in den Küstenebenen, und hier vor allem in der Çukurova, in der seit dem zweiten Weltkrieg Baumwolle als Monokultur angebaut wird (→ Artikel "Zwischen Seyhan und Ceyhan - die Çukurova" und "Baumwollpflücker in der Çukurova"). Die Südküste produziert dabei mehr als doppelt soviel Baumwolle wie die Westküste. Durch einen Schädlingsbefall im Jahr 1975 wurde man jedoch gezwungen, in dieser größten Schwemmlandebene der Türkei auch zum Anbau anderer Produkte überzugehen. Insgesamt ist die Bedeutung türkischer Baumwolle so gestiegen, daß sie mengenmäßig die Produktion Ägyptens und auch Mexikos übertrifft. So ist sie heute für die Türkei eine der wichtigsten Industriepflanzen. Etwa die Hälfte der Ernte geht ins Ausland. Da aber die türkische Textilindustrie expandiert, wird die Baumwolle zunehmend auch in den eigenen Betrieben verarbeitet.

Beim Obst nimmt die *Traube* den ersten Platz ein. Seit dem Zweiten Weltkrieg hat sich ihre Produktion mehr als verdreifacht. Die Hälfte der Ernte deckt als Frischobst den Eigenbedarf des Landes. Ein knappes Viertel wird zu Sirup (trk. *pekmek*) eingedickt, das andere zu Rosinen verarbeitet. Aus dem verbleibenden Rest wird Wein gekeltert, der dann auch - trotz des islamischen Alkoholverbots - im Land selbst konsumiert wird. Bis zu 80 % der geernteten Sultaninen, kernlose Trauben aus dem Ägäisraum, werden getrocknet und im Ausland abgesetzt.

Der Anbau von *Orangen, Mandarinen, Zitronen* und *Pampelmusen* ist für die gesamte Südküste typisch. Das wichtigste Zitrusanbaugebiet der Türkei liegt zwischen Erdemlı und Mersin, das zweitbedeutendste am Golf von İskenderun. Die Ernte beginnt in der zweiten Septemberhälfte und dauert bis in den Frühling hinein. Obwohl der Anbau in den letzten Jahren bedeutend ausgeweitet worden ist, wird im Vergleich zu anderen Zitrusfrüchte exportierenden Ländern wenig ins Ausland verkauft (nur 15 - 20 % der Ernte), da viele Sorten - vor allem wegen ihrer zahlreichen Kerne - nicht den internationalen Marktanforderungen entsprechen.

In geschützten Lagen an der Mittelmeerküste, wie um Alanya, Gazipaşa und Anamur, hat man *Bananenplantagen* angelegt.

Eine andere wichtige Industriepflanze ist der auf unbewässertem Land angebaute *Tabak*, der zu 40-50 % in den Außenhandel geht. Dabei machen die Ägäis-Tabake etwa zwei Drittel der türkischen Produktion aus.

An der Südküste wird während der milden Winter Frühgemüse zum Teil unter Glas angebaut. Vor allem Tomaten, aber auch Erbsen, Bohnen, Gurken und Salat wachsen in Treibhauskulturen. Im Sommer zieht man Paprika, Auberginen, Tomaten, Gurken, Kürbisse und Melonen im Freiland unter Bewässerung. Innerhalb eines Jahres werden zwei bis vier Kulturen angepflanzt und bringen mehrere Ernten.

Feigen werden vor allem an der Westküste geerntet. Der Anbau dort macht etwa 75 % der türkischen Gesamternte aus. Sie sind aber wie *Melonen*, *Pfirsiche* und *Äpfel* für den Export unbedeutend; auf Äpfeln und Pfirsichen hat sich im Land eine Fruchtsaftindustrie aufgebaut.

Erdnüsse gedeihen an der südöstlichen Mittelmeerküste vorzüglich. Die dort geernteten Nüsse machen rd. 90 % der türkischen Gesamternte aus. *Reis* und *Zuckerrohr* werden südlich von Adana angebaut.

Viehwirtschaft

Ob Fleisch, Milch oder Wolle - die Viehwirtschaft stagniert seit Jahren bei geringen Erträgen. Ein begrenztes Weide- und Futterangebot sowie regional auftretende Trockenperioden erschweren die Viehhaltung und verschlechtern die Produktionsergebnisse. Ähnlich wie im Ackerbau laufen Reformen zur Verbesserung und Intensivierung nur zäh an. Es ist verständlich, daß die traditionsbewußten Bauern gegenüber Neuerungen eher skeptisch sind.

Dort, wo der Boden zu karg für den Ackerbau ist, weiden *Schafe* und *Ziegen* (1991 insgesamt über 51 Millionen). In der *Rinderzucht* hat sich der Schwerpunkt von der Fleisch- auf die Milchversorgung verlagert.

Eine erhebliche Rolle kommt der Geflügelhaltung zu; insbesondere *Hühner* werden auch in arabische Länder exportiert.

Aufgrund der fortschreitenden Mechanisierung und Motorisierung verzichtet man immer mehr auf die klassischen Last- und Arbeitstiere wie *Esel* und *Maultier*, obwohl sie in abgelegenen, schwer zugänglichen Gebieten immer noch unverzichtbare Dienste leisten. An der Südküste sieht man auch noch *Kamele*.

Forstwirtschaft

Erst in den letzten Jahren hat sich in der Türkei das Forstwesen entwickelt, als es nämlich immer dringlicher wurde, die vorhandenen Waldbestände zu schonen und der fortschreitenden Zerstörung des Waldes durch Einschlag und Tierverbiß Einhalt zu gebieten.

26,2 % der Fläche des Landes sind bewaldet. Davon befinden sich 85 % in staatlichem Besitz. Hoch- und Niederwald machen dabei etwa jeweils die Hälfte des gesamten Forstbestandes aus, der regional sehr unterschiedlich ist (→ Pflanzenwelt).

Ungefähr 35 % des Waldes werden forstwirtschaftlich genutzt. Zwischen Ankara und İstanbul liegt derzeit das Haupteinschlagsgebiet. Alle möglichen Holzarten - Kiefer, Tanne, Fichte, Buche, Pappel, Weide und Eiche - werden gefällt. In Sägewerken - überall im Land, wo es nennenswerte Waldbestände gibt - arbeiten ca. 20.000 Menschen. Die Vorräte sind knapp. Nutz- und Bauholz muß zusätzlich importiert werden.

Bereits seit 1978 ist eine groß angelegte Aufforstungskampagne im Gange, deren Ziel es u.a. ist, die Erosionsgefahr in vielen Regionen einzudämmen. Weiterhin soll die Holzproduktion gesteigert und die Versorgung für die Zukunft gesichert werden.

Der Schutz des Waldes ist jedoch häufig problematisch, da die Existenz der Bevölkerung in den mehr als 13.000 Siedlungen von der Wald- und Waldweidennutzung abhängt. Man schlägt Brenn- und Nutzholz; Schaf- und Ziegenherden auf den Waldweiden fressen Triebe und Rinde, so daß die Bäume eingehen.

Weiterhin ist die Forstverwaltung bestrebt, das Wegenetz zu erweitern, um bisher unzugängliche Wälder zu erschließen. Dadurch sind Waldbrände besser in den Griff zu bekommen, die häufig nicht nur aufgrund langer Trokkenperioden oder achtlosen Umgangs mit Feuer (Zigarettenkippen!) entstehen, sondern auch mit Absicht gelegt werden, um Acker- und Weideland zu gewinnen.

Da der Wald auch für Erholungszwecke immer bedeutender wird, liegt hier ebenfalls ein neues Betätigungsfeld für die Forstverwaltung. So werden immer mehr Nationalparks, Naturschutzgebiete, Erholungswälder mit Picknick- und Campingplätzen geschaffen.

Fischereiwirtschaft

Die Türkei verfügt über noch recht gute Fischfanggründe (starker Rückgang der Fischbestände im Schwarzen Meer) nicht nur im Meer, sondern auch in den Flüssen und Binnenseen. Die vorhandenen Möglichkeiten sind bei weitem noch nicht ausgeschöpft.

Zu den wichtigsten Seefischen gehören *Sardellen*, *Makrelen* und *Sardinen,* die vor allem im Schwarzen Meer, dem Hauptfanggebiet der Türkei, reichlich vorkommen. Auf dem Weltmarkt besteht jedoch für diese kleinen Fische nur eine begrenzte Nachfrage.

Süßwasserfische spielen dagegen für die Ausfuhr eine immer größere Rolle. Ihr Anteil am Fischexport der Türkei macht ungefähr die Hälfte aus. Es werden fast ausschließlich *Karpfen* ausgeführt (zu 95 %), aber auch *Aale, Welse (cat fish), Forellen* und *Hechte.*

Auf die Ausweitung der Binnenfischerei hat man in den letzten Jahren ein besonderes Augenmerk gerichtet. So wird sie auch nach einem Landesentwicklungsplan verstärkt gefördert.

Bergbau

Die Türkei hat eine Vielfalt an mineralischen Bodenschätzen, deren Lager-

Tabakbauern an der Westküste

stätten über das ganze Land verstreut liegen. Viele davon sind schwer zugänglich, da eine entsprechende Infrastruktur fehlt. Daher werden sie nur in kleinem Umfang abgebaut. Auch nur wenige Rohstoffe sind an Menge und Qualität so bedeutsam, daß sie auf dem Weltmarkt abgesetzt werden oder die Grundlage der eigenen Industrie sein könnten. Tagebauförderung überwiegt. Dabei sind die Lagerstätten häufig so klein, daß sich große staatliche Förderanlagen nicht lohnen. Die Förderung bleibt so Privatunternehmen überlassen, die mit einem relativ geringen technischen und finanziellen Aufwand den Abbau betreiben.

Zu den wichtigsten Bodenschätzen zählen die *Steinkohle* am Schwarzen Meer im Bereich Zonguldak-Ereğli und die *Braunkohle*, die fast überall in größeren und kleineren Becken vorkommt, aber ihre Hauptförderzentren östlich von Bergama und zwischen Bursa und Kütahya hat. Da Steinkohle relativ teuer ist, finden sich dafür wenige private Abnehmer. Sie wird hauptsächlich zur Energieerzeugung und in der Industrie verwendet; die billigere Braunkohle dagegen dient als Hausbrand. Sie ist beinahe im ganzen Land zu fördern, wenn auch meist nur in Klein- und Kleinstmengen.

Erdöl stammt vor allem von südostanatolischen Feldern um Diyarbakır, aber auch um Kâhta und Adıyman. Die bisher erschlossenen Erdölvorkommen haben sich insgesamt als wenig ergiebig erwiesen. Mit ihnen ist der Eigenbedarf bei weitem nicht zu decken. Große Ölmengen müssen zusätzlich importiert werden. An der Förderung und Erschließung neuer Felder sind in erster Linie die Gesellschaften *Shell, Türkpetrol, Mobil/ Panoil, Ersan* beteiligt.

West- und Südküste haben an Bodenschätzen nicht viel zu bieten. Die größte bisher bekannte Lagerstätte ist der Erzberg von Divriği, im Südosten von Sivas, dessen Eisenerzvorrat auf 40.000 Millionen Tonnen geschätzt wird. Daneben soll es noch mehr als 600 größere und kleinere Lagerstätten geben. *Kupfer* und *Chrom* sind Rohstoffe, die im Export führen. Dabei macht Chrom aus der Türkei ca. 10 % der Welterzeugung aus und nimmt somit die fünfte Stelle auf der Weltrangliste hinter Südafrika, der ehemaligen UdSSR, Zimbawe und Albanien ein.

Von Bedeutung, auch für den Export, sind *Antimon, Quecksilber, Blei* und *Wolfram*. Ferner sind die Fördermengen von *Borazit* und *Schmirgel* nennenswert, die in den letzten Jahren verstärkt in den Export gehen.

Auf der Basis von *Bauxit* hat sich in jüngster Zeit eine kleine Aluminiumindustrie entwickelt. Die zur Zeit größte Lagerstätte befindet sich bei Akseki, südlich des Beyşehir-Sees.

Industrie im Überblick

Der Industrialisierungsprozeß, der einst von Atatürk eingeleitet wurde, ist mittlerweile recht weit fortgeschritten. 1995 wurden in diesem Sektor 30,6 % des Bruttosozialprodukts erzeugt, das ist doppelt soviel wie in der Landwirtschaft, allerdings beträgt die Zahl der Beschäftigten nur knapp die Hälfte.

Die türkische Industrie ist strukturell mit der großer fortgeschrittener "Entwicklungsländer" wie Brasilien, Indonesien oder Mexiko vergleichbar, wobei der Begriff "Schwellenland" geeigneter ist, um den Entwicklungsstand zu charakterisieren. Es besteht zwar nach wie vor die Notwendigkeit, viele und vor allem wesentliche Investitionsgüter zu importieren, aber es existieren andererseits auch ein eigener Maschinenbausektor sowie Schwerindustrie, die in der Lage sind, einen Teil entsprechender Bedürfnisse zu befriedigen. Ferner unterscheidet sich die türkische Industrie im Konsumgüterbereich erheblich vom klassischen Entwicklungsland; es wird hier nämlich nicht nur auf einer geringen Veredelungsstufe das eine oder andere Agrarerzeugnis verarbeitet, sondern auch unter der Regie führender westlicher Industriekonzerne montiert. Dies gilt für die Textilindustrie, die 1995 trotz erheblicher Handelsschranken z.B. für 4,5 Mrd. DM Waren in die Bundesrepublik Deutschland exportierte (mehr Devisen als aus den Überweisungen der türkischen Gastarbeiter) und die Bauindustrie, die seit Jahren viele Bauvorhaben in den arabischen Öländern durchführt und jetzt auch in der ehemaligen UdSSR einen erheblichen Marktanteil gewinnen konnte.

Dieser Position der Türkei entspricht auch, daß sie einerseits zwar weit hinter den großen west- und mitteleuropäischen Industrienationen zurückliegt (auch technologisch von ihnen abhängt), andererseits aber die vielfältigste und leistungsfähigste Industrie in Südosteuropa und dem gesamten Mittleren Osten besitzt.

Die lange Zeit zentrale Position des staatlichen Sektors spiegelt sich darin wider, daß die meisten großen Industriebetriebe in Staatsbesitz sind. Diese Situation wird sich in den kommenden Jahren durch Privatisierung dramatisch ändern. Der Prozeß ist bereits eingeleitet.

Es gibt mittlerweile aber auch große private Industrieunternehmen; diese sind allerdings keine reinen Industrieunternehmen, sondern gleichzeitig auch in anderen Wirtschaftsektoren aktiv (Busse, Banken etc.). Sie haben die Organisationsform der Holding. Die beiden mit Abstand größten heißen *Sabancı* und *Koç.*

Für den privaten Industriesektor ist strukturell typisch, daß neben großen Holdings zahlreiche Mittel-, Klein- und Kleinstunternehmen bestehen, die meist nur eine einfache Verarbeitung betreiben.

Die Industrie ist in wenigen Ballungsräumen im Westen des Landes und damit in unmitterbarer Nähe zu ihren Abnehmern konzentriert, so die weiterverarbeitenden *Metallindustriebetriebe* wie Stahlröhrenwerke, Eisengießereien, Drahtziehereien in İstanbul, Bursa und İzmir. Eine Ausnahme bilden hier der stark industrialisierte Raum Adana-Mersin, weit im Südosten, und in gewissem Maße noch die Stadt Malatya in Ostanatolien.

Die türkische *Schwerindustrie* konzentriert sich auf drei Hüttenwerke. Zwei von ihnen liegen im Steinkohlerevier Zonguldak, das dritte in İskenderun, nahe der Grenze, wo es Erze aus dem nahe gelegenen Amanusgebirge bezieht. Die einheimische Kohle ist in allen drei Werken die Energiebasis, auch wenn sie nach İskenderun weit mit dem Schiff befördert werden muß. Über die eigenen Erze hinaus werden Fremderze verhüttet.

Konsumgüterindustrie ist über das ganze Land verteilt, sofern es sich um kleine, einfache Betriebe handelt wie Getreidemühlen, Textil- oder Holzverarbeitungsbetriebe. Fahrzeugbau, Elektrotechnik, Feinmechanik und Optik, Maschinenbau, Glas- und Keramik-, Gummi- und Plastikindustrie, chemische Industrie und Pharmazie, Druck- und Papierbetriebe und die etwas anspruchsvolleren Nahrungs-, Genußmittel- und Textilindustriebetriebe liegen im Dreieck *İstanbul-Ankara-İzmir.* Wenig bedeutende Standorte für die genannten Branchen sind *İzmit* und *Bursa.*

Unter betriebswirtschaftlichem Gesichtspunkt ist es für viele Industriebranchen häufig vorteilhafter, sich im Westteil des Landes anzusiedeln, da dank des allgemein höheren Lebens-

Tezek - getrocknete Kuhmistfladen

standards ein Abnehmerpotential bereits vorhanden ist und Arbeitskräfte aus dem dortigen industriell-gewerblichen Umfeld für Industriearbeit meist höher qualifiziert sind. Bessere Karten hat der Westen auch dadurch, daß die Entfernungen zu den Häfen und Abnehmern in den inländischen Ballungszentren oder zum europäischen Ausland kürzer sind. Weitere Pluspunkte sind eine Vielzahl gut entwickelter Zulieferbetriebe, die eine Ansiedlung weiterer Unternehmen fördern.

Der äußerst schwach industrialisierte Osten kann das nicht bieten, abgesehen von den wenigen Bergwerken und lebensmittelverarbeitenden Betrieben. Die Anreize, in wirtschaftlich schwachen Gebieten zu investieren, sind erfahrungsgemäß - wie überall - nicht sehr groß. Staatliche Maßnahmen, mit denen der Industrialisierungsprozeß unter Gesichtspunkten der Raumordnung gesteuert werden soll, das heißt, mit denen man die Industriebetriebe über das ganze Land verteilen wollte, waren daher bislang nur in begrenztem Maße erfolgreich.

Fazit: Das West-Ost-Gefälle bezüglich der Industrieverteilung, und damit der Gegensatz zwischen armen und reichen Regionen, bleibt bestehen und verschärft sich sogar noch.

Energiewirtschaft

Noch vor nicht allzu langer Zeit waren *Holz* und *Tezek* (getrocknete Kuhmistfladen) die wichtigsten Energiequellen des Landes. Auch heute werden diese beiden traditionellen Brennstoffe noch immer genutzt: Holz in Waldgegenden, wie im Taurus, und getrockneter Mist in der kargen Steppenlandschaft.

Ansonsten liefern Braunkohle und Elektrizität die Energie. Solaranlagen sind immer noch selten, werden aber zunehmend an der Küste bei Hotels und Apartmenthäusern installiert.

Die heimischen Energiequellen *Kohle, Wasser* und *Erdöl* decken die Nachfrage nicht, so daß Energierohstoffe aus anderen Ländern zu importieren sind. Besonders die Abhängigkeit von Rohölimporten wurde im August 1990 offenkundig, als sich die Türkei dem weltweiten Wirtschaftsembargo gegen den Irak anschloß. So wurden unter anderem die beiden im türkischen Mittelmeerhafen Yumurtalik endenden Pipelines geschlossen, über die etwa die Hälfte der irakischen Erdölexporte getätigt wurde bzw. über welche die Türkei einen Großteil ihres Ölbedarfs importierte.

Die relative Bedeutung der einzelnen Energierohstoffe hat sich im Laufe der Zeit verändert. Bereits seit längerem wird das Erdöl von Braunkohle und Wasserkraft verdrängt, weil die bisher bekannten heimischen Erdölfelder erschöpft sind und für die Erschließung neuer Lagerstätten Kapital sowie technische Voraussetzungen fehlen. Zum anderen versucht man, die Einfuhr von Erdöl wegen der hohen Preise in Grenzen zu halten. Im Zuge der Erschließung von neuen Kohlelagerstätten ließ sich die Fördermenge an Braunkohle wesentlich erhöhen. Nachdem der Keban-Staudamm am Euphrat 1975 in Betrieb genommen wurde, hat sich die Wasserkraft in kurzer Zeit zu einem Hauptenergieträger für die Türkei entwickelt. Neben diesem gewaltigen Stauwerk liefern nahezu 450 andere Dämme Energie. Heute werden etwa 15 bis 20 % der Wasserkraft genutzt. Die türkischen Wasserkraftreserven werden auf 90 Mrd. kWh pro Jahr geschätzt und reichen damit fast an das Potential Norwegens mit 105 Mrd. kWh heran.

Die wachsende Zahl von Staudämmen und Elektrizitätswerken sowie der beschleunigte Ausbau von Transportsystemen und die Elektrifizierung des ländlichen Raums zeigen, wie sehr die Türkei bemüht ist, ihre Energiewirtschaft weiter zu entwickeln (→ Flüsse und Seen).

Wirtschaftliche Entwicklung

Für rund fünfzig Jahre war die türkische Wirtschaftspolitik mehr oder weniger von Atatürks Prinzip des "Eta tis mus" (frz. *état* = Staat) geprägt, d.h. der Staat lenkte die wirtschaftliche Entwicklung des Landes. Da es auch kein privates Unternehmertum gab, erfolgte die Industrialisierung des Landes durch staatliche Betriebe. Um das staatliche und private Nebeneinander zu koordinieren, wurden Fünfjahrespläne aufgestellt. Die Entwicklungsstrategie zielte dabei auf möglichst viel Autarkie ab, d.h. auf wirtschaftliche Unabhängigkeit vom Ausland. Importe sollten durch eigene Produktion überflüssig werden. Zu diesem Zweck wurde die Industrie durch hohe Schutzzölle von der ausländischen Konkurrenz abgeschirmt. Daneben griff der Staat auch mit der Kontrolle von Preisen und Löhnen in die Wirtschaft ein.

Gegen Ende der siebziger Jahre stand die Türkei am Rande des wirtschaftlichen Bankrotts und konnte ihre Auslandsschulden nicht mehr zurückzahlen. Der *Internationale Währungsfonds* (IWF) war zur Hilfe bereit, knüpfte diese allerdings an einen grundlegenden Richtungswechsel in der Wirtschaftspolitik. Um den Auflagen der Geldgeber nachzukommen, kündigte die Regierung *Demirel* Anfang 1980 ein Programm mit einschneidenden Reformen an, das bis heute das Handeln der Regierung bestimmt. Architekt des Reformprogramms war *Turgut Özal,* der spätere Minister- und Staatspräsident der Türkei. Im Zuge der Verwirklichung dieser Reformen wurden der Außenhandel durch den Abbau von Einfuhrbeschränkungen liberalisiert, die Devisenbewirtschaftung beseitigt, eine reale Abwertung der Lira zugelassen, die staatlichen Preiskontrollen aufgegeben, die öffentlichen Subventionen gekürzt und die Privatisierung von Staatsunternehmen in Angriff genommen. Die Strategie, den Bedarf durch Eigenproduktion zu decken, wurde zugunsten einer Entwicklungsstrategie auf der Grundlage von Exporten aufgegeben. Der wirtschaftspolitische Kurswechsel schlug sich in den achtziger Jahren in einer beachtlichen Steigerung der Exporte nieder, wobei vor allem der Anteil von Industrieprodukten anstieg. Die jährlichen Zuwachsraten des Sozialprodukts lagen von 1980 bis 1990 meist deutlich über dem Durchschnitt der OECD-Länder. Handelspolitisch setzte die Türkei auf eine Intensivierung der wirtschaftlichen Beziehungen zu anderen Ländern. Ein bereits 1987 gestellter Antrag auf Vollmitgliedschaft in der EG wurde 1989 von der Gemeinschaft abgelehnt. Dagegen schloß man 1992 ein Abkommen über die wirtschaftliche Zusammenarbeit in der Schwarzmeerregion mit sechs Republiken der ehemaligen UdSSR (Rußland, Georgien, Aserbaidschan, Armenien, Ukraine und Moldavien) sowie mit Griechenland, Rumänien, Bulgarien und Albanien.

Wegen des großen Bevölkerungswachstums führte das erzielte Wirtschaftswachstum jedoch nicht zu einer entsprechenden Steigerung des Pro-Kopf-Einkommens. Aus dem gleichen Grund gelang es auch nicht, die chronisch hohe Arbeitslosigkeit spürbar zu senken. Eine unerfreuliche Entwicklung der letzten Jahre ist auch die hohe Inflationsrate, die nach 1986 wieder deutlich anstieg und heute bei 80 % liegt. Da die Lohnsteigerungen mit der Inflation nicht Schritt halten konnten, verminderte sich das Realeinkommen einer breiten Bevölkerungsschicht. Als Hauptursache für die Inflation gilt das hohe Defizit des Staatshaushalts, das wiederum auf die Verluste und die Subventionierung der Staatsunternehmen zurückgeht, noch mehr aber auf die riesigen Militärausgaben, u.a. im Kurdenkrieg. Ein anderer wichtiger Faktor sind die durch die schwache Position der Lira teuren Importe. Der marktwirtschaftliche Reformprozeß wird als Voraussetzung für eine erfolgreiche Inflationsbekämpfung angesehen.

Traditionen, Zeremonien und Folklore

Volksmusik und Instrumente

Türkische Musik hört sich für die meisten Ohren immer ziemlich ähnlich an, obwohl sie je nach Region und Musikrichtung (traditionell oder neuzeitlich) unterschiedlich ist.

Zu den Instrumenten, die man überall in der Türkei spielt, gehören verschiedene Flöten. Die *kaval,* eine Längsflöte, war früher ein typisches Instrument der Nomaden. Trotz ihrer einfachen Konstruktion, ein Rohr mit Löchern, ist sie relativ schwer zu spielen, da sie kein richtiges Mundstück hat.

Als Vorläuferin der abendländischen Oboe gilt die *zurna*. Sie wird wegen ihrer schrillen Töne meist nur im Freien gespielt. Die *mey,* eine Kurzoboe, ist im Gegensatz zur fast überall bekannten *zurna* nur für den Osten des Landes typisch. Sie wird als Soloinstrument gespielt, manchmal auch mit Trommelbegleitung.

Zu den Flöten gehören auch die sehr schrill klingende *sipsi* aus der Ägäisregion und die für Südanatolien charakteristische *argun*. In der Nord- und Osttürkei werden Sackpfeifen (Dudelsäcke) wie *gayda* (mit einer Melodie- und einer Begleitpfeife) und *tulum* (mit zwei Melodiepfeifen) gespielt.

Die *saz* oder *baglama* ist mit unterschiedlicher Saitenzahl in vielen Größen das wichtigste Saiteninstrument. Sie hat einen kleinen, birnenförmigen Korpus, einen in der Regel mehr als einen Meter langen, recht schmalen Hals mit mindestens drei Saiten und mehr als zwanzig beweglichen Bünden. Als Begleitinstrument zum Gesang wird sie solo oder im Ensemble gespielt.

Die *kemence,* ein Streichinstrument mit kastenförmigem Korpus und relativ kurzem Hals, ist für die Schwarzmeerküste typisch.

Zu den Saiteninstrumenten zählt auch die aus Persien stammende *santur,* deren Saiten mit Klöppeln zum Klingen gebracht werden. Sie ist mit der europäischen Zimbel zu vergleichen.

Die *duval,* die einer Großtrommel ähnelt, wird von der einen Seite mit einem großen Schlegel, von der anderen mit einem dünnen Holzstäbchen geschlagen. *Duval* und *zurna* sind bei vielen musikalischen Darbietungen eine beliebte Kombination.

Die *tef,* eine Rahmentrommel, die mit beiden Händen geschlagen wird, gleicht dem Tamburin. Weitere Rhythmusinstrumente sind *zil* (Becken) und *kasık* (Löffel).

Volkstänze

Fast jede Region hat ihre besonderen Tänze. Die *Zeybek-Tänze* sind für die Ägäisküste charakteristisch und ver-

Musiker in der Osmanenzeit

Tänzer in traditionellen Kostümen

Tavla - ein beliebtes Unterhaltungsspiel

Das alte türkische Brettspiel *tavla,* auch als *Backgammon* bekannt, gehört zu den beliebtesten Spielen in der Familie und an den Tischen der Teehäuser. Es gibt zahlreiche Spielvarianten, von denen hier nur eine kurz erklärt werden soll.

Es wird zu zweit gespielt. Jeder bekommt 15 Steine, die auf dem Brett nach den Regeln angeordnet werden. Die Spieler müssen nun in ihrer Zugrichtung versuchen, die Steine ins letzte Feld zu bringen. Dazu werden zwei Würfel geworfen. Je nach Augenzahl darf man mit einem oder mit zwei Stein(en) rücken. Wichtig: Ein Spielfeld kann nicht besetzt werden, wenn es von einem anderen Spieler mit mehr als einem Stein blockiert wird. Hat der Mitspieler nur einen Stein auf einem Feld sitzen, kann er hinausgewürfelt werden. Ist dies der Fall, muß der Stein im ersten Viertel des Spielfeldes mit einem entsprechenden Wurf wieder angesetzt werden. Befinden sich alle Steine eines Spielers im letzten Viertel des Spielfeldes, wird mit dem Hinauswürfeln begonnen. Dies geht aber nur mit entsprechender Augenzahl. Beispiel: Mit einer *eins* kann nur ein Stein aus dem ersten Feld, mit einer *zwei* nur ein Stein aus dem zweiten Feld usw. herausgenommen werden. Wer seine Spielsteine zuerst draußen hat, ist der Gewinner, der zwei Pluspunkte erhält, wenn mehrere Steine des Spielpartners noch im vorletzten Viertel des Feldes stehen.

einzelt auch für zentralanatolische Gebiete. Sie werden hauptsächlich von Männern meistens als Solo-, aber auch als Gruppentanz vorgeführt. Zur Tracht gehören kniefreie Hosen, ärmellose, bestickte Westen und breite bunte Gürtel, manchmal auch ein Dolch oder eine Pistole. In diesen Heldentänzen sollen Mut und Tapferkeit zum Ausdruck kommen. Die Tänzer werden mit *duval* und *zurna* begleitet, gelegentlich auch mit der *saz.*

Die *Löffeltänze,* die sogenannten *kasık oyunları,* sind für Anatolien typisch, insbesondere aber für die Gegend zwischen Konya und Silifke. Sie werden solo, paar- oder auch gruppenweise getanzt. Die Akteure halten Holzlöffel in der Hand, die sie kastagnettenartig schlagen und damit die Musik der begleitenden Instrumente *(saz, dumbelek, Violine)* rhythmisch akzentuieren.

Heirat

In traditionsbewußten Familien, vor allem in den ländlichen Regionen Ost- und Südanatoliens, gleicht die Heirat eher einem "Geschäft" zwischen zwei Familien. Nach Liebe oder zumindest zwischenmenschlichen Beziehungen wird nicht gefragt. Im Grunde genommen geht die Braut nur als Arbeitskraft von der einen Familie zur anderen. Dafür muß der Bräutigam bzw. seine Familie eine Entschädigung zahlen, den Brautpreis. Er richtet sich nach der Schönheit, den Fähigkeiten und der Ausbildung der Frau und wird von den männlichen Familienmitgliedern ausgehandelt. So ist es keine Seltenheit, daß sich Eheleute am Tag der Eheschließung zum ersten Mal sehen. Früher wurde der Brautpreis in Ochsen, Kühen, Schafen oder anderen Tieren

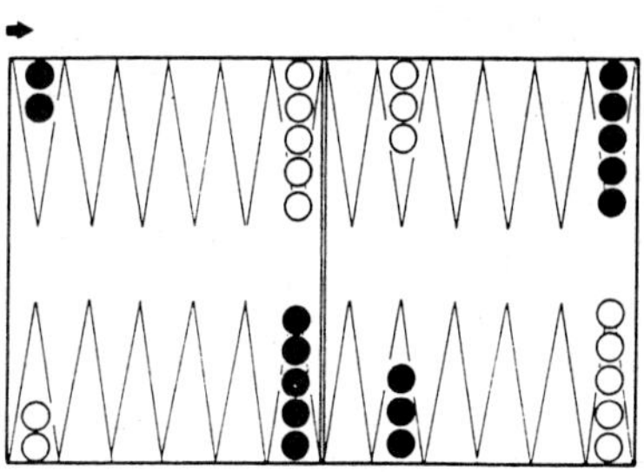

Beschneidungskinder

festgelegt. Heute wird er meist in Geld oder Gold entrichtet.

Die eigentliche Hochzeitsfeier, zu der alle Freunde und Bekannten eingeladen werden, dauert mindestens drei Tage. Dabei feiern die Männer bei der Familie des Bräutigams und die Frauen bei der Brautfamilie. Während dieser Feiertage wird gegessen, getrunken und - zumindest bei den Männern - ausgelassen zu Flöten- und Trommelmusik getanzt. Die Brautleute bekommen ihre Hochzeitsgeschenke getrennt überreicht. Die Braut erhält Goldschmuck und Geld, die als eine Art soziale Absicherung gedacht sind. Am letzten Tag der Feierlichkeiten holt der Vater des Bräutigams, oft noch von anderen Verwandten begleitet, die Braut mit einem Wagen ab und bringt sie in ihr neues Heim. Der *hoça* vollzieht dann in der Moschee oder im Haus des Bräutigams die traditionell-islamische Trauung. Noch am Abend oder am nächsten Morgen gehen die Brautleute zum Standesamt und lassen ihre Ehe gesetzlich besiegeln.

In fortschrittlich-modernen Familien können die jungen Leute ihren Partner oder ihre Partnerin frei wählen. Die Hochzeitsfeier findet meist abends statt, nachdem tagsüber die gesamte Hochzeitsgesellschaft mit allen verfügbaren Autos, oft unter Musikbegleitung, hupend durch den Ort gefahren ist. Im dicksten Schlitten ganz vorne hat der Bräutigam gesessen, den Jubel und Trubel um ihn herum genossen. In Anwesenheit aller Gäste findet schließlich die religiöse Zeremonie statt, meist in einem Saal, den man für die Feier festlich hergerichtet hat. Geschenke für die Braut, wie Goldschmuck und Geldscheine, werden ihr an das Kleid gesteckt. Danach wird kräftig gefeiert, allerdings nicht immer bei klassisch-türkischer Musik, sondern auch schon mal bei westlicher Musik.

Beschneidung

Dieser Brauch, der den "Teufel vom Leib" halten sollte, geht auf alte Überlieferungen zurück.

Die Beschneidung eines Knaben, auch *Beschneidungshochzeit* genannt, bedeutet im Islam, daß der Junge in die Männergesellschaft aufgenommen wird. Sie erfolgt meist zwischen dem fünften und zwölften Lebensjahr. Vor allem nach dem Fastenmonat *Ramadan* werden viele Beschneidungsfeste gefeiert.

Wochen vorher kauft man für den Jungen einen Anzug und dazu eine meist rote Schärpe. Am Tage der eigentlichen Beschneidung fährt die Familie, ähnlich wie bei einer Hochzeit, mit dem Knaben in Festtagskleidung, oft unter Musikbegleitung, durch den Ort. Am Morgen des folgenden Tages wird dann der Beschneidungsakt in Anwesenheit der beschnittenen männlichen Verwandten und des *hoça* vorgenommen, zumeist von einem Arzt. Früher machte es in der Regel der Bar-

Auf in die Sommerfrische

Wie einst ist sie auch heute noch beliebt - die *yayla*. Wenn die Hitze im Tiefland unerträglich ist, zieht man sich hierher zurück. Hochplateaus und Hochtäler im Taurus waren ursprünglich die bevorzugten Plätze, wo Nomaden ihre Zelte aufschlugen, Viehzüchter aus dem Tiefland und Hirten ihre Herden weiden ließen, Bauern ihren Acker bestellten und ab dem 18. Jahrhundert Städter aus der Küstenebene - vorwiegend Angehörige der Mittel- und Oberschicht - die heißeste Zeit des Jahres verbrachten. Ganze Küstenorte waren menschenleer, wenn die Bewohner hinaufzogen. Auch die Verwaltung siedelte in den Sommersitz um. Der Weg hinauf mit Eseln oder Ochsen, die einen Karren mit einem großen Teil des Hausstands hinter sich herzogen, war lang und beschwerlich, zumal es im Gebirge nur Pfade und bessere Feldwege gab. Es entstanden primitive Häuser aus Holz oder Stein. Doch schon seit einigen Jahren kennt man hier solide Gebäude, die zum Teil sogar an Villen erinnern. Restaurants, Lebensmittelläden, kleinere Handwerksbetriebe und nicht selten eine Moschee gehören jetzt zu vielen Sommerwohndörfern dazu. Mittlerweile werden manche Dörfer auch ganzjährig bewohnt.
Heute ist man über gut ausgebaute Straßen schnell am Ziel. Auf der *yayla* verbringt man meistens nur noch das Wochenende, denn nicht mehr jeder kann sich die traditionellen zwei bis vier Monate Sommerfrische in den Bergen leisten, da in der modernen Arbeitswelt das ganze Jahr über gearbeitet wird. Oft schickt man nur Frauen und Kinder in den langen Sommerferien hinauf.

bier, wie heute in kleinen Dörfern noch immer. Dies führt nicht selten zu Mißbildungen der "Männlichkeit". Der frisch Beschnittene wird ins Bett gebracht und von den Gästen reichlich beschenkt. Die Familie findet sich unterdessen zum Feiern zusammen, was bis zum Abend oder auch länger dauert.

Hat eine Familie mehrere, in etwa gleichaltrige Knaben, so werden sie zweckmäßigerweise meist zusammen beschnitten.

Für İstanbuler Familien ist es schon fast obligatorisch, am Tag vor der Zeremonie in die große Moschee nach Eyüp zu fahren, zu dem heiligen Ort, an dem der Fahnenträger Mohammeds beigesetzt sein soll.

Türkischer Tourismus

Für die Türken hat der Tourismus eine lange Tradition. Mehr als die klassische Bildungsreise oder der Badeurlaub am Meer sind dabei der Besuch von Thermalquellen, Sommerfrischen und Wallfahrtsorten von Bedeutung.

Die populären Thermal- und Heilwasserquellen waren schon in türkisch-osmanischer, ja sogar antiker Zeit bekannt. Über vierhundert Warmwasserquellen soll es im ganzen Land geben, von denen die in Pamukkale bei Denizli zu den bekanntesten zählen. An solchen Quellen errichtete man Hamams, oder es haben sich dort, vor allem in den letzten Jahren, Badeorte mit Badehäusern, Übernachtungsmöglichkeiten und Restaurants entwickelt.

Im Sommer gleichermaßen beliebt ist die *yayla* in kühlen, schattigen Berglagen (→ Artikel "Auf in die Sommerfrische").

Die Tendenz zum mehrmonatigen Aufenthalt auf der *yayla* ist heute rückläufig, denn immer häufiger verschafft man sich die ersehnte Kühlung beim Strandurlaub in Badehose und Bikini. Diese Art Ferien zu machen, gilt auch als fortschrittlicher, nicht zuletzt weil sie von den Touristen aus dem Ausland bevorzugt wird. Auch "oben ohne" setzt sich an touristisch erschlossenen Küstenabschnitten, wie z.B. um Antalya, immer mehr durch. Doch für konservative Türken, vor allem für Frauen, ist das Baden im Meer immer noch ungewöhnlich, wenngleich der Aufenthalt am Strand üblich ist. Viele Bewohner an den Küstenabschnitten, in deren Hinterland es keine *yaylas* gibt, verbringen heute noch die heißesten Sommermonate am Meer, und zwar in Häusern und provisorischen Hütten aus Brettern und Pfählen direkt am Strand. Zum Teil stammen diese Strandhütten (trk. *obas*) noch von den kilometerlangen Hüttenkolonien, wie es sie am Strand *Konyaaltı Plajı* bei Antalya gab. Probleme machten die Entsorgung von Abfällen und Abwasser sowie die Zuleitung von Wasser und Strom. Dies wie auch fehlende Zufahrtswege störte aber die wenigsten Strandhüttenbesitzer. Anders reagierten dagegen die Kommunen, bei denen die barackenhaften Behausungen nicht mehr gerne gesehen sind, da sie nicht in das Bild eines "ordentlichen", für Touristen attraktiven Strands passen. Das Ergebnis: Vielerorts wurden die Strandhütten abgerissen.

An West- und Südküste haben sich schon seit geraumer Zeit *Feriensiedlungen* (trk. *kampalar*) etabliert, die durch ein 1953 erlassenes Gesetz gefördert wurden. Campingplätze, Apartments, Ferienhäuser und Luxusvillen wurden zunächst für Beschäftigte im öffentlichen Dienst errichtet, später auch von privaten Wirtschaftsunternehmen. Betriebsangehörige können hier einen zwei- bis dreiwöchigen Sommerurlaub kostengünstig verbringen. In den Genuß dieser Ferienanlagen kommen allerdings meist nur Beschäftigte mit mittlerem Einkommen.

Massen von Menschen nehmen an den Pilgerfahrten teil, deren Ziele jedoch weniger in der Türkei als in den arabischen Staaten liegen. Der *Pilgertourismus* konzentriert sich auf die Fahrt mit dem Bus nach Mekka, bei der in dem einen oder anderen Wallfahrtsort im Lande Station gemacht wird.

Entwicklung des ausländischen Tourismus

Der Tourismus in der Türkei hat sich, verglichen mit Spanien, Italien oder Griechenland, erst spät entwickelt. Mit der Einrichtung des Ministeriums für Kultur und Informationen (heute *Ministerium für Kultur und Tourismus*) wurde der Grundstein für den Aufbau des Fremdenverkehrs gelegt. Seitdem fördert man besonders die einseitig von der Landwirtschaft abhängige Ägäis- und Mittelmeerküste. Die Küstenlandschaften profitieren heute von den zahlreichen Badeurlaubern. Mit den internationalen Flughäfen *Dalaman* und *Antalya* wurden die Voraussetzungen geschaffen, um die türkische West- und Südküste aus dem Ausland schnell und mühelos erreichbar zu machen. Moderne Busse übernehmen den Transfer zum Hotel. Außer Sonne und Strand bietet die türkische Küste zahlreiche kulturhistorische Sehenswürdigkeiten und im Hinterland Naturschönheiten, so daß ein Badeaufenthalt an einem bestimmten Ort mit Tagesausflügen in die Umgebung verbunden werden kann. Die klassische Rundreise (Bildungsreise) mit dem Besuch antiker Stätten und einem nur kurzen Aufenthalt an einzelnen Orten verliert dagegen zunehmend an Bedeutung. Heute liegen die Schwerpunkte des internationalen Tourismus an der Ägäisküste um *İzmir*, *Bodrum* und *Marmaris* sowie an der Südküste, auch als *Türkische Riviera* bekannt, um *Antalya* und *Alanya*.

Die Tourismusbranche kann beachtliche Zahlen vorweisen: 1996 waren über 2 Millionen Deutsche, 230.000 Österreicher und 70.000 Schweizer in der Türkei.

Positiv wirkt sich der Massentourismus auf die binnen- und außenwirtschaftliche Situation der Türkei aus. Denn die "weiße Industrie" ist eine Devisenquelle, die in hohem Maße dazu beiträgt, das seit Jahren bestehende Zahlungsbilanzdefizit gegenüber dem Ausland abzubauen. Der expandierende Tourismus hilft auch bei der Schaffung von Arbeitsplätzen in einem schwach strukturierten Küstenraum. Dabei gehen die Beschäftigungsmöglichkeiten über die Tourismusbranche weit hinaus, denn nicht nur Pensionen, Hotels und Reisebüros profitieren von den ausländischen Gästen, sondern auch alle öffentlichen Verkehrsmittel bis hin zum Taxi sowie Läden mit Andenken, Teppichen, Leder- und Textilbekleidung, Handwerksbetriebe, die Bauindustrie und viele andere. Allerdings bedeutet der Fremdenverkehr für die meisten Türken nur eine saisonale Beschäftigung bzw. Einnahmequelle, die sich auf die Sommermonate konzentriert.

Doch der Tourismus verlangt auch seinen Tribut, wenn er zum Beispiel das Gesicht von Dörfern vollkommen verändert und ihnen ihre Ursprünglichkeit nimmt. Souvenirläden, Kioske und Boutiquen werden eingerichtet, Restaurants und Hotels entstehen, Fischer bieten ihre Boote für Ausflüge an, Platz für Tennisanlagen wird geschaffen - noch einiges mehr ließe sich anführen. Auch Strände sind an vielen Stellen bereits mit Hotels und Apartmenthäusern, Clubanlagen und großen Feriensiedlungen türkischer Unternehmen zugebaut, so daß ein freier Zugang nicht mehr möglich ist. In der Türkei ist die Landschaft nach dem "Vorbild" anderer europäischer Mittelmeerländer von Zerstörung bedroht, obwohl man sich vielerorts Mühe gibt, keine Betonburgen hinzustellen, sondern versucht, eine Ferienarchitektur eigener Prägung zu schaffen und diese in die Landschaft harmonisch einzufügen. Dagegen verschandeln wiederum eine große Anzahl mehr oder weniger fertiger Neubauten ganze Küstenstriche, so zwischen *Silifke* und *Mersin.* Dabei wird höchstens an einem von vielen Rohbauten gearbeitet, d.h. einige der Bauten sind schon wieder verfallen, bevor sie überhaupt fertiggestellt werden.

Dort, wo nicht im Ort oder am Strand gebaut werden kann, muß das Ackerland weichen. Den Boden läßt man sich von den Tourismusunternehmen teuer bezahlen. Für Bodenspekulanten ist die Küste ein wahres Eldorado. Deutsche Tourismuskonzerne sind natürlich an West- und Südküste schon lange im Geschäft, und das auch mit eigenen Hotels, Apartment- und Clubanlagen. Dabei gerät das Ökosystem "Strand" aus dem Gleichgewicht; der Mensch verdrängt zunehmend Tier- und Pflanzenwelt (→ Artikel "Naturschutz in den Buchten um Marmaris und Fethiye").

Reisevorbereitung

Anreise

Flugzeug

An der West- und Südküste gibt es drei *internationale Flughäfen*: İzmir, Dalaman (bei Fethiye) und Antalya. Als Alternativen bieten sich die Flughäfen von İstanbul und Ankara, da auch von dort die Mittelmeerküste per Flugzeug oder Bus bestens zu erreichen ist.

Ein Linienflug nach İzmir kostet um 700 DM. Charter-Tickets mit einer Aufenthaltsdauer von mindestens sechs, höchstens aber 30 Tagen gibt es je nach Saison und Abflughafen zwischen 450 und 750 DM. In vielen Fällen läßt sich die Aufenthaltsdauer gegen einen Aufpreis um zwei bis drei Monate verlängern. Schnäppchen sind meist nur außerhalb der Hauptreisezeit zu machen, denn dann gibt es schon mal Flüge für unter 300 DM. Im Rahmen des Freigepäcks von 20 kg besteht bei einigen Fluggesellschaften auch die Möglichkeit, ein eigenes Fahrrad oder Surfboard mitzunehmen. Weiteres zu Flügen → Flugtabelle im Anhang.

Je nach Reiseroute bieten sich *Gabelflüge* an, z.B. Hinflug von Frankfurt nach İzmir, Rückflug von Antalya nach Frankfurt. Diese sind allerdings nur bei Linienflügen möglich.

Für türkische Staatsbürger, die ihren Urlaub im Heimatland verbringen möchten, gibt es Flugtickets mit dreimonatiger Gültigkeit. Sie kosten rund 700 DM.

In der Hauptreisezeit werden oft Billigflüge zu den griechischen Inseln vor dem türkischen Festland angeboten. Dabei ist zu beachten, daß der Rückflug seine Gültigkeit verliert, wenn man offiziell aus Griechenland ausreist.

Die Deutsche Bahn bietet *rail-and-fly-Tickets* an, mit denen Flugpassagiere verbilligt zu deutschen Flughäfen mit der Bahn anreisen können: die erste Person zahlt in der 2. Klasse 110 DM (bis 300 km) bzw. 159 DM (über 300 km); für jeden weiteren Mitfahrer werden 69 DM verlangt; mitreisende Kinder von vier bis elf Jahren zahlen 20 DM. Außerdem bietet die Deutsche Bahn noch einen *rail-and-fly*-Gepäckservice an (Gepäck am Abfahrtsbahnhof vor Reiseantritt aufgeben, am Zielbahnhof abholen).

Kurzentschlossene oder Leute, die ihren Urlaub auf den letzten Drücker planen, brauchen nicht unbedingt über Land in die Türkei zu reisen. *Last-Minute-Büros*, bei denen man äußerst günstige Flüge bekommen kann, haben oft Restplatzangebote. Solche Büros inserieren oft in Reisezeitschriften oder auch Tageszeitungen. Auch die örtlichen Reisebüros haben manchmal günstige Restplätze anzubieten.

Bus

Von Deutschland, von Österreich und der Schweiz gibt es keine direkten Verbindungen zu den Städten an der West- und Südküste. Endstation ist der große Bushof *Esenler* in İstanbul. Dort gibt es täglich mehrere Anschlüsse zu den Küstenstädten.

Zur Hauptferienzeit sind die Busse oft mit Gepäck überladen und voll ausgebucht, was die Fahrzeit entsprechend verlängert. Hinzu kommen gelegentlich Wartezeiten an der Grenze nach Bulgarien, wo Visagebühren zu entrichten sind.

Anreise von Deutschland

Von München fahren ganzjährig samstags jeweils um 20 Uhr Busse nach İstanbul. Nach München gibt es Zubringerdienste von verschiedenen deutschen Großstädten.

▸ *Preise* (einfach/ hin und zurück)
Berlin 258/ 422 DM, Frankfurt 216/ 345 DM, Hamburg 258 DM/ 422, Köln 227/ 361 DM, München 185/ 304 DM
Auf diese Preise sind während der Ferienmonate Aufschläge möglich (ca. 50 DM). Überdies werden zeitlich begrenzte Sondertarife angeboten. Für die Weiterfahrt nach İzmir wird ein Zuschlag von 25 DM erhoben.

▸ *Veranstalter*
- *Deutsche Touring GmbH*, Am Römerhof 17, 60486 Frankfurt, Tel. 069-790 30 50, Fax 790 32 19, mit Filialen in Hannover, Hamburg, Köln, Nürnberg, München, Dortmund und anderen Städten.

Anreise von Österreich

Je nach Zahl der Fahrgäste fahren ganzjährig Busse einmal oder zweimal in der Woche von Wien nach İstanbul. Die Fahrzeit beträgt ca. 24 Stunden.

▸ *Preise*
einfach 1.000 ÖS, hin und zurück 1.700 ÖS

▸ *Veranstalter*
- *Varan Turizm,* Südtiroler Platz 7, Wien, Tel. 01-504 65 93, Fax 504 35 50, mit Filiale in Innsbruck, Hofgasse 2, Tel. 0512-57 53 78
- *Ulusöy,* Argentiner Str. 67, Wien, Tel. 01-505 06 44, Fax 505 09 42

Anreise von der Schweiz

Zur Zeit gibt es keine Busverbindung von der Schweiz in die Türkei.

Bahn

Zugverbindungen
Im folgenden einige Hauptverbindungen:

München - İstanbul (Sirkeçi) über Wien und Nis (Abfahrt tgl. 18.25 Uhr, Ankunft am übernächsten Tag um 8.30 Uhr in İstanbul). Der Zug ist durch günstige Anschlüsse aus Westdeutschland gut zu erreichen.

Hamburg - İstanbul (Sirkeçi) über Prag, Wien und Nis (Abfahrt tgl. 10.03 Uhr, Ankunft am übernächsten Tag um 8.30 Uhr)

Wien (West) **- İstanbul** (Sirkeçi) über Nis (Abfahrt tgl. 23.25 Uhr, Ankunft am übernächten Tag um 8.30 Uhr)

Zürich - İstanbul (Sirkeçi) über Wien und Nis (Abfahrt tgl. 13.33 Uhr, Ankunft am übernächsten Tag 8.30 Uhr)

Amsterdam - İstanbul (Sirkeçi) über Hannover, Nürnberg und Nis (Abfahrt tgl. 9.14 Uhr, Ankunft am übernächsten Tag 8.30 Uhr)

Alle Züge aus Europa enden im İstanbuler Bahnhof *Sirkeçi*. Zur Weiterfahrt, zum Beispiel nach Ankara, muß man mit der Fähre über den Bosporus übersetzen, um vom Bahnhof *Hydarpaşa* die Reise fortzusetzen.

Fahrpreise
Die Fahrkarte ist bei einfacher Fahrt wie auch bei Hin- und Rückfahrt zwei Monate gültig. Je nach Reisedauer, Entfernung und Anzahl der Mitreisenden werden auf Fahrscheine für Hin- und Rückfahrt Preisermäßigungen gewährt. Reisen zum Beispiel zwei bis fünf Personen, darunter ein Mitreisender unter 16 Jahren, gibt es einen *Minigruppenrabatt.* Ab sechs Erwachsenen wird ein *Gruppenrabatt* gewährt. Ausführliche Informationen dazu gibt es an den Schaltern der Deutschen Bahn. Schlaf- oder Liegewagen macht die Zugreise angenehmer.

▸ *Preise nach İstanbul* (Hin- und Rückfahrt, 2. Klasse)
Hamburg 788 DM, Köln 924 DM, München 592 DM, Leipzig 667 DM, Amsterdam 1.021 DM, Graz 655 DM, Wien 567 DM, Zürich 784 DM.

Alternative Tickets

Inter-Rail-Tickets (für Leute unter 26) sind auf dem europäischen Streckennetz und dem der Türkei und einigen Fährstrecken 1 Monat gültig, gleichgültig wieviele Bahnkilometer man fährt. Verschiedene Länder sind in Zonen zusammengefaßt. Je nach Reisestrekke muß man zwei bis drei Zonen kaufen (500 bzw. 560 DM). Für Fahrten in dem Land, wo das Inter-Rail-Ticket gekauft wurde, zahlt man zusätzlich noch einmal die Hälfte der regulären Streckentarife.

Ebenfalls ein Angebot der Deutschen Bahn ist das *Euro-Domino-Ticket* (für Leute unter 26), eine spezielle Netzkarte, die es auch für die Türkei gibt. Innerhalb eines Monats kann man an 3, 5 oder 10 Tagen so oft und so weit fahren, wie man will. Im eigenen Wohnsitzland gilt das Angebot nicht. Die Anfahrt in Deutschland und der Transit durch andere Länder sind um 25 % ermäßigt (in der zweiten Klasse 3 Tage 50 DM, 5 Tage 77 DM, 10 Tage 139 DM).

Leute unter 26 Jahren können auch mit den zwei Monate gültigen Fahrscheinen von *Wasteel*s reisen, die viele Reisebüros anbieten. Hier muß man vorher die Strecke festlegen; danach richtet sich dann auch der Fahrpreis.

Schiff

Wer seinen Urlaub an der türkischen Mittelmeerküste verbringen möchte, für den ist die Anreise mit dem Schiff geradezu ideal. Seit einigen Jahren sind auch viele Autofahrer aufs Schiff umgestiegen (bedingt durch den Krieg, zum Teil auch wegen der angenehmen Anreise per Schiff). Deshalb sind die Fähren - vor allem in der Hauptsaison - schon frühzeitig ausgebucht. Wer im Sommer fahren möchte, sollte schon im Frühjahr buchen.

Turkish Maritime Lines

... verkehren ganzjährig zwischen Venedig und den türkischen Häfen İzmir, Antalya und Marmaris sowie zwischen Brindisi und dem Hafen von Çeşme; im Winter allerdings weniger häufig.

Fahrplan

- ab Venedig Sa 21 Uhr, an İzmir Di 12 Uhr. Rückfahrt ab İzmir Mi 16 Uhr, an Venedig Sa 11 Uhr.
- ab Venedig Sa 17 Uhr, an Marmaris bzw. Antalya Di 15 Uhr. Rückfahrt ab Marmaris bzw. Antalya Mi 12 Uhr, an Venedig Sa 10 Uhr.
- ab Brindisi Di 1 Uhr, Sa 19 Uhr, an Çeşme Do 12 Uhr, Mo 7 Uhr. Rückfahrt ab Çeşme Mo 11 Uhr, Do 24 Uhr, an Brindisi Di 22 Uhr, Sa 11 Uhr.

Preise (einfach) für Strecke Venedig - İzmir (Marmaris bzw. Antalya) incl. Vollpension

Angegeben sind nacheinander Nebensaison-, Hauptsaisonpreis und Hafentaxe pro Person bzw. Fahrzeug (Vorsaison Anfang April - Ende Juni, Hauptsaison Ende Juni - Anfang September, Nachsaison Anfang September - Ende November).:

- Zwei-Bettkab. ab 540/ ab 690/ 30 DM
- Drei-Bettkab. ab 460/ ab 600/ 30 DM
- Vier-Bettkab. ab 430/ ab 540/ 30 DM
- Pullman 320/ 390/ 30 DM
- Motorrad 95/ 110/ 25 DM
- Pkw 285/ 350/ 50 DM
- Kleinbus 330/ 410/ 50 DM
- Wohnmobil ab 330/ ab 570/ 50 DM
- Fahrrad, Surfbrett frei

Preise (einfach) für die Strecke Brindisi - Çeşme incl. Vollpension
(Preisangaben siehe oben)
- Zwei-Bettkab. ab 350/ ab 420/ 30 DM
- Drei-Bettkab. ab 290/ ab 350/ 30 DM
- Vier-Bettkab. ab 260/ ab 315/ 30 DM
- Pullman 180/ 230/ 30 DM
- Motorrad 80/ 95/ 25 DM
- Pkw 240/ 300/ 50 DM
- Kleinbus 275/ 350/ 50 DM
- Wohnmobil ab 275/ ab 485/ 50 DM
- Fahrrad, Surfbrett frei

Ermäßigungen
- frei für Kinder bis zu vier Jahren (ohne Schlafplatz)
- 40 % für Kinder von fünf bis zwölf Jahren
- 10 % für Schüler und Studenten mit Ausweis
- 20 % Rabatt auf die Rückfahrt und zwar auf den jeweiligen Saisonpreis bei gleichzeitiger Buchung von Hin- und Rückfahrt für Erwachsene und Fahrzeuge
- Die verschiedenen Ermäßigungen können nicht miteinander kombiniert werden und gelten nur für die Fahrpreise.

Buchungsagenturen
- *Reca Handels GmbH,* Neckarstr. 37, 71065 Sindelfingen, Tel. 07031-86 60 10, Fax 87 65 68
- *Reca Handels GmbH,* Schaffhauser Str. 35, CH-8006 Zürich, Tel. 01-361 00 65, Fax 361 06 44
- *Österreichisches Verkehrsbüro,* Friedrichstr. 7, A-1043 Wien, Tel. 01-5 88 00

European Seaways
... verkehren in der Hauptsaison dreimal in der Woche zwischen Brindisi und Çeşme. Da der Fahrplan sehr differenziert ist, empfiehlt es sich, hier direkt im Reisebüro nachzufragen.

Preise (einfach)
Angegeben sind nacheinander Nebensaison-, Hauptsaisonpreis und Hafentaxe pro Person bzw. Fahrzeug:
- Zwei-Bettkab. ab 240/ ab 300/ 30 DM
- Drei-Bettkab. ab 230/ ab 280/ 30 DM
- Vier-Bettkab. ab 200/ ab 240/ 30 DM
- Pullman 160/ 200/ 30 DM
- Motorrad 80/ 100/ 50 DM
- Pkw 200/ 280/ 50 DM
- Kleinbus 250/ 310/ 50 DM
- Fahrrad, Surfbrett frei

Ermäßigungen
- frei für Kinder bis zu vier Jahren (ohne Schlafplatz)
- 50 % für Kinder von fünf bis zwölf Jahren
- 20 % Rabatt auf die Rückfahrt und zwar auf den jeweiligen Saisonpreis bei gleichzeitiger Buchung von Hin- und Rückfahrt für Passagiere und Fahrzeuge
- Es kann jeweils nur eine Ermäßigung in Anspruch genommen werden.

Veranstalter
European Seaways ist zu buchen über die großen Reisebüros.

Stern Lines
... verkehren von Mitte Juni bis Mitte September zwischen Bari und Çeşme.

Fahrplan
Ab Bari Sa 20 Uhr, Mi 12 Uhr;
ab Çeşme Mo 16 Uhr, Fr 4 Uhr.

Preise (einfach)
Zwischen Hoch- und Nebensaison wird nur bei den Passagen mittwochs und freitags unterschieden. Ansonsten gelten saisonunabhänige Preise, wie im folgenden (angegeben sind Preise pro Person bzw. Fahrzeug und Hafentaxe):
- Zwei-Bettkab. ab 260 DM/ 30 DM
- Drei-Bettkab. 400 DM/ 30 DM
- Vier-Bettkab. ab 220 DM/ 30 DM
- Pullman 160 DM/ 30 DM
- Pkw ab 220 DM/ 30 DM
- Motorrad 120 DM/ 30 DM
- Wohnmobil ab 300 DM/ 30 DM
- Fahrrad, Surfbrett frei

Ermäßigungen
- frei für Kinder bis zu vier Jahren (ohne Schlafplatz)
- 50 % Rabatt für Kinder von vier bis zwölf Jahren
- bei gleichzeitiger Buchung von Hin- und Rückfahrt 10 % Rabatt.

Veranstalter
Stern Lines GmbH, Augustastr. 21, 51065 Köln-Mülheim, Tel. 0221-961 92 74, Fax 961 92 76

Med. Link Lines
... verkehren von Ende Juni bis Ende September zwischen Brindisi und Çeşme über Patras mit zwei Schiffen.

Fahrplan
- Ab Brindisi Do 17 Uhr, an Çeşme Fr 20 Uhr; ab Çeşme Fr 24 Uhr, an Brindisi So 10 Uhr.
- Ab Brindisi Sa 20 Uhr, an Çeşme Mo 9 Uhr; ab Çeşme Mo 18 Uhr, an Brindisi Mi 10 Uhr.
- Ab Brindisi Mi 14 Uhr, an Çeşme Do 22 Uhr; ab Çeşme Do 24 Uhr, an Brindisi Sa 10 Uhr.

Preise (einfach)
Angegeben sind nacheinander Nebensaison- und Hauptsaisonpreis pro Person und der Fahrzeugpreis sowie die Hafentaxe.
- Zwei-Bettkab. ab 240 DM/ ab 300 DM/ 25 DM
- Vier-Bettkab. ab 200 DM/ ab 240 DM/ 25 DM
- Pullman 160 DM/ 200 DM/ 25 DM
- Deckplatz 140 DM/ 170 DM/ 25 DM
- Pkw 200 DM/ 280 DM/ 50 DM
- Wohnmobil ab 250 DM/ 310 DM/ 50 DM
- Motorrad, Motorroller 80 DM/ 100 DM/ 50 DM
- Fahrrad, Surfbrett frei

Ermäßigungen
- bei gleichzeitiger Buchung von Hin- und Rückfahrt auf die Rückfahrt 20 % Rabatt.
- Kinder bis drei Jahren frei, Kinder von vier bis elf Jahren 50 % Ermäßigung.

Veranstalter
VIAMARE, Apostelnstr. 9, 50667 Köln, Tel. 0221-257 37 81, Fax 257 36 82

Poseidon Lines
... verkehren zwischen Bari und Çeşme mit zwei Schiffen. Camper- und Caravanreisende können hier auf dem offenen Fahrzeugdeck reisen und ihren Camper als Schlafgelegenheit nutzen. Für die Überfahrt ist die einfache Passage (Deck) zu zahlen.

Fahrplan
Da die Fähren unregelmäßig verkehren, vor allem in der Nebensaison, empfiehlt es sich, hier direkt bei der Agentur *VIAMARE* (s.u.) nachzufragen.

Preise (einfach)
Angegeben sind nacheinander Nebensaison- und Hauptsaisonpreis pro Person und der Fahrzeugpreis sowie die Hafentaxe.
- Zwei-Bettkab. ab 310 DM/ ab 380 DM/ 25 DM
- Vier-Bettkab. 220 DM/ 280 DM/ 25 DM
- Deckplatz 120 DM/ 150 DM/ 25 DM
- Pkw 200 DM/ 280 DM/ 50 DM
- Wohnmobil ab 250 DM/ ab 310 DM/ 50 DM
- Motorrad, Motorroller 80 DM/ 100 DM/ 50 DM
- Fahrrad, Surfbrett frei

Ermäßigungen
- bei gleichzeitiger Buchung von Hin- und Rückfahrt 10 % Rabatt.
- Kinder bis zum vollendeten vierten Lebensjahr frei, Kinder von vier bis zwölf Jahren 50 % Ermäßigung, Jugendliche bis zu 26 Jahren 10 % Ermäßigung.
- Es kann jeweils nur eine Ermäßigung in Anspruch genommen werden.

Veranstalter
VIAMARE (s.o.)

Griechenland - Italien - Griechenland
Zwischen Griechenland und Italien verkehren während der Sommermonate viele Fähren. Informationen über aktuelle Fahrpläne und -preise geben:
- *VIAMARE* (s.o.)
- *Seetours International*, Seilerstr. 23, 60313 Frankfurt, Tel. 069-13 33-262, Fax 133 32 18
- *Griechische Fremdenverkehrszentralen*
Wittenberger Platz 3 A, 10789 Berlin, Tel. 030-217 62 62

Neue Mainzer Str. 22, 60311 Frankfurt, Tel. 069-23 65 61-63
Pacellistr. 5, 80333 München, Tel. 089-22 20 35-36
Abteistr. 33, 20149 Hamburg, Tel. 040-45 44 98
Opernring 8, 1010 Wien, Tel. 01-512 53 17
Löwenstr. 25, 8001 Zürich, Tel. 01-221 01 05

Griechenland - griechische Inseln - Türkei

Mit dem Schiff bietet sich die Alternative, über die griechischen Inseln vor dem türkischen Festland einzureisen. Hier kommen Samos, Rhodos, Chios, Lesbos und Kos in Betracht. Die Fährpreise vom griechischen Festland zu den Inseln liegen zwischen 45 und 80 DM. Wer von dort weiter in die Türkei reisen will, muß noch einmal 35 bis 45 DM zuzahlen. Das ist jedoch nicht alles! Im türkischen Hafen wird eine Hafentaxe von rd. 30 DM verlangt, so daß die gesamte Schiffspassage 110 DM und mehr kostet.

Nicht alle Fähren transportieren Autos. Die Fährpreise für ein Auto liegen zwei- bis dreimal höher als für eine Person.

Von den Fremdenverkehrsbüros (siehe oben) ist ausführliches Informationsmaterial erhältlich, wie zum Beispiel die sehr informative, kostenlose Broschüre "Innergriechische Schiffsverbindungen".

Eigenes Fahrzeug

Fahrtrouten

Wer mit dem eigenen Fahrzeug in die Türkei reisen will, sollte mindestens drei bis vier Wochen Zeit haben, da für Hin- und Rückfahrt wenigstens vier bis fünf Tage veranschlagt werden müssen. Für die Durchreiseländer Schweiz und Österreich besteht bei Benutzung der Autobahnen und bestimmter Schnellstraßen Vignettenpflicht. Die entsprechenden Tarife erhält man bei den Automobilclubs und Fremdenverkehrsämtern.

Wenn auch für die Reise durch europäische Staaten die *Internationale Grüne Versicherungskarte* ausreicht, sollte man den Versicherungsschutz für die Reise im asiatischen Teil der Türkei erweitern. Hat man das verpaßt, ist bei der Einreise an der türkischen Grenze Gelegenheit, eine zusätzliche Versicherung abzuschließen, die für vier Wochen ca. 25 DM kostet.

Die drei genannten Strecken sind nur als Anregung für die Reiseroute zu verstehen, da sich noch andere Varianten anbieten. Vor der Abfahrt sollte man sich eingehend über die aktuellen Reise- und Durchfahrbedingungen der neuen Staaten auf dem Balkan erkundigen, z.B. bei einem Automobilclub. Für Autoreisende bietet sich jederzeit die Anfahrt in Kombination mit dem Schiff über Italien-Griechenland (→ Route 3, → Schiff) an.

Tip: Bequem und geruhsam geht es mit dem Autoreisezug, der für die Strecke München - İstanbul ca. 40 Stunden benötigt. Die Autoreisezüge werden von der Deutsche Bahn und der TCDD (türkische Eisenbahngesellschaft) betrieben.

Route 1

München - Salzburg - Wien - Budapest - Szeged - Belgrad - Niş - Sofia - Edirne

Dies ist die Route, auf der die meisten türkischen Arbeitnehmer aus Deutschland während der Sommermonate in ihr Heimatland fahren. Während der Ferienmonate ist mit sehr langen Aufenthalten an den Grenzübergängen zu rechnen. Zudem ist die alte Europastraße (Autoput) streckenweise in einem sehr desolaten Zustand. Auch die Beschaffung von Ersatzteilen kann sich als schwierig erweisen.

Route 2

München - Salzburg - Linz - Wien - Györ - Budapest - Szeged - Arad - Sibiu - Bukarest - Haskovo - Edirne

Für diese Strecke sollte man sich mindestens drei bis vier Tage Zeit lassen, da sie durch landschaftlich schöne Gegenden und architektonisch beeindruckende Städte verläuft. Die Route bietet sich auch für die Anreise von Ost-Österreich an. Wie bei "Route 1" sollte man bedenken, daß es während der Ferienmonate zu erheblichen Wartezeiten an den Grenzen kommen kann und auch die Treibstoffversorgung nicht gesichert ist.

Route 3

München - Innsbruck - Bozen - Verona - Venedig/ Ancona/ Bari/ Brindisi (von dort mit der Fähre nach Igouminitsa) - Saloniki - Komotini - İpsala

Diese Anreise ist durch die relativ hohen Fährkosten etwas teurer, doch dafür beginnt der Urlaub bereits von Anfang an. Die Strecke führt über die Alpen, durch Tirol, Italien und Griechenland. Die Grenzen sind durchlässiger und leichter passierbar als in Ungarn, Rumänien und Bulgarien. Überdies hat man während der Überfahrt genug Zeit, auszuspannen, so daß die ersten Urlaubstage in der Türkei nicht erst mal für die Erholung vom Reisestreß draufgehen.

Von München nimmt man die A 95 in Richtung *Garmisch-Partenkirchen.* Da die Autobahn nicht durchgehend ist, erreicht man die Stadt auf gut ausgebauter Landstraße nach

- 89 km. Von *Garmisch* führt die B 2 direkt zum deutsch-österreichischen Grenzübergang *Mittenwald*, von dem die Landstraße 177 auf die A 12 führt, bis nach

- 150 km *Innsbruck* erreicht wird. Mitten im Gebirge gelegen, fällt die Innenstadt durch ihre Bauten aus der Epoche der Spätgotik, der Renaissance und des Rokoko, die vielen Barockkuppeln und Zwiebeltürme auf. Die A 13 führt von hier weiter nach Süden, an der Abfahrt zum *Stubaital* vorbei in Richtung *Brenner*, den man nach

- 180 km erreicht. Die Autobahn *Innsbruck-Brenner* ist gebührenpflichtig. Wer Zeit hat und Geld sparen möchte, kann auch auf der B 182 bis zum Grenzübergang fahren. Am *Brenner* kann man sowohl auf der Autobahn als auch auf der Landstraße weiterfahren. Die Autobahn ist gebührenpflichtig. Die Landstraße ist zwar kilometermäßig ein kleiner Umweg, doch führt sie immer wieder durch Dörfer und Städte. Schnell und teuer oder langsam und preiswert - das ist hier die Frage. Die Autobahn führt vom *Brenner* weiter nach Süden, bis nach insgesamt

- 267 km *Bozen* erreicht wird. Daß man sich in Südtirol aufhält, fällt bei einem kurzen Aufenthalt in der Innenstadt schnell auf - deutschsprachige Firmenschilder, zweisprachige Hinweistafeln, wie in Österreich. Die Dolomiten geben der Stadt ihre reizvolle Kulisse. In der Altstadt finden sich hübsche Arkadenhäuser und der barocke Merkantilpalast, der auch zu besichtigen ist. 58 km weiter nach Süden folgt nach

- 325 km *Trient.* Die Strecke führt weiterhin an der Etsch entlang, bis man bei *Affil di Garda/ Sud* die Ausfahrt zum Gardasee erreicht. Der See ist bekannt wegen seiner schönen Lage und seiner exotischen Pflanzen. Durch die Alpen vor dem Nordwind geschützt, gedeihen hier Palmen, Zypressen, Zedern, Oleander, Magnolien, auch Oliven und Südfrüchte. Nach

- 426 km kommt man nach *Verona*. Am Autobahnkreuz *Verona Nord* orientiert man sich weiter geradeaus in Richtung *Modena*. Die Strecke führt nach Süden,

an Mantua vorbei. Kurz vor *Modena* mündet die A 22 in die von *Mailand* kommende A 1 ein. Von dort geht es weiter nach Südosten, vorbei an den Abfahrten nach Modena in Richtung *Bologna*, das nach
- **558 km** erreicht wird. *Bologna* bietet sich für einen Zwischenaufenthalt an. Der Mittelpunkt der Stadt ist die *Piazza Maggiore* mit den angrenzenden Palästen *Palazzo del Podesta* und *Palazzo di Re Enzo.* Ebenfalls beeindruckend sind der Neptunsbrunnen im Stil der Renaissance und der Stadtpalast im gotischen Stil. Von Bologna führt die A 14 vorbei an *Immola, Forli* und *Cesena*, bis nach
- **672 km** die Abfahrt nach *Rimini* erreicht wird. Ein Kuriosum ist sicher einige Kilometer südlich der Stadt die kleinste Republik der Welt, *San Marino.* Der Zwergstaat ist 60 Quadratkilometer groß und hat 17.000 Einwohner. Haupteinnahmequellen sind der Tourismus und der Verkauf von Sammlerbriefmarken. Ein Spaziergang durch die Stadt und die Befestigungsanlagen lohnt sich. Ab Rimini folgt die Strecke immer der Küstenlinie, bis nach
- **770 km** *Ancona* erreicht ist. Der Fährhafen ist durch kleine Schiffssymbole gut ausgeschildert. Im Hafengebäude, das direkt am Wasser liegt, haben die Fährgesellschaften ihre Büros. Hier kann man Fahrkarten kaufen und erhält Informationen über Abfahrts- und Ankunftszeiten. Eine Wechselstube ist dort ebenfalls zu finden. Da die Linie nach Griechenland mehrmals täglich von verschiedenen Gesellschaften befahren wird, gibt es kaum Wartezeiten. Die Überfahrt nach *Igouminitsa* dauert 24 Stunden. Die Boote sind alle komfortabel ausgestattet und haben neben Restaurant, Bar, Videoanlage meist auch einen Swimming-pool und ein Kino an Bord. Im griechischen *Igouminitsa* hält man sich links, folgt der Uferstraße und gelangt zur E 92 in Richtung *Ioanina.* Die Strecke windet sich kurvenreich durch eine schöne Berglandschaft, bis nach
- **856 km** *Ioanina* erreicht wird. Vor der Stadt befindet sich die Abzweigung zur E 90, die bis zur türkischen Grenze führt. Die Strecke geht weiter über *Konitsa*, das nur wenige Kilometer vor der albanischen Grenze liegt, über *Eptahori, Neapoli* und *Kozani*, bis nach
- **1.126 km** der Ort *Veria* kommt. Hier wird die E 90 zur Autobahn, die gebührenpflichtig ist. Eine Umgehung ist nur sehr weiträumig möglich, und die Strecke bis *Thessaloniki* kostet nur ca. 4 DM. Wer Griechenland nur im Transit durchfährt und im Land kein Geld tauschen möchte, sollte einen Zehn-Mark-Schein mitnehmen, der anstandslos akzeptiert wird. Das Wechselgeld wird in Drachmen ausgezahlt. Die Autobahn führt in östlicher Richtung nach *Thessaloniki*, das auch auf einer Ringstraße zu umfahren ist. Die Stadt selbst erreicht man nach
- **1.200 km**. Nach Athen ist Thessaloniki die zweitgrößte Stadt Griechenlands. Zum Bummeln bietet sich die Uferpromenade mit vielen Cafés und Restaurants an. Sehenswert sind gut erhaltene Kirchen aus byzantinischer Zeit, die Stadtmauer aus dem Jahr 300 v. Chr., die Zitadelle, römische Ausgrabungen und einiges mehr - genug, um einen kurzen Aufenthalt einzulegen. Folgt man der E 90 weiter in östlicher Richtung, passiert man *Peristerona* und erreicht das Meer. Nach
- **1.310 km** geht es durch den Ort *Amfipoli*, in dem der griechische Weingott Dionysos sein feucht-fröhliches Unwesen getrieben haben soll. Nach
- **1.379 km** erreicht man über die Küstenstraße *Kavala*, das malerisch in einer Hafenbucht liegt. Wenige Kilometer weiter verläßt die E 90 wieder die Küste und wendet sich leicht nordwärts. Hin und wieder ist jetzt bereits *İstanbul* ausgeschildert, das auf den Tafeln *Konstantinopulus* heißt. *Xanthi* folgt nach
- **1.443 km**. In der Stadt fallen einige Minarette ins Auge, die zu den Moscheen der türkischen Minderheit gehören. 56 km weiter, nach

- 1.499 km, wird die Grenznähe noch spürbarer: In *Komotini* leben Griechen mit Türken und Bulgaren zusammen. Im Basar der Stadt, der einen Umweg wert ist, gibt es handwerkliche Arbeiten aus Holz und Bast zu kaufen. Die E 90 führt jetzt nur noch durch kleine Dörfer, bis nach

- 1.609 km die *griechisch-türkische Grenze* erreicht wird. Der Fluß *Evros*, (trk. *Meriç*), trennt die beiden Staaten voneinander. In der Mitte der Brücke, die den Fluß überspannt, stehen sich Griechen und Türken schwerbewaffnet gegenüber. Der erste Ort in der Türkei ist *İpsala.* Von hier bietet es sich an, über *Tekirdağ* nach *İstanbul* zu fahren (ca. 230 km).

Informationen zu den Durchreiseländern

Bulgarien

Reisedokumente: Erwachsene benötigen einen gültigen Reisepaß, Personen unter 16 Jahren einen Kinderausweis oder einen Eintrag im Reisepaß eines Elternteils. Es ist darauf zu achten, daß an der Grenze zu Bulgarien der Paß gestempelt wird, da es sonst Probleme bei der Durchreise geben kann.

Kfz-Papiere: Führerschein, Fahrzeugschein und Internationale Grüne Versicherungskarte

Höchstgeschwindigkeit: in Ortschaften: Pkw 60 km/h, Motorrad 50 km/h; auf Landstraßen: Pkw 80 km/h, Motorrad 70 km/h; auf Autobahnen: Pkw 120 km/h, Motorrad 100 km/h

Promillegrenze 0,5

Kraftstoff: Beim Tanken auf die Oktanzahl achten (es gibt auch verbleites Benzin mit 86 bis 93 Oktan).
- Bleifrei Normal 93 Oktan 1,20 DM
- Diesel 0,70 DM

Bei der Einreise dürfen 20 l Treibstoff mitgeführt werden. Die Ausfuhr von Kraftstoff ist verboten.

Hilfsdienste:
- Straßenwacht des bulgarischen Automobilclubs UAB, erreichbar in Sofia unter Tel. 12 86, in den Städten unter Tel. 146, im übrigen Land unter Tel.02-980 33 08, auf Autobahnen über die Notruftelefone.
- Polizeinotruf *(Milizia),* Tel. 166
- Unfallrettung, Tel. 150

Wichtig: Reisende aus einem Land, das Autobahngebühren verlangt, müssen für die Strecke Sofia-Plovdiv ca. 20 DM zahlen. Ein Zwangsumtausch von 10 US $ pro Tag ist Pflicht.

Bundesrepublik Jugoslawien

Reisedokumente: Erwachsene benötigen einen gültigen Reisepaß, Kinder einen gültigen Kinderausweis (ab einem Jahren mit aktuellem Lichtbild). Ein Transitvisum ist erforderlich (→ Papierkram).

Kfz-Papiere: Führerschein, Fahrzeugschein; die Internationale Grüne Versicherungskarte wird derzeit nicht anerkannt; an der Grenze muß daher eine kurzfristige Kfz-Haftpflichtversicherung abgeschlossen werden (je nach Fahrzeug 90 - 150 DM).

Höchstgeschwindigkeit: in Ortschaften 60 km/h; auf Landstraßen 100 km/h; auf Autobahnen 120 km/h

Promillegrenze 0,5

Motorradfahrer müssen auch tagsüber mit Abblendlicht fahren.

Kraftstoff: 5 Liter Kraftstoff im Reservekanister zollfrei; bleifreies Benzin ist landesweit, allerdings nicht an jeder Tankstelle erhältlich.
- Bleifrei (Bezolovni) 95 Oktan 1,15 DM
- Diesel (Dizel) 1 DM

Hilfsdienste
- Straßenwacht des ADAC-Partnerclubs AMSJ, Tel. 987
- ADAC-Notrufnummer: 011-42 27 07
- Polizeinotruf, Tel. 92
- Unfallrettung, Tel. 94

Slowenien

Reisedokumente: Erwachsene benötigen einen gültigen Reisepaß für einen Aufenthalt bis zu 90 Tagen, bei einer Reisedauer bis zu 30 Tagen reicht der Personalausweis in Verbindung mit einem Passierschein, der an der Grenze ausgestellt wird. Kinder unter 16 Jahren können im Paß der Eltern eingetragen sein; auch deutsche Kinderausweise werden akzeptiert.

Kfz-Papiere: Führerschein, Fahrzeugschein; empfehlenswert ist die Internationale Grüne Versicherungskarte.

Höchstgeschwindigkeit: in Ortschaften 60 km/h; auf Landstraßen 80 km/h; auf Schnellstraßen 100 km/h; auf Autobahnen 120 km/h

Promillegrenze 0,5

Motorradfahrer müssen auch tagsüber mit Abblendlicht fahren.

Kraftstoff: Kraftstoff im Reservekanister (maximal eine Füllung) ist zu verzollen; bleifreies Benzin ist an allen Tankstellen erhältlich.
- Bleifrei (Euro 91) 91 Oktan 0,80 DM
- Bleifrei (Euro 95) 95 Oktan 0,85 DM
- Diesel 0,80 DM

Hilfsdienste
- Straßenwacht des Automobilclubs AMZS, Tel. 987
- Polizeinotruf, Tel. 92
- Unfallrettung, Tel. 94

Kroatien

Reisedokumente: Erwachsene benötigen einen gültigen Reisepaß oder Personalausweis für einen Aufenthalt bis zu 90 Tagen in Verbindung mit einem Passierschein, der an der Grenze ausgestellt wird. Kinder unter 16 Jahren können im Paß der Eltern eingetragen sein; auch deutsche Kinderausweise werden akzeptiert.

Kfz-Papiere: Führerschein, Fahrzeugschein; empfehlenswert ist die Internationale Grüne Versicherungskarte.

Höchstgeschwindigkeit: in Ortschaften 50 km/h; auf Landstraßen 80 km/h; auf Schnellstraßen 100 km/h; auf Autobahnen 130 km/h

Promillegrenze 0,5

Motorradfahrer müssen auch tagsüber mit Abblendlicht fahren.

Kraftstoff: Ein- und Ausfuhr von Kraftstoff im Reservekanister ist verboten; bleifreies Benzin ist an fast allen Tankstellen erhältlich.
- Bleifrei Normal (Bezolovni) 91 Oktan 1,10 DM
- Bleifrei Super (Bezolovni) 95 Oktan 1,15 DM
- Diesel (D-2 Diesel) 1,05 DM

Hilfsdienste
- Straßenwacht des Automobilclubs HAK, Tel. 987
- ADAC-Notruf: 01-652 66 68 (bei Anrufen aus Zagreb ohne Vorwahl)
- Polizeinotruf, Tel. 92
- Unfallrettung, Tel. 94

Rumänien

Wegen der wirtschaftlich schwierigen Lage in Rumänien wird von einer Durchfahrt abgeraten. Der Straßenzustand ist in weiten Teilen sehr schlecht. Zudem ist ein erheblicher Anstieg der Kriminalität zu verzeichnen.

Reisedokumente: Erwachsene benötigen einen gültigen Reisepaß, Kinder unter 14 Jahren können im Reisepaß der Eltern eingetragen sein; gibt es einen eigenen Kinderausweis, so muß dieser immer mit Lichtbild sein. Es ist ein Transitvisum erforderlich (→ Papierkram).

Kfz-Papiere: Führerschein, Kraftfahrzeugschein, Internationale Grüne Versicherungskarte. Die Automobilclubs empfehlen eine Kurzkaskoversicherung.

Höchstgeschwindigkeit: in Ortschaften Pkw 60 km/h, Motorrad 40 km/h; auf Landstraßen Pkw bis 1.100 ccm 70

km/h, bis 1.800 ccm 80 km/h, über 1.800 ccm 90 km/h, Motorrad 60 km/h

Promillegrenze 0,0

Kraftstoff
Normalbenzin hat nur 87 Oktan; Kraftstoff in Kanistern darf weder ein- noch ausgeführt werden. Bleifrei gibt es nicht an allen Tankstellen!
- Bleifrei 95 Oktan 0,75 DM
- Diesel 0,60 DM

Hilfsdienste
- Straßenwacht des ACR Bukarest unter Tel. 927 oder 211 34 55
- ADAC-Notruf: 1-223 45 25
- Polizeinotruf: 955
- Unfallrettung: 961

Ungarn
Reisedokumente: Erwachsene benötigen einen Personalausweis oder Reisepaß, Kinder einen Kinderausweis (mit Lichtbild) oder einen entsprechenden Eintrag im Reisepaß eines Elternteils. Türkische Staatsbürger müssen sich ein Visum bei der ungarischen Botschaft besorgen.

Kfz-Papiere: Führerschein, Fahrzeugschein, empfehlenswert ist die Internationale Grüne Versicherungskarte. Für ein mitgeführtes Motorboot wird ein *Triptik* oder *Carnet de Passage* benötigt (beim ADAC erhältlich).

Höchstgeschwindigkeit: in Ortschaften Pkw und Motorrad 50 km/h, außerhalb von Ortschaften 80 km/h, auf Kraftstraßen 100 km/h, auf Autobahnen 120 km/h

Promillegrenze 0,0

Motorradfahrer müssen auch tagsüber mit Abblendlicht fahren.

Kraftstoff
Kraftstoff in Kanistern darf weder ein- noch ausgeführt werden; bleifreies Benzin wird fast überall angeboten.
- Bleifrei Normal 91 Oktan 1,15 DM
- Bleifrei Super 95 Oktan 1,20 DM
- Bleifrei 98 Oktan 1,30 DM
- Diesel 1,05 DM

Hilfsdienste
- Straßenwart des Automobilclubs MAK, Tel. 061-212 28 21
- ADAC-Notruf: 061-212 51 67
- Polizei in großen Städten, Tel. 07; in größeren Ortschaften, Tel. 007
- Rettungsdienste in großen Städten, Tel. 04; in anderen Ortschaften, Tel. 004

Hinweis: Die Abfertigung bei der Einreise nach Ungarn ist schnell und problemlos. Während der Hauptreisezeit sowie bei der Ausreise aus Ungarn kann es jedoch zu erheblichen Wartezeiten kommen. Bis Budapest fährt man, von einer 80 km langen Teilstrecke im österreichisch-ungarischen Grenzbereich abgesehen, auf der Autobahn. Nach Budapest in Richtung Rumänien gibt es nur noch Landstraße. Nach Jugoslawien hin ist die Straße besser ausgebaut.

Tschechische Republik
Reisedokumente: Für Deutsche genügt der Reisepaß oder Personalausweis. Es besteht keine Visapflicht und kein Zwangsumtausch mehr.

Kfz-Papiere: Führerschein, Fahrzeugschein, Internationale Grüne Versicherungskarte

Höchstgeschwindigkeit: in Ortschaften für alle Fahrzeuge 60 km/h; auf Landstraßen Motorräder und Pkw 90 km/h, mit Anhänger 80 km/h; auf Autobahnen Pkw 110 km/h

Promillegrenze 0,00

Hinweis: Es wird häufig kontrolliert. Straßenbahnen haben immer Vorfahrt.

Kraftstoff
- Spezial 93 Oktan 1,04 DM
- Bleifrei 95 Oktan 1,06 DM
- Super 96 Oktan 1,10 DM
- Diesel 0,90 DM

Italien
Reisedokumente: Erwachsene benötigen einen gültigen Reisepaß oder Per-

sonalausweis, Kinder unter 16 Jahren einen Kinderausweis (ab zehn Jahren mit Lichtbild) oder einen Eintrag im Reisepaß der Eltern.

Kfz-Papiere: Führerschein, Fahrzeugschein, Internationale Grüne Versicherungskarte

Höchstgeschwindigkeit: in Ortschaften Pkw und Motorrad 50 km/h; auf Landstraßen 90 km/h; auf Schnellstraßen 110 km/h; auf Autobahnen 130 km/h (Motorräder bis 149 ccm sind auf Autobahnen verboten!).

Promillegrenze 0,8

Kraftstoff
- Bleifrei Super 95 Oktan 2 DM
- Diesel 1,60 DM

Das Mitführen von Reservekraftstoff ist verboten.

Hilfsdienste
- Pannendienst des Automobilclubs ACI (24 Stunden besetzt): Tel. 116
- ADAC-Notrufnummer: 02-66 15 91
- Deutschsprachige Notrufstation in Rom: Tel. 06-444 04 04
- Polizeinotruf/ Unfallrettung: Tel. 113

Hinweis: In Italien sind Autobahngebühren zu entrichten, die sich nach den zurückgelegten Autobahnkilometern richten. Zum Beispiel kostet die Strecke vom Brenner nach Ancona ca. 70 DM.

Griechenland

Reisedokumente: Bei einem Aufenthalt bis zu drei Monaten benötigen Erwachsene einen Reisepaß oder Personalausweis, Kinder unter 16 Jahren einen Kinderausweis (ab zwölf Jahren mit Lichtbild) oder einen Eintrag im Reisepaß eines Elternteils.

Kfz-Papiere: Führerschein, Fahrzeugschein, Internationale Grüne Versicherungskarte.

Höchstgeschwindigkeit: in Ortschaften Pkw 50 km/h, Motorrad 40 km/h; auf Landstraßen Pkw 80 km/h, Motorrad 70 km/h; auf Schnellstraßen Pkw 100 km/h, Motorrad 90 km/h

Promillegrenze 0,5

Kraftstoff
- Bleifrei 95 Oktan 1,45 DM
- Super 96-98 Oktan 1,50 DM
- Diesel 1,10 DM

Hilfsdienste
- Deutschsprachiger Pannendienst (24 Stunden besetzt), Tel. 01/ 960 12 66
- Polizeinotruf in allen Städten, Tel. 100
- Unfallrettung Tel. 166 oder 151

Mitfahrerzentralen

Schon seit einigen Jahren werden Mitfahrgelegenheiten nicht nur innerhalb Deutschlands, sondern auch ins Ausland vermittelt. Sowohl Fahrer, die noch freie Plätze in ihrem Auto haben, als auch Mitfahrer können sich an die zentralen Vermittlungsstellen wenden. Mitfahrgelegenheiten in die Türkei bieten meist nur Büros in den großen Städten (auch Universitätsstädten) an. Welche Mitfahrerzentrale sich in der Nähe befindet, erfährt man aus dem Telefonbuch. Eine Fahrt kostet z.B. von München nach İstanbul für einen Mitfahrer ca. 140 DM, dazu kommen Vermittlungsgebühren in Höhe von etwa 25 DM.

Trampen

Die billigste Art, in die Türkei zu reisen, ist zweifelsohne Trampen. In Deutschland, Österreich, der Schweiz und in Italien klappt es mit längeren Lifts in der Regel ausgezeichnet. In den Durchreiseländern Jugoslawien, Bulgarien, Rumänien und Ungarn dagegen wird man oft nur auf kürzeren Strecken mitgenommen. Wer dort nicht weiterkommt, muß auf Bahnfahren umsteigen. Wie dem auch immer sei - ein Reisen per Autostopp ist zur Zeit in diesen

Ländern nicht zu empfehlen. Im übrigen ist zu beachten, daß ein Transitvisum nur begrenzt (max. drei Tage) gültig ist.

Rückreise

Flugzeug

Von den Flughäfen an der Mittelmeerküste gehen meist mehrmals in der Woche Flugzeuge zu den mitteleuropäischen Großstädten. Preise für Linientickets → Anreise/ Flugzeug und → Flugtabelle im Anhang. Billiger sind Flüge der Chartergesellschaften. Preisgünstige Flüge (praktisch für alle deutschen Flughäfen) vermitteln die zahlreichen Billigreisebüros in İstanbul/ Sultanahmet.

Direkte Rückflugmöglichkeiten nach Deutschland und in andere Länder bestehen ab *Antalya, İzmir* und *Dalaman* (bei Fethiye).
Studenten unter 26 Jahren mit einem gültigen *Internationalen Studentenausweis* erhalten auf internationale Flüge (Linienflüge) eine Ermäßigung von 60 %. Die Billigflüge allerdings sind noch günstiger als die ermäßigten Linienflüge. Die *Preise* für einen Billigflug von İstanbul nach Deutschland, Österreich, in die Schweiz und Niederlande liegen bei 150 bis 250 DM. Da es erhebliche Preisunterschiede gibt, lohnt sich ein Vergleich der Angebote.

Hinweis: Im *Duty-Free-Shop* (Laden für zollfreien Einkauf) der Flughäfen kann neben harter Währung, wie DM oder US $, auch mit Türksicher Lira (TL) bezahlt werden.

Bus

Mit dem Bus kommt man recht billig nach Hause. Allerdings besteht eine Rückreisemöglichkeit per Bus nur ab İstanbul. Billigreisebüros in İstanbul-Sultanahmet bieten Fahrkarten zwischen 60 und 150 DM an; dabei schwanken die Preise jahreszeitlich sehr stark. Da die Busse nur kurz zum Tanken und für Teepausen anhalten, empfiehlt es sich, für die 36- bis 40-stündige Fahrt nach München entsprechenden Proviant mitzunehmen.

Bei den Billigbuslinien gibt es auch schwarze Schafe, die ihre Fahrgäste nicht immer ans Ziel bringen. Obwohl es laut bulgarischem Gesetz verboten ist, mit Bussen die Grenze zu passieren, die älter als sieben Jahre sind, versuchen es einige immer wieder. Fällt dies bei der Einreisekontrolle auf, endet die Reise schon frühzeitig an der bulgarisch-türkischen Grenze. Wer sein Geld zurückhaben will, sucht die dafür Zuständigen vergebens. Bei Billigbusunternehmen kommt häufig hinzu, daß sie keine Lizenz für Fahrten auf deutschem Staatsgebiet haben. Das bedeutet, daß die Fahrgäste an der österreichisch-deutschen Grenze in einen anderen Bus umsteigen müssen, der sie nach München bringt. Im ungünstigen Fall endet die Fahrt am Grenzübergang.

Zuverlässig dagegen sind die Busgesellschaften *Bosfor* und *Deutsche Touring AG,* deren Fahrkarten allerdings etwas teurer sind als bei den Billigunternehmen (→ Anreise/ Bus).

Die Busse nach Europa fahren alle vom riesigen İstanbuler Bushof *Esenler* ab. Fast alle Gesellschaften unterhalten dorthin Zubringerbusse vom Stadtzentrum aus.

Bahn

Die Bahn fährt täglich alle größeren europäischen Städte an. Die Züge sind platzkartenpflichtig. Es ist empfehlenswert, sich rechtzeitig um die Fahrkarte zu kümmern. Preise für Hin- und Rückfahrt → Anreise/ Bahn.

Eigenes Fahrzeug

Für die Rückreise siehe → Anreise/ Eigenes Fahrzeug, nur in umgekehrter Reihenfolge.

Schiff

Abfahrtsorte, -zeiten und Preise → Anreise/ Schiff.

Weiterreise nach Syrien

Da sich die Einreisebestimmungen für Syrien in den letzten Jahren oft geändert haben, ist es empfehlenswert, sich bei der syrischen Botschaft nach den aktuellen Bedingungen zu erkundigen:

- *Botschaft der Arabischen Republik Syrien*, Andreas-Hermes-Str. 5, 53175 Bonn, Tel. 0228-819 920, Fax 9189 299

Grenzübergänge

- Yayladağ: bei Fahrten an die Mittelmeerküste, teilweise enge Bergstraßen
- Reyhanlı: durchgehend geöffnet
- Kilis: Nebenstrecke, zur Anfahrt nach Aleppo günstig gelegen
- Nizip: abseits gelegen, ebenfalls zur Anfahrt nach Aleppo
- Akçakale: geöffnet 9-11.30, 14-16 Uhr
- Nusaybin: geöffnet 9-11, 14-16 Uhr

Diplomatische Vertretungen

Deutschland

Türkische Botschaft

- Utestr. 47, 53179 Bonn 2, Tel. 0228-95 38 30, Fax 34 88 77

Türkische Konsulate

- Johann-Georg-Str. 12, 10709 Berlin, Tel. 030-892 50 33, Fax 893 18 98
- Cecilienallee 41, 40474 Düsseldorf, Tel. 0211-45 47 80, Fax 454 78 22
- Alfredstr. 307, 45133 Essen, Tel. 0201-84 21 60, Fax 42 38 67
- Zeppelinallee 17, 60325 Frankfurt, Tel. 069-795 00 30, Fax 77 29 42
- Tesdorpfstr. 18, 20148 Hamburg, Tel. 040-44 80 33, Fax 44 52 58
- An der Christuskirche 3, 30167 Hannover, Tel. 0511-67 86 50, Fax 177 00
- Kriegstr. 123, 76135 Karlsruhe, Tel. 0721-98 44 00, Fax 85 50 13
- Luxemburger Str. 285, 50354 Hürth, Tel. 02233-97 41 80, Fax 755 72
- An der Karlsschanze 7, 55131 Mainz, Tel. 06131-98 26 00, Fax 83 51 19
- Menzingerstr. 3, 80638 München, Tel. 089-178 03 10, Fax 178 56 60
- Lotharingerstr. 25-27, 48147 Münster, Tel. 0251-41 47 00, Fax 433 27
- Regensburger Str. 69, 90478 Nürnberg, Tel. 0911-495 23, Fax 46 89 62
- Kernerstr. 19/B, 70182 Stuttgart, Tel. 0711-16 66 70, Fax 522 21 02
- Rosmarienweg 16/A, 04318 Leipzig, Tel. 0341-231 29 26, Fax 232 75 16

Österreich

Türkische Botschaft

- Prinz-Eugen-Str. 40, 1040 Wien, Tel. 01-505 73 36, Fax 505 36 60

Türkische Konsulate

- Bahnhofstr. 12, 6900 Bregenz, Tel. 05574-420 83, Fax 424 41
- Staubergasse 9, 5020 Salzburg, Tel. 0662-44 21 20, Fax 442 12 04

Schweiz

Türkische Botschaft

- Lombachweg 33, 3006 Bern, Tel. 031-351 70 12, Fax 352 88 19

Türkische Konsulate

- Rue de Pré-Bois 20, 1215 Genf 15 (Flughafen), Tel. 022-798 12 32, Fax 768 35 82
- Markusstr. 10, 8035 Zürich, Tel. 01-363 87 55, Fax 363 92 88

Niederlande

Türkische Botschaft

- Jan Evertstraat 15, 2514 BS Den Haag, Tel. 070-3604 912, Fax 3617 969

Türkische Konsulate
- Nerengracht 451, 1017 BS Amsterdam, Tel. 020-626 66 10, Fax 622 22 63
- Keizerstraat 8, 7411 HG Deventer, Tel. 0570-81 94 81, Fax 81 95 54
- Eendrachtsweg 67, 3012 LG Rotterdam, Tel. 010-413 22 70, Fax 411 44 17

Achtung: Wer bei Schwierigkeiten in der Türkei die Hilfe einer diplomatischen Vertretung braucht, findet die entsprechenden Adressen im Reiseteil unter den jeweiligen Orten.

Foto- und Filmausrüstung

Ob nun Fotografieren oder Filmen die beste Möglichkeit ist, Reiseeindrücke festzuhalten, muß jeder selbst entscheiden. Dia- und Negativfilme sind mittlerweile in allen Touristenzentren zu haben; ihre Preise sind nur unwesentlich höher als bei uns. Unbedingt auf das Verfallsdatum achten!

Hinweis: Wer eine Reisegepäckversicherung abschließen möchte, erkundigt sich am besten vorher nach der Deckungssumme für Fotogeräte.

Frauen reisen

Schon zu Hause sollten sich Frauen mit den Moralvorstellungen der islamischen Gesellschaft und dem Bild vertraut machen, das Türken von der westlichen Frau haben. Einige Gedanken darüber beeinflussen sicherlich nicht nur die Zusammenstellung des Reisegepäcks, sondern auch das Verhalten im Reiseland, und damit kann frau so manche unangenehme Situation vermeiden. Die Erfahrungen, die europäische Frauen mit türkischen Männern machen, sind sehr unterschiedlich. Das Spektrum reicht von freundschaftlichen Begegnungen bis hin zu handfesten Zudringlichkeiten.

Die Zeit, wo man Frauen noch distanziert gegenübertrat, ist vorbei. Auch Straßenhändler fassen Frauen schon einmal am Arm oder halten sie fest.

In vielen Männerköpfen herrscht die Vorstellung, die europäische Frau sei liebestoll und willig, wenn es um Sex geht, und warte nur auf das eindeutige Angebot. Das mag übertrieben klingen, doch genau dieses Bild der freizügigen Europäerin wird durch die Massenmedien suggeriert.

Türkische Boulevardblätter, die täglich in Millionenauflage erscheinen, präsentieren Bilder bevorzugt mit westlichen Frauen "oben ohne" oder auch "ganz ohne", für die sehr oft eine Touristin herhalten muß, die am Strand von eifrigen Zeitungsreportern mit Tele abgelichtet wird. So heißt es beispielsweise zu einem Nacktfoto in einem zunächst unauffällig erscheinenden Begleittext: "Gisela Müller, deutsche Touristin, verbringt ihren Urlaub am schönen Strand von Antalya. Sie ist zum ersten Mal in der Türkei und von Land und Leuten begeistert. Noch 14 Tage lang genießt sie die sonnige Küste des Südens. Sie macht's fünfmal am Tag."

Aber auch Fernsehfilme à la "Dallas", vornehmlich amerikanische Streifen, fördern die Klischeevorstellungen über Ausländerinnen. So manche Männer, vor allem die westlich orientierten in den Touristenzentren, unterliegen der irrigen Annahme, eine Frau aus europäischen Breiten lebe schlechthin so wie im Film: wohlhabend und in jeder Beziehung freizügig.

Allerdings sollte frau auch sehen, daß Touristinnen durch unbedachtes Verhalten selbst nicht wenig dazu beitragen. Mit knapper Kleidung, aufreizender Aufmachung und Baden "oben ohne" suggerieren sie eine Freizügigkeit, die bei den Moralbegriffen der islamischen Gesellschaft zu Mißverständnissen führen muß. Sie gelten dann buchstäblich als Freiwild, das für jeden zu haben ist.

Ähnliches gilt auch für den Aufzug in den Straßen. Nicht nur um Anmache zu vermeiden, sondern auch aus Respekt vor dem Gastland und seinen Moralvorstellungen sollte die Touristin auf provozierende Kleidung - hautenge Jeans, knappsitzende Shorts, tiefausgeschnittene T-Shirts - verzichten.

Sexuelle Beziehungen werden in einem islamischen Land nur im Rahmen einer Ehe geduldet. Außereheliche Kontakte sind in diesem Kulturkreis verpönt. Türkische Frauen, die sich nicht an die "Spielregeln" halten, werden, falls die Affäre ans Tageslicht kommt, nicht selten aus dem Familienverband ausgestoßen, um die "Ehre" der Familie wiederherzustellen.

Auch sind Zärtlichkeiten auf offener Straße, wie unter Touristen oft üblich, nach islamischem Moralverständnis unschicklich. Auch dies fällt auf die Frau zurück, während ihr Partner von der Bewertung allerdings verschont bleibt.

Wichtig für Touristinnen in der Türkei, aber auch in anderen islamischen Ländern, ist folgendes:

▸ Nacktheit, erst recht in der Öffentlichkeit, ist tabu. Legen Sie sich daher nie "oben ohne" an den Strand.

▸ Tragen Sie keine aufreizende, enge oder durchsichtige Kleidung. Bei engen T-Shirts, Blusen und ähnlichem empfiehlt es sich, einen BH anzuziehen. Achten Sie darauf, daß Schultern und Oberarme bedeckt sind, zumindest wenn Sie sich in touristisch kaum beeinflußten Gebieten aufhalten. Auch sollte frau nicht zu viel Bein zeigen. Eine weite Hose ist vorteilhaft, aber auch Rock oder Kleid, die das Knie bedecken.

▸ Beim Besuch einer Moschee oder anderer religiöser Stätten ist es gut, ein Kopftuch in der Tasche zu haben, denn ohne kommen Sie in der Regel nicht hinein, oder aber es wäre eine grobe Mißachtung der Vorschriften.

▸ Nicht jederfraus Geschmack ist es, die "feine Dame" zu spielen, sich mit schicker, eleganter Kleidung in Schale zu werfen. Doch damit verschafft man sich bei Männern oft eine gehörige Portion Respekt.

▸ Blickkontakt zu Männern sollte man vermeiden, da sie ihn oft als Aufforderung verstehen. "Durch einen Menschen hindurchsehen" ist allerdings nicht leicht und erfordert einiges an Übung.

▸ Verhalten Sie sich gegenüber Männern allgemein distanziert, aber nicht unfreundlich. Distanz von Seiten der Frau zu den Männern ist in der Türkei nichts Ungewöhnliches, sie wird von den traditionellen Sitten verlangt. Ein solches Verhalten gilt nicht wie etwa bei uns als arrogant und unhöflich.

▸ Ein selbstsicheres und souveränes Auftreten in alltäglichen Situationen erleichtert die Reise. Gespräche mit einheimischen Männern über das Thema "Frau" können rasch in ungewollte Bahnen geraten, auch wenn sie noch so sachlich-nüchtern anfangen.

▸ Im Bus lassen sich alleinreisende Türkinnen schon vorher einen Platz neben einer anderen Frau reservieren. Für sie ist dies selbstverständlich, vor allem, wenn sie unverheiratet sind, denn für sie wäre es unschicklich, neben einem fremden Mann zu sitzen.

▸ Im Restaurant ist für Frauen und Familien meist die Familienabteilung (trk. *aile salonu*) vorgesehen. Sie ist für Männer solo oder in Gruppen nicht zugänglich. Vorteil: Belästigungen bleiben Frauen dort erspart.

▸ Bei der Anmache ist häufig eine der ersten Fragen: "Bist Du verheiratet? Hast Du einen Freund? Hast Du Kinder?" Natürlich ist man verheiratet und hat mindestens zwei Kinder zu Hause, die ... alt sind und ... heißen. Fotos von Ehemann und Kindern sind dabei immer nützlich. Ein Ehering, an der linken Hand getragen, macht dann die ganze Sache perfekt. Für solche Unterhaltungen ist natürlich ein wenig Türkisch vorteilhafter als die Zeichensprache.

▸ Gut machen sich in gewissen Situationen türkische Schimpfworte, die eine frappierende Wirkung haben (→ Sprache). Wer angefaßt wird (z.B. an den Busen) oder wem zwischen die Beine gegriffen wird, bringt ihre Beschimpfungen am besten lautstark an! Auch männliche Reisebegleitung schützt nicht immer vor Belästigungen.

▸ Selbst auf kleinere Zudringlichkeiten, die mit Armumlegen beginnen und sich rasch steigern können, sollte man von vornherein energisch reagieren.

Zusammengefaßt: Angemessene Kleidung und Zurückhaltung gegenüber türkischen Männern reichen heute nicht mehr aus, vor Belästigungen sicher zu sein, vor allem in den touristisch erschlossenen Küstenregionen. Hier hilft nur, sich nicht in Verlegenheit bringen zu lassen, sehr selbstbewußt zu wirken und Durchsetzungsvermögen zu signalisieren.

Geld

Die *Türkische Lira (TL)* ist die Landeswährung. Offiziell gültig sind Münzen zu *100, 500, 1.000, 2.500, 5.000 TL* und *25.000 TL* sowie Banknoten zu *1.000, 5.000, 10.000, 20.000, 50.000, 100.000, 250.000, 500.000 TL* und *1.000.000 TL.*

Manchmal kann es schwierig sein, große Scheine zu wechseln. Deshalb sollte man immer auf genügend Kleingeld achten.

Es stellt sich die Frage, in welcher Form man das Geld für die Reise mitnehmen sollte. Sinnvoll ist es, den größten Teil der Reisekasse in *Euro-* oder *Travellerschecks* anzulegen. Travellerschecks haben den Vorteil, daß sie bei Verlust die Bank ersetzt, die sie ausgestellt hat. Im Gegensatz zu Euroschecks werden Travellerschecks der bekannten Gesellschaften wie *American Express, First National Bank* oder *Thomas Cook* in der Regel anstandslos von türkischen Banken eingelöst. Wer Reiseschecks von unbekannteren Bankgesellschaften erworben hat, muß beim Einlösen schon einmal etwas länger warten, bis die Formalitäten erledigt sind.

Das Einlösen von Reiseschecks außerhalb von Touristenzentren kann mit Schwierigkeiten verbunden sein, denn nicht jede Bank wechselt Travellerschecks. Außer *Postschecks* werden *Euroschecks* und alle Arten von *Reiseschecks* von den großen Postämtern angenommen. Auf den EC-Aufkleber in den Postämtern achten!

Mitgeführtes *Bargeld* erweist sich dann als nützlich, wenn die Schecks ausgegangen oder die Banken geschlossen sind. Zur Not kann man in einem renommierten Hotel Geld wechseln. Hier ist der Kurs jedoch meist schlechter als auf der Bank.

Je nach Kursschwankungen des amerikanischen Dollar ist es von Vorteil, die Reisekasse in Dollar mitzunehmen.

Für *Kreditkarten* gilt dasselbe wie für Schecks: Je bekannter die ausstellende Firma ist, desto problemloser kann man damit zahlen. In der Türkei sind *Visa, American Express, Diners Club* und *Eurocard* verbreitet. Nachteile der Kreditkarten: Die Karte nur einer Firma reicht oft nicht aus, beim Begleichen eines Betrags wird häufig eine Kommission von 5 % verlangt, und einige Banken limitieren obendrein die Geldsumme. Für Visa-Card-Inhaber hat die *Yapı Kredi Bank* jetzt in allen größeren Städten *Cash-Automaten* aufgestellt, an denen man problemlos bis 1.000.000 TL täglich abheben kann. Geheimzahl nicht vergessen! Die Automaten sind Tag und Nacht zugänglich. Auch kann man in vielen Städten an den internationalen Geldautomaten mit der normalen Bankomatkarte und dem *pin-code* Geld vom Konto abheben. Das ist allerdings eher für Notfälle zu empfehlen, da ähnliche Nachteile wie bei Euroschecks bestehen: Der ungünstige Wechselkurs im Heimatland wird verrechnet und dazu Gebühren (pro Abhebung).

Manche Bankfilialen tauschen erst ab 10 bzw. 11 Uhr, da sie erst dann die offiziellen Kurse von ihrer Zentrale erfahren. Zum Geldwechseln braucht man den Reisepaß oder Personalausweis. Einige Bankhäuser verlangen beim Einlösen von Schecks bis zu 5 DM Bearbeitungsgebühr (trk. *komisyon*). Es empfiehlt sich, beim Geldumtausch vorher in der Bank nach Kommissionsgebühren zu fragen oder auf Schilder mit der Aufschrift "No Commission" zu achten.

Geldtauschen auf dem *Schwarzmarkt* ist verboten. Es darf nur bei Stellen getauscht werden, die staatlich autorisiert sind. Wer beim Schwarztauschen erwischt wird, muß mit empfindlichen Geldstrafen rechnen.

Der *Wechselkurs* ändert sich aufgrund der sehr hohen Inflationsrate (derzeit bei ca. 70 %) ständig. Daher haben Angaben in Türkischen Lira wenig Aussagekraft. Da die Abwertung der türkischen Lira sich fast wöchentlich bemerkbar macht, tauscht man am besten öfter kleinere Beträge, anstatt zu Beginn der Reise das gesamte Reisebudget. In der Regel werden die Preise einmal im Jahr, meist am 1. Juli, heraufgesetzt.

Wechselkurs: 1 DM = 85.000 TL
(Stand August 1997)

Tip: Es lohnt sich auf jeden Fall, erst in der Türkei zu wechseln, da dort der Kurs wesentlich günstiger ist. Leute, die direkt nach İzmir fliegen, können am 24-Stunden-Schalter der Banken im Flughafengebäude problemlos tauschen.

Tip: Da Reisende oft sehr viel Geld - besonders aus der Sicht der Einheimischen - mit sich herumtragen, stellt sich die Frage, wie und wo Geld und Schecks am sichersten aufbewahrt werden. Der baumelnde Brustbeutel, der jedem signalisiert, wo sich die Wertsachen befinden, ist sicherlich keine gute Lösung. Hier sind Geldgürtel zu bevorzugen, die in jedem Ausrüstungsladen erhältlich sind, oder als Alternative eine eingenähte Tasche mit Reißverschluß an der Hosen- oder Rockinnenseite.

Gesundheit

Türkisches Gesundheitswesen

Das System der Krankenversicherung in der Türkei unterscheidet sich sehr von unserem, denn dort kommt nur derjenige in den Genuß einer gesetzlichen Krankenversicherung (Sozialversicherungsanstalt, trk. *sosyal sigortalar kurumu*), der beim Staat angestellt ist. Alle anderen müssen sich privat versichern. Da aber die Beitragssätze für die Privatversicherung sehr hoch sind, verzichten viele Türken auf eine Krankenversicherung.

Die Kosten für Medikamente, Arztbesuch und Krankenhausaufenthalt sind aus eigener Tasche zu zahlen. Wie man sich unschwer vorstellen kann, sind diese auch in der Türkei recht hoch. Für eine einfache Untersuchung sind beim Arzt ca. 50 DM fällig. Viele können oft dieses Geld nicht aufbringen, ohne in finanzielle Schwierigkeiten zu geraten. So gehen Nicht-Versicherte erst dann zum Arzt, wenn sie es vor Schmerzen kaum mehr aushalten, oder wenn es gar zu spät ist. So werden Menschen chronisch krank oder sterben, weil sie sich eine Behandlung ganz einfach nicht leisten können.

Krankenhäuser

Die hygienischen Verhältnisse in den türkischen Krankenhäusern sind im allgemeinen nicht mit denen zum Beispiel in Deutschland zu vergleichen. Wenn ein Krankenhausaufenthalt notwendig wird, sollte man sich - vorausgesetzt man ist transportfähig - in das Deutsche Krankenhaus nach İstanbul bringen lassen (→ İstanbul). Dort sind die hygienischen Verhältnisse recht gut. Auch sprechen dort viele Ärzte Deutsch. Da es aber nicht der türkischen Sozialversicherungsanstalt angeschlossen ist, muß man die Behandlungskosten zunächst einmal aus eigener Tasche vorlegen. Zu Hause erstattet die Versicherung die Auslagen. Dabei sollte man eine detaillierte Arzt- bzw. Krankenhausrechnung vorzeigen.

Apotheken

Auffällig ist die große Zahl von Apotheken (trk. *eczane*). Bei dem unzulänglichen Krankenversicherungssystem ist es verständlich, daß bei Beschwerden der Apotheker eine beratende oder gar therapeutische Funktion hat. Viele Apotheker sprechen eine Fremdsprache, so daß sie dem Reisenden auch die richtigen Medikamente geben können.

Medikamente sind freiverkäuflich, d.h. es gibt mit Ausnahme von starken Arzneien, wie etwa Psychopharmaka, keine Rezeptpflicht. Viele in anderen Ländern bereits verbotene Arzneimittel sind in der Türkei häufig noch im Handel, da dort andere Bestimmungen gelten.

Reisekrankenversicherung

Zwischen der Türkei und einzelnen europäischen Staaten bestehen Sozialversicherungsabkommen über Sachleistungen im Krankheitsfall. Für gesetzlich Versicherte gibt es einen speziell für die Türkei ausgestellten *Auslandskrankenschein*, den die jeweilige Krankenkasse bereithält. Hilfreich ist die bei jeder Krankenkasse erhältliche Versicherungsbroschüre "Krank in der Türkei - Ihr Versicherungsschutz". Auf Krankenschein erhält man kostenlose Behandlung nur in den Kliniken, die der *Türkischen Sozialversicherungsanstalt* angeschlossen sind, und auch nur dann, wenn keine besonderen, aufwendigen Leistungen zu erbringen sind. Ärzte und Krankenhäuser, die nicht dieser staatlichen Institution angehören, lassen sich ihr Honorar sofort geben.

Als zusätzliche Absicherung für gesetzlich Versicherte bietet sich die Reisekrankenversicherung an, da diese den Rücktransport einschließt, den die gesetzliche Versicherung nicht mehr trägt. Die Kosten für den Rücktransport werden nur dann erstattet, wenn es der Arzt für medizinisch notwendig erachtet und der Patient transportfähig ist.

Wichtig sind für die Rückerstattung der Kosten in jedem Fall Bescheinigungen über Behandlung, Medikamente und medizinisch notwendige Leistungen.

Tip: Die Krankenversicherung ist mit Reisegepäck- oder Haftpflichtversicherung im sogenannten *Paket* meist günstiger. Auch der ADAC-Auslandsschutzbrief sieht in seinen Leistungen den Rücktransport eines Erkrankten aus dem Ausland vor.

Reiseapotheke

Trotz der leichten Zugänglichkeit von Medikamenten in den Apotheken sollte die Reiseapotheke einige Mittel für den Notfall enthalten. Der Hausarzt kann bei der Auswahl der Medikamente behilflich sein. Rezeptpflichtige Medikamente sind mit (RP) gekennzeichnet.

Erkrankung und Medikamente

- *Allergie und Juckreiz* - Tavegil, Fenistil (Gel)
- *Bauchschmerzen und Krämpfe* - Buscopan comp., Spasmo Cibalgin (RP)
- *Durchfallerkrankungen* - Elotrans neu, Tannalbin, Kohlekompretten
- *Grippe und Erkältung* - Ilvico, Fluprim, Doregrippin

- *Halsschmerzen* - Imposit, Frubienzym
- *Husten und Schnupfen* - Codipront (RP)
- *Infektion* (bakteriell) - Bactrim (RP), Isocillin (RP), Antibiotika allerdings nur nach genauer ärztlicher Anordnung! Empfehlungen sind problematisch, da man meist nicht weiß, um welche Erreger es sich handelt.
- *Kreislaufschwäche* - Effortil
- *Schmerzen und Fieber* - Aspirin, Benuron, Optalidon (RP)
- *Sonnenbrand und Insektenstiche* - Systral-Gelee, Bepanthen Salbe
- *Verstauchung und Prellung* - Rheumon-Gel (RP), Mobilat Gel
- *Übelkeit und Erbrechen* - Paspertin (RP), Emesan (RP), Vomex
- *Wundinfektion* - Iruxol-Salbe (RP), Nebacetin-Puder oder -Salbe (RP), Bepanthen-Salbe, Tyrosur, Betaisodona

Achtung: Einige der genannten Medikamente werden auch von anderen Firmen hergestellt, die mitunter billiger sind.

Hinweis: Mücken der Gattung *Anopheles* übertragen den Erreger der Malaria, *Plasmodium spec.* Es gibt verschiedene Varianten. Die Malaria kommt in der Türkei im Grenzgebiet zum Irak und zu Syrien vor. Auskunft geben die Gesundheitsämter, Tropeninstitute und Universitätskliniken.

Erste-Hilfe-Ausrüstung
- gutes Desinfektionsmittel (Merfen, Mercurochrom)
- Wundspray (Nobecutan)
- Rasierklinge, Schere, Pinzette
- Verbandmaterial, Pflaster bzw. Blasenpflaster (Hansaplast, Tape)
- elastische Binde
- Dreiecktuch
- Fieberthermometer

Die Mitnahme von Zäpfchen ist nicht empfehlenswert, da sie in der Hitze schnell schmelzen. Nicht zu vergessen sind Mittel, die man regelmäßig einnimmt, wie Antidiabetica oder Anti-Baby-Pillen.

Tip: Eine häufige Reisekrankheit wie Durchfall läßt sich mit einer Diät aus Brot und ungesüßtem Tee kurieren. Da der Körper viel Wasser verliert, sollte man ihm entsprechende Mengen zuführen. Zu empfehlen ist Mineralwasser mit möglichst wenig Kohlensäure, das nicht zu kalt sein sollte. Lassen die Beschwerden nach zwei bis drei Tagen nicht nach, ist unbedingt ein Arzt aufzusuchen.

Hygienische Verhältnisse

Mit der Hygiene nimmt man es in der Türkei weniger genau, da im orientalischen Kulturkreis andere Vorstellungen von Sauberkeit herrschen. Reisende sollten sich ein entsprechendes 'Hygieneverhalten' angewöhnen: So ist es sinnvoll, die Hände möglichst oft zu waschen und auf Sauberkeit beim Essen und Trinken zu achten.

Toiletten

Toilettenpapier gibt es in der Türkei nicht auf jeder Toilette, ausgenommen in guten Hotels und Restaurants. Stattdessen werden Wasser und die linke Hand benutzt. Zu diesem Zweck ist meist im unteren Bereich der Toilette ein Wasserhahn angebracht (→ Verhaltensanregungen). Der Verzicht auf Toilettenpapier ist nicht nur typisch für die Türkei, sondern für den ganzen Orient. Wer sich mit dieser Sitte nicht anfreunden kann, hat am besten immer eine Rolle Toilettenpapier dabei. Dieses sollte wegen Verstopfungsgefahr nicht ins Klo, sondern in den dafür bereitstehenden Eimer oder Korb geworfen werden.

In den letzten Jahren geht man verstärkt dazu über, anstelle der "sibirischen Hockklos" die bei uns üblichen Sitzklos einzubauen. Obwohl die Hocktoiletten wesentlich hygienischer sind, verschwinden sie zunehmend.

Tip: Wenn man einmal dringend "muß", aber kein Örtchen in der Nähe ist, steuert man am besten die nächste Moschee an, wo es immer eine öffentliche Toilette gibt. "Damen" heißt *kadın* oder *bayam*, "Herren" *erkek* oder *bay*.

Karten

Die folgenden Karten eignen sich gut zur Planung der Reiseroute und sind auch dann unterwegs nützlich (→ Tips für unterwegs/ Kartenhinweise):

... für die Anreise
- *Östliches Mittelmeer,* Reisekarte, M 1:2.500.000, JRO-Verlag
- *Euro Cart Italien,* M 1:800.000 mit einigen Stadtplänen, RV-Verlag
- *Straßenkarte Osteuropa,* M 1:3.000.000, Hallwag-Verlag
- *World Travel Map Osteuropa,* M 1:2.500.000, Bartholomew
- *Shell Atlas,* M 1:750.000, eignet sich gut dafür, wenn man gerne ein paar Abstecher von der direkten Route machen will.
- *ADAC-Karten* erhalten Mitglieder kostenlos. Auf Wunsch wird individuell die günstigste Reiseroute eingezeichnet.

Tip: In Osteuropa gibt es häufig preiswerte Landeskarten, in denen auch Tankstellen und Campingplätze verzeichnet sind.

... für die Türkei
Das Angebot von guten Straßenkarten über die Türkei ist mittlerweile recht groß. Die meisten Karten geben ein realistisches Bild von den Straßenverhältnissen.

- *Türkei,* M 1:500.000, Kartographischer Verlag Ryborsch, 7 Kartenblätter, die die komplette Türkei abdecken; die Karten können einzeln (12,80 DM) oder als Set (79 DM) erworben werden; sie zählen zu den besten Karten über die Türkei.
- *Türkei - Westlicher Teil,* M 1:800.000, Reise- und Verkehrsverlag, gesamte westliche Türkei bis zum Golf von İskenderun; mit Hotelangaben auf der Rückseite, Preis: 14,80 DM
- *Türkei, Westküste,* M 1:600.000, Reise- und Verkehrsverlag, von Edirne, İstanbul bis Fethiye, mit Kurzbeschreibung von Sehenswürdigkeiten auf der Rückseite, Preis: 9,80 DM
- *Türkei, Südküste,* M 1:600.000, Reise- und Verkehrsverlag, von İzmir bis Silifke, mit Kurzbeschreibung von Sehenswürdigkeiten auf der Rückseite, Preis: 9,80 DM
- *Türkei, Kappadokien,* M 1:600.000, Reise- und Verkehrsverlag, Preis: 9,80 DM
- *Türkei* - Urlaubsregionen an der Ägäis und am Mittelmeer, M 1:750.000, Hallwag, von Çanakkale bis Anamur, mit Übersichtskarte der gesamten Türkei, M 1:1.200.000, Preis: 14,80 DM
- *Türkei* - Westlicher Teil, M 1:1.000.000, Kümmerly & Frey, Preis: 14,80 DM
- *Türkei* - Westlicher und mittlerer Teil, M 1:750.000, Shell Eurokarte, Preis: 14,80 DM
- *Euro Atlas Türkei,* M 1:800.000, Reise- und Verkehrsverlag, unterscheidet zutreffend die Straßenverhältnisse, ist in Heftform, zum Umschlagen mit einer Spiralbindung versehen, beinhaltet Straßenpläne von acht Großstädten im Maßstab 1:20.000, Preis: 19,80 DM.
- *Turkey Roadmap,* M 1:1.700.000, Ministerium für Kultur & Tourismus und Straßenbauministerium, bezieht sich auf die gesamte Türkei, kostenlos erhältlich in den türkischen Touristeninformationsbüros

Papierkram

Grenzformalitäten

Deutsche, Niederländer und Schweizer benötigen für einen Türkeiaufenthalt unter drei Monaten lediglich einen gültigen Reisepaß. Österreicher brauchen für die Einreise in die Türkei ein Visum, weil Österreich das auch von den Türken verlangt. Es wird problemlos an der Grenze für 25 DM ausgestellt. Wer beabsichtigt, länger zu bleiben, muß sich ein Visum vom türkischen Konsulat besorgen. Für Kinder bis zu 16 Jahren ist ein Kinderausweis mit Lichtbild oder ein Eintrag im Paß eines Elternteils ausreichend.

Wer mit dem eigenen Fahrzeug in die Türkei reist, sollte die Grenzformalitäten für die jeweiligen Durchreiseländer beachten (→ Anreise/ Eigenes Fahrzeug).

Bei der Einreise in die Türkei muß ein Formular mit verschiedenen Angaben zum Fahrzeug ausgefüllt werden. Dieses Papier ist aufzubewahren, da es bei der Ausreise verlangt wird.

Bei der Einreise wird der Paß gestempelt. Die Auseinandersetzungen zwischen türkischer und griechischer Regierung führten in den letzten Jahren mitunter so weit, daß man Reisenden, die einen türkischen Stempel im Paß hatten, die Einreise von der Türkei nach Griechenland verweigerte. Wer derartige Schwierigkeiten vermeiden möchte, läßt sich von dem türkischen Zollbeamten den Einreisestempel auf ein gesondertes Blatt drücken. Dieses Papier sollte aufbewahrt werden, da es bei der Ausreise verlangt wird. Da Griechenland EG-Mitglied ist, genügt bei der Einreise dort auch der Personalausweis.

Visa für Durchreiseländer

Bulgarien

D Auf der Hostert 6, 53173 Bonn, Tel. 0228-36 30 61, Fax 35 82 15
NL Duinrossweg 9, Den Haag, Tel. 031-29 55 30 51
A Schwindgasse 8, 1040 Wien, Tel. 01-65 64 44
CH Bernastr. 4, Bern, Tel. 041-43 14 55
TR Atatürk Bulvarı 124, Ankara - Cankaya, Tel. 090-41 26 74 55

Bulgarien verlangt im Moment kein Visum für die Durchreise. Es ist jedoch empfehlenswert, sich bei den entsprechenden Stellen nach den aktuellen Bestimmungen zu erkundigen.

Rumänien

D Legionsweg 14, 53117 Bonn, Tel. 0228-683 80, geöffnet Mo, Mi, Fr 9 - 12 Uhr
NL Catsheuvelstraat 55, Den Haag, Tel. 54 37 96
A Prinz-Eugen-Str. 60, 1040 Wien, Tel. 01-505 32 27
CH Kirchenfeldstr. 78, Bern, Tel. 031-44 35 21
TR Bükres Sok. 4, Ankara-Cankaya, Tel. 27 12 41

Für die Durchreise durch Rumänien benötigen Deutsche, Österreicher, Schweizer und Niederländer ein Transitvisum, das man von der Botschaft und auch an der Grenze bekommt, sich am besten aber vor der Abreise besorgt. Es kostet 55 DM (einfach), 75 DM (hin und zurück). Es gestattet jeweils einen Aufenthalt in Rumänien bis zu drei Tagen. Türken brauchen bei einem Aufenthalt in Rumänien unter 60 Tagen kein Visum.

Slowakische Republik

D August-Bier-Str. 31, 53129 Bonn, Tel. 0228-919 74 29, Fax 919 74 54

Lediglich türkische Staatsbürger benötigen ein Durchreisevisum, das es bei den diplomatischen Vertretungen gibt (einfach 26 DM, hin und zurück 51 DM). Zwei Paßbilder sind erforderlich.

Tschechische Republik

D - Ferdinandstr. 27, 53127 Bonn, Tel.0228-9197-0, Fax 919 72 81 (geöffnet Mo-Fr 8.30 - 11 Uhr)
- Wilhelmstr. 44, 10117 Berlin, Tel. 030-220 04 81
- Siedlerstr. 2, 85774 Unterföhrung bei München, Tel. 089-95 01 24
- Erna-Berger-Str. 1, 01097 Dresden, Tel. 0351-803 25 01

NL Paleisstraat 4, 2514 JA Den Haag, Tel. 003170-346 97 12
A Penzinger Str. 11-13, 1140 Wien, Tel. 894 37 41
CH Muristr. 53, 3000 Bern 16, Tel. 352 36 45
TR Uğur Mumcu Cad. 100, 06770 Gazi Osman Paşa Cad., Tel. 446 12 44

Die Tschechische Republik verlangt im Moment kein Visum für die Durchreise (ausgenommen davon sind türkische Staatsangehörige). Es ist jedoch empfehlenswert, sich bei den entsprechenden Stellen nach den aktuellen Bestimmungen zu erkundigen.

Bundesrepublik Jugoslawien

D Schloßallee 5, 53179 Bonn, Tel. 0228-34 40 51, Fax 34 40 57
NL Groot Hertoginnelaan 30, Den Hag, Tel. 63 23 97
A Rennweg 3, 1010 Wien, Tel. 73 25 95
CH Kalcheggweg 38, Bern, Tel. 44 63 55
TR Paris Cad. 47, Ankara, Tel. 12 21 06

Deutsche benötigen für die Fahrt durch Jugoslawien ein Transitvisum (einfach 37 DM; hin und zurück 75 DM). Das Visum muß persönlich bei den Vertretungen Jugoslawiens entgegengenommen werden; Antragsformulare werden auch per Post zugestellt. Einreisevisa werden nicht mehr ausgestellt; deshalb muß man nachweisen, daß man das Land auch wieder verläßt, z.B. durch die Vorlage eines Bulgarien-Visums; daher sollte man dieses auch frühzeitig beantragen.

Zollbestimmungen

Einreise

Persönliche Gebrauchsgegenstände dürfen zollfrei eingeführt werden. Hierzu zählen neben den üblichen Reiseartikeln ein Fotoapparat mit zehn Filmen, ein Kofferradio, ein Walkman oder ein Kassettenrekorder, ein tragbarer Discplayer, fünf leere Kassetten, Sportartikel, Musikinstrumente (maximal drei verschiedene Instrumente), ein Amateurkompaß, ein Fernglas, eine Reiseschreibmaschine (mechanisch), 200 Zigaretten oder 50 Zigarren oder 200 g Tabak, 1½ kg Kaffee oder Pulverkaffee, 500 g Tee, fünf Flaschen zu 1 l oder sieben Flaschen zu 0,7 l alkoholische Getränke, 1 kg Schokolade, 1 kg Süßigkeiten, 1 l Eau de Cologne oder fünf Fläschchen Parfüm (max. je 120 ml) und Geschenkartikel im Wert von bis zu 500 DM. Wer von diesen Waren mehr einführt, muß Zollgebühren zahlen. Wertvolle Gegenstände zum persönlichen Gebrauch (z.B. Schmuck, Computer, tragbarer Fernseher, Videogerät) sollte man bei der Einreise unbedingt in den Reisepaß eintragen lassen, um Schwierigkeiten bei der Ausreise zu vermeiden. Antiquitäten sind besser zu Hause aufgehoben, denn damit gibt es an der Grenze nur Ärger. Die Einfuhr von Waffen jeglicher Art ist verboten.

Ausreise

Obwohl überall in der Türkei Antiquitäten zu kaufen sind, ist ihre Ausfuhr streng verboten. Wer an der Grenze damit erwischt wird, hat mit Scherereien zu rechnen. Sie werden dort beschlagnahmt.

Wer einen Teppich ohne Schwierigkeiten über die Grenze bringen will, muß ein Zertifikat vorlegen, das diesen als nicht-antiquarisch ausweist. Das Gutachten ist gewöhnlich im Museum der Stadt erhältlich und kostet um die 10 DM. Ein seriöser Verkäufer regelt meist selbst die ganze Angelegenheit und stellt eine Rechnung aus, die bei der Einreise ins Heimatland beim Zoll vorzulegen ist.

Zollbestimmungen bei Einreise nach Deutschland:
- Wer einen Teppich oder *kelim* selbst mitnimmt, muß erst ab einem Wert von 115 DM eine Umsatzsteuer von 15 % zahlen.
- Wer einen Teppich oder *kelim* mit der Post nach Hause schickt, muß ab einem Wert von 100 DM 15 % Umsatzsteuer zahlen.

In beiden Fällen kann bei einem Wert unter 290 DM eine Pauschale von 15 % Umsatzsteuer berechnet werden.

Haustiere

Für Tiere, die mit auf die Reise gehen sollen, ist eine amtsärztliche Bescheinigung über die Impfung gegen Tollwut erforderlich (letzter Impftermin ist zwei Wochen vor Abreise!). Diese ist vor Reiseantritt vom türkischen Konsulat zu bestätigen und ins Türkische zu übersetzen. In der Regel gibt es mit Hunden oder Katzen bei der Einreise keine Schwierigkeiten.

Impfungen

Reist man direkt von Mitteleuropa in die Türkei ein, sind keine Impfungen erforderlich (→ Gesundheit).

Reisegepäck

Bei der Zusammenstellung des Gepäcks ist zu bedenken, daß es im Sommer an der türkischen West- und Südküste tagsüber sehr heiß werden kann, während die Abende eher angenehm kühl sind (→ Reisezeiten, → Klima). Eine dünne Jacke oder ein Pullover sollten deshalb im Reisegepäck nicht fehlen; ebenso ist Sonnenschutz (Brille, Creme, Hut oder Kopftuch) wichtig. Badeschuhe für Toiletten- und Badbenutzung und eine Taschenlampe (für nachts oder für die Begehung von Höhlen) sind immer nützlich. Für die "kleine Wäsche" ist ein Waschmittel in der Tube praktisch sowie einige Klammern und eine Schnur.

Reisezeiten

Da das Klima regional sehr unterschiedlich ist, präsentieren sich auch die einzelnen Landschaften entsprechend (→ Land und Leute/ Klima).

Das *Frühjahr* beginnt an der Mittelmeerküste bereits Anfang März und an der Ägäis etwas später, ab Mitte März.

Der *Sommer* stellt sich mit einer lang anhaltenden Trockenperiode an der Mittelmeerküste Anfang Juni ein, aber auch wenig später im Landesinnern. Die heißesten Monate sind Juli und August.

Klimaübersicht

		J	F	M	A	M	J	J	A	S	O	N	D
Adana	**1**	14	15	19	23	28	31	34	34	32	29	22	16
	2	04	05	7	11	15	19	22	22	19	15	11	06
	3	15	14	15	18	21	25	27	28	26	22	18	16
	4	08	07	06	05	04	02	--	--	01	04	05	07
Antalya	**1**	15	16	18	21	26	30	34	33	31	27	22	17
	2	06	07	09	11	16	20	23	23	20	15	11	08
	3	18	17	17	18	21	24	26	28	27	25	22	19
	4	11	09	06	04	03	01	--	--	01	04	05	11
İzmir	**1**	13	14	17	21	26	31	33	33	30	24	20	14
	2	04	05	06	10	13	17	21	21	17	13	10	06
	3	11	11	12	15	20	24	26	26	24	21	17	13
	4	10	08	07	05	04	02	--	--	02	04	06	10

1 Mittlere maximale Temperatur in °C
2 Mittlere minimale Temperatur in °C
3 Mittlere Wassertemperatur in °C
4 Regentage

Im *Herbst* werden die Temperaturen allgemein erträglicher. Im Mittelmeer kann man noch weit bis in den Oktober hinein schwimmen.

Im *Winter* sind die Küstenregionen verregnet, während es im Innern Anatoliens kräftig schneit. Ab Dezember sind dort viele Straßen und Wege nur unter Schwierigkeiten oder auch gar nicht zu passieren. Sogar in İzmir kommt es neben Frosteinbrüchen gelegentlich zu länger anhaltenden Schneefällen. Die Schneeschmelze setzt im März ein und kündigt das Frühjahr an. Bäche und Flüsse führen zu dieser Zeit Hochwasser.

Im *Sommer* und *Herbst* sind die Monate April bis Juni und September bis November die besten Reisezeiten. Dabei ist sicherlich das Frühjahr wegen der grünen, noch unverdorrten Landschaft am reizvollsten. Juli und August sind in den Küstenbereichen des Mittelmeers und der Ägäis sehr heiß und trocken, so daß sie eher für einen Badeaufenthalt geeignet sind. Das Landesinnere ist aufgrund seiner höheren Lage (um 1.000 m) zu dieser Zeit allgemein kühler und damit angenehmer.

Wer wissen will, mit welchem Wetter in bestimmten Regionen zu rechnen ist, um die richtige Kleidung einzupacken, sollte sich die aufgeführten klimatischen Daten ausgewählter Orte anschauen. Badefreunde können sich an der Tabelle der Wassertemperaturen orientieren.

Routenvorschläge

Die folgenden Vorschläge sollen eine Hilfe für die Planung der Reiserouten sein. Dabei sind die angebenen Zeiten für die Reisedauer nur Richtwerte.

Westküste

Çanakkale (antikes Troja, Dardanellenstraße, unerschlossene Küste) - *Bergama* (historisches Pergamon) - *İzmir* (größte Hafenstadt an der Ägäisküste und eines der bedeutendsten Handels-

zentren) - *Selçuk* (antikes Ephesos, Artemis-Tempel, der zu den Sieben Weltwundern zählt) - *Kuşadası* (Bade- und Touristenstadt, antike Städte Priene, Milet und Didyma) - *Marmaris* (Touristenzentrum mit schönem Yachthafen und Badestränden) - *Bodrum* (Touristenzentrum mit historischer Burganlage und schönen Badestränden) - *Fethiye* (lykische Felsengräber und "Traumstrand" Ölü Deniz)
Reisedauer: 2-3 Wochen

Lykien-Rundfahrt
Antalya (Touristenzentrum, Badestrände, bedeutende historische Städte im Umland wie Aspendos, Perge, Termessos und Side) - *Kemer* (Phaselis, Olympos Dağları) - *Finike* (antikes Myra, Geburtsort des hl. Nikolaus) - *Kaş* (aufstrebender Touristenort) - *Fethiye* (lykische Felsengräber, "Traumstrand" Ölü Deniz) - *Köçeğiz* (Felsengräber von Kaunos) - *Datça* (schöner Yachthafen, antikes Knidos, ausgedehnte Sandstrände) - *Bodrum* (Touristenzentrum mit Burganlage und Badestränden) - *Marmaris* (Touristenzentrum mit schönem Yachthafen und Badestränden) - *Aydın* (antikes Aphrodisias) - *Denizli* (Sinterterrassen von Pamukkale) - *Burdur* (Rosen- und Teppichzentrum) - *Antalya*
Reisedauer: 2-3 Wochen

Südküste
Kemer (Phaselis, Olympos Dağları, feuerspeiende Schimäre) - *Finike* (antikes Myra, Geburtsort des hl. Nikolaus) - *Kaş* (aufstrebender Touristenort) - *Antalya* (Touristenzentrum, Badestrände, bedeutende historische Städte im Umland wie Aspendos, Perge, Termessos und Side) - *Alanya* (wichtigstes Touristenzentrum der Südküste, ehemalige Bastion der Kreuzfahrer und Piraten) - *Mersin* (große Hafenstadt am Mittelmeer) - *Adana* (größtes Handelszentrum der Südküste, Nationalpark Karatepe) - *İskenderun* (bedeutendes Schwerindustriegebiet) - *Antakya* (Stadt mit arabischem Flair)
Reisedauer: 2-3 Wochen

Schlepper

Korsan bedeutet im türkischen soviel wie *Schlepper*. Damit sind nicht die Lastenschlepper gemeint, sondern jene freundlichen Zeitgenossen, die einen auf der Straße, im Restaurant oder bei sonstigen Gelegenheiten ansprechen, nett mit einem plaudern und einen anschließend in einen Teppich-, Leder- oder Souvenirladen oder in ein Hotel schleppen wollen, in der Hoffnung, man erliege der Überredungskunst des Verkäufers, so daß sie sich nachher ihre Provision abholen können. Schlepper gibt es in der Türkei fast überall, und gegen diese Art des Geldverdienens - sei es nun ein Student in den Semesterferien, ein Arbeitsloser, der sich damit ein bescheidenes Einkommen sichert, oder ein wirklicher Freund eines Teppichhändlers - ist nichts einzuwenden. Nur in Städten wie in İstanbul, Kayseri, Nevşehir und einigen touristischen Orten an der West- und Südküste treibt das Schleppertum besondere Blüten. Hier wittern wohl viele Geschäftsleute das große Geld, das sie den Touristen aus der Tasche ziehen können. Um viele Kunden in ihre Geschäfte zu bekommen, heuern sie Schlepper an, die bei Verkaufsabschluß bis zu 20 % des Kaufpreises als Provison erhalten. Nur wer clever genug ist, hat bei Reisenden Erfolg. So gesellen sich oft Kinder oder Heranwachsende beim Besuch von Sehenswürdigkeiten wie zufällig an die Seite des Reisenden, erzählen oft in perfektem Deutsch zuerst einiges zu den Sehenswürdigkeiten, werden dann zutraulicher und klagen über ihre schlechten Schulnoten, darüber, daß sie gerne wieder nach Deutschland zurück wollen, weil sie hier keine Freunde haben, und schimpfen auf die doch so schmutzige Türkei. Haben einen die neugewonnenen Freunde unter Umständen einige Stunden begleitet, müssen sie dann doch mal nach Hause, um ihrem Vater, Onkel, Freund oder sonstjemandem im Teppichladen zu helfen. Und was liegt näher, als sich auf der Reise auch mal ein Teppichlager anzusehen? Steht man einmal in einem Laden, und wird dann auch noch die gesamte Kollektion vorgeführt, so ist man nach etlichen Tees und netten (Verkaufs-) Gesprächen so weit, daß man, obwohl man es gar nicht wollte, einen (oder mehrere) Teppiche kauft.

Besonders krass ist das Schlepperunwesen in Kayseri, wo es etwa dreihundert Teppichgeschäfte gibt. Durchschnittlich operiert jeder Laden mit drei Anwerbern, d.h. fast tausend Schlepper schlagen sich, oft im wahrsten Sinne des Wortes, um die Touristen von Kayseri. Diese Auswüchse bringen natürlich die ganze Schleppergilde in Verruf, obwohl grundsätzlich nichts gegen ihr Metier einzuwenden ist. Schlepper gehören zur türkischen Geschäftswelt wie Fernsehwerbung und Plakate zu den Verkaufsstrategien der Firmen in Deutschland oder anderswo.

Touristeninformation

Das *Ministerium für Kultur und Tourismus* der Türkei unterhält Fremdenverkehrs- und Informationsbüros im Ausland, die Auskunft in allen touristischen Belangen erteilen und kostenlos allgemeine Informationsbroschüren, Karten, Stadtpläne und anderes verschicken.

D - Baseler Str. 37, 60329 Frankfurt, Tel. 069-23 30 81-82, Fax 23 27 51
- Tauentzien Str. 7, 10789 Berlin, Tel. 030-21437 52, Fax 21439 52
- Karlsplatz 3/I, 80335 München, Tel. 089-59 49 02, Fax 550 41 38

CH Talstr. 82, 8001 Zürich, Tel. 01-221 08 10, Fax 212 17 49

A Singerstr. 2/8, 1010 Wien, Tel. 01-512 21 28, Fax 513 83 26

NL Herengracht 451, 1017 BS Amsterdam, Tel. 020-626 68 10, Fax 622 22 83

In über 80 türkischen Städten gibt es Touristeninformationsbüros. Sie sind an dem international bekannten *i* (Information) und dem hethitischen Sonnenzeichen zu erkennen, dem Symbol des Ministeriums für Kultur und Tourismus. In diesen Büros sind neben den üblichen Broschüren oft auch gute Stadtpläne und Übersichtskarten für die jeweilige Stadt bzw. Region erhältlich. Wenn auf der Reise Probleme auftreten, hilft man in den Büros weiter. Die Informationsstellen vermitteln darüber hinaus professionelle Fremdenführer.

Tip: In der Türkei erhält man unter Telefon 900 44 70 90 kostenlos touristische Informationen.

Verhaltensanregungen

Um auf der Reise in möglichst wenige Fettnäpfchen zu treten, im folgenden einige Hinweise zum Verhalten und zur Kleidung:

Die *Kleidung* sollte in jedem Fall angemessen sein. Das bedeutet für Frauen, nicht in engen Hosen und knapp geschnittenen T-Shirts herumzulaufen. Wer kurze Kleidung trägt, fordert jeden Türken gewissermaßen zur Anmache heraus. Mit Ausnahme der Metropolen und Touristenorte kleiden sich die meisten türkischen Frauen auch heute noch traditionell, d.h., sie verhüllen ihren Körper von Kopf bis Fuß. Auch Männer erregen vor allem in abgelegenen Orten des Hinterlands

Aufsehen, wenn sie wie am Strand mit kurzen Hosen und/ oder freiem Oberkörper herumlaufen. Kurze Hosen, gleichgültig wie sie aussehen, fallen in die Kategorie "Unterhose". Beschimpfungen bleiben da nicht aus.

Natürlich ist es auch nicht angebracht, sich beispielsweise mit einer Pluderhose wie eine Türkin zu kleiden, da dies meist nur ein Schmunzeln der Einheimischen hervorrufen würde. Es empfiehlt sich weite Kleidung, die vor Belästigungen, aber auch gegen Hitze schützt. So ist es auch nicht schlecht, wenn man ein Kopftuch dabei hat, einerseits der Hitze wegen, andererseits um bei einem Moscheebesuch den Kopf zu bedecken (letzteres gilt nur für Frauen).

Gastfreundschaft hat in der Türkei eine überaus große Bedeutung, auch wenn sie in touristischen Gebieten zunehmend kommerzialisiert wird. Doch bei den Einheimischen abseits der großen Ferienorte ist sie nach wie vor echt und ehrlich gemeint, ja für uns oft beschämend.

So wird man von Türken nach Hause zum Essen und sogar zum längeren Verweilen eingeladen. In solchen Fällen versteht es sich von selbst, ein kleines Gastgeschenk mitzubringen. Es sollte der Situation angemessen und nicht zu protzig sein. Frauen freuen sich über Kaffee, Tee, Konfekt und andere Süßigkeiten, Männer dagegen über ausländische Zigaretten oder ein Fläschchen Alkoholisches, z.B. Rakı oder Whisky. Wer mit dem Auto reist, kann für solche Fälle schon zu Hause kleine Geschenke, z.B. Parfüm, Creme oder Haarshampoo, einpacken.

Beim *Besuch* in einer Wohnung betritt man diese nicht mit Straßenschuhen. An der Haustür stehen oft Schuhe oder Pantoffeln bereit. Wenn nichts dort steht, läuft man halt auf Strümpfen. Vierbeiner bleiben vor der Tür, denn Hunde oder Katzen haben in Räumen, in denen sich Menschen aufhalten, nichts verloren.

Wird etwas zum Essen und/ oder Trinken angeboten, so gilt es als unhöflich, dies abzulehnen. Hinterher erwartet der Gastgeber ein Lob, wie gut es geschmeckt hat. Jeder Gastgeber hört ein Lob gerne. Nicht unwichtig ist es, daß man sich bei Tisch möglichst nicht schneuzen sollte.

Wer zur Toilette muß, benutzt die vor der Toilettentür dafür bereitstehenden Holz- oder Gummisandalen. Da man im Orient statt Toilettenpapier Wasser und die linke Hand benutzt (→ Hygienische Verhältnisse), gilt es als äußerst unsauber, mit der linken Hand zu essen, Lebensmittel anzufassen oder gar Leute zu begrüßen.

In traditionsbewußten Familien stehen die Anwesenden auf, wenn das Familienoberhaupt den Raum betritt. Dies sollten Gäste auch tun.

Es gilt als unhöflich, in Gegenwart von älteren Personen laut zu reden oder gar zu schreien.

Vor allem bei Einladungen in ländlichen Gebieten ist das Essen für uns Wohlstandsbürger, was die Auswahl betrifft, oft kärglich. Man sollte aber daran denken, daß dieses Mahl zu Ehren des Gastes meist großartiger ausfällt, als es die wirtschaftlichen Verhältnisse der Familie sonst zulassen. Wenn Fleisch zum Essen gereicht wird, ist das für viele Familien mit hohen Kosten verbunden, denn es ist in der Türkei verhältnismäßig teuer.

Wird ein Paar in eine konservative Familie eingeladen, genießt die Frau eine Sonderstellung, denn sie darf mit ihrem Partner in der Männerrunde sitzen und speisen. Wenn die Geschlechter getrennt die Mahlzeiten einnehmen, sind die Männer zuerst an der Reihe, dann erst die Frauen. Als Gast sollte man sich deshalb mit dem Essen ein wenig zurückhalten. In der Regel ist jedoch so viel gekocht, daß die Frauen genauso reichlich essen können wie die Männer.

Reisende sollten auch die *religiösen Sitten und Gebräuche* des Gastlandes respektieren. So sollte man Moscheen nicht mit Straßenschuhen oder schmutzigen Füßen, nur in angemessener Kleidung und während der gebetsfreien Zeiten besuchen. Beine und Schultern müssen bedeckt sein. Dazu liegen oft am Eingang großer Moscheen Tücher bereit.

Strenggläubige Moslems beten fünfmal am Tag in der Moschee, aber auch dort, wo sie gerade sind, auf der Baustelle oder auf dem Feld. Es gilt als grobe Taktlosigkeit, sich darüber lustig zu machen oder gar die Betenden zu stören.

Während des Fastenmonats *Ramadan* ist es den Moslems verboten, tagsüber zu essen, zu trinken und zu rauchen. Man sollte Gläubige nicht provozieren, indem man ihnen etwas "vorißt". In größeren Orten gibt es meist Restaurants, die während des Ramadan auch tagsüber geöffnet sind.

Der Austausch von Zärtlichkeiten zwischen Mann und Frau findet in der Türkei nur hinter verschlossenen Türen statt. In der Öffentlichkeit dagegen stellt er einen Affront gegen die guten Sitten dar. Wie streng diese sind, wird an einem 1985 erlassenen Gesetz deutlich, das Händchenhalten in der Öffentlichkeit verbietet.

Bei türkischen Männern, die Arm in Arm durch die Parks schlendern, handelt es sich keinesfalls um Homosexuelle, wie es vielleicht den Eindruck erweckt. Nach alter orientalischer Sitte bringen sie so ihre herzliche "Männerfreundschaft" zum Ausdruck.

Es gilt als sehr unhöflich, türkische Frauen auf der Straße anzusprechen. Allenfalls kann man sie nach dem Weg fragen. Eine ähnliche Distanz sollte man zu Frauen in öffentlichen Verkehrsmitteln wahren. Ein männlicher Reisender sollte sich z.B. im Bus nicht neben eine Frau setzen.

In der türkischen Männergesellschaft ist es dem Mann vorbehalten, *Kaffee-, Teehäuser und Restaurants* zu besuchen. In einigen dieser öffentlichen Häuser ist für den Besuch von Familien eine Familienabteilung (trk. *aile salonu*) eingerichtet. Alleinreisende Frauen, aber auch Paare sollten, falls solche Räumlichkeiten vorhanden sind, dort hineingehen. In Ausnahmefällen - wenn diese Abteilungen stickig und warm sind - wird es auch geduldet, wenn man sich zu den Männern setzt (→ Frauen reisen).

Wer zu einem Tee eingeladen wird, darf nicht selbst zahlen, denn es würde die Ehre des Gastgebers verletzen. Wer sich erkenntlich zeigen möchte, kann auf eigene Kosten eine zweite Runde bestellen.

Im *Umgang mit Militär und Polizei* ist es ratsam, etwas Zurückhaltung zu üben. In der Regel sind die Gesetzeshüter gegenüber Touristen recht freundlich, zuvorkommender als zu ihren Landsleute, denn schlechte Behandlung würde dem internationalen Ansehen der Türkei schaden. Da ihre Machtbefugnisse oft weitreichend sind, können sie jemanden auch bei Lappalien für mehrere Tage festhalten.

Die *türkische Sprache* mit ihren vielen "ütsch" oder "üdsch" ist uns recht fremd. Aber jeder Türke freut sich, wenn er feststellt, daß man sich mit seiner Sprache beschäftigt, auch wenn sich dies nur in einigen Worten und Redewendungen erschöpft. Der "Kleine Sprachführer" (→ Anhang) kann dabei eine gute Hilfe sein.

Wissenswertes über das *Fotografieren* und *Filmen* von Personen: Da der Islam die Abbildung von Menschen verbietet, sollte man in jedem Fall vor dem Fotografieren, insbesondere bei Frauen, die Erlaubnis einholen. Dieses sonst auch wohl überall geltende Gebot des Anstands und der Höflichkeit sollte in diesem Kulturkreis gelten. Es kommt selten vor, daß Personen, von denen man ein Bild gemacht hat, anschließend dafür Geld verlangen. Fotografiert man Kinder, so freuen diese sich sicherlich über etwas Süßes.

Nacktbaden (FKK) ist in der Türkei verboten, da es eine grobe Verletzung der guten Sitten darstellt. Selbst in der abgelegensten Bucht oder einsamsten Gegend ist man nur in seltenen Fällen unbeobachtet. Wer beim hüllenlosen Baden erwischt wird, muß mit einer Geldbuße oder gar einem Gefängnisaufenthalt rechnen. Im übrigen sollte man bedenken, daß Nacktbaden auch anderswo nicht so ohne weiteres möglich ist.

Wer durch den *Basar* schlendert und nicht beabsichtigt, etwas zu kaufen, sollte sich auch von einem noch so netten Verkäufer nicht zum Tee einladen lassen. Läßt man sich dennoch darauf ein, signalisiert man Kaufinteresse. Er ist nachher verärgert, wenn man geht, ohne etwas gekauft zu haben. Hierzu → Einkaufen und Handeln.

Tip: Bei allen Angelegenheiten, die mit Geld zusammenhängen (Taxifahrt, Hotel, Restaurant u.ä.), sollte man vorher nach dem Preis fragen, um hinterher keine bösen Überraschungen zu erleben. Im nachhinein ist es immer schwierig, wenn nicht sogar unmöglich, nicht mehr als den angemessenen bzw. korrekten Preis für die jeweilige Dienstleistung zu zahlen.

Workcamps

Wer im Urlaub nicht nur dem Müßiggang frönen, sondern auch ein wenig zum Aufbau des Gastlandes beitragen möchte, kann z.B. an einem Workcamp in der Türkei teilnehmen. Solche Camps werden meist von karitativen Vereinen organisiert. Gruppen von 10 bis 15 Frauen und Männern, die aus verschiedenen Ländern kommen, arbeiten an bestimmten Projekten. Die Arbeitszeit beträgt in der Regel sechs Stunden pro Tag bei fünf Arbeitstagen in der Woche. In den Projekten werden z.B. Kinderspiel- und Dorfplätze angelegt, Wasserleitungen verlegt, historische Gebäude restauriert, aber auch Arbeiten im Forst- und Naturschutzbereich ausgeführt. Informationen über Workcamps sind erhältlich bei:

- *Internationale Begegnung in Gemeinschaftsdiensten e.V. (IBG),* Schlosserstr. 28, 70180 Stuttgart 1, Tel. 0711-649 02 63
- *Nothelfergemeinschaft der Freunde e.V.,* Postfach 10 15 10, 52349 Düren, Tel. 02421-765 69, arbeitet mit anderen Organisationen zusammen, z.B. mit dem Deutsch-Türkischen Jugendwerk in Frankfurt.

Bettelkinder

In verschlissener, schmutziger Kleidung und mit großen Augen signalisieren sie Armut, Elend, Hilflosigkeit und erregen unser Mitleid. Auch in der Türkei gibt es die sogenannten Bettelkinder, wenngleich auch seltener als in anderen asiatischen Ländern.

Reisende sehen manchmal nicht, daß diese Kinder durch ihr Handaufhalten oft mehr verdienen als der schwer arbeitende Vater auf dem Feld oder in der Fabrik. Ein einfaches Rechenbeispiel: Angenommen, ein Kind hält fünfzehnmal am Tag die Hand auf und bekommt jedes Mal 0,30 DM, so hat es einen Tagesverdienst von 4,50 DM, d.h. einen monatlichen Verdienst (bei 30 Tagen) von 135 DM. Zum Vergleich: Ein einfacher Arbeiter in der Türkei verdient monatlich zwischen 180 DM und 250 DM. Das Kind wird von der Familie zum Betteln angehalten, da es dadurch für eine gute Einnahmequelle sorgt. Die Folge davon ist, daß solche Kinder nicht mehr in die Schule gehen. Wer Bettelkindern Geld gibt, trägt somit unmittelbar dazu bei, daß Analphabetentum und Kriminalität in der Türkei wachsen.

Tips für unterwegs

Adresse in türkisch

In der Türkei ist die Schreibweise von Adressen etwas anders als zum Beispiel in Deutschland. In der ersten Zeile steht der Name des Adressaten, in den nächsten Zeilen der Bezirk (z.B. İskender Mahallesi; abgekürzt: İskender Mah.), der Name einer großen Straße (Ankara Caddesi; abgekürzt: Ankara Cad.) oder eines Platzes in der Nähe der eigentlichen Straße (z.B. Camii Meydanı; abgekürzt: Camii Mey.) und zuletzt die Straße und Hausnummer (z.B. Baba Sokak No. 17; abgekürzt: Baba Sok.). Zum Schluß wird die Stadt genannt. Bei einer Großstadt wird zuvor noch der Stadtteil angegeben. Hier ein Beispiel für eine Adresse:

Ali Baba
İskender Mah.
Ankara Cad.
Baba Sok., No. 17
Basmane
İzmir

Ausweispapiere

Ein Erwachsener muß sich laut Anordnung der türkischen Regierung jederzeit ausweisen können. Da man in Hotels oft bis zur Bezahlung der Rechnung einen Paß hinterlegen muß, ist es empfehlenswert, Reisepaß *und* Personalausweis mitzunehmen. Der mitgeführte zweite Ausweis erspart aber nicht nur Unannehmlichkeiten bei den seltenen Kontrollen (zumindest im westlichen Teil der Türkei), sondern muß auch beim Einlösen von Schecks vorgelegt werden. Man sollte auch bedenken, daß es unwahrscheinlich ist, zwei Ausweise gleichzeitig zu verlieren, vorausgesetzt man bewahrt diese getrennt auf. Wer ganz auf "Nummer Sicher" gehen will, kann auch noch Fotokopien von Ausweisen und Führerschein mitnehmen; das erleichtert die Wiederbeschaffung.

Einkaufen und Handeln

Zu einem orientalischen Land wie der Türkei gehören auch Märkte und Basare, auf denen Handeln und Feilschen um den Preis der Ware üblich ist.

Das Handeln beim täglichen Einkauf in Supermärkten, Kaufhäusern oder kleinen Lebensmittelgeschäften ist dagegen gänzlich unangebracht, denn die Waren sind mit Preisschildern ausgezeichnet, auf denen Festpreise angegeben sind.

Anders ist es hingegen in den Basarläden und bei den "fliegenden Händlern" auf den Märkten. Dort ist Handeln nicht nur erlaubt, sondern sogar geboten. Wer nicht feilscht, schadet sich nur selbst, da der geforderte Preis in der Regel überhöht ist. Außerdem wird der Verkäufer denken, wenn ein Tourist den Preis schon zahlt, dann wird der nächste den gleichen, wenn nicht sogar einen höheren zahlen. Die Preisschraube dreht sich nach oben.

Im folgenden ein paar *Tips zum Handeln*: Generell kann man davon ausgehen, daß die Ware nur die Hälfte des geforderten Preises wert ist. Kauft man etwas Wertvolles, sollte man sich

Frischer Käse und Oliven vom Markt

Zeit lassen. Man sollte versuchen, zum Verkäufer freundlich zu sein, auch wenn man das Gefühl hat, übers Ohr gehauen zu werden.

Nachdem der Verkäufer den Preis für die Ware genannt hat, und man ihm zu verstehen gegeben hat, daß dieser zu hoch sei, wird er nach einem Angebot fragen. Man sollte sich schon zu diesem Zeitpunkt im klaren darüber sein, was einem die Sache überhaupt wert ist und wieviel man zu zahlen bereit ist. Das Angebot muß unter dem Preis liegen, den Sie eigentlich zu zahlen bereit sind. Es kann bei späteren Verhandlungen nicht mehr unterschritten werden. Wenn das Angebot angemessen erscheint, wird Ihnen der Händler ein wenig entgegenkommen, dann Sie ihm wieder ein wenig, dann er Ihnen wieder ein wenig ..., bis man sich schließlich auf einen Preis geeinigt hat, der für beide Seiten akzeptabel ist.

Erscheint der Preis nach allem Handeln und den vielen Einladungen zum Tee immer noch zu hoch, macht man am besten Anstalten zu gehen und geht dann auch wirklich. Der Verkäufer wird entweder einlenken und sein letztes Angebot machen, oder er läßt vom Kunden ab.

Wer an der Ware interessiert ist, geht ein paar Stunden später oder am nächsten Tag noch einmal hin, und die gleiche Zeremonie beginnt wieder von vorne. Ist das Angebot allerdings viel zu niedrig, so wird Sie der Verkäufer sehr schnell wegschicken.

Ihre Verhandlungsposition verbessert sich, wenn Sie soviel Türkischkenntnisse wie möglich einbringen. Vor allem erweist sich die Beherrschung der türkischen Zahlwörter als vorteilhaft.

Schauen Sie im Laden während des Verkaufsgesprächs noch andere Sachen an, signalisieren Sie dadurch weiteres Kaufinteresse.

Wer über den Markt oder durch den Basar schlendert und nicht beabsichtigt, etwas zu kaufen, sollte dann auch nicht mit den Verkäufern handeln.

Möchten Sie nichts kaufen und bedrängt Sie dennoch ein Verkäufer, indem er fortwährend nach Ihrem Preisangebot fragt, so nennen Sie ihm am besten einen schwachsinnig niedrigen Preis. Er wird Sie dann in Ruhe lassen.

Beim Kauf von Wertgegenständen wie Teppichen, Keramik- oder Kunsthandwerkserzeugnissen ist es ratsam, über einige Fachkenntnisse zu verfügen oder eine(n) Fachfrau(-mann) dabeizuhaben.

Essen und Trinken

Essen und Trinken sind für mitteleuropäische Verhältnisse ausgesprochen preiswert. Es gibt zahlreiche Lokale, wo eigentlich für jeden Geschmack etwas zu finden sein sollte.

Speiselokale

Frühstück wird in einer Art Frühstückssalon, *kahvaltı salonu,* angeboten, aber auch oft im Restaurant, in der *lokanta* oder deren - meistens im Preis - exklusiveren Variante, dem *restoran*.

Neben *lokanta* und *restoran*, in denen man im allgemeinen eine größere Auswahl an türkischen Speisen hat, gibt es noch eine Reihe von populären Spezialitätenrestaurants wie:

- *köfteci:* auf Köfte (Hackfleischbällchen) spezialisiertes Lokal

- *kebapcı:* Lokal, dessen Spezialität *kebap,* am Spieß gegrilltes Hammel- und/ oder Rindfleisch, ist
- *pide saluno:* Lokal, in dem mit Käse oder Fleisch belegtes Fladenbrot, die sogenannte *Türkische Pizza*, angeboten wird
- *iskembeci:* Lokal, das gebratene Schafsköpfe und Kuttelsuppe anbietet
- *piyazci:* Lokal, in dem es gebackene Leber und Trockenbohnensalat gibt

Das *büfe* ist weniger spezialisiert. Es ist ein Stehlokal, meistens in größeren Städten, in dem man einen kleinen Imbiß zu sich nehmen kann.

In den Restaurants wird nur zweimal täglich, jeweils zu den Mahlzeiten, gekocht. Davon sind natürlich Gerichte ausgenommen, die frisch zubereitet werden müssen, wie solche mit Grillfleisch oder Fisch. Im Lokal werden die verschiedenen Speisen oft hinter Glas präsentiert, so daß sich jeder dort sein Mahl nach Belieben zusammenstellen kann. Werden die Speisen nicht ausgestellt, so darf man ungeniert einen Blick in die Kochtöpfe werfen.

Zu den Mahlzeiten wird bevorzugt Weißbrot (trk. *ekmek*) gegessen, das oft schon auf den Tischen steht.

Speise- und Getränkekarten gibt es in den einfachen Lokalen normalerweise nicht, aber eine Liste mit festgelegten Preisen für die einzelnen Speisen und Getränke muß aushängen.

Tip: Trotzdem sollte man sich beim Zusammenstellen der Mahlzeit am besten vorher nach den Preisen erkundigen, um böse Überraschungen zu vermeiden.

Nicht in allen Lokalen wird Alkohol ausgeschenkt, sei es aus Glaubensüberzeugung oder wegen fehlender Lizenz. Doch wenn es nur um ein Bier geht, so ist da in beiden Fällen oft etwas zu machen. Auf die Schnelle wird eins organisiert, um den Gast vollends zufriedenzustellen. Lokale mit einer Ausschanklizenz für Alkohol heißen *içkisiz lokanta*. Wasser (trk. *su* oder *içme suyu*, was soviel heißt wie "trinkbares Wasser") aus Krug und Kanne gibt es dagegen immer und fast überall kostenlos. Es ist in der Regel trinkbar. Nur ist Vorsicht geboten, wenn im Wasser zur Kühlung Eisstückchen schwimmen. Es ist nicht nur sehr kalt, sondern auch voller Bakterien, die Magenverstimmungen und sogar Schlimmeres geradezu herausfordern. Sicherer ist es, in Flaschen abgefülltes Wasser zu kaufen.

Für die vielen süßen Sachen gibt es Konditoreien, die *pastane* oder *pastahane*, die oft auch eine Sitzgelegenheit

Der Çaybahçesi

Man findet ihn dort, wo hohe Bäume, Schilfmatten oder ein Wellblechdach Schatten spenden - den *Teegarten.* Tagsüber ist er ein beliebter Treffpunkt, wo Männer ihrer Spielleidenschaft beim Karten- und Tavlaspiel nachgehen, Familien nach einem großen Einkauf einen Tee trinken oder Touristen sich von einem Stadtrundgang erholen. Aber auch am Abend, wenn der Garten mit Lichterketten bunt beleuchtet ist, zieht er Besucher an.

Für Paare, Familien und Frauen ist oft ein eigener Bereich innerhalb des Teegartens vorgesehen, während für Männer eine "geschlossene Abteilung" reserviert ist.

Wenn Gruppen und Großfamilien den Garten aufsuchen, bedienen sie sich oft des *Samowar* und bereiten am Tisch ihren Tee selbst zu. Aufgebrühter Tee in einer kleinen Kanne, der stark und bitter ist, wird mit heißem Wasser aufgefüllt und anschließend in kleine, bauchige Teegläser ausgeschenkt.

Kommunikativ geht es dort in jeder Beziehung zu, auch wenn sprachlich versierte Türken den Kontakt zu Urlaubern suchen, besonders zu Frauen, die sich in die "Männerabteilung" verirrt haben.

bieten. Auf den Verzehr von offenem Speiseeis, das dort auch zu haben ist, sollte man verzichten und lieber auf solches aus der Packung zurückgreifen.

Tip: Nach Möglichkeit sollte man zum Essen die rechte Hand benutzen, da die linke die "unsaubere" ist bzw. als solche gilt (→ Gesundheit/ Hygienische Verhältnisse).

Trinklokale

Zu den reinen Trinklokalen zählen das Teehaus (trk. *çayhane* oder *çayevi*), das Kaffeehaus (trk. *kahvehane* oder *kiraathane*), das einfache Kaffeehaus (trk. *kahve*) und das "bessere" Kaffeehaus (trk. *kafeterya*), der Teegarten (trk. *çaybahçesi*) und die eigentliche Kneipe (trk. *meyhane*), in der Bier, Wein und Anisschnaps ausgeschenkt werden.

Wichtig: In Restaurants und Trinklokalen halten sich scharenweise Männer auf, kaum aber Frauen und Kinder. Diese Örtlichkeiten sind seit jeher der Männerwelt vorbehalten, die sich dort trifft, um sich in ungezwungener Form zu unterhalten, Informationen, Erfahrungen und Meinungen auszutauschen. Allerdings ist diese Art der Kommunikation heute vielfach gestört, da Glücksspiel (auch oft um Geld) und Alkohol in den Vordergrund getreten sind. Der Fernsehapparat (nicht selten an ein Videogerät angeschlossen) tut noch das Seine dazu. Wie gebannt sitzen die Gäste davor und lassen sich berieseln. Eine Unterhaltung ist dabei nicht mehr möglich.

Für Frauen und Kinder waren öffentliche Einrichtungen wie Restaurant und Teegarten bis vor einigen Jahren nicht einmal zugänglich. Heute aber gibt es immer häufiger sogenannte Familienteegärten (trk. *aile bahçesi*), die von Frauen und Kindern, meist jedoch noch in Begleitung eines Mannes, besucht werden. Ähnlich ist es mit den speziell für Familien ausgewiesenen Lokantas (trk. *aile lokantasi*). In der Regel sind im Restaurant häufig zwei Abteilungen eingerichtet, von denen die eine für Männer und die andere für Familien bestimmt ist. Nur in seltenen Fällen sind solche Lokale ausschließlich für Familien vorgesehen. Zu den Frauen, die es sich leisten können, diese Regelung zu ignorieren, zählen Türkinnen in gesellschaftlich gehobenen Positionen (Ärztin, Lehrerin) und Ausländerinnen.

In touristisch erschlossenen Landesteilen gehört das Ganze ohnehin der Vergangenheit an. Dort fallen Touristinnen im Restaurant schon kaum mehr auf, jedenfalls wird ihr Erscheinen dort nicht - wie manchmal noch in ländlichen Gegenden - als Verstoß gegen die guten Sitten gewertet.

Wenn es in Lokalen eine Abteilung für Familien gibt, sollten alleinreisende Frauen, Paare und Familien sich auch dort hinsetzen, um Anmache, "bösen Blicken" und Beschimpfungen aus dem Weg zu gehen.

Bezahlung/ Trinkgeld

In noblen Restaurants präsentiert der Kellner auf einem Tellerchen die Rechnung.

In einfacheren Lokalen sitzt am Ausgang der "Kassierer", meistens hinter einem Tisch oder Schreibtisch, und schreibt die Rechnung. Ihm sagt man, was man gegessen hat. Oft wird ihm das schon vom Kellner zugerufen.

Mit dem Trinkgeld ist es wie hierzulande: Es ist gern gesehen, aber nicht unbedingt zwingend.

Essen im Fastenmonat

Im islamischen Fastenmonat *ramadan* darf zwischen Sonnenauf- und -untergang nicht gegessen werden. Besonders in ländlichen Regionen wird diese

Regelung strikt befolgt, weniger aber in Städten, die westlich oder am ausländischen Tourismus orientiert sind.

Keiner wird von Reisenden verlangen, sich der islamischen Fastenvorschrift anzupassen. Doch es sollte nach Möglichkeit vermieden werden, vor den Augen Fastender zu essen, zu rauchen oder Alkohol zu trinken.

Essen in einer türkischen Familie

Eine Einladung in eine Familie ist oft mit einem Essen verbunden. War der Besuch vorher angekündigt, fällt das Gastmahl - entsprechend den Verhältnissen - besonders großartig aus.

In einfachen Haushalten, vor allem auf dem Lande, setzt man sich zum Essen auf den Boden, um eine Holzplatte auf niedrigen Beinen oder nur um ein ausgebreitetes Tuch, wo die Speisen "aufgetischt" werden. Meistens ißt man gemeinsam aus einem Topf. Wenn keine Löffel oder Gabeln bereitliegen, wird mit den Händen gegessen. Dazu wird ein Stück vom dünnen Fladenbrot abgerissen und so zwischen die Finger gelegt, daß man gut nach der Speise im Topf greifen kann. Dabei ist es nicht so einfach, mit einem Stückchen Brot Gemüse oder Reis herauszuholen. Nach ein paar Versuchen jedoch klappt es meist schon ganz gut.

Die Speisen werden zuerst dem Gast gereicht, dann weiter an die Männer in der Reihenfolge ihres Ranges in der Familienhierarchie. Die Frauen essen erst zum Schluß, und das nicht selten getrennt von den Männern bzw. der Runde mit Gast oder Gästen. Ein weiblicher Gast - insbesondere wenn es sich um eine Reisende aus dem Ausland handelt - bleibt von diesem Reglement verschont und kann, ohne daß es anstößig wäre, bei den Männern sitzen.

Aus Gastfreundschaft wird man während des Mahls immer wieder angehalten, von den Speisen zu nehmen. Wer viel ißt, signalisiert nicht nur, daß es gut schmeckt, sondern gibt dabei auch indirekt ein Kompliment an die Köchin. Aber selbst wenn man gedrängt wird, mehr und mehr zu essen, sollte man den Verzehr in Grenzen halten. Ein Grundsatz: Iß nie mehr, als es die anderen in der Runde auch tun! Denke daran, daß für die Frauen noch etwas übrigbleiben muß!

Reichlich Lob seitens des Gastes gehört bei einem Mahl in einer Familie immer dazu. Wenn die Worte fehlen, sprechen Mimik und Gestik.

Woraus besteht ein türkisches Frühstück?

Es kann sich zusammensetzen aus:
bal - Honig
beyaz peynir - Schafskäse
çay - Tee
ekmek - Weißbrot
kaşer peyniri - Hartkäse
peynir - Käse
reçel - Marmelade
süt - Milch
tereyağı - Butter
yumurta - Ei
zeytin - Oliven

Honig und Schafskäse werden häufig zusammen auf dem Brot verstrichen. Neben Tee in kleinen Bauchgläsern (trk. *ufak çay* oder *küçük çay*) gibt es den "großen Tee" im Wasserglas (trk.

Frischer Yoghurt vom Markt

duble çay oder *büyük çay*). Oft essen die Einheimischen auch morgens eine Suppe (trk. *çorba*), in die Brot getunkt wird.

Wie sieht ein Mittag- und Abendessen aus?

Die Gerichte zum Mittag- und Abendessen unterscheiden sich nicht voneinander. Im allgemeinen wird in der türkischen Küche Schaf- und Lammfleisch, Geflügel (Huhn und Hähnchen), seltener Rindfleisch und überhaupt kein Schweinefleisch verwendet. Außerdem gehören je nach Saison verschiedene Gemüsesorten zum festen Bestandteil des türkischen Speisezettels, z.B. Tomaten, Gurken, Bohnen, Auberginen, Paprika, Lauch und Zwiebel.

Entgegen einem weit verbreiteten Gerücht wird Knoblauch erstaunlich selten verwendet und Kümmel so gut wie gar nicht. Fast alle Gerichte werden mit reichlich Öl zubereitet, weniger aber mit Gewürzen. Letzteres heißt: Das Essen ist zwar würzig-pikant, aber nicht unbedingt scharf.

Einige Speisen werden mit Joghurt serviert, andere - vor allem Gemüsegerichte - kalt in viel Olivenöl.

Die Skala der Gerichte und ihre Zubereitung variieren von Region zu Region. So wird z.B. Fisch fast nur an der Küste und an den größeren Seen angeboten.

Aus der folgenden Auswahl von Gerichten der türkischen Küche läßt sich leicht - und das nach Belieben - ein Mittag- oder Abendessen zusammenstellen. Die meisten aufgeführten Speisen sind auch im Restaurant üblich. Doch je einfacher das Lokal ist, desto kleiner ist die Auswahl. Das heißt wiederum nicht, daß die Gerichte in kleinen, bescheidenen Lokalen schlechter sind als in größeren, pompösen. Oft ist gerade das Gegenteil der Fall.

Suppen (trk. *çorbalar*)
Anadolu çorbası - Tomatensuppe mit Reis und Paprika
Balık çorbası - Fischsuppe
Balık suyu - Fischbrühe
Barbunya çorbası - Rote Bohnensuppe
Domates çorbası - Tomatensuppe
Düğün çorbası - "Hochzeitssuppe", gebundene Brühe mit Fleisch
Et suyu - Fleischbrühe
Fasulye çorbası - Weiße Bohnensuppe
İrmik çorbası - Grießsuppe
İşkembe çorbası - Kuttelflecksuppe
Mercimek çorbası - Suppe mit roten Linsen
Patates çorbası - Kartoffelsuppe
Pirinç çorbası - Reissuppe
Sebze çorbası - Gemüsesuppe
Şehriye çorbası - Nudelsuppe
Tarhana çorbası - Suppe mit Hackfleisch und Tarhana, einer Masse aus Paprika, Zwiebel, Tomate und Joghurt
Tavuk suyu - Hühnerbrühe
Un çorbası - Mehlsuppe
Yayla çorbası - "Hochlandsuppe" mit Joghurt, Reis und Fleischbrühe

Eierspeisen (trk. *yumurtalı yemekler*)
Çılbır - Eier mit Joghurt
Fırında yumurta - Ei mit Anchovis
Kıymalı yumurta - Ei mit gehacktem Lamm- oder Hammelfleisch
Menemen - Rührei mit Tomaten, Zwiebeln und Paprika
Peynirli omlet - Omelett mit Schafskäse
Sahanda soğanlı yumurta - Spiegelei mit Zwiebeln
Sosisli yumurta - Ei mit Wurststückchen, in der Pfanne zubereitet
Sucuklu omlet - Omelett mit Wurst

Reisgerichte (trk. *pilavlar*)
Bulgur pilavı - Weizengrütze
Domatesli pilav - Tomatenreis
Fıstikli pilav - Reis mit Pistazien, Pinienkernen und Korinthen
İç pilav - Reis mit Zwiebeln, Korinthen, Pinienkernen und Lammleberstückchen
Kuskus pilavı - Reis mit Nudeln
Nothutlu pilav - Reis mit Kichererbsen
Patlıcanlı pilav - Reis mit Auberginen
Şehriyeli pilav - Reis mit Fadennudeln
Tavuk ciğerli pilav - Reis mit Hühnerleber

Tavuklu pilav - Reis mit Hühnerfleisch

Teiggerichte
Dazu zählen *pide*-Gerichte (Fladenbrote mit Füllung) und *börek*-Gerichte (Pasteten aus Blätter- oder Strudelteig), die mit Schafskäse (trk. *peynir böreği*) oder Hackfleisch (trk. *et böreği*) gefüllt sind.

Çiğ börek - mit Hackfleisch gefüllte Pastete
İspanaklı börek - mit Spinat gefüllte Blätterteigpastete
Kıymalı börek - Pastete aus mehreren übereinanderliegenden Teigschichten, dazwischen Hackfleisch
Lahmacun - "Türkische Pizza", Mehlfladen (trk. *yufka*), mit Hackfleisch, Tomaten und Paprika belegt
Peynirli pide - Fladenbrot mit Schafskäse
Peynirli tepsi böreği - Pastete aus mehreren Teiglagen, zwischen denen Schafskäse geschichtet ist
Sigara böreği - "Zigarettengebäck", Pastete, gefüllt mit Schafskäse oder Hackfleisch, Teig wird mit der Füllung zusammengerollt
Su böreği - "Wasserpastete", besteht aus mehreren Teiglagen, zwischen denen Schafskäse oder Hackfleisch geschichtet ist

Dolmalar-Gerichte
Verschiedene Gemüse sind mit Gehacktem aus Lamm-, Hammel- und/ oder Rindfleisch gefüllt.

Biber dolması - gefüllte Paprika
Domates dolması - gefüllte Tomate
Kabak dolması - gefüllte Zucchini
Lahana dolması - gefüllte Kohlblätter
Patlıcan dolması - gefüllte Aubergine
Yaprak sarması - gefüllte (gerollte) Weinblätter

Kebap-Gerichte
... sind pikante Gerichte aus Hammel-, Lamm- oder Rindfleisch, das meistens gewürfelt bzw. geschnetzelt wird (trk. *kebap*). Es gibt zahlreiche Varianten mit Joghurt, Tomatensauce und diversen Gemüsesorten.

Çöp kebap - Fleischwürfel mit Auberginen-, Paprika- und Tomatenstücken auf langen Grillspießen
Döner kebap - Fleisch wird in Scheiben auf einen großen, senkrecht rotierenden Grillspieß gesteckt; von den gar gegrillten Seiten werden von oben nach unten dünne Fleischschnetzel abgeschnitten. Eine ebenfalls schmackhafte Variante ist *İskender kebap*, bei dem Joghurt und Tomatensoße, manchmal auch noch etwas gebräunte Butter hinzugegeben werden.
Güveç - Fleischstücke mit Gemüse (Kartoffeln, Bohnen, Tomaten, Paprika), im Tontopf ohne Wasserzugabe geschmort.
Patlıcanlı kebap - Fleischwürfel, gebraten mit Auberginen
Saray kebabı - mit Artischocken und gebratenen Fleischwürfeln gefülltes Fladenbrot
Şiş kebap - Fleischstücke auf langen Grillspießen
Talaş kebabı - Blätterteig, gefüllt mit Tomaten und gebratenen Fleischwürfeln
Türlü - gebratene Fleischwürfel mit diversen Gemüsen
Yoğurtlu şiş kebap - auf Spießen gegrillte Fleischwürfel, serviert mit Joghurt und *pide* (Fladenbrot)

Köfte-Gerichte
... sind Speisen mit Hackfleisch von Lamm, Rind oder Hammel, vergleichbar mit unseren Frikadellen.

Çiğ köfte - rohe Weizengrützebällchen mit Hackfleisch
İçli köfte - gekochte, mit Hackfleisch gefüllte Weizengrützebällchen
İzgara köfte - auf Holzkohle gegrillte Hackfleischbällchen
Kadın budu köfte - "Frikadelle à la Frauenschenkel", panierte Frikadellen
Sahan köftesi - in einem Wasser-Tomaten-Fond gegarte Hackfleischbällchen
Sebzeli köfte - gebratene Fleischbällchen mit Auberginen, Tomaten und Kartoffeln
Şiş köfte - Hackfleischbällchen, auf kleinen Holzspießen gegrillt

Lammfleischgerichte
Etli kuzu fasulye - weiße Bohnen mit Lammfleisch
Etli kuzu nohut - Kichererbsen mit Lammfleisch
Kuzu budu - Lammkeule
Kuzu pirzola - Lammkotelett

Sonstige Fleischgerichte
Bumbar - Dickdarm mit Fleischfüllung
Ciğer tavası - gebratene Hammelleber
Karışık ışkembe ve paça - Schafskopf und Kuttelfleisch in Mehlsauce

Geflügel (trk. *kümes hayvanları*)
Piliç ızgara - Hähnchen vom Rost
Tavuk dolması - gefülltes Huhn
Tavuk haslaması - gekochtes Huhn

Fisch (trk. *balık*)
Dil balığı - Seezunge
Hamsi - Sardelle
Kalkan - Steinbutt
Kılıç - Schwertfisch
Kolyos - Mittelmeermakrele
Levrek - Seebarsch
Lüfer - Blaubarsch
Mercan - Rotbarsch
Palamut - Thunfisch
Pisi balığı - Scholle
Sardalya - Sardine
Torik - große Makrele
Uskumru - Makrele

Salat (trk. *salata*)
... kann zum Hauptgericht, aber auch als Vorspeise gegessen werden.

Beyin salatası - Salat aus gekochtem Hirn
Cacık - Gurkenstückchen mit Knoblauch in Joghurt
Çoban salatası - gemischter Salat mit Tomaten, Gurken, Zwiebel, manchmal auch mit Peperoni, Paprika und Oliven
Domates salatası - Tomatensalat
Havuç salatası - Möhrensalat
Marul salatası - grüner Salat
Pancar salatası - Rote-Beete-Salat
Patates salatası - Kartoffelsalat
Piyaz salatası - Salat aus weißen Bohnen

Gemüse (trk. *sebze*)
... wird warm und kalt serviert. Es kann zum Hauptgericht, aber auch als Vorspeise gegessen werden. Oft ist das Gemüse mit Reis gefüllt.

▸ *Kaltes Gemüse*
Zeytinyağlı biber dolması - Paprika, gefüllt mit Reis
Zeytinyağlı domates dolması - Tomaten, gefüllt mit Reis
Zeytinyağlı kabak dolması - Zucchini, gefüllt mit Reis
Zeytinyağlı lahana dolması - Kohlblätter, gefüllt mit Reis
Zeytinyağlı patlıcan dolması - Aubergine, gefüllt mit Reis
Zeytinyağlı yaprak sarması - Weinblätter mit Reis
Zeytinyağlı taze fasulye - grüne Bohnen in Olivenöl
İmam bayıldı - "Der *İmam* fiel in Ohnmacht", mit Zwiebel, Tomaten und Knoblauch gefüllte Auberginen

▸ *Warmes Gemüse*
Beğendi - Auberginenpüree
Biber kızartması - gebratene Paprika
Kabak kızartması - gebratene Zucchini
Patlıcan kızartması - gebratene Aubergine

Süßspeisen (trk. *tatlılar*)
▸ *Gebäck* (trk. *kurabiye*)
Baklava - süße Blätterteigpastete mit Zuckersirup, die es mit verschiedenen Füllungen (Walnüsse, Pistazien etc.) gibt

Fleisch vom Basar-Metzger

Hanım göbegi - "Frauennabel", kleine Brandteigbällchen in Zuckersirup
Helva - Mandelkuchen
Kadayıf - süßes Gebäck, als dünne Teigfäden in Fett ausgebacken
Lokma - hefeteigartige Kügelchen in Zuckersirup
Revani - Gebäck aus Eiern, Mehl und Zitrone, mit Zuckersirup überzogen
Tulumba tatlısı - in Zuckerwasser getränkter Spritzkuchen

▸ *Pudding* (trk. *puding*)
Aşure - Süßspeise aus feinem Weizenmehl, weißen Bohnen, Kichererbsen, Korinthen, Walnüssen, Rosinen, Pistazien, Mandeln, Aprikosen, Feigen und Granatäpfeln
İrmik helvası - Grießspeise mit Pinienkernen und Mandeln
İrmik lokması - Grieß mit Sirup
Keşkül - Pudding aus Reis- und Kartoffelmehl mit Mandeln, Pistazien und Kokosflocken

Dönerspieß

Krem karamel - Pudding mit Karamel überbacken
Krem şokolade - Schokoladenpudding
Sütlaç - Reispudding mit Zimt
Sütlaç fırın - überbackener Reispudding
Un helvası - Mehlspeise mit Pinienkernen
Zerde - Milchreispudding mit Safran

▸ *Obst* (trk. *meyva*)
Elma - Apfel
Erik - Pflaume
Karpuz - Wassermelone
Kavun - Honigmelone
Kayısı - Aprikose
Portakal - Orange
Şeftali - Pfirsich
Üzüm - Weintraube
Vişne - Sauerkirsche

▸ *Kompott* (trk. *komposto*)

▸ *Speiseeis* (trk. *dondurma*)

Getränke (trk. *içecek*)
▸ *Alkoholfreie Getränke* (trk. *alkolsüz içki*)
Ada çay - Salbeitee, der vor allem an der Südküste getrunken wird
American kahvesi - Milchkaffee
Ayran - Joghurt, mit Wasser verschlagen
Çay - Schwarzer Tee
Elma suyu - Apfelsaft
Kahve - Kaffee, Mokka
Limonata - Limonade
Maden sodası - Mineralwasser mit Kohlensäure
Maden suyu - Mineralwasser ohne Kohlensäure
Meyva suyu - Fruchtsaft
Portakal suyu - Orangensaft
Salep - Getränk auf der Basis eines aus Orchideen gewonnenen Pulvers, wird mit Zimt und Zucker gekocht und warm serviert
Şeftali suyu - Pfirsichsaft
Süt - Milch
Vişne suyu - Kirschsaft
az şekerli - schwach gesüßt
sade - schwarz
şekerli - gesüßt

▸ *Alkoholische Getränke* (trk. *içkiler*)
Bira - Bier; Biermarken: *Efes Pilsen*, *Tekel* (auch alkoholfrei), *Tuborg*
Rakı - Anisschnaps (45-50 % Alkoholgehalt; wird häufig mit Wasser verdünnt und sieht dann milchig aus)
Şarap - Wein
Beyaz şarap - Weißwein
Kırmızı şarap - Rotwein
Roze şarap - Rosé-Wein
Tatlı şarap - süßer Wein

Feiertage und Feste

Staatliche Feiertage

▸ 1. Januar: Neujahrstag
▸ 23. April: Tag der Nationalen Unabhängigkeit und der Kinder *(Ulusat Egemenlik Çacuk Bayramı)*, erinnert an den 23.4.1920, als sich erstmals die Große Nationalversammlung unter Atatürk in Ankara zusammenfand.
▸ 19. Mai: Tag der Jugend und des Sports *(Gençlik ve spor Bayramı)*, erinnert an die Landung Atatürks 1919 in Samsun.
▸ 30. August: Tag des Sieges *(Zafer Bayramı)*, zum Gedenken an den Sieg der türkischen Armee im türkisch-griechischen Unabhängigkeitskrieg 1922
▸ 29. Oktober: Tag der Republik *(Cumhuriyet Bayramı)*, Jahrestag der Gründung der Türkischen Republik 1923

Religiöse Feiertage

Die staatlichen Feiertage sind unbeweglich, im Gegensatz zu den religiösen Festtagen, denen die islamische Zeitrechnung zugrundeliegt. Wegen des Unterschieds zwischen der Zeitrechnung nach dem *Gregorianischen Kalender* (gilt in der Türkei wie in Europa) und der nach dem *Islamischen Kalender* (Jahreseinteilung nach Mondmonaten) werden die religiösen Feste jedes Jahr um zehn bis elf Tage früher als im Vorjahr gefeiert. Im folgenden sind die Termine der wichtigsten islamischen Feiertage für die Jahre 1997 bis 2000 angegeben:

▸ 31. Dezember - 27. Januar 1997/98, 20. Dezember - 16. Januar 1998/99, 9. Dezember - 5. Januar 1999/2000: Fastenmonat *Ramadan* (*ramazan*; → Land und Leute/ Religion)
▸ 24./25. Januar 1998, 13./14. Januar 1999, 2./3. Januar 2000: Nacht der Kraft *(Kadır Gecesi)*, 24. Tag im Monat *Ramadan*, an dem Mohammed zum Propheten Allahs erhoben wurde und den Koran offenbarte.
▸ 26. - 28. Februar 1998, 15. - 17. Februar 1999, 4. - 6. Februar 2000: Zukkerfest *(Seker Bayramı)*, dreitägiges Fest am Ende des Fastenmonats; Beschenken der Kinder mit Süßigkeiten, beginnt schon am Nachmittag des Vortages.
▸ 6. - 10. April 1998, 26. - 30. März 1999, 15. - 19. März 2000: Opferfest *(Kurban Bayramı)*, höchstes Fest im Islam, dessen Stellenwert vergleichbar

Eingemachtes

mit Ostern und Weihnachten ist. In Erinnerung an das Opfer Abrahams, der anstelle seines Sohnes Isaak einen Widder opferte, werden an den Feiertagen Schafe und Rinder geschlachtet; auch ein Festmahl für Familie, Verwandte und Freunde wird bereitet. Ein Teil des Fleisches wird an Bedürftige verschenkt.

▸ 27. April 1998, 16. April 1999, 5. April 2000: *Islamisches Neues Jahr* 1413

▸ 24. Juli 1998, 13. Juli 1999, 2. Juli 2000: Todestag des Propheten Mohammed (25.6.632 n. Chr.)

Achtung: Busse und Hotels sind oft schon vor, während und auch noch für kurze Zeit nach den Feiertagen ausgebucht (vor allem an *Şeker Bayramı* und *Kurban Bayramı*)! Geschäfte, Banken und Verwaltungen sind während der Feiertage in der Regel geschlossen!

Lokale Feste sind jeweils unter den entsprechenden Orten im Reiseteil aufgeführt.

Freizeitangebot

Wandern

Der westliche Teil der Türkei bietet sich mit seinen Mittelgebirgslandschaften hervorragend zum Wandern an. Festgelegte Wanderrouten gibt es allerdings bisher noch nicht, abgesehen von den Angeboten kommerzieller Veranstalter (→ Veranstalter mit Freizeitprogramm). Für eine vierzehntägige Wandertour mit Führung sind rd. 2.500 DM zu veranschlagen.

Bei längeren Wandertouren ist es empfehlenswert, vorher bei den örtlichen Touristeninformationsbüros und Wander- bzw. Bergsteigerclubs Erkundigungen einzuziehen (Adressen unter den jeweiligen Orten im → Reiseteil).

Was die *Gesundheitsvorsorge* betrifft, so sollte man ein besonderes Augenmerk auf die Füße und deren "Verpackung" legen. So sollten schon zu Hause störende Hühneraugen und Hornhaut an den Füßen entfernt sowie vor dem Unternehmen die Fußnägel kurz geschnitten werden. Die Wanderschuhe sollten so groß sein, daß man darin auch zwei Paar Socken (gegen Blasen) tragen kann. Es ist sinnvoll, daß die Schuhe mindestens eine halbe oder auch ganze Nummer größer als normal sind, jedoch nicht so übermäßig groß, daß sie bei zwei Paar Socken schlappen. Die Schuhe sollten bereits eingelaufen sein.

Was die *Ausrüstung* angeht, so ist Wert auf einen guten Rucksack zu legen. Paßt oder sitzt er nicht richtig, sind Druckstellen das Resultat. Einige Artikel, die man zum Wandern braucht, sind in der Türkei nur mit großem Aufwand oder auch überhaupt nicht zu bekommen: leichtes Zelt (bis 2,5 kg), warmer Schlafsack (Daunen oder Kunstfaser), Isoliermatte, Wasserflasche, Kocher (am besten Benzinkocher), Kompaß, Fernglas, feste Wanderschuhe.

Umweltschutz sollte auf einer Trekking-Tour GROSS geschrieben sein. Vergraben Sie den Abfall und werfen Sie nichts unterwegs einfach weg! Wenn Sie längere Zeit unterwegs sein wollen, nehmen Sie einen Kocher mit. Verbrennen Sie nicht das spärlich vorhandene Holz, denn die Bergbauern brauchen es dringender.

Sehr schöne Wandergebiete liegen im Dreieck Antalya, Finike und Fethiye (→ Route 2 und 5). Auch im İhlara-Tal bei Aksaray (→ Route 8) und im Göremegebiet (→ Route 8) kann man sehr gut wandern.

Wanderkarten/ Wanderführer

Es gibt keine Wanderkarten von der Türkei wie etwa von den hiesigen Wandergebieten (z.B. M 1:25.000).

Eine Hilfe aber sind Wanderführer, die mittlerweile hier im Handel angeboten werden, so aus der Buchreihe *Sunflowers*.

Skifahren

Das einzige Wintersportgebiet der West- und Südküste ist *Saklıkent* nördlich von Antalya (→ Umgebung von Antalya).

Segeln

Die türkischen Küstengewässer im Bereich des Mittelmeers und der Ägäis bieten hervorragende Segelmöglichkeiten.

Segeltörns in eigener Regie

▸ *Allgemeine Hinweise*

Die internationalen Seefahrtsvorschriften müssen strikt eingehalten werden; aus Höflichkeit sollte die türkische Flagge von Sonnenauf- bis Sonnenuntergang gehißt sein, und um Mißverständnisse zu vermeiden, sollte man nicht zwischen türkischen und griechischen Hoheitsgewässern hin- und herkreuzen, weil dieses Verhalten unter Umständen als Spionagetätigkeit verstanden werden könnte.

▸ *Formalitäten*

Bei der Einreise muß das Transit-Logbuch vorgelegt werden, das Auskunft über die Yacht, den Eigentümer, die Mannschaft und die Route gibt; außerdem sollten eine Zollerklärung, die Reisepässe der Besatzung und deren Gesundheitszeugnisse beigefügt sein.

Nach dem Einlaufen in einem der nachfolgenden Häfen ist umgehend das Hafenbüro aufzusuchen, um die Formalitäten zu regeln: *İstanbul, Çanakkale, Fethiye, Akçay, Dikili, İzmir, Çeşme, Kuşadası, Güllük, Bodrum, Datça, Kaş, Antalya, Alanya, Anamur, Taşucu (Silifke), Mersin* oder *İskenderun*. Die angegebenen Zollhäfen sind das ganze Jahr über geöffnet. Hier kann man sich auch mit Proviant und Treibstoff versorgen.

▸ *Windverhältnisse*

Die beste Zeit für Segeltörns ist von Mai bis Oktober, denn dann bläst meist Südwind (trk. *ımbat*). Lediglich zwischen Juli und August, etwa für die Dauer von zwanzig Tagen, kommt der Wind hauptsächlich aus Nordost (trk. *meltem*).

Wettervorhersagen in Englisch gibt es täglich um 7.30, 8, 10, 12, 14 und 19 Uhr auf Kurzwelle (44 m, 6840 kHz).

▸ *Ankern*

Die türkische Küste hat vor allem im Bereich der Ägäis viele schöne Buchten und idyllische Flecken, die zum Ankern einladen. Dort betragen die Wassertiefen im Durchschnitt 10 bis 12 m.

Yachthafen von Marmaris

Es gibt aber auch Zonen, in denen Anlegeverbot besteht, z.B. in der *Dardanelleneinfahrt,* bei den Inseln *İmbroz* und *Buzca,* an den Küsten vor *Kumkale, Mehmetcik Burcu* und *Anti Köferzi,* im *nördlichen Bosporus-Gebiet,* im *Golf von İzmir,* bei der Prinzeninsel *Yassi,* der Hafeneinfahrt von *İzmir,* dem Südhafen von *Eskifoça,* den Inseln *Uzun* und *Hekim*, in bestimmten Gebieten um *Mersin* und *İskenderun.* Vor dem Auslaufen im Hafen erkundigen!

▸ *Aufenthaltsdauer*
Mit den bereits genannten gültigen Schiffsdokumenten darf man sich bis zu zwei Jahren in türkischen Hoheitsgewässern aufhalten bzw. sein Boot in einem türkischen Hafen liegen lassen. Eine Verlängerung ist meist ohne Probleme möglich. Als Liegeplatz empfehlen sich die Häfen von *Kuşadası* und *Bodrum* mit einer Kapazität von 550 bzw. 200 Anlegeplätzen. Hier gibt es auch Bootslifter, Strom- und Wasseranschlüsse.

Tip: Gute Broschüren über das Segeln in der Türkei gibt es beim *Deutschen Segelverband,* Gründgensstr. 18, 22309 Hamburg, und in den *Türkischen Fremdenverkehrsbüros.*

Anbieter von Segeltörns und Yachtcharter

▸ *Segeltörns* (ohne Anreise)
- *Käte Schmidt,* Otto-Ernst-Str. 51, 22605 Hamburg, Tel. 040-82 83 05, Fax 81 94 75

▸ *Segeltörns* (mit Anreise)
Mittlerweile hat fast jeder Reiseveranstalter Segeltörns mit Anreise im Programm.

▸ *Vermittlung für Mitsegler*
- *Horst Rödig,* Kreuzhofstr. 10, 81476 München, Tel. 089-74 57 62 62, Fax 74 57 62 63

▸ *Yachtcharter*
- *Sarres-Schockemöhle Yachting,* Hubert-Underberg-Allee 2, 47495 Rheinberg, Tel. 02843-170 31, Fax 170 04
- *Moorings Deutschland,* Kaiser-Ludwig-Str. 17, 82031 Grünwald, Tel. 089-64 15 90, Fax 69 35 08 17
- *Flama Tours,* Neyzen Tevfik Cad. 222/C-D, 48400 Bodrum, Tel. 614-118 42, Fax 132 42
- *Orion Tours,* Halaskargazi Cad., Halaskar Apt. 287/1, 80260 Osmanbey-İstanbul, Tel. 216-148 84 37, Fax 141 28 08

Weitere Yachtcharter-Firmen in der Türkei sind im Reiseteil unter den Orten → *Bodrum,* → *Antalya,* → *Fethiye,* → *Marmaris* und → *İzmir* zu finden.

Kartenhinweise

Seekarten der türkischen Küstengewässer sind erhältlich bei:
- *Schiffahrtsbuchhandlung Bücherschnapp,* Postfach 1325, 65812 Bad Soden, Tel. 06196-288 66, Fax 64 21 41
- *Eckehardt & Messtorff,* Rödingsmarkt 16, 20459 Hamburg, Tel. 040-3748 42-0
- *Bade & Hornig GmbH,* Deutsches Seekarten-Berichtigungsinstitut, Herrengraben 31, 20459 Hamburg, Tel. 040-37 48 11-0, Fax 36 64 00

Windsurfen

In der Türkei sind dem Windsurfen keine Grenzen gesetzt. Die Windverhältnisse vor der Küste sind dafür ideal. Wer sein eigenes Brett nicht mitschleppen möchte, kann sich an die Verleiher in den großen Touristenorten an West- und Südküste wenden. Die Leihgebühren betragen für eine Stunde etwa 8 bis 12 DM; Tages- und Wochentarife sind günstiger. Viele Verleiher betreiben auch eine Surfschule. Verleiher und Schulen sind unter den Orten im Reiseteil angegeben.

Tauchen

Bis vor wenigen Jahren war das Tauchen mit Preßluftflaschen in den türkischen Küstengewässern verboten. Diese Bestimmung wurde jedoch in den letzten Jahren gelockert. So ist heute das Tauchen erlaubt vor der Küste von *Karadağ* bei *Bodrum*, im *Golf von Antalya*, im *Golf von Marmaris*, bei *Kaş* und im Küstenbereich um *Çeşme*. Einzelne Taucher oder Tauchergruppen, die nicht über ein eigenes Boot verfügen, können problemlos Boote in den größeren Häfen mieten.

Mittlerweile haben sich auch einige Reiseveranstalter auf Tauchferien spezialisiert (→ Veranstalter mit Freizeitprogramm).

Schnorcheln

... ist fast überall in der Türkei erlaubt. In Touristenorten an der Ägäisküste werden oft Tagesausflüge angeboten, die u.a. zu Schnorchlerparadiesen führen. In kleineren Küstenorten kann man sich gegen entsprechendes Entgelt aufs Meer hinausfahren lassen.

Strandidylle bei Patara

Wer bei Unterwasserstreifzügen auf Antikes stößt, läßt am besten die Finger davon, denn es ist verboten, Antiquitäten aus der Türkei auszuführen. Außerdem ist nicht alles, was altertümlich aussieht, auch wirklich kunsthistorisch wertvoll. Einige Bootseigner werfen nämlich alt aussehende Gegenstände ins Wasser, um den Schnorchlern eine Freude zu bereiten und sich mit diesem Trick eine Fahrt für den nächsten Tag zu sichern. Welcher Schnorchler will nicht wieder zurück an den Ort, wo er den "Schatz" gefunden hat?

Angeln und Fischen

Für die meisten Gewässer braucht man eine Angelerlaubnis. Kommerzieller Fischfang und die Benutzung von Netzen über 5 kg sind verboten. Auskünfte über Fischfangzonen, Minimalgröße der Fische und maximale Fangmengen gibt das *Landwirtschaftsministerium,* Abt. Fischereiwesen, Gida-Tarim ve Hayvancilik Bakanliği, Su Ürünleri Genel Müdürlügü, Sağlik Sok. 21, Ankara.

Keine Beschränkungen scheinen beim Harpunieren zu bestehen. Jeder, dem es gerade paßt, legt sich im Sportgeschäft eine Harpune zu und geht damit auf Unterwasserjagd. Die meisten der oft jugendlichen Amateurjäger treffen natürlich nur auf kleine Fische, mit denen man - außer sie zu töten - nichts anfangen kann.

Balık avlamak yasaktır
= Angeln verboten!

Veranstalter mit Freizeitprogramm

Neben vielen deutschen Reiseveranstaltern, bei denen spezielle Freizeitprogramme in der Türkei zu buchen sind, gibt es auch einheimische. Zu den renommierten Türkei-Veranstaltern gehören:

- *Hauser Exkursionen,* Marienstr. 17, 80331 München, Tel. 089-235 00 60, Fax 291 37 14, bietet schwerpunktmäßig Wandertouren an.
- *Studiosus Reisen,* Riesstr. 25 a, 80992 München, Tel. 089-50 06 00, Fax 50 06 01 00, bietet außer Rundreisen auch Segeltörns.
- *ATT-Touristik,* Esslinger Str. 7, 70771 Leinfelden-Echterdingen, Tel. 0711-94 74-0, Fax 947 41 00, bietet außer Rundreisen auch Motorsegel-Kreuzfahrten und Yachtcharter.
- *Air Aqua Reisen GmbH,* Rüttenscheider Str. 14, 45128 Essen, Tel. 0201-79 00 79 und 79 77 47, bietet Tauchferien an.
- *Tauchsport Hagemann,* Kieler Str. 385, 22525 Hamburg, Tel. 040-54 48 44, Fax 540 58 58, Tauchferien.

- *Alternatif Turizm*, Bağdat Cad. Şamnu İş Merkezi 36/8, 81030 Kızıltoprak-İstanbul, Tel. 216-345 66 50, Fax 348 10 53, bietet außer Wander- und Trekkingtouren, Segeltörns, Wildwasserfahrten, Touren mit dem Mountainbike an.
- Weitere Veranstalter mit besonderen Programmen siehe unter den einzelnen Orten im Reiseteil.

Hamam

Öffentliche Bäder haben schon in der Antike in allen Städten des Mittelmeerraumes eine wichtige Rolle gespielt. Die *türkischen Bäder,* so wie man sie heute kennt, entstanden im Mittelalter aufgrund strenger Reinigungsvorschriften des Islam.

Den Aufbau des Gebäudes kann man aus der Skizze ersehen: Es gliedert sich in drei Räume. Im Komplex *Eingangs-, Umkleide-* und *Ruheraum* (trk. *câmekân*) befinden sich die Kasse und Umkleidekabinen, die auch zum Ruhen nach dem Bad gedacht sind. Ein etwas kleinerer *Durchgangs-* bzw. *Übergangsraum* schließt sich an. Hier soll sich der Körper vor und nach dem Bad an die unterschiedlichen Temperaturverhältnisse gewöhnen. Von dort sind auch die Toiletten zu erreichen. Nun folgt der eigentliche *Baderaum* (trk. *sicakluk*), dem Einzelwaschräume und manchmal auch ein Schwitzraum angeschlossen sind. In diesem Raumkomplex schwitzt man und wäscht sich also und hält meist dabei ein Schwätzchen. Man sitzt auf einer niedrigen Stufe, meist aus Marmor gefertigt, neben einem Wasserbecken, in das heißes und kaltes Wasser eingelassen werden kann. Schöpfkellen oder -gefäße stehen bereit, um sich mit diesem Wasser zu übergießen.

Männer und Frauen baden getrennt. In manchen Touristenorten hat man sich allerdings auch auf Touristenwünsche eingestellt, so daß nach Vereinbarung zu bestimmten Zeiten auch gemischte Gruppen zugelassen sind.

In größeren Bädern gibt es eine Männer- und Frauenabteilung. Dabei handelt es sich um ein *Doppelhamam* (trk. *çifte hamamı*). Das Männerbad ist meist komfortabler eingerichtet als das Frauenbad. In kleineren Hamams gibt es nur ein Bad, das im allgemeinen morgens von Frauen und nachmittags von Männern benutzt wird. Große Hamams verfügen über ein *Familienbad.* Das sind meist kleine, badezimmerähnliche Räume mit einer Wanne.

Für nichteingeweihte Hamambesucher stellt sich die Frage, was man zum Bad mitnehmen soll. Eigentlich braucht man gar nichts, denn alles, was erforderlich ist, kann für wenig Geld an der Kasse erstanden werden, wie z.B. ein Spezialwaschlappen, mit dem die obere Hautschicht ordentlich heruntergeschrubbt werden kann.

Leute, für die ein Saunabesuch ungewohnt ist, sollten beim ersten Mal den Aufenthalt auf ein bis zwei Stunden begrenzen und erst später länger ausdehnen.

Hier kurz der Ablauf eines Bades: An der Kasse zahlt man etwa 2 DM Eintritt und gibt an, welche Extras man zusätzlich wünscht, wie z.B. eine Einzelumkleidekabine für 1 DM oder einen Waschlappen für 1 DM, einfaches Waschen für 3 DM oder Waschen und Massieren für 5 DM. In den großen Hamams zahlt man mit allem sogar 20 bis 30 DM. An der Kasse können Wertsachen hinterlegt werden. Dort zieht man auch die Schuhe aus und bekommt dafür Badesandalen (aus Plastik oder Holz). Anschließend sucht man eine Kabine aus, in der man seine Kleidung ablegt und sich eines der bereitliegenden Tücher so umwickelt, wie es die anderen Hamambesucher auch machen. Nun geht es durch den Übergangsraum in den Baderaum. Wenn diesem ein Schwitzraum angeschlossen ist, geht es zuerst dort hinein, um etwa 20 bis 30 Minuten zu schwitzen. Mit kaltem Wasser kühlt man sich ab, falls die Hitze unerträglich wird. Danach wechselt man in den Baderaum, wo man sich wäscht. Wer Waschen und Massieren in Anspruch nehmen will, geht zum Bademeister (trk. *tellak*) oder zur Bademeisterin (trk. *natir*), legt sich auf den sogenannten Nabelstein (trk. *göbek tası*) und ergibt sich in sein gewolltes Schicksal. Nach der Prozedur wäscht man sich noch einmal selbst. Dazu können auch die Nebenräume aufgesucht werden. Zum Waschen wird das Tuch ein wenig gelockert, aber nicht abgelegt. Achten Sie darauf, daß die Schamgegend immer bedeckt bleibt.

Hinweis: Ein Mann sollte sich nicht von einem Fremden waschen lassen, denn das könnte zu Zweideutigkeiten führen. Dagegen gilt gegenseitiges Waschen bei Frauen als nicht anstößig.

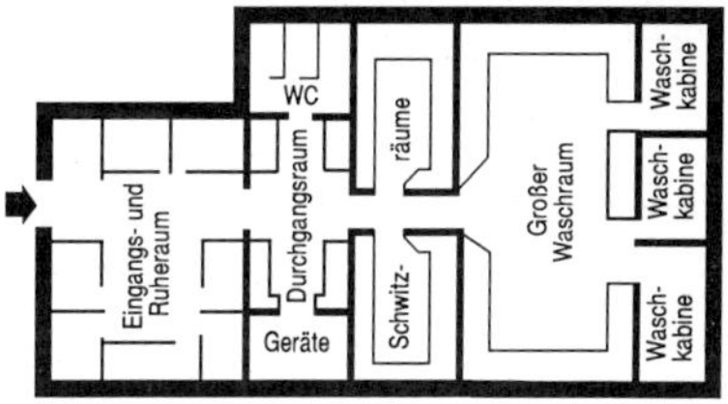

Beispiel für den Aufbau eines Hamam

Besucherinnen im Hamam

Wer die Körperwäsche beendet hat, entledigt sich seines Tuches, wickelt sich eines der bereitliegenden Handtücher um. Das Hamam-Personal hilft meist dabei. Anschließend geht man in die Kabine zurück, um dort den Körper wieder an normale Temperaturen zu gewöhnen. Noch einmal gibt es neue Handtücher, die um Hüften, Schultern und Kopf gewickelt werden, so daß man bestens eingepackt ist und kaum eine Erkältung zu befürchten braucht. Zum Ruhen legt man sich auf eine Bank. Zwischendurch trinkt man einen Tee oder etwas anderes, um den Flüssigkeitsverlust im Körper auszugleichen. Nach einer Ruhepause zieht man sich wieder an, nimmt an der Kasse eventuell zurückgelegte Wertsachen in Empfang und gibt - vorausgesetzt, daß der Service gut war - ein Trinkgeld, bevor man das Hamam verläßt.

Der Badevorgang ist bei Frauen ähnlich, allerdings mit ein paar kleinen Unterschieden: Der Handtücherkult, wie er bei den Männern betrieben wird, ist im Frauen-Hamam so gut wie gar nicht verbreitet. Es werden oft überhaupt keine Handtücher zur Verfügung gestellt, so daß man am besten schon gleich eigene mitbringt. Hier läuft die Frau in Slip und "oben ohne", hier und da auch im Bikini herum. Frauen sind hilfsbereit, wenn es um das Waschen geht, selbst wenn sie sich nicht kennen. Ein herzlich gemeintes Angebot einer Frau, Ihnen den Rücken zu schrubben, brauchen Sie nicht abzulehnen. Als Leistung wird die Entfernung der Körperhaare an Armen und Beinen angeboten (meist mit einem Naßrasierer). Das ist beim Waschen und Massieren in der Regel inbegriffen. Wer dies nicht wünscht, muß es der Bademeisterin vorher sagen.

Das Frauenbad hat nach wie vor die Funktion eines Treffpunkts, wo ein Schwätzchen gehalten wird. Häufig wird auch gegessen und getrunken, gelegentlich tanzt und singt man. Manchmal, allerdings sehr selten, bringen Frauen die schmutzige Wäsche mit ins Hamam, um sie dort zu waschen. Wenn die Bademeisterin dahinterkommt, gibt es ein riesiges Spektakel, denn Wäschewaschen ist aus hygienischen Gründen verständlicherweise nicht gerne gesehen. Im allgemeinen dauert ein Hamambesuch bei den Frauen wesentlich länger als bei den Männern.

Kino

Kinos gibt es nur in größeren Städten. Es werden Filme in türkischer und englischer Sprache, dann mit türkischen Untertiteln, gezeigt. Neuere ausländische Filmproduktionen gelangen meist nicht auf den Markt, da die Verleihgebühren zu hoch sind, auch in Anbetracht der extrem niedrigen Kinopreise (teuerster Platz kostet ca. 2 DM). Die vorgeführten ausländischen Produktionen sind oft zwischen zwei und fünf

Jahren alt oder noch älter. Filmsaison ist zwischen September und Mai mit einem Höhepunkt um die Jahreswende. Da das Kinoprogramm in Tages- und Wochenzeitungen nicht ausgedruckt ist, bleibt es dem eigenen Engagement überlassen, an den Aushängen der Kinos selbst nachzusehen. Ein besonderes Erlebnis ist der Besuch eines Freiluft- oder Sommerkinos (trk. *yaz sinemasi*).

Kunst und Kunsthandwerk

Alabaster und Onyx

Aus Alabaster und Onyx gefertigte Souvenirs werden vielerorts an der türkischen West- und Südküste angeboten.

Alabaster ist eine feinkörnige, transparente Gipsart, die zur Herstellung von Skulpturen, Tischplatten, Vasen, Schalen und sonstigen Ziergegenständen verwendet wird. Seit jeher ist Alabaster das Material der Bildhauer. Es ist zwar leicht zu bearbeiten, aber dafür auch wesentlich empfindlicher als der härtere, widerstandsfähigere Marmor.

Onyx, eine Abart des Quarzes, der in Basaltgegenden gefunden wird, ist sehr hart und fein gebändert. Er kommt in grünlichen und bräunlichen Farben vor. Bei Lichteinfall zeigen sich oft bizarre Streifen- und Schlierenmuster in verschiedenen farblichen Abstufungen.

Heute ist man bei der Bearbeitung des Materials nicht mehr so häufig mit Hammer und Meißel zu Gange, da - wie in anderen Handwerkszweigen auch - zunehmend Maschinen eingesetzt werden können, die so manchen Handgriff ersparen. Trotzdem wird das fertige Stück nachher unter dem Gütezeichen *handmade* angepriesen. Doch es ist einfach, maschinell bearbeiteten Onyx oder Alabaster zu erkennen: Meist sind die Formen so gleichmäßig, daß sie kaum ausschließlich von Hand bearbeitet sein können.

Meerschaum

Meerschaum, ein Verwitterungsprodukt des Serpentins, das weich und sehr durchlässig ist, wird zu ausgefallenen Pfeifenköpfen, Zigarren- und Zigarettenspitzen, kunstvollen Kästchen und Schmuckstücken verarbeitet und vorzugsweise als Basarware in der Westtürkei angeboten. Meerschaum sieht in der Regel schneeweiß aus, kommt aber auch in grauen, gelblichen und rötlichen Farbtönen vor.

Die einst weltweit bekannten Meerschaumlagerstätten liegen in Zentralanatolien bei Eskişehir. Von dort wurden im 19. Jahrhundert sämtliche Länder der Erde mit "weißem Schaum" beliefert. Heute ist er bis auf die wenigen Souvenirs, die daraus hergestellt werden, wirtschaftlich völlig bedeutungslos.

Knüpfteppiche

Der handgeknüpfte Teppich hat in der Türkei wie im gesamten Orient eine lange Tradition. Man nimmt an, daß er von Nomaden als Fellersatz erfunden wurde. Im 12. Jahrhundert war er als "Orientteppich" schon in Europa bekannt und wurde bereits im 13. Jahrhundert von Malern auf Bildern festgehalten. Eine Blütezeit erlebte der türkische Teppich unter den Osmanen im 16. und 17. Jahrhundert. Wenn auch die Motive mit der Mode gehen (geometrische Figuren, gegenständliche Tier- und Drachenbilder, Rankenmuster, Medaillon- und Sternenmuster), so sind doch einzelne überlieferte Muster immer noch aktuell.

Da das Kapitel "Teppich" eine Wissenschaft für sich ist, können die folgenden Informationen nur Anhaltspunkte sein.

Als *Material* für das Teppichknüpfen werden neben Wolle, Baumwolle und Naturseide auch Kunstseide und Chemiegarne verwendet. Bei den Naturfasern sind qualitative Unterschiede zu beachten: Wolle junger Schafe ist weicher als die von älteren; Hochgebirgsschafe liefern dichtere, feinere Wolle als Steppenschafe. Fasern, die mit natürlichen Pflanzenextrakten gefärbt wurden, sind wertvoller als die mit künstlichen Farben behandelten.

Zur *Herstellung* eines Teppichs spannt man Fäden (Ketten) vertikal auf einen Knüpfstuhl, an die in einer bestimmten Technik die Knoten geknüpft werden. Ist eine Knotenreihe fertig, führt man horizontal einen Faden (Schußfaden) durch die Kette, der die Knoten stabilisiert.

Es gibt zwei *Knotentechniken,* die für den Laien schwer zu unterscheiden sind: den *Ghiordes-Knoten* (türkischer Knoten oder Doppelknoten) und den *Sennh-Knoten* (persischer Knoten).

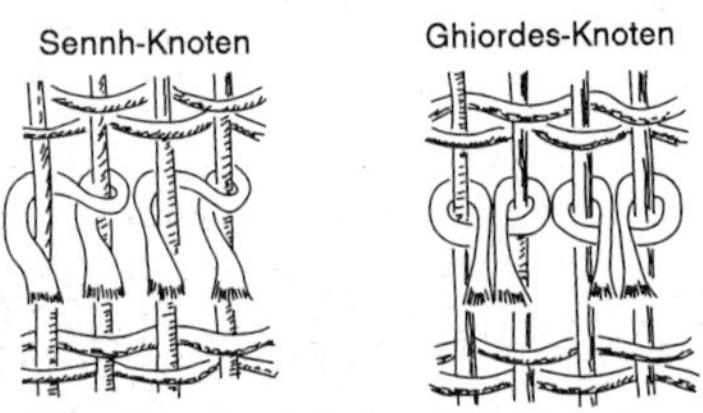

Die Regel, daß in den einzelnen Landesteilen nach regional typischen Teppichdesigns gearbeitet wird, trifft heute nicht mehr überall zu. Das Geschäft mit dem Orientteppich ist bereits so weit kommerzialisiert, daß Teppiche in staatlichen Betrieben handgeknüpft werden. Dort hat man sich auf solche Muster verlegt, die sich auf dem Markt am besten absetzen lassen, unabhängig davon, aus welcher Region sie stammen. Damit verweisen die Muster nicht mehr unbedingt auf den tatsächlichen Herstellungsort.

Wenn es auch heute viele Knüpfereien gibt, so wird doch ein Großteil der Teppiche immer noch in traditioneller Heimarbeit von Frauen und Kindern hergestellt. Wer einen Teppich direkt von einer "Knüpffamilie" erstehen will, wird dabei kaum Erfolg haben, denn die Frauen arbeiten meist im Auftrag von Händlern und Großunternehmern, die das Material und die Knüpfvorlagen liefern und auch Vorgaben über Größe und Knotenzahl der Teppiche machen. Damit stehen die Knüpferinnen in einem Abhängigkeitsverhältnis, das ihnen auch untersagt, einen Teppich privat zu verkaufen.

Ein handgeknüpfter Teppich in der Wohnungsausstattung ist für den überwiegenden Teil der türkischen Bevölkerung Luxus. Die meisten müssen sich mit billigeren Maschinenteppichen begnügen. Der türkische Knüpfteppich ist damit mehr für den Export gedacht.

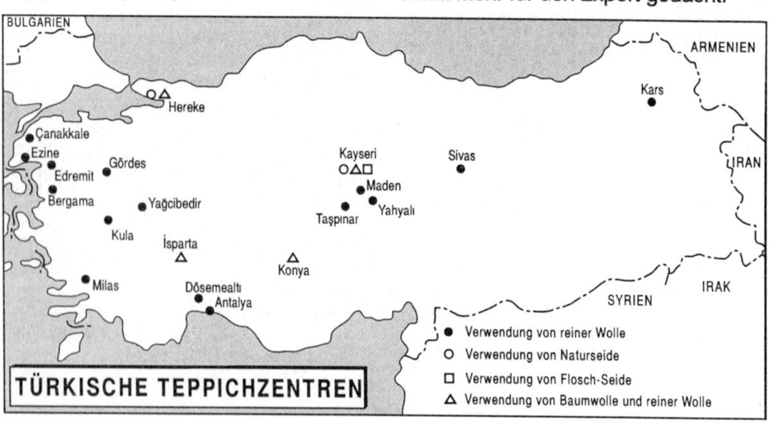

Für Teppichliebhaber ist die Türkei ein wahres "El Dorado". Die sogenannten "Schlepper" oder auch die Händler selbst versuchen in ihrer geschäftstüchtigen Art, Leute in die Läden zu locken, ihnen Teppiche bei einem Glas türkischen Tees aufzuschwatzen (→ Schlepper). Wenn man nicht nur aus Neugier oder zum Zeitvertreib in das Geschäft geht, sondern wirklich beabsichtigt, einen Teppich (trk. *halı*) zu kaufen, ist in jedem Fall Vorsicht geboten, denn häufig sind die Preise überhöht. Bei einem überhöhten Preis sind nicht nur Feilschen, sondern einschlägige Kenntnisse erforderlich (→ Einkaufen und Handeln). Beim Handeln sollte man den Preis nicht bis zum äußersten drücken, sondern sich mit einem akzeptablen Betrag begnügen. Oft wird vergessen, welch mühsame Arbeit in einem Teppichwerk steckt, und daß ein handgeknüpfter Teppich in einem westeuropäischen Land immer noch ein Vielfaches des landesüblichen Händlerpreises kostet.

Die folgenden Tips sollen helfen, einen handgeknüpften Teppich zu beurteilen. Sein Wert ist abhängig:

- vom *Alter:* Ein alter Teppich ist wertvoller als ein neuer, auch wenn in dem alten Löcher sind.
- von der *Art und Qualität* des verwendeten Materials: Naturseide ist wertvoller als Kunstseide (Flosch); Wolle und Baumwolle sind besser als Chemiefasern. Entscheidend ist auch der Reinheitsgrad der Naturfasern. Diesen und die Art der Faser schlechthin kann man überprüfen, indem man ein paar Fasern vom Teppich abschabt und anzündet. Der Geruch verrät, ob es sich um reine Wolle handelt oder ob etwa synthetisches Material beigemischt ist.
- von der *Knotenzahl:* Je mehr Knoten, desto wertvoller der Teppich.
- vom *Schwierigkeitsgrad des Musters:* Teppiche mit häufigem Farbwechsel im Muster sind in der Herstellung aufwendiger als solche, die nur wenige Farben haben.
- von der *Farbechtheit:* Fasern, die mit Pflanzenextrakten gefärbt wurden, sind

Beim Teppichweben

kostbarer als die mit Chemiefarben behandelten. Wer die Echtheit überprüfen will, reibt am besten mit einem angefeuchteten, hellen Tuch über den Teppichflor. Verwischen sich die Farben des Teppichs oder zeigt das Tuch Farbspuren, so handelt es sich um schlecht eingefärbte Fasern.

▸ von der *Ausführung der Knüpfarbeit:* Wenn die Arbeit gut gemacht wurde, ist auf der Rückseite das Teppichmuster klar zu erkennen.

Unbedingt sollte man sich den Teppich bei Tageslicht anschauen. Je nach Blickrichtung wirkt er in seinen Farben gedämpft oder aber hell und lebhaft. Diese "zwei Gesichter" erhält der handgeknüpfte Teppich durch seine Knoten, die entsprechend der Knüpfrichtung leicht schräg liegen, so daß das Licht unterschiedlich stark gebrochen wird.

Webteppiche

Im Gegensatz zu geknüpften Teppichen sind Webteppiche (trk. *kelim*) selten in Hofmanufakturen hergestellt worden, sondern eher in kleineren städtischen Werkstätten und insbesondere bei den Nomaden. Teppichweberei ist seit alters eine handwerkliche Tradition. Solche Arbeiten wurden kaum exportiert und blieben bis ins 19. Jahrhundert im europäischen Raum unbekannt. Die Webarbeiten dienten nicht nur als Bodenbelag und Wandvorhänge, sondern auch als Kissen, Decken oder Satteltaschen.

Die Muster der Webteppiche treten in vielen Varianten auf: geometrische Formen, Streifen, kopierte Knüpfmotive - alles ist vertreten.

Als *Material* wird Wolle verwendet, die meist zuvor aus verschiedenfarbigen Wollfaserresten zusammengesponnen worden ist.

Kettfäden werden auf einem Webstuhl aufgespannt, in die man bunte Schußfäden mit Nadel oder Schiffchen einwebt. Die Schußfäden auf der Rückseite werden am Schluß meistens abgeschnitten oder vernäht. Manchmal bleiben sie auch in langen Schlaufen hängen.

Da Webteppiche in der Regel billiger sind als Knüpfteppiche, sind sie bei der einheimischen Bevölkerung weitaus populärer. Auch die auf den Tourismus ausgerichtete Industrie profitiert von ihnen genauso wie von den Knüpfteppichen.

Metallarbeiten

Die Bearbeitung von Metallen, ob Messing, Kupfer, Eisen, Gold oder Silber, hat im kleinasiatischen Raum eine lange Tradition.

Als sich im 11. Jahrhundert Seldschuken im byzantinisch geprägten Kleinasien niederließen, war der Besitz wertvoller Gold- und Silbergeräte schon lange nicht mehr verboten: Gold und Silber dienten nicht nur zur Schmuckherstellung, sondern waren auch Material für Koranhüllen und Reliquiare. Die Kuppeln der Moscheen wurden vergoldet und die Gitter von Mausoleen versilbert. Schließlich wurden Gold und Silber auch als Münzmetall verwendet. Gold importierte man aus dem westlichen Sudan (Ghana) und Nubien, Silber aus dem Balkan.

Die Bearbeitung unedler Metalle hatte seit jeher die größte Bedeutung, nicht zuletzt weil sie billiger als Edelmetalle waren. In Zeiten, in denen man sich strenger an die islamische Edelmetallverordnung hielt, erlebte das Geschäft mit den Nichtedelmetallen eine wahre Konjunktur. So lassen sich heute in den türkischen Museen zahlreiche Gegenstände aus Bronze finden, wie z.B. Plastiken, Waffen, Schmuck und vieles mehr.

Im Laufe der Zeit entwickelten sich im metallverarbeitenden Bereich verschiedene Kombinationsmöglichkeiten, bei denen man Silber, aber auch Gold mit den verschiedensten Nichtedelmetallen zusammenbrachte. So legten die Osmanen als Besonderheit Gold und Edelsteine in eiserne Helme, Schwerter und Säbel ein.

Gold und Silber

Heute ist Gold- und Silberschmuck nicht nur als Prestigeobjekt beliebt, sondern in erster Linie als Geldanlage. Der oft von Generation zu Generation vererbte Schmuck ist wichtiger Bestandteil der Aussteuer und des Brautgeschenks.

Juweliere haben die alten Schmuckstücke, die heute in den Museen liegen, oft vortrefflich nachgeahmt und verkaufen sie - natürlich nicht als Antiquitäten - in ihren Läden.

Wer in der Türkei Goldschmuck kaufen möchte, sollte vorher in einigen Geschäften die Preise vergleichen. Das ist schnell gemacht, da die Läden meistens nebeneinanderliegen. Der Preis wird nach Karat und dem handwerklichen Aufwand für das Schmuckstück berechnet. Wenn man das Gewicht des Schmucks, das mit einer Juwelierwaage festgestellt wird, kennt und mit dem Tagespreis für Gold, der in allen Läden aushängen muß, multipliziert, findet man schnell heraus, wie hoch der Preis für das Material ist und wieviel für die investierte Arbeitszeit verlangt wird.

Silber wird im Gegensatz zu Gold nicht immer gewogen. Neben reinem Silber, das an der Stempelung zu erkennen ist, gibt es Nickelsilber und zinnähnliche Legierungen, die jedoch alle unter der Bezeichnung "Silber" angeboten werden.

Hinweis: Wenn Gold- und Silberwaren nicht mit einem Preisschild versehen sind, werden sie vor dem Verkauf gewogen, um den Preis zu errechnen. Beim Wiegen haben einige Verkäufer miese Tricks auf Lager, wie z.B. einen in der Nähe der Waage aufgestellten Ventilator, dessen Luftstrom die Waagschale nach unten drückt. Andere elektrische Geräte, die unmittelbar an der Waage postiert sind, können die Gewichtsanzeige manipulieren. Also, Augen auf!

Tip: Die Echtheit von Silber läßt sich wie folgt überprüfen: Reibt man das Silberstück an einem Stück Holz, hinterläßt unechtes Silber einen schwarzen Streifen. Auch ein Magnet kann hilfreich sein, denn Silber ist nicht magnetisch.

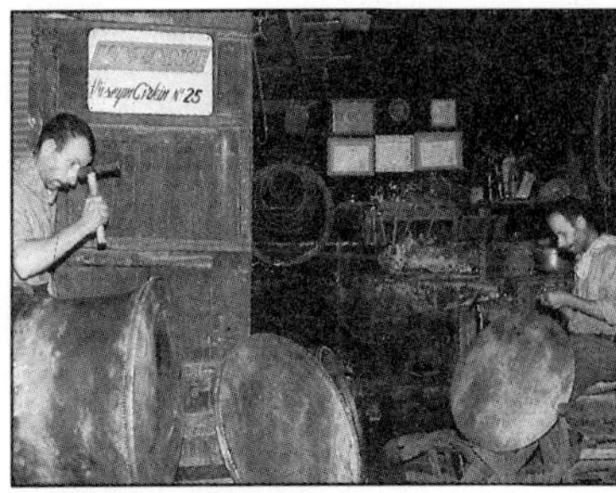

In der Kupferschmiede

Kupfer- und Messingwaren

Handgearbeitete Kupfer- und Messingartikel, wie Töpfe, Tabletts, Wasserpfeifen, Samoware und ähnliche Dinge, werden heute noch in vielen Basaren hergestellt und verkauft. Nach althergebrachter Methode werden Kupfer und Messing mit einem Holz- oder Gummihammer auf einem Amboß oder einer entsprechenden Holzunterlage bis zur gewünschten Form getrieben. Zur Verzierung der Metalloberfläche mit Ornamenten benutzt der Schmied Stanzeisen, die ein bestimmtes Motiv tragen.

Kupfer- und Messinggegenstände werden jedoch nicht mehr ausschließlich manuell hergestellt, sondern zunehmend serienmäßig unter Maschineneinsatz.

Artikel aus Kupfer und Messing sind heute weniger populär als früher, da sie von billigerer Plastik- und Aluminiumware verdrängt worden sind.

Unter den angebotenen Metallwaren in den Basaren läßt sich oft manche Antiquität finden. Der Unterschied zwischen *alt* und *neu* ist in der Regel leicht zu erkennen: Neues Kupfer ist hell-rotbraun glänzend, neues Messing sieht golden aus. Dagegen sind altes Kupfer und Messing im Glanz matter, wirken eher dunkel und tragen Grünspan. Doch der Schein kann trügen, wenn clevere Geschäftsleute hier und da etwas nachgeholfen haben und aus neu "alt" gemacht haben.

Keramik

Mit der Ansiedlung verschiedener Völker aus anderen Kulturräumen erhielten keramische Kunst- und Gebrauchsgegenstände im Laufe der Zeit ein immer wieder anderes Aussehen.

Eine revolutionäre Erfindung im Bereich der Fayencen (Tonware mit Glasur) war die *Lüstertechnik* der Abbasiden aus dem irakischen Raum. Sie beeinflußte nachhaltig die Keramik Kleinasiens. Bei dieser Technik wurde edelmetallhaltige Farbe (Legierung aus Kupfer und Silber, später auch mit Gold) in einem besonderen Verfahren als Überzug auf die keramische Glasurmalerei aufgebrannt, so daß diese schillernd glänzte.

Neue Impulse in der Fayencenherstellung brachten die Seldschuken mit, die sich im 11. Jahrhundert in Kleinasien niederließen. Bisher quadratische Fliesen erhielten nun vieleckige, stern- oder kreuzähnliche Formen und wurden mosaikartig zu geometrischen Mustern zusammengesetzt.

Unter den Osmanen verzichtete man weitgehend auf den ausgefallenen seldschukischen Fliesenschmuck. Großflächige Bilder, deren Dekor aus viereckigen Kacheln zusammengesetzt war, kamen in Mode.

Fliesen und andere Keramik wechselten mit dem Zeitgeist Farbe und Motiv. So dominierten in der frühosmanischen Zeit (15./16. Jh.) Ranken, Arabesken und Inschriften, vor allem in Blau und Weiß. Später, im 16. Jahrhundert, traten Arabesken zugunsten von Blumenmotiven (Glockenblume, Nelke, Phantasieblume) zurück. Die Farbpalette reichte von Blau, Weiß über Grün und Grünschwarz bis zu Karminrot. Von Mitte des 16. Jahrhunderts bis zur Wende zum 18. Jahrhundert wurde die Keramik von den Sultanen in großem Stil als Repräsentationskunst gefördert. Dazu gründete man die Hofmanufaktur in İznik, die um das 17./18. Jahrhundert nach Kütahya in Zentralanatolien und später nach İstanbul verlegt wurde. Neben den höfischen Zentren entwickelte sich Çanakkale an den Dardanellen zum Schwerpunkt für volkstümliche Keramik.

Im Zeitalter der höfischen Keramik waren Blumenmotive immer noch führend. Favorit unter ihnen war nun die Tulpe, gefolgt von Nelke, Rose, Hyazinthe, Weintraube und Artischocke. Im 17. Jahrhundert traten Schiffsmotive hinzu und, mit einer Rückbesinnung auf antike Werte, traditionelle griechische Muster und Inschriften. Als Farben wurden Grün in verschiedenen Abstufungen, Türkis, Chromgelb, Hell- und Dunkelblau bevorzugt.

Die Herstellung von Keramik - ein Handwerk bzw. Kunsthandwerk mit Tradition - ist heute nicht nur auf die alten Zentren beschränkt, sondern vielerorts in der Türkei zu finden. Das Angebot reicht dabei von diversem, oft touristischem Nippes über handgearbeitete Gebrauchsgegenstände wie Schüsseln, Gefäße und Töpfe aus Ton bis zu alten Fayencen aus der Osmanenzeit.

Vorsicht beim Kauf von - angeblichen - Antiquitäten! Abgesehen davon, daß es für Laien oft schwierig zu erkennen ist, ob es sich um eine mittelalterliche Kachel oder um eine gute Nachahmung handelt, ist die Ausfuhr von Antiquitäten verboten (→ Papierkram/ Zollbestimmungen/ Ausreise).

Holzarbeiten

In vielen Moscheen sind Tore, Geländer, Kanzeln, Decken und vieles mehr mit Holzschnitzereien oder mit kunstvollen Intarsienarbeiten (Einlegearbeiten mit andersfarbigem Holz, mit Perlmutt oder Elfenbein) verziert.

Auch die Holzschnitzerei war wie die übrigen Künste dem Stil der Zeit unterworfen. Bearbeitungstechniken und Motive veränderten sich ständig, so daß immer wieder neue Formen hervorgebracht wurden.

So waren in frühislamischer Zeit - noch unter byzantinischem Einfluß - Akanthusblätter, ursprünglich nur am Kapitell korinthischer Säulen zu sehen, als Motiv bei Holzarbeiten beliebt.

Mit den Seldschuken kamen neue Impulse in die hölzerne Kunst. Das Akanthusmotiv geriet zugunsten tierähnlicher Motive sehr bald in Vergessenheit. An der Tagesordnung waren nun gekrümmte, schraubenförmige Gebilde, mit denen Vogelköpfe, -flügel und Drachengestalten abstrakt dargestellt wurden. Dieses Dekor war bekannt unter dem Namen *Zarafsan* bzw. *Rumi.* Daneben traten Motive wie das Kreuz als Symbol für die Himmelsrichtungen, das Rad und die Lotosblüte auf. Die Arbeit wurde durch Punkte, Striche und Schriftzüge ergänzt.

Die seldschukische Stilrichtung wurde von den Osmanen im wesentlichen beibehalten, aber um Neuheiten bereichert. So gab es Einlegearbeiten mit Perlmutt, Elfenbein, Schildpatt, Silber und im 17. Jahrhundert farbige Holzarbeiten, bei denen Ocker- und Rotlackfarbe, später auch Pastellfarben, dominierten.

Schnitzereien und Einlegearbeiten sind heute nicht nur in Sakralbauten, sondern auch in vielen Museen zu bewundern. In unserer Zeit ist das Schnitzhandwerk weitgehend in Vergessenheit geraten, obwohl einige Handwerker hier und da noch Einlegearbeiten anfertigen. So werden verschiedene Hölzer und auch gefärbtes Holz stückchenweise zu Tavlabrettern, Kästchen, Schranktüren und Tischplatten zusammengefügt. Halbedelsteine und Perlmutt als Einlagen verwendet man - abgesehen von Musikinstrumenten - nur noch selten. Neben neuen Arbeiten aus Holz gibt es in den Basaren so manches beachtliche Schnitz- und Einlegewerk aus alten Tagen aufzustöbern.

Kalligraphie

Die ornamentale Schönschreibkunst wurde von seldschukischen und auch osmanischen Sultanen gefördert. Das Schriftbild von Dichtungen, religiösen Texten und Herrschermonogrammen wurde mit Bögen, Schleifen, Strichen, Punkten, aber auch üppigen Arabesken und Blumenmotiven kunstvoll ausgestaltet. Die Meister trugen mit Pinsel oder Schreibrohr in großer Geschicklichkeit farbige Tinte oder Goldtusche auf Pergament auf. Der nach höchster kalligraphischer Kunst entworfene Namenszug des Herrschers, als *tughra* bezeichnet, enthielt Titel, Eigenname und Name des Vaters. Die *tughra* war eine Art Staatsemblem, das auf Erlassen, Urkunden, Siegeln, Münzen oder ähnlichem erschien. Noch bis 1923 war das herrschaftliche Monogramm im Amtswesen gebräuchlich.

Grundlage waren die arabischen Schriftzeichen, die in der Schön-

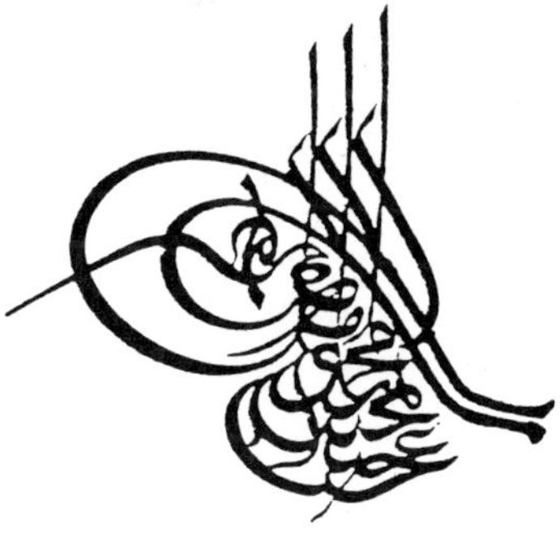

schreibkunst in verschiedenen Schrifttypen auftraten. Das Kufische war die Kalligraphieschrift, die sich später durchsetzte.

Beeindruckende Beispiele für die Schönschreibkunst lassen sich in alten Koranbüchern finden, die in den Museen ausgestellt sind.

Wasserpfeifen

Wasserpfeife zu rauchen, gehört zwar zur türkischen Tradition, ist aber in den letzten Jahren durch die fabrikmäßig gefertigten Zigaretten ins Abseits geraten. Das Besondere dieser Pfeife ist, daß der Rauch durch das Wasser gekühlt und ihm dadurch das Nikotin entzogen wird.

Aber immer noch zählt eine Wasserpfeife aus der Türkei zum beliebten Mitbringsel. Souvenirläden bieten außer den üblichen Urlaubsandenken auch Wasserpfeifen an, die allerdings meist ihren Preis nicht wert sind.

Bevor man sich ein solches Rauchgerät kauft, sollte man sich darüber im klaren sein, welchem Zweck es dienen soll. Wenn es nur zur Dekoration gedacht ist, sind die in den Touristenläden üblichen Wasserpfeifen ausreichend. Möchte man ein gutes Stück erwerben, das man auch mal rauchen kann, führt kein Weg an der Qualitäts-Wasserpfeife vorbei. Das teuerste Stück der Pfeife ist der *Wasserbehälter*, der aus Glas bestehen sollte. Je älter der Glaskörper und je besser er gearbeitet ist (ob mundgeblasen oder gepreßt, ob Lufteinschlüsse), um so teurer ist er. Der *Aufsatz* kann aus Metall oder Holz bestehen. Holzaufsätze verziehen sich bei Feuchtigkeit und sind sehr zerbrechlich. Metallaufsätze sind robuster und einfacher zu reinigen. Die Anschlüsse sollten in jedem Fall gut verarbeitet sein. Der *Schlauch* sollte aus Lammleder sein, damit er das noch im Rauch verbleibende Nikotin aufnehmen kann. Kunststoffausführungen haben diese Eigenschaft nicht. Das *Mundstück* kann aus Bernstein (heute sehr selten, fast unerschwinglich), Kunststoff (Bernsteinimitation), Holz, Messing oder verchromtem Eisen bestehen. Der Vorzug ist Metallmundstücken zu geben, u.a. wegen der besseren Haltbarkeit. Bevor der Verkäufer die Pfeife einpackt, sollte man prüfen, ob sie auch dicht ist. Dies läßt sich am besten feststellen, indem man sie selbst raucht. Man kann aber auch an der zusammengebauten Pfeife den Pfeifenkopf mit der Hand zuhalten und am Schlauch saugen. Ist sie dicht, so ist ein leichter Sog an der Hand zu verspüren.

Löhne und Preise

▸ *Monatliches Einkommen*
- Baumwollpflücker (bei 30 Arbeitstagen) ca. 120 DM
- Tagelöhner (bei 30 Arbeitstagen) ca. 170 DM
- Arbeiter ca. 150 bis 250 DM
- Lehrer ca. 600 DM
- Polizist ca. 600 DM
- Ingenieur ca. 600 DM
- Leutnant 900 - 1000 DM
- Arzt 600 - 1000 DM

▸ *Wohnungsmiete*

Eine Zweizimmerwohnung kostet auf dem Land ca. 50 DM, in einer mittelgroßen Stadt ca. 200 DM. In İzmir liegen die Mietpreise um einiges höher.

▸ *Lebensmittelpreise*
- 1 Brot 0,25 DM

- 1 l H-Milch (Frischmilch gibt es selten) 0,70 DM
- 250 g Butter 1,50 DM
- 1 kg Obst je nach Saison und Sorte ab 0,50 DM
- 1 kg Gemüse je nach Saison (Tomaten, Gurken, Auberginen) 0,70 bis 1 DM
- 1 kg Kartoffeln 0,70 DM
- 1 kg Wassermelone 0,60 DM
- 1 kg Schaffleisch 9 DM
- 1 kg Kaffee 7 bis 10 DM
- 1 kg Tee 4,50 DM

▸ *Restaurantpreise*
- 1 kleines Fleischgericht 3 DM
- 1 Portion Reis 1,50 DM
- 1 Tomatensalat 1,50 DM
- 1 Flasche Bier (0,5 l) 1,20 DM
- 1 Flasche Sprudel (klein) 0,80 DM
- 1 Flasche Cola (klein) 0,90 DM

▸ *Treibstoffpreise*
- 1 l Diesel 0,60 DM
- 1 l Super 1,00 - 1,10 DM
- 1 l Normalbenzin (91 Oktan, bleifrei) 0,90 - 1,00 DM
- 1 l Bleifrei 0,90 - 1,00 DM

Die angegebenen Preise sind Durchschnittswerte. In den Metropolen *İstanbul, Ankara* und *İzmir*, aber auch in touristischen Orten sind die Lebensmittel bis zu 30 % teurer.

Nationalparks

In der gesamten Türkei gibt es zwanzig große und eine Vielzahl von kleineren Nationalparks, die über das ganze Land verstreut sind. Sie liegen oft in bergigen Regionen des Hinterlands oder unmittelbar an der Küste. Meist sind es landschaftlich besonders reizvolle Areale mit großen Baumbeständen und einer noch weitgehend intakten Tierwelt. Picknickplätze, bescheidene Campingterrains und sonstige Unterkunftsmöglichkeiten gehören oft zur Ausstattung.

Die ökologischen Verhältnisse vieler Parks sind aus dem Gleichgewicht geraten, woran Viehverbiß und alljährliche Waldbrände Schuld tragen, die sich teils selbst entfachen, teils aber auch absichtlich gelegt werden, um neues Weideland zu schaffen. In vielen Nationalparks wurden deshalb großflächig staatliche Aufforstungsprogramme in die Wege geleitet. Zu den Natur- und Nationalparks an der Küste zählen: *Karatepe-Aslantas* bei Ceyhan, *Dilek* bei Kuşadası, *Spildağ* bei Manisa, *Köprülü Kanyon* bei Side, *Termessos* bei Antalya, *Kızıldağ* und *Kovada Gölü* bei Eğirdir, *Olimpos-Beydağları* bei Kemer, *Gelibolu-Yarımadası* bei Çanakkale, *Çubuçak* bei Marmaris, *Küçükkargı*, *Katrançi* und *Ölü Deniz*.

Ausführlicheres zu National- und Naturparks ist im Reiseteil zu finden.

Öffnungszeiten

▸ *Behörden:* 8.30 bis 12.30, 13.30 bis 17.30 Uhr, samstags und sonntags sowie manchmal nachmittags geschlossen

▸ *Banken:* 8.30 bis 12, 13.30 bis 17 Uhr, samstags und sonntags sowie manchmal nachmittags geschlossen

▸ *Post:* siehe → Post

▸ *Geschäfte:* 9 - 13, 16 - 19 Uhr, sonntags geschlossen; bei den Ladenöffnungszeiten in der Türkei ist man allerdings sehr flexibel.

▸ *Campingplätze:* meist von Mai bis Mitte Oktober

Post

Die türkischen Postämter sind an den gelben Schildern mit der Aufschrift *PTT* (posta, telefon, telegraf) zu erkennen.

Alle Hauptpostämter sind Montag bis Samstag zwischen 8 und 24 Uhr, Sonntag von 9 bis 19 Uhr geöffnet. Kleine Postämter haben in der Regel nur wochentags von 9 bis 12 Uhr und von 14 bis 17 Uhr geöffnet. Fast jeder

Ort in der Türkei hat ein Postamt, das meist im Zentrum liegt.

Postlagernd

Wer länger in der Türkei bleiben will und brieflichen Kontakt wünscht, kann sich postlagernd Briefe schicken lassen. Im Hauptpostamt des angegebenen Orts kann gegen Vorlage des Reisepasses die Post abgeholt werden. Ein Beispiel für das Anschriftfeld:

Lottermann, Erwin
Postrestant
Merkez Postahane
Antalya
Turkey

Pakete

Wer ein Paket nach Hause schicken möchte, kann dies in großen Städten nicht vom Postamt aus tun, sondern muß zum *Paket Postahane* gehen, das unter Umständen weit von der Post entfernt liegt. In einer Zollinhaltserklärung ist der Inhalt des Pakets zu deklarieren.

Eine größere Sendung, wie zum Beispiel ein Teppich (→ Papierkram/ Zollbestimmungen/ Ausreise), wird in einen Tuchsack gesteckt und verplombt. Auf den Sack, den man selbst besorgen muß, schreibt man auch die Adresse. Es dauert etwa vier bis fünf Wochen, bis das Paket an seinem Bestimmungsort ankommt.

Pakete, die man postlagernd in der Türkei erwartet, müssen in größeren Städten ebenfalls im *paket postahane* abgeholt werden.

Telefon

In öffentlichen Telefonzellen kann man mit Plastikkarten (30, 60 und 100 Einheiten) telefonieren. Die Karten sind an den entsprechenden Schaltern der Postämter erhältlich. Von älteren Telefonzellen aus kann man auch noch mit Telefonmünzen telefonieren. Diese Münzen (trk. *jeton*) sind im Postamt erhältlich. Es gibt drei Münzgrößen: zu ca. 0,10 DM für Ortsgespräche, zu 0,30 DM für Gespräche außerhalb des Ortsnetzes und zu 0,60 DM für internationale Gespräche. Ein Telefongespräch nach Deutschland kostet zwischen 4 und 6 DM pro Minute.

Von den orangefarbenen Telefonzellen, auf denen oben meist *internationals* geschrieben steht, kann man auch ins Ausland anrufen. Sie sind in (fast) allen größeren Postämtern zu finden, aber auch an den Strandpromenaden und bei großen Campingplätzen in den Touristenzentren der Westtürkei. Allerdings gibt es während der Sommersaison nie genug von diesen Zellen, so daß sich zu fast allen Tages- und Nachtzeiten davor lange Schlangen bilden.

Für ein Gespräch ins Ausland von zwei Minuten reichen etwa sechs bis acht mittlere Münzen.

Telefonische Kennzahlen für:

Deutschland *0049*
Österreich *0043*
Schweiz *0041*
Niederlande *0031*

Für Ferngespräche nutzt man am besten Kartentelefone. Man wählt zunächst die **Kennziffer des Landes** (s.o.). Anschließend folgt die **Ortsvorwahl ohne 0** und zum Schluß die gewünschte **Anschlußnummer**. Wer von einem der älteren Münztelefone eine Verbindung will, ist gut beraten, erst beim Zustandekommen der Verbindung weitere Jetons nachzuwerfen - es kann nämlich sein, daß ein "böswilliger" Apparat alle Münzen schluckt, ohne daß die entsprechende Dienstleistung erbracht wird. Das türkische Telefonnetz ist gerade während der Sommermonate oft hoffnungslos überlastet. Wer ein Mobiltelefon benutzt, ist natür-

"Sehr geerte Telephonbenutzer ...
Benützendes Telephonsystems wird mit dem ausgebreitetem System getauscht." Alles klar? Dann lesen Sie mal die Gebrauchsanleitung in Deutsch in dem kleinen Büchlein "Türkiye Kod ve Telefon Numaralari Rehberi", das kostenlos in fast allen Postämtern erhältlich ist.

Die Türkei hat ihr Telefonsystem in den letzten Jahren grundlegend umgestellt. Nahezu alle individuellen Telefonnummern im Land sind jetzt siebenstellig. Innerhalb einer bestimmten Region wird keine Vorwahl mehr benötigt. Jeder Region (oft identisch mit Provinzen) ist eine vierstellige Vorwahl zugeordnet, die mit einer Null beginnt. Bei interregionalen Gesprächen ist zusätzlich zur siebenstelligen Telefonnummer diese Vorwahl zu benutzen.

Bei Auslandsgesprächen ist jetzt - wie nahezu überall in Europa - die Landeskennzahl mit der doppelten Null am Anfang zu wählen. Bei Anrufen aus dem Ausland ist die Null der regionalen Vorwahl wegzulassen.

So weit, so einfach. Mit den neuen siebenstelligen Telefonnummern, die größtenteils durch Voranstellen von zwei bis drei Ziffern vor die bereits vorhandenen vier- oder fünfstelligen Nummern entstanden sind, gab es aber auch zahlreiche Änderungen. Diese sind mit einem gewissen System durchgeführt worden, das in dem oben genannten "Bestseller" erklärt wird, wenn man denn die Gebrauchsanleitung versteht. Die hört sich beispielsweise so an: "1. Säule: Yerleşim Yeri, heissende Säule besteht aus, die alle automatisches Telefon habenden Wohngebiete werden mit den gleichen Namen des angehörigen Bezirks gruppiert." Alles klar? Wenn nicht, dann bitte die vorangegangene Erklärung noch einmal durchlesen.

lich unabhängig. In den größeren Städten und den Touristenzentren ist das Netz inzwischen entsprechend ausgebaut.

Telegramme

Fast von jedem größeren Postamt können Telegramme abgeschickt werden. Ein Wort nach Deutschland kostet ca. 1,50 DM.

Preisermäßigungen

Flug

▸ *im Inland*

- 10 % für Ehepaare oder Familien (mit Kindern unter 23 Jahren)
- 50 % für Kinder von 2 bis 12 Jahren
- 90 % für Kinder unter zwei Jahren

▸ *im Ausland*

- 60 % für Schüler, Studenten und Lehrer (jeweils bis 26 Jahre), jedoch kein Rabatt bei *Turkish Airlines*!

Bahn

- 10 % für Schüler, Studenten, Lehrer (jeweils bis 26 Jahre)

Bus

- frei für Kinder unter 3 Jahren
- 20 % für Kinder bis 12 Jahre
- jeder, je nach Verhandlungsgeschick

Museum

- frei für Kinder unter sechs Jahren
- Ermäßigungen für Schüler und Studenten bis 26 Jahren nur mit *YIEE-Card (Youth International Educational Exchange)*, erhältlich zu Hause beim Studentenwerk oder in İstanbul-Sultanahmet bei *Gentur Turizm,* Yerebatan Cad. 15/3, für 10 DM (staatliche Museen frei, andere Sehenswürdigkeiten bis zu 50 % Rabatt). Der *Internationale Studentenausweis* wird nicht mehr anerkannt.

Tip: Bei vielen Museen kostet der Eintritt am Wochenende nur die Hälfte oder ist sogar frei.

Rauschgift

Der illegale Besitz von Drogen, abgesehen von Alkohol, wird in der Türkei schwer bestraft. Gegen das Geschäft mit Rauschgift bzw. dessen Besitz wird massiv vorgegangen. Man erzählt von Drogenhändlern, die eng mit der Polizei zusammenarbeiten und bei "Überführungen" behilflich sein sollen. Schon Kleinstmengen von Rauschgift reichen für Jahre hinter Gittern.

Vorsicht ist bei freundlichen, zuvorkommenden Türken geboten, die Reisende bitten, ein kleines Päckchen für den Freund im Ausland mitzunehmen. Wenn die Sache in Ordnung ist, wird er es öffnen und zeigen, was transportiert werden soll.

Reisen in der Türkei

Flugzeug

In den letzten Jahren sind in der Türkei einige kleinere regionale Fluggesellschften gegründet worden, die nicht nur die großen Zentren der Türkei bedienen, sondern sich auf lukrative Nebenverbindungen konzentrieren. Hinzu kommt, daß es an der Küste mittlerweile zahlreiche Flugplätze für den innertürkischen Verkehr gibt - etwa bei Edremit, Selçuk, Bodrum und Marmaris. Es ist daher für sehr Eilige durchaus interessant, bei örtlichen Agenturen nach solchen "Querverbindungen" zu fragen.

Bus

In der Türkei ist das Reisen mit dem Bus äußerst populär. Die Busunternehmen sind in privater Hand und fahren meist die Marken *Mercedes Benz, Setra, MAN* und *Neoplan,* die in der Regel sehr sauber und bequem sind.

Zu jedem Bus gehört außer dem Busfahrer auf langen Strecken ein Fahrbegleiter, der für das Wohl der Fahrgäste sorgt. Er verteilt zu Beginn der Fahrt oft Duftwasser, kümmert sich um das Gepäck, verteilt kostenlos Trinkwasser und bei Bedarf auch Tüten an Reisekranke.

Bei längeren Fahrten legt man alle zwei bis drei Stunden Pausen von mitunter einer halben Stunde ein, in denen die Fahrgäste etwas essen oder trinken können.

Die Bushöfe (trk. *otogar, otobüs terminal, şehir garaj*) liegen in größeren Städten meist außerhalb. Oft sind sie vom Stadtzentrum mit einem Stadtbus, Minibus oder einem Zubringerbus (trk. *şehir içi service*) der jeweiligen Busgesellschaft zu erreichen. In mittelgroßen Städten liegen sie meist im Zentrum. In kleinen Orten gibt es meist nur eine Haltestelle an der Hauptstraße.

Das Reisen mit dem Bus hat gegenüber der Bahn den Vorteil, daß die Zielorte direkt angefahren werden und sich dadurch Zeit sparen läßt. Allerdings ist der Bus teurer als die Bahn. Strecken durch gebirgige Landschaften oder über schlechte Straßen sind oft teurer als Fahrten übers flache Land. Im Durchschnitt liegt der Fahrpreis für 100 km bei 3 bis 4 DM für normale Strecken.

Die Fahrkarten sind direkt an den Busbahnhöfen und bei den Zweigstellen der einzelnen Agenturen im Stadtzentrum erhältlich. Jedes Unternehmen verfügt über eine offizielle Preisliste. Erscheint der geforderte Preis zu hoch, kann man sich diese Liste zeigen lassen oder sich bei einem anderen Unternehmen erkundigen. Wenn es in einer großen Stadt mehrere Anbieter gibt, die die gleiche Strecke bedienen, sind bei Langstreckenfahrten (über 500 km) je nach Verhandlungsgeschick Preisnachlässe möglich.

Zu Engpässen an den Fahrkartenschaltern kann es kommen, wenn man vor oder an Feiertagen reisen will. Es empfiehlt sich in diesem Fall, den Fahrschein zwei bis drei Tage vorher zu kaufen.

Die Hilfsbereiten

Häufig ist es gar nicht so einfach, an Busbahnhöfen Preisvergleiche zwischen konkurrierenden Busgesellschaften anzustellen. Bevor man nämlich dazu kommt, nähert sich schon ein Hilfsbereiter, des Englischen oder des Deutschen mächtig, und fragt nach dem Reiseziel. Hat man dieses genannt, wird zunächst das Gepäck als "Geisel" genommen. Der Hilfsbereite schleppt auch schwere Stücke - manchmal leise vor sich hin fluchend - zum Büro einer bestimmten Agentur, deren Busse das gewünschte Ziel ansteuern. Ist doch nett bei dieser Hitze ... Weniger nett ist es, wenn die Busgesellschaft, zu der man zwangsverpflichtet wurde, erst nach Stunden ein Fahrzeug in diese Richtung schickt. Besonders unerfreulich, wenn man in der Wartezeit Dutzende von Bussen anderer Gesellschaften in dieselbe Richtung starten sieht und dann noch erfährt, daß dort die Strecke sogar billiger angeboten wird.

Der Hilfsbereite, den man jetzt gern zur Rede stellen möchte, ist entweder verschwunden oder anderweitig beschäftigt. Er hat nämlich noch eine ganze Menge Arbeit damit, andere Ahnungslose zu "seiner" Busgesellschaft zu lotsen, bei der er entweder angestellt ist oder auf Provisionsbasis arbeitet.

Was als Gastfreundschaft, Service und Freundlichkeit daherkommt, ist ein hartes Geschäft. Manchmal streiten sich mehrere dieser Schlepper um ein ahnungsloses Opfer, und da sie dabei je an einem Zipfel des zur Geisel tauglichen Gepäcks zerren, sind Transportschäden nicht ausgeschlossen.

Wer der "Hilfsbereitschaft" der Hilfsbereiten entgehen möchte, tut gut daran, sein Reiseziel konspirativ zu behandeln. "I don't know" oder "Weiß nicht" schafft Distanz. Und immer das Gepäck gut festhalten. Dann besteht auch eine Chance, Fahrpreise und -pläne zu vergleichen. Und das kann sich lohnen.

Das offizielle Rauchverbot in Bussen wird eher großzügig ausgelegt, und Nichtraucher können kaum auf Unterstützung ihrer Proteste rechnen.

Tip: Es empfiehlt sich, rechtzeitig am Bushof zu sein, denn manchmal fahren die Busse bis zu zehn Minuten früher ab.

Da bei Nachtfahrten oft die Klimaanlage abgestellt wird, ist im Bus warme Kleidung angebracht.

Wenn man lange Strecken mit dem Bus zurücklegt, sollte man sich vergewissern, daß die jeweilige Gesellschaft auch bis zum Zielort fährt. Verkehrt das Unternehmen nur auf einer Teilstrecke, dann ist es besser, die Fahrkarte auch nur für diese Teilstrecke zu bezahlen und anschließend einen neuen Fahrschein zu lösen.

Zur Orientierung ein paar Fahrzeiten:
- Alanya - Anamur 3 Stunden
- Antalya - Alanya 2½ Stunden
- Antalya - Denizli 5½ Stunden
- Bodrum - Marmaris 3 Stunden
- Fethiye - Antalya 4 Stunden
- İzmir - Fethiye 7 Stunden

Bahn

Das Streckennetz der türkischen Eisenbahn *(TCDD)* ist flächendeckend angelegt, aber nicht besonders engmaschig. Besonders zeitaufwendig ist Bahnfahren an der Küste, da nur wenige Orte an die Bahnlinie angeschlossen sind. Bahnreisen sind gegenüber Busreisen allerdings billiger.

In den großen Städten haben Züge in den Bahnhöfen (trk. *ıstasyon*) meist zwischen 10 und 15 Minuten Aufenthalt.

Auch wenn die Züge pünktlich abfahren, ist dennoch bei der Ankunft mit erheblichen Verspätungen zu rechnen.

Hat man sich zu einer Nachtfahrt entschlossen, sollte man sich die Annehmlichkeit eines Schlafwagens (trk. *yataklı wagon)* gönnen, denn die Abteile sind nachts meist überbelegt. Ein Platz im Liegewagen kostet etwa 7 DM.

Eigenes Fahrzeug

Allgemeines

Wer nicht unbedingt darauf angewiesen ist, sollte in der Türkei nicht bei Dunkelheit fahren, denn nachts kommt es häufig zu Unfällen durch unzureichende Straßenmarkierungen, fehlende Straßenbeleuchtung, Wagen ohne Licht, Tiere, schlechte Wegstrecken oder unbedachte Fußgänger.

Auch tagsüber sollte man vor allem bei Ortsdurchfahrten wachsam sein, da dort die Gefahr groß ist, mit Passanten (spielenden Kindern!), anderen Verkehrsteilnehmern und Tieren zusammenzustoßen. Auch wenn man keine Schuld am Unfall hat, ist es ein schlimmes Vergehen in der Türkei, ein Kind anzufahren. Vorsicht ist also geboten!

Auch auf Baustellen ist zu achten, da sie oft unzureichend kenntlich gemacht und meist schlecht abgesichert sind.

Obwohl viele türkische Autofahrer ein Warndreieck mit sich führen, greifen sie bei Pannen auf den alten Brauch zurück, Steine als Pannensignal hinter dem Wagen aufzubauen.

In gebirgigen Gegenden ist es ähnlich wie in den Alpen üblich, vor unübersichtlichen Kurven zu hupen.

Es ist ratsam, sich an die Geschwindigkeitsbegrenzungen zu halten, da auch in der Türkei Radarkontrollen gemacht werden.

Einreise

Auto- und Motorradreisende benötigen für die Türkei den Führerschein, den

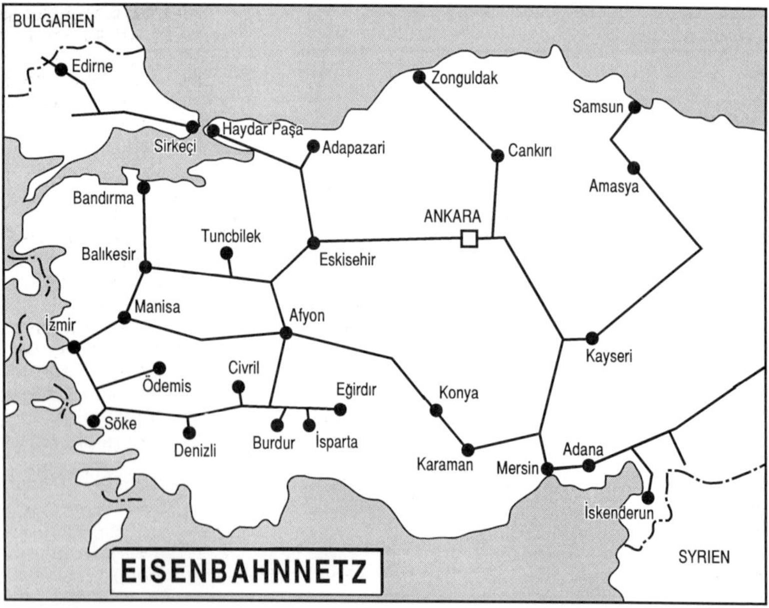

Die Sitzordnung im Bus

... ist kompliziert. In Regional- oder Mini-Bussen gibt es keine Numerierung der Sitzplätze. Dort setzt man sich hin, wo man gerade Platz findet - denkt man. In den Überlandbussen gibt es in der Regel feste Sitzplatz-Zuweisungen - auf dem *bilet* vermerkt unter "*Koltuk No: ...*". Damit wäre alles klar - denkt man.

Ist aber nicht so. Die Türkei ist - allem Touristenrummel zum Trotz - nämlich immer noch eine Gesellschaft mit Geschlechtertrennung. Und da kann es zum Problem werden, daß sich in den Bussen zwei, in *dolmuşlar* sogar meist noch mehr Sitzplätze nebeneinander befinden.

Es geht nämlich nicht an, daß Frauen und Männer, die sich fremd sind, mehr oder weniger auf Tuchfühlung nebeneinander sitzen - schon gar nicht neben einer eher unanständig kurzberockten Touristin oder (noch schlimmer) einem kurzbehosten Touristen.

Diese Regeln brechen alle anderen Regeln. Steigt man also an einer Zwischenstation einer Fernbuslinie zu, hat einen festen Sitzplatz, und der befindet sich nun dummerweise neben einer allein (oder mit Kind) reisenden Türkin, kann man nur als Frau die vorgegebene Ordnung aufrecht erhalten. Als zusteigender Mann wird man unter Umständen die gesamte Sitzordnung des Busses durcheinanderbringen. Der Busbegleiter fuchtelt mit den Händen, weist verschiedenen Fahrgästen andere Plätze zu, auch man selbst wird mehrfach hin- und hergeschoben, bis das Prinzip der Geschlechtertrennung wieder hergestellt ist. Die umgekehrte Situation - kurzberockte Touristin neben allein reisendem türkischen Mann - wird übrigens augenzwinkernd keineswegs so eng gesehen.

Will frau diese Nähe nicht, kann sie sich allerdings leicht auf die Prinzipien berufen, die binnentürkisch gelten.

In Regionalbussen wird - ohne Sitzplatznumerierung - ebenso sortiert. Jedenfalls, so lange der begrenzte Platz das zuläßt. Ist der Bus überfüllt, haben Frauen vorrangigen Sitzplatz-Anspruch. Türken wissen das und räumen unaufgefordert ihren *koltuk*. Männliche Touristen sollten das ebenso tun - obwohl das nicht automatisch von ihnen erwartet wird, denn sie sind gleichzeitig *mısafır*, Gast, dem eine Sonderbehandlung zusteht.

Im *dolmuş* mit seinen Sitzbänken ist es oft noch schwieriger, das Prinzip der Geschlechtertrennung umzusetzen. Jede Station kann die gesamte Sitzordung verändern, obwohl nur ein neuer Fahrgast zusteigt. Es ist durchaus üblich, daß türkische Männer lieber stehen, als sich neben eine fremde Landsfrau zu setzen.

Offensichtliche (Ehe-) Paare, womöglich mit Kindern, haben noch einmal zusätzliche Sonderrechte: Ihnen steht, wo immer möglich, ein Sitzplatz-Zusammenhang zu. Auch dann wird wieder - jenseits aller Numerierung - umgeschichtet. Meistens geht das auf, aber es kann auch passieren, daß der allein Reisende männlichen Geschlechts sich schließlich auf einem Plastikhocker im Mittelgang des Busses wiederfindet.

Kfz-Schein und die *Internationale Grüne Versicherungskarte*. Bei der Grünen Karte sollte man darauf achten, daß sie auch für den asiatischen Teil der Türkei gültig geschrieben ist. Wenn dies nicht der Fall ist, zahlt die Versicherung bei einem Unfall nur einen Schaden bis zu 500 DM. Den Rest muß der Fahrer aus eigener Tasche drauflegen. Um so etwas zu vermeiden, sollte man die Karte erweitern lassen oder aber, falls dies nicht möglich ist, zu Hause oder an der türkischen Grenze eine Zusatzversicherung abschließen.

Da es bei Unfällen mit türkischen Verkehrsteilnehmern oft zu Schwierigkeiten kommt (es werden nur Leistungen bis 400 DM erbracht), ist es ratsam, eine kurzzeitige Vollkaskoversicherung abzuschließen.

Motorfahrzeuge aller Art, einschließlich Motorboote ab 10 PS, dürfen innerhalb eines Jahres nur maximal drei Monate ohne *Triptik* bzw. *Carnet de Passage* in der Türkei mitgeführt werden. Wer länger bleiben will, muß sich dieses Dokument beim *ADAC* oder dem *Türkischen Touring- und Automobilclub* (trk. *Türkiye Turing Otomobil Kurumu,* TTOK) besorgen.

Wer mit einem Fahrzeug einreist, erhält einen entsprechenden Vermerk im Reisepaß.

Straßenzustand

Die Hauptverkehrsstraßen sind durchweg asphaltiert und gut zu befahren. Doch auch hier können die Straßenbeläge tückisch sein. Bei starker Hitze weicht die Teerdecke auf. Auch mehrere Zentimeter dicker Rollsplit kann plötzlich ohne Warnschild auf der Straße liegen. Sehr unangenehm sind die vielen Ölspuren, die meist von Lastwagen stammen.

In Bergregionen, wo im Frühjahr und Spätherbst oft Wassermassen die Wege unter-, über- oder wegspülen, sind die Straßen oft nur "stabilisiert", d.h., es sind Schotterpisten. Die Nebenstrecken sind in einem weniger guten Zustand als die Hauptstraßen, führen aber oft durch landschaftlich schönere Gegenden.

In der Regel kann man auf türkischen Straßen nicht so schnell fahren wie zum Beispiel auf deutschen Straßen. Die Streckenleistung für einen Tag liegt - Sitzfleisch und physische Hitzeresistenz vorausgesetzt - bei durchschnittlich 400 km.

Für die nächsten Jahre ist die Verbesserung des Straßennetzes vorgesehen. So soll das Autobahnnetz weiter ausgebaut werden.

Verkehrsbestimmungen

Sie sind den Bestimmungen in Westeuropa recht ähnlich: Innerhalb geschlossener Ortschaften darf nicht schneller als 50 km/h, auf Landstraßen höchstens 90 km/h gefahren werden. Die Promillegrenze liegt bei 0,00. Ein zweites Warndreieck ist Pflicht. Auf den mittlerweile fertigen Autobahnteilstrekken (etwa İzmir-Çeşme oder İzmir-Aydın) ist die Höchstgeschwindigkeit auf 120 km/h beschränkt. So es das technische Gerät hergibt, halten sich allerdings viele Verkehrsteilnehmer nicht an dieses Limit.

Hupen gehört zum türkischen Autofahreralltag, so wie bei uns das Auf-sein-Recht-Pochen. Meist werden Fußgänger angehupt. Dabei ist dies nicht, wie oft von uns empfunden, böse gemeint. Es bedeutet soviel wie "*Achtung, hier kommt ein Auto*" oder "*Laufe mir nicht in den Weg!*". Ähnlich verhält es sich mit der Lichthupe, die ein beliebtes Mittel türkischer Autofahrer ist, um sich fürs Überholen den nötigen Platz auf der Gegenfahrbahn zu verschaffen. Auf- und Abblenden bedeutet soviel wie "*Achtung, ich komme, mach' Platz!*".

Hier die Bedeutung einiger wichtiger Begriffe, die man auf türkischen Verkehrsschildern findet:

Bozuk Satih - schlechte Wegstrecke
Dikkat - Achtung! Vorsicht!
Dur - Stop!
Düsük Banket - Umleitung
Inşaat - Baustelle
Kavşak - Kreuzung
Kaygan yol - verschmutzte Fahrbahn
Keskin viraj - enge Kurve
Park yapılmaz - Parken verboten
Şehir merkesi - Stadtmitte
Tamirat - Straßenarbeiten
Yavaş - langsam

Wer bremst, verliert

Natürlich gibt es in der Türkei offizielle Verkehrsregeln, doch hat sich auf der Straße ein Gewohnheitsrecht etabliert, das nirgendwo geschrieben steht, und dessen Spielregeln nur der versteht, der sich in das Gewühl stürzt.

Ausgehend von den Bedienungselementen eines Kraftfahrzeugs bieten sich dem Mitspieler verschiedene Aktionsmöglichkeiten: Gasgeben, Bremsen, Lenken, Blinken und *last but not least* Hupen. Daraus lassen sich die meisten Regeln ableiten. Die wichtigste lautet "Wer bremst, verliert ... den Schwung, die Vorfahrt, den Parkplatz oder den Respekt des anderen". Der langsamere Lkw macht sich immer breiter und lenkt zur Straßenmitte, sobald der Pkw hinter ihm zum Überholmanöver ansetzt, womit wir schon bei der zweiten "Verkehrsregel" wären: "Vertraue nie darauf, daß der Stärkere seine Position ohne Gegenwehr aufgibt". Auch gelten für den Umgang mit Blinkern und Licht eigene Regeln. Blinker werden zwar gesetzt; die Entscheidung, ob links oder rechts oder für wie lange, bleibt dabei jedoch mehr oder weniger dem Zufall überlassen. Für die Lichthupe hingegen gibt es klare Gesetzmäßigkeiten: Je schneller man sich fortbewegt, desto häufiger wird sie betätigt. Beginnt es dunkel zu werden, fährt man so lange ohne Licht, bis es mit der Sicht schwierig wird. Danach schaltet man gleich das Fernlicht ein. Bei Gegenverkehr sind dann folgende Bedienungsschritte nicht untypisch: Zuerst einmal abblenden, wie es sich gehört, dann Lichthupe, schließlich Standlicht, um dann wieder mit Fernlicht den Himmel auszuleuchten. Im Gegensatz dazu ist das Verhältnis zu Fußgängern ganz eindeutig: Um sie braucht sich der Autofahrer keine Sorgen zu machen, weil Fußgänger ja als die schwächsten Verkehrsteilnehmer im eigenen Interesse auf sich selber aufpassen. Der ahnungslose Tourist, der sein Auto anhält, um einen Fußgänger die Straße überqueren zu lassen, braucht nicht verdutzt zu sein, wenn er mit dieser Geste nicht so recht verstanden wird. Zum Schluß kommen wir zu dem Herzstück eines jeden auf türkischen Straßen rollenden Gefährts, der Hupe und ihrem Gebrauch. Es gibt kaum eine Situation im Straßenverkehr, in der sie sich nach allgemeiner Überzeugung nicht sinnvoll einsetzen ließe: Steht man im Stau, ist die Ampel auf Rot, springt der Wagen nicht an, möchte man überholen, überholt man gerade, hat man gerade überholt und und und ... - Hupen hilft einfach immer und gehört dazu.

Straßenhilfsdienste

In der Türkei gibt es nur wenige Pannenhilfsdienste. Lediglich auf der Strecke Edirne-Ankara (E 80) sind einige Servicestationen *(Turing Servisi)* telefonisch zu erreichen (Mai bis November Mo - Sa 9 - 18 Uhr, Dezember bis April Mo - Fr 9 - 17 Uhr, *İzmir,* Tel. 51-21 71 49): Gebühren werden je nach Länge der Anfahrtsstrecke erhoben.

Bei Pannen hilft auch jede türkische Werkstatt. Wer Fragen rund ums Auto hat, kann sich an die Geschäftsstellen des *TTOK* wenden:

- *Antalya,* Milli Egemenlik Cad., Dallar Yıldız Çarşısı 9, Tel. 0242-247 06 99
- *İskenderun,* Cumhuriyet Meydanı, Besim Yücel İşhanı 4, Tel. 0326-617 74 62
- *İzmir,* Atatürk Cad. 370/A, Alsancak, Tel. 0232-422 26 21, 421 35 14, Fax 422 63 87
- *Mersin,* Mücahitler Cad. Karadağ İşhanı 10, Tel. 0324-232 04 92
- *Taşucu,* Abdi İpekçi Cad. 27b, Tel. 0324-741 14 63
- *İstanbul* (Hauptbüro), Şişli Meydanı 364, Şişli, Tel. 0212-231 46 31/6, Fax 248 96 61

Der *TTOK* unterhält auch Informationsbüros an den Grenzübergängen

Kapıkule (Türkei/ Bulgarien), *İpsala* (Türkei/ Griechenland) und an der Stadteinfahrt nach *İstanbul/ Topkapı* (außerhalb der Stadtmauern).

Tankstellen

Das Tankstellennetz ist verhältnismäßig dicht, sieht man von entlegenen Regionen ab. Bleifrei ist meist als "Kurşunsuz" angeschrieben, in der international üblichen grünen Farbe. Während Benzin (wegen der geringen Oktanzahl nicht zu empfehlen), Super und Diesel fast überall zu bekommen sind, ist bleifreies Benzin nicht an allen, aber mittlerweile an vielen Tankstellen erhältlich. Das Netz soll weiter ausgebaut werden.

Zu Kraftstoffpreisen → Löhne und Preise.

Unfall

Zuerst einmal Ruhe und einen klaren Kopf bewahren! Sind Personen verletzt worden, sollte man sich zuerst um sie kümmern und gegebenenfalls einen Krankenwagen rufen. Anschließend auf jeden Fall die Polizei verständigen, um der Versicherung zu Hause einen Nachweis für den Schaden vorlegen zu können. Wer eine Kamera dabeihat, sollte ein paar Photos vom Unfallort machen.

Bei Verkehrsunfällen in der Türkei ist oft der "sozial Stärkere" schuld. Das heißt im Klartext: Der Tourist ist in jedem Fall der Schuldige, gleichgültig wie der Unfall sich ereignet hat. Schon aus diesem Grund ist es ratsam, vor Reisebeginn eine kurzfristige Vollkaskoversicherung abzuschließen.

Für Mitglieder eines international anerkannten Automobilclubs wie *ADAC, AIT* oder *FIA* veranlaßt der *TTOK* alle notwendigen Arbeiten zur Instandsetzung des Fahrzeugs und ist auch bei der weiteren Schadensregulierung behilflich.

Hat das Reisefahrzeug Totalschaden, ist es zum nächsten Zollamt (trk. *gümrük müdürlügü*) zu schaffen. Dort erhält man eine Bescheinigung, die für die Ausreise erforderlich ist.

Gelegentlich hört man bei Türkeireisenden den Tip, sich bei Unfällen mit Personenschaden schleunigst aus dem Staub zu machen und den Schaden, wenn überhaupt, bei der nächsten Polizeistation zu melden. Dieser nicht besonders gute Ratschlag hat sicherlich seinen Ursprung in den aufgebauschten Zeitungsmeldungen, in denen berichtet wurde, daß bei einem Unfall eine aufgebrachte Menschenmenge den tatsächlichen oder mutmaßlichen Unfallverursacher an Ort und Stelle gelyncht haben soll. Den Wahrheitsgehalt dieser Meldungen sollte man nicht allzu hoch einschätzen. Die Gerüchte um Lynchjustiz bei Unfällen sind allerdings in den letzten Jahren abgeflaut. Ob sie überhaupt einen wahren Kern haben, mag dahingestellt sein. Fahrerflucht ist in jedem Fall unverantwortlich und auch unter Berufung auf diese Geschichten nicht zu entschuldigen.

Reparaturwerkstätten

Die in der Türkei gängigen Automarken sind *Renault, Ford* und *Fiat* (trk. *Murat*). An fast allen Straßenecken gibt es Werkstätten für diese Marken, aber auch für weitere in Europa übliche Fahrzeugtypen. Bei den nachfolgend aufgeführten Geschäftsstellen der einzelnen Autohersteller ist eine Liste mit Vertragshändlern bzw. Vertragswerkstätten in der Türkei erhältlich:

- *Citroen Deutschland AG*, 51170 Köln, Tel. 02203-44-0, Fax 44-348
- *Deutsche Fiat GmbH,* Salzstr. 140, 74076 Heilbronn, Tel. 07131-107-0, Fax 17 17 55
- *Ford,* 50725 Köln, Tel. 0221-903 33 33, Fax 901 26 41
- *Daimler Benz AG,* 70546 Stuttgart-Untertürkheim, Tel. 0711-171, Fax 172 22
- *Mitsubishi,* Hessenauer Str. 2, 65468 Trebur, Tel. 06147-20 72, Fax 20 72 20
- *Opel,* Postfach 15 60, 65423 Rüsselsheim, Tel. 06124-66 22 31, Fax 66 48 59
- *Peugeot-Talbot,* Postfach 537, 66104 Saarbrücken, Tel. 0681-87 90, Fax 87 95 55
- *Renault AG,* Kölner Weg 6-10, 50319 Brühl, Tel. 02232-734 26, Fax 732 26
- *Suzuki,* Tiergartenstr. 8, 64646 Heppenheim, Tel. 06252-705-0, Fax 70 52 00
- *VW AG,* 38436 Wolfsburg, Tel. 05361-9-0, Fax 92 82 82
- *Volvo,* Postfach 50 21 01, 50981 Köln, Tel. 0221-939 30, Fax 939 31 55

Weil Ersatzteile manchmal knapp sind, muß man sie gelegentlich in İzmir oder gar İstanbul und Ankara besorgen. Bei ausgefallenen Ersatzteilen ist mit einer Wartezeit bis zu einer Woche zu rechnen. Da aber die türkischen Automechaniker Meister im Nachbau von Originalersatzteilen sind, erübrigt sich das häufig.

Tip: ... für Motorradreisende. Ersatzteile für japanische Marken gibt es eventuell in den Touristenzentren. Was unterwegs auf türkischen Pisten schon mal zu Bruch gehen kann, sind Speichen, von denen man eine Handvoll dabeihaben sollte. Auch wer exotische Zündkerzen braucht, sollte welche mitnehmen, denn in der Türkei bekommt man hauptsächlich gängige Boschkerzen für Autos, Mopeds und Außenborder. Der Kettensatz sollte vor der Abfahrt in Ordnung sein, ebenso wie die Reifen (eventuell neue aufziehen).

Diebstahl

Es kommt selten vor, daß ausländische Fahrzeuge in der Türkei gestohlen werden. Geschieht es trotzdem, sollte man es zunächst der Polizei melden (Nachweis für die Versicherung!). Das zuständige Zollamt oder der Gouverneur (trk. *vali*) stellen eine Bescheinigung über den Diebstahl aus, die zur Ausreise benötigt wird.

Die Chance, daß ein Fahrzeug wiedergefunden wird, ist recht gering, eben wie überall.

Steinewerfer

Hin und wieder stehen Kinder am Straßenrand, ballen die Fäuste, drohen mit Stöcken oder werfen gar Steine auf vorüberfahrende Autos. Diese Unsitte hat ihren Ursprung wohl im Wegezoll, den früher Karawanen, Händler und andere zu entrichten hatten. Mit ihrem Verhalten wollen die Kinder dem vorüberfahrenden Touristen oder auch Einheimischen klar machen, daß für die Benutzung "ihrer" Straße gefälligst Gebühren, bevorzugt in Form von Zigaretten, zu entrichten sind. Diese Sitte ist jedoch weniger für den Westen und Süden der Türkei typisch, sondern eher in östlichen Landesteilen verbreitet. In einem solchen Fall ist es ratsam, abzubremsen und ganz langsam an den Kindern vorbeizufahren, da sie sich dann kaum trauen, zu werfen.

Viele, deren Wagen von einem Stein getroffen werden, drücken aufs Gaspedal, um schnell aus dem Gefahrenbereich hinauszukommen. Es wäre auch dann besser, den Wagen zu stoppen und zurückzusetzen. Die Kinder laufen dann meist aus Angst davon und überlegen sich vielleicht, ob sie beim nächsten Fahrzeug noch einmal zum Stein greifen.

Manche versuchen, ihr "Wegegeld" in Form von zusammengerolltem Toilettenpapier zu bezahlen. Diese Täuschungstaktik ist mittlerweile unter den Kindern bekannt. Daher haben sie oft eine Sperre eingerichtet, an der das Spektakel erst richtig beginnt.

Bedenken sollte man auch, wenn der "Wegezoll" gezahlt wird - gleichgültig womit -, daß sich Kinder meist darauf stürzen, ohne den nachfolgenden Verkehr zu beachten.

Besonders Motorradfahrer sollten vorsichtig sein, denn wenn sie von einem Stein getroffen werden, können die Folgen um ein Vielfaches schlimmer sein als bei Autofahrern. Auch sie können das durch Anhalten vermeiden.

Ausreise/ Weiterreise

Wer die Türkei verläßt, muß unbedingt darauf achten, daß der Eintrag des Fahrzeugs im Reisepaß gelöscht wird. Versäumt man es, können Schwierigkeiten bei einer erneuten Einreise in die Türkei auftreten.

Wer ein östliches Nachbarland besuchen und das Fahrzeug nicht mitnehmen möchte, kann es an einer Zollstation abstellen. Eine Bescheinigung darüber ist wichtig.

Leihfahrzeuge

Wer den langen Anreiseweg mit dem Auto scheut, muß in der Türkei nicht auf ein Fahrzeug verzichten, denn internationale und nationale Mietwagenfirmen haben auch dort ihre Zweigstellen. Diese konzentrieren sich auf Istanbul und die großen Städte sowie auf die Touristenorte an der West- und Südküste.

Die Leihwagen sind im Vergleich zu anderen Urlaubsländern relativ teuer. Angeboten werden zwei Varianten: mit und ohne Kilometerbegrenzung, wobei die Angebote ohne Kilometerbegrenzung je nach Fahrleistung oft preisgünstiger sind. Die im folgenden angegebenen Preise sind Durchschnittspreise, die für den Zeitraum von Juni bis September gelten. In den übrigen Monaten sind die Mietfahrzeuge billiger.

▸ *Preisbeispiele* (pro Tag, mit Vollkasko-Versicherung, mit Zusatz-Haftpflichtversicherung, Fahrzeugmiete von Deutschland aus):
- *Fiat Uno*: ohne Kilometerbegrenzung 85 DM, mit Kilometerbegrenzung 45 DM/ Tag zzgl. 0,45 DM/ km
- *Fiat 131 Şahin*: ohne Kilometerbegrenzung 95 DM, mit Kilometerbegrenzung 55 DM/ Tag zzgl. 0,55 DM/km
- *Renault 9*: ohne Kilometerbegrenzung 105 DM, mit Kilometerbegrenzung ca. 60 DM/ Tag zzgl. 0,60 DM/ km
- *Renault 9* mit Klimaanlage: ohne Kilometerbegrenzung 130 DM, mit Kilometerbegrenzung 70 DM/ Tag zzgl. 0,70 DM/ km
- *Fiat 131 Kartal Kombi* oder *Ford Escort*: 110 DM, mit Kilometerbegrenzung 80 DM/ Tag zzgl. 0,80 DM/ km
- *Suzuki Samurai Jeep 4 WD:* ohne Kilometerbegrenzung 160 DM, mit Kilometerbegrenzung 90 DM/ Tag zzgl. 0,90 DM/ km

Mietet man ein Fahrzeug erst in der Türkei, so sei hier auf eine Besonderheit hingewiesen: Die gesetzliche Haftpflichtversicherung bei Unfällen mit Personenschäden ist nur mit ca. 45.000 DM und bei Sachschäden mit ca. 10.000 DM abgedeckt. Daher ist es ratsam, die angebotene Haftpflicht-Zusatzversicherung der Leihwagenfirma abzuschließen. Dies gilt auch für die Vollkasko-Zusatzversicherung, mit der die sonst fällige Eigenbeteiligung (bis zu 5.000 DM) für Schäden am Mietfahrzeug abgewendet werden kann. Bei Automiete vor Ort empfiehlt sich ein Preis- und Leistungsvergleich, da hier erhebliche Unterschiede bestehen. Kleinere einheimische Firmen machen oft günstigere Angebote als die internationalen Verleiher. Ein-Weg-Mieten bieten nur größere Gesellschaften an. Seriöse Firmen haben nichts dagegen, wenn man das Fahrzeug inspiziert und etwaige Mängel auf dem Mietvertrag festhält.

Schiff

Fährverbindungen zwischen den einzelnen Orten an der Küste gibt es nicht. *Turkish Maritime Lines* (TML) unterhält einen Fährdienst zwischen İstanbul und İzmir (→ İzmir/ Verkehrsverbindung) sowie zwischen Venedig und İzmir bzw. Antalya (→ Anreise/ Schiff).

Da in den Ferienmonaten die Passagen oft Tage und Wochen im voraus ausgebucht sind, empfiehlt sich eine rechtzeitige Reservierung.

Dolmuş und Minibus

Die Begriffe *dolmuş* und *Minibus* werden in der Türkei oft durcheinander gebraucht. Es handelt sich dabei um Sammeltaxis und kleinere Busse, oft der Marke *Ford-Transit,* die in großen Städten auf festgelegten Strecken zwischen Stadtteilen und in ländlichen Gebieten zwischen größeren Orten verkehren. Doch nicht immer ist das *dolmuş*-System gemeint, wenn vom "Minibus" die Rede ist. Mittlerweile gibt es auch zahlreiche kleinere Busunternehmen, die auf festgelegten Regionalstrecken mit Haltestellen verkehren - etwa zwischen İzmir und Selçuk oder zwischen Ayvalık und Bergama. Diese Busse können 30 Sitzplätze haben. Sie fahren in festen Zeitabständen. Im Buch sind sie der Klarheit halber als "Regionalbusse" bezeichnet.

Hinter der Windschutzscheibe hängt ein Schild, auf dem das Fahrtziel angegeben ist. Wer mitfahren möchte, gibt Handzeichen. Die Fahrer halten auch oft von selbst an, wenn Leute am Straßenrand warten. Die Preise für die Fahrstrecken sind staatlich festgelegt.

Offizielle *dolmuş*-Haltestellen sind meist durch ein Schild mit einem "D"

gekennzeichnet; ansonsten halten die Busse auf Handzeichen.

Fahrrad

In der Türkei ist Radfahren nicht sehr verbreitet. So fallen dort Radfahrer mit Gepäck besonders auf. Man stößt mitunter auch auf Unverständnis oder gilt gar als verrückt, wenn man erklärt, daß Radfahren Spaß mache.

Fahrradvermietungen gibt es - abgesehen von den Touristenzentren - in der Türkei sonst kaum. Die angebotenen Räder - meist Mountainbikes billigster Herstellung - reichen für kurze Radtouren im Umland des Urlaubsorts, nicht aber für längere Touren. Wer in der Türkei radwandern will, verläßt sich am besten auf das eigene Rad, das bei der Anreise mit dem Schiff kostenlos transportiert werden kann. Wer mit der Bahn fährt, muß dafür 16 DM extra zahlen. Einige Fluggesellschaften befördern das Rad bei einem Linienflug im Rahmen des Freigepäcks (bis zu 20 kg) kostenlos.

Es kann schwierig werden, Ersatzteile für bestimmte Fahrradmarken zu bekommen. Daher empfiehlt es sich, Verschleißteile wie Speichen und Schläuche bereits mitzunehmen. Sind andere Dinge auszutauschen, wie Beleuchtung, Bremszug, Pedale und an-

deres, ist das in der Regel problemlos möglich, zumal die türkischen Schlosser im Nachbau sehr erfinderisch sind. Wer eine Panne hat, steuert am besten die nächste Autowerkstatt an, die oft weiterhelfen kann.

Trampen

... ist in der Türkei für Einheimische kaum ein Thema. Nur Türken, die sehr wenig Geld haben, reisen per Anhalter. Die meisten fahren mit dem Bus, der Bahn oder dem Minibus. Dennoch können Touristen durchaus gute Erfahrungen machen, wenn sie - wie überall - die nötige Vorsicht walten lassen.

Rundfunk

Im dritten Programm des *Türkischen Rundfunks* (TRT) werden täglich zwischen 7 Uhr morgens und 1 Uhr nachts auf UKW (Frequenz 88 - 99,2 MHz) auch Nachrichten in deutscher und englischer Sprache gesendet. Der Rundfunk sendet an der Küste in den Touristenzentren über sogenannte Feriensender ein Extraprogramm.

Die *Deutsche Welle* ist über 6075 und 3995 KHz/KW tags und nachts zu empfangen, in Ostanatolien über 15275 und 17860 KHz/KW.

Außerdem senden der *Bayerische Rundfunk* tagsüber auf 6085 KHz/KW und *RIAS* auf 7265 KHz, *Radio Luxemburg* tags und nachts auf 6090 KHz, der *Südwestfunk* auf 7265 KHz/KW sowie auf 666 und 450 KHz/MW und der *Deutschlandfunk* auf 207 KHz/LW. Auf 6155 KHz ist täglich um 8.45 Uhr (türkische Sommerzeit) *Radio Österreich International* zu empfangen, das einen brauchbaren Wetterbericht sendet.

Schuhputzer

In größeren Städten bieten Schuhputzer ihre Dienste an. Viele von ihnen sind Kinder und Jugendliche, die durch ihre Arbeit wesentlich zum Unterhalt der Familie beitragen. Das Schuhputzen honoriert man mit etwa 0,50 DM.

Strom

In der Regel haben Steckdosen in der Türkei 220 V Spannung bei 50 Hz. Lediglich in einigen Stadtteilen von İstanbul liegt die Spannung bei 110 V.

Es gibt zwei Ausführungen von Steckdosen, eine für runde Steckkontakte (wie sie bei uns üblich sind) und eine andere für flache Steckkontakte. Wer Elektrogeräte, z.B. einen Fön oder Rasierapparat mitnehmen möchte, sollte sich bereits zu Hause um einen Adapter kümmern. Er ist in Kaufhäusern erhältlich.

Thermalbäder

In der Türkei sind über tausend Thermalbäder bekannt. Viele wurden bereits zur Römerzeit genutzt und haben bis heute noch nichts von ihrer Bedeutung eingebüßt. So gehen viele Stadtgründungen, wie zum Beispiel Denizli, auf die Nutzung heißer Quellen zurück.

Wenn dem Quellwasser eine bestimmte Heilkraft zugeschrieben wird, kommen Gäste zu einer Badekur von weit her. So hat z.B. Bursa einen ausgeprägten Kurbetrieb mit mehreren Badehotels, in denen verschiedene Kuren angeboten werden.

Ausführliche Informationen zu den bekanntesten Thermalbädern sind im Reiseteil unter den Orten *Çeşme, Pamukkale* und *Karahayıt* zu finden.

Trinkgeld

Auch in der Türkei ist es üblich, sich für eine Dienstleistung mit einem Trinkgeld zu bedanken, etwa im Restaurant, Hotel, beim Friseur, im türkischen Bad oder beim Gepäckträger auf dem Bahnhof. Wer ein Trinkgeld gibt, sollte darauf achten, daß der Betrag türkischen Verhältnissen angepaßt ist.

Trinkwasser

Wasser, das frisch aus der Leitung kommt, kann man (fast) überall bedenkenlos trinken, da das Leitungswasser in der gesamten Türkei gechlort wird. Allerdings schmeckt es nicht besonders gut. Wenn man nicht genau weiß, woher das Wasser kommt, oder man den Eindruck hat, daß es abgestanden ist, sollte man wegen der Infektionsgefahr darauf verzichten. Wasserentkeimungstabletten, wie z.B. *Mikropur,* die in Ausrüstungsladen und Kaufhäusern erhältlich sind, beugen vor. In der Türkei kann man auch in Plastikflaschen abgefülltes Wasser kaufen, in Mengen von 0,5 l, 1,0 l, 1,5 l und 5 l. Dieses Wasser kann man unbesorgt trinken.

Übernachtungs-möglichkeiten

Hotels

... gibt es fast überall, allerdings ist ihr Komfort recht unterschiedlich. Häuser mit besserer Ausstattung sind meist nur in den großen Städten und Touristenzentren der Marmara- und Mittelmeerregion, in Kappadokien und dem Badeort Pamukkale (bei Denizli) anzutreffen. In entlegenen Ortschaften sind die Übernachtungsmöglichkeiten einfach.

Bei Wasserknappheit während der trockenen Sommermonate kann es vorkommen, daß kleine Hotels tagsüber kein Wasser haben, da es im ganzen Stadtviertel abgestellt wurde. Größere Hotels haben hier meist durch große Wassertanks vorgesorgt.

In vielen kleineren Hotels muß die warme Dusche mit ca. 1 DM extra bezahlt werden.

Um in der Vor- und Nachsaison volle Belegung zu haben, geben einige Hotels einen Nachlaß von 20 %, manchmal von 30 % auf den Hochsaisonpreis.

Fast alle Hotels werden staatlich kontrolliert. Je nach Ausstattung werden sie in bestimmte Kategorien eingeteilt, für die zuvor verbindliche Preise festgesetzt wurden. In jedem Zimmer muß eine Preisliste aushängen. Wenn Probleme mit der Bezahlung auftreten, kann man sich darauf berufen.

In den Zimmerpreisen ist nicht immer die türkische Mehrwertsteuer *(K.D.V.)* enthalten, d.h. in vielen Fällen ist zusätzlich mit 15 % des Zimmerpreises zu rechnen. Daher sollte man sich vor dem Einquartieren immer nach dem Endpreis erkundigen.

Einzelzimmer sind in Hotels selten, häufiger dagegen Zwei-, Drei- und Vierbettzimmer. Alleinreisende können meist im Doppelzimmer schlafen, zahlen allerdings in der Regel einen Aufpreis.

Billighotels sind Unterkünfte, deren Zimmer oft spartanisch eingerichtet sind. Viele von ihnen führen auch den Namen *Pansiyon*. Eine Waschgelegenheit befindet sich häufig auf dem Flur. Duschen, falls vorhanden, haben meist nur kaltes Wasser. Gelegentlich kann es vorkommen, daß das Bett nicht frisch bezogen wurde. Hier sofort reklamieren! Die Preise für ein Doppelzimmer liegen bei 5 bis 10 DM.

Einfache Hotels bieten Zimmer, die etwas komfortabler eingerichtet sind. In vielen Zimmern gibt es eine Waschgelegenheit, manchmal sogar eine Dusche. Warmes Wasser fließt zu festen Zeiten, in der Regel morgens und/ oder abends. Bettwäsche ist auch hier nicht immer frisch. Auf Verlangen wird sie aber anstandslos gewechselt. Die Preise liegen für ein Doppelzimmer zwischen 10 und 25 DM.

Hotels der Mittelklasse können in ihrem Standard mit deutschen konkurrieren. In der Regel gilt: je höher der Übernachtungspreis, desto besser der Komfort. Doppelzimmer gibt es ab 40 DM aufwärts.

Luxushotels gibt es nur in den großen Städten. Ihre Ausstattung ist überall in der Welt gleich. Die Preise liegen hier bei 200 DM aufwärts.

Motels sind in der Türkei selten. Abgesehen von den wenigen guten Motels haben Tankstellen oft ein paar Zimmer angebaut, die zum Übernachten vermietet werden. Doppelzimmer kosten zwischen 20 und 40 DM.

Wer auf bessere, komfortable Hotels Wert legt, besorgt sich am besten vom türkischen Fremdenverkehrsamt (→ Reisevorbereitung/ Touristeninformation) die Broschüre "Turkey-Hotel", die jedes Jahr neu aufgelegt wird. Die dort verzeichneten Hotels und Pensionen liegen meist bei 35 DM pro Person aufwärts.

Angestellte oder gar die Eigentümer von Hotels kommen - soweit es die Kommunalverwaltung noch nicht untersagt hat - häufig zum Bus- oder Bahnhof und preisen Reisenden ihre Zimmer an. Derartige Werbung für ein Hotel ist nicht ungewöhnlich. Die angebotenen Unterkünfte sind meist nicht besser, aber auch nicht schlechter als andere. Allerdings sind Anwerber häufig etwas aufdringlich, vor allem dann, wenn man sich bereits für ein Hotel entschieden hat. Die "Schlepperei" hat allerdings auch einen Vorteil: Ähnlich wie auf Busbahnhöfen wird das Gepäck als "Geisel" genommen, und es ist in der Regel Sache des Anwerbenden, den Transport von Personen und Gepäck ins Hotel oder in die Pension zu übernehmen. Meist handelt es sich bei den Anwerbern um den Hotelier selbst oder ein unmittelbares Familienmitglied. Ein Trinkgeld für den "Gepäckservice" wird daher nur in den wenigsten Fällen erwartet.

Hinweis: Fast alle Unterkünfte, die im Buch angegeben sind, hat das Recherche-Team des Verlags angesehen. Da zwischen Recherche und Drucklegung immer einige Zeit vergeht, sind Abweichungen von den Angaben durchaus möglich.

Bei den Hotels der kleineren Orte sind nicht immer die Straßen angegeben, da meist niemand die Straßennamen kennt.

Pensionen

In fast allen Orten gibt es Pensionen (trk. *pansiyon*). In kleineren, touristisch wenig erschlossenen Orten bieten sie häufig die einzige Übernachtungsmöglichkeit. Dort sind sie nämlich überwiegend für Familien gedacht, da in den Zimmern oft mehrere Betten stehen und auch eine Kochgelegenheit vorhanden ist. Auch viele Billighotels laufen unter der Bezeichnung *pansiyon* (→ Hotels/ Billighotels).

Oft steht vor dem Haus ein Schild mit der Aufschrift "*bos oda var*" (wörtlich übersetzt: "Freies Zimmer gibt es").

Jugendherbergen

Die Türkei ist nur assoziiertes Mitglied in der *Internationl Youth Hostel Federation*. Bislang gibt es nur zwei Jugendherbergen, in İstanbul und Marmaris. Die Preise für eine Übernachtung mit Frühstück liegen dort bei 10 bis 15 DM.

Die Aile Pansiyon

... ist, wörtlich übersetzt, die "Familienpension". Sie ist in der Türkei an fast allen Orten zu finden und stellt, was die Preisklasse angeht, häufig das unterste Segment der Übernachtungsmöglichkeiten dar. Sie wird in der Regel von einer Familie betrieben - was die eine Erklärung für den Begriff ist. Eine andere: Es sind Pensionen, deren Angebot und Ausstattung sich an Bedürfnissen türkischer Familien orientieren. Die sind meist groß, und so werden oft möglichst viele Betten in einem Zimmer untergebracht. Einzelzimmer gibt es in einer *aile pansiyon* grundsätzlich nicht, und Zimmer mit Dusche und WC sind eine Seltenheit.

Abgerechnet wird oft nach der Anzahl der Personen - beziehungsweise nach der Anzahl der in Anspruch genommenen Betten. Das gilt auch für den Einzelreisenden: Wenn er ein Zimmer mit zwei Betten (meist die Untergrenze der Bettenanzahl) für sich alleine in Anspruch nimmt, hat er für beide Betten zu bezahlen - selbst wenn an der Rezeption ein Aushang den Preis pro Person angibt.

Eine Familienpension kann - was Standard und Sauberkeit angeht - von der Schmuddelbude bis zum aufmerksam geführten kleinen Beherbergungsbetrieb alles sein. Das Spektrum reicht von Kakerlakenüberfall bis zu einem Standard, der einem Drei-Sterne-Hotel Ehre machen würde. Ein prüfender Blick auf Zimmer, sanitäre Einrichtungen und womöglich auch Küche ist angeraten. In einer guten Familienpension lassen sich durchaus angenehme Ferien verbringen - zumal meist auch ein gewisser Familienanschluß geboten wird.

Familien sind jedoch solide, und wer das Nachtleben sucht, ist in einem kleinen Touristenhotel meist besser aufgehoben. Viele Familienpensionen schließen nämlich spätestens um 24 Uhr ihre Pforten. Wer drin ist, kommt nicht mehr raus, und wer draußen ist, nur mit größerem Aufstand wieder rein. Da ist es sinnvoll, auf den Vermerk zu achten "24 Saat açik" ("24 Stunden geöffnet") - sonst sieht man sich um die Après-Beach-Erlebniswelt unter Umständen betrogen.

Und was die Ordnung einer *aile pansiyon* völlig durcheinanderbringt: Das im Ferienrummel durchaus übliche flüchtige Abenteuer. Das rüttelt an den Grundfesten des türkischen Familienmodells und wird vom "Machthaber" der Hauses wenigstens nicht gern gesehen, oft auch unterbunden ...

Campingplätze

... in der Türkei lassen sich allgemein in zwei Kategorien einteilen: in offizielle und inoffizielle Plätze.

Vor allem in Küstennähe nimmt seit einigen Jahren die Zahl der einfachen Campingplätze zu. Viele Landbesitzer erklären kurzerhand ihr Grundstück in Meernähe zum Campingplatz, stellen ein Schild auf und errichten eine Bretterbude als Rezeption, legen provisorische Wasserleitungen und bauen in kürzester Zeit ein paar einfache Sanitäranlagen. Feste Stellplätze und eine geregelte Stellordnung gibt es nicht. Ebenso chaotisch wie lustig geht es abends zu, wenn mit viel lauter Musik Essen für die Familie und die neu gewonnenen Freunde gekocht wird. Diese Plätze werden meist nur von einheimischen Touristen aufgesucht, da sie den Ansprüchen ausländischer Touristen nur selten genügen. Die Preise für ein Auto, zwei Personen und ein Zelt liegen dort bei 5 bis 7 DM.

Die vom *Ministerium für Kultur und Tourismus* anerkannten Campingplätze haben einen höheren Komfort und sind deshalb auch wesentlich teurer. Die sanitären Anlagen sind durchweg gut. Es gibt kaltes und warmes Wasser, Stromanschlüsse, Kioske und Restaurants. Eingerichtete Küchen haben meist mehrere Kochstellen. Sehr gute Plätze verfügen über ein kleines Lebensmittelgeschäft, eine Bar, Diskothek und manchmal sogar über einen Swimming-pool. Diese Art von Campingplätzen konzentriert sich auf die küstennahen Bereiche der Ägäis und des Mittelmeers von Çanakkale bis Mersin und auf den Großraum İstanbul. Sie werden von Privatleuten, aber auch von großen Gesellschaften wie der BP-Mocamp-Kette betrieben. Da die Übernachtungsgebühren für türkische Verhältnisse recht hoch sind (für ein Fahrzeug, zwei Personen und ein Zelt 10 bis 15 DM und mehr), trifft man auf diesen Plätzen überwiegend Reisende aus dem Ausland. Auch Lebensmittel, Menüs und Getränke, die im Laden, im Restaurant und in der Bar eines solchen Campingplatzes angeboten werden, sind relativ teuer.

Offizielle und inoffizielle Plätze sind in der Regel von Mai bis Mitte Oktober geöffnet.

Wildcampen

... ist in der Türkei noch erlaubt. Es ist sicherlich eine phantastische Sache, an Stellen zu campen oder sein Wohnmobil abzustellen, an denen die Natur noch unberührt ist. Auf einige Dinge sollte man aber beim "freien" Campen achten: Holz sparsam verwenden, denn es ist in den meisten Gegenden rar! Am besten verzichtet man auf ein Lagerfeuer. Den Platz sollte man so verlassen, wie man ihn vorgefunden hat.

Zum Wildcampen eignen sich die zahllosen Picknickplätze, die oft mit Tischen, bescheidenen Grillplätzen, Toiletten und Abfallkörben ausgestattet sind und häufig in landschaftlich schönen Gegenden liegen.

In einsamen Gegenden ist es ratsam, das Lager in der Nähe eines Dorfs aufzuschlagen. Gerade die Bewohner in den ländlichen Regionen sind oft nett und äußerst hilfsbereit. Eine Jandarma- oder Polizeistation ist hier ebenfalls eine Möglichkeit. Die stationierten Posten haben oft viel Zeit und halten gern ein Schwätzchen.

Volkssport

Alljährlich findet in einigen Dörfern an der Mittelmeerküste der Kampf der Kamel- bzw. Dromedarhengste *(deve geresi)* statt (→ Artikel "Selçuk - Schauplatz der Kamelkämpfe").

Auf vielen Volksfesten werden die Besucher mit Ringkämpfen *(yağlı güres)* unterhalten. Bei diesem Ringkampf reiben sich die Kämpfer zuvor mit Öl ein, so daß es besonders schwer ist, sich "im Griff" zu haben. Es ist eine harte Sportart, denn gelegentlich verlassen die Akteure mit Brüchen und Hautabschürfungen die Arena. So werden jedes Jahr Meisterschaftskämpfe in *Kırkpınar* in der Nähe von Edirne ausgetragen.

Für alle Tage aber ist *Fußball* der Volkssport schlechthin.

Zeit

Der Zeitunterschied von der Türkei zu Deutschland beträgt eine Stunde; Reisende aus Mitteleuropa müssen ihre Uhr entsprechend vorstellen. Da auch in der Türkei die Uhren zur *Sommerzeit* (Ende März bis Ende September) umgestellt werden, bleibt der Zeitunterschied auch im Sommer bestehen.

Zeitungen

Außer den ausländischen Zeitungen, die man in den Touristenzentren meist mit einem Tag Verspätung erhält, gibt es auch die *Turkish Daily News*, eine türkische Zeitung in Englisch. Sie kostet ca. 1 DM und ist in allen größeren Städten erhältlich.

Reiseteil

Westküste und Hinterland

Die türkische Ägäisküste gilt schon seit Jahren als Renommierküste des Landes. Das hat dazu beigetragen, daß dieser Küstenabschnitt zu den am besten erschlossenen Landesteilen der Türkei zählt. Gut ausgebaute Straßen verbinden die großen Städte miteinander und der Flughafen *Dalaman* verkürzt die Transferstrecken der Jet-Touristen zu ihren Feriendomizilen.

Im Küstenhinterland scheint die Welt noch fast in Ordnung zu sein. Hier ist die Landwirtschaft Haupteinnahmequelle bzw. -arbeitgeber.

Zu Zentren der landwirtschaftlichen Produktion haben sich folgende Großräume entwickelt: das Tal des *Großen Mäander* (Baumwolle), das *Gediz-Tal* und das Umland von *Salihli* (intensive Weidewirtschaft), die Region um *Aydın* und *Nazilli* (Zitrusfrüchte und wichtigstes Feigenanbauzentrum des Landes), das Tal des *Kleinen Mäander* (Zitrusfrüchte und Tabak), das Gebiet zwischen *Manisa* und *Salihli* (Schwerpunkt des Weinbaus), die Region südlich von *Kaz Dağ* (Olivenbaummonokulturen) und das Dreieck *Finike - Köyceğiz - Denizli* (Baumwolle).

Die Industrialisierung an der Westküste ist erst in den Anfängen, abgesehen von der Großstadt İzmir und einigen kleineren Zentren. Dazu trägt sicherlich der Mangel an Bodenschätzen bei. Lediglich im Hinterland von *Bergama* bzw. um *Kaz Dağ* gibt es bescheidene Vorkommen an Braunkohle und Eisenerz. Sie kommen jedoch über eine nationale Bedeutung nicht hinaus. An den Stauseen *Kemer Baraj*, südwestlich von Denizli, und *Demirköprü Baraj*, östlich von Manisa, gibt es Wasserkraftwerke.

Obwohl der Massentourismus erst Mitte der siebziger Jahre begonnen hat, sind hier schon die gleichen Folgeerscheinungen wie in den traditionellen Urlaubsländern Spanien, Italien und Griechenland festzustellen. Kleine, verschlafene Fischerdörfchen werden zu hektischen, lauten Bade- und Tourismuszentren, an schönen Stränden werden riesige Ferienanlagen aus dem Boden gestampft und in einsamen Buchten Campingplätze in die Landschaft planiert. Wo noch ein freier Platz ist, schießen Hotels wie Pilze aus dem Boden. Sicherlich kommen die Einnahmen aus dem Tourismus auch den Türken zugute, doch bleibt der weitaus größere Teil des erwirtschafteten Geldes nicht vor Ort, sondern wandert in die Kassen großer nationaler und internationaler Konzerne, deren findige Manager das Geschäft mit den Touristen als lukrative Investition entdeckt haben.

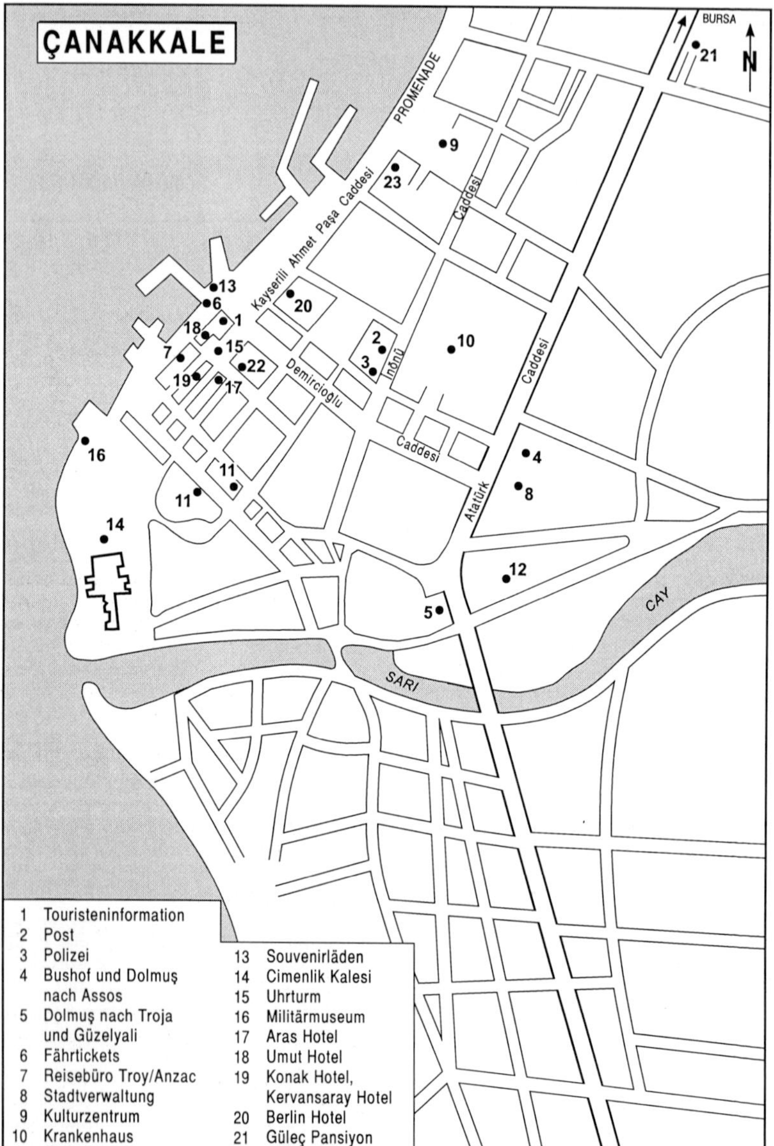
ÇANAKKALE
BURSA
N
PROMENADE
Kayserili Ahmet Paşa Caddesi
Caddesi
İnönü
Demircioğlu Caddesi
Atatürk Caddesi
CAY
SARI
İNTEPE
AYVACIK
İZMİR
1 Touristeninformation
2 Post
3 Polizei
4 Bushof und Dolmuş nach Assos
5 Dolmuş nach Troja und Güzelyali
6 Fährtickets
7 Reisebüro Troy/Anzac
8 Stadtverwaltung
9 Kulturzentrum
10 Krankenhaus
11 Bank
12 Basar
13 Souvenirläden
14 Cimenlik Kalesi
15 Uhrturm
16 Militärmuseum
17 Aras Hotel
18 Umut Hotel
19 Konak Hotel, Kervansaray Hotel
20 Berlin Hotel
21 Güleç Pansiyon
22 Anzac Hotel
23 Hotel Akol

Route 1
Von Çanakkale nach İzmir (320 km)

Çanakkale

54.000 Einwohner, 320 km SW von İstanbul

Wer aus Europa kommt und hier die Fähre verläßt, stößt in *Çanakkale* auf das für türkische Städte so typisch lebhafte Treiben. Der Verwaltungssitz der gleichnamigen Provinz ist die größte und zugleich wichtigste Stadt an den viel befahrenen Dardanellen. Çanakkale, im Vergleich mit İstanbul sozusagen das "Nebentor zu Asien", liegt malerisch am asiatischen Ufer der an dieser Stelle 1.240 m breiten Meeresstraße. Sein Name (Çanak - kale = Topf - Schloß) weist auf die hier ansässige traditionelle Keramikherstellung hin.

Von der alten Bausubstanz der Stadt ist seit dem Erdbeben 1912 kaum etwas erhalten. Zu den Sehenswürdigkeiten von Çanakkale gehört die um 1450 erbaute **Cimenlik Kalesi** mit einem Militärmuseum und einem Park, in dem man zwischen angemalten Granaten, Seeminen, Geschützen und einem alten Kriegsschiff spazieren kann (geöffnet außer Mo tgl. 9 - 12, 13.30 - 17 Uhr). Das Archäologische Museum ist in einem Neubau an der Straße nach İzmir untergebracht. Es stellt Funde aus hellenischer und römischer Zeit aus (geöffnet außer Mo tgl. 10 - 17 Uhr, Eintritt 2 DM).

Die nähere Umgebung der Stadt ist von der Präsenz des Militärs geprägt, was um Çanakkale den Aktivitäten im und am Wasser Grenzen setzt. So gibt es auch am Strand Sperrgebiete.

Umgebung von Çanakkale

♦ Dardanellen

Die *Dardanellenstraße*, in der Antike *Hellespont* genannt, ist 61 km lang, zwischen 1,2 und 7,5 km breit und 55 bis 105 m tief. Sie trennt die europäische Halbinsel *Gelibolu* (Gallipoli) vom kleinasiatischen Festland und stellt die Verbindung zwischen Marmarameer und Mittelmeer her. Die Uferlandschaft um die Meerenge erreicht Höhen zwischen 250 und 350 m.

Die Lage an der Schwelle vom Okzident zum Orient machte die Wasserstraße seit jeher zu einem Brennpunkt der Geschichte, angefangen von der trojanischen Zeit, über die Perserherrschaft und die Eroberungszüge von *Alexander dem Großen* bis zu den Kreuzzügen im Mittelalter (→ Artikel "Die Schlacht um Gallipoli").

♦ Eceabat

Auf der europäischen Seite der Dardanellen liegt das Städtchen *Eceabat* (5.000 Einwohner). Hier, in der Nähe des Orts *Kilitbahır* (was soviel heißt wie "Schlüssel des Meeres"), wurde Mitte des 15. Jahrhunderts die gleichnamige Burg angelegt. Sie ist nach einem Grundriß von drei ineinandergreifenden Kreisen erbaut worden, die jeweils einen Durchmesser von 40 m haben.

Fährt man weiter zur Spitze der Halbinsel, kommt man an einer zweiten Befestigungsanlage vorbei.

♦ Gelibolu Yarimadası

1 km nördlich von Eceabat zweigt nach Westen eine Straße zum 330 km² großen Nationalpark ab, der 1973 geschaffen wurde. Was ihn von anderen Parks unterscheidet, sind die Ehrenfriedhöfe, die an die Kriegsgreuel auf der Halbinsel erinnern.

Zunächst kommt man auf die Höhe von *Kabatepe*, von wo man eine grandiose Aussicht hat. Dort befindet sich auch ein Informationszentrum (Eintritt 1 DM). Von diesem Ausgangspunkt

Die Schlacht um Gallipoli

"Fremder, halte ein und bedenke, wenn Du dieses Land betrittst, daß hier eine Epoche zu Ende gegangen ist. Verneige Dich und höre an dieser Stelle das Herz der Nation schlagen."

So prangt es in Türkisch überdimensional vom Hang über Eceabat dem Besucher entgegen. Tatsächlich kam es hier im Verlauf des Ersten Weltkrieges zur entscheidenden Wende zugunsten der Türken, die auf der Seite des Deutschen Reichs und Österreich-Ungarns kämpften.

Im April 1915 begannen die Alliierten, unter ihnen neuseeländische und australische Truppenverbände (die "Anzacs" = Australian New Zealand Army Corps), den Angriff auf die Dardanellen. Sie sollten ihnen als Ausgangsbasis für die Einnahme İstanbuls dienen, um so die Kapitulation des Osmanischen Reichs zu erzwingen. Das wäre ihnen auch gelungen, hätte es auf der Gegenseite nicht einen General gegeben, der das Ruder im letzten Moment herumriß. Mit völlig demoralisierten Truppen konnte er die Höhenzüge der Halbinsel *Gallipoli* solange halten, bis frische Reserven eingetroffen waren. 500.000 Menschen ließen dabei ihr Leben. Noch heute zeugen Friedhöfe zu beiden Seiten der Meeresstraße davon.

Der General hieß *Mustafa Kemal Paşa*, der mit dieser Leistung den Grundstein für seine steile Karriere legte. Einige Jahre später war er der politische Führer der neuen Republik Türkei.

Für diese und andere herausragende Leistungen erhielt er später den Ehrennamen *Atatürk - Vater der Türken.* Sein Bild fehlt in keiner Amtsstube, und seine Statue schmückt jeden Platz.

Am 25. April 1990 wurden zum 75. Jahrestag der Landung der Alliierten ein neues Informationszentrum und mehrere Gedenkstätten und -tafeln durch Vertreter aller damals beteiligten Nationen eingeweiht.

kann man mehrere Gedenkstätten und Soldatenfriedhöfe aufsuchen.

Es gibt mehrere Picknickstellen und Campingplätze, z.B. 3 km westlich von Kilitbahır *Camping Berlin,* betrieben von einem türkischen Paar, das lange in Berlin gelebt hat. Der ruhige Platz liegt direkt am Meer, alte Olivenbäume und mächtige Pappeln spenden Schatten. Es gibt einfache und saubere Sanitäranlagen, einen kleinen Laden, ein Restaurant und eine schöne Gartenterrasse mit herrlichem Blick auf Çanakkale und die vorbeiziehenden Schiffe.

Tip: Zwischen Gelibolu und Eceabat befindet sich wenige Kilometer südlich von *İlgardere* ein sehr schöner, schattiger Picknickplatz (als Parkplatz ausgeschildert!) mit Toiletten und Wasser. Von dort genießt man einen phantastischen Blick über die Meerenge.

♦ Gelibolu

Ebenfalls noch in Europa liegt 46 km nordöstlich von Eceabat das Fischerstädtchen *Gelibolu* (17.000 Einwohner). Die Bewohner leben hauptsächlich vom Handel mit landwirtschaftlichen Erzeugnissen und vom Fischfang (Sardinen, Makrelen, Austern). Von Gelibolu gibt es Schiffsverbindungen nach İstanbul und Lâpseki (asiatische Seite).

♦ Baklaburun

Baklaburun liegt nördlich von Gelibolu direkt am Meer. Hier trifft man vorwiegend türkische Touristen. Obwohl sehr viel gebaut wird, wirkt der Ort - noch - sympathisch. Es gibt hier einige gute Restaurants.

♦ Nara

Dieser Ort, auf der asiatischen Seite 8 km nördlich von Çanakkale, liegt an

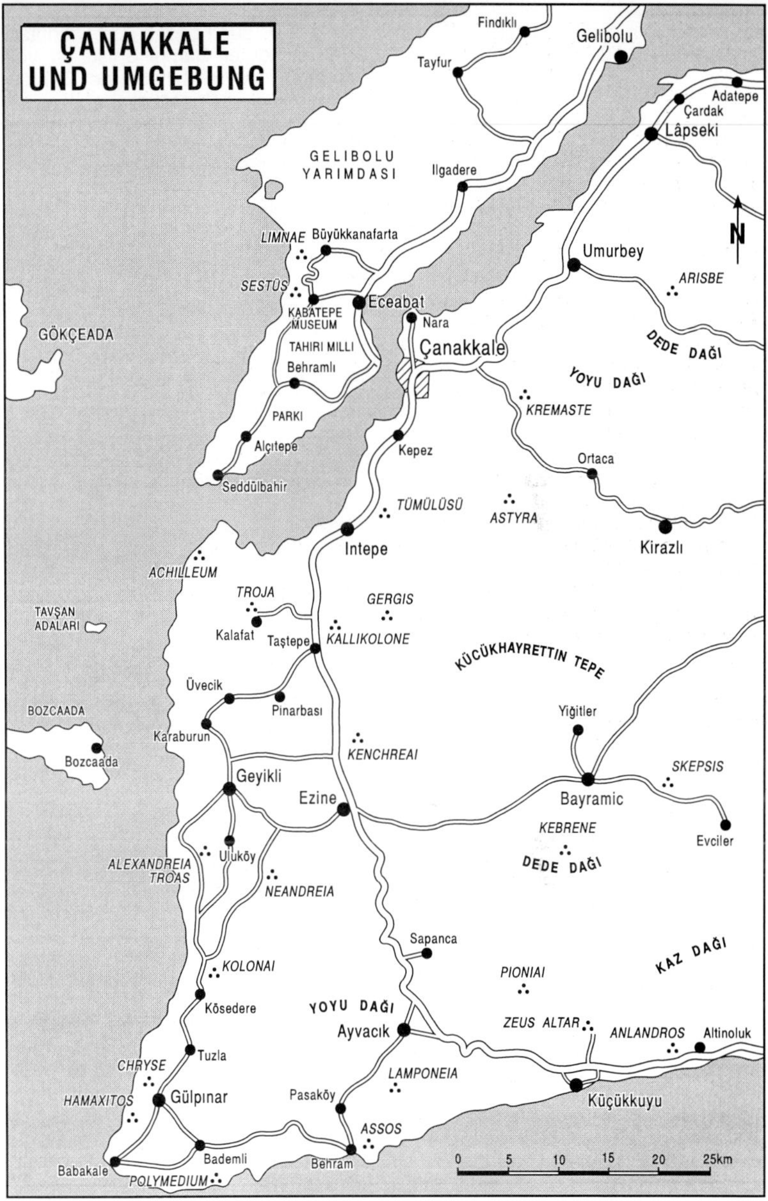
ÇANAKKALE
UND UMGEBUNG
Findıklı
Gelibolu
Tayfur
Adatepe
Çardak
Lâpseki
GELIBOLU
YARIMDASI
Ilgadere
LIMNAE
Büyükkanafarta
Umurbey
N
SESTÜS
ARISBE
KABATEPE
MUSEUM
Eceabat
Nara
GÖKÇEADA
TAHIRI MILLI
Çanakkale
DEDE DAĞI
Behramlı
YOYU DAĞI
KREMASTE
PARKI
Alçıtepe
Kepez
Ortaca
Seddülbahir
TÜMÜLÜSÜ
ASTYRA
Intepe
Kirazlı
ACHILLEUM
TROJA
GERGIS
TAVŞAN
ADALARI
Kalafat
Taştepe
KALLIKOLONE
KÜCÜKHAYRETTIN TEPE
Üvecik
Pinarbası
BOZCAADA
Yiğitler
Karaburun
KENCHREAI
Bozcaada
SKEPSIS
Geyikli
Ezine
Bayramic
KEBRENE
Evciler
ALEXANDREIA
TROAS
Uluköy
DEDE DAĞI
NEANDREIA
Sapanca
KAZ DAĞI
KOLONAI
PIONIAI
Kösedere
YOYU DAĞI
Ayvacık
ZEUS ALTAR
ANLANDROS
Altinoluk
Tuzla
CHRYSE
LAMPONEIA
HAMAXITOS
Gülpınar
Pasaköy
Küçükkuyu
ASSOS
Bademli
0
5
10
15
20
25km
Babakale
Behram
POLYMEDIUM

der mit 1.450 m zweitengsten Stelle der Dardanellenstraße.

♦ *Lâpseki*

..., 42 km nordöstlich von Çanakkale, ist ein angenehmes Hafenstädtchen mit 9.000 Einwohnern inmitten von Weingärten und Olivenhainen.

♦ *Biga*

Bei *Biga* (16.000 Einwohner, 96 km östlich von Çanakkale) errang *Alexander der Große* 334 v. Chr. seinen ersten Sieg über die Heere der Perser und konnte anschließend seinen Eroberungsfeldzug an der kleinasiatischen Küste entlang fortsetzen. Siedlungsreste und Teile einer alten Festungsanlage sind bei der Ortschaft *Karabiga*, 22 km nördlich von Biga, zu finden.

Übernachten

▸ *Özen Hotel,* Bayram Sok. 6, Tel. 316 38 11, für sehr einfache Ansprüche. Übernachtung pro Person 8 DM.

▸ *Hotel Aygen,* İstikal Mah., İstikal Cad. 46, am Hafen, Tel. 316 10 80, einfaches, kleines Stadthotel. DZ 20 DM, mit Frühstück.

▸ *Yakomoz Hotel* (in Karabiga), Yalı Mah., Cumhuriyet Cad., Tel. 354 14 00. DZ 20 DM, mit Frühstück.

▸ *Ayça Hotel,* Mustafa Aksekili Sok. 29, Tel. 316 16 59, 316 34 50, kleineres, gutes Stadthotel. DZ 27 DM, mit Frühstück.

♦ *Güzelyalı*

Beim Ferienort *Güzelyalı* (dt. "Schöner Strand") findet man wirklich den besten Strand in der Umgebung von Çanakkale. 1938 begannen Türken, hier ihre Häuser zu bauen. Vorher war das Küstenland völlig unbebaut. Als 1945 das britische Militär hier stationiert wurde, um die Dardanellenstraße zu beobachten, wanderten weitere Türken zu. Anfang der sechziger Jahre baute man das erste Hotel, dem bald weitere Unterkünfte folgten. Viele von ihnen sind am 50 m breiten Sandstrand zu finden. Hier gibt es auch Läden und Lokantas. Auch ein guter Campingplatz ist vorhanden. Viele wohlhabende Türken, vor allem aus Çanakkale, aber auch aus Bursa, İstanbul und Ankara, haben hier ihren Zweitwohnsitz, den sie bevorzugt im Sommer aufsuchen.

Übernachten

▸ *Mola Motel,* Tel. 232 80 22, Fax 232 80 79, kleineres Ein-Stern-Haus mit 30 Doppelzimmern. EZ 45 DM, DZ 60 DM, mit Frühstück.

▸ *Tusan Hotel,* Tel. 232 82 10, Fax 232 82 26, Zwei-Sterne-Haus der bekannten Hotelkette. EZ 60 DM, DZ 90 DM, mit Frühstück.

▸ *İris Motel,* Mola Cad. 48, Tel. 232 86 28, Fax 232 80 28, Drei-Sterne-Hotel und bestes Haus am Platz. EZ 60 DM, DZ 90 DM, mit Frühstück.

♦ *Gökçeada und Bozçaada*

Die beiden Inseln *Gökçeada* und *Bozçaada*, westlich bzw. südwestlich von Çanakkale, gehören bereits zum Grenzgebiet der Türkei mit Griechenland. Beide Inseln sind vom Tourismus völlig unberührt. Deshalb sind auch nur wenige Übernachtungsmöglichkeiten vorhanden. Fährverbindungen bestehen von Çanakkale sowie von Odunluk İskelesi zu Bozçaada.

Übernachten

▸ *Gökçeada Belediye Oteli,* auf Gökçeada, Belediye Mey., Tel. & Fax 887 34 73, ein angenehmes Haus mit einfach eingerichteten Zimmern.

▸ *Taşkin Hotel,* Çınarlı Mah., Tel. & Fax 887 31 14, kleineres, einfaches Stadthotel.

▸ *Kanaat Hotel,* Çınarlı Mah., Kadribey Cad., Tel. & Fax 887 30 27, kleines, ordentliches Haus mit 19 Zimmern.

▸ *Star Hotel,* auf Bozçaada, Cumhuriyet Mah. Mezarlık Üstü Sok., Tel. 697 80 37, etwas ungewöhnliches Haus, da mit vier Suiten, eingerichtet mit jeweils vier Betten.

Strände

Wegen der zahlreichen militärischen Sperrgebiete gibt es in Çanakkale selbst keine Bademöglichkeiten. Strände schließen sich südlich der Stadt an, in einem reizvollen, touristisch kaum erschlossenen Gebiet, das die Dardanellen und nördliche Ägäis (bis Behram) umfaßt. Siehe auch → Übernachten.

Touristeninformation

İskele Meydanı 67, Tel. & Fax 217 11 87, gegenüber der Landungsbrücke, geöffnet im Sommer 8.30 - 12, 13.30 - 19 Uhr, im Winter bis 17.30 Uhr; Englisch sprechendes Personal.

Übernachten

Viele preisgünstige Unterkünfte liegen am Uhrturm bzw. in seiner näheren Umgebung. Bei diesen sehr einfachen Hotels liegen die Preise um 8 DM für ein Einzel-, um 15 DM für ein Doppelzimmer. In diese Kategorie gehören:

▸ *Aras Hotel,* Saat Kulesi Mey. 25, Tel. 217 10 18.

▸ *Umut Hotel,* Saat Kulesi Mey. 4, Tel. 217 64 73.

▸ *Konak Hotel,* Fevtane Sok. 14, Tel. 217 11 50, 217 15 78.

▸ *Kervansaray Hotel,* Fevtane Sok. 13, Tel. 217 81 92, stilvoller Ziegelbau aus dem 18. Jahrhundert mit viel Atmosphäre; sauber, wenn auch etwas verwohnt; schöner Garten, Frühstück auf Wunsch.

▸ *Berlin Hotel,* Kayserili Ahmetpaşa Cad. 18, Tel. 217 19 86.

Teurer, und besser in der Ausstattung sind:

▸ *Güleç Pansiyon,* Firi Reis Cad., Velibey Sok., Tel. 217 25 00, Fax 217 64 09, kleine, sehr aufmerksam geführte Familienpension. EZ 25 DM, DZ 35 DM, mit Frühstück.

▸ *Anzac Hotel,* Saat Kulesi Mey. 8, Tel. 217 77 77, Fax 217 20 18, alle Zimmer des Zwei-Sterne-Hauses mit Telefon, Du/WC und Badewanne. DZ 45 DM, mit Frühstück.

▸ *Hotel Akol,* Kordon Boyu, Tel. 217 94 56, Fax 217 28 97, Vier-Sterne-Haus, Zimmer mit Telefon und Bad; Swimmingpool, Panoramarestaurant, Disco, Tanzlokal, Englisch sprechendes Personal. EZ 120 DM, DZ 150 DM, mit Frühstück.

Folgt man der Straße nach İzmir, zweigt nach 10 km rechts (hinter einer Kaserne) eine Straße zum Meer ab. Hier reihen sich Campingplätze und Restaurants. Nachfolgend eine kleine Auswahl:

▸ *Camping Dardanell,* Platz mit einfachen Sanitäranlagen; liegt direkt am Strand. 2 Pers./ Zelt 10 DM.

▸ *Sun San Camping Dardonos,* abseits der Straße, einfacher Campingplatz ohne Bäume, stattdessen spenden Strohdächer Schatten; einfache Sanitäranlagen (warmes Wasser gibt's nicht immer!), nur wenige Stromanschlüsse. Kleiner Minimarkt und Restaurant. Ein sehr freundliches Ehepaar führt den Platz. 2 Pers./ Zelt 10 DM, vermietet auch Doppelzimmer für 20 DM.

▸ *Trova Mocamp,* direkt an der Straße gelegen, *dolmuş*-Taxi-Bus-Haltestelle vor der Tür, Bäume spenden Schatten. Das Gelände ist teils Wiese, teils Erde. Sandstrand, einfache Sanitäranlagen (ohne Warmwasser), Stromanschlüsse, Minimarkt und Restaurant gehören zum Platz. Es ist möglich, Bungalows zu mieten. Das Personal spricht Deutsch. 2 Pers./ Auto/ Zelt 11 DM; Bungalow für 2 Personen 25 DM.

Essen und Trinken

Auf beiden Seiten des Anlegestegs und in der Hauptstraße sind zahlreiche preisgünstige, aber auch einige teurere Restaurants und Lokantas zu finden. Recht günstige Lokale befinden sich um den Uhrturm. Außerdem bieten abends zahlreiche Stände - vor allem an der Promenade - diverse Kleinigkeiten, wie z.B. gegrillte Maiskolben oder Blätterteigtaschen *(börek)*, zum Essen an.

Restaurants der gehobenen Kategorie sind *Yalova Liman* und *Entellektüell* am Hafen. Gut kann man auch im Dachrestaurant des Hotels *Anafartalar*, Kaysereli Ahmetpaşa Caddesi, essen.

Tip: Eine Spezialität von Çanakkale ist *peynir tatlısi,* eine aus Schafskäse zubereitete Süßigkeit.

Einkaufen

Typisch für Çanakkale sind, wie der Name schon sagt, Keramikwaren. Souvenirstände gibt es gegenüber der Touristeninformation. Dort sind auch deutsche Bücher und Zeitungen erhältlich.

Çanakkale hat zwar keinen Basar, dafür aber wird freitags ein großer Wochenmarkt abgehalten, auf dem Obst, Gemüse und alles Mögliche für den Haushalt angeboten wird.

Treffpunkt

Abends spielt sich das Leben auf und an der Promenade ab, wo man entweder in einem der zahlreichen Teegärten den lauen Abend genießen oder sich *midye tava* (fritierte Muscheln), *börek* oder einen Maiskolben an einem der vielen Stände kaufen kann.

Organisierte Ausflüge

Ausflüge zu den Ruinenfeldern von Troja (ca. 23 DM; drei Stunden) und Gallipoli (ca. 15 DM; vier Stunden) bieten verschiedene Agenturen an. Sie sind beim Uhrturm zu finden:

▸ *Troy/ Anzac*, Tel. 217 58 49, täglich Touren, einschließlich Transport, Führer, Eintritt, Frühstück.

▸ *Ana Tur,* Tel. 217 01 56, mit gleichem Angebot.

Türkisches Bad

▸ *Yalı Hamamı,* geöffnet 9 - 23 Uhr nur für Männer; eingeschränkte Badezeiten für Frauen.

Feste

Vom 10. bis 18. August werden alljährlich die *Troja-Festspiele* veranstaltet. Musikalische Darbietungen und Theateraufführungen gehören zum Programm.

Nützliche Adressen und Telefonnummern

Vorwahl: 0286

Polizei: 212 14 66 oder 217 52 63

Bushof, Atatürk Cad.: Neben den großen Busgesellschaften des Landes, die einige Fernverbindungen anbieten, bedient *Çanakkale-Truva-Company* das Umland in einem Umkreis von etwa 250 km.

Turkish Maritime Lines: İskele Meydanı, Tel. 217 18 15

Krankenhaus: İnönü Cad., Tel. 217 10 98

Leihfahrzeuge

▸ *Sudalar,* Kayserel Ahmetpaşa Cad., im Anafartalar Hotel.

▸ *Kandemirli,* Cumhuriyet Mey. Apaydınlar Plaza, 1. Stock, Tel. 212 81 36

▸ *Gezgin,* Kemalpaşa Mah., Tekke Sok. 2, Tel. & Fax 212 83 92

Verkehrsverbindungen

Minibus/ Dolmuş: Nach Troja und nach Güzelyalı fahren Minibusse vom Platz in der Atatürk Caddesi, nach Assos und Ayvacık vom Bushof. Für mehrere Personen ist es oft günstiger, von Çanakkale zu Ausflugszielen der Umgebung ein Taxi zu nehmen.

Bus: Im Stundentakt fahren Busse nach İstanbul, İzmir, Bursa, Yalova, Ankara, Bergama, Ayvacık, Akçay, Edremit und Burhaniye.

Tip: Wer von Çanakkale auf dem Weg nach Süden eine Besichtigung von Troja plant und erst hier in den Bus zusteigen will, besorgt sich für die Weiterfahrt am besten schon am Vortag in Çanakkale eine Fahrkarte, um nicht unter Umständen wegen Überfüllung des Busses zurückbleiben zu müssen. Im Büro sollte man ausdrücklich mitteilen, daß man erst an der Abzweigung nach Troja zusteigen möchte.

Schiff: Fährschiffe verkehren zwischen Eceabat und Çanakkale sowie zwischen Gelibolu und Lâpseki. Von Çanakkale fährt fast stündlich ein *dolmuş*-Boot zur Dardanellenfestung *Kilitbahır*. Preise und Zeiten gelten für beide Routen: von 7 bis 23 Uhr stündlich, danach alle zwei Stunden; Pkw/ Kleinbus 9 DM, Person ca. 1 DM.

–▸ Hinter Çanakkale führt die gut ausgebaute E 87 zunächst durch eine fruchtbare Küstenebene und später durch eine bergige, zum Teil baumbewachsene Landschaft bis zum *Intepe*, einer Anhöhe. Von dort geht es noch eine Weile durch lichten Wald bis zur Abfahrt nach *Troja*, das ca. 5 km abseits der Route liegt.

♦ Troja

30 km südwestlich von Çanakkale liegen in der Nähe des Orts *Hisarlık*, dessen Moschee schon von weitem zu sehen ist, die Mauerreste des antiken *Troja* (trk. *Truva*).

Nach der griechischen Sage war Troja der Schauplatz des *Trojanischen Krieges*. Die Griechen kämpften hier zehn Jahre lang, um *Helena* zu befreien, die vom trojanischen Königssohn *Paris* hinter die Mauern der Stadt entführt worden war. Schließlich siegten die Belagerer mit Unterstützung der Olympischen Götter. Sie täuschten einen Abzug vor, ließen aber vor den Toren ein hölzernes Pferd, das *Trojanische Pferd,* zurück. In dessen hohlem Bauch verbargen sich die tapfersten Krieger der Griechen. Die ahnungslosen Trojaner rissen vor Begeisterung ihre Festungsmauern ein, um das Holzpferd in die Stadt zu schaffen. Die Griechen schlichen sich aus dem Pferd und öffneten ihren Truppen die Tore, denen es nun gelang, die Stadt in kürzester Zeit einzunehmen. *Homer* berichtet davon in seiner *Ilias*.

Die lange Siedlungsgeschichte Trojas wurde durch Grabungsarbeiten, die im 19. Jahrhundert mit Forschungen *Heinrich Schliemanns* begannen, ein wenig erhellt. Bisher wurden neun übereinanderliegende Siedlungsschichten freigelegt: Troja I (3.000 - 2.400 v. Chr.), Troja II (2.400 - 2.200 v. Chr.), Troja III-V (2.200 - 1800 v. Chr.), Troja VI (1.800 - 1.300 v. Chr.), Troja VII (1.300 - 1100 v. Chr.); in den folgenden 400 Jahren war Troja nicht mehr bewohnt; Troja VIII (700 - 334 v. Chr.) und Troja IX (334 v. Chr. - 400).

Das Ruinenfeld ist schon seit langem für Besucher erschlossen, allerdings ist die erhaltene Bausubstanz im Vergleich zu Ephesos eher unbedeutend. Im Herbst 1990 waren Tübinger Archäologen eifrig zu Werk gegangen und haben Teile der Unterstadt freigelegt, die von einem Graben umgeben war und deren Weitläufigkeit dazu zwingt, das alte Bild von einer relativ

Troja - kleines Theater

kleinen Siedlung zu revidieren. Seither wurden ein gutes Dutzend informative und übersichtliche Schautafeln mit deutschen, englischen und türkischen Texten aufgestellt. Auch graphische Rekonstruktionen und Fotos helfen dem Laien, ein anschauliches Bild vom früheren Troja zu gewinnen. Zu den sehenswerten Ruinen zählen die Ostmauer mit einem Turm, Einraumhäuser mit einem rechteckigen Raum und vorgezogenen Wänden, Toranlagen wie das Südtor und zwei kleinere Heiligtümer. Ansonsten ist der mehr oder weniger gelungene Nachbau des *Trojanischen Pferds* zu bestaunen (Anlage geöffnet täglich 8 - 19 Uhr, im Winter bis 17.30 Uhr, Eintritt 3 DM, inklusive Museum).

Übernachten

▸ *Hisarlık Hotel,* im nahen Tevfikiye Köyü, Tel. 0286-283 10 26, Fax 283 10 87, ist ein recht ansprechendes Hotel, das oft von Reisegruppen genutzt wird. Es wartet mit modern eingerichteten Zimmern (alle mit Du/WC) auf, die nach den Figuren des Homerschen Epos benannt sind.

Tip: "Ein neuer Kampf um Troja" - so heißt ein bemerkenswertes Buch des Altertumsforschers *Eberhard Zangger*, in dem der Versuch unternommen wird, die neueren Grabungsergebnisse im Bereich der sagenhaften Stadt in den Kontext spätbronzezeitlicher Geschichte zu stellen (Eberhard Zangger: Ein neuer Kampf um Troja, Droemer Knaur Verlag, München, 1994).

➞ Bei *Taştepe* bieten sich zwei Möglichkeiten für die Weiterfahrt: der direkte Weg über das Städtchen *Ezine* (13.000 Einwohner), im Tal von *Akçın Dere,* durch lichtes Waldgebiet an der Abzweigung nach Ayvacık vorbei und anschließend über eine steile Straße in den Küstenort *Küçükkuyu* hinunter oder bei der Abfahrt Taştepe über *Gülpınar* und *Assos* zu dem an der Hauptroute gelegenen *Ayvacık*.

♦ Von Pınarbaşi nach Gülpınar

An dieser Nebenroute liegen eine Reihe lohnender Ausflugsziele.

Beim Ort *Pınarbaşi* zweigt ca. 100 m nördlich der Brücke flußaufwärts ein unbefestigter Weg ab, der nach 500 m zu einem Platz mit heißen Quellen führt. Einige Kilometer südlich von Pınarbaşı liegt *Odunluk İskelesi*. Im Ort findet man einige kleine Lokantas und eine Anlegestelle, von der aus eine Fähre nach *Bozçaada* geht (Abfahrt 10, 14 und 19 Uhr, Rückfahrt 7.30, 12.30, 17.30 Uhr, 1 DM/ Pers., 15 DM/ Auto). Es gibt zwar einen 2 km langen Sandstrand, aber der ist schmutzig und bietet zudem keinen Schatten. Zum Übernachten bietet sich *Çamlık Camping*, ca. 1 km auf der Straße in Richtung Gülpınar (schattiger Platz, Stromanschlüsse, einfache Sanitäranlagen, guter Badestrand, 2 Pers./ Zelt/ Auto 7 DM).

Die Fahrt in Richtung Süden führt nach *Alexandreia Troas*. Die Straße verläuft an den Ruinen vorbei. "Am folgenden Morgen sahen wir das Fundament der alten Stadtmauer von Alexandreia Troas vor uns. Wir ritten wohl tausend Schritt an diesem Wall entlang und fanden mächtige Steintrümmer, Granitsäulen, Gewölbe und Architraven und schöne Kapitelle auf der Ebene herumgestreut. Plötzlich standen wir vor einer mächtigen Ruine. Es macht einen eigenen, wehmütigen Eindruck, einen solchen Riesenbau in dieser ganz menschenleeren Einöde zu finden" (Helmut Moltke, 1835-39). Seit Moltke hat sich nicht viel geändert.

Ca. 3 km südlich von Alexandreia Troas sprudeln die Thermalquellen von *Kestanbol*. Hier gibt es ein kleines Badehaus.

TROJA

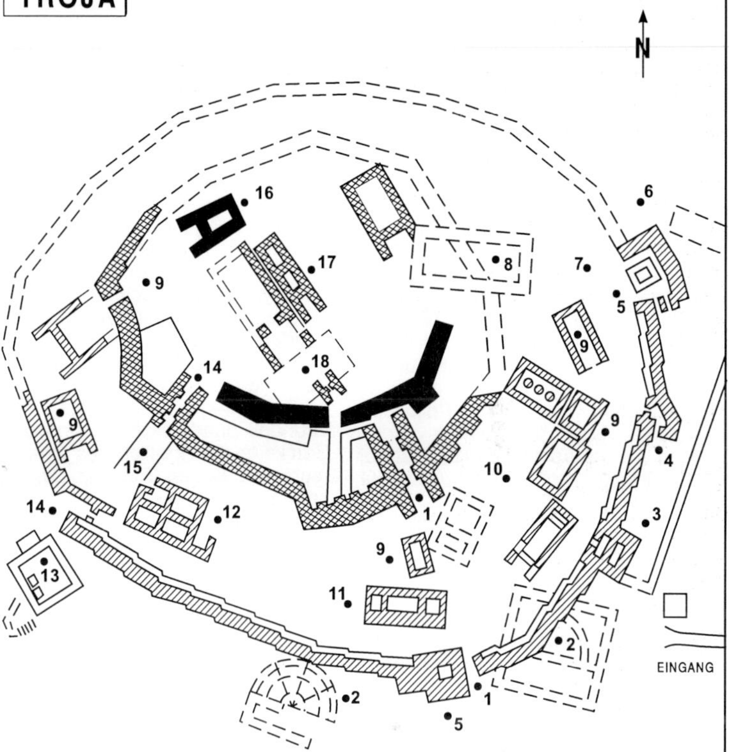

0 50m

- ■ Troja I (3.000 - 2.400 v. Chr.)
- Troja II (2.400 - 2.200 v. Chr.)
- Troja VI (1.800 - 1.300 v. Chr.)
- □ Troja IX (334 v. Chr. - 400 n. Chr.)

1 Südtor
2 Theater/ Versammlungshaus
3 Ostmauer mit Turm
4 Osttor
5 Turm
6 Eckturm
7 Vorplatz zum Athena-Tempel
8 Athena-Tempel
9 Einraumhaus
10 Tempel
11 Säulenhaus
12 Vorratshaus
13 Heiligtum
14 Westtor
15 Rampe
16 Palast
17 Frauengemach
18 Hof

➔ Von Troja führt der Weg über *Geyiklı* und *Tavaklı İskele*. Kurz hinter Tavaklı İskele liegt ein ca. 1 km langer, sauberer Sandstrand. Mehrere einfache Campingmöglichkeiten finden sich an der Straße.

In *Gülpınar* bietet sich ein Ausflug nach *Babakale* zum westlichsten Punkt Kleinasiens an.

♦ Behramkale/ Assos

Ca. 18 km südwestlich von Ayvacık (6.000 Einwohner) liegt in der Nähe des Orts *Behramkale* das Ruinenfeld des antiken *Assos*, das einst eine Fläche von 2,5 km² einnahm. Die Gründung der Stadt geht auf Äolier zurück, die hier einen Hafen- und Stapelplatz anlegten. Der bekannte Philosoph *Aristoteles* lebte dort einige Jahre, ebenso wie der Apostel *Paulus,* der auf einer seiner großen Reisen in Assos für längere Zeit verweilte.

Heute noch sehenswert sind der Athena-Tempel, Teile des Marktplatzes (Agora) sowie die überaus beeindruckenden Reste eines Stadttors und der Stadtmauer. Nirgendwo sonst im Bereich der ehemaligen hellenischen Welt findet man ein solch intaktes Mauerwerk, das teilweise noch bis zu einer Höhe von 14 Metern aufragt, ohne daß die zahlreichen Erdbeben und Wind und Wetter auch nur einen der gut gefügten Quader verschoben hätten. In jüngerer Zeit wurde im Süden unterhalb des Burgbergs das kleine Theater der Stadt ausgegraben, dessen Zuschauerraum ganz malerisch auf die gegenüberliegende Insel Lesbos schaut, wo man nach Südwesten sogar die genuesische Burg von Molivos ausmachen kann. Leider ist der Erhaltungszustand dieser Anlage nicht besonders gut.

Ansehnliche Bauwerke aus jüngerer Zeit sind die Moschee unterhalb eines hoch aufragenden Turms, dessen Grundriß quadratisch ist, und die alte Brücke im Tal nördlich des Orts, die in mehreren Bögen *Behram Cayı* überspannt.

Behramkale beeindruckt aber auch durch seine malerische Lage auf einem Berg über dem Meer mit Blick auf Lesbos wie auch durch das harmonische

Praktische Völkerverständigung rund um die Wasserpfeife

İskele - fast genau gegenüber liegt am Gestade der griechischen Insel Lesbos das Fischerdörfchen *Skála Sikaminiás* ("Skála" ist übrigens gleichbedeutend mit "İskele"). Noch vor einem Jahrzehnt trafen sich die Fischer von Skála und İskele in ruhigen, mondlosen Nächten in der Mitte des 12 km breiten Sunds, der die beiden "Welten" trennt. Sie hielten dort, mitten auf dem Meer, ein Schwätzchen (Viele ältere Griechen von Lesbos beherrschen noch ein paar Worte "Túrkika", und auch auf der anderen Seite gibt es noch einige, die "Yunan" verstehen), und sie rauchten zusammen eine Art "Friedenspfeife" - meist eine türkische *nagile* (Wasserpfeife). Es versteht sich beinahe von selbst, daß sich im heißen Kopf dieses Geräts nicht nur Tabak befand. Es gibt da noch andere Stoffe, die den Frieden befördern, und sie werden - an geheimen Stellen - auch noch auf Lesbos angebaut.

Meist war das *haschischi* aber die Morgengabe der Fischer von İskele. Seit sich die Konfliktparteien die Technologie zu Nutze machen, fand diese Art praktischer Völkerverständigung ein Ende: Die Radarüberwachung des Sunds wurde so dicht, daß die alten Freunde sich schließlich nicht mehr hinauswagten zu ihrem Treffen. Und einen legalen Weg gibt es (selbst ohne "haschischi") auch nicht: İskele hat nämlich kein Zollamt, und damit ist die offizielle Einreise aus Griechenland über die Meerenge unmöglich.

Nebeneinander einer intakten Dorfstruktur und mächtiger Ruinen. Insgesamt unbedingt empfehlenswert - auch wenn der Tourismus zunehmend die einstige Beschaulichkeit nur noch ahnen läßt.

Teepause unter schattigen Bäumen

♦ *İskele*

Von der Ruinenanlage Assos führt, vorbei an dem unlängst ausgegrabenen Theater, eine steile, mit bandscheiben-erschütterndem Kopfsteinpflaster gedeckte Straße zum Meer hinunter in den Ort *İskele*. Der malerische Ort, der sich exakt am Platz des antiken Hafens von Assos befindet, wovon zahlreiche in den Häusern und im Kai verbaute antike Mauer- und Säulenreste zeugen, hat einige Restaurants, Pensionen, einfache Campingplätze und einen kleinen Kiesstrand. Das pittoreske Ambiente hat dazu geführt, daß sich der kleine Hafen inzwischen zu einem recht mondänen Ferienort entwikkelt hat. Hier sonnen sich türkische Schlagersternchen und Filmstars, und die überwiegend aus Frankreich stammenden Touristen geben dem ganzen eine Saint-Tropez-Aura.

Der Ort mit seinen engen Straßen, der eigentlich nur aus einigen wenigen Häusern besteht, wäre im Prinzip sehr beschaulich, würden sich nicht in der Hauptsaison Dutzende von Autos und Hunderte von (überwiegend türkischen) Tagesausflüglern durch die engen Gassen quälen. Abends jedoch kehrt etwas Ruhe ein, und dann läßt sich die mondäne Beschaulichkeit durchaus genießen (→ Artikel "Praktische Völkerverständigung rund um die Wasserpfeife").

Umgebung von İskele

Von İskele aus ist es recht einfach, mit öffentlichen Verkehrsmitteln einen Ausflug zum Apollon-Heiligtum von Gülpınar zu unternehmen. Der Weg dorthin führt über Ayvacık, von wo aus Regionalbusse nach Gülpınar und auch nach Babakale verkehren. Einige bedienen zudem die gesamte Nebenstrecke bis hinauf nach Çanakkale, von wo man am gleichen Tag mit einem der Fernbusse Çanakkale - İzmir via Ayvacık wieder nach Behramkale und İskele zurückkehren kann.

Hoteliers und *dolmuş*-Fahrer bieten, so genug Interessenten zusammenkommen, Tagesausflüge nach Gülpınar, Troja und Çanakkale, manchmal auch nach Pergamon an. Darüber hinaus werden Bootstouren zu den benachbarten Stränden offeriert. Die Sightseeing-Tour zu den Ruinen des antiken Assos rund um das Hauptdorf Behramkale ist ohne Probleme mit einem *dolmuş* zu bewältigen.

Strände

Der Strand von İskele ist von eher mäßiger Qualität, überwiegend kieselig, stellenweise sogar steinig. Ein besserer Strand, von İskele aus über einen Fußpfad, von Behramkale über eine Piste zu erreichen, ist 3 km östlich der sandige *Kardiga Beach*. Hier gibt es auch ein Mittelklasse-Hotel (EZ 27 DM und DZ 54 DM, mit Frühstück).

Übernachten

▸ *Hotel Behram,* Tel. 0286-721 70 16, Fax 721 70 44, alle Zimmer mit Du/WC,

Die Olivenriviera

Je mehr man sich dem Meer nähert, um so intensiver schimmert das Landschaftsbild silbrig-grün. Bei Küçükkuyu beginnt die sogenannte "Olivenriviera". Der Begriff paßt: Längs des Südhangs der Ida-Berge und bis hinunter nach Ayvalık erstreckt sich eines der größten zusammenhängenden Olivenanbaugebiete der Türkei - das sich übrigens auf der griechischen Insel Lesbos fortsetzt. Die Früchte, die im Spätherbst und Winter geerntet werden, dienen nur zum geringeren Anteil der Speiseölgewinnung. Überwiegend werden die Oliven eingelegt und im ganzen Land verkauft (so auch in großen Gläsern längs der Fernstraße Çanakkale - Edremit).

Die Olivenriviera weist aber auch Strände auf - gebildet von Sand und Geröll der Winterbäche und Flüsse, die von den Ida-Bergen herunterstürzen. Hier hat sich in den letzten 15 Jahren - vor allem türkischer - Tourismus etabliert. Die Olivenriviera ist eine der Sommerfrischen der *İstanbullu*. Das hat dazu geführt, daß weite Strecken der schmalen Küstenebene und der nördlich anschließenden Ölbaumterrassen mit den in der Türkei immer noch wie Pilze aus dem Boden schießenden "Feriensiedlungen" aus hunderten von uniformen Minivillen verbaut worden sind.

Jenseits dieser Konzentrationen allerdings hat sich die Region einen fast archaischen Charakter erhalten. Sie eignet sich hervorragend für eine Kombination aus Badeurlaub und Streifzügen im "Hinterland". Sogar Bergtouren sind möglich.

Nicht zuletzt hat die Olivenriviera ein verhältnismäßig mildes Klima. Ist es an der türkischen Südküste im Sommer oft unerträglich schwül-heiß, so steigen die Temperaturen in diesem viel weiter nördlich gelegenen Landstrich selten über 30 Grad, und meist weht von den Bergen eine erfrischende Brise.

sauber; Restaurant mit fangfrischen Fischspezialitäten; das alte, schöne Steingebäude liegt direkt am Meer. EZ 30 DM mit Frühstück, 45 DM mit Halbpension, DZ 45 DM mit Frühstück, 60 DM mit Halbpension.

▸ *Şen Pansiyon,* Tel. 0286-721 70 76, ruhiges, einfaches Haus mit sauberen Zimmern; etwas am Berg gebaut; Dachterrassenrestaurant mit malerischem Blick über den Ort, aufs Meer und die Insel Lesbos; hat nur Doppelzimmer. DZ 63 DM, mit Halbpension.

▸ *Hotel Assos Kervansaray,* Tel. 0286-721 70 93, Fax 721 72 00, sehr stilvoll eingerichtetes Haus mit Zimmern um ein großes Atrium; Restaurant mit guten Fischgerichten. EZ 45 DM, DZ 88 DM, mit Frühstück.

▸ *Nazlıhan,* Tel. 0286-721 70 64, Fax 721 73 87, ein wunderschön restauriertes altes Gebäude, sehr geschmackvoll eingerichtet, mit Restaurant. EZ mit Meerblick 72 DM, ohne Meerblick 50 DM, DZ mit Meerblick 90 DM, ohne Meerblick 67 DM, Zustellbett 23 DM; mit Frühstück.

Es geht natürlich auch etwas billiger, nämlich auf den Campingplätzen (östlich der zu Hotels umgewandelten Ansammlung von Lagerhäusern), die auch teilweise über kleine Bungalows verfügen, z.B.:

▸ *Dost Camping,* kleiner terrassierter Platz mit Ölbäumen; saubere Sanitäranlagen; Restaurant. 2 Pers./ Zelt/ Auto ca. 7 DM. Der Platz verfügt auch über einige eher spartanisch eingerichtete Hütten, die als "Bungalows" klassifiziert werden; für 2 Personen 18 DM, mit Frühstück.

Verkehrsverbindungen

Weder İskele noch Behramkale sind an das landesweite Busnetz angebunden.

Der Weg führt stets über Ayvacık, und dorthin geht es nur mit dem *dolmuş* (der nur dann fährt, wenn genügend Fahrgäste zusammenkommen; Preis einfach ca. 2 DM) oder mit dem Taxi. Vom Bushof in Ayvacık besteht eine hervorragende Anbindung an die Strecken Çanakkale - Balıkesir und auch İstanbul - İzmir. Der Weg nach Ayvalık führt in der Regel über den Bushof von Edremit, von wo tagsüber eine häufige Regionalbusverbindung etwa im Halbstundentakt besteht.

➡ Von *İskele* über *Ayvacık* geht es auf die Hauptroute zurück. Eine steile Straße führt hinunter in den Küstenort *Küçükkuyu*.

Küçükkuyu

Küçükkuyu liegt 40 km westlich von Edremit. Vom Durchgangscharakter, den dieser Ort an der Hauptstraße vermittelt, sollte man sich nicht irritieren lassen und zum Ortskern am Meer hin abbiegen. Küçükkuyu wartet mit einer ca. 400 m langen, sehr breiten Promenade auf, die den Fischerhafen zum Land hin begrenzt. Hier befinden sich einige Teegärten und einfache Fischlokale.

Bei Küçükkuyu zweigt eine 3 km lange, ausgeschilderte Stichstraße nach Norden zu den Ruinen eines Zeus-Altars ab, der auf einem 250 m hohen Vorhügel der Ida-Berge errichtet wurde. Eine genaue Datierung steht bisher aus. Es ist aber gut möglich, daß die Stätte aus der römischen Epoche stammt und in Bezug steht zu den überlieferten Ereignissen des trojanischen Krieges. Die Römer sahen sich als Nachkommen des Trojaners *Aeneas,* der dem Inferno rechtzeitig den Rücken gekehrt haben soll. Zeus wiederum, so berichtet Homer, schaute sich das Schlachtengetümmel von den Höhen der Ida-Berge an. Die "Ilias" war in Rom Allgemeingut, die Lage der sagenhaften Stadt wohl noch bekannt, und so ist es durchaus möglich, daß Römer dem Vorläufer ihres Gottes Jupiter am Fuß der Ida-Berge eine Kultstätte errichtet haben.

Übernachten

Weiter südlich am Ortsausgang beginnt ein "Dorf im Dorfe" namens "Moteller" (Die Motels). Wie der Name schon sagt, befinden sich hier:

▸ *Gültur Motel,* Tel. 0286-752 50 95, Anlage mit sehr viel Grün, Blumen und

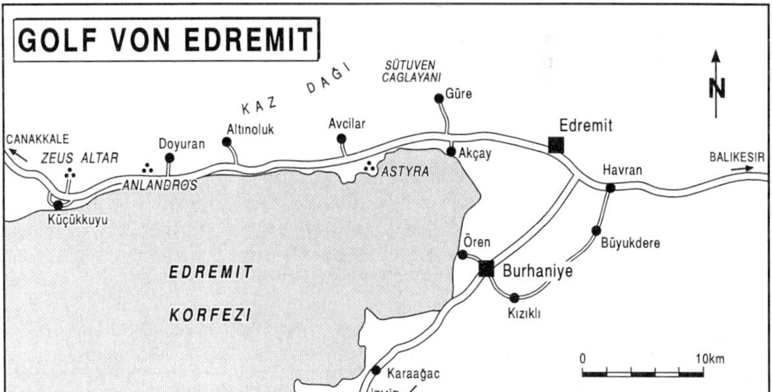

Gärten, Disco, Restaurant, Live-Musik, feiner Sandstrand. Camping pro Pers./ Zelt/ Auto 10 DM, Motel-DZ 54 DM mit Vollpension, Bungalow im Garten 35 DM, empfehlenswert.

▸ *Motel İdatur,* Tel. 0286-752 50 56, ähnlicher Standard wie Gültur, zusätzlich Swimmingpool, Tennisplatz, Tischtennis und Bootsrundfahrten; keine Campingmöglichkeit. DZ 38 DM, Frühstück auf Wunsch.

Am kilometerlangen Sandstrand, der sich südlich von Küçükkuyu anschließt, befinden sich weitere Campingplätze und kleinere Touristendörfer.

–▸ Die Route, an der sich Campingplätze, Hotelanlagen und Badestrände reihen, folgt der Küstenstraße vorbei an der Abfahrt nach *Güre*. Hier gibt es 52 °C heiße Quellen, die bei Frauenleiden, Stoffwechselkrankheiten und Rheuma helfen sollen. Das Wasser enthält Natrium, Amonium, Calcium und Magnesium.

Akçay

... war früher ein kleines, verschlafenes Fischerdörfchen. Inzwischen wird es stark von inländischen Touristen aufgesucht. Im Zentrum hat Akçay eine Promenade und auch einen schönen Sandstrand, der sich vom Ortskern gut einen Kilometer nach Südosten erstreckt. Seine Vorzüge: Strand mit dunklem, feinen Sand, ca. 50 m breit und sauber. An der Promenade selbst befinden sich Teegärten und Fischlokale.

Tip: Eine Spezialität von Akçay ist *alabalık* (Forelle).

Touristeninformation

Edremit Cad., Karabudak Apt. 2, Zemin Kat., Einfallstraße nach Akçay, Tel. & Fax 384 11 13, geöffnet im Sommer 8 - 12, 13 - 20 Uhr, im Winter bis 17 Uhr; Deutsch und Englisch sprechendes Personal, das allerdings nur spärliches Informationsmaterial bereithält. Die Kenntnisse der Übernachtungsmöglichkeiten sind jedoch sehr gut: Je nach Preisvorstellung und Anspruch gibt es fast immer einen guten Tip.

Übernachten

Bei den folgenden Pensionen und Hotels der eher einfachen Kategorie liegen die Preise für eine Übernachtung bei 8 bis 12 DM pro Person:

▸ *Sükran Pansiyon,* Plaj Cad., Tel. 0266-384 26 67, einige Zimmer mit Balkon, einfache Einrichtung, Etagendusche, überdachte Terrasse.

▸ *Pars Pansiyon,* Tatil Köyü Cad. 11, Akçay, Tel. 0266-384 17 36, einfach eingerichtete Zimmer, einige mit Balkon; Etagendusche.

▸ *Cantürk Motel,* Etiler Cad., Akçay, Tel. 0266-384 15 36, alle Zimmer mit Du/ WC, sehr einfach eingerichtet; aber das Haus hat einen direkten Zugang zum Strand.

▸ *Turban-Feriendorf,* Tel. 0266-38412 01, bietet sich für Wassersportfreunde an; Deutsch sprechendes Personal. Die Ferienanlage kann mit einem gepflegten Strand aufwarten. Zu den Freizeit- und Sportmöglichkeiten gehören: Basketball, Tennis (10 DM/ Std.), Swimmingpool, Meerwasserbecken, Wasserski (15 DM/ Std.), Surfen (10 DM/ Std.), verschiedene Tauchangebote (Tauchgang 70 DM). Dem Hotelkomplex angeschlossen sind ein Minimarkt, ein Restaurant und eine Diskothek. Alle Freizeitangebote können auch Gäste nutzen, die nicht im Feriendorf wohnen. Im Motel EZ 50 DM, DZ 80 DM; im Strandhaus DZ 105 DM, DRZ 135 DM; Suite für zwei Personen 110 DM, mit Halbpension.

Essen und Trinken

Neben zahlreichen Restaurants an der Promenade sind die Restaurants *Ma-*

rina am westlichen Ende der Promenade und *Meydan* am Hauptplatz mit einem vielfältigen Angebot von Fischgerichten und türkischen Spezialitäten (Menüs für ca. 6 DM) besonders empfehlenswert. Für andere Geschmäcker gibt es gleich neben der Post *Afrodit Pide Salonu* mit ausgezeichneter türkischer Pizza *(pide)*.

Verkehrsverbindungen

Bus: Von der Bushaltestelle bei der Post (Platz hinter der Promenade) fahren Stadtbusse nach Edremit. An den gegenüberliegenden Büros der Busagenturen halten die Busse nach Çanakkale und Pamukkale.

Mittlerweile verfügt Akçay auch über einen kleinen, recht improvisiert wirkenden Bushof am nordöstlichen Ortsrand. Nicht mehr alle Busse fahren daher in die Ortsmitte. Die einschlägigen Busgesellschaften unterhalten allerdings einen Zubringerdienst.

Sehr häufig sind die Verbindungen nach Çanakkale, nach Balıkesir, auch nach İzmir und İstanbul. Problematischer ist es schon, etwa nach Ayvalık zu kommen - das bedeutet meistens Umsteigen in Edremit.

♦ Sütüven-Wasserfälle

2 km nördlich von Akçay liegen beim Ort Kızılkeceli die *Sütüven Wasserfälle*, die von Bächen aus *Kaz Dağı* gespeist werden. Ein Becken unterhalb der Wasserfälle lädt zum Schwimmen ein.

Edremit

35.500 Einwohner, 10 m hoch,
205 km N von İzmir

Das Landstädtchen *Edremit*, das 10 km vom Meer entfernt in einer fruchtbaren Schwemmlandebene liegt, lebt vom Handel mit Getreide, Obst und Gemüse. Im Umland gedeihen Weizen, Mais, Bohnen und Weintrauben. Zwischen den Feldern breiten sich Oliven- und Feigenbaumgärten aus.

Sehenswürdigkeiten hat die Stadt kaum zu bieten, außer der **Kurşunlu-Moschee**, dem ältesten islamischen Bauwerk der Gegend. Der Baumeister *Sinan* hat sie errichtet. *Yeşil Parkı* (Grüner Park), gegenüber dem Bushof, lädt mit seiner reichen Vegetation zu einer erholsamen Teepause ein.

Umgebung von Edremit

♦ Kaz Dağı

Die Bergregion von *Kaz Dağı* (1.767 m), 10 km westlich von Edremit, eignet sich gut für Tagesausflüge. Aber Vorsicht! Hier soll es noch Bären und Wölfe geben.

Strände

Einige kleine Sandstrände sind über die Straße nach Ayvacık zu erreichen. Manche sind schlecht zugänglich, andere liegen direkt an der E 87.

Den Renommierstrand von Edremit findet man bei Akçay; er ist mit Stadtbussen zu erreichen.

Touristeninformation

Die nächste Touristeninformation ist in Akçay.

Übernachten

Siehe Umgebung von Edremit und → Akçay.

Einkaufen

Ein Erlebnis sind die Wochenmärkte in Edremit, Havran und in Burhaniye. Obst und Gemüse aus der Region sowie Nutztiere werden dort angeboten.

Nützliche Telefonnummern

Vorwahl: 0266
Polizei: 373 10 90

Krankenhaus: 373 10 82
Bushof: 373 10 70

Verkehrsverbindungen

Dolmuş: Etwa im 10-Minuten-Takt verkehrt vom Stadtzentrum ein *dolmuş* nach Akçay. Er nimmt die Hauptstraße, die am Bushof von Edremit vorbeiführt, so daß eine gute Umsteigemöglichkeit besteht. Auch am kleinen Bushof von Akçay führt die Route vorbei. In Akçay selbst startet ein *dolmuş* vom Platz im Ortszentrum.
Bus: Der Bushof befindet sich etwas südwestlich des Stadtzentrums an der Kreuzung der Fernstraßen nach Balıkesir/ Bursa, Ayvalık/ İzmir und Çanakkale/ İstanbul. Von dort bestehen sehr gute Verbindungen auf der Strecke Balıkesir - Çanakkale und ebenso Çanakkale - İzmir. Aber auch andere große Städte des Landes werden bedient, etwa Ankara, İstanbul, Antalya, Alanya, Kayseri, Malatya, Samsun, Ordu, Giresun, Trabzon, Rize, Hopa, Keşan.

Für die Verbindung nach Ayvalık sorgen Regionalbusse, die tagsüber etwa im Halbstundentakt verkehren und stets auch über Burhaniye fahren, was die Fahrzeit auf der eigentlich kurzen Strecke auf 1,5 Stunden verlängert.

Stadtbusse fahren nach Ören, Burhaniye und Akçay im Stundentakt.
Flugzeug: Südlich von Edremit wurde 1995/96 der kleine Regionalflughafen *Körfez Havaalani* gebaut. Zukünftig werden von dort einige innertürkische Verbindungen aufgenommen, etwa nach İstanbul und Ankara.

–▸ Von Edremit führt die Route durch das Schwemmland von *Havran Çayı* am Landstädtchen *Burhaniye* (22.000 Einwohner) vorbei. Von hier bietet sich ein Ausflug ins nahe *Ören* an.

♦ Ören

... ist ein reiner Ferienort. Sein Erscheinungsbild bestimmen Restaurants, Bars und Souvenirläden. Das Zentrum des Orts liegt an der breiten Promenade, die an einem sauberen Strand vorbeiführt. Dieser erstreckt sich etwa über 2 km und ist auf seiner ganzen Länge gut 50 m breit. Leider findet sich hier kaum ein schattiges Plätzchen.

Anfang August findet im Ort an drei Tagen das *Ören-Fest* mit Musik, Folklore und türkischen Speisen statt.

Touristeninformation

- in Burhaniye: Hükümet Konagi, Tel. & Fax 0266-412 75 56, geöffnet im Sommer 8.30 - 12, 13 - 18 Uhr
in Ören: an der Straße zum Strand, Tel. 0266-422 28 70, geöffnet im Sommer 8 - 12, 13 - 19 Uhr, im Winter bis 17 Uhr; freundliches, Deutsch sprechendes Personal, das eine gute Karte bereithält.

Übernachten

▸ *Turban Ören Tatil Köy,* Tel. 0266-422 12 17. Das Turban-Dorf in Ören hat den gleichen Standard wie das in Akçay. Informationen zu Übernachten und Wassersport → Akçay/ Übernachten.

▸ *Hotel Urut 2-Erkal,* Tel. 0266-422 12 05, ca. 100 m von der Touristeninformation entfernt, Deutsch sprechendes Personal, sehr gepflegte, fast luxuriöse Anlage; kreisförmig um den Swimmingpool angelegte Zimmer, Restaurant, Café, Bar. EZ 37 DM, DZ 49 DM, mit Frühstück.

▸ *Altın Camping,* Ören, Tel. 0266-422 12 01, parkähnliche Anlage mit vielen schattenspendenden Bäumen und Sträuchern; gute Sanitäranlagen, Restaurant, Tischtennis- und Tennisanlagen, Surfbrett-, Ruderbootverleih und Diskothek. Zelt/ Pkw/ Kleinbus 3 DM, pro Person 6 DM.

Essen und Trinken

Zu empfehlen ist in der Nähe der Touristeninformation das Restaurant *Kaya*

Mehmet – der Schuhputzer

Der Hafen von Antalya – einer der schönsten an der Südküste

Die Türkei hat viele Gesichter

Schmuck alter Bauwerke – Fliesen aus İznik

Die Sinterterrassen von Pamukkale – ein Wunderwerk der Natur

Yılmazın Yeri, vor allem wegen seines großen Angebots an Fleischgerichten und Meeresfrüchten.

Leihfahrzeuge

▸ *Hertz,* im Ortszentrum, Tel. 0266-422 13 43

Verkehrsverbindungen

Bus: Von Ören verkehren halbstündlich Stadtbusse nach Burhaniye. Von dort kann man nach Ayvalık weiterreisen, wo eine gute Anbindung an das überregionle Busnetz besteht.
Schiff: Ab Ören fährt während der Sommersaison zwischen 10.30 und 18.30 Uhr stündlich ein Boot nach Akçay (ab Akçay zwischen 9.30 und 17.30 Uhr). Preis: einfach 3 DM, hin und zurück 6 DM.

Ayvalık

26.000 Einwohner, 160 km N von İzmir

Das Städtchen liegt an der gleichnamigen Bucht. Die Bewohner leben hauptsächlich von der Arbeit in Fischkonserven- und Seifenfabriken sowie von den Erzeugnissen der Öl- und Kornmühlen. Ein Großteil der ehemaligen, hauptsächlich griechischen Bevölkerung wurde im Zuge des türkisch-griechischen Konflikts nach dem Ersten Weltkrieg ausgewiesen. In der Folge siedelten sich Türken an.

Ayvalık hat - selten für türkische Orte - eine kleine Fußgängerzone. Hier reihen sich vor allem Souvenirläden mit Lederwaren, Schmuck, Kupfergegenständen, Wasserpfeifen und natürlich auch viel Tand.

Der außerhalb der Saison verschlafene Ort wird vor allem im Sommer von türkischen, aber auch mittlerweile von ausländischen Touristen besucht. Der Massentourismus konzentriert sich allerdings 8 km weiter im Süden am langen Sandstrand von *Sarımsaklı.* Das hat Ayvalık den Charme eines verschlafenen Fischerstädtchens bewahrt.

Für Besichtigungen gibt Ayvalık auf den ersten Blick nicht allzuviel her. Doch da sind zahlreiche ehemals griechisch-orthodoxe Kirchen, die zu Moscheen umgewandelt wurden, da ist die *Hamidiye-Moschee* an der Hauptdurchgangsstraße in Richtung *Alibey Adası*, erbaut im Auftrag von Sultan Abdulhamit II. in der zweiten Hälfte des 19. Jahrhunderts, da sind die einzigartigen Stadthäuser (→ Artikel "Ayvalık - ein wenig Geschichte"). Auf Alibey findet man Ruinen alter orthodoxer Klöster und auch einige Mauerzüge aus dem Altertum. Die antike Stadt *Pordoselene* wird auf dieser Insel (seit dem Bau eines Damms eigentlich eine Halbinsel) vermutet. Das Umland mit seinen schönen Stränden bietet vor allem erholsamen Urlaub.

Umgebung von Ayvalık

♦ *Lesbos*

Viele Inseln und Inselchen liegen unmittelbar vor der Küste, von denen einige mit dem Boot von Ayvalık aus gut zu erreichen sind. Die größte von ihnen ist das griechische *Lesbos* (trk. *Midilli*). Auf der 1.630 km² großen, sehr fruchtbaren und zum Teil bewaldeten Insel leben knapp 100.000 Menschen. Die Haupteinnahmequelle der Inselbewohner war früher der Verkauf von Oliven. In den letzten Jahren hat man damit begonnen, in den Olivenmonokulturen Obst- und Gemüseplantagen anzulegen. Außerdem versuchte man, die Viehzucht zu intensivieren.

Der Verwaltungssitz der Insel ist *Mytilíni.* Hier legt auch die Fähre aus Ayvalık an (→ Verkehrsverbindungen). Da Lesbos schöne Strände hat, eignet sich die Insel bestens für einen Badeaufenthalt.

Strände

Wer an der Küste auf Entdeckungsreise geht, wird kleinere, nicht über-

Ayvalık - ein wenig Geschichte

Der Ort hat - mit großer Wahrscheinlichkeit - eine antike Vorläufersiedlung gehabt. In der byzantinischen Epoche versank Ayvalık jedoch in ziemlicher Bedeutungslosigkeit. Im 15. Jahrhundert ließen sich die ersten türkischen Siedler nieder. Die griechisch-orthodoxe Bevölkerung blieb aber weiter dominant. Ab dem 18. Jahrhundert wurde Ayvalık zu einem wichtigen Ausfuhrhafen für die Produkte des Umlands; vor allem wurde Handel mit der Insel Lesbos betrieben. Durch das Aufblühen des Handels entstand eine Klasse von wohlhabenden griechisch-orthodoxen Stadtbürgern. Aus den sozialen Bedürfnissen dieses Stadtbürgertums entstand ein eigener Stadtteil.

Ayvalık ist durch zwei Straßen strukturiert: die von Norden nach Süden verlaufende Küstenstraße und die im Stadtzentrum nach Osten weisende Hauptgeschäftsstraße. Die West-Ost-Achse verbindet neues und altes Stadtzentrum. Das alte Zentrum ist kenntlich durch einen heute weitgehend verödeten Platz und die nahen Kirchen, etwa *şgios Yánis* und *şgios Yórgis*, die heute beide als Moscheen genutzt werden. Durch diese Achse ist das Städtchen zweigeteilt: im Süden Ölmühlen, Gewerbebetriebe und kleine, niedrige Wohnhäuser, im Norden - über einen Hang gestreut - die traditionellen Stadthäuser der Griechen. Sie bilden bis heute ein weitgehend geschlossenes Viertel mit engen, steingepflasterten Gassen. Die Häuser sind meist auf quadratischem Grundriß errichtet. Die Außenwände sind verputzt. Während die Anstriche in den verschiedensten Farben leuchten, sind Fenster- und Türöffnungen durch fein behauenes, sandsteinartiges Gestein von intensiv rostroter Farbe eingefaßt. Die Bauten sind zwei- oder dreigeschossig, das Dach vierseitig geneigt und mit Ziegeln eingedeckt.

laufene Strände finden. Auf *Alibey Adası* und bei Çamlık gibt es noch einige solcher Idylle. Bei Ada Camping bzw. Ortunç Camping, beide auf Alibey Adası, liegen kleinere Strände mit feinem Kies. Das flache Wasser ist sehr gut für Kinder geeignet. Beim Çamlık-Campingplatz lädt eine schöne, bewaldete Bucht zum Baden ein. Sie wird allerdings auf einer Seite von der Straße begrenzt. Sarımsaklı wartet mit einem kilometerlangen Strand auf, der allerdings über weite Strecken mit Hotels bebaut und oft "privatisiert" ist.

Touristeninformation

Yatlıman Çarsısı, Tel. & Fax 312 21 22, geöffnet im Sommer tgl. außer außer Sa und So 8.30 - 18 Uhr, im Winter 8 - 12, 13 - 17 Uhr, eher spärliches Informationsmaterial. Es wird Französisch und ein wenig Englisch gesprochen.

Übernachten

▸ *Hotel Canlı Balık,* Gümrük Cad. 20, Tel. 312 22 92, mitten im Stadtzentrum, etwas verwohnt, auch Zimmer mit Du/WC. EZ 10 DM, DZ 18 DM.

▸ *Hotel Kral,* mitten im Stadtzentrum am Belediye-Platz, Tel. 312 21 01. EZ 18 DM, DZ 27 DM, mit Frühstück.

▸ *Hotel Kaptan,* etwas nödlich des Hafens, direkt am Meer, Tel. 312 88 34, kleines Haus, sehr sauber. DZ 27 DM, mit Frühstück.

▸ *Hotel Ayvalık Palace,* Gümrük Mey., Tel. 312 10 64 oder 312 10 89, gut eingerichtete, sehr saubere Zimmer, alle mit Du/WC. EZ 18 DM, DZ 36 DM, mit Frühstück.

▸ *Çamlik Camping,* an der Straße zu Şeytan Sofrası, Tel. 261 26 64, staatlich verwalteter Platz unter großen, schattigen Pinien, gute Sanitäreinrichtungen, geöffnet vom 1.5. bis 31.10. Zelt 3 DM, Wohnwagen 5 DM, Wohnmobil 4 DM, zusätzlich pro Person 1 DM.

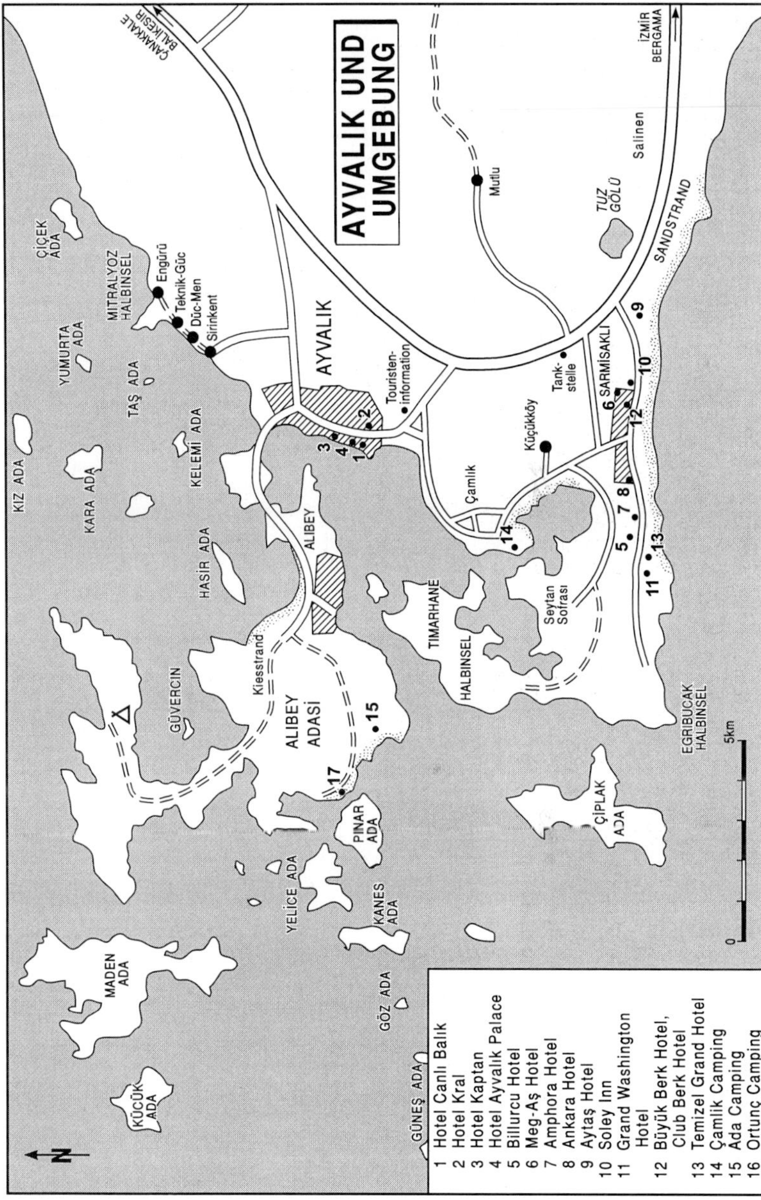
AYVALIK UND UMGEBUNG
ÇANAKKALE
BALIKESİR
İZMİR
BERGAMA
AYVALIK
Touristen-information
Mutlu
Salinen
TUZ GÖLÜ
SANDSTRAND
Tank-stelle
SARMİSAKLI
Küçükköy
Çamlık
Seytan Sofrası
TIMARHANE
HALBINSEL
EGRIBUCAK HALBINSEL
ÇİPLAK ADA
ALIBEY
ALIBEY ADASİ
Kiesstrand
PINAR ADA
KANES ADA
YELİCE ADA
GÖZ ADA
GÜNEŞ ADA
KÜÇÜK ADA
MADEN ADA
GÜVERCIN
HASIR ADA
KELEMİ ADA
KARA ADA
KIZ ADA
TAŞ ADA
YUMURTA ADA
ÇİÇEK ADA
MITRALYOZ HALBINSEL
Engürü
Teknik-Güc
Düc-Men
Sirinkent
N
0
5km
1 Hotel Canlı Balık
2 Hotel Kral
3 Hotel Kaptan
4 Hotel Ayvalık Palace
5 Billurcu Hotel
6 Meg-Aş Hotel
7 Amphora Hotel
8 Ankara Hotel
9 Aytaş Hotel
10 Soley Inn
11 Grand Washington Hotel
12 Büyük Berk Hotel, Club Berk Hotel
13 Temizel Grand Hotel
14 Çamlik Camping
15 Ada Camping
16 Ortunç Camping

Außer den bereits aufgeführten Campingplätzen (→ Umgebung) gibt es an der Küste eine Reihe kleinerer Plätze, die alle recht einfach sind. Einige Hotels und Restaurants gestatten auch campen auf ihrem Gelände.

Essen und Trinken

Sowohl in Ayvalık als auch in Çamlık, Orta Çamlık, Sarımsaklı und auf Alibey gibt es hervorragende (Fisch-)Lokale.

In Ayvalık findet man Lokantas am Strand und im Ort, die durchweg gut sind, z.B. das Restaurant des *Kumsal-Motel* oder *Restaurant Berna*. Ausgezeichnete Pizza und Fleischspieße ißt man im Restaurant *Altın Pizza* in der Straße zwischen den beiden Berk-Hotels. Dieses Restaurant wird von einer außerordentlich gastfreundlichen Familie betrieben, die mit einem preisgünstigen Angebot aufwartet. Am Hafen gibt es Restaurants und ein Teegarten; alle liegen direkt am Wasser und sind durchweg zu empfehlen.

Tip: Eine Spezialität von Ayvalık sind *papalina*, kleine, gebratene Fische, die - wie ein Fächer angeordnet - serviert werden. *Papalina* gibt es nur im August.

Einkaufen

In einer Seitengasse (Ülgen Terzihanesi) gibt es einen kleinen Markt mit viel frischem Obst und Gemüse.

Treffpunkt

Die abendlichen Treffpunkte sind die Uferpromenaden von Ayvalık, Alibey, Çamlık und Sarımsaklı (→ Umgebung von Ayvalık). Für Musikfans besteht zudem noch die Möglichkeit, sich in den drei Discos von Sarımsaklı zu vergnügen: Die *Highway-Disco* im europäischen Stil ist bei zivilen Preisen im Sommer Treffpunkt der türkischen Jugend. Gut gekleidet bewegt man sich hier zu den neuesten Rhythmen. Die Disco im *Hotel Aytaş*, sehr westlich orientiert, können auch Gäste von außerhalb besuchen.

Freizeitangebote

In den großen Hotelanlagen und auf den Campingplätzen von Ayvalık und Umgebung findet man ein großes Angebot an Sportmöglichkeiten jeglicher Art, das auch von Gästen von außerhalb zu nutzen ist.

Organisierte Ausflüge

▸ *Agentur Keeb*, Talatpaşa Cad. 51, Tel. 312 19 38, bietet außer Mehrtagestouren nach İzmir, Bursa und İstanbul auch Tagesausflüge nach Pergamon (40 DM, an einem Tag in der Woche mit deutscher Führung), Ephesos (65 DM), Troja und Assos (45 DM) an. Bei allen Touren ist das Mittagessen inbegriffen.

Ein ähnliches Angebot haben die folgenden Agenturen, die ebenfalls im Bereich des Hafens zu finden sind:

▸ *Eresos Tur Seyahat Ac.*, Gümrük Mey., Tel. 312 29 21

▸ *Jale*, Gümrük Cad., nahe Zollamt, Tel. & Fax 312 27 40

▸ *Acme*, im Temizel Hotel (→ Sarımsaklı, Übernachten), Tel. 324 20 00

Außerdem werben zahlreiche Bootseigner für ihre Fahrten zu den Inseln vor der Küste von Ayvalık. Die Preise bewegen sich um 35 DM pro Person. Man sollte sich von dieser "einmaligen" Fahrt nicht zu viel versprechen.

Nützliche Telefonnummern

Vorwahl: 0266
Polizei: 312 98 81, 312 95 00
Krankenhaus: 312 17 44

Leihfahrzeuge

▸ *Avis*, Talatpaşa Cad., 67/B, Tel. 312 24 56, Fax 312 37 34

▸ *Eresos Tur* (→ Organisierte Ausflüge)

Verkehrsverbindungen

Bus: Fernverbindungen gehen ab dem Bushof, etwa 1,5 km nördlich des Stadtzentrums; der Regionalbushof (für Verbindungen in Richtung Burhaniye, Edremit) befindet sich etwa 1 km nördlich des Stadtzentrums.

Busse nach Bergama gehen ab Bushof und (häufig) ab Haltestelle beim Yachthafen, gegenüber dem Gymnasium; *dolmuşlar* nach Sarımsaklı (bis in die Nacht, sehr häufig) gehen ab Stadtzentrum (zwischen Zollhafen und Yachthafen); Stadtbusse ab Platz vor der Gemeindeverwaltung.

Die großen Busgesellschaften unterhalten Zubringerdienste von Sarımsaklı durchs Stadtzentrum zum überregionalen Bushof. Verschiedene Gesellschaften (Pamukkale, Ulusoy, Uludağ) haben Büros in Sarımsaklı und im Stadtzentrum.

Verbindungen vom Bushof: Ayvalık - Dikili - Bergama zwischen 8.30 und 19.30 ca. alle 1 bis 2 Stunden; zu den Großstädten İstanbul, Bursa, Balıkesir (sehr häufig), İzmir (sehr häufig, von 6.30 bis 20.30 Uhr etwa stündlich), Ankara, Giresun, Samsun, Antalya, Ayvalık - Edremit - Küçükkuyu - Ayvacık. Çanakkale wird ebenfalls sehr häufig bedient.

Fernbusse fahren meist nicht in das Stadtzentrum, sondern halten an der Station am Yachthafen, von wo dann ein kleiner Zubringerbus bis zum eigentlichen Bushof verkehrt.

Schiff: In den Sommermonaten fährt in der Regel dreimal wöchentlich, abhängig vom Fahrgastaufkommen, ab Zollplatz (Gümrük Meydanı) ein Schiff zur griechischen Insel Lesbos (Hinfahrt 9 Uhr, Ankunft 11 Uhr, Rückfahrt 17 Uhr, Ankunft 19 Uhr; pro Person einfach 85 DM, hin und zurück 110 DM). Buchungen sollten einen Tag vorher erfolgen. Die betreffenden Agenturen haben längs des Hafenkais kleine Verkaufsstände, bei denen man sich über die aktuellen Fahrpläne und auch über die Preise für Fahrzeuge informieren kann. Vor der Rückfahrt von Lesbos muß man sich morgens im Reisebüro

Alibey auf Alibey Adası

Samiótis Tours in die Passagierliste eintragen lassen. Dort erfährt man auch eine mögliche Änderung der Abfahrtszeit.

Ein *dolmuş*-Boot fährt stündlich bis 23 Uhr vom Hafen Ayvalıks nach Alibey. In die gleiche Richtung geht bis 23 Uhr regelmäßig ein Stadtbus.

♦ Alibey Adası

... wird auch *Cunda* genannt (nach dem griechischen "kondá", für "nah", wohl weil die einstige Insel so nahe am Festland liegt). Die bewaldete Halbinsel ist per Boot vom Hafen Ayvalıks oder mit dem Minibus über einen Damm und eine Brücke zwischen Festland und Insel zu erreichen. Außer zum Baden lädt die Insel zu schönen Wanderungen ein.

Auf Alibey lebten bis 1923 überwiegend Griechen, was an den mehrstökkigen Häusern mit ihren neoklassischen Fassaden noch deutlich zu erkennen ist. Der gleichnamige, rund 1.500 Einwohner zählende Ort ist mit seinen vielen Restaurants an der Uferpromenade ein beliebtes Ausflugsziel. Ein Anziehungspunkt ist die *Taxiárchis-Kirche* (Kirche des Erzengels Michael) mit kostbaren Marmorarbeiten und einer schönen Deckenbemalung. Zum besonderen Schmuck gehören auf Fischhaut gemalte Ikonen und Heiligenbilder. An die einst griechische Bevölkerung erinnern einige Kirchen (meist Ruinen), so z.B. die *St. Nikolas-Kirche* mit kunstvollen Fresken im Innern.

Übernachten

▸ *İlker Pansiyon,* Alibey, Tel. 327 10 34, einfach eingerichtete Zimmer, Etagendusche, angenehme Atmosphäre. EZ 9 DM, DZ 18 DM.

▸ *Artur Motel,* Sahılboyu-Alibey, Tel. 327 10 14, alle Zimmer mit Du/WC. EZ 18 DM, DZ 36 DM, mit Frühstück.

▸ *Ekbir Hotel,* Alibey, Tel. 312 23 04, freundliches Haus mit 16 Zimmern. EZ 27 DM, DZ 45 DM, mit Frühstück.

▸ *Ortunç Hotel,* Alibey, Tel. 327 11 20 oder 327 19 93, Fax 327 20 82, alle Zimmer mit Du/WC, Haus der Mittelklasse. EZ 31 DM, DZ 62 DM, mit Frühstück.

▸ *Basel Hotel,* auf der Nordseite der Halbinsel, Tel. 327 17 31, gut geführtes Haus mit 30 Zimmern, Restaurant, Café und Bar; leider kein Strand, sondern nur ein Badesteg. EZ 27 DM, DZ 54 DM, mit Frühstück.

▸ *Ada Camping,* Alibey, Tel. 327 12 11, Fax 327 20 65. Der Platz liegt 4 km außerhalb (zu Fuß oder per Taxi zu erreichen), direkt am Meer mit schönem Strand, hat Schatten durch Bäume, gute Sanitäranlagen und Waschmöglichkeiten. Es gibt ein Restaurant und eine Küche für Selbstversorger. Das Personal spricht auch Englisch. Person 5 DM, Kleinbus 4 DM, Pkw 2 DM, Zelt 3 DM.

▸ *Ortunç Camping,* Tel. 327 11 20 oder 327 19 93, Fax 327 20 82, ca. 100 m hinter Ada Camping, Motel angeschlossen, wenig schattige Plätze. Bungalow pro Person 42 DM mit Halbpension, Pkw/ Kleinbus/ Zelt 5 DM, pro Person 4 DM.

Sarımsaklı

Das einst beschauliche Fischerdorf *Sarımsaklı* (dt. Knoblauchstrände), einige Kilometer südlich von Ayvalık, hat sich mit Hotels, Souvenirläden, Discos und Kneipen zu einem Touristenort entwickelt.

Vom ursprünglichen Ortskern ist praktisch nichts mehr erhalten. Noch immer wird rege gebaut, und es ist zu erwarten, daß in den nächsten Jahren der breite, kilometerlange Sandstrand vollkommen "erschlossen" sein wird.

Kurz hinter dem Ort an der Straße nach İzmir befinden sich linker Hand weiträumige Verdunstungsbecken zur

Salzgewinnung. Rechter Hand setzen sich die Strände von Sarımsaklı fort. Die ziemlich künstliche Strandsiedlung wartet mit allem auf, was Urlaubers Herz gemeinhin höher schlagen läßt: feinem Sandstrand (oft von den angrenzenden Hotels mehr oder weniger privatisiert), Wassersportangeboten, Restaurants und Bars, Discos und Shows. Wer auf Faulenzen, Sonne satt und Unterhaltungsmöglichkeiten internationalen Standards aus ist, liegt am Strand von Sarımsaklı gerade richtig, bekommt jedoch von der Türkei nicht viel mit.

Übernachten

Sarımsaklı ist - wie gesagt - ein Ort des Pauschaltourismus. Entsprechend ist das Hotelangebot, vom einfachen Mittelklassehotel aufwärts bis zum Fünf-Sterne-Haus. Kleine Familienpensionen fehlen fast völlig. Es gibt lediglich eine Reihe kleinerer Hotels und Motels, deren Preisniveau zwischen 10 und 15 DM für ein Einzelzimmer und 20 bis 30 DM für ein Doppelzimmer mit Frühstück liegt. Dazu gehören:

▸ *Billurcu Hotel,* Tel. 324 11 88, Fax 324 17 51, größeres Haus mit geräumigen Zimmern, direkt benachbarter Apartment-Dependance, großen Pools, Pool-Bar und Innenbar, Restaurant, sehr preisgünstig für diesen Standard. EZ 22 DM, DZ 31 DM, mit Frühstück.

▸ *Meg-Aş Hotel,* · Tel. 324 23 79, Fax 312 49 41, EZ 16 DM, DZ 32 DM, mit Frühstück.

▸ *Amphora Hotel,* Tel. 324 23 97, Tel. & Fax 324 40 44, 120 Betten, geräumige Zimmer, Angebote für Strand- und Wassersport, Restaurant, Bar, Kindergarten. EZ 23 DM, DZ 44 DM, mit Frühstück.

▸ *Ankara Hotel*, Tel. 324 11 95, 324 10 48, Fax 324 00 22, größeres Haus mit 223 Betten, Restaurant, Bar, Wassersportangebote, gleiches Preisniveau wie Amphora Hotel.

Etwas teurer sind:

▸ *Aytaş Hotel,* Tel. 324 14 45, Fax 324 14 41, sehr sorgfältig geführtes Haus mit großem Gartenareal. EZ 27 DM, DZ 54 DM, mit Frühstück.

▸ *Soley Inn,* Tel. 3241415, Fax 3241924. Pro Person 35 DM, mit Frühstück.

Es folgen die großen Häuser des internationalen Tourismus:

▸ *Grand Washington Hotel,* Tel. 343 73 95, Fax 343 73 99, Anlage mit 500 Betten, die als "Club" firmiert, um einen großflächigen Pool gruppiert, Minigolf, Tennisplätze, umfangreiches Wassersportangebot, Bar, Restaurant, Disco. EZ 45 DM, DZ 72 DM, mit Frühstück.

▸ *Büyük Berk Hotel,* Tel. 324 10 41, 324 25 81, Fax 324 11 94, Haus mit 378 Betten, etwas in die Jahre gekommen, aber guter Service, für zwei Sterne etwas teuer. EZ 54 DM, DZ 80 DM, mit Halbpension.

▸ *Club Berk Hotel,* Tel. 334 10 45, Fax 324 11 94, Drei-Sterne-Anlage mit 144 Betten. EZ 54 DM, DZ 108 DM, mit Halbpension.

▸ *Temizel Grand Hotel,* Tel. 324 00 00, Fax 324 12 74, das beste Haus am Platz, fünf Sterne, Pool-Landschaft, zwei Tennisplätze, verschiedene Bars, Grill-Restaurant, Beauty-Center, Fitness-Studio, türkisches Bad, Salon mit Spielautomaten, Konferenzräume, Privatstrand, Animation und Show-Programm. EZ 63 DM, DZ 126 DM, mit Frühstück.

♦ Şeytan Sofrası

5 km südwestlich von Ayvalık steht hoch über der Stadt *Şeytan Sofrası* (dt. *des Teufels Eßtisch*). Dieser Felsen (am besten über Sarımsaklı zu erreich) weist einen merkwürdigen Spalt auf, dem im Volksglauben übernatürliche Kraft zugeschrieben wird: Wirft man ein Geldstück hinein und äußert dabei einen Wunsch, wird der *Şeytan*, also

der Teufel, sich um die Erfüllung desselben kümmern. Wer zu Fuß den Teufelstisch erreicht hat, wird sich aber vor allem erst einmal ein kühles Getränk wünschen. Dazu sollte man das Geld aber nicht in die Felsspalte werfen, sondern dem Kellner im nahe gelegenen, sehr beliebten Ausflugsrestaurant geben. Von dem Plateau kann man einen wunderbaren Blick auf die Stadt und die Bucht genießen.

–▸ Die nun folgende 35 km lange Strecke führt von Sarımsaklı über *Altınova* und das antike *Melene*, in dessen Nähe schöne Sandstrände liegen, bis zur Abfahrt nach *Dikili*.

♦ Dikili

18.000 Einwohner

Das lebhafte Hafenstädtchen rüstet sich schon seit einiger Zeit für den großen Touristenansturm. Bisher gibt es einige einfache und zwei bessere Hotels und Pensionen sowie ein paar gute Fischlokale. Dikili ist fest in türkischer Hand. Der Strand wird zur Zeit von Campingplätzen, die nur einfachste Ansprüche befriedigen, in Beschlag genommen. Ein kleiner, freigehaltener Abschnitt ist absolut sauber und für eine Badepause geeignet, sofern man bereit ist, sich mit zwei Quadratmetern Platz zu begnügen.

Übernachten

▸ *Pansiyon Palme,* kurz hinter Ortseingang, Tel. 0232-671 41 75, alle Zimmer mit Du/WC, schön eingerichtet, sehr freundliche Besitzer; familiäre Atmosphäre. DZ 30 DM, mit Frühstück.
▸ *Perla Hotel,* Tel. 0232-671 41 45, gepflegtes Drei-Sterne-Haus. DZ 50 DM.
▸ *Mysia Hotel,* Tel. 0232-671 70 10, mit vier Sternen das beste Haus am Platz. DZ 75 DM.

Verkehrsverbindungen

Dikili liegt etwas abseits der Hauptverkehrsströme, wird aber von den Fern-

"Transportunternehmer" in Dikili

bussen bedient, die auf der Strecke Ayvalık - İzmir verkehren. Andere Fernstrecken werden von der Busgesellschaft *Pamukkale* (örtliches Büro Tel. 671 36 00) angeboten.

Nach İzmir besteht tagsüber stündlich eine Verbindung mit dem gemeindeeigenen Busunternehmen (Tel. 671 42 43).

Nach Bergama verkehren tagsüber *dolmuşlar* im Halbstundentakt.

♦ Bergama

43.000 Einwohner, 350 m hoch,
110 km N von İzmir

Bergama, 8 km von der Küstenstraße entfernt, ist ein geschäftiges Handels- und Handwerkerstädtchen, das teilweise auf dem Ruinenfeld des antiken Pergamon angelegt wurde. In seinem Umland betreibt man intensiv Landwirtschaft. Es werden vor allem Baumwolle, Tabak, Oliven und Gemüse angebaut.

Am Stadtrand weichen die kleinen, zweigeschossigen Häuser in immer größerer Zahl den modernen Stahlbetonbauten, die nicht zu dem alten Stadtbild passen. Das Zentrum dagegen, das sich mit schmalen Gassen an der İzmir Caddesi entlangzieht, macht noch einen recht einladenden Eindruck. Zur Akropolis hin löst sich die İzmir Caddesi in zahlreiche kleine, lebendige Gäßchen auf.

Geschichte

Eine frühe Besiedlung von Pergamon läßt sich für die Bronzezeit nachweisen. Im 7. und 6. Jahrhundert v. Chr. stand die Siedlung zunächst unter lydischer, dann unter persischer und anschließend unter griechischer Herrschaft. Zu Beginn des 2. Jahrhunderts gehörte sie zur römischen Provinz *Asia.* Die Byzantiner faßten Pergamon um das Jahr 1000 mit einer 6 m dicken Mauer ein. Im 14. Jahrhundert eroberten die Osmanen die Stadt. In der folgenden Zeit gab man die Siedlung um die Akropolis auf und legte am Südfuß des Bergs eine neue Stadt an. Die Ruinen des antiken Pergamon dienten ähnlich wie die Reste in anderen alten Städten jahrhundertelang als Steinbrüche zum Aufbau neuer Häuser.

Übrigens: Wie der Gleichklang der beiden Worte schon vermuten läßt, wurde das Pergament in Pergamon erfunden.

Sehenswürdigkeiten

Die sehenswerten Ruinen des antiken **Pergamon** lassen sich in vier Bereiche aufteilen: die *Akropolis,* den *unteren Burgberg,* die heutige *Stadt Bergama* und das *Asklepieion.*

Akropolis

Vom Parkplatz kommt man zuerst zum *Eingangstor* der Akropolismauer aus dem 2. Jahrhundert v. Chr. Anschließend führt der Weg etwas bergauf. Auf der rechten Seite liegen vier *Paläste,* die als königliche Wohnsitze dienten. Sie wurden zwischen dem 3. und 2. Jahrhundert v. Chr. erbaut. Eines der Gebäude wurde später in eine Kaserne für die Palastwache umgebaut. An diesen Gebäudekomplex schließen sich hallenartige *Magazinräume* an, die ebenfalls aus dem 3. bis 2. Jahrhundert v. Chr. stammen. Die dort gelagerten Vorräte dienten zur Versorgung in Krisen- und Belagerungszeiten.

Auf dem Rückweg passiert man rechts am Weg das *Traianeum,* das zwischen dem 1. und 2. Jahrhundert die Kaiser *Trajan* und *Hadrian* anlegen ließen. Dabei handelt es sich um einen von Säulenhallen umgebenen Platz mit einem römischen Tempel in der Mitte, der den beiden Kaisern gewidmet war. Deutsche Archäologen arbeiten zur Zeit an seiner Restaurierung.

Weiter bergab schließt sich das *Athena-Heiligtum* an. Kern der Anlage ist ein Tempel aus dem 3. Jahrhundert v. Chr., um den sich mehrere Säulenhallen und die Räume einer Bibliothek gruppieren. Sie verwaltete 200.000 Bände und Buchrollen.

Man verläßt die Oberburg wieder durch das Burgtor und wendet sich nach rechts. Auf der linken Seite liegt das *Heroon*, der heilige Bezirk. Diese Kultstätte stammt aus hellenischer Zeit.

Der Weg führt nun den Berg hinunter, vorbei an einer Reihe von ehemaligen *Geschäftshäusern*. Es folgt der im 2. Jahrhundert v. Chr. erbaute *Zeus-Altar*. Außer der Grundplatte ist von ihm nichts mehr zu sehen - man hat die übrigen Teile nach Berlin ins Pergamon-Museum geschafft. Im örtlichen Museum jedoch steht eine Rekonstruktion des Altars.

Bergab liegt der *obere Marktplatz*. Er war ursprünglich von Säulenhallen umgeben und besaß einen kleinen Tempel.

Von hier geht es weiter zur ca. 250 m langen *Theaterterrasse* mit einem kleinen *Dionysos-Tempel* am Rand. Oberhalb der Terrasse liegt das eigentliche Theater, in dem 15.000 Menschen Platz fanden. Von hier hat man einen schönen Blick über die Stadt und die Ebene (Eintritt 3 DM, Parkgebühren für Auto oder Wohnmobil 2 DM, für Kleinbus 4 DM).

Unterer Burgberg

Von der Akropolis führt ein gepflasterter Weg zu den Anlagen am unteren Burgberg. Auf der linken Seite laufen zur Zeit Ausgrabungen, bei denen bis heute eine kleine Sportstätte, ein Konzerthaus und verschiedene Wohnhäuser freigelegt wurden.

Etwas hangabwärts sind auf der anderen Seite des Wegs die Ruinen des *Demeter-Heiligtums* aus dem 3. Jahrhundert v. Chr. zu sehen. Fast jeder der einstigen Herrscher hat die Anlage um kleine Gebäude erweitert.

Im Anschluß folgt der recht große Komplex eines *Gymnasions*, das in hellenischer Zeit angelegt und in römischer Zeit ausgebaut wurde. Die aus drei verschiedenen Ebenen bestehende Anlage diente vornehmlich der männlichen Jugend zur körperlichen Ertüchtigung. Das Stadion, das Audito-

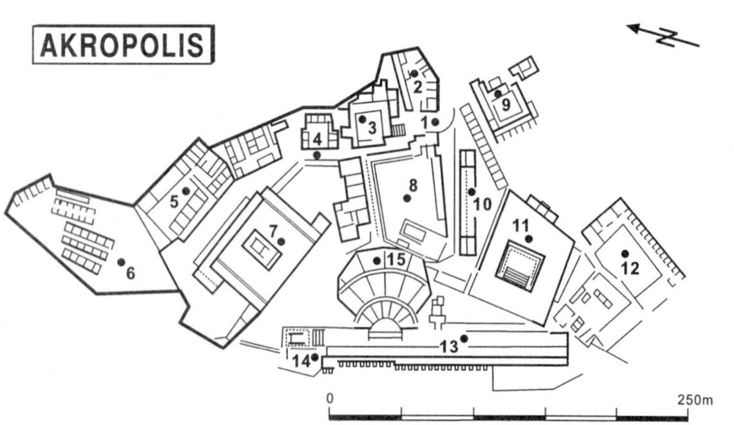

1	Eingangstor
2-5	Paläste
6	Magazingebäude
7	Trajaneum
8	Athena-Heiligtum
9	Kultplatz
10	Geschäftshäuser
11	Zeus-Altar
12	Oberer Marktplatz
13	Theater-Terrasse
14	Dionysos-Tempel
15	Theater

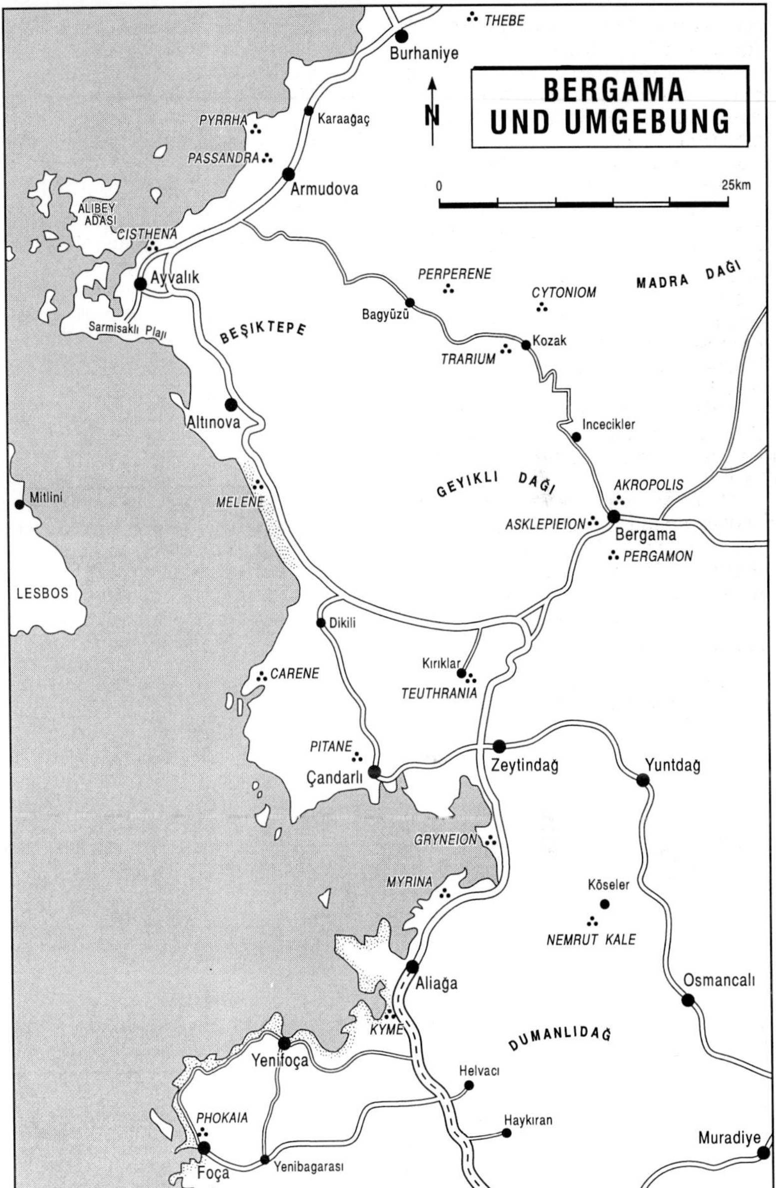
BERGAMA
UND UMGEBUNG
N
0
25km
THEBE
Burhaniye
Karaağaç
PYRRHA
PASSANDRA
Armudova
ALIBEY
ADASI
CISTHENA
Ayvalık
Sarmisaklı Plajı
BEŞIKTEPE
PERPERENE
Bagyüzü
CYTONIOM
MADRA DAĞI
TRARIUM
Kozak
Altınova
Incecikler
Mitlini
MELENE
GEYIKLI DAĞI
AKROPOLIS
ASKLEPIEION
Bergama
PERGAMON
LESBOS
Dikili
Kırıklar
CARENE
TEUTHRANIA
PITANE
Çandarlı
Zeytindağ
Yuntdağ
GRYNEION
MYRINA
Köseler
NEMRUT KALE
Aliağa
Osmancalı
KYME
DUMANLIDAĞ
Yenifoça
Helvacı
PHOKAIA
Haykıran
Muradiye
Foça
Yenibagarası

rium (Hörsaal), der Kaisersaal und die Thermen sind noch gut zu erkennen. Weiter auf dem Weg nach unten passiert man auf der rechten Seite die Ruine eines zweigeschossigen Wohnhauses.

Der *untere Marktplatz* aus römischer Zeit ist von der antiken Straße über eine Treppe zu erreichen. Er war ursprünglich von zweigeschossigen Hallen umgeben. Die Markthalle selbst nahm eine Fläche von 35 x 65 m ein.

Tip: Die Besichtigung des unteren Burgbergs kann man natürlich auch von unten beginnen. Wenn man zwei bis vier Stunden Zeit hat, lohnt sich der Weg hinauf zur Akropolis. Er beginnt an der → Roten Halle (hier auch Parkmöglichkeiten), von der es bergauf durch das malerische Städtchen am Hang bis zur Straße geht, wo das untere Ruinenfeld beginnt. Der Weg ist mit zahlreichen blauen Punkten markiert und regelmäßig mit Schautafeln versehen.

Bergama
Fast im Zentrum der heutigen Stadt, und beinahe von überall her zu sehen, liegt die *Kızıl Avlı* (Rote Halle). Der römische Sakralbau aus roten Ziegelsteinen war der Mittelpunkt einer weitläufigen Tempelanlage aus dem 2. Jahrhundert. Das Besondere daran war die Verrohrung eines Flüßchens, die heute noch intakt ist. Von der Tempelanlage sind nur die Ruinen der Roten Halle und zweier Rundgebäude übriggeblieben. Eines der runden Gebäude dient heute als Moschee.

Die dreischiffige *Ulu Camii,* 1398 bis 1399 erbaut, ist die Hauptmoschee der Stadt.

Westlich von Bergama liegt in einer Talmulde ein römisches *Amphitheater.* Es war unter Ausnutzung der Senke so am Bach angelegt worden, daß auch Seeschlachten relativ wirklichkeitsgetreu vorzuführen waren.

Ein anderes römisches *Theater* liegt etwa 200 m südlich.

Das örtliche *Museum* beherbergt Funde aus der Umgebung von Bergama, unter anderem Statuen, kunstvolle Mosaikbilder und eine Nachbildung des Zeus-Altars. Auch Gegenstände des täglichen Gebrauchs sind zu besichtigen.

Asklepieion
2 km nordwestlich der Touristeninformation liegt in einer großen Talsenke hinter der Kaserne das dem Gott der Heilkunde geweihte *Asklepieion.* Wegen seiner Abgeschiedenheit wurde das Gebiet nach dem Verfall der Anlage in späteren Zeiten nicht mehr besiedelt und ist deshalb noch gut erhalten. Nach heutigen Maßstäben würde man den Gebäudekomplex als ein Sanatorium für Trink-, Bade- und Schlammkuren bezeichnen. Hier gab es auch ein Theater.

Zur Besichtigung der antiken Stätten
Das Museum und die antiken Stätten sind jeden Tag von 8.30 bis 17.30 Uhr geöffnet. Wer nicht mit dem eigenen Wagen reist, kann die verschiedenen Ruinenkomplexe nur zu Fuß oder mit einem Taxi erreichen - öffentliche Verkehrsmittel fahren nicht hierher. Von den Taxifahrern der Stadt werden Rundfahrten angeboten, die etwa drei bis vier Stunden dauern und ca. 35 DM pro Taxi kosten. Fürs Taxi zur Akropolis zahlt man ca. 7 DM.

Wer die Ruinenstätte erwandern möchte, muß mindestens ein bis zwei Tage einplanen.

Umgebung von Bergama

♦ *Grabhügel vor Bergama*

Im Süden der Stadt breiten sich östlich der Straße nach İzmir auffällig große Grabhügel aus, von denen *Maltepe* einen Durchmesser von 170 m hat. Am Ende eines 70 m langen Tunnels befindet sich eine Grabkammer. Der Komplex ist zur Zeit wegen Restaurierung geschlossen.

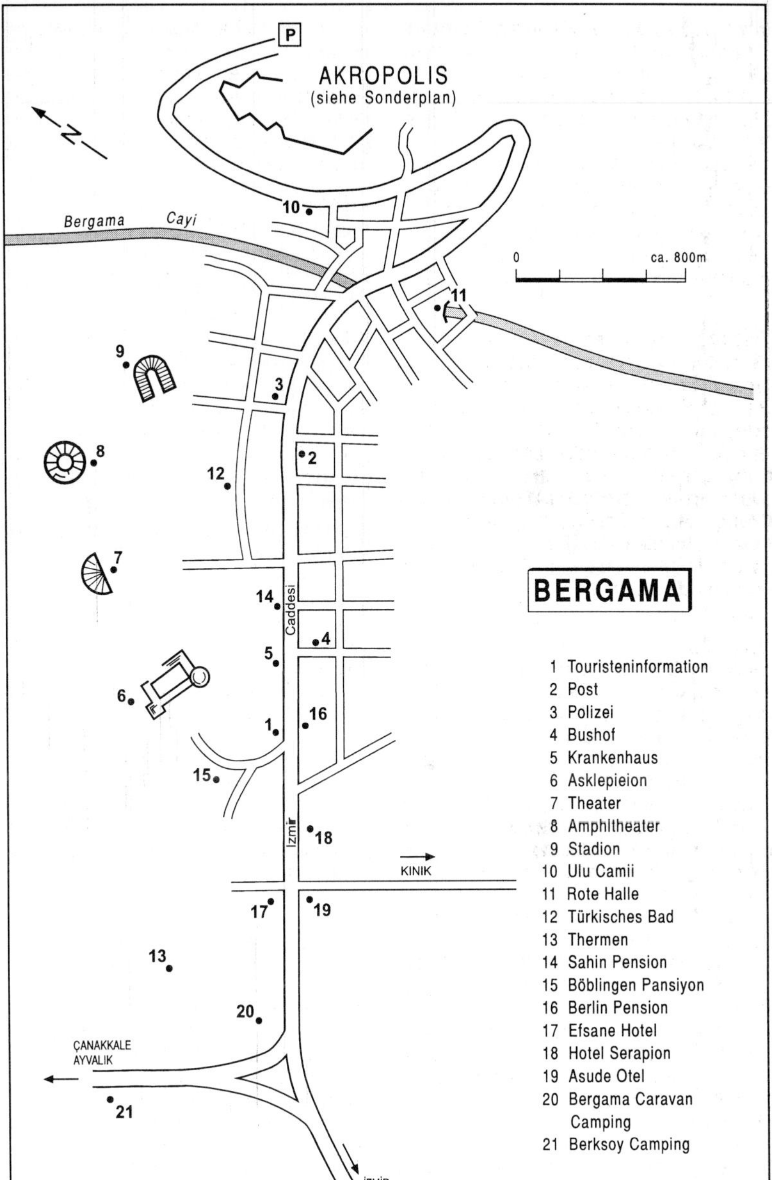
P
AKROPOLIS
(siehe Sonderplan)
N
Bergama Cayi
0 ca. 800m
BERGAMA
Caddesi
İzmir
KINIK
ÇANAKKALE
AYVALIK
İZMİR
1 Touristeninformation
2 Post
3 Polizei
4 Bushof
5 Krankenhaus
6 Asklepieion
7 Theater
8 Amphitheater
9 Stadion
10 Ulu Camii
11 Rote Halle
12 Türkisches Bad
13 Thermen
14 Sahin Pension
15 Böblingen Pansiyon
16 Berlin Pension
17 Efsane Hotel
18 Hotel Serapion
19 Asude Otel
20 Bergama Caravan Camping
21 Berksoy Camping

Etwa 1 km südöstlich von Bergama liegt der noch größere Grabbau *Yigmatepe.*

♦ Soma

... 31.000 Einwohner zählend, 45 km östlich von Bergama, ist erwähnenswert wegen der Hizirbey Camii (18. Jh.). Die Moschee ist im Innern reich mit kunstvoll gearbeiteten Holzschnitzereien verziert.

Touristeninformation

Hükümet Konağı, im Erdgeschoß der Provinzverwaltung, Tel. & Fax 633 18 62, geöffnet im Sommer tgl. 8.30 - 19 Uhr, im Winter tgl. außer Sa und So 8.30 - 17.30 Uhr; freundliches Personal, das auch Deutsch spricht und eine recht gute Übersichtskarte der verschiedenen antiken Stätten bereithält. Für die Weiterreise gibt es auch Informationen zu Dikili und Çandarlı, da beide Orte von Bergama aus mit betreut werden.

Übernachten

▸ *Bergama Pension,* Bankalar Cad. 3, Tel. 633 23 95, sehr schönes, 150 Jahre altes Haus, das unter Denkmalschutz steht; kleiner Innenhof mit Brunnen und Restaurant; Besitzer spricht Deutsch; Etagendusche. EZ 10 DM, DZ 18 DM, Frühstück auf Wunsch.

▸ *Sahin Pension,* İzmir Cad. 12, Tel. 633 24 05, Zimmer ohne Du/WC EZ 7 DM, DZ 14 DM; mit Du/WC EZ 9 DM, DZ 18 DM, Frühstück ca. 3 DM pro Person.

▸ *Böblingen Pansiyon,* Zafer Mah., Asklepeion Cad. 2, Tel. 633 21 53, an der Straße zum Asklepieion gelegen, sehr freundliche Wirtsleute, die lange in Deutschland gearbeitet haben; einfach und sehr sauber; nicht alle Zimmer mit Du/WC; in den Zimmern, die dem Restaurant gegenüberliegen, kann es am Wochenende lauter werden. DZ mit Du/WC 20 DM, Frühstück auf Wunsch.

▸ *Berlin Pension,* Ertugrul Mah., M. Yazıcı Cad. 5, Tel. 633 32 54, fast gegenüber der Touristeninformation, nahe beim Bushof und im Stadtzentrum, einfache, familiäre Pension mit netten Wirtsleuten. Zimmer ohne Du/WC EZ 10 DM, DZ 20 DM; mit Du/WC EZ 13 DM, DZ 25 DM, mit Frühstück.

▸ *Efsane Hotel,* İzmir Cad. 86, Tel. 632 63 50, Fax 632 63 53, einfaches Mittelklassehotel mit 20 Zimmern, alle mit Bad; Swimmingpool, Diskothek. EZ 31 DM, DZ 43 DM, DRZ 53 DM, mit Frühstück, Halbpension pro Tag 8 DM Aufschlag/ Person.

▸ *Hotel Serapion,* İzmir Cad. 75, Tel. 633 26 63, ähnlich wie Efsane Hotel, alle Zimmer mit Dusche, karge Einrichtung; zuvorkommendes, Deutsch sprechendes Personal; mit Restaurant. EZ 30 DM, DZ 60 DM, mit Frühstück.

▸ *Asude Otel,* İzmir Cad., Tel. 633 31 39, Mittelklassehotel, alle Zimmer mit Du/WC. EZ 31 DM, DZ 50 DM, DRZ 60 DM.

▸ *Bergama Caravan Camping,* Tel. 633 39 02, ca. 3 km westlich von Bergama, recht neue, sehr saubere Anlage, teilweise Schatten, Imbißmöglichkeit, Bar, Swimmingpool, man spricht auch Deutsch, *dolmuş* nach Bergama fährt alle 30 Minuten vor dem Campingplatz ab. 2 Pers./ Zelt/ Auto 11 DM.

▸ *Berksoy Camping,* Tel. 633 25 95, Fax 633 53 46, wird vom gleichnamigen Hotel betreut, großer Platz mit Restaurant, Swimmingpool, guten sanitären Einrichtungen und viel Grün. Auch ein Kinderspielplatz ist vorhanden. Für Nicht-Camper stehen 19 Bungalows zur Verfügung.

Essen und Trinken

Auf der rechten Seite der Hauptstraße gibt es am Bushof ein paar gute und preiswerte Lokantas. An der Hauptstraße hinter der Touristeninformation stadteinwärts befindet sich ein Park mit Teegärten. In der Nähe des Museums kann man ebenfalls in einem Teegarten draußen sitzen.

Typische, gut zubereitete Gerichte, wie *şiş kebap*, bekommt man in der *Bergama Pansiyon* (→ Übernachten). Das *Asklepion Restaurant*, gleich neben der Touristeninformation, bietet mehrmals in der Woche abends türkische Live-Musik. Gut essen kann man auch im *İnegöl Köftecisi,* das wenige Meter stadteinwärts ebenfalls bei der Touristeninformation liegt. Die Spezialität des Restaurants ist *saç kavun*, eine Platte mit Reis in der Mitte, mit würzigem Fleisch und Gemüse drumherum.

Einkaufen

In den Gassen am Ende der İzmir Caddesi sind zahlreiche Teppichgeschäfte und Läden mit Leder-, Kupfer- und Onyxwaren ansässig.

Geht man von der Touristeninformation in Richtung Zentrum, kommt gleich auf derselben Straßenseite ein Souvenirladen, der deutsche Zeitungen verkauft, die allerdings immer schon zwei Tage alt sind.

Treffpunkt

Abendlicher Treffpunkt ist der Park an der İzmir Caddesi, die Gassen am Ende der Hauptstraße und vor allem für Jüngere die Diskothek im *Efsane Hotel,* die auch für Besucher von außerhalb zugänglich ist.

Türkisches Bad

- *Çarşı Hamamı*, Bankalar Cad., ganztägig geöffnet; für Frauen nur stundenweise Eintritt.

Feste

Ende Mai, Anfang Juni finden alljährlich die großen *Festspiele von Bergama* statt (u.a. Rummelplatz, Schlagerfestival im Theater des Asklepieion). Während dieser Tage ist die Stadt übervölkert und Hotelzimmer sind rar. Zur gleichen Zeit findet oft eine internationale Messe statt. Die Daten variieren von Jahr zu Jahr um ca. zwei bis drei Wochen. Auskunft erteilt die Touristeninformation.

Bergama - Rote Halle

Nützliche Telefonnummern

Vorwahl: 0232
Polizei: 633 17 08, 633 20 03
Krankenhaus: 633 10 99
Bushof: 632 80 05, 632 80 57
Busgesellschaften: Pamukkale Turizm, Tel. 633 35 46; Bergama Belediyesi, Tel. 633 16 19

Verkehrsverbindungen

Bus: Stündlich fahren Busse nach İzmir, täglich nach Bursa und İstanbul (2 mal) und nach Ankara (1 mal), Minibusse nach Dikili, Ayvalık und Çandarlı.

Für den Stadtbus, der über die İzimr Caddesi bis zur → Roten Halle fährt, sollte man sich die Fahrkarte vorher an einem der vielen kleinen Kioske kaufen.

Zug: Von Bergama besteht die Möglichkeit, in das 40 km entfernte Soma mit dem *dolmuş* zu fahren. Von dort hat man täglich Anschluß an das Bahnnetz Soma - Balıkeşir - Bandırma, nach Ankara und an manchen Tagen auch nach İstanbul.

Tip: Ein Novum in der Türkei: *Bergama Belediyesi* hat Nichtraucher-Busse!

Çandarlı

5.500 Einwohner

Çandarlı, etwa 35 km südlich von Bergama, ist ein kleines, beschauliches Küstenstädtchen. Rund 11 km von der Hauptstraße nach İzmir entfernt, liegt es etwas abseits des Rummels - ein Ort für ruhige Ferien inmitten türkischer Provinz. Einladend ist der lange Sandstrand in einer weiten Bucht westlich vom Stadtzentrum. Er lockt sommers einige Touristen und vor allem zahlreiche Badegäste aus den Dörfern der Umgebung an. Entsprechende Einrichtungen (Pensionen, Hotels, Restaurants) gibt es auch genug.

Im Ortskern steht eine gut erhaltene genuesische Burg aus dem 14. Jahrhundert. Çandarlı ist auf dem Boden der antiken Stadt *Pitane* erbaut, die auch einen kleinen Hafen besaß. Reste dieser Anlage sind auf der Westseite der Halbinsel zu sehen.

Bunt und lebhaft geht es auf dem großen Wochenmarkt zu, der jeweils freitags stattfindet.

Übernachten

Es gibt viele billige Familienpensionen, die zumeist einen schattigen Garten haben und in Meeresnähe liegen.

- *Oral Pension,* zentral gelegen und das gleich am Meer, Tel. 673 31 22, Zimmer sind besser, als das Haus von außen erwarten läßt; Etagenduschen. DZ 20 DM.
- *Bağiş Pension,* in der Parallelstraße zum Meer, hinter Oral Pension, Tel. 673 31 92, neueres Haus mit kleinem Garten. DZ 30 DM.
- *Kybele Pension,* direkt an einem Sandstrand, Tel. 673 30 52. DZ 30 DM.
- *Emirgan Hotel,* direkt am Meer, Tel. 673 25 00, mit Restaurant, das eine umfangreiche Speisekarte bietet. DZ 45 DM, mit Frühstück.

Organisierte Ausflüge

- *Çan-Tur,* Tel. 673 34 54, eine kleine Agentur, die überwiegend Bootsausflüge veranstaltet, etwa nach Foça, Dikili und bis hinauf nach Ayvalık.

Verkehrsverbindungen

Abseits der Hauptstraßen gelegen, ist Çandarlı nicht an die Fernverbindungen des Landes angebunden. Verkehrstechnisch wird es von Bergama (Bergama Belediyesi, Tel. 633 16 19) und Dikili (Dikili Seyahat, Tel. 671 32 00) mitversorgt. In diese beiden Orte und nach İzmir bestehen tagsüber gute Verbindungen. In İzmir hat man Anschluß an das Verkehrsnetz des ganzen Landes.

➔ Von der Kreuzung, an der man nach Bergama abzweigen kann, verläuft die Route in Richtung Süden zunächst durch das Tal von *Bakır Çayı*. Später führt sie hinter der Abzweigung nach *Zeytindağ* durch Olivenhaine, zwischen denen auch größere Obstplantagen liegen. Ab *Aliağa* (20.000 Einwohner), Standort einer Raffinerie, ist die Straße nach Süden autobahnähnlich ausgebaut. Wer Foça besuchen möchte, biegt einige Kilometer hinter *Aliağa* nach *Yenifoça* ab. Die Strecke bis dorthin ist durch das Bild alteisenverarbeitender Industrie geprägt. Die Fabriken lassen aus ihren Schornsteinen immer wieder Staubwolken ab, die den Himmel verdunkeln. Yenifoça selbst ist in eine flache Bucht gebaut und besteht fast ausschließlich aus neuen Häusern. Hat man jedoch den Ort hinter sich, wird man durch eine umso schönere, buchtenreiche Küstenlandschaft entschädigt.

♦ Foça

12.000 Einwohner, 45 km N von İzmir

Das lebhafte, moderne Städtchen ist auf den Fundamenten der ionischen Stadt *Phokea* erbaut. Nach einer Legende bekam die Siedlung ihren Namen von *Phokas*, dem Anführer einer Gruppe von Hellenen, die nach Kleinasien kamen und sich hier ansiedelten. Heute lebt der Ort nicht nur von seiner Geschichte, sondern auch von der wunderbaren mediterranen Küstenlandschaft mit ihren Sandstränden und zahlreichen Buchten. Der Tourismus hat sich etabliert mit weniger schönen Betonbauten in der von Kiefern und Felsen bestimmten Küstenlandschaft. Wer in Foça nicht vom Tourismus lebt, verdient sein Geld mit Oliven, Tabak und Baumwolle oder mit der Fischerei.

Auffallend sind zwei langgestreckte, weiße Felsen vor dem Hafen, die *Siren Kayalıkları* (→ Artikel "Schicksalhafte Felsen - die Siren Kayalıkları").

Umgebung von Foça

♦ Taş Evi

... oder auch *Taş Kule* liegt 7 km östlich von Foça an der Straße nach İzmir. Es handelt sich um ein aus dem Felsen gehauenes Grab aus dem 4. Jahrhundert v. Chr.

♦ Şeytan Hamamı

..., zu deutsch "Teufelsbad", ist ein alter Grabbau, der wahrscheinlich aus dem 4. Jahrhundert v. Chr. stammt. Er befindet sich auf halbem Weg zu den Ruinen der genuesischen Festung auf einer Halbinsel südwestlich von Foça.

♦ Dış Kale

... ist die Ruine einer genuesischen Festung, die im Jahr 1678 erbaut wurde. Man kann im Bereich des Burghügels auch noch Reste eines türkischen Bades erkennen.

Strände

In Foça selbst gibt es bis auf einen kleinen, schmalen Strand so gut wie keine Bademöglichkeit; die Strände an den Hotels *Büyük Deniz* und *Leon* sind nur unwesentlich breiter. Dafür aber sind die Sandstrände in der näheren Umgebung zwischen Yenifoça und Foça umso schöner, an den Wochenenden jedoch stark besucht. Die folgenden Kilometerangaben verstehen sich als Entfernung ab Yenifoça in Richtung Foça.

▸ 2 km: Von einer Parkbucht aus steigt man ca. 10 Minuten lang einen steilen Weg hinunter in eine bewaldete Bucht mit schönen Felsformationen. 200 m weiter folgt ein Abstieg zu einer ähnlichen Bucht.

▸ 4 km: Zum Ort *Fatih Mahalesi* gehört eine Bucht mit flachem, feinem Kiesstrand. Einige kleine Lokantas haben sich hier niedergelassen.

▸ 6 km: Auf einem steilen, nicht befestigten Weg, der nur mit robusten

Schicksalhafte Felsen - die Siren Kayalıkları

Der Sage nach soll es sich bei den *Siren Kayalıkları* um jene Felsen aus Homers *Odyssee* handeln, die von Sirenen bewohnt waren. Diese weiblichen Wesen mit Vogelleib sangen so betörend, daß die vorüberfahrenden Seeleute auf die Felsen zusteuerten, was ihnen letztlich schlecht bekam.

Odysseus konnte so etwas natürlich nicht passieren: Er verordnete seiner Mannschaft Bienenwachs für die Ohren und ließ sich selbst am Mast des Schiffes festbinden.

Die "Stimmen" der Sirenen, denen Odysseus also widerstehen konnte, stammen in Wirklichkeit von Luftturbulenzen, die an den scharfkantigen Felsen bei starkem Wind entstehen und Töne erzeugen, die mit viel Phantasie als "Sirenenlieder" ausgelegt werden können.

Fahrzeugen befahrbar ist, erreicht man eine kleine Sandbucht mit weißer Felsenkulisse.

▸ 12 km: Hier liegt eine Bucht mit feinsandigem Strand und einer vorgelagerten Insel, zu der man gut hinüberschwimmen kann. Erfrischungen sind im Teegarten erhältlich.

▸ Auf den nächsten 10 km bis Foça folgt noch eine Reihe kleinerer Buchten und Sandstrände. Alle Strände sind auch mit dem *dolmuş* von Foça bzw. Yenifoça aus zu erreichen.

Hinweis: Einige Buchten liegen im militärischen Sperrgebiet und sind nicht zugänglich, worauf viersprachige Schilder eindringlich hinweisen.

Touristeninformation

Foça Girişi, direkt auf dem Hauptplatz des Orts, Tel. & Fax 812 12 22, geöffnet im Sommer täglich 9.30 - 12.30, 13.30 - 19 Uhr, im Winter bis 17.30 Uhr; freundliches, Englisch und Französisch sprechendes Personal.

Übernachten

▸ *Pansiyon Bir,* Fevzi Paşa Cad., Tel. 812 11 08, einfach eingerichtete Zimmer. EZ 15 DM, DZ 25 DM, Frühstück auf Wunsch.

▸ *İyigün Pansiyon,* İsmet Paşa Mah., Sahil Cad. 1, Tel. 812 11 82, mit schönem Meerblick. EZ 15 DM, DZ 27 DM.

▸ *Fokai Pansiyon,* İsmet Paşa Mah. 139. Sok. 89, Tel. 812 17 65, freundliche, junge Wirtsleute, Möglichkeit zur Küchenbenutzung. EZ 15 DM, DZ 27 DM.

▸ *Hotel Villa Dedem,* Küçük Deniz Sahil Cad. 66, Tel. 812 12 15, Zimmer mit Du/WC; Bar. EZ 18 DM, DZ 36 DM, mit Frühstück.

▸ *Hotel Amphora,* İsmet Paşa Mah., 208. Sok. 7, Tel. 812 28 06, Fax 812 24 83, das verhältnismäßig kleine Hotel ist in einem restaurierten Gebäude aus dem 19. Jahrhundert untergebracht. EZ 18 DM, DZ 36 DM, mit Frühstück.

▸ *Hotel Karaçam,* Sahil Cad. 70, im Zentrum des Orts, Tel. 812 14 16, Fax 812 20 42, eine sehr gute Unterkunft in einem alten Haus, stilvoll eingerichtet. EZ 32 DM, DZ 50 DM, mit Frühstück.

▸ *Hotel Leon,* I. Mersinaki, Karacına Mevkii, Tel. 81 21 261, Zimmer mit Bad und Telefon; Restaurant, Sauna, Swimmingpool, Bar, Disco, Billard, Tischtennis, Wassersportmöglichkeiten. EZ 36 DM, DZ 54 DM, mit Frühstück.

Essen und Trinken

Im Ort gibt es zahlreiche Fischrestaurants, wie *Alibaba*, Atatürk Meydanı, gegenüber der Touristeninformation mit schöner, überdachter Terrasse. In der Nähe von *Hotel Villa Dedem* liegen nebeneinander unmittelbar am kleinen Hafen gleich mehrere Restaurants, die Fisch, *köfte*-Gerichte oder Pizza anbieten.

Einkaufen

Einkaufsmöglichkeiten bestehen vor allem am Ufer von *Küçük Deniz* und auf der Hauptstraße, die vom Atatürk Meydanı abgeht. Typisch für Foça ist ein großes Angebot an Keramik, Leder, Teppichen, Kelims und den üblichen Souvenirs.

Nachtleben

Was die Musik betrifft, so wird dem Umstand Rechnung getragen, daß Foça eher ein Ort für türkische Touristen ist. Diskotheken sind in den großen Hotels, z.B. *Leon Disco* im gleichnamigen Hotel (→ Übernachten).

3 km vom Zentrum entfernt, befindet sich an der Straße nach Yenifoça bei einem Campingplatz die *Foka Disco.*

Organisierte Ausflüge

▸ *Vira Yat. Pazarlama*, Küçük Deniz Çarşışı 16, Sok. 40/6, Tel. 812 23 91. Die Yachtagentur bietet Tagestouren auf einem Segelschiff an. Das Boot faßt maximal zwölf Personen. Der Preis beträgt für die ganze Yacht ca. 200 DM. Eine Reservierung zwei Tage vor dem gewünschten Abfahrtstermin ist nötig. Die Bordverpflegung ist im Preis nicht enthalten, aber möglich.

▸ *Nem Travel Agency,* 226 Sok. 2/A, Tel. 812 33 25, bietet Tagesausflüge nach Pamukkale, Bergama und Ephesos an.

Feste

Von Mitte Juli bis Mitte August findet alljährlich das *Foça-Fest* statt (→ Artikel "Ein Fest der Besinnung?").

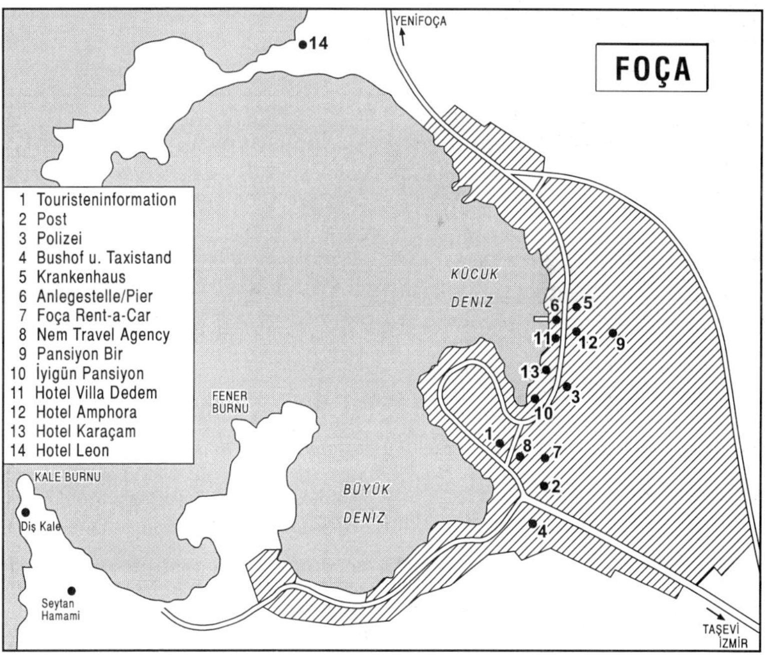

Ein Fest der Besinnung?

Nach acht Jahren Pause fand das *Foça-Festival* 1991 erstmals wieder statt und hatte mit einer Besonderheit aufzuwarten: Außer den üblichen Veranstaltungen mit Musik und Folklore fand ein Symposium zum Thema "Tourismus und Umwelt" statt. Insbesondere der nur an wenigen Plätzen in der Türkei vorkommende Seehund *(Monocus)* stand im Mittelpunkt der Diskussionen. Die Küste um Foça bietet zahlreiche Höhlen mit Eingang unter dem Wasserspiegel - ein idealer Wohn- und Aufzuchtort für diese Tiere. Deshalb wurde Foça zum besonders schutzwürdigen Gebiet erklärt. Dennoch bleibt das Problem ungeklärt, wie in Foça die Interessen der expandierenden Tourismusindustrie mit der ökologischen Notwendigkeit der Erhaltung von Natur und Umwelt in Einklang zu bringen sind.

Nützliche Telefonnummern

Vorwahl: 0232
Polizei: 155
Krankenhaus: 812 14 29
Bushof: 812 21 96; S.S. Foça Koop Otobüsleri, Tel. 812 21 96; Birlik Otobüsleri, Tel. 812 11 24

Leihfahrzeuge

▸ *Foça Rent a Car,* Atatürk Mah., 115 Sok. 45/B, Tel. 812 12 28, vermietet Fiat 124 für 76 DM/ Tag, Suzuki Jeep für 90 DM/ Tag und Motorräder für 35 DM/ Tag, jeweils freie Kilometerzahl.

In der Hochsaison befindet sich neben der Touristeninformation ein Motorrad- und Fahrradverleih. Hier ist es besonders wichtig, sich eingehend nach den Vertrags- und Versicherungsbedingungen zu erkundigen.

Verkehrsverbindungen

Der Bushof von Foça liegt gegenüber der Touristeninformation. Zwischen 9 und 20 Uhr fährt von hier alle anderthalb Stunden ein *dolmuş* in Richtung Yenifoça. Zu den historischen Stätten der Umgebung gibt es keine öffentlichen Verkehrsmittel. Busse nach İzmir fahren zwischen 6 und 23 Uhr alle halbe Stunde. Wer von Foça nach Norden will, muß nicht unbedingt zuerst nach Süden bis İzmir fahren, sondern kann in Menemen an der Hauptstraße nach Norden aussteigen. Viele Fernbusse halten dort kurz, wenn Platz vorhanden ist, auch auf Handzeichen.

➔ An der E 87 folgen nun die Ortschaften dicht aufeinander. Sie gehören alle schon zum Einzugsbereich der Millionenstadt *İzmir*.

Menemen

30.000 Einwohner, 35 km N von İzmir

Die Kleinstadt *Menemen* (eine türkische Eierspeise trägt denselben Namen) liegt an einem Berghang. Sie ist für ihre handbemalte, farbenfrohe Keramik, ihre Korbwaren und für ihren exzellenten *ayran* (mit Wasser verschlagener Joghurt) bekannt. Im Umland wird intensiv Obst angebaut.

Wenige Kilometer nördlich liegt das antike, zu Trojas Zeiten gegründete *Larisa*, von dem heute kaum mehr etwas zu sehen ist.

➔ Bevor man die Metropole İzmir erreicht, zweigt bei *Menemen* links eine Straße nach Manisa (35 km) ab. Kurz nach dieser Abzweigung kann man an einem kleinen Picknickplatz (gebührenpflichtig!) unter schattigen Kiefern eine Pause einlegen. Die Strecke führt durch eine fruchtbare Ebene mit Oliven- und Gemüsegärten. Danach überquert man einen Paß und fährt durch das Tal des *Gediz Nehri* bis *Manisa*.

♦ Manisa

160.000 Einwohner, 40 km NO von İzmir

Die Provinzhauptstadt *Manisa* liegt am Südrand der fruchtbaren Gediz-Ebene am Fuß der bis zu einer Höhe von 1.513 m aufragenden Manisa-Berge *(Manisa Dağları).* Im Umland der lebhaften Handels- und Handwerkerstadt werden Baumwolle, Tabak und Weintrauben (Sultaninen !) angebaut.

Nach Manisa verlaufen sich nicht viele Touristen, obwohl die "grüne Stadt" einige Sehenswürdigkeiten zu bieten hat, die im Gegensatz zu İzmir zu einer geruhsamen Besichtigung einladen.

Der Stadtkern von Manisa liegt - inzwischen etwas dezentral - an den Hängen von *Sipil Dağı* über der Ebene des Gediz. Geht man in den Gassen einige hundert Meter den Hang hinauf, kann man die wunderbare Aussicht auf die Stadt und die Ebene genießen. Mitten im Stadtzentrum befinden sich zwei sehr gepflegte, schattige Parks, einer unterhalb der Ulu Camii (Ulu-Park), der andere einige hundert Meter weiter östlich. Auch an anderen Stellen geizt der Stadtkern nicht mit Grün.

Geschichte

In der Antike hieß die Stadt *Magnesia am Sipylos* zur Unterscheidung vom gleichnamigen Ort am Menderes bei Söke. Über ihre Gründung gibt es keine genauen Angaben. Sie scheint jedoch zur Zeit des hethitischen Großreichs um 1.400 v. Chr. angelegt worden zu sein. In ihrer wechselhaften Geschichte geriet sie unter lydische, syrische und römische Herrschaft. Im 1. Jahrhundert wurde sie durch ein Erdbeben fast völlig zerstört. Von den Raubzügen der Araber verschont, wurde sie dem Byzantinischen und später dem Seldschukischen Reich einverleibt. Im 14. Jahrhundert zogen, wie in anderen kleinasiatischen Städten, die Osmanen ein.

Sehenswürdigkeiten

In Manisa gibt es viele schöne Moscheen, die größtenteils aus der osmanischen Zeit stammen.

Die **Sultan Camii** aus dem Jahr 1522 liegt in der Stadtmitte. Zu ihr gehören ein Hamam, eine Koranschule und ein Krankenhaus.

Geht man von dort über den Atatürk Bulvarı (von hier kann man auch einen Umweg in den Basar machen), stößt man auf die **Hatuniye Camii** aus dem Jahr 1490. Diese Moschee fällt besonders durch ihre große zentrale Kuppel auf, die einem achteckigen Unterbau aufliegt.

Etwas weiter südlich (östlich des Basars) liegt die **Cesniğir Camii**, die 1474 nach dem Bauplan eines Sklaven errichtet wurde.

Zu den schönsten und bedeutendsten Moscheen von Manisa gehört die **Muradiye Camii**, südwestlich der Sultansmoschee. Sie wurde zwischen 1583 und 1593 vom berühmten Baumeister *Sinan* im Auftrag des Sultans *Murat III.* errichtet. Zur Moschee gehören eine Armenküche und eine große Koranschule, in der sich heute ein **Museum** mit archäologischen Funden befindet (geöffnet außer Mo tgl. 9 - 12, 13 - 17 Uhr. Eintritt 2 DM).

Der "Tarzan von Manisa"

Sein bürgerlicher Name war *Ahmeddin Carlak.* Im Krieg gegen die Griechen sammelte er einige Orden, ließ sich danach in Manisa nieder und widmete sich einem friedlicheren Geschäft, der Gärtnerei. Viel von dem abwechslungsreichen Grün und den großzügigen Parks in Manisa ist ihm zu verdanken. Seine Eigenheit, nur kurze Hosen zu tragen, brachte ihm den Namen "Tarzan von Manisa" ein. Ein Denkmal ihm zu Ehren ist im Garten der Touristeninformation zu bewundern.

Die Mesirfeier

Unter "Mesir" versteht man eine zähe, sirupartige, nach geschmolzenem Zucker schmeckende Süßigkeit, deren Schöpfer ein Arzt namens *Merkez Efendi* war. Seine wohlschmeckende Arznei soll *Ayse Hafisa Sultan*, die Stifterin der Sultansmoschee, von einer Krankheit geheilt haben. Aus dieser Zeit, Anfang des 16. Jahrhunderts, stammt die Tradition, daß alljährlich Ende April das Volk in der Sultansmoschee zusammenkommt und der *hoça* (Geistlicher) körbeweise Bonbons unter den Anwesenden verteilt. Angeblich soll die Mesirpaste auch heute noch vor zahlreichen Krankheiten schützen - *Inşallah.* Doch vor *einer* Krankheit schützt sie gewiß nicht: Bei Dauerkonsum ist Karies vorprogrammiert!

Eines der ältesten Baudenkmäler der Stadt ist die **Ulu Camii** (1333 - 1367), bei deren Bau antikes Material aus der Umgebung verwendet wurde. Hier ruhen die Hofarkaden auf alten Säulen mit byzantinischen Kapitellen. An die Moschee grenzen eine Türbe und Medrese. Ganz in der Nähe befindet sich die **Alibey Camii** (1427) und gleich nebenan, in derselben Häuserreihe, die älteste Moschee der Stadt, die **İlgas Bey Camii** (1363).

Wen Moscheenbesichtigungen nicht interessieren, kann zur **Festung** auf *Sankık Tepesesı* (Hügel) im Süden der Stadt spazieren. Von der Burganlage, ursprünglich von drei Mauerringen umgeben, ist nicht mehr viel übrig. Immerhin ist die Aussicht auf die Stadt und die Gediz-Ebene lohnend.

Umgebung von Manisa

♦ Taş Suret

An der Straße nach Sungurlu befindet sich bei *Akpınar*, 6 km östlich von Manisa, das hethitische Felsenrelief *Taş Suret* aus dem 2. Jahrtausend v. Chr. Die schlecht identifizierbare, sitzende Frau in der Felsennische soll vermutlich die Fruchtbarkeitsgöttin *Kybele* darstellen.

♦ Akhisar

50 km nördlich von Manisa liegt die Stadt *Akhisar* (62.000 Einwohner), wo in frühchristlicher Zeit eine der sieben Kirchen der Apokalypse stand, die *Thyatira-Kirche.* Sie ist heute fast niemandem mehr unter diesem Namen bekannt. Im Stadtzentrum (Tireli İsmail Bahri Bey Cad./ Sehit Polis Cemal İlgaz Cad.) liegt das etwa 150 x 200 m große Ruinenfeld *Tepe Mezarliyı.*

Ansonsten ist die Region um Akhisar für ihre Knüpfteppiche bekannt.

♦ Sipil Dağı

Ein Ausflug zum Nationalpark *Sipil Dağı*, dessen Zentrum etwa 24 km südlich von Manisa liegt, lohnt sich. Man findet gute Möglichkeiten zum Wandern wie auch zum Bergsteigen. Der 1968 eröffnete Park nimmt eine Fläche von ca. 55,5 km² ein. Mit 1.530 m ist *Sipil Dağı* der höchste Berg der Gegend. Kiefern, Buchen, Pappeln, Walnußbäume, Erlen, Ulmen und Eichen dominieren; zur Tierwelt gehören Bären, Rotwild, Geier, Adler und Fasane. Für die in weiten Teilen verkarstete Landschaft sind Bodeneinstürze, Schluchten und Dolinen charakteristisch.

Der Park ist für Besucher erschlossen. Es gibt mehrere Picknickplätze und einen Campingplatz (Atalanı Campingplatz, Tel. 0232-23710 63-65, staatlich verwaltet, geöffnet vom 30. Juni bis 15. September; Stromanschluß vorhanden, ebenso ein Kiosk mit einfachen Speisen und einem kleinen Sortiment notwendiger Waren. Wohnmobile und Wohnwagen 3 DM, Zelt 2 DM; Hütten mit offenem Kamin, je nach Größe ab 15 DM). Für weitergehende Ansprüche sollte man sich vorher in Manisa mit Proviant eindecken.

Von Manisa gibt es folgende Anfahrtsmöglichkeiten zu *Sipil Dağı:*

Zunächst fragt man sich in der Stadt nach der "Roten Brücke" (trk. *Kızıl Köprü*) durch. Dort steht ein Schild mit der Aufschrift "Sipildağ". Eine schmale Straße führt über 2,5 km an die Mautstelle des Parks. Auf Asphalt erreicht man dann nach 10 km einen kleinen Canyon, nach 11 km den ersten und nach 12 km den zweiten Rastplatz mit schöner Aussicht auf die Stadt. Nach 14 km kommt die Abzweigung zur *Turgut Yayla*, und 24 km weiter endet die Asphaltstraße an einem licht mit Föhren bewachsenen Gebiet in 1.200 m Höhe, das an eine Alm erinnert. Hier befinden sich eine Picknickstelle mit Tischen, Bänken und Trinkwasser sowie der bereits erwähnte Campingplatz *Atalanı.* Die restlichen 4 km zu einem der beiden Berggipfel von *Çal Dağları* sind auf Schotterwegen zurückzulegen. Man geht sie besser zu Fuß. Von hier oben hat man dann eine grandiose Aussicht.

Eine zweite Möglichkeit, den Parkeingang zu erreichen, bietet sich, wenn man im Zentrum Manisas von der Doğu Caddesi an *Ulu Parkı* (Großer Park) in die İbrahim Gökçem Caddesi abbiegt. Nach ca. 200 m fährt man an der *Ulu Camii* rechts ab. Etwa 150 m nach der Polizeistation hält man sich an die Beschilderung "Ağlayan Kaya". Von hier sind es noch ca. 2 km bis zum Park-eingang am Hang (im Stadtteil Niobe mit neuem Theater). Für den Ausflug in den Sipil Dağı Park ist ein eigenes Auto oder Taxi nötig - öffentliche Verkehrs-mittel fahren nicht dorthin.

Touristeninformation

Özel İdare İşhanı Doğu Cad. 14/3, Tel. 231 25 41, Fax 232 33 47, geöffnet Mo bis Fr 8.30 - 12 und 13 - 17.30 Uhr, Sa 9 - 13 Uhr, So geschlossen.

Übernachten

▸ *Basran Oteli,* Sinema Park Cad., Tel. 0236-231 19 07, einfache Zimmer und Etagendusche. DZ 18 DM, Frühstück auf Wunsch.

▸ *Arma Oteli,* Doğu Cad. 14, Tel. 0236-231 19 80, Fax 232 74 13, alle Zimmer mit Du/WC, sehr freundliches Personal. EZ 25 DM, DZ 40 DM, mit Frühstück.

▸ *Hotel Büyük Saruhan,* Lâleli Mevkii, in Richtung İzmir, Tel. 0236-233 23 80, Vier-Sterne-Hotel, alle Zimmer mit Du/WC; Disco, Swimmingpool, Tennis, Fitnessraum. EZ 50 DM, DZ 70 DM.

Einkaufen

Im Basar kann man noch den Handwerkern bei der Arbeit zusehen.

Feste

Jedes Jahr findet zwischen dem 20. und 30. April die traditionelle *Mesirfeier* und *Kunstausstellung* statt (→ Artikel "Die Mesirfeier").

Verkehrsverbindungen

Bus: Der Bushof liegt etwas außerhalb des Stadtzentrums an der Straße nach Balıkesir und Akhisar. Alle halbe Stunde fährt ein Bus nach İzmir. Ansonsten bestehen von Manisa zwei- bis dreimal täglich direkte Verbindungen nach Uşak, Afyon, Denizli, Aydın, Balıkesir, Bursa, İstanbul und Ankara.

Mit dem Bus nach Salihli (ebenfalls vom Bushof aus) kann man nach Sartmustafa und zum antiken Sardes fahren (→ Umgebung von İzmir).

Zug: Mehrmals täglich hat man Anschluß nach İzmir, Afyon und über Balıkesir nach Bandırma. Mit Umsteigen in Eskişehir bestehen auch Verbindungen nach Ankara und İstanbul.

➝ Von der Abfahrt nach Manisa führt die Route nach Süden. Durch dicht besiedeltes Gebiet, vorbei an der Abfahrt zum Militärflughafen *Çığlı,* geht die Straße bis nach *İzmir.* Autofahrer, die in die Innenstadt wollen, ordnen sich am besten in die Spur nach *Konak* ein.

İzmir

1.757.000 Einwohner

İzmir, das alte Smyrna, liegt am gleichnamigen, 54 km weit ins Land reichenden Golf. Die drittgrößte Stadt der Türkei ist nach İstanbul das wichtigste Industrie-, Hafen- und Handelszentrum (Tabak, Baumwolle, Feigen, Teppiche und Textilien) des Landes.

Durch die Industrialisierung (Olivenölraffinerien, Verpackungsbetriebe für Trockenfrüchte, Verarbeitungsfabriken für Baumwolle, Textil-, Tabak-, Lebensmittel-, Papier- und Chemiebetriebe) und deren Folgen - Luft- und Wasserverschmutzung - sowie durch die lückenlose Bebauung mit Wohnklötzen aus Stahlbeton hat sich die Lebens- und Wohnqualität in der Stadt drastisch verschlechtert. Hinzu kommt, daß in den Randgebieten riesige Elendsviertel entstanden sind. Diese Geçekondu-Siedlungen werden jedoch nach und nach durch Retorten-Vorstädte weit außerhalb ersetzt. Ein solches Wohngebiet, das an deutsche Modelle der sechziger Jahre, etwa das berühmt-berüchtigte "Märkische Viertel" in Berlin, erinnert, ist in den letzten Jahren in unmittelbarer Nähe des Adnan-Menderes-Flughafens am Rand des Stadtteils Gaziemir entstanden.

Im Sommer sorgt in İzmir ein konstanter, für die Ägäisküste typischer Westwind dafür, daß die Temperaturen nicht unerträglich werden. Das Tagesmittel im August beträgt 27 °C.

Dem modernen İzmir fehlt das erhabene Flair einstiger Pracht, nicht zuletzt deshalb, weil die zahlreichen Holzhäuser des alten Smyrna mehreren Feuersbrünsten im ersten Drittel unseres Jahrhunderts zum Opfer fielen. Dabei darf nicht vergessen werden, daß İzmir (gr. Smyrni) bis 1923 die bedeutendste griechische (!) Großstadt der Ägäis war. Sie war zugleich der letzte Rückzugsort der im Feldzug gegen Atatürk vernichtend geschlagenen griechischen Truppen. In İzmir wurde das Schicksal des kleinasiatischen Griechentums besiegelt und der neue türkische Nationalstaat Wirklichkeit. Dieser Sieg war einer mit Schwert und Feuer - die einstigen Wohnviertel der Griechen in der Nähe des Hafens mit ihren Handelspalästen und Kaufmannskontoren wurden in Schutt und Asche gelegt. Daß es zu Plünderung und Zerstörung kam, hatte wohl Kalkül - die türkischen Truppen waren nämlich ansonsten sehr diszipliniert, und solche Greuel konnten nur mit Billigung von Offizierskorps und oberster Heeresleitung (also Mustafa Kemal Paşa selbst) geschehen. Die "griechische" Kultur sollte von den Küsten Kleinasiens getilgt werden - und in İzmir ist dies in einigen Tagen und Nächten des Schreckens nahezu gelungen.

Bewahrt hat sich İzmir die traditionelle Struktur des Basars mit seinen teilweise noch nach Handwerken geordneten Vierteln. An der Uferpromenade (Atatürk Caddesi) zeigt sich die Stadt von ihrer westlich-modernen, zukunftsorientierten Seite.

Insgesamt ist İzmir für einen kürzeren Aufenthalt durchaus zu empfehlen, zumal seine Umgebung vielfältige attraktive Ziele bietet (→ Umgebung von İzmir).

Geschichte

Über die Anfänge der Stadt sind sich die Historiker nicht einig, ob 1.100 oder 3.000 v. Chr. Einig hingegen ist man sich über die erste Siedlung in der Nähe des heutigen Industrieorts *Bayraklı*, 4 km nordöstlich von İzmir: *Smyrna* wurde, nachdem es zunächst von Äoliern und später von Ioniern bewohnt worden war, im 6. Jahrhundert v. Chr. von *Alexander dem Großen* am Fuß der Burg *Kadifekale* neu gegründet. In hellenischer Zeit entwickelte sich die Stadt zu einer Metropole im gesamten Mittelmeerraum. Auch unter den Römern war sie wirtschaftlich und kulturell von Bedeutung. Konnte sich die Stadt noch im 8. Jahrhundert der

Vereinnahmung durch die Araber entziehen, mußte sie sich im 11. Jahrhundert den Seldschuken beugen und wechselte danach mehrmals zwischen byzantinischer, türkischer und mongolischer Herrschaft. Schließlich gehörte sie ab dem 15. Jahrhundert zum Osmanischen Reich, woran auch mehrere Angriffe der venezianischen Flotte in den folgenden Jahrhunderten nichts ändern konnten. Erdbeben im 17. und 18. Jahrhundert sowie ein großer Brand während der türkisch-griechischen Auseinandersetzungen in den zwanziger und dreißiger Jahren unseres Jahrhunderts zerstörten viele alte Gebäude.

Orientierung

Die größeren Straßen İzmirs sind nach berühmten Persönlichkeiten der türkischen Geschichte benannt, die kleineren müssen sich dagegen mit schlichten Nummern begnügen. Die Vergabe dieser Nummern hat nur auf den ersten Blick System; bei der Orientierung sind sie keine große Hilfe. Das Bus- und *dolmuş*-System, ebenso die Ausschilderungen und Wegbeschreibungen durch Passanten stützen sich auf die Namen der entsprechenden Stadtteile. Die wichtigsten sind im folgenden genannt:

- *Alsancak:* im Norden des Zentrums beim gleichnamigen Bahnhof
- *Basmane:* wenige hundert Meter südlich des 9. Eylül Meydanı beim gleichnamigen Bahnhof
- *Konak:* Bereich um den gleichnamigen Platz am Meer. Achtung: Die Ausschilderung "Konak" ist in İzmir mit "Stadtzentrum" gleichzusetzen. Das sonst übliche Schild "Şehir Merkezi" fehlt hier oft.
- *Mersinli:* Stadtteil am neuen, großen, überregionalen Bushof an der Autobahn nach Çanakkale
- *Üçkuyular:* weit draußen, südwestlich des Zentrums. Bereich um den Bushof für die Linien nach Çeşme und die auf diesem Weg liegenden Orte.

An der Uferpromenade Birinci Kordon

Sehenswürdigkeiten

Ausgangspunkt für die hier beschriebene Stadtbesichtigung ist die Touristeninformation. Von dort wendet man sich zunächst in Richtung Meer zum Cumhuriyet Meydanı, von dem sich die Atatürk Caddesi (*Birinci Kordon* bzw. *I. Kordon*) in beide Richtungen am Ufer entlangzieht. An der Uferpromenade haben sich die besseren Geschäfte und Restaurants von İzmir etabliert. Weiter im Norden liegen drei große Einkaufszentren.

Folgt man dem Birinci Kordon nach Süden, stößt man auf den Konak-Platz. Der hier stehende Uhrturm, um die Jahrhundertwende errichtet, ist mit Fliesen aus Kütahya verkleidet.

Vom Konak Meydanı zweigt die Anafartalar Caddesi ab. Sie grenzt bogenförmig das alte Basarviertel nach Süden und Osten ein. Man sollte es sich nicht entgehen lassen, den **Basar** zu besuchen. Hier stehen zwei alte Karawansereien: **Kızlarağası Han** und gleich daneben **Çakaloğlu Han**.

Die Anafartalar Caddesi kreuzt nun den Gazi Osman Paşa Bulvarı. Man folgt ihr bis zum Hinweisschild, das das römische **Forum** ausweist. Der antike Marktplatz wurde im 2. Jahrhundert zerstört. Was man heute sieht, sind Ruinen aus dem 3. Jahrhundert, so eine Reihe korinthischer Säulen. Im Nordwesten sieht man überlebensgroße Reliefs, die *Demeter* und *Poseidon* darstellen; das Bildwerk stammt

İZMİR

1 Touristeninformation
2 Post
3 Bahnhof Alsancak
4 Bahnhof Basmane
5 Bushof
6 TML-Büro
7 Zollgebäude
8 THY-Büro
9 Fähre nach Karşiyka
10 ADAC/ TTOK
11 Goethe-Institut
12 Akin Tur
13 İzmir Turizm Seyahat
14 Milet Tur
15 Bravo Tur
16 Hösgör Hamam
17 Lüks Hamam
18 Krankenhaus
19 Basar
20 Einkaufszentrum Beymen
21 Flohmarkt
22 Einkaufszentrum Vakko u. IGS
23 Einkaufszentrum Yeni Karamürsel u Yeni Konak
24 Parkhaus
25 Aquädukt

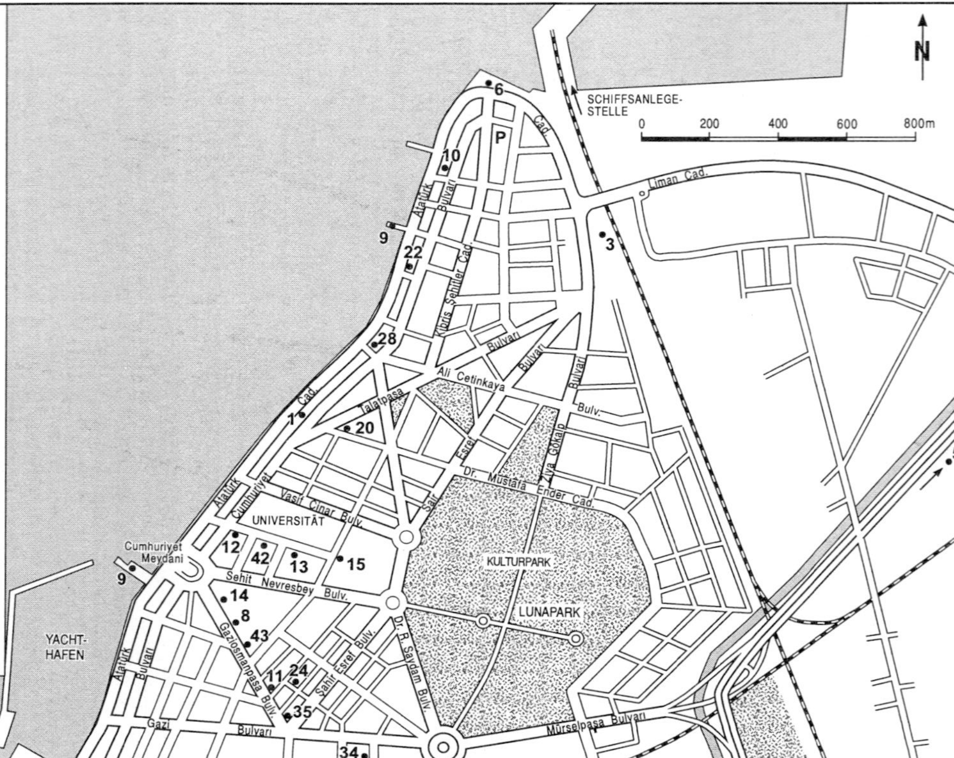

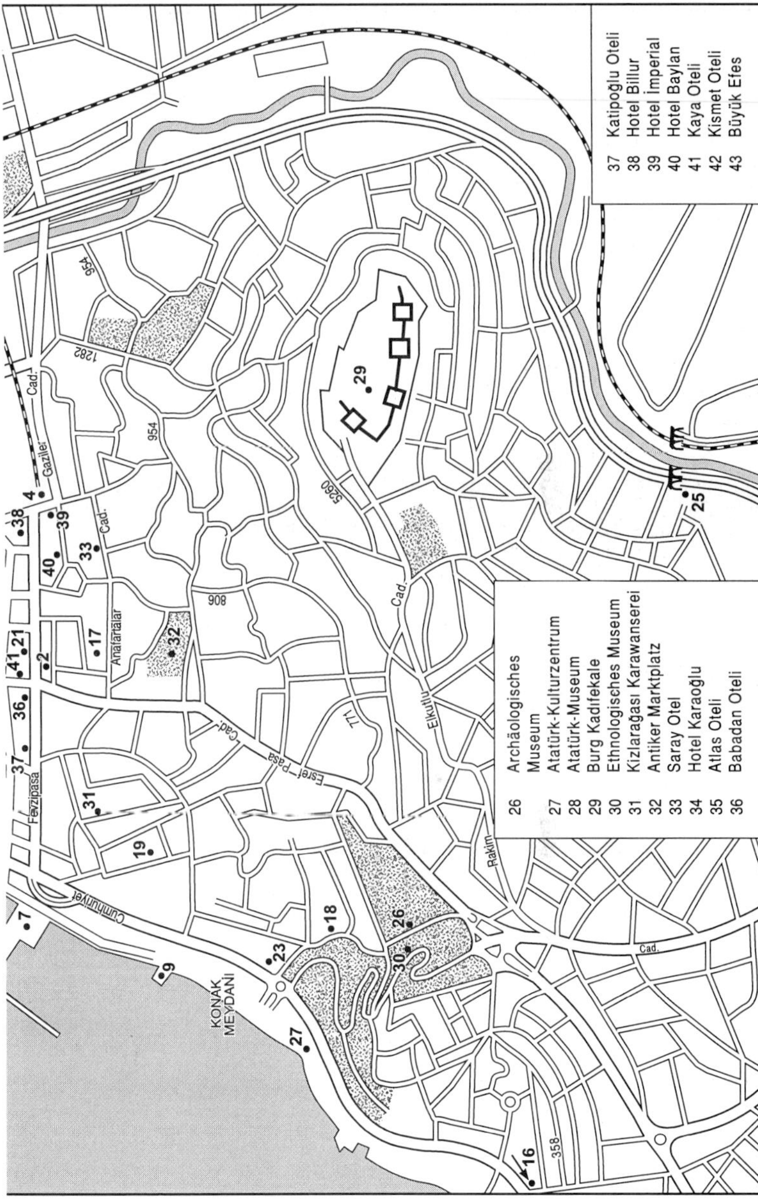
26 Archäologisches Museum
27 Atatürk-Kulturzentrum
28 Atatürk-Museum
29 Burg Kadifekale
30 Ethnologisches Museum
31 Kizlarağası Karawanserei
32 Antiker Marktplatz
33 Saray Otel
34 Hotel Karaoğlu
35 Atlas Oteli
36 Babadan Oteli
37 Katipoğlu Oteli
38 Hotel Billur
39 Hotel İmperial
40 Hotel Baylan
41 Kaya Oteli
42 Kismet Oteli
43 Büyük Efes
KONAK MEYDANI
Fevzipaşa
Gaziler Cad.
Anafartalar Cad.
Eşref Paşa Cad.
Elkutlu Cad.
Rakim
Cumhuriyet
Cad.
954
1282
908
5260
771
358

möglicherweise vom Fries eines Altars (Eintritt für Forum 2 DM).

Geht man vom antiken Marktplatz zur Anafartalar Caddesi zurück und folgt ihr bis zum nordöstlichen Ende, erreicht man das Stadtviertel **Basmane**. Hier steht ein Hotel neben dem anderen. In der Anafartalar Caddesi selbst laden zahlreiche einfache, dafür aber typische Lokantas zum Verweilen ein.

Von Basmane ist es nicht weit bis zum **Kültürparkı** (Kulturpark), dessen Haupteingang am 9. Eylül Meydanı liegt. Der Park erfüllt mehrere Funktionen; er ist Erholungs-, Rummel- und Ausstellungsplatz zugleich. Wer ihn besuchen möchte, sollte mindestens einen halben Tag einplanen.

Über den Gazi Osman Paşa Bulvarı ist man in wenigen Minuten wieder am Touristenbüro.

Etwas weiter ist es zur Burg **Kadifekale**, die auf einem 160 m hohen Hügel steht. Die ältesten Teile der Burgmauer stammen aus hellenischer Zeit. Vor der Ansiedlung von Industriebetrieben muß man von hier oben einen weiten Blick über die Bucht gehabt haben. Heute ist er oft durch den Dunst von Abgasen getrübt. Die Burg ist über die Rakim Erkutlu Caddesi zu erreichen. Vom Zentrum (Busterminal am Konak-Platz) fahren auch Stadtbusse (→ Verkehrsverbindungen).

In İzmir gibt es vier **Museen**, darunter das **Archäologische Museum** am Südhang über dem Konak Meydanı mit einer umfangreichen Sammlung von Antikem; besonders die Bildhauerei ist vertreten. Das **Ethnographische Museum** zeigt eine umfassende Ausstellung zur Bevölkerungsgeschichte Westanatoliens. Weiterhin gibt es das **Museum der schönen Künste**, Mithatpaşa Cad., und das **Yasar-Kunstmuseum** in Alsancak, Cumhuriyet Bul. (alle Museen geöffnet tgl. 8.30 - 17.30 Uhr; nur Archäologisches Museum Mo geschlossen; Eintritt Archäologisches Museum 3 DM, Ethnographisches Museum 2 DM).

Im Stadtteil Kızıl Culu, 4,5 km südlich vom Zentrum, sind noch Reste von zwei osmanischen **Aquädukten** erhalten.

Im übrigen kann İzmir mit einer Vielzahl von **Moscheen** aufwarten, von denen sich die meisten im südlichen Teil der Stadt befinden: *Hisar Camii* (1579), *Sadirvan Camii* (1636), *Haçi Hüsmen Camii* (1651), *Kemeraltı Camii* (1671), *Kestane Pazarı Camii* (1663), *Konak Camii* (1754), *Aliağa Camii* (1672), *Hatuniye Camii* (1640) und *Hacı Ahmet Ağa Camii* (1671).

Umgebung von İzmir

♦ Eski Smyrna

Alt-Smyrna liegt 4 km nordöstlich vom Zentrum auf einem Hügel im Stadtteil *Bayraklı*. Einen Teil des Gebiets nimmt heute ein staatliches Weingut ein. Bisher wurden auf dem geschichtsträchtigen Boden der Grundriß eines Tempels und Teile von Rundhäusern ausgegraben. Die Akropolis der antiken Siedlung, von der nicht mehr viel erhalten ist, liegt 3 km nördlich.

♦ Bornova

In *Bornova* (210.000 Einwohner), 12 km nordöstlich von İzmir, befindet sich die 1955 gegründete *Ege Universti* (Ägäis-Universität).

♦ Buca

..., 5 km östlich von İzmir, liegt am Fuß von *Kemalpaşa Dağı* und ist mit 105.000 Einwohnern schon eine sehr große Stadt. Trotzdem wird Buca, vor allem in den Randgebieten, von Sommerfrischlern besucht. Hier gibt es einen sehr großzügig angelegten Picknickpark, *Hasanağa Bahçesi*, der vor allem an Wochenenden und an Feiertagen gerne aufgesucht wird.

♦ Kozan

Das mit Kiefern bewachsene Plateau von *Kozan* liegt 20 km nördlich von

İzmir an der Straße nach Bergama. Es eignet sich gut für kleine Ausflüge.

♦ *Tuzla Kusçenneti*

An der nördlichen Stadtgrenze von İzmir liegt der Ort *Çığlı*. Hier geht von der Autobahn eine 18 km lange Stichstraße nach Westen ab, die am alten Flughafen von İzmir vorbei zu den Salinen von *Çamaltı* führt (ausgeschildert). Die Salzfelder liegen in der Schwemmlandebene des Gediz, dessen Lauf hier 1863 um etwa 25 km nach Norden verlegt worden ist. Man wollte damit die weitere Versandung des flachen Golfs von İzmir verhindern. Doch auch hier wächst das Delta meerwärts und droht, die Hafeneinfahrt erneut zu versanden. Zwischen alter und neuer Flußmündung ist ein Vogelparadies entstanden, in dem auch Flamingos zu beobachten sind. In der Brutzeit nisten hier Tausende von Vögeln.

♦ *Kemalpaşa*

Das Städtchen *Kemalpaşa* (50.000 Einwohner, 30 km östlich von İzmir) liegt am Fuß des 1.510 m hohen gleichnamigen Bergs. 2 km östlich von Kemalpaşa zweigt eine Straße nach Süden (in Richtung Kurudereköy) ab. Nach ca. 8 km kommt ein Bogen, der die Straße überspannt. Nach ca. 50 m führt auf der linken Seite eine Treppe den Hang, später ein Geröllpfad hinauf zum hethitischen Felsenrelief *Karabel* (trk. *Etibaba*), das von allen bislang bekannten Zeugnissen dieser Kultur am weitesten westlich liegt. Die lebensgroße Figur, die im 13. Jh. v. Chr. hier in den Stein gehauen wurde, soll einen Kriegsgott darstellen.

♦ *Salihli*

98 km östlich von İzmir liegt am Fuß von *Boz Dağ*, dessen Gipfel die meiste Zeit im Jahr mit Schnee bedeckt ist, das 52.000 Einwohner zählende Städtchen *Salihli*. Die Umgebung lädt zum Wandern ein.

♦ *Sardes*

In und um Sartmustafa, 10 km westlich von Salihli an der Straße nach İzmir, liegen die Ruinen des antiken *Sardes*, der ehemaligen Hauptstadt des Lyderreichs. Ihre Gründung geht auf das Jahr 1.200 v. Chr. zurück. Der letzte in der Stadt regierende lydische Herrscher war *Kroisos* (Krösus), der buchstäblich sagenhaft reiche König. Zu den bedeutendsten Ruinen von Sardes zählen der Artemis-Tempel, das römische Gymnasium, eine Gräberstätte und byzantinische Burgmauern auf dem Akropolisberg.

♦ *Agamemnon-Bäder*

Bei *Balçova* liegen ca. 5 km südwestlich vom Stadtzentrum İzmirs an der Straße nach Çeşme die *Agamemnon-Bäder*. Ihr sehr mineralienreiches Wasser hat eine Temperatur von 35 bis 45 °C und soll bei Nieren- und Rheumaleiden helfen. Gleich neben dem Thermalbad führt eine Seilbahn auf ein Plateau mit ausgedehnten Picknickplätzen und Teehäusern. Außerdem sind hier viele Lokantas zum *dendin pişir kendin ye* (selbst kochen - selbst essen), wo man das zu gehobenen Preisen angebotene Fleisch selbst grillen kann. Vom Hochplateau hat man gute Sicht auf einen Stausee, dessen Wasser die südlichen Stadtteile versorgt.

Strände

Wegen der starken Wasserverschmutzung im Bereich von İzmir ist es ratsam, zum Baden etwas aus der Stadt hinauszufahren. Es bieten sich folgende Strände an: *İncıraltı* (10 km), der allerdings sehr überlaufen und zum Teil mit Restaurants regelrecht zugepflastert ist, und Strände in den Orten *Güzelbahçe, Çeşme* und *Çeşmealtı*. Auch an der Straße nach Çeşme liegen zahlreiche Strände.

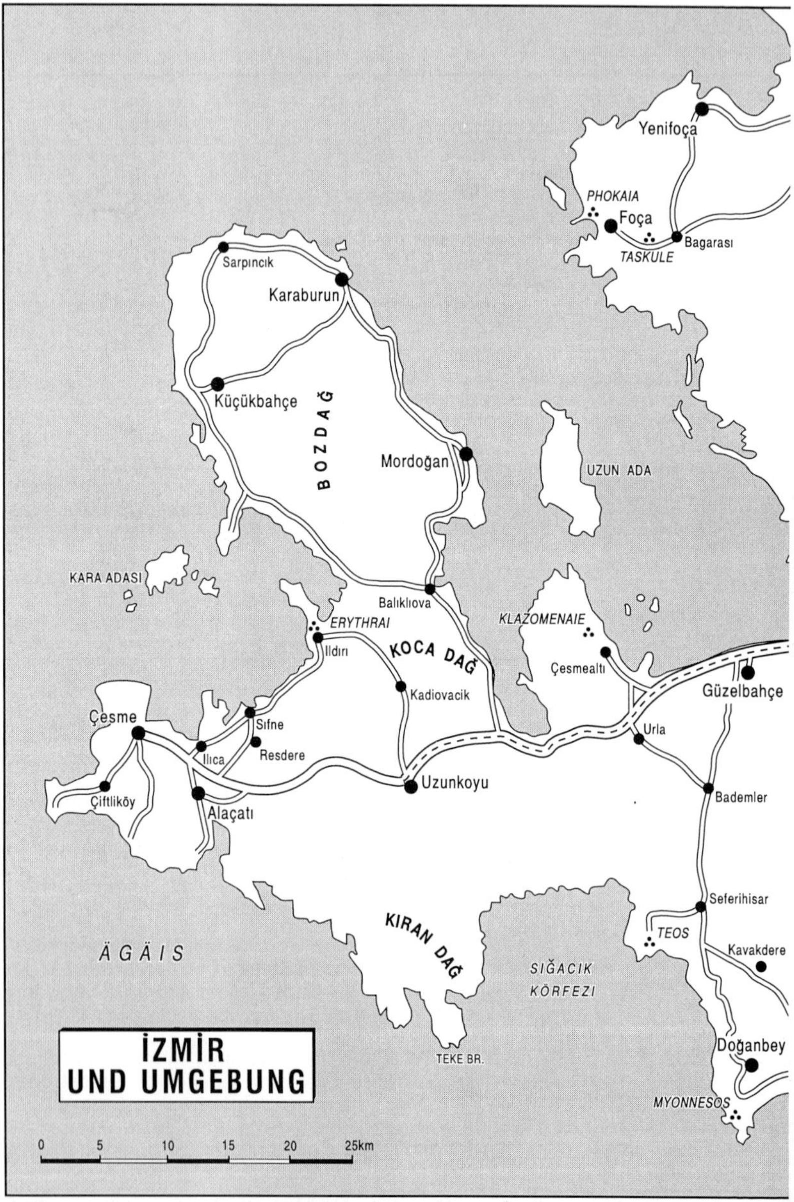
İZMİR
UND UMGEBUNG
Yenifoça
PHOKAIA
Foça
Bagarası
TASKULE
Sarpıncık
Karaburun
Küçükbahçe
BOZDAĞ
Mordoğan
UZUN ADA
KARA ADASI
Balıklıova
ERYTHRAI
Ildırı
KOCA DAĞ
KLAZOMENAIE
Çesmealtı
Güzelbahçe
Kadiovacik
Çesme
Sıfne
Resdere
Ilıca
Urla
Uzunkoyu
Çiftliköy
Alaçatı
Bademler
Seferihisar
TEOS
KIRAN DAĞ
ÄGÄIS
SIĞACIK
KÖRFEZI
Kavakdere
Doğanbey
TEKE BR.
MYONNESOS
0 5 10 15 20 25km

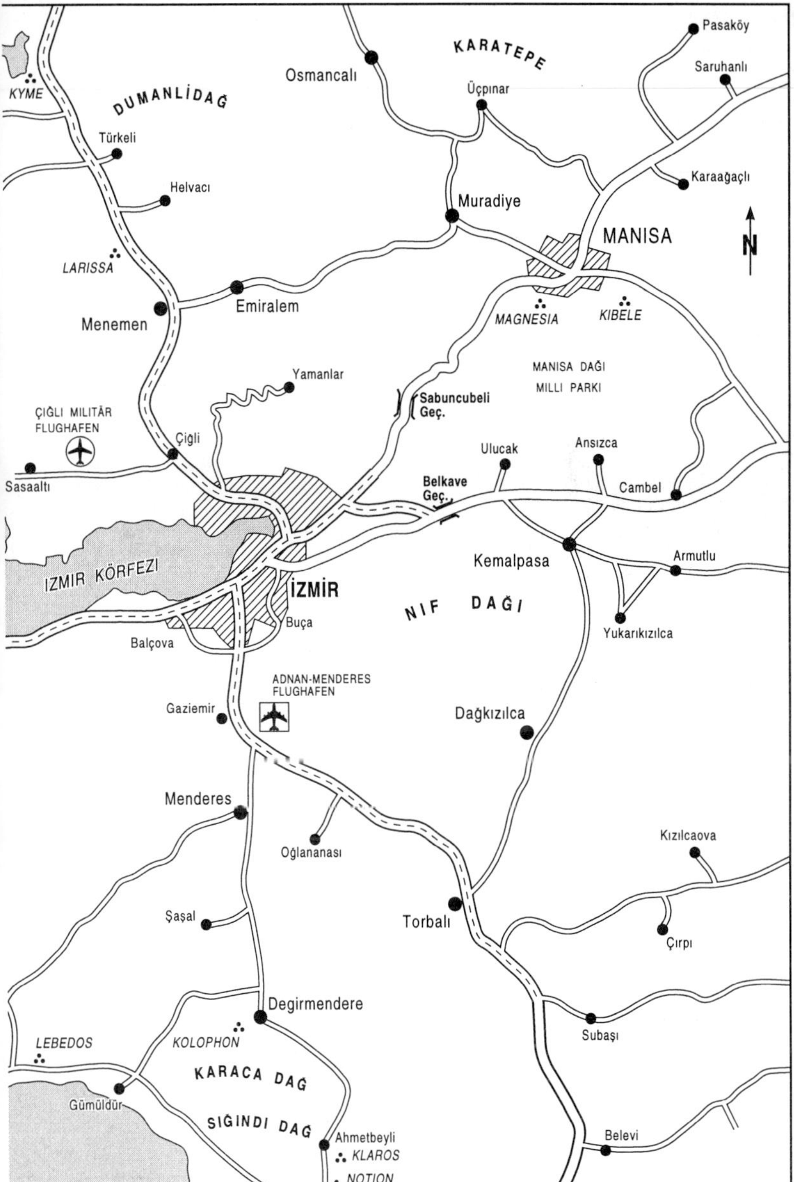
KARATEPE
Pasaköy
Osmancalı
Saruhanlı
KYME
DUMANLİDAĞ
Üçpınar
Türkeli
Karaağaçlı
Helvacı
Muradiye
MANISA
N
LARISSA
Emiralem
Menemen
MAGNESIA
KIBELE
MANISA DAĞI
MILLI PARKI
Yamanlar
Sabuncubeli Geç.
ÇIĞLI MILITÄR FLUGHAFEN
Çiğli
Ulucak
Ansızca
Sasaaltı
Belkave Geç.
Cambel
Kemalpasa
Armutlu
IZMIR KÖRFEZI
İZMİR
NIF DAĞI
Buça
Yukarıkızılca
Balçova
ADNAN-MENDERES FLUGHAFEN
Gaziemir
Dağkızılca
Menderes
Oğlananası
Kızılcaova
Şaşal
Torbalı
Çirpı
Degirmendere
Subaşı
LEBEDOS
KOLOPHON
KARACA DAĞ
Gümüldür
SIĞINDI DAĞ
Ahmetbeyli
Belevi
KLAROS
NOTION

Touristeninformation

Akdeniz Mah., 1344. Sok. 2, Pasaport, Tel. & Fax 489 92 78, Info-Tel. 484 21 47, geöffnet von April bis Oktober Mo - Fr 8.30 - 19 Uhr, Sa 9 - 15 Uhr, von November bis März 8.30 - 17.30 Uhr, So geschlossen. Man erhält kostenlos einen guten Stadtplan und umfassendes Informationsmaterial über die Stadt. Außerdem spricht das Personal Deutsch, Englisch und Französisch.

Übernachten

Viele billige Hotels sind in den Querstraßen von Fevzi Paşa Bulvarı.

▸ *Saray Otel,* Anafartalar Cad. 635, Tel. 483 69 46, Zimmer mit Waschbecken, nur Etagenduschen; schöner, überdachter Innenhof. DZ 15 DM, DRZ 21 DM, Frühstück auf Wunsch.

▸ *Hotel Karaoğlu,* Gazi Bul. 110, Tel. 483 39 06, sauber, für bescheidene Ansprüche, nicht alle Zimmer mit Du/WC. EZ 10 DM, DZ 19 DM.

▸ *Atlas Oteli,* Şairesref Bul. 1, Tel. 484 42 65, alle Zimmer mit Du/WC, einfach und sauber. EZ 12 DM, DZ 24 DM. Frühstück auf Wunsch.

▸ *Babadan Oteli,* Gazi Osman Paşa Bul. 50, Tel. 483 96 40, alle Zimmer mit Du/WC, einfaches Ein-Stern-Hotel. EZ 40 DM, DZ 60 DM, mit Frühstück.

▸ *Katipoğlu Oteli,* Fevzi Paşa Bul. 41/2, Tel. 425 41 22, alle Zimmer mit Du/WC, Zwei-Sterne-Hotel. EZ 45 DM, DZ 61 DM, mit Frühstück.

▸ *Hotel Billur,* Basmane Mey. 783, Tel. 483 62 50, alle Zimmer mit Du/WC, einfaches Mittelklassehotel. EZ 45 DM, DZ 66 DM.

▸ *Hotel İmperial,* 1296 Sok. 54, Tel. 484 97 71, gepflegtes Mittelklassehotel, alle Zimmer mit Du/WC. EZ 40 DM, DZ 70 DM, mit Frühstück.

▸ *Hotel Baylan,* 1299 Sok. 8, Tel. 483 14 26, sauberes Zwei-Sterne-Hotel mit einem - für İzmir wichtig - geräumigen Parkplatz, relativ ruhige Lage, das Personal spricht Deutsch, alle Zimmer mit Du/WC. EZ 50 DM, DZ 75 DM, mit Frühstück.

▸ *Kaya Oteli,* Gazi Osman Paşa Bul. 45, Tel. 483 97 71, alle Zimmer mit Du/WC, Zwei-Sterne-Hotel mit Klimaanlage. EZ 60 DM, DZ 86 DM, mit Frühstück.

▸ *Kismet Oteli,* 1377 Sok. 9, Tel. 463 38 50, Zimmer mit Fernseher und Klimaanlage, Haus der gehobenen Kategorie. EZ 90 DM, DZ 120 DM.

▸ *Büyük Efes,* Gazi Osman Paşa Bul., Tel. 484 43 00, bestes Haus in der Stadt, bevor das Hilton gebaut wurde; es bietet entsprechenden Komfort. EZ 180 DM, DZ 270 DM, mit Frühstück.

Am Golf von İzmir gibt es eine Vielzahl von Campingplätzen mit spartanischer Ausstattung. Einige recht ansprechende Campingplätze befinden sich an der Küste zwischen Çeşme und Selçuk. Dieses Gebiet ist über den Bushof von Gaziemir an den Stadtbereich von İzmir angebunden. (→ Von Çeşme nach Selçuk und Kuşadası - die Nebenstrecke von Güzelbahçe über Seferihisar, Özdere und Gümüldür).

Essen und Trinken

Es gibt viele Lokantas im Bereich des Bahnhofs Basmane, des Eylül Meydanı und Fevzi Paşa Bulvarı sowie in deren Seitenstraßen, aber auch in der am Bahnhof beginnenden 1368 Sokak und in der Anafartalar Caddesi.

Auch an der Atatürk Caddesi (Birinci Kordon) befinden sich zahlreiche Lokale, zum Beispiel:

▸ *Restaurant Carnevale,* Ecke Fevzi Paşa Bul./ Atatürk Cad. 158, eine gern besuchte Kneipe

▸ *Pizza Hut,* nebenan, Atatürk Cad. 140, für Liebhaber internationaler Schnellkost

▸ *Yunus Reis,* direkt gegenüber von Pizza Hut, "verrückte" Bierkneipe auf einem schwankenden Schiff

▸ *Kordon Palet,* Atatürk Cad. 79, direkt am Wasser auf einem Steg; Restaurant, das gute Fischgerichte bietet.

▸ *Çiçek Pasajı,* Atatürk Cad. 132, einige 100 m weiter südlich, ein Restaurant mit italienischer und türkischer Küche, gute Salate

Tip: Wer von seinem Basarbummel schmerzende Füße und Hunger bekommen hat, sollte zur Kızlarağası-Karawanserei gehen. Dort, wo sie auf die *Hisar Camii* trifft, finden sich ein kleiner schattiger Teegarten und mehrere einfache, gute Lokantas.

Einkaufen

Der Basar mit seiner Hauptstraße, der *Anafartalar Caddesi*, liegt zwischen Konak-Platz und Forum. Der größtenteils nicht überdachte Basar ist fast so groß wie der in İstanbul. Sein orientalischer Charakter zeigt sich in den vielen Läden, die in Warengruppen zusammengefaßt sind. Dazu gehörte vor einigen Jahren noch die *Kızlarağası Karawanserei*, nahe der Hisar Camii, wo z.B. die Wasserpfeifenhersteller ihre Werkstätten und Verkaufsräume hatten. Die Karawanserei ist mittlerweile restauriert worden, bietet ein schmuckes Bild und beherbergt zahlreiche Souvenirgeschäfte. Einer der bekanntesten Wasserpfeifenhersteller der Stadt, *Ege Nargile,* hat in der 856 Sokak 7/C, Asıl Han, ein neues Domizil gefunden. Der Basar hat sonntags geschlossen, ansonsten täglich geöffnet von 8.30 bis 20 Uhr im Sommer, bis 18 Uhr im Winter.

Ein Flohmarkt (trk. *bitpazarı*) wird täglich in der 1396 Sokak abgehalten. Die Verkäufer bieten gebrauchte und neue Waren zu niedrigen Preisen. Besonders am Sonntag ist der *bitpazarı* einen Besuch wert, weil sich dann viele Händler einfinden.

Zu den modernen Einkaufszentren gehören *Yeni Karamürsel,* Cumhuriyet Bul., *Yeni Konak,* Kütüphane Sok. 8, *Beymen,* Talatpaşa Bul., *Vakko*, Atatürk Cad. 226, und *Hacılar,* Anafartalar Cad.

Treffpunkte

İzmir hat mehrere Treffs, z.B. Kültürparkı, Konak-Platz, Cumhuriyet-Platz und Uferpromenade (Birinci Kordon).

Nachtclubs und Diskotheken

Das Nachtleben von İzmir ist im Vergleich zu dem von İstanbul eher bescheiden. Jedoch gibt es eine Vielzahl von Lokalen, die bis 3 Uhr morgens geöffnet haben. Doch meist lohnt der Besuch nicht: Sie sind verraucht und haben oft unangemessen hohe Preise. Zu empfehlen sind dagegen:

- *Göl Gazino,* im Kulturpark an einem kleinen See, Tel. 483 40 33, ab 20 Uhr Varieté-Programm mit Abendessen (ca. 30 DM), auch türkische Live-Musik
- *Santana Night Club,* Kazım Dirik Cad. 16, Tel. 484 29 76, ab 22 Uhr Varieté--Programm mit Bauchtanz, kein Eintrittsgeld, dafür Mindestverzehr, bester Club der Stadt
- *Büyük Efes Night Club,* Gazi Osman Paşa Bul. 1, im gleichnamigen Hotel, ab 22 Uhr türkische und ausländische Künstler, Mindestverzehr
- *Disco 10,* im Kulturpark, geöffnet ab 20 Uhr, kostet Eintritt

Konak Meydanı

▸ *Mogambo,* im Kulturpark, Tel. 425 54 88, ab 20 Uhr Diskothek und Bauchtanz, auch türkische Live-Musik

Freizeitangebote

Da İzmir selbst keine Strände hat, kann man nur in den Schwimmbädern des Kulturparks und des *Büyük Efes Hotel* Badefreuden genießen. Die andere Möglichkeit ist, zu den Agamemnonbädern von Balçova zu fahren (→ Umgebung von İzmir). Im Kulturpark gibt es außerdem ein Fitness-Center; die Tennisanlagen von *Büyük Efes Hotel* stehen auch Gästen von außerhalb zur Verfügung.

Kino und Kultur

Englische, deutsche und französische Filme, aber auch Theater in der jeweiligen Landessprache bieten die jeweiligen → Kulturinstitute. Programme sind nur dort erhältlich.

Karaca Sineması, 1359 Sok., zeigt amerikanische Spielfilme. Die beiden staatlichen Theater der Stadt sind *Devlet Tiyatrosu* in Konak und *Karşıyaka Sahnesi* in Karşıyaka. Konzert- und Theaterprogramme kann man sich im *Atatürk-Kulturzentrum,* Mithat Paşa Cad., besorgen.

Türkisches Bad

Zu den guten Bädern der Stadt gehören:

▸ *Karataş Hoşgör Hamamı,* Mithatpaşa Cad. 360, 10 Sokak, gegenüber *Karataş Lisesi* (Schule), Tel. 484 03 26, nur für Männer; bei Touristinnen wird eine Ausnahme gemacht (geöffnet 6.30 - 23.30 Uhr; Waschen 8 DM, Massage 5 DM).

▸ *Büyük Efes Oteli Hamamı,* Gazi Osman Paşa Bul. 1, Tel. 414 43 33, restauriertes, sehr gutes Hamam.

▸ *Karantina Hamamı,* 181 Sok. 7, an der Straße nach Balcova (außerhalb des Stadtplans), Tel. 231 57 11, nur Männer (geöffnet 6 - 24 Uhr; einfaches Waschen 5 DM, Massage 5 DM)

▸ *Lüks Hamamı,* Anafartalar Cad. 660, Tel. 425 50 78, zwei getrennte Eingänge für Männer und Frauen (geöffnet für Frauen 8 - 18 Uhr, für Männer von 6 - 23 Uhr, Eintritt 10 DM, mit Massage, Handtuch und Seife).

Buchhandlungen

Die Buchhandlung *Dünya,* Cumhuriyet Bul. 143/E, hat internationale Lektüre und deutsche Zeitungen (vom Vortag). Zeitungen in Deutsch gibt es ebenfalls am Kiosk vom *Büyük Efes Hotel* und in einigen Souvenirläden. Internationale Lektüre führen auch *Inter Books,* San Sineması Pasaj 20, und *NET,* Cumhuriyet Bul. 142/B.

Konsulate

D Atatürk Cad. 260, Alsancak, Tel. 421 69 95

A Gazi Osman Paşa Bul. 26, Tel. 425 45 64

Kulturinstitute

▸ *Deutsch-Türkisches Kulturzentrum* (Türk-Alman Kültür Merkez, Goethe-Institut), Gazi Osman Paşa Bul. 13, Tel. 484 16 36, liegt etwas oberhalb der Touristeninformation. In der Bibliothek kann man deutsche Zeitungen vom Vortag lesen (geöffnet Mo bis Fr 15 - 19, Fr 10 - 12 Uhr).

▸ *Türkisch-Britisches Kulturinstitut,* 1481 Sok. 9, Alsancak, Tel. 422 04 59

▸ *Amerikanisches Kulturinstitut,* Şehit Nevres Bul. 23, Tel. 421 88 73

Feste

Zu den besonderen Ereignissen in der Stadt gehören das *Mittelmeerfest* in der ersten Juniwoche, die *Industrie- und Handelsmesse* Anfang bis Ende September und im nahen Foça das *Musik-Folklore-Wassersport-Fest* Mitte Juli bis Mitte August.

Nützliche Adressen und Telefonnummern

Vorwahl: 0232
Touristenpolizei: 421 88 52
Automobilclubs: Atatürk Cad. 370/A, in Richtung Schiffsanlegestelle, Tel. 422 63 87 (ADAC-Geschäftsstelle) und Tel. 422 26 21 oder 421 35 14, Fax 422 63 87 (TTOK = Türkischer Automobilclub)
Bushof: Zentraler Bushof (Yeni Garaij), Tel. 486 22 66, 486 22 63
Bahnhof Basmane: 484 86 38
Bahnhof Alsancak: 421 01 14
Flughafen: 425 82 80
Krankenhaus: 243 43 43
Ärzte:
- Dr. Naran Özbek, Mustafa Enver Bul. 6/2, Alsancak, Tel. 421 51 26, Deutsch sprechender Arzt

Dr. Ercan Demiröz, Şehit Fethi Bey Cad. 122/3, 4. Stock, Tel. 482 02 29, Deutsch sprechender Zahnarzt

Organisierte Ausflüge

Da İzmir eher weniger vom internationalen Pauschaltourismus mitbekommt, gibt es nicht allzu viele Anbieter von organisierten Ausflügen, und deren Programm ist auch nicht besonders umfangreich. Die Reisebüros (und Autovermietungen) konzentrieren sich um das welthin das Stadtbild überragende İzmir Hilton, sind also nicht schwer zu finden. Eine Übersicht des Angebots:
- Halbtagestour durch İzmir, mit Museen und Burg, ohne Essen, 40 DM
- Ephesos, Tagestour incl. Essen, 80 DM
- Pergamon, Tagestour incl. Essen, 80 DM
- Sardes und Magnesia, Tagestour incl. Essen, 80 DM
- Priene, Milet, Didyma, Tagestour incl. Essen, 110 DM
- Pamukkale, Tagestour incl. Essen, 110 DM (Das geht von İzmir aus mit öffentlichen Verkehrsmitteln genau so gut und wesentlich billiger!)
- İzmir bei Nacht, Abendmenü, Fahrt hinauf zur Kadifekale, anschließend in einen Nachtclub mit Bauchtanz-Show, 70 DM.

Anbieter:

▸ *Akın Tur,* Reiseagentur und Autovermietung, Kızılay Cad. 5/3, in Alcancak (hinter dem Büyük Efes Hotel), Tel. 421 86 94. Die Angebote der Agentur sind auch im Hotel Billur (→ Übernachten) zu buchen.

▸ *Ramtur,* Gazi Osman Paşa Bul., Yeni Asır Işhanı Kat. 3/312, Tel. 484 70 65

▸ *Milet Turizm (MTS),* Gazi Osman Paşa Bul. 3a, Tel. 419 21 24, 419 25 99

Leihfahrzeuge

▸ *Airtour,* Şair Eşref Bul., 1371. Sok. 5, Tel. 441 62 52, Fax 441 62 55

▸ *Avis*, Şair Eşref Bul. 18/D, Tel. 441 44 17, Fax 441 44 20 (Hauptbüro); in Bornova, Ankara Cad. 255a, Tel. 342 20 20, Fax 373 98 77; am Flughafen, Tel. & Fax 274 21 72, Tel. 274 21 74

▸ *Ayhan,* Gazi Osman Paşa Bul. 1h, Tel. 441 80 14

▸ *Budget*, Şair Eşref Bul. 22/1, Tel. 441 92 24, Fax 441 93 75 (Hauptbüro); am Flughafen, Tel. 274 22 03

▸ *Delta,* Gazi Osman Paşa Bul., 1374. Sok., Tel. 441 86 27, Fax 425 65 94

▸ *Ekip,* Fevzi Paşa Bul. 14/2, Tel. 414 14 04

▸ *Star,* Fevzi Paşa Bul. 305, Yeni Asir İş Hanı, beim Hotel Katipoğlu, Tel. 414 70 66

▸ *Europcar,* Şehit Fethi Bey Cad. 122/F, Tel. 441 51 41, 441 55 41, Fax 483 00 31 (Hauptbüro); Flughafen, Tel. 274 21 63, Fax 274 21 63

▸ *Hertz,* Cumhuriyet Cad. 138, Etap Pullman, Alsancak, Tel. 446 14 41, Fax 446 10 81 (Hauptbüro), Flughafen, Tel. 274 26 26, Fax 274 20 99

▸ *Intercity,* Gazi Osman Paşa Bul., 1370 Sok. 7/1, Tel. 446 01 65, Fax 446 01 67

▸ *Limusin,* Cumhuriyet Bul. 129/A, Tel. 421 48 23

▸ *MTS,* Gazi Osman Paşa Bul. 3a, Tel. 419 21 24, 419 25 99

▸ *Pine & Sun,* Gazi Osman Paşa Bul. 3f, Tel. 489 59 49, Fax 441 87 51

Fluggesellschaften

▸ *Turkish Airlines (THY),* Gazi Osman Paşa Bul. 1f, Tel. 484 12 20, 425 82 80, Fax 483 62 81, direkt beim Büyük Efes Hotel
▸ *Lufthansa,* 1379 Sok., Tel. 422 36 22
▸ *LTU* (Mavi Batı), 1379 Sok. 39, Tel. 441 99 36
▸ *Hapag* und *Condor* (Suntur Turizm), 1379 Sok. 26/D, A Block, Tel. 421 99 23 oder 463 07 76
▸ *Swissair* und *Austrian Airlines,* Cumhuriyet Mey. 11/2, Tel. 421 47 57 (Swissair), 425 80 20 (Austrian)
▸ *Sabena* (Omega Tur), Mithatpaşa Cad. 146-148, Tel. 483 25 52

Verkehrsverbindungen

Bus - innerstädtisch
Das innerstädtische Verkehrsnetz mit Bus und *dolmuş* funktioniert recht gut.
▸ *Stadtbus:* Nr. 48 und Nr. 50 (nimmt den direkten Weg) fahren von Konak über die Fevzi Paşa Caddesi zum großen Bushof *(garaj)*; Nr. 93 fährt von Montrö zur Kadifekale über den Gazi Osman Paşa Bulvarı, Nr. 70 fährt vom Gazi Osman Paşa Bulvarı nach Buca. Von Konak ist es möglich, mit dem Stadtbus Nr. 8 bis Güzelbahçe zu fahren. Die Stadtbusse 86, 217, 500, 501 und 502 fahren vom Stadtbus-Terminal am Konak-Platz zum Bushof in Richtung Çeşme.

Hinweis: Bei Fahrten mit dem Stadtbus ist zu beachten, daß der Fahrschein vorher bei einer (der eher spärlich gesäten) Verkaufsstellen gelöst werden muß. Wer mehrere Tage in İzmir unterwegs ist, tut gut daran, sich einen Vorrat der kleinen braunen Märkchen zuzulegen. Ein Nachlösen im Bus ist prinzipiell nicht möglich.

▸ *Dolmuş:* Von Konak aus gibt es Verbindungen in alle Richtungen, zum großen Bushof im Norden (*dolmuş Mersinli* und *Garaj*), zu den Agamemnonbädern (*dolmuş Balçova*) und zur Kadifekale (*dolmuş Kadifekale*).

Bus - überregional
In İzmir gibt es drei Bushöfe: den *Çeşme-Bushof* am Fahrettin Altay Meydanı, einige Kilometer südwestlich vom Zentrum; von dort fahren ca. alle 10 Minuten Busse nach Çeşme, İncıraltı, Urla, Seferihisar und allen weiteren Städten an der Strecke nach Çeşme. Vom *großen Bushof* (garaj) im Norden bestehen hervorragende Verbindungen in jede größere Stadt der Türkei, z.B. stündlich nach Antalya, Alanya, Aydın, Ayvalık, Burdur, İsparta, Çanakkale, halbstündlich nach Selçuk, Denizli, İstanbul, Marmaris und Bodrum, viertelstündlich nach Foça und Manisa. Andere Ziele sind täglich Nevşehir (1 mal), Adana (2 mal) oder Konya (3 mal). Ein weiterer Bushof für die Regionalbusse in Richtung Süden (etwa nach Selçuk, aber auch nach Özdere und Gümüldür) befindet sich außerhalb des Stadtzentrums im Stadtteil Gaziemir. Er ist vom Konak-Platz aus zu erreichen mit der Linie 152 und allen anderen, bei denen vermerkt ist "*Gaziemir, Garaji*".

Bei dem Verkehrssystem mit drei Bushöfen gestaltet es sich schon ziemlich kompliziert, etwa von Kuşadası und Selçuk nach Çeşme zu fahren und umgekehrt. Es gibt für diese Strecke auch leider keine direkten Regionalbusse.

Bis zum Bau der "Rennstrecke" (also der Autobahn) zwischen İzmir und Ilıça bestand eine recht einfache Möglichkeit, den Verkehrsknotenpunkt İzmir auf einer schönen Strecke zu umgehen, indem man sich von Çeşme etappenweise mit *dolmuşlar* längs der Küste nach Selçuk (und nach Kuşadası) durchschlug. Das ist durch die Autobahn wesentlich komplizierter geworden - geht aber (Geduld vorausgesetzt) immer noch: Zunächst fährt man mit einem *dolmuş* nach Alaçatı; von dort geht es ebenfalls per *dolmuş* weiter über Urla bis nach Güzelbahçe. In Güzelbahçe ändert man die Richtung und paßt ein *dolmuş* nach Seferihisar oder besser noch Ürkmez ab. In Özdere wiederum hat man Anschluß an *dolmuşlar* nach Selçuk und (häufiger) nah Kuşadası. Will man nach Selçuk, kann man auch ein *dolmuş* nach Kuşadası nehmen und sich an der Pamucak-Kreuzung absetzen lassen. Dort erwischt man dann die *dolmuşlar* Kuşadası - Selçuk und Pamucak - Selçuk. Das Unternehmen ist zeitaufwendig: 4 Stunden sollte man schon für die 150 km lange Strek-ke einplanen. Dafür geht es auf einer recht neu gebauten Küstenstraße immer am Meer entlang, wo vor allem im letzten Abschnitt vor Pamucak einige idyllische Buchten zum Baden einladen.

Tip: Wer von İzmir einen Tagesausflug nach Bergama unternehmen möchte, sollte sich rechtzeitig um eine Rückfahrgelegenheit kümmern, denn der letzte Bus nach İzmir fährt in Bergama um 19 Uhr ab.

Zug - innerstädtisch
Von den Bahnhöfen *Basmane* und *Alsancak* gibt es S-Bahn-Linien etwa jede Stunde nach Bornova (im Osten), Karşıyaka (im Nordwesten) und Cığlı (im Norden). Die Fahrkarte gilt immer nur für eine Fahrt, d.h. beim Umsteigen muß eine neue gelöst werden. In Alsancak bestehen stündlich Verbindungen zum Flughafen (ab Alsancak zwischen 5.50 und 22.20 Uhr, ab Flughafen zwischen 6.30 und 23.30 Uhr).

Zug - überregional
Fernzüge fahren vom Bahnhof *Basmane* ab. Die Preise liegen bei ca. 3 DM pro 100 km. Täglich gibt es Verbindungen nach İstanbul über Bandırma (1 mal, je nach Wochentag auch Nachtzug), nach Ankara (1 mal, Nachtzug), nach Denizli und Selçuk (jeweils 3 mal).

Tip: Am Wochenende fährt ein Nostalgiezug mit Dampflokomotive von İzmir über Selçuk nach Camlık zum Eisenbahnmuseum.

Fähre - innerstädtisch
Die städtischen Fähren, die zum Stadtteil Karşıyaka übersetzen, haben ihre Anlegestellen am Konak-, Cumhuriyet- und Alsancak Meydanı. Zugang zum Landesteg hat man durch eine Unterführung. Die Fähre nach Karşıyaka geht jede halbe Stunde bis 23.30 Uhr.

Schiff - überregional
▸ *Linie İzmir - İstanbul - İzmir*
Fahrplan
- Ganzjährig: ab İstanbul Fr 15 Uhr, an İzmir Sa 9 Uhr, ab İzmir So 14 Uhr, an İstanbul Mo 9 Uhr
- Von Ende Mai bis Ende Oktober: ab İstanbul Mo 15 Uhr, an İzmir Di 9 Uhr, ab İzmir Di 14 Uhr, an İstanbul Mi 9 Uhr
- Von Ende Mai bis Anfang Oktober: ab İstanbul Mi 15 Uhr, an İzmir Do 9 Uhr, ab İzmir Do 14 Uhr, an İstanbul Fr 9 Uhr

Preise (pro Person bzw. Fahrzeug)
- 2-Bettkab. 90-195 DM
- 3-Bettkab. 70-145 DM
- 4-Bettkab. 60-130 DM
- Pullman 50 DM
- Motorrad 35 DM
- Pkw (für 1-12 Pers.) 80 DM
- Wohnmobil oder Wohnwagen (länger als 3 m) 100 DM
- Fahrrad und Surfbrett frei

▸ *Linie İzmir - Venedig*
Die Fährverbindung İzmir - Venedig wird ganzjährig bedient.
(→ Reisevorbereitung/ Anreise/ Schiff)

▸ *Informationen und Buchungen bei:*
Turkish Maritimes Lines (Türkiye Denizcilik İşletmeleri), Yeniliman, Alsancak, Tel. 421 14 84, 421 00 94, Fax 421 14 81, am neuen Hafen im Norden der Stadt.
İzmir Turizm Seyahat Açentesi, İTS Aç., 1375 Sok., Tel. 421 48 74
Akın-Tur und Mılet-Tur (→ İzmir/ Organisierte Ausflüge)

Mit dem eigenen Fahrzeug
Durch den massiven Parkplatzmangel in der Stadt ist es ratsam, tagsüber das Fahrzeug in eines der Parkhäuser zu stellen, um es nach Geschäftsschluß in eine der freiwerdenden Parkbuchten zu fahren. Zentral bei der Touristeninformation gelegen, bietet sich das Parkhaus des *Hilton Hotel* an (Höhe 2 m, Parkgebühr 1 DM/ Stunde). Weitere Parkhäuser befinden sich an der Ecke Anafartalar Caddesi und Gazi Osman Paşa Bulvarı Fevzipaşa, Milli Kütüphane Caddesi und in Alsancak, 1476 Sokak. Ein bewachter Parkplatz liegt am Dr. Refik Saydan Bulvarı gegenüber dem Kulturpark.

Flugzeug
Vom Flughafen *Adnan Menderes,* 20 km südlich des Zentrums, Tel. 425 82 80, gibt es Flüge nach Ankara und İstanbul (mehrmals tgl.), Antalya (tgl.), Dalaman (2 mal in der Woche. Zu erreichen ist der Flugplatz mit dem Zubringerbus vom *THY-Büro* (Turkish Airlines), mit dem Stadtbus vom Konak-Platz in Richtung Menderes, mit der Bahn (→ Zug - innerstädtisch) oder mit einem Taxi (ca. 15 DM).

Route 2
Von İzmir nach Fethiye (ca. 390 km)

Auf dem direkten Weg nach Fethiye bietet sich die Möglichkeit zu einem Besuch der Çeşme-Halbinsel. Wer von İzmir direkt zu diesem Badeort fahren will, folgt vom Konak-Platz der Uferstraße bis zur mautpflichtigen Autobahn nach Çeşme. Von der Strecke nach Çeşme führt hinter Güzelbahçe eine gut ausgebaute Straße nach Süden (Ausschilderung *Seferihisar/ Teos*). Diese Straße verläuft an der Küste, die hier keine sonderlich einladenden Strände zu bieten hat. Bis Urla, 35 km westlich von İzmir, fährt sonntags eine Ausflugsfähre ab İzmir (→ İzmir/ Verkehrsverbindungen). Urla ist bekannt für seine magnesiumhaltigen Thermalquellen.

Hinter der Abzweigung nach *Karaburun* (→ Umgebung von Çeşme) führt die Route durch eine steinige, trockene Ebene. Kurz vor Çeşme endet die Autobahn bei Alaçatı. Busse aus İzmir nehmen von dort den Weg über Ilıca und fahren - vorbei an den großen Hotels - die Küste entlang nach Çeşme. Auf dem direkten Weg von Alaçatı erreicht man nach 5 km den Ortsrand von Çeşme. Ist man hingegen über Ilıca gekommen und will ins Zentrum, muß man kurz hinter der Ortseinfahrt an einer großen Kreuzung die Adnan Menderes Caddesi nehmen.

♦ Çeşme

20.400 Einwohner, 55 km W von İzmir

Çeşme gehört zu den Städten der Türkei, die schon lange die Entwicklung vom Provinznest zur Tourismushochburg abgeschlossen haben. Trotz der einseitigen Ausrichtung auf den Tourismus hat Çeşme seine angenehme Atmosphäre bewahrt. So ist die sehr gut restaurierte Burg das Zentrum. An ihrem Fuß liegen der mit Palmen gestaltete İskele Meydanı (Platz) und die nach Norden sich anschließende Promenade. Çeşme belohnt den langen Umweg auf die Halbinsel auch mit zahlreichen Stränden, die zum Baden einladen, und mit einem umfangreichen Freizeit-, Kultur- und Gastronomieangebot, das so gut wie kein Bedürfnis der Besucher unbefriedigt läßt.

Die Rennstrecke von İzmir

Der Bau der Fernstrecken İzmir - İstanbul und İzmir - Ankara (via Aydın) geht in Etappen voran. Nur die Strecke İzmir - Çeşme ist fertig.

Das freut natürlich die İzmirli, die nun wochenends um einiges schneller in ihre Sommerfrische rasen können. Auch die nach dem *dolmuş*-Prinzip verkehrenden Großbusse bedienen nun nicht mehr Orte wie Güzelbahçe und Urla, sondern fahren auf der breiten, stellenweise brachial in die Landschaft geschlagenen Asphaltpiste durch bis kurz vor Ilıca. Für die neuen Autobahnen ist ein absolutes Tempolimit von 130 km/h festgesetzt.

Aber in İzmir gibt es mittlerweile auch eine dünne Schicht neureichen Stadtbürgertums, und die fährt am liebsten mit der blau-weißen Marke aus Bayern - möglichst hoch motorisiert, versteht sich.

Wo aber diese "power" zur Geltung bringen? Da bietet sich die "Rennstrecke" nach Çeşme an. Fast täglich (eher nächtens) finden dort Wettrennen statt. Das untere Limit liegt bei 25 Minuten für die etwa 70 km Entfernung. Das erscheint auf den ersten Blick noch tolerabel, aber es gibt zwei Mautstellen. Findige "Rennfahrer" sind deshalb darauf gekommen, mit dem Personal Absprachen zu treffen und den fälligen "Wegezoll" (nebst Bakschisch) im Vorbeifahren aus dem Fenster zu werfen.

In der Türkei gibt es nicht viele Möglichkeiten, Geschwindigkeiten über 100 km/h zu trainieren. Da die Rennen nach Çeşme zudem noch oft in alkoholisiertem Zustand ausgetragen werden, kommt es auf dieser Strecke fast täglich zu folgenschweren, häufig tödlichen Unfällen. Langgezogene Bremsspuren, verbogene Leitplanken und Splitterglas am Straßenrand zeugen davon.

Aber man kann fast darauf wetten: Der erste Formel-1-Fahrer der Türkei wird aus İzmir kommen.

Schon in der Antike kamen "Touristen" hierher, um ihre Rheumaleiden mit dem 35 bis 60 °C heißen Thermalwasser in Ilıca zu kurieren. Die Quellen sprudeln heute noch wie in alten Zeiten (→ Umgebung von Çeşme).

Sehenswürdigkeiten

Mittelpunkt der Stadt ist die **Festung** am İskele Meydanı. Sie wurde im 15. Jahrhundert angelegt und später mit einer doppelten Mauer umgeben. Das von den Genuesen erbaute Kastell ließ Sultan *Beyazıt II.* restaurieren und erweitern. Von hier wurde die Meerenge von Chios militärisch kontrolliert (Damals lag die Festung noch am Meer). Das Südtor der Festung ist ein typisches Beispiel für osmanische Architektur (Kastell und Museum geöffnet außer Mo tgl. 8.30 - 12, 13 - 17.30 Uhr, Eintritt 2 DM).

Die **Karawanserei** aus dem Jahr 1529 ist heute ein Hotel. Um den großen Hof des U-förmigen Gebäudes gruppieren sich die ehemaligen Läden und Lagerräume. Unbedingt sehenswert! Besucher sollten sich nicht von den scheinbar grimmig dreinschauenden Türstehern des Hotels aufhalten lassen - der Innenhof ist öffentlich zugänglich.

Umgebung von Çeşme

♦ *İldır*

Etwa 20 km nordöstlich von Çeşme liegt der Ort *İldır*. In der Umgebung gibt es einige schöne Strände. Trotzdem hat der Tourismus noch nicht so recht Fuß gefaßt in diesem ehemals griechischen Dorf, dessen alte Architektur viele Spuren des Verfalls zeigt. Die wenigen Übernachtungsmöglichkeiten sind eher bescheiden. Akzeptabel ist: *İldırı Pansiyon* (Tel. 725 11 09, ein kleines Haus mit 5 Doppelzimmern). İldır ist von Çeşme aus mit einem *dolmuş* zu erreichen. Die meisten Fremden kommen, um die Ruinen des antiken *Erythrai* zu sehen. Überreste einer Akropolis, eines Theaters, die Stadtmauer und Grundrisse einiger römischer Häuser liegen in einem weiten Ruinenfeld verstreut.

♦ *Chios*

Die Insel liegt unmittelbar vor der türkischen Küste und ging erst in den zwanziger Jahren in griechischen Besitz über. *Chios* (trk. *Sakız*) ist 468 km^2 groß und hat heute knapp 50.000 Bewohner. Zur Haupterwerbsquelle der Inselbewohner gehören außer der Seefahrt und der Reederei, die die Insel zu einer der reichsten Provinzen Griechenlands gemacht haben, der Anbau von Zitrusfrüchten, Wein und Feigen. Auf der Insel gab es auch einmal eine einträgliche Seidenraupenzucht. Eine epidemische Krankheit der Maulbeerbäume brachte diesen Erwerbszweig zum Erliegen. Auch sonst ist die Textilindustrie - einst ein blühendes Gewerbe auf der Insel - quasi nicht mehr existent. An einheimischem Gewerbe gibt es eigentlich nur noch kleine Betriebe, die "chiótische Süßigkeiten" produzieren: Dazu gehören so exotisch anmutende Produkte wie in Sirup eingelegte junge Auberginen - sehr interessant im Geschmack.

Im Süden der Insel wird aus dem Strauch der *Pistacia Lentiscus* Mastix gewonnen. Hier hat Chios eine weltweite Monopolstellung, denn nur die Mastixsträucher der Insel geben ein Harz, das gerinnt und damit verarbeitungsfähig ist. In osmanischer Zeit wurde es an den türkischen Höfen als "Kaugummi" benutzt - was der Insel eine Sonderstellung unter dem "Besatzungsstatus" einbrachte. Mit dem Siegeszug des synthetischen Kaugummis verlor die Mastixproduktion zwar an Bedeutung, stellt aber weiterhin einen einträglichen Erwerbszweig dar. Mastix-Kaugummi (Marke "Elma") gibt es noch immer, auch eine mit Mastix versetzte Zuckermasse, schließlich mit Mastix aromatisierten Schnaps. Ansonsten wird das Harz für hochwertige technische Lacke und Künstlerfarben verwendet.

Der Tourismus spielt auf dieser reichen Insel bisher eher eine Nebenrolle. Er konzentriert sich in *Karfás,* einem Badeort etwa 8 km südlich der ziemlich genau in der Mitte gelegenen Inselhauptstadt, die ebenfalls den Namen "Chios" trägt. In der Hauptstadt legen die Ausflugsboote von Çeşme an.

Beliebte Ausflugsziele sind das Kloster *Néa Moní* mit seinen Mosaiken aus dem 11. Jahrhundert sowie die Mastixdörfer im Süden der Insel, die sich ihre spätmittelalterliche Wehrhaftigkeit erhalten haben. Besonders interessant ist das große Dorf *Pyrgí* wegen seiner mit geometrischem Kratzputz verzierten Hausfassaden.

Der Nordteil der Insel ist verhältnismäßig dünn besiedelt. Er ist wesentlich gebirgiger als der Süden, gipfelt im 1.297 m hohen *Pelinaíon,* der zu Bergwanderungen einlädt. Im Nordosten, am Fuß der Amaní-Berge, liegt das Landstädtchen *Volissós* mit einigen sehr guten, auch im Sommer nicht übervölkerten Sandstränden.

Ansonsten machen sich die Sandstrände eher rar auf der kargen Insel, deren Waldbestand Opfer mehrerer Großbrände wurde. Dicht bevölkert ist der Sandstrand von *Karfás,* ruhiger geht es im Süden, am Sandstrand von *Kómi,* zu, wo es ebenfalls einige touristische Unterkünfte gibt. Der Renommierstrand der Insel aber besteht aus schwarzen Kieseln ("Mávra Vólia") und liegt ganz im Süden, westlich des Hafenorts *Emborió.*

Die "Agrotouristische Frauengenossenschaft der Mastixdörfer" bietet Unterkünfte. Die Genossenschaft verfügt über Zimmer in *Armólia, Pyrgí, Olympi* und *Mestá* - schöne spätmittelalterliche

Dörfer im Süden der Insel. Diese Dörfer liegen etwa 5 km vom Meer entfernt, haben aber jeweils eigene Anlegestellen und Strände, die teilweise auch mit Bussen zu erreichen sind.

♦ *Thermalquellen*

... gibt es in *Çeşme* in der Bucht von Ilıca und in *Şifne*, 7 km östlich von Çeşme. Das Quellwasser enthält Chlor, Natrium, Magnesium und Fluor. Es ist 42 bis 55 °C heiß und wird für Trink- und Badekuren bei dermatologischen, gynäkologischen und urologischen Beschwerden sowie bei Stoffwechselstörungen empfohlen. In Ilıca sind allen Thermalquellen Hotels angeschlossen; die Benutzung steht auch Gästen von außerhalb offen. Siehe → Übernachten.

♦ *Halbinsel Karaburun*

Die *Karaburun-Halbinsel* wurde lange als eine Art "Geheimtip" gehandelt. Sie bietet zahlreiche Buchten mit glasklarem Wasser und Felsstränden, die nur teilweise mit dem Auto zu erreichen sind. Inzwischen sind die Straßen etwas besser geworden. Größere Investitionen im touristischen Sektor hat das bisher nicht nach sich gezogen. Das liegt weniger daran, daß es in der Gegend an Kapital mangelte, denn Investoren aus dem nahe gelegenen İzmir gäbe es genug - die begüterte Mittelschicht dieser Metropole zieht es aber vor, die Karaburun-Halbinsel zu einer Art Refugium für eigene Freizeit-Bedürfnisse zu machen. Daher fehlt es in den Dörfern der Halbinsel zwar nicht an Lokantas, Hotelkapazität und -standard sind jedoch beschränkt. Aber der Verzicht auf diese Annehmlichkeiten wird entschädigt: Die Ursprünglichkeit der Dörfer, in deren Architektur und Lebensstil immer noch der griechische Einfluß zu erkennen ist, blieb erhalten. Wer von Urla kommt und die Ostküste der Halbinsel entlangfährt, sollte sich von den ersten 10 km nicht ent-

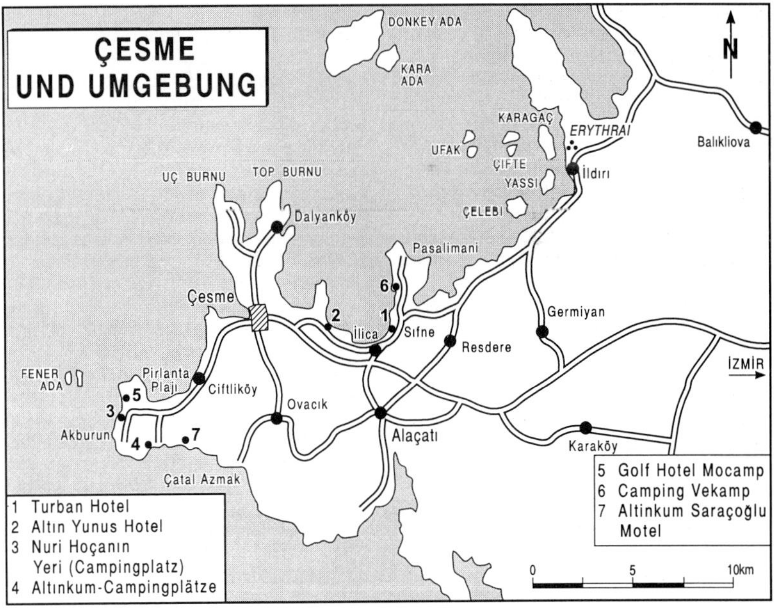

Strand bei Ilıca

täuschen lassen: Bei *Mordoğan* kommen sehr schöne Buchten. Von *Balıklıova* besteht eine Querverbindung (Piste) nach İldır an der Westküste und von dort nach Çeşme. Von Urla fährt ein *dolmuş* nach Karaburun.

Strände

Die Buchten um Çeşme bieten gute Bademöglichkeiten; hier sind oft schöne Sand- oder Kiesstrände. Besonders zu nennen sind die Strände von *Ilıca*, 7 km östlich, *Tursite*, 10 km südlich, *İldır*, 22 km nordöstlich, sowie *Alaçatı*, 12 km südöstlich (mit Liegen- und Sonnenschirmverleih), *Dalyanköy*, 3 km nördlich, sowie *Pırlanta* und *Ciftlik Köy*, 3 km südwestlich (reine Kiesstrände an einem ziemlich verbauten Küstenabschnitt).

Altınkum Plajı (dt. "Goldener Strand"), ca. 6 km südwestlich, bietet feinen, weißen Sand und ruhiges, glasklares Wasser. Spartanische Campingplätze, einige Restaurants, Wassersportmöglichkeiten und Sonnenschirmvermietung sind vorhanden.

Boyalık Plajı ist gewissermaßen der Hausstrand von Ilıca. Der kilometerlange, ca. 100 m breite, feinsandige Strand erstreckt sich flach ins seichte Meer. Warme Unterwasserquellen verwandeln das Wasser in ein überdimensional großes Thermalbad.

An einigen stadtnahen Stränden wird den Besuchern eine kleine Gebühr abverlangt. Diese Strände sind vor allem während der Hauptferienzeit hoffnungslos überlaufen.

Touristeninformation

İskele Meydanı 8, Tel. 712 66 53, Fax 712 66 53, geöffnet Mo bis Fr 8.30 - 12, 13 - 19 Uhr, Sa und So 9 - 12, 13 - 17 Uhr, Deutsch, Englisch und Französisch sprechendes Personal.

Übernachten

Çeşme

Außer zahlreichen Pensionen um die İnkılap Caddesi (Fußgängerzone) gibt es in der Adnan Menderes Caddesi einige preisgünstige Pensionen, die allerdings etwas außerhalb liegen. Teurere Unterkünfte findet man in der Hürriyet Caddesi.

▸ *Aras Pansiyon,* Nazmi Keşkin Sok. 28, Tel. 712 73 75, Zimmer mit Du/WC, typische türkische Familienpension, klein und "optimal" ausgenutzt mit 24 Betten in nur 9 Zimmern, einfach und sauber. EZ 15 DM, DZ 28 DM.

▸ *Adil Pansiyon,* Bıyıklı Sok. 12, Tel. 712 74 47, Etagendusche, Garten, schattiger, begrünter Innenhof, Küchenmitbenutzung. EZ 18 DM, DZ 30 DM.

▸ *Adalı Pansiyon,* in einer Seitengasse der İnkılap Caddesi, Tel. 712 24 28, Zimmer mit Du/WC; Swimmingpool. EZ 18 DM, DZ 31 DM.

▸ *Cesurlar Pansiyon*, İnkılap Cad., Tel. 712 60 22, Zimmer mit Du/WC, sauberes und gepflegtes Mittelklassehotel. EZ 17 DM, DZ 35 DM.

▸ *Gören Otel,* İnkılap Cad. 80, Tel. 712 74 12, alle Zimmer mit Du/WC, kleineres, einfaches Stadthotel, modern ausgestattet, sehr sauber. EZ 20 DM, DZ 38 DM, mit Frühstück.

▸ *Yalçin Hotel,* Musalla Mah., Kale Sok. 38, Tel. 712 69 81, an der Burg, Terrasse mit Blick über die Hafenbucht, alle Zimmer mit Du/WC. EZ 27 DM, DZ 45 DM, mit Frühstück.

▸ *Pırıl Hotel,* Çefre Yolu, Tel. 712 57 75 oder 712 75 38, Fax 712 79 53, kleines, modernes Drei-Sterne-Hotel mit 54 Zimmern, alle mit Du/WC, außerdem 14 Apartments; mit Restaurant, zwei Bars, zwei Swimmingpools, 5 Minuten vom Zentrum. EZ 27 DM, DZ 45 DM, mit Frühstück.

▸ *Ertan Hotel,* Cumhuriyet Mey. 12, an der Hafenpromenade gleich neben dem zentralen Platz vor der Burg, Tel. 712 67 95, Fax 712 78 52, recht großes, etwas in die Jahre gekommenes Zwei-Sterne-Stadthotel, 67 Doppelzimmer,

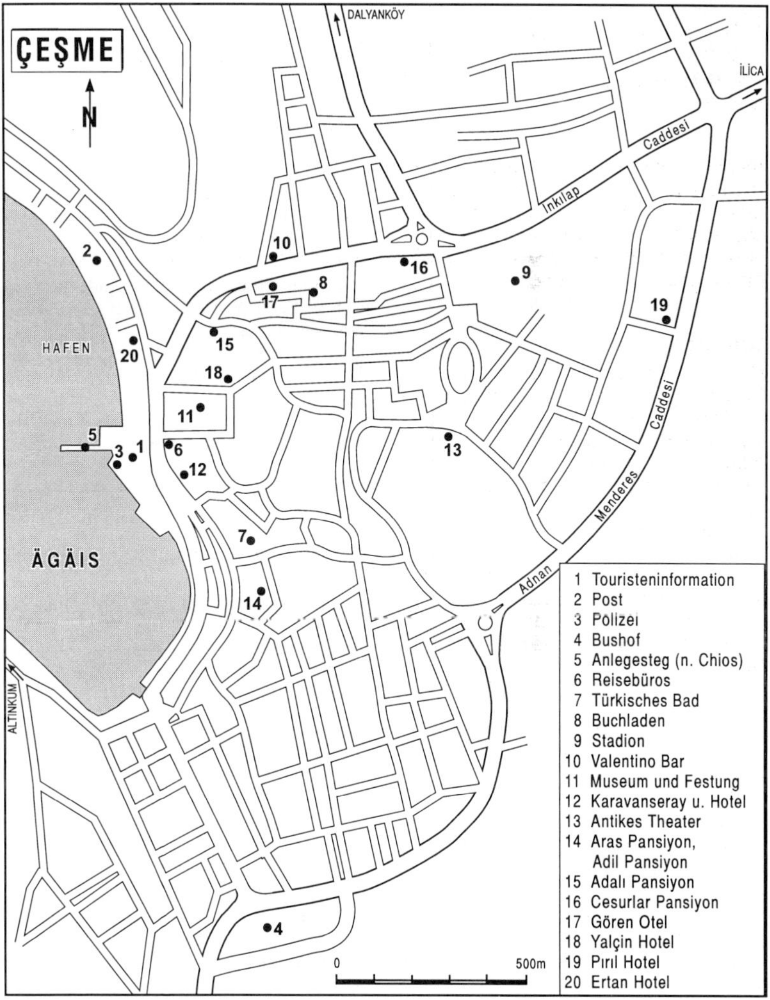

alle mit Balkon, Restaurant, Caféteria, Bar, eigener, 2 km entfernter Strand (kostenloser Bustransfer für Gäste). EZ 35 DM, DZ 55 DM, mit Frühstück.
▸ *Kervansaray Hotel,* in einer alten Karawanserei, Tel. 712 71 77, Fax 712 64 91. Entsprechend der Architektur des Gebäudes ist der Stil der Inneneinrichtung; alle Zimmer mit Du/WC; schattiger Innenhof mit Brunnen. EZ 50 $, DZ 70 $.

Ilıca
▸ *Otel Panorama,* İzmir Cad. 88, Tel. 723 14 70, alle Zimmer mit Du/WC; Restaurant, Café, Garten, nahe am Strand. DZ 42 DM, mit Frühstück.
▸ *Hotel Rasim Palas,* İzmir Cad., Tel. 73 10 10, Restaurant, Strand, Thermalquellen, einfach und sauber. EZ 15 DM, DZ 30 DM.
▸ *Hotel Turban,* Turban Tatil Köyu Ilıca, Şifne Cad. 35, Tel. 723 21 83, Fax 732 13 88, Zimmer mit Bad; Fitnessraum, Sauna, Basketball- und Tennisplatz auch für Gäste von außerhalb, Thermalpool (Eintritt 10 DM, Massage 15 DM), Privatstrand, Wassersportmöglichkeiten, Disco, Café-Bar und Restaurant. EZ 90 DM, DZ 140 DM, mit Frühstück.
▸ *Hotel Altın Yunus,* Boyalık Mevkii, Tel. 723 12 50, Fax 723 22 52, Zimmer mit Bad und Balkon, großer Komplex in bester Lage, eigener, kleiner Hafen, Kasino, Disco, Bar, Restaurant, Privatstrand, Fitnesszentrum, Sauna, außerdem vielfältge Sport- und Freizeitangebote auch für Gäste von außerhalb. Tennis (15 DM/ Std.), Tischtennis (5 DM/ Std.), Hockey (5 DM/ Std.), Wasserski (90 DM/ Std.), Surfen (25 DM/ Std.), Fahrrad (10 DM/ Std.). Preise für Bootsausflüge liegen bei 10 DM für zwei Stunden. Interessierte von außerhalb bitte nach der "Activity Information" fragen - sie gibt Auskunft über Preise und stellt gutes Informationsmaterial zur Verfügung.

Şifne
▸ *Termal Oteli,* Şifne Cad. 27, Tel. 717 10 99, schöne Zimmer mit Balkon und Bad, Blick zum Meer, Restaurant, Bar, Café, Strand, Thermalpool (38-42 °C), angezeigt bei Rheuma, Zellulitis usw., medizinische Massage, sehr zu empfehlen. EZ 45 DM, DZ 70 DM, mit Frühstück. Das Thermalbad des Hotels steht auch Gästen von außerhalb offen (geöffnet 9 - 18 Uhr, Eintritt zum Thermalpool 6 DM, zum Strand 2 DM).

Campingplätze
▸ *Camping Vekamp,* Halbinsel Paşa Limanı, Tel. 717 22 24. Etwa 5 km vor Çeşme (mehrere Tankstellen) zweigt die Straße nach Ilıca ab; von hier sind es ca. 3 km bis zum Campingplatz. Er liegt am Meer (Sandstrand) und grenzt an eine große Hotelanlage. Der Platz ist dicht mit Bäumen und Büschen bewachsen. Einfache Sanitäranlagen und Stromanschlüsse sind vorhanden. Kleine Bungalows werden vermietet. Am Wochenende ist der Platz von Städtern aus İzmir und Umgebung bevölkert. 2 Pers./ Zelt/ Pkw/ Kleinbus 18 DM.
▸ *Golden Beach Camping, Baba Camping, Altınkum Camping* liegen alle an *Altınkum Plajı*: Vom Ortszentrum Çeşmes biegt man gleich am Hafen in Richtung Ciftlik bzw. Altınkum ab. Es folgt eine 6 km lange Teerstraße. Kurz vor der Küste von Altınkum fährt man links ab (Hinweisschild: "Altınkum Camping" in Stoppschildform) und erreicht nach ca. 2 km über einen unbefestigten Weg die oben genannten Campingplätze. Sie sind allesamt sehr spartanisch ausgestattet. Den größten Platz hat Altınkum Camping. Die Campingplätze verfügen über kleine Restaurants und warten mit einem Traumstrand auf. Rote-Kreuz-Station (Kızılay) am Strand. Preise: 2 Pers./ Auto/ Zelt ca. 10 DM.
▸ *Tursite,* Tel. 722 12 21, Fax 722 12 92, ein sehr guter Platz an der Altınkum-Bucht, mit ausreichenden sanitären Einrichtungen, etwas zu wenig Schatten, Hotel angeschlossen, dort Bar und Restaurant, Minimarkt, Kindergarten, Disco, Fahrzeugvermietung,

sehr schöner Strand mit Wassersportmöglichkeiten. Übernachtung im Hotel mit Halbpension 30 DM pro Person, auf dem Campingplatz 8 DM pro Person.

▸ *Nuri Hocanın Yeri*, Pirlanta Beach, Platz zum Campen, ohne sanitäre Einrichtungen; Bucht mit Kiesstrand; zum Surfen geeignet.

▸ *Golf Hotel-Mocamp,* in Richtung Pirlanta-Strand ausgeschildert, Tel. 722 10 03, terrassiertes Gelände mit wenig Schatten, Strand nicht so schön, gute Sanitäranlagen, Bootsvermietung und vielfältige Sportmöglichkeiten wie Tennis (20 DM/ Std.), Surfen (20 DM/ Std.) und Tauchen (30 DM/ Tauchgang).

▸ *Altınkum Saraçoğlu Motel.* Man folgt ca. 4 km der Küstenstraße aus Çeşme hinaus in Richtung Altınkum, dann immer den Schildern nach über eine ca. 1 km lange Sandpiste; einfacher Platz mit wenig Schatten, einfache Sanitäranlagen, Frühstück auf Wunsch. Ein Traumstrand liegt in ca. 300 m Entfernung. Auch einfache Bungalows sind zu mieten.

Essen und Trinken

Çeşme ist bekannt für eine Art weißer Marmelade *(sakız reçeli,* benannt nach der griechischen Insel Chios, deren türkischer Name *Sakız* ist und von wo die süße Paste importiert wird), die aus Mastix (Harz) hergestellt wird.

Am Hafen, in der Nähe der Post, sind eine Reihe von guten Fisch- und Grillokalen. Der Ort bietet viele unterschiedliche, meist etwas teurere Gastronomiebetriebe, z.B.:

▸ *Garden Restaurant,* İnkılap Cad., gehobenes Niveau, schöner Garten, Menüpreise zwischen 8 und 20 DM

▸ *Orangen Garten Restaurant*, Uzun Sok./ Davutaga Sok. 16, ca. 5 Minuten von der İnkılap Cad., rustikal eingerichtet, mit großem Garten, gute und preisgünstige Gerichte.

▸ *Körfez Restaurant,* Hürriyet Cad. (Promenade), gehobes Niveau und Preise.

▸ *Pizza Pavillion,* Hürriyet Cad., kleiner überdachter Platz mit Korbstühlen. Omelettes, Pizza, Meeresfrüchte, Fisch, Salate.

Einkaufen

In der groß angelegten Fußgängerzone der İnkılap Caddesi findet man ein beachtliches Angebot an Kupfer-, Leder-, Schmuckwaren, Kleidung und Souvenirs.

Nachtleben

Valentino Cocktail Bar & Pub, Bahçeler Sok., ist ein dunkler UV-Licht-Pub mit westlicher Musik und kühlen Getränken. Außer den Diskotheken in den Hotels *Turban-* und *Altın Yunus* gibt es in Çeşme und Umgebung die Discos *Körfez, X Bar, Cysus* und *Disco 10.*

Im *Castle Restaurant & Bar* (Tel. 712 83 39) in der Burg gibt es öfters Live-Musik.

Freizeitangebot

Die großen Hotels *Altın Yunus*, *Turban*, *Golf* und *Hantman* bieten eine reiche Palette sportlicher Aktivitäten. Sie reicht von Tennisspielen und Surfen über Wasserski bis zu Tauchen. Auch Gäste von außerhalb sind willkommen.

▸ *Hantman Otel,* Tel. 712 73 23, ca. 1 km außerhalb an der Straße nach Ilıca, bietet die Möglichkeit zum Tauchen. Die komplette Ausrüstung und die Bootsfahrt einschließlich Mittagessen kosten 65 DM/ Tag. Außerdem bietet das Hotel Tauchlehrgänge an, bei denen alles gestellt wird (210 und 450 $).

▸ *Maskot Tours,* Cumhuriyet Mey. 13/B, Tel. 712 76 54, Fax 712 84 35, bieten Yachtcharter mit Mannschaft (Boot bis acht Personen inkl. Vollverpflegung 650 DM/ Tag). Es gibt auch größere Boote.

Organisierte Ausflüge

▸ *Ertürk-Turizm,* Beyazıt Cad. 7/8, Tel. 712 67 68, Fax 712 62 23, hat folgendes Angebot:

- Fähre nach Chios (November bis März einmal wöchentlich, 16. bis 30. April zweimal wöchentlich, 1. bis 15. Mai dreimal wöchentlich, 15. Mai bis 31. Juni fünfmal wöchentlich, 1. Juli bis 10. September täglich, 11. bis 31. September viermal wöchentlich, 1. bis 31. Oktober zweimal wöchentlich; Einfach 25 $, hin und zurück 30 $, hin und zurück mit beliebiger Rückkehr 35 $, Motorräder 25 $, Autos 60 - 80 $, Wohnwagen, Wohnmobile Jeeps 100 - 150 $. Auf Chios zwei Ausflugsprogramme: 1. Chóra, Néa Móni, Anávatos; 2. Chóra, Pyrgí, Emborió).
- Touren in der Türkei: Tagesausflug zur Eşek Ada (Eselsinsel) mit Essen und Trinken (40 DM), Tagesausflüge nach Ephesus (50 DM), Pergamon (60 DM) und İzmir (30 DM), Tagestour Pamukkale (60 DM).

Ähnliche Angebote und vergleichbare Preise haben:

▸ *Tamer Tur,* İnkılap Cad., Tel. 712 79 32, Fax 712 65 08, in der Nähe der İş Bankası

▸ *Karavan Turizm,* Belediye Dük. 3 (am Hafen), Tel. 712 09 04, 712 72 30, Fax 712 89 87; Adnan Menderes Cad., Rebii Apt., Tel. 712 07 98, 712 07 99, Fax 712 08 74

▸ *Hanye Tours* (Ilıca), Tel. 723 33 46, Fax 723 00 68, bietet eine vielfältige Auswahl. Dazu gehören: Tagesausflug nach Sardes und Manisa (50 DM), Tagesausflug nach Priene, Milet und Didyma (60 DM), Zweitagesour Pamukkale und Ephesos (110 DM), Stadtrundfahrt İzmir (30 DM).

Bei den genannten Agenturen sind auch Reservierungen für Flüge der *THY* und für Fähren nach Griechenland und Italien möglich.

Türkisches Bad

▸ *Çeşme Belediye Hamamı,* 100 m südlich der Touristeninformation, gemischtes Hamam (geöffnet 8 - 22 Uhr, Eintritt 15 DM alles inklusive).

Buchhandlung

Ozan Kirtasiye, von der İskele aus gesehen die zweite Gasse nach der *Eski Kilise* (Kirche in der İnkılap Caddesi) rechts, hat deutsche Bücher und Zeitungen.

Feste

In der ersten Juniwoche findet das *Çeşme-Musikfestival* (Çeşme Uluslararası Festivalı) im Amphitheater statt, das in der Türkei als *das* Ereignis der Pop-Musik gilt. Auch Deutschland ist jedes Jahr mit Gruppen vertreten. Zu dieser Zeit gibt es auch viele Theateraufführungen. Nähere Informationen dazu gibt es bei der Touristeninformation.

Nützliche Adressen und Telefonnummern

Vorwahl: 0232
Bushof: 712 64 99 (in Richtung İzmir), 712 08 58 (in Richtung İstanbul oder Ankara)
Polizei: 712 66 26 (Çeşme), 723 11 00 (Ilıca)
Krankenhaus: 712 66 28
Deutsch sprechender Arzt: Fevzi Özgönül, Adnan Menderes Cad., gegenüber von Full Moon Pansiyon, Tel. 712 76 17, Fax 712 92 23
Englisch sprechende Ärzte: İlgaz Nacakoğlu, İnlilap Cad., Memiş Sok. 5, Tel. 712 7133 (Praxis)
Ali Riza Madioğlu, İzmir Cad. 91 (Ilıca), Tel. 723 49 00, Fax 723 48 44, mit Miniklinik für kleinere chirurgische Eingriffe.

Leihfahrzeuge

▸ *Ertürk* (→ Organisierte Ausflüge) vermietet außer Pkw auch Motorräder; Honda 125 für 40 DM/ Tag ohne Kilometerbegrenzung.

▸ *Avis,* Cumhuriyet Mey. 11/1c, Tel. 712 67 06, Fax 712 70 29

▸ *Sultan,* İnkılap Cad. 68, Tel. 7127 395, 7126 775, Fax 7128 241

Verkehrsverbindungen

Dolmuş: Ein *dolmuş* nach Dalyan fährt stündlich von der İnkılap Caddesi gegenüber dem Reservierungsbüro ab. Das letzte fährt gegen 20 Uhr. Nach Ciftlik/ Altınkum, Ovacık, Ilıca und Şifne fährt ein *dolmuş* vom Bushof aus. Nach İldır kommt man nur mit einem *dolmuş* von Alaçatı, und zwar um 9, 12 und 15 Uhr.

Bus: Alle 30 Minuten von morgens früh bis 20.30 Uhr verkehren Minibusse zwischen Çeşme und İzmir.

Schiff Chios: Ab Çeşme fährt ein Schiff zur nahen Insel *Chios* (→ Organisierte Ausflüge). Da in den Wintermonaten nur kleine Fähren zwischen Insel und türkischem Festland pendeln, kann ein Fahrzeug, das länger als 6,5 m und breiter als 2,3 m ist, nicht mitgenommen werden. Die Fahrkarten sind bei *Ertürk* (→ Organisierte Ausflüge) erhältlich. Da die Boote im Sommer oft auf Tage im voraus ausgebucht sind, sollte man sich rechtzeitig um die Buchung kümmern.

Schiffe Griechenland - Italien: Von Çeşme aus bestehen recht gute Fährverbindungen über Griechenland nach Italien, etwa nach Brindisi und Bari sowie Ancona. Die Überfahrt dauert gut 30 Stunden, Ancona entsprechend länger (→ Reisevorbereitung/ Anreise/ Schiff). Angebote gibt es von: *Ertürk* (→ Organisierte Ausflüge); *Med Link Lines* (vertreten durch *Maskot Turizm*, İnkılap Cad. 93/19, Tel. 712 76 54, 712 87 02, Fax 712 84 35.

➡ Hinter der Abfahrt nach Çeşme verläuft die Straße am Flughafen vorbei durch ein fruchtbares Tal, in dem Tabak, Oliven und Feigen gedeihen. Später schließt sich ein licht bewaldetes Hügelland an.

Ab Güzelbahçe führt eine Nebenstrecke über Seferihisar, Ürkmez, Özdere und Menderes nach Selçuk und Kuşadası. Es ist noch nicht lange her, da träumte man von einer Straßenverbindung zwischen Seferihisar und dem Pamucak-Strand, die es erlauben würde, den schwierigen Verkehrsknotenpunkt İzmir zu umgehen. Diese Straße - durch landschaftlich teilweise recht reizvolles Gebiet - ist gebaut worden. Das hat freilich eine entsprechende Erschließung der Strände von Ürkmez und Özdere (beide bei Gümüldür) nach sich gezogen, und auch die Buchten nordwestlich von Pamucak sind nicht mehr so unberührt, wie sie es vor wenigen Jahren noch waren.

Trotzdem - es war reizvoll, auf diesem Weg İzmir zu umgehen. Das ist aber wesentlich schwieriger geworden, seit die Autobahn-Rennstrecke zwischen İzmir und Çeşme fertiggestellt ist. Die Riesen-*dolmuşlar* von İzmir in die nahe gelegene Sommerfrische dieser großstadtmüden Menschen bedienen jetzt nicht mehr die an der Strecke gelegenen Orte Güzelbahçe und Urla, so daß man - hat man kein eigenes Fahrzeug - auf Etappensprünge mit echten *dolmuşlar* angewiesen ist. Erst ab Güzelbahçe wird die Sache wieder einfach.

Seferihisar (10.700 Einwohner) liegt - umgeben von grünen Hügeln -, inmitten einer Art Oase, in der vor allem Zitrusfrüchte und Oliven angebaut werden.

Nach Westen zweigt eine 4 km lange Straße in den "Hafenort" von Seferihisar ab, das am gleichnamigen Golf gelegene *Sığacık*.

Sığacık

Das kleine Hafenstädtchen befindet sich just an jener Stelle, wo in der Antike der Nordhafen der ionischen Stadt Teos lag. Die Altstadt von Sığacık mit noch viel traditioneller türkischer Architektur ist malerisch umgeben von den wuchtigen Mauern eines ehemaligen genuesischen Kastells. Dieses liegt in unmittelbarer Nachbarschaft zur Hafenbucht, in der ein schicker Yachthafen eingerichtet worden ist. Im Südosten schließt sich der neuere Teil des Städtchens an. Ca. 4 km südlich von Sığacık befinden sich die Überreste des antiken → Teos.

Strände

Etwa 8 km nordwestlich von Sığacık liegt ein schöner Sandstrand, zu dem im Sommer vom Hafen Badeboote verkehren. Auf dem Landweg erreichbar ist dagegen der öffentliche Strand von Sığacık, der 2 km südwestlich, auf halbem Weg nach Teos liegt.

Übernachten

In Sığacık gibt es mehrere Hotels und Pensionen, so etwa die *Liman Pansiyon*; weitere Übernachtungsmöglichkeiten bestehen auch am Strand von Sığacık, so das *Teos Motel* und *Neptun Camping*. 1 km westlich vom öffentlichen Strand befindet sich das *Teos-Emeksiz Forest Camp* (Tel. 0232-369 64 85). Der einfache Platz, betreut von der staatlichen Forstverwaltung, verfügt über ausreichende Sanitäreinrichtungen. Für Wohnmobile, Wohnwagen und Zelte werden einheitlich 6 DM verlangt, pro Person zusätzlich 1 DM. Stromanschluß kostet extra.

Verkehrsverbindungen

Busverbindung nach İzmir, teilweise direkt, teilweise ab Seferihisar (viel häufiger). Stadtbus nach Seferihisar.

Teos

Die Stadt *Teos*, deren Ruinen etwa 4 km südlich von Sığacık liegen, ist von ionischen Siedlern zu Beginn des 1. Jt. v. Chr. gegründet worden. Im Westen der Siedlung erhob sich der Dionysos-Tempel. Die Fundamente des Hauptraums (Cella) und einiger Säulen wurden restauriert. Der Tempel entstand vermutlich gegen Ende des 3. Jh. v. Chr. Westlich hinter diesem Heiligtum verliefen die Stadtmauern der hellenischen Epoche. Im Norden erhebt sich der Akropolishügel, auf dessen Anhöhe noch Reste einer archaischen Befestigungsmauer zu erkennen sind. In den südöstlichen Abhang dieses Hügels ist im 2. Jh. v. Chr. das Theater gebaut worden. Das aus der römischen Epoche stammende Bühnengebäude ist recht gut erhalten. Am westlichen Fuß des Akropolis-Hügels befinden sich die Überreste eines Gymnasions.

In der Ebene südlich des Akropolis-Hügels wurde bei Ausgrabungen ein gut erhaltenes Konzerthaus freigelegt. Etwas entfernt vom Stadtgebiet ragt im Westen eine antike Mole in das flache Meer hinaus. Sie schützte einst den Südhafen der Stadt.

Noch heute werden an den antiken Quadern Fischerboote vertäut. Sie gehören den Fischern des nahe gelegenen Akkum, in dessen Nachbarschaft sich auch ein Sandstrand befindet. Dort sorgen mehrere Lokantas für das leibliche Wohl der Badegäste. Das Hotel *Neptun Village* (Tel. 745 74 55) hat ein vielfältiges Sportangebot: Tauchexkursionen, Surfboard-Verleih, Katamaran-Vermietung, Tennis. Das Haus verfügt auch über einen Swimmingpool (DZ ab 75 DM).

→ Nach Süden geht es von Seferihisar im Hinterland bei *Ürkmez* wieder an die Küste, die dort von einem schönen Strand gesäumt wird. In Ürkmez gibt es auch Übernachtungsmöglichkeiten, z.B. *Hotel Benelüx,* in der Nähe eines Vergnügungsparks, und den Campingplatz *Alican* (Tel. 0232-742 33 33).

Özdere

... ist der Hauptferienort an diesem Küstenabschnitt. Schon vor dem Ort gibt es einige touristische Einrichtungen - etwa ein großes Feriendorf der türkischen Armee, wohlbewacht und mit

Blick auf das "feindliche" Samos.

Özdere mit seinem langen Sandstrand hat sich in den letzten Jahren zu einem veritablen Ferienort entwickelt. Es gibt dort Hotels fast aller Kategorien, aber auch kleinere Pensionen und verschiedene einfache Campingplätze. Am südlichen Ortsrand liegt bei den großen Hotels die *Disco Apocalypse*. Mittendrin liegt der beschauliche Fischerhafen mit einigen recht guten Fischrestaurants.

Übernachten

▸ *Hotel Hermes,* in einer Bucht unmittelbar vor Özdere, Tel. 0232-797 69 56, Zimmer einfach eingerichtet. DZ 40 DM.
▸ *Hotel Wild Rose,* am nördlichen Ortsrand, Tel. 0232-797 66 99, Drei-Sterne-Haus. DZ 39 $, mit Frühstück.
▸ *Hotel Klaros,* nördlich des Orts, Tel. 0232-793 12 45, Fax 793 27 87, EZ 30 DM, DZ 50 DM, mit Frühstück.
▸ *Hotel Grand Efes,* am südlichen Ortsrand, Tel. 0232-797 58 09, Fax 797 50 90, EZ 68 DM, DZ 90 DM, mit Halbpension.
▸ *Mocamp Denizati,* nördlich von Özdere, Tel. 0232-793 13 33, ziemlich großer Campingplatz mit 400 Stellplätzen auf nur 50.000 Quadratmetern, immerhin mit Schatten, Restaurant, Kochgelegenheiten, aber einfache Sanitäreinrichtungen.
▸ *Kalemlik Forest Camp,* Çukuraltı Mah., Tel. 0232-369 64 85, staatlicher verwalteter Platz mit Sanitäreinrichtungen. Wohnmobile, Wohnwagen und Zelte ca. 6 DM/ Tag, pro Person ist zusätzlich 1 DM/ Tag zu entrichten. Stromanschluß kostet extra. Der Platz ist vom 1.5. bis 31.8. geöffnet.
▸ *Gümüldür Forest Camp,* 66 Evler, Tel. 0232-793 19 97, ebenfalls ein staatlich verwalteter Platz im Bereich von Gümüldür, recht gut ausgestattet (u.a. mit Einkaufsmöglichkeit), nicht besonders schattig. Preise wie Kalemlik Forest Camp. Der Platz ist vom 1.4. bis 31.10. geöffnet.

Menderes

Die letzte Siedlung (von den nun noch folgenden "Tatil Köyleri" mal abgesehen) ist das kleine, ziemlich ländliche Menderes. Allerdings gibt es dort einen langgezogenen Sandstrand, an dem sich einige touristische Einrichtungen etabliert haben, darunter einige Campingplätze mit einfachen Sanitäreinrichtungen und in aller Regel ohne Schatten, aber auch einige kleinere Hotels und Pensionen.

In Menderes zweigt eine Straße nach Norden ab, die über Değirmendere eine Verbindung nach İzmir herstellt. Die Buslinie endet auf dem Busbof Gaziemir. In der Nähe dieser Straße liegen, nicht weit von Menderes, die Ruinen des antiken Apollon-Heiligtums von Klaros. Etwa 15 km weiter nördlich, nicht weit von Değirmendere, findet

man die Überreste des antiken Kolophon, dessen Geschichte eng mit der von Notion und Klaros verbunden ist.

Am Ostrand von Menderes passiert man - hält man sich in Richtung Selçuk bzw. Kuşadası - die antike Stätte von Notion. Die Straße führt mitten durch die Ruinen.

Notion

Von dieser antiken Stadt, die sich über zwei Hügel nahe der Meeresküste erstreckte, ist nicht viel geblieben: Das große Theater ist zum Teil überwachsen, von der Agora im Osten existieren noch die Grundmauern, vom Rathaus sind ein paar Sitzreihen erhalten, an den Athena-Tempel erinnern einige Säulenreste. Gut zu erkennen ist auch die etwa 4 km lange Ringmauer.

Klaros

Nicht weit von Menderes, über die Straße nach Değirmendere bzw. İzmir zu erreichen, befindet sich das antike *Apollonheiligtum* von Klaros, das zu den benachbarten Orten Kolophon und Notion gehörte. Der Tempel ist im 7. Jh. v. Chr. errichtet worden; das Orakel soll bis in die römische Zeit von Bedeutung gewesen sein. Das Tempelfundament, 26 x 46 m groß, ist noch erhalten; die dorischen Säulen, die einst das Tempeldach stützten, liegen auf dem Boden. Die Kammern unter dem Hauptraum des Tempels dienten dem Orakel; hier soll es auch eine *Heilige Quelle* gegeben haben, die den Priester zu Weissagungen beflügelte.

Kolophon

Die Überreste der antiken Stadt *Kolophon* befinden in der Nähe des heutigen Dorfs Değirmendere. Sie sind nicht so spektakulär, daß der Abstecher in dieses eher entlegene Örtchen ein "Muß" wäre. Die Archäologen haben bisher eine Schule, eine Badeanlage, ein Tempelfundament und eine gepflasterte Straße freigelegt. Von der hellenischen Stadtmauer und den Bauten auf dem Akropolishügel sind nur wenige Überreste zu sehen.

➛ Auf die Konzentration touristischer Einrichtungen bei Menderes folgt ein ruhigerer Küstenabschnitt, in dem hin und wieder eine kleinere Bucht zum Baden einlädt. Manche dieser Buchten sind über Stichstraßen zu erreichen - meist findet man dort dann auch ein Restaurant. Zu diesen Buchten gehört *Klaros Beach*, ganz in der Nähe des antiken Notion.

Durch die teilweise versumpfte Mündungsebene des Küçük Menderes geht es bis zu einer Kreuzung, wo nach links die Straße in Richtung Selçuk abzweigt. Geradeaus geht es weiter nach Kuşadası, rechts zum *Hotel Tamsa* und zum Pamucak-Strand. Auch am Nordende des Pamucak-Strands gibt es noch einmal einen einfachen Campingplatz - ohne Schatten und mit einfachen sanitären Einrichtungen, aber mit Restaurant und Minimarkt und Sporteinrichtungen (*Panonos*, Tel. 785 42 60).

Hinter *Torbalı* (22.000 Einwohner) fährt man durch die fruchtbare Niederung des *Küçük Menderes*, bis erneut eine Abfahrt kommt. Im Flußtal liegt das Städtchen *Tire* (74.000 Einwohner), von Feldern umgeben, auf denen Oliven, Tabak und Baumwolle gedeihen. 30 km östlich liegt *Ödemiş* (130.000 Einwohner). In den Bergwerken dort werden Quecksilber, Antimon und Kupfer abgebaut. Wer von hier nicht mehr auf die Hauptstrecke zurück möchte, kann zu den Sinterterrassen von Pamukkale weiterfahren.

Von der oben genannten Abzweigung führt die Route an Baumwollfeldern vorbei nach *Selçuk*. Die Autobahn İzmir-Aydın ist mittlerweile bis ins Tal des Büyük Menderes vorgedrungen - allerdings an Selçuk vorbei. Die letzten Kilometer bis in das geschichtsträchtige Provinzstädtchen legt man auf einem recht gut ausgebauten Zubringer zurück.

Die neue Stadt lebt von der alten

Selçuk? Da sind heute schon viele Türken geneigt, lieber "Efes" zu sagen - und denken vielleicht gleichzeitig an die landesweit verbreitete Biermarke, die sich ihren Namen aus der Antike entlehnt hat.

Nach der Verlandung des Hafens und dem Niedergang der seldschukischen Herrschaft wurde aus dem seit der Antike bedeutenden Siedlungsplatz ein Provinznest im Einzugsbereich von İzmir. Das umliegende Land ist fruchtbar, und der Obst- und Gemüsemarkt gleich neben dem Bushof ist ein wichtiger Umschlagplatz für die Produkte der Region.

Die Einwohner von Selçuk hatten damit ein für türkische Verhältnisse durchaus akzeptables Auskommen. Daß sich ganz in ihrer Nähe uralte Kultstätten für eine Muttergottheit (aus der Erde) befanden, die auch für die Fruchtbarkeit der Felder zuständig war, ahnten sie nicht - bis ausländische Forschungsreisende, später vor allem österreichische Archäologen, dem "alten Plunder" zu Leibe rückten, Teile einer antiken Großstadt und ganz bemerkenswerte Statuen der Göttin Artemis zutage förderten, zugleich mit ihren Berichten den Namen Ephesos (und Selçuk) in alle Welt trugen.

Gegenwärtig scheint es, als sei in Japan und Korea der Kult der Göttin "ausgebrochen", denn viele Touristen aus diesen Ländern kommen nach Selçuk. Generell aber sind es zwei Typen von Touristen, die man hier sieht: Die Tagesausflügler, die in affenartigem Tempo durch Museum und archäologische Stätte gejagt werden, weil sie ja noch irgendwo Teppiche und Leder kaufen sollen, und Rucksacktouristen, die einige Tage verweilen. Es gibt mittlerweile eine ganze Reihe billiger Pensionen, und auch das Preisniveau der vielen Restaurants und wenigen Bars liegt weit unter dem des benachbarten Kuşadası.

Ein Marktflecken ist Selçuk bis jetzt geblieben, aber einer mit internationalem Flair. Daß der Tourismus Geld in die Stadt bringt, läßt sich etwa am neuen Prachtbau des Rathauses an der Atatürk Caddesi ablesen, oder an dem künstlichen Bach mit Springbrunnen, der sich von der Bahnlinie bis hinunter zur zentralen Kreuzung am Bushof zieht.

Neuerdings hat Selçuk sogar einen kleinen Flughafen - wohl vor allem für diejenigen Touristen, denen die Anreise mit dem Bus zu langwierig ist. Der "Selçuk Havaalanı" liegt direkt neben den Ruinen der antiken Stadt - die somit also wieder einen "Hafen" besitzt.

Die Einwohner von Selçuk zeigen sich angesichts dieser Entwicklung dankbar. Schließlich lebt die neue Stadt zu nicht geringem Teil vom Ruhm ihrer antiken Vorläuferin. Dem langjährigen Chefausgräber ist eine Gasse beim Museum gewidmet - die Kallinger Caddesi. Und der großen Artemis ist mitten im Zentrum ein neues Denkmal errichtet worden.

Selçuk

20.000 Einwohner, 80 km S von İzmir

War *Selçuk* vor wenigen Jahren noch ein verschlafenes Landstädtchen, so bestimmt heute der Tourismus - jedenfalls im Sommer - hier den Alltag.

Durch seine unmittelbare Nähe zur Ruinenstadt Ephesos ist Selçuk sehr bekannt geworden. Jährlich zieht Ephesos Tausende von Touristen an, die in Selçuk ein- oder zweimal übernachten, oft aber auch nicht länger als nur ein paar Stunden bleiben. Die Hotel- und Gastronomiebranche hat sich auf diese Entwicklung eingestellt.

Geschichte

Schon vor dem ersten Jahrtausend ließen sich Griechen in der Nähe des Ar-

Die Geschichte eines Tempels

Als die Griechen nach Kleinasien kamen, ersetzten sie die von der uranatolischen Bevölkerung verehrte *Große Mutter,* die Göttin der Fruchtbarkeit, durch ihre *Artemis.* In unzähligen Standbildern wurde die Tochter des Zeus als Beschützerin der Mütter und Säuglinge, aber auch der Tiere angebetet. Zu ihren Ehren errichtete man in Ephesos eine Tempelanlage, die als "vornehmste, größte und schönste Weihestätte des Erdkreises" galt. Dort standen zahlreiche Statuen der Göttin, von denen heute drei im Museum von Selçuk zu besichtigen sind.

Über die Anfänge der Kultstätte herrscht Ungewißheit. Sicher ist, daß der legendäre Lyderkönig *Krösus* nach der Eroberung von Ephesos den Tempel prunkvoll ausbauen ließ. Kostbarste Marmorböden, goldverzierte Wände und edles Zedernholz schmückten die Gemächer. Das Ende kam im Jahr 356 v. Chr., als der Tempel lichterloh niederbrannte. Ein Irrer namens *Herostratos*, der an krankhaftem Geltungsbedürfnis litt, hatte das Heiligtum in Flammen gesetzt. Der Brandstifter blieb der Nachwelt mit dem Begriff "Herostraten-Tat" in Erinnerung - eine Bezeichnung für aus Geltungssucht verübte Zerstörungen.

Die Epheser waren entschlossen, ihrer Gottheit einen neuen Tempel zu weihen, der an Prächtigkeit alles andere seiner Zeit übertreffen sollte. Dieser Tempel kam später auf den fünften Platz der Liste der klassischen *Sieben Weltwunder*. Auch die Römer, die Ephesos 133 v. Chr. ihrem Imperium angliederten, pflegten das Heiligtum.

Den endgültigen Untergang brachten im Jahr 263 die Goten. Sie plünderten den Tempel und legten Feuer. Kaiser *Konstantin,* der das Christentum in Kleinasien förderte, ließ den Tempelbau bis auf die Fundamente abtragen. Den Seldschuken diente die Anlage als Steinbruch. Das wenige, was übriggeblieben war, versank im Laufe der Jahrhunderte im sumpfigen Untergrund. Der Artemis-Tempel geriet in Vergessenheit, bis Mitte des 19. Jahrhunderts der britische Archäologe *John Turtle Wood* die Reste ans Tageslicht brachte.

temis-Tempels nieder. Um 1.000 v. Chr. bevölkerten Ionier aus Griechenland den Landstrich um Selçuk und gründeten eine Siedlung an der Küste, die damals weiter landeinwärts lag. Sie erreichte durch regen Handel bald große Bedeutung. In ihrer wechselhaften Geschichte wurde sie von Lydern, Persern, Griechen unter *Alexander dem Großen,* Seleukiden, Römern (aus dieser Zeit stammen viele der Ruinen), Byzantinern, Arabern, Seldschuken, Mongolen und Osmanen beherrscht. Lebten zur Römerzeit fast 30.000 Menschen hier, so zählte die Bevölkerung im 15. Jahrhundert nur noch wenige Hundert. Zu diesem Niedergang trug entscheidend die Versandung des Hafens ab dem 7. Jahrhundert bei. Sie entzog der Stadt die wirtschaftliche Grundlage, den Handel. Mit der Hafenstadt *Scala Nova,* dem heutigen *Kuşadası,* entstand eine neue Konkurrentin, die ihr schon bald den Rang ablief.

Die seldschukischen Monumente im Stadtbereich zeigen allerdings, daß der Siedlungsplatz des alten Ephesos auch ohne Hafen von strategischer Bedeutung blieb.

Sehenswürdigkeiten

Einen Besuch wert ist das **Museum** mit Funden aus Ephesos (geöffnet tgl. 8.30 - 17 Uhr, Eintritt 4 DM). Dort sind auch Statuen aus dem einst prächtigen *Artemis-Tempel* ausgestellt; von dem Bau selbst ist bis auf die Bodenplatte und eine noch aufrecht stehende Säule mit einem Storchennest nichts mehr erhalten. Besonders für Kinder ist der Platz interessant, weil sich im hinteren Teil ein Tümpel befindet: Hier kann man eine Unmenge von Schildkröten und promenierende Pfaue beobachten. Auch die seldschukische **İsa Bey Camii**, die **Burg** und die **Basilika des Johannes** aus dem 6. Jahrhundert sind einen Besuch wert (geöffnet April - Oktober tgl. 8.30 - 18.30 Uhr, November - März bis 17.30 Uhr, Eintritt 3 DM).

Umgebung von Selçuk

♦ *Ephesos*

3 km von Selçuk entfernt, liegt an der Straße nach Kuşadası das antike *Ephesos*. Als griechisch-ionische Siedlung lag Ephesos auf einem 100 bis 150 m hohen Felsen im Norden von *Panayir Daği* unmittelbar am Meer. Mit der zunehmenden Versandung des Hafens verlor Ephesos an Bedeutung. Im 6. Jahrhundert war nur noch der Burgberg *Ayasoluk* im Nordwesten bewohnt. Heute liegt die Ruinenstadt ca. 6 km vom Meer entfernt (geöffnet April bis Oktober tgl. 8 - 18.30 Uhr, November - März bis 17.30 Uhr, Eintritt 7 DM).

Ein Gang über das Ruinenfeld

Die antike Stadt hat zwei Eingänge, im Westen und im Osten. Unsere Besichtigung beginnt am Westeingang. Wer von Selçuk aus zu Fuß geht, kommt zuvor an den Trümmern des *Artemis-Tempels* (→ Artikel "Die Geschichte eines Tempels") und eines Gebäudes aus seldschukischer Zeit vorbei.

Das *Vedius-Gymnasion,* das im 2. Jahrhundert zu Ehren der Göttin *Artemis* und des Kaisers *Antonius Pius* gebaut wurde, war ein Geschenk eines reichen Bürgers an die Stadt. Südlich liegt das *Stadion* aus dem 3. Jahrhundert, 30 x 230 m groß. Im Osten wurde nachträglich ein Amphitheater angefügt, in dem die Kämpfe der Gladiatoren stattfanden. Hinter einem großen Parkplatz liegt das Kassenhäuschen, wo man den Eintritt bezahlt.

Es folgt die *Marienkirche*. Die Doppelkirche war ursprünglich ein öffentli-

Ephesos - Theater

cher Versammlungsort. Ein Brand zerstörte das gesamte Gebäude. Nächste Sehenswürdigkeit sind die Ruinen des *Hafengymnasions* aus dem 2. und 4. Jahrhundert. Teilweise sind sie von byzantinischen Häusern überbaut und bislang noch nicht freigelegt. Die *Arkadia,* eine 530 m lange, mit Marmor gepflasterte Straße führte zum Hafen. Das, was heute noch davon zu sehen ist, stammt aus dem 4. Jahrhundert. Ursprünglich war die Prachtstraße 5 m breit und an beiden Seiten von Geschäften gesäumt. Das *Große Theater* wurde von den Griechen angelegt und später von den Römern erweitert. Mit 25.000 Zuschauerplätzen gehörte es zu den größten Theatern in Kleinasien. Der hellenische, einst von vier Säulenreihen umgebene *Marktplatz* (3. Jh. v. Chr.) maß 100 x 100 m. Die Straße, die nun weiter nach links leicht bergauf führt, wird *Kuretenstraße* (Kureten = Fruchtbarkeitsdämonen) genannt. Viele der Häuser hier fielen im 4. Jahr-hundert einem großen Erdbeben zum Opfer und wurden danach nur teilweise wieder aufgebaut. Die Römer errichteten im 2. Jahrhundert die *Celsus-Bibliothek*. Der Innenraum, 15 m hoch, war von drei Galerien umgeben. An der Rückseite der Bibliothek führte ein Weg zur Grabkammer, in der *Julius Celsus Polemaeanus,* der Stifter der Bibliothek, beigesetzt war. Der Eingangsbereich des Gebäudes wurde wieder aufgebaut. Geht man die Straße bergauf, kommt man zum damaligen Bordell, dem *Freudenhaus* von Ephesos; davon allerdings ist kaum mehr etwas zu sehen. Aus dem 2. Jahrhundert stammen die *Scholastika-Bäder*. Im Erdgeschoß des ursprünglich zweistöckigen Gebäudes waren kleine Läden. Der *Hadrian-Tempel* wurde im 2. Jahrhundert zu Ehren des Kaisers errichtet. Die Stützen und den Mittelbogen des Tempels hat man wieder aufgestellt. Der Giebel ist reich mit Friesen verziert. Erst in jüngster Zeit hat man auf der rechten Seite der Kuretenstraße einige *Häuser* freigelegt, die ein Erdbeben im 4. Jahrhundert zerstört hatte. Die Häuser sind gut erhalten, weil sie nach dem Erdstoß mit Schutt von anderen Ruinen aufgefüllt wurden. In dieser "Verpak-kung" überstanden sie die Jahrhunderte. Österreichische Archäologen haben eines dieser Häuser restauriert. Hier kann man sehr gut sehen, wie die Menschen damals gelebt haben. Der *Trajan -Brunnen* war ursprünglich zweigeschossig und mit Statuen geschmückt, darunter mit dem überlebensgroßen Standbild des Kaisers in der Mitte des Brunnens. Im *Odeon* aus dem 2. Jahrhundert gab es musikalische Darbietungen und Vorträge. Es bot 2.000 Menschen Platz. Gegenüber befand sich die Brunnenanlage, die für die Wasserversorgung der Stadt äußerst wichtig war. Der *Tempel der Nymphen* (Nymphaion) wurde über eine 3,5 km lange Wasserleitung gespeist; von ihr sind noch Teile zu sehen. Der *obere Marktplatz* mit einem Grundriß von 160 x 60 m stammt aus hellenischer Zeit, war zugleich politisches Zentrum der Stadt. In seiner Nähe steht ein *Tempel* aus dem 1. Jahrhundert v. Chr. Im oberen Teil von Ephesos lagen auch die *Regierungsgebäude*, von der Agora durch eine lange *Basilika* getrennt. Das *Ostgymnasion* ist noch größtenteils unter Schutt begraben. Etwas weiter befindet sich die geschichten-um-wo-bene *Siebenschläfer-Höhle*. Die alte *Stadtmauer* ist noch in Resten an *Bülbül Dağı* im Süden und an *Panayır Dağı* im Osten erhalten.

Um eine Vorstellung von der gesamten Flächenausdehnung der Stadt zu bekommen, sollte man wissen, daß bis heute nur ein Zehntel ihres Areals freigelegt ist. Viele bewegliche Funde sind im örtlichen Museum sowie in den Museen von İstanbul, London und Wien zu sehen.

♦ *Marienhaus*

In dem Haus, etwa 7 km südwestlich von Selçuk (am östlichen Tor von

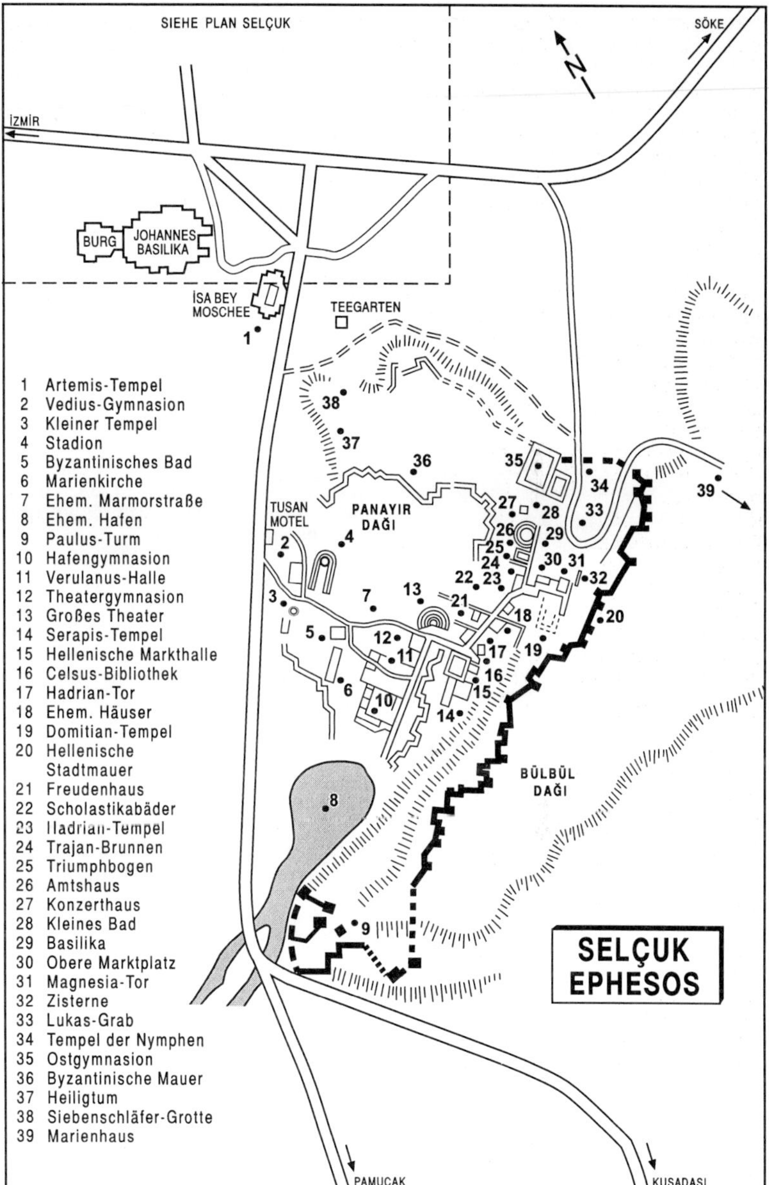
SIEHE PLAN SELÇUK
SÖKE
N
İZMİR
BURG
JOHANNES BASILIKA
İSA BEY MOSCHEE
TEEGARTEN
TUSAN MOTEL
PANAYIR DAĞI
BÜLBÜL DAĞI
SELÇUK EPHESOS
PAMUCAK
KUŞADASI
1 Artemis-Tempel
2 Vedius-Gymnasion
3 Kleiner Tempel
4 Stadion
5 Byzantinisches Bad
6 Marienkirche
7 Ehem. Marmorstraße
8 Ehem. Hafen
9 Paulus-Turm
10 Hafengymnasion
11 Verulanus-Halle
12 Theatergymnasion
13 Großes Theater
14 Serapis-Tempel
15 Hellenische Markthalle
16 Celsus-Bibliothek
17 Hadrian-Tor
18 Ehem. Häuser
19 Domitian-Tempel
20 Hellenische Stadtmauer
21 Freudenhaus
22 Scholastikabäder
23 Hadrian-Tempel
24 Trajan-Brunnen
25 Triumphbogen
26 Amtshaus
27 Konzerthaus
28 Kleines Bad
29 Basilika
30 Obere Marktplatz
31 Magnesia-Tor
32 Zisterne
33 Lukas-Grab
34 Tempel der Nymphen
35 Ostgymnasion
36 Byzantinische Mauer
37 Heiligtum
38 Siebenschläfer-Grotte
39 Marienhaus

Ephesos - Eingang zu Hadrian-Tempel

Ephesos vorbei) soll Maria, die Mutter Jesu, ihre letzten Tage verbracht haben. Heute ist es ein Wallfahrtsort.

♦ *Aquädukt*

6 km südlich von Selçuk sind Teile eines erst vor wenigen Jahren restaurierten *Aquädukts* aus dem 1. Jahrhundert zu sehen.

♦ *Pamucak*

Hier, 9 km westlich von Selçuk, liegt ein schöner Sandstrand. Ein paar kleine Restaurants und Verkaufsbuden sowie zahlreiche Wohnmobile bestimmen das sommerliche Strandbild; am mittleren Abschnitt befindens sich ein Hotel (Tamsa) und ein recht hübscher Campingplatz (Dereli; → Übernachten). Zwei große Hotels sind im Südbereich des Strands entstanden. Die weite Sandbucht bietet wochentags ein recht beschauliches Bild, wenn allenfalls ein paar Wohnmobile und gegen Abend einheimische Badeausflügler aus Selçuk die Szenerie beleben. An Sommerwochenenden jedoch kommen die Einheimischen in Scharen - sogar aus dem 50 km landeinwärts gelegenen Aydın, von wo aus dann Sonderbusse eingesetzt werden.

Die Gemeinde Selçuk hat nördlich der Straßenmündung einfache sanitäre Anlagen errichten lassen, zu denen auch Duschen gehören.

Übernachten

▸ *Tamsa Otel,* Tel. 892 61 90, Fax 892 27 71, liegt 200 m vom Strand entfernt, alle 148 Zimmer des Vier-Sterne-Hotels mit Du/WC; Disco mit westlicher Musik; Tennis- und Basketballplatz. EZ 60 DM, DZ 75 DM.

▸ *Richmond-Hotel,* etwas weiter im Süden, Tel. 0232-892 28 24, 892 70 77, Fax 892 57 31, eine noch größere und noch edlere Hotelanlage.

▸ *Dereli Camping,* Tel. 0232-892 36 36, Fax 892 65 47, mit Sanitäranlagen, Minimarkt, Restaurant. Der Platz, der unter Leitung der Deutschen Doris Dereli steht, liegt recht schattig in einem Eukalyptuswäldchen und ist auch im Sommer nicht überfüllt. Er verfügt über zwei Tennisplätze. Die Sommerplage sind Moskitos. Standplatz für Zelt, Caravan und Auto ist frei, 1 Person zahlt pro Tag 7 DM, Kinder bis 12 Jahre nichts, Stromanschluß vor Zelt und Caravan 1 DM/ Tag. Außerdem werden zwei Typen von Bungalows vermietet - jeweils für 2 Personen. Die kleinen kosten 45 DM/ Tag, die größeren 60 DM/ Tag. Der Platz ist von März bis Oktober geöffnet.

♦ *Şirince*

Der Ort liegt 7 km östlich von Selçuk in einer hügeligen Landschaft. Im beschaulichen Dorf wohnten vor dem "Befreiungskrieg" überwiegend Griechen. Zu jener Zeit hieß es *Çirkince* (çirkin = häßlich). Nach dem Abzug der Griechen ließen sich hier Türken nieder; sie benannten das Dorf in *Şirince* (şirin =

niedlich, schön) um. Früher zogen sich die Bewohner von Selçuk hierher zurück, wenn der *Küçük Menderes* Hochwasser führte. Diese Gefahr ist heute gebannt. Die Dorfbewohner leben von der Landwirtschaft; unter anderem stellen sie einen sehr guten Apfelwein her.

Übernachten

▸ *Erdem Pansiyon*, Tel. 0232-898 30 69, schöner Garten, ausgezeichnetes Essen. EZ 25 DM, DZ 50 DM, mit Frühstück.

▸ *Esra Pansiyon*, von Selçuk kommend, am Ortseingang gelegen, Tel. 0232-898 31 40, sauberes Haus, ausgesprochen freundliche Wirtsleute. DZ 25 DM, mit Frühstück.

Strände

Zum Strand von Pamucak (→ Umgebung von Selçuk) fährt von Selçuk aus ein *dolmuş*. Man kann auch die *dolmuşlar* benutzen, die nach Kuşadası fahren - sie machen den Umweg über Pamuçak. Der reguläre Preis bis Pamucak (Abzweig zum Hotel Tamsa) beträgt ca. 1 DM.

Ein weiterer guter Strand befindet sich an der Straße nach Kuşadası beim *Tusan Motel* (Efes Yolu). Dorthin kommt man mit einem *dolmuş*, der nach Kuşadası fährt.

Der Strand von *Gümüldür* an der Straße nach Serferihisar hat, "dank" reger Bautätigkeit, nichts mehr für Badefreunde zu bieten.

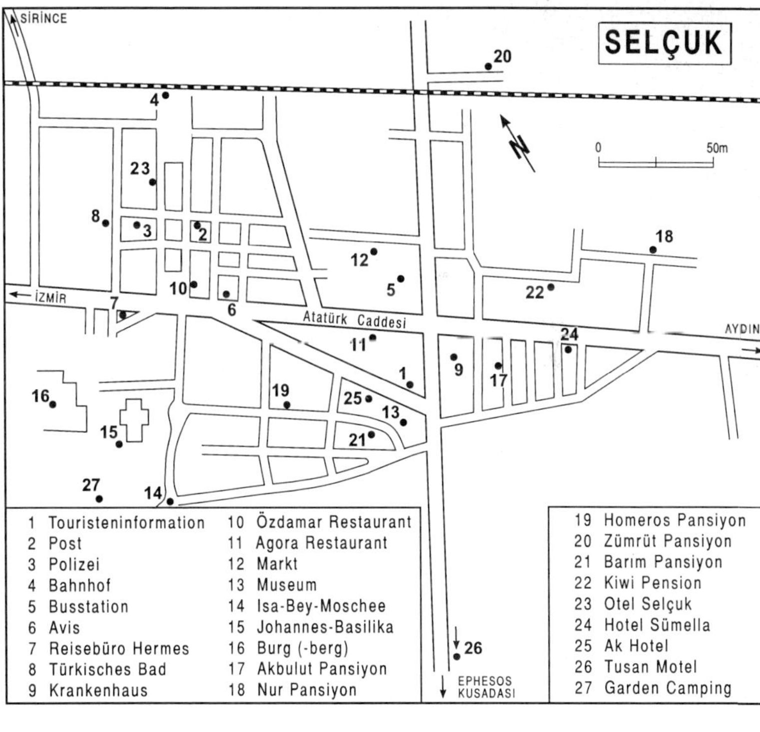

Touristeninformation

Efes Müzesi Karşışı 35, Atatürk Mah., Tel. 892 63 28, 892 69 45, geöffnet April bis Oktober tgl. 8.30 - 12 Uhr und 13 - 17.30 Uhr, November bis März Mo - Fr 9 - 12 Uhr und 13 - 17 Uhr. Das Personal ist sehr hilfsbereit, spricht Deutsch, hält einen einfachen Stadtplan bereit und weiß über die Unterkünfte Bescheid.

Übernachten

In Selçuk gibt es im Viertel westlich der Hauptstraße inzwischen fast soviele Pensionen wie Wohnhäuser. Manche Pensionen bieten eine Kochgelegenheit oder servieren gegen Aufpreis ein Frühstück; einige haben einen schönen Garten oder schattigen Innenhof.

▸ *Akbulut Pansiyon,* 2. Spor Sahası Sok. 4, Tel. 892 61 39, sehr sauber, Etagendusche, kleiner Garten. EZ 10 DM, DZ 18 DM.

▸ *Nur Pansiyon,* Zafer Mah., Dere Sok. 16, Tel. 892 65 95, sehr sauber, warme Etagendusche, große Zimmer, sehr gepflegtes Haus mit schönem Innenhof; freundliche Wirtsleute. 9 DM pro Person.

▸ *Homeros Pansiyon,* Atatürk Mah., Asmalı Sok. 17, Tel. 892 39 95, auf dem Hügel westlich der Fernstraße, stilvoll eingerichtet, nicht alle Zimmer mit Du/WC, ganz reizender Dachgarten mit Blick auf den Artemis-Tempel und bis zum Pamucak-Strand, Self-Service in der Dachgarten-Bar, Besitzer sprechen Englisch und Französisch. 9 DM pro Person, Frühstück 5 DM.

▸ *Zümrüt Pansiyon,* 14. Mayıs Mah., İnce Sok. 15, 4044 Sok. 2, Tel. 892 68 87, Familienpension, sehr freundliche Besitzer, Zimmer auch mit Balkon; Etagendusche, sehr ruhig, türkisches Essen. Der etwas weitere Weg lohnt sich. 9 DM pro Person, Frühstück auf Wunsch.

▸ *Barım Pansiyon,* Müze Arkası, Tel. 891 49 76, Haus aus dem 18. Jahrhundert, mit Innenhof. DZ mit Du/WC 23 DM, Frühstück auf Wunsch.

▸ *Kiwi Pension,* Kubilay Cad. 18, Tel. 891 48 92, sehr saubere Zimmer, nur Etagenduschen, große Küche, Waschmaschinenbenutzung. 11 DM pro Person, Frühstück 5 DM.

▸ *Otel Selçuk,* Namık Kemal Cad. 2, Tel. 892 60 40, alle Zimmer mit Du/WC, einfach eingerichtet. EZ 15 DM, DZ 21 DM, Frühstück auf Wunsch.

▸ *Hotel Sümella,* Atatürk Cad. 5, Spor Sok. No. 1, Tel. 892 24 17, alle Zimmer mit Du/WC. EZ 14 DM, DZ 25 DM, Frühstück 5 DM pro Person.

▸ *Ak Hotel,* Uğur Mumcu Sevgi Yolu 14, am Platz hinter der Touristeninformation, Tel. 892 21 61, 892 31 43, Zwei-Sterne-Haus, sehr ordentlich geführt, 45 Doppelzimmer; mit Restaurant. EZ 30 DM, DZ 40 DM, Frühstücksbüffet.

▸ *Tusan Motel,* Efes Yolu 38, Tel. 892 60 60, Mittelklassehotel, alle Zimmer mit Du/WC, Swimmingpool im Garten, Restaurant. EZ 45 DM, DZ 76 DM, mit Frühstück.

▸ *Garden Camping,* İsa Bey Mah., Kale Altı 4, gleich bei der Basilika des Hl. Johannes, gepflegter Campingplatz mit Swimmingpool und vielen schattenspendenden Pfirsich- und Orangenbäumen; Restaurant. 2 Pers./ Zelt/ Pkw/ Kleinbus 11 DM.

Essen und Trinken

Typisch für Selçuk ist *çöp şiş* (dt. *Abfallspieß*), ein Spieß aus verschiedenen Sorten Fleisch und Gemüse - halt alles, was in der Küche an- bzw. abfällt. Seine Qualität und sein Geschmack jedoch strafen den Namen Lügen. Für seine grünen Wassermelonen ist Selçuk weit über die Region hinaus bekannt.

Die meisten Restaurants liegen in den beiden Parallelgassen, bei Polizei und Post. Zu empfehlen sind:

▸ *Bizim Restaurant,* rechts neben der Post, gute türkische Küche zu zivilen Preisen.

Selçuk - Schauplatz der Kamelkämpfe

Obwohl es früher überall in der Türkei Kamele gab, hat sich die Tradition des Kamelkampfes nur an der West- und Südküste erhalten.

Beim Kamelkampf handelt es sich im Grunde um einen Rivalitätskampf zweier Hengste um eine Stute. In den kalten Wintertagen beginnt die Brunft der Kamele; daher ist die Hochsaison der Kamelkämpfe im Januar.

Die Kämpfe laufen nach Regeln ab, die sich im Lauf der Zeit entwickelt haben. Schiedsrichter legen vor dem Kampf fest, welches Kamel welcher Kategorie zugeordnet wird, beobachten, ob während des Spiels die Regeln beachtet werden, und entscheiden, welches Kamel schließlich Sieger ist.

Ein Kamel hat gewonnen, wenn es ihm gelingt, seinen Rivalen vom Kampfplatz zu vertreiben oder diesen auf die Seite zu werfen. Damit die Tiere sich nicht gegenseitig verletzen, werden ihre Mäuler mit dicken Stricken zugebunden. Außerdem halten sogenannte "Urgancıs" die Kamele fest am Zügel, um sie im Notfall voneinander zu trennen. Auf diese Weise werden die grausamen Auswüchse, wie sie bei anderen Tierkämpfen üblich sind, vermieden.

Die Kamelkämpfe, die mit ihnen verbundenen Feiern und Umzüge sind ein Ereignis, das leider nur die wenigen Türkeifreunde miterleben können, die sich im Januar in das Land begeben. - Den Hormonhaushalt der Tiere kann auch das Tourismusministerium (noch) nicht nach der Hauptsaison regeln.

▸ *Agora Restoran,* Müzesi Karşısı, bei der Touristeninformation, Familienbetrieb, türkische Spezialitäten.
▸ *Park Restaurant,* auf dem weitläufigen Gelände hinter der Touristeninformation, guter Service bei etwas gehobenen Preisen; die Durchgangsstraße ist zwar laut, dafür sitzt man aber sehr schön am Brunnen.
▸ *Özdamar Restaurant,* am Brunnen, Familienbetrieb, türkische Gerichte, guter Service .

Tip: Tagsüber sitzt man gut im Park hinter der Touristeninformation. Es gibt hier zwei Cafés, wo man auch kühle Getränke bekommt.

Einkaufen

Samstags findet in Selçuk ein großer, bunter Markt statt.

Book Store, in der Nähe der Touristeninformation, hat viele deutsche Zeitungen; ebenso hat *Senyuva Market* bei *Pansiyon Akbulut* ein gutes Zeitungssortiment.

Türkisches Bad

▸ *Selçuk Hamamı,* Tel. 892 61 98 (geöffnet für Männer tgl. 6 - 24 Uhr, für Frauen nur Freitag nachmittags).

Feste

Zu den Ereignissen des Jahres gehören Mitte Januar die *Kamelkämpfe von Selçuk* (→ Artikel "Selçuk - Schauplatz der Kamelkämpfe") und von Ende April bis Anfang Mai die *Kulturfestspiele von Ephesos.* Während des *İzmir-Fests* Ende Juli bis Anfang August finden viele Konzerte mit internationalen Stars im Amphitheater von Ephesos statt.

Nützliche Telefonnummern

Vorwahl: 0232
Polizei: 892 60 16
Krankenhaus: 892 70 63
Bahnhof: 892 60 06

Organisierte Ausflüge

▸ *Helios Travel Aç.*, Atatürk Cad. 2c, Tel. 892 67 17, Fax 892 70 04, bietet

Tagesausflüge nach Priene, Milet und Pamukkale für 20 bis 60 DM an.
▸ *Ekol,* Uğur Mumcu Cad. 26, Tel. 891 46 23, 892 31 57, Fax 892 31 57, beim Museum, bietet "Backpackers Service" - Informationen über günstige Unterkünfte, billige Flugtickets, ein Schwarzes Brett und ähnliches.

Leihfahrzeuge

▸ *Avis,* Atatürk Cad., Belediye Pasaji 7/10, Tel. 892 22 26, 892 24 69, Fax 891 42 30
▸ *Efes,* İsabey Mah., Namik Kemal Cad. 8b, Tel. 892 39 07, vermietet Fiat Şahin und Kartal (Kombi) für ca. 65 DM/ Tag, Suzuki Jeep für ca. 75 DM/ Tag, Motorroller für 28 DM/Tag.
▸ *Turtle-Rent a Car,* an der Hauptstraße in Richtung İzmir

Verkehrsverbindungen

Bus: An der Kreuzung İzmir-Aydın und Kuşadası liegt eine Busstation; von dort fahren Busse nach Kappadokien, Konya, Burdur und İsparta (3 mal tgl.), Bodrum (stdl.), Pamukkale (5 mal tgl.), Bursa und İstanbul (jeweils 10 mal tgl.), Antalya, Alanya und Marmaris (stdl.). Nach İzmir besteht etwa alle 20 Minuten eine Verbindung per Regionalbus. Diese Busse fahren allerdings nicht bis zum zentralen Bushof in İzmir, sondern die Linie endet im nahe dem Flughafen gelegenen Stadtteil *Gaziemir*. Von dort sind es noch einmal 10 km mit dem Stadtbus bis zum Konak-Platz. Will man von İzmir weiterfahren, gibt es von Gaziemir häufig eine *dolmuş*-Verbindung zur *Jeni Garaji*. Einfacher ist es allerdings, gleich mit einem der etwa stündlich verkehrenden Fernbusse bis dorthin zu fahren.

Einmal am Tag besteht eine Direktverbindung nach Ayvalık und Çanakkale.

Nach Çeşme besteht überhaupt keine direkte Busverbindung. Der Weg führt fast zwangsweise durch den Dschungel der Großstadt, denn der Bushof für den Verkehr nach Westen befindet sich am Westrand von İzmir - zu erreichen mit verschiedenen Stadtbuslinien.

Wer sich an der Küste entlang durchschlagen will, nimmt ein *dolmuş* nach Ürkmez, muß dort in ein *dolmuş* umsteigen, das nach Güzelbahçe fährt. Hier wird wieder das Fahrzeug gewechselt - es geht nach Urla, und von dort weiter nach Alaçati. In Alaçati besteht Anschluß an *dolmuşlar* nach Çeşme und İlıca. Das Unternehmen ist zeitaufwendig: 3 bis 4 Stunden muß man schon kalkulieren. Über İzmir geht's trotz aller großstädtischen Verkehrsprobleme schneller.

Besonders erwähnenswert sind die Gesellschaften, die Direktverbindungen nach Pamukkale anbieten. Nimmt man einen Bus am Morgen, so besteht die Möglichkeit, noch am gleichen Tag zurückzufahren. Die Busagenturen haben ihre Büros in der Hauptstraße.

Gute *dolmuş*-Verbindungen bestehen zum Strand von Pamucak und weiter nach Kuşadası. Die Linie nach Kuşadası wird während der Hochsaison bis etwa 24.00 Uhr nachts bedient, so daß es möglich ist, in Selçuk zu wohnen und trotzdem einen Abend in dem quirligen Nachbarstädtchen zu verbringen. Eine *dolmuş*-Verbindung besteht auch gelegentlich nach Şirince.
Zug: Von Selçuk fahren täglich Züge nach İzmir (7 mal), İsparta über Aydın und Denizli (1 mal), Afyon (über Aydın und Denizli, 1 mal), Denizli (über Aydın, 2 mal), Aydın (1 mal) und nach Söke (1 mal). Ein Postzug fährt am Wochenende nach Goncale (bei Denizli), der noch von einer Dampflok gezogen wird (Abfahrt 11.35 Uhr). In der Woche fährt dieser Nostalgiezug von İzmir über Selçuk nach Camlık zum dortigen Eisenbahnmuseum. Informationen dazu gibt es bei der Touristeninformation.

–▸ Von Selçuk bieten sich zwei Möglichkeiten, nach *Söke* zu fahren: Die Route über *Ortaklar* (15.000 Einwohner), inmitten von Feigen- und Olivenplantagen, ist kürzer. Die Strecke über Kuşadası führt dafür durch einen landschaftlich reizvollen Küstenabschnitt; sie ist jedoch im Sommer durch den Ausflugsverkehr stark belastet.

Kuşadası

32.000 Einwohner, 95 km S von İzmir

Das ehemalige Handels- und Badestädtchen gehört neben Marmaris und Bodrum zu den Touristenzentren der türkischen Ägäisküste. Hotelkomplexe, Bars, Diskotheken und Straßencafés säumen die Uferpromenade. Abgeschottete Clubs à la Méditerranée sind in der näheren Umgebung aus dem Boden gestampft worden. Kuşadası ist ein Touristendomizil, wie sie zuhauf in Urlaubsprospekten mit schönen Farbfotos angepriesen werden. In dieser Hinsicht ist es mit Marmaris vergleichbar.

Geschichte

Die Stadt wurde im 13. Jahrhundert als Handelsniederlassung von Kaufleuten aus Venedig und Genua gegründet. Die allmähliche Versandung des Hafens von Ephesos war ausschlaggebend für die Anlage der Stadt *Scala Nova*. Sie wurde später von den Osmanen in *Kuşadası* (Vogelinsel) umbenannt.

Sehenswürdigkeiten

Die kunsthistorischen Sehenswürdigkeiten von Kuşadası hat man fast alle für den Tourismus zugänglich gemacht. So ist die **Karawanserei** aus dem 17. Jahrhundert heute ein Hotel. Eine Besichtigung zumindest des Innenhofs ist - trotz der Türsteher - tagsüber durchaus möglich. Ähnlich umfunktioniert wurde die alte **Festung** auf *Güverçin Adası*, in deren Innenhof eine Diskothek, ein Café und ein Restaurant eingerichtet sind.

Bucht von Kuşadası

Umgebung von Kuşadası

♦ Güzelçamlı

... liegt am Nordrand des *Dilek-Nationalparks* zwischen bewaldeten Bergen und dem Meer. Der Tourismus steckt noch in den Kinderschuhen. Es werden vor allem Ferienwohnungen für türkische Touristen gebaut. Der kleine Ort bietet Ruhe und Erholung. Er eignet sich gut als Ausgangspunkt für Ausflüge in die Umgebung, beispielsweise nach Ephesos oder Pamukkale, zum Baden und Wandern in den Nationalpark.

Übernachten
In Güzelçamlı gibt es eine Reihe von preiswerten Pensionen. Teurer ist:
▸ *Ordeta Pansiyon,* Tel. 0256-6461 045, sauber und ansprechend eingerichtet, alle Zimmer mit Du/WC und Balkon, luftige Dachterrasse. Abendessen auf Wunsch. Die sehr freundliche und Deutsch sprechende Wirtin organisiert auch Touren, beispielsweise nach Pamukkale. DZ 30 DM, mit Frühstück.

♦ Dilek-Nationalpark

Der *Dilek-Nationalpark* liegt 28 km südwestlich von Kuşadası. Er beginnt am südlichen Ortsausgang von *Güzelçamlı.* Vor dem Ersten Weltkrieg gab es an der westlichen Landspitze noch eine Reihe von Landgütern. Als die Halbinsel nach dem Krieg zum militärischen Sperrgebiet wurde, mußten sie weichen. Bis zur Erklärung zum Nationalpark im Jahr 1966 wurden große Flächen innerhalb des Gebietes von den umliegenden Dörfern als Weide genutzt. Ökologisch wirkte es sich sehr negativ aus, daß Wälder abgeholzt oder niedergebrannt wurden, um neues Nutzland zu gewinnen.

Durchschnittlich liegt der Park 600 m hoch, sieht man von *Dilek Dağı* mit 1.237 m ab. Das 110 km² große Areal wird von mehreren Flußtälern und Canyons durchzogen. Ausgedehnte Bestände mit immergrünen Eichen und Mischwäldern aus Eichen und Kiefern wechseln mit Macchie und Lichtungen. Im Park sind Dachse, Füchse, Hasen, Wildschweine und angeblich auch Hyänen heimisch, an der Küste Seelöwen und Schildkröten. Leoparden sind schon seit Jahrzehnten in der Region ausgerottet. Im übrigen sind Überreste von zwölf ionischen Siedlungen (8. Jh. v. Chr.) zu besichtigen.

Schöne Badestrände liegen im Westen, aber auch im Norden, wo Steilküste mit unterspülten Ufern dominiert.

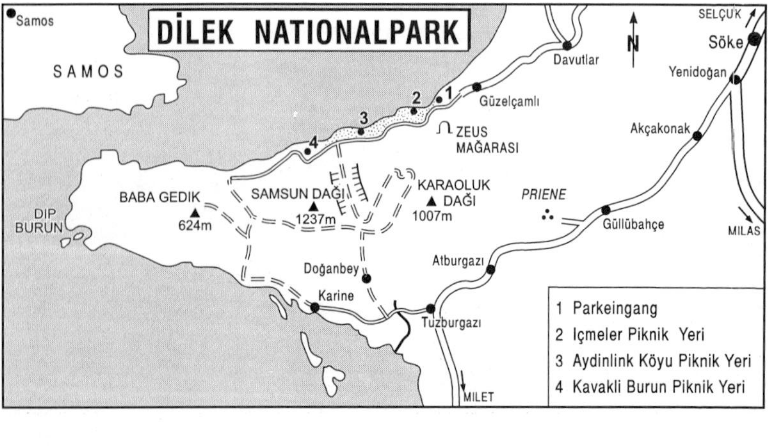

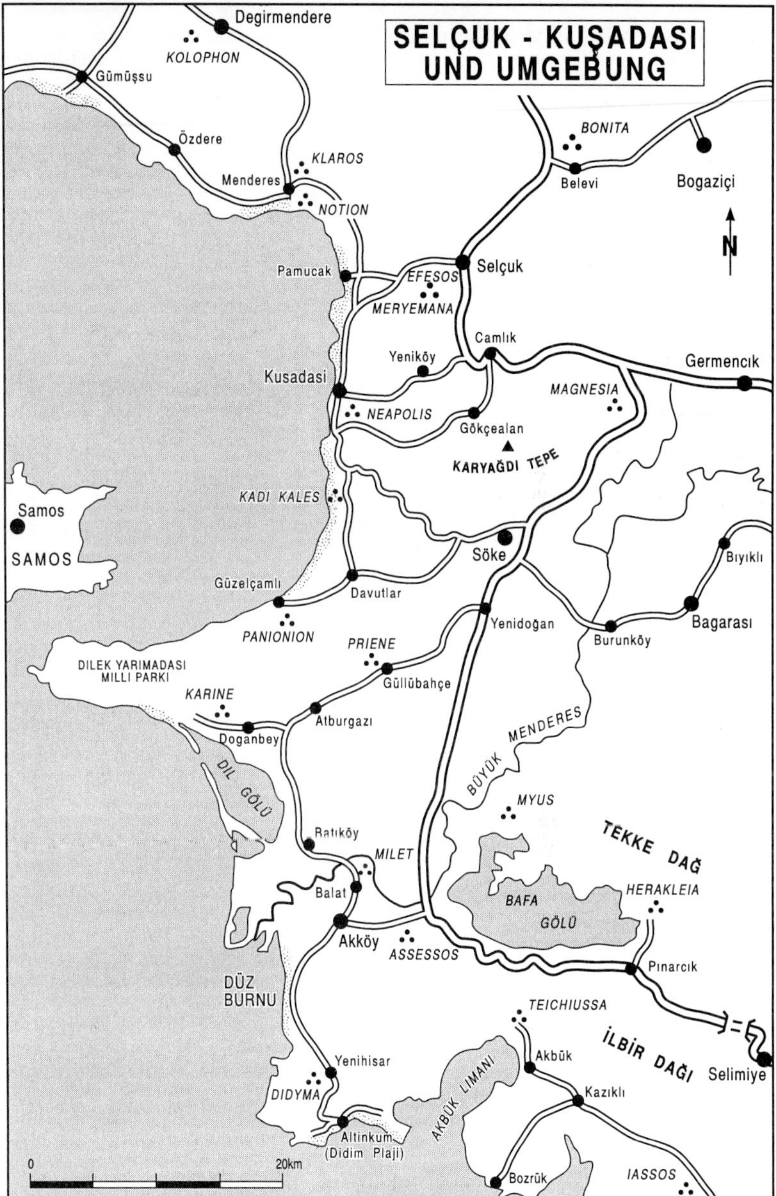
SELÇUK - KUŞADASI UND UMGEBUNG
Degirmendere
KOLOPHON
Gümüşsu
Özdere
KLAROS
Menderes
NOTION
BONITA
Belevi
Bogaziçi
N
Selçuk
Pamucak
EFESOS
MERYEMANA
Camlık
Yeniköy
Germencık
Kusadasi
MAGNESIA
NEAPOLIS
Gökçealan
KARYAĞDI TEPE
KADI KALES
Samos
SAMOS
Söke
Bıyıklı
Güzelçamlı
Davutlar
Yenidoğan
Burunköy
Bagarası
PANIONION
PRIENE
DILEK YARIMADASI MILLI PARKI
Güllübahçe
KARINE
Atburgazı
Doganbey
BÜYÜK MENDERES
DIL GÖLÜ
MYUS
TEKKE DAĞ
Batıköy
MILET
Balat
BAFA GÖLÜ
HERAKLEIA
Akköy
ASSESSOS
Pınarcık
DÜZ BURNU
TEICHIUSSA
İLBIR DAĞI
Selimiye
Yenihisar
Akbük
DIDYMA
AKBÜK LIMANI
Kazıklı
Altinkum (Didim Plaji)
0
20km
Bozrük
IASSOS

Um den Park gibt es viele Picknickplätze. Am Strand finden sich zahlreiche Trinkwasserstellen; es gibt auch Tische, Bänke, Duschen und Toiletten. Auch ein Föhrenwald spendet Schatten. Campen ist nicht erlaubt! Die beste Besuchszeit für den Park ist zwischen April und Oktober (geöffnet 8 bis 19 Uhr, pro Person 1 DM, Pkw 6 DM, Minibus 10 DM).

Von Kuşadası und Söke aus (über Davutlar und Güzelçamlı) fahren häufig Minibusse in den Park. Dort geht es weiter über die Küstenstraße mit Haltepunkten an drei Picknickplätzen. Nach 1 km (ab Parkeingang) erreicht man den ersten Picknickplatz *(İçmeler Piknik Yeri)*, der ebenso wie der nach ca. 4,5 km folgende *Aydınlık Köyü Piknik Yeri* einen schönen Sandstrand mit klarem Wasser, Autoparkmöglichkeit und Restaurant bietet. Der nach weiteren 2 km folgende Strand *(Kavaklı Burun)* kann zwar nur mit kiesigem Untergrund aufwarten, ist aber der weitläufigste und landschaftlich am schönsten gelegene Strand im Nationalpark. Der Wald reicht hier bis ans Wasser. Unter den Bäumen hat sich ein Restaurant etabliert. Bis hierher fährt auch ein *dolmuş.*

Die Zufahrt am Südrand des Parks, die Straße von Doğanbey bis Karine, ist eine Schotterpiste. Sie ist äußerst schlecht und teilweise gar nicht zu befahren.

Der *Dilek*-Nationalpark bietet mit seinen großen Pinienbeständen, den herrlichen Stränden und der vom Bauboom verschonten Landschaft reizvolle Wanderwege. Für die im folgenden beschriebene Strecke braucht man ca. vier bis fünf Stunden Zeit.

Wer mit dem *dolmuş* von Kuşadası oder Söke kommt, steigt am Canyon (Hinweisschild!), einer 3 km langen Schlucht, aus. Von hier zieht sich in Serpentinen ein Fußweg *Dilek Dağı* hinauf. Hat man diesen "vierfingerigen Arm" (→ Karte) durchwandert, erreicht man die Paßhöhe, von der sich eine herrliche Aussicht auf das Ägäische Meer und Samos bietet. Nach der anderen Seite hin sieht man weit in die große Ebene des Menderesdelta. Zur noch ursprünglichen Natur von *Dilek Dağı* (auch Samsun Dağı) gehören außer vielen seltenen Vogelarten auch Wildschweine und Wildpferde.

Nach der zweiten Überquerung des Flusses (→ Karte) kommt man an eine Weggabelung, der man in östlicher Richtung folgt. Auf der Höhe des Orts *Doğanbey* zweigt ein kleinerer Trampelpfad südlich ab. Er führt hinunter zum Dorf, von wo ein *dolmuş* nach Söke fährt.

Achtung: Bei der Karte handelt es sich um eine Skizze. Daher sind die Wege manchmal nicht leicht zu finden. Der Nationalpark ist am besten in Nord-Süd-Richtung zu durchwandern; dabei sollte man den Weg in der Schlucht beginnen.

♦ *Antike Kulturstätten*

Bei Kuşadası liegen *Priene*, 35 km südlich, *Milet*, 55 km südlich, und *Didyma*, 75 km südlich, sowie *Ephesos*, 17 km nordöstlich (→ Selçuk).

♦ *Samos*

Auf der 468 km² großen griechischen Insel *Samos* (trk. *Sisam*), 1,5 km vor dem Festland, leben etwa 60.000 Menschen. Bis zu 1.440 m hoch ansteigende Gebirge durchziehen die Insel. Zu ihren landwirtschaftlichen Produkten gehören Feigen, Tabak, Oliven und nicht zuletzt die Weintrauben, aus denen der berühmte, schwere *Samoswein* gemacht wird. Die größten Orte sind der Hauptort *Samos*, *Kalovası* und *Pythagorion*, wo der griechische Philosoph *Pythagoras* um 570 v. Chr. geboren wurde. Alle Orte sind auch touristisch erschlossen. Samos ist mit seinen vielen schönen Sand- und Kiesstränden eine ausgesprochene Badeinsel. In fast allen größeren Orten sind Fahrräder, Mofas und Mopeds zu mieten.

Strände

Belediye Plajı (Stadtstrand) liegt zwischen Zentrum und Yachthafen, ist schmutzig und oft überfüllt. An der Straße nach Selçuk werden die Strände besser, liegen allerdings direkt an der Straße. Recht gut ist der Strand in der Nähe des Hotels *Tusan*, 7 km nördlich von Kuşadası.

Wem es in Kuşadası zu rummelig ist, kann sich per *dolmuş* an den Strand von → Pamucak bringen lassen (sehr häufige Verbindung).

Südlich der Stadt liegen die Strände von *Yilancı Burun* (1 km), *Kadınlar* (2 km) und *Karaova* (4 km). *Kadınlar Plajı* ist während der Hauptsaison hoffnungslos überlaufen. Lohnender ist ein Besuch der Strände im Dilek-Nationalpark (→ Umgebung von Kuşadası).

Touristeninformation

İskele Mey. 1, Tel. 614 11 03, geöffnet April bis Oktober tgl. 8 - 18 Uhr, Sa und So 8.30 - 12 und 13.30 - 17.30 Uhr, November bis März Mo - Fr 8 - 12 und 13 - 17 Uhr; das Personal spricht Deutsch, kennt sich sehr gut bei den Übernachtungsmöglichkeiten aus und hält eine gute Karte bereit.

Übernachten

Kuşadası

In Kuşadası gibt es eine Vielzahl von Pensionen und kleineren Stadthotels, aber auch Häuser der gehobenen Mittelklasse und Luxushotels. Da ist für jeden Geschmack etwas dabei; die Touristeninformation ist gern behilflich.

Pensionen und einfache Hotels

▸ *Su Pansiyon,* Aslanlar Cad. 13, Tel. 614 14 53, altes Haus mit Dachterrasse und Gemeinschaftsküche. DZ 17 DM, mit Frühstück

▸ *Fortin Pansiyon,* Cumhuriyet Mah., Toplum Sok., Tel. 614 19 19, gut eingerichtetes Haus mit 15 Zimmern, freundlicher Service. DZ 20 DM, mit Frühstück

▸ *Bencü Pansiyon,* Günhan Arın Sok. 22, Kuşevler, Tel. 614 27 89, etwas außerhalb des Zentrums, 22 Doppelzimmer, ordentlich geführt. DZ 20 DM, mit Frühstück

▸ *Buket Pansiyon,* Türkmen Mah., 20. Yil Cad., Tel. 614 71 69, eine Mini-Pension mit nur 5 Zimmern, sehr sauber. DZ 20 DM, mit Frühstück

▸ *Gurup Pansiyon,* İstikal Cad., Tel. 614 12 30, 614 47 54, alle Zimmer mit Du/WC. DZ 30 DM, mit Frühstück.

▸ *Kalif Hotel,* Yat Limanı Karşişi, in der Nähe des Yachthafens, Tel. 614 37 61, alle Zimmer mit Du/WC. DZ 30 DM, mit Frühstück

▸ *Yunus Hotel,* İstikal Cad. 7, Tel. 614 22 68, alle Zimmer mit Du/WC. EZ 25 DM, DZ 35 DM, mit Frühstück.

Mittelklassehotels

▸ *Bektaşhan Hotel,* Adnan Menders Bul., 3, Tel. 614 44 64, sauberes Haus mit Restaurant, zweckmäßig eingerichtete Zimmer. DZ 55 DM, mit Frühstück.

▸ *Ege Hotel,* Cumhuriyet Mah., Turizm Sok. 33. Tel. 614 87 70, sehr saubere Zimmer, alle mit Balkon und Klimaanlage; Swimmingpool. DZ 55 DM, mit Frühstück.

Kadınlar Plajı

▸ *Hotel Yavuz,* Celal Atik Sok. 1, Tel. 614 87 51, einfach eingerichtete, saubere Zimmer, alle mit Du/WC, 5 Minuten vom Strand. EZ 20 DM, DZ 29 DM, mit Frühstück.

▸ *Kuğu Hotel,* Tel. 614 27 35, kleine Pension mit 12 sehr sauberen Doppelzimmern. DZ 30 DM, mit Frühstück.

▸ *Balcılar Pansiyon,* Tel. 614 14 10, staatlich lizenzierte Pension, ruhig, Deutsch sprechender Besitzer, alle Zimmer mit Du/WC, sauber und zweckmäßig eingerichtet. EZ 25 DM, DZ 35 DM, mit Frühstück.

Campingplätze

An der Straße nach Selçuk liegen mehrere Campingplätze, die - wenn überhaupt - nur wenige schattenspendende Bäume bieten. Sie sind durch die Uferstraße vom Strand getrennt.

▸ *Turyat Mocamp,* 7 km nördlich von Kuşadası beim Kuştur-Feriendorf, Tel. 614 11 06, Restaurant und Minimarkt. 2 Pers./ Zelt ca. 7 DM.

▸ *Küçükoğlu-Mocamp,* etwa 3,5 km außerhalb an der Straße nach Söke, Tel. 614 37 17, 614 24 76, recht guter Platz mit schattigem Terrain; Strand, einfache Sanitäranlagen, Restaurant. 2 Pers./ Zelt 10 DM.

Zwei neuere Campingplätze gibt es in der Nähe des Yachthafens:

▸ *Önder Camping,* Atatürk Bul. 74, Tel. 614 24 13, 614 25 85, einfache Ausstattung, wenig Schatten.

▸ *Yat Camping*, Atatürk Bul. 76, Tel. 614 13 33, 614 23 61, einfacher Platz.

Essen und Trinken

Die Restaurants am Atatürk Bulvarı, in der Kordon Caddesi und im weiteren Verlauf der Uferpromenade sind teuer. Annehmbare Preise haben die kleinen Lokale in der Straße, die an der alten Karawanserei vorbei in Richtung Bushof führt. Außer den vielen Imbißbuden in der Sağlık Caddesi, die Hamburger, *döner* und andere Kleinigkeiten anbieten, gibt es in Kuşadası auch zahlreiche bessere Restaurants, z.B. *Hünkar Sofrası*, Kışla Sok. 51, und *Seyhan Restaurant*, Sağlık Cad., mit schattigem Innenhof und Garten. Beide bieten Fischgerichte, Gegrilltes am Spieß und Meeresfrüchte. Für Gaumenfreuden sorgt auch das chinesische Restaurant in der 50. Yil Caddesi Nr. 2.

Einkaufen

Hinter der alten Karawanserei befindet sich ein Basar. Hier gibt es nichts für die Gegend Typisches, sondern die gängigen Souvenirs - Elefanten aus Marmor, holzgeschnitzte Kamelfiguren, Onyx-, Kupfer- und Lederwaren.

Einen Obst- und Gemüsemarkt gibt es neben dem Bushof. Wochenmärkte,

Aggressives Marketing

Es ist schon überall in den Touristenorten der Türkei ein ähnliches Bild: Von links ruft's: "Willst Du Leder angucken?", von rechts "Mister, I got nice jewellery for your Lady!", und den Weg versperrt eine große Anschlagtafel mit einer Speisekarte. Ist man in dieser "Sackgasse" erst mal - meist zwangsweise - stehengeblieben, ist man schon Opfer, muß Tee trinken, "Gastfreundschaft" genießen und dummes Zeug schwätzen.

Da sind Abwehrstrategien gefragt. So gibt es etwa mittlerweile T-Shirts mit der Aufschrift: "I know, I'm a nice girl, but I don't need carpets, water-pipes, Chanel No. 5 and a turkish lover!"

Oft hilft auch ein schneller Schritt durch diese Bannmeilen des Konsums. Schaufensterln ist dann freilich nicht drin.

Die "Aufreißer" beurteilen die finanzielle Potenz der Kundschaft im übrigen nach dem Äußeren, insbesondere nach dem Schuhwerk. Sind Hemd und Hose noch so frisch gebügelt aus dem Koffer, in Badeschlappen bleibt man meist unbehelligt. Bis auf das eine Mal, wo der Versuch eines Verkaufsgesprächs mit den Worten begann: "Wo haben Sie nur diese unmöglichen Schuhe her?" Da rettete nur noch die Antwort: "Aus Deutschland, von Aldi."

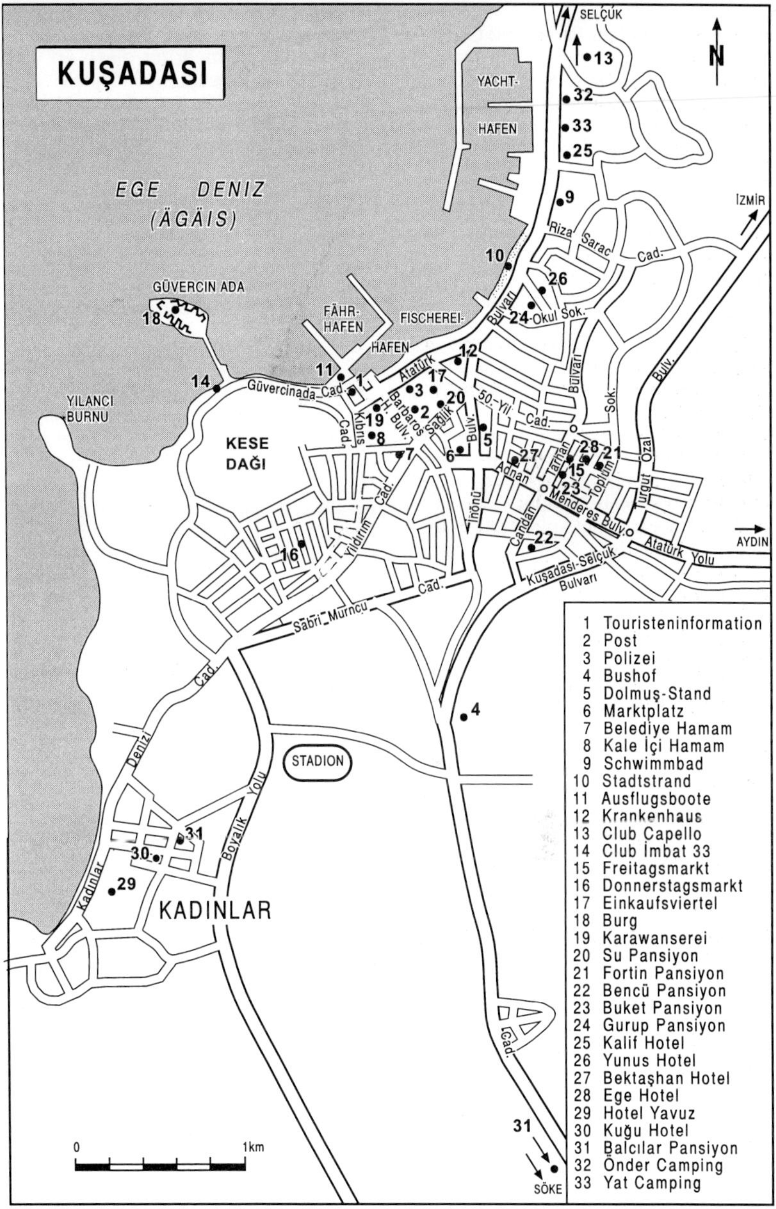
KUŞADASI
EGE DENIZ
(ÄGÄIS)
GÜVERCIN ADA
YILANCI BURNU
KESE DAĞI
YACHT-
HAFEN
FÄHR-
HAFEN
FISCHEREI-
HAFEN
SELÇUK
İZMİR
AYDIN
SÖKE
STADION
KADINLAR
Güvercinada Cad.
Atatürk Bulvarı
Rıza Saraç Cad.
Okul Sok.
50. Yıl Cad.
Barbaros H. Bulv.
Sağlık Cad.
Kıbrıs Cad.
Yıldırım Cad.
İnönü Bulv.
Adnan Menderes Bulv.
Tarihan Sok.
Toplum Sok.
Turgut Özal Bulv.
Atatürk Yolu
Candan Cad.
Kuşadası-Selçuk Bulvarı
Sabri Murncu Cad.
Denizi Cad.
Boyalık Yolu
Kadınlar
0
1km
1 Touristeninformation
2 Post
3 Polizei
4 Bushof
5 Dolmuş-Stand
6 Marktplatz
7 Belediye Hamam
8 Kale İçi Hamam
9 Schwimmbad
10 Stadtstrand
11 Ausflugsboote
12 Krankenhaus
13 Club Capello
14 Club İmbat 33
15 Freitagsmarkt
16 Donnerstagsmarkt
17 Einkaufsviertel
18 Burg
19 Karawanserei
20 Su Pansiyon
21 Fortin Pansiyon
22 Bencü Pansiyon
23 Buket Pansiyon
24 Gurup Pansiyon
25 Kalif Hotel
26 Yunus Hotel
27 Bektaşhan Hotel
28 Ege Hotel
29 Hotel Yavuz
30 Kuğu Hotel
31 Balcılar Pansiyon
32 Önder Camping
33 Yat Camping

auf denen ebenfalls Obst- und Gemüse angeboten werden finden jeweils donnerstags und freitags in verschiedenen Stadtteilen statt (siehe Stadtplan).

Treffpunkt

Die Uferpromenade, der Anlegesteg und die Gassen des "Basars" sind abends besonders beliebt.

Als abendlicher Treffpunkt für junge Leute kommen folgende Diskotheken in Betracht:

▸ *Club Cappello,* Gazi Beğendi Mevkii, Tel. 614 40 43

▸ *Club İmbat 33,* Güverçin Ada Yolu, Tel. 614 12 33

▸ *The Temple Club,* Yat Limanı Yanı, Tel. 614 29 07, eine Disco im Freien, die erste Adresse in der Stadt, vor 22 Uhr lohnt der Besuch kaum.

Alle Diskotheken spielen fast ausschließlich aus den Charts der internationalen Musikszene.

Segeln und Surfen

Der Yachthafen mit 630 Anlegeplätzen liegt an der Straße nach Selçuk.

Eine Yacht chartern kann man bei *Gino Tour,* Atatürk Bul. 102, Tel. 614 12 25.

Surfbretter sind zu leihen an den Campingplätzen an der Straße nach Selçuk, z.B. vom *BP-Mocamp.*

Organisierte Ausflüge

Wie in allen Touristenorten gibt es auch in Kuşadası mittlerweile ein umfangreiches Angebot an organisierten Ausflügen und Aktivitäten. Eine Besonderheit von Kuşadası ist allerdings, daß diese Touren in der Fußgängerzone der "Altstadt" (... was allerdings nicht stimmt, denn die wirkliche Altstadt liegt südlich dieses trubeligen Zentrums am Hang!) von "fliegenden Händlern" angeboten werden, die jeweils ihre Reklametafel bewachen. Sicher arbeiten diese auch auf Kommissionsbasis - aber ein Grund mehr für diese Art von Vertrieb mag es sein, daß kleine Reiseagenturen die Mieten an diesen Hauptstraßen nicht mehr aufbringen können und viele Ausflüge über die Reiseleitung in den Hotels vermittelt werden. So gibt es im Geschäftszentrum nur wenige Agenturen, ebenso wie an der Promenade (Kordon).

Das Angebot ist - wie gesagt - umfangreich. Die Preise variieren manchmal recht erheblich; Vergleichen lohnt sich:

- Ephesos als Ganztagsausflug, incl. Essen, 40-42 DM
- Ephesos als Halbtagsausflug, ohne Essen, 28-33 DM (mit einem *dolmuş* kostet die Fahrt bis kurz vor den Nordeingang der Ruinenstätte 1 DM, der Eintritt weitere 6 DM - bleibt noch genug für Essen und ein brauchbares Handbuch - und man ist frei in der zeitlichen Gestaltung!)
- Priene, Milet, Didyma, mit Bauernmarkt in Söke und Fisch-Menu am Altınkum-Strand, 33-42 DM (empfehlenswert); zwar auch mit öffentlichen Verkehrsmitteln möglich, aber etwas kompliziert!
- Dalyan, Kaunos, incl. Mittag- und Abendessen, mit Bootsfahrt zu den Schlammbädern, den Ruinen von Kaunos und zum İztuzu-Strand, 35-59 DM
- Pamukkale, Tagesausflug, incl. Essen, 35-50 DM
- Pamukkale und Aphrodisias, incl. Essen, 61 DM
- Bodrum, mit Museumsbesuch, incl. Essen, 47 DM
- Bootsfahrt zu benachbarten Stränden, incl. Essen und Trinken, 24-31 DM
- Besuch eines traditionellen (?) türkischen Dorfs, incl. Essen und Getränke, 24 DM
- Besuch des ehemaligen griechischen Dorfs Şirince bei Selçuk, incl. türkischer Imbiß und Wein, 21 DM
- Pferde-Safari, angepriesen als "Möglichkeit, mit dem Pferd zu schwimmen"; Vorsicht ist geboten; incl. Essen und Getränke, 47-54 DM

- Jeep-Safari zum Dilek-Nationalpark, 59 DM
- Tagesausflug nach Samos, incl. Hafentaxe, ohne Inselrundfahrt 52 DM, mit Inselrundfahrt 80 DM
- Sonntagsausflug zum Gottesdienst im Muttergotteshaus (Meriyemana) bei Ephesos, 17 DM

Anbieter:

▸ *Akdeniz,* Atatürk Bul. 26, Tel. 614 11 40, Fax 614 10 99, E-mail: Akdeniz doruk.tr

▸ *Alenna-Tours,* Kahramanlar Cad. 62, Tel. 614 98 88, Fax 614 86 23

▸ *Aphrodi,* Adnan Menderes Bul. 3, Tel. 612 42 92, Fax 612 69 70

▸ *ATÜ,* Camikebir Mah., Mithat Baysal Sok. 1b, Tel. 612 05 10

▸ *Azim,* Yayla Passaji Kat. 1, Tel. 614 15 63, Fax 614 54 79 (Hauptagentur für die Fähre nach Samos)

▸ *Erbe,* Adnan Menderes Bul. 42, Tel. 612 01 28, Fax 612 35 67

▸ *Imta,* Tel. 614 37 73

▸ *Korinthos,* Adnan Menderes Bul., Vahit Kutsal Sok. 15, Tel. 614 86 89, 612 12 16, 612 62 15, Fax 614 50 94

▸ *Sun Wind,* Barbaros Bul. Çıplak Ibrahim Passaji 20-21, Tel. 612 79 39

▸ *Venice,* Kıbrıs Cad., Buyral Sok. 14, Tel. 614 40 04, Fax 614 23 84

Yachtcharter-Agenturen:

▸ *Akdeniz* (→ Adresse siehe oben)

▸ *Azim Tour* (→ Adresse siehe oben)

▸ *GİNO Tur,* Atatürk Bul. 102, Tel. 614 12 25

▸ *Multi Tur,* Türkmen Mah. 50, Tel. 612 13 14

Die Preise richten sich nach Bootsgröße und variieren zwischen 400 und 1.300 DM pro Boot und Tag. Die Boote bieten in der Regel Platz für zwölf Personen.

Türkische Bäder

▸ *Belediye Hamamı,* Yıldırım Cad., Tel. 614 12 19, Doppelhamam für Männer und Frauen (geöffnet 9 - 24 Uhr); für Frauen weniger zu empfehlen, da in der Bäderabteilung für Frauen männliches Personal ist.

Bootsausflug

▸ *Kale İçi Hamamı,* Kale İçi, Doppelhamam (geöffnet 9 - 24 Uhr).

Buchhandlung

Deutsche Zeitungen und Zeitschriften sind überall im Zentrum von Kuşadası erhältlich. Ein breit gefächertes Angebot an deutscher, österreichischer und Schweizer Presse vom Vortag hat *Adali Presse,* Ecke Sağlik-/ İnönü Bulvarı.

Nützliche Adressen und Telefonnummern

Vorwahl: 0256
Polizei: 614 13 82
Krankenhaus: 614 10 26
Busagenturen: Kamil Koç 612 30 53, Varan 614 55 13, Pamukkale 614 21 26, Ulusoy 614 58 33
Deutsch sprechende Ärzte:
- Dr. Dilek Kural, Alacemescit Mah., Safer Sok. 17, Tel. 614 95 38
- Dr. Mustafa Şenel, İzmit İnönü Bul. 26/5, Tel. 614 68 02
- Dr. Muzaffer Canbakan, Sağlık Cad. 52/2, Tel. 614 41 51 (Zahnarzt)

Freizeitangebot

▸ *Eray Travel,* İsmet İnönü Bul. 38/B., Tel. 614 12 14, bietet Schnuppertauchgang 40 DM, jeder weitere Tauchgang 60 DM oder 5 Tauchgänge 280 DM, Grundkurs mit Prüfung 450 DM für 6 Tage. Alle Preise gelten für Ausrüstung und Bootsfahrt.

Leihfahrzeuge

Nahezu alle Agenturen befinden sich am İsmet İnönü Bulvarı.
▸ *AG,* Atatürk Bul. 60/4, Tel. 614 42 47, auch Motorräder (45 DM/ Tag), Motorroller (36 DM/ Tag) und Fahrräder (10 - 20 DM/ Tag).
▸ *Akdeniz* (→ Organisierte Ausflüge)
▸ *Aphrodi* (→ Organisierte Ausflüge)
▸ *Avis,* Atatürk Bul. 26/A, Tel. 614 14 75
▸ *Budget,* İsmet İnönü Bul., Tel. 614 49 56
▸ *Europcar,* Sümbül Sok. 1, Tel. 614 36 07
▸ *Prestige,* Kemal Arıkan Cad. 12, Tel. 614 68 89, 612 86 96, Fax 614 98 05
▸ *Star,* İsmet İnönü Bul. 3/B, Tel. 614 74 07
▸ *Thrifty,* Kemal Arıkan Cad., Nebenstraße des Atatürk Bul., Tel. 614 53 65, vermietet auch 80er Motorräder, 70-80 DM/ Tag

Tip: In der Kemal Arıkan Sokak gibt es noch eine Reihe weiterer örtlicher Fahrzeugvermieter - ein Preisvergleich ist daher einfach und kann sich lohnen.

Verkehrsverbindungen

Dolmuş: Vom *dolmuş*-Platz bestehen alle 20 bis 30 Minuten Verbindungen nach Söke, Aydın, Ephesos, Milet, Selçuk und in den Dilek-Nationalpark.
Bus: Busverbindungen gibt es täglich nach Aydın, Ankara (Nacht-Verbindungen), Antalya (mehrfach), Ayvalık, Bodrum (4 mal), Çanakkale, Fethiye (häufig), İstanbul (Nacht-Verbindungen), İzmir (stündlich), Edremit, Marmaris (4 mal), Milas, Pamukkale (häufig), Trabzon (2 mal). Es ist auch möglich, von Kuşadası morgens nach Pamukkale zu fahren und am Spätnachmittag zurückzukehren. Ebenso ist es leicht möglich, einen Tagesausflug nach İzmir mit dem Überlandbus zu machen.
Schiff: Vom 1. Mai bis zum 30. September fährt täglich ein Schiff nach Samos. Ab Kuşadası 8.30, Rückfahrt ab Samos 17 Uhr. Im Winter sind mindestens 15 Personen für die Abfahrt erfor-

derlich (pro Person einfache Fahrt 45 DM, Hin- und Rückfahrt am selben Tag 53 DM, beliebige Rückfahrt 83 DM; Motorrad einfach 45 DM, hin und zurück am selben Tag 53 DM, beliebige Rückfahrt 83 DM; Pkw einfach 105 DM, hin und zurück am selben Tag 150 DM, beliebige Rückfahrt 210 DM.

➡ Von Kuşadası erreicht man nach einer schönen Fahrt an der Küste entlang eine Abfahrt, von wo es in Richtung Süden über Davutlar zum nördlichen Eingang des *Dilek*-Nationalparks (→ Umgebung von Kuşadası) geht.

Söke

50.600 Einwohner, 122 km S von İzmir

Das Landstädtchen *Söke* ist heute Verwaltungssitz für die umliegenden Dörfer. Es liegt in der Ebene, die der *Große Mäander* (Büyük Menderes) in den letzten zweitausend Jahren geschaffen hat. Sein Mündungsgebiet hat er dabei langsam nach Westen verlagert. Im fruchtbaren Umland der Stadt wird großflächig Baumwolle angepflanzt.

Söke hat so gut wie nichts Sehenswertes, bietet sich aber als Ausgangspunkt für den Besuch der antiken Stätten *Priene, Milet, Didyma* und *Magnesia* an, vor allem, wenn man mit dem eigenen Fahrzeug unterwegs ist.

Umgebung von Söke

♦ Magnesia

18 km nordöstlich von Söke liegt an der Straße nach Ortaklar am Menderes das antike *Magnesia*. Sinnigerweise wurde die Durchgangsstraße nach Denizli mitten durchs Ausgrabungsgebiet gelegt. Vorteil: Es ist nicht zu verfehlen.

Die bei Ausgrabungsarbeiten Ende des 19. Jahrhunderts freigelegten Mauern wurden inzwischen wieder von Schlamm und Sand zugeschwemmt. So kann man sich heute kaum mehr ein Bild von der zeitweiligen Bedeutung Magnesias für das antike Kleinasien machen. Wichtige Funde hat man nach İstanbul ins Archäologische Museum und nach Berlin ins Pergamon-Museum gebracht.

♦ Tavsanburnu

Sehr schön ist ein Ausflug zum kleinen Erholungspark von *Tavsanburnu*, zwischen Milet und Didyma.

Übernachten

▸ *Priene Pansiyon,* Saban Çentinkaya, Güllübahçe Kaşadası, Tel. 0256-527 12 49, Englisch sprechende Eigentümer. DZ mit Du/WC 25 DM, mit Frühstück.

Verkehrsverbindungen

Bus: Vom Bushof, der auf einer Anhöhe im Norden von Söke liegt, fahren mehrmals täglich Busse nach Kuşadası, Bodrum, Selçuk, Aydın, Denizli, İzmir, Bursa, Afyon, auch nach Muğla und Fethiye, İstanbul und Ankara. Minibusse verkehren nach Priene, Milet, Didyma und Altınkum.
Zug: Mehrmals täglich gibt es Anschlüsse in Richtung İzmir bzw. Bandırma und Denizli bzw. Afyon.

➡ Die Strecke führt von Söke in südlicher Richtung. Nach 6 km kommt die Abfahrt zu den antiken Städten *Priene, Milet* und *Didyma* (Ausschilderung beachten).

♦ Priene

Etwa 17 km südwestlich von Söke liegt in der Nähe des Dorfs *Güllübahçe* die Ruinenstadt *Priene* (geöffnet tgl. 8.30 - 19.30 Uhr, Eintritt 2 DM).

Sie liegt auf einem Plateau am Hang, von dem man einen überwälti-

Priene - Stäulen des Athena-Tempels

genden Blick über die Ebene hat, die einst vom Meer bedeckt war. Priene war im Altertum sehr bekannt als religiöser und politischer Mittelpunkt des Ionischen Städtebundes. In ihrer wechselhaften Geschichte wurde die Stadt nacheinander von Persern, Griechen, Römern und Byzantinern beherrscht. Danach spielte sie nur noch eine untergeordnete Rolle. Ihre Geschichte endete mit der Eroberung durch die Seldschuken im 13. Jahrhundert.

Bereits um die Wende vom 18. zum 19. Jahrhundert wurde in Priene mit den Ausgrabungsarbeiten begonnen. Die heute sichtbaren Mauerreste stammen meist aus dem 4. Jahrhundert v. Chr. Eines der bedeutendsten Gebäude ist der *Athena-Tempel*, der heute das Bild der Ruinenstätte beherrscht. Er wurde im 4. Jahrhundert v. Chr. fertiggestellt. Lange galt er als Vorbild für die gesamte ionische Architektur. Auch das *Heiligtum der Demeter* zählt zu den ältesten Tempelbauten von Priene. Ebenfalls gut erhalten sind die *Stadtmauern* mit ihren Toren, das *Theater* (3. Jh. v. Chr.) und zwei *Versammlungsplätze*. Da Priene bereits in römischer Zeit an Bedeutung verloren hatte, gibt es aus der Zeit danach keine repräsentativen Gebäude mehr.

♦ Dil Gölü

Die Straße von Priene nach Milet durchläuft die Ebene von *Büyük Menderes*. Westlich der Straße breitet sich eine sumpfige Landschaft aus, die allmählich in den See *Dil Gölü* (auch *Karine Gölü*) übergeht. Auf beiden Seiten der Straße halten sich, vor allem in den Sommermonaten, sehr große Storchenkolonien auf, die man gut von der Straße aus beobachten kann. Ein kleiner Stich zweigt von der Teerstraße zum See hin ab und nähert sich ihm bis auf ca. 300 m. Hier sind auch zahlreiche andere Vogelarten zu beobachten.

♦ Milet

Milet, ca. 40 km südlich von Söke, ist mit öffentlichen Verkehrsmitteln von Selçuk und Kuşadası aus zu erreichen (geöffnet tgl. 8.30 - 19.30 Uhr, Eintritt 2 DM). Da im Frühjahr und Herbst wegen des hohen Grundwasserspiegels viele Stellen versumpft sind, ist es ratsam, das Gelände im Sommer zu besuchen.

Die Stadt wurde wahrscheinlich im 11. Jahrhundert v. Chr. von Ioniern (Griechen) gegründet. Die günstige Lage am Büyük Menderes machte sie im Altertum zu einem der wichtigsten Häfen an der Westküste. In späteren Jahrhunderten wurden von dort aus rund neunzig Kolonien gegründet, vornehmlich an der Schwarzmeerküste *(Sinop, Samsun* und *Trabzon)*, aber auch in Ägypten. Im Jahr 494 v. Chr.

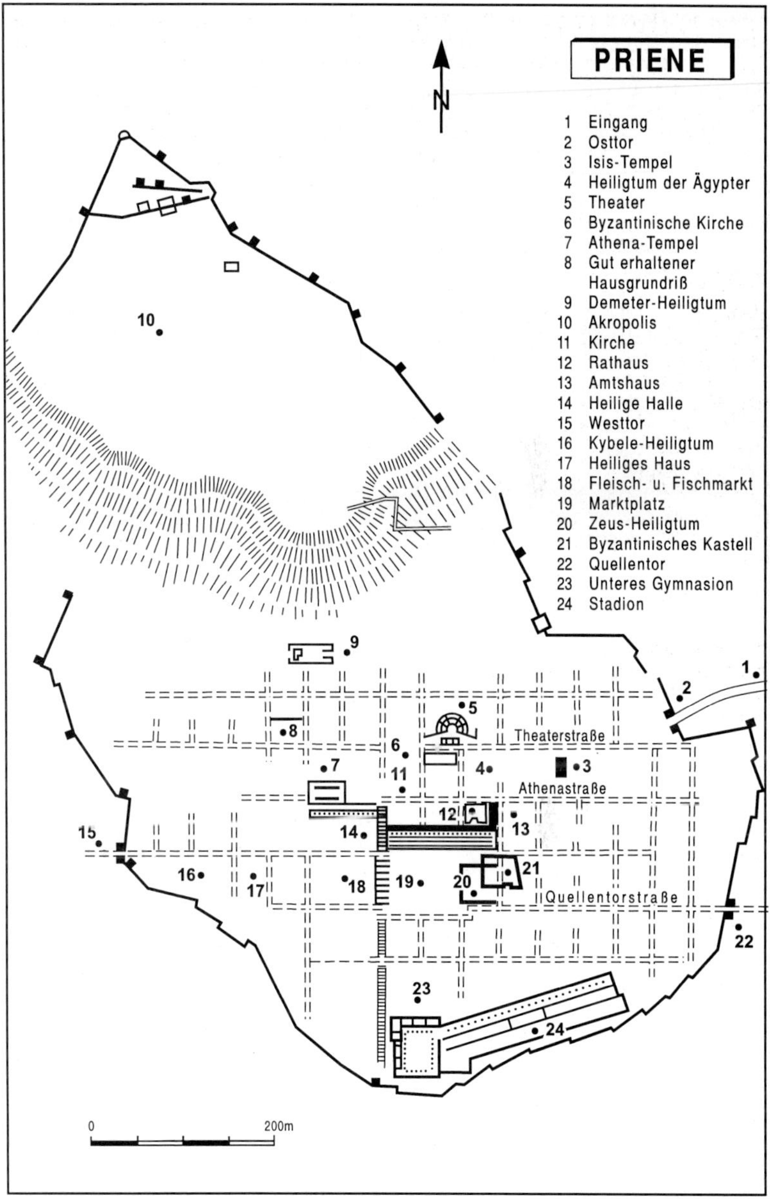
PRIENE
1 Eingang
2 Osttor
3 Isis-Tempel
4 Heiligtum der Ägypter
5 Theater
6 Byzantinische Kirche
7 Athena-Tempel
8 Gut erhaltener Hausgrundriß
9 Demeter-Heiligtum
10 Akropolis
11 Kirche
12 Rathaus
13 Amtshaus
14 Heilige Halle
15 Westtor
16 Kybele-Heiligtum
17 Heiliges Haus
18 Fleisch- u. Fischmarkt
19 Marktplatz
20 Zeus-Heiligtum
21 Byzantinisches Kastell
22 Quellentor
23 Unteres Gymnasion
24 Stadion
N
Theaterstraße
Athenastraße
Quellentorstraße
0
200m

zerstörten Perser die Stadt und deportierten die Bewohner nach Mesopotamien. Später wurde Milet wieder aufgebaut. Bis ins 16. Jahrhundert hatte die Stadt einen klangvollen Namen. Doch ihre Bedeutung ging zurück, als der Menderes die Küstenlinie soweit meerwärts vorgeschoben hatte, daß der Hafen versandete. Damit verlor die Stadt ihren wichtigsten Standortvorteil, und die Sultane schenkten ihr kein Interesse mehr.

Zu den bedeutendsten Söhnen von Milet gehört der Naturwissenschaftler *Thales* (der mit dem Halbkreis und dem Dreieck!).

Mitte des 19. Jahrhunderts begannen in Milet die Ausgrabungsarbeiten. Mehrere Fundstücke wurden in das Museum von İzmir, aber auch nach Berlin gebracht.

Das beeindruckendste Bauwerk Milets ist das *Theater* (am Eingang), das einst 25.000 Menschen Platz bot. In seinem heutigen Erscheinungsbild stammt es aus dem beginnenden 2. Jahrhundert. Die ausgegrabenen Ruinen stehen an der Stelle eines älteren Theatergebäudes aus hellenischer Zeit. Vom oberen Teil des Zuschauerraums kann man den gesamten Ruinenkomplex sehr gut überblicken. Weiter sieht man eine byzantinische *Burganlage*, zwei Versammlungsplätze, die *Faustina -Thermen*, das *Stadion*, das *Rathaus* und den *Athena-Tempel*. Da die steinernen Löwen am Hafen im Sumpf zu versinken drohten, schaffte man sie ins Britische Museum. Wesentlich jüngeren Datums ist *İlyas Bey* aus dem 15. Jahrhundert. Im Gegensatz zu den übrigen, nur noch zu erahnenden Ruinen ist diese Moschee in besserem Zustand. Die bis zu 10 m breite *Stadtmauer* aus dem 5. Jahrhundert, die im Süden zum Teil noch erhalten ist, war sägeblattförmig angelegt und mit zahlreichen Türmen bestückt. Auf dem 163 m hohen *Kalatabak Tepe* (Hügel) fand man Mauerreste aus archaischer Zeit (ca. 500 v. Chr.).

In einem kleinen *Museum* an der Straße nach Didyma sind Funde aus der Umgebung Milets ausgestellt.

♦ Heilige Straße

Von Milet nach Didyma führte eine genau 16,2 km lange *Heilige Straße,* die heute teilweise mit der neuen Straße identisch ist. Vom *Heiligen Tor* verlief sie zunächst in südöstlicher, dann in südlicher Richtung bis zum heutigen *Akköy*. Von dort ging es leicht bergab zum Hafen von Didyma. Auf den letzten Kilometern war die Straße beiderseits

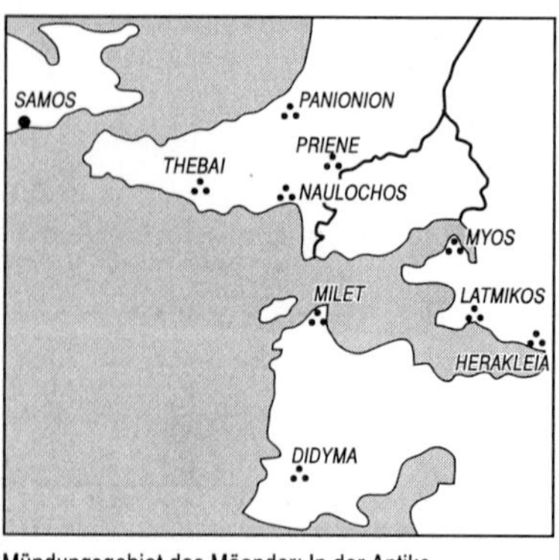

Mündungsgebiet des Mäander: In der Antike

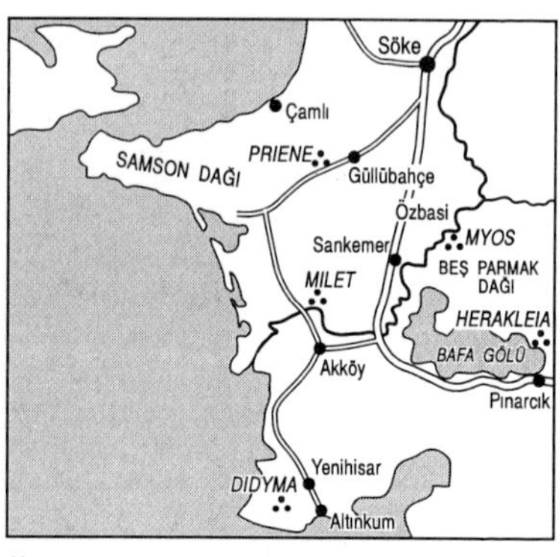

Heute

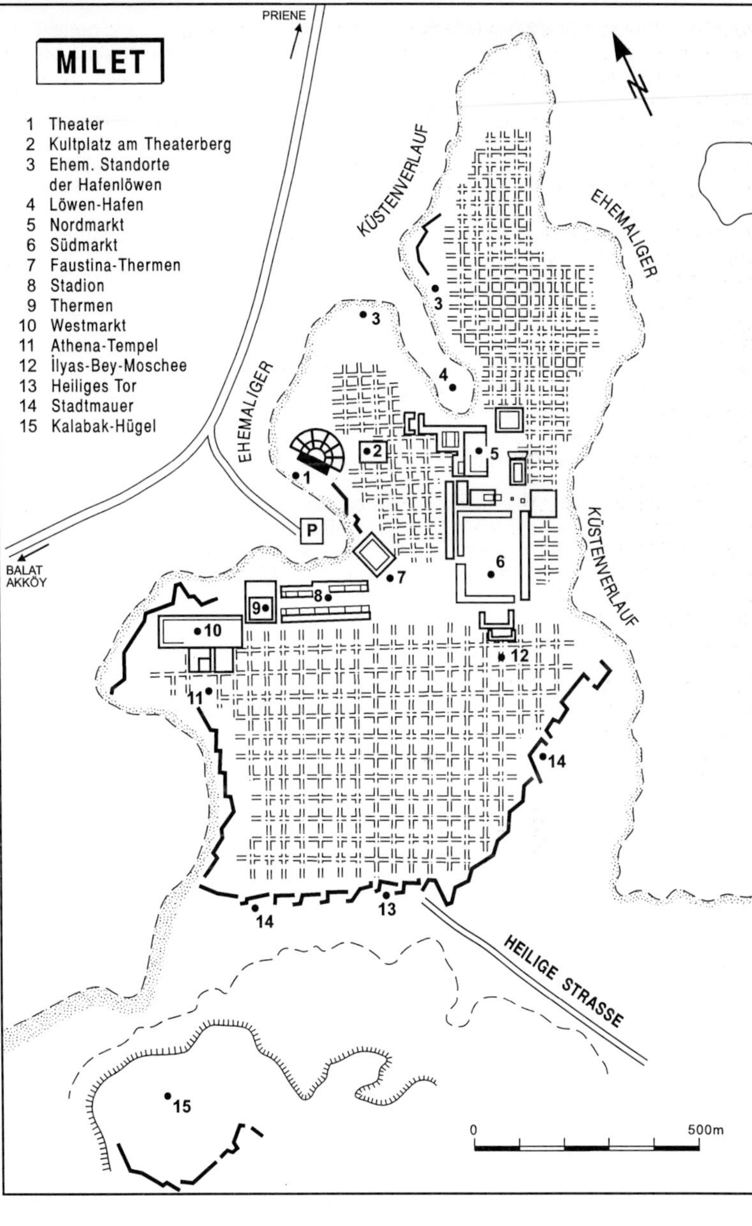
MILET
1 Theater
2 Kultplatz am Theaterberg
3 Ehem. Standorte der Hafenlöwen
4 Löwen-Hafen
5 Nordmarkt
6 Südmarkt
7 Faustina-Thermen
8 Stadion
9 Thermen
10 Westmarkt
11 Athena-Tempel
12 İlyas-Bey-Moschee
13 Heiliges Tor
14 Stadtmauer
15 Kalabak-Hügel
PRIENE
BALAT AKKÖY
EHEMALIGER
KÜSTENVERLAUF
EHEMALIGER
KÜSTENVERLAUF
HEILIGE STRASSE
P
N
0
500m

Tempel von Didyma - Kopf der Meduse

von Gräbern, Priesterstatuen und liegenden, steinernen Löwen geschmückt. Etwa 250 m vor dem Tempel begannen Säulenhallen; man nimmt an, daß sich hier Verkaufsläden befanden.

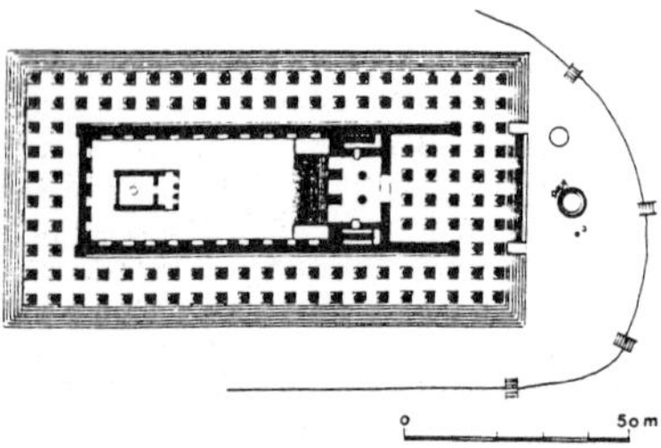

♦ *Didyma*

Etwa 60 km südlich von Söke liegt mitten im Ort Yenihisar der großartige Tempelbezirk von *Didyma*. Er ist Anziehungspunkt für viele Reisende, die hier einen kurzen Zwischenstopp einlegen. Yenihisar hat sich inzwischen ganz auf den Tourismus eingestellt. So erinnern etwa internationale Speisekarten an andere Badeorte der Küste. Im Ort gibt es auch ein paar einfache Hotels und Pensionen.

Besonders reizvoll ist der Tempelkomplex im Licht der untergehenden Sonne. Wer möchte, kann von den zahlreichen umliegenden Restaurants diese abendliche Stimmung genießen.

An der Stelle des Tempels befand sich - noch bevor die Griechen nach Kleinasien kamen - über einem Erdspalt ein Orakel. Als Ionier im 10. Jahrhundert v. Chr. hier die Küste Kleinasiens besiedelten, weihten sie es ihrem Gott *Apollo*. In den folgenden Jahrhunderten "konkurrierte" es mit dem von *Delphi*. Die Perser zerstörten den Tempelbau über dem Orakel im 5. Jahrhundert v. Chr. *Alexander der Große* baute es in repräsentativem Stil wieder auf. In frühbyzantinischer Zeit wandelte man es in eine Basilika um, die dann nach einem Brand als Kastell diente. Ein Erdbeben und ein weiteres Feuer zerstörten die gesamte Anlage. Danach ist sie nicht wieder aufgebaut worden. Schließlich begannen Mitte des 19. Jahrhunderts Ausgrabungsarbeiten.

Der Tempel war ursprünglich 110 m lang, etwa 50 m breit und stand auf einem siebenstufigen Sockel. Der Hauptraum, umgeben von einer doppelten Säulenhalle, gliederte sich in eine Vorhalle mit zwölf ionischen Säulen und einen Mittelraum, von dem drei Türen zum 5 m tiefer gelegenen Hauptraum führten. Dort thronte über der heiligen Quelle die Priesterin. Der Tempel ist heute nicht über die ehemalige Haupttreppe zu betreten, sondern über kleine Gänge auf der rechten und linken Seite (Tempel geöffnet tgl. 9 - 17.30 Uhr, Eintritt 2 DM).

♦ *Altınkum*

4 km von Didyma (Yenihisar) entfernt, liegt an der Küste der Ort *Altınkum*. Anziehungspunkt ist hier der 1 km lange Sandstrand (Didim Plajı). Paddelboote und Surfbretter sind am Strand auszuleihen. Es gibt mehrere einfach ausgestattete Campingplätze sowie Hotels, Pensionen und viele Restaurants. Auch Souvenirgeschäfte fehlen nicht.

Übernachten

▸ *Fantastik Pansiyon,* Çiğdem Sok. 5, Tel. 0256-813 16 02, etwa 150 m bis zum Strand, alle Zimmer mit Du/WC, sauber, Küchenmitbenutzung. Das Restaurant *Aksoy* gegenüber gehört demselben Besitzer, der auch Deutsch spricht. DZ 24 DM, mit Frühstück.
▸ *Villa Yağmur,* Üçermersin Sitesi 13, Tel. 0256-813 21 03, Zimmer mit Du/WC, Küchenmitbenutzung, einfache Familienpension. EZ 17 DM, DZ 25 DM.
▸ *Kale Otel,* Altınkum Plajı, Yalı Cad. 119, Tel. 0256-813 11 15, alle Zimmer mit Du/WC, sauber, einfach eingerichtet, in Strandnähe, mit Restaurant. EZ 20 DM, DZ 30 DM, mit Frühstück.
▸ *Çamlık Pansiyon,* Çiçek Sok. 11, Tel. 0256-813 25 58, alle Zimmer mit Du/WC, sauber, freundliche Atmosphäre. EZ 19 DM, DZ 29 DM, Frühstück pro Person 6 DM.

Nachtleben

In Altınkum befinden sich einige Diskotheken, zum Beispiel:
▸ *Connection Disco,* Freiluftdiskothek mit lautem Disko-Stampf unter Zypressen
▸ *Dolunay Disco,* gegenüber dem gleichnamigen Hotel am Strand
▸ *Günişiği Disco,* im gleichnamigen Hotel

➙ Die Route verläuft durch die Niederung von *Büyük Menderes* bis an das südwestliche Ufer von *Bafa Gölü*, in dessen Nähe eine Abfahrt (über *Akköy*) wiederum zu den oben genannten antiken Stätten führt.

Bafa Gölü

Der *Bafa-See*, 15 km lang, 7 km breit und 20 m tief, liegt 50 km südlich von Söke. Auf vielen deutschen Landkarten wird er auch als *Çamiiçi Gölü* bezeichnet. Stellenweise reichen Wald und Olivenplantagen bis ans Ufer. Der See gehörte einst zu einem Meerbusen, der durch die Ablagerungen des Menderes vom Meer abgeschnitten wurde. Das leicht salzhaltige Wasser des Sees ist sehr fischreich. Am Südufer, bei der Nationalstraße 30, liegen zwei Campingplätze.

Rund um den Bafa-See ist die Natur äußerst abwechslungsreich. Während das Südufer durch Hügel geprägt ist, ragen im Norden und Osten des Sees bizarre Gneisblöcke des Beşparmak (Fünffinger-) Gebirges empor, das reich an einst bewohnten Höhlen ist. Am Gebirgsfuß laden feinsandige Strände zum Baden ein. Im Westen wird der See von der Ebene des Büyük Menderes begrenzt. *Serçin Gölü*, ein Ausläufer des Bafa-Sees, ist von diesem im Sommer - ab April oder Mai - durch einen ausgetrockneten Sandstreifen getrennt.

Übernachten

▸ *Turgut Camping,* am Südufer des Bafa-Sees, in einem lichten Olivenhain, kleiner Kiesstrand; mit Sanitäranlagen, Warmwasserversorgung, Restaurant der etwas gehobenen Preisklasse, wo Fische aus dem See auf Holzkohlenfeuer vorzüglich gegrillt werden. 2 Pers./ Zelt/ Pkw/ Kleinbus 12 DM.
▸ *Yerinin Ada,* ein paar Kilometer hinter Turgut Camping, ein schön gelegener Platz.

♦ Serçin

... ist ein verlassenes Winterdorf am gleichnamigen See. Von der Hauptstraße Söke - Milas biegt man an der Tankstelle zum Ort *Sarıkemer* ab. Der Ort Serçin ist hier bereits ausgeschildert. Man fährt über die Teerstraße bis Serçin und nimmt im Ort links einen sehr schlechten Weg in Richtung Norden. Nach ca. 300 m erreicht man einen Damm. Hier kann man entweder den Pfad am Ufer entlang des Sees benutzen oder über die im Sommer vorhandene Landbrücke hinüber zu *Çamtepe* gehen, einer niedrigen Anhöhe, wo das Winterdorf (trk. *kışla)* mit Friedhof und Feigengärten liegt.

Die umliegenden, ebenfalls mit Olivenbäumen bewachsenen Hügel laden zu Wanderungen ein.

♦ Herakleia (Kapıkırı)

Das Ausflugsziel *Herakleia* ist mit dem Auto erreichbar. Anfahrt: Im Ort *Camiiçi* (Bafa-Dorf) zweigt man links in Richtung Herakleia ab (ausgeschildert). Wenn man die staubige Straße bis nach Buçak hinter sich hat, fährt man über einen Höhenzug mit riesigen Gneisblöcken und erreicht nach insgesamt 10 km Herakleia.

Der Ort war bereits in vorchristlicher Zeit (4. Jh. v. Chr.) eine bedeutende Hafenstadt an der damaligen Meeresbucht. Als der Hafen versandete, wurde die Stadt bedeutungslos. Herakleia widerfuhr also das gleiche Schicksal wie später Priene und Milet.

Besonders auffällig ist die Stadtmauer aus massiven Steinblöcken, die sich zwischen einzelnen Häusern und Gärten hindurchzieht. An vielen, zum Teil im seichten Wasser des Sees liegenden Felsen kann man noch Stufen erkennen, die zur Stadtmauer gehörten. Im Areal verstreut stehen zahlreiche, teilweise unter Wasser stehende, offene Gräber, ein Athena-Tempel aus dem 3. Jahrhundert v. Chr. und ein weiteres kleines Heiligtum, der *Schrein des Endymion* (Sohn des Zeus).

Auch die Umgebung ist sehr schön: Die weißen Quarzsandstrände eignen sich hervorragend zum Baden. Für das leibliche Wohl sorgen einige einfache Restaurants, die vor allem Fischgerichte anbieten. Ißt man dort, kann man oft kostenlos nebenan campen.

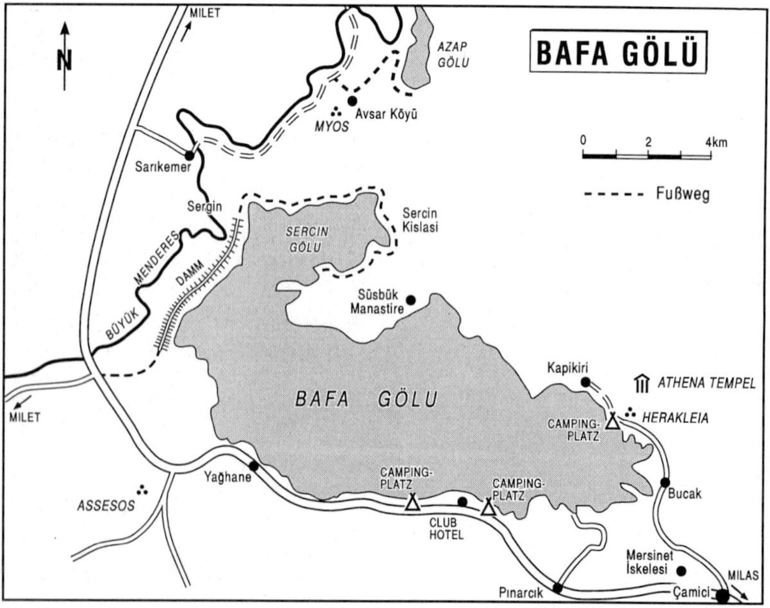

-▸ Durch Olivengärten am Südufer des Bafa-Sees und am Nordfuß von *Labada Dağı* führt die Straße am *Heiligtum von Euromos*, einem ehemaligen Zeus-Tempel, vorbei. Zwölf korinthische Säulen davon stehen noch aufrecht.

Milas

29.000 Einwohner, 50 m hoch,
195 km S von İzmir

Das lebhafte Städtchen *Milas* liegt in einer weiten, fruchtbaren Ebene. Es ist auf den Ruinen des antiken *Mylasa* erbaut. *Firuz Bey Camii* (1394), *Hacı İlyas Ağa Camii* und die *Gümüşkesen-Türbe* aus dem 1. Jahrhundert sind sehenswert, wie auch die Altstadt. Hier stehen zahlreiche Häuser, die im Stil des griechischen Klassizismus im späten 19. und frühen 20. Jahrhundert erbaut wurden. Sie wechseln sich ab mit einst prächtigen türkischen Bauten aus dem 18. Jahrhundert. Die meisten dieser Häuser, die wohl bezeugen, daß Milas bis 1923 eine griechisch-türkische Siedlung war, sind allerdings in sehr schlechtem Zustand. Für "Denkmalschutz" im Bereich der jüngeren Wohnhaus-Architektur fehlt in der Türkei das Geld - und sicher manchmal auch der Wille, wenn die Gebäude die Existenz griechischer Gemeinden bezeugen. Es dürfte eine Frage der Zeit sein, bis dieses Viertel mehr oder weniger uniformen, in der Regel fünf- bis sechsgeschossigen Apartment-Klötzen weichen wird. Südlich der Stadt stehen die Ruinen eines roten Marmorturms und eines Tempels. Eine besondere Sehenswürdigkeit ist der noch ursprüngliche Basar.

Übernachten

▸ *Çınar Hotel,* Kadıağa Cad. 52, Tel. & Fax 0525-512 55 25, in der Nähe des Bushofs; Zimmer zur Straße sind laut. DZ ab 20 DM.
▸ *Hotel Turan,* Cumhuriyet Cad. 26, Tel. 0252-512 13 42, in der Nähe des Bushofs. DZ 20 DM.
▸ *Hotel Sürücü,* Atatürk Karşısı, Tel. 0525-512 40 01, Fax 512 40 00, sehr einfaches Haus der Mittelklasse. DZ ab 25 DM, mit Frühstück.

Verkehrsverbindungen

Der Bushof befindet sich am Nordwestrand der Stadt. Von dort bestehen Verbindungen nach Afyon, Ankara, Aydın, Bodrum, Bursa, Denizli, Fethiye, Giresun, İstanbul, İzmir, İzmit, Kaş, Marmaris, Ortaca, Rize, Söke, Trabzon. *Dolmuşlar* fahren nach Akbük, Bafa, Bodrum, Marmaris, Muğla, Söke.

-▸ Nur wenige Kilometer südlich von Milas zweigt an einer großen Kreuzung eine Straße zum 65 km entfernten, abseits der Route liegenden Ferienort *Bodrum* ab. Dabei führt die Straße zunächst weiter durch Bergland, das in

Tempel von Euromos

seiner Struktur so typisch ist für die türkische Küstenregion: Pässe überwinden die Riegel des oft verkarsteten Kalkgebirges, und immer wieder öffnet sich der Blick auf ein weites Becken, an dessen Rand Siedlungen liegen.

Die nächste größere Stadt in Richtung Bodrum ist *Yatağan*. Westlich von Yatağan zweigt eine unbefestigte Straße zur antiken Stadt Lagina ab. In der Umgebung von Yatağan befinden sich die Überreste des antiken *Stratonikeia* - die Straße nach Bodrum führt quasi mitten durch das Ruinenfeld.

Was aber den Blick viel mehr auf sich zieht, ist die völlig zerwühlte Landschaft, die sich nördlich der Straße ausbreitet. Bagger haben ein etliche Quadratkilometer großes Loch gegraben, um an ein Braunkohlelager heranzukommen, das unter teilweise bis zu 100 m anstehendem Kalkgestein liegt. Entsprechend mächtig sind die Abraumhalden. Ein paar kleine, traditionelle Siedlungen am Rand dieses Kraters stehen noch.

Mit dem aufwendig gewonnenen Brennstoff wird ein Kraftwerk betrieben, das sich im Westen von Yatağan befindet. Die Braunkohle ist schwefelhaltig, und Filteranlagen sind nicht vorhanden - man riecht's im Vorbeifahren.

Nach Yatağan kommt man durch eine spärlich bewaldete Berglandschaft. Bienen jedoch finden dort offensichtlich genug Nahrung, denn die Straße ist kilometerweit gesäumt von kleinen Verkaufsständen, an denen *Çambal* (Pinienhonig) offeriert wird. Der süße Stoff mit dem eigenartigen Aroma gilt in der Türkei als eine Art "Naturheilmittel" für allerlei Wehwehchen.

♦ Güllük

..., ein beschaulicher Fischerort am gleichnamigen Golf, liegt ca. 25 km südwestlich von Milas. Auf der Werft hier werden noch Holzboote gefertigt. Bevor man die Küstenebene erreicht, ist ein kleiner Paß zu überqueren. Von hier hat man einen schönen Blick über das Küstenvorland und Güllük.

Am Ortsrand sind in den letzten Jahren einige Hotels und Pensionen entstanden, deren Äußeres nicht gerade zur Verschönerung des Orts beigetragen hat. Güllük wird fast ausschließlich von türkischen Touristen besucht. Obwohl es wenig zu bieten hat, ist das Preisniveau sehr hoch. Strände, abgesehen von einem kleinen, sind in der direkten Umgebung keine zu finden. Wer baden möchte, fährt am besten per Boot zu den Stränden auf der andere Seite der Bucht. Hier kann man gut schwimmen.

Übernachten

Am Hafen befinden sich mehrere Pensionen, zum Beispiel:

- *Petit Pansiyon*, EZ ab 12 DM, DZ ab 20 DM.
- *Nazar Turistik Tesisleri,* Tel. 0252-522 13 32, sauber und gepflegt. EZ 15 DM, DZ 25 DM.

Bootsausflüge

Am Hafen werden Bootsfahrten zum gegenüberliegenden Ufer der Bucht angeboten, wo die Ruinen des antiken *Iassos* (9. Jh. v. Chr.) liegen. Vom *Çiçek-Restaurant* am Hafen fährt täglich um 11 Uhr ein Boot dorthin. Gut erhalten sind einige römische Grabbauten, die Festung, der Marktplatz, ein Wohnhaus und der alte Hafenturm.

♦ Bodrum

21.300 Einwohner, 250 km S von İzmir

In den fünfziger Jahren war *Bodrum* noch ein kleines Nest mit zwar langer Geschichte, aber ohne Bedeutung. Dann wurde die phantastische Lage des kleinen Orts vom türkischen Jet-Set, vor allem aus İstanbul, entdeckt. Inzwischen hat sich Bodrum in eine geschäftige Bademetropole verwandelt,

Das Weltwunder von Halikarnossos

Abgesehen von einer Bodenplatte, Resten von Standbildern und Friesen erinnert an das prachtvolle *Mausoleum von Halikarnossos,* das als sechstes Weltwunder in die Geschichte einging, fast nichts mehr. *Mausolos*, der König des damals unter persischer Herrschaft stehenden Kleinstaates *Karien*, hatte sich dieses Grabmal errichten lassen. Als Verehrer der griechischen Kultur wünschte auch er sich einen griechischen Grabtempel. Bei einem Ideenwettbewerb, den der König in der gesamten griechischen Welt veranstalten ließ, erhielten die Baumeister und Bildhauer *Satyros* und *Pytheos* den Zuschlag.

Die Basis des insgesamt 49 m hohen, reich mit Figuren geschmückten Bauwerks war ein Block mit Stufen. Darauf erhob sich ein mächtiger, prismenförmiger Bau, dessen Dach in einer Pyramide gipfelte. Krönender Abschluß war die Quadriga (Vierergespann), deren Reste heute im Britischen Museum ausgestellt sind.

Der König erlebte die Fertigstellung seines Grabmals nicht mehr. Erst unter *Alexander dem Großen* wurde es vollendet. Erdbeben im 13. Jahrhundert ließen seine Mauern und Säulen einstürzen. Anschließend bedienten sich die Johanniter, die unter anderem Mauerreste für die Hafenfestung *Petronica* verwendeten. Große Teile dieses Bauwerks wurden schließlich ins Britische Museum nach London verfrachtet.

Auch wenn sich Mausolos der Nachwelt in seiner großartigen Architektur nicht erhalten konnte, ist immerhin sein Name heute noch der Inbegriff monumentaler Grabmäler.

die alles unternommen hat, sich den internationalen Standards anderer Tourismuszentren anzupassen. Vom einstigen Dorf ist nichts übriggeblieben.

Bodrum, so könnte man meinen, braucht keinen Schlaf. Um 9 Uhr morgens beginnt das geschäftige Treiben um die Boulevards *Neyzen Tevfik Caddesi, Dr. Alimbey-* und *Cumhuriyet Caddesi* sowie in den Gassen bei der Burg. Bis in die frühen Morgenstunden läßt die laute Musik der unzähligen Discos die Stadt nicht mehr zur Ruhe kommen.

Ein schönes Bild sind die zahlreichen Yachten am Hafen. Mit ihnen kann man Tagesausflüge in die nahen Buchten unternehmen.

Wer Sport treiben möchte, ist in Bodrum genau richtig. Der Yachthafen, Surf- und Tauchschulen, Reiterhöfe und viele Wasserskiverleiher bieten vielfältige Aktivitäten an.

Die Umgebung von Bodrum, insbesondere die gleichnamige Halbinsel, ist mit ihren vielen Buchten und Stränden besonders attraktiv. Vor allem die Buchten südlich der Stadt steuern Yachten gerne an.

Geschichte

Die erste größere Siedlung im Bereich der Stadt war *Halikarnossos*, im 7. bis 6. Jahrhundert v. Chr. von Dorern gegründet. Später gehörte die Stadt zu Lydien, unterstand im 6. Jahrhundert v. Chr. den Persern, geriet im 2. Jahrhundert v. Chr. unter römische, dann byzantinische und schließlich unter seldschukische Herrschaft. *Herodot,* der "Vater der Geschichte", wirkte in Halikarnossos. In seinem Hauptwerk "Historiae apodexis" hat er die Auseinandersetzung zwischen Europa und Asien, zwischen Hellenen und Urbevölkerung Kleinasiens, historisch aufgearbeitet. Im 15. Jahrhundert siedelte sich der Johanniterorden an. Er wurde jedoch schon wieder im 16. Jahrhundert von den Türken vertrieben.

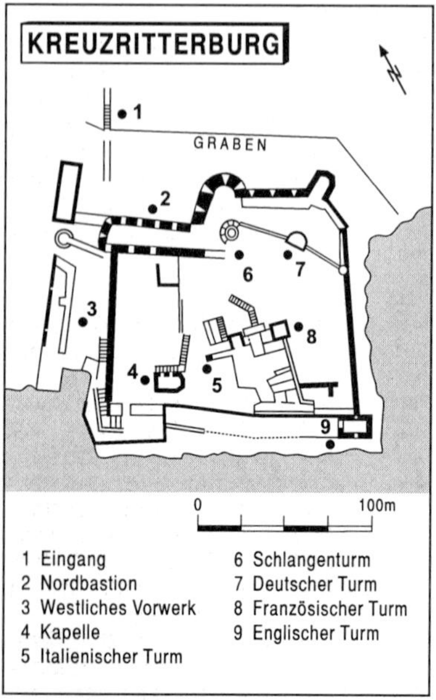

Sehenswürdigkeiten

Bodrum Kalesi, eine Kreuzritterburg aus dem 15. Jahrhundert auf einer Landzunge, ist Wahrzeichen der Stadt. In der gut erhaltenen Festung stellt ein Museum antike Fundstücke aus der Region aus, u.a. eine Statue des Königs *Mausolos* und eine Friesplatte, die aus dem Mausoleum des Königs stammen (→ Artikel "Das Weltwunder von Halikarnossos"). Ebenfalls gibt es dort ein meereskundliches Museum. Unter anderem veranschaulicht hier eine Fotodokumentation die Arbeit der Meeresarchäologen. Ebenfalls sehenswert ist das Glasmuseum mit Schätzen aus Glas - kostbare Fläschchen und Schalen (Ozeanographisches Museum und Glasmuseum geöffnet außer Mo tgl. 8 - 12 und 13 - 17 Uhr, Burg tgl. geöffnet 8 - 19 Uhr. Eintritt 4 DM für Burg und Museum).

Etwas oberhalb des **Mausoleums** liegen Ruinen eines **Theaters** aus dem 3. Jahrhundert v. Chr. Nördlich davon sind in einer Wand **Grabkammern** angelegt. Eine Haupt- und mehrere Nebenkammern sind noch gut zu erkennen. Von hier oben bietet sich eine herrliche Aussicht aufs Meer und die Stadt. Weiter im Westen trifft man auf Reste der alten **Stadtmauer** (4. Jh. v. Chr.).

Umgebung von Bodrum

♦ Windmühlen

Auf der Landzunge, die Bodrum und Gümbet voneinander trennt, stehen die Mauern alter *Windmühlen*. Zwei von ihnen haben noch ein Getriebe; bespannt aber ist keine mehr.

♦ Güverçinlık

Dieses Dorf, 18 km nordöstlich von Bodrum, liegt an einer kleinen Bucht. Der Tourismus hat die Bucht mittlerweile fest im Griff. Es ist gar nicht mehr so leicht, einen Zugang zum Meer jenseits der Pensionen und Hotels zu finden. Allenfalls Surffans finden im Sommer ein ausgezeichnetes Revier, wenn der starke Meltem in die Buchten bläst und der Küstenverlauf trotzdem nur niedrige Wellen zuläßt. Das *Sport Hotel* verleiht Bretter und Ausrüstung.

Übernachten

- *Paradise Garden Hotel*, im Ortsbereich, einfache Unterkunft
- *Sport Hotel,* in Richtung Bodrum gelegen, macht seinem Namen alle Ehre und dürfte vor allem für Surfer interessant sein.
- *Hotel Akvarium,* ebenfalls in Richtung Bodrum, ist ein etwas besseres Haus.
- *Hotel Seeblick*, am Strand gelegen, sehr einfach, Etagendusche. DZ 25 DM, mit Frühstück.
- *Hotel Karyanda,* am Strand gelegen, Tel. 0252-374 51 61, viel Grün, apartmentähnlich angelegt, Zimmer mit Du/WC. DZ 30 DM, mit Frühstück.
- *Safak Camping*, ein kleiner Platz im westlichen Ortsbereich.

▸ *Club Marverde,* etwas außerhalb gelegen, an einer eigenen Bucht, Tel. 374 54 00, Fax 374 50 68, ein Vier-Sterne-Feriendorf mit 348 Betten, vor allem bei Pauschaltouristen beliebt.

♦ *Karaada*

Die *Schwarze Insel* liegt 8 km südlich von Bodrum. Hier lädt ein schöner Strand zum Baden ein. Die Insel ist mit dem Boot von Bodrum aus zu erreichen. Es gibt keine Übernachtungsmöglichkeiten.

♦ *Kos*

Mit 290 km² und 20.000 Einwohnern gehört das griechische *Kos* zu den größeren Inseln in der Ägäis. Hier gedeihen vorzüglich Oliven, Feigen, Mandeln und Nüsse. Auf der Insel gibt es nur kleine Siedlungen, abgesehen vom Zentrum *Kos* (trk. *İstanköy*). Der Tourismus hat auch hier schon seit langem Einzug gehalten, konzentriert sich aber auf das Hauptstädtchen und seine Umgebung. Kos ist ideal zum Wandern und dank zahlreicher Strände auch zum Schwimmen. Kräutersammler werden in den Bergen fündig, denn dort wachsen in Hülle und Fülle Lorbeer, Rosmarin, Salbei, Thymian, Oregano und andere Gewürzpflanzen.

Tip: In Kos-Stadt gibt es einen Fahrrad-, Moped- und Mofaverleih.

♦ *Myndos*

Die Halbinsel, westlich von Bodrum, war im Altertum dicht besiedelt, aber davon zeugt kaum noch etwas. Der Gebirgszug *Pazar Dağı* erstreckt sich bogenförmig durch das Innere der Halbinsel; hier kann man sehr schön wandern, besonders im Frühjahr, wenn alles grünt und blüht. Reizvoll ist die Halbinsel vor allem wegen ihrer Strände. Seit einigen Jahren ist man dabei, mehrere Feriensiedlungen anzulegen. Die nachfolgenden Orte liegen alle bis einschließlich Torba auf der Halbinsel.

♦ *Gümbet*

Gümbet, 2 km westlich von Bodrum, hat sich in den letzten Jahren zu einem Surfzentrum und Tourismusschwerpunkt entwickelt. Der ca. 50 m breite, feine, dunkle Sandstrand bietet sauberes Wasser, ist aber im Sommer meist überfüllt. Einige Mittelklassehotels und Surfschulen haben sich hier etabliert.

Übernachten

▸ *Yesilçay Pansiyon,* Tel. 316 36 77, alle Zimmer mit Du/WC, gute Atmosphäre. DZ 30 DM.

▸ *Otel Sami,* im Ortszentrum, Tel. 316 10 46, 316 18 46, Fax 316 28 38, sehr luxuriöse Hotelanlage, die alles bietet, was man für einen Badeurlaub braucht. Das breitgefächerte Sportangebot umfaßt Wasserski- und Tretbootfahren, Gleitschirmfliegen, Surfen, Tennisspielen. Es steht auch Gästen von außerhalb zur Verfügung.

▸ *Zeytas Camping,* im Westen von Gümbet, großer Platz mit schattenspendenden Bäumen, Restaurant und Minimarkt; direkter Zugang zum Strand. 2 Pers./ Zelt/ Pkw 10 DM.

♦ *Bitez*

In *Bitez*, 8 km weiter westlich von Bodrum, ist in den letzten Jahren eine große Ferienanlage aus dem Boden gestampft worden. Hier findet man einen 20 m breiten, ebenso dunklen Sandstrand wie in Gümbet. Leider ist der Strand sehr überlaufen. Er bietet kleine Imbißstuben und Bars sowie den Verleih von Segelbooten (→ Bodrum/ Freizeit- und Sportangebote).

Übernachten

Neben dem Aktur-Feriendorf, das eine ganze Landzunge einnimmt, haben sich mittlerweile einige weitere Hotels in Bitez etabliert, so:

▸ *Okaliptus*, Tel. 0252-343 14 45, Fax 343 14 27, Zwei-Sterne-Haus mit 112 Betten, dorfartig angelegt; mit Pool, Restaurant, Bar, Snackbar, Privatstrand. DZ ab 65 DM, mit Frühstück.

BODRUM UND UMGEBUNG
KÜYÜK TAVŞAN ADA
Türkbükü
KARYANDA
Bahçe
Gündoğan
Gölköy
TERMILI
FELSEN-GRAB
Sülüklü
Yukari Gölköy
Yalıkavak
PASANDA
Dagbelen
Geris
Sandima
KANDIBA
DAGİ
DELIKUL
8
PAZAR
Yaka
Karakaya
FELSENGRAB
MYNDOS
Gümüşlük
Ortakent
Karapinar
Peksimet
Dereköy
Gürece
Bitez
Kadıkalesi
2
3
Akyarlar
Turgutreis
Mandıra
Bootstrip
Bağla
ÇATAL ADASI
IÇ ADA
4
TERMARA
5
7
Gökdiken
6

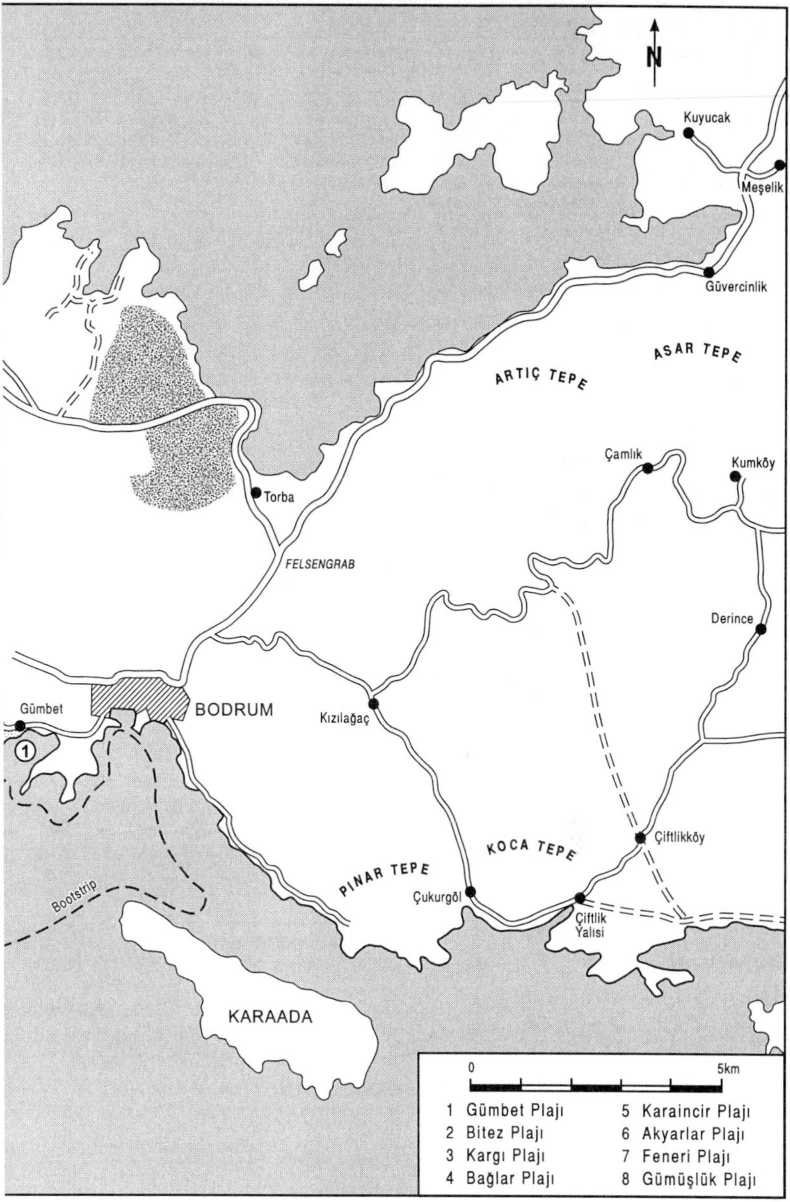
N
Kuyucak
Meşelik
Güvercinlik
ASAR TEPE
ARTIÇ TEPE
Çamlık
Kumköy
Torba
FELSENGRAB
Derince
BODRUM
Gümbet
1
Kızılağaç
Çiftlikköy
KOCA TEPE
PINAR TEPE
Çukurgöl
Çiftlik Yalisi
Bootstrip
KARAADA
0
5km
1 Gümbet Plajı
2 Bitez Plajı
3 Kargı Plajı
4 Bağlar Plajı
5 Karaincir Plajı
6 Akyarlar Plajı
7 Feneri Plajı
8 Gümüşlük Plajı

Ehemaliger Wasserspeicher - Zisterne

▸ *Pedesa Gardens,* Tel. 0252-316 39 18, Fax 316 64 66, Zwei-Sterne-Haus mit 222 Betten, im griechischen Inselstil gehalten, zwei Pools, Disco. DZ ab 65 DM, mit Frühstück.
▸ *Bitezhan*, Tel. 0252-343 17 66, Fax 343 19 68, Drei-Sterne-Haus mit 160 Betten. DZ 80 DM, mit Frühstück.
▸ *Şah Motel*, Tel. 0252-343 11 61, Fax 343 12 89, mit großem Pool, Privatstrand, Restaurant und Bar. DZ 70 DM.

♦ *Başla*

... ist eine von der Straße nicht gut zu erreichende, sehr felsige Bucht. Zahlreiche Yachten aus Bodrum (→ Organisierte Ausflüge) legen hier an.

♦ *Karaıncır Köyü*

... hat einen kleinen Sandstrand in einer schönen Bucht.

♦ *Akyarlar*

... ist ein noch nicht verbauter, naturbelassener Sandstrand. Einige Bäume spenden Schatten.

♦ *Feneri Plajı*

... ist ein 100 m breiter Dünensandstrand, an dem ein Leuchtturm steht. An diesem Strand ist Wildcampen noch möglich.

♦ *Turgutreis*

Das Städtchen *Turgutreis*, 18 km von Bodrum, hat im Norden einen breiten Sandstrand, doch bei auflandigem Wind ist das Wasser nicht gerade sauber. Am Strand sind auch Sonnenschirme und Surfbretter zu mieten. Fischlokale, Hotels, Pensionen und Campingmöglichkeiten. Auch gibt es einen Motorrollerverleih.

Übernachten

▸ *Sefaş Pansiyon,* Gül Sok. 24, Tel. 0252-382 32 92, auch Zimmer mit Du/WC, sauber, Pension hat nur 10 Räume. DZ 20 DM, DRZ 30 DM.
▸ *Yildız Pansiyon,* Gül Sok. 24, Tel. 0252-382 33 47, im Zentrum, jedoch ruhig in einer Nebenstraße; Dachterrasse, Restaurant. EZ 15 DM, DZ 20 DM, mit Frühstück.
▸ *Özünal Oteli,* Yalı Mev., Tel. 0252-382 30 67, in Strandnähe, alle Zimmer mit Du/WC; Swimmingpool. EZ 23 DM, DZ 29 DM, mit Frühstück.

♦ *Kadıkalesi*

... hat einen 20 m breiten, sauberen, feinsandigen Strand, mit einigen wenigen Bäumen. Auch Tretboote sind hier zu leihen und Surfen ist möglich. Vor der Küste liegen kleine Inseln.

♦ *Gümüşlük*

... ist ein idyllischer Fischerort mit vielen Restaurants 23 km westlich von Bodrum. Der Ort hat einen kleinen Sandstrand. Bäume spenden Schatten; Einkehrmöglichkeiten bieten verschiedene Lokantas. Außerdem gibt es einen Kanu-, Surfbrett- und Tretbootverleih. Rechts vom Hafen liegen kleine Inseln. Das im 4. Jahrhundert v. Chr. gegründete *Myndos* liegt ganz in der Nähe von Gümüşlük (ca. 2 km westlich). Nur noch wenige Reste der Stadtmauer, einer Basilika und eines Turms sind erhalten.

Übernachten

▸ *Gümüşlük Motel,* Tel. 0252-394 30 07, direkt am Strand, Etagendusche, saubere Zimmer, freundliches Haus, Restaurant. DZ 20 DM, DRZ 30 DM.

▸ *Belde Pansiyon,* Tel. 0252-394 30 65, Café-Bar, am Strand gelegen. DZ 29 DM, mit Frühstück.

▸ *Camping Gümüşlük,* 50 m vom Strand, gegenüber vom Siesta-Restaurant, staubiger, wenig schattiger Platz, insgesamt spartanisch.

♦ *Yalıkavak*

Der Sandstrand im Ort selbst ist zwar 10 m breit und sauber, aber leider verbaut. Zu *Yalıkavak* gehört auch zum Teil ein felsiger Kiesstrand, der allerdings etwas außerhalb liegt.

Übernachten

▸ *Yılmaz Pansiyon,* etwas außerhalb in Richtung Myndos, Tel. 0252-385 41 42, sauber, Küchenmitbenutzung, kleine Terrasse; am Meer gelegen, aber kein besonders guter Strand. DZ 20 DM.

▸ *Yalı Camping,* direkt am Strand, wenig Schatten, sehr einfache Sanitäreinrichtungen. 2 Pers./ Zelt/ Auto 13 DM.

▸ *Çamaltı Camping,* direkt am Strand, Tel. 0252-385 43 00, kleiner Platz, wenig schattenspendende Bäume, saubere Sanitäranlagen, Restaurant. 2 Pers./ Zelt/ Pkw 10 DM.

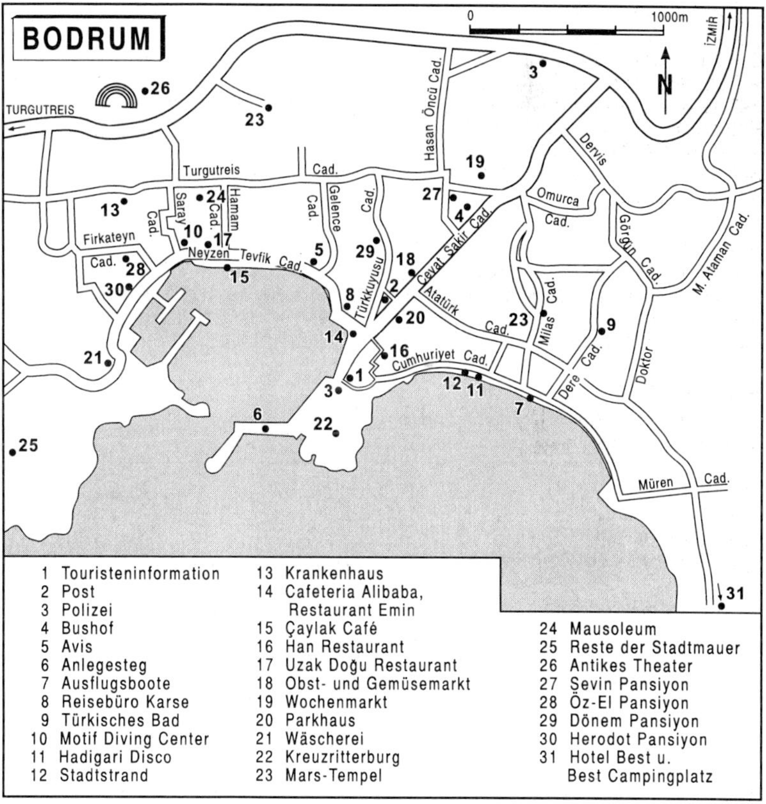

1 Touristeninformation
2 Post
3 Polizei
4 Bushof
5 Avis
6 Anlegesteg
7 Ausflugsboote
8 Reisebüro Karse
9 Türkisches Bad
10 Motif Diving Center
11 Hadigari Disco
12 Stadtstrand
13 Krankenhaus
14 Cafeteria Alibaba, Restaurant Emin
15 Çaylak Café
16 Han Restaurant
17 Uzak Doğu Restaurant
18 Obst- und Gemüsemarkt
19 Wochenmarkt
20 Parkhaus
21 Wäscherei
22 Kreuzritterburg
23 Mars-Tempel
24 Mausoleum
25 Reste der Stadtmauer
26 Antikes Theater
27 Şevin Pansiyon
28 Öz-El Pansiyon
29 Dönem Pansiyon
30 Herodot Pansiyon
31 Hotel Best u. Best Campingplatz

♦ Gündoğan

Der Hafen bietet ein malerisches Bild, wenn auch um *Gündoğan* viel gebaut wird. Der Strand ist nicht zu empfehlen, weil der obere Teil zur "Dorfstraße" erklärt wurde.

Übernachten

▸ *Cennet Motel,* Tel. 0252-387 71 19, ansprechend eingerichtete Zimmer mit Du/WC, sehr sauber, Restaurant; kleiner Strand. DZ 29 DM, mit Frühstück.

▸ *Hotel Gündoğan,* direkt am Strand, Tel. 0252-387 70 39, Fax 387 70 01, sehr schön eingerichtete Zimmer, alle mit Du/WC; Dachterrasse, Restaurant; umfassendes Sportangebot: Wasserski, Bananenboot, Segeln, Kanu, Surfen, Tauchen, aber auch Volleyball, Tischtennis und Wandern. EZ 30 DM, DZ 50 DM, mit Frühstück.

▸ *Mini Motel,* Gündoğan Köyü, saubere Zimmer mit Du/WC, am Meer gelegen; Bademöglichkeit; Restaurant. EZ 20 DM, DZ 30 DM, mit Frühstück.

♦ Türkbükü

... bietet einige kleine Hotels und Restaurants. Der Strand mit glasklarem Wasser zieht sich ca. 1,5 km am Dorf mit seinem idyllischen Hafen entlang. Guter Badeplatz für Kinder!

♦ Torba

... hat zwei ca. 500 m lange, schöne Sandstrände mit sauberem Wasser. Einige Olivenbäume spenden Schatten; Surfen ist möglich. Auch andere Freizeitaktivitäten werden angeboten: Bananenboot, Wasserski und Tretboot. Pensionen und Restaurants sind vorhanden.

Strände

Der Strand, der sich hinter der Häuserzeile in der Cumhuriyet Caddesi entlangzieht, ist sehr schmal und ziemlich schmutzig. Ähnliches gilt für den im Sommer total überlaufenen Strand von Gümbet (→ Umgebung von Bodrum). Besser sind die Strände in den Buchten rund um die Halbinsel Myndos (→ Umgebung von Bodrum). Der Strand von Ortakent, ca. 15 km westlich von Bodrum, ist ein sehr ruhiger, sauberer Kiesstrand. Er ist von Bodrum aus mit dem *dolmuş* zu erreichen.

Touristeninformation

12 Bariş Mey., unterhalb der Festung, Tel. 316 10 91, Tel. & Fax 316 76 94, geöffnet im Sommer tgl. 8 - 20 Uhr; Englisch sprechendes Personal, das einen einfachen Stadtplan bereithält; ansonsten dürftiges Informationsmaterial und nur kurze Informationen.

Übernachten

Viele preiswerte Unterkünfte liegen im Bereich des Hafens und der Altstadt. Mehrere kleinere, billige Pensionen befinden sich in den Seitenstraßen hinter dem Rathaus, auf der westlichen Seite der Cevat Sakır Caddesi. Auf der anderen Straßenseite oberhalb des alten Bushofs gibt es auch noch ein paar Privatpensionen. Man sollte auf die Schilder "boş oda var" (Zimmer frei) achten.

▸ *Sevin Pansiyon,* Turkkuyusu Cad. 11, Tel. 316 83 61, geräumige, saubere Zimmer, warme Duschen, großer, überdachter Innenhof, Sonnendach; für einfache Ansprüche. EZ 15 DM, DZ 27 DM, mit Frühstück.

▸ *Öz-El Pansiyon,* Yat Limanı Karşışı, Fırkateyn Sok. 1/3, Tel. 316 30 15, einfach und sauber, von der Touristeninformation empfohlen. EZ 20 DM, DZ 30 DM.

▸ *Dönem Pansiyon,* Turkkuyusu Cad. 53, Tel. 316 40 17, einfach und sauber, alle Zimmer mit Du/WC; von der Touristeninformation empfohlen. EZ 28 DM, DZ 36 DM.

▸ *Herodot Pansiyon,* Neyzen Tevfik Cad. 188, Tel. 316 10 93, sehr einfach, alle Zimmer mit Du/WC. EZ 25 DM, DZ 36 DM, mit Frühstück.

▸ *Hotel Best,* Umurca Mah., Yilikçi Cad. 10, Tel. & Fax 316 76 88, mit Campingplatz; sehr gutes Mittelklassehotel mit Swimmingpool, Restaurant; Englisch sprechendes Personal; zu empfehlen. EZ 35 DM, DZ 45 DM.

Essen und Trinken

In der Cumhuriyet Caddesi gibt es viele Restaurants, von denen die meisten sehr teuer sind. In den Seitenstraßen der Kale Caddesi, die vom Büro der Touristeninformation in Richtung Bushof führt, gibt es mehrere gute Lokale, wie z.B. an der *Eski Bankası* (Bank).

Im folgenden eine Auswahl:

▸ *Uzak Doğu Restaurant,* Neyzen Tevfik Cad., chinesisches Restaurant, Preise pro Gericht ca. 8 - 10 DM

▸ *Amphora Restaurant,* Neyzen Tevfik Cad., direkt an der Straße am Meer, überdachte Terrasse, Preise um 10 DM

▸ *Çaylak Café,* Neyzen Tevfik Cad., kleines Frühstückscafé am Strand, Besonderheit ist das Früchtemüsli mit frischer Milch

▸ *Cafeteria Alibaba,* Belediye Mey., direkt am Ufer, ruhig (nicht an der Straße), kühle Getränke und Eis

▸ *Restaurant Emin,* Belediye Mey., gemütliches Lokal am Strand, Meeresfrüchte, Gericht für 10 DM

▸ *Han Restaurant,* Kale Sok. 29, sehr gutes Essen in einem weiten, schönen Innenhof, jeden Abend Bauchtanz und Live-Musik, Menü ca. 30 DM

▸ *Karamide,* Dr. Alim Bey Sok. 32, italienisches Restaurant mit Snacks und Salaten; kleine Gerichte ab 5 DM

▸ *Fischrestaurant Terrasse,* Cumhuriyet Cad. 36, direkt am Meer, selbstverständlich mit Terrasse; hervorragende Fischgerichte. Fisch und Hummer können in einem Aquarium ausgesucht werden.

▸ *Mavsolos Restaurant,* Neyzen Tevfik Cad., direkt am Meer, mit schöner Terrasse, türkische Küche mit Fisch - und Fleischgerichten.

Zahlreiche kleine Kneipen und Lokantas befinden sich in der Meyhaneler

Blick auf Bodrum

Sokağı, einer Seitenstraße der Dr. Alim Bey Caddesi, darunter *No. 7* (Restaurant Orhan), ein kleines, lauschiges Restaurant. Das Restaurant *Hadigari*, Dr. Alim Bey Caddesi, ist ähnlich aufgemacht.

Einkaufen

Typisch für Bodrum sind Schwämme und Muscheln aus den umliegenden Gewässern, außerdem Lederwaren, Kupfersachen, alles fürs Baden, Kleidung und Schmuck. Vor allem in der Dr. Alim Bey Caddesi, in der Kale Sokak und den benachbarten Gassen gibt es viele Einkaufsmöglichkeiten. In der Dr. Alim Bey Caddesi gibt es darüber hinaus noch ein Geschäft für Sportbedarf (Schwimmen, Schnorcheln, Surfen, Fahrradfahren): *Mistral,* gegenüber der Hadigari-Diskothek.

Oberhalb des alten Bushofs wird donnerstags und freitags ein bunter Markt abgehalten.

Treffpunkte und Nachtleben

Die abendlichen Treffpunkte sind die Uferpromenade um den Hafen und die Cumhuriyet Caddesi. Ansonsten bleiben für das abendliche Vergnügen Etablissements wie Cafés, Bars, Diskotheken und Kinos.

Cafés und Bars

▸ *Moonlight Cafebar,* Cumhuriyet Cad. 60, ein schöner Platz direkt am Strand, nur Getränke.

▸ *Kavalye Bar,* Dr. Alim Bey Cad. 38, klein und improvisiert.

▸ *Ora Cafe-Bar,* Dr. Alim Bey Cad. 23, zweistöckige Bar und Diskothek in einem alten Steinhaus.

Diskotheken

... haben fast alle größeren Hotels. Ansonsten gibt es:

▸ *Halikarnas Disco*, am östlichen Ende der Cumhuriyet Caddesi, ist die Adresse schlechthin; die riesige Disco im Freien ist wie eine antike Stätte aufgemacht; gigantisch groß sind Tanzfläche und Lichtorgel (Eintritt Fr und Sa 19 DM, an anderen Tagen 14 DM, mit Freigetränk; ansonsten zivile Preise: ein Bier kostet 3 DM).

▸ *Hadigari Disco,* Dr. Alim Bey Cad. 36, mit Musikangebot, das dem im Halikarnos gleicht (Eintritt 11 DM, mit Freigetränk). Vom Kai der Ausflugsboote gibt es nachts um 12 Uhr einen kostenlosen Boots-Transfer zur Disco.

Kneipen

▸ *Rick's Bar,* Cumhuriyet Cad. 132, klein und gemütlich.

▸ *Rock Café Gas Station,* Cumhuriyet Cad., gegenüber von Rick's Bar.

▸ *Hard Rock Café,* Cumhuriyet Cad., etwas für trainierte Ohren, denen laute Musik nichts ausmacht.

Freizeitangebot

Tauchen

In Bodrum gibt es mittlerweile zehn Tauchschulen, die zum Teil schon Ostern geöffnet haben, wenn das Meer noch sauber ist. In der Stadt finden sich Tauchschulen, die Anfänger und Fortgeschrittene auf getrennten Booten zu denselben Tauchstellen fahren. Zu empfehlen sind:

▸ *Barakuda Diving,* Sedir Hotel, Tel. 316 30 07, Fax 316 71 58.

- Vier-Tage-Kurs für Anfänger ca. 460 DM
- 2 Tauchgänge einschließlich Mittagessen 63 DM
- 12 Tauchgänge über 6 Tage 460 DM
- 20 Tauchgänge über 10 Tage 640 DM

▸ *Alsona Diving,* Kumbhçe Mah., İmren Sok. 48, Tel. & Fax 316 49 86

▸ *Ege Pro Diving,* Neyzen Tevfik Cad. 174c, Tel. & Fax 316 07 37

▸ *Happy Bubbles,* İsis-Feriendorf, Gümbet, Tel. 316 95 01, Fax 316 86 03

▸ *İlmer Diving,* Neyzen Tevfik Cad., Menekşe Çık. 2a, Tel. & Fax 316 69 34

▸ *Motif Diving Center,* Neyzen Tevfik Cad. 174, Tel. 316 62 52, Fax 316 61 98

Hinweis: Man sollte darauf achten, daß der Tauchführer ein Tauchlehrerzertifikat hat. Tauchen in der Nähe von Wracks ist strengstens verboten. Zuwiderhandlungen werden schwer bestraft (Gefängnis!).

Yachten
Schon seit Jahren gewinnt Bodrum bei Seglern zunehmend an Beliebtheit. Sein Hafen bietet 200 Schiffen Platz und ist mit allen erforderlichen Einrichtungen ausgestattet, wie Werft, Elektrizitäts- und Wasserversorgungsanlage, Tankstelle, Batterieladegeräten, Stromanschlüssen u.a.

Yachtcharter-Agenturen:
▸ *Aegaean Yacht Services,* Paşa Talası Cad. 21, Tel. 316 15 17, 316 17 34, Fax 316 57 49, vermietet Yachten unterschiedlicher Größe. Die Tagespreise liegen zwischen 300 und 1.300 DM für ein Boot. Mannschaft, Treibstoff und Hafentaxen sind im Preis eingeschlossen; Essen ist extra zu bezahlen. Außerdem können auch kleinere Segelboote *(bare boats)* ohne Mannschaft gemietet werden. Ein Boot faßt zwölf Personen.
▸ *Admiral Turizm,* Neyzen Tevfik Cad. 78, Tel. 316 17 81, Fax 316 26 27
▸ *Forba,* Neyzen Tevfik Cad. 224, Tel. 316 30 46, 316 46 64, Fax 316 12 66
▸ *Nautilus,* Neyzen Tevfik Cad. 224a, Tel. 316 68 35, Fax 316 42 54

Surfen
In der Bucht von Gümbet haben sich eine internationale Surfschule und mehrere Surfbrettverleiher etabliert. Letztere bieten zum Teil auch Surfkurse an, so z.B. in den großen Hotels von → Gümbet.

Organisierte Ausflüge

Boot
Von den Anlegestegen an der Cumhuriyet Caddesi werden Tagesausflüge zu den benachbarten Buchten und schönen Sandstränden angeboten. Es gibt Ausflüge nach Ada Boğazı, Bağla Köyu und/ oder Kargı Köyu. Da oft

Gulet - traditionelles Holzboot

mehrere Boote gleichzeitig zu den "stillen, idyllischen" Plätzen fahren, verlieren viele der an sich einmaligen Buchten an Reiz. Die Boote legen erst ab, wenn genügend Leute an Bord sind. Der Preis beträgt 20 bis 25 DM pro Person incl. Mittagessen; er ist für alle Ausflüge dieser Art gleich. Vorher sollte man genaue Informationen über den gebotenen Service der einzelnen Anbieter am Kai einholen. Hier kann man auch Mehrtagestouren vereinbaren.

Im Sommer fahren auch Boote nach Marmaris, zum Golf von Gökova und nach Datça (Hin- und Rückfahrt ca. 50 DM). Buchungen für diese Fahrten nehmen auch die Agenturen am Yachthafen entgegen. Es werden auch Tauchausflüge angeboten: Ausrüstung, Bootstransfer, Mittagessen und zwei Tauchgänge ab 80 DM.

Bus

Zum Standardprogramm vieler Veranstalter gehören:
- Ephesos, Tagesausflug incl. Essen, 35 DM
- Ephesos, Pamukkale, zweitägig mit Halbpension, 60 DM
- Pamukkale und Hierapolis, Tagesausflug incl. Essen, 35 DM
- Dalyan und Kaunos, Tagesausflug incl. Bootsfahrt und Essen, 35 DM
- Besuch in einem "original" türkischen Dorf, incl. Bewirtung, 20 DM
- Dienstags zum Markt in Milas, 15 DM, zusätzlich Bafa-See, incl. Essen, 35 DM
- Priene, Milet, Didyma, incl. Essen, 40 DM

Anbieter:

▸ *Botur,* Cevat Şakir Cad. 24a/b, Tel. 316 88 15, 316 90 52, Fax 316 82 08; Filialbüro in Gümbet: Gümbet Mevkii İnönü Cad. B Block 2, Tel. 313 19 22

▸ *Director Tour,* Atatürk Cad., Tel. 316 05 63, Fax 316 05 65

▸ *Hatipoğlu,* Neyzen Tevfik Cad. 82, Tel. & Fax 316 75 37

▸ *Setur,* Neyzen Tevfik Cad. 32/2, Tel. 316 31 19, Fax 316 20 14

Türkisches Bad

▸ *Bodrum Hamam,* Dere Sok., einziges Hamam der Stadt, mittwochs- und samstagsnachmittags ist es Frauen vorbehalten, sonst nur für Männer. Touristengruppen werden nach vorheriger Buchung gemischt eingelassen (geöffnet tgl. 9 - 24 Uhr).

Wäscherei

▸ *Laundry Selfservice,* Neyzen Tevfik Cad. 236, Selbstbedienung, Preis für eine Waschmaschinenfüllung liegt um die 10 DM.

Buchhandlung

İleri, Dr. Alim Bey Cad., ist ein Buchladen bei der Touristeninformation, der deutsche Reisebücher verkauft. Deutsche Zeitungen erhält man an den Kioskständen am Belediye Bulvarı.

Feste

Im September finden die einwöchigen *Bodrumer Kunst- und Kulturfestspiele* statt.

Nützliche Adressen und Telefonnummern

Vorwahl: 0252
Polizei: 316 10 04
Krankenhaus: 313 08 80
Bushof: 316 26 37
Flughafen İzmik: 316 17 63
Deutsch sprechender Arzt: Dr. Türhan Türkhan, Neyzen Tevfik Cad., Emek Apt. 8/1

Leihfahrzeuge

▸ *Airtour,* Neyzen Tevfik cad. 198a, Tel. 316 59 27, 316 16 80, Fax 316 29 24

▸ *Apak* (→ Yachtcharter)

▸ *Avis,* Neyzen Tevfik Cad. 92a, Tel. 316 19 96, 316 23 33, Fax 316 58 80

▸ *Botur* (→ Organisierte Ausflüge), vermietet Motorräder; Roller 45 DM/

Tag, Yamaha 125 Enduro 70 DM/ Tag, Yamaha 250 Chopper und XT 350 Enduro 110 DM/ Tag, Yamaha XT 600 130 DM/ Tag, Yamaha 660 Ténéré 140 DM/ Tag und Mountainbike 25 DM/ Tag. Rabatte bei längerer Anmietung.

▸ *Budget,* Neyzen Tevfik Cad. 86a, Tel. 316 73 82, Fax 316 30 78

▸ *Europcar,* Neyzen Tevfik Cad. 48, Tel. 316 56 32, Fax 316 61 98

▸ *Hertz,* Neyzen Tevfik Cad. 36, Tel. 316 23 33

▸ *Karse,* Belediye Mey. 8, Tel. 316 68 48, ist eine Agentur, die auch Angebote von Budget, Avis und Europcar vermittelt; vermietet auch Fahrräder 20 DM/ Tag.

Verkehrsverbindungen

Dolmuş: Alle halbe Stunde fährt vom Bushof ein *dolmuş* nach Bitez, Gümüşlük, Yalıkavak, Gündoğan, Türkbükü und Torba, nach Turgutreis sogar alle 15 Minuten.

Bus: Mehrmals täglich fahren Busse in die großen Städte des Landes, z.B. nach Ankara (4 mal), Antalya (2 mal), Denizli (4 mal), Fethiye (6 mal), İstanbul (6 mal), İzmir (15 mal), Marmaris (10 mal), Kuşadası (4 mal) und Konya (1 mal). Außerdem bestehen tgl. Busverbindungen nach Adana, Antakya, Ayvalık, Edremit, Antakya, Iskenderun und İsparta.

Die wichtigsten Busgesellschaften sind am Bushof vertreten; einige unterhalten auch Filialbüros in Kümbet: *Aydın,* Tel. 316 15 09; *Hakiki,* Tel. 313 16 62; *Kamil Koç,* Tel. 316 57 23; *Karadeveci,* Tel. 316 25 60; *Pamukkale,* Tel. 316 13 69; *Varan,* Tel. 316 30 08; *Uludağ,* Tel. 313 27 77; *Ulusoy,* Tel. 313 01 67.

Schiff:

▸ *Fähre Bodrum - Rhodos*
Ab Bodrum Mo und Di 8.30 Uhr, Rückfahrt ab Rhodos 16 Uhr, mit dem Tragflächenboot (Autos werden nicht transportiert!); einfache Fahrt 60 DM/ Pers., Hin- und Rückfahrt 70 DM/ Pers. Die Überfahrt dauert 2 Stunden.

▸ *Fähre Bodrum - Datça*
1.6. - 1.10. ab Bodrum tgl. 9 und 17 Uhr, Rückfahrt ab Datça 9 und 17 Uhr; einfache Fahrt 5 DM/ Pers., Hin- und Rückfahrt am selben Tag 8 DM/ Pers., beliebige Rückfahrt 9 DM/ Pers., Pkw 27 DM.

▸ *Tragflächenboot Bodrum - Datça*
tgl. 11 und 16 Uhr ab Bodrum; ab Körmen İskelesi (Hafen nordwestlich von Datça) 12 und 17 Uhr, nur Personenbeförderung; einfache Fahrt 15 DM/ Pers., Hin- und Rückfahrt 25 DM/ Pers.

▸ *Fähre und Tragflächenboot Bodrum - Kos*
30.5. - 1.11. ab Bodrum tgl. 9 Uhr eine Autofähre sowie ebenfalls tgl., außer So, um 9 Uhr ein Tragflächenboot (nur Personenbeförderung!). Rückfahrt ab Kos um 16.30 Uhr; einfache Fahrt 31 DM/ Pers., Hin- und Rückfahrt 39 DM, Pkw und Fahrer 96 DM, Kleinbus und Fahrer 142 DM, Wohnmobil und Fahrer 192 DM, Motorrad und Fahrer 38 DM, Fahrrad frei; Kinder unter 6 Jahren reisen umsonst, Kinder von 6 bis 12 Jahren zahlen die Hälfte. Für einen Tagesausflug auf die griechische Nachbarinsel ist das Tragflächenboot vorzuziehen, da die Überfahrt nur 15 Minuten dauert. Die Preise im Vergleich zur Fähre sind ähnlich: einfache Fahrt 30 DM, Hin- und Rückfahrt 40 DM, jeweils pro Person.

▸ *Tragflächenboot Bodrum - Didyma*
Ab Torba (5 km nördlich von Bodrum) Mi und Fr nur 18 Uhr, ab Didyma 9 Uhr; einfache Fahrt 15 DM/ Pers., Hin- und Rückfahrt 25 DM/ Pers.

▸ *Fähre Bodrum - Didyma*
tgl. ab Didyma 9 und 17 Uhr; einfache Fahrt 15 DM/ Pers., Hin- und Rückfahrt 22 DM/ Pers., Pkw und Fahrer 29 DM, Fahrrad frei.

▸ *Tragflächenboot Bodrum - Knidos*
Sonntags ab Bodrum 9.30 Uhr, ab Knidos 16.30 Uhr. Preis für Hin- und Rückfahrt 40 DM (einfache Passagen sind nicht buchbar!).

▸ *Tragflächenboot Bodrum - Marmaris*
Mittwochs und samstags ab Bodrum 8.30 und 17 Uhr, an Marmaris 10 und

18.30 Uhr; einfache Fahrt 30 DM/ Pers., Hin- und Rückfahrt 40 DM/ Pers. Diese Verbindung ist - obwohl etwas teurer - eine gute Alternative zum recht umständlichen Landweg.

Information gibt es bei:
▸ *Bodrum Ferryboat Association,* am Kai unterhalb der Burg, nahe Zollamt, Tel. 316 08 82, Fax 313 02 05 (für die Fähre)
▸ *Bodrum Express Lines,* Kale Cad. 18, Tel. 316 10 87, Fax 313 00 77 (für die Tragflächenboote).
Flugzeug: *İzmik Havayolları,* Flughafen bei Karaova, Direktflug von Bodrum nach İstanbul (ca. 150 DM). Außerdem bedient *THY* Fr und So die Strecke Bodrum - Ankara, tgl. die Strecke Bodrum - İstanbul.

Information: *THY-Stadtbüro: Touralpin,* Neyzen Tevfik Cad. 218, Tel. 385 17 86, 385 33 25; am Flughafen: Tel. 373 57 80

Vom Flughafen *Dalaman*, 165 km südwestlich von Bodrum, starten mehrmals in der Woche Flüge in die großen Städte der Türkei und ins Ausland.

–▸ Von Milas zieht sich die Straße zwischen *Kurukümes Dağı* und *Ak Dağı* hindurch in östlicher Richtung, bis nach 42 km *Yatağan* (12.200 Einwohner) kommt. Hinter diesem Städtchen führt die Route auf die von links aus *Aydın* kommende Straße, auf der man in das Talbecken von *Muğla* fährt.

Muğla

45.000 Einwohner, 620 m hoch

Die Fernstraße İzmir - Antalya umgeht *Muğla*. Wer hingegen mit regional verkehrenden öffentlichen Verkehrsmitteln in dieser Gegend unterwegs ist, landet unweigerlich auf dem zentrumsnah gelegenen Bushof dieser Mini-Metropole. Das Städtchen hat zwar keine kunsthistorischen Sehenswürdigkeiten zu bieten, wohl aber das ganz interessante Alltagsleben einer türkischen Provinzhauptstadt, insbesondere zum großen Donnerstags-Markt. Muğla hat sogar eine Universität und ist wichtiger Verkehrsknotenpunkt für die ganze Region. Wer in Marmaris kein Weiterkommen findet, ist oft gut beraten, mit dem *dolmuş* (ab Bushof Marmaris) nach Muğla zu fahren, das besser als der Küstenort an das landesweite Fernverbindungsnetz angeschlossen ist (Bushof, Tel. 214 18 46, 214 12 18).

Touristeninformation

Marmaris Bul. 14, in Nähe des Bushofs, Tel. 0252-214 12 61, Tel. & Fax 214 12 44.

Übernachten

▸ *Hotel Saray,* Orgeneral Mustafa Muğlalı, direkt am Marktplatz (Açık Pazar Yeri), Tel. 0252-214 15 94, renovierte Räume, alle Zimmer mit Du/WC. DZ 32 DM, mit Frühstück.
▸ *Hotel Yalçın,* Garaj Cad. 7, direkt am Bushof, Tel. 0252-214 15 99, Fax 214 10 50, Haus der Mittelklasse mit gutem Preis-Leistungs-Verhältnis, ruhig gelegen, alle Zimmer mit Du/WC. DZ 45 DM, mit Frühstück.
▸ *Hotel Grand Brothers,* etwas außerhalb des Stadtzentrums in Richtung Milas, ca. 1 km westlich vom Cumhuriyet Meydanı, Tel. 0252-212 27 00, Fax 212 26 10, großes Vier-Sterne-Haus mit Restaurant, Bar, Swimmingpool, Türkischem Bad und Sauna. EZ 55 $, DZ 75 $, mit Frühstück.

–▸ Wenige Kilometer hinter Muğla windet sich die Straße hinauf zum 670 m hohen *Sakar-Paß*. Von hier geht es in einer Serpentinenfahrt mit einem phantastischen Ausblick abwärts in die schmale Küstenebene am *Golf von Gökova*. Unten angekommen, bietet sich an einer Straßengabelung ein Abstecher zum 29 km entfernten Urlaubsort *Marmaris* an.

Naturschutz in den Buchten um Marmaris und Fethiye

Zum ersten Mal konnten sich türkische Naturschützer 1988 mit Unterstützung ausländischer, vor allem auch deutscher Kollegen gegen die zentralen Planer durchsetzen und den Bau eines Großhotels an dem für die Meeresschildkröten überlebenswichtigen Strand der İztuzu-Bucht am Köyceğiz-See verhindern. Die Hotelplaner von einst haben inzwischen längst begriffen, daß sich auch unberührte Natur sehr gut vermarkten läßt: Zu den Stränden an der Lagune beim Köyceğiz-See hat ein Massentourismus eingesetzt. Die Meeresschildkröten haben immerhin eine Chance, weil sie nur nachts den Strand zur Eiablage aufsuchen. Die Jungtiere schlüpfen dann auch nachts, graben sich frei und orientieren sich an den vom Mondschein hervorgerufenen Lichtreflektionen des Wassers, um den für sie gefährlichsten Abschnitt ihres Lebens, den Weg zum Meer, rasch zurückzulegen.

Im *Martı Oteli* von İcmeler unterhält der Naturschutzverein ein Informationszentrum (geöffnet tgl. 9.30 - 12, 15 - 19.30 Uhr). Dort kann man sich ausführlich informieren.

♦ *Marmaris*

16.500 Einwohner, 268 km S von İzmir

..., das an einer weiten, durch eine Halbinsel geschützten Bucht liegt, war noch vor wenigen Jahren ein verschlafenes Fischerörtchen. Inzwischen fehlt es in keinem Urlaubsprospekt über die Türkei, wo es gerne als die "Perle der türkischen Ägäis" angepriesen wird. Das Touristenzentrum bietet Strandcafés, Bars, Diskotheken, große Hotelkomplexe und Feriensiedlungen. Die rege Bautätigkeit in und um den Ort hat Marmaris seine Ursprünglichkeit weitgehend genommen.

Ein Erdbeben im Jahr 1958 vernichtete nahezu alle alte Bausubstanz. Heute ist die einzige antike Sehenswürdigkeit die Burganlage im Süden; sie wurde restauriert und dient jetzt als lokales Museum (geöffnet tgl. 9 - 12 und 14.30 - 19.30 Uhr, Eintritt 1,70 DM, ermäßigt die Hälfte).

An Naturschönheiten dagegen hat die Umgebung von Marmaris viel zu bieten: große Kiefernwälder, schroffe Bergwelt, einsame - weil schwer zugängliche - Buchten und gute Bademöglichkeiten. Der Einfluß der Tourismusmetropole reicht hier nicht so weit ins Land hinein wie etwa bei Bodrum. Für die Umgebung von Marmaris sollte man sich Zeit nehmen.

Umgebung von Marmaris

♦ *Atatürk Parkı*

..., auch als *Günneçek Parkı* bekannt, liegt östlich der Stadt und ist gut zu Fuß zu erreichen. Auf dem Weg dorthin kommt man an der Werft von Marmaris vorbei, die zwar nicht sehr groß ist, wo aber noch ab und an ein Holzschiff gebaut wird. Der Park grenzt mit einem kleinen Sandstrand direkt ans Meer. Es gibt mehrere Grillplätze und Spazierwege.

♦ *Klimara-Halbinsel*

Auf der Halbinsel, die einen Teil der Bucht bildet, liegen ein kleines Dorf und ein paar mittelalterliche Ruinen.

♦ *İçmeler*

Der Marmaris einst benachbarte, inzwischen aber längst damit verwachsene Ort *İçmeler* (6.400 Einwohner) hat sich zu einem touristischen Zentrum mit Hotelkomplexen und Ferienhäusern entwickelt.

Übernachten

Im östlichen Teil des Orts gibt es einige preiswerte Pensionen wie *Bella* (Tel. 455 30 96), *Marin* (Tel. 455 31 04) und *Mile* (Tel. 455 30 50). Die Zimmer sind

Wanderung von İçmeler zum Tal des Kazandere

Entfernung:	10 km
Gehzeit:	1 Stunde, 40 Minuten
Schwierigkeitsgrad:	sehr leicht; ein Spaziergang zum Eingewöhnen in die Landschaft der Daraçya-Halbinsel.
Besonderheiten:	Im ersten Abschnitt Asphaltstraße, später gut ausgebaute Feldwege. An die Ausrüstung sind keine besonderen Anforderungen gestellt. Wandern kann man hier das ganze Jahr über.
Anfahrt:	Man fährt von Marmaris mit dem *dolmuş* vom *dolmuş*-Platz beim Atatürk Meydanı nach İçmeler bis zum Abzweig der Straße nach Turunç.
Rückfahrt:	Man trifft auf die Hauptstraße Datça - Marmaris, wo man per Handzeichen ein *dolmuş* oder einen Regionalbus nach Marmaris stoppen kann.

Dies ist eine Route für Wanderer jeden Alters und - auch ohne - Kondition. Ihr Reiz besteht darin, daß sie bei der fast vollständig vom Tourismus vereinnahmten Siedlung *İçmeler* beginnt, und man sich nach kurzer Zeit in einem ländlichen Gebiet befindet. Der Höhenunterschied beträgt nicht mehr als 200 m.

Man läßt sich sich vom *dolmuş* an der am Ortsanfang von İçmeler nach rechts abzweigenden Straße nach Turunç (Turunç Yolu) absetzen. Dann folgt man zunächst dieser Straße - sie umgeht in einem 2 km langen Bogen die Siedlung İçmeler. An deren Südwestende trifft man auf eine mehrfache Gabelung; hier nimmt man die asphaltierte Straße ganz rechts. Nun geht es bergauf. Schon nach wenigen hundert Metern endet der Asphalt. Weiter geht es auf einer Schotterstraße nach Westen. Links liegt eine Schlucht. Ca. 1 km nach der Gabelung plätschert am rechten Wegrand eine Quelle - eine willkommene Erfrischung, die man allerdings oft mit Bienen teilen muß.

Bereits 500 m hinter der Quelle hat man den Sattel auf einer Höhe von ca. 200 m erreicht. Vielleicht wird man dort einen merkwürdig fauligen Geruch wahrnehmen - die Gemeinde İçmeler "entsorgt" große Teile ihres Abwassers mit Tankwagen, die zum Sattel hinauffahren und die Schmutzfracht in das Nachbartal pumpen. Das aber liegt bereits im Einzugsbereich des Kazandere - weiter unten mündet es zunächst in eine Beckenlandschaft, deren Bewohner ihr Trinkwasser aus Brunnen gewinnen.

Nun geht es in einigen Serpentinen ca. 1,5 km bergab. Dann biegt der Weg nach rechts (Norden) in ein schmales, reizvoll bewaldetes Tal. Rechts vom Weg fließt ein kleiner Bach, der außer von den Winterregen wohl vor allem durch die Schmutztanker von İçmeler gespeist wird. Es scheint, als würden Platanen und Oleander mit solchem Dünger prächtig gedeihen, selbst Frösche und Wasserschildkröten bevölkern vereinzelt die graue Brühe - trotzdem: Man trinke dieses Wasser auf keinen Fall.

Das Tal ist knapp 3 km lang. Am Nordende erweitert es sich zu einer Aue, in der der Weg sachte nach Nordwesten biegt. In diesem Bereich gibt es mehrere Abzweigungen nach rechts, die Hauptroute bleibt jedoch stets klar erkennbar.

Bald taucht rechts ein recht bizarrer Felskegel inmitten einer kleinen Ebene auf. Man befindet sich nun am Ostrand einer Beckenlandschaft, durch die der

Kazandere fließt. Um den Felskegel ist eine lose gestreute Siedlung aus Einzelgehöften gruppiert.

Wenn man den Felskegel rechts liegen gelassen hat, mündet der Weg auf eine breitere unbefestigte Straße. Dort wendet man sich nach rechts. Man durchquert das Becken, und nach ca. 500 m passiert man eine größere Betonbrücke über das Bett des Kazandere. Anschließend mündet der Weg wieder auf eine unbefestigte Straße, in die man nach links einbiegt. 1 km hinter der Einmündung trifft man auf die Asphaltstraße Datça - Marmaris. Man kann nun direkt dort auf ein öffentliches Transportmittel nach Marmaris warten - wenn das aber zu lange dauert, wendet man sich nach links; nach wenigen hundert Metern findet man ein Restaurant, und der Wirt kann sicher sagen, wann ungefähr der nächste Bus nach Marmaris vorbeikommt.

in der Regel recht groß, haben einen Balkon und Du/WC. Die Preise liegen für Einzelzimmer bei 20 DM, für Doppelzimmer bei 30 DM. Bei den meisten ist das Frühstück im Preis enthalten.

▸ *Arcan Motel,* Kayabal Cad. 22, Tel. 455 31 85, sehr saubere, ruhige Zimmer, von einem Deutschen geführt, Restaurant. EZ 30 DM, DZ 43 DM.
▸ *Hotel Babadan,* Kayabal Cad. 38, Tel. 455 32 39, 255 37 83, gepflegte Zimmer mit Du/WC, Balkon; Swimmingpool, Restaurant. DZ 35 DM, mit Frühstück.
▸ *Berkit Oteli,* O. Gazi Cad., 69 Sok. 9, Tel. 455 39 70, Fax 455 39 69, ein kleineres Zwei-Sterne-Haus, alle Zimmer mit Du/WC, angenehme Atmosphäre. EZ 45 DM, DZ 60 DM, mit Frühstück.
▸ *Pinar Hotel,* Tel. 455 33 78, kleines Zwei-Sterne-Haus. EZ 38 DM, DZ 50 DM, mit Frühstück.

♦ Bozburun-Halbinsel

Die Halbinsel *Bozburun*, südwestlich von Marmaris, hat noch viel von ihrer Ursprünglichkeit, obwohl der Tourismus auch hier seinen Tribut fordert.

Was bietet die Halbinsel? Im äußersten Süden liegt eine gut erhaltene Festung, die auch zu besichtigen ist. Der hügelige Landvorsprung mit zahlreichen Almen *(yayla)* eignet sich hervorragend für einen Ausflug mit dem Jeep, dem Mountainbike oder auch zu Fuß: Eine abschüssige und kurvenreiche Paßstraße führt von *İçmeler* nach *Turunç*. Auf der Paßhöhe zweigt der befestigte Weg nach *Bozburun*, einem noch ursprünglichen Ort, ab. Die Straße ist steil und steinig. Auf halbem Weg kann man in *Bayırköy* Rast machen und in einem der kleinen Lokantas einkehren. Von hier besteht die Möglichkeit, über Turgut und Hisarönü nach Marmaris zurückzukehren oder den Weg nach Bozburun fortzusetzen. Man sollte für diesen Ausflug mit dem Fahrzeug einen halben Tag und mit dem Mountainbike einen ganzen Tag einplanen.

♦ Hisarönü

..., 27 km südwestlich von Marmaris auf der Bozburun-Halbinsel, ist ein angenehmer Ort, dessen Campingplätze zu empfehlen sind:
▸ *Okaliptus Camping,* 25 km westlich von Marmaris an der Strecke nach Datça, Tel. 466 62 89, direkt am Meer und schattig, saubere Sanitäranlagen; der gastfreundliche Besitzer kocht für die Gäste und verkauft auch Lebensmittel. 2 Pers./ Zelt/ Auto 8 DM.
▸ *Anora Camping,* 25 km südwestlich von Marmaris direkt am Meer, Tel. 466 60 65, ein kleiner Platz mit wenig Schatten, familiäre Atmosphäre, Deutsch sprechender Besitzer. 2 Pers./ Zelt bzw. Pkw 7 DM.

♦ Bozburun

... liegt an einer Bucht, mit einem schönen Hafen. Man lebt hier vom Meer - sei es als Fischer oder als Bootsbauer.

Der Ort ist weithin bekannt für seine Werft.

In den letzten Jahren hat sich Bozburun zu einem Geheimtip für türkische Familien entwickelt, denen ein Urlaub in Marmaris zu rummelig oder zu teuer ist. In der Folge haben einige kleine Pensionen eröffnet, die zwar keinen besonders hohen Standard bieten, dafür aber in der Regel sehr sauber sind. Dazu zählen:

▸ *Yilmaz,* Kargı Mah., Tel. 0252-456 21 67, direkt am Meer gelegen, für einfache Ansprüche, nur Etagendusche. Pro Person 10 DM.

▸ *Whitehouse,* İskele Mah., Tel. 0252-456 23 65, in Hafennähe, kleine, Pension. EZ 15 DM, DZ 25 DM, mit Frühstück.

▸ *Afrodit,* Kargı Mah., Tel. 0252-456 22 28, ein schon etwas größeres Haus mit 18 Doppelzimmern. DZ 28 DM, mit Frühstück.

▸ *Sabrinas Haus,* Adatepe Mah., Tel. 0252-456 20 45, Fax 456 24 70, auf drei Häuser 18 Zimmer verteilt, alle mit Balkon bzw. Terrasse und Du/WC; von den Zimmern Blick auf die Bucht oder den Garten; Restaurant, Halb- und Vollpension möglich. DZ ab 65 DM, mit Frühstück.

▸ *Motel Pempe Yunus,* Kargı Mah., in der Nähe der Schule, Tel. 0252-456 21 54, mit Dachterrasse, einfache, saubere Zimmer, alle mit Du/WC. DZ 34 DM, mit Halbpension.

♦ *Turunç*

... liegt ebenfalls auf der Bozburun-Halbinsel. Der Ort ist bekannt für seine alte Schloßruine. Außerdem gibt es hier viele Fischlokale.

Übernachten

Die folgenden Hotels liegen alle an der Hauptstraße von Turunç:

▸ *Gözdem Motel,* Tel. 476 71 57, Zimmer mit Du/WC und Küche. Pro Person 15 DM.

▸ *Merhaba Motel,* Tel. 476 72 85, Zimmer mit Bad und Balkon, Terrasse, Deutsch sprechendes Personal. DZ 30 DM mit Halbpension.

▸ *Alpin,* Tel. 476 73 72, größeres Haus mit 20 Zimmern. EZ 18 DM, DZ 30 DM.

▸ *Arcade,* Tel. 476 71 19, kleines Haus mit 8 Zimmern, freundliche Wirtsleute. EZ 15 DM. DZ 25 DM, mit Frühstück.

▸ *Barbaros,* Tel. 476 71 24, größeres Haus. EZ 22 DM, DZ 35 DM, mit Frühstück.

▸ *Hanişletmesi,* Tel. 476 70 06, mittleres Haus, fast noch als türkische Familienpension geführt. EZ 22 DM, DZ 32 DM, mit Frühstück.

▸ *Hotel Kavala,* Tel. 476 72 11, Fax 476 72 13, größtes Haus am Ort. EZ 38 DM, DZ 38 DM, mit Frühstück.

♦ *Reşadiye-Halbinsel*

Westlich von Marmaris erstreckt sich die durch Wälder, bizarre Berge und eine stark zerlappte Küste mit idyllischen Badebuchten gekennzeichnete Halbinsel *Reşadiye*. An der Hauptstraße haben sich in den letzten Jahren Hotels, Restaurants und Geschäfte angesiedelt.

Zum Kennenlernen der Halbinsel sollte man mindestens zwei Tage einplanen, insbesondere dann, wenn man einige Badestopps einlegen und Spaziergänge in die Buchten machen möchte.

Gleich hinter Marmaris windet sich die Straße durch Kiefernwälder und Berge bis auf einen Paß. Während des Anstiegs hat man immer wieder eine gute Aussicht auf die Küste von Marmaris. Man sieht es von hier oben: Landwirtschaft lohnt hier nicht mehr - das "Beackern" der Touristen ist zur Lebensgrundlage dieses vor zwei Jahrzehnten noch als "Insidertip" gehandelten Städtchens geworden. Jenseits des Passes beeindrucken Felsen, Kiefernforste und zahlreiche schöne Buchten, von denen die meisten - zumindest auf den ersten Blick - mit dem Auto unerreichbar scheinen.

Der erste Ort nach der ersten Paßhöhe trägt den schönen Namen *Değirmenyanı* - nach einer kleinen Wassermühle, die aber nicht mehr in Betrieb ist. Zahlreiche Ausflugslokale säumen in diesem Bereich die Straße.

Es folgt der Abzweig in Richtung Selimiye und Bozburun - zwei Orte, die vom Massentorismus noch weitgehend unberührt sind. Wo die Straße die Küste erreicht, hat man linker Hand den *Magic Life Club* vor sich, der schon weithin auf Schildern ("alles inclusive") angekündigt wurde. Der Strand in diesem Bereich - so überhaupt noch erreichbar - erhält einen gewissen Reiz durch den Pinienwald, der hier bis an die Küste reicht.

An dieses Club-Dorf schließt sich der *Çubucak-Campingplatz* (Tel. 412 10 08) an, der auf etwa tausend Gäste ausgelegt ist. Diese campen im Juli und August zwar unter schattenspendenden Pinien, aber dicht an dicht. Der Platz ist insbesondere bei türkischen Camping-Touristen sehr beliebt. Wer einmal türkisches Ferienleben eine Weile hautnah miterleben möchte, ist dort gut aufgehoben (Preise Caravan 7 DM, Zelt 6 DM, zusätzlich 1 DM pro Person).

Es folgt ein niedriger Paß. Kurz vor der Paßhöhe, 27 km von Marmaris, zweigt nach Süden eine Schotterstraße in den kleinen Inbükü-Nationalpark ab, in dem es ebenfalls einen schattigen Campingplatz gibt (Tel. 412 10 08, Preise wie Çubucak).

Nach weiteren 2 km erreicht man die Engstelle der Reşadiye-Halbinsel, wo nach Norden der Weg zum *Amazon Camping* abzweigt. Eine 9 km lange, unbefestigte Straße führt zu diesem Platz in der Gökova-Bucht (10 Minuten zu Fuß zum Strand; mit Restaurant, kleiner Surfschule und auch Vermietung von Hütten, 20 DM/ 2 Pers.). Der Abstecher lohnt sich, denn er führt an einigen noch völlig "unorganisierten" Badebuchten vorbei. An diesem Küstenabschnitt liegt auch das *Hotel Dörgübet,* mit Swimmingpool und Restaurant.

Auf der Hauptstraße in Datça kommt bald ein zweiter Paß, von dem man einen schönen Ausblick hat. Bei Aktur verläßt man die Berglandschaft. Flache Dünen schließen sich an. Hier gibt es viele Bademöglichkeiten an einem kilometerlangen Strand. Dort, wo die Straße sich wieder der Küste nähert, geht es nach links zum *Robinson-Club Maris,* der sich dort ein eigenes "alles inclusive"-Ferienreich geschaffen hat.

Ist diese Einschnürung passiert, geht es wieder in die Berge, und die Pinienbewaldung weicht einer Macchie-Landschaft, die angesichts des rötlich-mergeligen Gesteins sehr bizarr wirkt. An vielen Stellen werden Aufforstungsversuche unternommen. Daß dabei auch der extrem wasserschluckende Eukalyptus-Baum zum Einsatz kommt, kann nicht unbedingt als "standortgerecht" bezeichnet werden.

Anschließend geht es wieder hinunter zur Küste, die von einem Kiesstrand gesäumt wird. Das *Çennetköy-Restaurant* bietet eine Einkehrmöglich-

Yol yapımı - Straße im Ausbau

Die Straße in Richtung Datça ist bis jetzt noch eng, kurvenreich und mühsam zu fahren. Das soll sich ändern - zumal sich auf der Reşadiye-Halbinsel inzwischen auch der Tourismus breitmacht. Bagger und Bulldozer schlagen eine breite Schneise für den Verkehr durch die stellenweise noch recht unberührt wirkende Landschaft. Das geschieht in Etappen, und beinahe wöchentlich ändert sich der Straßenverlauf. 1996 ließ sich aber schon erahnen, wie diese Rennstrecke einmal aussehen wird. Bis dahin ist aber noch Geduld angesagt. Straßenbau braucht - insbesondere in mediterranen Gefilden - seine Zeit. Und vorläufig fließt der Verkehr langsamer: Im ungünstigsten Fall braucht der Bus von Marmaris nach Datça mehr als zwei Stunden.

keit, und in der Nachbarschaft befindet sich das *Mavi Deniz-Feriendorf.*

Die Buchtenlandschaft läuft nach Süden in einer Halbinsel aus, die nur über einen niedrigen Landstreifen mit dem Festland verbunden ist. Beherrscht wird diese Landschaft durch den *Aktur-Ferienkomplex,* eine erstklassige, weitläufige Camping- und Feriendorfanlage, die auch anspruchsvolle Camper zufriedenstellt. Alle Stellplätze haben Schatten; Einkaufsmöglichkeiten, Wechselstube und Restaurant sind vorhanden. Der 50 m breite, feinsandige Strand in einer ruhigen Badebucht bietet gute Bedingungen zum Schnorcheln; das Personal spricht Deutsch (Tel. 724 61 57; 6 DM/ Zelt/ Pkw, 3 DM/ Pers. Ferienhaus, 64 m^2 groß, 60 DM/ Tag). Das auf 1.400 Gäste ausgelegte Ferienzentrum ist außerdem hervorragend in den regionalen und überregionalen Busverkehr eingebunden. Mehrere landesweite Busunternehmen unterhalten eigene kleine Büros auf dem Gelände, und es bestehen täglich direkte Verbindungen nach İzmir, İstanbul und Ankara. Alle Busse, die zwischen Marmaris und Datça verkehren, machen zudem eine Extraschleife durch das Gelände.

Auf halbem Weg zwischen Marmaris und Datça liegt *Aktur*, erwähnenswert wegen seiner Campingplätze in der Nähe. Die Straße nach Datça führt von hier weiter über einen sehr niedrigen Paß, vorbei an einem ausgedehnten Aufforstungsgebiet. Etwa 20 km vor Datça tauchen Olivenbäume in der Landschaft auf - meist ein untrügliches Zeichen dafür, daß diese Küstenregion bis 1923 griechisch besiedelt war. Ein weiteres Indiz dafür ist das Dorf *Ömeycik,* das nördlich der Straße am Hang liegt und dessen Häuser eine typisch griechische Architektur aufweisen.

Die Landschaft wird nun flacher, bietet Raum für Felder, die von Oliven- und Johannisbrotbäumen aufgelockert werden. Südlich der Straße erstreckt

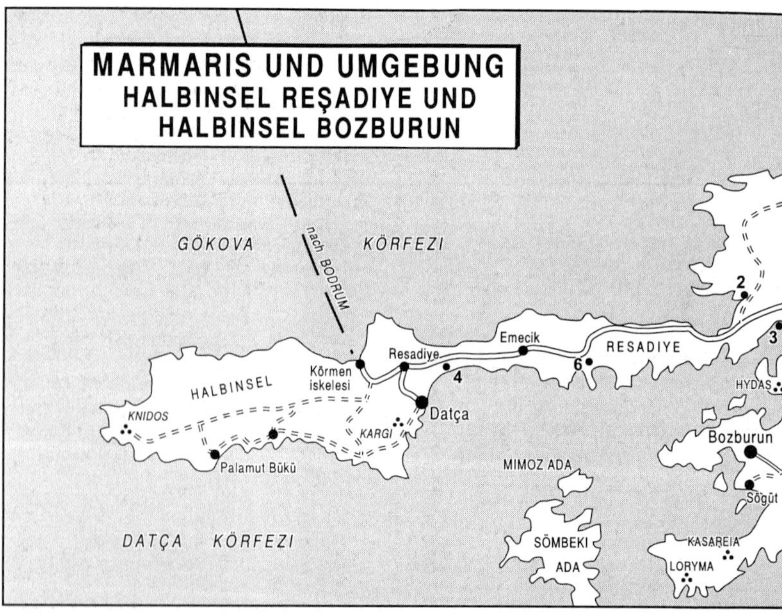

sich ein kilometerlanger Strand, in dessen Hintergrund sich die griechische Insel *Simi* abzeichnet.

♦ Reşadiye Köyü

... liegt 5 km nördlich von Datça. Im Dorfzentrum ist ein alter, hervorragend erhaltener *konak* (Herberge) zu besichtigen.

♦ Datça

Das Fischerstädtchen (5.100 Einwohner, 80 km westlich von Marmaris) ist vom Yachttourismus im wahrsten Sinne des Worts überschwemmt worden. Eine Vielzahl von Restaurants, Straßencafés, Hotels, Bars, Diskotheken und eine Menge Reisebüros, die Yachtcharter anbieten, säumen mittlerweile die Uferpromenade. Trotzdem geht es hier ruhiger zu als in Marmaris. Im übrigen eignet sich *Datça* gut als Ausgangspunkt für einen Ausflug nach *Knidos.* Im Hafen liegen zahlreiche Holzboote, die täglich eine Tour zu dieser Ruinenstätte anbieten, die aber auch auf dem Landweg zu erreichen ist. Die Straße, die am Ort Palamutbükü vorbeiführt, ist überwiegend eine passabel ausgebaute Schotterstrecke, die in den nächsten Jahren asphaltiert werden soll. Sie ist auch für Pkw ohne Allradantrieb passierbar. Mehrmals am Tag fahren zudem kleinere Busse von Marmaris über Datça und Palamutbükü nach Knidos.

Datça - das "neue" Datça - ist ein Retortenstädtchen. Das alte Datça, zu dem ein beschilderter Abzweig an der Hauptstraße zum Küstenort abzweigt, liegt etwas landeinwärts und ist durchaus sehenswert. Der neu entstandene Küstenort hat mittlerweile viel Tourismus auf sich gezogen; der alte Ort ist dagegen in eine Art "Dämmerschlaf" verfallen.

Datça gilt als "heilklimatischer Kurort", da hier aufgrund der oft windigen Meernähe die Luftfeuchtigkeit nahezu gleich Null ist. Deshalb unterhält eine

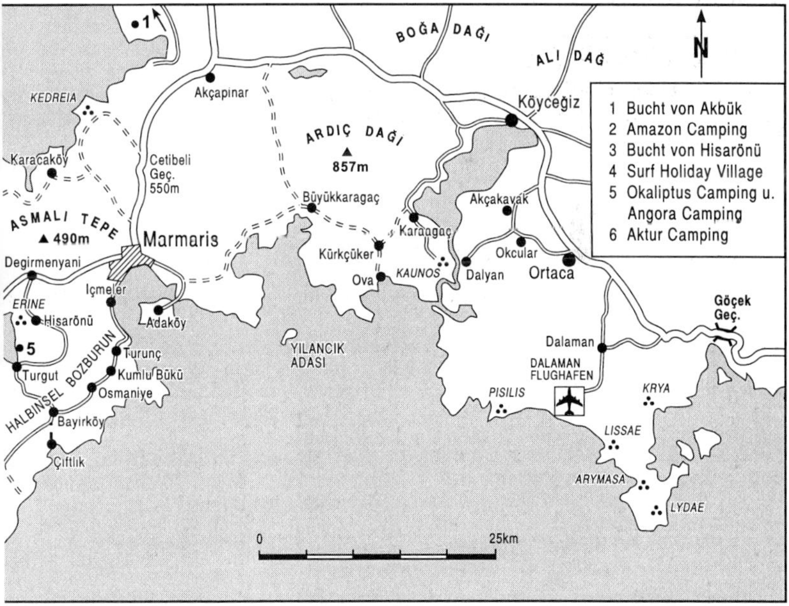

türkische staatliche Organisation auch eine Kurklinik.

Im Ortsbereich liegen mehrere Strände - einer vor dem örtlichen Krankenhaus (Hastane Plaij), dann einer in der Ortsmitte, ein weiterer südlich des Yachthafens.

Touristeninformation
Hükümet Konağı, Tel. 712 31 63, 712 35 46, Englisch und Französisch sprechendes Personal (während der Sommersaison tgl. geöffnet 8 - 19 Uhr, Sa und So Mittagspause 12 - 13 Uhr).

Übernachten
▸ *Tunç Pansiyon,* Balçıkhisar, Tel. 71 20 36, alle Zimmer mit Du/WC und Balkon, einfach eingerichtet, sauber. EZ 10 DM, DZ 18 DM.
▸ *Fuda Yalı Otel,* İskele Mah., Hastanı Yanı Mev., Tel. 712 30 42, Fax 712 40 66, in der Nähe des Krankenhauses, direkt am Hastane-Strand, 18 Zimmer mit Du/WC; auch Zimmer mit Balkon; Hof und Terrasse, Restaurant. EZ 20 DM, DZ 30 DM, mit Frühstück.
▸ *Panorama Hotel,* İskele Mah., im Zentrum, Tel. 712 37 64. EZ 25 DM, DZ 45 DM, mit Frühstück.
▸ *Olimpos Hotel,* İskele Mah., oberhalb des Hafens, Tel. 712 20 01, alle Zimmer mit Du/WC EZ 35 DM, DZ 70 DM, mit Frühstück.
▸ *Villa Tokur,* Tel. 712 87 28, Fax 712 87 29, ca. 2 Minuten vom Strand, 5 Minuten vom Hafen bzw. Stadtzentrum; 13 Zimmer mit Du/WC und Balkon, Blick zum Meer; auch zwei Apartments mit jeweils zwei Zimmern; Terrasse, Garten mit Swimmingpool. DZ 50 DM, Apartments (zu belegen mit 4-5 Personen) 75 DM pro Übernachtung, mit Frühstück.
▸ *Club Dorya Hotel,* İskele Mah., Esenada, 1. Yalı Cad., Tel. 712 36 14, 712 35 93, Fax 712 33 03, liegt am Hafen, am Ende des Landvorsprungs; 51 Zimmer mit Du/WC und Meerblick; Swimmingpool, Strand, drei Bars und ein Restaurant. EZ 40 DM, DZ 60 DM, mit Frühstück; EZ 40 DM, DZ 60 DM, mit Halbpension.

▸ *Surf Holiday Village*, 15 km östlich von Datça, Tel. 712 87 60, sehr schöne Anlage mit vielen Sträuchern und Bäumen, saubere Sanitäranlagen. Vor allem für Surfer ideal; der dunkle, weite Sandstrand mit Dünen bietet klares Wasser. Restaurant mit Frühstücksbuffet; in einem Teich kann man sich Fische aussuchen und im Restaurant zubereiten lassen. Platz sehr zu empfehlen! 2 Pers./ Auto/ Zelt 12 DM, Bungalow 40 DM.

▸ *Ilica Camping,* östlich vom Zentrum, direkt am Meer, Tel. 712 34 00, staubiger Platz mit nur wenigen Bäumen, die Schatten spenden; Restaurant. Zeltplatz pro Person 3 DM, Bungalow pro Person 6 DM, Caravan mit Stromanschluß 7 DM.

Essen und Trinken/ Treffpunkt
Das touristische Zentrum von Datça liegt zweifelsohne am Yachthafen. Dort gibt es zahlreiche Restaurants und Bars. Oberhalb des Hafens befindet sich in einem alten griechischen Haus das *Yasu*. Das Restaurant ist einfach eingerichtet und bietet eine gute Küche. Direkt im Hafenbereich liegt *Restaurant Europa*, Liman Cad. 21 (erster Stock), mit einer gehobenen Gastronomie, allerdings zu zivilen Preisen.

Disco
In der *New Castle Disco* am Yachthafen kann man sich bis in die frühen Morgenstunden vergnügen.

Organisierte Ausflüge
Im Hafen liegen zahlreiche Boote, die Tagesausflüge nach Knidos, zur Gulet-Werft in Bozburun, zu den Badebuchten und zu den Wasserfällen von Burhaniye anbieten. Der Preis liegt bei etwa 20 DM ohne Essen, mit Essen bei ca. 23 DM.

Als Tagesausflug läßt sich auch die Bootstour nach Bodrum gestalten, die vom nördlich gelegenen Hafen *Körmen* tgl. um 9 Uhr startet. Die *Ferryboat Association* unterhält ein Büro am Turgut-Özal Mey. (Tel. 712 21 43). Das Fährschiff, das auch Autos transportiert, fährt tgl. um 9 und um 17 Uhr nach Bodrum. Für Passagiere ohne Fahrzeug besteht eine Verbindung durch Zubringerbus (Preis pro Person einfach 5 DM, hin und zurück am selben Tag 8 DM, mit beliebiger Rückfahrt 9 DM; Pkw einfach 15 DM; Dauer der Überfahrt ca. 2 Stunden).

Das "Türker"-Boot im Hafen bietet Tauchausflüge an - zwei Tauchgänge (incl. Ausrüstung) zwischen 10 und 16.30 Uhr (Tel. 712 39 04).

Leihfahrzeuge

▸ *Ülken,* İskele Mah., Hükümet, Binası Karşısı 58d, Tel. 712 27 37, vermietet sowohl Pkw als auch Fahrräder, Motorroller, Motorräder und Schiffe.

Verkehrsverbindungen

Bus: Ein moderner Bushof liegt am nordwestlichen Ortsrand. Die Regionalbusse fahren aber auch bis ins Ortszentrum zum "Turgut-Özal-Platz". Dort unterhalten alle wichtigen überregionalen Busunternehmen Büros. Die Regionalbusse nach Marmaris und zur Provinzhauptstadt Muğla verkehren zwischen 6 und 22 Uhr etwa im Zwei-Stunden-Takt (Fahrzeit nach Marmaris etwa 2 Stunden, Preis 5 DM).

Fernverbindungen bestehen nach İstanbul (4 mal tgl., meist über Nacht), Ankara (2 mal tgl., über Nacht), İzmir (3 mal tgl.)

Fähre: Vom nördlich gelegenen Hafen *Körmen* verkehrt während der Saison zweimal tgl. um 9 und um 17 Uhr eine Fähre nach Bodrum. Preis pro Person einfach 5 DM, hin und zurück am selben Tag 8 DM, mit beliebiger Rückfahrt 9 DM; Pkw einfach 27 DM. Informationen bei: *Bodrum Ferryboat Association,* am Hafen, Tel. 712 21 43, Fax 712 42 39.

♦ *Knidos*

Am westlichsten Punkt von Reşadiye liegt ca. 100 km von Marmaris die antike Stadt *Knidos*. Von Datça ist sie über eine gut ausgebaute Schotterpi-

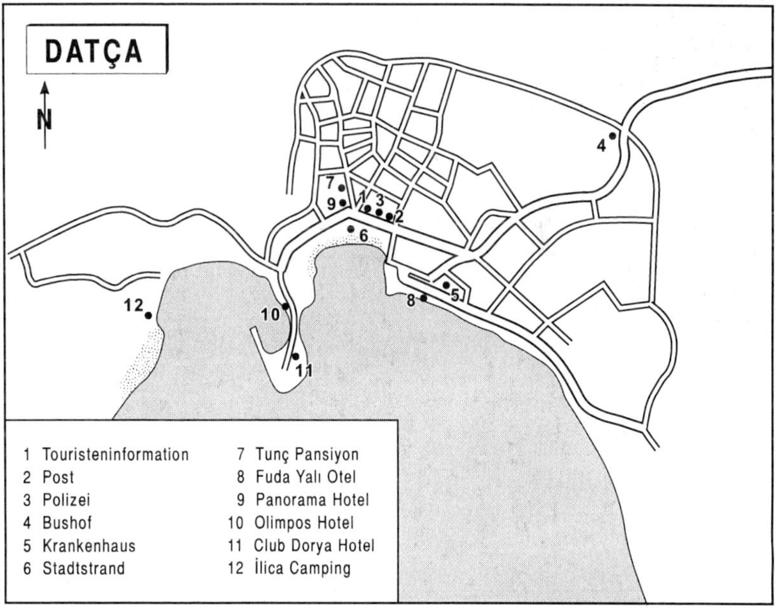

ste zu erreichen, die in den nächsten Jahren asphaltiert werden soll.

Griechisch-dorische Kolonisten, die vom Peloponnes (südgriechische Halbinsel) kamen, gründeten hier im 8. bis 7. Jahrhundert v. Chr. eine Siedlung. Durch die rasch wachsende Bevölkerung sah man sich gezwungen, im 4. Jahrhundert v. Chr. eine weitere Siedlung in der Nähe anzulegen. Knidos galt in der Antike als ein Zentrum der Wissenschaft, wo bedeutende Gelehrte lebten und wirkten, wie z.B. um 300 v. Chr. der Mathematiker *Euklid.*

Von den antiken Bauwerken sind zwei Theater, Reste eines kleinen Gebäudes für musikalische Darbietungen, mehrere Tempel, ein Demeter-Heiligtum und ein Mausoleum erhalten. Insgesamt macht die Ruinenstätte einen desolaten Eindruck. Die Beschilderung - soweit vorhanden - ist völlig unzulänglich.

♦ Rhodos

Die griechische Insel *Rhodos*, 1.404 km² groß, mit ca. 80.000 Bewohnern, ist die größte der Dodekanesischen Inseln. Sie ist von Gebirgen durchzogen; an der schmalen Küste gibt es schöne Badestrände. Die reizvolle Landschaft und viele Baudenkmäler aus der Zeit des Johanniterordens zeichnen Rhodos aus. Der Nordteil der Insel und ihr gleichnamiger Verwaltungssitz sind ganz auf den Tourismus ausgerichtet; der Südteil dagegen und das Inselinnere sind davon verhältnismäßig unberührt (→ Marmaris/ Organisierte Ausflüge).

Strände

Der Strand an der Kordon Caddesi, im Bereich der Stadt, ist weniger zu empfehlen; sauberer werden die Strände in Richtung Içmeler. In Içmeler selbst

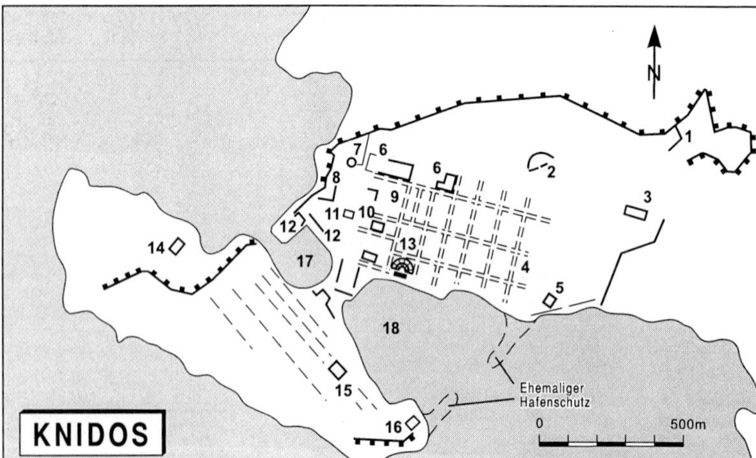

1	Akropolis	7	Rundtempel	13	Unteres Theater
2	Oberes Theater	8	Monumental-Altar	14	Römisches Grab
3	Heiligtum	9	Korinthischer Tempel	15	Terrassenhaus
4	Wohnhäuser	10	Konzerthaus	16	Leuchtturm
5	Rathaus	11	Marktplatz	17	Kriegshafen
6	Römische Häuser	12	Basilika	18	Handelshafen

grenzen Hotels und Ferienanlagen direkt an einen Sandstrand, an dem es auch Duschen und Umkleidekabinen gibt. Ca. 3 km weiter südlich liegt die Bucht von Turunç, wo es ebenfalls einen reizvollen Strand gibt. Etwas weiter liegt die Bucht von Kumlu, die vor allem zum Baden einlädt.

Der ausgezeichnete Strand von Akbük, etwa 60 Straßenkilometer nördlich von Marmaris, bei Gökova, macht einen Ausflug trotz provisorischer Straße empfehlenswert. Auch die Bucht von Inbükü, an der engsten Stelle der Reşadiye-Halbinsel, hat einen erstklassigen Strand. Hier gibt es außerdem einen großzügig angelegten Campingplatz mitten im Wald.

Touristeninformation

İskele Mey. 2, Tel. am südlichen Ende der Küstenpromenade, Tel. 412 10 35, Tel. & Fax 412 72 77, geöffnet im Sommer Mo bis Sa 8 - 19.30 Uhr, So 8 - 12 und 13 - 17 Uhr; Deutsch und Englisch sprechendes Personal, das eine einfache Karte zur Umgebung bereithält.

Übernachten

Einfache Unterkünfte

▸ *Interyouth Hostel,* Tepe Mah., 42 Sok. 45, Tel. 412 36 78, Zwei- und Mehrbettzimmer, Etagendusche, Dachterrasse, Tischtennis, Waschküche. 10 DM/Pers., Frühstück extra.

▸ *Duygu Pansiyon,* Hastane Yanı 37, beim Krankenhaus, Tel. 412 66 15, sauber, sogar mit Swimmingpool, Gemeinschaftsküche. DZ 19 DM.

▸ *Sini Motel,* Atatürk Cad. 74, Tel. 412 15 05, alle Zimmer mit Du/WC, einfach eingerichtet, freundliche Atmosphäre. EZ 15 DM, DZ 25 DM, Frühstück auf Wunsch.

▸ *Reisoğlu Oteli,* Kemeraltı Mah. 19, Tel. 412 17 99, alle Zimmer mit Du/WC, einfach eingerichtet. EZ 22 DM, DZ 30 DM.

▸ *Otel Melodi,* Kemal Elgin Bul. 240, Tel. 412 63 51, 2 Minuten vom Strand, alle Zimmer mit Du/WC, sauber, Restaurant. EZ 28 DM, DZ 30 DM, mit Frühstück.

▸ *Honey Moon Otel,* Uzunyalı 22, Tel. 412 46 40, direkt am Strand gelegen, alle Zimmer mit Du/WC und Balkon, sauber; Restaurant. EZ 28 DM, DZ 35 DM, mit Frühstück.

▸ *Hotel Lahti,* Tepe Mah., Gül Sok. 9, nahe Bushof, Tel. 412 14 46, Fax 412 18 04, angenehmes Stadthotel, überwiegend türkische Gäste, nachts sind die benachbarten Bars ziemlich laut. EZ 30 DM, DZ 40 DM, mit Frühstück.

Häuser besserer Kategorien

▸ *Hotel Ketenci,* K. Elgin Bul. 9, Tel. 412 63 95, Fax 412 89 96, Drei-Sterne-Haus. EZ 45 DM, DZ 54 DM, mit Frühstück.

▸ *Hotel Sesin,* K. Evren Bul., 209. Sok. 18, Tel. 412 53 55, Fax 412 20 83, Drei-Sterne-Haus. EZ 45 DM, DZ 54 DM, mit Frühstück.

▸ *Garden Ferienwohnungen,* Datçayolu Bağıcı Sok., Tel. 412 32 04, zweckmäßig eingerichtet, Deutsch sprechendes Personal. Apartment für maximal 6 Personen ca. 60 DM.

Bei Marmaris gibt es keine akzeptablen Campingplätze, so daß man auf die weitere Umgebung ausweichen muß (→ Umgebung von Marmaris).

Essen und Trinken

Obwohl dem internationalen Tourismus verpflichtet, dominiert in Marmaris noch immer die türkische Küche. Schnitzel und Schweinebraten mit Knödeln sucht man auf den Menütafeln vergebens. Selbst in Marmaris sind "Schweinereien" bisher noch tabu. Wer es gern englisch, chinesisch oder allgemein mediterran *seafood*-mäßig mag, kommt natürlich auch auf seine (Hummer-) Kosten. Neuerdings kann man sich auch bei *Burger King* und *McDonalds* bedienen.

Es gelten folgende Grundregeln: Im Andenkenbasar neben der Touristeninformation gibt es mehrere "Freßgassen"; deren Preisniveau liegt trotz weitgehend identischer Küche über dem normaler türkischer Lokantas, aber deutlich unter dem der gehobeneren Gastronomie an der Promenade des Yachthafens. Hier kommen die feineren Sachen auf den Tisch - etwa *king prawns* (Königsgarnelen) in Knoblauchsauce. Atmosphäre, Kochkunst und Service haben ihren Preis.

Ziemlich türkisch geht es in den vielen kleinen Lokantas zu, die sich am Ostrand des Touristenbasars angesiedelt haben. Das gilt auch für die Preise, die zwar immer noch deutlich höher sind als etwa in der "untouristischen" Provinzstadt Muğla, sich aber noch im erschwinglichen Bereich halten. Für 6 bis 10 DM pro Person wird man dort gut und gerne satt. Vor dem gefürchteten "rip off" - also verdeckten preistreibenden Zusatzposten für Service und Brot oder einem völlig unangemessenen Preis-Leistungs-Verhältnis - ist man freilich nirgendwo sicher. Da hilft es auch nur bedingt, ein Auge darauf zu haben, wo türkische Familien einkehren - manchmal erwischt es auch diese, und oft gibt es dort keine Speisekarte, auf der sich das Preisniveau vorher abschätzen ließe. Grundsätzlich sollte man davon ausgehen, daß das Preisniveau in Marmaris 70 bis 100 Prozent über dem einer Lokanta in einem türkischen Provinzstädtchen liegt. An dieser Stelle einzelne Empfehlungen auszusprechen, ist ein ziemlich sinnloses Unterfangen - oft wechseln die Pächter der Restaurants von Jahr zu Jahr, und mit ihnen auch Name, Qualität und Preisniveau.

Einkaufen

Ein kleiner Souvenirbasar befindet sich rechts neben der Touristeninformation. Dort gibt es auch deutsche Zeitungen vom Vortag.

Ein Obst- und Gemüsemarkt liegt in einer Querstraße dahinter. Freitags ist großer Markttag hinter dem Basar.

Die Parallelstraße zur Kordon Caddesi ist die Geschäftsstraße. Hier gibt es alles mögliche, von der Wasserpfeife bis zum Pelzmantel. Natürlich kaufen hier nur Urlauber. So überrascht es nicht, daß die Preise an deren Geldbeutel ausgerichtet sind.

Der Supermarkt der Kette *Migros* im Westen von Marmaris, am Kenan Evren Bulvarı, zwischen Grand Azur Hotel und Karacan Hotel, verfügt über ein großes Sortiment an Lebensmitteln.

Nachtleben

Abends gegen 19 Uhr wird Marmaris lebendig: In der Kordon Caddesi (Uferpromenade) und der Atatürk Caddesi öffnen die Buden, die Yachten schalten ihre Beleuchtung an, und aus Lautsprechern schallt internationale Pop-Musik.

Diskotheken

▸ *Diskothek Joy,* Martı Tatil Köyü, İçmeler, gehört zu einem Ferienzentrum, geräumige Disco mit ausschließlich westlicher Musik, Eintritt 10 DM.

▸ *Diskothek Lidya,* im gleichnamigen Hotel, Eintritt 15 DM, mit Freigetränk. Die beste Zeit ist zwischen Mitternacht und 4 Uhr morgens.

▸ *Turban Diskothek,* im Turban-Feriendorf (Turban Tatıl Köyü), zu erreichen mit dem Minibus über Unzunyalı, Eintritt 10 DM.

Einige Boote verwandeln sich am Abend in schaukelnde Tanzflächen.

Bars

... findet man vor allem in der Hacı Mustafa Sokak, aber auch in deren Nebenstraßen. Besonders hervorzuheben sind:

▸ *Green House Bar,* im Freien, mit Restaurant.

▸ *Milk Bar,* Milchbar, am Eingang zum alten Basar.

▸ *Sunshine,* Café-Bar direkt am Yachthafen, Terrasse unter einem schönen Holzdach, Auswahl verschiedener Cocktails.

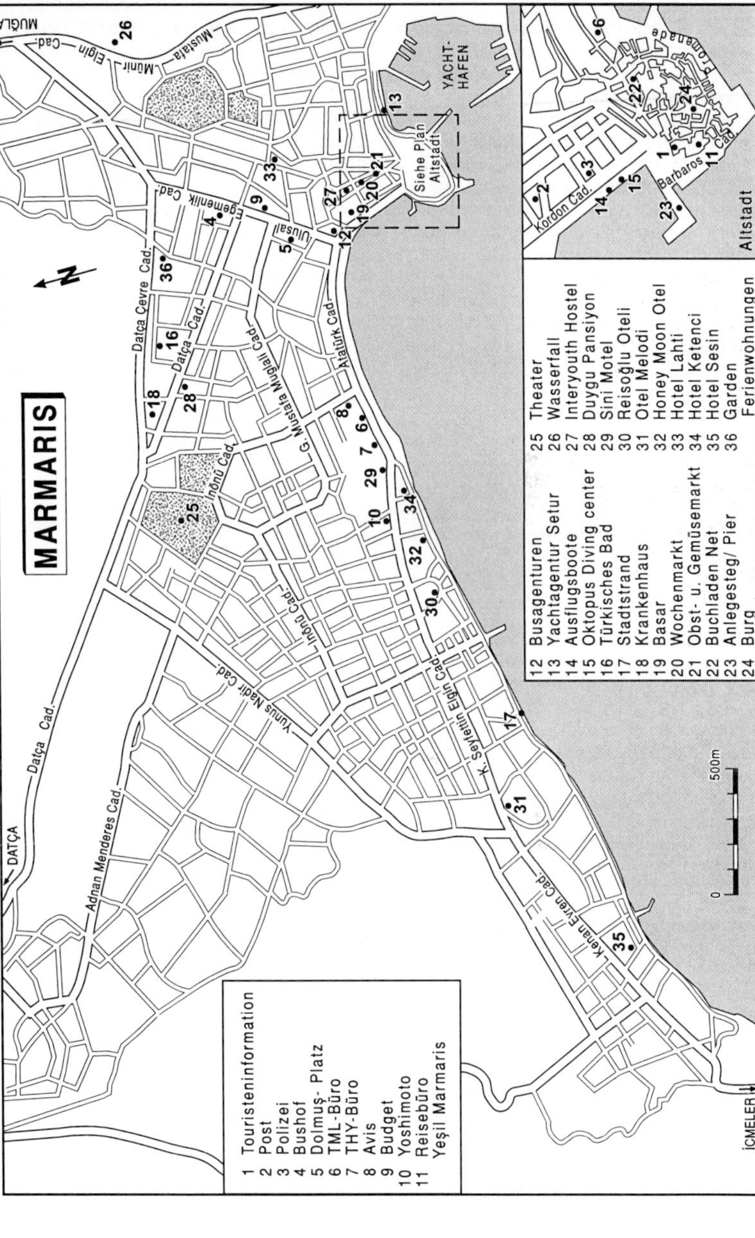
MARMARIS
1 Touristeninformation
2 Post
3 Polizei
4 Bushof
5 Dolmuş- Platz
6 TML-Büro
7 THY-Büro
8 Avis
9 Budget
10 Yoshimoto
11 Reisebüro
12 Yeşil Marmaris
13 Busagenturen
14 Yachtagentur Setur
15 Ausflugsboote
16 Oktopus Diving center
17 Türkisches Bad
18 Stadtstrand
19 Krankenhaus
20 Basar
21 Wochenmarkt
22 Obst- u. Gemüsemarkt
23 Buchladen Net
24 Anlegesteg/ Pier
25 Burg
26 Theater
27 Wasserfall
28 Interyouth Hostel
29 Duygu Pansiyon
30 Sini Motel
31 Reisoğlu Oteli
32 Otel Melodi
33 Honey Moon Otel
34 Hotel Lahti
35 Hotel Ketenci
36 Hotel Sesin
Garden
Ferienwohnungen
Altstadt
Kordon Cad.
Barbaros Cad.
Promenade
Siehe Plan Altstadt
YACHT-HAFEN
MUĞLA
DATÇA
İÇMELER
Datça Cad.
Adnan Menderes Cad.
Yunus Nadir Cad.
İnönü Cad.
K. Seyfettin Elgin Cad.
Kenan Evren Cad.
Atatürk Cad.
G. Mustafa Muğlalı Cad.
Datça Çevre Cad.
Egemenlik Cad.
Ulusal
Münir Elgin Cad.
Mustafa
0
500m

▸ *Back Street,* in der Gasse hinter der Yachthafenfront, laute Music-Bar, in erster Linie dem Besten des Rock aus den letzten 30 Jahren verpflichtet.
▸ *Jazz Time,* ein etwas gediegenerer Club mit entsprechender Musik.
▸ *Dave Jones,* jeden Abend Live-Musik.
▸ *Metropol,* Atatürk Cad., gleich bei der Setur-Agentur, etwas verrückt aufgemacht: Von der Decke regnet es kontinuierlich in kleine Becken. Recht laute Musik.
▸ *Captan Bar,* Turunç, gegenüber vom Merhaba Hotel, alles in Holz, auf Dschungel getrimmt.

Freizeitangebot

Tauchen
▸ *Oktopus Diving Center,* Kordon Cad, Tel. 412 36 12, 412 57 86, Buchungen direkt an der Yacht am Abend vorher zwischen 18 und 21 Uhr. Angebot: Tagestour mit zwei Tauchgängen und Verpflegung inklusive Ausrüstung (80 DM) oder ohne Ausrüstung (60 DM); Mitfahrpreis für Schnorchler 15 DM.

Ähnliche Leistungen und Preise haben folgende Agenturen, die ebenfalls abends mit einer Yacht am Hafen vertreten sind:
▸ *Professional Diving Center,* İskele Mey., Tel. 412 99 89, 412 09 29
▸ *Marmaris Diving Center,* Lidya Hotel, Kenan Evren Bul., Tel. 412 29 40
▸ *Feydiving,* Turban-Feriendorf, im Westen von Marmaris, Tel. 412 56 81, Fax 412 88 68.

Sonstiger Sport
▸ *Turban Feriendorf* (s.o.) bietet Surfen (20 DM/ Std.), Wasserski (35 DM/ Std.), Bananenboot- und Kanufahren (jeweils 10 DM/ Std.).

Organisierte Ausflüge

Zahllose Schiffe, die Ausflüge zu Stränden oder Buchten der Umgebung anbieten, liegen an der Uferpromenade (Kordon Caddesi). Die Crew preist die Ausflüge bereits am Abend vorher lautstark und mit schönen Fotos vor dem jeweiligen Schiff an, das mit bunten Glühbirnen und Lampions geschmückt ist. Die Boote legen morgens zwischen 10 und 11 Uhr ab. Grundsätzlich lassen sich zwei Touren unterscheiden:
- Ausflug nach Köyceğiz und zum Schildkrötenstrand İztuzu, dort Umsteigen in ein Flußboot und Fahrt auf dem Fluß Kaunos nach *Dalyan* zu den lykischen Felsengräbern (→ Köyceğiz). Außerdem Badestopp in der Bucht von Ekincik nahe dem Delta des Kaunos (Dauer ca. 8 Std., Preis 25 - 35 DM, incl. Essen).
- Tagestour zu umliegenden Buchten: Die Yacht fährt in wechselnder Reihenfolge zur Çennet Adası (Paradies-Insel), gegenüber von Marmaris, zum Kleopatra-Strand und zur Bucht Kumlubük (südöstlich von Turunç; Dauer ca. 8 Std., Preis 25 - 30 DM, incl. Tee).

Folgende organisierten Ausflüge mit dem Bus oder Schiff gehören zum Standardprogramm zahlreicher Agenturen:
- Pamukkale, Hierapolis, Tagesauflug incl. Frühstück und Mittagessen, 42-50 DM
- Dorftour auf der Bozburun-Halbinsel, incl. Mittagessen, 30 DM
- Ausflug zum Markttag in Muğla, immer donnerstags, incl. Tee und Mittagessen, 30 DM (mit dem *dolmuş* übrigens kostet die Fahrt nach Muğla und zurück etwa 5 DM!)
- Ephesos und Marienhaus, incl. Frühstück und Mittagessen, 55 - 60 DM (Die reguläre Busfahrt von Marmaris nach Selçuk kostet ca. 11 DM einfach. Die weitläufige archäologische Stätte ist etwa 3 km vom Ortszentrum entfernt - dafür werden rund 6 DM Eintritt verlangt. Rechnet man reichliche 13 DM für Essen und Tee, schafft man das selbstorganisiert für 40 DM - hat dann aber nicht das Marienhaus gesehen.)
- Ephesos und Pamukkale, Zweitagestour mit HP, 90-110 DM

- Fethiye, Ölü Deniz, Tagesausflug incl. Tee und Mittagessen, 35-40 DM
- Kombinierte Bus- und Bootstour nach Göçek, incl. Tee und Mittagessen, 55 DM
- Tagesausflug nach Rhodos, mit Tragflächenboot, Hoteltransfer, 60 DM incl. Hafengebühren
- Jeep-Safari, incl. Mittagessen, 35-40 DM

Der neueste Hit sind Hubschraubertouren beispielsweise nach:
- Pamukkale, Gesamtflugzeit 105 Minuten, 260 DM
- Ephesos und Pamukkale, Gesamtflugzeit 150 Minuten, 360 DM
- Rundflüge über die Bucht von Marmaris, über Dalyan und Kaunos, Gesamtflugzeit 30 Minuten 75 DM

Anbieter:

▸ *Amazon Tour,* Kordon Cad., 57 Sok. 2, am Atatürk-Platz, Tel. 413 39 19

▸ *Çagdaş,* Atatürk Cad. 12, am Anfang des Stadtstrands, Tel. 412 41 25, Fax 412 41 25

▸ *Homeros,* Kenan Evren Bul. 22d-e (in İçmeler), Tel. 455 39 50, Tel. & Fax 455 37 40

▸ *İlkay und Doruk,* Kordon Cad. 30, Tel. 413 19 89, Fax 413 12 53, spezialisiert auf Hubschrauberflüge.

▸ *Med-Mar,* İskele Mey. 41, Tel. 413 01 04, Fax 412 75 92.

▸ *Setur,* Atatürk Cad. 30, am Anfang des Stadtstrands; Tel. 412 26 38, Fax 412 46 07

▸ *Yeşil Marmaris,* Barbaros Cad. 11, Tel. 412 22 90, Fax 412 50 77

Türkische Bäder

▸ *Yeşil Marmaris Türk Hamamı,* Eski Çarsı Sok. 3, auf Wunsch gemischtes Bad - jedoch nicht empfehlenswert: Spanner! (geöffnet 8 - 24 Uhr).

▸ *Beldibi Türk Hamamı,* Beldibi Köyu Yeni Mah. 30, Tel. 413 11 89, auch gemischtes Bad; mit klassischer Sauna. (geöffnet 8.30 - 23 Uhr).

▸ *New Ottoman Turkish Bath,* Datça Yolu, Devlet Hastanesi Karşısı, nahe dem Krankenhaus, Tel. 412 76 42, neben dem traditionellen Angebot zusätz-

Marmaris - an der Uferpromenade

lich mit Sauna und Fitness-Center (geöffnet tgl. 8 - 23 Uhr).

Buchladen

▸ *NET,* Eski Çarşi Sok., führt nur noch ein kleines Sortiment mit englischer und deutscher Literatur.

Nützliche Adressen und Telefonnummern

Vorwahl: 0252
Notruf: 155
Polizei: 412 28 25, 412 28 13
Krankenhaus: 413 44 45, 412 48 16
Bushof: 412 30 37
Busagenturen: Kamil Koç 412 06 30, Pamukkale 412 55 86 (Regionalbusse nach Bodrum, Muğla, Datça, Fethiye, häufige Verbindung nach İzmir), Ulusoy 413 02 63, Varan 413 40 40.
TML: Akça Ticaret, Yeni Liman, Tel. 413 02 30, Fax 412 04 09
THY: Atatürk Cad., 412 37 51
Deutsch sprechende Ärzte:
- Dr. Bora Oflaz, Seyfettin Elgin Bul., Tel. 412 30 07
- Dr. Hülya Horlacher (Zahnärztin), Gold Bazaar Pasaji, Tel. 412 63 42

Yachtcharter

▸ *Yeşil Marmaris* (→ Organisierte Ausflüge) ist eine der größten Yachtcharter-Agenturen der Türkei mit einem umfassenden Angebot. Es ist möglich, eine Kabine auf dem Schiff zu mieten oder eine ganze Yacht zu chartern. Preise: Kabinencharter pro Person ca. 500 $/ Woche, mit Vollpension. Yachtcharter dagegen 375 - 1.700 $/ Tag ohne Verpflegung, aber mit Mannschaft. Die Preise variieren nach der Größe des Schiffes (das kleinste etwa mißt 18 m und hat 4 Kabinen, das größte ist 29 m lang und verfügt über 10 Kabinen) und nach Saison. Die Preise liegen für August etwa 60-80 % höher als für Mai und Oktober.

Ähnliches bieten:

▸ *Ab Yachting,* Hayı Mustafa Sok., Tel. 412 10 60, Fax 412 75 03
▸ *Es Er Yachting,* Haçı Mustafa Sok., Tel. 412 35 27, Fax 412 69 94
▸ *Med-Mar* (→ Organisierte Ausflüge)
▸ *Mengi,* Haçı Sabri Sok. Tel. 412 13 07, Fax 412 48 42
▸ *Setur Yacht,* Barbaros Cad. 231, Tel. 412 46 08, Fax 412 65 30
▸ *Top Tour,* am Yachthafen, Tel. 412 94 85, Fax 412 50 64

Leihfahrzeuge

▸ *Avis,* Atatürk Cad. 30, Tel. 412 27 71, Fax 412 64 13
▸ *Budget,* Ulusal Egemenlik Bul., Tel. 412 41 44, Fax 412 57 74
▸ *Hertz,* İskele Mey. 41/2, Tel. 412 25 52
▸ *Erza,* Kayabal Cad. 30/4 (in İçmeler), Tel. 455 36 99
▸ *Europcar*, Atatürk Cad., Tel. 412 20 01, Tel. & Fax 412 86 89
▸ *Intercity,* İskele Mey. 41, Tel. 413 01 06
▸ *Yoshimoto,* Kemeraltı Mah., Kemal Elgin Bul. 16/ 5.6, Tel. 412 18 25, vermietet Fährräder, Mountainbikes und Geländemotorräder. Fahrrad 12 DM/ Tag, Mountainbike 20 DM/ Tag, Motorroller Vespa PK 200 60 DM/ Tag, Motorräder z.B. Yamaha XT 600 rd. 120 DM/ Tag oder Honda NX 250 rd. 90 DM/ Tag ohne Kilometerbegrenzung, mit Haftpflichtversicherung.
▸ *Renta,* Yat Limanı 84, Tel. 412 66 57, verleiht ebenfalls Motorräder. Yamaha

DT 125 rd. 70 DM/ Tag oder Yamaha XV 250 rd. 100 DM/ Tag.
▸ *Zafer,* Kemal Elgin Bul., Tel. 4123 222

Verkehrsverbindungen

Dolmuş: Vom *dolmuş*-Platz gegenüber den Busagenturen gibt es etwa stündlich Verbindungen nach Armutalan und Adaköy, nach Içmeler sogar alle 10 Minuten.

Nach İçmeler ist während der Sommersaison fast ständig ein *dolmuş*-Boot unterwegs (Preis einfach 3 DM). Bei Bedarf, also in der Sommersaison sehr häufig, legt ein *dolmuş*-Boot vom Atatürk-Platz (bei der Reiterstatue) nach Turunç ab.

Auch nach Bozburun fährt täglich ein *dolmuş* (3 mal), der letzte um 19 Uhr. Abfahrt am *garaj* (Bushof). Einfacher ist es, zu den Agenturen in der Innenstadt zu gehen. Von hier fährt ein Zubringerbus zum Bushof.

Bus: In der Stadt ist ein halbes Dutzend Busgesellschaften vertreten, die in der Regel alle ein bis zwei Stunden in die größeren Städte des Landes fahren - so nach Adana, Antakya, Mersin, Konya, İzmir, Kuşadası, Pamukkale und İstanbul. Besonders İzmir wird sehr häufig bedient. Beliebt sind die Über-Nacht-Verbindungen nach İstanbul, Ankara und verschiedenen Großstädten im östlichen Bereich der Mittelmeerküste. Regionalbusse fahren - in der Regel im Stundentakt - nach Bodrum, Muğla, Datça sowie in Richtung Fethiye (Köyceğiz, Ortaca, Göçek), auch weiter nach Kalkan, Kaş, Kemer und Antalya. Fahrkarten gibt es in den Büros gegenüber dem *dolmuş*-Platz, von wo aus es ebenfalls einen Transfer zum Bushof gibt. Weiteres zu Bussen → Nützliche Adressen und Telefonnummern.

Für den Transfer zum Flughafen Dalaman verlangt die Taxikooperative am Bushof pauschal 50 DM. Billiger geht es, wenn man die häufig verkehrenden Regionalbusse nach Fethiye benutzt - sie halten am Bushof von Dalaman, von wo man aus die letzten Kilometer mit einem Taxi zurücklegen kann.

Schiff:
▸ *Tragflächenboot Marmaris - Bodrum*
Mittwochs und samstags ab Marmaris 10 und 18.30 Uhr; einfache Fahrt 30 DM/ Pers., Hin- und Rückfahrt 40 DM/ Pers. Diese Verbindung ist - obwohl etwas teurer - eine gute Alternative zum recht umständlichen Landweg (→ Bodrum).
▸ *Marmaris - Rhodos*
Jeden Tag, außer Sonntag, legen zwei Schiffe nach Rhodos ab: um 8.30 Uhr eine Fähre (Überfahrt ca. 3 Stunden), um 9 Uhr ein Tragflächenboot (Überfahrt 45 Minuten). Fahrkarten sollte man einen Tag vorher lösen. Da die Reiseagenturen zusammenarbeiten, sind die Preise überall gleich: Fähre - einfache Fahrt 25 DM, Hin- und Rückfahrt 50 DM; Tragflächenboot - einfache Fahrt 31 DM, Hin- und Rückfahrt 50 DM. Die Anlegestelle ist in der Nähe der Touristeninformation.
▸ *Marmaris - Venedig*
TML-Agentur am Yachthafen, Tel. 413 02 30, Fax 412 04 09. Siehe → Reisevorbereitung/ Anreise.

–▸ Wer nicht nach Marmaris will, fährt weiter in Richtung Osten vorbei am Fuß von *Ardiç Dağı* und *Boga Dağı* zum 32 km entfernten *Köyceğiz.* Es geht abwechselnd über niedrige Pässe und durch eine fruchtbare, bewässerte Küstenlandschaft, in der alle Arten von Gemüse (allerdings noch nicht in Gewächshäusern), aber auch Zitrusfrüchte und Melonen angebaut werden.

Köyceğiz

6.500 Einwohner, 84 km NW von Fethiye

Dieses Landstädtchen liegt am gleichnamigen See, dessen Ufer stark versumpft sind. Die Uferpromenade mit ihren Restaurants und Teegärten ist tagsüber wie abends ein beliebter

Treffpunkt. Von hier werden Bootsfahrten zu den Felsengräbern von Kaunos, der Bucht von Ekincik, zum Strand von İztuzu, zum Sülüngür-See und den Sultaniye-Thermen angeboten.

Ebenso wie beim Bafa-See handelt es sich beim Köyceğiz-See um eine ehemalige Meeresbucht, die durch angeschwemmtes Geröll und Erde allmählich vom Meer abgeschnürt wurde. In der Landschaft ist auch der Amberbaum vertreten, aus dessen Öl Parfüms und medizinische Extrakte hergestellt werden.

Das Süßwasserdelta beherbergt eine Unmenge verschiedener Vogelarten; unter anderem ist hier auch der Storch zu Hause. Weiter südlich am İztuzu-Strand legen zwischen Mai und August Meeresschildkröten (z.B. *caretta caretta*) ihre Eier ab.

Umgebung von Köyceğiz

♦ Ağla

Dieses Dorf in den Bergen, ca. 15 km nördlich von Köyceğiz, eignet sich hervorragend als Ausgangsbasis für Wan-

derausflüge zu den umliegenden Gipfeln. Man kann hier bei klarem Wetter einen phantastischen Ausblick auf See und Meer genießen. In den Sommermonaten ist es unter den riesigen Laubbaumkronen besonders angenehm. An jedem dritten Donnerstag im August fahren Einheimische ins Dorf hinauf, um zu Ehren der Sagengestalt *Çiçek Baba* (Blumenvater) Ziegen zu schlachten, zu singen, zu tanzen und zu feiern.

♦ Sultaniye-Thermen

Die Reste der *Sultaniye-Thermen* (Hinweisschild: *Biggest Hot Springs*), 10 km südlich von Köyceğiz am See, sind mittlerweile über eine geteerte Straße zu erreichen. Schon in der Antike war das 40 °C heiße Quellwasser für seine heilende Wirkung bei Nieren-, Leber- und Gallenerkrankungen, bei gynäkologischen und nervösen Leiden bekannt. Darüber hinaus gibt es am Fluß weitere Thermen (Hinweisschilder: *Small Hot Spring* und *Big Hot Spring*).

♦ Ekincik

Die Bucht von *Ekincik* erreicht man über den Weg zu den Thermen. An Sonn- und Feiertagen wird die bewaldete Bucht, 25 km südlich von Köyceğiz, gerne zum Picknicken aufgesucht.

Touristeninformation

Gölparkı 1, Tel. 262 47 03, geöffnet April bis September 8 - 12 und 13.30 - 19 Uhr, Oktober bis März 8 - 12 und 13 - 17.30 Uhr, im Winter Sa und So geschlossen; Deutsch sprechendes Personal, das eine Karte bereithält.

Übernachten

In Köyceğiz gibt es eine Vielzahl von Pensionen, die bei vergleichbarem Standard alle ähnliche Preise haben.

▸ *Pension Sarıkonak,* Tel. 262 40 30, direkt am Seeufer, große Zimmer mit Du/WC, überdachte Terrasse. Auf Wunsch organisiert der Englisch sprechende Besitzer für seine Gäste Ausflüge in die Umgebung. DZ 21 DM, mit kleinem Frühstück.

▸ *Özbek Pansiyon,* Tel. 262 28 40, Pension etwas abseits des Zentrums, eigener Parkplatz, alle Zimmer mit Du/WC. DZ 21 DM, mit Frühstück.

▸ *Deniz Feneri Oteli,* Tel. 262 30 38, einfaches Hotel mit Etagendusche. DZ 21 DM, mit Frühstück.

▸ *Kaunos Oteli,* Cengiz Topel Cad. 37, Tel. 262 42 88, alle Zimmer mit Du/WC, gutes Mittelklassehotel mit Swimmingpool, Restaurant. EZ 32 DM, DZ 43 DM, mit Frühstück.

▸ *Hotel Özay,* Kordon Boyu 11, Tel. 262 43 00, zentral gelegenes Mittelklassehotel mit Swimmingpool, alle Zimmer mit Du/WC; ansprechend eingerichtet; Restaurant. EZ 29 DM, DZ 43 DM, Frühstück extra.

▸ *Oba Pension,* Gülpınar Mah., Gümüşlü Cad. 10, Tel. 262 41 81, Familienpension im Ort; kleiner Garten, ruhige, saubere Zimmer. Küchenbenutzung. DZ 21 DM, mit Frühstück.

▸ *Camping Anatolia,* Tel. 262 27 52, schöner Platz mit viel schattigem Grün; eine Besonderheit hier sind Amberbäume; der Strand ist über die Straße zu erreichen; Sanitäranlagen; sehr zu empfehlen. 5 DM/Pers., 7 DM Zelt/Auto.

Essen und Trinken

An der Promenade von Köyceğiz befinden sich einige Restaurants, u.a. *Cınaraltı Restaurant* mit einem großen Garten, wo Fisch-, Fleisch- und Gemüsegerichte serviert werden sowie ofenfrisches Brot *(pide).*

Einkaufen

Jeden Montag ist in Köyceğiz Markt, wo es außer Früchten und Gemüse auch Haushaltswaren, Teppiche und Kleidung zu kaufen gibt.

Türkisches Bad

Wenn man in Richtung Dalaman fährt, stößt man nach ca. 25 km auf eine Papierfabrik, in deren Nähe sich ein sehr schönes Hamam befindet: alles aus Marmor, Massage, gemischte Gruppen möglich (geöffnet von 9 bis 22 Uhr).

Organisierte Ausflüge

Täglich um 10 Uhr fährt von Köyceğiz ein *dolmuş*-Boot ab; außer dem İztuzu-Strand wird auch Kaunos angefahren und eine "Schlammbadepause" am Kanal eingelegt (Rückkehr gegen 19 Uhr, Preis hin und zurück 6 DM/ Pers.). Nach 10 Uhr sind an der Anlegestelle etliche Privatanbieter, die auf ihren Booten diese Route auch zum gleichen Preis fahren.

Nützliche Telefonnummern

Vorwahl: 0252
Polizei: 262 47 13
Krankenhaus: 262 47 18

Leihfahrzeuge

Mietwagen sind nur am Flughafen → Dalaman erhältlich.

Verkehrsverbindungen

Bus: Der Bushof liegt fern vom Stadtzentrum nahe der Fernstraße Marmaris - Fethiye. Vom Stadtzentrum aus besteht eine *dolmuş*-Verbindung. Mehrmals täglich gibt es Busverbindungen zu den größeren Städten der Umgebung sowie jeweils einmal am Tag nach İstanbul, Ankara und İzmir. Jeden Morgen fährt außerdem ein Bus nach Denizli. Vom frühen Morgen bis in die Abendstunden besteht eine Regionalbusverbindung, die etwa alle 30 Minuten nach Marmaris und Fethiye, in etwas größeren Abständen nach Kaş und Antalya verkehrt.

Der Flughafen von Dalaman ist mit dem *dolmuş* nach Ortaca (dort umsteigen) zu erreichen.

–▸ Hinter Köyceğiz führt die Straße in einem weiten Bogen am Nordostende des Sees entlang. Nach etwa 10 km zweigt rechts eine Straße zu den Felsengräbern von *Kaunos* (→ Umgebung von Dalyan) ab - ein lohnender Umweg.

Dalyan

... war ursprünglich ein kleines Fischerdorf, heute ist es ein Tourismusstützpunkt mit guten Ausflugsmöglichkeiten (z.B. Kaunos, Sultaniye-Thermen und İztuzu-Strand). Von Dalyan werden Bootsfahrten zu den genannten Orten angeboten. Zum İztuzu-Strand fährt alle halbe Stunde ein *dolmuş*-Boot.

Umgebung von Dalyan

♦ Kaunos

Zu den Besonderheiten der antiken Stätte gehören das recht gut erhaltene Theater und vor allem rund 150 Felsengräber. Die Grabstätte läßt sich in zwei Bereiche aufteilen. Ihr oberer Teil zeigt Tempelfassaden im lykischen Stil, ihr unterer einfache Grabkammern und Scheintüren, um Grabräuber zu täuschen. (Plan siehe Seite xxx)

Je nach Jahreszeit gibt es massenhaft Fliegen, die bei der Besichtigung plagen können.

♦ İztuzu-Strand

Einige Kilometer weiter südlich von Dalyan bilden das Mündungsdelta von Dalyan, der *Sülüngür Gölü* und der 4 km lange *İztuzu-Strand* ein wichtiges Rückzugsgebiet für die vom Aussterben bedrohten Meeresschildkröten. Außerdem nisten dort unzählige Wasservögel, wie Ibisse, Kormorane, Fischadler, Pelikane, Reiher und Störche. Diesem einzigartigen Naturparadies drohte die Zerstörung durch einen geplanten Hotel- und Ferienhäuserkomplex (9.000 Betten). Tausende in- und

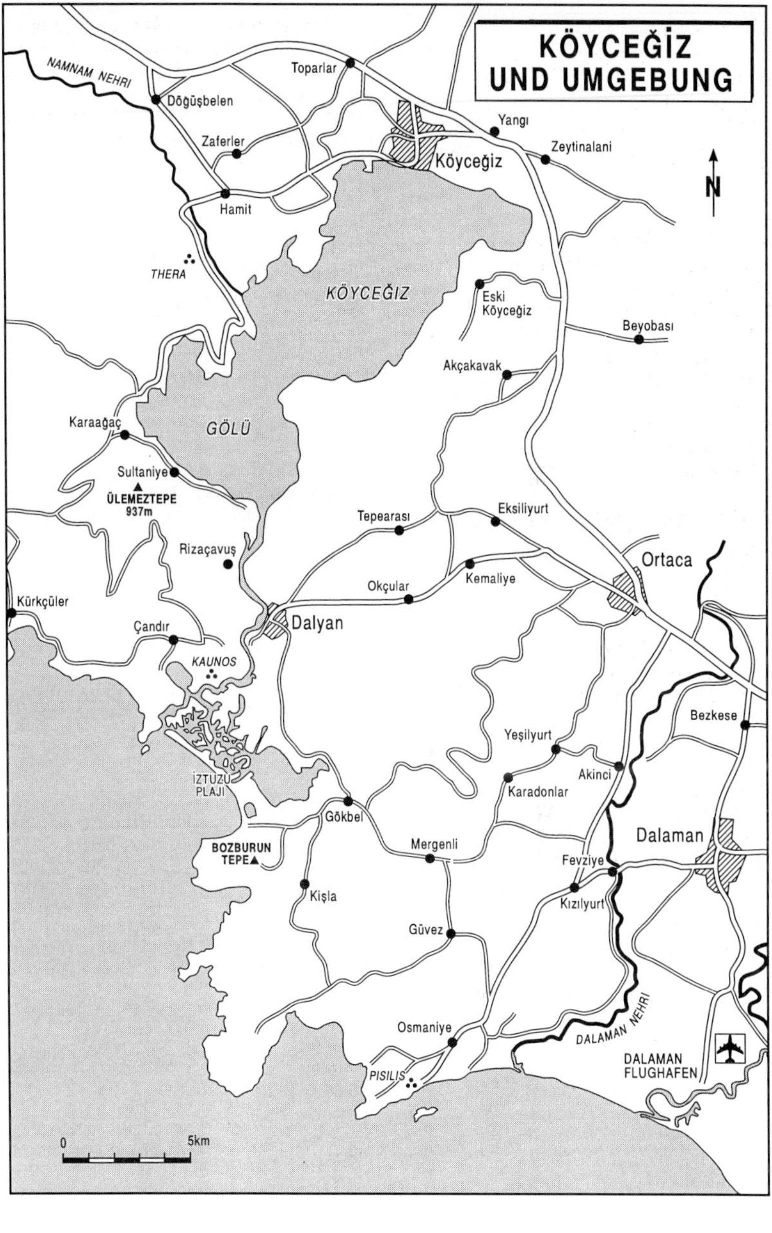
KÖYCEĞIZ
UND UMGEBUNG
NAMNAM NEHRI
Toparlar
Döğüşbelen
Yangı
Zaferler
Zeytinalani
Köyceğiz
N
Hamit
THERA
KÖYCEĞIZ
Eski
Köyceğiz
Beyobası
Akçakavak
GÖLÜ
Karaağaç
Sultaniye
ÜLEMEZTEPE
937m
Tepearası
Eksiliyurt
Rizaçavuş
Ortaca
Kemaliye
Okçular
Kürkçüler
Dalyan
Çandır
KAUNOS
Bezkese
Yeşilyurt
Akinci
İZTUZU
PLAJI
Karadonlar
Gökbel
Dalaman
Mergenli
BOZBURUN
TEPE
Fevziye
Kızılyurt
Kişla
Güvez
DALAMAN NEHRI
Osmaniye
DALAMAN
FLUGHAFEN
PISILIS
0
5km

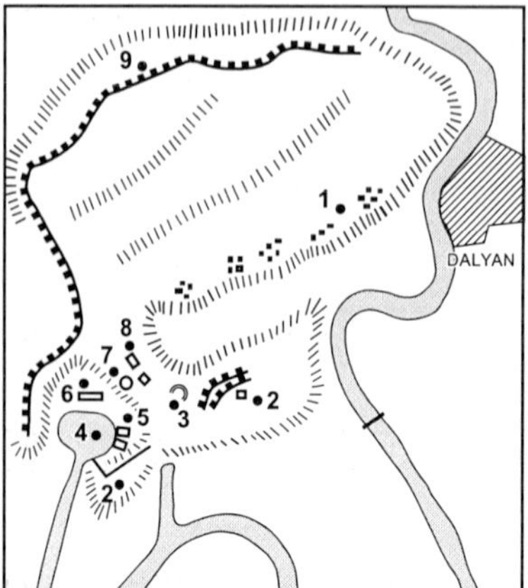

KAUNOS

1 Felsengräber
2 Akropolis
3 Theater
4 Hafen
5 Brunnenhaus
6 Marktplatz
7 Kultplatz der Nymphen
8 Basilika
9 Befestigungsmauer

ausländische Naturschützer forderten, das Gebiet für Touristen zu sperren und in ein Naturschutzgebiet umzuwandeln. Der Forderung wurde vorerst stattgegeben. Für diese Einsicht waren sicherlich nicht ökologische Gründe ausschlaggebend, sondern die Tatsache, daß die deutsche Regierung ihre Zusage über die Bereitstellung von 11 Millionen DM für dieses Projekt zurückzog. Somit wurde das Vorhaben auf Eis gelegt. Zur Zeit sieht man sich nach einem anderen geeigneten Platz für die Ferienanlage um. Dalyan hat derweil von dieser internationalen Öko-Publicity mächtig profitiert. Mit der Schildkröte kam der Tourismusboom, und so ist die Zahl der Beherbergungsbetriebe in dem idyllisch, aber meerfern gelegenen Örtchen inzwischen auch auf 120 angestiegen. Der İztuzu-Strand jedoch wird nachts gut bewacht, um den Tieren (Werbung im Ort: Ich bin hier seit 95 Millionen Jahren - und Du?) Störungen zu ersparen.

Die Einwohner von Dalyan, die eher unerwartet von der Schildkröte profitiert haben, zeigten sich dankbar: Sie haben ihr auf dem Platz vor der Moschee sogar ein Denkmal gesetzt. Es zeigt eine Schildkröten-Mami mit zwei Jungen (auch wenn Schildkröten doch gar keine Brutpflege betreiben).

Übernachten

In Dalyan gibt es mittlerwele über 120 Hotels und Pensionen. Da wird es nicht schwer fallen, das Passende für die Nacht zu finden.

Einfache Unterkünfte

▸ *Happy Caretta,* Tel. 284 21 09, liegt am Fluß, einfach eingerichtete Zimmer, mit Du/WC. DZ 25 DM.

▸ *Caretta Caretta Pansiyon,* Tel. 284 23 01, gut geführt und sauber, alle Zimmer mit Du/WC. DZ 25 DM, Frühstück möglich.

▸ *Göl Hotel,* am Fluß, etwa 100 m oberhalb des Ortszentrums, Tel. 284 20 96, schöne, saubere Zimmer mit Balkon, Swimmingpool, schöner Garten, auch Englisch wird gesprochen. DZ 40 DM, mit Frühstück.

Mittelklasse

▸ *Kon-Tiki Hotel,* am östlichen Ortseingang, Tel. 284 28 93. EZ 42 DM, DZ 56 DM, mit Halbpension.

▸ *Binlik Hotel,* am Fluß, Tel. 284 21 48, Drei-Sterne-Haus, alle Zimmer klimatisiert. DZ 80 DM, mit Frühstück.

▸ *Asur Hotel,* im Ort, Tel. 284 32 32, alle Zimmer klimatisiert. Pro Person 45 DM, mit Frühstück.

▸ *Antik Hotel,* im Ort, Tel. 284 21 36, Drei-Sterne-Haus, alle Zimmer klimatisiert. DZ 95 DM, mit Frühstück.

▸ *Dalyan Hotel,* am Fluß, Tel. 284 22 39. Pro Person 45 DM, mit Frühstück.

Essen und Trinken

An der Uferpromenade liegen die meisten der besseren Lokantas. Gut ist das *Melody Restaurant* in der Nähe von

Hotel Göl. Das Restaurant liegt direkt am Dalyan und bietet vor allem Fischspezialitäten. Die Fleischgerichte stehen jedoch in ihrer Qualität um nichts nach. Ein weiteres, sehr empfehlenswertes Restaurant ist das *Riverside*. Es ist zwar nicht billig - aber das Preis-Leistungs-Verhältnis stimmt.

Organisierte Ausflüge

Mittlerweile gibt es in Dalyan eine Reihe von Agenturen, die ein recht umfangreiches Angebot an organisierten Ausflügen offerieren. Programm und Preise sind in etwa gleich:
- zum Montagsmarkt in Köyceğiz, per Boot, incl. Essen, 17 DM
- Badeausflug in die Ekincik-Bucht (Bacardi-Bay), incl. Essen, 20 DM
- 12-Insel-Tour, incl. Essen, 30 - 40 DM
- Tagesausflug nach Pamukkale, incl. Essen, 50 DM
- Pamukkale, Ephesos, zweitägig, Vollpension, 110 DM
- Fethiye (zum Markttag), Kaya, Ölü Deniz, incl, Essen 35 DM
- Tagesausflug nach Rhodos, incl. Bustransfer nach Marmaris, 80 DM
- Saklıkent-Canyon, incl. Essen, 35 DM
- Tour zu den Dörfern in der Nachbarschaft, incl. Essen, 30 DM
- türkischer Abend, incl. Essen, 20 DM
- Yacht-Tour, zweitägig, Vollpension, 200 DM
- Rafting auf dem Dalaman-Fluß, 85 - 120 DM
- Reiten, 35 DM
- Bootstour zu den "Schlammbädern", nach Kaunos und zum İztuzu-Strand, 24 DM.

Anbieter:
▸ *Binlik Turizm,* im Ortszentrum, Tel. 284 32 80, Fax 284 32 79.
▸ *Halley Turizm,* İskele Cad. 4, im Ortszentrum, Tel. 284 47 16.
▸ *Yeşil Dalyan,* im Ortszentrum, Tel. 284 40 75, Fax 284 22 15, Deutsch sprechendes Personal.

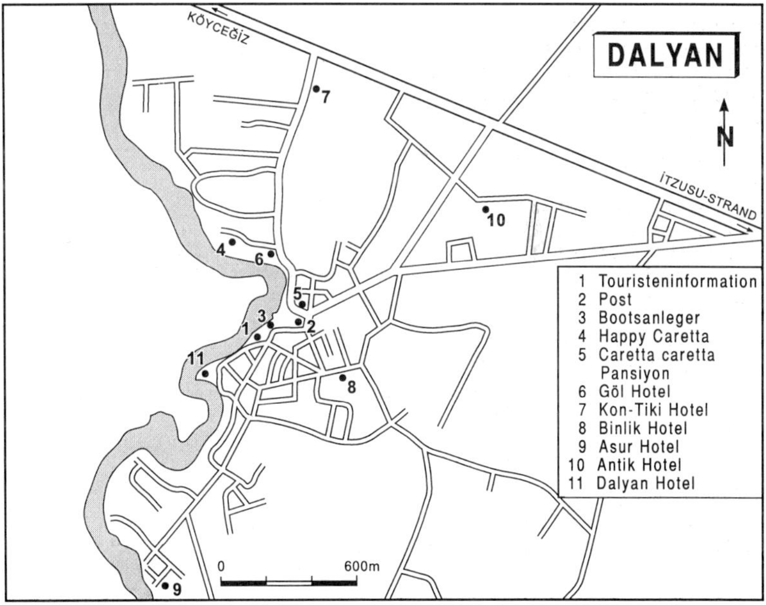

▸ *Medana Turizm,* im Ortszentrum, Tel. 284 27 33, Fax 284 26 46.

Leihfahrzeuge

Alle unter → Organisierte Ausflüge genannten Agenturen vermieten auch Fahrzeuge. Zusätzlich zu nennen ist:

▸ *Kaunos Mo To,* PTT Karşışı, Binlik Apart Otel Cad. 3, Tel. 284 29 16, gegenüber der Post, vermietet Mountainbikes (15 DM/ Tag), Motorroller (50 DM/ Tag) und Motorräder (80 - 140 DM/ Tag) bei freien Kilometern; bei Anmietung ab drei Tagen gibt's Preisnachlaß.

Verkehrsverbindungen

Die Anbindung an die "Außenwelt" funktioniert über die nahe gelegene Provinzstadt Ortaca, wohin eine sehr häufige *dolmuş*-Verbindung besteht. *Dolmuşlar* verkehren auch nach Köyceğiz, Sarıgerme und zum İztuzu-Strand. Für den Taxi-Transfer zum nahe gelegenen Flughafen Dalaman werden 30 DM verlangt.

Von Ortaca besteht nicht nur Anschluß an die sehr häufig verkehrende Regionalbuslinie zwischen Marmaris und Fethiye, sondern auch mindestens 1 - 2 mal tgl. zu den wichtigsten Großstädten des Landes. İzmir und Antalya sind in nahezu stündlichem Takt zu erreichen.

Nach Köyceğiz und zum İztuzu-Strand besteht auch eine *dolmuş*-Boot-Verbindung. Zusätzlich ankern am Flußufer zahlreiche Taxi-Boote, die den Fahrgast zum gewünschten Ort am Seeufer bringen.

–▸ Bevor man in die Ebene des Golfs von Fethiye fährt, passiert man die Abfahrt zum Flughafen *Dalaman.*

♦ Dalaman

15.100 Einwohner, 42 km SO von Köyceğiz

Der Ort ist in der gesamten Region für seine Orangen- und Zitronenplantagen, vor allem aber durch seinen internationalen Flughafen, der vor wenigen Jahren eigens für Charterfluggäste angelegt wurde, bekannt.

Übernachten

▸ *Dalaman Pansiyon,* Kenan Evren Bul. 30, Tel. 692 55 43, Familienpension mit einfachen Zimmern; auch Zimmer mit Du/WC. DZ 21 DM, mit Frühstück.

▸ *Özer Pension,* Gazi Bul. 6, Tel. 692 50 64, Etagenduschen, einfach eingerichtete Zimmer. DZ 19 DM, mit Frühstück.

▸ *Yılmaz Pansiyon,* Cengiz Topel Cad. 4, Tel. 692 55 11, beim Bushof, einfache, Familienpension, nicht alle Zimmer mit Du/WC. DZ 21 DM, mit Frühstück.

▸ *Airport Apart Motel,* Kenan Evren Bul., Havaalanı Yolu, ca. 5 km vom Flughafen entfernt, Tel. 692 50 73, alle Zimmer mit Du/WC, Mittelklassehotel mit Restaurant und Swimmingpool. EZ 25 DM, DZ 35 DM.

Essen und Trinken

In der Hauptstraße der Stadt, der Atatürk Caddesi, befinden sich die meisten der eher einfachen Lokantas und Restaurants. Obwohl die meisten Touristen hier nur mit dem Bus zum Flughafen durchfahren, sind die meisten Speisekarten bereits in Englisch und Deutsch verfaßt.

Leihfahrzeuge

Am Flughafen sind Autos zu mieten. Sie kosten zwischen 80 und 160 DM/

Tag, bei Wochenmiete Preisnachlaß.
▸ *Airtur,* Tel. Tel. 692 59 79, 692 52 91, Fax 692 59 78
▸ *Avis,* Tel. 69 254 10, Tel. & Fax 692 55 88
▸ *Binlik,* im Zentrum von Dalaman, Tel. 692 50 01, 693 50 31, Fax 692 28 10
▸ *Europcar,* Tel. 692 51 17
▸ *Hertz,* Tel. 892 59 75

Verkehrsverbindungen

Vom Flughafen Dalaman *(Dalaman Havaalanı)* starten täglich Flüge von *İstanbul Airlines* nach İstanbul und Antalya, von *Turkish Airlines* zusätzlich nach Ankara, İstanbul, in die großen Städte der Türkei und einige Metropolen Europas. Der Luftverkehr wird von Charterflügen dominiert. Am Flughafen wird ein Bus- (ca. 20 DM) und Taxiservice (ca. 35 DM) nach Fethiye angeboten.

–▸ Von Dalaman nach Fethiye verläuft die Fernverkehrsstraße überwiegend durch bewaldetes Gebirge, das jedoch immer wieder von Beckenlandschaften unterbrochen wird. Vom Meer, das meist nur einige Kilometer entfernt ist, ist eine ganze Weile kaum etwas zu sehen. Allenfalls bei Göçek (→ Umgebung von Fethiye) lassen die Masten der Yachten ahnen, daß die Küstenlandschaft in eine schöne Bucht ausläuft.

Die Straße wird gegenwärtig verbreitert, begradigt und überhaupt zur "Rennpiste" ausgebaut. Mit unbefestigten Abschnitten und anderen Behinderungen, die die Fahrzeit verlängern, ist also zu rechnen.

Fethiye

37.500 Einwohner, 140 km (Luftlinie) von Antalya

Fethiye ist eine kleine Stadt an einem bewaldeten Küstenabschnitt des gleichnamigen Golfs. Über seinen Hafen werden die im lykischen Taurus abgebauten Chromerze verschifft.

Im Sommer 1957 wurde die Stadt durch einen Erdstoß fast völlig zerstört. Im Rahmen der Wiederaufbauarbeiten wurden die Trümmer dazu verwendet, am Ufer die Promenade anzulegen.

Lange hatte Fethiye mit Abwasserproblemen zu kämpfen. Die Schmutzfracht ergoß sich an verschiedenen Stellen in die Hafenbucht, die durch die Sövaliye-Insel zusätzlich abgeriegelt ist, und schwappte dann die Kaimauern entlang. Eine Ringleitung mit entsprechenden Pumpstationen hat in den letzten Jahren Abhilfe geschaffen. Der gesammelte Dreck wird nun über die Öyuk-Tepe-Halbinsel aus der Bucht herausgeschafft. Eine Kläranlage ist bis heute nicht in Sicht.

Durch seine Felsengräber und den nahen Bilderbuchstrand *Ölü Deniz* (→ Umgebung von Fethiye) hat sich Fethiye zu einem Touristenzentrum entwickelt. In der Stadt gibt es an Sehenswürdigkeiten nur einen alten Sarkophag (neben der Stadthalle). Ein großer Anziehungspunkt ist auch der große Wochenmarkt.

Geschichte

In der Nähe der heutigen Stadt lag das antike, wahrscheinlich im 5. Jahrhundert v. Chr. gegründete *Telmessos*. Im 4. Jahrhundert v. Chr. gehörte es zum *Lykischen Städtebund* und im 2. Jahrhundert v. Chr. zur römischen Provinz *Asia*. In der Folgezeit wechselte es mehrfach den Namen. Bereits in frühbyzantinischer Zeit dürfte der Küstenort jedoch - aus Angst vor marodierenden Araberflotten - in die Sicherheit jener Hochebene verlegt worden sein, wo sich heute die Ruinen von *Kaya* befinden. Daß dem Anlegeplatz trotzdem einige Bedeutung blieb, davon zeugen die Ruinen der mittelalterlichen Burg oberhalb des Städtchens.

Aus dem antiken Telmessos wurde das griechische *Makry*. Nur - die Griechen mußten die Gegend in der Folge des *Vertrags von Lausanne* 1923 verlassen. Und mit dem neuen türkischen Nationalstaat mußte auch ein neuer Name her. Der wurde Anfang der dreißiger Jahre gefunden, als der erste Pilot der jungen türkischen Luftwaffe bei einem Flugzeugabsturz umkam: *Fethi Bey* ist im Namen Fethiye sozusagen "unsterblich" geworden.

Umgebung von Fethiye

♦ *Felsengräber*

Am östlichen Stadtrand befinden sich mehrere *Felsengräber*, die schon vom Zentrum zu sehen sind. Das prächtigste ist das *Grab des Amyntas* aus dem 4. Jahrhundert v. Chr.; zu ihm führt eine lange Treppe hinauf. Seitlich davon liegen weitere Grabstätten, von denen zwei ebenfalls Tempelgräber (zu erkennen am Säulenvorbau) sind. Die kleineren sind Hausgräber. Für die Besichtigung werden 2 DM Eintritt erhoben.

♦ *Akropolis*

Der Hügel, auf dem einst die Akropolis stand, liegt westlich der Stadt am Weg nach Kaya. Heute sind dort nur noch die spärlichen Reste einer mittelalterlichen Burg zu sehen. An der Ostseite der Anhöhe befinden sich weitere Gräber. Sowohl die Felsengräber als auch der Akropolishügel sind von der Stadt gut zu Fuß zu erreichen.

♦ *Lydia*

Auf der anderen Seite der Bucht von Fethiye liegen auf einer Halbinsel die Ruinen der Stadt *Lydia*. Von der im 4. Jahrhundert v. Chr. gegründeten Siedlung sind noch Reste einer Festung, zweier Mausoleen und kleinerer Häuser zu sehen.

♦ *Kaya*

Ca. 8 km südlich von Fethiye liegt in einem Tal die Ruinenstadt *Kaya*, die zu Fuß in etwa zwei bis drei Stunden zu

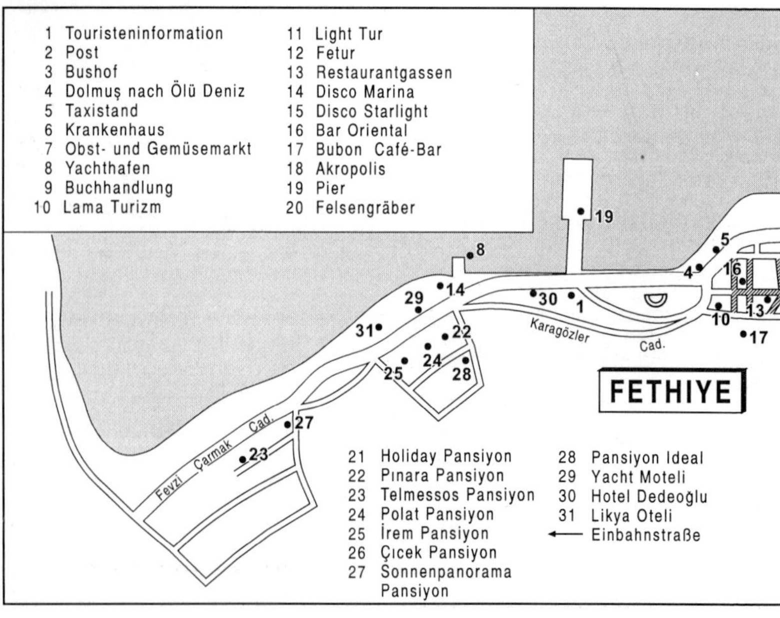

erreichen ist. Hier lebten bis nach dem Ersten Weltkrieg fast 25.000 Griechen, die nach dem Scheitern der griechischen Invasion in Kleinasien und in der Folge der Vereinbarungen, die im Vertrag von Lausanne unter Regie der damaligen europäischen Weltmächte festgeschrieben wurden, aus dem gerade unter dem Patronat dieser Mächte neu geschaffenen republikanischen Nationalstaat *Türkei* ausgewiesen wurden. 1957 legte ein Erdbeben die Stadt, ohnehin dem Verfall preisgegeben, in Trümmer. Wie man sieht, läßt sich auch mit eher traurigen, relativ modernen Ruinen Geld verdienen (Eintritt 2 DM). Heute leben nur wenige Menschen in dem fruchtbaren Tal, wo sie Obst, Gemüse und vor allem Tabak anbauen.

Eine Übernachtungsmöglichkeit bietet sich in der *Villa Rhapsody Pansiyon,* wenige hundert Meter hinter der Stichstraße zu den Ruinen von Kaya, mit Swimmingpool, Bar, Restaurant und schönem Garten. Der Besitzer hat sein Fach in Deutschland gelernt, spricht also Deutsch. Das Haus ist sehr sauber und gepflegt (DZ 35 DM, mit Frühstück). Eine originelle Einkehrmöglichkeit besteht in *Cem's Place*, einer Kombination aus Zoo, Restaurant, Snack-Bar und Andenkenladen.

♦ *Kadyanda*

Etwa 20 km nordöstlich von Fethiye lag in der Nähe der Ortschaft Üzümlü das antike *Kadyanda,* im 4. Jahrhundert v. Chr. gegründet. Die Trümmer der in 1.000 m Höhe gelegenen Siedlung sind mit Gestrüpp derartig überwachsen, daß die Funktionen der einzelnen Gebäude nicht mehr ohne weiteres zu erkennen sind.

Über die Geschichte von Kadyanda ist verhältnismäßig wenig bekannt. Die Felskammergräber im Umfeld zeugen davon, daß es sich um eine Gründung der Lykier handelt. Die zu sehenden Gebäudereste allerdings stammen

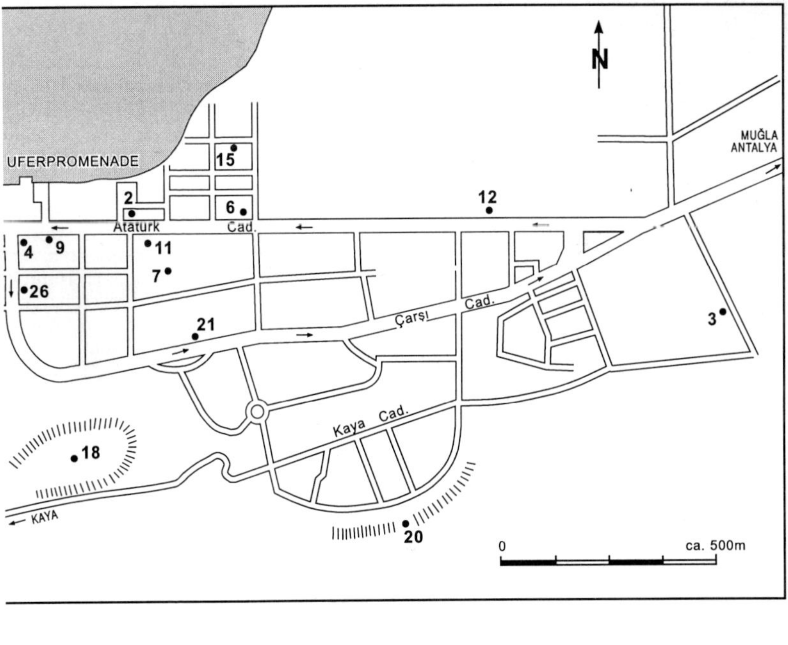

Kaya

... ist eine griechische Siedlung, die durch einen im Vertrag von Lausanne 1923 vereinbarten Bevölkerungsaustausch zwischen Griechenland und der Türkei von ihren Bewohnern aufgegeben werden mußte. Die Zahl von einstmals bis zu 25.000 Einwohnern erscheint allerdings zu hoch gegriffen - 4.000 bis 6.000 könnten es aber gewesen sein. Nun wird Kaya aber häufig mit Makry verwechselt - Makry, griechisch für "weit entfernt", ist aber der alte Name für Fethiye, der im türkischen Meğri weiterlebt, während Kaya im 19. Jahrhundert den Namen *Livissi* trug. In dieser Zeit siedelte die Hohe Pforte (so nannte sich die türkische Regierung vor 1923) zahlreiche Griechen von den Inseln des Dodekanes an der türkischen Südwestküste an, um so ein Gegengewicht zur wachsenden Macht türkischer Provinzfürsten zu schaffen. Fethiye war zu dieser Zeit ein prosperierendes, vor allem von Griechen bewohntes Hafenstädtchen, Kaya eine große Siedlung im Hinterland, deren Bewohner vorwiegend Landwirtschaft in der fruchtbaren Beckenlandschaft betrieben. Erst als 1856 ein Erdbeben Makry/ Fethiye weitgehend zerstörte, übernahm Kaya für eine Weile die Rolle des regionalen Zentrums.

An Stelle der Griechen wurden 1923 Muhacir, islamische Rückwanderer aus dem Terrritorium Griechenlands, vorwiegend von Kreta, dort angesiedelt. Sie gaben die Siedlung jedoch bald wieder auf - teils, weil sie bei den Glaubensbrüdern des Umlandes nicht besonders beliebt waren, teils, weil bald das Gerücht die Runde machte, daß die Griechen einen Fluch über ihre zwangsweise aufgegebene Siedlung gelegt hätten.

Seitdem ist Kaya weitgehend verlassen - nur einige Häuser am unteren Ortsrand werden bewohnt; alles andere verfällt. Deutlich sind bei einem Spaziergang durch die Ruinen die Merkmale dodekanesisch-griechischer Architektur zu erkennen: Die in der Regel zweigeschossigen Häuser stehen dicht beieinander, haben außenliegende Kamine an den Schmalseiten und weisen keine Giebel auf - sie waren mit Flachdächern eingedeckt, deren Balkenkonstruktionen allerdings längst anderen Verwendungszwecken zugeführt worden sind. Besonders charakteristisch sind die beiden recht gut erhaltenen Kirchen - eine im West-, die andere im Ostteil des Ruinengebietes.

überwiegend aus der römischen Epoche. Ihre Größe ist ein Beleg dafür, daß Kadyanda eine durchaus bedeutende Stadt gewesen sein muß. Dies gilt vor allem für das erste nachchristliche Jahrhundert. So ist etwa durch Inschriften bezeugt, daß der Bau der Thermenanlage aus der Privatschatulle des Kaisers *Vespasian* finanziert worden ist. Die Siedlung scheint - vielleicht wegen ihrer "unbequemen" Lage - jedoch bereits zu Beginn der byzantinischen Epoche aufgegeben worden zu sein. Bisher sind jedenfalls keine Zeugnisse städtischen Lebens über das Ende der Römerherrschaft hinaus entdeckt worden.

Zunächst führt der Pfad an den Südwestabhang des Stadtbergs. Dort sind einige Gewölbekonstruktionen aus Quadern zu sehen - eine typisch römische Bauweise. Sie befinden sich im Bereich einer vermutlich römischen Gräberstätte. Man genießt den Blick hinüber nach Fethiye - und wendet sich in südwestlicher Richtung. Jetzt geht es durch unwegsames Gelände - die Senken im Boden zeugen von den zahlreichen Zisternen, die einst die Wasserversorgung der Stadt sicherstellten. Bald steht man vor Überresten der Akropolismauer. Dort sucht man sich eine geeignete Stelle, um dieses Hindernis zu überwinden - klare Pfade gibt es jetzt nicht mehr - und hält sich anschließend rechts. Dann stößt man zunächst auf die Reste eines dorischen Tempels, der bisher keiner bestimmten Gottheit zugeordnet werden konnte. Südlich davon schließt sich das in West-Ost-Richtung verlaufende Stadion an, das aber allenfalls noch an seiner Form zu erkennen ist. Darauf folgen die Thermen, ein Quaderbau, dessen Mauern noch gut erhalten und unter den Bäumen leicht auszumachen sind. Südwestlich davon fällt eine große ebene Fläche auf. Hier war der römische Markt- und Versammlungsplatz mit Säulenhallen, deren Fundamente und einige Säulenreste aber noch erhalten sind. Am südlichen Rand der Akropolis schmiegt sich schließlich das Theater in den Abhang - zum Teil sind die Sitzreihen noch erhalten, das Bühnengebäude dagegen ist vollständig zerstört.

♦ *Ölü Deniz*

Zu den berühmtesten Stränden der Türkei zählt der in vielen Urlaubsprospekten gepriesene Sandstrand von *Ölü Deniz* (dt. Totes Meer). In der Tat ist der Strand traumhaft schön, leider aber zur Sommerzeit hoffnungslos überlaufen. "Ölü", wie man auch kurz sagt, liegt 15 km südlich von Fethiye in der Nähe der Ortschaft Belceğiz. Von Fethiye ist der Ort gut mit dem *dolmuş* zu erreichen, der von einer eigenen Station östlich des alten Ortskerns aus verkehrt.

Der nördliche Teil des Strands kostet Eintritt (2 DM/ Pers., 5 DM/ Auto, 3 DM/ Motorrad), darin eingeschlossen die Benutzung von Duschen und Toiletten. Sonnenschirme und -liegen sind zusätzlich zu mieten. Kioske bieten zu überhöhten Preisen Snacks und Getränke an. Der südliche Teil der Badebucht ist frei zugänglich. Sonnenschirme und Holzliegen können auch hier geliehen werden. An diesem Strandstreifen haben sich Campingplätze und am südlichen Ende ein Verleih von Surfbrettern, Booten, Wasserskiern und anderen Wassersportgeräten etabliert (Gleitschirmfliegen 40 DM/ 10 Min., Surfen 15 DM/ Std., Kanu 10 DM/ Std., Bananenboot 15 DM/ Fahrt, Wasserski 40 DM).

Das Wasser der Bucht ist morgens meist klar, wird aber in den Nachmittagsstunden durch auflandigen Wind oft getrübt.

Gleitschirmfliegen mit Folgen

Bis Mitte August 1991 war es möglich, von *Baba Dağı*, dem majestätischen Gipfel über dem Strand von Ölü Deniz, mit dem Gleitschirm in einem 20-Minuten-Flug zum Strand hinunterzugleiten - sicher ein phantastisches Angebot.

Allerdings hat es sich bitter gerächt, daß die verantwortliche Agentur auch blutige Anfänger fliegen ließ. So war es nur eine Frage der Zeit, bis im August des Jahres 1991 zwei Touristen abstürzten und sich Querschnittslähmungen zuzogen. Seitdem darf Paragliding von *Baba Dağı* nicht mehr angeboten werden. Wer allerdings seinen Gleitschirm mitbringt, darf auf eigene Verantwortung fliegen. Weniger gefährlich ist das Parasailing am Strand.

Organisierte Ausflüge

▸ *Exploratur,* an der Strandpromenade, Tel. 616 68 90, Fax 616 62 74, bietet Jeepsafaris nach Tlos, Saklıkent, zum Fluß Esen Çayı, nach Xanthos und Patara (75 DM einschließlich Benzin, Mittagessen, Eintrittsgeldern, Versicherung und Führung); außerdem eine Zweitagestour auf einer Yacht zu Buchten und Inseln der Umgebung (175 DM, mit einem Frühstück, zwei Mittagessen, einem Abendessen und Übernachten auf dem Boot; bis zu 10 Personen).

Rundwanderung von Üzümlü zum antiken Kadyanda

Entfernung, Gehzeit:	Üzümlü - Kadyanda	4 km	1 Std.
	Kadyanda - Üzümlü	8 km	1 Std. 30 Min.
	Gesamt	12 km	2 Std. 30 Min.

Schwierigkeitsgrad: Beschwerlich ist der Aufstieg von Üzümlü nach Kadyanda: Auf steilem Pfad muß man einen Höhenunterschied von 450 m überwinden, und die Besichtigung von Kadyanda führt über unwegsames Gelände. Der anschließende Abstieg erfolgt dann über eine Schotterstraße mit wenig Gefälle - der Rückweg ist zwar länger, aber einfacher.

Wanderweg: Steiler, steiniger Pfad; unwegsames Gelände; Schotterstraße.

Ausrüstung: Wegen des steilen, steinigen Aufstiegs sind feste Wanderschuhe unerläßlich. Die Besichtigung der antiken Stadt führt teilweise durch Dickicht - entsprechende Kleidung wählen. Der Abstieg ist weitgehend schattenlos - in der heißen Jahreszeit empfiehlt sich deshalb eine Kopfbedeckung. Auf jeden Fall Trinkwsser mitnehmen; es gibt keine Einkehrmöglichkeiten.

Wanderzeit: Das ganze Jahr über, Regentage ausgenommen - dann sind die Pfade ausgesprochen schlüpfrig. In der heißen Jahreszeit ist der Aufstieg allerdings schweißtreibend.

Anfahrt: Minibus vom Bushof von Fethiye in Richtung Üzümlü, Câmeli, Denizli; ca. alle 2 Stunden - bis zum Ortskern von Üzümlü.

Rückfahrt: Minibus/ *dolmuş* von Üzümlü nach Fethiye. Auf jeden Fall sollte man sich vor Antritt der Wanderung in Üzümlü nach der letzten Rückfahrmöglichkeit erkundigen; man bedenke dabei, daß man für die Besichtigung des antiken Kadyanda ca. 1 Stunde benötigt - und mehr, wenn man noch die Gräberstätte auf der Nachbarkuppe besucht.

Das antike Kadyanda ist durch eine recht gut zu befahrende Schotterstraße erschlossen; bisher "verirren" sich nur wenige Touristen dorthin. Die antike Siedlung ist noch kaum archäologisch untersucht und wird auch nicht bewacht - so sind auf dem benachbarten Nekropolen-Berg zahlreiche Spuren neuerer Raubgrabungen zu sehen. Das Gebiet ist bewaldet, und vom Stadtberg bietet sich ein schöner Ausblick auf die Bucht und die Ebene von Fethiye.

Die Wanderung beginnt beim Krämerladen von Üzümlü, wo auch die Bushaltestelle ist. Man geht von dem kleinen "Dorfplatz" aus nach Osten ansteigend in die Siedlung hinein. So komt man zum großen Dorfplatz. Dort weist ein gelber Wegweiser mit der Aufschrift "Kadyanda" nach links - man geht aber geradeaus weiter, vorbei an der Moschee zur Linken. Nach einer zweiten Moschee auf der rechten Straßenseite endet die Dorfstraße schließlich vor einem betonierten Trinkwasserreservoir. Hier gabelt sich der Weg: Man hat die Wahl zwischen dem steilen, schmalen, aber direkten Aufstieg oder einem besser ausgetretenen Pfad, der zwar etwas weiter ist an und einigen lykischen Felsengräbern vorbeiführt.

Variante 1: Die direkte Route
Man nimmt vor dem Wasserreservoir den rechten Abzweig. Er führt bald zu einer Gabelung mit drei Wegen; hier hält man sich ganz links. Nun geht es steil an der Nordflanke einer kleinen Schlucht bergauf. Im oberen Bereich der Schlucht, auf einer Höhe von ca. 700 m, trifft man auf einen etwas deutlicheren Pfad, der quer zur Talsenke verläuft. Man biegt nach rechts in diesen Pfad ein und verläßt die Senke in südöstlicher Richtung.

Variante 2: Die Felsengräber-Route
Dazu nimmt man vor dem Wasserreservoir den linken Abzweig. Nach etwas mehr als 100 m folgt man einem deutlichen Abzweig nach rechts. So kommt man auf einen ausgetretenen Pfad, der nach Osten ansteigt. Er führt hinter eine Felsnadel - rechts und links vom Weg sieht man nun einige in das Gestein gearbeitete lykische Felsengräber. Eines davon ist in einen einzelnen Felsblock gehauen worden, den die Bodenerosion mittlerweile in Schräglage gebracht hat. Nach diesem "Engpaß" geht es in Südost-Richtung bergauf. Es folgt ein ziemlich ebener Abschnitt, bis man eine kleine Talsenke vor sich hat. Der Pfad quert diese Talsenke (an dieser Stelle vereinigt er sich mit der direkten Route) und steigt den gegenüberliegenden, bewaldeten Hang in Südost-Richtung an.

Auf einer Höhe von ca. 800 m trifft dieser Pfad auf die Serpentinenkurve einer Schotterstraße, die zum antiken Kadyanda hinaufführt. Man wendet sich nun nach rechts und kann einfach weiter der Straße folgen oder aber bei einem Steinbruch, wenige Meter nach der Einmündung am rechten Straßenrand, auf einem schmalen, nicht leicht zu erkennenden Pfad nach oben abkürzen.

Falls man der Straße folgt, wird man in der nächsten Serpentinenkurve einen nach links abzweigenden Waldweg erkennen. Er führt zu einigen kleinen Wiesen unterhalb einer Felskuppe, auf der sich eine Gräberanlage des antiken Kadyanda befindet. Neben wenigen in den Steilabsturz gehauenen Felsengräbern, die aus lykischer Zeit stammen, finden sich oben auf dem Plateau auch in der Erde beigesetzte Sarkophage, vermutlich aus der römischen Epoche. Das Gelände ist in jüngerer Zeit regelrecht durchwühlt worden, wohl kaum von Archäologen.

Dort, wo man wieder auf die Schotterstraße trifft, zweigt auf der gegenüberliegenden Seite ein Waldweg von der Straße ab. Wenn man über die Schotterstraße aufgestiegen ist, hält man sich geradeaus - ist man über den Pfad gekommen, wende man sich nach rechts.

Die Schotterstraße verläuft an dieser Stelle über einen Einschnitt zwischen zwei Bergkuppen: die linke trägt die Gräberstätte, die rechte die Ruinen von Kadyanda, die man von diesem Punkt aus allerdings nicht erkennen kann. In einem weiten Bogen wendet sich die Straße nunmehr in Nord- bis Nordost-Richtung und verläuft an der Westflanke des Stadtbergs verhältnismäßig eben, bis sie in einen Parkplatz mündet.

Von dort geht es auf einem leidlich erkennbaren Pfad zu den ersten Ruinen von Kadyanda auf der Südwest-Flanke des Bergs, von wo man auf die Ebene und die Bucht von Fethiye blickt (→ Artikel "Das antike Kadyanda").

Nun geht man den gleichen Weg zum Parkplatz zurück - beim Aufstieg sollte man sich unterwegs einige "Geländemarken" einprägen, da die Orientierung auf der bewaldeten Kuppe nicht ganz einfach ist.

Nun folgt man der breiten Schotterstraße talwärts. Obwohl mehrere kleine Wege abzweigen, bleibt die "Hauptstraße" stets klar erkennbar. Sie verläuft zunächst nach Süden, wendet sich dann, in Serpentinen absteigend, nach Osten und passiert einige Lichtungen, die landwirtschaftlich genutzt werden, um dann schließlich nach ca. 4 km nordwärts im Bereich der kleinen Siedlung von Ecebeli auf die unbefestigte Straße zwischen Üzümlü und Ortaköy zu münden. Dort wendet man sich nach links, um nach 4 km Üzümlü zu erreichen.

Tip: Nördlich und südlich von Fethiye sind mehrere schöne, kleine Buchten zu erwandern, in denen hin und wieder eine Yacht vor Anker liegt.

Übernachten

Neben zahlreichen Hotels und Pensionen gibt es einige Campingplätze, die auch Zimmer, Hütten und kleine Bungalows vermieten. Die Sanitäranlagen sind alle gut, viele Plätze haben ein Restaurant.

▸ *Ufuk Motel,* Tel. 616 60 06, Zimmer mit Du/WC, große Küche. Im Motel 14 DM/ Pers., im Bungalow 20 DM/ 2 Pers.

▸ *Ümit Motel,* Tel. 616 60 21, einfacher, wenig schattiger Campingplatz mit Restaurant. Bungalow 25 DM/ 2 Pers., 2 Pers./ Pkw 9 DM.

▸ *Star Pansiyon,* Tel. 616 60 29, einfache, saubere Pension mit Campingplatz. 2 Pers./ Zelt/ Pkw/ Kleinbus 7 DM, DZ 25 DM.

▸ *Motel Meri,* Tel. 616 60 60, alle Zimmer mit Du/WC, einfach eingerichtet, herrliche Lage an der Lagune. DZ 45 DM, mit Frühstück.

▸ *Manzara Hotel,* am Hang über Belceğiz, Tel. 616 60 25, Fax 616 60 51, Swimmingpool, Bar, Restaurant, alles sehr sauber und dem Preis entsprechend. DZ 50 DM.

▸ *Karte Otel,* Belcekız Mev., Tel. 616 64 46, modernes Hotel, alle Zimmer mit Du/WC, großer Garten, Swimmingpool. DZ 50, mit Frühstück.

▸ *Ünsal Pansiyon Kamping*, Tel. 616 60 17, vermietet Zimmer mit Du/WC, auch kleiner Platz für Zelte; Restaurant. DZ 25 DM.

▸ *Ölü Deniz Camping-Restaurant,* Tel. 616 60 18. Etwas staubiger Campingplatz, direkt an der Hauptstraße, einfache Sanitäreinrichtungen, Restaurant. 2 Pers./ Zelt/ Pkw 6 DM, Leihzelt pro Person 7 DM, kleine Bungalows 15 DM.

▸ *Deniz Kamping*, Tel. 616 60 12, staubig, wenige schattenspendende Bäume; durch seine Nähe zum Strand jedoch Anziehungspunkt für Camper aus dem Ausland; vermietet auch kleine Häuser. EZ 20 DM, DZ 30 DM, DRZ 40 DM; 2 Pers./ Zelt/ Pkw/ Kleinbus 9 DM.

▸ *Ceyhan Motel,* Tel. 616 60 27, Zimmer mit Du/WC, DZ 35 DM; mit Campingplatz, 2 Pers./ Pkw 10 DM.

▸ *Tunçay Motel Camping,* Tel. 616 60 16, abseits, ruhig, alle Bungalows mit Du/WC. Bungalow für 2 Pers. 29 DM, mit Frühstück.

Essen und Trinken

In Ölü Deniz befindet sich die Restaurantszene an der Strandpromenade. Einige hundert Meter vom Strand entfernt liegt direkt an der Straße *Dux Deluxe,* ein vegetarisches Restaurant, das verschiedene Sorten Gemüse - auch nach Wunsch - zubereitet.

♦ *Nationalparks Katrancı und Küçükkargı*

In der Umgebung von Fethiye gibt es mehrere kleine Parks, so den Nationalpark *Katrancı*, 18 km westlich von Fethiye. In seinem Gebiet liegen mehrere kleine Buchten, die durch Wege verbunden sind. Am Hauptstrand ist Campen möglich. Der schattige Campingplatz (Tel. 612 10 86) verfügt über ausreichende sanitäre Einrichtungen, einen Supermarkt, ein Restaurant und Sporteinrichtungen. Er ist von April bis Oktober geöffnet (Caravan 7 DM, Zelt 6 DM, pro Person zusätzlich 1 DM).

Der Nationalpark *Küçükkargı* liegt 20 km westlich von Fethiye. Er ist über eine Piste zu erreichen, die ein ausgetrocknetes Flußbett durchquert. Es folgt eine tiefe, weite Bucht mit schönem Strand aus Sand und Kiesel. Daran grenzt eine große Wiese mit Wald, in dem ebenfalls ein Campingplatz (Tel. 623 90 86) mit viel Schatten liegt. Der Platz verfügt über ausreichende sanitäre Einrichtungen und Waschmaschinen. Ein einfaches Speiselokal gibt es auch. Öffnungszeiten und Preise wie Katrancı-Camping.

♦ Göçek

Dieser Ort, 40 km nordwestlich von Fethiye, hat durch seinen kleinen Yachthafen und den damit verbundenen Tourismus einen gewaltigen Aufschwung erfahren. In Göçek bieten zahlreiche Lokantas vor allem Gerichte mit Fisch und Meeresfrüchten an. Leider gibt es hier keinen Strand, jedoch eignet sich der Ort gut als Ausgangspunkt für die "*12-Insel-Tour*" in die Bucht von Fethiye, die auch von hier aus zu gleichen Preisen wie in Fethiye (→ Organisierte Ausflüge) angeboten wird. Die Atmosphäre in Göçek ist jedoch keineswegs so mondän, wie die Bezeichnung "Yachthafen" vermuten läßt. Jedenfalls gibt es einige einfache Pensionen, die mit durchaus "freundlichen" Preisen von 10 bis 15 DM für ein Einzelzimmer und 18 bis 25 DM für ein Doppelzimmer, jeweils mit Frühstück, aufwarten. Dazu gehören: *Aydın Pansiyon,* Tel. 645 12 27; *Güzel Pansiyon,* Tel. 645 10 34, sowie direkt an der Uferpromenade *Ünlü Pansiyon,* Tel. 645 11 70.

Pinara

... liegt ca. 52 km südöstlich von Fethiye. Vom Dorf Eşen führt über Yakabağ ein zum Teil unbefestigter Weg in 6 km zum antiken *Pinara*. Wer mit dem Minibus von Fethiye kommt, kann an der Abzweigung nach Pinara aussteigen.

Eine durch Inschriften aus dem ersten Viertel des 4. Jahrhunderts belegte Überlieferung berichtet, daß Pinara von der lykischen Hauptstadt → Xanthos, am Unterlauf des Eşen Çayı, aus gegründet worden ist. Während der hellenischen Epoche zählte die Siedlung zu den sechs wichtigsten Städten des lykischen Bundes. Faktisch stand sie aber aufgrund ihrer Abgelegenheit stets etwas im Schatten des benachbarten Tlos. Irgendwann in der frühbyzantinischen Epoche ist die Stadt von einem starken Erdbeben heimgesucht worden, dessen Zerstörungen so gewaltig waren, daß die überlebenden Bewohner ihre Heimat aufgeben mußten. 1839 wurde die Siedlung von dem Engländer C. Fellows wiederentdeckt. Seither wurden sporadisch archäologische Einzeluntersuchungen durchgeführt; eine systematische Erforschung steht jedoch bisher aus.

Die Besichtigung beginnt beim Theater links der Straße. Das Bühnenhaus ist nur noch in seinem Grundriß zu erkennen, gut erhalten ist hingegen der Zuschauerraum mit 27 Sitzreihen, der etwas mehr als einen Halbkreis umfaßt. Es handelt sich um griechische Architektur, die in diesem Fall nicht römisch umgeformt wurde.

Südlich des Theaters, in einem Bereich, der heute mit Feldern bedeckt ist und von der Straße durchschnitten wird, befand sich das Stadion, die benachbarten Baureste werden einem Apollon-Tempel zugeordnet.

Nun steigt man vom Theater nach Westen den Hang hinauf. Im Hintergrund sieht man deutlich die "Westnekropole", eine imposante Ansammlung von Kammergräbern in einer steilen Felswand. Auf dem Gipfel des Bergs erhob sich einst die Akropolis von Pinara.

Wanderung von Fethiye zur verlassenen Siedlung Kaya und weiter zur Lagune von Ölü Deniz

Entfernung, Gehzeit:	Fethiye - Sattel	3 km	40 Min.
	Sattel - Kaya	5 km	50 Min.
	Kaya - Ölü Deniz	5 km	1 Std.
	gesamt 13 km	2 Std.	30 Min.

Schwierigkeitsgrad: Leicht, da der Weg keine großen Steigungen aufweist und zumindest streckenweise im schattigen Wald verläuft. Das letzte Stück des Abstieges hinunter zur Lagune von Ölü Deniz ist steil und steinig.

Wanderweg: Schotterstraße, Pfad mit befestigten Abschnitten.

Ausrüstung: Einige steile, steinige Abschnitte machen feste Wanderschuhe empfehlenswert. Hinter Kaya geht es einen offenen Südhang hinunter, auf den im Sommer die Sonne brennt - eine Kopfbedeckung ist empfehlenswert. Ölü Deniz ist einer der bekanntesten Badestrände der Türkei, Badesachen sollten also im Tagesgepäck nicht fehlen. Proviant ist nicht erforderlich, da es in Kaya mittlerweile einige Restaurants gibt. Sommers kann Trinkwasser aber nicht schaden. Die Ruinen der Griechensiedlung sind "fotogen", ebenso der Blick von oben auf die Lagune von Ölü Deniz.

Wanderzeit: Das ganze Jahr über - mit Ausnahme von Regentagen.

Ausgangspunkt: Die Wanderung beginnt in Fethiye.

Rückfahrt: Häufige *dolmuş*-Verbindung zwischen Ölü Deniz nach Fethiye.

Man muß in Fethiye zunächst zum Abzweig der Schotterstraße nach Kaya: Dazu geht man vom Zentrum auf der Hauptstraße in Richtung Osten - der Abzweig ist durch ein gelbes Schild "Karmilassos" markiert. Kaya liegt an der Stelle dieser antiken Siedlung, von der aber kaum Überreste erhalten sind. Man kann sich auch an der Ruine der Johanniter-Burg oberhalb des Städtchens orientieren - die Straße nach Kaya führt auf der Rückseite des Burgfelsens nach Westen. Die Schotterstraße ist vor nicht allzu langer Zeit angelegt worden, um Touristen per Minibus nach Kaya zu bringen - ein schöner alter Pflasterweg wurde dabei weitgehend zerstört.

Auf der Rückseite der Burg sind einige lykische Kammergräber in den Felsen gehauen - eines davon ist wohl bis in jüngere Zeit weiterbenutzt worden, wovon Tafeln mit osmanischen Inschriften am Eingang künden.

Westlich vom Burgfelsen wendet sich die Schotterstraße nach Süden und steigt rechts von einer kleinen Rinne an. Man passiert eine überkuppelte Zisterne am rechten Straßenrand. 100 m nach der Biegung nach Süden quert ein Pfad nach links die Rinne. Auf der anderen Seite führt er - bereits durch Wald - parallel zur Straße nach Süden bergauf. Die Schotterstraße ist bald darauf in Serpentinen angelegt, um die Steigung gleichmäßig zu halten - in der ersten Serpentinenkurve trifft der Pfad wieder auf die Straße, setzt sich aber auf der gegenüberliegenden Seite nach oben fort. Nun hält man sich wieder rechts von der Rinne; schließlich trifft man abermals auf die Straße.

Man überquert sie und steigt am Boden der Rinne weiter auf. Bald wird man erste Spuren der alten Pflasterung erkennen - doch wird der Pfad immer wieder von den Serpentinen der Schotterstraße unterbrochen. Es ist etwas umständlich, dort die Böschungen voller Felsbrocken hinaufzuklettern - aber dies ist der kürzeste Weg, und es ist allemal besser, diese kleinen Strapazen in Kauf zu nehmen, als auf der Straße zu laufen, wo man immer wieder durch vorbeifahrende Autos in Staubwolken gehüllt wird.

Wenn man bei 360 m die Sattelhöhe erreicht hat, bleibt zunächst freilich nichts anderes übrig, als der Schotterstraße zu folgen. Am linken Straßenrand taucht wieder eine überkuppelte Zisterne auf, dahinter verbirgt sich ein alter islamischer Friedhof im Wald.

Ca. 100 m hinter der Zisterne zweigt ein schmaler Waldweg nach rechts, dem man aber nicht folgt. In der Gabelung beginnt - allerdings kaum erkennbar - ein Pfad, auf dem man einige hundert Meter parallel zur Schotterstraße durch den Wald gehen kann, bis er sich wieder mit der Straße vereinigt.

Nunmehr hat man nach Süden hin bereits das Becken von Kaya - mit den Ruinen der Griechensiedlung im Hintergrund - vor sich. Die Straße biegt nach Osten - gleich nach der Biegung wird rechts eine alte, gepflasterte Straße sichtbar, auf der man talwärts abkürzen kann. Nach 300 m trifft man wieder auf die Schotterstraße, um ein Stück weiter talwärts wieder auf einem weiteren Abschnitt der alten gepflasterten Straße abzukürzen. Im Südosten sieht man nun das Massiv des knapp 2.000 m hohen Baba Dağ.

Dort, wo man wieder auf die Schotterstraße trifft, beginnt die Streusiedlung Kecıler. Man folge der Schotterstraße nach Süden - sie führt nun durch das ebene Gelände des Beckens - und nach ca. 1,5 km hat man den unteren Ortsrand der verlassenen Siedlung erreicht. Dort trifft man auf eine in West-Ost-Richtung verlaufende Schotterstraße, an der einige bewohnte Häuser und auch einige Restaurants liegen. Nach Osten führt diese Straße nach Ovacık/ Hisarönü.

Ein markierter Rundweg führt durch die Siedlung. Der Wegweiser "Footpath to Ölü Deniz" ist allerdings mit Vorsicht zu genießen, da er auf einen Pfad weist, der keineswegs zu diesem Touristenzentrum, sondern hinunter zu einer unbewohnten Bucht führt, von der es kaum ein Durchkommen nach Ölü Deniz gibt.

Der Weg von Kaya hinunter nach Ölü Deniz ist schwierig zu finden. Der Wegweiser in Kaya selbst führt leicht in die Irre. Auf jeden Fall muß man durch die Ruinensiedlung den Hang hinaufsteigen. Man orientiert sich dabei auf jeden Fall eher an der östlichen als an der westlichen Kirche. Diese passiert man auf der Ostseite und hält auf eine erkennbare Rinne zu, die in einer Einsattelung der Hügelkette mündet.

Für den Weg bis auf den 200 m hohen Sattel benötigt man höchstens 15 Minuten. Man passiert die Geröllhalde südwärts - teilweise ist der Weg durch rote Punkte markiert. Nach einem Engpaß und vorbei an einer Miniaturzisterne kommt man auf den südwärtigen Abhang. Dort ist der Pfad nun gut zu erkennen, da er dem Verlauf eines alten, gepflasterten Maultierwegs folgt, der in Serpentinen talwärts führt. Nach ca. 15 Minuten passiert man eine kleine Rinne und steigt nun auf eine kleine Wiese an. Der Weg führt anschließend nach Süden an der Rinne entlang, die sich zu einer beachtlichen Schlucht erweitert. Bald biegt er jedoch nach Osten - man gelangt auf eine weitere Weide, auf der im Sommer Schafe gehalten werden.

Auf der Alm halte man sich von der Schlucht weg ostwärts. Von nun an weisen Steinpyramiden den Weg. Man passiert wieder eine recht große Zisterne und kommt anschließend in ein Waldgebiet. Der Pfad läuft nun - leicht an- und absteigend - ostwärts am Nordrand eines Tales. 15 min nach Passieren der letzten Zisterne wird die Lagune von Ölü Deniz sichtbar, zugleich beginnt ein steiler Abstieg auf einem Geröllfeld. Der Weg trifft auf die Küste der Lagune, wo man sich nach links wendet. Der Pfad geht in eine unbefestigte Straße über, die sich an der Küste der Lagune hält, das Hotel Meri passiert, um dann das Zentrum von Ölü Deniz zu erreichen.

Dort findet man zahlreiche Restaurants und auch einen Trinkwasserbrunnen. Für die Postkarten-Landzunge von Ölü Deniz wird Eintritt erhoben - der direkt benachbarte Strand von Belceğiz kann gratis benutzt werden, ist aber auch nicht schlechter. Im Zentrum von Ölü Deniz liegt die Haltestelle der *dolmuşlar* nach Fethiye.

Zunächst kommt man in den Bereich der sogenannten Nordnekropole. Westlich hinter der Felswand öffnet sich eine von Norden nach Süden verlaufende Senke, wo das Siedlungszentrum von Pinara lag. Ein noch erhaltener Weg führt zunächst zu den Überresten eines tempelartigen Gebäudes. Es ist noch nicht geklärt, ob es sich bei dem Bauwerk tatsächlich um einen Tempel oder um eine Grabanlage handelt. Das südlich folgende Gebäude könnte ein Tempel der römischen Epoche gewesen sein.

Anschließend passiert man das Haupttor der Stadt, dessen Flankenmauern noch bis in einige Meter Höhe erhalten sind. Wenn man sich nun nach Osten wendet und den niedrigen Felsgrat hinaufsteigt, kommt man zu einer Gruppe freistehender Sarkophage und einem Felsengrab, das von außen einem Sarkophag ähnelt und von einem Stierhornrelief gekrönt ist. Nach Osten erkennt man auf dem Plateau unterhalb die Ruinen eines römischen Bades, das am Südende des verschwundenen Stadions liegt.

Nun geht man zurück in die Senke westlich des Grates. Südlich des Haupttors stößt man auf die Reste des Konzerthauses (Odeion) von Pinara, daran grenzt nach Süden der antike Marktplatz. Es folgt ein antikes Wohnviertel auf dem sogenannten Unterburgfelsen; auch der Hangbereich westlich der Unterburg weist Spuren von Wohnbebauung auf. Dort befinden sich auch die Überreste einer kleinen christlichen Basilika, die belegen, daß Pinara in frühbyzantinischer Zeit noch bewohnt war. Im Hintergrund erkennt man einige Pfeilergräber.

Es folgt ein Abstieg über steile Felsen. Auf der gegenüberliegenden Seite des kleinen Tals liegt eine weitere Gräberstätte mit Felsen- und Pfeilergräbern. Beim Abstieg wird man eine in die Felswand gehauene Rinne wahrnemen. Sie leitete einst in das römische Bad Wasser. Heute entspringt einige Meter tiefer eine Quelle. Unterhalb der Rinne kommt man in den Bereich der Königsgräber. Sie tragen ihren Namen aufgrund der prächtigen, kunstvollen Fassadengestaltung.

Herausragend ist ein Grab mit ionischer schlichter Tempelfassade, mit Reliefs auf dem Türsturz und im Giebelfeld, vor allem aber auf den Innenwänden der Vorhalle. Dort ist eine lykische Stadt dargestellt.

Nun geht man einige Meter nach Süden, bis man auf die Quelle trifft. Von dort führt ein Pfad zur Straße.

♦ Zur Umgebung siehe auch *Route 5* → *Gimmeler*, → *Tlos*, → *Saklıkent*, → *Xanthos*, → *Letoon* und → *Patara*.

Strände

Da Fethiye selbst keine Strände hat, muß man zum Schwimmen etwas hinausfahren.

Auf der vorgelagerten Insel Şövalye gibt es einen Strand, der an Wochenenden und Festtagen von vielen Städtern besucht wird. Viele haben dort eine kleine Villa, oft auch als Zweitwohnsitz.

Küçükkargı Plajı liegt ca. 18 km nördlich von Fethiye. 2 km weiter gibt es bei *Katrancı* einen zwar etwas steinigen, aber schön gelegenen Strand in einer idyllischen Bucht mit angrenzendem kleinem Picknickpark.

Yanıklar bietet einen 1 km langen und 100 m breiten, noch völlig unverbauten Sand-Kies-Strand. Zu erreichen mit dem *dolmuş* nach Yanıklar oder mit dem eigenen Auto: 1 km westlich von Yanıklar geht beim Reklameschild "Yılmaz Motör Yenileme" ein 2 bis 3 km langer Sandweg ab, der mit "Beach" ausgeschildert ist.

Çalış Plajı ist ein ca. 2 km langer, 50 m breiter, feinsandiger Strand, der trotz seiner Ausmaße nicht so sehr zu empfehlen ist. Hier herrscht viel Rummel - außerdem ist das Wasser nicht das sauberste. Für Sportfreunde gibt es eine Surfschule (→ Sportangebote).

Absolute Spitze ist natürlich der viel gerühmte Strand von *Ölü Deniz* (→ Umgebung von Fethiye).

Nördlich und südlich von Fethiye liegen mehrere kleine Buchten mit Sandstränden. Sie sind nur mit dem eigenen Fahrzeug oder einem Bott gut zu erreichen; ansonsten ist es sehr umständlich.

Touristeninformation

İskele Mey. 1, Tel. 614 15 27, geöffnet von April bis September tgl. 8 - 19 Uhr, Sa und So 8.30 - 17.30 Uhr, Oktober bis März tgl. außer Sa und So 8 - 17 Uhr; das Personal spricht Englisch und hält eine einfache Karte bereit. Die Ortskenntnisse sind allerdings dürftig.

Strand von Ölü Deniz

Übernachten

Viele Hotels und Pensionen befinden sich im Westen der Stadt.

▸ *Pınara Pansiyon,* 1. Karagözler Mah., Fevzi Çakmak Cad., Tel. 614 21 51, Zimmer recht sauber, Etagenduschen, überdachter Innenhof, Kochgelegenheit, Waschküche. DZ 19 DM, Frühstück extra.

▸ *Holiday Pansiyon,* Çarşı Cad. 91, Tel. 614 16 96, Zimmer sehr sauber, nicht alle mit Du/WC; kleine Terrasse mit Blick in den Garten. Die Besitzerin kocht für die Gäste. DZ 14 DM, Frühstück auf Wunsch.

▸ *Polat Pansiyon,* 1. Karagözler Mah. 43, Tel. 614 23 47, saubere, einfache Zimmer, Etagendusche. EZ 12 DM, DZ ab 20 DM, Frühstück auf Wunsch.

▸ *İrem Pansiyon,* 1. Karagözler Mah. 45, Tel. 614 39 85, einfaches, sehr sauberes Haus, Zimmer mit Du/WC, zu empfehlen. EZ 12 DM, DZ 21 DM.

▸ *Telmessos Pansiyon,* 2. Fevzi Çakmak Cad. 73, Tel. 614 10 42, saubere, einfach eingerichtete Zimmer, nicht alle mit Du/WC. EZ 19 DM, DZ 29 DM, mit Frühstück.

▸ *Sonnenpanorama Pension,* 2. Karagözler Ordu Cad. 6, Tel. 614 30 55, sauber und gut, Zimmer mit und ohne Meerblick, alle mit Du/WC; Swimmingpool, Klimaanlage. DZ 28 DM, mit Blick zum Meer 35 DM, mit Frühstück.

▸ *Pansiyon Ideal*, 1. Karagözler Mah., Tel. 614 39 85, sehr sauber, alle Zimmer mit Du/WC, Parkgarage. EZ 15 DM, DZ 30 DM, mit Frühstück.

▸ *Yacht Moteli/ Pansiyon,* Yat Liman, Tel. 614 15 30, direkt am Yachthafen; große Zimmer mit Du/WC und Balkon; Restaurant und Swimmingpool; für Leute, die etwas Komfort mögen. DZ 37 DM, Frühstück extra.

▸ *Hotel Dedeoğlu,* İskele Mey., Tel. 614 40 10, alle Zimmer mit Du/WC, Zwei-Sterne-Hotel. DZ 37 DM, mit Frühstück.

▸ *Likya Oteli,* Karagözler Mah., Tel. 614 22 33, alle Zimmer mit Du/WC,

Lykische Felsengräber

einfaches Mittelklassehotel, Restaurant, Disco und Café, Vermittlung von Mietwagen und Touren. DZ 37 DM, mit Frühstück.

▸ *Birgül Pansiyon,* in Çalıs, Tel. 613 15 18, preisgünstiger, sauberer Familienbetrieb in Strandnähe. DZ 20 DM, mit Frühstück.

▸ *Çıcek Pansiyon*, Yerguz Cad. 5, Tel. 614 22 44, in der Innenstadt, kleine, saubere Familienpension. DZ 24 DM, mit Frühstück.

In der Umgebung von Fethiye sind auch Ferienwohnungen für zwei bis sechs Personen zu mieten. Die Preise liegen je nach Ausstattung und Lage zwischen 400 DM und 600 DM im Monat. Weitere Auskünfte erteilt die Touristeninformation.

Tip: Auf dem Hochplateau zwischen Fethiye und Ölü Deniz, in Hisarönü, sind in den letzten Jahren zahlreiche Pensionen entstanden. Auch die meisten der kleinen Familienbetriebe verfügen über einen Swimmingpool. Besonders in den Monaten Juli und August ist das Klima dort oben bei weitem angenehmer als an der meist schwülen Küste. Und da die *dolmuşlar* häufig zwischen Fethiye und Ölü Deniz verkehren, besteht natürlich auch die Möglichkeit zu Shopping und Baden im Meer. Das Preisniveau allerdings entspricht der Lage - für ein Doppelzimmer mit Frühstück müssen in der Regel schon 30 DM kalkuliert werden.

Essen und Trinken

Gute Restaurants gibt es im Cumhuriyet Mahallesi sowie in der Cumhuriyet Caddesi und deren Nebenstraßen. Hier folgt eine Lokanta der anderen, jede mit dem Anspruch, allen Geschmäkkern gerecht zu werden.

Einkaufen

In Fethiye findet man - wie in allen Touristenzentren - zahlreiche Teppichge-

Sarkophag auf der Straße

Eine Rundwanderung um die Halbinsel Oyuk Tepe bei Fethiye

Entfernung, Gehzeit:	12 km 2 Std. 30 Min.
Schwierigkeitsgrad:	sehr einfach, nur unwesentliche Höhenunterschiede.
Wanderweg:	Pfad, Schotterstraße, letztes Stück auf asphaltierter Straße.
Ausrüstung:	Leichte Kleidung und Turnschuhe reichen aus, im Sommer zusätzlich Kopfbedeckung und Trinkwasser. Der Weg bietet fotogene Landschaftsansichten. Da die Wanderung mehrere Strände berührt, empfiehlt sich die Mitnahme von Badebekleidung.
Wanderzeit:	Das ganze Jahr über.
Ausgangspunkt:	Die Wanderung beginnt in Fethiye.
Rückfahrt:	Die Wanderung endet in Fethiye.

Wohnt man nicht gerade im Ortsteil Karagözler 2, ist es am einfachsten, sich vom Ortszentrum mit dem *dolmuş* in Richtung "Taşkaya" für wenige Groschen zum Ausgangspunkt bringen zu lassen.

Das Hotel İpek steht am Ende eines kleinen, von West nach Ost abfallenden Taleinschnittes, der von lichtem Pinienwald umgeben ist. Wenige Meter östlich der Zufahrt zum Hotel beginnt auf der linken Seite der Küstenstraße ein Pfad. Er führt ansteigend in den Wald hinein nach Westen. Stellenweise ist er mit roten Punkten markiert, so daß die Orientierung leichtfällt. Im Zweifelsfall hält man auf den westlich liegenden Sattel zu, den man nach etwa 10 Minuten erreicht haben sollte.

Nun sieht man eine unbefestigte Straße vor sich. Links führt diese Straße zu einer von diesem Punkt allerdings nicht sichtbaren Bucht mit Sandstrand, die wohl einmal sehr schön war, jetzt aber mit einem Feriendorf verbaut ist.

Man wendet sich nach rechts. In diesem Bereich sieht man drei Wege: links geht es hinunter zu einer Bucht mit Kieselstrand. Diese Stelle ist jedoch zum Baden ungeeignet, da Fethiye eine Ringkanalisation hat, deren Abwasser über diese Bucht ins Meer geleitet werden. Darauf weisen auch einige vor dem Strand im Meer verankerte Bojen hin. Der Weg ganz rechts führt hinauf zum Fernsehsender, von dem aus sich eine schöne Aussicht über Fethiye und die Felder der anschließenden fruchtbaren Ebene eröffnet. Der mittlere Weg führt rund um die Halbinsel.

Die Straße verläuft in Richtung Norden und steigt zunächst an. Nach Westen geht der Blick über die Inselwelt des Golfs von Fethiye. Deutlich ist vor allem die nordwestlich gelegene Insel Kızıl Ada auszumachen. Unterhalb der Straße öffnen sich einige kleine Buchten mit Kieselstränden, die allerdings über den steilen Abhang nur schwer zu erreichen sind.

Hat man eine Höhe von ca. 80 m erreicht, kommt eine kleine, baumbestandene, nach Westen weisende Halbinsel in Sicht. Von der Höhe bieten sich auch schöne Aussichten auf den Golf von Fethiye mit seinen vielen Inseln, zwischen denen zahlreiche Boote unterwegs sind.

Die Straße fällt nun zur Halbinsel hin ab - an ihrer Nordseite erreicht man einen von Pinien beschatteten Kieselstrand. Dort gibt es auch Umkleidekabinen, und zahlreiche Feuerstellen weisen darauf hin, daß der Ort gerne als

Picknickplatz benutzt wird.

Mit einer kleinen Kurve steigt die Straße wieder an - bis auf ca. 100 Meter, den höchsten Punkt dieser Wanderung. Von dort hat man einen guten Blick auf die nahe gelegene Kızıl Ada.

Nun geht es wieder bergab. Man erreicht das Meer bei einem kleinen, pinienbestandenen Küstenvorhof, der sich in einem Kieselstrand nach Norden öffnet. Dahinter liegt eine kleine, seichte Lagune. Auch dort wird man zahlreiche Feuerstellen sehen - und eine Handpumpe, die tatsächlich Trinkwasser zutage fördert.

Die Straße steigt anschließend unwesentlich in Richtung Osten - bald trifft man auf einen weiteren Strand, der sich nur wenig von den vorhergehenden unterscheidet. Mit einem kleinen Anstieg biegt die Straße nunmehr nach Süden - nach Osten hin kommt der Rücken der Şövalye Ada in Sicht, die wie ein Riegel in der Einfahrt zur Bucht von Fethiye liegt. Sie ist mit zahlreichen Ferienhäusern bebaut.

Anschließend passiert man landseitig den ausgedehnten Komplex des Letoonia-Ferienclubs mit seinen vielen Bungalows in historisierend-türkischem Stil. Dort wird die Schotter- zur Asphaltstraße. Falls man nicht auf dieser Straße weiterwandern will, gelingt es sicherlich, eines der *dolmuşlar* zu stoppen, die zwischen dem Ferienclub und Fethiye verkehren.

Dann entgeht einem aber möglicherweise der schöne Blick, der sich vom Südrand der Anlage über die Bucht auf Fethiye bietet: Das ganze Städtchen breitet sich aus, oberhalb ist der Friedhof des antiken Telmessos zu erkennen, und im Hintergrund ragt stolz der Baba Dağ auf. Wenn man auf der Asphaltstraße weitergeht, wird einem bald das merkwürdige Wrack eines ganz in Küstennähe gesunkenen Passagierschiffs auffallen.

Anschließend kann man noch einmal über einen unbefestigten Fahrweg abkürzen, der links von der Hauptstraße ein kleines küstennahes Wäldchen durchquert. Darauf folgt ein wenig attraktives Tanklager, hinter dem man schließlich die Siedlung Taşkaya mit ihrer kleinen Bootswerft erreicht. Taşkaya ist Endhaltestelle der *dolmuşlar,* die die Hauptstrecke von Fethiye bedienen. Von dort sind es noch ca. 2 km bis ins Stadtzentrum.

schäfte, die ihre Kelims an den Hauswänden ausstellen. Die Stadt ist vor allem für Seydiler-Kelims und Karaculha-Kelims bekannt.

In der Nähe der Yeni Camii gibt es einen Obst- und Gemüsemarkt. Neben dem Hotel Kent befindet sich ein Supermarkt.

Meist einen Tag alte deutsche Zeitungen sind in den Touristenläden in der Cumhuriyet Caddesi zu bekommen, ebenso in der Buchhandlung *Hurriyet*, die auch andere deutsche Lektüre führt.

Jeden Dienstag findet in dem an die Altstadt östlich angrenzenden Viertel ein riesiger Markt statt. Ursprünglich für die Bewohner des Umlands im Umkreis von etwa 50 km gedacht, hat er sich mittlerweile zu einer Touristenattraktion entwickelt, zu der selbst aus Kaş und Kalkan große Busse eingesetzt werden.

Türkisches Bad

In Fethiye gibt es - mitten im Ortszentrum - ein 400 Jahre altes türkisches Bad, dessen Betreiber nun verstärkt auf den Tourismus schielen. Auf einem Flugbaltt schlagen sie etwa vor, sich die alte Haut bei der Ankunft erst mal abrubbeln zu lassen, "damit die Bräune tiefer wird und länger hält". Das Bad verfügt über Sektionen für Frauen, Männer und beide Geschlechter. Mittwochs ist spezieller Frauentag. Auch

Gruppenreservierungen sind möglich. Anschrift: Hamam Sok. 2, Paspatur Basar, Tel. 614 93 18.

Treffpunkt

Die abendlichen Treffs sind die Uferpromenade und die Restaurantstraße. Manchmal hat man das Glück, von den Teegärten an der Uferpromenade aus Delphine beobachten zu können, die sich in der Bucht von Fethiye tummeln.

Nachtleben

Diskotheken

▸ *Disco Marina,* Fethiye, gegenüber der Marina, Leitspruch "No Entrance without a Lady" - womit wohl die Dame auf dem Eintrittsstempel gemeint ist; der lauteste "Übernachtungsplatz" der Stadt (geöffnet 22.30 - 4 Uhr morgens, Eintritt 10 DM).

▸ *Disco Starlight,* Fethiye, Hastane Sok. 20, jeden Freitag Bauchtanz (geöffnet 22.30 - 2 Uhr, Eintritt 10 DM).

▸ *Tuana Diskothek*, Ölü Deniz, am Hang über dem Strand, ist eine neue Diskothek in einem Hotelkomplex (Eintritt 10 DM, mit Freigetränk).

Bars

▸ *Bubon Café-Bar,* kleines Lokal (siehe Stadtplan), jeden Abend Gitarrenmusik live (geöffnet 22 - 2.30 Uhr).

▸ *Bar Oriental,* Hamam Sok., im Zentrum des Restaurantviertels, auf Ruine gemachte, große Bar; zweimal in der Woche "Türkische Nacht".

▸ *Hotel Likya* bietet jeden Dienstag um 20 Uhr "Türkische Nacht" mit Folklore und Bauchtanz (30 DM, mit einer Flasche Wein).

▸ *Rock-Café,* hinter dem Hotel Likya, umfunktionierter Keller mit abendlicher Rock-Live-Musik.

Freizeitangebote

Tauchen

▸ *European Diving Centre,* Tel. 614 97 71, Fax 614 97 72, und

▸ *Divers Delight,* Atatürk Cad. 38, Tel. 614 49 49, beide abends am Kai gegenüber vom Yat-Taxi-Stand. Schnupperkurs mit zwei Tauchgängen (85 DM, mit Ausrüstung und Mittagessen), Grundkurse über fünf Tage mit Prüfung (400 DM, mit Material) und Tagesfahrten mit einem Tauchgang (60 DM, mit Ausrüstung).

Sonstiger Wassersport

▸ *Club Karia,* Windsurfschule in Çalış, Tel. 613 12 21: Surfen (25 DM/ Std.), Wasserski (35 DM), Gleitschirmfliegen (45 DM), Kanu (10 DM) und Bananenboot (15 DM).

Organisierte Ausflüge

In Fethiye gibt es zahlreiche Reisebüros, die ein umfangreiches Programm an organisierten Ausflügen anbieten. Ziele, Verlauf und Preise der Touren sind in etwa gleich:

- Dalyan, Kaunos, Iztuzu-Strand, incl. Essen, 35 - 40 DM
- Tlos, Saklıkent-Canyon, incl. Essen, 25 - 32 DM
- kombinierter Bus-/ Bootsausflug Kaş, Simene, Kekova, Myra, incl. Essen, 39 - 50 DM
- Xanthos, Patara, Kalkan, Kaş, Tagestour mit dem Bus, 35 DM
- das "lykische Dreieck" - Xanthos, Letoon, Patara, 30 DM
- Pamukkale, eintägig, Start schon um 6 Uhr, dafür neben Mittagessen auch Frühstück im Preis, Rückkehr um 22 Uhr, 25 - 50 DM
- Ephesos, Pamukkale, zweitägig, mit Übernachtung und Halbpension im Drei-Sterne-Hotel, 90 - 110 DM
- Kappadokien, dreiägig, mit zwei Übernachtungen und Halbpension im Vier-Sterne-Hotel, 225 DM
- Bootstouren in der Bucht von Fethiye (12-Insel-Tour), incl. Abholung vom Hotel und Essen, 15 - 30 DM
- Schnuppertauchen, incl. Gerät, Anleitung und Essen, 65 - 90 DM
- Jeep-Safari, incl. Essen, 80 - 90 DM
- Rafting, Tagestour, 85 DM

- zweistündiger Reitausflug, mit Abholung vom Hotel, 35 DM
- Tagesausflug von Fethiye mit Tragflächenboot nach Rhodos, 100 DM
- Busausflug nach Köyceğiz, Marmaris, incl. Frühstück, 45 DM
- Kanutour auf dem Eşen Cayı, 50 DM

Anbieter:

▸ *Fetur,* Atatürk Cad., direkt neben dem antiken Theater, Tel. 614 20 34, Fax 614 38 45

▸ *Lama Turizm,* Atatürk Cad., in Hafennähe, Tel. 614 49 64, 614 99 85

▸ *Light Tur,* Atatürk Cad. 104, Tel. 614 47 57, Fax 614 51 43, Filialbüros in Çalıs, Tel. 613 22 78, Fax 613 29 84, und in Ölü Deniz, Tel. 616 62 44, Fax 616 64 34

▸ *Rainbow Expedition,* in Ölü Dniz, Tel. 616 69 66, Fax 614 32 40

▸ *Siper Tour,* Atatürk Cad. 106 b, Tel. 612 22 81, 612 08 40, Fax 612 08 44

▸ *Şövalye Tour,* Atatürk Cad., bei der Ziraat Bank, Tel. 612 32 75, Fax 612 32 76

▸ *Turem,* Atatürk Cad., Tel. 614 49 05, 514 67 87, Fax 614 30 29

Weiteres zu organisierten Ausflügen → Ölü Deniz.

Yachtcharter

▸ *Alesta Yachting Agency,* Fevzi Cakmak Körfez Apt., gegenüber der Marina, Tel. 614 18 61, Fax 614 25 71

▸ *Faba Tours,* Hükümet Cad., Olcay Koç Passaji, Tel. 614 49 61 & Fax 514 50 99

Blaue Tour: Gegenüber der Touristeninformation liegen verschiedene Gulets (Holzyachten), die wochenweise zu mieten sind. Die sogenannten "Blauen Reisen" bieten viele Agenturen an. Es ist jedoch sinnvoller, direkt zum Boot zu gehen. Das Boot kostet bei einer einwöchigen Reise pro Tag ca. 600 DM, bei Belegung mit zehn bis zwölf Personen. Die Mannschaft wird gestellt. Kabinen mit Du/WC sind vor

Ruinenstadt Kaya

Ganzjährig geöffnet

handen. Verpflegung wird extra berechnet. Die Touren gehen in Richtung Marmaris, Bodrum oder Antalya.

Leihfahrzeuge

- *Avis* (Panorama), İskele Meydanı, Tel. 612 13 85, Fax 614 63 39
- *Budget,* Atatürk Cad. 51, Tel. & Fax 614 93 62
- *Esin,* Atatürk Cad. 40, Tel. 614 49 95, 614 93 62, Fax 614 93 62
- *Europcar,* Atatürk Cad. 40, gegenüber der Atatürk-Statue, Tel. 614 49 95, 614 93 62
- *Fetur* (→ Organisierte Ausflüge), vermietet auch Fahrräder, Mopeds und Motorräder
- *Lama Turizm* (→ Organisierte Ausflüge)
- *Light Tur* (→ Organisierte Ausflüge)
- *Likyatur,* Fefzi Cakmak Cad., Nähe Yachthafen, Tel. 614 16 90, 614 62 50, Fax 614 31 00, auch Mofas und Motorräder
- *Siper Tour* (→ Organisierte Ausflüge)

Die Fahrzeuge sind versichert, aber immer genau die entsprechenden Versicherungsbedingungen lesen; nahezu alle Vermieter verlangen im Schadensfall eine Eigenbeteiligung.

Nützliche Adressen und Telefonnummern

Vorwahl: 61 51
Polizei: 614 10 40
Krankenhaus: 614 40 17
Busagentur: Aydın 614 16 64, Köseoğlu 614 17 48, Pamukkale 614 28 55
Bushof: 614 35 31
Deutsch sprechender Arzt: Dr. Yurdakul Köker, Doktorlar Sitesi, Tel. 614 27 77

Verkehrsverbindungen

Dolmuş: Vom Bushof Fethiye gibt es Verbindungen nach Kaya (stdl.), Xanthos (2 mal tgl.), Ölü Deniz (bis 24 Uhr alle 10 Minuten; dieses *dolmuş* hält auch an der Uferpromenade), nach Katrancı (alle 15 Minuten), nach Küçükkargı (mit dem *dolmuş* nach Katrancı), nach Letoon und Göçek (2 mal tgl.) und Saklıkent (alle halbe Stunde, mit dem *dolmuş* nach Kayadibi, Fahrtdauer 1 Stunde).
Bus: Fethiye ist bestens in das nationale Busnetz eingebunden. Zu allen großen Städten wie İstanbul, Ankara, İzmir sowie nach Antalya, Muğla, Denizli, Aydın, Marmaris und Bodrum bestehen Verbindungen. Insbesondere nach Marmaris (Fahrzeit 3 - 4 Stunden, über Küçükkarği, Göçek, Dalaman, Ortaca, Köyceğiz) und Antalya (Fahrzeit 5 - 6 Stunden, über Patara, Kalkan, Kaş, Kale, Kemer) gibt es Verbindungen im Halbstundentakt.
Schiff/ Boot: Während der Saison fährt ein *dolmuş*-Boot nach Ölü Deniz (Fahrtdauer 3 Stunden!). Zum Strand von Çalış und zur Insel Şövalyeler bestehen ebenfalls *dolmuş*-Verbindungen. Weiterhin fahren mehrere Boote täglich zu den Inseln vor der Küste (→ Organisierte Ausflüge). Bei der Agentur *Liman Turizm,* Hamam Sok. 3 a, können auch alle in- und ausländischen Fährverbindungen gebucht werden.
Flugzeug: Vom Flughafen *Dalaman*, 55 km nordwestlich von Fethiye, starten mehrmals in der Woche Flüge zu den inländischen Flughäfen (Ankara, Antalya, İstanbul, İzmir). Die Agentur *Liman Turizm* (s.o.) vermittelt Auslandsflüge nach Hamburg, Frankfurt, München und Düsseldorf.

Route 3
Von Selçuk nach Denizli (ca. 210 km)

Von Selçuk verläuft die Route nach Süden, führt bergauf und läßt die baumbestandene Wasserscheide zwischen dem *Büyük*- und *Küçük Menderes* hinter sich, berührt im Osten *Ortaklar* und *Germencik* (12.500 Einwohner), bis nach 48 km die etwas abseits der Strecke gelegene Stadt *Aydın* kommt.

Aydın

107.000 Einwohner, 61 m hoch,
126 km W von Denizli

Die Provinzhauptstadt *Aydın* liegt im weiten, fruchtbaren Tal des Menderes. Vor allem Baumwolle und Feigen werden hier angebaut. Die Stadt zieht sich den Berg hinauf, auf dem ursprünglich die antike Siedlung *Tralleis* lag, 1 km vom heutigen Zentrum entfernt. Die Siedlung war später für die Perser ein wichtiger militärischer Stützpunkt. Heute sind auf dem Gelände einer Kaserne nur noch ein paar Steinbögen eines römischen Gymnasions zu sehen.

Zu den örtlichen Sehenswürdigkeiten gehört ein **Museum**, etwas westlich vom zentralen Platz in der Selim Yatağan Caddesi, mit Funden aus dem alten Tralleis, Nyssa, Magnesia und der Umgebung. Darunter finden sich schöne Reliefs und Terrakottafiguren. Interessant ist auch die angeschlossene ethnographische Abteilung, in der traditionelle Bekleidung, Schmuck, Werkzeuge und Waffen gezeigt werden (geöffnet außer Mo tgl. 8 - 12, 13.30 - 17.30 Uhr, Eintritt 2 DM). Zu den weiteren Sehenswürdigkeiten gehört die **Süleyman Bey Camii** gegenüber dem Bahnhof. Beachtung verdienen auch einige andere Moscheen im Innenstadtbereich, die viele Formelemente christlicher Kuppelkirchen und des europäischen Klassizismus aufweisen. Es handelt sich jedoch nicht um umgewandelte Kirchen, sondern um einen ganz eigenen Baustil.

Umgebung von Aydın

♦ İmamköy und Paşa Yayla

Es gibt um Aydın einige lohnende Ausflugsziele, die auch mit dem *dolmuş* zu erreichen sind. Dazu zählt die Thermalquelle östlich der Stadt, ein bei der Bevölkerung gern besuchtes Bad. Das İmamköy-Thermalbad liegt ebenfalls östlich der Stadt, eben in İmamköy. Viele Einwohner von Aydın entfliehen im Sommer der schwülen Hitze des Menderes-Tals und machen einen Ausflug zur beliebten Sommerfrische: Die *Paşa Yayla* liegt in den Bergen nördlich von Aydın, bietet eine sehr grüne Landschaft, kühles Quellwasser und frische Luft.

♦ Alabanda

45 km südlich von Aydın liegt in der Nähe der Ortschaft Araphisar die Ruinenstadt *Alabanda*. Sie war in der Antike der Hauptort der Çine-Ebene, hatte später aber keine Bedeutung mehr.

♦ Alinda

Anders war es mit der antiken Nachbargemeinde *Alinda*, in der Nähe des heutigen Orts Karpuzlu, 58 km südlich von Aydın. Die Straße dorthin ist nur zum Teil befestigt. Sehenswert sind die Ruinen der noch recht gut erhaltenen, einst dreistöckigen Markthalle, das noch nicht ganz freigelegte Theater etwas oberhalb, ein Turm der hellenischen Stadtmauer, Überreste eines Aquädukts und eine Festung, deren Mauern, Türme und Grundrisse von

Wohngebäuden noch gut zu erkennen sind.

♦ *Von Eski Çine bis Gerga*

Ca. 45 km südlich von Aydın stehen an der Straße nach Muğla in der Nähe des Orts *Eski Çine* (9 km südlich des heutigen Çine) zwei eindrucksvolle seldschukische Bauwerke: ein Grabmal und eine Moschee.

Südlich davon erreicht man durch ein sich verengendes Felsental eine alte Brücke, hinter der es links nach Norden weitergeht. Man überquert auf einer Betonbrücke eine Schlucht und fährt weiter nach Norden, etwa parallel zu Fluß und Straße. Im Ort *İncekemer* ist es ratsam, sich einen Führer zu nehmen (vorher den Preis aushandeln!), der den Weg zum antiken *Gerga* kennt. Nach einer Stunde Fußweg, erreicht man die Ruinen eines Heiligtums, eines kubischen Brunnenhäuschens und eines sogenannten Tempels. Es handelt sich um einen recht gut erhaltenen Bau, vier auf sechseinhalb Meter groß, der überdies aus bis zu zehn Tonnen schweren Granitblöcken zusammengesetzt ist. Es ist noch heute rätselhaft, wie seine Erbauer diese Leistung vollbracht haben.

Touristeninformation

an Yeni Dörtyol, der Durchgangsstraße in Richtung İzmir, an der Abzweigung der Fernstraße in Richtung Çine, Muğla und Marmaris, Tel. 225 41 45, 225 00 99, Fax 212 62 26, Deutsch sprechendes Personal, das auch einen ganz passablen Stadtplan und eine deutschsprachige Informationsbroschüre über Aydın, die umliegende Provinz gleichen Namens und das Büyük-Menderes-Tal bereithält (geöffnet April bis Oktober tgl. 8-12 und 13.30-17.30, November bis März Mo-Fr 8-12 und 13-17 Uhr).

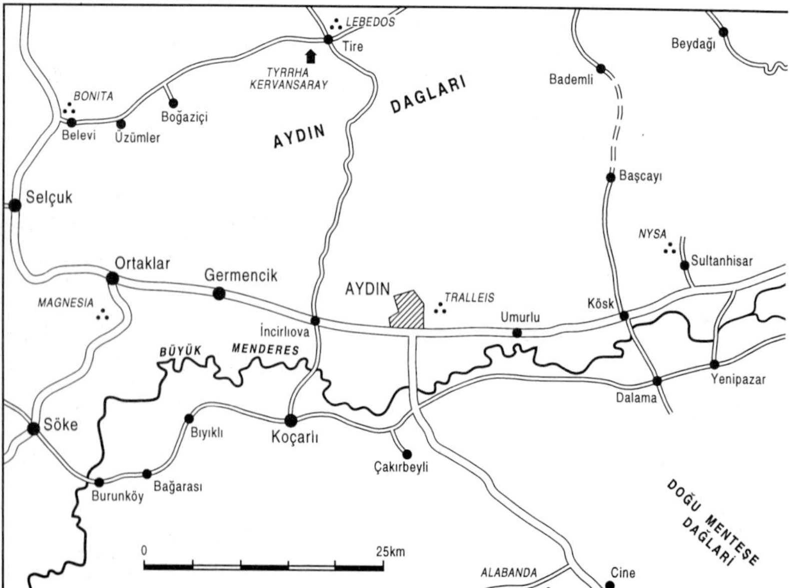

Übernachten

▸ *Otel Özlü,* Güzelhisar Mah., Adnan Menderes Bul. 71, Tel. 213 29 88, Tel. & Fax 225 33 71, Ein-Stern-Hotel, alle Zimmer mit Du/WC, sauber, ansprechend eingerichtet. EZ 20 DM, DZ 40 DM, mit Frühstück.

▸ *Ünlü-Hotel,* Adnan Menderes Bul. 9, fast im Stadtzentrum, Tel. 225 92 37, Fax 212 68 33, ziemlich neues Mittelklassehotel. EZ 18 DM, DZ 31 DM, DRZ 44 DM, mit Frühstück.

▸ *Hotel Yüce,* Ramazanpaşa Mah., İstikal Cad., 1. Sok. 7, im Zentrum nördlich des Atatürk-Platzes, Tel. 214 40 09, gutes Stadthotel mit Klimaanlage und Fernseher in den Zimmern; gutes Preis-Leistungs-Verhältnis. EZ 10 DM, DZ 15 DM, DRZ 22 DM, mit Frühstück.

▸ *Baltacı Hotel,* Ramazanpaşa Mah., Gazi Bul., 3. Sok. 17, nördlich des Atatürk-Platzes, Tel. 225 13 20, Fax 225 13 21, Zwei-Sterne-Haus mit angeschlossenem Hamam, Bar und Restaurant, in seiner Kategorie bestes Preis-Leistungs-Verhältnis. EZ 14 DM, DZ 25 DM, mit Frühstück.

Daneben gibt es in Aydın - wie in jeder größeren türkischen Stadt - kleinere Pensionen niedrigeren Standards.

Nützliche Telefonnummern

Vorwahl: 0256
Polizei: 225 25 06
Krankenhaus: 213 90 05
Bushof: 225 73 11
Bahnhof: 225 18 24

Verkehrsverbindungen

Dolmuş: Das *dolmuş* fährt vom Minibusbahnhof in der Innenstadt ab; es kommt auch an der Touristeninformation vorbei, so daß es möglich ist, dort zuzusteigen. Verbindungen bestehen alle halbe Stunde über Çine zur Ruinenstadt Alabanda, nach Sultanhisar

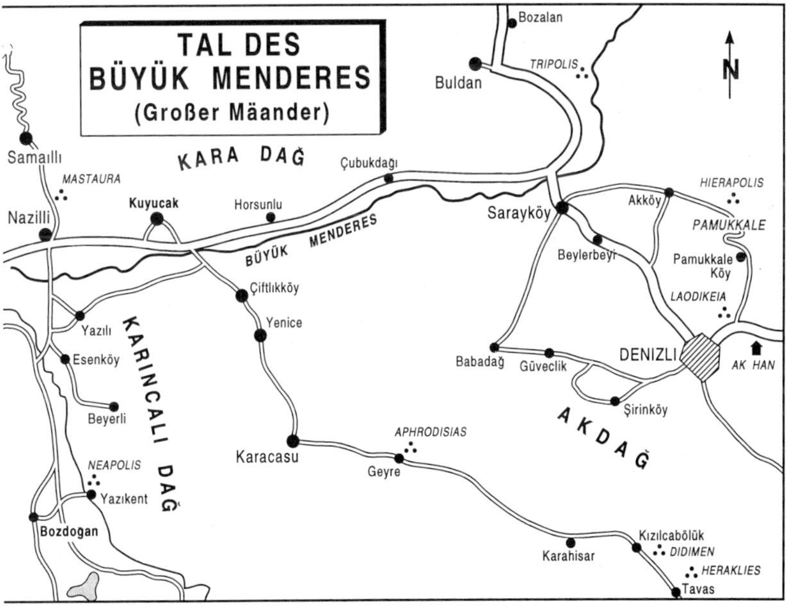

über Nazilli wie auch stündlich nach Karpuzlu und İncekemer. Nach Karacasu sollte man besser den Fernbus benutzen.
Bus: Der Bushof liegt etwa 300 m westlich der großen Zentralkreuzung der Fernstraße İzmir - Denizli mit der Fernstraße in Richtung Çine, Muğla, Marmaris und Adnan Menderes Bulvarı, wo auch die Touristeninformation liegt. Von diesem Bushof bestehen Verbindungen nach Adana (mehrmals tgl.), Afyon (über Denizli, sehr häufig), Ankara (mehrmals tgl.), Antalya (mehrmals tgl.), Burdur, Bursa, Erzurum, Isparta, İstanbul (mehrmals tgl.), İzmir (über Selçuk, sehr häufig), Keşan (über Çanakkale) Konya, Mersin. Busgesellschaften: Pamukkale, Tel. 225 13 28, 225 46 39; Aydın Turizm, 225 12 36, 225 22 72; Köseoğlu, Tel. 225 56 19, 225 58 47; Akdeniz, Tel. 225 43 93.
Zug: 3 mal tgl. über Selçuk nach İzmir, 3 mal tgl. über Kuyucak nach Denizli, nach Afyon nur Di, Do und Sa je 1 mal.

–▸ Von Aydın führt die Straße nach Osten und verläuft am Nordhang des mit Pfirsich-, Aprikosen-, Feigen- und Olivenbäumen intensiv bewirtschafteten Tals von *Büyük Menderes*. Im gesamten Tal, vor allem im Osten, kann man am nördlichen Berghang die Folgen der Erosion studieren: Von mittlerweile völlig zerfurchten Hängen werden Jahr für Jahr Tausende von Tonnen Erde und Geröll in die Flüsse gespült, was im Laufe der Zeit dazu geführt hat, daß der Büyük Menderes seine Mündung mehrere Kilometer nach Westen verlegt hat.

Sultanhisar

7.000 Einwohner, 30 km O von Aydın

3 km vom durchaus modernen Landstädtchen *Sultanhisar* entfernt liegen die Ruinen des alten Theaters von *Nyssa*. Seine Entstehung verdankt es dem Zusammenwachsen von mehreren Nachbargemeinden im 3. Jahrhundert v. Chr. Vor den Ruinen der ehemaligen Spielstätte ist ein Parkplatz. Hier steht das Häuschen des Aufsehers, der die Besucher, wenn nicht viel Betrieb ist, durch die Ruinenanlage führt. Gut erhalten sind außer dem Theater die ehemalige Bibliothek, das Senatsgebäude und der Friedhof.

–▸ Der nächste größere Ort auf der Strecke ist, 16 km östlich von Sultanhisar, die 80.500 Einwohner zählende Industriestadt *Nazilli*, die sich an einem Bergrücken erstreckt (Übernachtungsmöglichkeit: In unmittelbarer Nachbarschaft zum Bushof befindet sich das Drei-Sterne-Stadthotel *Medya,* Tel. 0256-312 88 88, Fax 312 88 91). 15 km hinter Nazilli bietet sich ein Abstecher zum Landstädtchen *Karacasu* (5.500 Einwohner) an. Hier wird montags ein bunter Markt abgehalten.

♦ Aphrodisias

In der Nähe des Orts Geyre, 11 km von Karacasu entfernt, lag das antike *Aphrodisias*. Bereits im 3. Jahrhundert v. Chr. soll hier eine Siedlung gegründet worden sein. Seit dem 15. Jahrhundert verlor die Stadt an Bedeutung. Mittlerweile steht die Ruinenstätte auf dem Programm vieler organisierter Tagesausflüge.

Aphrodisias, auf der Hochebene, ist von Bergen umgeben, die fast das ganze Jahr über mit Schnee bedeckt sind. Zunächst sollte man das örtliche *Museum* besuchen, denn hier sind viele Ausgrabungsstücke ausgestellt.

Vom Museum aus ist das Ruinengelände gut zu erkunden. Sehenswert ist der wieder hergerichtete Toreingang zum rückwärtigen *Aphrodite-Tempel*. Etwas abseits liegt im Norden ein *Stadion* (180 - 200 m lang) aus dem 1. Jahrhundert, das 30.000 Zuschauerplätze hatte. Der Wettkampfplatz lag innerhalb der Stadtmauern, deren Tore

(Nord- und *Westtor)* gut zu erkennen sind. Wie andere Kultstätten des Altertums wurde auch der *Aphrodite-Tempel* in christlicher Zeit zu einer Kirche, deren Säulen zum Teil noch stehen. Auch die Fresken sind sehenswert. Südlich des Tempels befindet sich der *Bischofspalast*, östlich davon das *Konzerthaus* mit theaterartig angeordneten Sitzreihen. Im Süden schließen sich *Marktplatz* und *Thermen* an. Von der Badeanstalt sind die Grundrisse der Baderäume und -becken, die einst mit kostbarem Marmor ausgekleidet waren, gut zu erkennen. Im Südosten liegt das besonders gut erhaltene, im Laufe der Zeit mehrfach umgestaltete hellenische *Theater.* Weiter südlich der Stadtmauer trifft man auf die Ruinen zweier *Kirchen,* im Südwesten auf die Ruine einer römischen *Basilika* aus dem 6. Jahrhundert (Ruinenstätte geöffnet tgl. 9 - 18.30 Uhr, Eintritt für archäologische Stätte und Museum jeweils 4 DM.

Übernachten

Einige einfache Hotels und bescheidene Campingmöglichkeiten finden sich im benachbarten Dorf Geyre, so: *Chez Mestan,* Pension und Camping,

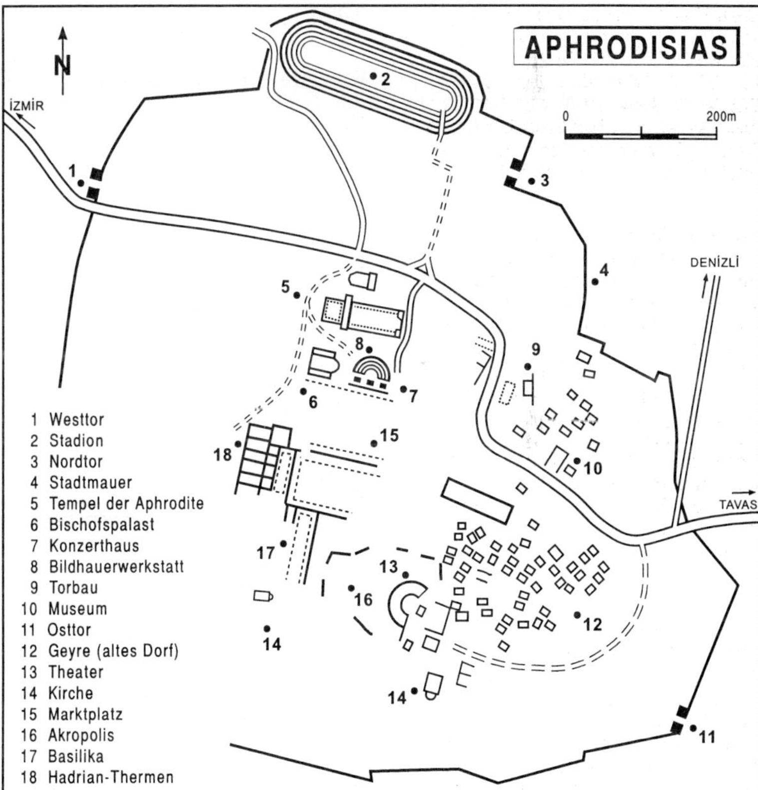

einfach eingerichtet, alle Zimmer mit Du/WC, Restaurant. DZ 13 DM.

Sarayköy

Der an der Hauptroute liegende Ort *Sarayköy*, 23 km nordwestlich von Denizli, hat heute 11.000 Einwohner. In der Antike hieß er *Karura*. Damals wie heute ist er wegen seiner heißen Quellen bekannt. Auch war er früher wegen seiner Ärzteschule berühmt. Von hier ist ein Ausflug ins 20 km südwestlich gelegene, 900 m hohe Baba Dağ-Gebirge sehr schön.

Denizli

205.000 Einwohner, 354 m hoch

Die Provinzhauptstadt *Denizli* liegt in einer fruchtbaren Ebene, in der Gerste, Weizen, Mohn, Obst und vor allem Baumwolle angebaut werden. Letztere wird in der örtlichen Industrie weiterverarbeitet. Denizli, zudem ein wichtiger Verkehrsknotenpunkt, ist eine geschäftige Markt- und Handelsstadt.

Im 15. Jahrhundert wurde die Stadt von Osmanen erobert und durch Erdbeben im 18. und 19. Jahrhundert schwer beschädigt. Die Beben haben fast alle ihre Sehenswürdigkeiten zerstört, abgesehen von den Marktstraßen im Innern der Burgruine. Das alte Basarviertel ist durchaus einen Spaziergang wert. Da vom Tourismus so gut wie nicht beeinflußt, ist hier die traditionelle räumliche Aufteilung nach Branchen voll erhalten geblieben. Insbesondere beeindruckend ist der Zugang vom Deliklіçılar Meydanı, der durch eine überdachte "Goldgasse" führt.

Umgebung von Denizli

♦ Laodikeia

Nur 6 km nördlich von Denizli liegt die im 3. Jahrhundert v. Chr. gegründete Siedlung *Laodikeia*. Durch Handel, besonders aber durch Tuch- und Wollherstellung, wurde sie zu einer der reichsten Städte in Kleinasien. Ein Erdbeben im 16. Jahrhundert zerstörte Laodikeia. Es wurde aber von seinen Bürgern aus eigenen Mitteln wieder aufgebaut. Nach der Eroberung durch die Seldschuken im 11. Jahrhundert verödete die Stadt allmählich und wurde schließlich im 13. Jahrhundert von ihren Bewohnern aufgegeben. Diese siedelten sich im benachbarten Denizli an. Sehenswert sind ein 350 auf 60 m großes *Stadion* aus dem 1. Jahrhundert, ein *Gymnasion* (einige Wissenschaftler vermuten auch hier eine Thermenanlage), ein kleines *Konzerthaus* und die Überreste eines *Theaters*.

Touristeninformation

In Denizli gibt es zwei Informationsbüros: das eine im Bahnhof (Gar Binası, Tel. 268 28 20) gegenüber dem Bushof, das zweite in der Innenstadt bei der Stadtverwaltung (Atatürk Cad., Ufuk Apt. 8, Kat 2/4, Tel. 264 39 71, Tel. & Fax 264 76 21). Beide Büros sind von April bis Oktober Mo-Fr 8 - 12 und 13.30 - 17.30 Uhr geöffnet, von November bis März nur bis 17 Uhr. Das Englisch sprechende Personal hält einen passablen Plan von Denizli und der Provinz sowie einen recht guten Plan von Pamukkale Köy bereit.

Übernachten

▸ *Hotel Gökdağ,* Cumhuriyet Cad. 14, Tel. 265 04 82, einfaches Stadthotel, freundliches Personal, Zimmer mit und ohne Du/WC. Ohne Du/WC EZ 9 DM, DZ 13 DM, mit Du/WC EZ 11 DM, DZ 17 DM, mit Frühstück.

▸ *Emre Pansiyon,* Saraylar Mah. 2, Ticari Yol, Tel. 241 07 36, neuere kleine Stadtpension, nicht alle Zimmer mit Du/WC, sauber, geräumig und sehr gut eingerichtet; gutes Restaurant. EZ 13 DM, DZ 22 DM, mit Frühstück.

▸ *Yıldız Pansiyon,* Halk Cad., 452. Sok. 13, gleich hinter dem Bushof, Zimmer

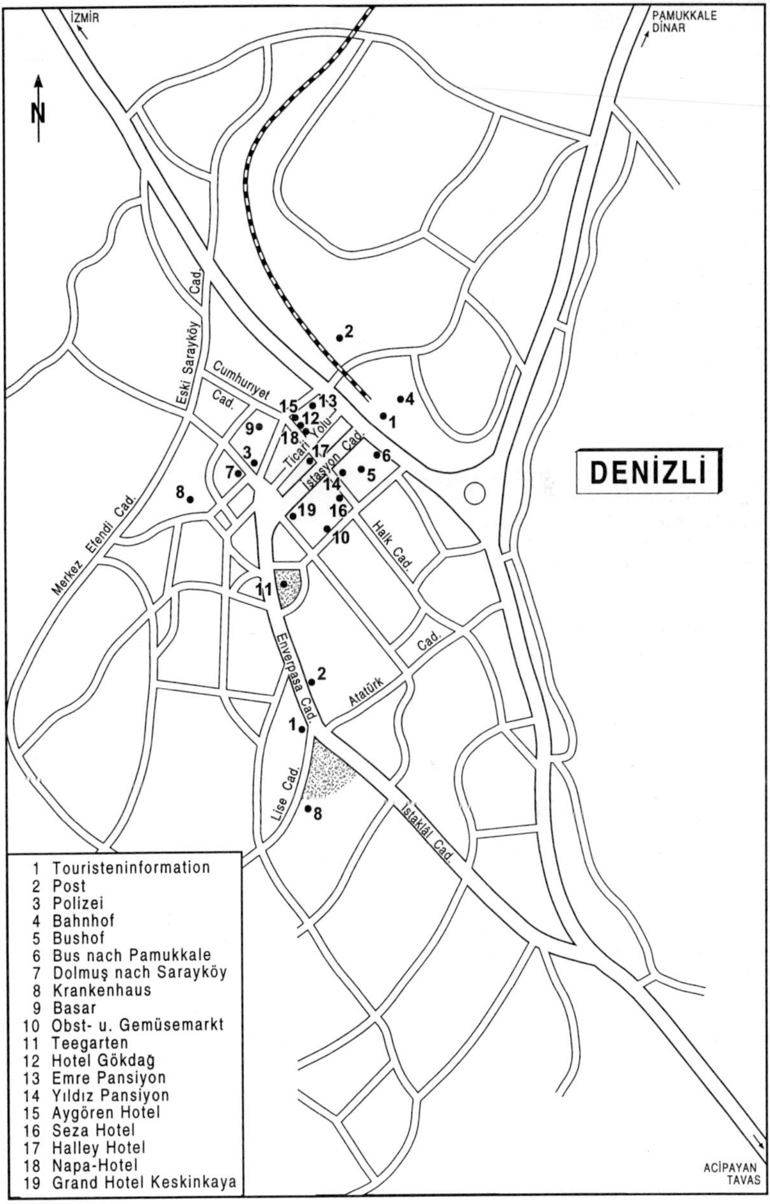
İZMİR
PAMUKKALE
DİNAR
N
DENİZLİ
Eski Sarayköy Cad.
Cumhuriyet Cad.
Ticari Yolu
Istasyon Cad.
Merkez Efendi Cad.
Halk Cad.
Enverpasa Cad.
Atatürk Cad.
Lise Cad.
Istaklâl Cad.
ACIPAYAN
TAVAS
1 Touristeninformation
2 Post
3 Polizei
4 Bahnhof
5 Bushof
6 Bus nach Pamukkale
7 Dolmuş nach Sarayköy
8 Krankenhaus
9 Basar
10 Obst- u. Gemüsemarkt
11 Teegarten
12 Hotel Gökdağ
13 Emre Pansiyon
14 Yıldız Pansiyon
15 Aygören Hotel
16 Seza Hotel
17 Halley Hotel
18 Napa-Hotel
19 Grand Hotel Keskinkaya

mit und ohne Du/WC. EZ 19 DM mit Du/WC, DZ 29 DM mit Du/WC, mit Frühstück.

▸ *Aygören Hotel,* Cumhuriyet Cad. 26, Tel. 264 78 96, Tel. & Fax 263 91 53, gutes Haus der Mittelklasse im Stadtzentrum, alle Zimmer mit Du/WC. EZ 19 DM, DZ 33 DM, mit Frühstück.

▸ *Seza Hotel,* Halk Cad. 6, Tel. 264 68 44, 265 17 70, Fax 262 46 30, kleineres Zwei-Sterne-Hotel, Deutsch sprechendes Personal. EZ 24 DM, DZ 35 DM, mit Frühstück.

▸ *Halley Hotel,* İstasyon Cad. 30, Ecke Cumhuriyet Bul. Tel. 263 25 32, Fax 263 52 18, gut ausgestattetes, größeres Haus mit Bar und Restaurant, Deutsch sprechendes Personal. EZ 27 DM, DZ 45 DM, mit Frühstück.

▸ *Napa-Hotel,* Cumhuriyet Cad. 12, Tel. 242 04 28, Fax 262 37 12, Drei-Sterne-Haus, komfortabel eingerichtet, Deutsch sprechendes Personal. EZ 31 DM, DZ 45 DM, mit Frühstück.

▸ *Grand Hotel Keskinkaya,* İstasyon Cad. 11, Tel. 263 63 61, Fax 263 35 64, Stadthotel für gehobene Ansprüche in unmittelbarer Nachbarschaft von Bahn- und Bushof. EZ 50 DM, DZ 72 DM, DRZ 91 DM, mit Frühstück.

Nützliche Adressen und Telefonnummern

Vorwahl: 0258
Polizei: İstiklâl Cad., Tel. 265 00 34
Krankenhaus: 263 93 11
Bushof: 261 10 88
Bahnhof: 262 40 28

Verkehrsverbindungen

Dolmuş: In Denizli hält der Regionalbus nach Pamukkale und Karahayıt nur wenige Meter vom Bushof entfernt an der Hauptstraße. Außerdem bestehen Verbindungen im Halbstundentakt nach Laodikeia (Pamukkale-Regionalbus; bei der Abzweigung nach Laodikeia das *dolmuş* nach Pamukkale verlassen und 1 km laufen), zur Karawanserei Ak Han (Kaklık-*dolmuş*), nach Sarayköy (Sarayköy-*dolmuş*) und nach Honaz (Honaz-*dolmuş*).

Bus: Mehrmals täglich in die großen Städte des Landes, so z.B. Antalya (21 mal), Bodrum (12 mal) und Marmaris (10 mal), Bursa (7 mal), Fethiye (7 mal), Nevşehir (3 mal) und Konya (20 mal). Außerdem bestehen täglich Direktverbindungen nach Didyma/ Altınkum (12 mal), Kuşadası (12 mal) und İstanbul (11 mal, meist Über-Nacht-Verbindung). Nach Aydın und (über Selçuk) nach İzmir fährt der Bus von 5 bis 24 Uhr im Halbstundentakt. Verbindungen täglich auch nach Burdur (6 mal), Eğirdir (10 mal), İsparta (18 mal), Mersin (8 mal).

Die wichtigsten Busunternehmen sind alle in Denizli vertreten, so Pamukkale, Tel. 261 32 67; Köseoğlu, Tel. 261 11 76; Kamil Koç, Tel. 261 59 02; Denizli Seyahat, Tel. 262 13 34.

Zug: Täglich frühmorgens Zugverbindungen nach İzmir (2 mal) und Afyon (1 mal). Um 17.25 Uhr fährt direkt der *Pamukkale Ekspresi* nach İstanbul, Ankunft am nächsten Morgen 8.35 Uhr.

Flugzeug: Über die Sommermonate besteht einmal täglich eine Flugverbindung von *THY* zwischen Denizli und İstanbul. Stadtbüro der *THY:* İstiklâl Cad. 27 b, Tel. 264 86 61 & Fax 264 86 51.

Tip: Die Gegend östlich und südlich von Denizli ist recht gebirgig. Berge bis 2.500 m Höhe laden zu etwas anspruchsvolleren Wanderungen ein. Ein interessanter Ausgangspunkt dürfte das mitten in diesem Gebirge gelegene Çameli sein, etwa auf halbem Weg zwischen Denizli und Fethiye. Es gibt dort zwar keine Übernachtungsmöglichkeiten, aber mehrmals täglich eine regionale Busverbindung.

Pamukkale

Pamukkale, 17 km nördlich von Denizli, heißt soviel wie "Baumwollschloß". Dort haben sich an der Flanke eines etwa 100 m hohen Plateaus weiße, terrassenartige Kalksteinbecken gebildet, in die das Wasser aus den oberhalb entspringenden Quellen kaskadenartig stürzt. Heute werden die Terrassen nur noch abschnittsweise geflutet. Die Becken sind durch Ablagerungen von kalkhaltigem Wasser entstanden, das dort zwischen 36° und 57°C heiß aus der Erde tritt. Das schwach radioaktive Wasser enthält Hydrokarbonat, Sulfat, Kalzium, Karbondioxyd und Eisen. Es soll gut für Trink- und Badekuren bei Herz-, Kreislauf-, Magen- und Darmbeschwerden, bei Rheumatismus und Nierenleiden sein. Hier kann man im antiken Swimmingpool von *Pamukkale Motel* in warmem, natriumhaltigem Wasser zwischen umgestürzten Säulen für 6 DM in der Stunde umherschwimmen, sofern noch Platz dazu ist. Die vielen Tagesausflügler nutzen nämlich diese Gelegenheit und stehen schließlich eher dicht an dicht im lauwarmen Wasser, als daß sie auch nur einen Schwimmzug tun könnten.

Man sollte frühmorgens die Kalkterrassen besuchen, um dem ärgsten Andrang zu entgehen, denn schon ab morgens 10 Uhr bringen neuzeitliche Karawanen moderner Reisebusse Massen von Besuchern, die das Naturschauspiel für ein halbes Stündchen bestaunen und wieder verschwinden. Die vielen Besucher verschmutzen die Wasserbecken und beschädigen die Terrassen, obwohl niemand mit den Schuhen darauf herumlaufen darf. Ebenfalls negativ wirkt sich aus, daß die nahen Hotels Wasser entnehmen und somit der Schmutz nicht mehr weggespült werden kann. Die Terrassen werden allmählich dunkel. Aber noch ist es hier am frühen Morgen und frühen Abend angenehm und ruhig; zu diesen Zeiten sind auch die Lichtverhältnisse ideal.

Unterhalb der Kalkterrassen liegt *Pamukkale Köy,* ein bis vor wenigen Jahren noch intaktes Dorf. Durch den ständig wachsenden Touristenstrom ist es gänzlich aus den Fugen geraten, denn Hotels, Pensionen, Teppich- und Goldläden, Discos, Bars und Restaurants reihen sich aneinander. Die Ursprünglichkeit des Dorfs ist auf der Strecke geblieben; clevere Geschäftsleute aus den Metropolen streichen nun die Gewinne ein.

Über den ehemaligen Weg zum Plateau fließt wieder Wasser, und Kalkablagerungen haben sich ihn inzwischen wieder zu eigen gemacht. Stellenweise sind auch künstliche Becken angelegt worden. Dort badet man recht angenehm - sofern diese Becken nicht schon wieder verschilft sind. Der Verlauf der alten Straße wird durch einen Kanal markiert, an dem entlang sich jetzt ein Fußweg auf das Plateau zieht. Wo die Ablagerungen beginnen, muß man die Schuhe ausziehen. Da der Boden uneben ist, gibt das eine ganz gesunde Fußmassage. Am Beginn des Wegs ist Eintritt zu bezahlen (6 DM).

Die neue Zufahrt, die auch das *dolmuş* benutzt, führt in weitem Bogen an den Kalksinterterrassen vorbei - zunächst in Richtung Karahayıt. Eine Stichstraße führt dann durch die Gräberstätte von Hierapolis auf das Plateau. Auch dort ist wieder Eintritt zu entrichten (6 DM, mit internationalem Studentenausweis 3 DM).

Umgebung von Pamukkale

♦ Hierapolis

Auf dem Plateau liegt die antike Siedlung *Hierapolis*, die, im 2. Jahrhundert v. Chr. gegründet, ihren Wohlstand den hier entspringenden Quellen verdankte. Im 1. Jahrhundert wurde sie von einem Erdbeben fast völlig zerstört und anschließend weiter südlich erneut angelegt. An dieser Stelle sind heute die Ruinen - mittlerweile zum großen Teil freigelegt - zu sehen. Nach der Eroberung durch die Seldschuken verödete die Stadt allmählich. Einige Gebäudereste sind zum Teil von Sinterablagerungen zugedeckt, darunter auch ein römisches Grabmal. Für die Besichtigung von Hierapolis sollte man sich mehrere Stunden Zeit nehmen und nach Möglichkeit die frühen Morgenstunden nutzen; tagsüber ist es im Sommer sehr heiß.

Das erste eindrucksvolle Gebäude, wenn man aus Richtung Pamukkale kommt, sind die *Thermen*. Hier oben liegt auch das *Archäologische Museum* von Hierapolis (geöffnet tgl. 9 - 12 Uhr und 13.30 - 19 Uhr, Eintritt 2 DM). Geht man den Hang hinauf, kommt man an einer Basilika vorbei zum *Apollo-Tempel*. An der Seite des Tempels befindet sich eine Grotte, das *Plutonium*. Die hohe Konzentration giftiger Gase machte einen Aufenthalt in dieser Grotte lebensgefährlich. Nur Priestern soll es möglich gewesen sein, in dieser Umgebung zu überleben - während mitgeführte kleinere Tiere in den Gasen umkamen. Wahrscheinlich hat es sich um Kohlendioxid gehandelt, das schwerer als Luft ist und sich in Bodennähe sammelt. Einige Meter höher am Hang befindet sich das recht gut erhaltene römische *Theater*. Von hier hat man einen sehr guten Blick auf das Ruinenfeld. Am Hang entlang, in Serpentinen absteigend, kommt man in

Schwimmen zwischen antiken Trümmern

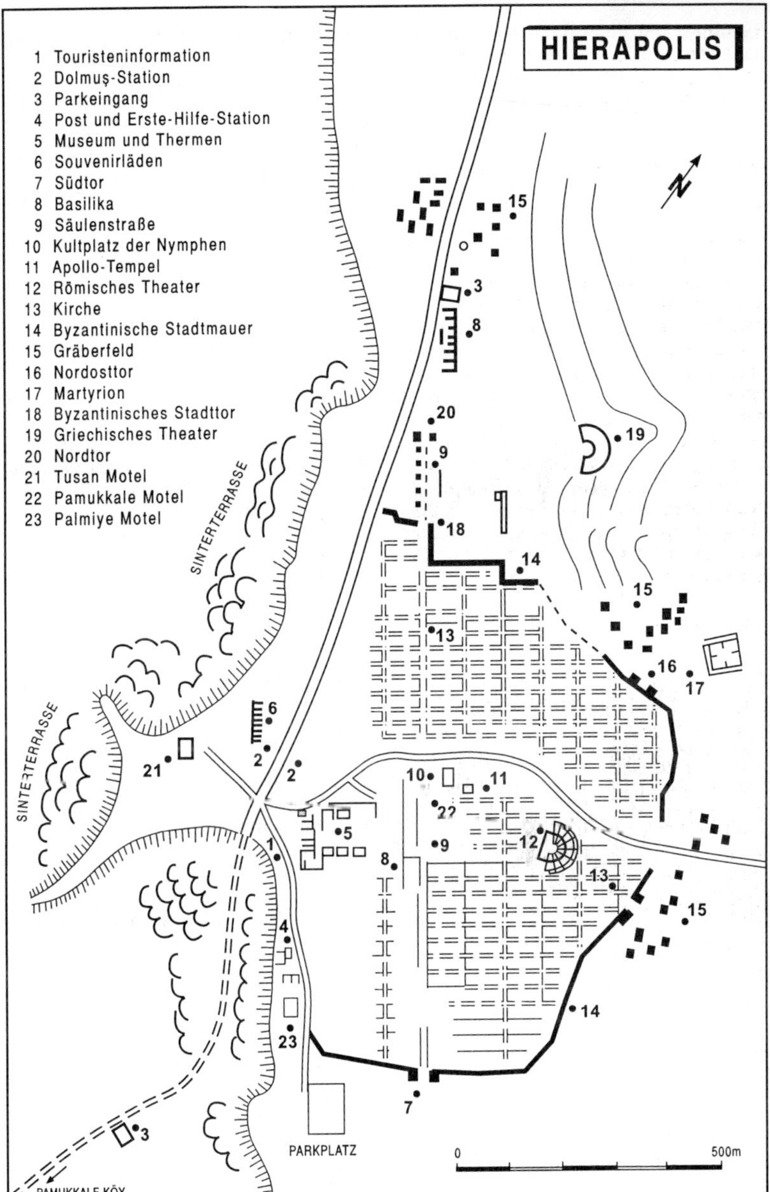
HIERAPOLIS
1 Touristeninformation
2 Dolmuş-Station
3 Parkeingang
4 Post und Erste-Hilfe-Station
5 Museum und Thermen
6 Souvenirläden
7 Südtor
8 Basilika
9 Säulenstraße
10 Kultplatz der Nymphen
11 Apollo-Tempel
12 Römisches Theater
13 Kirche
14 Byzantinische Stadtmauer
15 Gräberfeld
16 Nordosttor
17 Martyrion
18 Byzantinisches Stadttor
19 Griechisches Theater
20 Nordtor
21 Tusan Motel
22 Pamukkale Motel
23 Palmiye Motel
SINTERTERRASSE
SINTERTERRASSE
PARKPLATZ
PAMUKKALE KÖY
0
500m
N

Richtung Nordosten am sehr gut erhaltenen nördlichen *Stadttor* vorbei zu einem Picknickplatz unter schattenspendenden Bäumen. Sehenswert sind eine zweite *Basilika* mit mächtigen Mauerblöcken und gut erhaltenen Bögen sowie die *Gräberstätte* an der Straße nach Karahayıt. Zahlreiche, meist auch geöffnete Särge stehen in wirrer Unordnung auf dem mit Buschwerk bewachsenen Gelände.

Von der Nekropole bietet sich die Rückfahrt mit dem Regionalbus nach Pamukkale oder die Fahrt zum 5 Minuten entfernten *Karahayıt* mit seinen Thermalquellen an.

♦ *Karahayıt*

Ca. 6 km hinter der antiken Stadt entspringen bei der kleinen Ortschaft *Karahayıt* ebenfalls Quellen. Das sehr eisenhaltige, ca. 60° bis 70° C heiße Wasser hat das Gestein rötlich gefärbt. Die Terrasse, über die das Wasser hinunterströmt, ist etwa 10 m lang und 1,50 m hoch. Mit den Terrassen von Pamukkale darf man sie nicht vergleichen.

Übernachten

An der Hauptstraße gibt es viele einfache Pensionen, von denen einige ein Thermalbad haben. Die Preise für Einzelzimmer liegen bei 10 DM, für Doppelzimmer bei 18 DM.

▸ *Zeybek Pansiyon,* von Pamukkale kommend am Dorfende links, Tel. 0258 -271 41 44, einfach und recht sauber. DZ mit WC, kleiner Thermalwanne und Balkon 20 DM.

▸ *Kurtur Hotel,* in Richtung Karahayıt, Tel. 0258-271 40 71, Fax 271 41 17, Restaurant, Swimmingpool, Campingmöglichkeit. EZ 20 DM, DZ 31 DM.

▸ *Mis Tur Motel,* Tel. 0258-272 20 19, gutes Mittelklassehotel auf dem Plateau. EZ 52 DM, DZ 68 DM. Campingplatz auf einer fast schattenlosen Wiese, einfache Sanitäranlagen, Restaurant und Swimmingpool; von den Terrassen unterhalb des Campingplatzes ein phantastischer Blick über das Tal. 2 Pers./ Zelt/ Auto 12 DM.

▸ *Polat Hotel,* Tel. 0258-271 41 10-2, Fax 271 40 92, mit 523 Betten größtes Haus am Platz, aber "nur" drei Sterne, Restaurant, Bar, Disco, Schönheitssalon. EZ 40 DM, DZ 75 DM, mit Frühstück.

▸ *Pam Motel,* Tel. 0258-271 41 40, Fax 271 40 97, großes Drei-Sterne-Kurhotel, 312 Betten, mit Swimmingpool und Restaurant, Disco im Haus. EZ 55 DM, DZ 76 DM.

▸ *Club Hierapolis,* Tel. 0258-271 41 05, Fax 262 48 16, Feriendorf mit "nur" 360 Betten. EZ 60 DM, DZ 85 DM, mit Frühstück.

Touristeninformation

Kleine Informationsstelle am Anfang der alten Straße auf das Plateau, Hauptbüro auf dem Plateau, nahe dem Museum, Tel. 272 20 77, Fax 272 28 82, geöffnet April bis Oktober tgl. 8 - 12 Uhr und 13.30 - 19.30 Uhr, November bis März 8.30 - 12.30 Uhr und 13.30 - 17.30 Uhr, Deutsch, Englisch und Französisch sprechendes Personal, hält eine recht gute Karte des Dorfs Pamukkale Köy bereit.

Übernachten

Auf dem Plateau

▸ *Tusan Hotel,* Tel. 272 20 10, Fax 272 20 59, Drei-Sterne-Hotel, alle Zimmer mit Du/WC und einem Thermal-Swimmingpool mit lauwarmem, kalkhaltigem Wasser vor der Tür. EZ 45 DM, DZ 72 DM, mit Frühstück.

▸ *Pamukkale Motel,* Tel. 272 20 24, Fax 272 20 26, alle Zimmer mit Du/WC. Zum Motel gehört ein Swimmingpool mit umgestürzten römischen Säulen, der von einer warmen, natriumhaltigen Quelle gespeist wird. Auch Gäste von außerhalb können hier für 6 DM pro Stunde dem Badevergnügen nachgehen. EZ 66 DM, DZ 88 DM, DRZ 121 DM, mit Halbpension.

▸ *Palmiye Motel,* etwas abseits des Rummels hinter der Touristeninformation, Tel. 272 21 44, Fax 272 20 18, sehr schöne Anlage mit Pool. EZ 65 DM, DZ 100 DM, DRZ 135 DM, mit Frühstück.

Im Dorf (Pamukkale Köy)

... gibt es mittlerweile mehr als hundert Übernachtungsmöglichkeiten, von denen hier nur eine kleine Auswahl getroffen ist. Viele Pensionen bieten Zeltplätze neben ihrem Haus.

▸ *Kervansaray Hotel,* Tel. 272 22 09, kleine, behagliche Zimmer mit Du/WC; Swimmingpool. EZ 12 DM, DZ 20 DM, Frühstück auf Wunsch.

▸ *Şahin Motel,* Tel. 272 21 80, saubere, einfache Zimmer mit Du/WC, Swimmingpool. EZ 18 DM, DZ 27 DM.

▸ *Ali's Motel,* Tel. 272 20 65, alle Zimmer mit Du/WC, sauber, Swimmingpool und Dachrestaurant; auch kleiner Campingplatz. EZ 18 DM, DZ 28 DM, mit Frühstück.

▸ *Hotel Halley,* Tel. 263 03 95, Fax 263 52 18, aufmerksam geführtes Zwei-Sterne-Haus, zentral im Dorf, mit einem geräumigen Innenhof. EZ 20 DM, DZ 30 DM, Frühstück auf Wunsch.

▸ *Yörük,* im Ortszentrum, Tel. 272 20 73, Fax 272 21 92, größeres Haus mit 160 Betten. DZ 30 DM, mit Frühstück.

▸ *Koray Otel,* Tel. 272 22 22, Fax 272 20 95, kleines Hotel, alle Zimmer mit Du/WC; schattiger Innenhof, Restaurant mit gutem Essen. DZ 50 DM, mit Frühstück, 65 DM mit Halbpension.

▸ *Konaksade,* sehr schönes Haus im Ortszentrum, Tel. 272 20 02. DZ 36 DM, mit Frühstück.

▸ *Yıldızhan,* am nördlichen Ortsrand sehr ruhig gelegen, Tel. 373 23 04. DZ 36 DM, mit Frühstück.

Campingplätze

Auf dem Plateau und auch unten im Dorf gibt es einige Campingplätze. Für zwei Personen mit Zelt und Auto ist mit etwa 10 DM pro Tag zu rechnen.

▸ *Çamtur,* Tel. 283 21 10, nicht auf dem Plateau gelegen, schattenspendende Bäume, gute Sanitäranlagen, Swimmingpool, Restaurant.

▸ *Çankur Camping,* Tel. 272 20 19, in der Nähe von *Palmiye Hotel,* junge Bäume, staubiger Platz, gute Sanitäranlagen, Restaurant und kleiner Swimmingpool.

Essen und Trinken

In Pamukkale gibt es viele Restaurants mit vergleichbarem Standard, wie *Mustafa Pansiyon-Restaurant* (Menü mit Suppe, Salat und Hauptgericht für ca. 10 DM) und *Karem Restaurant,* eine Kombination aus Bierkneipe und Blockhaus mit Terrasse. Ein Dreh- und Angelpunkt des öffentlichen Lebens ist das *Florya* an der Hauptstraße. Dort halten die Fernbusse, dort beginnt der alte Weg aufs Plateau, dort trifft man sich beinahe zwangsläufig, und der quirlige Inhaber ist eine Informationsquelle ersten Ranges.

Einkaufen

In Pamukkale kann man sich nur mit dem Nötigsten versorgen. Größere Läden gibt es erst wieder in Denizli. Ein kleiner Supermarkt, zahlreiche Souvenirgeschäfte und eine Apotheke sind allerdings vorhanden.

Deutsche Zeitungen, meist vom Vortag, kann man im Zeitungsladen von *Pamukkale Motel* auf dem Plateau kaufen. Im Dorf findet man im Untergeschoß des Restaurants *Arkadaş* ebenfalls deutsche Zeitungen, allerdings nicht immer die neueste Ausgabe.

Nachtleben

Alle Diskotheken in Pamukkale spielen westliche Musik mit türkischen Einlagen (unter anderem auch mit Bauchtanz). Außer den Discos in fast jedem größeren Hotel sind *Sevgi Disco* in Pamukkale-Dorf und *Tiffani Disco* in Karahayıt erwähnenswert.

Tip: In der Gegend um Pamukkale kann man gut wandern. Nur wenig abseits von Pamukkale Köy und den Sinterterrassen ist kaum mehr etwas von den vielen Touristen zu merken.

Nützliche Adressen und Telefonnummern

Vorwahl: 0258
Touristenpolizei: 272 24 15
Krankenhaus: 272 26 97
Erste-Hilfe-Station: gleich bei der Touristeninformation, Tel. 272 27 56

Verkehrsverbindungen

Bus: Der Regionalbus nach Denizli hält direkt vor dem Museum, der Regionalbus nach Karahayıt gegenüber. Als Folge des Touristenansturms sind die Busverbindungen von Pamukkale zu allen Hauptorten wesentlich verbessert worden. Auf der Hauptstraße in Pamukkale Köy gibt es Zweigstellen von vier Busagenturen *(Pamukkale, Kamil Doç, Köseoğlu, Denizli Seyahat)*, die fast stündlich Verbindungen in alle größeren Städte der Türkei anbieten, so z.B. nach Fethiye, Kaş, Kuşadası, Marmaris, Bodrum, İstanbul, Ankara, İzmir, Göreme, Konya, Çanakkale, Antalya und Didyma. Ab Pamukkale wird ein *dolmuş*-Transfer nach Denizli angeboten, wo die Fahrgäste die jeweiligen Busse erreichen. Direkte Verbindungen nach Kuşadası, Bodrum, Marmaris und Fethiye.

Route 4
Von Denizli über Burdur nach Antalya (ca. 310 km)

Von Denizli setzt sich die Route nach Osten fort. Allmählich verändert sich die Landschaft. Der mediterrane Bereich geht allmählich in das anatolische Hochland mit seinen riesigen Weizenfeldern über. Schon bald, 8 km östlich von Denizli, erreicht man die seldschukische Karawanserei *Ak Han*, im 13. Jahrhundert von dem Emir *Karasungur* erbaut, mit besonders gut erhaltenen Reliefs.

→ Nach 47 km (von Denizli) folgt das knapp 4.000 Einwohner zählende Ort *Çardak* mit der weniger gut erhaltenen Karawanserei *Hanabat*, die von zwei Steinlöwen "bewacht" wird. Auf den folgenden 21 km bis *Dazkırı* (7.000 Einwohner) hat man einen schönen Blick auf den Salzsee *Acıgöl*, der im Sommer fast ganz austrocknet. Der Seeboden ist dann mit einer dicken Salzkruste überzogen.

Kolossia und Chonia

In der Nähe der Ortschaft Honaz, ca. 18 km östlich von Denizli, liegt die alte Phrygierstadt *Kolossia*, die aus den Briefen des Apostels *Paulus* an die Kolosser bekannt ist. 5 km entfernt liegt die antike Siedlung *Chonia*, von der, wie von Kolossia, nicht mehr viel erhalten ist.

Bozan und Muratköy

Ca. 75 km östlich von Denizli liegt an der Straße nach Burdur das Städtchen *Bozan*. Die umliegenden 38 Dörfer haben sich zu einer Art Teppichherstellungs-Genossenschaft zusammengeschlossen, in der rund 6.000 Menschen arbeiten. Ein Ausstellungs- und Arbeitszentrum der Teppich - Genossen schaft ist im Dorf *Muratköy*, das noch etwas weiter in Richtung Dinar liegt, entstanden. Hier kann man beim Färben der Wolle sowie bei der Arbeit an den ca. 300 Web- und Knüpfstühlen zusehen. Zum Komplex gehört auch ein Raum, in dem man die hier produzierten Stücke ausstellt und verkauft.

-▸ Von *Bozan* geht es durch die Ebene bis zum Landstädtchen *Dinar* (36.500 Einwohner), das als Verkehrsknotenpunkt eine große Rolle spielt. Die Straße führt von Dinar aus der Beckenlandschaft über einen Paß, von dem man eine schöne Aussicht auf den *Burdur-See* (→ Umgebung von Burdur) und die ihn umgebenden Berge bis nach *Keçiborlu* hat. Hier empfiehlt sich auch ein Abstecher zum *Eğirdir-See*. Dabei durchfährt man zunächst *Uluborlu* am Fuß von *Kapı Dağı* mit Blick auf den Eğirdir-See. In *Senirkent* bieten sich zwei Möglichkeiten zur Weiterfahrt an: geradeaus zum *Hoyran Gölü* (Nordteil des Eğirdir-Sees) und über eine einfache Piste direkt zum Westufer des *Eğirdir-Sees*. Über *Barla* (→ Umgebung von Eğirdir) kann man am Seeufer entlang nach *Eğirdir* fahren.

Auf der Hauptroute teilt sich ca. 10 km hinter Keçiborlu bei Gümüşgün die Straße: Geradeaus geht es nach *İsparta* (26 km) und in Richtung Süden nach *Burdur* (24 km).

İsparta

112.000 Einwohner, 1.035 m hoch,
145 km N von Antalya

İsparta, Verwaltungssitz der gleichnamigen Provinz, liegt zwischen Burdur- und Eğirdir-See und wird im Norden von Ak Dağı (2.276 m) überragt. Hier kreuzen sich die Straßen der Nord-Süd- und Ost-West-Richtung.

Die Stadt ist für die Herstellung von Rosenöl bekannt. Fünf bis sechs Tonnen frisch geernteter Rosenblätter werden für einen Liter Rosenöl benötigt. Er kostet in bester Qualität 5.000 bis 6.000 DM. Die Rosenbauern İspartas haben sich zu einer großen Kooperative zusammengeschlossen, die etwa 12.000 Mitglieder hat und über sieben Produktionsstätten verfügt, in denen während der Erntezeit täglich 360 Tonnen Rosenblüten verarbeitet werden. Im übrigen sind auch ausländische Firmen im Rosengeschäft; so besitzt das Unternehmen *Chanel* hier große Felder und betreibt eine Rosenölfabrik. Während der Hauptblütezeit von Mitte Mai bis Mitte Juni strömt von den ausgedehnten, mit Heckenrosen bepflanzten Feldern ein intensiver Rosenduft aus. Auch Mohn zur Opiumgewinnung wird unter staatlicher Aufsicht angebaut.

An kunsthistorisch Sehenswertem hat die Stadt nichts Außergewöhnliches zu bieten. Die Umgebung mit ihren archäologischen Stätten ist jedoch um so interessanter.

Umgebung von İsparta

♦ Sagalassus

..., 40 km südlich von İsparta, in der Nähe von Ağlasun ist eine weitläufige Ruinenanlage aus der römischen Zeit mit verfallenen Resten einer Akropolis, mit einem Marktplatz, Theater, Gräbern und Tempeln zwischen Obstbäumen und Pappeln.

♦ Gölcük-See

Ca. 10 km östlich von İsparta liegt in 1.405 m Höhe der *Gölcük-See*, aus dem İsparta sein Trinkwasser bezieht. Ein Besuch des Kratersees mit seinen zahlreichen Forellenrestaurants und Picknickplätzen lohnt sich. Der Ort blieb bisher vom ausländischen Tourismus weitgehend verschont, nicht zuletzt deshalb, weil der Weg zum See nicht ausgeschildert ist.

Wegbeschreibung: Vom Teegarten im Zentrum von İsparta vor der Stadtverwaltung (Belediye) auf dem Süley-

Das Seengebiet - Göller Bölgesi

Göller Bölgesi umfaßt die größten Süßwasserseen der Türkei. Nach Fläche abgestuft, sind zunächst der *Beyşehir-See,* der *Eğirdir-See* und schließlich der *Burdur-See* zu nennen. Letzterer ist gänzlich ohne Abfluß. Daher steigt sein Salzgehalt langsam, aber stetig an.

Geologisch handelt es sich bei der Seenplatte um ein Gebiet von Karstgebirgen und Ebenen, aus Ton und Kalk aufgebaut. Die Landschaft ist sehr hügelig. Durchschnittlich liegt sie 800 m über dem Meeresspiegel. Diese geographische Konstellation läßt zwar ein kontinentales Klima erwarten, aber der mediterrane Einfluß des nur ca. 120 km entfernten Mittelmeers wirkt sich mäßigend auf die Wetterlage aus.

Das Seengebiet wird intensiv landwirtschaftlich genutzt. Vor allem weite Getreidefelder bestimmen das Bild. Dazu kommen ausgedehnte Rosenfelder in der Umgebung von *İsparta,* einige staatlich kontrollierte Mohnfelder und große Obstbaumplantagen in der Umgebung von *Eğirdir.* Da hier im Sommer praktisch kein Regen fällt, ist die Landwirtschaft auf künstliche Bewässerung angewiesen. Zahlreiche Kanäle und Wasserrohre durchziehen das Land.

Das Seengebiet hat sich vor allem durch die Teppichherstellung einen Namen gemacht. Nach İsparta kommen mehrmals wöchentlich Teppichhersteller aus dem Umland zum Teppichmarkt.

Für den Besucher hat das Seengebiet viel zu bieten, hauptsächlich abseits der touristischen Routen. Hier kann man türkisches Leben in seiner ursprünglichen Form kennenlernen und braucht dennoch auf eine entwickelte Infrastruktur nicht zu verzichten.

Touristisch ist das malerisch am Hang gelegene Eğirdir Zentrum des Seengebiets. Von hier aus ist es nicht mehr weit zu anderen kleineren Seen, Nationalparks und Stränden. Auch bezüglich der historischen Sehenswürdigkeiten hat Eğirdir das meiste zu bieten.

man Demirel Bulvarı ca. 200 m bergab, stößt man auf eine große Kreuzung mit Ampelanlage, von wo der Atatürk Bulvarı in Richtung Konya nach rechts abzweigt. Hier biegt man aber nach links in eine kleine Straße ein und folgt ihr aus der Stadt hinaus. Links und rechts säumen Rosenfelder die Straße. Nach 7 km vom Stadtzentrum aus zweigt man beim Schild "Milas Restaurant" links in die Stichstraße zum Vulkansee ab. Nach weiteren 4 km erreicht man schließlich den See, wo *Camping & Restaurant Caravan* Gäste erwarten. Eine Verbindung mit öffentlichen Verkehrsmitteln besteht nicht.

♦ Römisches Theater

Von der Route İsparta - Eğirdir zweigt 11 km nordöstlich von İsparta eine Nebenstraße nach Atabey ab. Nach 5 km hinter dieser Abzweigung kann man linker Hand an einem Berghang, nördlich eines kleinen Dorfs, Überreste einer römischen Siedlung sehen. Am Berghang liegt ein kleines Amphitheater, von dem nur wenig erhalten ist. Ausgrabungen sind hier in den letzten Jahren gemacht worden. Auch in den umliegenden Feldern werden immer wieder römische Münzen gefunden - fast jeder Bauer kann welche zeigen. Eine Büste, die beim Pflügen gefunden wurde, stellt jetzt das Museum von İsparta aus.

Touristeninformation

Vilayet Konağı, im Gebäude der Provinzverwaltung, 3. Stock, Tel. 218 44 38.

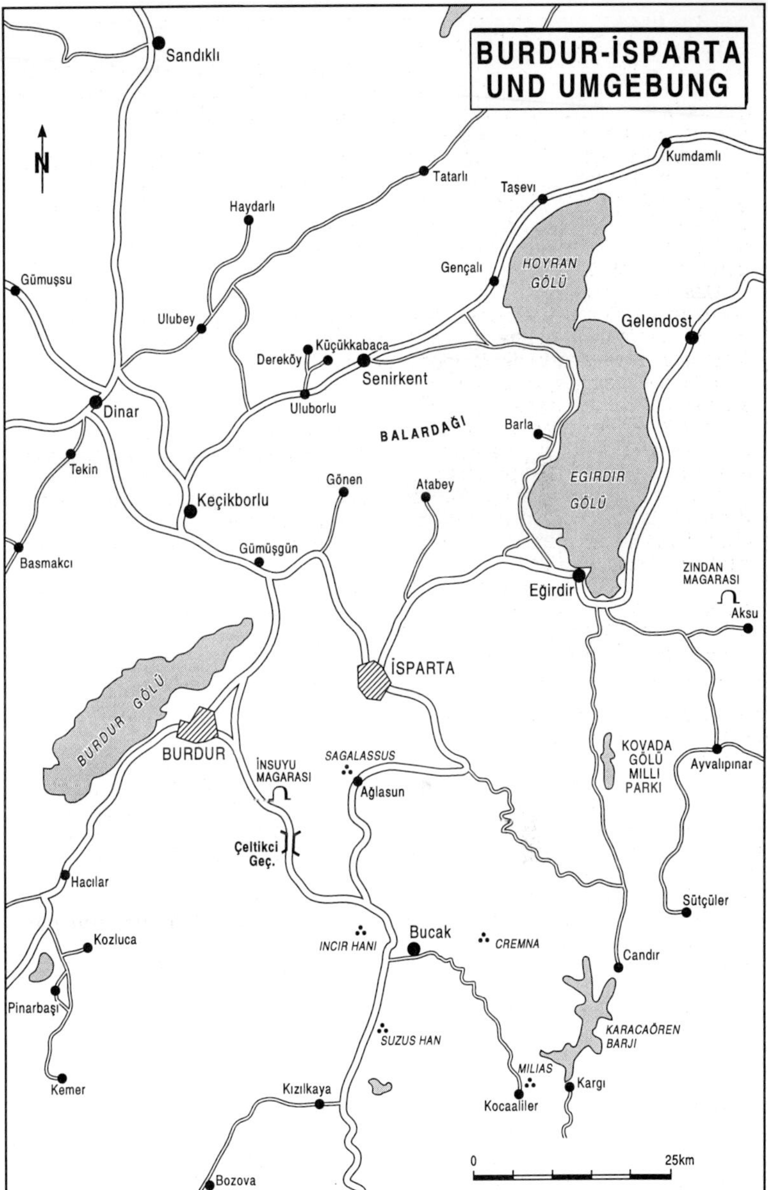
BURDUR-İSPARTA
UND UMGEBUNG
N
Sandıklı
Kumdamlı
Tatarlı
Taşevi
Haydarlı
HOYRAN
GÖLÜ
Gençalı
Gümuşsu
Gelendost
Ulubey
Küçükkabaca
Dereköy
Senirkent
Uluborlu
Dinar
BALARDAĞI
Barla
Tekin
EGIRDIR
GÖLÜ
Gönen
Atabey
Keçikborlu
Gümüşgün
Basmakcı
ZINDAN
MAGARASI
Eğirdir
Aksu
İSPARTA
BURDUR GÖLÜ
BURDUR
KOVADA
GÖLÜ
MILLI
PARKI
SAGALASSUS
İNSUYU
MAGARASI
Ağlasun
Ayvalıpinar
Çeltikci
Geç.
Hacılar
Sütçüler
Kozluca
Bucak
INCIR HANI
CREMNA
Candır
Pinarbaşı
SUZUS HAN
KARACAÖREN
BARJI
MILIAS
Kemer
Kızılkaya
Kargı
Kocaaliler
0
25km
Bozova

Übernachten

▸ *Hotel Artan*, Cengiz Topel Cad. 12b, zwischen Rathaus und Post, Tel. 232 57 00, 218 14 68, Fax 218 66 29, gutes Drei-Sterne-Stadthotel, für den Standard preiswert: EZ 35 DM, DZ 56 DM, DRZ 84 DM, mit Frühstück. Bei Vorausbuchung für Gruppen ab 10 Personen 20 DM/Person.

▸ *Bayram Hotel*, Mimar Sinan Cad. 43, Tel. 218 14 80, sehr einfache Zimmer mit und ohne Du/WC. DZ mit Du/WC 18 DM, DZ ohne Du/WC 15 DM, Frühstück auf Wunsch.

▸ *Yeni Lüx Hotel Altuğ*, Mimar Sinan Cad., 1738. Sok. 2, Tel. 232 26 24, einfaches, sauberes Stadthotel, alle Zimmer mit Du/WC. EZ 14 DM, DZ 23 DM, mit Frühstück.

▸ *Bolat Oteli*, Demirel Bul. 67, Tel. 223 90 01, Fax 218 55 06, alle Zimmer mit Du/WC, großer Aufenthaltsraum, Terrassenrestaurant, Bar, Drei-Sterne-Hotel und bis vor kurzem bestes Haus am Platz. EZ 27 DM, DZ 45 DM, mit Frühstück.

▸ *Büyük İsparta Hotel*, Kaymakkapı Cad., Tel. 232 44 23, Fax 232 44 22, mit vier Sternen die neue, beste Adresse in İsparta, Betonkubus mit 63 Zimmern und 126 Betten, Restaurant, Terrassenrestaurant, Pool, Sauna, Night-Club, Disco, 24-Stunden-Zimmerservice. EZ 47 DM, DZ 55 DM, DRZ 73 DM.

▸ *Gülistan Otel*, Mimar Sinan Cad. 31b, gegenüber dem Rathaus, Tel. 218 44 22, alle Zimmer mit Du/WC, einfaches Hotel. EZ 13 DM, DZ 21 DM, DRZ 27 DM, mit Frühstück.

▸ *Hotel Erkoç*, Demirel Bul. 71, auf dem Weg vom Bushof zur Innenstadt, Tel. 212 19 19, Fax 212 13 13, alle Zimmer mit Du/WC, sauber und freundlich. EZ 24 DM, DZ 41 DM, mit Frühstück.

Essen und Trinken

Im Basar, in der Mimar Sinan Caddesi und in deren Seitenstraßen sind einfache Lokantas und Konditoreien zu finden.

Tip: Ein ebenso traditionelles wie kulinarisch reizvolles Lokal ist der *Helva-Kebab-Pide-Salonu Hacibenlioğlu,* seit Generationen ein Familienbetrieb. Er befindet sich im Basarviertel, in der Kebabcılar Arastası 13, nahe der alten Moschee. Das Lokal schließt abends relativ früh.

Einkaufen

In der Mimar Sinan Caddesi verkaufen zahlreiche "Rosengeschäfte" alle erdenklichen Erzeugnisse mit und aus Rosen bzw. Rosenöl: Rosenbonbons, Rosentee, Rosenseife, Rosencreme usw. Das Gramm Rosenöl kostet ca. 6 DM.

Teppiche kann man auf dem Teppichmarkt, ebenfalls in der Mimar Sinan Caddesi, erwerben; die Straße führt direkt hinter dem Gebäude der Stadtverwaltung vorbei (Markt: Mo, Di, Mi und Fr von 7 bis 12 Uhr). Mittwochs ist der Hauptverkaufstag, dann kommen die meisten Käufer und Verkäufer. Nur nicht täuschen lassen: Das Gebäude sieht eher wie ein Parkhaus aus. Die Bewohner der umliegenden Dörfer bringen ihre Knüpf- und Webarbeiten hierher.

Tip: In diesem Komplex befindet sich eine seriöse Teppichhandlung mit interessanter antiker Ware: *Orient Halı,* Mehmet Akman. Der Inhaber ist sachkundig und übernimmt auch die Besorgung von Ausfuhrgenehmigungen sowie die Zollformalitäten.

Wer sich für Teppichwäschereien interessiert, findet das Zentrum mit etwa vierzig Wäschereien in *Çay Boyu*, wo zahlreiche Teppiche vor den Häusern ausgebreitet oder zum Trocknen aufgehängt sind.

Treffpunkt

Abendlicher Treffpunkt sind vor allem die drei Parks in Isparta mit ihren Teegärten: *Belediye Parkı, Atatürk Parkı* und *Kültür Parkı.*

Türkisches Bad

▸ *Cumhuriyet Hamamı* (dt. Bad der Republik), Çay Boyu, gutes, renoviertes türkisches Bad; für Gruppen abends nach Absprache auch gemischte "Sitzungen" (geöffnet tgl. 8 - 17 Uhr).

Feste

Antiochisches Kultur- und Kunstfest Ende Mai in Yalvaç, siebentägiges *Teppich- und Rosenfest* Anfang Juni in İsparta, *Kirschenfest* Anfang Juli in Uluborlu.

Nützliche Adressen und Telefonnummern

Vorwahl: 0246
Polizei: 218 99 87 oder 218 83 19
Bushof: 227 21 22
Bahnhof: 218 13 01
Krankenhaus: 218 56 10
Deutsch sprechender Arzt: Dr. Mahmut Dikman, Kaymakkapı Cad., Tel. 218 46 47

Verkehrsverbindungen

Bus: Nach Burdur und Eğirdir bestehen ständig Busverbindungen vom Bushof aus. Nach Atabey und Ağlasun (Sagalassos) fährt regelmäßig der Minibus. Sehr gute Busverbindungen bestehen täglich nach Antalya (29 mal), İzmir (18 mal) und Nevşehir (5 mal).
Zug: Mit einer Stichbahn ist der Ort an die Schienenstrecke von bzw. nach Denizli angeschlossen. Der Zugverkehr endet in İsparta, die Reststrecke bis Eğirdir ist stillgelegt. Täglich gibt es Verbindungen nach İzmir (mindestens 1 mal), İstanbul (2 mal), Afyon (3 mal) und Denizli (1 mal).

Eğirdir

16.500 Einwohner, 935 m hoch,
34 km NO von İsparta

Eğirdir, das eigentliche Zentrum des Seengebiets, ist ein überaus schönes, altes Städtchen am Südende des gleichnamigen Sees mit einem kleinen Hafen und vielen Lokantas, die vor allem Fischspezialitäten anbieten. Die Bewohner der Stadt und der umliegenden Dörfer leben von der Landwirtschaft, insbesondere Apfelbaumplantagen. Hinzu kommen in den letzten zehn Jahren die Einnahmen aus dem wachsenden Tourismus. Der sympathischen Ausstrahlung des Orts hat dieser Umstand bislang noch keinen Abbruch getan.

Die malerische Lage am Fuß eines Berges am Südende des blaugrün schimmernden Eğirdir-Sees und die historische Bausubstanz verleihen der Stadt eine besondere Attraktivität.

Mit einer Fläche von 468 km² ist der See der viertgrößte der Türkei. Seine Ufer bieten Badestrände und schöne Picknickplätze. Im See, der früher für seinen Fischreichtum und seine Langusten bekannt war, ist der Fischbestand sehr stark zurückgegangen. Grund dafür ist die zunehmende Anreicherung des Wassers mit Salzen.

Hinweis: Der alte Name "Eğridir" wurde zu Beginn der mordernen türkischen Republik in "Eğirdir" umgewandelt, was gleich zungenbrechend bleiben dürfte. Bei dieser Gelegenheit sei nochmals erwähnt, daß das "ğ" (yumuşak g) nicht gesprochen wird. Wer das "ğ" in "Eğirdir" wie ein deutsches "y" ausspricht, kommt der türkischen Aussprache sehr nahe.

Geschichte

Die Geschichte von Eğirdir reicht bis in das 13. Jahrhundert v. Chr. zurück, als die Stadt von den Hethitern in phrygische Herrschaft überging. Zwischen 540 und 340 v. Chr. war Eğirdir dem Persischen Reich angegliedert. Danach folgten Griechen, Römer und Byzantiner. Um das Jahr 1100 kam die Stadt unter seldschukische Hoheit. 101 Jahre (1280 - 1381) war sie Hauptstadt des Hamitoğulları-Fürstentums, in dem ein selbständiges Seldschukengeschlecht regierte. Auf diese Machthaber geht der Bau einer Koranschule, der Hizir-Bey-Moschee und des Baba-Sultan-Mausoleums zurück. Schließlich fiel Eğirdir 1417 an die Osmanen.

Sehenswürdigkeiten

Zu den Besonderheiten des Orts zählt die **Hizirbey Camii**, eine seldschukische Moschee aus dem 13. Jahrhundert. Ihr Minarett steht auf einem Torbogen, unter dem eine Straße hindurchführt.

Die **Dündar Bey Medrese** wurde 1219 zunächst als Karawanserei erbaut und 1285 zur Universität umfunktioniert. Das zweistöckige Gebäude hat dreißig Räume. Insbesondere das überaus reich verzierte Eingangstor ist sehenswert. Das Mausoleum für den "Sultansvater" (Baba-Sultan) *İsa bin Musa* wurde im Jahr 1345 von *Hamitoğlu İlyas* erbaut. Es liegt westlich des Stadtzentrums in der Nähe des Bahnhofs. Im Mausoleum von Baba-Sultan sind zwei weitere Gräber bedeutender Mitglieder des Hamitoğulları-Geschlechts (Söhne Hamits). Die Festung aus dem 5. Jahrhundert v. Chr. wurde schon unter den Seldschuken, insbesondere unter der Hamitoğulları-Dynastie, mehrfach restauriert und erweitert.

Auf der Landzunge stehen die Ruinen einer seldschukischen Burg, um die sich wiederum ein Altstadtviertel mit Holzhäusern gruppiert. Von hier hat man einen phantastischen Ausblick auf den See und die ihn einrahmende Bergkulisse wie auch auf die Inseln **Çan Ada** und **Yesıl Ada**, die über den befahrbaren Damm zu erreichen sind.

Umgebung von Eğirdir

♦ Nationalpark Kovada Gölü

Der Nationalpark liegt 45 km südlich von Eğirdir und umgibt den gleichnamigen See, der von zahlreichen unterirdischen Quellen gespeist wird. Dieses 9 km² große, 6 bis 7 m tiefe, in 900 m Höhe gelegene Gewässer steht mit dem Eğirdir-See über einen natürlichen Kanal in Verbindung. Der Wald besteht aus Eichen, Kiefern und Platanen. Hier sind Bezoarziegen, Rotwild, Wildschweine, Wölfe und Bären heimisch.

Mit Schwimmen, Angeln und Wandern kann man sich die Zeit vertreiben. Picknick- und Campingplätze sind vorhanden. Beste Besuchszeit ist von Mai bis September.

Zum Kovada-See besteht keine Verbindung mit öffentlichen Verkehrsmitteln; die Touristeninformation in Eğirdir organisiert Ausflüge dorthin.

Folgt man der westlich am Kovada-See vorbeiführenden Straße weiter nach Süden, gelangt man bald in das Gebiet des Çandır-Canyon. Die malerische Schlucht, die vom Göksu (Fluß) in das Kalkgestein gegraben wurde, ist über eine schlecht zu befahrende Schotterpiste zugänglich. Diese Piste folgt der Route der sogenannten "Königsstraße", die zur Blütezeit des lydischen Königtums von Ephesos nach Babylon auch durch Eğirdir führte.

♦ Zindan Mağarası

Die *Zindan-Höhle* liegt 25 km südöstlich von Eğirdir und ca. 1 km nördlich vom Ort Aksu entfernt.

In der 750 m lange Höhle gibt es bizarre Tropfsteinformationen. Der Erdschlund galt in der römischen und byzantinischen Epoche als Heiligtum, wurde aber auch als Zufluchtsort und Begräbnisstätte genutzt. Schon bald hinter dem weiten Eingang, vor dem noch Ruinen alter Gebäude zu sehen sind, wird der Gang zunächst so eng, daß man kriechen muß. Er weitet sich dann wieder und endet in einer großen Halle, die von Einheimischen "Hamam" genannt wird, da von allen Seiten Wasser über die Sinterflächen herunterrieselt. Das Wasser soll angeblich Schönheit verleihen - ein Gerücht, das man nachprüfen möge, wenn man sich

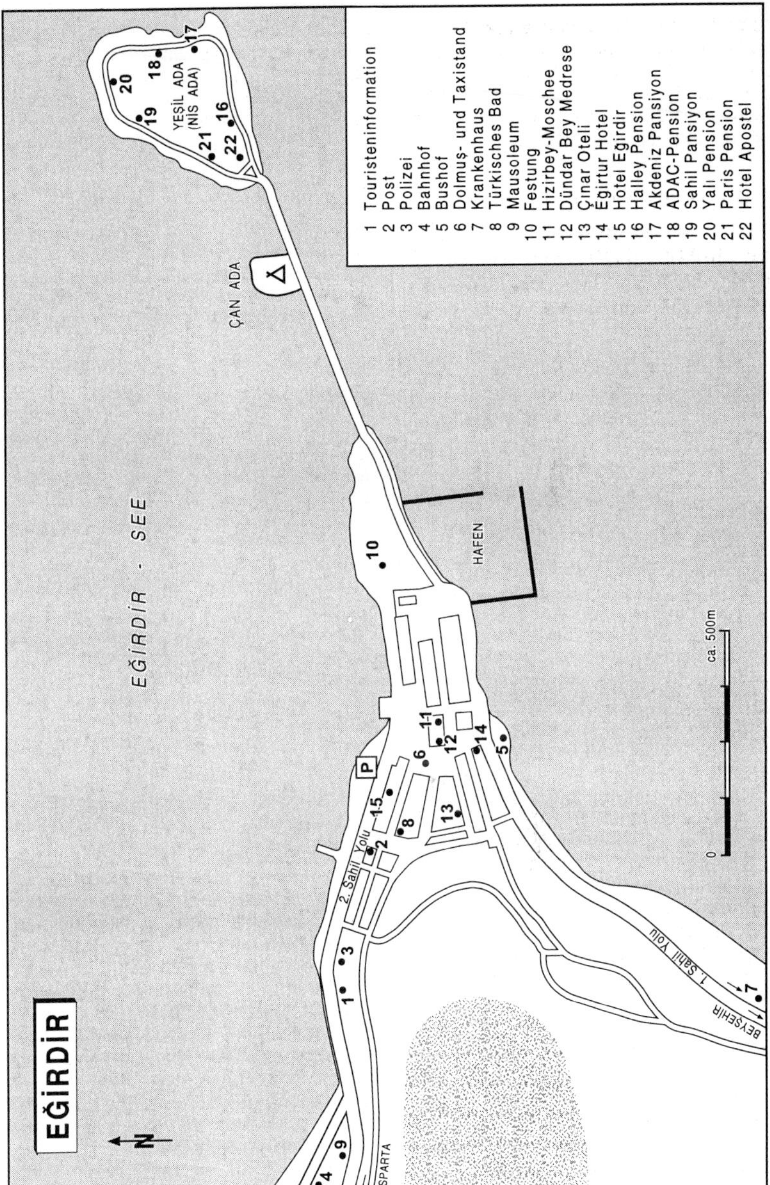
EĞİRDİR
EĞİRDİR - SEE
ÇAN ADA
YEŞİL ADA
(NİS ADA)
HAFEN
2. Sahil Yolu
1. Sahil Yolu
BEYŞEHİR
İSPARTA
P
N
0
ca. 500m
1 Touristeninformation
2 Post
3 Polizei
4 Bahnhof
5 Bushof
6 Dolmuş- und Taxistand
7 Krankenhaus
8 Türkisches Bad
9 Mausoleum
10 Festung
11 Hizirbey-Moschee
12 Dündar Bey Medrese
13 Çinar Oteli
14 Eğirtur Hotel
15 Hotel Eğirdir
16 Halley Pension
17 Akdeniz Pansiyon
18 ADAC-Pension
19 Sahil Pansiyon
20 Yalı Pension
21 Paris Pension
22 Hotel Apostel

nach der Begehung wieder bei Tageslicht betrachtet. Da man leicht die Orientierung verlieren kann, sollte man die Erkundung nicht ohne Führer (aus Aksu) machen. Taschenlampe nicht vergessen! Da man nach dem Ausflug ziemlich durchnäßt ist, ist Ersatzkleidung angebracht.

♦ *Nationalpark Kızıldağ*

Bei einem Ausflug zum Nationalpark *Kızıldağ* am Ufer des Beyşehir-Sees, 5 km südlich von Şarkikaraağaç, kann man ein Stück ursprünglicher Natur erleben. Im 5,5 km² großen Park wechseln Zedernhaine mit Macchie und freien, zum Teil verkarsteten Flächen ab. Von Mai bis Oktober ist hier die beste Besuchszeit; man kann dann sehr gut picknicken und campen.

♦ *Yalvaç*

Nordöstlich des Eğirdir-Sees, rund 65 km von Eğirdir entfernt, liegt der 20.000 Einwohner zählende Ort *Yalvaç*. In der Nähe befindet sich die antike Ruinenstätte *Antiochia*, die zur römischen Provinz Pisidien gehörte. Am Südwestfuß des *Sultanmassivs* (2.531 m) sind über dem Tal *Yalvaçbeli Dere* Überreste eines Aquädukts, Trümmer der Stadtmauer, der Akropolis und des Theaters zu sehen. Am besten ist der Tempel des Augustus erhalten. Von dort, wo sich einst die Akropolis erhob, hat man eine schöne Aussicht auf den Eğirdir-See.

Zahlreiche Kleinfunde aus Antiochia befinden sich im Museum von Yalvaç, das auch über eine sehenswerte ethnographische Abteilung verfügt.

♦ *Limenia-Insel*

Über eine Asphaltstraße erreicht man 24 km westlich von Yalvaç das Ufer des Hoyran-Sees, der den Nordteil des Eğirdir-Sees bildet. In diesem See, nur per Boot zu erreichen, liegt die Limenia-Insel, deren griechischer Name auf den Ursprung der dort befindlichen Ruinen (darunter Befestigungsanlagen, Artemis-Tempel) hinweist.

♦ *Barla*

Am Westufer des Sees liegt *Barla*, 33 km nördlich von Eğirdir. Nach dort führt die Strecke an der überaus reizvollen Westküste des Eğirdir-Sees entlang. Mehrere Buchten laden zum Baden ein. In Barla bieten sich zum Übernachten *Gül Oberji* und *Fidan Pansiyon* an, zwei einfache Herbergen. Zwischen Barla und Eğirdir pendeln ständig Minibusse.

♦ *Bağlar Pınar Pazarı*

Ca. 10 km südöstlich von Eğirdir findet zwischen August und September an der Straße nach Sütçler auf einer großen Wiese der Sonntagsmarkt *Bağlar Pınar Pazarı* statt. Anfahrt: Von der Straße Eğirdir - Gelendost biegt man ca. 7 km östlich vom Zentrum nach rechts in die Nebenstraße nach Sütçüler ein. Nach weiteren 3 bis 4 km liegt linker Hand der Marktplatz. Aus diesem ursprünglichen Viehmarkt ist längst ein kleines Volksfest geworden. Das Treiben sollte man sich nicht entgehen lassen. An Markttagen pendeln Busse von und nach Eğirdir.

Strände

Alle Strände liegen nordwestlich der Stadt: *Belediye Plajı* (1 km) wirkt wenig einladend, weil er nicht gepflegt wird. Der eintrittspflichtige *Altınkum Plajı* (Goldsandstrand) ist ein ausgesprochen schöner, feinsandiger Strand. Das schattige Strandbad kann mit Umkleidekabinen, Duschen und einem Kiosk aufwarten. Ein Campingplatz ist angeschlossen (→ Übernachten). *Bedri Plajı* (11 km) ist ein 1,5 km langer Sandstrand, der sich ebenso flach wie der Altınkum-Strand in den See hineinzieht. Umkleidekabinen und Duschen stehen auch hier zur Verfügung.

Am aufgeschütteten Damm und bei den Inseln *Çan Ada* und *Yesıl Ada* gibt es Kiesstrände, die besonders an den Wochenenden von Einheimischen besucht werden.

Touristeninformation

2. Sahıl Yolu, Tel. 311 43 88, Fax 312 20 98, die beste Touristeninformation im Seengebiet; geöffnet tgl. 8 - 12 und 13.30 - 18 Uhr. Das freundliche Personal spricht Englisch und ist sehr kompetent. Hier erfährt man auch die aktuellen Preise der Unterkünfte. Leider gibt es keine guten Broschüren über Stadt und Umgebung.

Übernachten

Eğirdir - Zentrum

▸ *Çınar Oteli,* Çinaraltı Mey., Tel. 311 46 78, einige Zimmer mit Du/WC. EZ 25 DM, DZ 38 DM.

▸ *Eğirtur Hotel,* Güney Sahil Yolu 2, Tel. 312 37 00, alle Zimmer mit Du/WC. EZ 25 DM, DZ 38 DM, mit Frühstück.

▸ *Hotel Eğirdir,* 1. Sahil Yolu, Tel. 311 49 92, Fax 311 42 19, Drei-Sterne-Hotel, alle Zimmer mit Du/WC, bestes Hotel am Platz. EZ 35 DM, DZ 50 DM, mit Frühstück.

Yeşil Ada

Alle Unterkünfte auf *Yeşil Ada* liegen an der Uferstraße, die um die Insel herumführt. Die Pensionen hier sind fast alle sehr ordentlich.

▸ *Halley Pension,* Yeşilada Mah. 2, Sok. 6, Tel. 312 36 25, nicht alle Zimmer mit Du/WC, einfach eingerichtet; das Haus, ein internationaler Treffpunkt, verleiht an Gäste Fahrräder. DZ 18 DM, Frühstück auf Wunsch.

▸ *Akdeniz Pansiyon,* Yeşilada Mah. 12, Tel. 312 34 32, nur einige der einfachen, sauberen Zimmer mit Du/WC, gutes Restaurant. EZ 11 DM, DZ 18 DM, Frühstück auf Wunsch.

▸ *ADAC-Pension,* Yeşilada Mah. 1, Tel. & Fax 312 30 74, gute, kleine Familienpension, alle Zimmer mit Du/WC, Restaurant im Erdgeschoß. EZ 8 DM, DZ 16 DM, DRZ 22 DM, mit Frühstück.

▸ *Sahil Pansiyon,* Yeşilada Mah. 21, Tel. 312 21 67, ruhig und sauber mit Blick auf den See. EZ 11 DM, DZ 18 DM, Frühstück auf Wunsch.

▸ *Yalı Pension,* Yazla Mah. 2, Tel. 311 47 73, einfache, saubere Familienpension mit Restaurant. EZ 10 DM, DZ 22 DM, mit Frühstück. Camping im Garten möglich.

▸ *Paris Pension,* Yeşilada Mah., Tel. 311 55 09, kleine Pension mit sechs sehr geräumigen Zimmern, Balkon mit Seeblick, alle Zimmer mit Du/WC; Fischrestaurant. EZ 20 DM, DZ 25 DM, DRZ 30 DM, Frühstück extra.

▸ *Hotel Apostel,* Ata Yolu 7, Tel. 311 54 51, Fax 312 35 33, modernes Zwei-Sterne-Stadthotel, alle Zimmer mit Du/WC, Telefon und Minibar; Restaurant und Bar. EZ 30 DM, DZ 40 DM, DRZ 60 DM, mit Frühstück.

Campingplatz

▸ *Altınkum Camping,* 1 km westlich des Zentrums, an der Straße nach Barla, einfacher Platz an einem feinsandigen Strand, der sich flach in den See hineinzieht. Saubere, einfache Sanitäranlagen, schattig. Preise 2 Pers./ Zelt/ Auto ca. 10 DM, Bungalow 15 DM, Eintritt zum Strand 1 DM.

Außerdem kann man kostenlos auf einem Platz auf *Çan Ada* campen, der offiziell zu diesem Zweck freigegeben ist. Die sanitären Einrichtungen sind allerdings sehr dürftig.

Essen und Trinken

Auf *Yeşil Ada* bieten fast alle Pensionen gutes Abendessen an. Spezialitäten der Gegend sind *levrek* (Seebarsch) und *sazan* (Karpfen). Als Pensionsgast wird man natürlich bevorzugt über fangfrische Angebote informiert und genießt in der Regel einen besonders guten Service. Die Restaurants auf dem Festland sind meist teurer und weniger gut, da sie vor allem auf die Abfertigung größerer Gesellschaften eingestellt sind.

Einkaufen

In der Altstadt gibt es zahlreiche Geschäfte. Donnerstags findet in der Nähe der Burg ein Wochenmarkt mit reichhaltigem Angebot statt.

Im August und September lohnt sich ein Ausflug zum *Bağlar Pınar Pazarı* (→ Umgebung von Eğirdir), auf dem neben Gemüse, Kleinvieh, Dinge des täglichen Bedarfs und kleine Imbisse angeboten werden.

Türkisches Hamam

Direkt hinter der Post befindet sich das türkische Bad der Stadt mit verschiedenen Öffnungszeiten für Männer und Frauen; Touristen werden auch in gemischten Gruppen eingelassen.

Feste

Am 6. März findet eine kleine Parade zu Ehren des ersten Besuchs von *Kemal Atatürk* statt. Anfang September feiert man in Eğirdir das *Seefest.*

Nützliche Adressen und Telefonnummern

Vorwahl: 0246
Polizei: 311 48 75
Bushof: 311 40 36 oder 311 42 28
Krankenhaus: 311 64 90 (Die meisten der Ärzte hier sprechen neben Türkisch auch Deutsch, Englisch oder Französisch.)
Deutsch sprechender Arzt: Dr. Isa Köklü, Yangın Evler, Tel. 311 41 65

Verkehrsverbindungen

Dolmuş/ Minibus: Zum Ort Aksu (Zindan-Höhle) verkehrt ein Stadtbus *(Aksu Belediyesi Otobüsü)* von İsparta aus über Eğirdir, allerdings nur einmal täglich um 14 Uhr, ohne Rückfahrtmöglichkeit am selben Tag.

Nach Barla bestehen ständig *dolmuş*-Verbindungen, ebenso an Markttagen zu *Bağla Pınar Pazarı.*

Nach İsparta fahren tagsüber alle 15 Minuten Bus, Minibus oder *dolmuş.*

Bus: Eğirdir ist sehr gut an das landesweite Busnetz angebunden. Häufige Verbindungen bestehen nach Konya und Antalya, fast ebenso oft fahren Busse nach Denizli. Mindestens 2 mal täglich bestehen Fernverbindungen nach İzmir, İstanbul und Ankara, häufiger noch nach Nevşehir.

Nach Şarkikaraağaç fahren fast jede Stunde Busse.

→ Der Weg nach Burdur führt von der Straßengabelung bei Gümüşcün südwärts. Die Straße umgeht die Nordostspitze des Burdur-Sees, nach etwa 24 km erreicht man *Burdur.*

Burdur

56.500 Einwohner, 950 m hoch,
122 km N von Antalya

Burdur, die kleine Verwaltungsstadt der gleichnamigen Provinz, liegt 4 km südöstlich des Burdur-Sees in der kahlen Steppenlandschaft des westlichen Inneranatolien. Die Rosenölerzeugung, die Weberei und der staatlich kontrollierte Mohnanbau sind für die Stadt wirtschaftlich von größter Bedeutung. Lebhaft geht es an Markttagen zu, wenn die Dorfbewohner in die Stadt kommen, um sich mit Lebensmitteln, Stoffen, Küchengeräten und anderem einzudecken.

Die Region war bereits in vorgeschichtlicher Zeit besiedelt. Doch erst unter den Seldschuken ist ein Ort mit Namen *Burdur* bezeugt.

Sehenswürdigkeiten

Burdur hat drei osmanische Herrschaftshäuser: **Taşoda**, ein zweistöckiges Haus aus dem 17. Jahrhundert, wurde in den letzten Jahren im Auftrag des türkischen Kultusministeriums restauriert. Während das Erdgeschoß als Stall und Lagerraum genutzt wurde, befanden sich im ersten Stock die Wohnräume, deren Wände mit Arabesken, Blumen- und geometrischen Mustern verziert sind. Ebenfalls aus dem 17. Jahrhundert stammt **Çelikbaş Konağı**, ein Werk des Baumeisters *Osmanlii Sivil*. **Mısırlılar Evi** schließlich stammt aus dem 19. Jahrhundert.

Die **Ulu Camii** (Große Moschee) datiert alten Schriften zufolge aus dem Jahr 1294. Allerdings wurden große Teile 1914 bei einem Erdbeben zerstört; zwischen 1920 und 1933 wurde sie jedoch in der jetzigen Form wiederaufgebaut.

In einem kleinen **Archäologischen Museum** sind Ausgrabungsfunde aus der Umgebung von Burdur ausgestellt (geöffnet außer Mo tgl. 8.30 - 12, 13.30 - 17.30 Uhr).

Umgebung von Burdur

♦ Burdur Gölü

Der *Burdur-See* (200 km² Fläche) in 845 m Höhe gehört zu einem Naturschutzgebiet, in dem Brutstätten seltener Vogelarten liegen. Mit Angeln und Baden kann man sich dort die Zeit vertreiben. Unweit des Orts liegt das mehrere Kilometer lange Strandbad *Çendik*, dessen Strände nur sehr schmal und nicht besonders sauber sind.

♦ Salda Gölü

Der *Salda-See* ist ein von Wäldern umgebener Süßwassersee, 65 km südwestlich von Burdur. Mit 185 m ist er der tiefste See in der Türkei. Am Wasser liegt ein Camping- und Picknickgelände mit sehr einfachen Sanitäreinrichtungen. Beim Baden ist Vorsicht geboten, denn im See tummeln sich Wasserschlangen.

Auf dem Weg zum Salda-See passiert man das Dorf *Hacılar*, in dessen Nähe (2 km westlich) ein Wohnschutthügel mit mehreren Siedlungsschichten aus der Bronzezeit (5.700 - 5.000 v. Chr.) liegt. Wie so oft bei solchen Hügeln ist nicht besonders viel zu sehen. "Bewegliches Inventar", wie Tonwaren und kleine Götterfiguren, sind in den Museen von Burdur und Ankara ausgestellt.

♦ İnsuyu İçmeleri

Hier, einige Kilometer südlich von Burdur, sind Trinkkuren gegen Magen-, Darm- und Stoffwechselleiden möglich. Hier gibt es auch eine Tropfsteinhöhle (587 m lang), die seit 1965 für Besucher zugänglich ist. Leider sind viele Tropfsteine schon beschädigt oder gar zerstört.

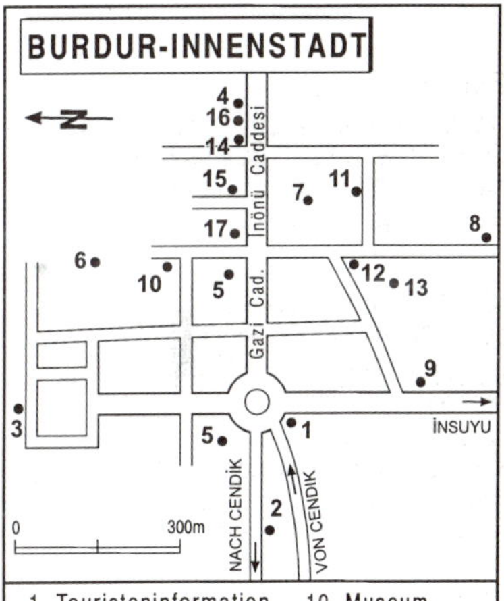

1 Touristeninformation
2 Post
3 Bahnhof
4 Bushof
5 Teegarten
6 Halk Pazarı
7 Yukarı-Basar
8 Çelikbaş Konağı
9 Mısırlilar Evi
10 Museum
11 Taşoda
12 Uhrturm
13 Ulu-Moschee
14 Doğan Oteli
15 Özeren Oteli
16 Hoşafçı Oteli
17 Burdur Oteli

Touristeninformation

Cumhuriyet Alanı 4, im Haus der Provinzverwaltung, 2. Stock, Tel. 2331 078, geöffnet Mo bis Fr 8 - 12 und 13.30 - 17.30 Uhr, das Französisch sprechende Personal verfügt nur über türkische Prospekte.

Übernachten

▸ *Doğan Oteli,* İnönü Bul. 93, Tel. 233 19 63, nicht alle Zimmer mit Du/WC, für bescheidene Ansprüche. EZ 15 DM, DZ 18 DM.

▸ *Hotel Özeren*, Gazi Cad. 51, Tel. 233 96 07, sehr sauberes, einfaches Mittelklassehotel, alle Zimmer mit Du/WC. EZ 15 DM, DZ 24 DM, mit Frühstück.

▸ *Hoşafçı Oteli*, İnönü Bul. 127, beim Bushof, Tel. 233 19 24, einfache Unterkunft, freundliches Personal. EZ 15 DM, DZ 25 DM.

▸ *Burdur Oteli,* Gazi Cad. 37/A, Tel. 233 41 07, Fax 233 41 06, einfaches Hotel, Zimmer mit und ohne Dusche; Restaurant. EZ 15 DM, DZ 23 DM, DRZ 30 DM, Frühstück auf Wunsch.

▸ *Çendik Motel*, beim Strandbad Çendik, Tel. 242 80 88, guter Standard, alle Zimmer mit Du/WC. EZ 33 DM, DZ 50 DM, Frühstück auf Wunsch.

Essen und Trinken

Typisch für die Stadt sind *Burdur şişi,* ein Fleischspieß, der hier besonders knusprig zubereitet wird, und eine Süßigkeit namens *ceviz ezmesi.*

Die meisten Lokantas sind in der Gazi Caddesi und ihren Seitenstraßen zu finden.

Feste

Musik- und Folkloreveranstaltungen Anfang Mai, *İnsuyu-Fest* in der ersten oder zweiten Septemberwoche.

Nützliche Adressen und Telefonnummern

Vorwahl: 0248
Polizei: 233 33 72
Krankenhaus: 233 60 31
Busgesellschaften: Kamil Koç 233 21 31, Pamukkale Turizm 233 35 00, Akdeniz 233 15 56, Uludağ 233 34 54

Verkehrsverbindungen

Bus: Busverbindungen in fast alle größeren Städte, so täglich nach Ankara (20 mal), İstanbul (14 mal), İzmir (20 mal) und Antalya (alle 20 Minuten).
Dolmuş/ Minibus: Zum Strandbad Çendik gibt es einen regelmäßigen Stadtbus- und *dolmuş*-Dienst (an der Windschutzscheibe Schild "Plaj").

Hacılar und den Salda Gölü erreicht man mit dem mehrmals täglich verkehrenden *Yeşilova-* oder *Acıpayam*-Minibus.

Nach İnsuyu fahren ständig Stadtbus und *dolmuş,* auch nach İsparta besteht regelmäßig eine Busverbindung. Haltestellen befinden sich bei der Touristeninformation am Cumhuriyet Meydanı und im Bushof.
Zug: Mit einer Stichbahnlinie hat Burdur Anschluß an das Eisenbahnnetz nach Westen, das sich später nach İzmir und İstanbul teilt. Züge fahren einmal am Tag von Burdur nach İsparta, Eğirdir, Denizli, Aydın, İzmir, Afyon sowie über Afyon weiter nach İstanbul.

➞ Die Route nach Antalya verläuft von Burdur zunächst durch das fruchtbare Tal *Kurna Dere*, dann folgt eine hügelige Landschaft. Auf der neuen Straße geht es in sanften Windungen in das Taurusgebirge hinauf. Vom *Çeltikçi-Paß* (1.225 m) führt die Bergstraße am Stausee *Onaç Barajı* und einige Kilometer weiter am versumpften *Kestel Gölü* vorbei. Hin und wieder hat man einen Ausblick auf die alte Straße, die sich zum Teil mit einem Gefälle von 12 % über die Berge zog. Hinter der Paßhöhe von *Çubuk Boğazı* geht die Fahrt dann abwärts. Später hat man von pinienbestandenen Hängen einen phantastischen Blick auf die weite Bucht von Antalya.

Südküste und Hinterland

An die südliche Mittelmeerküste grenzen die Provinzen *Antalya, İçel, Adana* und *Hatay.* Obwohl sie zusammen nur 8 % der Gesamtfläche des Landes einnehmen, tragen sie wesentlich zur Versorgung der Türkei mit landwirtschaftlichen Produkten bei. Im westlichen und mittleren Teil, wo der *Taurus* sehr nahe an die Küste heranreicht, werden bevorzugt Zitrusfrüchte und Bananen angebaut. Zentren sind *Antalya, Alanya, Gazipaşa* und *Anamur.* Im Raum *Silifke* und im Schwemmlandbereich von *Seyhan* und *Ceyhan,* der auch als *Kilikische Ebene* bekannt ist, sowie in den sich anschließenden südöstlichen und östlichen Gebieten werden viele Felder künstlich bewässert. Baumwolle und Erdnüsse werden vor allem in der Gegend um *Silifke* angebaut, Zitrusfrüchte im Raum von *Erdemlı* und *Mersin,* Baumwolle um *Adana,* Reis im oberen Teil der Kilikischen Ebene und Weizen und Baumwolle in der Provinz *Hatay.* Man legte große Baumwollplantagen an, die sich wie alle Monokulturen mit der Zeit schädlich auf den Boden auswirkten.

Auf unkultivierten Küstenstreifen wächst stellenweise wilder Oleander. Die Abhänge des Taurus sind hier und da von lichten Kiefernwäldern bewachsen.

Der Küstenabschnitt hat nicht viele Bodenschätze, abgesehen von einigen Bauxitlagerstätten bei Alanya und Erdgasvorkommen in der Provinz Hatay. Die *Türkische Riviera*, wie diese Küste in Urlaubsprospekten genannt wird, ist im Gegensatz zur buchtenreichen Westküste landschaftlich homogener. Kilometerlange Sandstrände und mehr als dreihundert Sonnentage jährlich machen die Südküste für Urlauber besonders attraktiv. Touristenzentren wie *Kaş, Antalya, Side* und *Alanya* haben in den letzten Jahren ihre Infrastruktur durch die Errichtung von Hotels, Bars, Cafés, Restaurants und Diskotheken verbessert. Aber auch der Küstenabschnitt weiter im Osten ist vom Bauboom erfaßt. Zwischen Mersin und Erdemlı wird die Küste mit Ferienwohnungen quasi zugemauert, so daß es kaum mehr möglich ist, den Strand zu erreichen.

Kunsthistorisch interessierte Urlauber kommen auch auf ihre Kosten. Man kann im westlichen Küstenabschnitt Historisches aus lykischer Zeit besichtigen und um Antalya viele antike Orte, die zu Pamphylien gehörten. Im mittleren und östlichen Küstenabschnitt laden Siedlungen kilikischen Ursprungs und alte Piratenschlupfwinkel zu Entdeckungsreisen ein.

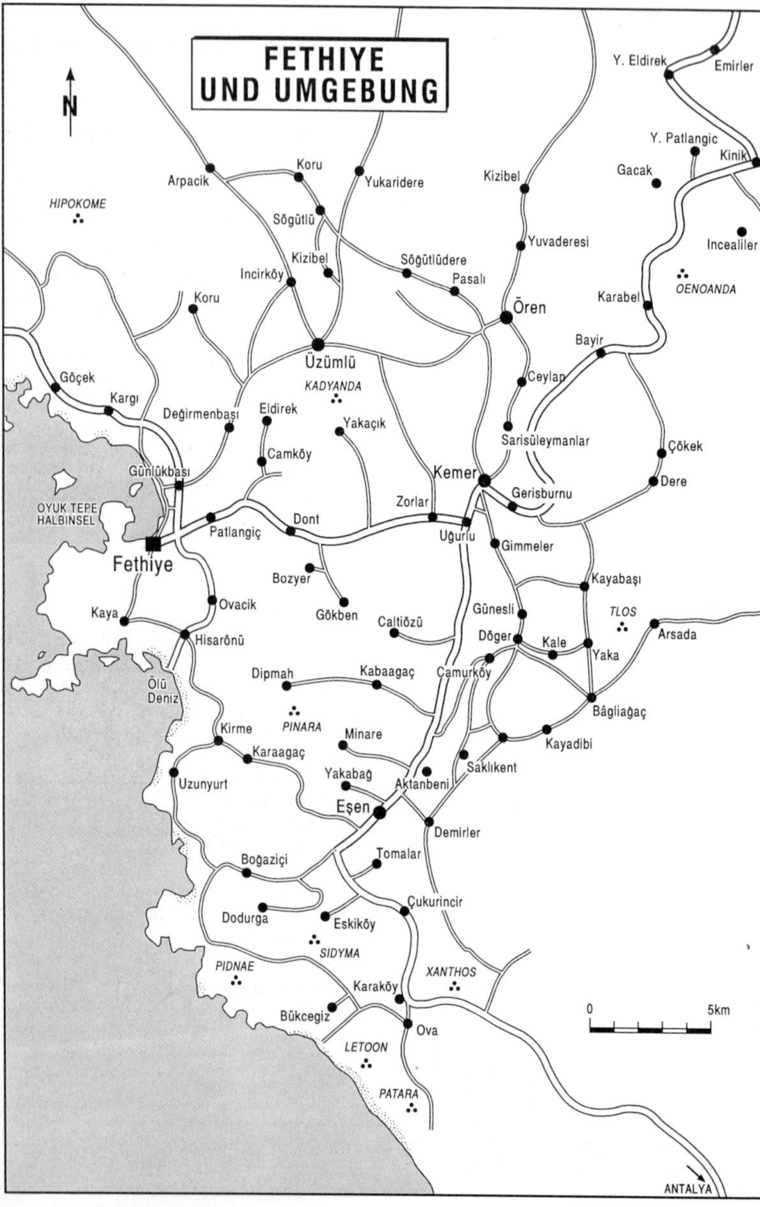
FETHIYE
UND UMGEBUNG
N
Y. Eldirek
Emirler
Y. Patlangic
Kinik
Gacak
Incealiler
OENOANDA
Karabel
Bayir
Arpacik
Koru
Yukaridere
Kizibel
HIPOKOME
Sõğütlü
Yuvaderesi
Kizibel
Sõğütlüdere
Incirkõy
Pasalı
Koru
Ören
Üzümlü
KADYANDA
Göçek
Kargı
Değirmenbaşı
Eldirek
Yakaçık
Ceylan
Sarisüleymanlar
Camkõy
Çõkek
Günlükbası
Kemer
Dere
Gerisburnu
OYUK TEPE HALBINSEL
Zorlar
Patlangiç
Dont
Uğurlu
Gimmeler
Fethiye
Bozyer
Kayabaşı
Ovacik
Gõkben
Günesli
TLOS
Kaya
Caltiõzü
Dõger
Arsada
Hisarõnü
Kale
Yaka
Dipmah
Kabaagaç
Camurkõy
Ölü Deniz
Bâgliağaç
PINARA
Kirme
Minare
Kayadibi
Karaagaç
Saklıkent
Uzunyurt
Yakabağ
Aktanbeni
Eşen
Demirler
Tomalar
Boğaziçi
Çukurincir
Dodurga
Eskiköy
SIDYMA
PIDNAE
XANTHOS
Karakõy
Bükcegiz
Ova
0
5km
LETOON
PATARA
ANTALYA

Route 5
Von Fethiye nach Antalya (ca. 280 km)

Die Route führt von Fethiye (→ R 2) in östlicher Richtung und biegt nach 23 km bei *Kemer* nach Süden ab. Zuvor bietet sich ein Abstecher nach *Gimmeler*, nur wenige Kilometer südlich von Kemer und 30 km südöstlich von Fethiye. Der Ort ist wegen seiner heißen Quellen bekannt.

♦ Tlos

42 km östlich von Fethiye liegt die antike Siedlung *Tlos*, deren Anfänge bis in das 14. Jahrhundert v. Chr. zurückreichen. In der lykischen Zeit zählte sie zu den sechs bedeutendsten Städten in Kleinasien. Sehenswert sind der Akropolishügel mit alten Festungsmauern, Teile der Stadtmauer, lykische Gräber sowie Ruinen der Thermen, einer byzantinischen Kirche und eines Theaters.

An der Strecke hat sich in jüngerer Zeit auch eine Art "Großhandlung" für türkische Knüpf- und Webteppiche etabliert (*Saklıkent Carpet Weavers Association,* Kadıköy-Saklıkent Yolu, Tel. 636 87 90, Fax 636 87 91). In klimatisierten Räumen wird den mit Bussen angekarrten Besuchern die Herstellungsweise türkischer Teppiche erläutert - natürlich mit dem Hintergedanken, dieselben auch an den Mann oder (meist) an die Frau zu bringen. Es schadet nichts, einen Zwischenstopp einzulegen, sich von der Klimaanlage abkühlen zu lassen und einen kostenlosen Tee zu genießen, während die versierten Verkäufer ihr Geschäft betreiben. Will man tatsächlich kaufen, ist natürlich Handeln geboten: 30 bis 50 Prozent Preisnachlaß müßten drin sein. Aber dafür sollte man eine ganze Menge Zeit mitbringen.

➔ Sehr lohnend ist der Umweg nach *Saklıkent* (→ Fethiye/ Organisierte Ausflüge). Dazu fährt man an der großen Kreuzung nicht in Richtung Kalkan bzw. Antalya, sondern folgt noch 1 km der Ausschilderung nach Kemer. Dort, wo es links nach Kemer abgeht, beginnt rechts die schlecht ausgeschilderte Straße zum Canyon. Nach 9 km teilt sich die Straße: Der rechte Weg ist der richtige. Auf der Weiterfahrt kommt man an etlichen kleinen Restaurants vorbei, deren Inhaber zum Teil lautstark versuchen, Gäste zu gewinnen. Bis auf die letzten zwei Kilometer ist der Anfahrtsweg geteert.

♦ Saklıkent

Saklıkent, 40 km südöstlich von Fethiye, bietet ein phantastisches Naturschauspiel, das der Tourismus erst 1988 entdeckt hat. Im August 1991 wurde es in der Türkei durch eine Fernsehsendung bekannt: *Saklıkent* (dt. verborgenes Land) ist ein sehr enger, hoher Canyon, in dem ein eiskalter, glasklarer Fluß in zwei bis drei ergiebigen Quellen entspringt. Mehrere Kubikmeter Wasser pro Sekunde sprudeln aus jedem Quelltopf. Das reißende Gewässer hat im Lauf der Jahrtausende den Felsen 200 bis 300 m tief eingeschnitten und damit die 18 km lange Schlucht geschaffen. Sehr wacklige, seitlich an den senkrechten Felswänden angebrachte Holzstege führen ca. 50 m in die bizarre Schlucht hinein.

Nach 200 m über Stege erreicht man eine kleine Lokanta. Hier kann man - auf Brücken, direkt über den Quellbächen, die unmittelbar aus dem Felsen austreten - essen und trinken (gute Fischgerichte, vor allem Forelle).

In der Schlucht von Saklıkent

Der weitere Weg führt in die sich verengende Schlucht. Nach ca. 1,5 Stunden Gehzeit erreicht man eine Stelle, die nur mittels eines Seiles zu überwinden ist. Die meisten Besucher kehren hier um. Dieser Teil der Schlucht führt nur sehr wenig Wasser. Der Weg verläuft teilweise im Bachbett, teilweise an seinem Rand. Da das Gestein im Laufe der Zeit glatt und daher rutschig geworden ist, sollte man sehr vorsichtig gehen. Zweckmäßig sind Turn- oder Badeschuhe, da ein Ausrutschen durchaus möglich und der Wasserstand an manchen Stellen kniehoch ist. Am Restaurant in der Schlucht hat ein pfiffiger Anbieter aus dem Verleihen von Badeschuhen ein Geschäft gemacht.

Auch außerhalb des Canyons gibt es mehrere Quellen, die mit zahlreichen verästelten Rinnen in das Bett des Saklıkent Çayı münden. In diesem von Platanen beschatteten Areal liegt das *Cennet Park Restaurant,* das seine preiswerten Köstlichkeiten auf zahlreichen in die Bachläufe hineingebauten hölzernen Plattformen serviert.

–▸ Hinter *Esen*, am Fuß von *Elmacık Dağı* im Osten, und *Kınık* erreicht man schließlich *Kalkan.* Zuvor bietet sich ein Besuch von antiken Stätten an.

Xanthos

*Xantho*s liegt in der Nähe des Dorfs Kınık, 70 km südöstlich von Fethiye. Im Altertum gehörte es zu den bedeutendsten Städten in der Küstenregion. Die Stadt, deren Gründung man auf das 7. Jahrhundert v. Chr. datiert, wurde im Lauf der Geschichte von mehreren Völkern beherrscht. Ihr Niedergang begann mit der Eroberung durch die Araber im 7. Jahrhundert. Sehenswert sind vor allem die vielen Gräber, darunter das mit prächtigen Reliefs gestaltete *Harpyien-Grab* neben der Agora. Eine Herrscherfamilie hat es um 500 v. Chr. errichten lassen. Den Namen erhielt das Grab von den Fabelwesen an der Nord- und Südseite, die halb Vogel, halb Frau (= Harpyien) darstellen. Heute werden diese Gestalten als Sirenen gedeutet, die nach dem Verständnis der Lyker die Seelen der Verstorbenen ins Jenseits begleiten. Ebenfalls sehenswert sind die Markthalle, das römische Theater, ein Obelisk, die Akropolis sowie die Ruinen eines Klosters und einiger Häuser. Viele Funde wurden Mitte des 19. Jahrhunderts ins Britische Museum nach London geschafft.

Letoon

4 km südöstlich von Xanthos liegt in Strandnähe das antike *Letoon*, zur gleichen Zeit wie Xanthos gegründet.

Orman Ağaclandırması

Wer von Fethiye die Straße über Kemer in Richtung Kalkan fährt, kann linker Hand an den Berghängen große Aufforstungsflächen mit überdimensionalen Schildern "Orman Ağaclandırması" ("Waldaufforstung") sehen.

Der Verlust von Waldfläche im Küstengebiet der Ägäis und des Mittelmeers ist für die Türkei ein brisantes Problem, das weit in die Vergangenheit zurückreicht. Schon in der Antike holzte man Wälder ab, um Holz für den Schiffsbau zu gewinnen. Die dadurch ausgelöste Erosion und Abschwemmung von fruchtbaren Böden führte einerseits zur Verödung von Berggebieten, andererseits zu vermehrten Ablagerungen im Küstengebiet. Die Bewohner von Städten wie *Priene* und *Milet* in der Ebene des *Mäanders* sägten buchstäblich den Ast ab, auf dem sie saßen. Sie leisteten durch die Abholzung großer Waldgebiete der Versandung ihrer Häfen Vorschub; der wirtschaftliche Niedergang ihrer Städte war die Folge.

Allein im Gebiet von Fethiye werden seit fünf Jahren rd. 62 km^2 neu aufgeforstet - in einem trockenen Gebiet ein schwieriges Unterfangen. Gleichzeitig läuft landesweit eine Aufklärungskampagne, um in der Bevölkerung ein Bewußtsein für die Bedeutung von Waldgebieten zu schaffen. Auf Schildern am Straßenrand stehen immer wieder Sprüche wie zum Beispiel "Unser Vaterland ist keine waldlose Heimat" (Ormansız yurt vatanımız değildir) oder "Wald heißt Leben" (Orman hayat demektir).

Das Beispiel *Türkei* zeigt, wie leicht es ist, die Natur auszubeuten und wie mühevoll und kostspielig, sie wieder in einen intakten Zustand zu versetzen.

Größere Ausgrabungen begannen hier in den fünfziger Jahren. Bisher sind die Grundrisse von mehreren Tempeln, einem Theater und einigen Häusern freigelegt.

Patara

Bis vor wenigen Jahren war *Patara* noch eine weitgehend unberührte, sandige Einöde. Reisefachleute sprachen scherzhaft von "der größten Sandwüste nördlich der Sahara". Versteckt in einem Seitental nördlich der Ruinen, die von der antiken Stadt Patara übriggeblieben sind, liegt der Weiler *Gelemiş,* der seinen Namen allerdings mittlerweie weitgehend abgelegt hat - jedermann und jedefrau, auch türkischer Nationalität, sprechen nur noch von "Patara", und auch der Wegweiser an der Hauptstraße zwischen Fethiye und Kalkan weist nicht auf "Gelemiş" hin. Angeschoben durch enthusiastische Berichte in den Medien und in Reiseführern, hat das kleine Gelemiş in den letzten Jahren einen überwältigenden Tourismusboom erlebt. Unterkünfte sind in großer Zahl vorhanden, und an der ins Zentrum führenden Hauptstraße reihen sich Restaurants und Souvenirgeschäfte mit Lederwaren aller Art. Auch die obligatorischen Goldschmiede fehlen nicht. Wer etwas außerhalb des Zentrums spazierengeht, findet noch dörfliches Leben. Um das Ortszentrum verschwinden allerdings nach und nach die kleinen Gärten und Gewächshäuser, um neuen Pensionen Platz zu machen. Die Häuser der gehobeneren Kategorie haben sich ohnehin etwas außerhalb des Orts angesiedelt, vorzugsweise auf den umliegenden Hügeln, denn das versumpfte Hafenbecken des antiken Patara ist eine Brutstätte für Moskitos, die nach Einbruch der Dunkelheit unten in Gelemiş allgegenwärtig ihrem Vampirjob nachgehen. Findige "Pensionäre" haben daher mittlerweile ihre Touristenbetten mit Moskitonetzen verhängt

Das Tal des Eşen Çayı

Das breite Tal des *Eşen Çayı* bildet den westlichen Fuß des Ak-Dağ-Massivs. Der Fluß ist auch unter dem Namen *Koca Çay* oder unter seinem antiken Namen *Xanthos* bekannt; am häufigsten wird er jedoch schlicht nach dem im Zentrum des Tals gelegenen Marktflecken *Eşen* genannt.

Es ist bemerkenswert, daß das Tal im Osten von einem bis über 3.000 m aufragenden Gebirgsstock eingefaßt wird, während im Westen das nahezu 2.000 m hohe Massiv des Baba Dağ eine Barriere zum Meer hin bildet. Das Baba-Dağ-Massiv streicht in Nord-Süd-Richtung, während die Kammlinie des Ak Dağ zunächst von Nordost nach Südwest verläuft, um dann schließlich auch nach Süden abzubiegen.

Der Eşen Çayı entspringt am Südfuß des Boncuk Dağ, nordöstlich von Fethiye. Auf seinem knapp 60 km langen Lauf zur Küste wird er von zahlreichen Bächen und Nebenflüssen - insbesondere den Quellen beim Saklıkent-Canyon - gespeist, die den flankierenden Gebirgsmassiven entspringen und durch vor allem auf der Ostseite des Tals teilweise tief eingeschnittenen Nebentälern und Schluchten dem Hauptfluß zustreben.

Die Hochlagen der aus Kalkstein aufgebauten Flankengebirge sind extrem trocken (arid). Darauf folgt ein Waldgürtel, der in den oberen Lagen aus Zedern, in den tieferen aus Kiefern, Fichten und Pinien besteht. Im Winter sind die Hochlagen schneebedeckt. Während im Tal schon das Frühjahr angebrochen ist, schmelzen dort die Schneemassen erst langsam ab. Zudem können die Waldgürtel Wasser speichern, und am Fuß der porösen Gebirgsstöcke treten zahlreiche Quellen zutage.

Diese Rahmenbedingungen eröffnen ausgezeichnete Möglichkeiten zur künstlichen Bewässerung. Der breite Taltrog ist mit Erosionsmaterial bedeckt, das die Anlage von maschinell zu berarbeitenden Feldern erlaubt. So ist denn das Tal des Eşen Çayı ein intensiv landwirtschaftlich genutztes Gebiet. Hauptsächlich werden Getreide, Tabak und Baumwolle angebaut. Baumwollkulturen brauchen viel Wasser, und so ist das gesamte Tal mittlerweile mit einem dichten Netz von Bewässerungskanälen durchzogen.

Das wirtschaftliche Zentrum des Tals ist *Eşen*. Der Marktflecken *Kemer* (nicht zu verwechseln mit dem Touristenzentrum Kemer südwestlich von Antalya) ist ein kleines Zentrum am Oberlauf; *Kınık*, die Nachfolgesiedlung der antiken "Hauptstadt" Lykiens, Xanthos, am Unterlauf.

Das Tal des Eşen Çayı ist auch ein wichtiger Verbindungsweg von Fethiye zum südlichen Abschnitt der lykischen Küste. Die dem Meer zugewandte Westflanke des Baba-Dağ-Massivs ist steil, zerklüftet und erst in den letzten Jahrzehnten teilweise durch Schotterstraßen erschlossen worden - dagegen liegt zwischen Fethiye und Kemer nur ein niedriger Paß.

In der Antike war das Tal des Eşen Çayı wohl die einzige Verbindung zwischen Telmessos (Fethiye) und den Städten des lykischen Küstengebirges im Süden. Im mittleren Abschnitt des Tals befinden sich am Fuß der Flankengebirge die Überreste zweier nicht unbedeutender lykischer Siedlungen: Pinara im Westen und Tlos im Osten.

Im Mündungsbereich des Eşen Çayı gibt es eine Konzentration von archäologischen Stätten: die Ruinen von Xanthos am Ortsrand von Kınık, Patara im Bereich des weiten Strands, und Letoon, das der Göttin Leto (Frau des Zeus, Mutter von Apollon und Artemis) geweihte Zentralheiligtum des lykischen Städtebunds.

- und die Gäste wissen es zu schätzen. Das Ortszentrum in "Bonsai-Format" liegt etwas unterhalb der Hauptstraße nach Patara. Dort finden sich die meisten Souvenirs, Restaurants und die *dolmuş-* sowie die Taxistation. Die Hauptstraße nach Patara wird hingegen von einigen Bars gesäumt, die sich zu beliebten abendlichen Treffpunkten entwickelt haben.

Südlich des Orts liegen die Ruinen der lykischen Stadt *Patara* (6. Jh. v. Chr.), die mit Auto oder zu Fuß (von Gelemiş 3 km in Richtung Süden) zu erreichen sind. Das Besondere an Patara ist die harmonische Verbindung von Kultur und Natur. Schon deshalb lohnt sich ein Besuch. Sand und Buschwerk haben sich einen großen Teil der Stadt zurückgeholt, die einst zu den sechs bedeutendsten lykischen Städten ihrer Zeit gehörte. Der *Hl. Nikolaus*, der spätere Bischof von *Myra*, wurde hier geboren. Das Ruinenfeld beginnt westlich der Zufahrtsstraße zum Strand - nach einem Tor, das den Zugang zu Antike und Strand aus Rücksicht auf alte Werte und junge Schildkröten von 19 bis 7.30 Uhr sperren soll - mit einer ausgedehnten Gräberanlage. Vereinzelte Sockel von Tempelgräbern aus römischer Zeit, aber auch Fragmente von lykischen Sarkophagen sind dort mitten in einem schütteren Olivenhain auszumachen. Vor dem Nordtor (um 100 n. Chr.) mit drei Durchgängen sind seit Sommer 1996 Grabungsarbeiten im Gange. Sie widmen sich vorläufig vor allem der weitläufigen Gräberstätte, in der bereits ein völlig unversehrter frühlykischer Sarkophag entdeckt wurde. Hinter diesem römischen Triumphbogen zweigt ein Pfad durch das Ruinenfeld ab. Man passiert zunächst einen lykischen Sarkophag, dann geht es auf eine recht gewaltige Thermenanlage zu, die durch einen benachbarten Palmenhain einen besonderen Reiz erhält. Um die Thermen wurde 1996 intensiv gegraben, um unter anderem den Verlauf der Hauptstraßen zu erkunden. Dabei kam ein Abschnitt völlig unversehrten Plattenpflasters zum Vorschein. In Richtung Theater allerdings

Dünenfeld bei Patara

scheint das Straßenniveau bereits unter dem Grundwasserspiegel zu liegen.

Ein stark überwachsener Pfad führt weiter durch das Dickicht, in dem immer wieder große behauene Kalksteinquader zu entdecken sind. Dieser Pfad war allerdings 1996 so überwachsen, daß man von einer Machete hätte Gebrauch machen müssen, um sich zu Theater und Akropolishügel durchzuschlagen.

Einfacher ist es, von der Therme über einen Feldweg zur Straße in Richtung Patara-Strand zurückzukehren und dieser ein Stück nach Süden zu folgen. Man passiert die Überreste einer frühbyzantinischen Basilika und kann anschließend wieder einem Feldweg nach Westen in das Ruinenfeld folgen. Dort stößt man erneut auf die Überreste eines Bades, und auf einem Pfad geht es weiter zur Stadtmauer, die aus zahlreichen Überresten anderer Ruinen errichtet worden ist. Vor dieser Mauer liegt ein Stück der antiken Straße offen, die wohl einst bis zum Theater führte. Dieses ist heute über verschlungene Trampelpfade zugänglich, halb vom Dünensand überweht, aber recht gut erhalten.

Vom Theater kann man entweder den schweißtreibenden Aufstieg zum Akropolis-Hügel unternehmen, wo außer einer Zisterne und einem Gebäude nicht mehr viel auszumachen ist (die Aussicht auf den weiten Strand, die angrenzenden Dünen, den versumpften Hafen und die weit verstreuten antiken Überreste ist grandios), oder man kehrt auf einem Feldweg wieder zur Straße zurück, über die man nach etwa 700 m den Patara-Strand erreicht.

Beeindruckend ist dieser Strand: Auf 14 km Länge erstreckt sich ein völlig unverbauter Sandstrand, der größte und zugleich schönste an der türkischen Küste. Sein östliches Ende erreicht man über einen gut ausgeschilderten Fahrweg an den Ruinen von Patara vorbei (sein westliches Ende ist über einen von Letoon ausgehenden, schlecht und zum Teil gar nicht ausgewiesenen Weg zu erreichen).

In der Mitte des Strands liegen mehrere riesige Wanderdünen, die sich kontinuierlich landeinwärts bewegen. Das stellt die Forstverwaltung vor Probleme. Durch zahlreiche Anpflanzungen versucht sie, die Flugsandwanderung aufzuhalten. Die Vegetationsdekke am Rand des Strands sollte nicht beschädigt oder losgetreten werden.

Erst seit einigen Jahren ist die Bedeutung des Strands als Nistplatz für die vom Aussterben bedrohten Meeresschildkröten bekannt. Auch hier legt die Spezies *Caretta caretta*, wie am İztuzu-Strand, nachts ihre Eier in ca. 50 cm Tiefe ab. Nach zwei Monaten schlüpfen die Jungen.

Im Interesse der Erhaltung von Schönheit und Vielfalt der Natur an Pataras Strand sollte man sich streng an die Vorschriften halten. Diese Anweisungen sind keine Schikane für Touristen, sondern tragen dazu bei, daß die Schildkröten eine Überlebenschance haben. Wer die Wanderdünen von Nahem sehen will, kann entweder über den Strand vom östlichen Ende eine halbe Stunde nach Westen gehen oder vom Hotelneubau auf dem Berg über Patara-Dorf zu Fuß durch einen Pinienwald bis zum oberen Rand der Dünen spazieren. Der Blick von dort vermittelt eine Art "Sahara-Gefühl".

Strand und Ruinen sind nur in der Zeit von 7.30 bis 19 Uhr zugänglich - insbesondere der Strand ist nachts wegen der Gelege der Meeresschildkröte gesperrt (Zutritt zum Gelände ist gebührenpflichtig: 2 DM).

Übernachten

▸ *Flower Pension,* im Ortsbereich, Tel. 0242-843 51 64, Fax 843 50 34, alle Zimmer mit Du/WC, schöner Garten mit Swimmingpool, kleines Restaurant, Besitzer organisiert mit seinem Jeep Ausflüge zu den Sehenswürdigkeiten der Umgebung. Autovermietung ange-

Wald und Dünen, Strand und Ruinen - eine Rundwanderung bei Patara

Die Wanderung beginnt im Ortszentrum von Gelemiş, an der *dolmuş*- und Taxistation. Von dort geht es zunächst südwärts in das enge Tal unterhalb von Gelemiş, dann aber führt die Straße, die nicht mehr asphaltiert ist, westwärts, und man steigt einen Hügel hinauf. Es geht durch Olivenhaine, und man erreicht einen großen Hotelkomplex, den man rechts liegen läßt.

Bei einer modernen "Zisterne" gabelt sich der Weg - rechts geht es (ausgeschildert) in ein Feriendorf. Man hält sich links und kommt in ein Pinienwäldchen. Rechter Hand grüßt das 2.000 m hohe Massiv von Baba Dağ, das das Tal von Eşen Cayı nach Westen begrenzt. Nach Süden kann man schon die bis zu 100 m hohen Dünen des Patara-Strands erkennen.

Der Weg wendet sich nach Südosten und führt mit leichtem Gefälle auf diese Dünenlandschaft zu. Nach ca. 2 km passiert man eine links am Weg gelegene antike Ruinenstätte. 400 m weiter endet die "Forststraße" in einer Art "Aussichts-Parkplatz". Von dort führt ein Trampelpfad durch die Dünen hinunter zum Meer. Den Strand erreicht man über einen etwas mühseligem Abstieg nach ca. 3,5 km.

Nach einem erfrischenden Bad (so man Lust dazu hat; Vorsicht: starke Strömung nach Osten!) folgt man dem Strand ostwärts. Vorbei am Akropolis-Hügel des antiken Patara trifft man fast am Ostende des Strands auf eine Ansammlung von Strandliegen und Sonnenschirmen. Dort gibt es einen Erfrischungskiosk und sogar Süßwasserduschen.

Auf einem Holzsteg geht es landeinwärts; ca. 100 m weiter liegt ein kleiner Parkplatz, wo auch die *dolmuşlar* (bis 18.30 Uhr nach Kalkan und Kaş; bis 18 Uhr in Richtung Fethiye) halten; auch zwei Restaurants befinden sich hier.

Den ersten Abzweig zu den Ruinen von Patara findet man etwa 800 m vom Strand. Dort geht es nach links direkt auf das vom Sand überwehte Theater zu. Ein zweiter Zugang befindet sich etwa 200 m weiter landeinwärts.

Etwa 2 km vom Strand kommt man an einem unmittelbar an der Straße gelegenen römischen Bogentor vorbei. Im Bereich dieses Tors unternimmt die *Akdeniz Üniversitı Antalya* seit 1996 Ausgrabungen. Unter anderem fand sich bisher in diesem Areal ein Tempelfundament.

Nördlich dieses Bogentors erstreckt sich eine weitläufige Gräberanlage, die seit 1995 ebenfalls von Archäologen untersucht wird. Diese große Nekropole zieht sich fast 1 km längs der Straße in einen Olivenhain hinein. Langsam öffnet sich die Perspektive auf den alten Hafen von Patara - heute eine verschilfte, sumpfige Lagune. Auch auf der gegenüberliegenden Seite dieser Lagune sind antike Ruinen zu erkennen - unter anderem ein Kornspeicher aus der römischen Kaiserzeit.

schlossen; kostenloser Transfer von/nach Dalaman und Antalya. DZ ohne Balkon 12 DM, mit Balkon 15 DM, Frühstück extra.

▸ *Hotel Sema,* oberhalb des Gelemiş-Tals, mit schöner Aussicht, Dachterrasse; freundlicher Besitzer, sehr sauberes Haus, alle Zimmer mit Balkon. EZ 8 DM, DZ 15 DM, mit Frühstück.

▸ *Paradise Pension,* im nördlichen Ortsbereich, Tel. 0242-843 51 90, Fax 843 50 78, schöner, kleiner Garten, ruhig gelegen, alle Zimmer mit Balkon und Ventilator, Swimmingpool von Flower Pension kann mitbenutzt werden. EZ 10 DM, DZ 16 DM, mit Frühstück.

▸ *Ali Baba Pansion,* Tel. 0242-843 50 64, Zimmer mit Du/WC, einfach und sauber; Restaurant und Bar. EZ 11 DM, DZ 17 DM, mit Frühstück.
▸ *Golden Pension,* Tel. 0242-841 51 62, auch Zimmer mit Du/WC, einfach eingerichtet; Restaurant. DZ 19 DM, mit Frühstück.
▸ *St. Nikolaus Pansiyon,* Tel. 0242-843 50 24, alle Zimmer mit Du/WC und Balkon, einfach und sauber, sehr freundlicher, Englisch sprechender Wirt. DZ 22 DM, mit Frühstück.
▸ *Hotel Delfin,* Tel. 0242-843 50 91, Fax 843 51 69, alle Zimmer mit Du/WC; mit Swimmingpool. EZ 19 DM, DZ 28 DM, mit Frühstück.

Bessere Hotels östlich über dem Tal von Gelemiş:
▸ *Assos Motel,* Tel. 0242-843 51 97, sehr sauber und gepflegt, geräumige Zimmer, alle mit Balkon, viele mit Blick auf Gelemiş und Patara. EZ 20 DM, DZ 25 DM, mit Frühstück.
▸ *Hotel Mehmet,* hoch über dem Tal von Gelemiş direkt am Waldrand gelegen, Tel. 0242-843 50 32, Fax 843 50 78, Swimmingpool und schöne Bar im Freien, gelegentlich Barbecue, Flughafentransfer nach Antalya und Dalaman. EZ 20 DM, DZ 30 DM, mit Frühstück.
▸ *Hotel Merhaba,* Tel. 0242-843 51 99, Fax 843 51 33, hoch über dem Tal gelegenes, sehr aufmerksam geführtes Haus, schöne Aussicht, stilvolle Bar, vegetarisches Essen, wozu auch Frühstück mit hausgemachter Marmelade und hausgemachtem Käse gehört. EZ 25 DM, DZ 40 DM, mit Frühstück.
▸ *Hotel Patara View Point,* Tel. 0242-843 51 84, Fax 843 50 22, sauber, schöne Aussicht, Swimmingpool, großes Ausflugsangebot von Gelemiş Turizm (→ Organisierte Ausflüge), Transfer zum Strand mit einem Traktor und Anhänger.
▸ *Hotel Xanthos,* Tel. 0242-843 50 32, Fax 843 50 78, mit Café-Bar, Restaurant und Swimmingpool sowie Flutlicht-Tennisplatz, ruhig gelegen, aufmerksamer Service. EZ 28 DM, DZ 47 DM, mit Frühstück.
▸ *Hotel Lykia,* an der Straße vom Ortszentrum von Gelemiş zum Patara-Strand, Tel. 0242-843 50 68, 843 52 11, Fax 843 51 45, 843 52 82, aufmerksam geführtes Familienhotel mit wundervollem Swimmingpool, Restaurant mit türkischer "Hausmannskost" - besser als in den meisten anderen Restaurants. EZ 14 DM, DZ 28 DM, mit Frühstück.

Und dann hat Patara auch noch ein Drei-Sterne-Hotel mit allem, was dazugehört, auch einem eigenen Wachdienst, der nicht jeden passieren läßt. Das *Beyhan Hotel* mitten im Pinienwald auf einem Hügel westlich von Gelemiş ist zweifelsfrei die erste Adresse am Ort - und vor allem bei türkischen Gästen der gehobenen Mittelklasse beliebt. DZ (ohne Frühstück) 75 DM.

▸ *Medusa Camping,* Tel. 0242-843 51 93, am kleinen Minibushof, einfacher Platz mit wenigen schattenspendenden Bäumen; einfache, aber sehr saubere Sanitäranlagen; Restaurant. 2 Pers./ Zelt/ Pkw 7 DM.

Organisierte Ausflüge

Mehrere Reiseagenturen im Zentrum von Gelemiş bieten ein vielfältiges Ausflugsprogramm. Dazu gehören:
- lykische Siedlung Pinara und Canyon von Saklıkent, 35 DM incl. Essen
- Fethiye, Ölüdeniz und die alte Siedlung Kaya bei Fethiye, immer dienstags zum Markttag in Fethiye, 35 DM
- Myra und die Insel Kekova, Bus- und Schiffsausflug (von Kaş), 40 DM
- Xanthos, Letoon, traditionelles türkisches Dorf, 35 DM incl. Essen
- Bootstour ins Blaue, 35 DM
- zweitägige Trekkingtour von Gömbe ins Gebiet des Ak Dağ, 80 DM incl. Verpflegung
- zweitägige Tour nach Pamukkale und Aphrodisias, Halbpension, 90 DM
- und der absolute Renner der Saison: eine etwa fünfstündige Kanutour auf dem Eşen Cayı hinunter bis zum

Strand von Patara, mit verschiedenen Stopps und Picknick, allerdings auch in den ökologisch empfindlichen Schilfgebieten des Mündungsdeltas, und deshalb nur bedingt zu empfehlen, täglich im Angebot, 35 DM incl. Transfer und Essen.

Anbieter:

▸ *Dardanos Travel,* im Ortszentrum, Tel. 0242-843 51 51, Fax 843 51 10; bietet im Frühjahr und Herbst auch einwöchige oder 14tägige Trekking-Ferien im Gebiet zwischen Fethiye und Patara an - incl. Übernachtungen, Transfers, Wanderführer, Frühstück, Lunchpaket, Abendessen. Preis ohne Flug 1 Woche 700 DM, 2 Wochen 1120 DM.

▸ *Gelemiş Turizm,* im Ortszentrum, Tel. 0242-843 51 05, Fax 843 50 08, bietet zusätzlich auch Ausflüge nach Ephesos und eine Dorftour zu Pferd an.

▸ *Light Tour,* etwas oberhalb des Ortszentrums, Tel. 0242-843 52 05, Fax 843 52 71.

Verkehrsverbindungen

Dolmuş-Station und Taxistand befinden sich wenige Meter südlich des Ortszentrums. Von dort 5 mal täglich Verbindungen in Richtung Kalkan, Kaş und Fethiye. Minibus nach Xanthos, Letoon, Saklıkent und Tlos. Auch Verbindungen nach Bodrum, Marmaris, Pamukkale, Kemer, Antalya, Side und Alanya.

Mit dem Busunternehmen *Pamukkale* tgl. Nachtverbindungen nach İstanbul, Ankara, Selçuk, İzmir. 2 mal tgl. Bodrum, Marmaris und Selçuk.

Kalkan

1.000 Einwohner, 219 km W von Antalya

Unterhalb der Hauptstraße liegt das Fischerdorf *Kalkan* an einem Berghang. Der Ort selbst hat - abgesehen von der noch homogenen, griechisch inspirierten Inselarchitektur des alten Ortskerns und der zu einer Moschee umfunktionierten griechisch-orthodoxen Kirche - zwar keine kulturellen Sehenswürdigkeiten, eignet sich aber gut als Ausgangspunkt für Besuche der antiken Stätten in der Nähe und der umliegenden Strände. Den Strand von *Patara* beispielsweise erreicht man von Kalkan per *dolmuş* oder Boot. Auch der Strand von *Kaputaş* liegt in der Nähe.

Badefreunde finden am östlichen Rand des Städtchens einen etwa 200 m langen und 10 m breiten Sandstrand, an den eine Liegewiese grenzt. Das Wasser in der vorwiegend felsigen Bucht ist glasklar.

Der Treffpunkt am Abend ist der Hafen, in dem die Charteryachten vor Anker liegen.

Umgebung von Kalkan

♦ Kaputaş Plajı

5 km östlich von Kalkan liegt direkt an der Hauptstraße eine kleine, ca. 200 m lange Bucht mit feinsandigem Strand und türkisfarbenem Wasser. Die Bucht verdankt ihre Entstehung einem Bach, der durch einen engen Canyon zum Meer fließt. Strand und Schlucht sind über eine Treppe zu erreichen. Der tief eingeschnittene, reizvolle Canyon ist vom Strand her ein Stück weit zu Fuß zu erkunden. Welche Probleme diese Stelle den Straßenbauern bereitete, dokumentieren Gedenktafeln in der Kurve an der Hauptstraße oberhalb des Canyons: Sie erinnern an insgesamt vier Todesopfer, die dieses gewagte Unternehmen in den Jahren 1962 und 1963 forderte.

♦ Mavi Mağara

6 km östlich von Kalkan liegt hinter dem Strand von Kaputaş, an der sehr steilen Felsenküste direkt unterhalb der Straße, *Mavi Mağara*, die *Blaue Höhle*. Durch die Filterwirkung des glasklaren Wassers leuchtet die Höhle in tief-

blauem Licht. Der Abstieg über die Felsen ist schwierig. Die Höhle selbst ist nur schwimmend oder mit dem Boot zu erreichen. Vorsicht: Man kann nur bei sehr ruhigem Wasser in die Höhle schwimmen, da Wellen den Schwimmer an die scharfkantigen Felsen werfen könnten.

Übernachten

In Kalkan gibt es einige preiswerte Pensionen mit schöner Aussicht, die sich auf Individualtourismus eingestellt haben. Ansonsten wird hier der gehobene Tourismus gefördert.

▸ *Akin Pansiyon,* Yalıboyu Mah., Tel. 0242-844 20 94, Zimmer zur Straße etwas laut, Terrasse vor dem Haus mit schönem Blick aufs Meer, nicht alle Zimmer mit Du/WC; Restaurant. DZ mit Du 19 DM, DZ mit Etagendusche 11 DM, Frühstück 4 DM

▸ *Çelik Pansiyon,* Yalibolu Mah., im Ortszentrum, Tel. 0242-844 21 26, alle Zimmer mit Du/WC, Terrasse mit schönem Blick aufs Meer. EZ 10 DM, DZ 20 DM, mit Frühstück.

▸ *Çetinkaya Pension,* Yalıbolu Mah., direkt oberhalb des kleinen Strands, Tel. 0242-844 33 07, 844 30 96, sauberes, gepflegtes altes Haus, Frühstücksterrasse mit schöner Aussicht, alle Zimmer mit Du/WC, EZ 19 DM, DZ 28 DM, mit Frühstück.

▸ *Daphne Pansiyon,* Yalıbolu Mah., oberhalb des Hafens im alten Ortskern, mit großer Dachterrassenbar und Restaurant. EZ 23 DM, DZ ohne Balkon 33 DM, DZ mit Balkon 37 DM, mit Frühstück.

▸ *Patara Pansiyon,* oberhalb des Hafens im alten Ortskern, Tel. 0242-844 30 76, sehr gepflegtes Haus, alle Zimmer mit Du/WC. DZ 37 DM, mit Frühstück.

▸ *Sindbad Hotel,* Yalıbolu Mah., oberhalb des Hafens, Tel. 0242-844 34 04, Fax 844 39 43, deutsche Leitung, sehr schöne Zimmer, große Dachterrasse. EZ 30 DM, DZ 50 DM, Frühstück 5 DM

▸ *Serra Motel,* 3 km westlich vom Kaputaş-Strand etwas außerhalb von Kalkan, Swimmingpool, Satelliten-TV, alle Zimmer mit Balkon, türkische Küche. EZ 30 DM, DZ 50 DM, mit Frühstück.

▸ *Hotel Pirat,* Kalkan Marinası, Tel. 0242-844 31 78, Fax 844 31 83, direkt am kleinen Hafen, Haus der gehobenen Klasse, alle Zimmer mit Du/WC, Blick aufs Meer; Swimmingpool, Restaurant. EZ 75 DM, DZ 99 DM, Beistellbett 45 DM, mit Frühstück.

Essen und Trinken

Am Hafen gibt es ein paar gute (und teure) Fisch- und Fleischrestaurants mit mitteleuropäischem Preisniveau. Etwas weiter oben sind die Lokale einfacher und billiger. Hier gibt es auch ein paar Lebensmittelgeschäfte. In einer Seitengasse, die den Hang hinunter direkt zum Hafen führt, findet man außerdem noch das kleine, empfehlenswerte Restaurant *Belgins Kitchen*: eine Stube mit Sitzkissen und niedrigen Tischen, die einfach, billig und gut ist. Der Besitzer kocht häufig *manti* (türkische Nudeln).

Buchladen

Deutsche Zeitungen gibt es in den Läden an der Hauptstraße in der Nähe der Busagenturen und in einem Geschäft in der Fußgängerzone (10 m hinter der Fahrzeugabsperrung auf der linken Seite), wo man auch Landkarten und deutsche Literatur über die Tourismusgebiete der Türkei erhält.

Freizeitaktivitäten

▸ *Blue Marlin Watersports,* im Hotel Pirat ansässig, Tel. 0242-844 39 66, Fax 844 35 40, offeriert folgende Wassersportmöglichkeiten:
- 10 Minuten Wasserski, 20 DM
- 10 Minuten Jet Ski, 20 DM
- 10 Minuten Bananenboot, 10 DM
- Surfboard pro Stunde, 20 DM
- außerdem werden Speed-Boat-Trips durch die Bucht von Kalkan angebo-

ten. Die 175 PS mögen zwar locken, trotzdem bleiben sie ein zweifelhaftes Vergnügen.

▸ *Kahramanlar* (→ Organisierte Ausflüge) bietet auch die bekannte → *Blaue Reise* auf Gulets an: 2 Tage incl. Übernachtung und Verpflegung pro Person 250 DM, 7 Tage 550 DM.

Organisierte Ausflüge

... werden von verschiedenen Agenturen in Kalkan angeboten (das Preisniveau ist bei den Anbietern in etwa gleich):

- Bootsausflug durch die Bucht von Kalkan, verschiedene Badeaufenthalte, etwa in Kaputaş, Firnaz und Gerginlik, Besuch von Taubenhöhle und blauer Grotte, Essen und Soft Drinks sowie Tee im Preis inbegriffen, tgl. 10.30 - ca. 18.30 Uhr, 23 DM
- Pamukkale, eintägig, Kalksinterterrassen und Antike, incl. Mittagessen, 7.30 - 21 Uhr, 75 DM
- Bootsausflug nach Kekova, Besichtigung der versunkenen Stadt, Badegelegenheit, 9.30 - ca. 18.30 Uhr, 30 DM mit Gulet, 37 DM mit Glasbodenboot
- Saklıkent-Canyon, lykische Ruinenstadt Xanthos, 10.30 - 18 Uhr, 33 DM
- Fethiye, Ruinenstadt von Kayaköy und Besuch von Ölü Deniz, incl. Essen, 8.30 - 19 Uhr, 33 DM
- das "Lykische Dreieck" Xanthos, Letoon, Patara, 33 DM
- Dorfausflug mit Eselsritt nach Bezirgan (an der Straße nach Elmalı), Essen und Drinks im Preis inbegriffen, 10.30 - 17 Uhr, 37 DM
- Myra, Kekova (kombinierter Bus/ Bootsausflug) 9 - 19 Uhr, 45 DM
- Tagesausflug zur griechischen Insel Castelorizo, 50 DM
- Besuch in einem komfortablen türkischen Bad, mit Massage und Jacuzzi-Pool, 55 DM.

Anbieter:

▸ *Adda,* Yalıbolu Mah., im Ortszentrum, Tel. 0242-844 31 01

▸ *Baha,* Yalıbolu Mah., im Ortszentrum, Tel. & Fax 0242-844 31 18

▸ *Armes Travel,* am Yachthafen, Tel. 0242-844 31 69, Fax 844 34 68

▸ *Kahramanlar,* oberhalb des Hafens, Tel. 0242-844 21 00, Fax 844 38 95

▸ *Likya,* Kalamar Yolu, Tel. 0242-844 34 88, Fax 844 35 87

Leihfahrzeuge

▸ *Armes Travel* (→ Organisierte Ausflüge) verleiht auch Fahrzeuge.

▸ *Enes,* Yalıbolu Mah., oberhalb des Hafens, Tel. 844 38 07, Tel. & Fax 844 39 61, gute Fahrzeugvermietung unter deutscher Leitung.

Verkehrsverbindungen

Dolmuş: Zwischen Kalkan und dem Abzweig nach Patara verkehren etwa stündlich Busse in Richtung Fethiye; der Preis für die 15 km lange Strecke beträgt ca. 3 DM. Jede Stunde fährt auch in diese Richtung ein *dolmuş,* bei Bedarf auch öfter. Von Patara bestehen außerdem *dolmuş*-Verbindungen nach Kaş und Fethiye in gleichen Intervallen. Der Kaputaş-Strand ist mit einem *dolmuş* nach Kaş zu erreichen.

Bus: Kalkan hat keinen Bushof. Die Busse halten in einer Straße am Rand des alten Ortskerns, der abends zwischen 20 und 23 Uhr für den Autoverkehr gesperrt wird. An dieser "Bushaltestelle" sind zwei große Busagenturen *(Kamil Koç* und *Pamukkale)* ansässig, die mehrmals täglich Verbindungen nach Marmaris, Bodrum, Antalya, İstanbul, Ankara, Selçuk, İzmir, Pamukkale und Dalaman anbieten. In Richtung Fethiye ist die Verbindung noch besser. Zum großen Markttag in Fethiye wird dienstags um 9.30 Uhr statt der kleinen ein großer Bus eingesetzt.

Taxi: Bei mehreren Personen lohnt sich ein Taxi für die Fahrt zu den antiken Stätten der Umgebung. Der Taxistand befindet sich am Hafen.

Schiff/ Boot: Mit Fischerbooten ist es möglich, fast jeden Ort in der näheren Umgebung zu erreichen, z.B. Ölü Deniz bei Fethiye.

Rundwanderung über die Çukurbağ-Hochebene

Entfernung, Gehzeit:

Kaş - Steinbruch/ Çukurbağ Yolu	5 km	1 Std. 10 Min.
Çukurbağ Yolu - Çukurbağ	4 km	50 Min.
Çukurbağ - Ağullu/ Kaş Yolu	6 km	1 Std.
Gesamt	15 km	3 Std.

Schwierigkeitsgrad: leicht, allerdings hat man zu Beginn auf steinigem Pfad einen Höhenunterschied von knapp 500 m zu überwinden und bewegt sich dabei auf einem Südhang mit starker Sonneneinstrahlung.

Wanderweg: Pfad, breite Schotterstraße.

Ausrüstung: Keine besonderen Anforderungen - für den steinigen Pfad im ersten Abschnitt sind feste Wanderschuhe allerdings am besten geeignet. Çukurbağ ist ein traditionelles Dorf - man kleide sich also nicht zu "nackt". Der gesamte Weg bietet kaum Schatten, Sonnenschutz und ein Vorrat an Trinkwasser sind empfehlenswert.

Wanderzeit: Das ganze Jahr über, Regentage ausgenommen.

Ausgangspunkt: Die Wanderung beginnt in Kaş.

Rückfahrt: Man kann an der Hauptstraße von Ağullu nach Kaş per Handzeichen einen Minibus oder ein *dolmuş* anhalten, muß aber beachten, daß diese Transportmittel nach Einbruch der Dunkelheit nur noch äußerst spärlich verkehren.

Die Route soll - zumindest abschnittweise - mit dem alten Verbindungsweg zwischen Antiphellos und Phellos identisch sein, denn den Weg säumen einige Überreste antiker Bauten.

Der Pfad, der sich westwärts durch den Olivenhain bergauf zieht, zweigt oberhalb von Kaş von der Hauptstraße nach Antalya ab. Die Stelle ist durch eine unübersehbare Ansammlung von Reklametafeln "markiert". Man braucht bis dorthin aber nicht der vielbefahrenen Hauptstraße zu folgen - aus dem Zentrum von Kaş gibt es zwei andere Zugänge zu dieser Stelle, sie sind im Stadtplan verzeichnet. Empfehlenswert ist, bergauf am Bushof vorbei der Hauptausfallstraße zu folgen, bis nach 200 m rechts eine schmale Asphaltstraße (die alte, nicht mehr benutzte Straße nach Antalya) abzweigt. Dieser Einstieg ist leichter zu finden und verlängert den Weg nur unwesentlich.

Man steigt nun in Serpentinen den Hang hinauf (stellenweise kann man über Trampelpfade abkürzen), bis man an die Hauptstraße nach Antalya kommt, die man überquert - auf der anderen Seite steht wieder eine Ansammlung von Reklametafeln. Dort beginnt ein Feldweg, der in Richtung Westen diagonal zum Hang ansteigt. Nun geht es durch Olivenhaine, die nicht den Eindruck machen, als würden sie noch bewirtschaftet. Der Feldweg hält eine ganze Weile die Richtung, bis er schließlich in einer Serpentinenkurve nach

Osten abknickt. In der Kurve führt ein Pfad geradeaus weiter - man läßt ihn links liegen! Nach 500 m folgt eine weitere Serpentinenkurve, in der sich der Feldweg wieder nach Westen wendet.

100 m hinter dieser Stelle zweigt rechts ein deutlich erkennbarer Pfad vom Feldweg ab. Er verläuft eine Weile wenige Meter oberhalb parallel zu dem immer stärker überwachsenen Feldweg, der schließlich aber völlig außer Sicht gerät. Man achte nach 800 m auf dem Pfad auf die etwas im Gebüsch verborgenen großen Quader links am Weg - man kann dort einen fast quadratischen Gebäudegrundriß ausmachen, und die Art, in der die Quader bearbeitet sind, läßt vermuten, daß es sich um die Ruine eines kleinen hellenischen Wachtturms handelt. Ab hier wird der Weg etwas flacher - nach Nordosten erkennt man am Hang die Trasse einer Straße, dahinter den Köşebeni Dağı.

350 m hinter dem Wachtturm mündet der Pfad in einen Feldweg, der nach rechts in die höher gelegenen Olivenhaine ansteigt und sich dort verliert, während er nach links, auf gleicher Höhe bleibend, eine Zisterne mit spitzgiebeligem Dach passiert. Man wendet sich nach links - nach der Zisterne biegt der Feldweg durch ein Tal. Knapp 50 m nach der Biegung zweigt ein gut erkennbarer Pfad nach rechts bergauf und mündet 100 m weiter wieder in den Feldweg. Man biegt nach rechts und folgt der Steigung dieses Feldwegs, der nun von kultivierten Flächen (Getreideanbau, Obstbäume) gesäumt wird. In einigen Serpentinen geht es weiter bergauf, bis der Weg bei einem Steinbruch in die Schotterstraße Yeniköy-Çukurbağ mündet.

Dort biegt man nach rechts. Bis Ağullu verläuft die Wanderung nun über diese Schotterstraße - der Weg ist nicht mehr zu verfehlen. Zunächst steigt die Straße nach Osten an, biegt dann aber nach Norden und führt über einen Sattel. Ein Felskegel zur Rechten weist Spuren antiken Mauerwerks auf. Möglicherweise handelt es sich um eine Sperrfestung, die den Zugang vom Meer nach Phellos kontrollierte.

Von dem ca. 500 m hoch gelegenen Sattel schaut man in ein nach Norden weisendes Tal, dem die Straße - zunächst mit leichtem Gefälle - folgt. Nach einer Weile sieht man im Nordosten die ausgedehnte Beckenlandschaft von Çukurbağ. Die Straße hält sich zunächst am Westrand dieser Hochebene nach Norden, um dann später nach Osten zu biegen. Man macht also einen großen Bogen um die vielfältig landwirtschaftlich genutzte Fläche. Die recht vereinzelt die Straße säumenden Gehöfte bilden die Siedlung Çukurbağ.

In der Beckenebene gibt es zahlreiche Zisternen. Einige liegen direkt am Weg: ein Erdaushub, dessen Seitenwände von roh geschichtetem Mauerwerk gesichert werden. Am Ortsanfang von Çukurbağ gibt es einen Brunnen, der wenig Wasser hergibt. Bemerkenswert sind die Kornspeicher in Holzbauweise, die zu fast jedem Gehöft in Çukurbağ gehören: Sie erinnern in ihrer Architektur an bestimmte Formen lykischer Gräber - vielleicht stehen sie ja tatsächlich in einer jahrtausendealten Formentradition.

Hinter Çukurbağ steigt die Straße im Nordosten noch einmal einen flachen Sattel hinauf. Gleich darauf kommt man an einen Abzweig: Nach links geht eine unbefestigte Straße, die mit "Pınarbaşı" ausgeschildert ist. Diese Siedlung (mit einer starken Quelle, die die Wasserversorgung von Kaş speist) liegt am Berg Felendağı, der die Überreste des antiken Phellos trägt (für den Weg von Pınarbaşı bis Phellos sollte man etwa eine halbe Stunde einplanen). An diesem Abzweig hält man sich jedoch geradeaus (Osten) und kommt bald darauf in Ağullu an die Hauptstraße Antalya - Kaş, wo man ein talwärts nach dem etwa 10 km entfernten Kaş fahrendes *dolmuş* oder einen Minibus stoppen kann.

→ Von Kalkan nach *Kaş* führt die Straße stellenweise am Berghang entlang, so daß man Blick zum Meer hat.

Kaş

4.500 Einwohner, 192 km W von Antalya

Kaş liegt an einer kleinen Bucht mit einem natürlichen Hafen, in dem vor allem Holz aus dem Taurus umgeschlagen wird. In der unmittelbaren Umgebung ist das Gelände steil und unwegsam, und es wachsen nur Olivenbäume. Eine recht weite, fruchtbare Hochebene liegt jedoch hinter den Küstenbergen im Binnenland. Die Çukurbağ-Hochebene liefert Gemüse und Getreide und war wohl zu allen Zeiten der Hauptsiedlungsplatz der Gegend, während Kaş, das antike Antiphellos, nur als dessen Anlegestelle diente. Vom Zusammenhang zwischen Kaş und Çukurbağ zeugt ein alter, teilweise gut ausgebauter Fußweg, der die Orte verbindet (→ Eine Rundwanderung über die Çukurbağ-Hochebene).

Das ehemalige Fischerdorf am Fuß eines 450 m hohen Bergs hat die Entwicklung vom Geheimtip zum bekannten Ferienort schon lange hinter sich. So wurde in den letzten Jahren der Bau von touristischen Einrichtungen verstärkt vorangetrieben. Ergebnis: Heute halten sich dort während der Ferienmonate zahlreiche Touristen auf, die - sind sie das erste Mal in Kaş - meist enttäuscht Ausschau halten nach den so gut wie nicht vorhandenen Stränden. Dafür ist jedoch das Nachtleben in den vielen kleinen Bars von besonderer Intensität. Kaş wurde übrigens nicht vom internationalen, sondern vom türkischen Binnentourismus entdeckt - insbesondere waren es oppositionelle Intellektuelle aus den Großstädten, die sich in dem bis dahin eher verschlafenen Nest ein Refugium schufen. Das zog nach und nach eine vegleichbare Spezies aus dem mitteleuropäischen Ausland an. Für einen etwas mondäneren Touch sorgen die Passagiere der Segelyachten, die hier Zwischenstation machen.

Die Bewohner von Kaş ziehen in den heißen Monaten in die kühleren Bergregionen - jedoch nicht wegen des Touristenansturms, sondern um der großen Hitze, den vielen Fliegen und der Wasserknappheit zu entgehen. Auf den Almen von *Gömbe* und *Akçay* betreiben die weniger Begüterten Landwirtschaft, und wer wohlhabend ist, genießt hier den Müßiggang.

Sehenswürdigkeiten

Erwähnenswert sind im westlichen Teil von Kaş ein **Tempel** und ein sehr gut erhaltenes **Theater** aus hellenischer Zeit, beide über die Verlängerung der Hafenstraße in Richtung Halbinsel zu erreichen. Weiterhin ist ein dorisches **Grabmal** oberhalb der Çukurbağ Caddesi, das sich an eine lykische **Gräberstätte** anschließt, zu besichtigen. Die Sarkophage der Nekropole selbst sind sehr zerstört, da die Bewohner Teile davon als Baumaterial für ihre Häuser verwendet haben. Dagegen ist im Osten von Kaş auf einem kleinen Platz ein **Sarkophag** besonders gut erhalten (zu erreichen vom Hafen über die Postane Sokak). Der eigentliche Sarkophag steht auf einem hohen Sockel, an dessen Südseite eine Grabinschrift etwas über das Alter des Grabmals verrät: Anhand der Schriftform datiert man den Grabbau in das 4. Jh. v. Chr. Nördlich davon befinden sich einige lykische Felsengräber.

Umgebung von Kaş

♦ Phellos

Etwa 14 km nördlich von Kaş liegt das Dorf Çukurbağ mit den Ruinen von *Phellos*. Von Kaş fährt man zunächst in Richtung Finike und biegt nach 10 km von der Hauptstraße ab. Die restliche Strecke ist in schlechtem Zustand.

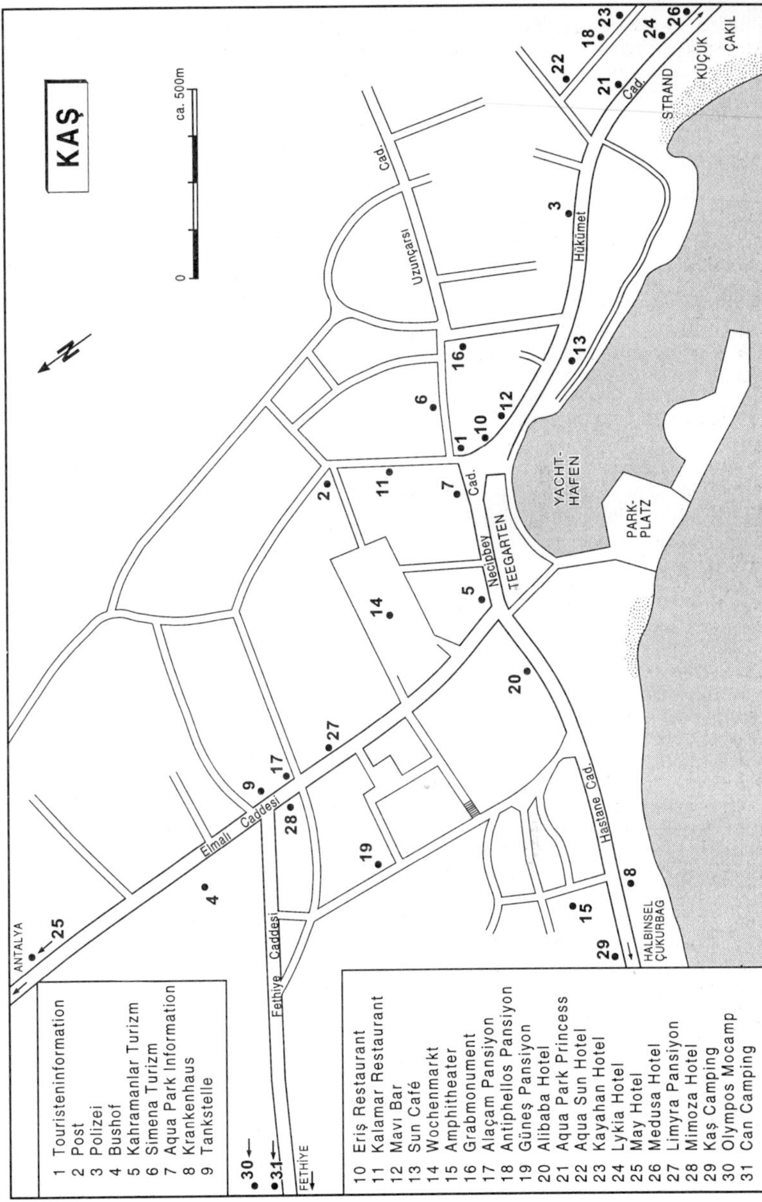
KAŞ
0
ca. 500m
Uzunçarsı
Cad.
Hükümet
Cad.
Necipbey
Cad.
TEEGARTEN
YACHT-
HAFEN
PARK-
PLATZ
STRAND
KÜÇÜK
ÇAKIL
Elmalı Caddesi
Hastane Cad.
Fethiye Caddesi
HALBINSEL
ÇUKURBAG
ANTALYA
FETHİYE
1 Touristeninformation
2 Post
3 Polizei
4 Bushof
5 Kahramanlar Turizm
6 Simena Turizm
7 Aqua Park Information
8 Krankenhaus
9 Tankstelle
10 Eriş Restaurant
11 Kalamar Restaurant
12 Mavı Bar
13 Sun Café
14 Wochenmarkt
15 Amphitheater
16 Grabmonument
17 Alaçam Pansiyon
18 Antiphellos Pansiyon
19 Güneş Pansiyon
20 Alibaba Hotel
21 Aqua Park Princess
22 Aqua Sun Hotel
23 Kayahan Hotel
24 Lykia Hotel
25 May Hotel
26 Medusa Hotel
27 Limyra Pansiyon
28 Mimoza Hotel
29 Kaş Camping
30 Olympos Mocamp
31 Can Camping

Phellos ist nicht mit öffentlichen Verkehrsmitteln zu erreichen, wohl aber zu Fuß (→ Eine Rundwanderung über die Çukurbağ-Hochebene).

Auf einem 300 m hohen Plateau liegen die Ruinen der antiken Stadt. Abgesehen von ein paar Sarkophagen und einem Teil der Stadtmauer ist fast nichts mehr erhalten. Die Steine der Gebäude wurden größtenteils für den Bau neuer Häuser verwendet.

♦ *Kandyba, Tüse und Korba*

Die antiken Stätten *Kandyba* in der Nähe von Gendeve, *Tüse* unweit von Sarilar und *Korba* in der Nähe von Çerler sind fast vollkommen zerstört und kaum sehenswert.

♦ *Inseln vor Kaş*

Im Hafen von Kaş werden Fischerboote vermietet, mit denen man zur griechischen Insel *Kastellorizo* und zur türkischen Insel *Kekova* vor der Küste fahren kann (→ Organisierte Ausflüge).

♦ *Gömbe*

Diese "Alm" *(yayla)* liegt ca. 55 km nördlich von Kaş. Bevor man das Dorf erreicht, sind die beiden Pässe *Karaovabeli* (1.080 m) und *Sinekçibeli* (1.545 m) zu überqueren. *Gömbe* ist neben *Barak* ein Zentrum für Kelims. Hier kann man den Frauen beim Weben zusehen (→ Organisierte Ausflüge).

Strände

Die Strände in Stadtnähe sind winzig und oft überfüllt. Liegeflächen wurden betoniert und mit Sand aufgefüllt. Die recht guten Strände im Südosten, wie *Belediye Plajı* und *Küçükçakıl Plajı*, sind über die Verlängerung der Hükümet Caddesi zu erreichen. Als Alternative können der Strand von Kaputaş (etwa 10 km westlich, → Kalkan) und das Sandparadies von Patara, etwa 30 km westlich, → Patara) gelten, die mit häufig verkehrenden *dolmuşlar* zu erreichen sind.

Touristeninformation

Cumhuriyet Mey. 7, Tel. & Fax 836 12 38, geöffnet April bis Oktober tgl. 8 - 19 Uhr, November - März tgl. außer Sa und So 8 - 17 Uhr; das Personal spricht Deutsch und Englisch; es hält einen sehr guten Stadtplan bereit.

Übernachten

Halb Kaş besteht mittlerweile aus Hotels und Pensionen, so daß das Angebot fast nicht mehr zu überschauen ist. Hier eine kleine Auswahl:

▸ *Alaçam Pansiyon,* Meltem Sok., Tel. 836 18 10, einfaches, sauberes Haus, alle Zimmer mit Du/WC. DZ 25 DM.

▸ *Antiphellos Pansiyon,* Küçükçakıl Mah., Tel. 836 11 36, einfach eingerichtete Zimmer mit Du/WC, Terrasse mit Meerblick, Zimmer teilweise mit Meerblick und Balkon, dann 26 DM.

▸ *Güneş Pansiyon,* Meltem Sok., Tel. 836 22 26, neueres, ordentliches Haus, Dachterrasse, alle Zimmer mit Du/WC. DZ 25 DM.

▸ *Alibaba Hotel,* Hastane Cad., Tel. 836 11 26, alle Zimmer mit Du/WC, recht einfach, sauber und ruhig. DZ 25 DM.

▸ *Aqua Park Princess,* Küçükçakıl Mah., Tel. 836 20 26, größeres Mittelklassehaus mit 86 Betten und reichhaltigem Freizeitangebot. DZ 35 DM.

▸ *Aqua Sun Hotel,* Küçükçakıl Mev., Tel. 836 20 24, kleineres, aufmerksam geführtes Haus. DZ 35 DM.

▸ *Kayahan Hotel,* Küçükçakıl Mah., Tel. 836 13 13, ein etwas größeres Haus, saubere Zimmer, alle mit Du/WC, Frühstücksbüffet. DZ 35 DM.

▸ *Lykia Hotel,* Küçükçakıl Mah., Tel. 836 12 70. Angenehmes, kleines Mittelklassehaus, nur 50 m vom Meer entfernt, reichhaltiges Sportangebot, schöne Dachterrasse, Deutsch sprechendes Personal, in Ausstattung, Service und Preisniveau etwas über der Norm. DZ 40 DM.

▸ *May Hotel,* Çerçiler Mah. Tel. 836 29 59, neues Haus außerhalb der Stadt am Berg, zu erreichen über die Straße nach Kale, schöner Blick über die Bucht von Kaş, luftig und moskitofrei. DZ 40 DM.

▸ *Medusa Hotel,* Küçükçakıl Mah., Tel. 836 14 40, großes Haus mit 100 Betten, Mittelklassehotel mit Dachterrasse und Restaurant, umfangreiches Sportangebot. DZ 40 DM.

▸ *Limyra Pansiyon,* Elmalı Cad., Tel. 836 17 16, Fax 836 21 62, 17 Zimmer, Frühstücksbüffet. DZ 40 DM.

▸ *Mimoza Hotel,* Elmalı Cad., Tel. 836 12 72, Fax 836 13 68, kleineres, familäres Zwei-Sterne-Hotel mit 40 Betten, wohnlich eingerichtet, Dachterrasse. DZ 65 DM.

▸ *Kaş Camping,* Hastane Cad., Tel. 836 10 50, einfache Sanitäranlagen; das terrassierte Gelände erhält ein wenig Schatten von Olivenbäumen, Zugang zum Meer ist nur über eine Badeplattform möglich, Restaurant, Snackbar (manchmal bis 3 Uhr nachts offen) und Minimarkt; es wird auch Deutsch gesprochen. 2 Pers./ Zelt/ Kleinbus 7 DM, kleine Bungalows 15 DM/ 2 Pers.

▸ *Olympos Mocamp,* 2 km westlich von Kaş, Tel. 836 22 52, einfacher, wenig schattiger Platz, direkt an der Küstenstraße, 50 m vom Wasser entfernt, ausreichende Sanitäranlagen, Restaurant. 2 Pers./ Zelt 7 DM.

▸ *Can Camping,* ebenfalls an der Ausfallstraße in Richtung Kalkan, Tel. 836 15 41, kleiner Platz mit Motel und Restaurant oberhalb einer Kiesbadebucht. Preisniveau ähnlich wie Olympos Mocamp.

Essen und Trinken

Das Preisniveau der Restaurants in Kaş ist für türkische Verhältnisse im allgemeinen recht hoch (nicht zuletzt deshalb, weil der Ort mehr und mehr von über die örtlichen Verhältnisse wenig informierten ausländischen Touristen besucht wird).

Zahlreiche Restaurants befinden sich in der Nähe der Touristeninformation am Cumhuriyet Meydanı und in seinen Seitengassen, z.B. *Kalamar Restaurant,* Postane Sok., in dem - wie der Name schon sagt - vor allem Fisch und Meeresfrüchte angeboten werden; oder am Cumhuriyet Meydanı das *Eriş Restaurant* mit typischen Fleischgerichten, wie *köfte,* verschiedenen *kebap*-Speisen und *şiş kebap* (Fleischspieß); oder *Mercan Restaurant,* mit Fisch- und Meeresfrüchten zu zivilen Preisen.

Außerdem gibt es einige Restaurants, die Kleinigkeiten, wie Hamburger oder Pizza, anbieten.

Einkaufen

Das Einkaufsviertel von Kaş konzentriert sich auf die Gassen um den Cumhuriyet Meydanı. Es gibt eine Vielzahl von Teppichgeschäften. Viele Kelims stammen aus dem nahen Gömbe (→ Umgebung von Kaş). Überdies bieten zahlreiche Geschäfte Lederjacken und -taschen an.

Einen kleinen Obst- und Gemüsemarkt gibt es am Bushof, einen weiteren Markt donnerstags auf dem Marktplatz.

Treffpunkte

Der abendliche Treffpunkt ist die neue Uferpromenade mit ihren Lokantas. Außerdem haben sich in den letzten Jahren ein paar Szenekneipen etabliert, die bis in die Morgenstunden geöffnet haben. *Sun-Café,* Hükümet Cad., kann mehrmals in der Woche mit Live-Gitarrenmusik aufwarten, *Mavı Bar* am Cumhuriyet Meydanı bietet fetzige, eher junges Publikum ansprechende Rockmusik. Im *Red Point Café,* Topçu Sok., kann man sich bis in die frühen Morgenstunden mit dem beschallen lassen, was in Amerika vor einem halben Jahr aktuell war.

Die *Rock-Bar* auf dem Kaş-Campingplatz liegt auf einer Anhöhe über dem Meer mit Blick zum Amphitheater; hier wird nachts bis 3 Uhr bei Mondlicht geschwoft.

Von Kaş/ Kasaba durch die Demre-Schlucht nach Myra/ Kale

Entfernung/ Gehzeit:

Kasaba - Bademağacı/ Kreuzung	8 km	1 Std. 20 Min.
Bademağacı/ Kreuzung - Eingang Schlucht	2 km	20 Min.
Eingang Schlucht - Ausgang Schlucht/ Myra	25 km	5 Std.
Myra - Demre/ Bushof	2 km	20 Min.
Gesamt	37 km	7 Std.

Schwierigkeitsgrad: mittel, angesichts der Länge fast schwer; aber keinerlei Orientierungsprobleme und so gut wie keine Steigungen, sondern kontinuierliches Gefälle von 600 m bis fast auf Meereshöhe. Das Gehen auf dem Kies des Schluchtbodens ist abschnittweise etwas beschwerlich. Man rechne für die Besichtigung von Myra zusätzlich ca. 1 Stunde, weitere 30 Minuten für die Nikolauskirche in Demre.

Wanderweg: Im ersten Abschnitt Asphalt, anschließend Schotter- und Kiesstraße.

Ausrüstung: Auf den Kiesabschnitten sind Wanderschuhe ideal, es geht aber auch mit festen Turnschuhen. Trinkwasser und Proviant sind zu empfehlen; ein Restaurant gibt es erst in Demre. Die lange Wanderung bietet zudem wenig Schatten - Sonnenschutz ist ratsam. Fotoapparat nicht vergessen - die Schlucht bietet eindrucksvolle Motive.

Wanderzeit: Während der Winterregen und der Zeit der Schneeschmelze, also von Dezember - März/ April, wird der Demre-Fluß zu einem reißenden Strom, der die Schlucht schwer passierbar macht. Im Juli und August hingegen dürfte es für diesen weitgehend schattenlosen langen Weg zu heiß sein; Mai bis Juni, September und Oktober sind die besten Monate für eine Wanderung.

Ausgangspunkt: Mit dem *dolmuş* von Kaş nach Kasaba (die Route führt weiter bis nach Gömbe und Elmalı) - die Wanderung beginnt am Abzweig der Nebenstrecke nach Çatallar. Man kann sich die verhältnismäßig uninteressanten ersten 8 km auf Asphalt sparen, indem man in Kaş ein Taxi nach Bademağaçi (in manchen Karten auch als "Dirgenler" verzeichnet) nimmt.

Rückfahrt: Von Demre/ Bushof fahren tagsüber ständig Busse und Minibusse in Richtung Kaş, Kalkan, Fethiye. Es ist auch möglich, die Tour vom Standort Kale aus zu beginnen; dann fährt man zuerst nach Kaş und von dort weiter nach Kasaba/ Bademağaçi.

Hauptattraktion dieser Wanderung ist die Durchquerung der Demre-Schlucht. Der Fluß, der dieses tiefe, wilde Tal durch das Gebirge gegraben hat, entwässert die augedehnte, fruchtbare Hochebene von Kasaba. Er trug in der Antike den Namen *Myros* und spielte bei der Wasserversorgung der Siedlung Myra am Ausgang der Schlucht eine wichtige Rolle. Das kostbare Naß wurde im Oberlauf des Flusses, der ganzjährig Wasser führt, abgezweigt und über einen Kanal, dessen Spuren vereinzelt noch heute auszumachen sind, in die Stadt geleitet. Nicht minder wichtig war die Schlucht bis zum Bau der Küstenstraße zwischen Kaş und Demre als Verkehrsweg. Im Altertum stellte sie wohl einen Teil der "Fernverbindung" zwischen dem Südwest- und dem Südost-Abschnitt der lykischen Halbinsel dar - von der Bedeutung zeugen jedenfalls Siedlungsreste und eine Sperrfeste am Eingang sowie die gut erhaltenen Überreste zweier hellenischer Wachttürme im Inneren der Schlucht. Von der Unwegsamkeit der zur Meerseite gelegenen Landschaft kann man sich jedenfalls auf der Rückfahrt nach Kaş überzeugen.

Wenn man die Wanderung in Kasaba beginnen will, achte man darauf, gleich am Ortsanfang der nach rechts abzweigenden, mit "Çatallar" beschilderten Asphaltstraße zu folgen. Ca. 5 Minuten später überquert man auf einer recht großen Betonbrücke den Kasaba Çayı. Auch auf der anderen Flußseite breitet sich eine Siedlung aus. Hat man den Fluß überquert, kommt man an eine Gabelung, wo man sich rechts hält; etwa 2 Minuten später folgt eine weitere Abzweigung, auch dort orientiert man sich nach rechts.

Nun wandert man eine ganze Weile auf der wenig befahrenen Asphaltstraße in Richtung Nordosten über die Kasaba-Hochebene. Die Straße weist nur unwesentliche Steigungen und Gefälle auf und ist von Feldern, lichtem Nadelwald und zahlreichen Einzelgehöften gesäumt.

Nach insgesamt 8 km (ca. 1 Stunde 20 Minuten) zeichnet sich links eine größere Siedlung ab, in deren Zentrum das schlanke Minarett einer Moschee aufragt. Dies ist Bademağaçi (oder Dirgenler). Nun kommt man an eine Kreuzung - links geht es in die Siedlung, rechts (Südosten) über eine Schotterpiste auf den die Ebene begrenzenden Bergsaum zu. Am Rand der Ebene erkennt man einen etwas isolierten Kegelberg - diese Landschaftsmarke markiert den Eingang zur Demre-Schlucht. Die Schotterpiste führt in nahezu gerader Linie dorthin, und bereits nach 2 km (oder ca. 20 Minuten) befindet man sich direkt am Fuß des Bergs. Er trägt die Überreste einer antiken Ummauerung, und bei genauem Hinsehen und mit etwas Phantasie lassen sich auch noch andere alte Baustrukturen ausmachen.

Die Schotterstraße steigt nun etwas an und führt auf der linken Seite an diesem Berg vorbei in die Schlucht. In der Felswand auf der Nordost-Seite der engen Passage sind hoch oben einige lykische Gräber in den Felsen gehauen; wenn man den Kegelberg passiert hat, werden ähnliche Gräber auch auf seiner Rückseite sichtbar. Ganz offensichtlich gab es am Eingang der Schlucht eine lykische Siedlung, deren Akropolis die Kuppe des Kegelberges einnahm.

Der Demre-Fluß, der die Schlucht durchzieht und zumindest im Oberlauf ganzjährig Wasser führt, wird von zwei Zuflüssen gespeist. Sie fließen von Südwesten bzw. Nordosten parallel zum Gebirgssaum am Rand der Kasaba-Ebene, umspülen den Kegelberg auf beiden Seiten und vereinigen sich anschließend. Die Schotterstraße verläuft zunächst rechts oberhalb des Nordost-Zuflusses, senkt sich dann auf die Talsohle und überquert den Südwest-Zufluß.

Bis Myra/ Demre ist der Weg nun eindeutig durch den Verlauf der Schlucht markiert. Sie wird von einer Piste durchzogen, die die meiste Zeit über den Kies des Flußbettes führt, manchmal aber auch auf den festeren Boden der bewaldeten Talauen ausweicht. Der Demre Çayı wird mehrfach überquert - ein Unternehmen, bei dem man sich leicht nasse Füße holt. Es hat wenig Sinn, den genauen Verlauf der Piste zu beschreiben, da er sich nach den Winterregen und der Schneeschmelze Jahr für Jahr ändert.

Mauerreste am rechten Rand der Schlucht gehören wohl zu einem befestigten Weg, der früher die Verbindung nach Myra/ Demre auch im Winter passierbar halten sollte. Er verfällt, seit die Küstenstraße seine Funktion übernommen hat. In einigen wenigen Abschnitten kann man auch noch den antiken Kanal erkennen, über den Myra mit Trinkwasser versorgt wurde.

Im ersten Abschnitt der Schlucht werden Kies und Sand abgebaut, auf den Flußauen stehen vereinzelte Schäferhütten, und dann wird die Landschaft einsam und grandios. So geht man ca. 8 km in Südost-Richtung, bis hinter einer Biegung sich eine breite, zunächst von Norden nach Süden verlaufende Talaue auftut. Ihre Hänge sind mit Ölbäumen bestanden, die mittlerweile allerdings mangels Pflege verwildert sind und kaum noch Früchte tragen.

Nach 1 km biegt die Aue nach Osten; in der Biegung befindet sich links eine kleine natürliche Höhle. Auch in den die Schlucht begrenzenden Felswänden tauchen immer wieder überhängende Partien und Höhlen auf - manche könnte man fast als lykische Felsengräber ansehen, doch bei näherer Betrachtung zeigen sie sich stets als natürliche, aus dem Kalkstein herausgewaschene Formationen.

Am östlichen Ende der Aue biegt das Tal nach Süden - auf einer Felsschulter rechts in der Biegung ragen Ruinen auf. Auf antiken Fundamenten ruht ein Bau aus jüngerer, vielleicht byzantinischer Zeit.

2 km nach dieser Biegung stößt man am linken Rand des Tals, das sich nach Südwesten hin nun schon merklich verbreitert, auf eine große betonierte Plattform, gleich daneben eine tiefe Grube. Von dort geht man nun auf einer unbefestigten Straße am linken Rand des Tals weiter nach Süden. Man behalte den gegenüberliegenden Hang im Auge: Knapp 1 km hinter der Plattform kann man dort die aus großen Quadern gefügte Ruine eines rechtwinkligen Wachtturms erkennen, der vermutlich in die Zeit der griechischen Besiedlung datiert.

Der Weg bleibt auf der linken Seite des Tals, das nunmehr so breit wird, daß es Raum für kleine Felder bietet. In diesem Bereich passiert man eine alte Wassermühle, die allerdings wohl längst nicht mehr betrieben wird. Anschließend biegt das Tal wieder nach Osten. Man kommt an einer Kuppelzisterne vorbei, nach 500 m folgt ein erstes Gehöft, und anschließend passiert man eine langgestreckte Streusiedlung.

Der Felsvorsprung links im Anfangsbereich dieser Siedlung trägt die Überreste eines weiteren griechischen Wachtturms; darunter befindet sich ein lykisches Felsengrab.

In einem weiten Bogen schwenkt das Tal nun wieder nach Südosten und schließlich nach Süden. Hinter dem Felsvorsprung kann man, unterhalb einiger wohl natürlicher Höhlen, weitere lykische Felsengräber erkennen - sie bilden eine kleine Gräberstätte, die wohl zu dem nun nicht mehr allzu weit entfernten Myra gehörte.

Der Weg führt anschließend durch eine landwirtschaftliche Siedlung mit zahlreichen Gewächshäusern. Das Flußbett zur Rechten erreicht nun eine Breite von 400 bis 500 m; und weit im Süden kann man eine Brücke erkennen, die dieses Flußbett überquert. Ein gutes Stück vor dieser Brücke beginnt im Steilabsturz der rechten Talseite unübersehbar die sogenannte Fluß-Nekropole von Myra. Am besten wechselt man noch weit genug vor der Brücke auf die rechte Talseite, wo man auf eine ebenfalls nach Süden führende unbefestigte Straße stößt. Sie führt entlang der Felsengräber durch eine kleine landwirtschaftliche Streusiedlung direkt auf das Areal von → Myra am Ausgang der Demre-Schlucht zu.

Nach der Besichtigung folgt man vom Haupteingang der Stichstraße nach Süden. Sie stößt bald auf eine Asphaltstraße, in die man nach rechts einbiegt. Nun befindet man sich schon am Ortsrand von Demre. Auf der "Hauptstraße" geht es weiter. In der Ortsmitte, beim Belediye-Platz, biegt man nach links und gleich darauf wieder nach rechts. Nach einigen hundert Metern passiert man rechts den Obst- und Gemüsemarkt, unmittelbar darauf folgt der Bushof.

Freizeitangebote

Radfahren
→ Leihfahrzeuge

Tauchen
Die Hotels *Lykia* und *Medusa* (→ Übernachten) bieten Wasserski, Surfen und vor allem Tauchkurse an. Sie haben Tauchstationen, die über sehr umfangreiche, gute Ausrüstungen und Nachfüllstationen für Sauerstoff verfügen. Qualifizierte deutsche und englische Tauchlehrer bieten täglich Tauchgänge zu insgesamt 17 Unterwassergebieten an. Auf dem Programm stehen z.B. eine Unterwasserhöhle mit Süßwasserquellen oder das Wrack eines italienischen Flugzeugs aus dem Zweiten Weltkrieg. Die Preise sind bei allen Anbietern ähnlich: Grundkurs über 3 Tage 330 DM, ein Freiwasser-Lehrgang über 4 Tage 440 DM, einzelner Tauchgang für Fortgeschrittene 40 DM (alle Preise einschließlich Lehrmaterial, Ausrüstung und Bootsfahrt).

Weitere Tauchschulen in Kaş (gleiches Preisniverau) sind: *Barakuda,* Hükümet Cad., Tel. 836 29 87; *Dal-Tur,* Pansiyon Uzun, Yeniyol Mah., Tel. 836 17 21. Ein- und mehrtägige Tauchexkursionen bietet auch die Agentur *Dolce Vita,* Cumhuriyt Mey., Tel. 836 22 67, Fax 836 19 49, an. 1 Tag 85 DM, 5 Tage 380 DM, 10 Tage 640 DM/ Pers., siebentägiger Kurs 650 DM/ Pers. Die Angebote sind auch über Deutschland zu buchen: *Dolce Vita,* Wasserburger Landstraße 36 b, 81825 München, Tel. 089-420 11 16, Fax 420 11 17.

Yachtcharter
Die Agentur *Kahramanlar,* Cumhuriyet Mey., Tel. 836 10 62, 836 24 00, Fax 836 26 02, veranstaltet verschiedene Yachttouren. Sie besitzt zwei Holzboote von 23 m Länge. Die Preise betragen pro Tag ca. 1.100 DM für maximal 12 Personen. Die Unterbringung erfolgt in Doppelkabinen. Der Preis schließt alle Leistungen außer Verpflegung ein.

Auch die Agentur *Dolce Vita* (→ Tauchen) bietet Charteryachten an. Sie verfügt über zwei 17 und 18 m lange Gulets (für 8 bzw. 12 Personen) und einen 14 m langen Zweimaster (für 6 Personen). Eine dreitägige Tour auf den Gulets kostet 540 DM (585 DM mit Vollpension), eine siebentägige Tour 850 DM (950 DM mit Vollpension), eine vierzehntägige Tour 1490 DM (1670 DM mit Vollpension). Auf dem Zweimaster wird nur Vollpension angeboten: Dreitagetour 540 DM, Siebentagetour 820 DM, vierzehntägige Tour 1450 DM (Preise pro Person).

Tip: Im Hafen bieten mehrere Skipper ihr Boot für Individualausflüge an. Reizvoll ist ein eintägiger Bootsausflug von Kaş über Üçağiz, Aperlai und Kale nach Finike.

Organisierte Ausflüge

Das Angebot an organisierten Ausflügen ist bei allen in Kaş ansässigen Agenturen etwa gleich - dies gilt auch für das Preisniveau:

- Tagesausflug mit dem Boot zur Insel Kekova, 10 DM

- Tagesausflug mit dem Boot zur griechischen Insel *Kastellorizo*, 30 DM
- Tagesausflug mit dem Bus zum Kaputaş-Strand, Patara, Xanthos, Letoon und zum Saklıkent-Canyon, evtl. auch nach Tlos, mit Verpflegung 30 DM
- Tagesausflug mit dem Bus nach Gömbe, Besuch umliegender Dörfer, Kelim-Herstellung, mit Verpflegung 30 DM
- Tagesausflug mit dem Bus nach Kale, Myra und Arykanda, mit Verpflegung 30 DM
- Angeltouren mit dem Boot, ganztägig, 23 DM
- Kanufahren bei Xanthos, 45 DM incl. Transfer und Verpflegung

Anbieter:
▸ *Aqua Reiseagentur* (verbunden mit den Aqua Park Hotels, besitzt ein Glasbodenboot), Hükümet Cad., Tel. 836 19 08, Fax 836 19 06
▸ *Deniz Turizm*, am Yachthafen in einem Kiosk, Tel. 8361 666, Fax 8362 267
▸ *Dolce Vita* (→ Yachtcharter)
▸ *Kahramanlar* (→ Yachtcharter)
▸ *Rekor Turizm,* Cumhuriyet Mey., Tel. 836 17 25, 836 25 05, Fax 836 22 73
▸ *Koçlar Turizm,* Cumhuriyet Mey., Tel. 836 22 59
▸ *Big Tour,* Elmalı Cad., Tel. 836 12 80, Fax 836 17 61
▸ *Simena,* Elmalı Cad., Tel. 836 14 16, 836 16 34, 836 16 36, Fax 836 16 35

Nützliche Adressen und Telefonnummern

Vorwahl: 0242
Kankenhaus: 836 11 85
Polizei: 836 10 24
Bushof: Pamukkale 836 13 10; Antalya Tour 836 30 33; Kamilkoç 836 19 49
Deutsch sprechender Arzt: Dr. Aydın Belenlioğlu, Tel. 836 12 01, arbeitet als Chirurg im Krankenhaus von Kaş. Falls er dort nicht zu erreichen ist: Seine Frau betreibt eine Apotheke, Tel. 836 19 99.

Leihfahrzeuge

▸ *Ali Baba,* bei der Moschee, gegenüber der Apotheke, Tel. 836 25 01, 836 13 54, Fax 836 25 01, außer Autos auch Vermietung von Mopeds (ab 22 DM/ Tag, incl. Kasko-Versicherung und Mehrwertsteuer).
▸ *Explore Rent a Car,* Çukurbağli Cad., 4/B, Tel. 836 12 35, außer Autos (u.a. Suzuki Jeep) auch Vermietung von Motorrollern (43 DM/ Tag bei freien Kilometern) und Mountainbikes (21 DM/ Tag).
▸ *Rekor* (→ Organisierte Ausflüge)
▸ *Simena* (→ Organisierte Ausflüge), vermietet auch Suzuki Jeep.

Verkehrsverbindungen

Dolmuş: Am Bushof, der westlich ein gutes Stück oberhalb des Hafens liegt, fährt das *dolmuş* in die umliegenden Ortschaften: Gömbe (alle 2 Std.) und Elmalı (2 mal am Vormittag). *Dolmuşlar* verkehren auch zu verschiedenen Stränden - nach Kaputaş (2 DM) und nach Patara (4 DM). Ein *dolmuş* verkehrt tgl. um 10 Uhr zum Saklıkent-Canyon (8 DM).
Bus: Nach Antalya und Fethiye bestehen häufige Busverbindungen: in Richtung Antalya 22 mal tgl., in Richtung Fethiye 13 mal tgl. Die Bergstrecke über Gömbe, Elmalı und Korkuteli nach Antalya wird 4 mal tgl. bedient sowie nach İstanbul, İzmir und Ankara 2 mal tgl., jeweils in den Abendstunden.
Boot: Bootsausflüge in die nähere Umgebung sind vom Hafen aus möglich (→ Organisierte Ausflüge, Freizeitangebote).

→ Für die Weiterfahrt von Kaş aus geht es wieder auf die oberhalb des Orts verlaufende und gut ausgebaute Fernstraße, die später in 700 m Höhe über einen Paß führt. Zunächst passiert man aber die "Vorstädte" von Kaş, die sich in luftiger Höhe über der Hafenbucht angesiedelt haben, und später die Ortschaft *Ağullu* . Bei Ağullu zweigt eine Nebenstraße in die Hochebene von Çukurbağ ab, von wo aus auch die spärlichen Überreste des antiken Phellos (→ Umgebung von Kaş) zu erreichen sind. 11 km hinter Kaş zweigt eine Bergstraße nach *Gömbe* (→ Umgebung von Kaş) ab. Wenig später eröffnet sich nach Norden der Blick auf die weite, fruchtbare Ebene von Kasaba, die im Norden von den grandiosen, bis 3.000 m aufragenden Bey Dağları begrenzt wird.

Nun folgt ein ziemlich karges, trockenes Bergland, das allerdings immer wieder von einem fruchtbaren Schwemmlandbecken unterbrochen wird. Am Rand dieser Becken liegen jeweils kleinere Siedlungen, die oft nur aus ein paar Häusern bestehen.

Ein mächtiger Verkehrskreisel markiert den Abzweig nach *Üçağiz,* einem Küstenort gegenüber der Insel Kekova, in dem auch einige einfache Übernachtungsmöglichkeiten angeboten werden. Üçağiz liegt malerisch, abseits des Rummels, wie er etwa Kaş kennzeichnet, und die Lokantas bieten ausgezeichnete Fischgerichte zu sehr günstigen Preisen. Man erreicht den Ort nach 19 km auf einer schmalen Asphaltstraße. Von Üçağiz kann man auch nach Kekova übersetzen.

Hinter dem Abzweig nach Üçağiz wird die Landschaft etwas grüner. Die Straße führt durch lichte Pinienwälder. Dazwischen stehen immer wieder Steineichen. In diesem Bereich wird stellenweise auch gezielt aufgeforstet. Mitten in dieser Berglandschaft befindet sich direkt an der Straße das Ausflugslokal *Camlı Boğaz.*

Kyaneai

Bei dem Dorf *Yavı,* das ebenfalls am Rand eines Beckens liegt, befinden sich die Ruinen des antiken *Kyaneai.* Die lykische Siedlung ist nur zu Fuß zu erreichen, was einen schweißtreibenden 45minütigen Aufstieg bedeutet. Das Theater ist in der Landschaft leicht auszumachen - viele andere antike Gebäude sind jedoch stark überwuchert. Beeindruckend sind die Friedhöfe, deren Grabmonumente durchweg aus der lykischen Epoche der Stadt, also aus dem 4. Jahrhundert v. Chr., stammen.

Wem der Aufstieg zu mühselig ist, mag sich mit einem lykischen Tempelgrab und einigen einfachen Grabkammern begnügen, die in einen Steilabsturz der Berge westlich von Yavı eingearbeitet sind. Sie sind auch von der Fernstraße aus zu sehen.

–▸ Mit *Davazlar* passiert man die bedeutendste Siedlung dieses Hochlands. Zahlreiche Schwemmlandebenen im Umfeld des Dorfs sichern den Bewohnern ein bescheidenes Auskommen. Der Erfolg ihrer landwirtschaftlichen Bemühungen ist allerdings nicht mit dem relativen Reichtum der Bauern von Kale zu vergleichen. Oben in den Bergen fehlt vor allem eines: Wasser. Das bezeugen auch die zahlreichen Zisternen im Landschaftsbild, die als Tränken für die Ziegenherden dienen.

Nach Davazlar wird die Landschaft ausgesprochen karstig und gehört überwiegend den Ziegenherden. Hier und da ragt - ganz überraschend und ohne Zusammenhang mit antiken Ruinen - auch mal ein lykischer Sarkophag aus der Landschaft.

Etwa 10 km vor Kale passiert man eine letzte Paßhöhe und die recht ärmlich wirkende Streusiedlung *Gürses.* Schließlich eröffnet sich die Aussicht auf den weiten Schwemmlandtrichter von Kale. Bevor man in den Ort hinunterfährt, sollte man vom Plateau die grandiose Aussicht auf die fruchtbare Küstenebene, in der Tomaten, Pfefferschoten, Paprika und Apfelsinen gedeihen, genießen.

In weiten Bögen schraubt sich die Fernverkehrsstraße nun die Berge hinunter. Kale gerät wieder aus dem Blick, dafür öffnet sich im Süden die sumpfige Küstenebene von *Cayağzı,* in der die Ruinen des antiken Hafens *Andriake* (→ Umgebung von Kale) stehen. Oben am Berg - westlich der Straße - stehen verstreut in einem schütteren Olivenhain die Überreste einer lykischen Gräberstätte.

Von Cayağzı legen heute die Ausflugsboote nach Kekova ab, und es gibt dort auch einen Sandstrand (Entfernung: 44 km; häufiger Busverkehr bis in die Abendstunden, Fahrzeit ca. 50 Minuten).

Kale

13.500 Einwohner, 144 km W von Antalya

"Noel Baba Şehrinse hoş geldiniz" - "Willkommen in der Stadt des Nikolaus", so empfängt *Kale* seine Besucher. In der Antike lag *Myra* wenige Kilometer vom heutigen Ortszentrum von Kale entfernt. Tatsächlich hieß der erste Bischof dieser Stadt *Nikolaus*, der auch bei uns, zusammen mit dem Kinderschreck Knecht Ruprecht, kein Unbekannter ist.

Die Siedlung, in der weiten fruchtbaren Talebene des Demre und gleich am Meer gelegen, präsentiert sich als ein Landstädtchen, in dessen Umland auch in zahlreichen Gewächshäusern intensiv Gartenbau betrieben wird. Jährlich sind drei Tomatenernten möglich.

Um Kale liegen einige antike Stätten, zu deren Besuch sich der kleine Ort gut als Ausgangsbasis eignet (→ Artikel "Myra, Demre, Kale").

Sehenswürdigkeiten

Im Westen von Kale liegt die **Basilika** des recht bekannten Nikolaus, der um das Jahr 300 in Patara geboren wurde und in Kale als Bischof gewirkt hat. Im Kircheninneren steht sein Sarg; seine Gebeine allerdings ruhen heute im italienischen Bari. An ihn erinnern ein Denkmal in der Gartenanlage der Kirche und einmal im Jahr zur Nikolauszeit (5. bis 7. Dezember) das *internationale Nikolausfest,* das dann in Kale gefeiert wird. Seine Lebensweise machte ihn auch für die Moslems zu einem verehrungswürdigen Mann. Von den Türken wird er "Noel Baba", zu deutsch "Weihnachts-Vater", genannt, und um seine Gestalt ranken sich viele Geschichten (Nikolauskirche geöffnet Mai bis Oktober 7.30-19 Uhr, November bis April 8-17.30 Uhr. Eintritt 5 DM).

Umgebung von Kale

♦ Myra

Das antike *Myra* liegt 1,5 km nördlich von Kale. Die Ruinen von Myra, insbesondere das große römische *Theater* und die *Felsengräber* mit Malereien und schönen Reliefs, sind sehenswert (Anlage geöffnet Mai bis Oktober 7.30 - 19 Uhr, November bis April 8 - 17.30 Uhr. Eintritt 2 DM, ermäßigt die Hälfte).

Die antike lykische Stadt kündigt sich am Westrand des Ausgangs der Demre-Schlucht durch eine Gräberstätte an, die aus Felsengräbern mit Haus- und Tempelfassaden besteht. Ungewöhnlich ist die Lage der Gräber am unteren Rand des Steilabsturzes. Auf der Westseite der Schlucht gibt es einen Feldweg, der um den letzten Felsvorsprung nach Westen biegt, eine weitere Gräberanlage passiert und am freigelegten antiken Theater mündet.

Oberhalb der Klippe sind mit etwas Phantasie die Überreste der Akropolis von Myra auszumachen. Myra war eine der bedeutendsten Städte im lykischen Bund. Die Existenz der Siedlung läßt sich anhand von Inschriften bis in das 5. Jahrhundert v. Chr. zurückverfolgen. Einige der kunstvollen Tempelgräber mit lykischen Inschriften und Reliefschmuck stammen aus dieser frühen Zeit. Myra war Zentrum eines komplexen regionalen Systems: Mit Andriake besaß die Stadt einen bedeutenden

Hafen; beide Siedlungen wurden über einen durch die Demre-Schlucht führenden Kanal von der Kasaba-Ebene her mit Trinkwasser versorgt; zudem war das Umland seit der Zeit der griechischen Besiedlung mit einem Netz von Wacht- und Signaltürmen überzogen, das Soura, Andriake und einen weiten Abschnitt der Demre-Schlucht einschloß. Während der römischen Epoche nahm die Bedeutung von Myra sogar noch zu, und in byzantinischer Zeit war die Stadt das religiöse und politische Zentrum Lykiens. Der in Patara geborene Hl. Nikolaus residierte dort im 4. Jahrhundert als Bischof. Für das Jahr 809 und noch einmal 1034 sind Araberüberfälle dokumentiert. Solche Überfälle, die zunehmende Aufschüttung der Myros-Ebene durch Flußablagerungen ("Myros" war der antike Name des Demre-Flusses) und Erdbeben veranlaßten die Bewohner nach der Jahrtausendwende zur Aufgabe ihrer Siedlung.

Der Besucher passiert zunächst die noch in der Demre-Schlucht gelegene sogenannte Fluß-Nekropole. Im nördlichen Abschnitt befindet sich ein Hausgrab, das flankiert ist von lebensgroßen Reliefdarstellungen von insgesamt elf Personen, die in sechs "Familienszenen" zusammengefaßt sind. Der südliche Bereich dieser Nekropole birgt eines der eindrucksvollsten Tempelgräber Lykiens, das über eine Felstreppe zugänglich ist. Die Fassade ist einem ionischen Antentempel nachempfunden - im Relief des Giebelfelds ist ein Löwe dargestellt, der gerade einen Stier reißt; über dem Türsturz ist das Relief eines Totenmahls zu sehen; stellenweise sind noch Spuren blauer Farbe auszumachen, mit der die einst verputzte Grabfront gestrichen war.

Mit einer Biegung nach Westen um die Klippe am Ausgang der Schlucht gelangt man in den Bereich der Ost- oder See-Nekropole. Sie besteht aus zahlreichen übereinander gestaffelten Gräbern, bei denen teilweise auch die Seiten aus dem anstehenden Gestein herausgearbeitet worden sind. Die Formen zeigen fast die gesamte Vielfalt lykischer Grabtypen. Auch diese Gräberanlage birgt auf halber Höhe ein ganz besonderes Grab: Es wird von einem Relief überragt, das sich aus drei gegeneinander verwinkelten Flächen zusammensetzt, die jeweils eine in sich geschlossene Szene zeigen.

Nach Westen folgen nun eine aus Ziegeln gemauerte Thermenanlage und das Theater. Es ist freigelegt worden, während sich der größte Teil der antiken Stadt Myra unter einer 6 bis 8 m mächtigen, im Lauf der Jahrtausende vom Demre-Fluß angehäuften Sand- und Geröllschicht verbirgt. Seine Lage am Hang sowie sein Grundriß entsprechen griechischen Vorbildern. Während der Mittelteil des Zuschauerraums in der Hangmulde ruht, werden die Flanken von einem Gewölbeunterbau getragen. Der Zuschauerraum wird durch 14 Treppenaufgänge in 13 konische Segmente gegliedert. Aussparungen im Stein deuten darauf hin, daß die nach Süden offene Anlage mit einem an hölzernen Masten aufgehängten "Sonnensegel" überspannt werden konnte. In einer Nische an der rückwärtigen Seite des Theaters (dort, wo der Zuschauerraum in zwei Ränge gegliedert ist) befindet sich eine Darstellung der Schicksalsgöttin *Tyche*, die Schutzgöttin von Myra war. Das Bühnengebäude ist längst nicht so gut erhalten wie der Zuschauerraum. Es war mit Reliefs geschmückt; dazu gehörte ein Girlandenfries mit Theatermasken, der in Höhe des ersten Stockwerks verlief. Er ist nur in Fragmenten erhalten.

An das Theater schließt sich nach Westen wiederum eine Gräberstätte an. Auf der Klippe, die den Ausgang der Demre-Schlucht im Westen flankiert, lag die Akropolis der antiken Stadt. Sie ist über bereits in der Antike angelegte Stufen zugänglich, die ca. 200 m östlich des Theaters beginnen. Während das zunächst im Süden und Westen sichtbare Mauerwerk zu den während der byzantinischen Epoche

ausgeführten Erweiterungen gehört, haben sich im mittleren Bereich Überreste eines Tors sowie ein 4 m breiter, 9,5 m langer polygonaler Mauerzug aus dem 5. Jahrhundert v. Chr. erhalten. Das lykische Mauerwerk der eigentlichen Festung hat eine ganz ähnliche Gestalt. Ruinen einer Turmanlage in Bauweise eines Burgfrieds dominieren den Innenraum der Akropolis-Festung. Der Turm war vermutlich ursprünglich nochmals von einer hohen Mauer umgeben. Die Wasserversorgung wurde durch Zisternen sichergestellt.

Die Klippe, auf der sich die Überreste der Akropolis befinden, bietet eine gute Aussicht auf Demre und die Küstenlandschaft, in der sich in den letzten Jahren die Gewächshäuser der Tomatenzüchter ständig ausgebreitet haben.

♦ *Andriake*

Der Hafen des antiken Myra lag etwa 4 bis 5 km weiter westlich in einer sehr geschützten Bucht, die heute den Namen *Cayağzı* trägt und Anlegeplatz für die Ausflugsboote zur Insel Kekova ist. Der Hafen alter Zeiten wird heute durch ein Sumpfgebiet markiert, das sich südlich der Zufahrtsstraße zum modernen Kai erstreckt. Am Hang längs dieses Sumpfs sind einige - nicht ganz leicht zu erreichende - Ruinen zu erkennen. Sie gehören zur antiken Südstadt. Von dort wurden die Güter der fruchtbaren Ebene um Demre verschifft. An der Uferstraße sind die Fundamente zahlreicher Lagerhäuser zu erkennen. Herausragend und gut erhalten ist ein Kornspeicher mit acht je 200 m² großen Räumen, der um das Jahr 130 entstanden ist. Eine Bauinschrift weist ihn dem römischen Kaiser Hadrian zu - er selbst und seine Frau Sabina sind als Statuen erhalten.

Die Nordstadt liegt jenseits des Flusses, der in der Antike den Namen *Andrakos* trug. Sie ist stark zerstört und von Sand überweht. Zu erreichen ist sie über eine Brücke, die nahe des modernen Hafenkais die Flußmündung überspannt.

Im Hafen selbst finden sich einige Erfrischungsbuden, die ihr Geschäft vor allem mit den zahlreichen Tagesausflüglern machen, die von Cayağzı nach Kekova verschifft werden. Jenseits des Flusses, über dieselbe Brükke zu erreichen wie die Nordstadt, bietet ein Restaurant *canlı balık* - frischen Fisch - an. Angesichts der vielen Fischerboote, die in der Flußmündung vertäut sind, ist man geneigt, dieser Werbung auch zu glauben.

Nach Nordwesten schließt sich ein Sandstrand an die Hafenbucht an. Wer aber ein wirklich erfrischendes Bad genießen will, folgt der Straße landeinwärts in Richtung Demre. Der Andrakos ist ein bemerkenswert kurzer Fluß: Man achte nach etwa 1,2 km auf einen blauen Kiosk im Gelände nördlich der Straße - dorthin zweigt eine Kiesstraße ab, die in einer Furt das Flußbett quert. Bei diesem improvisierten Teegarten entspringt eine klare und kalte Quelle, die in einer Art natürlichem Pool aufgefangen wird. Insbesondere Einheimische nutzen diese "kalte Dusche" im Sommer sehr gern.

♦ *Sura*

... liegt westlich von Myra und ist von dort gut zu Fuß in anderthalb bis zwei Stunden zu erreichen. Es gibt auch einen befahrbaren Weg. An Sehens-

Myra, Demre, Kale

In den meisten Reiseführern herrscht Verwirrung. Da ist mal von Kale die Rede, mal von Demre, aber auch von Myra. Stets ist damit - mehr oder weniger - derselbe Ort gemeint. Aber wieso hat der drei Namen? Zunächst eine historische Einordnung: Myra ist der antike Name der Stadt, die sich damals etwas nördlich von der heutigen an die Felsen schmiegte. Man kann annehmen, daß die Schwemmlandebene des Demre Cayı damals auch noch nicht so weit ins Meer hinausreichte. Gleichwohl lag Myra nicht am Meer, sondern an einer strategisch exponierten Stelle im Hinterland, wo das enge Flußtal des Demre Cayı sich in die Ebene öffnete. Durch dieses Tal verlief eine wichtige Verkehrsverbindung von der Küste in die Kasaba-Ebene und von dort weiter ins anatolische Hinterland. Strategisch bedeutsam blieb diese Talöffnung bis ins Mittelalter, wovon die Festung oberhalb der antiken Ruinen von Myra kündet. Man darf wohl annehmen, daß sich auf dem gleichen Bergvorsprung auch die antike Akropolis befand.

Wie weit die Stadt sich während der byzantinischen Epoche in die Ebene hinein ausdehnte, zeigt die Basilika des Heiligen Nikolaus, deren Überreste nur wenige Meter östlich des heutigen Stadtzentrums stehen.

Bis zur Eroberung durch seldschukische, später osmanische Clans dürfte diese Stadt den Namen Myra getragen haben. Das türkische "Demre", das gleichzeitig die Stadt und den Fluß bezeichnet, ist sicherlich eine nachbyzantinische Bezeichnung.

Erst in jüngerer Zeit sollte aus "Demre" "Kale" werden. Dieser neue Name knüpft sich an einen anderen markanten Punkt der Topographie: Die Burg über der Talöffnung des Demre Cayı. "Kale" bedeutet "Burg" und ist mithin so nichtssagend wie "-burg" ohne das Präfix "Rothen-" oder "Ham-". Außerdem stiftet dieser neue Name zusätzliche Verwirrung, da es auf der nahegelegenen Insel Kekova ein von einer Burg gekröntes Dörfchen gibt, das daher ebenfalls "Kale" heißt.

Die Einwohner freunden sich nur zögerlich mit der amtlich verordneten Neuerung an. Der Fußballclub heißt weiterhin "Demrespor", und an den Windschutzscheiben der Busse, die von Kaş und Antalya in das Städtchen fahren, ist so gut wie nie "Kale" zu lesen.

Da aber - außer den verwirrten Touristen - jeder weiß, daß mit "Myra" "Demre" gemeint ist und mit "Kale" meist ebenfalls, kann sich jeder seinen bevorzugten Namen auswählen. Nur wenn man nach einer Busverbindung fragt, gebraucht man besser das landläufige "Demre" - sonst könnte es sein, daß man mit einer Art Vaporetto auf die Insel Kekova befördert wird.

wertem bietet die Siedlung, die in der Antike im Herrschaftsbereich von Myra lag, eine kleine Akropolis, die Überreste eines römischen Mausoleums und die Ruine einer byzantinischen Kirche an der Straße Myra-Sura in der Nähe des Orts Karabucak.

♦ Weitere Ruinen rund um Kale

Lohnend ist ein Besuch der Ruinenstätten *Aperlai* und *Apollonia* im Süden von Siçak (auch Kılınçı), → *Kyaneai* (Gräber und Sarkophage) im Norden von Yavı, ca. 25 km westlich von Kale (sehr unwegsames Gelände; festes Schuhwerk erforderlich!), und *Simena* in der Bucht gegenüber von Kale.

♦ Kekova

Unmittelbar vor der Küste liegt die 5,7 km² große Insel *Kekova*. Sie ist mit den Booten von Kaş und Kale aus gut zu erreichen. Ihre Bewohner leben größtenteils vom Fischfang. Im einzigen größeren Hafen der Insel steht mitten im Wasser ein Sarkophag. An der Nordküste finden sich einige Ruinen unter Wasser, für die Kekova bekannt ist. Es empfiehlt sich unbedingt, einen Bootsausflug auf dem klaren Wasser zur "Sunken City" zu unternehmen. Dort sind die Überreste etlicher Gebäude, die sich bis zur Küste erstrecken, und eine Kirche aus byzantinischer Zeit zu sehen - alles von oben, versteht sich.

Strände

Kale hat westlich und östlich des Orts schöne Strände. Sie liegen ca. 4 km außerhalb und sind am besten mit dem eigenen Fahrzeug zu erreichen.

Der östliche Strand heißt *Taşdibi Plajı*. Der 2 km lange und 100 m breite Kiesstrand kann allerdings weder durch Schönheit noch durch Sauberkeit locken. Immerhin läßt es sich hier gut wild campen - die Türken machen es mit ihren *çardak*-Hütten (→ Artikel "Çardak und Yayla") vor.

Sülüklü Plajı im Westen ist dagegen ein schöner, ca. 200 m breiter, feinsandiger Strand mit einigen malerischen Wanderdünen am Rand. Er ist, ebenso wie sein östlicher Nachbar, noch unverbaut.

Zwar liegt Kale nicht direkt am Meer, aber die Strände lassen sich auch ohne Zubringerdienst der Hotels recht gut erreichen. Man geht vom Ortszentrum die Hauptstraße entlang, bis diese auf die Fernstraße trifft. Einige Meter nach Osten versetzt zweigt eine kleinere Straße ab, die zu den Hauptstränden führt. Ein Schild weist auf das "Noel Baba Peace Monument" hin. Nach etwa 800 m kommt man an eine Gabelung - geradeaus geht es zum Taşdibi-Strand, rechts (ausgeschildert) zum Sülüklü-Strand.

Man hält sich geradeaus, passiert bald einen Wall aus Sanddünen und erreicht nach insgesamt 1,5 km den weiten Strand, der von einer sehenswerten Ansammlung von *çardak*-Hütten gesäumt wird. In diesem Bereich gibt es auch mehrere Teegärten und einfache Lokantas. Direkt am Strand, der landeinwärts aus Sand, an der Meerfront jedoch aus Kieseln besteht, verläuft eine Kiesstraße, in die man nach rechts einbiegt. Es geht auf ein Felsenkap zu, das von den Überresten eines Wachtturms gekrönt wird. Dort endet der Taşdibi-Strand, und landseitig um das Felsenkap herum führt die Straße zum Sülüklü-Strand, den man bei etwa 4 km erreicht.

Der Sülüklü-Strand besteht aus feinem Sand, im Hinterland gibt es einige Dünen, daran schließt sich Pinienwald an. Auch an diesem Strand, an dem keine Sommerhütten stehen, bieten einfache Lokantas ihre Dienste an.

Am Nordwestende der etwa 400 m breiten Bucht trifft man auf eine Asphaltstraße, die mit leichtem Anstieg zurück nach Kale führt. Man folgt dieser Straße etwa 300 m und biegt dann in die erste nach links abzweigende Kiesstraße ein. Sie führt durch ein Pinienwäldchen, später durch einen Olivenhain, und dann - nach etwa 7 km - durch eine wie eine Fata Morgana auftauchende Neubausiedlung. Bei dieser Siedlung zweigt ein schmaler Feldweg meerwärts. Er endet bei einem kleinen, wenig bevölkerten Sandstrand.

Um nach Cayağzı zu gelangen, muß man zunächst auf dem gleichen Weg in die Siedlung zurückkehren und deren - später asphaltierten - Hauptstraße weiter in nordwestlicher Richtung folgen. Die Straße senkt sich in den versumpften Küstenhof von Andriake (Die Ruinen liegen links wenig unterhalb dieser Straße!) und mündet nach 9 km in die von Kale kommende Hauptstraße zum Hafen ein. Bis zur Küste (mit Sandstrand und Lokalen) ist es von dort noch knapp 1 km.

Geht man auf der Hauptstraße zurück und am Abzweig hinauf zur Neubausiedlung vorbei in Richtung Kale, erkennt man in der Ebene links der Straße einen blauen Kiosk, zu dem

200 m nach dem Abzweig ein Kiesweg hinüberführt. Man muß einen Bach durchqueren und stößt gleich darauf auf eine starke, kalte Quelle, die in einer Art "Natur-Swimmingpool" aufgefangen wird. Der Wirt des Kiosks kühlt darin seine Getränke.

Von dieser Quelle führt eine kurze Stichstraße auf die Fernstraße Kaş - Kale. Nun nimmt man am besten einen der Regionalbusse, die bis zum Abend häufig auf dieser Strecke verkehren - die letzten 3 km auf dieser lauten und stinkenden Straße bis nach Kale sind nämlich wenig angenehm.

Übernachten

▸ *Hotel Topçu,* Şehir Merkezi Girısi, Tel. 871 22 00, Fax 871 22 02, am Abzweig von der Fernstraße ins Ortszentrum; kleines, sauberes Haus, vor allem auf türkische Gäste orientiert. EZ 12 DM, DZ 20 DM, mit Frühstück.

▸ *Kent Aile Pansiyon,* Tel. 871 20 42, 871 27 21, an der Straße zwischen dem Ortszentrum von Kale und Myra kurz vor den Ruinen; freundliche Pension mit Garten, Restaurant und Bar; zentraler Treffpunkt für Individualreisende; Besitzer organisiert auch Ausflüge für seine Gäste. DZ 20 DM, mit Frühstück. Im Garten befinden sich vier einfache Bungalows mit insgesamt 10 Betten. Ein Bungalow ist für 17 DM zu haben - inlusive Frühstück.

▸ *Kekova Pansiyon,* Tel. 871 22 67, nahe der Kreuzung der Straße aus dem Ortszentrum zum Strand und der Fernverkehrsstraße zwischen Finike und Kaş. Entsprechend der Lage ziemlich laut; geräumige, sehr einfache Zimmer, die meisten mit Du/WC; Bar. Der Besitzer organisiert bei Bedarf Ausflüge - abends auch schon mal ins Raki-Land. EZ 11 DM, DZ 22 DM DRZ 28 DM, mit Frühstück.

▸ *Şahin Hotel,* St. Nicolas Cad., auf der Ostseite des zentralen Platzes von Kale, Tel. 871 56 86, Fax 871 57 81. Größeres Stadthotel mit Großrestaurant, das Busladungen von Tagesausflüglern aus Kaş, Kemer und Antalya abfertigt; alle Zimmer mit Du/WC. EZ 16 DM, DZ 23 DM, mit Frühstück.

▸ *Hotel Kiyak,* am Abzweig von der Fernstraße ins Ortszentrum, Tel. 871 20 92, Fax 871 20 93. Recht modern, sauber und leider etwas laut. Inhaber organisiert Ausflüge für seine Gäste. Kostenloser Transfer zum Strand. EZ 20 DM, DZ 30 DM, mit Frühstück.

▸ *Grand Hotel Kekova,* Lise Cad., PTT karşisi 55, Tel. 871 34 62, Fax 871 53 66. Neu erbautes, größeres Zwei-Sterne-Hotel am Ostrand von Kale, 84 Betten, alle Zimmer mit Du/WC und Fernseher, Service-Shuttle zum Strand; für diese Kategorie fast unschlagbar günstig. EZ 16 DM, DZ 31 DM, mit Frühstück.

▸ *Hotel Simge,* PTT Cad., an der Ausfallstraße vom Ortszentrum nach Osten, Tel. 871 36 74, Fax 871 36 77, modernes Stadthotel der unteren Mittelklasse. DZ 45 DM, mit Frühstück.

▸ Am Strand von *Taşdibi* liegt ein äußerst einfacher Campingplatz, der kaum das Nötigste bietet. Wildcampen am weitläufigen Strand ist problemlos möglich.

Tip: Die Pensionen *Kent, Kekova* und *Noel* organisieren Tagesausflüge mit dem hauseigenen Jeep, unterhalten einen Zubringerdienst zum Strand und vermitteln Bootstouren.

Essen und Trinken

Die Restaurants in Kale konzentrieren sich dort, wo die Busse tagsüber die Besichtigungstouristen herauslassen: An der Straße vom zentralen Platz zur Nikolauskirche. "Internationale" Küche gibt es dort nicht - aber die übliche türkische Volks- und Grillküche in verschiedenen Preiskategorien.

Feste

Zum *Nikolausfest* (s.o.) im Dezember treffen sich in der Basilika des *Hl. Ni-*

> **Woher der Nikolausstiefel kommt**
> Einst klagte ein armer Bauer bei Nikolaus, daß er keine Ehemänner für seine drei doch immerhin bildhübschen Töchter fände, weil er ihnen keine Mitgift geben könne. Dies rührte den damals sehr wohlhabenden Nikolaus zutiefst. Er entschloß sich, der mittellosen Familie zu helfen. In der Nacht wollte er ihr drei Säckchen mit Geld zukommen lassen. Da das Haus verriegelt war, kletterte er kurzerhand aufs Dach und warf die Geldbeutel durch den Kamin in die unten zum Trocknen aufgehängten Strümpfe der Mädchen. Die Überraschung am Morgen war gelungen - Freude kehrte ein, und das Eheglück war so gut wie sicher. Daher also bis heute der beliebte Brauch, am Nikolausabend einen Schuh oder Strumpf bereitzustellen.

kolaus geistliche Würdenträger, um im Gedenken einen Gottesdienst zu feiern. Gleichzeitig findet auch ein Seminar statt, in dem Historiker aus aller Welt die geschichtliche Figur des Nikolaus von verschiedenen Seiten beleuchten.

Verkehrsverbindungen

Bus: Der Bushof von Kale liegt in der Nähe des Stadtzentrums, der Ausfallstraße gegenüber der Ticaret-Bank. Mehrmals täglich fahren Busse nach Antalya und Fethiye. Man sollte sich rechtzeitig um den Fahrschein kümmern, da die Busse nur kurz halten und oft ausgebucht sind.
Boot: Regelmäßiger Bootsverkehr besteht nach Kekova. Eine Fahrt kostet für zehn Personen ca. 35 DM. Auch einige Pensionen bieten solche Touren an (→ Übernachten).

–▸ Von Kale verläuft die Straße zunächst durch die flache Küstenebene, in der zahlreiche Gewächshäuser in der Sonne glänzen. Ein gutes Stück östlich der Brücke über den Demre Cayı biegt die Straße landeinwärts, um eine große, durch einen Dünenwall vom offenen Meer abgetrennte Lagune zu umrunden. An diesem flachen, stellenweise brackig riechenden Gewässer, an dem sich der Ort Beymelek entlangzieht, haben sich einige kleine Ausflugslokale angesiedelt- zum Beispiel *Dalyan Cafeterya, Kaya Restaurant, Köşk Restaurant* und *Zeytik Restaurant.* Zum Baden eignet sich die Lagune, die den Namen *Dalyan* trägt, nicht - aber es lassen sich darin gut Krebse sammeln. Außerdem dient das vom Meer abgetrennte Gewässer der Fischzucht. Auf der Ostseite der Lagune erreicht man wieder die Küste, die sich in diesem Abschnitt felsig und recht abweisend gibt. Bei einigen größeren Buchten (durchweg sehr heller Kiesstrand) gibt es längs der Straße jedoch auch Parkplätze, der Weg zum Meer ist ausgebaut und vereinzelt haben sich kleine Lokantas des leiblichen Wohls der - ganz überwiegend türkischen - Besucher angenommen.

Finike

7.000 Einwohner, 113 km SW von Antalya

Finike ist ein aufstrebendes Bade- und Hafenstädtchen inmitten zahlloser Orangenbaumplantagen. Vom großen Tourismusboom ist es bisher jedoch verschont geblieben. Reisende und das Urlaubsgeschehen sind hier zwar Teil des Lebens, bestimmen aber nicht das Gesamtbild. Das allerdings wird in jüngerer Zeit durch zahlreiche Neubauten in Mitleidenschaft gezogen, die in der Küstenebene östlich des Açi-Flusses entstanden sind. Was den Einheimischen als Aufbruch in die Moderne erscheinen mag, ist für den Individualtouristen aus Mitteleuropa vor allem ein Verlust an historischer Substanz. Das alte Finike klammert sich an die Felsen am Westrand der weiten Bucht, als habe es gegolten, keinen Quadratmeter Boden in der fruchtbaren Ebene der landwirtschaftlichen Nutzung zu entziehen. Mittlerweile scheinen Apartment-Häuser mehr Gewinn zu versprechen. Die ersten Kilometer des Strands in östlicher Richtung sind gesäumt von fünfgeschossigen Agglomerationen, bei deren Inhalt es sich zweifelsohne um Zweitwohnungen für begütertes Stadtbürgertum aus İstanbul, Ankara und vielleicht auch İzmir handelt. Der Blick von den Terrassen der weiter oben in Alt-Finike gelegenen Pensionen geht nun nicht mehr weitläufig in die Fruchtebene und kann auch nicht mehr der Strandlinie folgen - er bleibt an fünf- und mehrgeschossigen Wohnmaschinen hängen.

Mit dem gleichen Gestus, mit Spitzhacke und Planierraupe, wird der alte Ortskern auf den Stand der Zeit gebracht. Finike ist auf dem besten Weg, sich seinen - zugegeben stellenweise etwas maroden - Charme auf dem Weg in die Zukunft zuzubetonieren. Trotzdem bleibt Finike bisher noch ein Ort zum Ausspannen, Baden und als Ausgangspunkt für Ausflüge in die Umgebung, z.B. das antike *Limyra*, 6 km nordöstlich von Finike in der Nähe des Dorfs Turunçova. Die Anfänge von Limyra gehen bis ins 4. und 5. Jahrhundert zurück, obwohl es in der Geschichte eine eher unbedeutende Rolle gespielt hat. Seit 1974 finden kontinuierlich Ausgrabungen unter der Leitung des österreichischen Archhäologen Prof. Burckhardt statt. Die Ruinen eines kleinen Theaters, die Ringmauer der Akropolis und etwa vierhundert Gräber sind zu besichtigen. Wer mit öffentlichen Verkehrsmitteln dorthin will, nimmt den Minibus von Finike nach Turunçova.

Strände

Zum Ort gehört ein langer, flacher, allerdings wenig ansprechender Sandstrand, der sich vom Hafen über mehr als 20 km nach Osten erstreckt; die Küstenstraße führt daran vorbei. Im Zuge der "Modernisierung" mußten zahlreiche der *çardak*-Hütten weichen. Was dem naiven Touristen als "Verschönerung" erscheinen mag, ist allerdings für die alteingesessene Bevölkerung - insbesondere aus Kumluca - mit erheblichem Verlust an traditioneller Lebensqualität verbunden. Weiter entfernt vom Ortszentrum wird der Strand etwas sauberer und durch eine Reihe junger Kiefern gesäumt. Hier sieht man oft Wildcamper.

Ca. 4 km in Richtung Kale liegt ein sauberer Kiesstrand, der sich gut zum Schnorcheln eignet. Die häufig zwischen Finike und Kale verkehrenden Busse nehmen auch "Kurzstreckenpassagiere" bis zu diesem - und anderen an der Strecke gelegenen - Stränden mit. Sonnenschirme und Liegen, ebenso Duschen und WC sind vorhanden.

Darüber hinaus gibt es in Richtung Kale eine Reihe von sehr schönen, kleinen Buchten. Sie verfügen durchweg über sehr hellen Kiesstrand. Oft sind sie gerade einmal 4 oder 5 Meter breit. Wenn sich eine türkische Familie aus der Umgebung zu einem Badeausflug dorthin entschließt - und das tun mittlerweile viele - ist ein solcher Ministrand daher gleich restlos überfüllt. In den Sommermonaten werden Touristen kaum ein "Plätzchen für sich alleine" finden. Landestypische Gesel ligkeit ist angesagt - ob man will oder nicht. Die Buchten sind in zwei bis fünf Minuten von der Straße aus zu Fuß zu erreichen.

Übernachten

▸ *Simena Pansiyon,* Elmalı Cad. 2, Tel. 855 16 29, an der Straße in Richtung Elmalı, nur 200 m vom Bushof entfernt. Terrassenartig an einen Felsen gebaut und nur über Treppen zu erreichen. Dafür Restaurantterrasse mit Weitblick - leider mittlerweile vor allem auf die Betonklötze in der Küstenebene. Besitzer spricht ein wenig Englisch und bringt seine Gäste auch schon mal im Privatwagen zu den historischen Stätten der Umgebung. Alle Zimmer mit Du/WC. EZ 10 DM, DZ 19 DM, DRZ 28 DM, mit Frühstück.
▸ *Palmiye Pansiyon,* Atatürk Cad. 85/C, Tel. 855 16 88. im alten Stadtzentrum gegenüber der Halkbank. Besitzerin spricht gut Englisch. Dachterrasse, saubere Zimmer mit Du/WC. Eine kleinere Dependance steht ebenfalls zur Verfügung. EZ 11 DM, DZ 19 DM, mit Frühstück.
▸ *Soydaş Pansiyon,* Eski Mah., 1. Hastane Sok. 5, Tel. 855 18 78, alle Zimmer mit Du/WC, sauber und einfach eingerichtet; Terrasse. DZ 20 DM, DRZ 28 DM.
▸ *Hotel Bilal,* Kumluca Cad. 29, Tel. 855 21 99, Fax 855 13 40. Aufmerksam geführtes Haus der unteren Mittelklasse im Zentrum des Städtchens. Alle Zimmer mit Du/WC. Personal spricht ein wenig Deutsch. Für den Komfort sehr preisgünstig. EZ 14 DM, DZ 22 DM, DRZ 30 DM, mit Frühstück.
▸ *Şendil Pansiyon,* etwas versteckt oberhalb des alten Ortszentrums, aber gut ausgeschildert, Tel. 855 16 60. Ruhig gelegen, einfach und sauber, alle Zimmer mit Du/WC. EZ 9 DM, DZ 17 DM, mit Frühstück.
▸ *Engin Hotel,* Şerbetci Bul., bei der İs Bank, Tel. 855 30 40, Fax 855 30 41, preisgünstiges Mittelklassehotel. EZ 14 DM, DZ 23 DM, mit Frühstück.
▸ *Bahar Hotel,* im alten Ortskern, Tel. 855 20 20, Fax 855 20 93, einfaches Mittelklassehotel. EZ 11 DM, DZ 17 DM, DRZ 20 DM, mit Frühstück.
▸ *Hotel Sedir,* Cumhuriyet Cad. 37, Tel. 855 11 83, Fax 855 36 27. Mittelklassehotel im alten Ortskern. EZ 14 DM, DZ 28 DM, mit Frühstück.
▸ *Limyra Pansiyon,* Liman Cad., gegenüber vom Hafen, Tel. 855 32 70. Kleines neues, sauberes Haus, alle Zimmer mit Du/WC, Restaurant im Erdgeschoß. DZ (ohne Frühstück) 15 DM. Frühstück im Restaurant möglich.

▸ *Baba Camping,* 1,5 km östlich von Finike an der Straße nach Antalya; erstklassiger, kleiner Campingplatz mit Restaurant, Bar und Minimarkt, kostenlose Benutzung einer geräumigen Küche; sogar Bügelbrett und -eisen vorhanden; saubere Sanitäranlagen, 100 m entfernt ein kleiner, gepflegter Strand (auf der gegenüberliegenden Straßenseite). Bungalow 15 DM/ 2 Pers.; 2 Pers./ Zelt/ Pkw/ Kleinbus 9 DM, Frühstück auf Wunsch.

Essen und Trinken

Am Hafen sind einige Restaurants, in denen es ausgezeichnete, allerdings teuere Fischgerichte gibt. Zu empfehlen ist *Deniz II Restaurant* mit guten Fischmenüs. Billiger sind die kleinen Lokantas im Stadtzentrum.

Treffpunkt

Man trifft sich an der Uferpromenade und am erst vor wenigen Jahren neu ausgebauten Hafen. Gleicht dahinter schließt sich *Atatürk Parkı* an. Auf seinem Gelände wie auch im Bereich des Hafens gibt es Teegärten und kleine Lokantas.

Verkehrsverbindungen

Bus/ Dolmuş: Busse auf der Strecke Antalya - Fethiye halten in Finike. Von morgens bis abends 20.30 Uhr fährt stündlich ein Bus nach Antalya bzw. nach Fethiye. Es ist ratsam, die Fahrkarte vorher zu kaufen, da die Plätze kurz vor Fahrtantritt oft ausgebucht sind.

Die *dolmuş*-Station befindet sich am Hafen. Nach Limyra fahren Stadtbus und *dolmuş* im 15-Minuten-Takt. Nach Olympos bestehen keine öffentlichen Verkehrsverbindungen. Nur nach Kumluca fährt regelmäßig ein Bus.

➡ Von Finike lohnt sich ein Abstecher nach *Elmalı*. Von dort ist es auch möglich, nach *Antalya* zu fahren.

Zuvor kann man die antike Stätte *Arykanda* besichtigen, auf halbem Weg zwischen Finike und Elmalı, ca. 32 km von Finike entfernt. Sie wurde von den Lykern gegründet. Reizvoll ist ein Ausflug dorthin wegen der sehr gut erhaltenen Anlage und der wunderbaren Berglandschaft.

Elmalı

15.000 Einwohner, 104 km W von Antalya

Die Stadt ist Zentrum einer landwirtschaftlich orientierten Region, wo Gemüse und vor allem Äpfel wachsen. Der Apfel (trk. *elma*) hat der Stadt auch den Namen gegeben. Im Sommer ist es hier recht angenehm, im Gegensatz zu den tiefer liegenden Orten am Meer, über denen zu dieser Jahreszeit eine sengende Hitze liegt. In Elmalı gibt es gute und preiswerte Unterkünfte.

Zu den Sehenswürdigkeiten des Orts zählen eine **Moschee**, ein **Mausoleum** und eine alte **Bibliothek**.

Da Elmalı im Zentrum Nordlykiens liegt, eignet es sich gut als Ausgangspunkt für Unternehmungen zu den antiken Stätten *Choma*, *Nisa*, *Komba* und *Podalia*. Auch lassen sich Wanderungen ins *Bey Dağları* und zum ausgetrockneten See *Kara Göl* machen, wo heute Weizen angebaut wird.

➡ 18 km östlich von Finike bietet sich beim Ort Kumluca (17.000 Einwohner)

Çardak und Yayla

Von Finike nach Kumluca führt die Straße etliche Kilometer an einem fast menschenleeren Strand entlang, bevor sie ins Innere des Küstenhofs abbiegt. Nur hier und da gibt es auf der Landseite ein paar Häuser mit Ferienapartments, sogar die eine oder andere Pension. In diesen Bereichen gibt es am Strand kleine Lokantas. Zwischen diesen "Inseln" klaffen große Lücken. Dort stehen die Sommerhütten der Bauernfamilien aus der Umgebung. Viele Familien verbringen die heiße Zeit nach der Tomatenernte, wenn auf den Feldern und in den Gewächshäusern nicht viel zu tun ist, gern in der Nähe des Meeres, wo sie sich provisorische Behausungen mit einer höchst interessanten Architektur schaffen. Von den türkischen Behörden werden diese *çardak* genannten Hütten heute nicht mehr sehr gern gesehen, sind etwa an den Stränden um Antalya schon längst verschwunden. Bei Finike und Demre hingegen, die vom Massentourismus bisher verschont geblieben sind, ist noch Raum für diese traditionelle Form des türkischen "Tourismus".

Wer es sich jedoch leisten kann, verzieht sich während der heißen Sommermonate ins kühlere Gebirge, auf eine *yayla*. Das ist mit dem deutschen Begriff "Hochalm" nur sehr unzureichend übersetzt. Zwar handelt es sich um ursprünglich provisorische Lagerplätze von Hirten und Holzfällern, aber längst sind daraus feste Siedlungen geworden. Die *yayla* der Region von Kumluca, Finike und Demre ist der 1.600 m hoch gelegene Ort *Gömbe*. Dort gibt es mittlerweile zahlreiche kleine Pensionen und Restaurants.

der Besuch des antiken *Korydella* an. Bis dorthin ist es eine Viertelstunde zu Fuß. Leider ist von dieser Siedlung nicht mehr viel übrig. Man hat die Steine der Ruinen für den Neubau von Häusern in den umliegenden Orten verwendet. Von Kumluca besteht eine Zufahrtsmöglichkeit zum Nationalpark → *Olimpos Beydağları*. Dorthin führt eine sehr steile, befestigte Straße über die Alm *Altınkaya*. Von hier hat man eine wundervolle Aussicht. Wer weiter in Richtung Antalya fahren will, trifft 2 km hinter dem Ort *Hurma* wieder auf die Hauptküstenstraße.

Olympos

Ca. 30 km nordöstlich von Finike war, nach Homers "Ilias", in der Nähe der antiken Stadt *Olympos* einst die Heimat des feuerspeienden Ungeheuers *Chimäre*. Angeblich hatte es einen Löwenkopf, den Leib einer Ziege und den Schwanz eines Drachens. In Wirklichkeit jedoch war es brennendes Erdgas, das aus Felsspalten strömte. Das Naturphänomen, um das die Sage entstand, gibt es immer noch. Es ist relativ einfach, die Erdgasfeuer zu finden, auch wenn es (fast) keine Hinweistafeln gibt. Etwa 30 km südlich von Kemer und 24 km östlich von Kumluca zweigt die Straße nach Çiralı ab. Sie führt in Serpentinen bergabwärts, ist nicht asphaltiert, aber trotzdem in gutem Zustand. An der nach ca. 7,7 km folgenden Straßengabelung hält man sich links (Olimpos Çiralı Aile Pansiyon), nach weiteren 2,3 km (unmittelbar nach den Häusern) biegt man wieder links ab. Nach 1 km stößt man auf einen kleinen Parkplatz. Von dort führt ein mit roten Punkten und Pfeilen markierter Pfad in etwa einer halben Stunde zu einem Hang, an dessen Fuß Ruinen zu sehen sind. Vorbei an einem Marmorquader mit griechischer Inschrift, liegt linker Hand ein kahler Hang, wo an mehreren Stellen 10 bis 20 cm hohe Flammen aus dem Boden züngeln. Da diese gelegentlich bis zu einem Meter schlagen können, ist Vorsicht geboten. Besonders schön sind die Erdgasflammen in der Dämmerung.

Die Ruinen von Olympos sind leider nicht sehr gut erhalten. Sträucher überwuchern die Trümmer. Mit Ausgrabungen hat man noch nicht begonnen. Trotzdem lohnt sich ein Besuch, denn schon die Lage am Ausgang eines bewaldeten Tals hat ihren eigenen Reiz. Die Stadt, geteilt durch die Mündung des Göksu, wurde vor 1.700 Jahren von ihren Bewohnern verlassen. Durch die Versandung des Hafens geriet Olympos schnell in Vergessenheit. Wo früher Schiffe anlegen konnten, liegt heute eine riesige Sandbank. Kaimauern, Tempel, Theater, Bäder und anderes sind mehr oder weniger in überwucherten Bruchstücken erhalten. Auf der linken Flußseite, etwa 300 m in Richtung Mündung, erreicht man ein Ruinenfeld unterhalb der Akropolis mit Gewölben, Mosaiken und Sarkophagen.

In der Nähe kann man an einem erstklassigen, ca. 6 km langen Sandstrand in glasklarem Wasser baden und sich danach im kühlen Süßwasserfluß oder an einer Quelle direkt am Strand vom Salz befreien. Sicherlich wird man an dieser Stelle nicht allein sein, denn auch viele Yachten aus Antalya ankern hier.

An der ca. 500 m langen Bucht von Olympos gibt es einige Lokantas, zum Übernachten ein paar einfache Campingplätze und Pensionen. Sogenannte "Fire-Touren" führen am Abend auf einem Anhänger eines Traktors am Strand entlang zu den Erdgasflammen. Die letzte halbe Stunde läuft man zu Fuß. Der Preis ist abhängig von der Teilnehmerzahl (10 DM pro Person).

Die Bucht von Olympos ist - obwohl man in den benachbarten Touristenorten beharrlich eine gegenteilige Auskunft erhält - gut mit öffentlichen Verkehrsmitteln zu erreichen. Am besten nimmt man von Antalya oder Kemer einen Bus in Richtung Kumluca/ Finike/ Kale (von der anderen Richtung kommend einen Bus nach Antalya) und läßt sich bei dem Restaurant absetzen, das sich einige Meter südlich der beschilderten Abzweigung nach Ciralı an der Hauptstraße befindet (dem Fahrer nennt man das Stichwort "Olympos"). Von der Abzweigung hat man Anschluß an ein *dolmuş,* das im Zwei-Stunden-Takt zur Bucht von Olympos fährt.

–▸ Über eine Bergstraße, die über die Ausläufer des Taurus führt, erreicht man beim antiken *Phaselis* die Küste.

♦ Phaselis

... ist ein lohnendes Ziel abseits der Hauptroute, 15 km südlich von Kemer. In der sehr waldreichen Landschaft liegen an einer Bucht die Überreste einer alten Stadt. Der antike griechische Ort wird vor allem von türkischen Touristen besucht, aber auch Ausländer kommen zunehmend mit organsierten Bootstouren hierher. So ist es hier im Sommer voll: Vor allem türkische Besucher wissen das Ambiente von Phaselis zu schätzen. Dabei haben sie weniger die Ruinen im Blick - der Pinienwald reicht bis ans Meer, bietet schattige Plätze zum Lagern für ein paar Stunden mit der Familie und Freunden. Und die Badebuchten mit ihren Kiesstränden sind auch ganz hübsch. Harmonisch verbindet dieser Ort Natur, Antike und Badefreuden. Phaselis ist mehr wert als nur einen kurzen Zwischenstopp beim Tagesausflug.

Die ehemals griechisch-dorische Siedlung gründeten im 7. Jahrhundert v. Chr. Siedler aus Rhodos. Ab dem 6. Jahrhundert v. Chr. erlebte sie eine turbulente Zeit. Nacheinander wurde sie von Persern, Ägyptern und Syrern besetzt. Im 1. Jahrhundert v. Chr. herrschten die Römer für mehr als vierhundert Jahre. Nach dem Zusammenbruch des Römischen Reichs verlor Phaselis rasch an Bedeutung.

Zu sehen sind noch der Nord- und Südhafen und der Athena-Tempel. Vom Südhafen führte einst eine Prachtstraße durch das Stadtzentrum. Von dieser Straße sind noch Stücke am nördlichen Ende zu erkennen. Links und rechts davon finden sich meist noch spärliche Reste, die Grundrisse der einstigen Häuser erkennen lassen. Im Theater hatten 1.500 Menschen Platz (Anlage geöffnet Mai bis Oktober 7.30 - 19 Uhr, November bis April 8 - 17.30 Uhr, Eintritt 3 DM).

Um nach Phaselis zu kommen, muß man weder einen Wagen mieten noch eine organisierte Tour mitmachen. Vom Bushof in Antalya fahren zahlreiche Busse über Kemer bis zum Eingang der Ruinenstätte. Die Kasse befindet sich relativ weit oben an der Zufahrtsstraße. Wer mit dem Bus gekommen

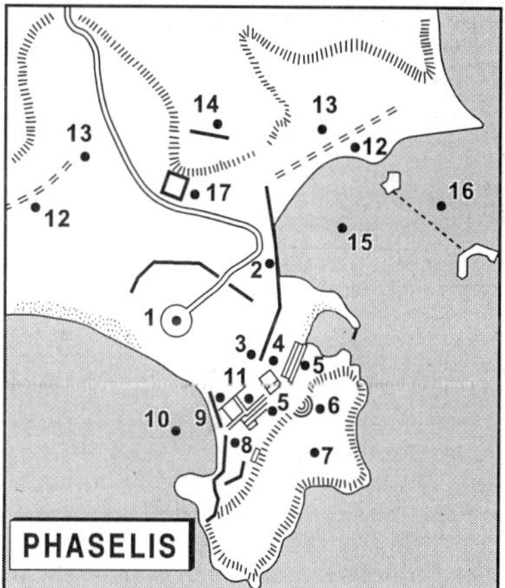

1 Parkplatz
2 Aquädukt
3 Tempel
4 Nördlicher Marktplatz
5 Prachtstraße
6 Theater
7 Akropolis
8 Hadrian- Tor
9 Spätantiker Marktplatz
10 Südhafen
11 Markplatz des Domitian
12 Antike Straße
13 Friedhof
14 Hellenische Befestigung
15 Nordhafen
16 Antiker Wellenbrecher
17 Tempel

ist, hat von dort bis zur Ruinenstätte noch einen Fußweg von 700 m zurückzulegen. Pkw können auf dem Gelände bis hinunter zu den Buchten fahren, wo es zwei Parkplätze gibt. Dort bietet auch ein Kiosk Getränke und kleine Snacks an.

Wenige Kilometer südlich von Phaselis liegt der noch überwiegend landwirtschaftlich orientierte Ort *Tekirova*. Dort sind in den letzten Jahren auch einige touristische Unterkünfte entstanden - so etwa die *Pension Phaselis,* ein kleines Haus mit 14 Zimmern, hübschem Garten, Bar und Swimmingpool (Tel. 0242-821 45 07).

➜ Fährt man von Kemer in Richtung Kumluca/ Finike, passiert man zunächst einen niedrigen Sattel und schaut dann in einen weiten Schwemmlandtrichter, aus dem rechter Hand zwei markante dunkle Felsen aufragen - die Karataşlar, um die sich zahlreiche Sagen ranken. Bei der nächsten Gelegenheit biegt man rechts ab in Richtung Kuzdere.

♦ Olimpos Beydağları

Die Berglandschaft des *Olimpos Beydağları*, 60 km südwestlich von Antalya, wurde 1972 zum Nationalpark erklärt. Seine höchste Erhebung ist *Ak Dağ* mit 3.069 m. Im Bereich der Küste wechseln schroffe Klippen mit weiten Sandstränden. Die Vegetation im 698 km² großen Park ist mediterran und besteht hauptsächlich aus Kiefern, Zedern und zahlreichen immergrünen Straucharten. Auch die Tierwelt, darunter die sehr scheuen Steinböcke, ist artenreich. Die beste Besuchszeit für den Park ist März bis Oktober. Für Ausflüge durch die reizvolle Gebirgswelt bieten sich verschiedene Möglichkeiten.

Ist man hinter dem Sattel rechts abgebogen, passiert man die weite Streusiedlung Kuzdere und nach etwa 2 km über eine befestigte Furt das Bett des Kuzdere-Flusses. (Es kann sein, daß diese Furt in den Wintermonaten unpassierbar ist - dann folgt man besser der Hauptstraße nach Kumluca/ Finike noch ein Stück weiter nach Süden und biegt unmittelbar hinter der modernen Brücke über den Kuzdere-Fluß nach rechts.) Hinter der Furt stößt man auf eine schmale Straße, die westwärts dem sich zu einer grandiosen Schlucht verengenden Lauf des Kuzdere folgt. Nach etwa 5 km weitet sich das Gelände zu einem Taltrichter. Eine kühne Steinbrücke aus dem 16. Jahrhundert überspannt dort den Fluß. Das kalte, klare Bergwasser lädt zu einem erfrischenden Bad ein.

Von der Brücke aus gibt es zwei Alternativen: nach *Gedelme* über den Ort *Sumakseniri* auf einer befestigten Straße oder zu Fuß auf die andere Seite des Kuzdere und von dort weiter auf einem allenfalls mit einem Geländewagen zu befahrenden Weg durch ein Seitental (3-4 Stunden Fußweg).

Hinter Gedelme (18 km hinter der Abzweigung von der Hauptstraße nach Kumluca/ Finike) führt die Straße nach ca. 7 km in den Ort *Yaylakuzdere* und nach einem weiteren Kilometer durch *Ovacık*, bis man die Straße Antalya - Altınkaya erreicht.

Die größtenteils durch eine abwechslungsreiche Bergwelt führenden Straßen sind nur für robuste Fahrzeuge (Zweiradantrieb genügt jedoch) geeignet und können im Winter oder nach Regenfällen unpassierbar sein.

Kemer

10.000 Einwohner, ca. 50 km SW von Antalya

Das ehemalige Fischerdorf *Kemer* ist vom Tourismus überrollt worden. Innerhalb von fünf Jahren ist hier, unter anderem durch die Weltbank finanziert, ein Vorzeigeobjekt für den Tourismus geschaffen worden - angeblich nach dem Prinzip des "sanften Tourismus".

Strände

Unmittelbar am Yachthafen beginnt ein sauberer Kiesstrand, der sich nach Osten über einen Kilometer hinzieht. Sonnenschirm- und Liegestuhlverleih gehören zum Service.

Touristeninformation

am Hafen, Tel. 814 15 37, 814 11 12, geöffnet April bis Oktober Mo - Fr 8 - 19 Uhr, Sa und So 9 - 19 Uhr. Dort wird ein Stadtplan bereitgehalten, in dem fast alle wichtigen Unterkünfte im "Stadtzentrum" verzeichnet sind.

Übernachten

In und um Kemer zählt man heute insgesamt 180 Hotels und Pensionen. Das Preisniveau ist allgemein recht hoch - schließlich ist das Projekt "Kemer" mit scharfem Blick auf die Milliarden an Devisen entstanden, die im internationalen Pauschaltourismus hin- und hergeschoben werden. Kemer ist von seinem Charakter her ohnehin kein Ort für Individualtouristen - schon gar nicht, wenn sie mit dem Rucksack kommen. Es gibt nur wenige preisgünstige Pensionen, und auch dort muß man in der Hochsaison mit etwa 30 DM für ein Einzelzimmer mit Frühstück, 50 DM für ein Doppelzimmer mit Frühstück rechnen. Was preislich darunter liegt, können nur routinierte "Traveller" mit guten Nerven ertragen.

▸ *Life Pansion,* Liman Cad. 23, Tel. 814 27 79, alle Zimmer mit Du/WC, einfach eingerichtet, sauber. EZ 25 DM, DZ 38 DM.

▸ *Konar* und *Konar 2 Pansiyon,* İskele Cad. 19, Tel. 814 24 88, Zimmer sauber, alle mit Du/WC; zur Hauptstraße hin laut. EZ 35 DM, DZ 53 DM, mit Frühstück.

▸ *Pension Chimaera,* Liman Cad., 104. Sok. 23, Tel. 814 33 29, alle Zimmer mit Du/WC und Balkon; Restaurant, Swimmingpool, sauberes Haus. DZ 50 DM.

Organisierte Ausflüge

Verschiedene Agenturen in Kemer bieten organisierte Ausflüge an, die sich in Programm und Preis in etwa gleichen:

- Myra, Kekova (kombinierter Bus- und Bootsausflug), incl. Mittagessen, 25 - 35 DM
- Bootsausflug Phaselis, Paradiesbucht, 3 Inseln, incl. Mittagessen, 25-35 DM
- Bootsausflug Phaselis, Paradiesbucht, 3 Inseln, Olympos, Chimaera, incl. Mittagessen, 45 DM
- Perge, Aspendos, Kurşunlu-Wasserfall, 25 DM
- Pamukkale, 2 Tage incl. Übernachtung und HP im Fünf-Sterne-Hotel, 59 DM, in einfacherem Hotel 45 DM
- Kappadokien, 3 Tage incl. Übernachtung im Drei-Sterne-Hotel, 125 DM
- kombinierte Jeep- und Bootstour, Phaselis, Olympos, mit dem Jeep in die Berge, incl. Essen, 69 DM
- Rafting im Köprülü Canyon, incl. Transfer und Gerät, 70 DM

Der Hit in Kemer ist zur Zeit ein gewaltiger Hubschrauber sowjetischer Bauart, mit dem Rundflüge, aber auch Transfers nach Pamukkale und Kappadokien veranstaltet werden (Zweitagetour nach Pamukkale 299 DM, Dreitagetour nach Kappadokien 399 DM).

Rundwanderung Kemer - Aslanbucak - Kuzdere Köprü - Karataşlar - Kemer

Entfernung, Gehzeit:	24 km	4,5 Stunden
	30 km	5,5 Stunden (mit Abstecher zur Forstwacht oberhalb von Kemer)
Schwierigkeitsgrad:	Trotz der Entfernung leicht, mit dem Abstecher zur Forstwacht leicht bis mittel. Keine großen Steigungen; gut ausgebaute Wege.	
Wanderweg:	Asphaltstraße, Schotterstraße, Forststraße	
Ausrüstung:	Keine besonderen Anforderungen. Etwas Trinkwasser und Proviant sind empfehlenswert; in der heißen Jahreszeit auch eine Kopfbedeckung.	
Wanderzeit:	Das ganze Jahr über - mit Ausnahme der Zeit der Schneeschmelze im Frühjahr.	
Ausgangspunkt:	Die Wanderung beginnt in Kemer.	
Rückfahrt:	Die Wanderung endet in Kemer.	

Diese Wanderung führt in die grandiose Kesme- (oder Climax-) Schlucht und anschließend in einem Abstecher zu den dunklen Felsnadeln inmitten der Schwemmlandebene von Çamyuva und - wenn man noch weiter will - zu einem Aussichtspunkt oberhalb von Kemer.

Zunächst muß man von Kemer in die Nachbarsiedlung Aslanbucak gelangen. Prinzipiell gibt es zwei Verbindungsstraßen - die nördliche hat den Vorzug, daß sie in einem weiten Bogen durch Aslanbucak hindurchführt und - nur wenige Kilometer von dem internationalen Touristenrummel von Kemer entfernt - zahlreiche Blicke auf eine ländliche Türkei gewährt.

Die Wanderung beginnt nicht auf dem zentralen Platz des modernen Kemer, sondern etwas weiter nördlich, an der Kreuzung, wo sich die Bus- und *dolmuş*-Station befindet. An dieser Kreuzung hält man sich nach Westen, in Richtung auf das Gebirge zu. Nach 1,5 km kommt man an die breite Hauptstraße nach Antalya. Man überquert sie und folgt auf der anderen Seite der asphaltierten Nebenstraße nach Aslanbucak. Zur Linken befinden sich einige Autowerkstätten, unmittelbar darauf beginnt bereits die Siedlung Aslanbucak. Wie so oft in der Südwesttürkei handelt es sich um ein Streudorf. Im Umland werden vor allem Zitrusfrüchte angebaut - der Kesme-Fluß gewährleistet ausreichende Bewässerung der Plantagen.

In einem weiten Bogen wendet sich die Dorfstraße nach Südwesten. Man passiert zunächst eine rechts am Weg gelegene Moschee und kommt dann an eine links abzweigende Straße, an der die Schule des Dorfs liegt. Dort geht es geradeaus. Die Straße verläuft jetzt wieder nach Westen - 500 m hinter dem Abzweig endet die Asphaltierung, und bald darauf kommt man an das breite Schotterbett des Kesme Çayı.

Der Fluß wird auf der betonierten Furt überquert - vor allem im Frühjahr holt man sich bei diesem Unternehmen nasse Füße. Auf der anderen Seite stößt man auf eine breite, aufgeschotterte Straße, in die man nach rechts, auf den deutlich zu erkennenden Eingang der Climax-Schlucht, einbiegt. Die Schlucht ist als kleiner "Nationalpark" (Milli-Park) ausgewiesen, worauf ca. 1 km hinter der Furt ein Schild am rechten Straßenrand aufmerksam macht. Zur Linken liegt ein großer, aufgelassener Steinbruch. In diesem Bereich wird der Kesme-Fluß auf beiden Seiten durch Stauwehre "angezapft" - große Bewässerungskanäle leiten das Wasser in die Schwemmlandebenen von Kemer und Çamyuva.

2 km hinter der Furt kommt man in die eigentliche Schlucht. Die zu beiden Seiten 250 bis 300 m aufragenden Felsabstürze und das im tiefeingeschnittenen Flußbett strömende, hellgrün schimmernde Wasser bieten ein beeindrukkendes Bild, besonders im Bereich der Engstelle kurz vor der Kuzdere-Brücke. Es ist erstaunlich, daß es überhaupt möglich war, eine relativ breite Schotterstraße durch diese enge Schlucht zu brechen. Lange Zeit war der Canyon nur über einen kunstvoll aufgemauerten Fuß- und Eselspfad zugänglich, von dem abschnittweise links oberhalb der Straße noch Spuren zu erkennen sind. Nach starken Regenfällen tummeln sich auf der Schotterstraße zahlreiche Flußkrebse.

Nach der Engstelle weitet sich das Gelände wieder etwas, und bald hat man die alte Kuzdere-Brücke erreicht. Wo sie heute den Fluß überspannt, war auch in der Antike der Ausgangspunkt der Passage, die über das Tal des Sapandere in das Gebirge führte und bis in die Ebene von Antalya reichte.

Nach 100 m folgt eine moderne Betonbrücke - die alte Kuzdere Köprü ist für Fahrzeuge zu schmal. Im Bereich der Brücken stößt man auf mehrere Weggabelungen. Dort gibt es einige kleine, schattige Flußauen - auch bei den Einheimischen beliebte Picknickplätze. Von hier geht man den gleichen Weg zurück. An der Furt überquert man den Fluß jedoch nicht, sondern geht auf der Schotterstraße am Südufer geradeaus weiter. Von dieser Stelle sieht man bereits die Karataşlar ("Schwarze Felsen"), die im Südosten mitten in der Ebene von Çamyuva aufragen.

Die Straße wird rechts von einem mächtigen, auf Stützen ruhenden Bewässerungskanal flankiert. Nach 500 m kommt eine Gabelung, bei der man die Bewässerungsrinne überquert. Ein kleinerer Bewässerungskanal läuft jetzt zuerst links, später rechts der Schotterstraße.

Nach knapp 1 km erreicht man die Siedlung Kuzdere. Auf der asphaltierten Dorfstraße geht es an dem Abzweig nach links vorbei geradeaus weiter. Man passiert eine Moschee, deren Minarett geschickt auf die Spitze einer kleinen Felskuppe plaziert worden ist.

Ca. 600 m nach dem Abzweig, am östlichen Ende der Siedlung, kommt man über eine Betonbrücke. Unmittelbar darauf zweigt ein Pfad, auf den ersten Metern steil ansteigend, nach rechts in das Wäldchen, das die Karataşlar umgibt. Dieser Pfad steigt zunächst auf der Westflanke der Felsformation an, quert dann auf die Ostseite, anschließend über einen niedrigen Sattel nach Westen und wendet sich anschließend wieder nach Süden. Jetzt hat man die erste der beiden dunklen Felsnadeln zur Linken. Auf der Westseite geht man weiter, bis zur Linken der Sattel zwischen den beiden Felsnadeln auftaucht, und steigt nach Osten hinauf. Die Fläche zwischen den beiden Nadeln ist durch eine alte Mauer gesichert und von zahlreichen, allerdings nur undeutlich auszumachenden Ruinen bedeckt. Wenn man dort ein paar Minuten verweilt, wird man sicherlich von der merkwürdigen, eher finsteren Stimmung des Orts eingefangen. Auch geologisch sind die Felsnadeln merkwürdig, bestehen sie doch nicht aus dem sonst allgegenwärtigen Kalkstein, sondern vermutlich aus wesentlich älterem, vulkanischem Material.

Auf demselben Pfad geht man zurück zur Straße, wendet sich nach rechts und an der unmittelbar folgenden Gabelung nach links. Man überquert eine Betonbrücke und kommt an die nächste Gabelung, an der man nach rechts abbiegt. Die Straße verläuft zunächst zwischen einem Bewässerungskanal links und einem Bachbett rechts, bald darauf als Betonstreifen im Bachbett selbst. Wo der Beton endet, gabelt sich der Weg erneut: Dort hält man sich links, während der andere Weg weiter dem Bachbett folgt.

Nun kommt man durch eine Streusiedlung inmitten von Zitrusplantagen, die über viele Kanäle und Rinnen bewässert werden. Ca. 1 km geht man durch diese Siedlung und kommt bei einem niedrigen Hügel an die nächste Weggabelung, an der man sich rechts hält. Der Feldweg umläuft den Hügel, zunächst nach Osten, dann nach Norden einbiegend. Zur Rechten verläuft ein im Sommer und Herbst trockenliegendes Bachbett. 400 m nach der letzten Gabelung zweigt ein Zufahrtsweg nach rechts in das Bachbett hinein. Nun folgt man diesem teilweise hohlwegartigen "Pfad" nach Nordosten und hält sich an den Stellen, wo weitere Bachbetten einmünden, immer an das natürliche Gefälle.

Nach ca. 1 km stößt man auf die große Brücke, auf der die Hauptstraße nach Antalya das breite Bett des Kesme Çayı überquert. Über die Brücke geht es nach Norden. Man überquert die anschließend nach Westen und Osten abzweigenden Nebenstraßen und geht auf der Straße weiter, bis ca. 200 m nach der Brücke bei zwei am Hang stehenden Häusern in spitzem Winkel ein Feldweg rechts von der Straße abzweigt.

Nach 15 m mündet dieser auf eine Forststraße, die an dieser Stelle eine U-förmige Biegung macht. Man wendet sich nach links und folgt der Steigung der Forststraße. Bereits nach ca. 700 m hat man den Sattel erreicht.

Im Bereich dieses Sattels zweigt eine Forststraße nach rechts ab. Sie führt hinauf zu dem weißen Gebäude einer Forstwacht-Station, das man von Kemer aus auf dem höchsten Punkt einer ca. 300 m aufragenden, isolierten Bergformation ausmachen kann. Die Aussicht auf Kemer ist lohnend - allerdings verlängert der Abstecher den Gesamtweg um ca. 6 km.

Von dem Sattel fällt die Forststraße in Richtung Kemer ab - nach ca. 1 km geht sie in eine Asphaltstraße über. Vermutlich bildete dieser Weg den einzigen Zugang nach Kemer von Süden, bevor die breite Umgehungsstraße gebaut wurde. Es geht nun immer geradeaus durch ein für die Verhältnisse von Kemer ausgesprochen ruhiges Wohnviertel, bis man nach einem weiteren Kilometer das touristische Zentrum des Orts erreicht.

Anbieter:

▸ *Lilha Reisen,* am Hauptverkehrskreisel, Tel. 814 34 39

▸ *Maxwell,* Liman Cad. 29 b, in der Fußgängerzone zum Hafen, Tel. 814 45, Reservierungen bis 22.30 Uhr unter 814 26 86

▸ *Speed Travel,* Liman Cad., in der Fußgängerzone Richtung Hafen, Tel. 814 39 13. Die Agentur bietet auch organisierte Mountainbike-Touren an:

- mit dem Bus zum Abzweig nach Olympos, dann mit dem Rad hinunter nach Olympos, weiter zur Chimaera und durch Cirali zur Hauptstraße nach Kemer, 45 DM
- Bergtour Kiriş, Kuzdere-Schlucht, Gedelma mit antiker Festung und zurück nach Kiriş, Kondition erforderlich, 30 DM

▸ *Suna Travel,* am Hafen, Tel. 8144 966, Fax 814 69 68, bietet auch Yachtcharter.

Leihfahrzeuge

Autos, Motorräder, Motorroller und Mofas verleihen:

▸ *Avis,* Atatürk Bul. 26 a, Tel. 814 39 36, Fax 814 43 93

▸ *Europcar,* İskele Cad. 29 e, Tel. 814 20 83, Fax 814 45 17 (nur Autos)

▸ *Lilha Reisen* (→ Organisierte Ausflüge)

▸ *Maxwell* (→ Organisierte Ausflüge), vermietet auch Motorroller und -räder.
▸ *Suna* Travel (→ Organisierte Ausflüge), vermietet außer Pkw auch Motorroller und Motorräder.
▸ *Speed Travel* (→ Organisierte Ausflüge) bietet Mountainbikes (1 Tag 30 DM, 1 Woche 150 DM).

–▸ Bevor man die Touristenmetropole *Antalya* erreicht, bietet sich ein Ausflug zur Höhle *Beldibi Mağarası* an. Die Tierzeichnungen in der Felsengrotte stammen aus der Steinzeit.

Beldibi

Wer den aufgetakelten Stil Kemers nicht mag, ist gut beraten, sich im nördlich benachbarten *Beldibi* umzuschauen. Aus der bäuerlichen Streusiedlung in einem Küstenhof mit vielen Zitrusplantagen ist in den letzten Jahren ein respektables Ferienziel geworden. Die fast durchweg kleinen Hotels und Pensionen haben sich auf mehreren Kilometern längs des Sand-Kies-Strands angesiedelt. Die Infrastruktur ist allerdings noch im Werden begriffen. Das Gebiet wird von einer Straße durchzogen, die glücklicherweise hinter den Beherbergungsbetrieben verläuft. Man kann sich also aus dem Bett sozusagen direkt ins Meer werfen. Vom Charme der Improvisation leben die Restaurants, Bars, Snack-Bars und Geschäfte auf der Landseite der Straße. Schicki-Micki ist (noch?) nicht angesagt. Die Busse, die zwischen Kemer und Antalya verkehren, folgen bei Beldibi der Straße durch den Küstenhof, so daß von überall eine gute Anbindung zu den beiden Nachbarorten besteht.

Antalya

379.000 Einwohner, 550 km SW von Ankara

Die Provinzhauptstadt *Antalya* liegt in einer weiten, fruchtbaren Ebene, die im Osten und Norden vom *Kilikischen Taurus* und von den *Bey Dağları*, im Westen vom *Lykischen Taurus* begrenzt ist. Die Stadt liegt 39 m über dem Meeresspiegel auf einem Felsplateau, das schroff zum Meer abfällt. Antalya ist der Hauptumschlagplatz für die leistungsstarke Landwirtschaft im Umland, die Obst, Gemüse, Zitrusfrüchte und Baumwolle liefert. Auch gibt es in der Provinz Lagerstätten von Bauxit, Asphalt, Chromerzen und geringen Mengen an Uran.

Antalya hat sich in den letzten Jahren zu einem Tourismuszentrum an der südlichen Mittelmeerküste entwickelt. Es ist verkehrsmäßig gut zu erreichen, hat mediterranes Klima, und in der Nähe liegen zahlreiche lykische und pamphylische Ruinenstätten. Auch unter den Türken - vor allem unter den wohlhabenden jüngeren - rangiert Antalya als Bade- und Tourismuszentrum an erster Stelle.

Die zahlreichen Naturschönheiten und Kulturschätze der Umgebung sind der Ausgleich dafür, daß die Stadt auf der Felsküste selbst keine Strände hat. Antalya erscheint zunächst hektisch und laut, vor allem "beton-modern". Wer aber in die Altstadt kommt, fühlt sich wie in eine andere Welt versetzt. Hier sind zahlreiche Restaurierungsarbeiten im Gange. Die Altstadt - sie heißt *Kale İçi* (dt. Burginneres) - hat orientalisches Flair, wenngleich dieses inzwischen auf den Tourismus ausgerichtet ist. Wenn es dunkel wird, füllen sich die Gassen der Altstadt, und sie wird lebendig. Abends sollte man hinunter zum Yachthafen spazieren, wo man sich zum Abendessen in den Fischrestaurants trifft. Wer nach Antalya kommt, möchte im allgemeinen *Tourismus à la carte* erleben - er findet ihn, und entsprechend hoch ist das Preisniveau.

Geschichte

Attalos II. von Pergamon legte die erste größere Siedlung mit dem Namen *At-*

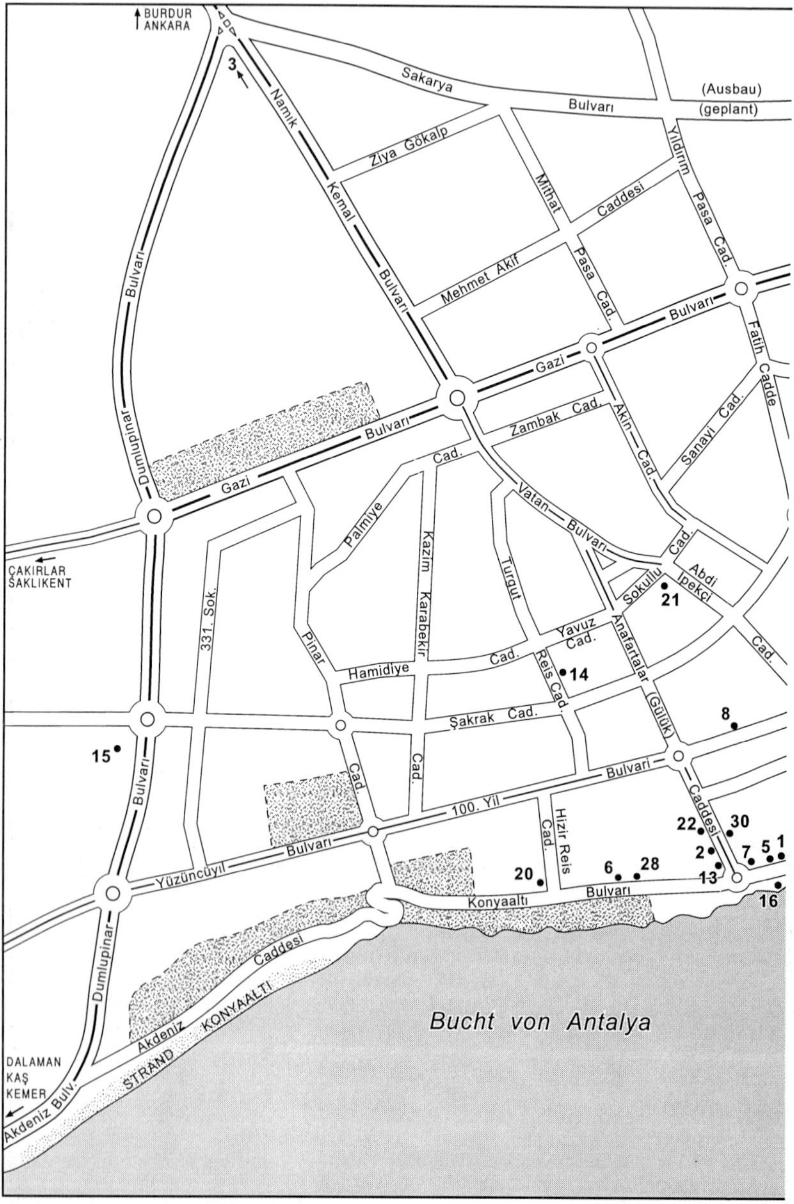
BURDUR
ANKARA
Sakarya Bulvarı
(Ausbau)
(geplant)
Namık Kemal Bulvarı
Ziya Gökalp
Mithat Paşa Cad.
Yıldırım Paşa Cad.
Caddesi
Mehmet Akif
Gazi Bulvarı
Fatih Cadde
Dumlupınar Bulvarı
Zambak Cad.
Akın Cad.
Sanayi Cad.
Cad.
Palmiye
Vatan Bulvarı
Kazım Karabekir Cad.
Turgut Reis Cad.
Sokullu Cad.
Abdi İpekçi Cad.
ÇAKIRLAR
SAKLIKENT
331. Sok.
Pınar Cad.
Hamidiye Cad.
Yavuz Cad.
Anafartalar (Gülük) Caddesi
Şakrak Cad.
100. Yıl Bulvarı
Yüzüncüyıl Bulvarı
Hızır Reis Cad.
Konyaaltı Bulvarı
Akdeniz Caddesi
KONYAALTI STRAND
Bucht von Antalya
DALAMAN
KAŞ
KEMER
Akdeniz Bulv.
3
21
14
8
15
22
30
2
7
5
1
6
28
20
13
16

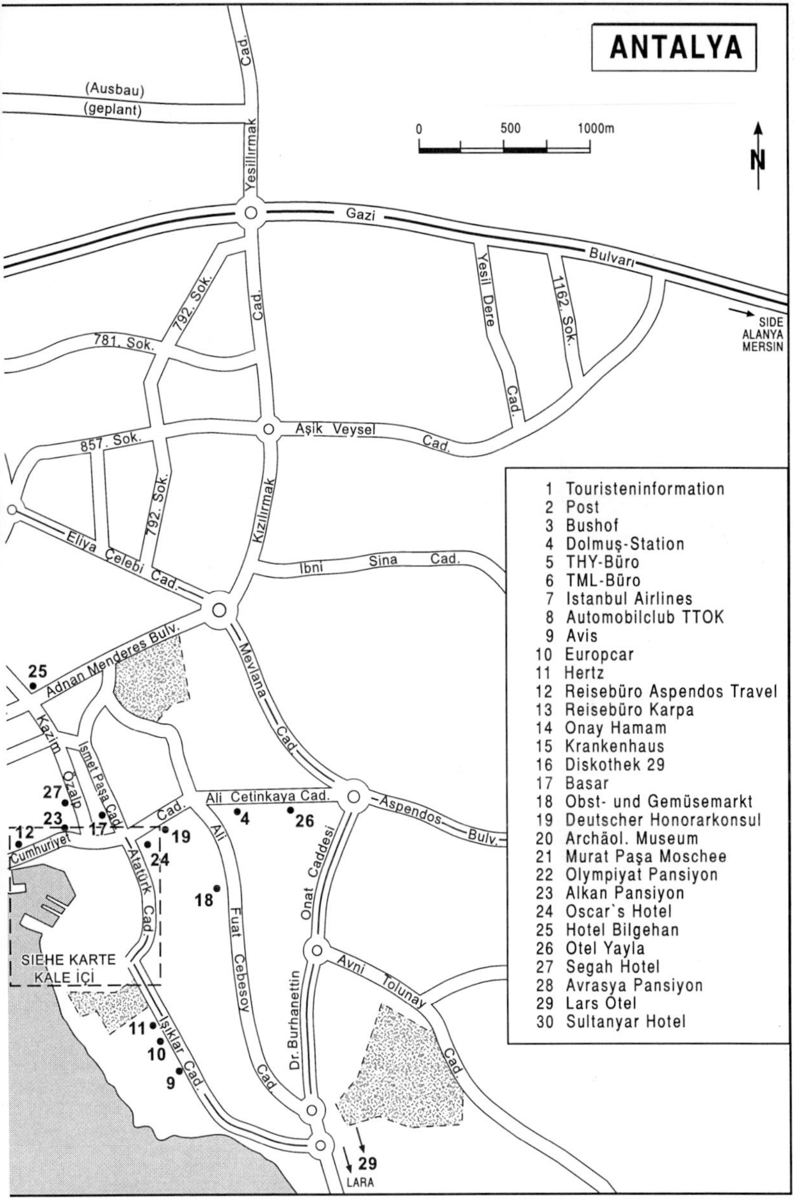
ANTALYA
0 500 1000m
N
(Ausbau)
(geplant)
Yesilirmak Cad.
Gazi Bulvarı
SIDE
ALANYA
MERSIN
792. Sok.
781. Sok.
Cad.
Yesil Dere Cad.
1162. Sok.
Aşik Veysel Cad.
857. Sok.
792. Sok.
Kizilirmak
Eliya Çelebi Cad.
Ibni Sina Cad.
Adnan Menderes Bulv.
Mevlana Cad.
Kazim Özalp
Ismet Paşa Cad.
Ali Cetinkaya Cad.
Aspendos Bulv.
Cad.
Cumhuriyet
Atatürk Cad.
Ali Fuat Cebesoy Cad.
Onat Caddesi
Avni Tolunay Cad.
Dr. Burhanettin
Işıklar Cad.
SIEHE KARTE
KALE İÇİ
LARA
1 Touristeninformation
2 Post
3 Bushof
4 Dolmuş-Station
5 THY-Büro
6 TML-Büro
7 Istanbul Airlines
8 Automobilclub TTOK
9 Avis
10 Europcar
11 Hertz
12 Reisebüro Aspendos Travel
13 Reisebüro Karpa
14 Onay Hamam
15 Krankenhaus
16 Diskothek 29
17 Basar
18 Obst- und Gemüsemarkt
19 Deutscher Honorarkonsul
20 Archäol. Museum
21 Murat Paşa Moschee
22 Olympiyat Pansiyon
23 Alkan Pansiyon
24 Oscar`s Hotel
25 Hotel Bilgehan
26 Otel Yayla
27 Segah Hotel
28 Avrasya Pansiyon
29 Lars Otel
30 Sultanyar Hotel

taleia im 2. Jahrhundert v. Chr. hier an. Im Lauf der Geschichte wechselte sie mehrmals ihre Obrigkeit. Im 2. Jahrhundert fiel sie an die Römer, mit dem vierten Kreuzzug wurde Antalya den Templern als Schenkung übergeben. Bis zum Jahr 1204 war die Stadt noch byzantinisch, obwohl sie bereits den in Anatolien herrschenden Seldschuken tributpflichtig war. 1207 eroberten diese zum ersten Mal Antalya, verschafften sich damit einen Zugang zum Meer und gaben der Stadt wenig später ihren heutigen Namen. Im 14. Jahrhundert wurde sie dem Osmanischen Reich einverleibt.

Sehenswürdigkeiten

Das auffälligste Bauwerk der Stadt, und zugleich ihr Wahrzeichen, ist das **Yivli Minare**, ein seldschukisches Ziegelsteinminarett aus dem 13. Jahrhundert. Sein Schaft hat die Form eines Rundstabbündels. Um das Minarett gruppieren sich ein **Grabmal**, ein **İmaret**, ein **Kunstmuseum** mit wechselnden Ausstellungen (geöffnet tgl. 11 - 19 Uhr) und eine **Bibliothek**, die wertvolle, alte Handschriften ausstellt.

Gegenüber dem Minarett liegt die stark verfallene **Seldschuklu Medrese**, deren Portal restauriert werden soll.

Das **Hadrians-Tor** in der Atatürk Caddesi wurde im Jahr 130 anläßlich des Besuchs von Kaiser *Hadrian* errichtet. Das Tor, das einst die Hauptstraße nach Perge überspannte, hat drei Durchgänge, deren Wölbungen mit Kassetten aus Marmor verziert waren.

In derselben Straße steht die **Alâeddin Camii**, eine ehemalige byzantinische Kirche aus dem 7. Jahrhundert. Geht man die Atatürk Caddesi weiter in Richtung Meer, sieht man auf der rechten Seite die Ruinen der alten **Stadtmauer**. Römer errichteten diese im 2. Jahrhundert, Seldschuken erweiterten sie später.

Die große, baumbestandene Straße endet im **Karaalıoğlu-Park**, der allerlei Freizeiteinrichtungen wie Zoo, Spielplatz, Restaurant und Kioske bietet. Dort steht auch **Hıdırlık Kulesi**, ein runder, 14 m hoher Turm aus dem 2. Jahrhundert. Über seine eigentliche Bestimmung ist man sich nicht ganz einig. "Leuchtturm oder Grabmal?" ist hier die Frage. Südöstlich des Turms öffnet sich ein parkartiges Gelände mit Springbrunnen und mehreren Teegärten, wo sich unter schattenspendenden Bäumen und mit Blick auf das Meer, die Hafenbucht und Teile von Kale İçi gut verweilen läßt. Kleinere Kinder werden sich über den mit vielen Geräten ausgestatteten Spielplatz freuen.

Die Gassen der **Altstadt** *(Kale İçi)* vermitteln durch die Enge und ihre zweigeschossigen Häuser mit Erkern den Eindruck einer orientalischen Stadt im letzten Jahrhundert. Hier findet man auch das wegen seines gekappten Minaretts bekannte **Kesik Minare**. Es grenzt an die Ruine der ehemaligen **Cumanun Camii**, die ursprünglich eine Kreuzkuppelkirche gewesen sein könnte.

Zu *Kale İçi* gehört der alte **Hafen** mit originalen Kaimauern, wo vor allem in den letzten Jahren viele Häuser restauriert und in Restaurants und Cafés umgewandelt wurden. Der Hafen dient heute Yachten und Fischerbooten als Liegeplatz. Nur selten sieht man aber hier kleinere Frachter auf Reede, denn im Westen der Stadt wurde bei Konya Altı ein neuer, großer Hafen gebaut.

Besonders schön ist das restaurierte Portal der **Karatay Medrese**.

Das **Archäologische Museum** im Westen der Stadt, an der Konya Altı Caddesi, präsentiert viele antike Funde aus den Gebieten *Pamphylien* und *Lykien*, darunter Skeletteile, die angeblich vom *Hl. Nikolaus* stammen sollen. Sehr schön sind die Mosaike aus den antiken Stätten der Umgebung. Eine andere Abteilung in diesem Gebäude ist dem **Ethnographischen Museum** gewidmet. Es stellt Kleider und Gebrauchsgegenstände aus (Museen geöffnet außer Mo täglich 9 - 18 Uhr, Eintritt 6 DM, ermäßigt 3 DM).

An der Kazim Özalp Caddesi (auch Şarampol Caddesi genannt) liegt die **Murat Paşa Camii** (1570) mit dekorativen Fliesen im Inneren.

Umgebung von Antalya

Antalyas Umgebung bietet sich für eine Reihe lohnender Ausflüge an, sei es nach Westen, Osten oder Norden. Die antiken Stätten sind mit öffentlichen Verkehrsmitteln schlecht zu erreichen, aber es gibt in Antalya viele Tourenanbieter.

♦ Termessos

30 km nordwestlich von Antalya liegt die antike Bergstadt *Termessos*. Man erreicht sie über die Straße nach Korkuteli. Die Ruinen der ehemaligen pisidischen Stadt namens *Solymer* liegen auf einem 1.000 m hohen Plateau, das nur zu Fuß zu erreichen ist. Zum Sehenswerten gehören das *Konzerthaus*, einige *Tempel* sowie die große *Gräberstätte* mit einem halben Dutzend Felsengräbern. Vom Parkplatz erreicht man nach einer halben Stunde Aufstieg (festes Schuhwerk ist erforderlich) das *Theater* (4.000 Plätze), von dem man bei klarem Wetter einen großartigen Blick bis zum Mittelmeer hat. Weiterhin ist auf dem Plateau eine fünfkammrige, von mächtigen Gewölben gestützte Zisterne mit einem enormen Fassungsvermögen zu besichtigen.

Am Eingang zum *Termessos-Nationalpark,* in dem die Ruinen liegen, befindet sich ein kleines Museum mit einer Ausstellung von Funden aus der antiken Stadt (geöffnet außer Mo tgl. 9 - 17 Uhr).

Der Park, der erst seit 1970 ausgewiesen ist, nimmt eine Fläche von 67 km^2 ein. Bezoarziegen, Rot- und Damwild, Bären und Luchse sind hier heimisch. Im Besucherzentrum am Eingang sind ausführliche Informationen zum Park erhältlich. Es gibt schöne Picknickstellen und auch Möglichkeiten zum Campen. Die beste Besuchszeit ist April bis Dezember.

Antalyas schöner Yachthafen

Wer mit öffentlichen Verkehrsmitteln nach Termessos will, muß zum Bushof von Antalya. Von dort fährt der *Korkuteli Birlik* (Bus) in einer halbstündigen Fahrt bis zum Parkeingang. Die restlichen 9 km muß man zu Fuß gehen, oder man kann trampen (Eintritt für Nationalpark Pkw 2 DM, 1 DM/ Person; für die Ruinen 2 DM/ Person).

♦ Saklıkent

48 km westlich von Antalya liegt nördlich von *Balkırlı Dağı* in der Beydağ-Kette das Wintersportgebiet *Saklıkent* (2.500 m). An Unterkünften stehen Berghütten mit einer Kapazität von insgesamt 2.500 Betten zur Verfügung. Saison ist Januar bis April. Besonderheit: Mutige können im Meer um Antalya bereits im März und April baden; so läßt sich hier Wintersport- und Badeurlaub kombinieren.

♦ Schlucht von Güver

Auf dem Weg von Antalya nach *Termessos* bietet sich ein Abstecher in die *Güver-Schlucht* (auch bekannt als *Düzlercami*) an. Sie liegt 20 km nordwestlich an der Straße nach Korkuteli. Die Stichstraße ist mit den üblichen gelben Hinweisschildern gekennzeichnet. Der kurze Weg führt über einen schattigen Picknickplatz. Im weiteren Verlauf passiert man zunächst einen Bauernhof und nähert sich dann der Schlucht, die linker Hand auftaucht und von drei Aussichtspunkten aus gut einzusehen ist.

Wilde, unberührte Natur präsentiert sich den Besuchern. Das Gebiet um die Schlucht, die gut 200 m tief ist, zieht sich bis zu den Anhöhen des Güllük-Bergs, auf dem die Ruinen von Termessos liegen. Zahlreiche Karstphänomene wie Höhlen, Auswaschungen, unterirdische Wasserläufe und Quellen sind für die Landschaft charakteristisch.

Wer einen kleinen Rundgang unternehmen möchte, läßt das Auto an der Tieraufzuchtstation stehen und folgt dem Fahrweg, der, eine langgezogene

Termessos - Theater

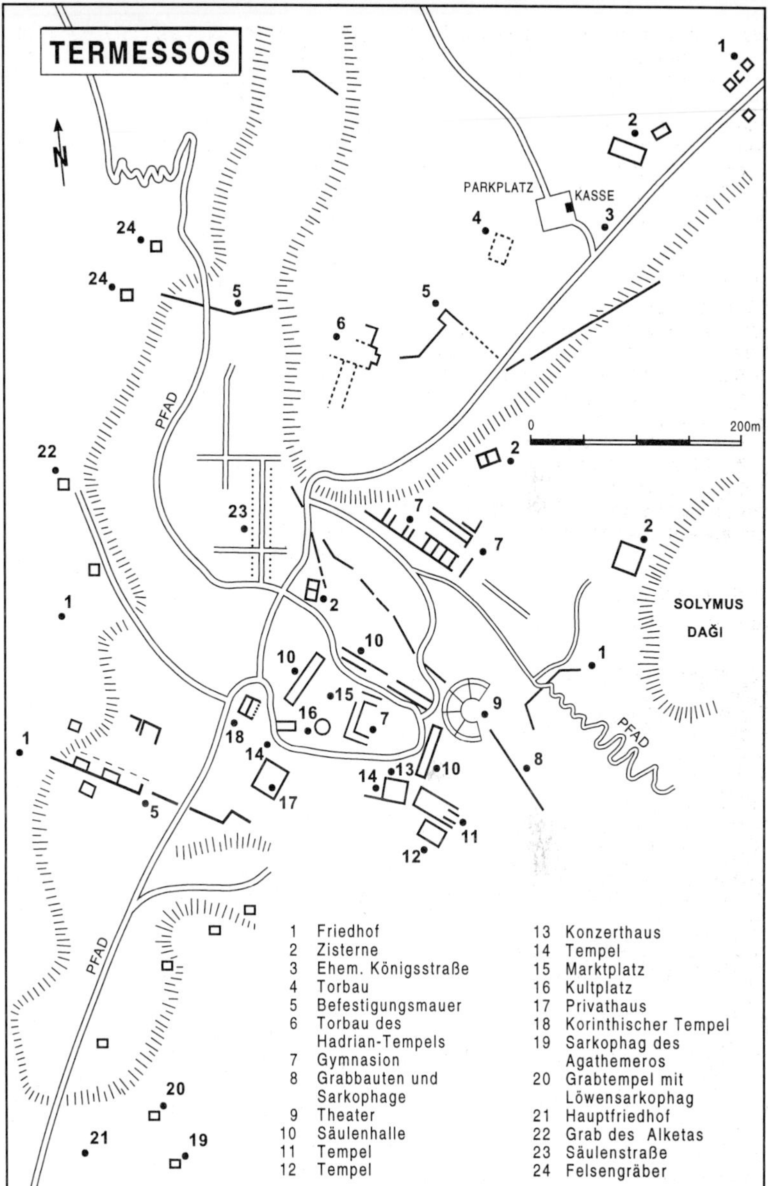
TERMESSOS
N
PARKPLATZ
KASSE
PFAD
0
200m
SOLYMUS
DAĞI
1 Friedhof
2 Zisterne
3 Ehem. Königsstraße
4 Torbau
5 Befestigungsmauer
6 Torbau des Hadrian-Tempels
7 Gymnasion
8 Grabbauten und Sarkophage
9 Theater
10 Säulenhalle
11 Tempel
12 Tempel
13 Konzerthaus
14 Tempel
15 Marktplatz
16 Kultplatz
17 Privathaus
18 Korinthischer Tempel
19 Sarkophag des Agathemeros
20 Grabtempel mit Löwensarkophag
21 Hauptfriedhof
22 Grab des Alketas
23 Säulenstraße
24 Felsengräber

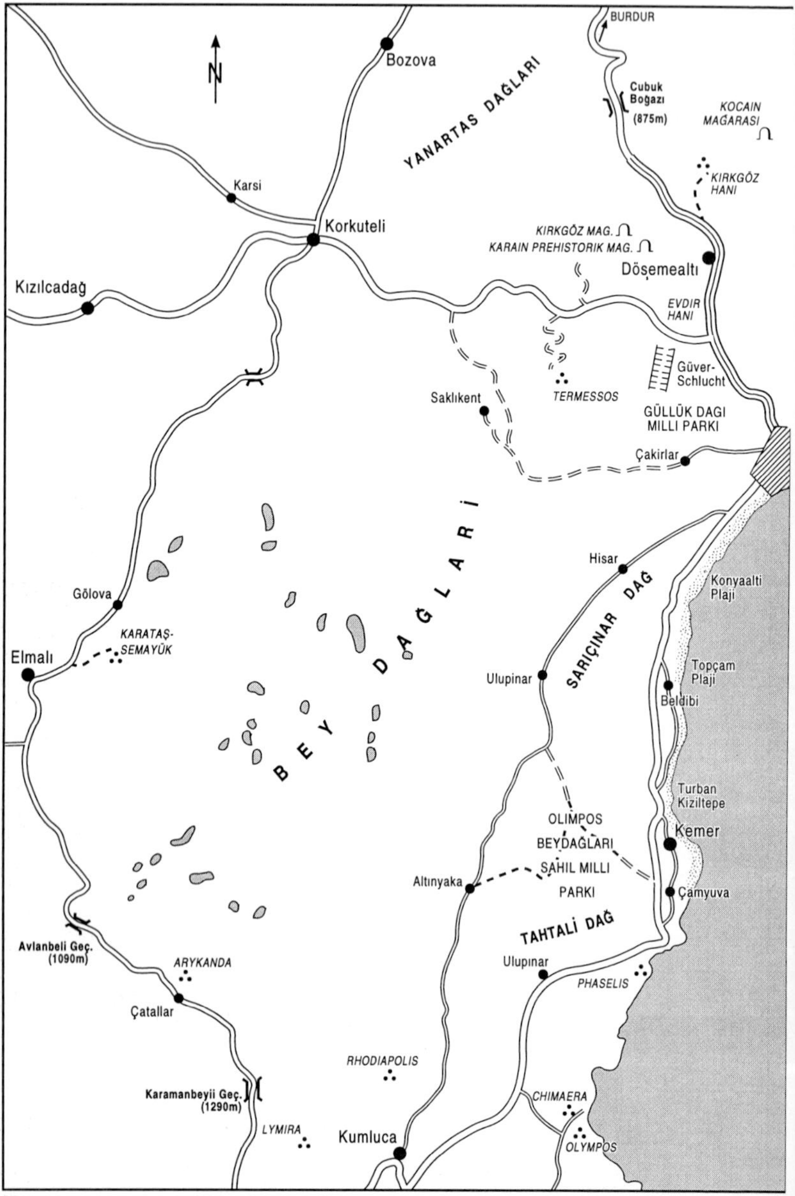

BURDUR
Bozova
Cubuk Boğazı (875m)
KOCAIN MAĞARASI
YANARTAS DAĞLARI
KIRKGÖZ HANI
Karsi
Korkuteli
KIRKGÖZ MAG.
KARAIN PREHISTORIK MAG.
Döşemealtı
Kızılcadağ
EVDIR HANI
Güver-Schlucht
Saklıkent
TERMESSOS
GÜLLÜK DAGI MILLI PARKI
Çakirlar
BEY DAĞLARİ
Hisar
Konyaalti Plaji
SARIÇINAR DAĞ
Gölova
KARATAŞ-SEMAYÜK
Elmalı
Ulupinar
Topçam Plaji
Beldibi
Turban Kiziltepe
OLIMPOS BEYDAĞLARI SAHIL MILLI PARKI
Kemer
Altınyaka
Çamyuva
TAHTALİ DAĞ
Avlanbeli Geç. (1090m)
ARYKANDA
Ulupınar
PHASELIS
Çatallar
RHODIAPOLIS
Karamanbeyii Geç. (1290m)
CHIMAERA
LYMIRA
Kumluca
OLYMPOS

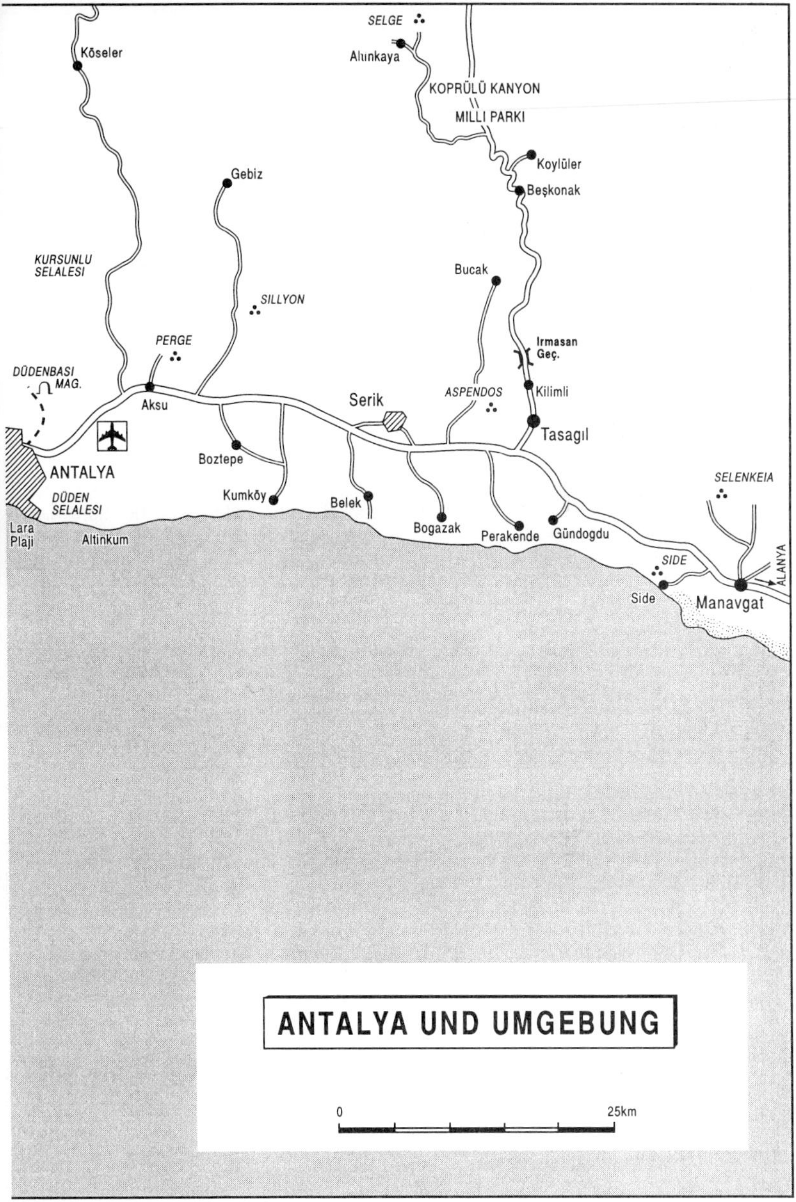
SELGE
Altınkaya
KOPRÜLÜ KANYON
MILLI PARKI
Köseler
Koylüler
Beşkonak
Gebiz
KURSUNLU
SELALESI
Bucak
SILLYON
PERGE
Irmasan
Geç.
DÜDENBASI
MAG.
Aksu
Serik
ASPENDOS
Kilimli
Tasagıl
Boztepe
ANTALYA
SELENKEIA
DÜDEN
SELALESI
Kumköy
Belek
Bogazak
Perakende
Gündogdu
Lara
Plaji
Altinkum
SIDE
ALANYA
Side
Manavgat
ANTALYA UND UMGEBUNG
0
25km

Düden Şelalesi

Nicht nur der Wasserfall des Düden ist einen Besuch wert. Direkt unterhalb des Wasserfalls tritt ein unterirdischer Fluß ans Tageslicht. Er entspringt einem Karstsystem, das 1966 entdeckt und bis 1967 von türkischen, französischen und britischen Höhlenforschern erkundet wurde.

Das Wasser des unterirdischen Flusses kommt aus Quellen, die 55 km nördlich beim Ort *Çamlık* an der Straße Beyşehir - Akseki liegen. Auf seinem Weg zum Wasserfall tritt der Fluß mehrmals ans Tageslicht und verschwindet wieder in Sickerlöchern, sogenannten *Poljen.* Das unterirdische System des Düden darf ohne Zweifel als eines der interessantesten Karstsysteme der Welt bezeichnet werden.

An den Informationshäuschen des kleinen Parks gibt es eine Kartenskizze, auf der die Details dieses Phänomens näher beschrieben sind. Sie stammt von *Temuçin Aygen,* einem der Erforscher des Systems.

Schleife ziehend, zum Ausgangspunkt zurückführt (Dauer ca. 1,5 Stunden).

Tip: Das Gebiet um die Güver-Schlucht ist ein ideales Wandergebiet. Will man es auf einer längeren Wanderung erkunden, steigt man hinter dem letzten Aussichtspunkt an einer flacheren Stelle ins Tal und folgt einem der Flußläufe. Theoretisch kann man von hier aus in einer fünf- bis siebenstündigen Wanderung bis zu den Ruinen von Termessos steigen. Diese Wanderung sollte man aber nur mit einem ortskundigen Führer unternehmen. Ansonsten sollte man sich aus Orientierungsgründen auch auf dem Rückweg an dasselbe Flußtal halten. Markierte Wanderwege gibt es hier noch nicht.

♦ Karain Mağarası

In dieser Höhle, 19 km nordwestlich von Antalya beim Ort Döşemealtı, fand man Relikte aus der Steinzeit. Übrigens liegt dort auch der Ort *Yağca*, der zu den ältesten Siedlungen in der Türkei zählt.

♦ Düden Şelalesi

Eine besondere Attraktion sind in der Nähe von Antalya zwei Wasserfälle, *Düden Şelalesi*. Der eine liegt 11 km nordöstlich der Stadt. Im Quelltopf (Dübenbası) tummeln sich zahlreiche Fische. Über dem Wasser wurden Gänge in den Fels geschlagen. Diese "Höhlengänge" führen auch hinter den Vorhang des oberen Düden-Wasserfalls. Um den auch im Sommer sehenswerten Wasserfall hat man einen Park mit Picknickplätzen angelegt. Insbesondere an Feiertagen herrscht hier reger Betrieb. Der andere Wasserfall liegt an der Straße nach *Lara.* In besonders trockenen Sommern ist von den Wasserfällen nicht viel zu sehen, da man zur Bewässerung der Felder vom Flüßchen Wasser ableitet. Wer kein Fahrzeug hat, kann die Wasserfälle mit dem *dolmuş* erreichen. Auch vom Hafen Antalyas werden Ausflüge dorthin mit Booten angeboten (Preis ca. 20 DM).

♦ Kurşunlu Şelalesi

Zu diesen Wasserfällen führen von den oberen Düden-Wasserfällen (ca. 14 km) oder vom Ort *Aksu* an der Straße Antalya - Alanya beschilderte Wege. Die *Kurşunlu Şelalesi* sind noch nicht sehr bekannt. Erst vor kurzem wurde um sie herum ein kleiner Picknickpark eingerichtet und zahlreiche Wanderwege geschaffen. Obwohl die Kurşunlu-Fälle nicht so beeindruckend sind wie die benachbarten Düden-Fälle, ist der liebevoll angelegte Park mit seinen kühlen, schattigen Plätzen und zahlreichen, von Forellen wimmelnden Bächen sehr zu empfehlen.

♦ **Ausflüge in den Westen nach** → *Finike,* → *Kemer,* → *Phaselis,* → *Olympos,* → *Olimpos Beydağları*

♦ **Ausflüge in den Osten nach** → *Perge,* → *Aspendos,* → *Manavgat,* → *Selge,* → *Side* und → *Alanya.*

Strände

Da Antalya selbst keine Strände hat, muß man etwas hinausfahren. *Konya Altı Plajı* beginnt 2 km westlich der Stadt. Alle 10 Minuten fährt dorthin ein *dolmuş* von der Minibusstation aus. Weiter westlich befindet sich der neue Hafen von Antalya. Er verbessert wohl kaum die Sauberkeit von Wasser und Strand. Wer dem entgehen möchte, kann sich im *Aqualand* vergnügen - einer Wasser-Erlebniswelt mit verschiedenen Pools und vor allem schwindelerregend langen Wasserrutschen (Eintritt ca. 10 DM). Etwa 5 km westlich erstreckt sich hinter dem neuen Hafen *Arapsuyu Plajı*; dessen Sauberkeit leidet auch unter der Hafenanlage.

Lara Plajı, 13 km östlich von Antalya, wird vor allem von Gästen aus den nahen Hotels besucht. Entsprechend ist das Strandareal mit Duschen, Liegen und an der Promenade mit vielen Cafés ausgestattet. Auch in Lara hat sich - beim Dedeman Hotel - ein überdimensionales Planschbecken etabliert. Es heißt dort *Aquapark*, hat ansonsten mit dem *Aqualand* vergleichbare Einrichtungen, insbesondere die langen Wasserrutschen (Eintritt ebenfalls ca. 10 DM). Nach Lara und zum Strand fährt von der Minibusstation alle 10 Minuten ein *dolmuş.*

Etwa 6 km südlich von Konyaaltı, wo das Gebirge schon dicht ans Meer tritt, liegen zwei Sand-Kies-Buchten, *Küçük-* und *Büyük Çaltecak.* Die Buchten sind eingezäunt, es wird Eintritt erhoben.

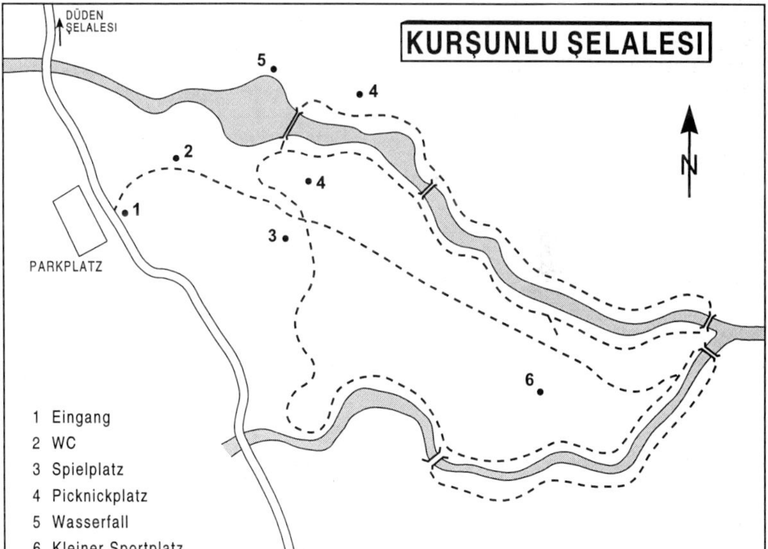

Touristeninformation

Es gibt zwei Touristeninformationen:
- Ecke Cumhuriyet Bul. 73 und Güllük Cad., Tel. 241 17 47, Fax 241 17 47, geöffnet Mo bis Fr 8 - 19 Uhr, Sa und So 9 - 18 Uhr; das Personal hält einen sehr guten Stadtplan bereit.
- Regionalbüro in Kale İçi, Mermerli Sok., gegenüber Hotel Aspen, Tel. 247 50 41, Fax 247 62 98; geöffnet Mo bis Fr 8 - 19 Uhr, Sa und So 9 - 18 Uhr.

Übernachten

Vor allem in der Altstadt von Antalya gibt es eine sehr große Anzahl von Pensionen, die gut und durch den Wettbewerb sehr preiswert sind. Pensionen in *Kale İçi* (Altstadt) sind zu bevorzugen, denn viele Häuser sind hier sehr schön restauriert worden und liegen oft sehr ruhig. Allerdings genügen sie häufig nur einfachen Ansprüchen.

... in der Altstadt (Kale İçi):

▸ *Türkmen Pansiyon*, Selçuk Mah., Aralık Sok. 5, Tel. 247 16 33, nicht alle Zimmer mit Du/WC, Dachterrasse. DZ 23 DM.

▸ *Hıdırlık Pension,* Hıdırlık Sok. 56, Tel. 247 47 46, in der Nähe des Hıdırlık-Turms östlich oberhalb der Altstadtsenke. Terrasse mit Meerblick. Besitzer spricht Deutsch. Alle Zimmer mit Du/WC. EZ 15 DM, DZ 25 DM, mit Frühstück.

▸ *Natelia Pansiyon*, Selçuk Mah., İzmirli Ali Efendi Sok. 21, Tel. 247 78 21, kleine Familienpension, Zimmer mit Du/WC. DZ 30 DM, mit Frühstück.

▸ *Kardelen Pansiyon*, Tuzcular Mah., Paşa Camii Sok. 9, Tel. 242 09 52, nur einige Zimmer mit Du/WC, kleiner Innenhof, kostenlose Benutzung der Waschmaschine. EZ 25 DM, DZ 35 DM, mit Frühstück.

▸ *Hadrianus Pansiyon*, Kılıçaslan Mah., Zeytin Sok. 4, Tel. 241 23 13, mit schön angelegtem Garten; von einigen Zimmern Blick aufs Meer; Restaurant. DZ 37 DM, mit Frühstück.

▸ *Loveland Pansiyon,* Merdivenli Sok. 1, Tel. 242 11 16, nicht alle Zimmer mit Du/WC; kleine Dachterrasse, Innenhof. DZ 38 DM, mit Frühstück.

▸ *Festung Pansiyon*, Tuzcular Mah., Musallah Sok. 10, Tel. & Fax 243 28 94, renovierter, stilvoller Altbau; sehr schöne Pension, gepflegt und sauber, Garten mit Terrasse, alle Zimmer mit Du/WC. EZ 37 DM, DZ 46 DM, DRZ 56 DM, mit Frühstück.

▸ *Türk Evi Hotel,* Mermerli Sok. 2, Tel. 248 65 91, Fax 241 94 19, fabelhaft restauriertes altes türkisches Herrschaftshaus mitten in der Altstadt, fast am Hafen, Inneneinrichtung in türkischem Barock, Garten- und Pool-Restaurant, Terrasse auf der Stadtmauer. EZ 90 DM, DZ 130 DM.

▸ *Marina Hotel,* Mermerli Sok. 15, Tel. 247 54 90, Fax 241 17 65, restauriertes türkisches Haus mitten in Kale İçi, etwas barock angehaucht, kleiner Swimmingpool, Bar. EZ 90-135 DM, DZ 110-175 DM.

▸ *Argos Hotel,* Atatürk Ortaokulu Karşısı, Tel. 247 20 12, Fax 241 75 57, mitten in der Altstadt, gut hundert Jahre altes restauriertes türkisches Herrschaftshaus, Garten mit Swimmingpool, Bar, EZ 90 DM, DZ 120 DM.

▸ *Aspen Hotel,* Mermerli Sok., Tel. 247 05 90, Fax 241 33 64, schönes Haus gleich oberhalb des Hafens mitten in der Altstadt, stilvoll eingerichtete Zimmer, Klimaanlage, Kabel-TV, Minibar, Swimmingpool, Bar, Restaurant, sogar Sauna. Es wird auch Englisch gesprochen. EZ 91 DM, DZ 140 DM.

... in der Innenstadt:

▸ *Olympiyat Pansiyon,* Güllük Cad. 17, Tel. 241 28 90, nahe der Anschlußstelle Anafartalar (Güllük) Caddesi an die Konyaaltı Caddesi, laut, Besitzer spricht ein wenig Englisch, einfaches, sauberes Haus, Zimmer mit Etagendusche/WC. EZ 10 DM, DZ 20 DM.

▸ *Alkan Pansiyon,* Elmalı Mahallesi, Cumhuriyet Meydani, 24. Sok. 4, Tel. 244 00 11, in der Gasse direkt hinter Aspendos Travel, in einem Neubau,

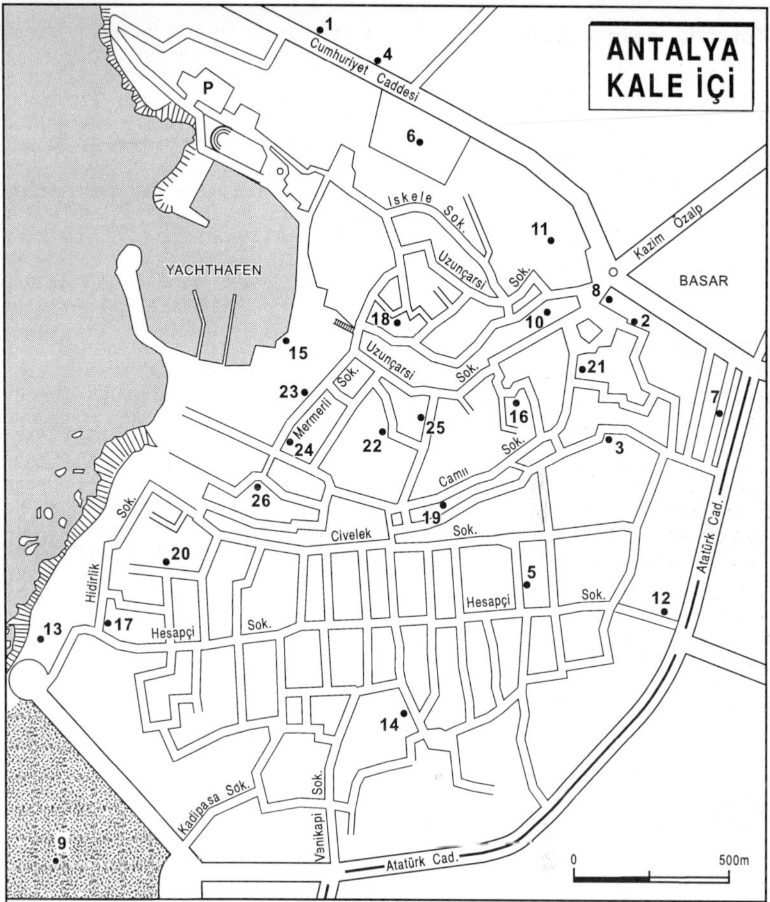

1 Touristeninformation
2 Urent Rent-a-car
3 Motorradverleih
4 Akay Travel Service
5 Nazir Hamam
6 Atatürk Statue und Teegärten
7 Sebzeçiler İçi Sokak (Restaurantgasse)
8 Uhrturm
9 Karaalıoğlu-Park
10 Karatay Medrese
11 Yivli Minare
12 Hadrians-Tor
13 Hıdırlık Kulesi
14 Kesik Minare
15 Alâeddin Camii
16 Türkmen Pansiyon
17 Hıdırlık Pension
18 Natelia Pansiyon
19 Kardelen Pansiyon
20 Hadrianus Pansiyon
21 Loveland Pansiyon
22 Festung Pansiyon
23 Türk Evi Hotel
24 Marina Hotel
25 Argos Hotel
26 Aspen Hotel

kleines, recht gepflegtes Haus. Doppelzimmer mit Du/WC, Einzelzimmer teilweise mit Etagendusche/WC. EZ 14 DM, DZ 28 DM, mit Frühstück.

▸ *Oscar's Hotel,* Atatürk Cad. 1302 Sok. 12, Tel. 243 11 25, Fax 24 76 58, kleines Haus in einer versteckten Seitengasse auf der Ostseite der Atatürk Caddesi oberhalb von Kale İçi, einfache, kleine, aber zweckmäßige und saubere Zimmer, alle mit Du/WC, Bar und kleiner Garten, Besitzer spricht Deutsch. EZ 25 DM, DZ 30 DM.

▸ *Hotel Bilgehan*, Kazım Özalp Cad. 194, Tel. 248 79 50, direkt am Bushof, Mittelklassehotel, alle Zimmer mit Du/WC. EZ 28 DM, DZ 44 DM, mit Frühstück.

▸ *Otel Yayla*, Ali Centinkaya Cad. 12, Tel. 241 19 13, Mittelklassehotel, Zimmer mit Du/WC, Klimaanlage. EZ 31 DM, DZ 54 DM.

▸ *Segah Hotel,* Kazım Özalp Cad. 69, Tel. 247 48 07, alle Zimmer mit Du/WC, Mittelklassehotel mit Klimaanlage; Restaurant. EZ 40 DM, DZ 60 DM, mit Frühstück.

▸ *Avrasya Pansiyon,* westlich des Stadtzentrums an der Konyaaltı Cad. 124, Tel. 242 51 58, Fax 243 81 26, Haus der einfachen Mittelklasse, alle Zimmer mit Du/WC. Besitzer sprechen ein wenig Englisch. EZ 30 DM, DZ 60 DM, mit Frühstück.

▸ *Lara Otel,* Lara Yolu, Güzeloba, in Lara, Tel. 223 14 60, Drei-Sterne-Hotel an einer schönen Badebucht, alle Zimmer mit Du/WC; Swimmingpool. DZ 62 DM, mit Frühstück.

▸ *Sultanyar Hotel,* Güllük Cad. 10, Tel. 241 63 63, neu gestaltetes Hotel, allerdings an der lauten Anafartalar (Güllük) Caddesi gelegen, alle Zimer mit Du/WC. EZ 20 DM, DZ 40 DM.

Wer es lieber strandnah hat, findet mittlerweile auch am Konyaaltı-Strand recht preiswerte Unterkunft in kleinen Pensionen. Der Nachteil: Zwischen Unterkünften und Strand verläuft die Ausfallstraße von Antalya in Richtung Kemer.

▸ *Bambus Motel, Restaurant & Camping,* Lara Yolu, an der Straße nach Lara, Tel. 221 52 63, der Campingplatz gleicht einem begrünten Parkplatz; saubere Sanitäranlagen; preislich profitiert der Platz von seiner Monopolstellung in der Stadt. 2 Pers./ Zelt 19 DM, 2 Pers./ Zelt/ Kleinbus 25 DM. Das Motel, am Hang gebaut, bietet eine schöne Aussicht. EZ 65 DM, DZ 80 DM, mit Frühstück. Über Leitern ist ein Felsenstrand zu erreichen (Eintritt für Besucher von außerhalb 4 DM).

▸ *Erman Camping,* Bildibi, 30 km westlich von Antalya, saubere Toiletten und Duschen, Strand direkt vor dem Zelt, schattenspendende Bäume, Benutzung der Küche kostenlos, Minimarkt und Restaurant (nur im Sommer); Minibusse nach Antalya halten vor dem Eingang.

▸ *Denizer Camping,* 10 km westlich von Antalya, beim Hafen, etwas abseits der Hauptstraße, trotz der Nähe zur Straße ein sehr ruhiger Platz mit viel Grün und einem See; einfache, saubere Sanitäranlagen, gutes Restaurant, empfehlenswert. 2 Pers./ Zelt/ Pkw 10 DM.

▸ *Reis Camping,* an einer Sand-Kies-Bucht nach dem ersten Tunnel auf der Straße Antalya - Kemer. Bäume bieten Schatten, sanitäre Einrichtungen sehr primitiv. Nur für Anspruchslose.

Essen und Trinken

Einfache Lokantas liegen im Bereich des Bushofs. Die kleine Straße *Eski Sebzeçiler İçi Sokak,* die parallel zur Atatürk Caddesi verläuft, wird auch "Freßgasse" genannt. Hier reiht sich eine Lokanta an die andere. Hier ißt man einfach, gut und billig. Das Bummeln durch diese Gasse ist allerdings kein reines Vergnügen, weil das Personal sehr aufdringlich ist. Mit großer Vehemenz wird nämlich versucht, Gäste ins eigene Lokal zu locken. Die Enge der überdachten Gasse macht dabei Besucher zu einem "gefundenen Fressen" für die Anbieter, denn ein Ausweichen ist kaum möglich.

Allerdings gibt es mittlerweile zwei "Freßgassen": Die Kazım Özalp Caddesi, die den Bushof mit Kale İçi verbindet, ist zu einer ansprechenden Fußgängerzone mit einem hübschen Platz vor dem Hotel Kişlarhan geworden. In dieser Fußgängerzone haben sich zahlreiche kleine Lokantas mit durchschnittlichem Preisniveau angesiedelt. Es fehlt zwar eine Überdachung, so daß man tagsüber nebenan besser aufgehoben ist, aber abends ist dieser Straßenzug bei weitem "luftiger". Da er insgesamt weitläufiger ist, fallen dort auch die Angriffe des Personals auf den potentiellen Gast weit milder aus als in der alten "Freßgasse".

Mehrere Fischlokale - allerdings teure - gibt es im alten Hafen. Direkt am Yachthafen unter anderen:

- *Turban Liman Café* mit einer ruhig gelegenen, überdachten Terrasse, umgeben von Bananenstauden, und teuren Gerichten.
- *Fischrestaurant Ahtapot*, Yat Limanı 38, gehobenes Restaurant mit Preisen pro Gericht bis 15 DM.
- *Kral Sofrası* mit türkischer Küche; man sitzt auf einer Terrasse mit schönem Ausblick auf den Hafen, am Abend kann man seinen Fisch aus dem Aquarium selbst aussuchen.

Einkaufen

Der Basar an der Ecke von Kazım Özalp Caddesi und Cumhuriyet Bulvarı ist nicht sonderlich groß und auch

Beton ist modern

Auf dem Immobilienmarkt der Südküsten-Metropole Antalya herrscht Hochstimmung. Die Stadt, die sich in den letzten Jahren zu einem wirtschaftlichen und touristischen Zentrum an der türkischen Riviera entwickelt hat, bereitet sich auf das Jahr 2000 vor. Während über das Zentrum der Altstadt Kale İçi, das sich in eine Geländevertiefung oberhalb des Yachthafens schmiegt, ein gewisser Denkmalschutz wacht, sind die angrenzenden Stadtquartiere schutzlos den Bulldozern, Kränen und Betonmischern ausgesetzt. Dabei bilden die teilweise neu in das Stadtbild gebrochenen Schneisen breiter Hauptstraßen die Entwicklungslinien, von denen aus die ungeschützten Altstadtviertel oberhalb der Hafendelle "aufgefressen" werden. Zunächst entstehen längs dieser großen Straßen fünf- bis sechsgeschossige Apartment-Häuser. Sie schnüren die dahinter liegenden Viertel mit ihren teilweise noch sehr ansehnlichen Herrschaftshäusern, zu denen stets Gärten gehören, vom Zentrum und städtischen Leben ab. Folge: Diese Häuser, deren bauliche Unterhaltung aufwendig erscheint, werden aufgegeben und verfallen. Im nächsten Schritt ist dann die "zweite Reihe" dran, wird ebenfalls mehrgeschossig "verwohnblockt". Einzig geschützte Gebäude, wie etwa Stadtteilmoscheen, bleiben von dieser Inbesitznahme ausgespart. Sie wirken dann schließlich wie folkloristische Einsprengsel im allgegenwärtigen Mittelmeerbeton. Die Nachfrage nach den neuen, standardisierten Apartments ist allerdings nach wie vor hoch. Antalya hat sich auch im innertürkischen Tourismus zu einem begehrten Platz entwikkelt, so daß es zum guten Ruf mittelständischer Geschäftsleute und höherer Regierungsbeamter aus İstanbul, Ankara, selbst aus İzmir (wo Çeşme und die Karaburun-Halbinsel viel näher liegen) gehört, dort eine Zweitwohnung zu besitzen. Daß diese Stadtentwicklung einhergeht mit der Ausweisung von "Ruhezonen" - etwa der Fußgängerzone zwischen Bushof und Uhrturm - ist erfreulich, mildert das Bild etwas, macht aber den Verlust an historischer Substanz nicht wett. Das Stadtbild von Antalya ist einem schnellen Wandel unterworfen - und damit auch einige der Angaben in dem folgenden Kapitel.

nichts Außergewöhnliches. Der Obst- und Gemüsemarkt in der Nähe von *Yayla Palas Otel* in der Ali Centinkaya Caddesi bietet große Auswahl. Am Bushof findet täglich ebenfalls ein großer Obst- und Gemüsemarkt statt.

Treffpunkt

Unumstrittenes Zentrum am Abend ist der Bereich um den *Yachthafen.* Hier befinden sich die teuersten Restaurants der Stadt. An den Mauern oberhalb des Hafens sind bei der Atatürk-Statue zwei sehr schöne Teegärten angelegt, *Tophane Çay Bahçesi* und *Anadolu Çay Bahçesi,* beide mit annehmbarem Preisniveau. Von hier hat man eine ausgezeichnete Sicht auf das Meer und den unterhalb liegenden Hafen nebst Altstadt.

Nachtleben

Bars

Die folgenden Bars befinden sich alle am Hafen:

▸ *Aquarium Bar*, Yat Limanı 28, Ahtapot-Restaurant (→ Essen und Trinken). Sie ist nicht sonderlich stilvoll eingerichtet, bietet dafür aber eine große Auswahl an Cocktails.

▸ *King Bar* im Kral Sofrası (→ Essen und Trinken). Die stilvolle kleine Bar hinter vergitterten Fenstern bietet eine reiche Auswahl an Getränken.

▸ *Cece Café-Bar* ist eine modern eingerichtete Bar. Im kleinen Innenhof gibt's abends Live-Musik.

▸ *Yesterdays Bar* bietet moderne Pop-Musik hinter historischem Gemäuer; sie ist sehr stilvoll eingerichtet (geöffnet ab 22 Uhr).

Diskotheken

▸ *Diskothek "Last Stop"*, am westlichen Hafenende (ausgeschildert!), geöffnet von 22.30 Uhr bis morgens. Türkische und westliche Musik wird abwechselnd gespielt. Die Inneneinrichtung ist äußerst interessant: eine bunte Mischung aus Spiegelsaal, Schiffskasino und Serail - insgesamt aber ziemlich klein.

▸ *Fuaye Disco,* Kenan Evren Bul., die Musik ist abwechselnd türkisch und westlich; geöffnet von 20 Uhr bis früh morgens.

▸ *Diskothek 29,* an der westlichen Hafenstraße, ist *die* Nobeldisco von Antalya, geöffnet von 23 bis 3 Uhr. In die heiligen Hallen der Diskothek kommt man nur in angemessener Kleidung (d.h. keine Strandkleidung). Gespielt wird hauptsächlich amerikanische Musik.

Nachtclubs

Einige Nachtclubs befinden sich in der Atatürk Caddesi, z.B. *Olympia*, *Roma* und *Şanzelize* (wird im Türkischen exakt wie 'Champs Elysées' ausgesprochen). Außerdem gibt es natürlich in jedem der zahlreichen Hotels Nachtclubs. Im Programm ist überall Bauchtanz und "Folklore".

Kino

▸ *Kültür Sineması*, Atatürk Cad., zeigt ab und zu Filme in Englisch. Auskunft gibt die Touristeninformation.

Organisierte Ausflüge

Zahlreiche Agenturen bieten ein breitgefächertes Angebot an organisierten Ausflügen. In den meisten Pensionen und Hotels liegen Prospekte der Veranstalter aus. Zum Ausflugsprogramm gehören:

- Termessos, Kurşunlu und Düden-Wasserfälle, ganztägig, 35 DM

- Düden-Wasserfälle, Kemer (Yachthafen) und Phaselis, ganztägig, 30 DM
- Perge, Aspendos, Manavgat-Wasserfälle und Side, ganztägig, ab 35 DM
- Olympos, Chimaera, Baden, ganztägig, 35 DM
- nach Phaselis und Olympos, 25 DM
- Pamukkale, Tagestour, ab 55 DM
- Konya, Kappadokien, dreitägig, HP im Drei-Sterne-Hotel, 140 DM
- Demre, Myra, Kekova mit Gulet, 40 DM
- Mira, Kekova, Simena (teilweise mit Boot), ganztägig, 50 DM
- Rafting im Köprülü-Canyon, ganztägig, 95 DM
- Blaue Reise mit Gulet: Kemer, Phaselis und drei Inseln, 45 DM incl. Essen
- Jeepsafaris durch das Taurus-Gebirge

Tip: Bei vielen Tagestouren werden Schwimmpausen eingelegt; Badesachen nicht vergessen!

Anbieter:

▸ *Maki Tur,* Uzunçarsi Sok. 34, Kalekapısı, Tel. 241 45 41, Fax 243 14 02, an der Hauptachse von Kale İçi, etwa 100 m unterhalb des Uhrturms.

▸ *Akay Travel Service,* Cumhuriyet Cad. 54, Tel. 243 17 00, Fax 241 98 47, mit Filialbüros in Beldibi umd Çamyuva.

▸ *Biriz Travel Agency,* Tevfik Paşa Cad., Akdeniz Apt. 17/1-2, Tel. 243 59 56.

▸ *Express Turizm,* Konyaaltı Cad. 19/A, Tel. 241 10 69, Fax 241 43 16, u.a. auch Agentur für einige Fluggesellschaften, so z.B. für Lufthansa, Swissair, Sun Express, LTU, Austrian.

▸ *Aspendos Travel & Shipping Agency,* Cumhuriyet Cad., Kendiroğlu Işhanı 15, Tel. 242 87 57 und 241 21 30, Fax 242 92 30, zwischen der Touristeninformation und Akay Tours.

▸ *Kayer Tours,* 30 Ağustos Işıklar Cad., Buket Apt. No. 30/3, Tel. 241 06 09.

Achtung: In Antalya gibt es zahlreiche Agenturen, die diese Preise unterbieten. Dabei handelt es sich sehr oft um Unternehmen ohne Lizenz. Trotz zahlreicher Proteste offiziell lizenzierter Betriebe bleiben diese Unternehmen nach wie vor unbehelligt. Nur in seltenen Fällen bieten sie einen vergleichbaren Service und eine angemessene Qualität. Viele Billigfahrten werden im Stil deutscher "Kaffeefahrten" mit Verkaufshaltepunkten kombiniert, um mit den dabei kassierten Provisionen doch noch Gewinne zu erzielen.

Türkische Bäder

Unter den vielen Hamams in Antalya sind die folgenden zu empfehlen:

▸ *Onay Hamam,* Bahçelievler 8, Sok. 2, ein sehr schönes und komfortables Bad, allerdings nur für Männer (geöffnet 9 - 24 Uhr).

▸ *Nazir Hamam,* Kale İçi (Altstadt), Paşa Camii Arkası, Fr und So 10 - 24 Uhr nur für Männer, an anderen Tagen von 10 - 17.30 Uhr für Frauen, 17.30 - 24 Uhr für Männer; weniger komfortabel als das Onay Hamam.

Yivli Minare

Feste

Bekannt sind die *Antalya-Festspiele* Ende August, zu denen auch Theateraufführungen in Aspendos gehören. Anfang Oktober stehen die internationalen *Film- und Kulturfestspiele* im Mittelpunkt des Geschehens.

Nützliche Adressen und Telefonnummern

Vorwahl: 0242
Post: Hauptpost in Anafartalar (ehemals Güllük) Caddesi; kleineres Postamt mit zahlreichen Telefonzellen in der İsmet Paşa Caddesi nahe der Kreuzung von Cumhuriyet-, Atatürk- und Ali Çetinkaya Caddesi.
TTOK: Milli Egemenlik Cad., Dallar Yildız Çarşısı 9, Tel. 247 06 99
Fluggesellschaften:
- *Turkish Airlines,* Cumhuriyet Cad., Tel. 243 43 81, Fax 228 47 61
- *Istanbul Airlines,* Güllük Cad., Selekler Carşısı 82, Tel. 243 38 92, Fax 243 38 94
- *Lufthansa* (Tantur Turizm als Generalagent), Atatürk Cad., Ulusoy Işh. 31, Tel. 241 75 51, Fax 241 06 05
- *LTU (Agentur National Turizm),* Işıklar Cad. 1319 Sok. 2/2, Tel. 243 05 20, Fax 248 81 48
- *Onur* (Güzel Antalya Agentur), 100. Yıl Bul., Kepez Apt. 54, Tel. 243 00 37, Fax 243 00 39
- *Sun Express,* Fener Sinanoğlu Cad., Oktay Apt., Tel. 323 40 47, Fax 323 37 60

Turkish Maritime Lines: Konyaaltı Cad., Göksoy Apt. 40/19, Tel. 241 11 20
Krankenhaus: 243 50 60
Deutsch sprechende Ärzte: Dr. Hasan Öz, Konyaaltı Cad., M. Konuk Apt. K 1, Tel. 241 57 39 (Allgemeinmediziner); Dr. Mürüvet Kivran, Güllük Cad., Alimoğlu Apt. 52/1, Ziraat Bank Carşısı, Tel. 242 98 49 (Internist); Dr. Murat Akalin, Anafartalar Cad. 52, Tel. 242 49 18 (Internist); Dr. Fuat Kivran, Güllük Cad. Alimoğlu Apt. 52/1, Ziraat Bank Carşısı, Tel. 242 98 49 (Frauenarzt); Dr. Serap Namarasli, Konyaaltı Cad. 22, Tel. 241 04 70 (Frauenarzt)
Deutscher Honorarkonsul: Dr. Metin Gürkanlar, Yeşilbahçe Mah. Paşakvakları Cad. 1447 Sok. B Gürkanlar Apt. 5, Tel. 321 69 14
Österreichischer Honorarkonsul: Ali Rıza Balci, Dokuma Fabrikası Carşısı, Balcılar Ticaret, Tel. 345 18 00, 345 10 20

Yachtcharter

▸ *Sun Marine,* Kale İçi, Yat Liman (Yachthafen), Tel. 247 25 45, Touren (7, 15 und 21 Tage) in die gleiche Richtung wie *Karpa Tourism.* Außerdem gibt es eine Kombination aus Yachttour und Jeepsafari, z.B. in die Bergwelt von *Olimpos Beydağları.* Die Preise liegen zwischen 500 und 1.300 DM/ Person.
▸ *Dakor Turizm,* Kızılsaray Mah., Ulusoy Bul., Hayfa Barut Apt. 42/7, Tel. 243 20 40, unterhält auch eine Zweigstelle im Yachthafen, wo man direkt auf einem Holzboot buchen und sich dieses auch gleich ansehen kann.

Leihfahrzeuge

▸ *Avis,* Fevzi Cakmak Cad., Talya Apt. Altı 2/B, Tel. 241 66 93, und Flughafen, Tel. 21 94 03
▸ *Kavas,* Tevfik Işik Cad., Akdeniz Apt., 17/2, Tel. 241 22 37, 241 07 76, Fax 247 03 59
▸ *Kros,* Tuzcular Mah., Paşa Camii Sok. 19, Tel. 243 22 68, vermietet neben Autos auch Motorroller und Motorräder bis hin zu einer 750 ccm Honda Enduro; diese pro Tag 145-155 DM.
▸ *Mimoza,* Tuzcular Mah., Paşa Camii Sok. 5/B, Tel. 247 95 55, Fax 248 96 02
▸ *Oscar,* Barbaros Mah., Hesapçı Sok. 21/a, Tel. 242 20 89, Fax 242 68 50
▸ *Budget*, Fevzi Cakmak Cad. 57, Tel. 243 30 06.
▸ *Europcar*, Fevzi Cakmak Cad. 12/14, Tel. 241 84 10, und Flughafen, Tel. 21 62 48
▸ *Hertz*, Fevzi Cakmak Cad., Günal Apt. 26/A, Tel. 242 99 29, und Flughafen, Tel. 230 30 30, vermietet Pkw ohne Kilometerbegrenzung.

Eines der religiösen Zentren im Lande – das Mevlâna-Kloster in Konya

Der Alltag – Brot backen, auf dem Markt und im Basar, Teppiche knüpfen

OMO
OMO

Alanya – einst Piratenhochburg, heute ein Tourismuszentrum

Zeugnisse aus der Vergangenheit – der Tempel von Didyma, Säulenstraße von Perge, lykische Felsengräber bei Myra

Kappadokien – eine bizarre Tufflandschaft

- *Urent*, Atatürk Cad., Lülü Apt. 37/I, Tel. 241 96 83, Fax 248 71 84.
- *Maki Tur* (→ Organisierte Ausflüge)
- *Kros Rent a Car,* Tuzcular Mah., Paşa Camii Sok. 19, Tel. 43 22 68, vermietet außer Pkw auch Motorroller (z.B. Yamaha XC 125 für 55 DM/ Tag bei freien Kilometern) oder Motorräder (z.B. Kawasaki KMX 125 für 70 DM/ Tag oder Yamaha XT 350 für 90 DM/ Tag ohne Kilometerbegrenzung).
- *Press Rent a Car & Motorbike,* Barbaros Mah., Paşa Camii Sok. 33, Tel. 241 05 30, vermietet Motorroller (Yamaha DT 125 für 55 DM/ Tag, Motorräder Yamaha XT 350 für 75 DM/ Tag oder Yamaha XT 600 für 95 DM/ Tag ohne Kilometerbegrenzung).

Verkehrsverbindungen

Dolmuş/ Minibus: Minibusse fahren regelmäßig vom *dolmuş*-Bahnhof in der Ali Cetinkaya Caddesi in die Orte der Umgebung. Die von Touristen häufig benutzte Minibusverbindung von Antalya nach Kemer/ Phaselis fährt wider Erwarten nicht die *dolmuş*-Station an, sondern verkehrt vom Bushof. Preisbeispiele: Antalya - Kemer 2 DM, Antalya - Phaselis 3 DM.

Bus: Der neue Bushof, an die nordwestliche Peripherie verlagert, ist seit 1996 in Betrieb. Was dem Reisenden aus der Innenstadt zusätzliche Mühe bedeutet, ist für die Busfahrer eine Erleichterung, denn sie müssen sich nicht mehr durch den Dauerstau im Zentrum kämpfen. Der Bushof am Anadolu-Kreisel, in den der Dumlupınar Bulvarı, der Namik Kemal Bulvarı sowie der demnächst ausgebaute Sakarya Bulvarı münden, ist mit dem Stadtzentrum durch *dolmuş*-Verkehr verbunden.

Täglich bestehen Fernverbindungen nach İstanbul (20 mal), Ankara (35 mal), Alanya (stündlich), Adana (10 mal), Afyon (3 mal), İzmir (18 mal) oder Konya (15 mal).

Schiff: Vom neuen Hafen, westlich der Stadt an der Straße nach Kemer, unterhält *Turkish Maritime Lines* eine Fährverbindung nach Venedig. Weitere Informationen dazu im Kapitel → Reisevorbereitung/ Anreise/ Schiff.

Flugzeug: Vom Flugplatz, 14 km östlich des Zentrums, starten mehrmals täglich Flüge zu innertürkischen wie auch internationalen Zielen. Vom *THY -Büro,* Cumhuriyet Caddesi, Cargo Terminal, gibt es einen Buszubringerdienst zum Flughafen. Ein Taxi kostet tagsüber ca. 15 DM, nachts ca. 20 DM; für den Bus zahlt man ca. 3 DM. Auf der etwa 4 km vom Flugplatz entfernten, viel befahrenen Straße Antalya - Alanya besteht reger *dolmuş*-Verkehr.

Turkish Airlines (→ Nützliche Adressen und Telefonnummern) unterhält von Antalya aus u.a. Inlandsflüge nach İstanbul, İzmir, Dalaman und Ankara, Auslandsflüge u.a. nach Köln, Berlin, Frankfurt, München, Düsseldorf, Hamburg, Nürnberg und Stuttgart, nach Amsterdam, Athen und Zürich. Bei den meisten Auslandsflügen muß man in İstanbul umsteigen. Einen ähnlichen Flugservice bietet auch → *İstanbul Airlines* (→ Nützliche Adressen und Telefonnummern).

Route 6
Von Antalya nach Mersin (ca. 485 km)

Auf einer gut ausgebauten Straße verläßt man, am Flughafen vorbei, Antalya. Sie führt in einer Entfernung von 2 bis 14 km an der Küste entlang, vorbei an *Side* bis nach *Manavgat.* Zuvor passiert man die Abfahrten zu den antiken Stätten *Perge* und *Aspendos* sowie zum *Köprülü Kanyon* und nach *Selge.*

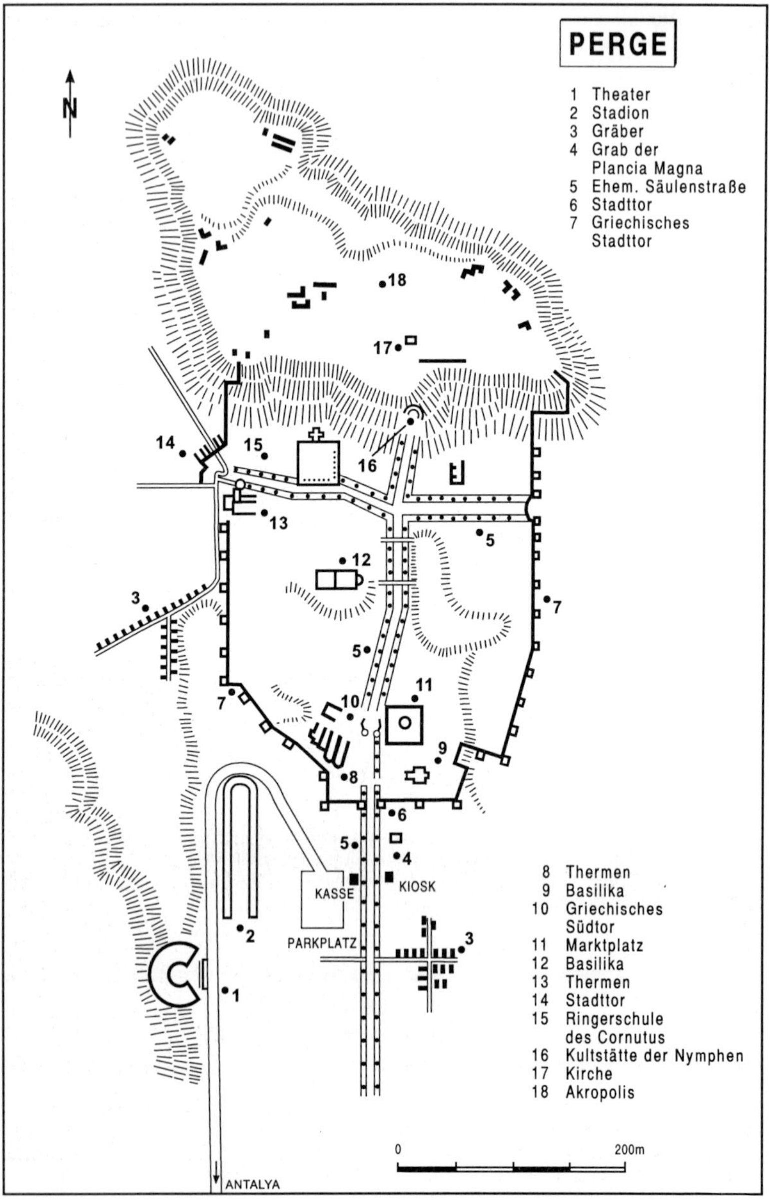
PERGE
1 Theater
2 Stadion
3 Gräber
4 Grab der Plancia Magna
5 Ehem. Säulenstraße
6 Stadttor
7 Griechisches Stadttor
8 Thermen
9 Basilika
10 Griechisches Südtor
11 Marktplatz
12 Basilika
13 Thermen
14 Stadttor
15 Ringerschule des Cornutus
16 Kultstätte der Nymphen
17 Kirche
18 Akropolis
N
KASSE
KIOSK
PARKPLATZ
ANTALYA
0
200m

♦ Perge

18 km östlich von Antalya liegt in der Nähe von Murtana auf einer schroffen Felshöhe das antike *Perge*. Man erreicht es von Antalya mit dem *dolmuş* bis Aksu. Dort folgt man der Beschilderung noch ca. 2 km zu Fuß oder fährt mit dem Taxi (ca. 5 DM).

Im 4. Jahrhundert v. Chr. wurde Perge erstmals als griechische Siedlung erwähnt. Es lag ausgesprochen günstig, nämlich auf dem Plateau über der weiten Flußebene und zugleich am damals noch schiffbaren *Aksu Çayı* (am früheren Kestros). Heute fließt der Fluß ca. 4 km östlich der Ruinenstätte. Durch die Verlegung des Flußlaufs und die Versandung des Hafens verlor Perge seine Bedeutung als Hafenstadt.

Besser als die *Akropolis* auf dem ca. 50 m hohen Plateau sind die Mauerreste aus der Unterstadt am Fuß der Felshöhe erhalten. Sie stammen aus hellenischer, römischer und byzantinischer Zeit. Das *Theater* bot 20.000 Besuchern Platz, während das hufeisenförmig angelegte *Stadion* (34 x 234 m) rund 11.500 Menschen faßte. Ebenfalls sehenswert sind die *Arkadenstraße*, die Überreste der *Thermen*, des *Marktplatzes* und der *Basilika* (geöffnet Sommer 8 - 19 Uhr, Winter 8 - 17.30 Uhr, Eintritt 4 DM, Parkplatzgebühr 3 DM).

♦ Aspendos

Das antike *Aspendos*, 48 km östlich von Antalya, erreicht man von der Straße nach Alanya. Ca. 5 km nach Serik zweigt ein Weg in Richtung Norden zur Ruinenstätte ab.

Der Burgberg liegt auf einem steil nach allen Seiten hin abfallenden, ca. 50 m hohen Plateau, das sich aus der Flußebene von *Köprü Çayı* heraushebt. Von hier oben hat man einen phantastischen Blick auf die Talaue bis zum Meer. Am Fuß der Anhöhe liegt im Südosten eine andere Siedlung, die später als Aspendos angelegt wurde.

Heute liegt Aspendos etwa 200 m westlich vom Flußlauf und fast 15 km vom Meer entfernt. Die Strandlinie hat sich seit dem Altertum um 3 bis 4 km meerwärts verschoben.

Einst war Aspendos eine wichtige Hafenstadt, in der vor allem Öl, Sesam, Getreide und Salz umgeschlagen wurden. Zu den sehenswerten Baudenkmälern gehört das vorzüglich restaurierte, im 2. Jahrhundert erbaute *Theater* (15.000 bis 20.000 Sitzplätze). In römischer Zeit wurde das Bühnenhaus bis zur obersten Sitzreihe aufgestockt, so daß sich das Theater in einen geschlossenen "Innenraum" verwandelte, wo jedes Jahr anläßlich der Festspiele in Antalya im August Konzerte, Volkstänze und Theaterstücke aufgeführt werden. Wer sich für solche Veranstaltungen interessiert, kann sich in der Touristeninformation von Antalya darüber informieren. Ebenfalls gut erhalten sind der *Marktplatz* und Teile der *Befestigungsmauern*. Ein *Aquädukt* im Nor-

Aspendos - Theater

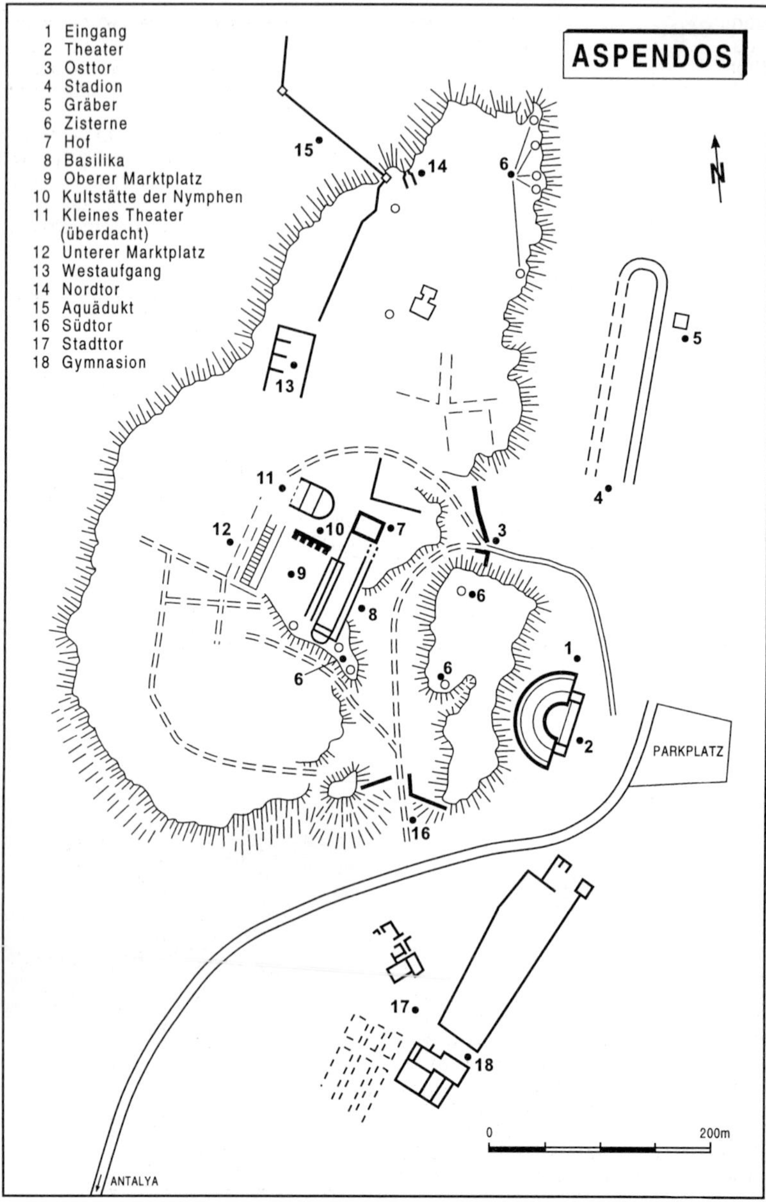

ASPENDOS
1 Eingang
2 Theater
3 Osttor
4 Stadion
5 Gräber
6 Zisterne
7 Hof
8 Basilika
9 Oberer Marktplatz
10 Kultstätte der Nymphen
11 Kleines Theater (überdacht)
12 Unterer Marktplatz
13 Westaufgang
14 Nordtor
15 Aquädukt
16 Südtor
17 Stadttor
18 Gymnasion
N
PARKPLATZ
ANTALYA
0
200m

den der Akropolis veranschaulicht, wie das Wasser vom Gebirgsrand in die Stadt geleitet wurde.

Wer nach Aspendos will, nimmt in Antalya ein *dolmuş* nach Manavgat bis zur Abzweigung nach Aspendos; von da sind es noch 4 km zu Fuß. Die Ausgrabungen sind unbedingt sehenswert (geöffnet im Sommer 8 - 19 Uhr, im Winter bis 17.30 Uhr, Eintritt 4 DM).

Flußfahrt mit Folgen

Nicht nur die reißende Strömung des Köprü ist eine große Gefahr, sondern auch das Wasser, das stellenweise unterirdisch in die Gänge des Karstsystems verschwindet. An diesen Stellen gibt es gefährliche Strudel. Das Unternehmen war nicht sorgfältig vorbereitet, und ohnehin fehlte die notwendige Erfahrung. Im Juni 1991 fiel ein deutscher Tourist aus dem Schlauchboot und geriet vermutlich in einen dieser Strudel. 1991 begann eine Agentur aus Side mit Schlauchbootfahrten durch den Canyon des Köprü-Flusses. Man fand ihn erst zwei Monate später.

Diese Bootsfahrten, die äußerst riskant sind, werden immer noch angeboten. Auch das Baden im Bereich des Canyon darf ohne Übertreibung als selbstmörderisch bezeichnet werden.

♦ *Köprülü Kanyon*

Dieser Nationalpark, 46 km nordwestlich von Side, ist über die Orte Tasagıl und Beşkonak zu erreichen. Hauptattraktion des 36 km^2 großen Parks, der 1973 ausgewiesen wurde, dürfte der Köprü mit seinem beeindruckenden Tal sein. Hier ist auf einer Länge von 14 km ein Canyon entstanden, dessen Wände bis zu 100 m hoch aufragen. Die höchsten Erhebungen im Park sind *Bozburun* (2.500 m) und *Dipayraz* (2.980 m). Kiefern, Zypressen, Zedern auf einer Fläche von ca. 4 km^2 und Macchie bestimmen seine Flora. Rotwild lebt im Park, auch Bären soll es geben. Picknick- und Campingstellen sind vorhanden.

Für eine Wanderung in der Schlucht ist festes Schuhwerk notwendig, und man sollte auch schwindelfrei sein. Von der noch heute genutzten, alten römischen Oluk-Brücke führt ein steiniger,

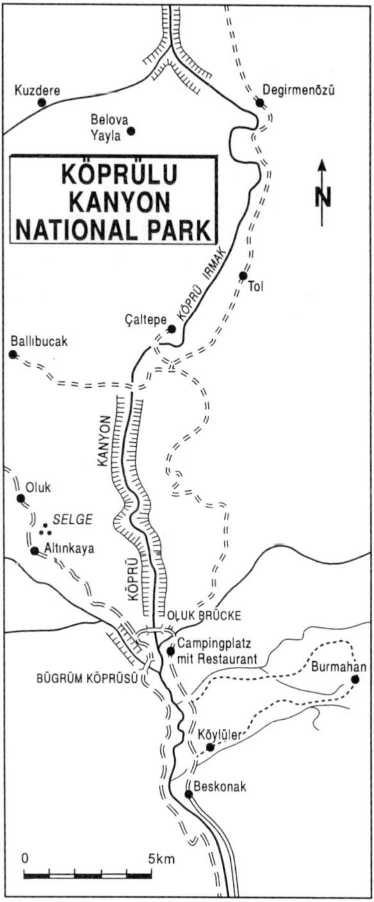

aber gut begehbarer Pfad an der westlichen Seite der hier beginnenden Canyonwand flußaufwärts. Unten entspringen zu beiden Seiten des Flußbettes zahlreiche Karstquellen. Ganz offensichtlich bringen diese es auch noch bei äußerster Wasserknappheit (im August) auf viele Kubikmeter pro Sekunde. Zu einigen Quellen kann man hinuntersteigen. Das absolut saubere und kühle Wasser ist trinkbar.

Von der größten Quelle, einige 100 m flußaufwärts, trifft man auf eine Höhle, die wahrscheinlich bis zu einem unterirdischen Fluß führt.

Es gibt immer einen Weg

Um den Bauboom im Zentrum Sides zu bremsen, erließ die Verwaltung einen allgemeinen Baustopp. Darüber hinaus wurde die Verwendung von Beton für jegliche Baumaßnahmen unter strengste Strafen gestellt. Dies hält offensichtlich niemanden vom Bauen ab: Neubauten bestehen ausschließlich aus Holz. Die tragenden Pfeiler werden über Nacht in kleine Betonsockel ohne weiteres Fundament eingegossen. So bleiben die Geldbußen - jedenfalls gegenüber den zu erwartenden Einnahmen niedrig.

♦ Selge

Wenige Kilometer westlich des Canyon-Gebiets liegen beim heutigen Dorf Altınkaya (dt. Goldener Felsen) die Ruinen des antiken *Selge*. Die weitläufige, ehemals griechische Siedlung soll in der Folge des Trojanischen Krieges gegründet worden sein. Im 1. Jahrhundert wurde sie dem Römischen Reich angegliedert. In den folgenden Jahrhunderten muß Selge eine große christliche Gemeinde beherbergt haben, die sich mit der Eroberung durch die moslemischen Seldschuken zu Beginn des 14. Jahrhunderts auflöste.

Zu sehen sind heute ein *Theater* aus dem 3. Jahrhundert, die Ruinen zweier *Tempel*, eines *Stadions* und einer römischen *Markthalle*. Auch für weniger Geschichtsinteressierte kann Selge durch seine Lage in einer beeindrukkenden Bergwelt ein lohnendes Ausflugsziel sein.

♦ Side

2.000 Einwohner

Side liegt auf halbem Weg nach Alanya unweit von Selimiye auf einer von Sandstränden begrenzten Landzunge. Die Ruinenstadt gehört nach Ephesos und Pergamon zu den bedeutendsten antiken Stätten in der Türkei. Das benachbarte Dorf ist jedoch schon früh zu einer der geschäftigsten Touristenmetropolen des Landes mit vielen Hotels, Pensionen, Restaurants, Cafés, Diskotheken und Souvenirläden geworden. Ruinenfeld und Ort gehen unmittelbar ineinander über.

Westlich und östlich der Stadt befinden sich große Hotelkomplexe am kilometerlangen Sandstrand. Den örtlichen Behörden ist es gelungen, den explosionsartigen Bauboom auf die Peripherie Sides umzulenken. Innerhalb von fünf Jahren ist die Bettenkapazität von 500 (1986) auf rund 50.000 (1995) gestiegen. Das bringt zahlreiche infrastrukturelle Probleme mit sich, derer man anscheinend in Side einigermaßen Herr wird. Immerhin hat die Stadt, wohl Folge des Touristenansturms, drei Kläranlagen mit biologischer Stufe. Dementsprechend darf man das Meer um Side guten Gewissens als sauber bezeichnen. So sind der Strand und die dazugehörige Dünenlandschaft im Osten einen Besuch wert.

Insgesamt herrscht in Side ein riesiger Rummel. Mit Sonnenuntergang beginnt zwischen den Ruinen ein buntes Nachtleben, und die letzten Gäste verlassen die Bars erst gegen Morgen.

Sehenswürdigkeiten

Die Griechen siedelten hier im 6. bis 7. Jahrhundert v. Chr. In der Antike war der Ort zeitweise eine Piratenhochburg, wo kilikische Seeräuber ihre Schiffe instandsetzten und ihre Gefangenen auf dem römischen Sklavenmarkt verkauften. Viele der Ruinen stammen aus römischer Zeit; doch auch noch Teile der hellenischen **Stadtmauer** mitsamt Toren, der antike **Marktplatz** und Überreste der **Tempel** des Apollo und der Artemis sind zu sehen. Byzantinische **Basiliken** und Überreste der **Hafenbefestigung** sind ebenfalls noch auszumachen. Die Thermen wurden in ein **Museum** umgewandelt (Museum und Theater geöffnet im Sommer täglich 8 - 12 und 13 bis 17 Uhr, Eintritt 4 DM). Das **Theater**, das einst 20.000 Menschen Platz bot, ist besonders gut erhalten.

Strände

Westlich und östlich von Side schließen sich zwei kilometerlange, erstklassige Sandstrände an. Beide sind ca. 150 m breit und laufen flach ins Meer aus. Deshalb sind sie auch sehr gut für Kinder geeignet. Es gibt außerdem einen Sonnenschirm- und Liegestuhlverleih.

Touristeninformation

liegt etwas außerhalb der Altstadt an der Einfahrtstraße, Tel. 753 12 65, geöffnet im Sommer tgl. 8 - 12 und 13.30 - 17.30 Uhr; Englisch sprechendes Personal; hier ist auch ein Stadtplan von Side erhältlich. Die Informationen der Touristeninformation sind recht gut.

Übernachten

Rund um Side gibt es zahlreiche Hotels, die auf den Standard des Pauschaltourismus ausgerichtet sind. Für Individualtouristen, die nicht die Rabatte von Reiseveranstaltern in Anspruch nehmen können, ist das Preisniveau ziemlich hoch. Auch die kleinen Hotels und Pensionen im Ortszentrum sind - im Vergleich zum Landesstandard - nicht gerade billig, aber immer noch wesentlich preisgünstiger als die großen Strandhotels. Da Side ein lebhaftes Nachtleben hat, ist es im Ortszentrum bis in die frühen Morgenstunden nicht gerade leise. Aber es gibt auch dort ruhigere Bereiche - beispielsweise im Bereich der Moschee.

▸ *Gülsüm Motel,* Zambak Sokak, in der Nähe der Moschee, Tel. 753 13 09, Fax 753 32 63, kleines, neueres Holzhaus mit schönem Garten, in dem auch gefrühstückt wird. Zweckmäßige, saubere Zimmer. EZ 20 DM, DZ 25 DM, mit Frühstück.

▸ *Sempatic Motel,* Mercan Sok. 108, in der Nähe der Moschee, Tel. 753 23 62. DZ 36 DM, DRZ 45 DM, mit Frühstück.

▸ *Şato Motel,* Mercan Sokak, in der Nähe der Moschee, Tel. 753 10 72, Fax 753 36 87. EZ 27 DM, DZ 36 DM, mit Frühstück.

▸ *Hanımeli Pansiyon,* etwas versteckt im Nordwesten des Ortszentrums, Tel. 753 17 89. Obwohl zentral gelegen, ist das Haus mit traditioneller Architektur und schönem Garten sehr ruhig; aufmerksamer Service. DZ 36 DM, mit Frühstück.

▸ *Can Hotel,* Liman Cad. 270, beim alten Stadttor, Tel. 753 32 40, Fax 753 32 45, vermietet auch einfach ausgestatte Holzbungalwos mit kleiner Terrasse; mit Restaurant, Café und Bar und direktem Zugang zum Strand. DZ 50 DM, mit Frühstück.

▸ *Yalı Hotel,* Barbaros Cad. 50, Tel. 237 40 84, Fax 237 24 57, kleineres, modernes Haus, etwas oberhalb der Küste, mit direktem Zugang zum Kiesstrand. EZ 35 DM, DZ 50 DM, mit Frühstück.

▸ *Hotel Pamphylia,* Küçük Plaj Önü, am Beginn des östlichen Sandstrands, Tel. 753 11 53, Fax 753 18 00. Etwas größeres Haus mit Restaurant, Café und Bar. Einige einfache Bungalows angegliedert. EZ 40 DM, DZ 60 DM, DRZ 80 DM, VRZ 90 DM, mit Frühstück.

▸ *Efsane Motel & Pansiyon,* Barbaros Cad., in Nachbarschaft des Hotels Pamphylia, Tel. Motel 753 29 13, Pansiyon 753 10 50, DZ 36 DM, mit Frühstück.
▸ *Side Elit Hotel,* etwas östlich der vorgenannten Unterkünfte, Tel. 753 11 10, Fax 753 14 69. Haus der einfachen Mittelklasse. EZ 36 DM, DZ 55 DM, mit Frühstück.

Westlich von Side gibt es mehrere, sehr einfache Campingplätze wie *Başkent-* und *Müge Kamping.* Diese verfügen über primitive Sanitäranlagen. Die Preise liegen für zwei Personen und ein Zelt bei ca. 6 DM/ Tag.
▸ *Yeşilpark Tatıl Köyü Camping* (Green Park Hotel), Sorgun Köyu, Acısu Mevkii, 3 km östlich von Side am Strand, Hotelkomplex im Wald mit Swimmingpool, Restaurant, Supermarkt, Geldtauschbüro und Sportangeboten; schattiger Campingplatz mit Kochgelegenheit, saubere Sanitäranlagen; sehr gepflegter Strand. Camping 2 Pers./ Zelt/ Kleinbus 14 DM, Bungalow DZ 90 DM mit Halbpension.

Essen und Trinken

Rund um den alten Hafen von Side gibt es zahlreiche Restaurants, die schmackhafte Gerichte, vor allem für Fischliebhaber, anbieten: zum Beispiel *Aphrodite Restaurant* in der Liman Caddesi, ein Haus der gehobenen Kategorie mit sehr schmackhaften Fisch- und Fleischgerichten (20 DM pro Person) oder *Orfor Restaurant*, das ebenfalls eine gute Auswahl an diversen Fischgerichten bietet (billiger als Aphrodite, aber nicht unbedingt schlechter).

Wer etwas "landestypischer", in ebenfalls durchaus gepflegter Atmosphäre essen möchte, sollte mit dem *dolmuş* nach Manavgat fahren und dort in die Lokantas am Flußufer einkehren. Die Preise liegen etwas unter denen in Side, allerdings auch hier deutlich über dem Landesdurchschnitt.

Einkaufen

In Sides Altstadt findet man alles, was das Touristenherz zu begehren scheint. Auf der vom Theater zum Hafen führenden Hauptstraße reihen sich dicht aneinander Leder- und Teppichgeschäfte, Boutiquen und Andenkenläden, kleine *döner*-Stände für den Hunger zwischendurch und Wechselstuben, um für den Lira-Nachschub zu sorgen. In den Gassen bietet sich kein anderes Bild: In der Altstadt finden sich allein siebzig Juweliergeschäfte, die mit Gold- und Silberschmuck handeln. Die meisten Sachen, die angeboten werden, kann man anderswo günstiger erstehen, selbst in den Tourismushochburgen *Alanya* und *Antalya.* Die Juweliervereinigung der Stadt verspricht zwar dem Kunden einen Qualitätsstandard, doch auf welcher Höhe dieser liegt, bleibt ihr Geheimnis.

Nachtleben

An Bars und Discos mangelt es kaum.
▸ *Disco Deniz Altı* und *Disco Ambiance,* direkt am Meer, sind eher etwas für Junggebliebene über 30.
▸ *Jungle Bar,* Liman Cad., erster Stock. Auf Korbstühlen unter einem Schilfdach kann man sein ganz persönliches "Dschungelerlebnis" bei einem Cocktail genießen.
▸ *Winter Palas Bar,* in einer Seitengasse der Liman Caddesi, Bar mit Springbrunnen, um den man herum sitzt.
▸ *Valentino Disco,* im Ortskern, mit westlicher Musik zu westlichen Preisen; vor 22 Uhr lohnt der Besuch kaum.

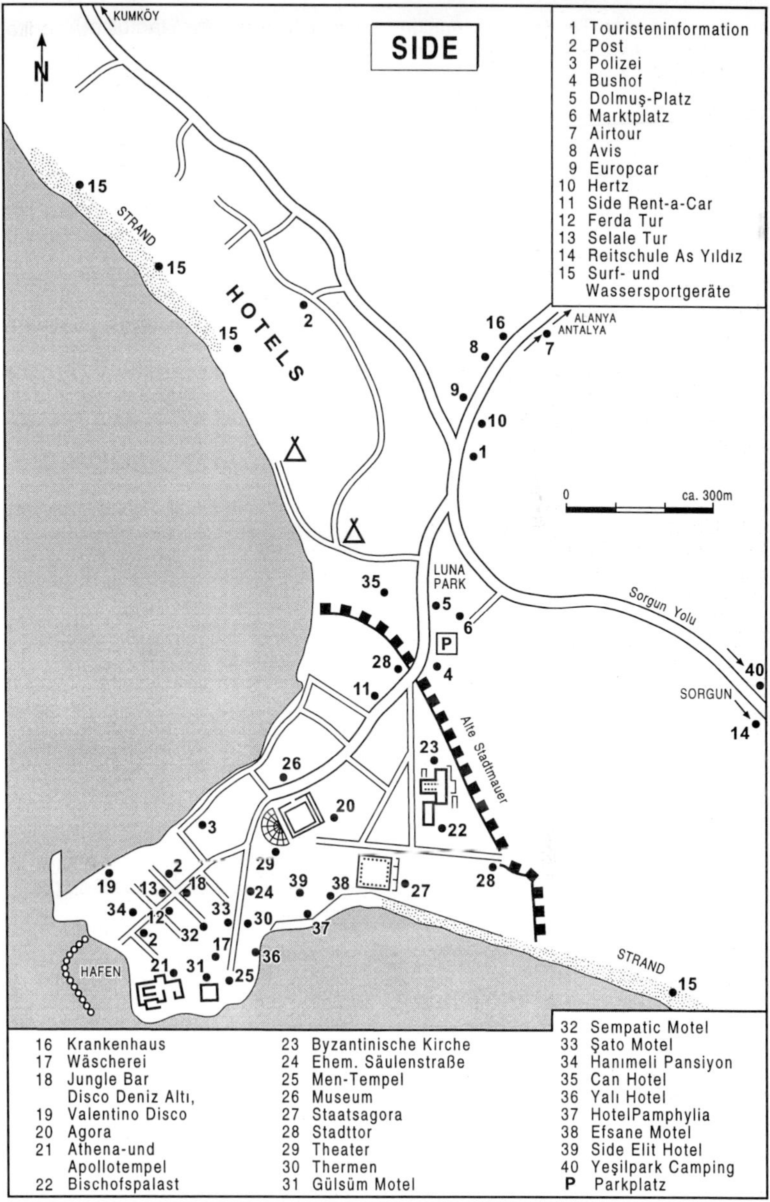

1 Touristeninformation
2 Post
3 Polizei
4 Bushof
5 Dolmuş-Platz
6 Marktplatz
7 Airtour
8 Avis
9 Europcar
10 Hertz
11 Side Rent-a-Car
12 Ferda Tur
13 Selale Tur
14 Reitschule As Yıldız
15 Surf- und Wassersportgeräte

16 Krankenhaus
17 Wäscherei
18 Jungle Bar Disco Deniz Altı,
19 Valentino Disco
20 Agora
21 Athena-und Apollotempel
22 Bischofspalast
23 Byzantinische Kirche
24 Ehem. Säulenstraße
25 Men-Tempel
26 Museum
27 Staatsagora
28 Stadttor
29 Theater
30 Thermen
31 Gülsüm Motel
32 Sempatic Motel
33 Şato Motel
34 Hanımeli Pansiyon
35 Can Hotel
36 Yalı Hotel
37 HotelPamphylia
38 Efsane Motel
39 Side Elit Hotel
40 Yeşilpark Camping
P Parkplatz

In der Nähe der Touristeninformation kann man in einem Vergnügungspark, "*Luna Park*", eine Art Rummelplatzatmosphäre erleben - mehr etwas für die Kleinen.

Freizeitangebote

Wassersport

... am Oststrand

▸ *Blue Palm* im Hotel Kaya, Tel. 756 90 90, verleiht Surfbretter, Wasserski, Bananenboot, Motorboot, bietet Gleitschirmfliegen, Surf- und Wasserskikurse.

▸ *Fun Board* im Club Aldiana, Tel. 756 92 24, bietet Wasserski, Gleitschirmfliegen, Schnellboot, Bananenboot, Kanu.

▸ *Turtel Hotel,* Tel. 756 93 00, verleiht Surfbretter und bietet Segelkurse an.

... am Weststrand

▸ *Joy Watersports* im Hotel Sol Muna, Tel. 753 13 59, verleiht Surfbretter und bietet Segelkurse.

Achtung: In Side ist Tauchen grundsätzlich verboten und wird streng bestraft, da in den Gewässern vor der Stadt zahlreiche Wracks auf Grund liegen.

Reiten

▸ *Reitschule As Yıldız* bzw. *Centaurus,* Tel. 756 90 47, in Sorgun (2 km östlich von Side), bietet einen Reitausflug durch den Wald und am Strand entlang an (2 Std., 50 DM).

▸ *Reitschule Özcan,* Tel. 753 27 07, ähnliches Angebot wie *As Yıldız*.

Buch- und Kartenläden

In der Altstadt gibt es fast an jeder Ecke deutsche Zeitungen vom Vortag, Zeitschriften und Lektüre über die Sehenswürdigkeiten der Südküste.

Wäschereien

In Side gibt es auch Wäschereien (trk. *çamaşırhanesi*), die täglich ihren Service anbieten (siehe Stadtplan).

Nützliche Adressen und Telefonnummern

Vorwahl: 02 42
Polizei: 746 10 06, 746 24 18
Museum: 753 10 06
Bus: Kamil Koç 753 12 86, Varan 753 21 26, Pamukkale 753 11 84, Akdeniz 753 14 02
Krankenhaus: Medical Klinik, Yalı Mahalesı 25/A, Tel. 753 33 83, ist eine ausgezeichnete Klinik, an die man sich im Krankheitsfall getrost wenden kann. Dort wird Deutsch gesprochen. Eine Kostenübernahme durch die heimische Krankenkasse ist bei dieser Privatklinik allerdings nicht garantiert.
Aufgrund des deutsch-türkischen Sozialversicherungsabkommens ist die Kostenübernahme jedoch bei der Staatsklinik, Tel. 746 11 17, gewährleistet.

Organisierte Ausflüge

In Side und den umgebenden Hotelvierteln gibt es insgesamt rund 50 Agenturen. Viele der kleineren buchen wiederum bei den größeren Reiseveranstaltern ein, so daß sich die Programme letztlich auf vielleicht 15 bis 20 Anbieter reduzieren. Zwischen diesen gibt es nicht nur Preis-, sondern auch Qualitätsunterschiede. Es ist also sinnvoll, wenn man sich vor Buchung eines Ausflugs nach dem genauen Ablauf erkundigt. Zur Palette der Ausflüge gehören die folgenden:

- Alanya, Tagesausflug Bus, 20 DM
- Alanya, Tagesausflug Boot, 50 DM
- Antalya, mit Perge und Aspendos, Tagesausflug, 10 bis 20 DM
- Bootstour, Manavgat, Manavgat-Wasserfall, Picknick und Badepause, 35 DM
- Dorfausflug, mit Aspendos, Perge, Kurşunlu-Wasserfall, Antalya, Picknick am Badesee, 20 DM
- Insel Kekova, mit Myra und Nikolaus-Basilika in Demre, Tagesausflug mit Bus und Schiff, 35 bis 45 DM

- İstanbul, Tagesausflug Flugzeug, 169 DM
- Jeep Safari, Tagesausflug ins Taurusgebirge incl. Mittagessen, 59 bis 65 DM
- Kappadokien, 3 Tage HP, 90 DM (im Zwei-Sterne-Hotel) bis 120 DM (im Vier-Sterne-Hotel)
- Pamukkale, Tagesausflug, 25 DM
- Pamukkale, 2 Tage HP, 35 DM (im Zwei-Sterne-Hotel) bis 45 DM (im Vier-Sterne-Hotel)
- Schlauchbootfahren auf dem Köprü-Fluß, incl. Transfer, Essen, Versicherung, 60 bis 65 DM
- Selge, mit Picknick am Fluß, 20 DM

Anbieter:

▸ *Ferda,* Gül Sok. 9, Tel. 753 13 18, Fax 753 29 28

▸ *Ora Tours,* Liman Cad. 49a, Tel. 753 42 50, Fax 753 42 49

▸ *Şelale,* Liman Cad. 20, Tel. 753 10 66, Fax 753 29 98

▸ *Kumköy,* Tel. 753 28 24

▸ *Schöner Reisen*, hat mehrere Agenturen, u.a. im Bushof und in der Liman Caddesi, Tel. 753 41 31, Fax 753 31 33

▸ *Titreyengöl,* Tel. 756 95 68

▸ *Tina Tour,* Kumköy, Tel. 753 30 09

Leihfahrzeuge

▸ *Avis,* Fatih Cad. 25, Tel. 753 13 48, Tel. & Fax 753 28 13

▸ *Budget,* Side Girii, Tel. 753 14 86, Fax 753 37 67

▸ *Europcar,* Yalı Mah., Taşkonak önü, Tel. 753 17 64, Fax 753 33 35

▸ *Hertz,* Eski garaj içi, Tel. 753 31 82, Tel. & Fax 753 20 15

▸ *Schöner Reisen* (→ Organisierte Ausflüge)

▸ *Side Rent a Car,* Liman Cad., Tel. 753 17 64

▸ *Tina Tour* (→ Organisierte Ausflüge)

Verkehrsverbindungen

Dolmuş: Es besteht regelmäßiger *dolmuş*-Verkehr von den großen Hotelanlagen westlich und östlich der Stadt bis nach Side und nach Manavgat. Ein *dolmuş* fährt zwischen 7 und 24 Uhr alle 20 Minuten und öfter.

Bus: Vom neuen Bushof in der Nähe der Touristeninformation unterhalten verschiedene Agenturen gute Verbindungen in fast alle größeren Städte der Türkei, z.B. täglich nach Mersin/ Adana (14 mal), Denizli (10 mal), Nevşehir (5 mal), İstanbul (15 mal), Konya/ Beyşehir (11 mal), İzmir (11 mal), Alanya (halbstündlich) und Antalya (10 mal).

♦ Manavgat

41.000 Einwohner

Nur wenige Kilometer von Side entfernt, liegt an der Straße nach Alanya das Städtchen *Manavgat.* Sehenswert ist hier ein 6 m in die Tiefe stürzender Wasserfall *(Şelâle)* am gleichnamigen Fluß einige Kilometer oberhalb der Stadt. *Manavgat Çayı* entwässert das niederschlagsreichste Gebiet der türkischen Südküste, den Südwestabfall des *Mittleren Taurus.* Von November bis März werden hier Wasserhöchststände gemessen. Im August und September führt der Fluß die geringsten Wassermengen.

Montags wird in Manavgat ein Markt mit Obst, Gemüse und Gebrauchsgegenständen abgehalten.

Die Stadt bietet zwei unbestreitbare Vorteile: Wer den Rummel nicht mag, findet hier eine Ausweichmöglichkeit. Sie bietet sich für einen abendlichen Ausflug mit dem Besuch eines der Restaurants am Fluß an, ebenso wie als kostengünstiger Übernachtungsplatz (→ Übernachten).

Ansonsten bietet Manavgat nicht mehr viel: Weder ist das Stadtbild anziehend, noch hat das Städtchen irgendwelche kulturhistorischen Sehenswürdigkeiten zu bieten. Die Fernstraße Antalya - Alanya - Mersin führt mitten durch das Stadtzentrum, und so quält sich eine endlose Autoschlange über die Manavgat-Brücke. Nicht einmal einen Strand gibt es - da ist man 6 km weiter in Side wesentlich besser bedient. Gleiches gilt für die Unterhaltungsmöglichkeiten - sie sind in Manavgat gleich Null.

Umgebung von Manavgat

♦ *Seleukeia*

Etwa 16 km nördlich von Manavgat liegt das antike *Seleukeia*, einer von mehreren Orten gleichen Namens an den Küsten der Türkei. Sehenswert von der wirklich gut erhaltenen Ruinenstadt, deren Ursprung auf griechische Siedler zurückgeht, sind zwei Türme ehemaliger *Stadttore,* die zweistöckige Fassade eines *Marktgebäudes,* die Ruinen eines *Badehauses*, Grundrisse von *Häusern* und *Mosaike*.

Seleukeia ist über die Straße, die an den Wasserfällen entlang von Manavgat nach Norden führt, zu erreichen. Danach muß man auf die Beschilderung achten, denn der unscheinbare, nach links abzweigende Weg ist leicht zu übersehen. Wem sein Auto für die Steinpiste zu schade ist, sollte die letzten hundert Meter bis zur Anlage zu Fuß gehen.

♦ *Oymapınar Barajı*

Der *Oymapınar Barajı* (Stausee) liegt 20 km nordöstlich von Manavgat in den Bergen. Seine Ufer laden zu kleineren Wanderungen ein.

Beim Bau des Stausees wurden Natur- wie auch Kulturschätze unwiederbringlich zerstört. So liegt heute eines der größten Höhlensysteme der Welt, das *Dumanlı-System,* ca. 120 m unter dem Wasserspiegel des Sees. Der Wasserausstoß dieses Systems betrug selbst in Trockenzeiten 25 m^3 pro Sekunde.

Von hier bekommen die Einwohner des historischen Side ihr Wasser. Sie bauten einen Damm und schlossen den entstandenen Stausee an eine 25 km lange, bis Side reichende Leitung an, die teils als Aquädukt, teils als Tunnel oder Kanal angelegt war. Auch der größte Teil dieser Anlage wurde

Seleukeia - ehemalige Markthalle

beim Bau des modernen Staudamms zerstört.

Übernachten

▸ *Mavi Su Pension,* Kordon Sok. 35, direkt am Fluß mit schönem Garten, nicht alle Zimmer mit Du/WC. EZ 13 DM, DZ 22 DM Etagendusche, EZ 17 DM, DZ 30 DM mit Du/WC, Frühstück auf Wunsch.

▸ *Bayrakçi Pansiyon,* A. Hisar Mah., Demokrasi Bul. 25, Tel. 746 16 20, Etagendusche, einfach eingerichtet; Besitzer spricht ein wenig Deutsch. DZ 18 DM, DRZ 27 DM, Frühstück auf Wunsch.

Ausflüge

Zu den Wasserfällen, 4 km nördlich der Stadt, führen (neben der Möglichkeit einer kleinen Wanderung) zwei Wege: der "profane" mit dem *dolmuş* ab Bushof, der "romantische" mit einem der zahlreichen rund um die Brücke im Stadtzentrum versammelten Ausflugsboote. Die Tour dauert ca. 1,5 Stunden und kostet 10 DM pro Person. Weiter wird auch eine zweistündige Bootstour ins Mündungsgebiet des Manavgat-Flusses angeboten, wo Wasserschildkröten zu sehen sind. Der Preis beträgt 20 DM. Wird die Tour mit Essen gebucht, verlängert sie sich auf vier Stunden, der Preis erhöht sich auf 25 DM.

Verkehrsverbindungen

Der für eine Kleinstadt ungewöhnlich große und betriebsame Bushof (Tel. 746 39 90) liegt am Westufer des Flusses, gleich bei der Brücke. Da die Fernverbindungen von Antalya nach Alanya, Mersin, in den Hatay, aber auch nach Kappadokien, in die Ost- und Südosttürkei und sogar in den Ostbereich des Schwarzen Meers (Samsun, Trabzon) zwangsläufig durch den Ort führen, ist er hervorragend in den Fernverkehr eingebunden. Direktverbindungen bestehen auch nach Ankara, İstanbul, İzmir und Konya.

Regionalbusse verkehren ostwärts bis Alanya, westwärts bis Antalya im Halbstunden- oder Stundentakt.

Nach Alanya besteht auch eine *dolmuş*-Verbindung. *Dolmuşlar* verkehren sehr häufig in Richtung Side, wobei es unterschiedliche "Hotelrouten" gibt (auf dem Schild hinter der Windschutzscheibe vermerkt).

–▸ Hinter Manavgat wird das Küstenvorland schmäler. Nach 12 km kann man den wildromantischen *Taurus* auf einer kurvenreichen Bergstraße, einer stellenweise recht schlechten Piste, durchqueren. Nächste größere Stadt ist nach 175 km *Beyşehir*. Fährt man jedoch Route 6 weiter, so bleibt man auf der Küstenstraße; dabei geht es an etlichen Bananenplantagen, schönen Stränden und Feriensiedlungen vorbei.

Alara Han und Alara Kalesi

... liegen 40 km westlich von Alanya. Man kommt von der Hauptroute über eine asphaltierte, 9 km lange Stichstraße (gelber Wegweiser!) dorthin. *Alara Han* ist sehr gut erhalten. Den Bau der Karawanserei veranlaßte 1232 der seldschukische Sultan *Alaêddin Keykubad*. Vom Hauptportal blickt man durch ein zweites Tor in den Haupthof mit den seitlich angrenzenden Gästeräumen. Wendet man sich nach rechts, kommt man zu den Stallungen. Nicht nur der gute Zustand der Karawanserei, sondern auch die Festung *Alara Kalesi*, 300 m weiter nördlich, lohnen den kurzen Umweg. Die Anlage mit den verfallenen, vermutlich aus byzantinischer Zeit stammenden Burgruinen erstreckt sich über den steilen Hang eines Bergs, der einem Zuckerhut gleicht, und schützte die Karawanserei vor Überfällen und Plünderungen. Trotz ihrer sicheren Lage soll die Festung wegen eines Herzinfarkts des Burgherren im Handumdrehen von den Seldschuken eingenommen worden sein.

Der Aufstieg zum Gipfel lohnt sich, da man von hier einen schönen Blick auf die Burganlage, die Karawanserei und das Flußtal hat. Ein beschwerlicher Weg im Westen des Bergs sowie der Versorgungstunnel der Festung führen hinauf. Taschenlampe nicht vergessen!

Serafşa Han

Diese Karawanserei, 25 km westlich von Alanya an der Straße nach Antalya, stammt aus dem Jahr 1250. Sie hat eine andere Architektur als *Alara Han:* Größter Unterschied ist die Unterbringung von Mensch und Tier im selben Raum. Für die Reisenden gab es allerdings leicht erhöhte Schlafplätze.

Seidenraupenzucht

Die Tradition der sogenannten "Weißen Industrie" Alanyas reicht lange bis in die Zeit vor dem Tourismus zurück. Seit dem 14. Jahrhundert unterhält man hier dieses Geschäft mit den kleinen Spinnern, die einst auf verschlungenen Wegen aus dem Monopolland China eingeführt wurden.

Die Seidenraupe spinnt sich nach einer fünf- bis sechswöchigen Freßorgie - ausschließlich auf den Blättern des Maulbeerbaums - in einen Kokon ein, aus dem sie nach zwei bis drei Wochen wieder schlüpft. Diese Kokons liefern den Rohstoff zur Seidenherstellung. Sie werden zunächst in heißes Wasser eingelegt. Dann zieht man aus den aufgelockerten Kokons die Seidenfäden und wickelt diese auf. Diese sehr komplizierte Technik wird unter den Dorffrauen von Generation zu Generation weitergegeben.

Alanya

59.000 Einwohner, 134 km SO von Antalya

Alanya liegt im Osten des gleichnamigen Golfs *(Alanya Körfezi)* am Fuß eines 250 m hohen Burgfelsens. Von der Küste steigt das Land fast unmittelbar zum 2.647 m hohen, zum Taurusgebirge gehörenden *Ak Dağ* auf.

Auf dem schmalen Küstenstreifen sind bewässerte Zitrus- und Baumwollplantagen angelegt. Aufgrund der besonderen klimatischen Gegebenheiten - mild und regenreich im Winter, heiß und trocken im Sommer - findet man im Umland von Alanya Bananenpflanzungen, allerdings verläuft hier die nördliche Anbaugrenze.

Industriebetriebe gibt es so gut wie keine, stattdessen aber hat sich der Tourismus besonders gut entwickelt. War Alanya in früheren Zeiten regional als Winterfrische bekannt, so wird es heute als Badeort von ausländischen Touristen rege besucht. Mit modernen Geschäften sowie mit Souvenirläden, Restaurants, Reisebüros und Fahrzeug-Verleihern hat sich die Stadt auf ihre Besucher eingestellt. Alanya zählt neben Antalya und Side zu den Touristenhochburgen der Südküste. Allerdings ist der Anteil der deutschen Touristen sehr rückläufig. War Alanya noch vor wenigen Jahren "fest in deutscher Hand", war jede Speisekarte, jedes Ausflugsangebot in deutscher Sprache abgefaßt, schnurrten die Leder-, Schmuck- und Teppichverkäufer quasi automatisch ihr "Na, wie geht's?" herunter, hat sich das Bild inzwischen etwas gewandelt. Das, was an D-Mark ausgeblieben ist, wußten die örtlichen Tourismus-Manager schnell und effektiv durch überwiegend skandinavische Kontingente zu ersetzen. So kommt man heute in den Genuß, auf einer Speisekarte türkische Gerichte in finnisch angepriesen zu bekommen.

Da Alanya vor allem ein Ort des Pauschaltourismus ist, fehlen - von einigen Ausnahmen abgesehen - die einfachen, sauberen Stadthotels mittlerer Preislage. Dafür gibt es viele große Mehr-Sterne-Häuser, die während der Sommermonate oft überbucht sind. Die eine oder andere *aile pansiyon* genügt nur bescheidenen Ansprüchen.

Geschichte

Die Stadt hieß in der Antike *Korakesion* und war eine kilikische Grenzbefestigung an der Grenze zu Pamphylien. Im 2. Jahrhundert v. Chr. errichteten Piraten auf der Höhe der Halbinsel eine Burg, die später von den Römern zerstört wurde. Nachdem *Antonius* und *Kleopatra* hier ihre Flitterwochen verbracht hatten, schenkte der Bräutigam der Braut das damals von Zedernwald bestandene Gebiet. Es lieferte später das Holz für eine neue Flotte. Erst unter den Seldschuken erlangte die Stadt eine gewisse Bedeutung. Im 13. Jahrhundert wurde sie zu einem Flottenstützpunkt ausgebaut. In dieser Zeit entstand die Burg, wie man sie heute sieht. Die ungeschützte Lage am Meer und der schmale Küstenstreifen ließen keine besondere wirtschaftliche Entfaltung zu. Erst in der Mitte unseres Jahrhunderts hat der Tourismus die Vorzüge von Alanya, sein Klima und seine Sandstrände, entdeckt.

Sehenswürdigkeiten

Unübersehbar ist der Burgberg unmittelbar an der Bucht von Alanya. Die gut erhaltene **Festung** legten 1226 die Seldschuken an. Außer der gut erhaltenen Burgmauer sind **Kale Camii,** die **Karawanserei** und der **Basar** sehenswert. Am Südrand des Burghofs steht der um 1720 erbaute **Leuchtturm**. Von der Zitadelle bietet sich ein grandioser Rundblick. Der Fußweg vom Zentrum dorthin nimmt knapp eine Stunde Zeit in Anspruch. Wer nicht gerade seinen sportlichen Tag hat, fährt am besten mit dem Minibus hinauf und kann nach der Besichtigung bequem bergab gehen. Der Minibus zur Burg hält gegenüber der Touristeninformation. Ein Taxi zur Festung kostet 10 DM (Burg geöffnet 8 - 20 Uhr, Eintritt 4 DM).

Der achteckige, fast 50 m hohe **Kızıl Kule** (Roter Turm, geöffnet 8 - 12 und 13.30 - 17.30 Uhr, Mo geschlossen, Eintritt 2 DM) aus dem Jahr 1225 - heute das Wahrzeichen Alanyas - diente zur Verteidigung der nahen **Werft**, wo während der Seldschukenzeit Kriegsschiffe gebaut wurden. Fünf Schiffs- bzw. Bootshallen sind in den Felsen angelegt; deshalb trägt man am besten festes Schuhwerk.

1948 wurde im Nordwesten des Burghügels die **Damlataş Mağarası** (Höhle) entdeckt. Die Tropfsteine, deren Alter man auf 15.000 Jahre schätzt, sind bis zu 15 m lang. Im Sommer ist die Höhle angenehm kühl, sie hält konstant 22 °C. Der Kohlensäuregehalt und

Inschrift an Kızıl Kule

Auf der Südseite von *Kızıl Kule* befindet sich eine Inschrift, die sowohl einen Einblick in die Möglichkeiten orientalischer Sprache gibt als auch den Größenwahn einstiger Herrscher dokumentiert: "Den Bau dieses gesegneten Wachturms hat unser Herrscher, der große Sultan, der größte Schah aller Zeiten, unser aller Beschützer, der Sultan der Welt, Gottes Wächter der Gläubigen, der Bewacher von Gottes Städten, der Größte im Glauben und auf Erden, der Helfer im Islam und der Moslems, der Beschützer der Gerechtigkeit und der Menschheit, der Beschützer der Schwachen vor Tyrannei, der treue Diener Gottes, der Schlichter in Staatsangelegenheiten, der Hüter der Gesetze und der Gerechtigkeit, der Sultan des Landes und der beiden Meere, der Zufluchtbietende und Beschützer in Ost und West, die Krone der Seldschuken, ..., Keyhüzrevzade Keykubad, den Gott als Sultan unterstützen möge, befohlen."

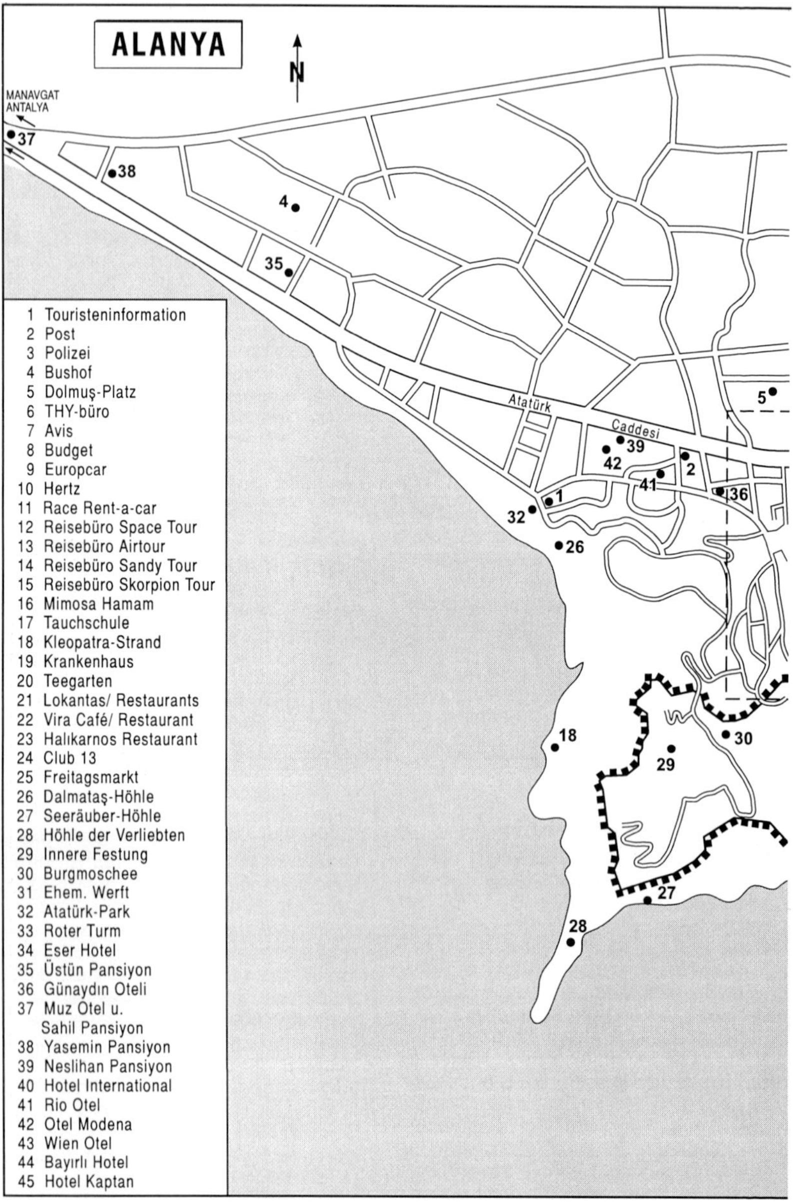
ALANYA
N
MANAVGAT
ANTALYA
37
38
4
35
Atatürk Caddesi
5
39
42
2
41
36
1
32
26
18
29
30
27
28
1 Touristeninformation
2 Post
3 Polizei
4 Bushof
5 Dolmuş-Platz
6 THY-büro
7 Avis
8 Budget
9 Europcar
10 Hertz
11 Race Rent-a-car
12 Reisebüro Space Tour
13 Reisebüro Airtour
14 Reisebüro Sandy Tour
15 Reisebüro Skorpion Tour
16 Mimosa Hamam
17 Tauchschule
18 Kleopatra-Strand
19 Krankenhaus
20 Teegarten
21 Lokantas/ Restaurants
22 Vira Café/ Restaurant
23 Halıkarnos Restaurant
24 Club 13
25 Freitagsmarkt
26 Dalmataş-Höhle
27 Seeräuber-Höhle
28 Höhle der Verliebten
29 Innere Festung
30 Burgmoschee
31 Ehem. Werft
32 Atatürk-Park
33 Roter Turm
34 Eser Hotel
35 Üstün Pansiyon
36 Günaydın Oteli
37 Muz Otel u. Sahil Pansiyon
38 Yasemin Pansiyon
39 Neslihan Pansiyon
40 Hotel International
41 Rio Otel
42 Otel Modena
43 Wien Otel
44 Bayırlı Hotel
45 Hotel Kaptan

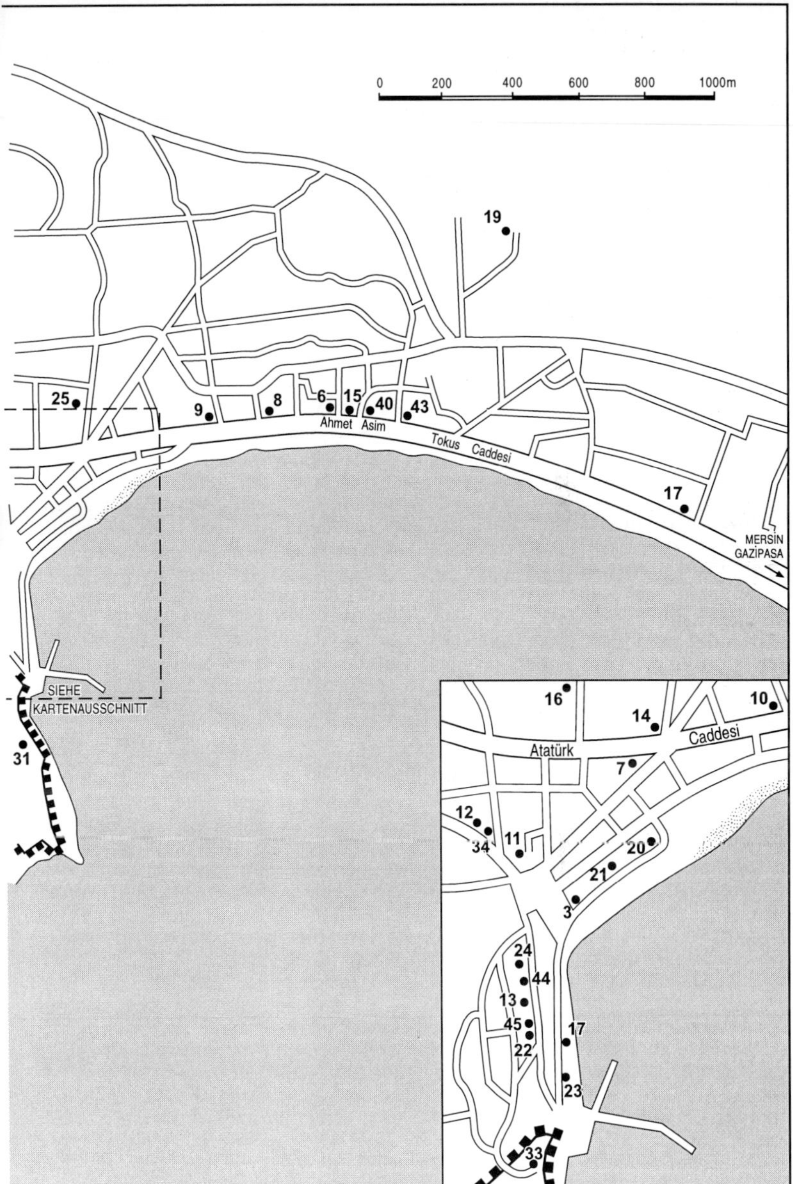
0
200
400
600
800
1000m
19
25
9
8
6
15
40
43
Ahmet Asim
Tokus Caddesi
17
MERSİN
GAZİPAŞA
SIEHE
KARTENAUSSCHNITT
31
16
14
10
Atatürk Caddesi
7
12
34
11
20
21
3
24
44
13
45
22
17
23
33

die schwache Radioaktivität der Luft sollen gut gegen Asthma und Bronchitis sein (geöffnet zu Therapiezwecken tgl. 6 - 10 Uhr, für Touristen 10 - 20 Uhr im Sommer, bis 17.30 Uhr im Winter. Eintritt 3 DM).

An der Südwest- und Nordwestseite des Bergs befinden sich weitere Höhlen, die auf einem einstündigen Bootstrip zu besichtigen sind (→ Organisierte Ausflüge).

Das **Museum** in der Nähe des Weststrands und schräg gegenüber der Touristeninformation stellt in einer kleinen Ausstellung Funde aus Alanya und Umgebung aus. Nicht nur das Altertum ist repräsentiert, sondern auch die osmanische Zeit mit Kelims, Teppichen, Schmuck und Kupferwaren (geöffnet Winter tgl. 8 - 12 und 13.30 - 17.30 Uhr, Sommer 9 - 12 und 13.30 - 19 Uhr, Eintritt 2 DM).

Umgebung von Alanya

♦ Höhlen und Grotten

Neben der berühmten Damlataş-Höhle gibt es in Alanya und Umgebung noch zahlreiche andere Höhlen und Grotten, die auch zum größten Teil zugänglich sind:

Mit dem Boot vom Hafen Alanyas zu erreichen sind die *Piratenhöhle* und die *Grotte der Verliebten* (Aşıklar Mağarası), die früher Liebespaaren als Versteck gedient haben soll, und die *Phosphor-Höhle,* die ihren Namen wegen der schillernden Farbenwelt im Inneren hat.

4 km von Alanya entfernt liegt beim Ort İnişdibi *Hasbahçe Mağarası*. Bislang wurde sie nicht näher erforscht, soll aber noch größer sein als die Damlataş-Höhle.

Die *Kadı-Grotte*, 15 km nordöstlich von Alanya, ist über die Straße zum Dimçay-Stausee zu erreichen. Der nahe Picknickplatz ist ebenfalls ein beliebtes Ziel.

Die *Dim-Grotte* liegt 12 km östlich von Alanya an einem Berghang über Dimçay. Eine gute Straße führt dorthin. Nicht nur der Tropfstein und ein unterirdischer See, sondern auch der phantastische Ausblick vom Vorplatz der Grotte auf Alanya machen sie zu einem beliebten Ausflugsziel.

♦ Dimçay Barajı

Ca. 16 km nordöstlich von Alanya liegt *Dimçay Barajı* mit zahlreichen Picknickplätzen und einigen Fischrestaurants. Der Staudamm wurde 1948 fertiggestellt und dient seitdem der Bewässerung von Feldern im Gebiet um Alanya. Im See kann man schwimmen.

♦ İncekum

Lohnend ist ein Ausflug zum kleinen Nationalpark *İncekum*, 19 km westlich von Alanya. Dort gibt es eine schöne Picknickstelle mit Campingplatz in herrlicher Lage (→ Alanya/ Übernachten). Ein schöner Strand, viel Schatten unter Bäumen und ein Restaurant sind weitere Pluspunkte für diesen Platz. Außerdem unterhält das Ministerium für Land- und Forstwirtschaft auf dem Gelände eine Ausbildungsstätte *(Eğitim Merkezi)*. Eintritt für Strand und Picknickplatz: 5 DM/ Auto, 2 DM/ Pers.

Strände

In *Kızılot*, an der Straße Manavgat - Alanya, gibt es einen sehr schönen, ausgedehnten Kies-Sand-Strand mit Dünen, an dem man hin und wieder Wildcamper sieht. Das dortige "No-stalgie-Camp" ist wegen fehlenden Schattens und äußerst einfacher Ausstattung kaum zu empfehlen.

Östlich und westlich der Stadt schließen sich kilometerlange, teilweise feinsandige Strände an, die von den Hotels durch eine Hauptverkehrsstraße getrennt sind. Vor allem für den Oststrand gilt, daß er, je weiter man sich vom Zentrum entfernt, immer schmutziger wird. Im Wasser schwimmen ab und an feste Bestandteile aus dem Abwasser. Die Strände sind frei zugänglich, wenn auch viele Hotels den Strand mit Privatschirmen und Liegen belegt haben. Das Meer im Westen der Stadt ist recht sauber.

Touristeninformation

Damlataş Cad., Tel. 513 12 40, Fax 513 54 36, geöffnet tgl. 8 - 18.30; Deutsch sprechendes Personal, das über wenig Informationsmaterial verfügt, ein sehr brauchbarer Stadtplan ist für 4 DM erhältlich.

Übernachten

Viele Unterkünfte liegen an der östlichen und westlichen Strandzone. Hotels und Motels sind oft direkt am Strand bzw. an der Küstenstraße. In der Innenstadt lassen die einfachen Übernachtungsmöglichkeiten fast ausnahmslos an Sauberkeit zu wünschen übrig. Besser sind:

▸ *Eser Hotel,* Bostancı Pınarı Cad., bei der Moschee oberhalb des Hafens, Tel. 513 25 81, älteres Stadthotel, täglich Zimmerreinigung, allerdings eher etwas oberflächlich; alle Zimmer mit Du/WC und fast alle mit Balkon. DZ 27 DM pro Person, Frühstück auf Wunsch.

▸ *Üstün Pansiyon,* Meteoroloji Sok. 4, Tel. 513 22 62, liegt auf dem Weg vom Bushof in die Stadt, westlich der Burg, Zimmer mit Meerblick, große, saubere Zimmer mit einfacher Einrichtung und Dusche. Schlafmöglichkeit auf dem Dach 10 DM, EZ 24 DM, DZ 31 DM, Frühstück auf Wunsch.

▸ *Günaydın Oteli,* Kültür Cad. 30, Tel. 513 19 43, Tel. & Fax 512 63 07, alle Zimmer mit Du/WC, sauber, zur Kreuzung hin laut. EZ 18 DM, DZ 27 DM, Frühstück pro Person 4 DM extra.

▸ *Sahil Pansiyon,* Dinek Mevkii, Tel. 513 31 40, Zimmer sehr groß mit Balkon, Du/WC, Küchenmitbenutzung, Familienrestaurant, Kühlschrank, 5 Minuten zum Strand. DZ 27 DM, Frühstück auf Wunsch.

▸ *Yasemin Pansiyon,* Saray Mah., Şirinler Dinek Mevkii, Tel. 513 58 32, 5 Minuten vom Bushof stadteinwärts, 2 Minuten bis zum Strand, Zimmer mit weinumranktem Balkon, besonderer Service sind Küchenmitbenutzung und Kühlschrank. Saubere DZ mit Du/WC 34 DM, Frühstück auf Wunsch.

▸ *Neslihan Pansiyon,* Atatürk Cad. 93, Tel. 513 19 22, alle Zimmer mit Du/WC, Neubau, sauber und ordentlich. EZ 22 DM, DZ 34 DM, mit Frühstück.

▸ *Hotel International,* Kaykubat Cad. 221, Tel. 513 11 95, Fax 512 75 42, ist durch die vielbefahrene Fernstraße Antalya - Mersin vom Strand getrennt, alle Zimmer mit Du/WC. DZ 36 DM, mit Frühstück.

▸ *Muz Otel,* Saray Mah., Atatürk Cad., Tel. 513 51 57, direkt am Strand, Zimmer mit Du/WC; Restaurant. EZ 27 DM, DZ 36 DM, mit Frühstück.

▸ *Rio Otel,* Damlataş Cad. 54, Tel. 513 42 02, Fax 512 79 45, in der Nähe des Zentrums; alle Zimmer mit Du/WC, gut eingerichtet; Restaurant. EZ 25 DM, DZ 46 DM, mit Frühstück.

▸ *Otel Modena,* Saray Mah., Kale Arkası Sok., Tel. 511 07 35, Fax 511 15 47, alle Zimmer mit Du/WC, einfaches Mittelklassehotel. EZ 36 DM, DZ 54 DM, DRZ 72 DM, mit Frühstück.

▸ *Wien Otel,* Kaykubat Cad. 1, Tel. 513 36 17, Tel. & Fax 512 00 37, Mittelklassehotel. EZ 40 DM, DZ 55 DM, mit Frühstück.

▸ *Bayırlı Hotel,* İskele Cad., oberhalb des Hafens, Tel. 513 64 87, Fax 513 43 20, Stadthotel der Mittelklasse, ansprechend eingerichtet. EZ 40 DM, DZ 75 DM, mit Frühstück.

▸ *Hotel Kaptan,* İskele Cad. 70, oberhalb des Hafens, Tel. 513 49 00, Fax 513 20 00, Stadthotel der gehobenen Mittelklasse, angeschlossene Tauchschule mit PADI-Zertifikat, EZ 60 DM, DZ 85 DM, mit Frühstück.

▸ *Erdu Camping,* 19 km westlich von Alanya, kleiner schattiger Platz, einfache Sanitäranlagen, direkt am Strand, abseits der Hauptstraße, Restaurant. 2 Pers./ Zelt/ Kleinbus oder Pkw 10 DM.

Blick von der Burg auf Alanya

▸ *Blue Bay Bungalow Camping,* Elikesik Köyü Akan Mevkii, 2 km östlich von Alanya, vermietet auch Bungalows (8 DM/ Pers.); Restaurant mit Bar.
▸ *Doğus-Camping/ Motel,* 5 km vor der Stadt, liegt am Strand unter schattenspendenden Bäumen; gute Sanitäranlagen, auch Zimmervermietung (EZ 30 DM, DZ 46 DM, mit Frühstück). Camping 2 Pers./ Zelt/ Pkw 8 DM.
▸ *Camping İncekum* (→ Umgebung von Alanya), 2 Pers./ Zelt/ Auto/ Kleinbus 10 DM.
▸ *Perle Camping,* 10 km östlich von Alanya am Strand, teilweise überdachte Stellplätze, gute Sanitäranlagen, Restaurant. 2 Pers./ Zelt/ Pkw/ Kleinbus 9 DM.
▸ *Küçük Camping,* 30 km von Alanya entfernt, zwischen Alanya und Manavgat, kleiner, sehr schöner Sandstrand in einer Bucht, über Treppen zu erreichen, Sonnendächer. Tip: Je nach Wunsch wird für alle auf dem Platz gekocht, und gegen 20 Uhr trifft man sich dann am großen Tisch. Es gibt genug und schmeckt vorzüglich. 2 Pers./ Zelt/ Kleinbus 10 DM.

Essen und Trinken

Gute Lokantas gibt es um die Moschee und am Meer. Vom Hafen Alanyas bis zum städtischen Teegarten findet man am Meer bzw. in Meeresnähe zahlreiche gute, wenn auch teure, Restaurants, die hauptsächlich Fischgerichte anbieten. Einige Beispiele:
▸ *Halıkarnos Restaurant*, İskele Cad., in der Nähe vom Roten Turm, die Fleischgerichte sind nichts Besonderes, die Fischgerichte jedoch zu empfehlen.
▸ *Kervan-, Caren- und Alanya-Restaurant*, nördlich von *Halıkarnos,* gehören zu den besten und teuersten Restaurants der Stadt.
▸ *Vira Café-Restaurant,* İskele Cad., in der Straße oberhalb des Hafens, originell, in grellen Farben aufgemachtes Lokal; an niedrigen Tischen wird auf Teppichen sitzend gegessen.

In einigen Seitengassen, die vom städtischen Teegarten nach Westen führen, findet man einige kleinere und einfachere Lokantas, deren Preise günstig sind.

Der *Belediye Aile Çay Bahçesi* (Städtischer Familien-Teegarten) befindet sich wenige hundert Meter östlich des Zentrums. Hier gibt es zu zivilen Preisen Tee oder andere Getränke. Von den umliegenden Verkaufsständen kann man verschiedene Snacks, z.B. gebackene und gefüllte Kartoffeln, mit in den Garten nehmen.

Tip: Spezialitäten der Gegend sind *laba*, gefüllte Fleischtaschen, und *öküz helvası,* ein aus Traubensirup hergestellte Süßigkeit, die mit flüssiger brauner Butter serviert wird.

Einkaufen

Die Fußgängerzone von Alanya ist - vor allem abends - die wohl lebhafteste der gesamten Südküste. Sie beginnt unmittelbar hinter dem Hafen. Im Prinzip ist die gesamte Innenstadt ein einziger großer Einkaufsplatz. Überall kann man Teppiche, Schmuck, Leder, Seidentücher, Markenkleidung und alle möglichen Andenken erstehen. Die Boutiquen reihen sich noch ein ganzes

Stück an der Atatürk Caddesi in Richtung Gazipaşa Caddesi.

Ein kleiner Obst- und Gemüsemarkt wird an der Gazi Paşa Caddesi abgehalten. Außerdem findet von Donnerstagmittag bis Freitagabend auf dem Gelände zwischen der Hauptstraße und dem *dolmuş*-Platz ein großer Markt mit Obst, Gemüse und billigen Baumwolltextilien (Nachahmungen großer Marken) statt.

In Alanya ist es leicht, eine deutsche Zeitung vom Vortag zu bekommen. Die Kioske im Zentrum haben sich auf den deutschen Tourismus eingestellt.

Treffpunkt

Abendliche Treffs sind die Uferpromenade am Strand und im Osten der Stadt die Teegärten im Stadtpark, der auch an den Strand grenzt.

Nachtleben

Außer einem Vergnügungspark *(Luna Parkı)* gibt es in Alanya zahlreiche Bars und im Osten, außerhalb der Stadt, einige Diskotheken.

Das Nachtleben konzentriert sich vor allem am Hafen und an der Ausfahrtsstraße nach Gazipaşa. Hier eine Auswahl:

▸ *Club 13,* İskele Cad. 25/3. Die wohl größte Bar der Stadt auf drei Stockwerken, stilvoll eingerichtet, thront über dem Hafen; westliche Musik bietet die dazu gehörende Disco.

▸ *Prestige Bar* (beim China-Restaurant), große moderne Neon-Bar am Hafen mit Discomusik.

▸ *Janus Bar, Sahıl Bar* und *Pinokyo Bar,* ebenfalls am Hafen, mit Restaurant.

Das Angebot an Diskotheken ist, abgesehen von den Discos in den großen Hotels, für dortige Verhältnisse eher spärlich. Wegen ihrer Lautstärke wurden sie in den östlichen Stadtteil *Dimçay*, 3 km vom Zentrum, ausgelagert, wo sie die Verstärker um so weiter aufdrehen. Außer der *Aquarium Disco* mit Hinterhofromantik gibt es die gern besuchte *Koloni Disco*, die sich in einem geräumigen Gebäude befindet und die Umgebung mit dröhnender Popmusik "erfreut".

Freizeitangebot

Tauchen

▸ *Alanya ProDivers,* İskele Cad. 90/C, Tel. 513 83 54, direkt am Hafen, fünftägige Kurse; die Anfängerkurse schließen mit dem internationalen PADI-Zertifikat ab. Für Fortgeschrittene gibt es Auffrischungskurse und einzelne Tauchgänge. Ein Schnuppertauchgang kostet 46 DM, ein Grundkurs 300 DM einschließlich Theoriestunden, Freiwassertauchen und Prüfung; Freiwassertauchen für Fortgeschrittene 500 DM. Die Preise beinhalten Bootsfahrten, Ausbildungsmaterial und Ausrüstung. Auch einzelne Tauchgänge sind möglich.

▸ *Anfora Tauchcenter,* im Alantur Hotel, Tel. 518 17 40, in Angebot und Preisen ähnlich wie ProDivers.

▸ *Dolphin Dive,* İskele Cad., im Kaptan Hotel, Tel. 512 30 30, Fax 512 75 26.

▸ *Atlantis Dive Center,* İskele Cad. 80e, Tel. 511 36 62, Fax 513 12 94, Grundkurs für 500 DM, Fortgeschrittenenkurs für 380 DM.

Sonstige Sportangebote

Am *westlichen Strand* von Alanya sowie am ausgedehnten östlichen *Palm Beach* gibt es verschiedene Wassersportanbieter, alle mit ähnlichem Angebot. Einer hat seinen Stand am weithin sichtbaren Kran. Er bietet Bungee Jumping (50 DM/ Sprung), Wasserski (35 DM/ Fahrt), Surfen (15 DM/ Std.), Kanu (10 DM/ Stunde), Bananenboot (10 DM/ Std.) und Gleitschirmfliegen (50 DM/ Fahrt).

Für Wasserskifahren findet sich ein weiterer Anbieter gegenüber *Hotel International*. Surfbretter sind fast am ganzen Strand zu mieten, z.B. bei *Hotel Blue Sky*.

Türkische Bäder

▸ *Beyler Hamamı,* bei der Autovermietung Race-Rent a Car, geöffnet tgl. 9-24 Uhr, tgl. 21-24 Uhr für gemischte Touristengruppen, Di 9-19 Uhr Frauentag.

▸ *Mimoza Hamamı,* neues Touristenhamam, Doppelbad mit zwei getrennten Eingängen für Männer und Frauen, Preis inklusive Massage 30 DM, geöffnet für Männer 9 - 22 Uhr, für Frauen 9 - 18 Uhr, für gemischte Touristengruppen 18 - 24 Uhr.

Nützliche Adressen und Telefonnummern

Vorwahl: 0242
Polizei: 513 10 03
Bushof: 513 26 50
Krankenhaus: 513 48 43
Deutscher Arzt: Dr. Holger Burkhardt, Atatürk Cad., Bekar İşhanı 35, 1. Stock, Tel. 512 72 41

Organisierte Ausflüge

In der Stadt haben sich mittlerweile über 50 Agenturen etabliert. Sie werben alle mit ähnlichem Angebot; leider halten viele dieses Angebot nicht immer so ein, wie sie es angepriesen haben. Bevor man sich für eine Eintages- oder Mehrtagestour entscheidet, sollte man sich genau über die Leistungen informieren und sich diese schriftlich bestätigen lassen (Reiseziel, Mahlzeiten im Preis enthalten, Art der Unterbringung bei mehrtägigen Touren, Eintrittspreise für Sehenswürdigkeiten, Führung). Bei seriösen Anbietern ist es üblich, einen Vertrag auszuhändigen, der alles bestätigt, so daß man hier in der Regel gar nicht zu fragen braucht. Bei den schlechteren Agenturen, die sich um den Vertrag drücken wollen, sollte man sich nicht scheuen, das Büro zu verlassen, auch wenn das Angebot noch so verlockend ist. Die meisten Ausflüge werden aber ohnehin über die Reiseleiter in den Hotels verkauft. Trotzdem gibt es in der Atatürk Caddesi und besonders in der Damlataş Caddesi zahlreiche kleinere Agenturen, die ihr Angebot auf dem "freien Markt" präsentieren. Die Touren sind ziemlich standardisiert, die Preise differieren um einiges nach oben und unten, so daß sich ein Vergleich schon lohnen kann. Folgende Ausflüge werden angeboten:

- Pamukkale, zweitägig mit HP, 49 DM, als "De-Luxe-Tour" mit entsprechender Unterbringung bis 70 DM
- Kappadokien, dreitägig mit HP, 89 - 100 DM, als "De-Luxe-Tour" bis 150 DM
- Demre, Myra Kekova, zweitägig mit HP, 89 DM
- Perge, Aspendos, Side, 20 - 39 DM
- Alanya-Stadtrundfahrt, halber Tag, ca. 30 DM
- Anamur, ganztägig, ca. 50 DM (Das geht mit den häufig auf der Strecke Antalya - Mersin verkehrenden Bussen selbstorganisiert einfach und viel billiger!)
- Jeep-Safari in die umliegenden Dörfer, incl. Essen, 45 - 75 DM
- Tagestour in den Aquapark bei Antalya, ca. 40 DM
- Rafting auf dem Manavgat-Fluß, incl. Essen, ca. 95 DM
- Bootsausflug rund um Alanya, incl. Höhlen, seldschukische Bootswerft und Strand, incl. Essen, 35 - 39 DM (Wer bei den Booten direkt im Hafen bucht, kann dabei einiges Geld sparen, da die Kommissionen wegfallen!)

Der neueste Hit in Alanya - nur während der Hochsaison - sind Tagesausflüge nach Nordzypern mit einem schnellen Katamaran, der die Strecke bis nach Kyrenia (Girne) in etwa drei Stunden bewältigt. In Zypern stehen Nikosia (Lefkoşa), die Abtei Bellapais und die Burg von Kyrenia auf dem Programm. Der Spaß kostet 100 DM aufwärts. Das Schiff legt in Alanya morgens um 6 Uhr ab, in Kyrenia abends um 18.30 Uhr. Angeboten wird auch eine Tour mit einer Übernachtung (210 DM), ein Ticket mit beliebiger

Rückfahrt innerhalb eines Monats (115 DM) und die einfache Überfahrt (75 DM). Informationen bei: *Fergün,* İskele Cad. 84, oberhalb des Hafens, Tel. 511 55 65.

Anbieter:
▸ *Akdem,* Bostancı Pınarı Cad. 2a, beim Hamam, Tel. 511 03 70. Der Inhaber spricht gut Deutsch und hält eine Computeranimation bereit, um das Ausflugsprogramm ausführlich vorzustellen.
▸ *Space Tour,* Bostancı Pınarı Cad., Tel. 512 37 03
▸ *Skorpion Tours,* mit mehreren Büros: Hauptbüro Keykubat Cad. 91/2, Tel. 513 19 99, Fax 513 79 71; Stadtbüro Atatürk Cad. 74 b, Tel. 512 77 92, Fax 513 73 02
▸ *Sandy,* mit mehreren Büros: Damlataş Cad. 59 b, Tel. 512 32 51; Atatürk Cad. 6, Tel. 512 78 08
▸ *Sebil Tour,* Atatürk Cad., beim Azak Hotel, Tel. 512 20 37
▸ *Hema Tour,* Damlataş Cad. 101 a, Tel. 511 20 19, Fax 511 22 26

Direkt am Hafen werden zwei verschiedene Bootstouren angeboten: Die Drei-Höhlen-Tour mit Kleopatra-Strand und seldschukischer Bootswerft und eine Höhlenfahrt mit Oliveninsel, Ulaş-Strand und Steininsel. Sie kosten pro Person 25 DM.

Leihfahrzeuge

▸ *Airtur,* İskele Cad. 52/8, Tel. 512 59 39, Fax 512 14 11
▸ *Akdem* (→ Organisierte Ausflüge)
▸ *Avis,* Atatürk Cad., Gala Otel Karşişi 13, Tel. 513 35 13, Tel. & Fax 513 49 90
▸ *Budget,* Saray Mah., Atatürk Cad., Oral Apt. 192 b, Tel. 513 73 83, Fax 513 90 88
▸ *Europcar,* Keykubat Cad. 21a, Tel. 513 19 29
▸ *Hema* (→ Organisierte Ausflüge)
▸ *Hertz,* Atatürk Cad. 26/B, Tel. 512 53 84
▸ *Mega*, Saray Mah., Sipahoğlu Apt. 127/1, Tel. 513 74 08
▸ *Race*, Atatürk Cad. 49a, Tel. 512 15 01, Tel. & Fax 512 52 24; Filialbüro in der Bostancı Pınarı Caddesi beim Hamam.
▸ *Sandy* (→ Organisierte Ausflüge), auch Motorräder, von der Yamaha DT 125 bis zur Kawasaki ZZR 1100 alles im Angebot.

Die meisten Hotels verleihen ihren Gästen Fahrräder. Ansonsten sind in der Innenstadt verschiedene Anbieter, die leicht durch alle Sorten von Zweirädern vor der Tür zu erkennen sind. Bezüglich Service und Zustand der Räder ist sehr zu empfehlen:
▸ *Martin Türkay,* Atatürk Cad., 70, Tel. 356 66, Rennräder (25 DM/ Tag), Mountainbike (25-30 DM/ Tag), Motorroller (50 DM/ Tag) und diverse Motorräder (60-160 DM/ Tag). Bei Miete für mehrere Tage gibt es Ermäßigungen. Fahrradhelme kosten extra; Motorradhelme, Nierengurte und Packtaschen sind im Preis enthalten. Eine eigene Werkstatt gehört zum Betrieb. Für Mountainbiker werden Tagestouren mit Führung für 30 DM incl. Getränken angeboten.

Verkehrsverbindungen

Dolmuş: Nach Osten fährt ein *dolmuş* bis Gazipaşa, nach Westen bis Side im Halbstundentakt.
Bus: Alanya liegt an der Fernstrecke Antalya - Mersin. Nahezu alle großen Busgesellschaften bedienen diese Route, und alle Busse halten auch in Alanya, so daß sehr häufige Verbindungen in den Westen nach Side und Antalya sowie in den Osten nach Anamur, Silifke und Mersin bestehen. Auch die Route in die Ost- und Südosttürkei führt über diese Küstenstrecke.

Da Alanya im innertürkischen Tourismus einige Bedeutung hat, bestehen auch recht gute Direktverbindungen in die Großstädte Ankara, İstanbul und İzmir. Sie werden oft als Übernacht-Expressverbindung angeboten. Landeinwärts bestehen mehrmals täglich Verbindungen nach Kappadokien, nach Konya und hinauf ans Schwarze Meer (Samsun, Trabzon).

Regionalbusse verkehren westwärts bis Side, ostwärts bis Anamur.
Der Bushof ist vom Stadtzentrum aus mit Stadtbussen und *dolmuşlar* gut zu erreichen. Mit dem Taxi kostet die Fahrt dorthin - z.B. vom Hafen aus - zwischen 4 und 5 DM.

-▸ Die Route führt hinter Alanya an Bananenplantagen vorbei.

İotape

Dieser Ort, 30 km südöstlich von Alanya, ist nicht wegen seiner schlecht erhaltenen Ruinen, sondern eher wegen seiner schönen, felsigen Bucht einen Besuch wert. Zur einst römischen Stadt gehörte ein ca. 100 m langes, natürliches Hafenbecken. Von der Festung über İotape hat man einen sehr schönen Blick auf die umliegenden Buchten und Bananenplantagen. Westlich und östlich von *İotape* grenzen kleine Strände mit Kies, Sand und felsigen Abschnitten an.

Gazipaşa

14.000 Einwohner, 44 km SO von Alanya

Vom Landstädtchen *Gazipaşa* führt eine 3 km lange "Prachtstraße" zu einem 100 m breiten und 2 km langen Sandstrand, der mit Kieseln durchsetzt ist. Er wird durch zwei Felskuppen begrenzt. Nur wenige ausländische Touristen bleiben für mehrere Tage hier am Strand oder in der Stadt. Zur Infrastruktur gehören mehrere kleine Restaurants, die Campingplätze *Gazipaşa Belediye Tesisleri* und *Selinus Motel/ Camping.* Beide Plätze haben gleichen Standard: Strandnähe, Swimmingpool, Minimarkt, Restaurant, wenig Schatten, aber recht gute Sanitäranlagen und teilweise Stromanschluß; stündliche Verkehrsverbindungen zum Ort (2 Pers./ Zelt/ Pkw 7 DM).

-▸ Hinter Gazipaşa beginnt eine abenteuerliche, nicht ganz ungefährliche Strecke bis *Anamur*: Steigungen bis zu 15 %, eine schwindelerregende Steilküste zur Rechten und oft waghalsige Fahrer zur Linken machen diese Strecke riskant. Kurz vor Anamur zweigt die Abfahrt zum alten *Anamurium* (→ Umgebung von Anamur) ab.

Anamur

37.500 Einwohner, 50 m hoch,
270 km SO von Antalya

Anamur ist ein ruhiges Marktstädtchen am südlichsten Punkt Kleinasiens. Es liegt etwa 5 km landeinwärts am Hang eines Taurusausläufers, vor einer landwirtschaftlich intensiv genutzten Küstenebene und 1 km nördlich von der Hauptverkehrsstraße Mersin-Antalya. Von dieser Hauptstraße führt eine breite Straße direkt ins Zentrum zu einem Verkehrskreisel; unmittelbar an der Abzweigung liegt übrigens der Bushof. Östlich vom Verkehrskreisel erstreckt sich das Geschäftsviertel, das ausgesprochen provinziell und bescheiden wirkt. Türkische Touristen haben Anamur bereits für sich entdeckt, aber noch merkt man hier vom Fremdenverkehr nicht allzu viel.

Anders sieht es da am Strand aus. Von der Hauptstraße nach Mersin zweigt am Stadtrand in südöstlicher Richtung die Zufahrt zum ca. 3 km entfernten Strandviertel *İskele* ab. Dort ist in jüngster Zeit ein riesiger neuer Stadtteil entstanden, der aus Wohnhochhäusern, Feriensiedlungen, Hotels und Pensionen besteht. Der lange Sandstrand ist jetzt stark bevölkert.

Umgebung von Anamur

♦ Anamurium

Ca. 8 km westlich von Anamur liegt abseits der Hauptstraße in Richtung Antalya das alte *Anamurium* (dt. "windige Zunge"). Seine Gründung datiert auf vorrömische Zeit. Doch erst im 3. Jahrhundert gewann es an Bedeutung. Man begann, das sehr fruchtbare Schwemmland und die für den Handel günstige Lage zum nahen (ca. 70 km) Zypern zu nutzen. Nachdem die Araber Anamurium Mitte des 7. Jahrhunderts zerstört hatten, verließen die Einwohner ihre Stadt. Im 12. und 13. Jahrhundert siedelten hier noch einmal für kurze Zeit Armenier.

Die heutige Ruinenstadt wird langsam für den Tourismus erschlossen. Aber noch sind viele der Gebäudereste von wildem Oleander und Brennesseln überwuchert, liegen gewissermaßen in "Schutt und Asche". Zum Sehenswerten gehören ein kleines Theater, das Hamam, Felsengräber und die Akropolis. In einigen Gebäuden sind schöne Mosaiken erhalten. Sie werden unter einer Sandschicht geschützt gehalten, aber vom Aufseher auf Wunsch freigelegt (Eintritt 2 DM).

Anamur Kalesi

Tip: Badesachen und Sonnenschutz nicht vergessen, denn vor Anamurium liegt ein schöner Kiesstrand!

♦ Anamur Kalesi

..., auch *Mamure Kalesi* genannt, ist eine der schönsten und am besten erhaltenen mittelalterlichen Festungen in der Türkei. Sie liegt auf einer kleinen, felsigen Landzunge, 7 km östlich von Anamur, an der Straße nach Silifke. Errichtet wurde sie im 12. Jahrhundert, zur Zeit des Kleinarmenischen Königreichs. Später wechselten ihre Besitzer: Bis zum 14. Jahrhundert unterstand sie den Königen von Zypern, ab Mitte des 14. Jahrhunderts dem Fürstenhaus der Karamanmoğulları und schließlich, ab 1469, den Osmanen. Diese bauten an der Festung noch bis zum Jahr 1840. Moschee und Minarett im weiträumigen, heute verwilderten Innenhof der Burg wurden als letzte Gebäude errichtet.

Bei der Besichtigung sollte man sich Zeit lassen, denn es gibt viel zu entdecken. Bereits vor dem Eingang findet man unter der alten Steinbrücke einen Biotop, in dem sich drei verschiedene Arten Wasserschildkröten tummeln - leider fast ebenso viele Sorten Plastikflaschen. In der Anlage selbst kann man auf nahezu jeden Turm klettern, an den Wehrmauern entlangspazieren oder Gänge und Räume erkunden. Die Innenräume sind nur vom Tageslicht, das durch die Schießscharten fällt, erhellt. Neben diversen Insektenarten sieht man immer wieder Geckos oder kleine Eidechsen, die sich auf den Steinen sonnen. Nicht viele Touristen kommen hierher, so daß man sich alles in Ruhe ansehen kann (Eintritt einschließlich Parkplatz 2 DM).

Strand schließt sich zu beiden Seiten der Burg an. Wer am Strand entlang nach Anamur-İskele gehen will, muß einen Fluß überqueren. Da er aus den nahen Bergen kommt, ist das Wasser sehr kalt. Es wird im Frühjahr über 1 m hoch. Mittlerweile kann man in Fischerbooten (gegen Bezahlung) das andere Ufer erreichen.

♦ ***Kösekbüklü Mağarası***

Die Tropfsteinhöhle, 11 km von Anamur in der Nähe von Ovabağı, ist dank der guten Ausschilderung leicht zu finden. Eine asphaltierte Straße führt bis an die Höhle. Inzwischen hat sich dort auch eine Gaststätte etabliert, und einige Ferienhütten im Wald sind im Bau. Auf einem Schild vor dem Höhleneingang kann man sich über die Besonderheiten informieren. In den dunklen Gängen sollen angeblich Frauen, die keine Kinder bekommen können, "geheilt" werden (Eintritt 2 DM).

♦ ***Unentdecktes Hinterland***

Schöne Ausflugsziele im Bergland sind die Talsperre *(baraj)*, 15 km von Anamur, *Ala Köprü,* eine Brücke aus dem Jahr 1229, und die Tropfsteinhöhle *Çaltı Mağarası,* 55 km von Anamur in der Nähe des Dorfs Lenger. Man erreicht die Ala-Brücke über die Straße von Anamur nach Ermenek (einige Kilometer vor dem Ort Omançik). Für den Besuch der Tropfsteinhöhle ist es sinnvoll, sich mit mehreren Leuten ein Taxi zu mieten oder das eigene Fahrzeug zu benutzen. Ein ortskundiger Führer ist empfehlenswert.

♦ ***Ermenek***

Sehr interessant ist ein Ausflug nach Ermenek, ca. 120 km nördlich von Anamur. Die Route führt durch die herrliche Gebirgslandschaft des Taurus. Es werden mehrere nur im Sommer bewohnte Dörfer (Sommerdörfer) passiert. Nach 84 km erreicht man *Kazancı*, einen Ort mit viel traditioneller Architektur.

Ermenek ist eine Kleinstadt, die in 1.265 m Höhe unterhalb bizarrer Felsen angelegt ist. Der Ort besitzt neben einer eintönigen Neustadt (unten) auch einen alten Teil (oben), der ausgesprochen reizvoll ist. Enge Gassen und mehrstöckige Taurushäuser mit Holzbalkons bestimmen hier das Bild.

Ermenek war im 14. Jahrhundert Residenz des Turkstammes der Karamanoğulları. Aus dieser Zeit stammen einige interessante Moscheen - so die *Akça Mescit* (1300) und die *Ulu Cami* (1302), beide mit kunstvoll gearbeiteten Portalen. Sehenswert ist ferner die *Tol Medrese* (quadratischer Hof, Mausoleum des Stifters Musa Bey).

Es gibt in Ermenek mehrere Restaurants und einfache Hotels. Busse/ Minibusse verkehren nach Mut (recht häufig), Gülnar, Silifke, Mersin und Anamur (Minibus via Kazancı).

Strände

Zu beiden Seiten des Piers in İskele schließen sich kilometerlange Sand- und Kiesstrände an. In İskele selbst ist der Strand ziemlich schmutzig. Man findet nicht nur Anschwemmungen wie Ölklümpchen, sondern auch diverse Hinterlassenschaften von Strandbesuchern. Einige Kilometer außerhalb von İskele wird es besser.

Touristeninformation

Bulvar Cad., 42/ B, Tel. 814 35 29, in der Straße, die am Bushof abzweigt, auf der linken Seite; geöffnet im Sommer tgl. 8 - 12, 13 - 17 Uhr, im Winter Mo bis Fr zu den gleichen Zeiten; das Personal hält wenig Informationsmaterial bereit.

Übernachten

Anamur-Stadt

▸ *Güven Turistik Pansiyon,* Otogar Civarı, Temel Egitim Sok., Tel. 814 12 18, saubere Pension mit großen Zimmern, nicht alle mit Du/WC; Kochgelegenheit. EZ 12 DM, DZ 16 DM, Frühstück auf Wunsch.

▸ *Palmiye Pansion,* Bulvar Cad., gegenüber vom Bushof, Tel. 814 34 25, nicht alle Zimmer mit Du/WC; kleine Küche und Waschmaschine; Fahrradverleih für 7 DM/ Tag. EZ 12 DM, DZ 16 DM.

▸ *Anahan Otel,* Tahsın Soğlu Cad. 109, Tel. 814 35 11, Fax 814 10 45, alle Zimmer mit Du/WC, Restaurant, Bar, Swimmingpool, passable Mittelklasse. EZ 40 DM, DZ 60 DM.

İskele (am Strand)

Zahlreiche Hotels und Pensionen gibt es an der İnönü Caddesi, der Hauptstraße, die parallel zum Meer verläuft.

▸ *Metin Pansiyon,* Manolya Sok. 9, Tel. 816 61 42, alle Zimmer mit Du/WC und Balkon, große Zimmer, Dachterrasse. EZ 12 DM, DZ 18 DM, mit Frühstück.

▸ *Pansiyon Gündoğmuş,* Adnan Menderes Cad. 12, Tel. 814 23 36, nicht alle Zimmer mit Du/WC und Balkon, Dachrestaurant. DZ ab 16 DM, Frühstück auf Wunsch.

▸ *Hotel Dolfin,* Tel. 814 34 35, alle Zimmer mit Du/WC und Balkon, Dachterrasse, Restaurant, Mittelklassehotel. EZ 18 DM, DZ 23 DM, mit Frühstück.

▸ *Star Pansiyon,* İskele Mah., İnönü Cad., Tel. 816 46 05, einfach eingerichtet, sehr schöne Dachterrasse mit Blick auf das nur 50 m entfernte Meer. DZ mit Du/WC 18 DM.

▸ *Hermes Hotel,* am Strand, Tel. 814 39 50, Fax 814 39 95, bestes Hotel von Anamur, mit Swimmingpool. EZ 45 DM, DZ 65 DM, mit Frühstück.

▸ *Anemonia Hotel,* in der Nähe von Hermes Hotel, Tel. 814 40 00, Fax 814 14 43, fast gleicher Standard wie *Hermes Hotel*.

▸ *Yalı Camping,* westlich von İskele, Tel. 814 34 74, am Meer, Restaurant, Fahrradverleih, auch Bungalows, bis auf die Meeresseite total von Betonbauten umgeben.

▸ *Aslıhan Pension & Camping,* westlich von den Neubauvierteln, nicht zugebaut, am schönen Sandstrand, auch über ein Sträßchen erreichbar, das am Westrand von Anamur von der Straße in Richtung Antalya abzweigt.

▸ *Ünlüselek Mocamp,* Tel. 814 19 73, im Neubauviertel, in der Nähe von *Yalı Camping,* mit parkplatzähnlichem, wenig schattigem, staubigem Campingplatz. Hotel DZ 23 DM, mit Frühstück, Camping 2 Pers./ Zelt/ Kleinbus 7 DM.

▸ *Pullu Camping* (Alpullu Orman İçı Dinleme Yeri), an der Haupstraße nach Silifke (Nähe Burg), Tel. 814 11 05, direkt am Meer, mit schattenspendenden Bäumen und schmalem Strand, Restaurant und Minimarkt, insgesamt ein schöner Platz. Empfehlenswert! 2 Pers. / Zelt/ Kleinbus 8 DM.

An der Burg von Anamur

In der Umgebung gibt es mehrere einfache Pensionen (u.a. *Mamure Pension* direkt gegenüber der Burg), wobei zu bedenken ist, daß diese vom Lärm der stark befahrenen Hauptverkehrsstraße Mersin-Antalya betroffen sind.

▸ *Karan Motel,* ca. 0,5 km östlich von der Burg, am Strand, Tel. 827 10 27, Fax 827 13 49, mit Restaurant, mittlere Kategorie. EZ 30 DM, DZ 45 DM.

▸ *Dikilitaş Alpullu Orman Içı Dinlenme Yeri,* Campingplatz 1,5 km östlich von der Burg, unterhalb breitet sich Sandstrand aus.

Essen und Trinken

Um den Cumhuriyet Meydanı und den Atatürk Bulvarı gibt es einige gute Lokantas, ebenso am Strand von İskele. Fischgerichte sind etwas teurer, da es nicht mehr viele Fische vor der Küste Anamurs gibt.

Einkaufen

Zweimal in der Woche wird ein Obst- und Gemüsemarkt abgehalten: mittwochs in der Nähe des Krankenhauses und freitags oberhalb vom Cumhuriyet Meydanı. Täglich findet ein Gemüsemarkt einige hundert Meter nördlich der Post an einer Kreuzung statt. Auch in der Tahsin Soğlu Caddesi befinden sich einige Geschäfte.

Treffpunkt

Das Leben auf den Straßen in Anamur und İskele beginnt erst nach Einbruch der Dunkelheit. In der Stadt bummelt man am Cumhuriyet Meydanı und in dessen Seitenstraßen, in İskele am Pier.

Türkisches Bad

▸ *Saray Hamamı,* Tahsın Soğlu Cad., Sehra Marunyeli Sok., ein einfaches türkisches Bad, geöffnet tgl. 6 - 23 Uhr; Frauen haben nur zu bestimmten Zeiten Zutritt (bei Touristeninformation nachfragen!).

Nützliche Adressen und Telefonnummern

Vorwahl: 757
Polizei: 155
Krankenhaus: 814 10 86
Busgesellschaften: Anamurlular (örtliche Gesellschaft) 824 10 73, Akdeniz Tour 814 15 22, Kamil Koç 814 10 88
Taxi: İskele Taksi 661 28
Englisch sprechender Arzt: Dr. Abdullah Çelik, Atatürk Bul., Tel. 814 20 03

Leihfahrzeuge

▸ *Taurus Rent a Car,* in İskele neben Star Pansiyon, Tel. 816 39 86, verleiht Mountainbikes (11 DM/ Tag), Motorroller und Motorräder.

Verkehrsverbindungen

Dolmuş: Alle halbe Stunde verkehrt ein *dolmuş* zwischen Anamur-Zentrum und İskele. Außerdem besteht eine Verbin-

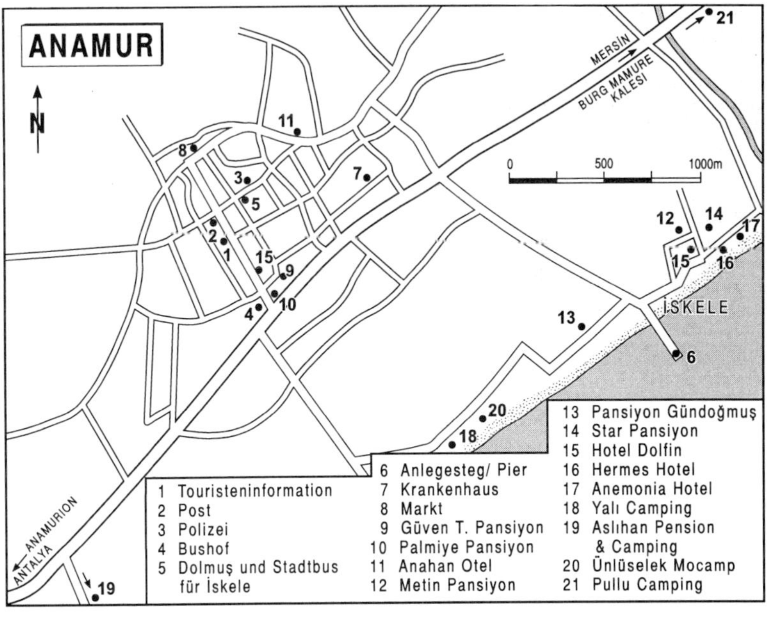

dung nach Ovabası zur *Kösekbükü Mağarası.* Zu *Softa Kalesi* und nach Yenikaş muß man einen Bus vom Bushof aus nehmen.
Stadtbus: Der Stadtbus verkehrt zwischen Anamur und İskele/ Siteler in halbstündigem Rhythmus. Außerdem besteht eine weitere Linie zwischen Anamur Kalesi und der Stadt.
Bus: Vom Bushof an der E 87 fahren häufig Busse nach Adana, Mersin, Antalya sowie mehrmals täglich nach Konya, İzmir und İstanbul.

-▸ Hinter Anamur kommt in Richtung Osten nach wenigen Kilometern die gleichnamige Burg (→ Umgebung von Anamur). 25 km östlich von Anamur ist bei der Ortschaft Bozyazı die Abfahrt zur Burgruine *Softa Kalesi*. Die Burg auf dem Berggipfel stammt aus byzantinischer Zeit. Der Feldweg, der hinaufführt, ist nur mit einem Geländewagen zu befahren; ansonsten geht es zu Fuß. Der Aufstieg - wenn auch etwas beschwerlich - lohnt sich, denn der Ausblick bei schönem Wetter ist grandios.

Die Hauptroute führt vorbei an *Yenikaş*, 50 km östlich von Anamur. Die Besonderheit dieses Orts sind die zahlreichen Plantagen, auf denen Bananen, Paprika, Tomaten, Auberginen und Peperoni gedeihen. Gemüse wird auch in Gewächshäusern angebaut. Bei *Gözce*, wo ein schöner Strand unterhalb der Steilküste liegt, führt die Straße ins Landesinnere.

Aydıncık

7.000 Einwohner

Etwa 86 km westlich von Silifke liegt an einer Bucht der kleine Küstenort *Aydıncık*, in dem nun auch der Tourismus Fuß faßt. Er scheint nur aus Treibhäusern und einem kleinen Hafen, wo Fischer- und Segelboote vor Anker liegen, zu bestehen. In der Nähe ist das antike *Kelendiris* (auch: Gilindire), eine phönizische Siedlung aus dem 5. Jahrhundert v. Chr., von der allerdings nicht mehr viel zu sehen ist.

Wer in Aydıncık einen Badestopp einlegen, aber nicht direkt an der Straße baden will, fährt beim Schild "İncekum Orman İçi Dinlenme Tesisleri" an der östlichen Ortsausfahrt ab. Nach einer Fahrt auf Schotterpiste (ca. 1 km) trifft man auf zwei hintereinanderliegende, nicht sehr überlaufene Sandbuchten.

♦ Gülnar

In Aydıncık besteht die Möglichkeit, in den Bergort *Gülnar* zu fahren, 68 km westlich von Silifke. Die Umgebung ist sehr schön zum Wandern. Zu den Attraktionen des Orts zählen die Überreste der hethitischen Burganlage *Meydancık Kalesi* und im nahen *Sütlüce* einige alte Gräber.

Yanışlı Sipahılı

Über *Büyükeceli* (ehemals Ovacık), 40 km westlich von Silifke, ist nach 8 km *Yanışlı Sipahılı* zu erreichen. Die früher sehr waldreiche Landschaft bei Büyükeceli ist in vielen Bereichen Bränden zum Opfer gefallen. Vier Badebuchten mit Kiesstränden blieben davon verschont. Eine Zufahrtsmöglichkeit zur ersten Bucht besteht, von Anamur kommend, bei der Ausschilderung "Liman Kalesi". Auf der gegenüberliegenden Halbinsel *Marawat* stand einst eine Burg aus der Zeit der Kreuzritter.

Hacıshaklı Köyü

... liegt dort, wo viele Karten den größeren Ort *Ovacık* eingezeichnet haben, der aber einige Kilometer weiter westlich und nicht am Meer liegt. Deshalb verirren sich ab und zu Touristen hierher; sie sind - je nachdem aus welcher Richtung sie kommen - zu früh oder zu spät aus dem Bus gestiegen.

Bis vor wenigen Jahren war dieses Dorf, 38 km westlich von Silifke, ein verschlafenes Nest. An dem 2 km langen Kiesstrand befand sich lange Zeit nur ein einfacher Campingplatz, der in jüngster Zeit größeren Objekten weichen mußte: Zunächst kam ein Mittelklassehotel, dann eine große Feriensiedlung. Weitere Projekte befanden sich im Frühjahr 1997 im Rohbau.

Boğsak

... liegt an einer wunderbaren, unverbauten Bucht mit einem Strand aus feinstem Sand. An dem ca. 500 m langen und 30 m breiten Strand herrscht im Sommer reger Badebetrieb. Wenn man der ausgeschilderten Abfahrt zu *Liman Kalesi*, 1 km östlich von Boğsak, folgt, findet man auf einer Halbinsel in der Nähe der Burgruinen eine schöne Badebucht. Hier gibt es klares Wasser, Kies- und Felsenstrand sowie einige schattenspendende Bäume - auch zum Campen gut geeignet.

An Übernachtungsmöglichkeiten gibt es in Boğsak den *Campingplatz Boğsak*, das *Boğsak Motel* (Mittelklasse) und einfache Pensionen. Auch Lebensmittelgeschäfte sind im Ort.

–▸ Die Straße zwischen Boğsak und Taşucu führt durch eine waldreiche Landschaft immer am Meer entlang. Zwischendurch finden sich immer wieder einige Buchten zum Campen.

Taşucu

5.000 Einwohner, 11 km W von Silifke

Der Hafenort liegt an einer verbauten, nicht gerade sauberen Bucht. Von hier bestehen regelmäßige Schiffsverbindungen nach Zypern (trk. *Kıbrıs*). Siehe dazu → Verkehrsverbindungen.

Touristeninformation

Gümrük Mey. 18/A, nahe der Abfahrt der Fährschiffe, Tel. 324-741 42 34.

Übernachten

▸ *Touristik Tuğran Pansiyon,* Sahil Yolu 3, Tel. 324-741 44 93, einige 100 m östlich des Hafens am Meer, 50 m vom Strand entfernt, Zimmer mit Du/WC, einfach und sauber. DZ 20 DM, mit Frühstück.

▸ *Holmi Pansiyon,* der Tuğran Pansiyon benachbart, Tel. 324-741 23 21, hat etwa denselben Standard und Preis wie Tuğran.

▸ *Lades Motel,* Tel. 324-741 40 08, reichlich verwohntes Mittelklassehotel, aber mit Meerblick, Swimmingpool und Restaurant. EZ 30 DM, DZ 45 DM, mit Frühstück.

Im Hinterland

Verkehrsverbindungen

Von Taşucu besteht ein reger Fährverkehr mit Kyrenia (Girne) im Norden Zyperns. Fahrkarten für die Schiffspassage gibt es im Bushof von Silifke und in den Hafenbüros von Taşucu. Neben dem Fahrpreis ist eine Hafentaxe (30 DM) zu bezahlen. Zur Auswahl stehen die schnellen *Seebusse* (Luftkissenboote, Tragflächenboote) und die vergleichsweise langsamen traditionellen *Fährschiffe*, die auch Autos mitnehmen.

Schnelle Verbindungen

▸ *Ermal Denizcilik,* Tel. 741 42 11: Seebus, Abfahrt tgl. 11 Uhr, Dauer 1,5 Stunden, einfache Fahrt 22 DM, Hin- und Rückfahrt 42 DM.

▸ *Fergün Express,* Atatürk Cad., Tel. 741 23 23, Fax 741 28 02: ebenfalls schnelles Boot tgl. um 11 Uhr, gleicher Preis wie für Seebus.

Langsame Verbindungen

▸ *TML (Turkish Maritime Lines),* Tel. 741 47 85: Fährschiff *MV Ayvalık,* Abfahrt So bis Do 24 Uhr, Ankunft in Kyrenia am nächsten Morgen gegen 7.30 Uhr.

▸ *Ertürk,* Tel. 741 40 33, Fax 741 43 25: *MV Ertürk I*, kann 400 Passagiere und 20 Autos an Bord nehmen, großes Fährschiff, Abfahrt So bis Do 24 Uhr, Ankunft in Kyrenia jeweils am nächsten Morgen gegen 7.30 Uhr; Fahrpreis 21 DM pro Passagier und 100 DM pro Auto.

▸ *Fergün,* Tel. 741 23 23, Fax 741 28 02: Autofähre *MF Fatih,* Abfahrt zu den gleichen Zeiten und an denselben Tagen wie Ertürk I.

Silifke

50.000 Einwohner, 50 m,
81 km SW von Mersin

Die zur Provinz *Içel* gehörende Bezirksstadt liegt ca. 10 km vom Meer entfernt auf einem äußerst fruchtbaren Schwemmlandkegel von *Göksu Nehri*, zu beiden Seiten des breiten Flusses, über den zwei Brücken führen. Im Nordwesten wird die Stadt von einer mächtigen Burg überragt. Ihr Umland zählt zum Hauptanbaugebiet für Erdnüsse in der Türkei. *Silifke* liegt zudem an der wichtigen Küstenstraße von Mersin nach Antalya, die am Südrand der Stadt entlangführt. Repräsentativste Straße im Zentrum ist die Atatürk Caddesi auf dem nördlichen Flußufer. Der Bushof befindet sich am Südostrand direkt neben der Abzweigung der İnönü Caddesi, der Hauptstraße im Südteil der Stadt.

Silifke ist kaum auf Tourismus eingestellt; es ist einen Besuch wert, zumal auch die Umgebung Silifkes reich an Natur- und Kulturschätzen ist.

Geschichte

Zeugnisse einer ersten Besiedlung in diesem Raum gehen bis auf das 7. Jahrhundert v. Chr. zurück. Die heutige Stadt liegt an der Stelle des antiken *Seleukeia*, im 4. Jahrhundert v. Chr. gegründet. Als Handelsmetropole und Straßenknotenpunkt im östlichen Mittelmeerraum spielte sie bis in die römische Zeit eine bedeutende Rolle. *Göksu Nehri,* an dessen Mündung sie liegt, wurde durch *Friedrich Barbarossa* (Artikel "Das Schicksal eines Kaisers") bekannt, der in diesem Fluß 1190 während eines Kreuzzuges ertrank.

Sehenswürdigkeiten

Auf dem Hügel im Westen der Stadt, wo in der Antike eine Akropolis war, liegt die Kreuzfahrerfestung **Silifke Kalesi**. Die zinnengekrönten Burgmauern und die Ruinen eines Palastes sind recht gut erhalten. Am Südabhang der Burgruine und auf den Nachbarhügeln liegen Friedhöfe mit zahlreichen Sarkophagen und Felsengräbern.

Vom **Jupiter-Tempel**, der auf das 11. Jahrhundert zurückgeht, sind nur noch die Grundmauern und Teile von Säulen erhalten. Ebenfalls eher unbedeutend sind die Überreste einer **Zisterne**.

Die **Taş Köprü** (Steinbrücke) aus dem Jahr 78 wurde inzwischen mehrmals restauriert, so daß fast nichts Ursprüngliches mehr übrig ist.

Umgebung von Silifke

♦ Meriamlik

In *Meriamlik*, 5 km südlich von Silifke, in frühchristlicher Zeit populäres Pilgerziel, weil sich hier das Grab der heiligen Thekla befindet, kann man sich noch ein wenig in die Anfänge des Christentums zurückversetzen. Hier hatte die Schülerin des Apostels Paulus in einer Höhle gelebt. Ende des 2. Jahrhunderts wurde eine dreischiffige unterirdische Kirche errichtet, die Grab und Höhle einbezog. Dieses Bauwerk, dessen Decke dorische Säulen tragen, ist noch recht gut erhalten und kann auch besichtigt werden.

Knapp hundert Jahre später legte man dann über der Höhlenkirche, die als Krypta einbezogen wurde, eine große Basilika (90 x 90 m) an. Die Basilika, in deren Umfeld es mehrere Zisternen gab, war nach dem Vorbild antiker heiliger Bezirke von einer Mauer umgeben. 150 m nordöstlich stand unterhalb dieser Hauptanlage und außerhalb der Mauer die Zenon-Basilika, deren Architektur sehr untypisch war; z.B. besaß sie einen elliptischen Vorhof und einen quadratischen Zentralbau mit einem pyramidenförmigen Holzdach.

♦ Göksu-Delta

Am Westrand des *Göksu-Deltas* breitet sich eine kilometerlange und -breite Sand- und Dünenlandschaft aus. Es ist eine flache Landzunge, die durch Ablagerungen des Göksu entstanden ist. Die Weitläufigkeit der Landschaft garantiert nahezu Einsamkeit. Landeinwärts schließt sich die Lagune von *Akgöl* an. Dieses Gebiet aber sollte man im Interesse mehrerer bedrohter Vogelarten nicht betreten. Die weitläufige Landzunge ist schwer zu finden und wird wohl deshalb wenig besucht. Zur besseren Orientierung: Einige Kilometer östlich von Taşucu steht eine Papierfabrik (Kağıt Fabrikası). Am Ostzaun dieses Fabrikgeländes fährt man zwischen dem Zaun und einem Kanal auf einer Straße dicht ans Meer und überquert das fast ausgetrocknete Bett des Kanals über eine schmale Brücke. Danach hält man sich weiter auf der Straße, die nun zwischen einer Feriensiedlung und dem Strand nach Osten führt. Sie geht in eine gut befahrbare Piste über. Dort, wo diese schmal

Das Schicksal eines Kaisers

Über die Art und Weise, wie *Kaiser Friedrich Barbarossa* in den Fluten des Göksu starb, gibt ein Gedenkstein, den die Bundesregierung 1971 hier aufstellen ließ, Auskunft: Barbarossa ertrank im Fluß, als er "an der Spitze seines Heeres auf dem Weg nach Palästina" war.

Die Touristeninformation von Silifke weiß es genauer. Auf einem Informationsblatt ist nachzulesen: "Im Schatten des bewaldeten Steilufers machten die Männer Rast und frühstückten. Die Gefahren und Hindernisse Anatoliens mit all ihren Strapazen lagen hinter ihnen. Nur noch acht Kilometer Ritt auf bequemen Waldwegen trennten sie von Silifke. Der 10. Juni 1190 war ein sehr heißer Tag. So ging Kaiser Friedrich Barbarossa in Begleitung einer seiner Ritter noch einmal in den Fluß, um zu baden. Er hatte die Mitte des Wassers erreicht, als er plötzlich seinen Begleiter zur Hilfe rief und vor den Augen seines entsetzten Gefolges versank. Mehrere Ritter stürzten ihm nach, konnten ihn fassen und zogen den Kaiser ans Ufer, wo man ihn niederlegte. Es war zu spät. Friedrich Barbarossa war tot".

Uzuncaburç

wird, sollte man den Wagen abstellen. Von hier aus bietet sich eine kilometerlange Wanderung am Strand bis zum Leuchtturm an der Spitze des Kaps an. Natürlich kann man hier auch sehr gut und ungestört baden. Ein unbedingt lohnender Ausflug!

♦ *Ala Han*

95 km nördlich von Silifke liegt an der Straße nach Konya das Kloster *Ala Han* auf einer Terrasse am Hang des Göksu-Tals. Von der Hauptstraße zweigt die Stichstraße ab, und nach 2 km ist man am Ziel.

Viele Gebäude des Komplexes stammen aus dem 5. Jahrhundert. Zum Sehenswerten gehören die *Kirche der Evangelisten* mit einem noch erhaltenen Altar und einigen Reliefs, ein *Baptisterium* und die teilweise in den Felsen gehauene *Ostkirche*. Für kunsthistorisch weniger Interessierte lohnt ein Ausflug zur Klosterruine nicht.

♦ *Al Oda*

Direkt gegenüber der Abzweigung zum Kloster Ala Han beginnt an einem Lokanta der Wanderpfad zu *Al Oda*, einer Grotte mit schöner Malerei, Mosaiken und einem Sarkophag. 'Die Aussicht von hier auf das Göksu-Tal ist phantastisch. Der Fußweg, der etwa eine Stunde (einfacher Weg) dauert, ist nur mit einem Führer zu machen, da der Pfad schlecht zu finden ist. Im Lokanta sollte man nachfragen!

♦ *Mut*

Dieser Ort liegt im Taurus-Gebirge, 75 km nördlich von Silifke. In der Nähe stand einst die antike Siedlung *Claudiopolis*. Heute wird *Mut* von der mittelalterlichen Burganlage *Mut Kalesi* überragt, deren großer Rundturm gut erhalten ist. Ebenfalls sehenswert sind *Lal Ağa Camii* aus dem 14. Jahrhundert und eine alte Brücke. Auf der Fahrt dorthin hat man von der Höhe über dem Göksu-Tal einen einzigartigen Blick auf die Küstenebene.

In Mut gibt es mehrere einfache Hotels und Restaurants, auch Läden. Überdies besteht eine gute Busverbindung nach Silifke, Karaman/ Konya und Ermenek.

♦ *Uzuncaburç*

Uzuncaburç ist das antike *Olba*, 30 km nördlich von Silifke, abseits der Straße nach *Kirobası* (auch Mara). Die Ruinen der Siedlung aus dem 2. Jahrhundert v. Chr. liegen auf einem felsigen Plateau in 1.184 m Höhe. Da sie gut erhalten sind, lohnt sich ein Ausflug. Sehenswert sind ein fünfstöckiger *Wehrturm* (22,50 m hoch), ein gut erhaltenes, dreibogiges *Stadttor* und eine *Säulenstraße* aus hellenischer Zeit, an deren Beginn eine Art Triumphbogen stand. Außerdem gehören zur Ruinenstätte ein *Theater*, heute bewachsen mit Bäumen, eine byzantinische *Kirche,* ein *Zeus-Tempel* (300 v. Chr.) mit 24 noch aufrecht stehenden Säulen, von denen einige noch das Kapitell tragen,

Blick in das Tal des Göksu Nehri

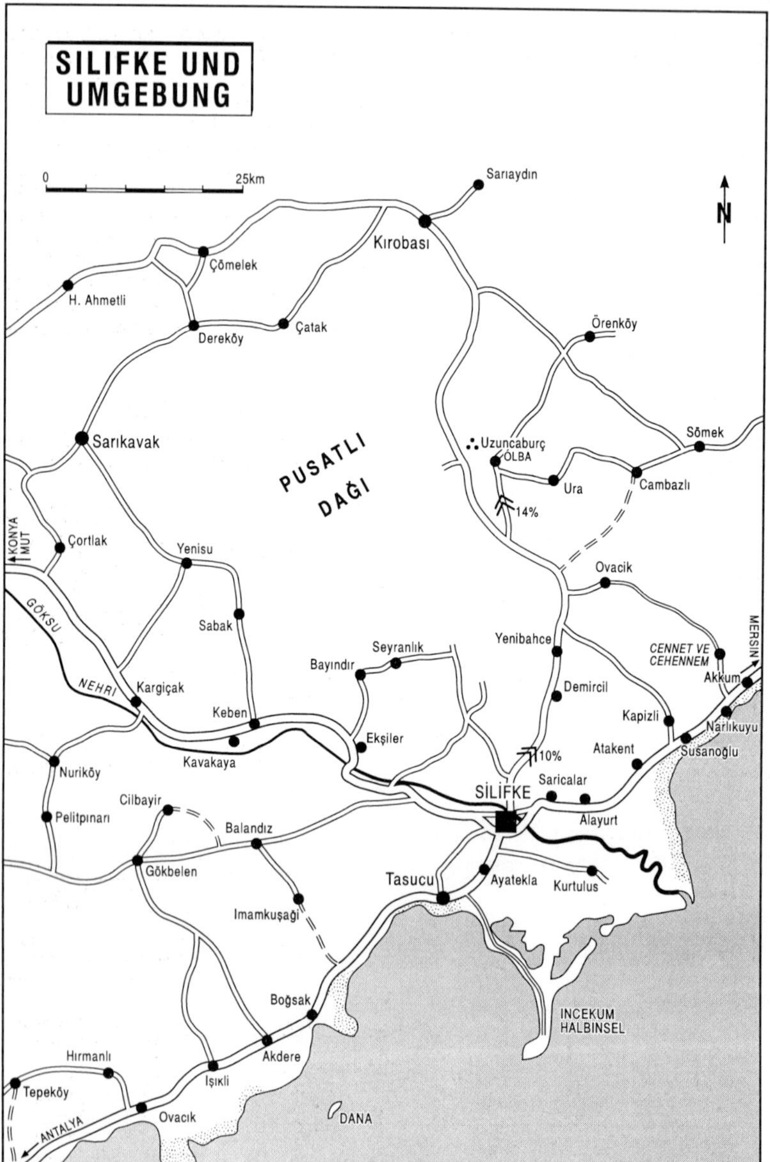
SILIFKE UND UMGEBUNG
0
25km
N
Sarıaydın
Kırobası
Çömelek
H. Ahmetli
Dereköy
Çatak
Örenköy
Sömek
Sarıkavak
PUSATLI DAĞI
Uzuncaburç
OLBA
Ura
Cambazlı
14%
KONYA MUT
Çortlak
Yenisu
Ovacik
GÖKSU
Sabak
Yenibahce
CENNET VE CEHENNEM
MERSIN
Seyranlık
Bayındır
Akkum
NEHRI
Kargiçak
Demircil
Keben
Kapizli
Narlıkuyu
Ekşiler
Kavakaya
10%
Atakent
Susanoğlu
Nuriköy
Saricalar
SİLİFKE
Cilbayir
Pelitpınarı
Alayurt
Balandız
Gökbelen
Tasucu
Ayatekla
Kurtulus
Imamkuşaği
Boğsak
INCEKUM HALBINSEL
Akdere
Hırmanlı
Işıkli
Tepeköy
Ovacık
DANA
ANTALYA
Büyükeceli

der *Tyche-Tempel* mit einer sehenswerten Giebelseite und etwas außerhalb eine *Gräberanlage*. Ein weithin sichtbarer *Grabturm* gehört ebenfalls zur weitläufigen Anlage. Es handelt sich dabei um ein hellenisches Denkmal im dorischen Stil.

Vom Wehrturm (s.o.) führte früher eine gepflasterte Straße nach Osten in das Tal von *Urla*. Hier lag eine zweite Stadt, von der nur unbedeutende Ruinen von Kirchen, Häusern, Gräbern und einer Wasserburg zu sehen sind.

Damals wie heute haben die Dorfbewohner mit Wasserknappheit zu kämpfen, denn der Ort ist nicht an die öffentliche Wasserversorgung angeschlossen. So sammeln sie jeden Tropfen Regen in Zisternen und hoffen, daß das Wasser bis zum Herbst reicht. Mit Weinbau, Weben von Kelims, Verkauf von Postkarten und bestickten Kopftüchern an Touristen sichern die Menschen ihre bescheidene Existenz.

Ein Minibus kommt täglich von Silifke nach Uzuncaburç, fährt jedoch erst am nächsten Tag wieder zurück. Unterkünfte gibt es im Ort nicht. Bereits für zwei Personen organisiert die Touristeninformation Fahrten zur antiken Stadt mit zweistündigem Aufenthalt; die Preise liegen bei rund 40 DM, egal ob für zwei Personen oder die komplette *dolmuş*-Besetzung. Alternative dazu ist das Taxi.

Touristeninformation

Veli Gürten Bozbey Cad. 6, Tel. 714 11 51, geöffnet im Sommer tgl. 8 -

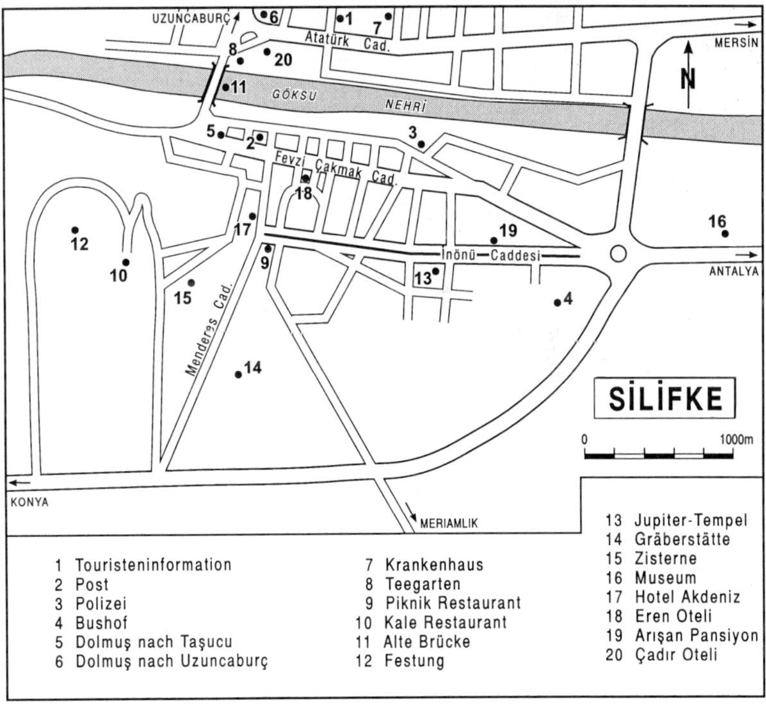

1 Touristeninformation
2 Post
3 Polizei
4 Bushof
5 Dolmuş nach Taşucu
6 Dolmuş nach Uzuncaburç
7 Krankenhaus
8 Teegarten
9 Piknik Restaurant
10 Kale Restaurant
11 Alte Brücke
12 Festung
13 Jupiter-Tempel
14 Gräberstätte
15 Zisterne
16 Museum
17 Hotel Akdeniz
18 Eren Oteli
19 Arışan Pansiyon
20 Çadır Oteli

12, 13 - 17 Uhr, im Winter Mo bis Fr zu gleichen Zeiten; das Personal, das etwas Deutsch versteht, verteilt ausführliches Informationsmaterial in mehreren Sprachen.

Übernachten

In Silifke gibt es einige einfache Hotels; die besseren davon sind:

▸ *Hotel Akdeniz,* Menderes Cad. 76, Tel. 714 12 85, im Stadtzentrum, Zimmer klein und einfach eingerichtet, sauber. Zimmer mit und ohne Du/WC. DZ mit Du/WC 14 DM, auch EZ.

▸ *Eren Oteli,* Ziraat Bankası Arkası, in einer Seitenstraße der İnönü Cad., Tel. 714 20 59, einige Zimmer auch mit Du/WC und Balkon, für einfache Ansprüche. DZ mit Du/WC 22 DM.

▸ *Arışan Pansiyon,* Saray Mah., İnönü Cad. 89, nahe Bushof, Tel. 714 33 31, ordentliche Zimmer. EZ 13 DM, DZ 27 DM, mit Du/WC.

▸ *Çadır Oteli,* Gazi Mah., Stadtzentrum Nordufer, Atatürk Cad. 8, neben der Touristeninformation, Tel. 714 35 35, alle Zimmer mit Du/WC, untere Mittelklasse, aber bestes Hotel am Ort, große Terrasse mit Blick auf den Göksu, Restaurant. EZ 20 DM, DZ 30 DM, DRZ 36 DM.

Essen und Trinken

Ein schattiger Teegarten liegt nördlich der alten Steinbrücke. Von den Restaurants der Stadt sind folgende zu empfehlen:

▸ *Piknik Restaurant,* İnönü Cad. 28, bestes Restaurant in der Stadt, dementsprechend sind die Preise, bietet Fisch- und Fleischgerichte.

▸ *Kale Restaurant,* an der Burg von Silifke hoch über der Stadt, ist abgesehen vom guten Essen auch wegen der schönen Aussicht zu empfehlen.

Tip: In Silifke wird *adaçay,* ein Salbeitee, viel getrunken. So ist er auch in jedem Teegarten zu haben. Außerdem gibt es in der Region eine besondere Art von blätterteigartigen *börek*: *sıkma börek*, ein hauchdünner Teig, gerollt und mit Käse gefüllt.

Einkaufen

In der Atatürk Caddesi und bei der Post gibt es moderne Supermärkte. Außerdem findet montags und freitags ein Markt statt, dessen Standort wechselt (daher am besten in der Touristeninformation nachfragen).

Feste

Jährlich findet zwischen Mitte und Ende Mai ein *Musik- und Folklorefest* mit Umzug statt.

Nützliche Telefonnummern

Vorwahl: 324
Polizei: 714 10 97
Notruf: 155
Krankenhaus: 714 11 59
Bushof: 714 18 54

Verkehrsverbindungen

Dolmuş: Morgens fährt an der Ecke Atatürk Caddesi in Richtung Uzuncaburç ein Minibus, der am anderen Tag nach Silifke zurückkehrt.

Ein *dolmuş* nach Taşucu fährt alle 20 Minuten südlich der "Alten Brücke" ab (bis 19.30 Uhr).

Der Stadtbus nach Kızkalesi fährt alle 15 Minuten bis ca. 18 Uhr am Bushof ab. In der Atatürk- und İnönü Caddesi kann man zusteigen.

Nach Çennet ve Çehennem gibt es von Silifke keine direkte Verbindung. Man kann jedoch mit dem Bus nach Kızkalesi fahren, allerdings vorher an der beschilderten Abzweigung aussteigen. Von hier sind es noch ca. 2 km zu Fuß.

Susanoğlu erreicht man ebenfalls mit dem Bus in Richtung Kızkalesi. Nach Kanlıdivane kommt man mit dem Überlandbus, der Mersin oder Kumkuyu anfährt. Zu allen anderen Orten der Umgebung bestehen mit öffentlichen Verkehrsmitteln nur schlechte Verbindungen.

Zur Burg von Silifke kann man nur mit dem Taxi fahren oder zu Fuß gehen (ca. 45 Minuten).

Bus: Vom Bushof im Westen der Stadt gibt es sehr häufig Direktverbindungen nach Mersin/ Adana, Antalya, Konya sowie täglich auch mehrere Verbindungen nach Ankara und İstanbul. Gute Verbindungen bestehen auch nach Ovacık und Aydıncık.

–▸ Von Silifke kann man auch nach *Konya* in Zentralanatolien fahren. Die Route führt an der Küste nach Osten über *Susanoğlu,* vorbei an *Çennet ve Çehennem,* durch den Ort *Kızkalesi* bis zur Abzweigung nach *Kanlıdivane*.

Susanoğlu

Am Ostrand der Göksu-Ebene liegt in einer stark versandeten Bucht dieses Städtchen mit einem weiten Sandstrand, vielen Ferienwohnungen und regem einheimischem Wochenendtourismus. Etwas weiter nach Osten hat sich an einer sandigen Bucht *Club Scandinavia* etabliert.

Übernachten

▸ *Altınorfoz Banana Hotel,* Tel. 324-722 42 11, Haus mit Vier-Sterne-Standard zu guten Tarifen. EZ 65 DM, DZ 85 DM.

Narlıkuyu

Im Dorf *Narlıkuyu*, unterhalb der Küstenstraße, 21 km östlich von Silifke, stellt ein kleines Museum unter anderem Mosaiken aus einem römischen Badehaus aus. Sie zeigen die drei göttlichen Schönheiten *Hera, Aphrodite* und *Athena* sowie eine Inschrift mit der Prophezeiung, daß alle, die aus besagter Quelle trinken, sowohl schöner als auch klüger würden und auch ein längeres Leben zu erwarten hätten. Neben dem Museum besteht der Ort gewissermaßen nur aus Fischrestaurants. Sie liegen am kleinen Hafen.

♦ Çennet ve Çehennem

Ca. 2,5 km vom Ort *Narlıkuyu* entfernt liegen abseits der Küstenstraße die Grotten *Çennet ve Çehennem*, zu deutsch *Himmel und Hölle* (Eintritt 2 DM). Wer nicht zu Fuß gehen will, kann mit dem Taxi fahren.

Die obere Grotte, "Hölle" genannt, ist nicht zugänglich. Ein zweites Erdloch, ca. 250 x 90 m groß und 60 m tief, ist der "Himmel". Stufen führen zum Eingang der *Typhon-Höhle*, die alljährlich eine große Schar von Besuchern anzieht. Vor dem Höhleneingang steht die Ruine einer Kapelle mit gut erhaltenen Wandmalereien. Der tiefste Punkt der Höhle liegt 135 m unterhalb des Parkplatzes. Hier fließt ein unterirdischer Fluß, der über einige Meter zu sehen ist (nicht im Sommer!). An mehreren Stellen tritt er beim Ort Narlıkuyu wieder ans Tageslicht. Sein eiskaltes Wasser soll Frauen Fruchtbarkeit bringen. Der Großteil der Typhon-Höhle wird mittlerweile elektrisch beleuchtet. Nur für den untersten Teil benötigt man eine Taschenlampe. Vorsicht auf dem glitschigen Boden der Höhle! In den Sommermonaten, wenn das Flußbett ausgetrocknet ist, kann man bis zu der Stelle gehen, wo das Wasser im Gestein verschwindet. Dort hört man deutlich den starken Luftzug, der in den Gängen des Karstsystems unheimliche Töne erzeugt.

Oberhalb der Grotte haben sich touristische Einrichtungen etabliert: Restaurant und Café, Souvenir- und Teebuden. Tee wird übrigens überall, sogar am Höhleneingang von einem "fliegenden Händler", ausgeschenkt.

300 m nördlich des Parkplatzes befindet sich die *Astim Dilek Mağarası*. Zur Tropfsteinhöhle führt eine Wendeltreppe. Der ca. 200 m lange Höhlengang ist beleuchtet. Leider sind viele der schönen Tropfsteine beschädigt.

Akkum

Wer ruhiger als im benachbarten Kızkalesi wohnen möchte, findet in *Akkum* zahlreiche Pensionen in Strandnähe. Doch im Sommer ist auch die Badebucht hier ziemlich überlaufen und von Zelten und Wohnmobilen gesäumt.

Übernachten

▸ *Kökler Pansiyon,* Tel. 714 22 14, Familienpension mit Terrasse, Restaurant, Waschgelegenheit, insgesamt 8 Küchen (!) und sogar einem Minimarkt; ersetzt die Touristeninformation in Akkum mit ausgezeichnetem Informationsmaterial in verschiedenen Sprachen; sehr zu empfehlen. 19 DM pro Person.

▸ *Martı Pansiyon,* Tel. 714 22 52, Zimmer mit Du/WC und Kochnische, Balkon, Dachterrasse, sauber. DZ 30 DM, Frühstück auf Wunsch.

Etwas außerhalb, wo sich die Stadtgrenzen von Akkum und Kızkalesi treffen, befinden sich weitere Pensionen mit ähnlichem Standard, so z.B. *Özmen Pansiyon,* Tel. 714 20 54, und *Set Pansiyon,* Tel. 714 23 54, beide mit Restaurant.

Kızkalesi

25 km östlich von Silifke liegt in einer weiten Bucht *Kızkalesi* (im Mittelalter *Korykos*) mit einer Seefestung, zu der man vom Hafen mit einem Boot übersetzen kann. Der Sage nach soll sie von einem Sultan gegründet worden sein. Nach einer Prophezeiung sollte seine Tochter durch den Biß einer Schlange sterben. Um das zu vermeiden, baute er eine Seefestung. Trotz sämtlicher Vorsichtsmaßnahmen konnte er das Unglück nicht abwenden. Die Festung diente zeitweise als Piratenstützpunkt und Zollstation, die viel Geld einbrachte.

Auf der Landseite liegt im Westen einer antiken, bereits 200 v. Chr. erwähnten Siedlung die Landburg von Korykos. Sie wurde von armenischen Fürsten im 11. Jahrhundert angelegt. Die Doppelmauer mit Türmen ist noch gut erhalten. Im Mittelalter zählte Korykos neben Lajazzo (→ Yumurtalık) zu den bedeutendsten Häfen in Kilikien.

Heute ist der Ort Kızkalesi überlaufen. Am Strand bieten Buden Getränke und Fast Food an. Überall dröhnt laute Musik.

Tip: Wer abseits der ausgetretenen Pfade Kızkalesi und seine Umgebung näher erkunden möchte, kann sich bei der Touristeninformation in Silifke ein kleines, sehr interessantes Informationsheft besorgen, das geschichtliche Details erläutert. Es wurde von zwei kompetenten einheimischen Fachleuten in Englisch verfaßt.

Übernachten

Wer Ruhe sucht, ist in Kızkalesi nicht richtig, zumal viele Pensionen an der verkehrsreichen Hauptstraße liegen oder mit Blick auf den Strand zum allabendlichen lautstarken Treiben hin ausgerichtet sind.

▸ *Molan-, Seyran-* und *Günay Pansiyon* sind einfache Unterkünfte ähnlichen Standards, nicht alle Zimmer mit Du/WC, DZ ca. 12 DM. *Seyran Pansiyon* liegt obendrein direkt an der Durchgangsstraße.

▸ *Star Pansiyon,* PTT Yanı (bei der Post), Tel. 231 20 56, auch Zimmer mit Du/WC, überdachte Terrasse. DZ 28 DM.

▸ *Serin Pansiyon,* PTT Karşışı, Tel. 231 20 81, an der Hauptstraße, recht einfach, sauber. DZ mit Du/WC 25 DM, DRZ mit Du/WC 33 DM.
▸ *Lux Paşa Pansiyon,* 1. Plajı Sok., Tel. 231 10 80, Zimmer mit Du/WC, Balkon, etwas ruhiger gelegen. DZ 29 DM, mit Frühstück.
▸ *Talca Otel,* PTT Yanı (bei der Post), Tel. 231 21 91, an der Hauptstraße, viel Beton, Swimmingpool. EZ 32 DM, DZ 45 DM, mit Frühstück.
▸ *Kaya Pansiyon,* alle Zimmer mit Du/WC, einige mit Balkon, kleine Küche mit Kochgelegenheit und Kühlschrank, gehört zu den besseren Unterkünften. DZ 45 DM.
▸ *Lux Rose Pansiyon,* Seitenstraße zum Strand, Tel. 231 21 21, Zimmer mit Du/WC, Balkon; Restaurant. EZ 38 DM, DZ 55 DM, mit Frühstück.
▸ *Yaka Hotel,* Tel. 231 20 41, Mittelklassehotel mit Deutsch sprechendem, freundlichem Personal, alle Zimmer mit Du/WC. EZ 30 DM, DZ 45 DM, mit Frühstück.
▸ *Club Kervan*, Tel. 523 21 49, Fax 238 04 25, schattiger, gepflegter Campingplatz mit Blick aufs Meer, sanitäre Einrichtungen ausreichend, auch Motelzimmer, Restaurant, Cafeteria.

♦ Kanlıdivane

... liegt 34 km östlich von Silifke, ca. 3 km landeinwärts in der Nähe des heutigen Orts *Kumkuyu.* Hier sind die Ruinen des antiken *Neopolis* zu sehen. Zu den Attraktionen gehört ein riesiges Erdloch, in das laut einer Hinweistafel Verbrecher hinabgestürzt wurden, auf die unten "wilde Bestien" warteten. Bei genauem Hinsehen (mit dem Fernglas!) entdeckt man an der Südwand des Lochs Reliefs, die aus römischer, griechischer und byzantinischer Zeit stammen. Weitere Sehenswürdigkeiten sind die Ruinen eines *Palastes* und zweier *Kirchen.*

Erdemli

30.000 Einwohner

Das Städtchen liegt im Einzugsbereich von Mersin. Am Wochenende sind die Strände hier überlaufen und anschließend in einem wenig ansprechenden Zustand. Die Bautätigkeit nimmt von Jahr zu Jahr zu.

Im Westen von Erdemli reihen sich Campingplätze am Strand, z.B. *Erdemli Kamp Çamlığı Alanı,* zwischen Strand und Hauptstraße, zwar unter Pinien, aber der Lärm der stark befahrenen Straße stört sehr.

Östlich der Stadt sieht es ähnlich aus. Hier ist der Strand, teilweise Sand, teilweise Kiesel, ziemlich schmutzig. Einige Kilometer weiter östlich beginnt dann - außer vielleicht noch um İskenderun - der häßlichste Strandabschnitt an der Südküste.

In der Nähe von Erdemli liegt etwas abseits der Küstenstraße der kleine Nationalpark *Sahıl Çamligi.*

–▸ Auf einer langen, geraden Straße geht es von Erdemli an vielen "namenlosen" Ruinen vorbei nach *Mersin.* Einige Kilometer bevor man Mersin erreicht, durchquert man die Hochhausviertel der neuen Vorstädte, die immer weiter ausufern. Die Strecke im flachen Küstenvorland führt zu ausgedehnten Sandstränden. Sie sind jedoch nirgends zugänglich, da Hochhaussiedlungen, Apartmenthäuser und kleine Campinganlagen den Zugang von der Straße her versperren.

Mersin

626.000 Einwohner (im Großraum über 1 Mio.), 5 m hoch, 70 km W von Adana

Die Verwaltungsstadt der Provinz *İçel,* zum Teil aus den Steinen des alten *Solio* erbaut, ist erst 140 Jahre alt.

Mersin ist in den letzten Jahrzehnten beträchtlich gewachsen. Es besteht nach wie vor eine starke Zuwanderung

> ### Kurzinfo zu Zypern
> Im Norden *Zyperns* geht die schmale Küstenebene landeinwärts in die steilen, ca. 1.000 m hohen *Kyrenia-Berge* über. Am Fuß des Gebirges breitet sich im Süden die weite *Mesaoria-Ebene* aus, in der das Hauptanbaugebiet der Insel für Weizen, Wein, Tabak, Oliven, Mandeln und Obst liegt. Das Herz der Insel ist das *Troodos-Gebirge*, das im *Olympos* (1.952 m) seine höchste Erhebung erreicht. Im Westen und Süden fällt das Bergmassiv zum schmalen Küstenstreifen ab.
>
> *Nikosia* (trk. Lefkoşa) ist die geteilte Hauptstadt der Insel. Hafenstädte im türkisch besetzten Norden sind *Famagusta* (trk. Gazi Mağosa) und *Kyrenia* (trk. Girne), in Südzypern *Limassol* und *Larnaka*.
>
> Neben Landwirtschaft, Bergbau und ein wenig Industrie erschließt man den Norden nun auch für den Tourismus. Die Insel mit ihren schönen Stränden lädt zum Baden ein, das Inselinnere dagegen zum Wandern.
>
> Von Alanya, Mersin und Taşucu verkehren Fähren nach Zypern.

aus dem Landesinneren. Was die Stadt so anziehend macht, ist zum einen das milde Winterklima und zum anderen die wirtschaftliche Dynamik des Raumes Mersin-Adana. Der Hafen im Osten der Stadt wurde 1954 zu einem der größten an der türkischen Mittelmeerküste ausgebaut. Hier werden Erzeugnisse der *Kilikischen Ebene,* wie Bananen, Baumwolle, Weizen, Holz und Zitrusfrüchte, aber auch Chromerze umgeschlagen. Im Industriegebiet, nördlich der Stadt, liegen Raffinerien, Textil- und Düngemittelfabriken.

Das Zentrum von Mersin befindet sich im Nordosten, nahe zum Meer und zum Hafen; die riesengroße Ulu Cami zieht hier den Blick auf sich. Von der Moschee zweigt nach Südwesten die lange, verkehrsfreie Atatürk Caddesi ab, die renommierteste Geschäftsstraße im östlichen Mittelmeergebiet. Nach Norden schließt sich an die Moschee ein lebhaftes Basarviertel an. Dazu gehört auch die Soğuksu Caddesi, in der Hotels konzentriert sind.

Grüne Lunge der Stadt ist der ausgedehnte Atatürk Park, der vom Meer nur durch die Promenade getrennt ist.

Während die Stadt im Nordosten kaum mehr wächst, dehnte sie sich in den beiden letzten Jahrzehnten nach Südwesten in Riesenschritten aus. Die gewaltigen Hochhausviertel haben inzwischen das 13 km entfernte Viranşehir erreicht, und die Expansion geht immer weiter.

Die stark befahrene Straße Adana-Silifke-Antalya führt am Nordrand der Stadt entlang. Über diese Straße ist auch der große moderne Bushof im äußersten Nordosten zu erreichen, der durch Stadtbusse und Minibusse gut mit dem Zentrum verbunden ist.

Umgebung von Mersin

♦ Yümüktepe

Etwa 3 km westlich von Mersin wurden auf dem Hügel *Yümüktepe* bei Ausgrabungsarbeiten 32 Siedlungsschichten entdeckt, die bis ins 6. Jahrhundert v. Chr. zurückreichen.

♦ Zypern

Von der Türkei aus ist nur der Norden Zyperns (trk. *Kıbrıs*, 9.251 km², 750.000 Einwohner) zugänglich. Das hängt mit der speziellen Situation der Insel zusammen: Der Norden, wo heute die zyprischen Türken leben, ist türkisch besetzt; der Süden ist heute von Zypern-Griechen besiedelt (→ Artikel "Zypern - Zankapfel zwischen Türken und Griechen"). Eine Einreise vom Norden in den Süden der Insel ist zur Zeit nicht möglich. Falls man beabsichtigt, irgendwann einmal nach Südzypern oder auch nach Griechenland zu reisen, lasse man sich für die Einreise

Hafen von Girne/ Kyrenia auf Zypern

in den Norden Zyperns den Einreisevermerk auf ein gesondertes Blatt und *nicht* in den Reisepaß stempeln. Dieses Blatt ist an der Paßkontrolle erhältlich.

Tip: Viel Wissenswertes zu Zypern und Tips zum Reisen auf der Insel sind im **Zypern-Handbuch** von Marita Korst und Edgar P. Hoff zu finden, erschienen im Edgar Hoff Verlag. Das Buch (34,80 DM) ist über den Buchhandel oder direkt über den Verlag zu beziehen (Adresse siehe Impressum).

♦ *Viranşehir*

... ist das antike *Pompeiopolis*, 700 v. Chr. gegründet. Die Ausgrabungsstätte liegt 13 km westlich von Mersin in der Nähe des Orts *Mezitlı*. Trotz seiner Entfernung von der Großstadt ist auch Viranşehir völlig von Hochhäusern umgeben. Von der Siedlung ist nur noch ein Stück der einst 30 m langen Säulenstraße erhalten, die zum Hafen führte. Ausgrabungen in größerem Umfang fanden bisher noch nicht statt.

♦ *Toros Dağları*

Wem es im sommerlichen Mersin zu heiß wird, kann ins Taurus-Gebirge fahren und die Berglandschaft mit ihrem angenehm kühlen Klima genießen. 58 km nordwestlich von Mersin liegt der Ort *Arslanköy*, ein guter Ausgangspunkt für Wanderungen in die Berge. Lohnende Ziele sind auch die Sommerfrischen *Gözne*, 28 km nördlich von Mersin, und *Fındıkpınarı*, 40 km nördlich von Mersin.

Vorsicht ist geboten, denn in den Bergen gibt es giftige Vipern. Festes Schuhwerk ist wichtig!

Strände

Mersin selbst hat keinen Strand. Zum Baden muß man zu den westlichen Küstenabschnitten vor der Stadt hinausfahren.

Touristeninformation

Inönü Bul., Liman Giriş Sahası (am Hafen), Tel. 231 63 58, geöffnet im Sommer tgl. 8 - 12, 13 - 17 Uhr, im Winter Mo bis Fr zu denselben Zeiten; freundliches Personal, das gut informiert.

Übernachten

Im Zentrum

▸ *Hotel Savran,* Soğuksu Cad. 46, Tel. 232 44 73, einfach, Zimmer mit Du/WC. EZ 10 DM, DZ 15 DM.

▸ *Hotel Hitit,* Soğuksu Cad. 12, Tel. 231 64 31, einfach, Zimmer mit Du/WC. EZ 13 DM, DZ 27 DM.

▸ *Hotel Side,* Soğuksu Cad. 27, Tel. 231 17 73, einfach, Standard wie Hitit. DZ 33 DM, Preis für das Gebotene etwas zu hoch.

▸ *Toros Oteli,* Atatürk Cad. 33, Tel. 231 22 01, Fax 237 85 54, gut eingerichtete Zimmer, alle mit Du/WC, Mittelklasse. EZ 25 DM, DZ 37 DM (aber ohne Frühstück), im Parterre Café.

▸ *Hotel Gökhan,* Soğuksu Cad. 20, Tel. 231 62 56, Fax 237 44 62, Klimaanlage, eleganter Aufenthaltsraum, Zimmer mit TV, mittlere Kategorie. EZ 60 DM, DZ 75 DM, mit Frühstücksbüfett, bei Unterbelegung Ermäßigung möglich.

Am Bushof

Eine größere Konzentration von Hotels der unteren Mittelklasse (zumeist zwei Sterne, Preise fürs Doppelzimmer mit Dusche und WC inkl. Frühstück ca. 30 DM) gibt es ferner in der direkten Umgebung des Bushofs (vor allem an der Straße gegenüber vom Südausgang), so z.B. *Öztürk Hotel*, Tel. 233 93 18, und *Hotel Köroğlu*, Tel. 231 21 76.

Essen und Trinken

Die Soğuksu Caddesi ist nicht nur die Straße der Hotels, sondern auch die Straße mit der größten Ansammlung von Speiselokalen, auch Fischlokalen und Pubs. Empfehlenswert ist das *Kervan Restaurant,* gegenüber von Hotel

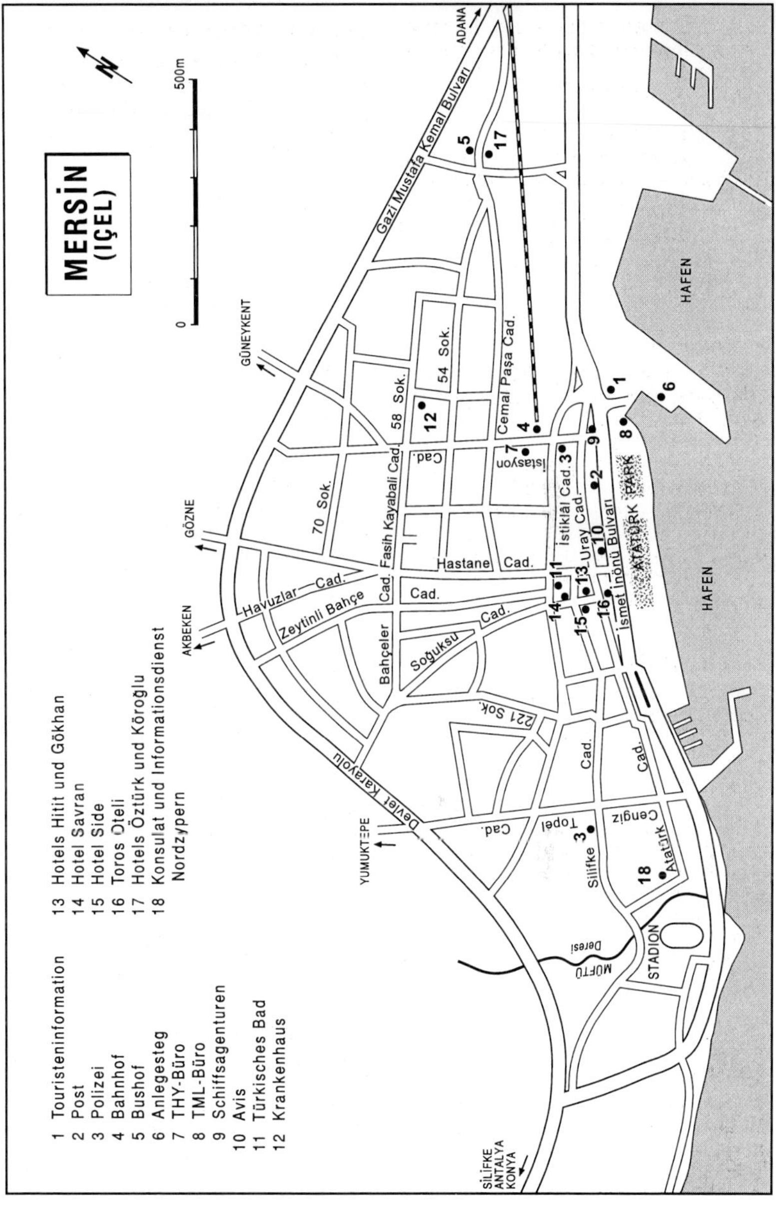
MERSİN
(IÇEL)
0
500m
1 Touristeninformation
2 Post
3 Polizei
4 Bahnhof
5 Bushof
6 Anlegesteg
7 THY-Büro
8 TML-Büro
9 Schiffsagenturen
10 Avis
11 Türkisches Bad
12 Krankenhaus
13 Hotels Hitit und Gökhan
14 Hotel Savran
15 Hotel Side
16 Toros Oteli
17 Hotels Öztürk und Köroğlu
18 Konsulat und Informationsdienst Nordzypern
ADANA
GÜNEYKENT
GÖZNE
AKBEKEN
YUMUKTEPE
SİLİFKE ANTALYA KONYA
Gazi Mustafa Kemal Bulvarı
Devlet Karayolu
Havuzlar Cad.
Zeytinli Bahçe Cad.
Bahçeler Cad.
Soğuksu Cad.
Fasih Kayabali Cad.
58 Sok.
54 Sok.
70 Sok.
221 Sok.
Hastane Cad.
Cemal Paşa Cad.
İstasyon Cad.
İstiklâl Cad.
Uray Cad.
İsmet İnönü Bulvarı
ATATÜRK PARK
Topel Cad.
Cengiz Cad.
Silifke Cad.
Atatürk Cad.
Müftü Deresi
STADION
HAFEN

Side, das eine große Auswahl bietet und wo man auch ein Bier zum Essen bekommt.

Einkaufen

Einen guten Obst- und Gemüsemarkt findet man im Nordwesten der Stadt, in der Havuzlar Caddesi.

Der recht schöne Basar liegt westlich der Ulu Cami. Hier ist auch der Fischmarkt, wo unter anderem Thunfisch (trk. *palamut*), Seebrasse (trk. *levrek*) und Blaubarsch (trk. *lüfer*) angeboten werden. Die *Blaue Schwimmkrabbe*, eine große Krabbenart, ist eine Spezialität der Gegend und wird deshalb an vielen Ständen verkauft.

Die Buchhandlung *Elek Betik,* bei der Ulu Cami, hat deutsche Zeitungen, allerdings nicht immer die neuesten Ausgaben.

Treffpunkt

An Nachtleben hat Mersin nicht viel zu bieten. Man trifft sich an der Uferpromenade und im Bereich der Ulu Cami. Außerdem gehören zu den abendlichen Vergnügungsmöglichkeiten die Diskotheken in den großen Hotels.

Türkisches Bad

▸ *Ferah Hamamı,* Bahçe Mah., verschiedene Öffnungszeiten für Männer und Frauen; für Frauen täglich 12 - 18 Uhr.

Feste

Am 17. März findet vor dem Bahnhof von Mersin eine Feier zum Jahrestag des ersten Besuchs von *Kemal Atatürk* (1928) statt.

Im Atatürk-Park feiert man jedes Jahr am 1. Juli das *Denizbayramı* (Meerfest) mit viel Essen und Trinken in üblicher Volksfeststimmung.

Außerdem finden Mitte bis Ende September *Kunst- und Kulturfestspiele* statt, bei dem vor allem Folklore geboten wird.

Nützliche Adressen und Telefonnummern

Vorwahl: 324
Polizei: 231 14 43
Krankenhaus: 232 67 70
Bahnhof: 231 12 67
Bushof: 233 78 24
THY: 231 52 32, 231 12 78
Deutscher Honorarkonsul: Hans Friedrich Tomaschek, Kiremithane Mah., 123 Sok. Andıc Apt. Block 8/A, Tel. 320 11 00

Verkehrsverbindungen

Bus: Mehrmals täglich fahren Busse in die großen Städte des Landes, so nach Antalya (stdl.), Adana (jede Viertelstunde), Alanya (stdl.), Bodrum (1 mal), Denizli (3 mal), Göreme (2 mal), İzmir (12 mal) und İstanbul (12 mal). Die Busse nach Silifke halten in Erdemli und Kızkalesi.

Dolmuş: Ständig fahren Minibusse nach Viranşehir und zu Yümüktepe; die Minibusse fahren auch vom Bushof ab.

Zug: Mehrmals täglich gibt es Anschlüsse nach Adana und İskenderun sowie weitere Verbindungen von Yenice und Fevzipaşa nach Ankara, Malatya, Afyon und Sivas; stündlich fahren Züge nach Tarsus, Yenice und Adana (bis ca. 21.30 Uhr) sowie täglich nach İskenderun und Ceyhan (3 mal).

Schiff: *TML-Schiff* (Turkish Maritime Lines), Liman Binası (Hafengebäude), Kat. 2, Mersin, Tel. 231 25 36 (Tickets) und Tel. 233 98 58 (Reservierung).

Ab Mersin Mo, Mi und Fr um 22 Uhr, an Famagusta (Zypern) Di, Do, Sa um 8 Uhr, Kabinen 52 - 98 DM/ Pers., Pullman 38 DM, Motorrad 20 DM, Pkw/ Kleinbus bis neun Plätze 120 DM, Kinder unter 7 Jahren frei, 9-12 Jahre halber Preis, Fahrrad frei; alle Preise einschließlich Hafengebühr, ohne Mahlzeiten.

Route 7
Von Mersin nach Antakya (ca. 210 km)

Wenige Kilometer hinter Mersin beginnt die Çukurova, eine riesige, fruchtbare Schwemmlandebene, die *Seyhan Nehri* und *Ceyhan Nehri* geschaffen haben. Die autobahnähnlich ausgebaute Schnellstraße verläuft nach Osten am südlichen Taurusausläufer vorbei.

Es folgen *Tarsus* und die Abfahrt zum Eisenbahnknotenpunkt *Yenice*. Nach einer Fahrt durch zahllose Apfelsinenplantagen erreicht man *Adana*.

Tarsus

261.000 Einwohner, 15 m hoch,
40 km O von Mersin

Tarsus hatte aufgrund seiner verkehrsmäßig günstigen Lage an der *Kilikischen Pforte* (Engtal im Taurus) während des Altertums eine große Bedeutung. Es gehört zu den wenigen Städten im östlichen Mittelmeerraum, deren Geschichte vor dreitausend Jahren begann. Allerdings sieht es mit den Sehenswürdigkeiten eher bescheiden aus - die antike Siedlung, die einst am Meer lag, ist sechs bis sieben Meter unter dem Schwemmland von *Taurus Çayı* begraben.

Im Umland der heutigen Industriestadt wird größtenteils Baumwolle angebaut, die in den örtlichen Textilfabriken verarbeitet wird.

Sehenswürdigkeiten

Aus römischer Zeit stammt das **Kleopatra-Tor** *(Kleopatra Kapısı)*, wo sonntags ein Markt abgehalten wird. Im Südosten der Stadt wurden Teile eines alten **Theaters** gefunden. Ein beliebtes Ausflugsziel sind die **Taurus-Wasserfälle**, nur wenige Kilometer nördlich.

Einkaufen

Im Westen der Stadt gibt es in der Nähe des Bushofs einen kleinen Obst- und Gemüsemarkt. Siehe auch → Sehenswürdigkeiten.

Verkehrsverbindungen

Bus: Busse fahren über Ankara nach İstanbul und über Niğde und Nevşehir nach Kayseri.

Zug: Alle Zugverbindungen, abgesehen von der nach Mersin, führen über das einige Kilometer östlich gelegene Yenice. Von dort hat man die Möglichkeit, über Ankara nach İstanbul, nach Malatya und über Afyon nach İzmir zu fahren. Der *Toros Ekspresi* über Konya und Afyon nach İstanbul fährt in Yenice dienstags, donnerstags und samstags jeweils um 22.10 Uhr ab. Der gleichnamige Zug nach Gaziantep fährt montags, mittwochs und freitags um 3.54 Uhr. Der *Çukurova Ekspresi* nach Ankara fährt täglich um 19.55 Uhr ab. Außerdem gibt es mit dem Schienenbus stündlich eine Verbindung zwischen Tarsus und Yenice.

Adana

1.141.500 Einwohner, 25 m hoch

Die Provinzhauptstadt *Adana* am Südfuß des Taurus liegt mitten in der Kilikischen Ebene. Sie ist das größte türkische Wirtschaftszentrum im östlichen Mittelmeerraum. Im Umland der Stadt, die 50 km landeinwärts liegt, gedeihen vorzüglich Baumwolle und Zitrusfrüchte. Konservenfabriken, Spinnereien, Webereien, Maschinenfabriken, Zementwerke und die türkische Baumwollbörse tragen ebenfalls zur wirtschaftlichen Belebung bei.

Zwischen Seyhan und Ceyhan - die Çukurova

Die *Çukurova,* die Schwemmlandebene der Flüsse Seyhan und Ceyhan sowie das angrenzende Hinterland, war noch in der ersten Hälfte des letzten Jahrhunderts eine Ebene mit Urwäldern und zahlreichen Sümpfen. Sie war für ihre Wildnis und Gefährlichkeit bekannt. Die wenigen hier siedelnden Nomadenstämme bildeten praktisch unabhängige Fürstentümer. In den undurchdringlichen Sümpfen und Wäldern hielt sich darüber hinaus manch einer verborgen, der selbst etwas zu verbergen hatte. Auch viele Großgrundbesitzer bedienten sich nicht gerade legaler Methoden, um ihren Besitz zu vergrößern. Heute ist die Çukurova das bedeutendste Agrargebiet in der Türkei.

In den siebziger Jahren unseres Jahrhunderts war die Çukurova wegen ihres hohen Malariarisikos gefürchtet. Der Baumwollanbau, der mit den neuen Stauseen und der damit möglichen künstlichen Bewässerung fast ausschließlich betrieben wurde (er nahm bis zu 80 % der landwirtschaftlichen Nutzfläche ein), und die künstliche Bewässerung, die hier die Natur aus dem Gleichgewicht brachten, begünstigten die Ausbreitung jener Moskitoart, die diese Krankheit überträgt.

Als weitere Plage trat 1974 die *Tabakmottenschildlaus*, auch Weißfliege genannt, auf und fiel epidemienartig über die jungen Baumwollpflanzen her. Darüber hinaus hatte das Besprühen der Felder mit Insektiziden die natürlichen Feinde der Laus vernichtet und die hohe Nitratdüngung das Pflanzengewebe aufgeweicht; damit waren die Voraussetzungen für die Vermehrung der Weißfliege günstig, und die Pflanzen verkümmerten bereits im frühen Wachstumsstadium. Der Schaden für die Bauern war groß, durch den Ernteausfall verloren viele ihre Existenz. Auch Zulieferbetriebe für Agrarchemie und technisches Gerät bekamen die Mißernte im folgenden Jahr zu spüren - wie auch die vielen Saisonarbeiter (400.000), die als Pflücker durch die Baumwollfelder gingen. Der Baumwollanbau in der Çukurova garantierte keinen hohen Gewinn mehr. Man begann, die Flächen mit Weizen zu bestellen.

Den Mücken und Weißfliegen rückt man mit Spritzflugzeugen zu Leibe. Dabei geht der eine oder andere Teil der Fracht über Häusern nieder oder wird vom Winde verweht ...

Die Stadt selbst ist wie Mersin eine riesige Stadt, jedoch weniger übersichtlich und auch viel stärker durch den Verkehr belastet. Als Tourist kommt man in der Regel nur mit dem Zentrum in Berührung. Es sind nur wenige Touristen, die diese Metropole des türkischen Südostens besuchen, die nicht mit Moscheen und Palästen aufwarten kann.

Zum Vorteil von Adana ist es ganz bestimmt nicht, daß die stark befahrene Fernstraße İskenderun-Mersin/ Ankara in Ost-West-Richtung mitten durch die Kernstadt führt. Renommierstraße ist die breite, moderne Atatürk Caddesi, die die Fernstraße in Nord-Süd-Richtung schneidet. Letztere mündet im Süden in die Özler Caddesi, in deren Umfeld das eigentliche Stadtzentrum liegt, zu dem auch ein sehr lebhaftes traditionelles Basarviertel gehört.

Im Westen der Stadt säumen zahlreiche, z.T. noch sehr junge Industrieanlagen über viele Kilometer die Ausfallstraße in Richtung Mersin. An dieser Achse befindet sich auch der riesige, ganz neue Bushof, ca. 5 km vom Stadtzentrum entfernt, aber durch häufige Minibusverbindungen sehr gut angebunden.

In Adana ist der arabische Einfluß spürbar. Südlich der Stadt, in der Flußebene des Seyhan, Ceyhan und

Tarsus, in der Çukurova, wird neben Türkisch auch Arabisch gesprochen. Ganz deutlich zeigt sich der arabische Einfluß auch beim Essen. Es ist wesentlich schärfer zubereitet als in anderen Orten der Türkei. Versuchen sollte man einmal *Adana Kebap*: feine Fleischscheibchen auf einem Spieß, die scharf gepfeffert gegessen werden.

Insgesamt jedoch hat die Stadt durchaus etwas zu bieten - im Sommer allerdings nur für Hitzeunempfindliche. Es kann 45 °C und auch heißer werden. Auch die Umgebung bietet zahlreiche Ausflugsmöglichkeiten.

Geschichte

Die Geschichte der Stadt reicht bis in vorchristliche Zeiten zurück. Auf dem Hügel *Velican Tepe,* 12 km außerhalb von Adana, lag wahrscheinlich das antike *Ataniyo*. Unter den Seleukiden hieß die Stadt *Antiochia* und lag am Saros *(Seyhan)*. In römischer Zeit, als die Stadt bereits eine wichtige Rolle im östlichen Mittelmeer spielte, erhielt sie ihren heutigen Namen. Unter der Herrschaft der Osmanen, vor allem aber in der jüngsten Vergangenheit, hat sie sich zu einem Zentrum entwickelt.

Sehenswürdigkeiten

Aus der Zeit von Kaiser *Hadrian* (2. Jh.) stammen Teile der einst 319 m langen **Tas Köprüsü** (dt. Steinbrücke) im Osten von Adana.

Neben der mittelalterlichen **Ulu Camii** im Stadtzentrum sind eine Grabstätte und eine Koranschule von einer hohen Mauer umgeben. Das Innere der Moschee ist wegen seiner Fayencen und Mosaiken sehenswert.

Ganz in der Nähe liegt die 1409 erbaute **Akça Mescit**, eine kleine Moschee. Sie ist ein gutes Beispiel für türkisch-islamische Bauweise.

Das **Archäologische Museum**, İnönü Cad., war ursprünglich eine Kirche. Heute stellt es Funde aus der Zeit vom Neolithikum bis zum Osmanischen

Tagelöhner in der Çukurova

Reich aus (geöffnet außer Mo tgl. 8 - 17 Uhr).

Sehenswert ist in der Nähe der Ulu-Moschee der Turm mit Uhr, **Saat Kulesi**. Der 1882 erbaute Turm hat eine Gesamthöhe von 32 m; deshalb wird er auch *Büyüksaat* (dt. Großer Turm) genannt.

Ebenfalls sehenswert ist die **Yağ-Moschee**, auch *Eski Camii* genannt, in der Alimünüf Caddesi. Ursprünglich war sie eine kleine Kirche, die 1501 in eine Moschee umgewandelt wurde. Ein zusätzliches Minarett und eine Koranschule fügte *Piri Mehmet Paşa* einige Jahre später hinzu. Der Innenraum der Moschee ist in der Art der großen, seldschukischen Moschee durch Säulen in fünf Bereiche unterteilt.

Umgebung von Adana

♦ Seyhan Barajı

Etwa 8 km nördlich von Adana ist die Staumauer von *Seyhan Barajı* angelegt, und der Fluß wird auf einer Länge von 25 km gestaut. Der künstliche See hat ein Fassungsvermögen von 1,6 Milliarden m^3. Hier gibt es zahlreiche Ausflugslokale, deren Namen alle das Wort "Piknik" enthalten. Kommt man von Adana, fährt man am Ufer der Talsperre nach links auf die vierspurige Straße, wo sich Lokale auf gut einem Kilometer reihen. Das Ufer des Sees ist wegen des stark schwankenden Wasserspiegels nicht bewachsen. Schwimmen ist erlaubt.

♦ Karataş

Dieses Hafenstädtchen liegt 50 km südlich von Adana an der Südspitze der Çukurova. Die Woche über wirkt es auch im Sommer recht verschlafen; nur am Wochenende trifft man hier zahlreiche Sommerfrischler aus Adana. Sie fliehen vor der unerträglichen Hitze an die Küste. Ein Phänomen des türkischen Wochenend- und Picknicktourismus ist auch leider hier immer wieder anzutreffen: Die Ausflügler hinterlassen all' ihren Müll, und deshalb ist dieser Strand westlich des Orts kaum zu empfehlen.

Wenn man in *Karataş* nach Westen auf eine Teerstraße abbiegt, kommt man nach ca. 4 km zu den Ruinen des alten *Magarsos*. Zu sehen sind nur spärliche Reste - vom Amphitheater sind noch drei Sitzreihen übrig.

Folgt man der Straße bis zum Ende, kann man am Strand eine ausgedehnte Wanderung zu den Dünen zwischen der Lagune von *Akyatan Gölü* und dem Meer machen. Bei der Überquerung des Flusses helfen Fischer mit ihren Booten. Jenseits des Kanals wird der Strand sauber und lädt schon eher zum Baden ein. Landeinwärts sieht man im Gebiet des Akyatan-Sees eine große Lagune - ein Rückzugsgebiet für viele Vogelarten.

♦ Tuzla

Ein Ausflug lohnt sich auch nach *Tuzla*, ca. 35 km südwestlich von Adana. Beim Städtchen gibt es gute Strände.

♦ Kozan

72 km nordöstlich von Adana, 55 km nördlich von Ceyhan liegt östlich eines schmalen Höhenrückens die Kleinstadt *Kozan*. Oberhalb schließt sich im Hang ein Ruinengelände an, wo einst der Stadtpalast der armenischen Könige stand. Heute sind nur noch zwei Ecktürme erhalten. Auch ein Klosterbezirk befand sich hier. Die Kirche wurde Anfang des 20. Jahrhunderts bei der Errichtung eines Wasserwerks weitgehend zerstört.

Das Stadtbild wird von einer großen Festungsanlage dominiert. Sie erstreckt sich auf dem Felsrücken etwa 1 km von Norden nach Süden. Erstmals wird sie zu Beginn des 8. Jahrhunderts als byzantinische Befestigung unter dem Namen *Sis* erwähnt. Ihre Geschichte war, wie die anderer Burgen in Kilikien, infolge ständig wechselnder Besitzverhältnisse sehr be-

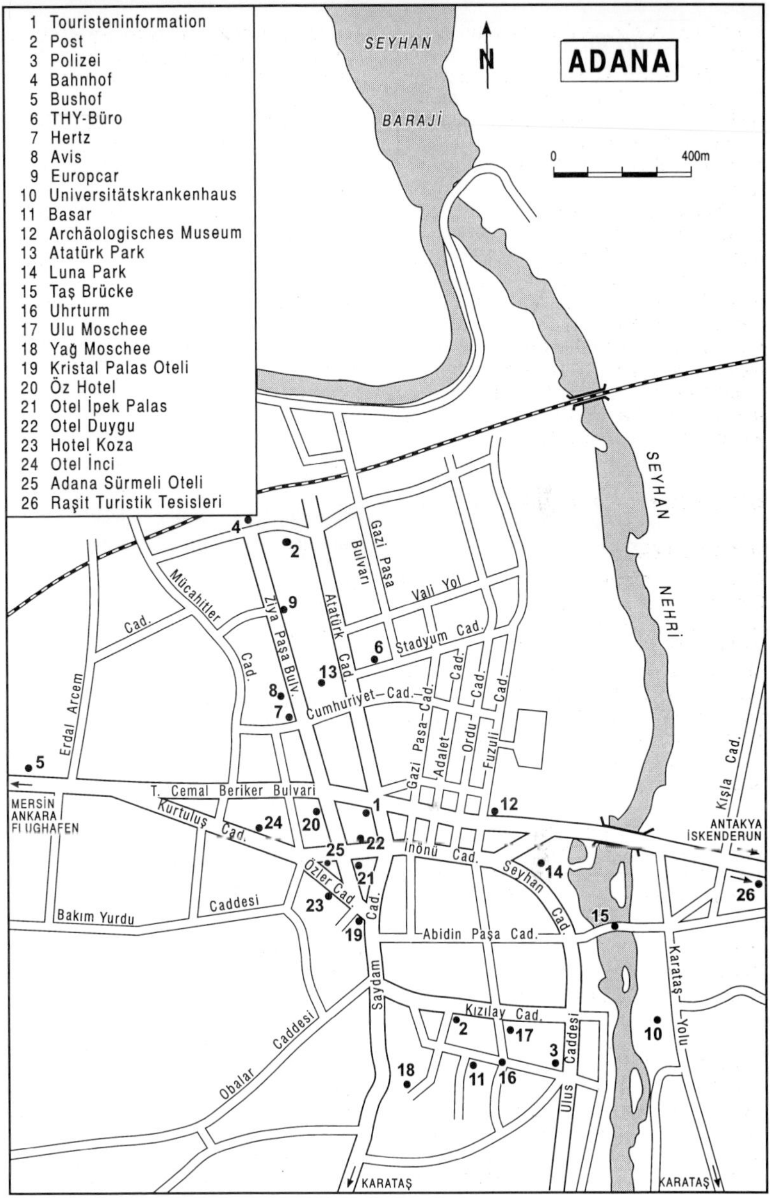
ADANA
1 Touristeninformation
2 Post
3 Polizei
4 Bahnhof
5 Bushof
6 THY-Büro
7 Hertz
8 Avis
9 Europcar
10 Universitätskrankenhaus
11 Basar
12 Archäologisches Museum
13 Atatürk Park
14 Luna Park
15 Taş Brücke
16 Uhrturm
17 Ulu Moschee
18 Yağ Moschee
19 Kristal Palas Oteli
20 Öz Hotel
21 Otel İpek Palas
22 Otel Duygu
23 Hotel Koza
24 Otel İnci
25 Adana Sürmeli Oteli
26 Raşit Turistik Tesisleri
SEYHAN BARAJİ
SEYHAN NEHRİ
0 400m
Gazi Paşa Bulvarı
Vali Yol
Stadyum Cad.
Mücahitler Cad.
Ziya Paşa Bulv.
Atatürk Cad.
Cumhuriyet Cad.
Gazi Paşa Cad.
Adalet
Ordu
Fuzuli
Erdal Arcem
T. Cemal Beriker Bulvari
Kurtuluş Cad.
İnönü Cad.
Seyhan Cad.
Özler Cad.
Caddesi
Bakım Yurdu
Abidin Paşa Cad.
Saydam
Kızılay Cad.
Caddesi
Ulus
Obalar Caddesi
Kışla Cad.
Karataş Yolu
MERSİN
ANKARA
FLUGHAFEN
ANTAKYA
İSKENDERUN
KARATAŞ
KARATAŞ

Baumwollpflücker in der Çukurova

Im August und September, wenn die Baumwollfelder weiß werden, kann man auf dem Weg in die Çukurova überall am Straßenrand rasch errichtete, primitivste Dörfer aus Papp- und Plastikzelten sehen. Hier wohnen Tagelöhner unmittelbar in der Nähe ihres Arbeitsplatzes, der Baumwollfelder.

Tausende von Menschen, hauptsächlich Frauen und Mädchen, machen sich vor allem aus Ostanatolien auf den Weg, um hier bei der Baumwollernte Geld zu verdienen.

Die Bezahlung ist sehr schlecht: Mehr als 10 DM für einen mindestens zwölfstündigen Arbeitstag sind auf keinen Fall zu verdienen. Ein Teil davon geht noch als Provision an den Makler bzw. Vermittler der Arbeitskräfte. Nicht viel bleibt also für die meist kurdischen Tagelöhner, die mit dem Geld, das sie in den Erntemonaten verdienen, über den Winter kommen müssen.

wegt: Im 9. Jahrhundert fielen Araber ein, im Jahr 962 eroberten Byzantiner die Festung, im 13. und 14. Jahrhundert standen die Ägypter vor den Toren der Burg. Bis Mitte des 14. Jahrhunderts war Kozan Hauptstadt des Königreichs Kleinarmenien. 1375 wurden die Burg und Siedlung von Turkmenen eingenommen.

♦ *İncirlik*

Wenige Kilometer östlich des Zentrums von Adana liegt an der Straße nach Gaziantep *İncirlik*, der größte Luftwaffenstützpunkt der USA in der Türkei. Vielen mag der Name noch aus der Zeit des Golfkriegs bekannt sein, als von hier aus Bomber Angriffe auf den Norden und Westen des Irak flogen. Von der Straße sieht man einige der Flugzeuge.

Touristeninformation

Atatürk Cad. 33, Tel. 369 23 14 und am Flughafen *Sakır Paşa*, Tel. 356 92 14, geöffnet Mo bis Fr 8 - 12, 13 - 17 Uhr, informiert umfassend und hält einen brauchbaren Stadtplan bereit. Die Touristeninformation ist schlecht ausgeschildert. Sie befindet sich an einer großen Kreuzung mit Kreisverkehr (siehe Stadtplan).

Übernachten

▸ *Kristal Palas Oteli,* Özler Cad. 19, Tel. 351 23 35, Zimmer mit Du/WC, einfach, geräumig, sauber. EZ 8 DM, DZ 13 DM, beste Wahl in der Billigkategorie.

▸ *Öz Hotel,* İnönü Cad. 34, Tel. 351 78 44, einfach, einigermaßen sauber. DZ mit Du/WC 17 DM.

▸ *Otel İpek Palas,* İnönü Cad. 103, Tel. 351 87 45, Zimmer mit Du/WC und TV, Standard: bessere Einfachkategorie. EZ 25 DM, DZ 33 DM.

▸ *Otel Duygu,* İnönü Cad. 14, Tel. 359 39 16, recht ordentlich, zur Straße hin aber arg laut, alle Zimmer mit Du/WC. EZ 29 DM, DZ 42 DM.

▸ *Hotel Koza,* Özler Cad. 103, Tel. 352 58 57, Fax 359 85 71, Klimaanlage, Zimmer mit Du/WC, TV, mittlerer Standard. EZ 60 DM, DZ 75 DM, bei Unterbelegung bis zu 50 % Ermäßigung möglich - auch Restaurant, Disco.

▸ *Otel İnci,* Kuruköprü Meydanı, Kurtuluş Cad., Tel. 435 82 34, Fax 435 83 68, sehr komfortabel, Klimaanlage. EZ 60 DM, DZ 80 DM, mit Frühstück.

▸ *Adana Sürmeli Oteli,* İnönü Cad. 142, Tel. 351 73 21, Fax 351 89 73, Klimaanlage, Bar, Restaurant, sehr gutes Mittelklassehotel. EZ 110 DM, DZ 150 DM, bei Unterbelegung ca. 40 % Rabatt möglich.

▸ *Raşit Turistik Tesisleri*, İskenderun Yolu, Tel. 321 17 58, an der Straße nach İskenderun, am Ortsende von Adana, hinter einer Mobil-Tankstelle; schattiger Platz, der jedoch durch die Nähe zur Hauptstraße und zum Flugplatz *Incirlik* recht laut ist; einfache Sanitäranlagen, Stromanschluß und Swimmingpool. Pers./ Pkw/ Kleinbus 7 DM; auch Bungalows sind zu mieten.

Essen und Trinken

Typisch für Adana ist das gleichnamige Kebap. Preiswerte, kleine Speiselokale gibt es im Bereich der Kurtuluş-, İnönü- und Özler Caddesi, so z.B. *Üç Kardeşler ve Kebap Salonu* beim Adana Sürmeli Oteli (→ Übernachten). Zu empfehlen ist *Yeni Onbaşılar Restaurant*, Atatürk Cad., gegenüber der Touristeninformation, im ersten Stock (auch Bierausschank). Außer *Adana Kebap* bekommt man dort andere landestypische Gerichte. Fisch kann man ebenfalls gut in den Restaurants am Seyhan -See essen (→ Umgebung von Adana).

Einkaufen

Praktisch alles, was das Herz begehrt, gibt es im Basar im Stadtteil Hanedan *(Hanedan Mahalesi)*. Vor allem eine große Auswahl an Obst und Gemüse wird angeboten.

Treffpunkt

Viele Adaner genießen es, abends zu den Fischrestaurants am Seyhan-Stausee hinauszufahren. Am Wochenende pilgert halb Adana ans Meer nach Karataş, Tuzla oder Yumurtalık.

In der Stadt zieht ein bescheidener Vergnügungspark vor allem die jüngeren Bewohner an.

Türkisches Bad

▸ *Venüs Hamamı,* Kemalpaşa Mah., 282 Sok., modernes türkisches Bad (geöffnet 9 - 24 Uhr)

Nützliche Adressen und Telefonnummern

Vorwahl: 322
Polizei: 355 84 01

Krankenhaus: 321 57 23
Bahnhof: 453 31 72
Bushof: 234 19 68
Ärztliche Hilfe: Im Notfall sollte man sich an die Touristeninformation wenden. Ärztliche Versorgung ist im Krankenhaus der örtlichen Universität *(Tıp Fakültesi)* möglich, Tel. 332 60 60.

Leihfahrzeuge

▸ *Avis,* Ziya Paşa Bul. 11/B, Tel. 321 30 45, und Flughafen, Tel. 321 04 76
▸ *Hertz,* Ziya Paşa Bul. 10, Divan Apt., Tel. 354 31 41
▸ *Europcar,* Ziya Paşa Bul. 37/B, Tel. 321 47 75

Verkehrsverbindungen

Dolmuş: Die blauen Minibusse mit der Aufschrift "Baraj" zum Seyhan-Stausee halten gegenüber der Touristeninformation. Die Minibusse in andere Richtungen halten alle in der Nähe des alten Bushofs an der Hauptstraße vor dem Archäologischen Museum. Stündlich hat man von dort Verbindungen nach Ceyhan, Tuzla, Karataş und Kozan. Wer nach Yumurtalık fahren möchte, nimmt am besten einen Bus nach Ceyhan und steigt dort um. Karatepe erreicht man am besten, indem man den Minbus nach Kadirli nimmt und dort umsteigt.
Bus: Der neue Bushof liegt etwas außerhalb der Stadt an der Straße in Richtung Tarsus. Die Busgesellschaften unterhalten Agenturen in der Nähe der Touristeninformation. Von dort fah-

ren auch Zubringerbusse. Gute Verbindungen bestehen in die großen Städte des Landes, so nach Ankara (stündlich), Antalya (8 mal), Mersin (alle 15 Minuten), İstanbul (stündlich), İzmir (6 mal tgl.), Kayseri (10 mal), Konya (10 mal) und Antakya (8 mal); auch Verbindungen in den Libanon und nach Syrien.

Zug: Mehrmals in der Woche Zugverbindungen zu den großen Städten in der Türkei. Mindestens einmal täglich nach İstanbul, Kayseri, Ankara, Elazığ und İzmir.

Flugzeug: Zum Flugplatz im Südwesten der Stadt fährt mindestens im Stundentakt ein Stadtbus. An der Haltestelle - Kreuzung Bidin Paşa Caddesi und Özler Caddesi - kann man zusteigen. Man sollte dort vorher nach dem richtigen Bus zum *havalimanı* (Flugplatz) fragen. Von Adana täglich Inlandsflüge von *Turkish Airlines* nach Ankara (mehrmals), İstanbul (mehrmals), İzmir (tgl. mindestens 2 Flüge), Nikosia/ Zypern; und von *İstanbul Airlines* nach İstanbul (Mo-Fr 1 mal). Ferner gibt es preiswerte Flüge von *Kıbrıs Türk Hava Yolları,* Atatürk Cad. 5, Tel. 351 88 06, von Adana nach Nikosia (einfach 90 DM, Rückflug 105 DM).

➔ Von Adana setzt sich die Route durch die *Kilikische Ebene* über die Schnellstraße bis nach *Ceyhan* fort. Eine andere Möglichkeit zur Weiterfahrt bietet sich 8 km hinter *Adana*. So führt bei *İncirlik* (→ Umgebung von Adana) eine Nebenstrecke über *Yakapınar* und *Yilanlıkale* nach *Ceyhan*.

Mopsouhestia

In der Nähe des Orts Yakapınar, 27 km östlich von Adana, liegt ca. 5 km abseits der Straße *Mopsouhestia*, das spätere *Misis*. Die von den Hethitern gegründete Stadt hatte unter den Römern und Byzantinern ihre Blütezeit. Mopsouhestia breitete sich an beiden Ufern des Ceyhan aus. Die Stadtteile waren mit einer Brücke verbunden, die heute noch gut erhalten ist. Zum Se-

Burgruine von Yilanlıkale

henswerten gehören auch die überdachten Mosaike einer Basilika. Ansonsten ist die Bausubstanz stark zerstört.

Yilanlıkale

10 km westlich von Ceyhan zweigt von der Hauptstraße Ceyhan - Adana ein Weg nach Süden zum Dorf *Yilanlıkale* mit der gleichnamigen Burg ab. Auf einem 222 m hohen Felsrücken erhebt sich die Festungsruine, von der man einen herrlichen Ausblick auf die Kilikische Ebene hat. Der Aufstieg ist an der Nordwestseite möglich (oder auch im Südwesten über einen schmalen Pfad). Ein geteerter Weg führt fast bis zur Burganlage; bis ganz hinauf ist es dann zu Fuß noch eine Viertelstunde. Die Oberburg erstreckt sich nach Norden; die Unterburg und der Zwinger liegen im Südosten.

Die Festung, von Armeniern gegründet, gehörte zum Königreich Armenien. Sie war durch den legendären Scheich *Meran* bekannt, einen Zauberer in Schlangengestalt, der dort sein Unwesen getrieben haben soll. Daher auch der Name *Yilanlıkale* (dt. Schlangenburg).

Ceyhan

55.000 Einwohner, 30 m hoch,
50 km O von Adana

Am östlichen Ufer des gleichnamigen Flusses liegt *Ceyhan*, eine lebendige Kreisstadt. Sie ist das Zentrum des landwirtschaftlich orientierten Umlands. Im Sommer ist es hier heiß und schwül.

Umgebung von Ceyhan

♦ **Yumurtalık**

35 km südlich von Ceyhan liegt am Golf von İskenderun das Hafenstädtchen *Yumurtalık*. Kleine Sandstrände und gute Restaurants laden zu einem erholsamen Zwischenstopp, auch für

Hafen von Yumurtalık

mehrere Tage ein. In vielen Lokantas gibt es Fisch, der früh morgens von den zahlreichen Fischerbooten an Land gebracht wird. Viele Sommerfrischler aus Adana kommen hierher, vor allem wegen des Strands in *Yumurtalık İskelesi*.

Am Hafen von Yumurtalık steht ein mittelalterliches Kastell; daran schließt sich eine weitläufige Bucht nach Osten an. Außerdem findet man überall im Ort alte Säulen und Kapitelle, die offensichtlich antiken Ursprungs sind. Auch am Hafen hat man solche Säulen wieder aufgestellt. Zu Ruinen im Wasser kann man ca. 400 m hinausschwimmen. Dort liegt auf einem kaum 1 m hohen, aufgeschütteten Steinsockel die Seeburg. Auch hier wurde an den umlaufenden Kaimauern antikes Material verbaut.

Geschichte

Yumurtalık, im Mittelalter unter dem Namen *Lajazzo* bekannt, war der Haupthafen des Königreichs Kleinarmenien und dementsprechend häufig von Eindringlingen bedroht. Die Festungen gehörten der armenischen Krone. Der Hafen, zunächst im Besitz fränkischer Kreuzfahrer, wurde 1322 von Mameluken und Mongolen eingenommen. Die Belagerten flohen auf die Schiffe, die ihnen der König von Zypern zu Hilfe geschickt hatte und vernichteten bei ihrem Rückzug die Seeburg. Nach weltweiter Bestürzung über diesen Vorfall wurde Lajazzo unter anderem mit päpstlicher Hilfe wiederaufgebaut. Mit der Herrschaft der Osmanen verlor Yumurtalık seine Bedeutung als Hafenstadt; Payas, İskenderun und Mersin entwickelten sich nun zu den wichtigsten Häfen an der Südostküste.

Übernachten

▸ *Hotel Öztur,* Zwei-Sterne-Hotel, alle Zimmer mit Du/WC, Restaurant auf dem Dach, nicht weit vom Strand, freundliches Personal, sauber, zu empfehlen. DZ 35 DM, mit Frühstück.

♦ *Sirkeli*

Ca. 5 km südwestlich von Ceyhan befindet sich bei *Sirkeli* an der Furt des gleichnamigen Flusses in einer Felswand ein hethitisches Relief aus dem 12. bzw. 13. Jahrhundert v. Chr. Es ist die Abbildung des hethitischen Großkönigs *Muwatalli* (1314 - 1282), der von Kilikien aus auf Raubzüge nach Ägypten ging. 1299 besiegte er in der Schlacht von Kadesch den Pharao *Ramses II.*

Von Sirkeli hat man freien Blick auf → *Yilanlıkale* nördlich des Ceyhan.

♦ *Anavarza Kalesi*

Von Ceyhan aus ist die weitläufige Ruinenanlage *Anavarza* (auch *Dilekkaya*), 30 km nordöstlich von Ceyhan, zu erreichen. Auf einem Felsen erhebt sich eine mittelalterliche Festung. Die Vorburg liegt dort, wo sich das Gelände nach Westen und Süden neigt. Der Bergfried steht auf einem schmalen Grat, und die Oberburg zieht sich nach Norden. Früher verband eine Zugbrücke Bergfried und Oberburg.

Die Spuren der Besiedlung am Anavarza-Felsen reichen bis ins Altertum. So breitete sich am Fuß der Festungsruine die spätantike Siedlung *Anazarbos* aus. Sie war auch in späteren Zeiten noch bewohnt. Heute sieht man hier noch römische Thermen und zwei byzantinische Kirchen, die aber stark zerstört sind. Das Theater der Stadt lag innerhalb der Festungsmauern im Südosten, Stadion und Amphitheater befanden sich dagegen weiter im Süden, außerhalb der schützenden Mauern.

Siedlungsplatz und Burg waren in der Vergangenheit umkämpft: Im 7. Jahrhundert rangen Byzantiner und Araber um die Vorherrschaft, im 11. Jahrhundert wurde die Festung von Seldschuken eingenommen, im 12. Jahrhundert ging sie an das Kleinarmenische Königreich über, zu dem sie bis Ende des 14. Jahrhunderts gehörte.

Übernachten

Ceyhan hat nur ein paar einfache Hotels und Pensionen.

▸ *Hotel Ceyhan,* Atatürk Cad. 99, von den Hotels in Ceyhan am ehesten zu empfehlen; sauber, Etagenduschen, Waschbecken in den Zimmern; schöne Dachterrasse. DZ 25 DM.

Verkehrsverbindungen

Busse wie auch Züge von und nach Adana halten auch in Ceyhan. Der Bushof befindet sich 200 m südlich der Brücke über den Ceyhan-Fluß. Von hier aus bestehen stündlich Busverbindungen nach Adana, Mersin und Tarsus.

Ein *dolmuş* fährt direkt an der Brücke ab. Gute Verbindungen bestehen vor allem nach Yumurtalık und Adana.

–▸ An der großen Abfahrt nach Süden in Richtung İskenderun kann man einen Abstecher in den Nationalpark nördlich von *Osmaniye* unternehmen, wo es zahlreiche historische Stätten zu besichtigen gibt, die einen Abstecher wert sind:

Bodrumkale und Hierapolis

Auf einem 35 m hohen Felssporn erhebt sich am Ceyhan eine mittelalterliche Burg aus dem beginnenden 13. Jahrhundert. Sie war eine der vielen Grenzfestungen in Kilikien, die mit dem Niedergang des Kleinarmenischen Königreichs Ende des 14. Jahrhunderts bedeutungslos wurden. Die Burgruine befindet sich an dem Ort, wo einst die Akropolis des antiken *Kastabala* stand. Davon ist nichts mehr erhalten, aber unterhalb des Burgfelsens sieht man noch Ruinen der Siedlung. Besonders sehenswert ist die von Säulen gesäumte Kolonnadenstraße.

Karatepe und Kumkale

Ca. 40 km nördlich von Osmaniye und ca. 20 km von Bodrumkale liegt eine Hethitersiedlung am *Karatepe* (dt. Schwarzer Berg). Sie war im 8. Jahrhundert v. Chr. die Sommerresidenz von König *Asitawanda*. Außer den Ruinen der Toranlagen und eines Palastes ist nicht mehr viel davon übrig. Reliefs an den Toren, die den König bei einem Festgelage zeigen, hat man unter einem Dach geschützt aufgestellt.

Auf der anderen Flußseite des Ceyhan befindet sich an *Domustepe* (dt. Schweineberg) eine weitere hethitische Siedlung.

2 km nördlich von Karatepe liegt unmittelbar am Ceyhan die mittelalterliche Burg *Kumkale* (dt. Sandburg). An ihrer Westseite erhebt sich der zweigeschossige, zinnengekrönte Bergfried. Sein Obergeschoß war nur mit Leiter oder Zugbrücke zu erreichen. Im Untergeschoß gibt es eine Zisterne. An der Ostseite schließt sich ein von vier Bastionen umgebener Vorhof an. Von der Burg, die lange Zeit im Besitz einer armenischen Familie von niederem Adel war, konnte man den Flußübergang beobachten und die Wege in Ost-West- sowie Nord-Süd-Richtung überwachen.

Karatepe Aslantaş Milli Parkı

Der 1959 gegründete Park nimmt eine Fläche von 77 km² ein. Er liegt auf einer Hochebene, durch die der Ceyhan mit seinen Nebenflüssen fließt. Die Vegetation im Park bestimmen Rotkiefern, Tamarisken und verschiedene Eichenarten. An Tieren sind Rotwild, Wildschweine, Füchse und Schakale vertreten. Im Fluß tummeln sich jede Menge Welse und Karpfen. Im Park gibt es mehrere Picknick- und Campingplätze. Ein Stausee lädt zum Baden ein. Die beste Besuchszeit ist von April bis November.

➞ Wer auf der Hauptroute bleibt, hat vor der Abfahrt nach İskenderun die Möglichkeit, *Toprakkale* zu besuchen. Von hier kann man auch auf der E 98 bis *İskenderun* weiterfahren.

Toprakkale

... liegt 36 km östlich von der Stadt Ceyhan. Auf einem 60 m hohen Felsenkegel thront die aus schwarzem Basalt erbaute Burg. Ein Weg führt bis unterhalb der Festung. Von dort sind es dann noch ca. 3 Minuten zu Fuß bis zur Unterburg im Westen. Recht gut erhalten sind die Räume und viele unterirdische Gänge. Aufgrund der exponierten Lage hat man von oben eine phantastische Aussicht; früher war eher wichtig, daß man von hier aus gut Nachrichten übermitteln konnte (u.a. mit Spiegeln oder per Rauchzeichen), z.B. zur benachbarten → *Bodrumkale*.

Eine erste Befestigung aus dem 10. Jahrhundert geht auf die Dynastie der Hamdaniden zurück. Später war das Kastell im Besitz von Armeniern, Franken und Byzantinern.

Dörtyol

... liegt am Fuß von *Boz Dağı* (2.240 m hoch) inmitten von Apfelsinenplantagen. Das Städtchen (47.000 Einw., 30 km nördlich von İskenderun), das Touristen keine Sehenswürdigkeiten vorzeigen kann, bietet aber dafür typisches türkisches Leben. In *Dörtyol* gibt es einen Gemüsemarkt und einen kleinen Basar mit allem Möglichen und Unmöglichen.

Issos

Das sagenumwobene Schlachtfeld von *Issos*, auf dem *Alexander der Große* 333 v. Chr. den Perserkönig *Dareios III.* besiegte, soll etwa 4 km südlich von Dörtyol liegen.

Yakacık - Sokullu Mehmet Paşa Kervansary

Yakacık

8 km südlich von Dörtyol und 31 km von İskenderun liegt *Yakacık* (auch *Payas* genannt), unter den Osmanen eine blühende Hafenstadt und Endpunkt der Karawanenstraße aus Mesopotamien. Zu den Sehenswürdigkeiten des Städtchens zählt die äußerst gut erhaltene *Sokullu Mehmet Pasa Kervansary* mit der Moschee *Sarı Selif* aus dem Jahr 1547. Besonders schön ist der Innenhof der Moschee. Eine Besichtigung der Karawanserei lohnt sich, weil sie eine Vorstellung davon gibt, wie eine damalige "Raststätte" aussah (geöffnet tgl. 8-16 Uhr, Eintritt 4 DM). In der Nähe befindet sich *Cin Kalesi*, eine mittelalterliche Burg, die dem Verfall preisgegeben ist.

Im Süden liegen die Ruinen einer alten Stadt: einzelne Säulenteile und behauene Steine. Am Ufer steht ein noch gut erhaltenes Kreuzfahrerkastell aus dem 13. Jahrhundert.

Wegen des örtlichen Stahlwerks gehört der Ort nicht gerade zu den schönsten in der Türkei. Aber einladend ist die Umgebung von *Payas, Sarızeki, Denizciler* und anderen Dörfern in diesem Gebiet. Viele Schluchten durchziehen das Nur-Gebirge und laden in der schönen Bergwelt zum Wandern ein. Da einige Regionen dieser Landschaft nahe der syrischen Grenze zum militärischen Sperrgebiet erklärt wurden, empfiehlt es sich, vor einem Ausflug an Ort und Stelle Erkundigungen einzuholen. Am Sonntag ist eine Wanderung besonders erholsam, weil an diesem Tag die Fabrikschornsteine in der Umgebung von Yakacık nicht qualmen. Es gibt keine ausgeschilderten Wanderwege. Außerdem sollte man auf festes Schuhwerk achten.

İskenderun

158.000 Einwohner, 130 km SO von Adana

Die sehr weit angelegte Hafen- und Industriestadt am Golf von *İskenderun* zählt zu den bedeutendsten an der türkischen Mittelmeerküste. Mit einem großen Eisen- und Stahlwerk ist sie ein Zentrum der Schwerindustrie des Landes.

Das *Nur-Gebirge* (2.240 m) überragt die Stadt und umschließt sie mit ihrem fruchtbaren Umland von drei Seiten. Wenn das Thermometer im Sommer über 40 °C im Schatten ansteigt, ist es hier unerträglich.

Geschichte

Alexandria, so der antike Name der Stadt, soll *Alexander der Große* nach der Schlacht von Issos (333 v. Chr.) gegründet haben. Danach lösten sich Sassaniden, Araber und Byzantiner als Herren der Stadt ab. Im 16. Jahrhundert wurde sie von *Sultan Selim* eingenommen und dem Osmanenreich einverleibt. Nach dem Ersten Weltkrieg besetzten Franzosen das Gebiet um die Stadt, das 1939 wieder der Türkei angegliedert wurde.

Strände

Die Stadt selbst hat keine schönen Strände, ebensowenig wie → *Uluçınar, Diba, Gülcihan* und *Mavı Yalı.*

Die Kiesstrände von Dörtyol wie *Ögme Plajı, Belediye Plajı* und *Burnaz Plajı* sind durch die umliegenden Industriestädte sehr schmutzig.

Touristeninformation

Atatürk Bul. 49/B, Tel. 614 16 20, geöffnet im Sommer tgl. 8 - 12 Uhr, 13 - 17 Uhr, im Winter Mo bis Fr zu gleichen Zeiten; freundliches, Englisch sprechendes Personal, das eine gute Karte bereithält.

Übernachten

▸ *Kavaklı Pansiyon,* Şehit Pamir Cad., 52. Sok. 14, Tel. 617 46 08, einfach und sauber, Zimmer lediglich mit fließendem Wasser. EZ 15 DM, DZ 22 DM.

▸ *Hotel Acıkalın,* Şehit Pamir Cad. 13, Tel. 617 37 32, sehr einfach, einige Zimmer mit Du/WC. DZ ab 25 DM.
▸ *Altındişler Oteli,* Şehit Pamir Cad. 11, Tel. 617 10 11, einfach, aber Zimmer mit Du/WC und TV. EZ 25 DM, DZ 39 DM.
▸ *Hotel İmrenay,* Şehit Pamir Cad. 5, Tel. 613 21 17, eines der besten Hotels der unteren Mittelklasse, Zimmer mit Du/WC. EZ 30 DM, DZ 45 DM.
▸ *Hataylı Oteli,* Osman Gazi Cad. 2, Tel. 614 15 90, Fax 617 87 51, Zimmer mit Du/WC, ähnlicher Standard wie İmrenay, aber inklusive Frühstück. EZ 27 DM, DZ 55 DM.
▸ *Hotel Cabir,* Ulu Cami Cad. 16, Tel. 612 33 91, Fax 612 33 93, bestes Haus in İskenderun. DZ 70 DM, mit Frühstück.

Essen und Trinken

Außer einigen zu den Hotels gehörenden Restaurants der gehobenen Kategorie findet man in der Gegend der *Ulu Camii* für den "kleinen" Hunger etwa zwanzig Kebap-Stände und einfache, typisch türkische Lokantas. Ebenfalls gut essen kann man im *Sarayı Lokantası,* Atatürk Bul., wo die Speisen mehrmals täglich frisch zubereitet werden. Das Preisniveau ist leicht gehoben.

Bekannt ist İskenderun vor allem wegen seines Melonen- *(kavun suyu)* und Rübensafts *(salgam suyu).*

Tip: Berühmt-berüchtigt ist außerdem ein Getränk namens "Atom", in dem mehr oder weniger alles Mögliche zusammengemixt wird. Im "Atom" kann man sogar Haselnüsse finden - es ist einen Versuch wert!

Einkaufen

In İskenderun findet man einen großen Obst- und Gemüsemarkt *(Sebze Halı)* an der Denizciler Caddesi in der Nähe des Kanals. Außerdem gibt es einen Fischmarkt am Hafen und ein großes Käseangebot auf dem Käsemarkt in der Peynirciler Pasajı an der Kanatlı Caddesi.

Ebenfalls in einer Seitengasse der Kanatlı Caddesi gibt es einen kleinen Flohmarkt mit dem üblichen Angebot.

Treffpunkte

Die Uferpromenade hat mit ihren Anlagen für jede Generation zu jeder Tageszeit etwas zu bieten: angefangen vom Kinderspielplatz über eine Disco (gemischte Musik), einen Biergarten, ein Kasino und einen Parkplatz bis zu einer künstlich angelegten Parkanlage, dem *5. Temmuz Park* (Park des 5. Juli). Mit viel Mühe wird hier versucht, İskenderun das fehlende Flair für Touristen und auch Einwohner zu geben.

Türkisches Bad

▸ *Yeni Hamam* in der Nähe der Ulu Camii in der Şehit Pamir Caddesi ist ein Bad in alter türkischer Bauweise, das nur für Männer geöffnet ist (5.30 - 22.30 Uhr).

Feste

Alljährlich finden Mitte Juli bis Anfang August in İskenderun *Kultur- und Tourismusfestspiele* statt, ein buntes Treiben mit viel Folklore.

Nützliche Adressen und Telefonnummern

Vorwahl: İskenderun und Sarımazı 326
Polzei: 614 21 23
Bahnhof: 614 00 49
Krankenhaus: Kazım Karabekir Cad., Tel. 613 35 71
Deutsches Honorarkonsulat: Atatürk Bul. 8/A, Tel. 617 12 31

Verkehrsverbindungen

Bus: Häufig fahren Busse und Minibusse vom Bushof nach Antakya; aber auch Busse in andere große Städte

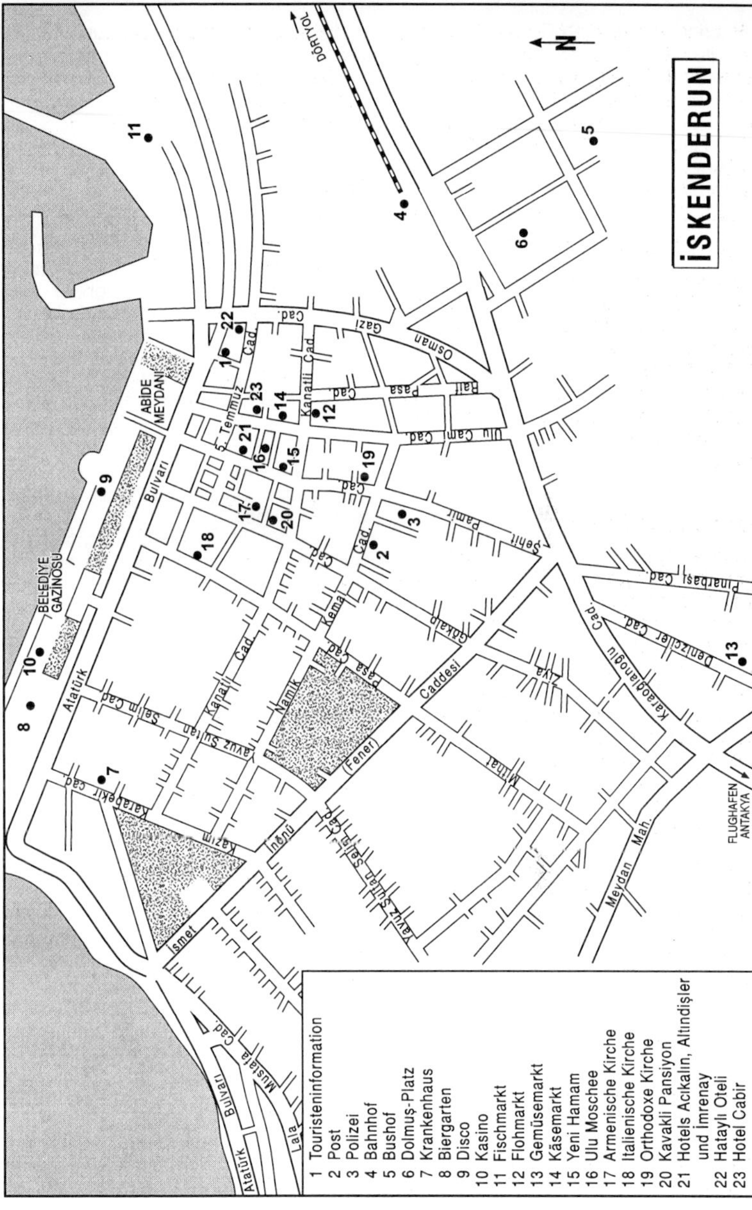
İSKENDERUN
DÖRTYOL
N
ABİDE MEYDANI
BELEDİYE GAZİNOSU
FLUGHAFEN ANTAKYA
Atatürk Bulvari
5. Temmuz Cad.
Osman Gazi Cad.
Kanatli Cad.
Rafi Paşa Cad.
Ulu Cami Cad.
Şehit Pamir Cad.
Pinarbaşı Cad.
Denizciler Cad.
Karaoğlanoğlu Cad.
Gökalp Cad.
Namik Kemal Cad.
Paşa Cad.
Selim Cad.
Yavuz Sultan Selim Cad.
Karabekir Cad.
Kazim Karabekir Cad.
İnönü (Fener) Caddesi
Ziya
Mithat
Meydan Mah.
İsmet
Mustafa Cad.
Lala
Atatürk Bulvari
1 Touristeninformation
2 Post
3 Polizei
4 Bahnhof
5 Bushof
6 Dolmuş-Platz
7 Krankenhaus
8 Biergarten
9 Disco
10 Kasino
11 Fischmarkt
12 Flohmarkt
13 Gemüsemarkt
14 Käsemarkt
15 Yeni Hamam
16 Ulu Moschee
17 Armenische Kirche
18 Italienische Kirche
19 Orthodoxe Kirche
20 Kavakli Pansiyon
21 Hotels Acıkalın, Altındişler und İmrenay
22 Hataylı Oteli
23 Hotel Cabir

des Landes, so nach Gaziantep (mehrere Busse tgl.), İzmir (5 mal), İstanbul (stündlich), Mersin (5 mal), Kayseri (3 mal) sowie weniger häufig nach Samsun, Van und Denizli. Die Agenturen haben ihre Büros am İnönü Meydanı.

Dolmuş: Von der Minibusstation gibt es Verbindungen nach Uluçınar (alle 20 Minuten), nach Soğukoluk (mehrmals tgl.), nach Belen (alle 10 Minuten; *Halk Otobüs*), nach Dörtyol (alle 5 Minuten) und nach Payas bzw. Yakacık (alle 10 Minuten); regelmäßig fahren auch Minibusse nach Osmaniye, Mavi Yalı und Arsuz.

Zug: Von İskenderun fährt einmal am Tag ein Zug nach Mersin über Toprakkale, Ceyhan, Adana, Yenice und Tarsus; auch mehrmals pro Woche nach İstanbul und Mersin.

–▸ 32 km südlich von İskenderun liegt der Badeort *Uluçınar* (auch *Arsuz* genannt). Er ist mit seinem ca. 100 m langen Sandstrand und einer Vielzahl von Unterkünften im Sommer von einheimischen und arabischen Touristen überlaufen. Die Route aber führt kurvenreich weiter über die Ausläufer des *Nur Dağları*, vorbei an der Abzweigung nach *Soğukoluk* bis zur Sommerfrische *Belen*.

♦ Soğukoluk

Zweigt man in Sarımazı, 2 km nördlich von Belen, in Richtung Südwesten ab, erreicht man auf einer schmalen Straße nach ca. 7 km den Ort *Soğukoluk*, auch *Güzelyayla* (dt. schöne Alm) genannt. Auf manchen Karten wird der Ort auch mit *Ötençay* bezeichnet.

Soğukoluk ist ein kleines Bergdorf in einer küstennahen Berglandschaft. Ein Tagesausflug lohnt schon wegen der idealen Lage und der selbst im Sommer erträglichen Temperaturen. Nachdem das Militär in den achtziger Jahren die Hotels in Beschlag genommen hat, gibt es in diesem wunderschönen Ort leider keine Übernachtungsmöglichkeiten mehr. Geblieben sind einige Restaurants und Cafés, wo Ausflügler bewirtet werden.

Belen

10.000 Einwohner, 14 km SO von İskenderun

Dieser lebhafte Ort an der Straße nach Antakya liegt 450 m hoch in einer felsigen Landschaft. Die Bewohner von İskenderun schätzen ihn als Sommerfrische, wenn es an der Küste unerträglich heiß ist. In Belen gibt es außer der **Süleyman Camii** (1553) eine alte **Karawanserei** aus der Zeit *Süleyman des Prächtigen*, in der heute ein schönes Teehaus untergebacht ist. Im Ort sind auch eine antike Wasserleitung und ein altes, noch funktionstüchtiges Hamam zu besichtigen.

Da es in Belen selbst keine Übernachtungsmöglichkeit gibt, bietet es sich an, nach *Sarımazı*, 2 km nördlich in ebenso schöner Lage, zu fahren; hier gibt es zwei Mittelklassehotels.

Übernachten

▸ *Otel Seyran,* Zwei-Sterne-Hotel, Zimmer mit Du/WC, Restaurant.

▸ *Kamelya Hotel,* Drei-Sterne-Hotel, Restaurant, direkt an der Straße.

–▸ Der Weg in Richtung Antakya führt über den Belen-Paß (740 m). Er ist schon seit altersher ein wichtiger Übergang. Am höchsten Punkt des Passes, und hier am Parkplatz, bestehen gute Möglichkeiten, noch einmal 400 bis 500 m aus dem Tal aufzusteigen und von oben die phantastische Aussicht auf die Karasu-Ebene und den Amik-See zu genießen. Vorher sollte man sich jedoch in Belen erkundigen, ob das Gebiet nicht mittlerweile zur militärischen Sperrzone gehört.

Es geht weiter bis zur Straßengabelung *Tepebası*, an der die Route in südlicher Richtung weiterführt. Wenige

Kilometer nach der Abzweigung bietet sich ein Umweg zur mittelalterlichen *Bakras Kalesi* am Osthang des Nur-Gebirges an. Später passiert man in der Nähe von *Serinyol* den See *Amık Gölü*. Nach einem Erdbeben im 6. Jahrhundert begann das Gebiet um den *See* zu versumpfen, da der Zufluß von *Asi Nehri* zum Meer zugeschüttet worden war. Vom See erreicht man nach 18 km *Antakya*.

Antakya

149.000 Einwohner, 85 m hoch,
194 km SO von Adana

Antakya, Verwaltungssitz der Provinz Hatay, liegt 30 km vom Meer entfernt in der Schwemmlandebene des *Asi*, des antiken *Orontos*, inmitten von Olivenplantagen am Fuß von *Habib Neccar*. Durch seine abgeschiedene Lage - weder Bahnanschluß noch Hafen - kommt der einst bedeutenden Stadt heute nur noch eine untergeordnete Rolle zu.

Für den Besucher dagegen machen sowohl die geographisch exponierte Lage als auch die Nähe zu Syrien und der damit verbundene arabische Einfluß - neben Türkisch wird hier Arabisch gesprochen - die Stadt sehr reizvoll.

Während das alte Antiochia, auf das die heutige Stadt zurückgeht, sich an die steilen Berghänge von *Habib Neccar* lehnte, breitet sich die moderne Stadt am westlichen Ufer von *Asi Nehri* in der Ebene aus. Am Ostufer liegt die Altstadt mit zahlreichen Häusern im arabischen Baustil, mit engen, malerischen Gassen und einem ausgedehnten Geschäftsviertel.

Obwohl mehrere Erdbeben nur wenig von der alten Bausubstanz der Stadt übrigließen, zieht das orientalische Leben in der Altstadt die Besucher immer noch in seinen Bann.

Für arabische Touristen ist Antakya ein schon sehr freizügiges Dorado. Viele Elektrogeschäfte und Kinos erfreuen sich großer Nachfrage.

Die Umgebung von Antakya bietet genug Abwechslung für einen mehrtägigen Aufenthalt: Klöster, alte römische Anlagen, Burgen und vor allem viel reizvolle Natur in der Provinz Hatay.

Geschichte

Ende des 4. Jahrhunderts v. Chr. wurde die Stadt unter dem Namen *Antiocheia* von *Seleukos Nikator* gegründet. Aufgrund der günstigen Lage am Meer und an der Karawanenstraße nach Mesopotamien erlangte sie in der Antike große Bedeutung. Bereits im 2. Jahrhundert v. Chr. lebten hier eine halbe Million Menschen. In der folgenden Zeit wechselten die Herrscher häufiger: Zunächst waren es die Römer, dann die Perser, dann wieder die Römer, die nacheinander von Arabern, Byzantinern, Seldschuken, Kreuzrittern, Mameluken und schließlich von den Osmanen abgelöst wurden. Nach dem Ersten Weltkrieg gehörte das Gebiet zum französischen Protektorat *Syrien*. 1936 wurde es wieder der Türkei angegliedert. Erdbeben im 16. und 19. Jahrhundert zerstörten die Stadt fast vollständig, so daß sie kaum über historische Sehenswürdigkeiten verfügt.

Sehenswürdigkeiten

Auf der westlichen Seite der Brücke, wo einst eine vierbogige Römerbrücke über den *Asi* führte, befindet sich am großen Kreisverkehr das **Archäologische Museum**. Es zeigt eine sehenswerte Sammlung römischer Mosaiken aus Antakya und der Umgebung (geöffnet außer Mo tgl. 9 - 12, 13.30 - 17 Uhr).

Die **Ulu Camii** (Große Moschee) erhebt sich östlich der Brücke. Wunderschön ist ihr großer, kühler und ruhiger Innenhof mit einem Reinigungsbrunnen.

Folgt man den kleinen Gassen nach Norden oder Osten, erreicht man das **Basarviertel**. Es hat sich seine Ursprünglichkeit weitgehend erhalten, auch wenn sich die traditionelle Aufteilung nach Branchen allmählich auflöst. Hier kann fast jeder Kaufwunsch erfüllt werden.

In der Kurtuluş Caddesi steht **Hahib Neccar Camii**, eine umgebaute byzantinische Kirche mit Minaretten aus dem 17. Jahrhundert.

Die Kurtuluş Caddesi begrenzt das Geschäftsviertel. Folgt man ihr nach Süden, so erreicht man nach einem längeren Fußweg ein **Aquädukt** aus dem 2. Jahrhundert, von dem leider nur noch einige Teilstücke erhalten sind.

Über die Saray- und Hürriyet Caddesi mit zahlreichen Gebäuden arabischen und französischen Stils geht es zurück zur römischen Brücke.

Umgebung von Antakya

♦ Antakya Kalesi

Am Südrand der Stadt liegt ca. 7 km vom Zentrum entfernt die verfallene *Antakya Kalesi* aus dem 11. Jahrhundert. Von der Burg mit ihren einst 360 Türmen ist nicht mehr viel übrig. Dennoch lohnt sich der Weg, der um den Bergrücken von *Habib Neccar* herum auf die Anhöhe führt. Von der Burg hat man einen phantastischen Ausblick auf die Stadt!

Mit dem *dolmuş* fährt man in Richtung Altıözü und läßt sich kurz hinter Kuruyer, an der Abzweigung zur Schotterstraße, absetzen. Sie führt die letzten 2 km am Berg entlang zur Burg. Mit dem Auto fährt man in Richtung Reyhanlı und richtet sich nach der Beschilderung (Strecke ca. 15 km).

♦ Tell Acana

An der Ausgrabungsstätte *Tell Acana*, 22 km östlich von Antakya, vermutet man die Hauptstadt des murkischen Reichs aus dem 3. bis 2. Jahrhundert v. Chr. Die entscheidenden Grabungen in den Jahren 1933 bis 1936 legten die Grundmauern zweier Paläste frei. Ihre genaue Anordnung ist auf einer Schautafel erklärt. Für den Laien jedoch bleibt es sehr schwer, die Bedeutung der einzelnen Mauerreste zu entschlüsseln. Bis heute sind siebzehn Siedlungsschichten freigelegt, von denen die älteste auf das 4. Jahrhundert v. Chr. datiert.

Auf dem Weg nach Tell Acana fährt man über *Demir Köprü*. Obwohl es das Attribut "Demir" (dt. Eisen) trägt, handelt es sich bei diesem Bauwerk um eine alte Steinbrücke über *Asi Nehri,* die nach wie vor den stark angewachsenen Verkehr aushalten muß.

♦ Yenişehir Gölü

Auf dem Weg nach Reyhanlı fährt man hinter *Tell Acana* ganz dicht am Stacheldrahtzaun der syrischen Grenze vorbei. Von Reyhanlı liegt der *Yenişehir-See* ca. 100 m von der syrischen Grenze entfernt. Hier entspringt eine Quelle, die den kleinen See speist. Bewaldete Picknickplätze und Ausflugslokale sind Ziel vieler Tagesausflügler.

♦ Harbiye

In diesem Villenort, 8 km südlich von Antakya, liegt der *Hain der Daphne*, ein Wäldchen mit einem kleinen Wasserfall. Eichen, Lorbeerbäume und Zypressen wachsen hier. Es ist ein beliebtes Ausflugsziel für die Bewohner von Antakya.

Übernachten

▸ *Çağlayan Oteli,* Ürgen Cad. 6, Tel. 231 10 11, alle Zimmer mit Du/WC, einfaches Mittelklassehotel, Restaurant am Wasserfall. EZ 20 DM, DZ 25 DM, weiteres Bett 7 DM, Frühstück auf Wunsch.

♦ Simon Stilitis Manastiri

Von der Straße Antakya - Samandağı, beim Ort Uzunbağ der beschilderten Abzweigung folgend, gelangt man auf einer 8 km langen Schotterstraße in die Nähe des alten Klosters *Simon Stilitis Manastiri*. Hier soll der *Hl. Simon* na-

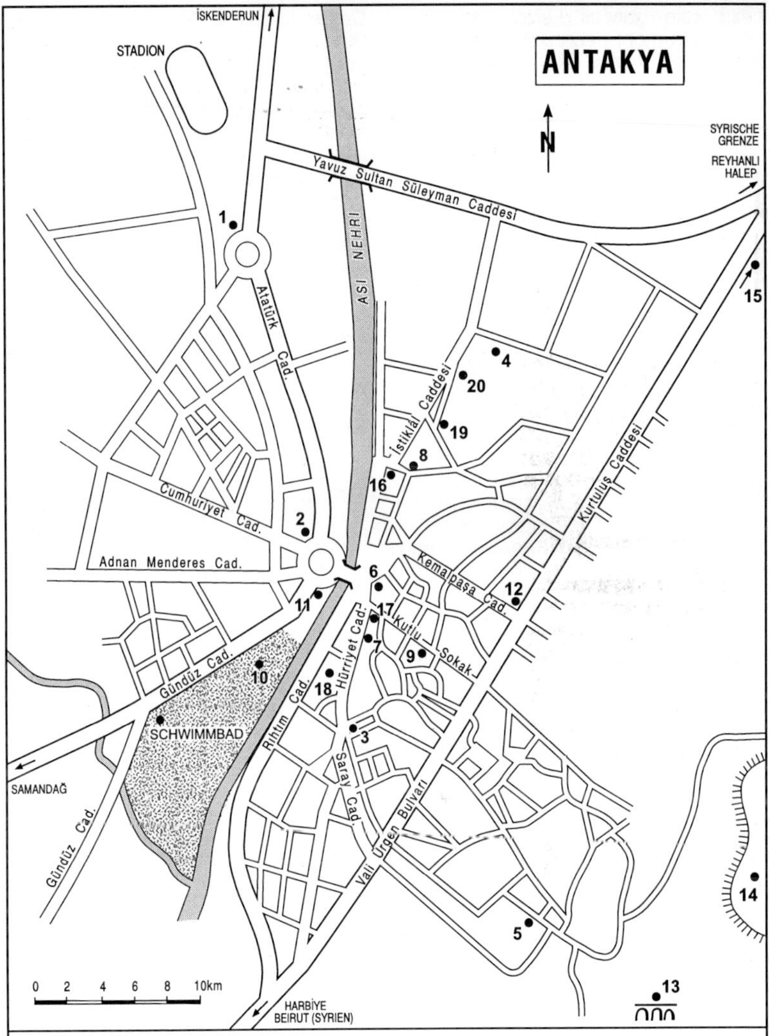

1 Touristeninformation
2 Post
3 Polizei
4 Bushof
5 Krankenhaus
6 Ulu Moschee
7 Çinde Hamam
8 Meydan Hamam
9 Basar
10 Antakya Park
11 Museum
12 Hahib Neccar Moschee
13 Aquädukt
14 Antakya Kalesı
15 Petrus-Grotte
16 Jasmin Hotel
17 Hotel Saray
18 Hotel Atahan
19 Divan Oteli
20 Hotel Orontes

hezu sein ganzes Leben auf einer Säule verbracht haben. Das Kloster erreicht man vom Ende des Fahrwegs auf einem 2 km langen Fußweg. Einheimische weisen gerne den Weg.

♦ *Von Samandağ zum Titus Tüneli*

Von der Kleinstadt *Samandağ* (30.000 Einwohner, 26 km westlich von Antakya) fährt ein *dolmuş* zum kilometerlangen Strand (Schild "Deniz"). Dieser "Ortsteil" besteht aus einigen Pensionen, einem Lokanta (der Chef ist Araber) und einem christlich-islamischen Kulturhaus.

Von Samandağ erreicht man, wenn man der Ausschilderung "Çevlik" folgt, nach 6 km das Gebiet der ehemaligen Hafenstadt *Seleukeia*, die im 3. Jahrhundert v. Chr. schon 30.000 Einwohner zählte. Außer den Ruinen der Stadtmauer und eines Tempels ist vor allem der *Titus Tüneli* interessant. Die Römer erbauten den Kanal, um den Fluß, der das Hafenbecken allmählich zuschüttete, an der Stadt vorbeizuleiten. Heute kann man an dem 10 bis 15 m tiefen Einschnitt im Bachbett ca. 1 km entlanglaufen, um danach einen ca. 250 m langen Tunnel zu begehen. Taschenlampe nicht vergessen! Auf dem Rückweg führen linker Hand unmittelbar hinter dem Tunnel ein paar Stufen nach oben. Dort ist der Weg zu einer byzantinischen Klosteranlage (Beşikçi Mağarası) ausgeschildert, deren Kirche noch gut erhalten ist. Im Fußboden der Kirche waren Dutzende von Gräbern, die heute offen liegen.

Das Strandbad *Çevlik*, unterhalb des Tunnels, ist im Sommer von türkischen Touristen sehr überlaufen, obwohl der ca. 2 km lange und 50 m breite Kiesstrand zwischen Samandağ und Çevlik nicht gerade sauber ist. In Çevlik gibt es eine sehr einfache Campingmöglichkeit.

♦ *Petrus-Grotte*

Vom Stadtrand Antakyas 3 km in Richtung Reyhanlı liegt die *Petrus-Grotte* mit Kirche. Hier soll der Apostel *Petrus* einst gepredigt haben. Im Innern der Kirche kann man einen Fluchtgang für die Gläubigen - ein Zeugnis ihres schweren Standes in früherer Zeit - besichtigen. Die Kirche ist ab 17 Uhr geschlossen. Taxifahrer bringen Touristen auch außerhalb der Öffnungszeiten zur - verschlossenen - Kirche. Am Hang, etwas nördlich über der Kirche, findet man außer zahllosen Spuren einer früheren Besiedlung ein großes Relief. Dargestellt ist ein überdimensionaler Frauenkopf, der angeblich Marias Kopf darstellen soll. Daneben steht eine weitere Figur, die in ihrer ganzen Größe etwa den Ausmaßen des Frauenkopfs gleich ist. Links und rechts des Reliefs befinden sich zwei alte Wasserkanäle.

Wenn man vor der Kirche steht, kann man rechts in eine Schlucht sehen, an deren Wänden Mauerreste und in den Fels gehauene Kammern zu sehen sind. Führt der Fluß kein Wasser, so kann man - wenn auch beschwerlich - unten in der Schlucht wandern.

♦ *Syrien*

Wer nach Syrien weiterreisen oder einen Abstecher dorthin machen möchte, sollte sich sein Visum schon zu Hause oder in Ankara besorgen. Die Zöllner sind oft launisch und schicken dann Reisende ohne Visum zurück. Die Grenzübergänge bei Yayladağı und Reyhanlı haben 24 Stunden geöffnet.

Touristeninformation

Vali Ürgen Alanı 47, Tel. 216 06 10, geöffnet Mo bis Fr 9 - 12, 13.30 - 17 Uhr; freundliches, Englisch und Französisch sprechendes Personal, das auch eine brauchbare Karte bereithält.

Übernachten

▸ *Jasmin Hotel,* İstiklâl Cad. 14, Tel. 212 71 71, spartanisch, aber wohl das ordentlichste unter den ganz billigen Hotels, Dusche und WC auf der Etage. DZ 18 DM.

▸ *Hotel Saray,* Hürriyet Cad. 3, Tel. 214 90 01, Fax 214 90 02, einfach, sauber, alle Zimmer mit Du/WC, Alternative zu Jasmin. EZ 18 DM, DZ 27 DM.
▸ *Divan Oteli,* İstiklâl 62, Tel. 215 15 18, passables Haus der unteren Mittelklasse, alle Zimmer mit Du/WC. EZ 22 DM, DZ 33 DM, DRZ 40 DM.
▸ *Hotel Atahan,* Hürriyet Cad. 28, Tel. 214 21 40, Fax 215 80 06, Klimaanlage, älteres Mittelklassehotel. EZ 35 DM, DZ 45 DM.
▸ *Hotel Orontes,* İstiklâl Cad. 58, Tel. 214 59 31, Fax 214 59 33, neues, komfortables Haus, gutes Preis-Leistungs-Verhältnis. EZ 36 DM, DZ 50 DM.

Essen und Trinken

Das Viertel mit Lokantas und Restaurants beginnt in der İstiklâl Caddesi und erstreckt sich über die Hürriyet Caddesi. Hier findet man eine Menge kleinster Lokantas und gepflegter Restaurants, auch mit Dachterrassen, z.B. *Han Restaurant,* Hausnummer 19/1, das eine große Auswahl auf der Speisekarte bietet und außerdem ein kühles Bier ausschenkt.

Berühmt ist Antakya für *kağıt kebabı* (Papier-Kebap), auf Papier ausgebreitetes Hackfleisch, das mit Tomaten und Peperoni garniert und so zu einem *fırın* (spezieller Bäcker, der auch Pide herstellt) gebracht wird. Der backt es dann in seinem Ofen backen.

Einkaufen

Außer den vielen Obst- und Gemüseständen in den Straßen im und um das Basarviertel gibt es noch einen Wochenendmarkt, auf dem außer Dingen für den täglichen Bedarf auch frisches Obst und Gemüse verkauft werden. Ansonsten erfüllt der sehr reizvolle, ursprüngliche Basar so ziemlich jeden Kaufwunsch.

Treffpunkt/ Nachtleben

Abendliches Zentrum ist vor allem der *Antakya Park*, wo die *Atakyalılar* (Einwohner Antakyas) zum Sehen und Gesehenwerden zusammenkommen.

Wer eine der südlichsten Bierkneipen in der Türkei kennenlernen möchte, ist im *Kösem Birahanesi*, Hürriyet Caddesi, richtig. Klein und verraucht, hat sie fast schon arabische Atmosphäre.

Türkische Bäder

Im Zentrum gibt es zwei sehr alte, aber gute türkische Bäder (beide geöffnet 8 - 14 Uhr, für Frauen 17 - 19 Uhr): *Meydan Hamamı,* Meydan Hamamı Sok. 21 und ▸ *Çinde Hamamı,* Yıldız Sok.

Feste

In der Zeit von Mitte bis Ende Juli findet in Antakya das *Hatay Çiçek Festivalı,* das Blumenfest, mit Theater, Musik und Paraden statt.

Nützliche Adressen und Telefonnummern

Vorwahl: 326
Polizei: 21 530 02
Krankenhaus: 21 510 27
THY-Büro: ANT-TUR Turizm Seyahat Ac., İnönü Cad., Rana Apt. 15/D, Tel. 215 75 32

Verkehrsverbindungen

Bus: Vom Bushof am Rand der Altstadt kann man nahezu alle größeren Städte in der Türkei erreichen, so Adana (6 mal), Ankara (10 mal), İstanbul (stdl.), İzmir (10 mal), Kayseri (3 mal). Ebenfalls Busverbindungen nach Syrien (Haleb/ Aleppo, Damaskus) und nach Jordanien (Amman, von dort Verbindung nach Israel). Da nur wenige Busagenturen ein Büro im Zentrum unterhalten, muß man sich häufig die Fahrkarte am Bushof selbst besorgen.

Dolmuş: Der *dolmuş*-Platz in der Nähe des Bushofs ist Ausgangspunkt für Fahrten in Richtung Altınözü (3 mal tgl.), Reyhanlı, Tell Acana, Yenişehir Gölü, Harbiye und Samandağ.

Route 8
Beyşehir - Kappadokien - Tarsus (ca. 720 km)

Die Route beginnt ca. 13 km hinter Manavgat (→ R 6) an der Kreuzung in Richtung Konya. Einige Zeit führt die Straße in Richtung Osten, dann zieht sie sich in vielen Kehren auf den *Mittleren Taurus* hin. Nach 84 km Fahrt überquert man auf einer Höhe von 1.525 m *Irmasan Geçidi* (Paß). Kurz darauf folgt *Teke Geçidi* (1.320 m). Die Strecke führt durch eine wilde Gebirgslandschaft mit Nadelwäldern. Nach etwa 130 km Fahrt weichen allmählich die Berge. 10 km vor Beyşehir kommt man an die Ausläufer des gleichnamigen Sees. Die Straße folgt dem Ufer bis zur Stadt, die man nach 177 km erreicht.

Beyşehir

32.000 Einwohner, 1.150 m hoch,
90 km W von Konya

Das Landstädtchen liegt malerisch im Südosten von *Beyşehir Gölü,* dem drittgrößten See in der Türkei (656 km²). Flächenmäßig ist er mit dem Bodensee (539 km²) zu vergleichen. Aus ihm fließt *Beyşehir Çayı* ab, der heute kanalisiert ist und Wasser für die Bewässerungsanlagen im Süden der Provinz Konya liefert.

Beyşehir (dt. Fürstenstadt) ist auf seldschukischen Ursprung zurückzuführen. Das Zentrum liegt etwas abseits der Hauptstraße um die neue Moschee. Wie viele andere Städte hat auch Beyşehir einen starken Anstieg der Einwohnerzahl zu bewältigen, was sich im Stadtbild durch rege Bautätigkeit ausdrückt. Man achtet jedoch darauf, genügend Raum für kleine Parks und Teegärten zu lassen. Am Stadtrand entstehen Hochhausviertel. Am Seeufer wird eine großzügige Promenade angelegt.

Nicht nur Beyşehir, sondern auch die Umgebung ist einen Besuch wert. Am Südufer des Sees laden Sandstrände zum Baden ein.

Sehenswürdigkeiten

Die **Esrefoğlu Camii** (1296) gehört zu den wenigen Moscheen, die im Innern mit Holz gestaltet sind. Den Zedernholzsäulen, angeordnet in Sechserreihen und mit geschnitzten Kapitellen versehen, liegt eine schwere Dachkonstruktion auf. Die Kanzel aus Walnußholz fällt durch ihr überaus reiches Schnitzwerk auf. Drei Suren des Koran schmücken sie. Aus dem Rahmen fällt die Gebetsnische aus Stein, die mit blauen İznik-Fliesen verkleidet ist (Eintritt frei in die Moschee; ein kleine Spende jedoch ist erwünscht). Ein weiteres interessantes Gebäude ist die **Taş Medrese** (1368), in der sich das Grab des Stifters befindet, der heute ein populärer Heiliger ist.

Umgebung von Beyşehir

♦ *Kızkalesi*

Auf der Insel *Kızkalesi*, nordwestlich von Beyşehir, liegen Ruinen eines byzantinischen Nonnenklosters.

♦ *Eflatun Pınar*

41 km weiter nördlich befindet sich an der *Eflatun Pınar* (Fliederfarbene Quelle) ein hethitisches Heiligtum (um 1400 bis 1500 v. Chr.). Der etwa sieben Meter lange Quaderbau erinnert an einen Altar. Er ist mit Reliefs, darunter Flügelsonnen, Fabelwesen und Gottheiten, verziert. Das Heiligtum erreicht man über die Straße nach Kireli. 5 km vor dem Ort zweigt eine Straße rechts in Richtung Argithanı ab. Nach etwa 10 km (in einer Rechtskurve steht ein

Haus!) kommt ein Fußweg, der in ca. 4 km in östlicher Richtung zur Quelle führt. Am besten macht man den Ausflug mit einem Führer aus Beyşehir oder Kireli.

♦ ***Beyşehir Gölü***

Sehr zu empfehlen ist eine Fahrt am *Beyşehir-See* entlang. Die Straße verläuft teilweise am Ufer, streckenweise aber auch etwas abseits. Im Osten ist die Uferlandschaft hügelig bis flach; im Westen dagegen erheben sich *Ciçek Dağları* (2.375 m), die Berge *Anamas* (2.388 m) und *Dedegöl* (2.992 m). Im See liegen ungefähr dreißig kleine Inseln, von denen *Mada Adası* die größte ist. Obwohl das Ufer an manchen Stellen versumpft und verschilft ist, kann man im See schwimmen. Auch wer angeln will, ist hier richtig, denn im natriumhaltigen Wasser gibt es zahlreiche Fische, vor allem Karpfen.

Übernachten

In der Stadt gibt es in der Atatürk Caddesi zwei einfache Hotels (*Park Oteli* und *Bulvar Oteli*). Die Zimmer sind sehr schlicht eingerichtet; auf der Etage gibt es Duschen und Toiletten.

Camping
Von Beyşehir erreicht man in Richtung Antalya nacheinander drei Campingplätze:

▸ *Sahil Plaj Camping,* einfach ausgestatteter Platz mit einigen Bäumen, Restaurant.

▸ *Göl Camping,* 2 km außerhalb, sehr großer, sonniger Platz, direkt am Wasser. 2 Pers./ Zelt/ Pkw oder Kleinbus 4 DM, Restaurant in der Nähe.

▸ *Mart Camping,* 3 km außerhalb der Stadt, wenige schattenspendende Bäume, einfache Sanitäranlagen, Restaurant in der Nähe. 2 Pers./ Zelt/ Pkw oder Kleinbus 6 DM.

Strände

Durch den Ausbau der Küstenstraße und die Bauarbeiten an der Uferpromenade laden die Strände direkt beim Ort nicht zum Baden ein. Einige schöne Badestellen gibt es aber an der Küstenstraße in südwestlicher Richtung, wo die Straße für etwa 10 km am Ufer verläuft.

Essen

In der Atatürk Caddesi gibt es einige gute Restaurants. Das *Parkrestaurant* liegt in einem kleinen Park am Kanal. Hier kann man draußen sitzen. Dem Restaurant ist ein großer Teegarten angeschlossen. Das *Kanarya Restaurant* liegt zentral und hat eine reichhaltige Speisekarte; zu empfehlen ist *İskender kebap*. An der Ecke zum Park findet man das *Akin Restaurant*. Es ist äußerst sauber, verfügt aber nur über sehr wenige Tische. Die Gerichte werden immer frisch zubereitet.

Einkaufen

Das kleine Einkaufsviertel von Beyşehir liegt an der Moschee. Hier gibt es Lebensmittel und alles für den Haushalt. Einige Geschäfte stellen sich langsam auf den Tourismus ein; zu ihrem Angebot zählen auch Teppiche und Kupferwaren.

Treffpunkt

Zu empfehlen ist der Teegarten des Parkrestaurants, in dem man unter großen schattenspendenden Bäumen angenehm sitzt.

Verkehrsverbindungen

Busse nach Konya (mehrmals tgl.), Ankara und İstanbul.

–▸ Von der oben genannten Abzweigung nach Beyşehir führt unsere Route nach Osten, vorbei an *Ilgın* (→ Konya) und *Kadınhanı* (19.000 Einwohner) mit einer gut erhaltenen Karawanserei, und weiter durch Hügelland nach Konya.

Hochburg der Islamisten

Seit in der türkischen Republik islamistische Parteien wieder politisch auftreten dürfen (ab 1970), ist Konya ihre Hauptbastion. In den siebziger Jahren erreichte die Heilspartei (MSP) hier stets ihr bestes Ergebnis, war aber noch nicht so stark wie Demirels konservative Gerechtigkeitspartei, die ebenfalls viele religiös motivierte Wähler und Wählerinnen anzog. Während der Übergangsphase vom Militärregime zu Özal unterstützte der MSP-Anhang notgedrungen den islamistischen Flügel der ANAP. Ab Mitte der achtziger Jahre als sich wieder alle Strömungen des politischen Spektrums der Türkei voll etablieren konnten, traten die Islamisten als eigenständige Kraft auf, jetzt unter dem Namen *Wohlfahrtspartei* (Refah Partisi). Im Laufe weniger Jahre kehrte nicht nur die alte Gefolgschaft zurück, sondern nun wurden durch das sozialpolitische Versagen und die Korruption der konservativen Hauptparteien ab Anfang der neunziger Jahre viele neue Anhänger hinzugewonnen. Bei den Kommunalwahlen 1994 wurden erstmals außer in der traditionellen Hochburg Konya auch in vielen anderen Städten und Dörfern Zentralanatoliens die Bürgermeisterämter erobert. Diese Tendenz setzte sich bei den Parlamentswahlen am 24. Dezember 1995 fort. Bis auf die Provinzen Niğde, Eskişehir und Kırşehir ist die islamistische Partei nun überall in Zentralanatolien die stärkste Kraft, wobei sie nach wie vor in Konya die besten Ergebnisse erreicht (42 % der Stimmen). Der Niedergang der konservativen Traditionsparteien ist ferner von einer erheblichen Stärkung der Faschisten begleitet, die vielerorts zwischen 10 und 20 % der Wählerstimmen erzielen konnten.

Die Sozialdemokraten waren in Zentralanatolien (außer in Ankara und Eskişehir) nie stark und sind jetzt noch schwächer.

Konya

635.000 Einwohner, 1.016 m,
263 km S von Ankara

Konya, einst Hauptstadt des mächtigen Seldschukenreichs (1150 - 1300) und Sitz des Ordens der *Tanzenden Derwische*, ist heute die Hauptstadt der größten türkischen Provinz. Sie verwaltet ein Gebiet von 36.200 km² (nach der Abspaltung von Karaman und Aksaray). Damit ist die Provinz flächenmäßig fast so groß wie die Schweiz (41.293 km²) oder die Niederlande (40.844 km²). In der Stadt sieht man modisch gekleidete neben traditionell verschleierten Frauen, Männer mit Fes und langem Bart neben glattrasierten Aktenkofferträgern.

Konya liegt auf einem Hochplateau. Dank der Bewässerungsanlagen wird die Stadt von fruchtbarem Ackerland umgeben, auf dem nicht nur Getreide, sondern auch Zuckerrüben, Flachs, Mohn sowie diverse Obst- und Gemüsesorten gedeihen. Wichtigstes Anbauprodukt ist Getreide, insbesondere Weizen, der auf großen, geschlossenen Flächen wächst. Die Bewohner von Konya leben von der vorwiegend landwirtschaftliche Rohstoffe verarbeitenden Industrie (u.a. Zuckerindustrie), von Handel und Gewerbe, in dem Knüpfteppiche eine große Rolle spielen. Daneben hat sich der Tourismus zu einer wichtigen Einnahmequelle entwickelt. An historischen Sehenswürdigkeiten mangelt es der Stadt nicht, auch wenn das eine oder andere architektonische Kunstwerk zwischen modernen Bauten und großzügig angelegten Straßen unterzugehen scheint.

Geschichte

Die Besiedlung der Gegend um Konya reicht bis weit in das 3. Jahrhundert v. Chr. zurück. Die Siedlung mit dem Na-

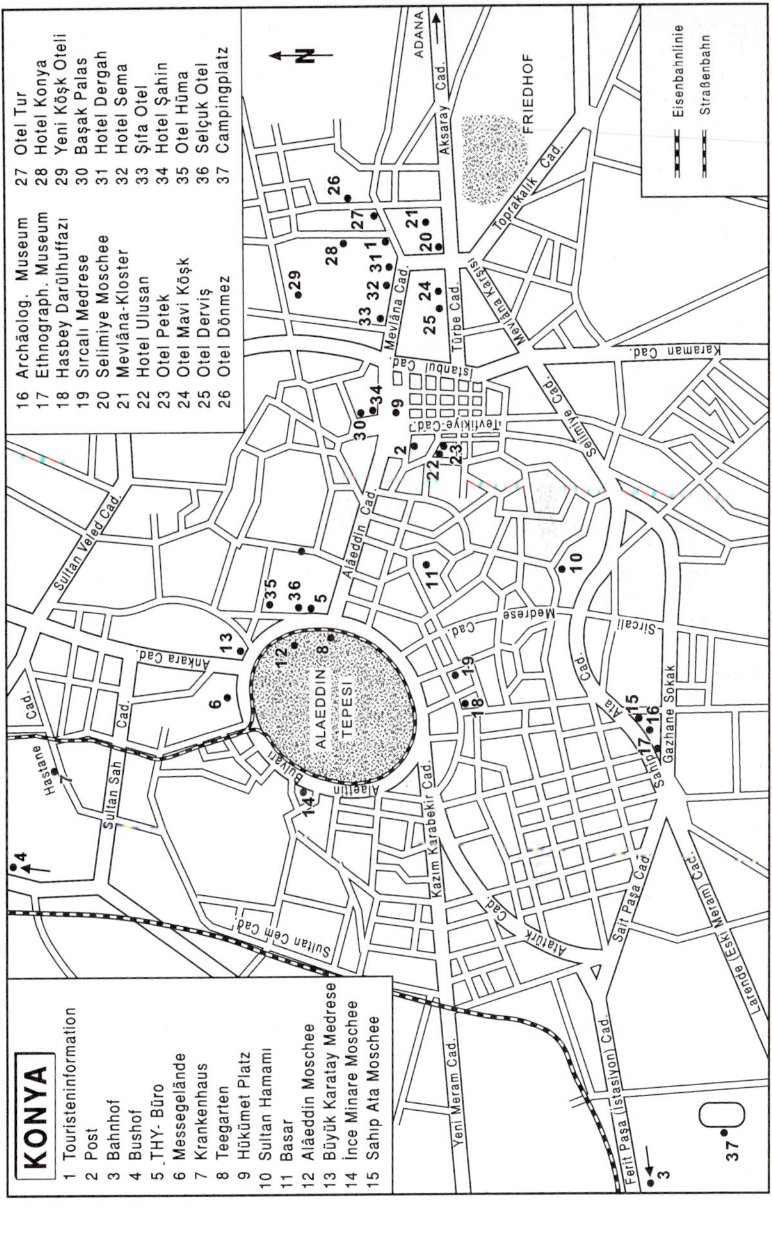
KONYA
1 Touristeninformation
2 Post
3 Bahnhof
4 Bushof
5 THY- Büro
6 Messegelände
7 Krankenhaus
8 Teegarten
9 Hükümet Platz
10 Sultan Hamamı
11 Basar
12 Alâeddin Moschee
13 Büyük Karatay Medrese
14 İnce Minare Moschee
15 Sahıp Ata Moschee
16 Archäolog. Museum
17 Ethnograph. Museum
18 Hasbey Darülhuffazı
19 Sırcalı Medrese
20 Selimiye Moschee
21 Mevlâna-Kloster
22 Hotel Ulusan
23 Otel Petek
24 Otel Mavi Köşk
25 Otel Derviş
26 Otel Dönmez
27 Otel Tur
28 Hotel Konya
29 Yeni Köşk Oteli
30 Başak Palas
31 Hotel Dergah
32 Hotel Sema
33 Şifa Otel
34 Hotel Şahin
35 Otel Hüma
36 Selçuk Otel
37 Campingplatz
Eisenbahnlinie
Straßenbahn
N
ADANA
FRIEDHOF
ALAEDDIN TEPESI
Aksaray Cad.
Toprakalık Cad.
Mevlâna Karşısı
Mevlâna Cad.
Türbe Cad.
Karaman Cad.
İstanbul Cad.
Tevfikiye Cad.
Selimiye Cad.
Alâeddin Cad.
Sultan Veled Cad.
Ankara Cad.
Medrese Cad.
Sırcalı
Ata Cad.
Gazhane Sokak
Sahıp
Hastane Cad.
Sultan Sah Cad.
Alaeddin Bulvarı
Kazım Karabekir Cad.
Atatürk Cad.
Sait Paşa Cad.
Larende (Eski Meram) Cad.
Sultan Cem Cad.
Yeni Meram Cad.
Ferit Paşa (İstasiyon) Cad.

men *Ikonion*, der wahrscheinlich auf phrygische Zeiten zurückgeht, hatte eine wechselvolle Geschichte. Sehr früh bekannten sich die Bewohner zum Christentum. Nach der Römerherrschaft hatte sie als Hauptstadt unter den Seldschuken zwischen dem 11. und 14. Jahrhundert ihre erste kulturelle und wirtschaftliche Blüte. Unter dem Seldschukensultan *Alâeddin Keykubad I.* (1219-1237) wurden prächtige Bauwerke errichtet, u.a. ein Palast auf dem Zitadellenhügel und eine mächtige Stadtmauer. Außerdem förderte der Herrscher Kunst und Wissenschaft. Konnte die Stadt die Auseinandersetzungen mit den Byzantinern und Kreuzfahrern noch überstehen, war dies beim Mongoleneinfall im 13. Jahrhundert nicht mehr möglich. Mitte des 15. Jahrhunderts wurde Konya dem Osmanenreich angegliedert.

Stadtgeographie

Geographisches Zentrum der heutigen Stadt ist der Alaêddin-Hügel *(Alaêddin Tepesi),* auf dem sich das mittelalterlich-seldschukische Konya befand, das von einer Schutzmauer umgeben war. Aus dieser Zeit ist nur noch die Ulu Cami erhalten. Ansonsten befindet sich heute auf dem Alaêddin-Hügel ein schöner Park mit gemütlichen Lokalen.

Von hier zweigt in östlicher Richtung die Alaêddin Caddesi ab, die zusammen mit der Mevlana Caddesi die Hauptachse des heutigen Stadtzentrums von Konya bildet.

Die erstgenannte Straße, die zu beiden Seiten kleine Geschäfte säumen, mündet in den Hükümet Alanı, den Hauptplatz von Konya, an dem die mächtigen Moscheen İplikcı Camii und Şerefettin Camii liegen. Auch das Hauptpostamt befindet sich hier. Unter diesem breiten Platz gibt es unterirdisch einen riesigen Goldbasar.

Nach Osten setzt sich die Alaêddin Caddesi in der Mevlâna Caddesi fort, die schnurstracks auf das berühmte Ex-Derwischkloster gleichen Namens zuläuft. An dieser breiten (nicht verkehrsberuhigten!) Straße besteht eine starke Konzentration von Hotels und Restaurants der mittleren Kategorie sowie Teppichläden. Hier befindet sich auch - in unmittelbarer Nachbarschaft zum Mevlâna Museum - das Fremdenverkehrsbüro.

Man kann den Weg vom vielbesuchten Freizeitpark Alaêddin Tepesi zum berühmten Derwischkloster in 10 bis 15 Minuten zurücklegen. Für Touristen von Interesse ist natürlich auch der große Altstadtbasar westlich vom Hükümet-Platz.

In der jüngeren Vergangenheit hat Konya - vor allem nach Norden hin - eine riesige, weiträumig angelegte Neustadt mit vielstöckigen Wohnbauten erhalten, die das Konya der Seldschuken, Osmanen und Mevlevi an den Rand gedrückt hat.

An den Rändern der Stadt wird das Bild im Norden und Nordosten sehr stark von ausgedehnten Industrievierteln geprägt. Im Bereich der Ausfallstraßen befinden sich - wie in türkischen Städten üblich - riesige Viertel von Autowerkstätten.

Der große und moderne Bushof der Stadt liegt knapp 4 km nördlich vom Alaêddin-Hügel zwischen Neubauvierteln und Industriegebieten. Diese Stadtregion ist durch eine Straßenbahn direkt mit dem Zentrum verbunden. Konya ist übrigens die einzige große Stadt der Türkei, in der das Fahrrad als echtes Massenverkehrsmittel genutzt wird. Daher gibt es auch einige Radläden mit einem für türkische Verhältnisse recht breiten Angebot (u.a. auch Importe aus Italien).

Sehenswürdigkeiten

Am westlichen Rand des Stadtzentrums erhebt sich **Alâeddin Tepesi** *(Alâeddin-Hügel),* auf dem einst die Burg von *Ikonion* stand. Heute ist dort ein Park mit Teegärten. An der Nordseite des Hügels steht neben Mauerresten die **Alâeddin Camii**, die Burgmoschee aus dem Jahr 1221. Sie wurde nach syrisch-arabischem Vorbild als Pfeilermoschee geplant. Das Gebäude, an dem mehr als siebzig Jahre gebaut wurde, fällt durch seinen unregelmäßigen Grundriß auf. Antike Säulen im Inneren tragen die Holzdecke; sie unterteilen den Raum in sieben Abschnitte. Sehr schön sind die Gebetsnische aus blauen und schwarzen Fayencemosaiksteinen und die kunstvoll geschnitzte Kanzel aus Ebenholz. Wegen Renovierungsarbeiten ist die Moschee nur teilweise zu besichtigen.

Aus dem gleichen Grund ist auch die **Büyük Karatay Medrese** (1251) auf der gegenüberliegenden Straßenseite geschlossen. Dort ist ein Museum für seldschukische Fayencen eingerichtet. Die Kuppel, die den Hauptraum nach oben abschließt, ist mit goldfarbenen und blauen Fliesen gestaltet, die wahrscheinlich Sonne und Sterne am Himmel symbolisieren sollen. Beachtenswert sind Ornamentik und Kalligraphie am monumentalen Eingangsportal.

Westlich des Alâeddin-Hügels steht die **İnce Minare Camii** (1258-1279). Durch einen Blitzschlag wurde das Minarett verkürzt. Typisch für die seldschukische Kunst sind die reiche Ornamentik des Sandsteinportals und Schriftbänder mit Koransprüchen. Heute dient die Moschee als Museum, in dem Holz- und Steinmetzarbeiten ausgestellt sind (geöffnet außer Mo tgl. 9.30 - 17 Uhr).

Weiter südlich liegt die **Sahıp Ata Camii** mit Koranschule und einem Grabbau (1269-1283). Beachtenswert sind die geschnitzten Türen und die Gebetsnische mit Fayencen. In der Gruft stehen sechs Sarkophage der Wesirfamilie, die der Moschee ihren Namen gab.

In der Sahıp Ata Caddesi befindet sich das **Archäologische Museum** *(Arkeoloji Müzesi*; geöffnet außer Mo tgl. 9 - 17.30 Uhr). Etwa 50 m daneben liegt das **Ethnographische Museum** (geöffnet außer Mo tgl. 9.30 - 17.30 Uhr).

Im Südwesten des Alâeddin-Hügels liegt die **Hasbey Darülhuffazı** mit einer Koranschule und einem Grabdenkmal aus dem 15. Jahrhundert. In der Nähe steht die **Sırcalı Medrese** (1242). Ihr Eingangsportal ist reich verziert, und das Innere ist mit Fayencen geschmückt. Nach umfangreichen Restaurierungsarbeiten ist die Medrese heute wieder zu besichtigen.

Östlich des Alâeddin-Hügels, stadtauswärts über die Alâeddin- und Mevlâna Caddesi, stößt man auf die große osmanische Moschee **Selimiye Camii** (1566-1574), an ihren zwei großen Minaretts zu erkennen. Sehenswert sind Eingangsportal, Kanzel und Gebetsnische.

Weitere Moscheen liegen im Basarviertel, so **Aziziye Camii, İplikçi Camii** und **Serefettin Camii.**

Ganz in der Nähe der Selimye Camii befindet sich das **Mevlâna-Kloster** bzw. das *Kloster der Tanzenden Derwische*, eines alttürkischen Ordens, der 1925 von Atatürk abgeschafft wurde. Hier stehen die prachtvollen Sarkophage des Ordensgründers *Celal-ed-din Rumi (Mevlâna)*, seines Vaters und seiner Nachfolger (geöffnet tgl. 9 - 17.30 Uhr, Eintritt 3 DM). Obwohl es diesen Orden nicht mehr gibt, wird das ehemalige Kloster von vielen Muslimen als heiliger Ort betrachtet und als Wallfahrtsstätte aufgesucht. Der Klosterkomplex fällt durch ein Minarett und einen türkisfarbenen, gerippten Zylinderturm mit Kegeldach auf. Außer den

İnce-Minare-Museum

Sarkophagen werden im Innern wertvolle Koranschriften, sakrale Utensilien, Teppiche, Einlegearbeiten mit Perlmutt und Elfenbein aufbewahrt. Zu den besonderen Schätzen zählen Mütze, Turban und Mantel des Mevlâna und eine in Persisch verfaßte Parabelsammlung mit dem Titel *Masnawi*. Ein Teil der Requisiten des großen Meisters sind im **Semahane** ausgestellt, wo die Derwische ihre Tänze vorführten.

Umgebung von Konya

♦ *Sille*

9 km nordwestlich von Konya liegt *Sille*, ein Dörfchen, in dem fast jede Familie Teppiche knüpft. Im Dorf stehen zwei Kirchen byzantinischen Ursprungs und zwei Felsenkapellen mit Überresten von Fresken. In der Nähe liegt im Felsen das Kloster des Heiligen Paulus. Auch wenn diese Sehenswürdigkeiten weniger großartig sind, lohnt sich ein Ausflug ins Dorf. Es ist mit dem Stadtbus zu erreichen.

♦ *Meram*

8 km westlich von Konya liegt dieser Ort mit seinen schönen Landhäusern inmitten von Wein- und Obstgärten. Wohlhabende Türken haben hier ihren Sommersitz oder ihr Wochenendhaus.

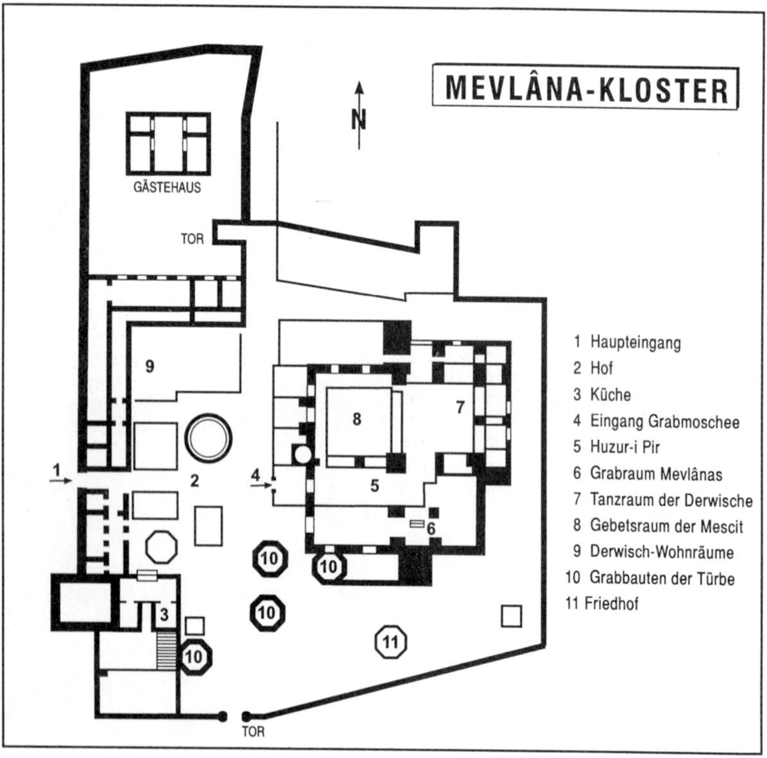

Mevlâna-Kloster

♦ *Çatal Hüyük*

Etwa 57 km südöstlich von Konya liegt *Çatal Hüyük*, ein Wohnschutthügel, in dem mehrere Siedlungsschichten ausgegraben wurden. Im östlichen Teil wurde eine jungsteinzeitliche Siedlung (6.800 v. Chr.), im westlichen eine chalkolitische Siedlung freigelegt. Dieser "Schutthügel" ist über Çumra (47 km) zu erreichen; von dort sind es noch 10 km bis zur Ausgrabungsstelle. Allerdings ist nicht viel zu sehen, denn die Fundstücke sind im Museum für anatolische Zivilisation in Ankara.

♦ *Ilgın*

Ilgın (19.000 Einwohner, 1.030 m hoch) liegt 81 km nordwestlich von Konya. Es ist für seine schwefelhaltigen Heilquellen bekannt. Das 42 °C heiße, schwach radioaktive Wasser enthält Hydrokarbonat, Kalzium, Natrium und Karbondioxyd. Es findet, angefangen von Rheuma- bis zu Schilddrüsenleiden, bei vielen Beschwerden Anwendung.

Touristeninformation

Mevlâna Cad. 21, Tel. 351 10 74, geöffnet tgl. 8 - 17.30 Uhr, im Winter So geschlossen; das sehr hilfsbereite Personal, das Englisch und Französisch spricht, verfügt leider über nur wenig Informationsmaterial, hält aber immerhin eine brauchbare Karte bereit.

Übernachten

Billigunterkünfte

▸ *Hotel Ulusan,* hinter der Hauptpost, Tel. 352 03 97, einfach, sauber, Etagenduschen. EZ 8 DM, DZ 16 DM

▸ *Otel Petek,* Çıkıcılar Içi 40, im Basar, Tel. 351 25 99, ruhige Lage, einfach, sehr sauber, vom Frühstückssalon im obersten Geschoß Aussicht auf die Mevlâna und den Basar, verschiedene Kategorien von Zimmern. EZ ab 13 DM, DZ ab 25 DM, auch DRZ, mit Frühstück (ohne Frühstück 9 bzw. 18 DM).

▸ *Otel Mavi Köşk,* Bostan Çelebi Sok. 13, eine ruhige Seitenstraße der Mevlâna Cad., Tel. 350 19 04, auch Dreibett- und Vierbettzimmer. EZ mit Du/WC 14 DM, DZ mit Du/WC 17 DM.

▸ *Otel Derviş,* Bostan Çelebi Sok. 11, in Nachbarschaft zu Mavi Köşk, Tel. 351 16 88, modern eingerichtet, sauber, nicht alle Zimmer mit Du/WC, ähnlicher Standard und Preise wie Mavi Köşk.

▸ *Otel Dönmez,* Eşarizade Sok. 2, Tel. 351 55 61, ebenfalls nahe der Touristeninformation, ein Teil der Zimmer mit Du/WC, auch Dreibettzimmer. EZ ab 22 DM, DZ ab 30 DM.

▸ *Otel Tur,* Eşarizade Sok., etwas weiter von der Touristeninformation entfernt, Tel. 351 98 25, ruhige Lage, alle Zimmer mit Du/WC, aber sehr einfach. EZ 21-27 DM, DZ ab 30 DM.

Untere Mittelklasse

▸ *Hotel Konya,* benachbart zu Otel Tur, ruhige Lage, alle Zimmer mit Du/WC. EZ 25 DM, DZ 33 DM.

▸ *Yeni Köşk Oteli,* Yeni Aziziye Cad., Kadılar Sok. 28 (Abzweigung von der Mevlâna Cad.), Tel. 352 06 71, ruhige Lage, alle Zimmer mit Du/WC und TV. EZ 29 DM, DZ 36 DM.

▸ *Başak Palas,* Hükümet Alanı 3, Tel. 351 13 38, die Zimmer sind renoviert worden, teils mit Du/WC, teils nur mit Waschbecken. EZ ab 20 DM, DZ ab 33 DM.

Mittlere Kategorie

▸ *Hotel Dergah,* Mevlâna Meydanı 19, Tel. 351 11 97, Fax 351 01 16, alle Zimmer mit Du/WC. EZ 25 DM, DZ 42 DM, mit Frühstück.

▸ *Hotel Sema,* Mevlâna Cad. 15, Tel. 350 46 23, Fax 352 35 21, häufig durch Reisegruppen belegt, kleines Restaurant. EZ 29 DM, DZ 53, Suite 75 DM, mit Frühstück.

▸ *Şıfa Otel,* Mevlâna Cad. 11, Tel. 350 42 90, Fax 351 92 51, alle Zimmer mit Du/WC, TV, gepflegtes Restaurant, insgesamt solide Mittelklasse. EZ 42 DM, DZ 67 DM, Extrabett 22 DM, mit Frühstück.

▸ *Hotel Şahin,* Hükümet Alanı 6, Tel. 351 33 50, Fax 351 97 82, direkt im

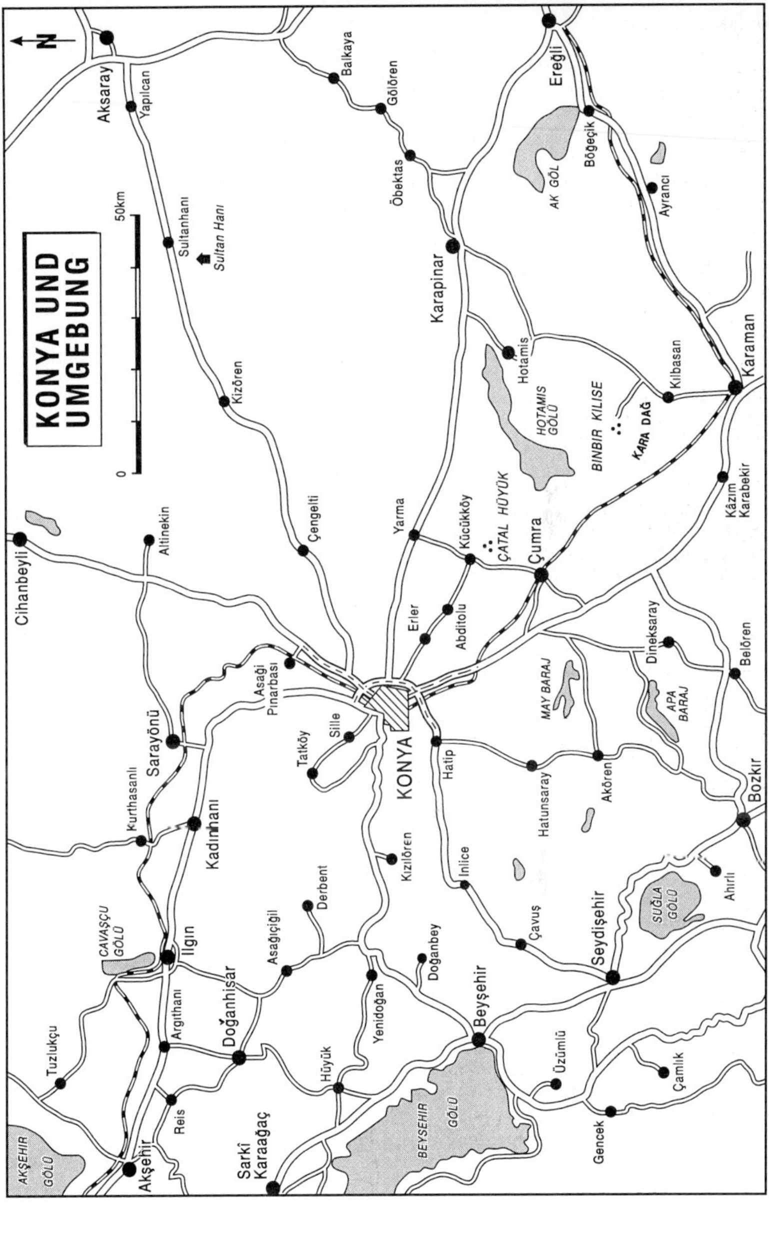
KONYA UND
UMGEBUNG
0
50km
N
Aksaray
Yapılcan
Balkaya
Gölören
Ereğli
Öbektas
Sultanhanı
Sultan Hanı
AK GÖL
Böğeçik
Ayrancı
Karapinar
Hotamis
Kizören
HOTAMIS GÖLÜ
BINBIR KILISE
KARA DAĞ
Kilbasan
Karaman
Cihanbeyli
Altinekin
Çengelti
Yarma
Kücükköy
ÇATAL HÜYÜK
Çumra
Kâzim Karabekir
Erler
Abditolu
Dineksaray
Belören
Asaği Pınarbası
Sille
Tatköy
KONYA
MAY BARAJ
APA BARAJ
Sarayönü
Kurthasanlı
Kadınhanı
Hatip
Hatunsaray
Akören
Bozkır
Kızılören
İnlice
Derbent
CAVAŞÇU GÖLÜ
Ilgın
Asağıçiğil
Doğanbey
Çavuş
Seydişehir
SUĞLA GÖLÜ
Ahırlı
Doğanhisar
Argithanı
Yenidoğan
Beyşehir
Tuzlukçu
Hüyük
Üzümlü
Çamlık
Reis
BEYSEHIR GÖLÜ
Gencek
AKŞEHIR GÖLÜ
Akşehir
Sarkî Karaağaç

Zentrum, an der Hauptstraße, zur Straßenseite laut, Zimmer mit TV und Minibar. EZ 40 DM, DZ 68 DM.

▸ *Otel Hüma,* nahe der Ruine des seldschukischen Palastes, Tel. 450 66 18, Fax 351 02 44, neu, Zimmer modern eingerichtet, mit Minibar und TV; Restaurant. EZ 60 DM, DZ 90 DM, mit Frühstück.

Obere Kategorie

▸ *Selçuk Otel,* nahe Alaêddin Tepesi, Klimaanlage, alle Zimmer mit Du/WC, Minibar, TV, im Parterre Restaurant. EZ 75 DM, DZ 110 DM, mit Frühstück.

▸ *Städtischer Campingplatz,* direkt am Atatürk-Stadion, östlich des Bahnhofs; vom Stadtzentrum ausgeschildert. Der Platz zwischen der Hauptstraße und dem Gerätehaus der Sportanlage ist zum Campen gedacht; sehr spartanische Sanitäreinrichtungen.

Essen und Trinken

Gute Restaurants der mittleren Kategorie sind vor allem in der *Mevlâna Caddesi* zu Hause, so:

▸ *Hanedan,* Mevlâna Cad. 2/B, ansprechend eingerichtet, große Auswahl an Fleischgerichten, populär bei Einheimischen und Touristen.

▸ *Sıfa,* Mevlâna Cad. 30, modern, aber ausgesprochen einfach eingerichtet, hauptsächlich Fırın Kebap.

▸ *Deva,* Mevlâna Cad. 3, ansehnliches Ambiente, reiches Angebot an Fleischgerichten inkl. Tandır Kebap, preiswert.

▸ *Damla,* bei Hotel Şahin, Mevlâna Cad. 19, einfach eingerichtet, aber besseres Restaurant; große Palette an kleinen Gerichten (*mezeler*); außer diversen Kebaps auch Fisch.

Über die gesamte Altstadt verstreut findet man kleine einfache Lokale, wobei die *Cırıkcılar Caddesi,* hinter der Post, mitten im Basar so etwas wie eine "Freßgasse" ist.

Wenn die Konyalı an Wochenenden oder lauschigen Sommerabenden zum Essen ausgehen, begeben sie sich bevorzugt in den südwestlichen Vorort *Meram,* zu den Ausflugslokalen.

Wie in vielen türkischen Städten gibt es in Konya ein reiches Angebot an über die Maßen süßen Leckereien wie *baklava, helva* etc. und knallbunten Torten. Dafür sind vor allem die Cafés und *pastaneler* in der *Alaêddin Caddesi* und im Basar zuständig.

Wer ohne lebhaftes Nacht- und Kneipenleben nicht auskommen kann, wird sich nicht tagelang in dieser sehr orthodox-sunnitisch geprägten Stadt aufhalten, sondern lediglich zum Tagesausflug von Kappadokien herüberkommen. Es gibt nur ganz wenige Hotels mit Alkohollizenz - und dort will unbeschwerte Stimmung nicht so recht aufkommen. Man bewegt sich dann im Touristenghetto, weil nur wenige Einheimische in der sittenstrengen Stadt auszuscheren wagen.

Einkaufen

Das Basarviertel liegt zwischen dem Alâeddin Meydanı und der Tevfikiye Caddesi. Der noch recht traditionelle Basar ist größtenteils nach Branchen sortiert. Einigen Handwerkern kann man auch noch bei der Arbeit zuschauen. Sehr interessant ist es, dem Bäcker zuzusehen, wie er die Teigfäden für das Gebäck *kadayıf* herstellt. Kupferschmiede sind nur noch wenige im Basar, dafür umso mehr Handwerker, die mit Blech arbeiten. In diesem Abschnitt werden Ofenrohre gebogen, Kannen und Eimer geformt und vieles mehr. Im hinteren Bereich, an der Selimiye Camii, stehen sehr viele Händler, die Souvenirs und Webteppiche verkaufen. Im Unterschied zum restlichen Basar wird man hier vermehrt von Schleppern angesprochen. Trotzdem sollte man auch hier einmal durchschlendern. Ein großer Lebensmittel-, Obst- und Gemüsemarkt wird jedes Wochenende im Viertel zwischen der Feridiye Caddesi und Larende Caddesi abgehalten.

Treffpunkt

Auf dem Alâeddin-Hügel liegen zwei schattige Teegärten; einer davon ist nur Männern vorbehalten.

Nachtleben

Kent Sineması, das Kino in der Kazım Karabekir Caddesi, hat das übliche Filmangebot von türkischen und amerikanischen Streifen. Die ausländischen Filme sind alle synchronisiert.

Die Hotels im Zentrum, wie beispielsweise *Sema*, haben meist ein Restaurant und eine Bar, zu denen auch Besucher von außerhalb Zutritt haben (gehobene Preise).

Türkisches Bad

▸ *Sultan Hamamı,* Larende Cad., Tel. 251 80 34, liegt ganz in der Nähe des Archäologischen Museums. Es ist ein Doppelbad mit zwei getrennten Eingängen für Männer und Frauen (geöffnet 10 - 23 Uhr, Preis einschließlich Massage ca. 7 DM).

Feste

Anfang Juli findet ein *Rosenwettbewerb* statt, Ende September ein großes *Pferderennen* und Mitte Dezember die populären *Mevlâna-Gedenkfeiern.*

Nützliche Telefonnummern

Vorwahl: 332
Touristenpolizei: 233 31 19
Polizei: 233 33 36
Krankenhaus: 235 45 00
Bushof: 215 46 49
Bahnhof: 322 36 70

Verkehrsverbindungen

Straßenbahn: Im September 1992 wurde die erste Straßenbahn in Betrieb genommen. Als Ringbahn fährt sie vom Zentrum via Bushof zur Universität weit draußen am nördlichen Stadtrand. Die Fahrkarte muß, wie bei Bussen, vor Antritt der Fahrt gekauft werden. An den Haltestellen stehen Verkäufer.

Bus: Der Bushof ist vom Zentrum aus mit der Straßenbahn zu erreichen. Die Haltestelle liegt gegenüber. Mehrmals täglich Anschlüsse zu den großen Städten des Landes: İzmir (24 mal), Adana (21 mal), Antalya (9 mal) und Kayseri (5 mal).

Zug: Von Konya gibt es direkte Verbindungen nach Adana und İstanbul/Afyon, mit Umsteigen nach İzmir, Kayseri und Ankara, nach İstanbul fahren zweimal täglich Züge über Afyon, in Richtung Adana geht täglich ein Zug.

Flugzeug: Das *THY-Büro,* Alâeddin Cad. 22, Kat. 1/106, Tel. 351 20 00, erteilt Auskünfte und nimmt Buchungen vor, obwohl Konya noch keinen Flugbetrieb aufgenommen hat (man muß nach Ankara).

➝ Von Konya setzt sich die Route über die Hochebene nach Norden fort und zweigt nach ca. 11 km rechts in Richtung Aksaray ab. Geradeaus geht es nach Ankara. Die Strecke verläuft ohne nennenswerte Kurven fast schnurgerade. Von wenigen Hügeln abgesehen, ist die Landschaft flach. Auf der Strecke liegen nur wenige Dörfer. Nach ca. 100 km erreicht man einen lohnenden Haltepunkt:

Sultan Hanı

Etwas abseits der Hauptstraße steht im Zentrum des Dorfs die äußerst gut erhaltene seldschukische Karawanserei *Sultan Hanı*, erbaut 1229 unter der

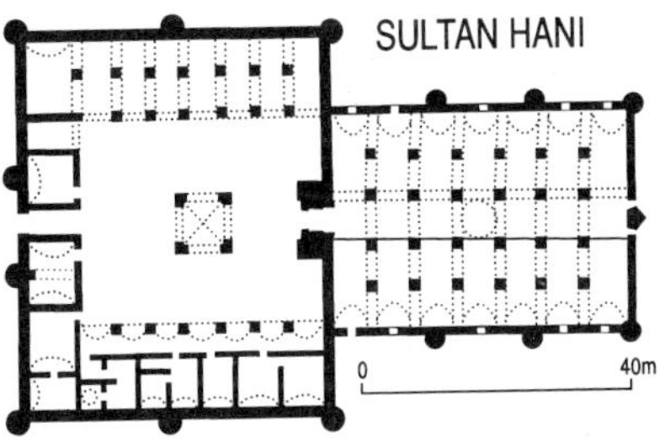

Eingang von Sultan Hanı

Herrschaft des Sultans Keykubad I. Nach einem Brand wurde sie 1278 wieder aufgebaut und zur größten Karawanserei der damaligen Zeit erweitert. Ihr gewaltiges Quadermauerwerk wurde erst vor wenigen Jahren restauriert. Die ehemalige Herberge gilt als besonders gelungenes Bauwerk einer vergangenen Epoche. Ein Meisterwerk des Steinmetzkunst ist das schön gestaltete Portal.

Übernachten

▸ *Sultan Pansion,* Tel. 382-242 23 93, einfach eingerichtete, saubere Zimmer; mit Restaurant. EZ 10 DM, DZ 20 DM.
▸ *Kervan Pansion Restaurant & Camping,* Tel. 242 23 25, etwas abseits des Zentrums, alle Zimmer mit Du/WC, sehr einfach eingerichtet. Pro Person 10 DM, mit Frühstück; zusätzlich Campingplatz mit sehr einfachen Sanitäranlagen.
▸ *Kervansaray Pansiyon & Camping,* bei der Karawanserei, Tel. 242 20 08, sehr einfacher Platz mit einer Toilette, einer Dusche und einem Waschbecken. Auch Zimmer, Frühstück und Abendessen auf Wunsch. Sehr familiäre, angenehme Atmosphäre. 10 DM pro Person.

Feste

Jedes Jahr vom 11. bis 13. Juni gibt es bei der Karawanserei eine Verkaufsausstellung, wo die Teppichknüpferinnen ihre Ware den Großhändlern anbieten. Das Ganze wird durch folkloristische Veranstaltungen umrahmt.

−▸ Von Sultan Hanı sind es bis Aksaray noch ca. 45 km Fahrt durch eine vor allem im Sommer und Herbst eintönige Landschaft.

Aksaray

106.000 Einwohner, 235 km SO von Ankara

Aksaray liegt etwas abseits der E 90, der Hauptverbindungsstraße zwischen Ankara und Adana. Im Südosten erhebt sich *Hasan Dağı* (3.268 m). Die Stadt ist für ihr Umland, das von der Landwirtschaft dominiert wird, von großer wirtschaftlicher Bedeutung. Im Süden von Aksaray hat *Mercedes Benz Türkei* ein Werk für Nutzfahrzeuge.

Ulu Camii (1433), **Zinciriye Medrese** (1336) und **İbrahim Kadıroğlu Medrese**, ein im 15. Jahrhundert restaurierter seldschukischer Bau, gehören zu den Sehenswürdigkeiten von Aksaray. Das **Museum** zeigt Aufschlußreiches zur Archäologie und Völkerkunde (geöffnet außer Mo tgl. 8 - 12 Uhr und 13 - 17 Uhr).

Keine 30 km nordwestlich liegt der See *Tuz Gölü.* Die Stadt eignet sich vor allem für Erkundung der nahen İhlara-Schlucht (Peristrema-Tal) mit ihren zahlreichen Höhlenkirchen (→ Umgebung von Aksaray).

Umgebung von Aksaray

♦ *Tuz Gölü*

Nordöstlich von Aksaray erstreckt sich *Tuz Gölü* (Salzsee), der größte See Inneranatoliens. Mit 1.100 km² ist er doppelt so groß wie der Bodensee. Seine Nord-Süd-Ausdehnung beträgt 80 km, seine Breite 50 km. Selbst nach der Schneeschmelze im Frühjahr beträgt seine durchschnittliche Tiefe, bis auf einen kurzen Graben, nur 30 cm. Mit einem Salzgehalt von 31 bis 36 % gehört er zu den salzreichsten Seen der Erde. Er ist salzreicher als das Tote Meer (24 %) oder der große Salzsee in den USA. An mehreren Stellen am Ufer wird Speisesalz gewonnen, z.B. in *Kaldırımtuzla* (zu erreichen über die Straße nach Ankara) sowie in *Yavsan Tuzlasi* (bei Cihanbeyli).

Man erreicht *Tuz Gölü* über die Straße nach Ankara schon nach ca. 30 km. Die weitere Strecke verläuft mit Unterbrechungen am Ufer. Von den meisten Parkplätzen kann man zu Fuß in 10 bis 15 Minuten den Salzrand erreichen und dort mit etwas Glück einige schöne Kristalle finden. Selten geworden sind die Flamingo-Kolonien entlang der Hauptstraße. Wer sich für die Vögel interessiert, sollte sein Glück am Südwest-Ufer versuchen (zu erreichen über Sultan Hanı, dann Piste, oder über Cihanbeyli auf asphaltierter Straße). Hier liegt unweit von Tuz Gölü *Tersakan Gölü* mit großen Nistplätzen.

♦ *İhlara-Tal*

Beeindruckend ist eine Wanderung durch das *İhlara-Tal*, auch *Melendiz-* oder *Peristrema-Tal* genannt. Hier liegen etwa fünfzig Felsenklöster und -kirchen aus byzantinischer Zeit. Die erste Besiedlung der Schlucht datiert man auf das 8. Jahrhundert, als Christen in diesem schwer zugänglichen Gebiet Zuflucht suchten. Die Dekorationen in den Kirchen *Eğri Taş, Pürenli Seki, Kokar, Sümbüllü* und *Yılanlı* stammen aus dem 10. und 11. Jahrhundert. Als schönste Kirche des İhlara-Tals kann man die *Yılanlı Kilise* nennen, weil ihre Malereien besonders gut erhalten sind. Sie findet sich kaum 10 Minuten entfernt vom Taleinstieg bei İhlara auf der gegenüberliegenden Seite des Flusses. Auch wer aus Göreme kommt und dort Kirchen, Höhlen und Fresken bereits zur Genüge gesehen hat, sollte das İhlara-Tal besuchen. Über 15 km führt der Weg entlang des Melendiz (Fluß) durch die Schlucht. Beide Uferseiten zeichnen sich durch üppige Vegetation aus. Der Blick über die Höhlen zu den Hängen entschädigt für die Mühe, die vielen Stufen von der Kasse bis zum Grund hinunterzusteigen. Die Fauna ist im Flußlauf mit etlichen Fischen und Krebsen vertreten. Wer nicht gerade einer Reisegruppe folgt, wird am Wegrand mit Sicherheit Eidechsen und Geckos zu Gesicht bekommen. Man sollte sich Zeit lassen und eine Tageswanderung von İhlara bis Selim unternehmen. Notwendig sind feste Schuhe, Trinkwasser und etwas Eßbares für eine Picknickpause.

Das İhlara-Tal erreicht man von Aksaray über die Straße in Richtung Nevşehir. Nach 12 km biegt man rechts ab und erreicht nach weiteren 34 km das Dorf İhlara. Der Eingang zur Schlucht ist am Ende der Straße. Neben Restaurants befindet sich hier ein gebührenpflichtiger Parkplatz (Pkw/ Minibus ca. 2 DM, Motorrad ca. 1 DM). Wer über Nacht auf dem Platz campen möchte, kann das gegen eine Gebühr von ca. 3 DM. Über eine gut ausgebaute Treppenanlage steigt man in die Schlucht (Eintritt 2 DM). Zwischen Agaclı- und Ekibacak-Kirche erreicht man die Talsohle. Wer mit dem *dolmuş* nach İhlara fahren möchte, hat dazu in Aksaray zweimal täglich am Vormittag Gelegenheit; die beiden Rückfahrten sind jeweils nachmittags (Abfahrtszeiten am Vortag beim Bushof erfragen).

Hinweis: Nicht in alle Kirchen im İhlara-Tal können besichtigt werden, da zum Teil Einsturzgefahr besteht!

Übernachten
In den Orten am İhlara-Tal gibt es einige sehr einfache Pensionen und Campingplätze, die alle in etwa gleichen Standard bieten. Die Pensionen haben meist schlicht eingerichtete Zimmer und Etagenduschen (DZ 8-15 DM). Mehreren Pensionen sind Campingplätze angeschlossen, die aber nur über einfache Sanitäranlagen verfügen und wenig Sonnenschutz bieten (2 Pers./ Pkw/ Kleinbus/ Zelt 4 DM).

▸ *Star Pansiyon,* im Dorf gelegen, spartanische Herberge, 9 DM pro Person.

▸ *Pension Anatolia,* an der Straße zwischen Dorf und Eingang zur Schlucht, Tel. 382-453 74 39, sehr einfach, aber Zimmer mit Du/WC; oft belegt, auch Camping möglich. 9 DM pro Person.

▸ *Akar Pansiyon,* an der Straße İhlara Dorf - Aksaray, Tel. 382-453 70 18, saubere Zimmer mit Du/WC, Restaurant in der Nähe. DZ 14 DM.

▸ *Bisğinler İhlara Pansiyon,* in Nachbarschaft von Akar gelegen, ähnlicher Standard, etwas niedrigere Preise.

▸ *Aslan Camping & Pansiyon,* in Belisirma, Tel. 451-213 37 80, installierte Zelte, 4 DM pro Person sowie eine Pension. DZ 10 DM, mit Frühstück.

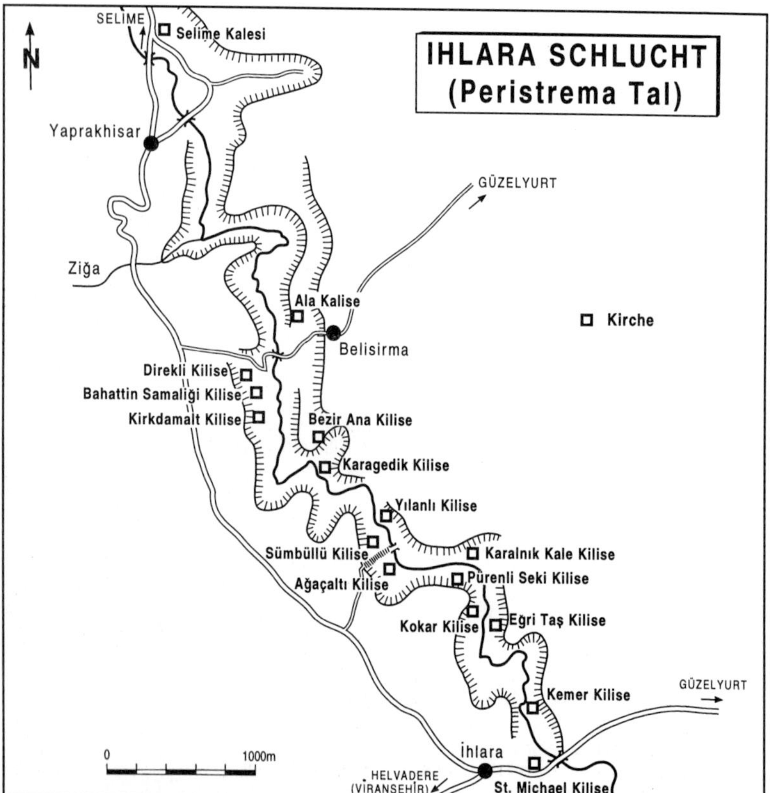

Essen und Trinken

Preiswerte einfache Lokale gibt es in İhlara und Belisirma sowie in der Schlucht selbst.

♦ *Melendiz-Berge*

Unweit von Aksaray erheben sich die *Melendiz-Berge* (2.936 m), die man bei der Anfahrt zum İhlara-Tal auf der rechten Seite sieht. Bergsteiger können sich an *Büyük Hasan Dağı* (3.268 m) und *Küçük Hasan Dağı* (3.069 m) versuchen (→ Umgebung von Niğde).

Touristeninformation

Regionaldirektion, Ankara Cad., Dinçer Apt. 2, Tel. 212 46 88, 213 81 86

Übernachten

▸ *Çakır İpek Oteli,* Kızılay Cad., Tel. 213 70 53, alle Zimmer mit Du/WC, einfach eingerichtet und sauber. EZ 12 DM, DZ 21 DM, mit Frühstück.

▸ *Otel Tezcanlar,* Kızılay Cad., gegenüber vom Çakır İpek, Tel. 213 84 82, Fax 215 12 34, großzügig eingerichtete Zimmer mit Du/WC. EZ 14 DM, DZ 23 DM, mit Frühstück.

▸ *Otel Yoyuran,* 3 Nolu Hükümet Cad. 25, Tel. 213 54 90, einfaches Hotel, das teilweise renoviert wurde. EZ 20 DM, DZ 33 DM, mit Frühstück.

▸ *Agaçlı Turistik Tesisleri,* an der Straße nach Ankara, am Ortsrand, Tel. 213 49 10, Fax 213 94 14, zwei Motels in einer großen Gartenanlage, beide sehr komfortabel, Swimmingpool, Restaurant, Melendiz Motel EZ 52 DM, DZ 68 DM, mit Frühstück; İhlara Motel EZ 45 DM, DZ 60 DM, mit Frühstück.

Essen und Trinken

In der Bankalar Caddesi sind die meisten Lokantas der Stadt; gutes Essen gibt es auch am Platz vor dem Regierungsgebäude oder in den Straßen um die Post. Empfehlenswert ist, schon wegen des schön begrünten Innenraums, *Merkez Lokantası*, PTT Cad. 2.

Einkaufen

Das Basarviertel von Aksaray liegt zwischen Rathaus und Regierungsgebäude. Die Händler haben inzwischen alle feste Läden bezogen. Die Branchen sind nur teilweise in Gruppen angeordnet. So arbeiten Goldschmiede zwischen Tuchhändlern, daneben ein Kupferschmied und gegenüber der Schuhverkäufer.

Türkisches Bad

▸ *Aksaray Hamam*, neben dem städtischen Museum, stammt aus osmanischer Zeit. Dieses Doppelbad hat getrennte Eingänge für Männer und Frauen. Der Preis für einfaches Waschen beträgt ca. 4 DM.

Feste

Alljährlich finden Anfang Juli in Aksaray die *İhlara-Festspiele* statt.

Brunnen auf der anatolischen Hochebene

Nützliche Adressen und Telefonnummern

Vorwahl: 382
Polizei: 213 52 12
Bushof: 213 78 00, 213 30 32
Krankenhaus: 213 10 43
Autowerkstätten: Die meisten Werkstätten befinden sich an der Hauptstraße nach Ankara bzw. Konya/ Nevşehir

Verkehrsverbindungen

Bus: Mehrmals täglich hat man Anschlüsse nach Nevşehir, Niğde, Kayseri, İzmir, Konya, Mersin, Antalya, Ankara und İstanbul.
Flug: Der nächste Flughafen befindet sich in Kayseri. Von hier gibt es Verbindungen nach İstanbul. Reservierungen im *THY-Büro,* Zafer Mah. Devlet, Hastanesi Karşısı 1, Tel. 351 34 71.

➔ Die Route setzt sich von Aksaray auf der alten Karawanenstraße fort. Nach wenigen Kilometern besteht die Möglichkeit, einen Abstecher in das *İhlara-Tal* (→ Umgebung von Aksaray) zu machen. Auf der weiteren Fahrt passiert man *Ağzıkara Han*, eine beeindruckende seldschukische Herberge an der ehemaligen Karawanenstraße Konya-Kayseri.

Es folgt *Nevşehir,* das Zentrum der Tufflandschaft Kappadokiens. Bevor man das Zentrum der ruhigen Provinzhauptstadt erreicht, fährt man durch Neubauviertel.

Nevşehir

56.500 Einwohner, 1.194 hoch,
300 km SO von Ankara

Nevşehir liegt am Rand der berühmten *Göreme-Felsenlandschaft* im Südwesten Kappadokiens, von einem Burgfelsen mit den Ruinen einer seldschukischen Zitadelle überragt. Nevşehir ist Markt und Handelszentrum der Region. Hauptachse dieser recht weitläufigen Stadt ist der breite, stark befahrene Atatürk Bulvarı, der in West-Ost-Richtung das Zentrum durchquert. Im Osten geht er in die Yeni Kayseri Caddesi über, die in Richtung Ürgüp/ Üçhisar/ Göreme/ Kayseri führt. Zweite zentrale Achse ist Hastane Caddesi/ Lâle Caddesi, die die West-Ost-Achse in Süd-Nord-Richtung schneidet.

Der interessanteste Teil von Nevşehir, die alte Stadt, liegt südlich vom Atatürk Bulvarı zu Füßen der mittelalterlichen Burg. Es lohnt sich, zu letzterer hinaufzusteigen, weil man von hier praktisch die gesamte Stadtlandschaft im Blick hat. Der neue Bushof befindet sich ca. 1,5 km nördlich vom Zentrum an der Straße nach Gülşehir.

Das Umland ist durch Landwirtschaft geprägt. Auf tuffigem Boden werden Getreide sowie reichlich Obst und Gemüse angebaut. Daneben hat sich die Stadt in den letzten Jahren zu einem Tourismuszentrum entwickelt, von dem man Ausflüge in die nahe Tufflandschaft der Erdpyramiden und Höhlenkirchen unternehmen kann. Im Göreme-Gebiet finden sich jedoch zahlreiche Orte, die als Ausgangspunkt für Touren besser geeignet sind.

Touristeninformation

Atatürk Bul., Hastane Önü, neben dem Krankenhaus, Tel. 213 36 59, geöffnet tgl. im Sommer 8.30 - 12 Uhr, 13 - 17.30 Uhr, im Winter Sa und So geschlossen. Das hilfsbereite Personal, das Deutsch, Englisch und Französisch spricht, verfügt über wenig Informationsmaterial, hält aber eine gute Karte bereit.

Übernachten

Früher, als es noch kaum Übernachtungsmöglichkeiten in Göreme, Avanos, Üçhisar und Ürgüp gab, war es üblich, in Nevşehir Quartier zu machen. Dazu besteht heute kein Grund mehr: Zum einen ist es möglich, sich in den kappadokischen Dörfern und Kleinstädten niederzulassen, zum anderen ist dies auch preiswerter.

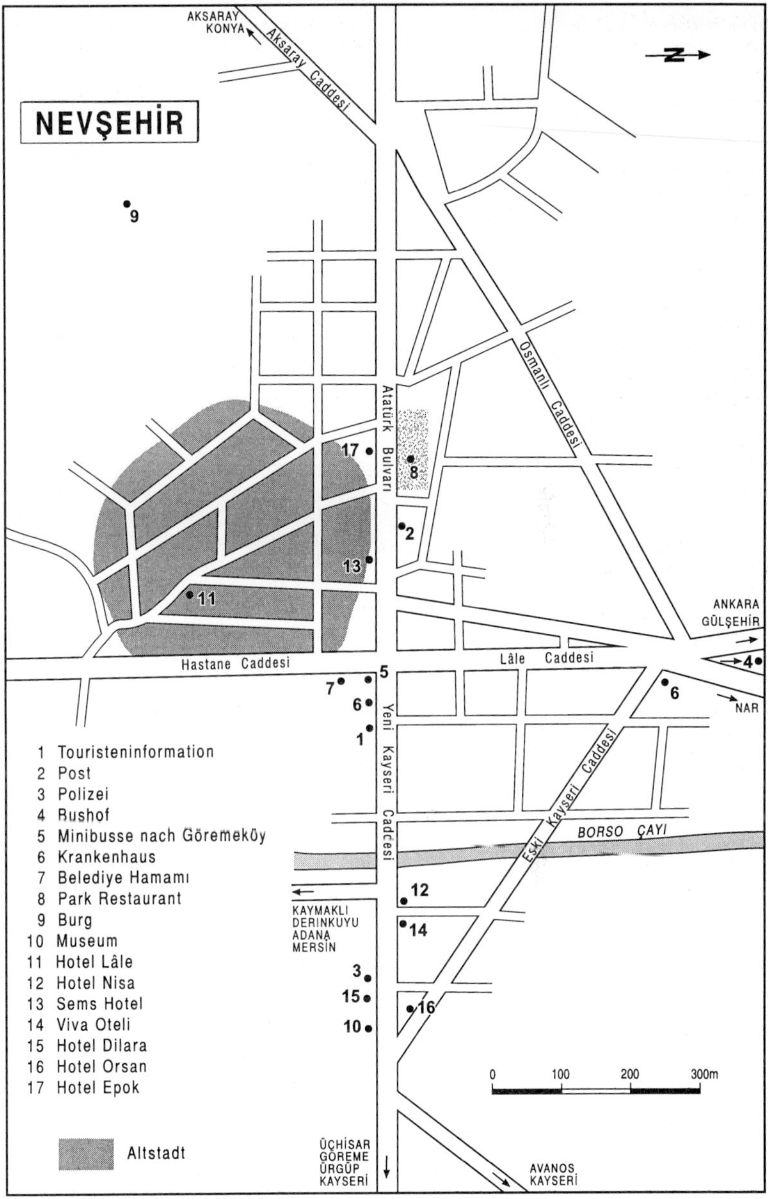
NEVŞEHİR
AKSARAY
KONYA
Aksaray Caddesi
Osmanlı Caddesi
Atatürk Bulvarı
Hastane Caddesi
Lâle Caddesi
Yeni Kayseri Caddesi
Eski Kayseri Caddesi
BORSO ÇAYI
ANKARA
GÜLŞEHİR
NAR
KAYMAKLI
DERINKUYU
ADANA
MERSİN
ÜÇHİSAR
GÖREME
ÜRGÜP
KAYSERİ
AVANOS
KAYSERİ
0
100
200
300m
1 Touristeninformation
2 Post
3 Polizei
4 Bushof
5 Minibusse nach Göremeköy
6 Krankenhaus
7 Belediye Hamamı
8 Park Restaurant
9 Burg
10 Museum
11 Hotel Lâle
12 Hotel Nisa
13 Sems Hotel
14 Viva Oteli
15 Hotel Dilara
16 Hotel Orsan
17 Hotel Epok
Altstadt

In Nevşehir übernachten heute vor allem Reisegruppen, die in den teuren Hotels *Dedeman, Altınöz, Peri Tower* und *Cappadocia Lodge* absteigen.

Einfache Unterkünfte

▸ *Hotel Lâle,* Belediye Yanı, im Zentrum der Altstadt, Tel. 213 17 97, seit Jahren eine in der Rucksackszene populäre Herberge, ruhige Lage, Zimmer mit Du/WC, sauber, Restaurant, Parkplatz vor dem Haus. EZ ab 10 DM, DZ ab 16 DM, DRZ ab 21 DM, erste Wahl in der Billigkategorie.

▸ *Hotel Nisa,* Yeni Kayseri Cad. 35, Tel. 213 58 43, Standard und Preise in etwa wie Lâle. EZ 10 DM, DZ 18 DM.

▸ *Şems Hotel,* Atatürk Bul. 29, Tel. 213 35 97, zur Straße hin sehr laut, alle Zimmer mit Du/WC, freundlich eingerichtet. EZ 10 DM, DZ 18 DM.

Häuser der unteren Mittelklasse aufwärts

Die Hotels dieser Kategorie befinden sich fast alle am östlichen Stadtrand an der stark befahrenen Yeni Kayseri Caddesi (Straße in Richtung Göreme).

▸ *Viva Oteli,* Yeni Kayseri Cad. 45, Tel. 213 17 60, Fax 213 16 42, alle Zimmer mit Du/WC; Restaurant. EZ 22 DM, DZ 33, DRZ 42 DM.

▸ *Hotel Dilara,* Kayseri Cad., Yeni Hükümet Konağı Yanı 2, gegenüber von Hotel Orsan, Tel. 213 54 41, alle Zimmer Du/WC, Standard ähnlich wie Viva. EZ 14 DM, DZ 24 DM, DRZ 33 DM.

▸ *Hotel Orsan,* Yeni Kayseri Cad. 15, Tel. 213 53 29, alle Zimmer mit Du/WC, Drei-Sterne-Standard. EZ 25 DM, DZ 50 DM, DRZ 65 DM.

▸ *Hotel Epok,* Atatürk Bul. 39, Tel. 213 11 68, zur Straße hin arg laut. EZ 22 DM, DZ 34 DM, DRZ 42 DM, mit Frühstück.

Haus der oberen Kategorie

▸ *Otel Altınöz,* Ragıp Üner Cad. 23, Tel. 213 53 05, Fax 213 28 17, ruhige Lage, Luxus, Türkisches Bad, Sauna, Disco, mehrere Restaurants und Bars. EZ 83 DM, DZ 120 DM, bei zu wenig Auslastung ist Handeln möglich.

Essen und Trinken

Nevşehir ist kein Schlemmerparadies. Essen kann man in Göremeköy besser und sogar preiswerter. Von den teueren Lokalen der Luxushotels an der Straße nach Kayseri sei hier einmal abgesehen. Bei Einheimischen ist das *Park Restaurant* am Rand des Stadtparks am Atatürk Bulvarı beliebt. Ein geräumiges Lokal bietet kleine Gerichte *(mezeler)* in großer Zahl und hat auch ein ordentliches Angebot an Grillgerichten, ist nicht teuer - und die Atmosphäre überaus kommunikativ.

Für den schnellen Imbiß ist das *Aspava Restaurant,* Atatürk Bul. 29, mit seinen preiswerten *kebaps, pides* und Gemüsen keine schlechte Wahl.

Soll's nur ein Tee sein, bietet sich der schattige Stadtpark an, der - wie bereits angeführt - am Atatürk Bulvarı liegt. Der Lärm ist weniger schlimm als man erwartet, da der Platz ziemlich groß ist.

Einkaufen

Am Atatürk Bulvarı und seinen Nebenstraßen finden sich die meisten Läden, die den Bedarf für das tägliche Leben decken. Im Westen der Stadt wird sonntags (ab Mittag) und montags (bis Mittag) ein Obst- und Gemüsemarkt abgehalten.

Türkische Bäder

▸ *İbramhimpaşa Hamamı,* altes Bad, geöffnet 7 - 22 Uhr, Mi und Sa ist Frauentag.

▸ *Belediye Hamamı,* in das Touristen auch in gemischten Gruppen eingelassen werden.

Feste

Ende September finden in der Stadt die *Tourismus-Festspiele* statt.

Nützliche Telefonnummern

Vorwahl: 384
Touristenpolizei: 213 10 28
Krankenhaus: 213 12 00
Bushof: 213 40 25

Verkehrsverbindungen

Minibus/ Dolmuş: Zwischen Nevşehir, Avanos, Göreme und Ürgüp bestehen gute Verbindungen. Die Busse fahren von morgens 7.30 Uhr bis abends 19.30 Uhr alle halbe Stunde. Die unterirdischen Städte *Kaymaklı* und *Derinkuyu* sind mehrmals täglich direkt zu erreichen. Ein *dolmuş* fährt am Bushof ab, hält aber auch an der Ecke der Touristeninformation.
Bus: Vom Bushof werden alle größeren Städte in der Türkei angefahren. Verbindungen nach Ankara (10 mal), Kayseri (10 mal), İstanbul (6 mal), Mersin (5 mal), Konya (5 mal) sowie einmal täglich nach Adana, İzmir, Denizli, Marmaris, Antalya, Alanya und İsparta.

Göreme-Tufflandschaft

Zwischen Nevşehir, Ürgüp und Avanos liegt die einzigartige Göreme- Landschaft der Erdpyramiden, Felsenwohnungen und -kirchen. Die Landschaft nimmt ein Gebiet von mehr als 300 km² ein. *Göreme* im engeren Sinn bezeichnet das Dorf *Göremeköy* und das *Göreme-Tal,* dessen Kirchen sich dem Touristen als Freilichtmuseum präsentieren. Die tuffigen Felskegel, die je nach Gegend in rosaroten, ocker-, umbrafarbenen oder aschgrauen Tönen erscheinen, haben etwas Märchenhaftes. Die bizarren Gebilde erinnern an eine Mondlandschaft.

Die Voraussetzung für die Entstehung dieser eigenartigen Landschaft war eine mächtige Tuffschicht, die sich aus dem Auswurf der ehemals tätigen Vulkane *Erciyes Dağı* (bei Kayseri) und *Hasan Dağı* (bei Niğde) gebildet hatte. Während sich die Ascheschichten allmählich verfestigten, gruben sich im Laufe der Jahrtausende Wasserläufe ein. Das Wasser trug Tuffmaterial ab, so daß sich typische Erdpyramiden, Felskegel und wellenartige Formen herausbildeten. Je nach Stärke der Abtragung finden sich heute sowohl dicht zusammenstehende Tuffkomplexe als auch phantastisch geformte Einzelexemplare. Manche von ihnen tragen einen Deckstein, den die Pyramidenspitze gleichsam balanciert. Es handelt sich dabei um verhärteten Tuff oder vom Vulkan herausgeschleuderte Felsbrocken, die härter als das übrige Material sind und somit weitgehend von der Abtragung verschont blieben.

Da das Tuffmaterial porös und weich ist, konnten es die Bewohner der Gegend leicht bearbeiten. Wahrscheinlich wurden in den Erdkegeln und Felswänden schon zur Bronzezeit Höhlen angelegt. Später versteckten sich dort die unter Römerherrschaft zeitweilig verfolgten Christen. Auch während der Arabereinfälle vom 7. bis 9. Jahrhundert hatten die Höhlen eine Schutzfunktion. In dieser Periode wurden zahlreiche Klöster und Kirchen im Tuffelsen angelegt, so daß sich die Göreme-Landschaft zu einem christlichen Zentrum entwickelte.

In osmanischer Zeit gab man die Höhlenwohnungen und -kirchen fast alle auf, bis auf einige Räume, die griechische Christen noch bis ins 20. Jahrhundert nutzten. Viele der Felsenkirchen sind gut erhalten. Faszinierend sind vor allem die Wandmalereien im Inneren.

Wer im Göreme-Gebiet mehr als einen Tag zur Besichtigung hat, kann die Landschaft bei erlebnisreichen Wanderungen und wunderschönen Radtouren kennenlernen. Lohnende Ausflugsziele kann man per Kleinbus, die hier zahlreich verkehren, gut erreichen. Für Leute, die weniger Zeit haben, bieten sich organisierte Touren an (→ Organisierte Ausflüge). Es bereitet aber wenig Mühe, eine Tour selbst zu organisieren. Diverse Anbieter verlei-

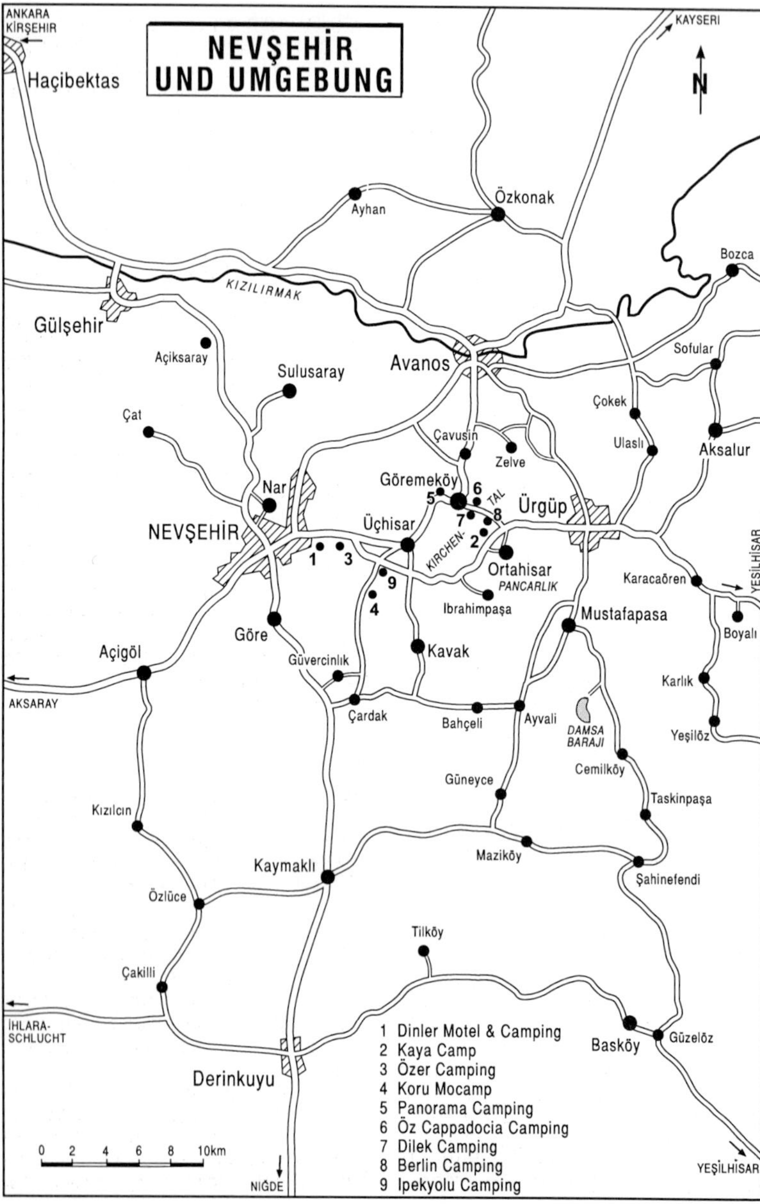
NEVŞEHİR UND UMGEBUNG
ANKARA
KİRŞEHIR
KAYSERI
N
Haçibektas
Ayhan
Özkonak
Bozca
KIZILIRMAK
Gülşehir
Açiksaray
Sulusaray
Avanos
Sofular
Çat
Çokek
Çavuşin
Zelve
Ulaslı
Aksalur
Nar
Göremeköy
TAL
KIRCHEN-
Ürgüp
NEVŞEHİR
Üçhisar
Ortahisar
PANCARLIK
Karacaören
YEŞİLHİSAR
Ibrahimpaşa
Mustafapasa
Boyalı
Göre
Kavak
Açigöl
Güvercinlık
Karlık
AKSARAY
Çardak
Bahçeli
Ayvali
DAMSA BARAJI
Yeşilöz
Cemilköy
Güneyce
Taskinpaşa
Kızılcın
Maziköy
Şahinefendi
Kaymaklı
Özlüce
Tilköy
Çakilli
İHLARA-SCHLUCHT
Basköy
Güzelöz
Derinkuyu
0 2 4 6 8 10km
NIĞDE
YEŞİLHİSAR
1 Dinler Motel & Camping
2 Kaya Camp
3 Özer Camping
4 Koru Mocamp
5 Panorama Camping
6 Öz Cappadocia Camping
7 Dilek Camping
8 Berlin Camping
9 Ipekyolu Camping

hen vom Mountainbike bis zum Auto alles, was sich bewegt (→ Leihfahrzeuge).

Campingplätze in Kappadokien

Die folgenden Campingplätze sind auf der Karte "Nevşehir und Umgebung" verzeichnet.

▸ *Dinler Motel & Camping*, Tel. 213 20 75, 2 km hinter Nevşehir, an der Straße in Richtung Ürgüp, vor dem Platz ist eine Turkpetrol-Tankstelle; gute saubere Sanitäranlagen mit Warmwasser; Stromanschlüsse, Restaurant mit schattiger Terasse, Minimarkt, ruhig. Pro Person 5 DM, Auto/ Minibus 4 DM.

▸ *Kaya Camp*, Tel. 343 31 00, Fax 343 39 84, 13 km von Nevşehir, 2,5 km von Göreme, auf dem Weg nach Ürgüp; mit sehr schöner Aussicht über die Tufflandschaft. Das Camp erreicht man von der Straße Nevşehir-Ürgüp, die man an der Abzweigung nach Ortahisar verläßt und dann nach links in Richtung Göreme abbiegt. Restaurant, Pool, saubere Sanitäranlagen, Stromanschluß. Nach unserer Ansicht der beste Campingplatz in Kappadokien. Pro Person 6 DM, Pkw/ Kleinbus 4 DM.

▸ *Özer Camping*, Tel. 213 12 59, 3 km hinter Nevşehir an der Straße in Richtung Ürgüp. Saubere Sanitäranlagen, Stromanschluß, Restaurant, leider wenig Schatten. Pro Person 3 DM, Pkw 3 DM, Zelt 2 DM.

▸ *Koru Mocamp*, Tel. 212 21 57, 6 km hinter Nevşehir, von der Straße Richung Ürgüp zu erreichen, ausgeschildert; saubere Sanitäranlagen, Warmwasser, Minimarkt, Stromanschluß, sehr großer, schattiger Platz, ruhig gelegen. Pro Person 5 DM, Zelt 3 DM, Pkw/Kleinbus 4 DM, Wohnwagen 7 DM.

▸ *Panorama Camping*, Tel. 271 23 52, Göreme, am Ortsende in Richtung Nevşehir/ Üçhisar, einfacher Platz, wenige schattenspendene Bäume, einfache Sanitäranlagen, schöne Lage, von Dezember bis Mitte Februar geschlossen. Pro Person 4 DM, Pkw/ Wohnmobil/ Kleinbus 3 DM, Zelt 2 DM, Strom 2 DM.

▸ *Öz Cappadocia Camping*, Tel. 271 23 17, Göreme, am Ortsende in Richtung Avanos, einfache Sanitäranlagen, wenige schattenspendende Bäume, sauberer Swimmingpool. Pro Person 4 DM, Fahrzeug/ Zelt 2 DM.

▸ *Dilek Camping*, Tel. 271 23 95, Göreme, am Ortsausgang in Richtung Avanos, an der Abzweigung zum *Tal der Kirchen*, wenig Schatten, einfach ausgestatteter Platz, aber mit Swimmingpool und Restaurant. Pro Person 5 DM, Fahrzeug/ Zelt 3 DM.

▸ *Berlin Camping Pension*, Tel. 271 22 49, Göreme, am Ortsende in Richtung Avanos, an der Abzweigung zum Tal der Kirchen, direkt neben *Dilek Camping*, wenige schattenspendende Bäume, inmitten von Tuffkegeln, einfache Sanitäranlagen. Die Zimmer der Pension sind einfach und gut eingerichtet. Pro Person/ Zelt/ Pkw/ Kleinbus 6 DM. EZ 8 DM, DZ 14 DM.

▸ *İpekyolu Camping*, Tel. 212 81 81, 7 km hinter Nevşehir an der Straße nach Ürgüp, auf der Höhe von Üçhisar, rechts der Straße; einfache Sanitäranlagen, wenige schattenspendende Bäume, einfacher Platz, Besitzer spricht Deutsch. Pro Person/ Pkw/ Zelt/ Kleinbus 6 DM.

♦ Göremeköy

Göremeköy, auch *Avçilar* oder *Maccan* genannt, liegt 9 km östlich von Nevşehir mitten in der Tufflandschaft und eignet sich gut als Ausgangspunkt für Ausflüge in die Umgebung.

Etwa 1,5 km östlich vom Ort liegt das *Göreme-Kirchental* mit einigen freigelegten Höhlenkirchen. Als Freilichtmuseum ist dieser Bezirk täglich von 8 bis 18 Uhr zu besichtigen (Eintritt 9 DM). Mit Hilfe des Übersichtsplans kann man sich beim Rundgang orientieren.

Die *St. Basıl-Kapelle* ist *Basilius*, dem größten Heiligen Kappadokiens, gewidmet. Sie liegt unweit des Eingangs. Dann kommt man an der *Elmalı Kilise* (Kirche mit Apfel) vorbei, der kleinsten Kreuzkuppelkirche im Göreme-Tal. Sie wurde Anfang des 11. Jahrhunderts erbaut. Das Innere ist mit schönen Fresken ausgestattet. Gleich nebenan liegt die *Barbara Kilise,* deren Innenraum mit naiven Wandbildern geschmückt ist, bei denen Ockerfarbtöne vorherrschen. Die *Yılanlı Kilise* (Schlangenkirche) trägt Fresken mit Schlangenmotiven. Hinter dem Kirchenbau befindet sich die *Grabkapelle.* Es folgen die *Karanlık Kilise* (Dunkle Kirche) und das gleichnamige Kloster, über eine Wendeltreppe zu erreichen. Sie ist, wie *Elmalı Kilise,* eine Kreuzkuppelkirche aus byzantinischer Zeit Mitte des 11. Jahrhunderts. Die Wandgemälde zeigen Ereignisse aus dem Leben Jesu. In der *Carıklı Kilise* (Kirche mit Sandalen) sind unter der Darstellung von Christi Himmelfahrt zwei Fußspuren zu sehen, von denen es heißt, sie seien Nachbildungen der Fußabdrücke Jesu aus der Himmelfahrtskirche in Jerusalem. Außerhalb des Freilichtmuseums, 100 m abwärts in Richtung Göremeköy, liegt auf der rechten Straßenseite die *Tokalı Kilise.* Sie ist die größte und mit den farbenprächtigen Wandmalereien die beeindruckendste Höh-

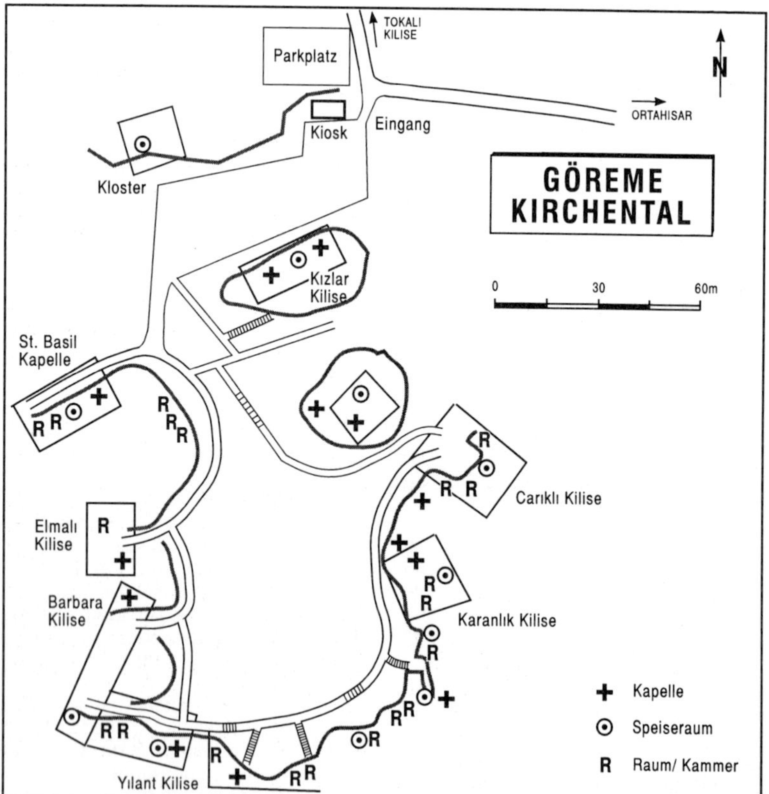

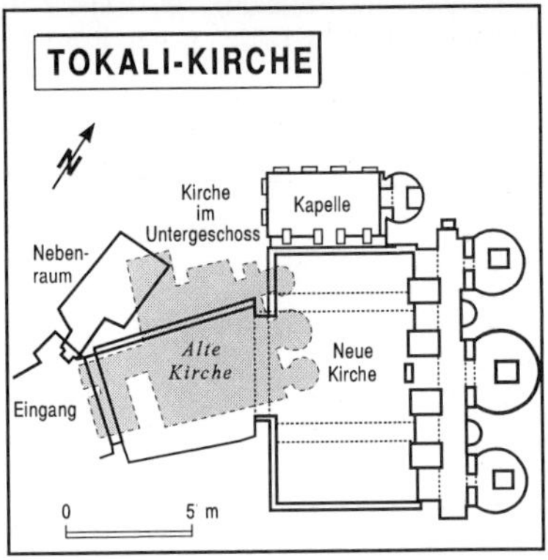

lenkirche von Göreme. Die Gemälde zeigen Szenen aus dem Leben Jesu und des Hl. Basilius, neben dem noch mehr als hundert andere Heilige abgebildet sind (Ihre Innenräume sind mit der Eintrittskarte vom Tal der Kirchen zu besichtigen). Oberhalb dieser Kirche befindet sich die *St. Eustachius -Kapelle.* Weiter abwärts, an der Straße entlang, liegt auf der rechten Seite *Maryam Kilise* (Marienkirche), deren Inneres ebenfalls mit schönen Malereien versehen ist. Von hier hat man einen guten Ausblick auf die Landschaft.

Touristeninformation

Ein Büro befindet sich gegenüber vom Bushof (in Richtung Südwesten).

Am Bushof selbst befindet sich ein Informationsschalter, der Zimmer der Pensionen und Motels anbietet (Reklamefotos und -broschüren an der Wand).

Übernachten

In Göreme gibt es derzeit über 60 Pensionen, die ca. 10 DM pro Person im Schlafsaal und ca. 12 DM pro Person im Doppelzimmer ohne Du/WC verlangen. Das sind Obergrenzen. Zum Zeitpunkt der Recherche, der bereits zur Nachsaison gehörte, lag der Preis für einen Schlafplatz in einem Mehrbettzimmer ziemlich einheitlich bei knapp 6 DM. Für Doppelzimmer wurden in der einfachen Kategorie zwischen 12 und 20 DM verlangt.

Einige Pensionen bieten Zimmer in Tuffkegeln; zum Teil befinden sich die einfachen Unterkünfte auch in alten, traditionellen Häusern, teilweise handelt es sich aber auch um moderne Bauwerke.

Es läßt sich feststellen, daß die einfachen Pensionen ziemlich durchweg um Sauberkeit bemüht sind, und frische Bettwäsche eigentlich selbstverständlich ist. In vielen Pensionen kann man nicht nur frühstücken (2-3 DM), sondern hat auch die Möglichkeit, am Abendessen der Besitzerfamilie teilzunehmen (zumeist 5-7 DM).

Neben den einfachen Pensionen gibt es mittlerweile auch ein recht breites Angebot an Mittelklasseunterkünften.

Einfache Kategorie

Die meisten hier angeführten Pensionen bieten Mehrbettzimmer mit drei und mehr Betten an; das wird im folgenden nicht extra angeführt. Gibt es jedoch Doppelzimmer, so sind diese aufgeführt.

- Im Zentrum

▸ *Göreme Pension,* Tel. 271 22 34, oberhalb Roma Kalesi, Blick auf das Zentrum, Terrasse, freundlich eingerichtet, Etagenduschen.

- Im Südwesten

▸ *Kelebek Pension,* Südwestrand des Dorfs, phantastischer Blick über das

Kirchenmalerei im Kirchental

Dorf, traditionelles Göreme-Haus, Höhlenzimmer, außer Mehrbettzimmer auch DZ (20 DM), Höhlenbar, Terrassenlokal, Waschmaschine, freundliche Leute (türkisch-australisches Paar), wohl zu Recht in der Szene der Backpacker sehr populär.

▸ *SOS Motel,* in der Nähe der Kelebek Pension, Tel. 271 21 34, auch hoch gelegen, mehrere Räume im Tuff, Kochgelegenheit, ebenfalls schöner Ausblick.

▸ *Kemer Pension,* zwischen dem SOS Motel und der Talsohle, Tel. 271 20 13, Familienpension, auch Zimmer im Felsen, Terrasse.

▸ *Halil Pension,* in der Talsohle unterhalb von SOS Motel, 271 20 30, sehr einfach, Zimmer im Tuff.

▸ *Gümüş Pension,* in Nachbarschaft zur Halil Pension, Tel. 271 24 38, schöner Garten, Bar.

- Im Süden

▸ *Panoramic Terrace Pension,* am Südrand von Göreme, fabelhafter Rundblick über das Dorf, traditionelles Göreme-Dorfhaus, großer Hof, Waschgelegenheit, mehrere Zimmer auch in Tuffkegeln, auch DZ mit Du/WC (28 DM), Frühstück; auf Bestellung wird einheimisches Abendessen bereitet.

▸ *Keleş Cave Pension,* in Nachbarschaft zu Panoramic, am Südwestrand des Dorfs, kleine Terrasse, neben Kelebek und Panoramic schönster Rundblick, sehr ruhige Lage, Bar, Zimmer im Tuff, verschiedene Zimmergrößen.

▸ *Rock Valley Pension,* ganz am Westrand, schon etwas außerhalb (vom Dorfzentrum immer dem Bett des ausgetrockneten Kanals folgen!), Tel. 271 21 53, in bizarrer Landschaft, ruhige Lage, überwiegend Doppelzimmer, aber auch ein Zimmer für 4 Personen, Restaurant, Waschmaschine.

- Im Südosten

▸ *Arif Pansion,* Südostseite von Göreme, hoch gelegen, Tel. 271 23 61, sehr schöne Aussicht, ruhige Lage, mehrere Räume im Felsen.

▸ *Sarıhan Motel Pansion,* direkt unterhalb von Arif Pansion, Tel. 271 22 16, ebenfalls ruhige Lage, guter Komfort, Räume im Felsen.

An der Straße zum Göreme-Museum

▸ *Paradise Pansion,* Tel. 271 22 48, an der Straße zum Göreme-Kirchenbezirk, 15 Zimmer, davon 8 mit Du/WC; Terrasse, Restaurant.

▸ *Ufuk Pension,* Tel. 271 21 57, in Nachbarschaft zur Paradise Pansion, mehrere Felsenzimmer mit 4 Betten, nicht alle mit Dusche, ferner DZ mit Du/WC, Terrasse, auch Abendessen möglich.

▸ *Peri's Pension,* Tel. 271 21 36, neben der Ufuk Pension, von den 16 Zimmern 7 in Felsenpyramiden; Bar, Garten mit schattenspendenden Obstbäumen.

- Im Osten (nahe Post)

▸ *Köse Pansiyon,* Tel. 271 22 94, nahe Post, altgediente Pension in einem großen modernen Haus aus Tuffstein, über einen Weg von der Straße nach Avanos zu erreichen; Inhaber eine türkisch-schottische Familie; keine Tuffkegelidylle, komfortable Zimmer mit Balkon wie auch ein einfacher Schlafsaal für 8 Personen, Abendessen ab 9 DM.

Mittlere Kategorie

▸ *Ottoman House,* Mittelklassehotel in einem großen freistehenden Haus aus Tuffstein, neu, sehr großzügig eingerichtet; Restaurant im Keller mit traditionell-osmanischen Gerichten. DZ ca. 30 DM.

▸ *Cave Hotel Melek,* etwas mehr Komfort als in den meisten einfachen Häusern, aber nicht luxuriös; einige Zimmer im Tuff. DZ ohne Du/WC 15 DM, DZ mit Du/WC 24 DM.

▸ *Turist Hotel,* an der Straße zum Göreme-Kirchenbezirk, Tel. 271 24 30, modernes Drei-Sterne-Hotel, ohne göremespezifisches Ambiente, alle Zimmer mit Du/WC. EZ 52 DM, DZ 75 DM, DRZ 90 DM.

Obere Kategorie

▸ *S Ataman Hotel,* am Ende der Straße, die am Ottoman House vorbeiführt, Tel.

271 23 13, luxuriöses Steinhaus aus dem 18. Jahrhundert, alle Zimmer mit Teppichen ausgestattet und dekoriert, hinzu kommen Fernseher, Kühlschrank etc.; Disco, Bar, Restaurant. EZ 105 DM, DZ 150 DM, mit Halbpension.

Essen und Trinken

Man kann in vielen Pensionen gut essen, dennoch wird man auch zum Essen ausgehen, denn das Angebot an Lokalen ist recht gut.

Göremeköy ist nicht Konya; so wird in fast allen Lokalen Bier und Wein ausgeschenkt. Ein großer Teil der Restaurants liegt an der Hauptverkehrsstraße Avanos-Üçhisar, so:

▸ *Orient Restaurant,* oberhalb vom Bushof, mit Garten, große Auswahl an Frühstücks-Snacks und Salaten, auch Schokoladenpudding, allerlei Gegrilltes, an mehreren Tagen in der Woche auch preiswertes Menü, sehr populär in der Rucksack-Szene, Preise niedrig.

▸ *S.O.S.,* an der Hauptstraße, nahe Abzweigung zum Göreme-Kirchenbezirk, kleines Lokal, auch im Freien, niedrige Preise, nur ein paar Standardgerichte.

▸ *Ufuk 2,* kleines Lokal, geschmackvoll eingerichtet, gute Küche, preiswert,

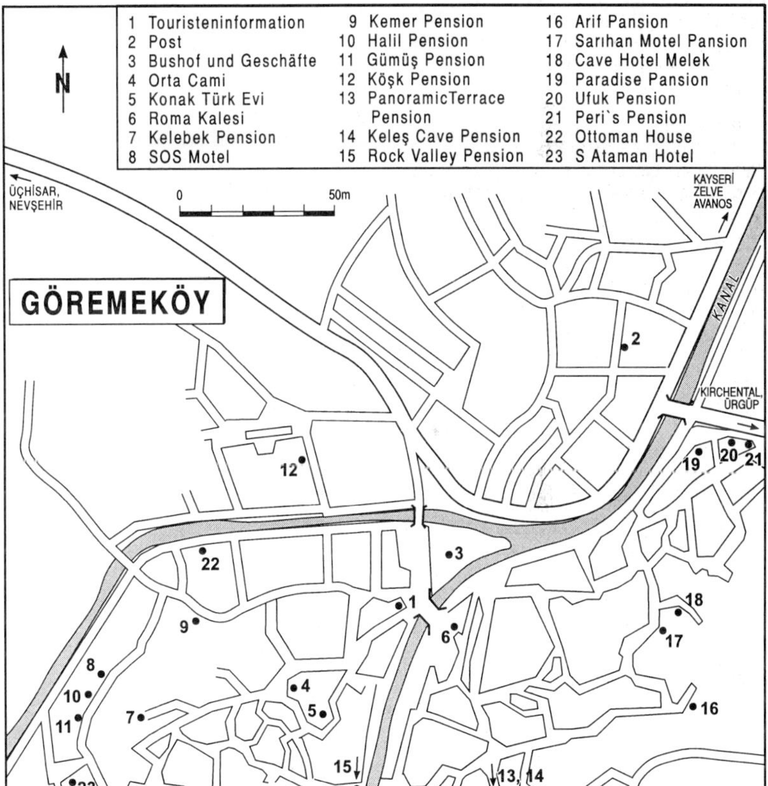

nahe Abzweig zum Kirchenbezirk.

▸ *Sedef Restaurant,* zwischen Ufuk 2 und Sultan, ähnliches Angebot wie Ufuk, ähnliche Preise.

▸ *Restaurant Sultan,* gegenüber vom Bushof, geräumig, gut eingerichtet, große Auswahl, nicht teuer, auch viele türkische Touristen.

Im Ort befinden sich:

▸ *Mehmet Paşa Restaurant,* im Konak Türk Evi, einem renovierten osmanischen Haus, das Lokal mit dem originellsten Ambiente; viel Auswahl, auch klassisch-osmanische Küche; nicht so billig, für ein festliches Abendmahl muß man schon 15-25 DM aufwenden.

▸ *S Ataman,* Restaurant im gleichnamigen Hotel, Menü mit Getränk ca. 10-15 DM.

Einkaufen

Neben Hotels, Restaurants und Reiseagenturen, die im Ort zahlreich zu finden sind, gibt es noch eine vierte Art von Geschäft, den Souvenirladen. Den Auslagen nach zu urteilen, scheint es alles zu geben, was die Türkei produziert. Spitzenreiter unter den Angeboten sind Teppiche und Kelims, aber ebenso finden sich Wasserpfeifen, Kupfer-, Messing-, Silber- und Goldwaren, Samoware, Onyxartikel und Töpferwaren. Vieles, was im Angebot ist, scheint überteuert. Vor allem gibt es kleine Artikel, für die noch Platz im Reisegepäck ist. Legt man Wert auf gute Qualität, ist es besser, bei den Produzenten zu kaufen, z.B. Wasserpfeifen in İzmir, Keramiken in Kütahya, Teppiche in Knüpfzentren wie Kayseri oder Töpferwaren in Avanos.

Feste

Ende August feiert man in Göreme das *Cappadocia-Fest*.

Organisierte Ausflüge

Die Zeiten, als sich lediglich ein paar Rucksacktouristen im Dorf aufhielten, die zudem viel Zeit hatten und auf eigene Faust zu Fuß und/ oder mit öffentlichen Verkehrsmitteln die Gegend erkundeten, sind vorbei. Heute kommen Touristen in großer Zahl, haben zumeist wenig Zeit und machen überwiegend organisierte Ausflüge. Darauf sind mittlerweile eine Reihe von Agenturen spezialisiert, unter denen erbitterte Konkurrenz herrscht. Außer Tagestouren mit den Standardprogrammen (Haupttour 1: u.a. Göreme-Kirchenbezirk, Üchisar, Ürgüp, Zelve, Avanos; Haupttour 2: Derinkyu, İhlara-Schlucht) werden in der Saison auch recht viele spezielle Touren angeboten, wie etwa Ausflüge in das Soğanlı-Tal oder Bootstrips und Vogelbeobachtung in den Sultansümpfen. Für die Standard-Tagesausflüge (von ca. 9-18 Uhr) muß man, sofern Verpflegung mit eingeschlossen ist, mit ca. 35 DM rechnen. Es ist von Vorteil, die Angebote verschiedener Veranstalter zu vergleichen sowie andere Touristen hinsichtlich ihrer Erfahrungen zu befragen.

Es ist z.B. wichtig, zu erfahren, ob ein Veranstalter seine Touren oft und lange für lästige Verkaufsbesuche in Onxy- oder Teppichläden unterbricht.

▸ *Neşe Tour Travel Agency,* bietet u.a. eine Wanderung im İhlara-Tal mit anschließendem Besuch eines Hamams, Tel. 271 25 25

▸ *Turtle Tours,* Tel. 271 23 88

▸ *Efor Tour,* Tel. 271 21 66

▸ *Rose Travel Agency,* Tel. 271 20 59

Tip: *Rainbow Ranch,* nahe *Cave Motel Melek,* Tel. 271 24 13, vermietet Pferde (20 DM für 2 Stunden).

Leihfahrzeuge

In Göreme befinden sich drei Agenturen, welche ausschließlich Zweiräder zu exakt gleichen Preisen und Konditionen verleihen. Preise für einen Tag (8 Stunden) bei freier Kilometeranzahl und vollem Tank: Motorrad-MZ 46 DM, Motorroller 38 DM, Mofa 50 ccm 23 DM, Mountainbike 12 DM, Fahrrad 10 DM.

▸ *Haybil Rent a Car* (auch hier gibt's keine Autos), rechts neben der Touristeninformation auf der anderen Straßenseite, hat gut gewartete Fahrzeuge, Tel. 271 22 11.

- *Öz Cappadocia Tour,* links neben der Touristeninformation, Tel. 271 21 59
- *Turtle Tours,* gegenüber der Touristeninformation, Tel. 271 23 88

Verkehrsverbindungen

Von Göremes kleinem Bushof (nahe am Zentrum) bestehen direkte Busverbindungen nach İstanbul (2 mal), Ankara (6 mal), Kayseri (9 mal), Konya (3 mal), Mersin (2 mal), Adana (2 mal), İzmir, Alanya (2 mal), Denizli, Pamukkale, Marmaris, Selçuk, Kuşadası, Bodrum, Eğridir, Işparta, Antalya (2 mal), Side und Fethiye. Göremeköy liegt an der von Avanos bedienten Stadtbuslinie Avanos-Çavusın-Göremeköy-Üçhisar, die halbstündlich verkehrt. Ferner befindet sich Göremeköy an der Buslinie Ürgüp-Göreme/ Kirchenbezirk-Göreme/ Dorf-Zelve-Avanos-Ürgüp, wo stündlich Busse fahren. Außerdem verkehren häufig *dolmuşlar*.

♦ Avanos

10.000 Einwohner, 18 km NO von Nevşehir

Avanos ist eine kleine Stadt, die zu beiden Seiten des *Kızılırmak*, des *Roten Flusses*, liegt. Er ist der Hauptfluß im östlichen Anatolien. An den Flußufern wird Lehm abgebaut, der in den zahlreichen Ziegeleien am Ortsausgang verarbeitet wird.

Das Zentrum befindet sich am Nordufer unterhalb eines Hangs. Hauptgeschäftsstraße ist die Atatürk Caddesi, die im Osten am Hauptplatz endet, wo verschiedene populäre Lokale liegen. Nördlich und nordöstlich erstrecken sich die schönen alten Viertel von Avanos - mit vielen Töpfereien. Die Bewohner der Stadt leben nicht nur vom "Lehm", sondern auch vom Teppichgewerbe. Diese beiden Haupterwerbsquellen haben sich ganz auf den Tourismus ausgerichtet, z.B. Kleinkeramik für den Souvenirhandel und handgeknüpfte Teppiche, die für die meisten Einwohner jedoch unerschwinglich sind.

Tufflandschaft

Ca. 200 m südlich vom Hauptplatz führt eine schmale Fußgängerbrücke über den Kızılırmak, den man hier wunderbar überblicken kann. Vor der Brükke befindet sich ein schattiger Teegarten. Der Bushof liegt ca. 1 km vom Hauptplatz entfernt, direkt hinter der großen Brücke auf einem breiten Platz, nur wenig vom Südufer des Flusses entfernt.

6 km östlich von Avanos ist die restaurierte *Sarı Han* zu besichtigen, eine Karawanserei mit sehr schönen Steinornamenten.

Touristeninformation

am Bushof, Tel. 511 43 60, geöffnet im Sommer tgl. 8 - 19.30 Uhr, im Winter 8 - 12 Uhr und 13 - 17.30 Uhr; freundliches, Englisch sprechendes Personal, das eine einfache Karte bereithält

Übernachten

Einfache Kategorie

▸ *Kirkit Pension,* in einer Seitenstraße der Atatürk Cad., nahe Zentrum, Tel. 511 31 48, Fax 511 21 35, traditionelles Haus, renoviert, Innenhof, kleine, saubere Zimmer, im Parterre Agentur Kirkit Voyage, nur einige Zimmer mit Du/WC. EZ ab 10 DM, DZ ab 20 DM, DRZ 30 DM, mit Frühstück.

▸ *İlhan's Guesthouse,* Ecke Atatürk Cad./ Kappadokya Cad., nahe Brücke, Tel. 511 48 28, renoviertes traditionelles Haus, tagsüber Straßenlärm von draußen, nachts ruhiger; das Besitzerehepaar, beide Lehrer, ist sehr bewandert in der Geschichte und Kultur der Region; Zimmer mit Du/WC. EZ 10 DM, DZ 17 DM, DRZ 25 DM, Frühstück extra; für 13 DM können Gäste am ausgiebigen abendlichen Mahl der Familie teilhaben.

▸ *Panorama Pansiyon,* im oberen Ortsteil, zu erreichen nach einem knapp 300 m langen Fußweg durch die Altstadt, Tel. 511 16 54, bei klarem Wetter Blick auf den Erciyes Dağı, sehr ruhig, Zimmer recht groß, einfach, sauber, z.T. mit Du/WC. EZ ab 7 DM, DZ ab 13 DM, DRZ 20 DM, auch VRZ, Frühstück kostet extra.

▸ *Patik Pansiyon,* oberhalb vom Hauptplatz, Tel. 511 33 70, einfaches traditionelles Haus, nur wenige Zimmer, Etagendusche; im Parterre Töpferei und die Agentur Safran, die Pferde- und Skitreks veranstaltet. EZ 9 DM, DZ 17 DM, mit Frühstück.

▸ *Asma Pansiyon,* nebenan, in gleichem Stil: kleine Familienpension im traditionellen Haus mit Innenhof. EZ 9 DM, DZ 15 DM, mit Frühstück.

Mittlere Kategorie

▸ *Duru Hotel,* hoch über dem Ort, Weg vom Hauptplatz her ausgeschildert, Tel. 511 40 05, zweigeschossig, weiter Ausblick, Terrasse, Zimmer mit Du/WC, geschmackvoll eingerichtet. EZ 17 DM, DZ 25 DM, DRZ 33 DM, mit Frühstück.

▸ *Hotel Zelve,* Ecke Hauptplatz, verkehrsreiche Straße, Tel. 511 45 24, Fax 511 46 87, Zimmer mit Du/WC passabel, Preis angemessen. EZ 15 DM, DZ 25 DM, DRZ 33 DM, mit Frühstück.

▸ *Sofa Hotel,* Köprübası, nahe Brücke, Tel. 511 44 89, Fax 511 51 86, malerischer alter Gebäudekomplex, ansehnliche Zimmer mit Du/WC. EZ 15 DM, DZ 25 DM, mit Frühstück.

▸ *Büyük Avanos Otel,* an der Straße nach Göreme, am Stadtrand, ca. 2 km vom Zentrum am Hauptplatz entfernt, Tel. 511 35 75, Fax 511 48 63, ganz neu, viel Komfort, Zimmer mit Minibar und TV, Garten, Swimmingpool. EZ 29 DM, DZ 58 DM, DRZ 86 DM, mit Frühstück.

Essen und Trinken

Die meisten Restaurants befinden sich im Zentrum von Avanos und gruppieren sich hier um den zentralen Platz.

▸ *Meydan Restaurant,* am Hauptplatz, ziemlich klein, im Sommer auch im Freien, einfach eingerichtet, aber gute und preiswerte Küche (*güveç* als Spezialität, allerlei *kebaps*, auf Sonderwünsche wird eingegangen, leckeres *pide*, im Sommer auch Forelle auf Vorbestellung; Wein und Bier), der Besitzer hat lange in Deutschland gelebt.

▸ *Cihan Restaurant,* am Hauptplatz, serviert Hähnchen und ein paar Standardgerichte; ist billig.

▸ *Sofra Restaurant,* bei Hotel Zelve, fast am Hauptplatz, ähnlich in Angebot und Standard wie *Cihan*, ebenfalls billig.

▸ *Tuvanna,* an der Hauptstraße, nicht weit vom Hauptplatz, bietet recht viele *mezeler, sış kebap,* Steaks zu deutlich höheren Preisen.

▸ *Çalı Piknik Restaurant,* südlich vom Hauptplatz, am Fluß, hat auch Forelle; mittleres Preisniveau.

Für Leckermäuler sei noch auf die *Aytemur Pastanesi* verwiesen, nahe Tuvanna.

Einkaufen

Avanos ist die Stadt für Tonwaren aller Art. Es gibt wohl kaum ein Haus, in dem nicht eine Töpferscheibe zu finden ist; und dementsprechend sind viele Geschäfte an den Straßen. Produziert werden sowohl Dekorations- als auch Gebrauchswaren im klassischen Stil, matt und glasiert mit modernen Mustern. Auch handgeknüpfte Teppiche haben Tradition. Die Teppichgeschäfte befinden sich etwas außerhalb des Zentrums.

Treffpunkt

Links vor der Fußgängerbrücke (vom Hauptplatz kommend) liegt ein schattiger Teegarten. Zentral und trotzdem weit weg vom Verkehrslärm kann man hier ausruhen und den Blick auf den Kızılırmak genießen.

Türkisches Bad

▸ *Alâeddin Hamamı*, etwas außerhalb des Zentrums; das gemischte Bad für Männer und Frauen stammt aus osmanischer Zeit (geöffnet tgl. 9 - 24 Uhr).

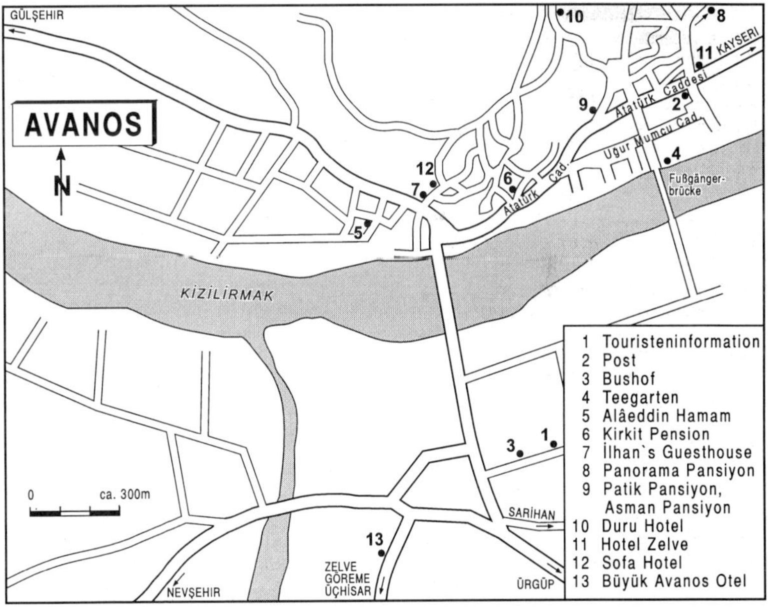

Feste

Ende August findet an drei Tagen eine *Handwerksmesse* statt.

Nützliche Telefonnummern

Vorwahl: 384
Polizei: 511 40 36
Krankenhaus: 511 10 21
Taxi: 511 45 20

Organisierte Ausflüge

Von Avanos werden die gleichen Touren angeboten wie von Göreme aus. Eine Besonderheit, die es im türkischen Tourismus fast nur in Kappadokien gibt, sind Ausflüge zu Pferd. Die Routen führen am *Kızılırmak* entlang, durch das Tal von *Dereyamanlı* sowie durch kleine Dörfer (zwei Stunden 15 DM, vier Stunden 23 DM, acht Stunden 38 DM).

Anbieter:

▸ *Safran,* Tel. 511 51 71, Fax 511 30 00, direkt am zentralen Platz. Diese Agentur bietet einen interessanten sechstägigen Wanderritt durch die Region an. Der Verlauf: 1. Tag: Avanos - Üçhisar - Kavak, Ritt 5 Std.; 2. Tag: Kavak - Bahçeli - Ayvalı - Cemil, Ritt 5 Std.; 3. Tag: Cemil - Taşkınpaşa - Mazı, Ritt 6 Std.; 4. Tag: Mazı - Karain, Ritt 7 Std.; 5. Tag: Karain - Aksalur - Sofular - Bozca, Ritt 6 Std.; 6. Tag: Bozca - Avanos, Ritt 5 Std. Minimum 4, Maximum 12 Personen, Reservierung möglichst 3 Wochen im voraus, Preis ab Avanos: 600 DM, Getränke und Eintritt in Museen nicht eingeschlossen.

▸ *Kirkit Voyage,* Tel. 511 32 59, etwas abseits des Zentrums, bietet u.a. Tagestouren im Geröme-Gebiet an.

Verkehrsverbindungen

Bushof: Vom Platz vor der Touristeninformation fahren die Busse ab. Da die Busse von Kayseri über Nevşehir und umgekehrt durch Avanos fahren, ist der Ort gut an das Verkehrsnetz angebunden. Es gibt folgende Verbindungen: täglich nach Ankara (15 mal), Kayseri (15 mal), İstanbul (2 mal), Konya (3 mal), Eğırdır (3 mal), İsparta (2 mal); jeweils einmal täglich nach Manavgat, Alanya, Adana, Mersin, Tarsus, Bodrum und Fethiye.
Stadtbus: Halbstündliche Verbindungen von Avanos nach Nevşehir via Çavusın, Göreme und Üçhisar. Der erste Bus fährt morgens um 6.45 Uhr, der letzte abends um 18.15 Uhr.

♦ Ürgüp

11.000 Einwohner, 23 km O von Nevşehir

Dieser Ort im Tuffgebiet wird von einem mächtigen Felsenmassiv überragt, das zahlreiche Höhlen durchziehen. Die Kleinstadt ist für Weinbau und Keltereien bekannt. Hier werden die Sorten *Peribacası* und *Sınasos* erzeugt.

Ürgüp hat sich in den letzten Jahren verstärkt dem Tourismus zugewandt. Geschäftszentrum mit vielen kleinen Läden, darunter Souvenir- und Antiquitätenläden, ist die Kayseri Caddesi. Direkt südlich vom Südwestende dieser belebten Straße befindet sich der Bushof in einer Art von Innenhof. Nach Osten ist der Markt in direkter Nachbarschaft. Der Stadtkern von Ürgüp ist recht klein, so daß die zahlreichen Pensionen und Hotels der einfachen und mittleren Kategorie im Zentrum alle sehr nahe beieinander liegen.

Ein großes Übernachtungsangebot wie auch die gute Verkehrsanbindung per Bus und Minibus machen den Ort zu einem geeigneten Ausgangspunkt für Unternehmungen in die Göreme-Landschaft. Ürgüp besitzt auch ein Hamam, in dem Männer und Frauen zusammen schwitzen können. Allerdings zählt das Bad nicht zu den saubersten. Wer es dennoch versuchen möchte: geöffnet täglich von 9 bis 21 Uhr.

Touristeninformation

Kayseri Cad. 37, Tel. 341 40 59, geöffnet tgl. 8 - 18 Uhr, im Sommer bis 20 Uhr; freundliches, Englisch und Französisch sprechendes Personal, das eine einfache Karte bereithält.

Übernachten

Billigunterkünfte

▸ *Konak Otel,* an der Straße in Richtung Nevşehir, bergan, Tel. 341 46 67, sehenswertes altes Steinhaus, Zimmer ansprechend eingerichtet. EZ 9 DM, DZ 17 DM, DRZ 25 DM, mit Frühstück.

▸ *Hanedan Hotel,* dieselbe Straße, noch etwas weiter aufwärts, Tel. 341 23 17, geräumige Zimmer, mehrere Räume auch im Felsen, Zimmer von sehr unterschiedlicher Qualität. EZ ab 9 DM, DZ ab 17 DM, DRZ ab 25 DM.

▸ *Asya Minor Otel,* İstiklâl Cad. 38, Tel. 341 46 45, Fax 341 45 20, altes Steinhaus, außen restauriert, einfach möbliert, Zimmer unterschiedlich groß, Innenhof, Kochgelegenheit, auf Wunsch auch ausgiebiges Abendessen möglich, angenehme Atmosphäre. EZ 13 DM, DZ 23 DM, DRZ 33 DM.

▸ *Sun Pansion,* Yeni Cami Mah., Hamam Sok. 6, ca. 200 m vom Bushof entfernt, Tel. 341 44 93, Fax 341 47 74, Fassade begrünt, Synthese aus traditionellem Haus und Tuffsteinfelsen, freundliche Leute, die etwas Deutsch verstehen; fabelhafter Rundblick von der Dachterrasse, Zimmer im Tuff, Frühstücksraum auch, Nr. 1 in der unteren Kategorie, Zimmer mit bis zu 8 Betten. EZ 14 DM, DZ 23 DM, DRZ 31 DM.

Einfache bis mittlere Kategorie

▸ *Kilim Otel,* Dumlupınar Cad. 47, südlich vom Markt, Tel. 341 31 31 einfach, geräumige Zimmer mit Du/WC, ruhige Lage, am Samstag morgen durch den Wochenmarkt ausnahmsweise Lärm. EZ 17 DM, DZ 25 DM, DRZ 29 DM.

▸ *Elvan Otel,* Dutlu Cami Mah., Barbaros Hayrettin Sok. 11, Tel. 341 42 91, gepflegte Zimmer um einen kleinen Innenhof, von der Dachterrasse Panoramablick. EZ 13 DM, DZ 25 DM, DRZ 33 DM.

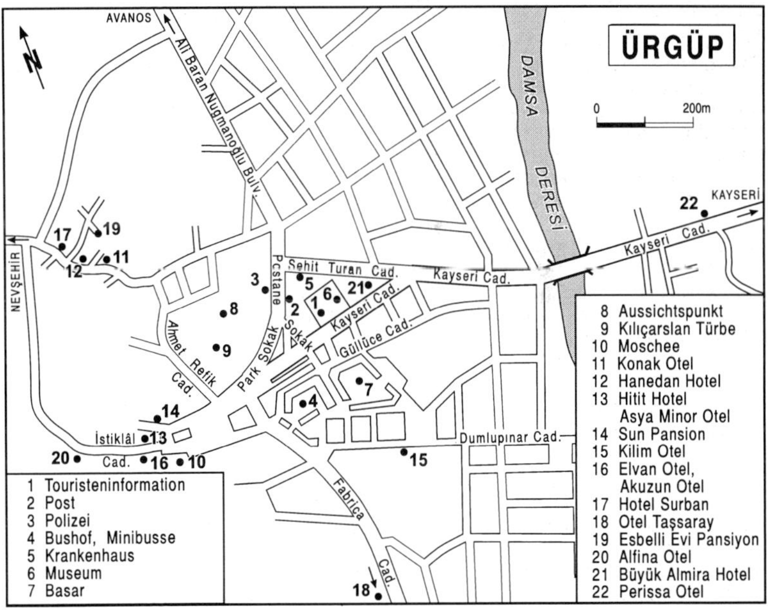

Mittlere Kategorie
▸ *Akuzun Otel,* Yeni Cami. Mah., Tel. 341 38 69, Fax 341 38 66, neues, großes Haus aus Tuffstein, Zimmer geschmackvoll eingerichtet, Zimmer z.T. mit Wannenbad, z.T. mit Dusche, große Dachterrasse, Besitzer haben lange in Deutschland gearbeitet. EZ 21 DM, DZ 37 DM, auch DRZ und VRZ, gutes Preis-Leistungs-Verhältnis.
▸ *Hotel Surban,* Yunak Mah., weit oben an der Straße nach Nevşehir, Tel. 341 46 03, Fax 341 20 25, Anlage in seldschukischem Stil, von der Straße etwas zurückliegend, daher ruhig; sehr gepflegt, Dachterrasse, Kellerlokal. EZ 17 DM, DZ 30 DM, mit Frühstück.
▸ *Hitit Hotel,* Tel. 341 44 81, İstiklâl Cad., Zimmer mit Tonnengewölbe, geräumig, z.T. mit Wannenbädern, schönes Gartenlokal im hinteren Bereich. EZ 33 DM, DZ 57 DM, DRZ 70 DM.
▸ *Otel Taşsaray,* Mustafapaşa Cad. 10, knapp 0,5 km vom Bushof entfernt, Tel. 341 23 44, recht komfortabel, Zimmer mit Dusche und Balkon, EZ 13 DM, DZ 25 DM und DRZ 38 DM.

Obere Mittelklasse
▸ *Esbelli Evi Pansiyon,* gegenüber von Turban Motel, an der Ausfallstraße nach Nevşehir, Tel. 341 33 95, Fax 341 88 48, mit viel Phantasie restauriertes altes Ürgüp-Haus, 7 Zimmer, alle mit wertvollen alten Möbeln ausgestattet, moderne Bäder; Sonnenterrasse, zwei Aufenthaltsräume; auch nicht billig. EZ 50 $, DZ 60 $, DRZ 70 $, in der Saison stets ausgebucht.
▸ *Alfina Otel,* İstiklâl Cad., Tel. 341 48 22, 341 24 24, Komfort-Zimmer im Felsen; Terrassenrestaurant, Bar. DZ 70 DM, DRZ 90 DM.
▸ *Yıldız Hotel,* Kayseri Cad. 17, Tel. 341 46 10, Fax 341 46 11, 11 saubere Zimmer, Innenhof mit viel Grün, auf Wunsch wird für die Gäste gekocht. DZ 40 DM, mit Frühstück.

Gehobene Kategorie
Auch davon gibt es einige in Ürgüp, z.B. das *Büyük Almira Hotel,* beim Museum (vier Sterne, Klimaanlage, Swimmingpool etc.) sowie das *Perissa Otel* und einige andere Vier-Sterne-Hotels, an der Straße nach Kayseri, ca. 1 bis 2 km von der Stadt entfernt - alle riesige Betonklötze, die nicht in die bizarre Landschaft passen.

Essen und Trinken

▸ *Cappadocia Restaurant,* im Zentrum, unter den Einheimischen sehr populär; einfach eingerichtet, aber sehr geräumig, reichhaltiges Angebot von *köfte* über *biftek* bis *sış kebap* (im Sommer auch Forelle, auch Wein und Bier), Preise niedrig.
▸ *Şömine Café und Restaurant,* am Hauptplatz, gepflegtes Mittelklasselokal, groß, immer gut besucht, lange Speisekarte, gute Küche, nicht einmal teuer.
▸ *Hanedan Restaurant,* an der Ausfallstraße nach Nevşehir, oberhalb vom Zentrum, mittlerer Standard, auch Fischgerichte, verhältnismäßig teuer, von Reisegruppen bevölkert.
▸ *Murats Bar,* ein populäres Pub (Wein, Bier, Rakı), direkt am Bushof; hier befinden sich auch mehrere Kafetarias für das Frühstück oder für den kleinen Hunger.
▸ *Merkez Pastanesi,* an der Ecke Hauptplatz/ Kayseri Caddesi, empfehlenswert für Tee, Eis, Gebäck, Süßigkeiten oder Kuchen.

Feste

Ende Mai findet ein *Weinwettbewerb* statt, und Mitte September dann das das *Weinlesefest.*

Nützliche Telefonnummern

Vorwahl: 385
Touristenpolizei: 341 40 58
Krankenhaus: 341 40 31

Organisierte Ausflüge

Von Ürgüp werden zwei Standardtouren angeboten, auf denen man Kappadokien erkunden kann. Es gibt erhebliche Preisunterschiede zwischen den

Veranstaltern, so daß ein Vergleich lohnt. Der Preis variiert auch nach der Teilnehmerzahl.
Tour 1: Derinkuyu, İhlara-Schlucht und Agzıkarahan (Karawanserei), 35-40 DM, incl. Essen und Eintrittsgelder.
Tour 2: Rundfahrt über Zelve, Avanos, Göreme und Üçhisar, 27-34 DM, incl. Essen und Eintrittsgelder.
Die Fahrten dauern jeweils von 9 Uhr bis zum Sonnenuntergang. Die Veranstalter von Ausflügen haben ihre Büros am Bushof oder in der Nähe.

Anbieter:
▸ *Magic Valley Cappadocia Tours,* Terminal içi, Tel. 341 21 45
▸ *Peri Tour Travel Agency,* Terminal içi 24, Tel. 341 35 99
▸ *Erko Tours,* Terminal Içı 28, direkt am Bushof, Tel. 341 32 52, Fax 341 37 85; bietet über die beiden Standardtouren hinaus noch allerlei zusätzliche Unternehmungen anbieten, wie z.B. Tagesausflüge nach Soğanlı Valley (via Mustafapaşa, Taşkınpaşa, den Damsa-See, Şahineffendi und Güzelöz), zu den Sultanssümpfen oder auf den Erciyes Dağı (zum Wandern oder Skilaufen) sowie Wanderungen und Radtouren in der näheren Umgebung. Wie andere Agenturen haben sie auch die mehrtägige Ferntour zum südostanatolischen Nemrut Dağı im Programm. Erko Tours, deren rühriger Betreiber seine Kindheit und Jugend in Deutschland verbracht hat und fließend Deutsch spricht, geht auf viele Sonderwünsche ein. Er ist aufgeschlossen für Umweltschutz und engagiert sich überaus aktiv für die Erhaltung kappadokischer Kultur.

Leihfahrzeuge

▸ *Avis,* İstiklâl Cad., Belediye Pasajı, Tel. 341 21 77
▸ *Europcar,* İstiklâl Cad., Tel. 341 34 88
▸ *Magic Valley Cappadocia Tours,* Terminal içi, Tel. 341 21 45, Mountainbike 8 Stunden für 18 DM, Motorroller 80 ccm 53 DM/Tag, keine Kilometerbeschränkung.

Verkehrsverbindungen

Minibus/ Dolmuş: Alle Orte in Kappadokien werden von Ürgüp stündlich angefahren (Linie: Ürgüp - Göreme-Kirchenbezirk - Göreme Dorf - Zelve - Avanos - Ürgüp), Nevşehir alle halbe Stunde. Der erste Bus fährt morgens um 8 Uhr, der letzte abends um 18 Uhr.
Bus: Ürgüp ist gut an das türkische Busnetz angeschlossen. Busse gehen nach Adana (1 mal), Ankara (im Sommer mindestens 7 mal), Antalya (im Sommer 1 mal tgl.), Kayseri (tagsüber stündlich), Konya (im Sommer 3 mal), Nevşehir (Minibusse jede halbe Stunde) und Pamukkale (im Sommer 1 mal).

♦ *Ortahisar*

13 km O von Nevşehir, 5 km von Ürgüp

Das Dorf, bekannt für die Lagerung von Zitrusfrüchten aus der Küstenregion südwestlich von Mersin, liegt unterhalb eines Felsens, von dem man einen phantastischen Blick auf das Göreme-Gebiet hat. In und um *Ortahisar* sind auch einige Kirchen zu besichtigen. Im Ort selbst liegen *Harım Kilise,* die verwahrlost, und *Sarıca Kilise.*

Ausflüge von Ortahisar aus: Nach einem Fußweg von ca. 1,5 km kommt man zum *Halasdere-Tal,* wo Reste einer alten Klosteranlage mit schöner Ornamentik im Inneren zu besichtigen sind. Unweit von Ortahisar besteht Zugang zum *Tal von Kızılçukur*, das zwischen steilen Felswänden liegt. Aprikosen und Trauben gedeihen in diesem Tal vorzüglich. Hier liegt die *Uzümlü Kilise* (Traubenkirche), die ihren Namen von der Weintraubenornamentik an den Wänden hat. Sie besitzt nur einige wenige, aber gut erhaltene Wandmalereien. Im *Balkan-Kirchenzentrum,* 2 km von Ortahisar, fällt eine Kirche auf, deren Innenraum mit vielen Fresken ausgestattet ist. Gleich nebenan befindet sich eine ehemalige Klosteranlage. Man erreicht dieses Gebiet durch das meist ausgetrocknete Bachbett unterhalb von Ortahisar, dem man bachaufwärts folgt, bis rechts ein Weg (Trampelpfad) zu den Gärten und Kirchen von Balkan hinaufführt. Die *Pancarlı Kilise,* 3 km von Ortahisar, birgt schöne Malereien aus dem 10./11. Jahrhundert, die erst vor wenigen Jahren entdeckt wurden.

Übernachten

▸ *Hotel Burcu,* am nördlichen Ortsrand, Tel. 384-343 38 00, Fax 384 35 00, ruhig gelegene Anlage, gut eingerichtete Zimmer mit Du/WC. EZ 30 DM, DZ 50 DM, mit Frühstück, erste Wahl in Ortahisar.

▸ *Hotel Yeni Yükseller,* auch am Ortsrand, Tel. 384-343 34 50, Fax 343 34 51, Swimmingpool, komfortable Zimmer, Restaurant, gutes Mittelklassehotel. DZ 45 DM, ebenfalls zu empfehlen.

Essen und Trinken

Das einzige Restaurant mit etwas Auswahl ist das Speiselokal von *Hotel Yeni Yükseller,* am Ortsrand in Richtung Nevşehir. Ansonsten sind die Lokale sehr einfach.

♦ Üçhisar

5 km O von Nevşehir, 3 km W von Göremeköy

... ist ebenfalls ein guter Ausgangspunkt für Unternehmungen in der Tufflandschaft. Vom Tuffelsen mit einer verfallenen Burg, die das Dorf überragt, hat man einen guten Überblick über das gesamte Göreme-Gebiet.

Übernachten

- Im Osten des Dorfs

▸ *La Maison du Rève,* Tel. 212 21 99, traumhafter Ausblick über die weite kappadokische Landschaft, Restaurant, Zimmer im Felsen, einfach eingerichtet. DZ 25 DM.

▸ *Les Terrasses Üçhisar Pension,* Tel. 219 27 92, Fax 219 27 62, umgeben von alten Dorfhäusern, neu, von der Terrasse bei klarem Wetter phantastischer Ausblick auf den Erciyes Dağı; Bar, Disco und Restaurant, auch Zimmer mit Wannenbad. EZ 25 DM, DZ 29 DM, mit Frühstück.

▸ *Le Jardin des 1001 Nuits,* in einer wildromantischen Schlucht, von Tuffhügeln umgeben, Tel. 219 22 93, Terrassenrestaurant, viele schattenspendende Bäume im Gelände, Zimmer in Tuffkegel, unterschiedliche Kategorien. 15 - 35 DM pro Person.

▸ *Derebağ Pension,* in der Nähe von *1001 Nuits,* traditionelles Haus, Innenhof mit Restaurant, Live-Musik an Sommerabenden, Blick auf bizzare Tuffkegelszene, ruhige Lage; Menü für 6 DM, vier Menüs zur Auswahl, Organisation von Ausritten. DZ ab 20 DM, mit Frühstück; auch Räume für drei und mehr Personen.

- Dorfzentrum und Straße in Richtung Ürgüp

▸ *Pension Mediterranée,* im Zentrum, Tel. 219 22 10, kleine Familienpension, ordentliche Zimmer, vom Dachrestaurant und den Zimmern an der Ostseite herrliche Aussicht. 20 DM pro Person, mit Frühstück.

▸ *Erciyes Pension,* ebenfalls in der Nähe der Post, Tel. 219 20 90, Standard wie Villa Motel Pansion, Zimmer sauber, Garten mit Obstbäumen. 10 DM pro Person.

▸ *Kaya Otel,* noch weiter vom Zentrum entfernt, Tel. 219 20 07, arbeitet mit Club Mediterranée zusammen, luxuriös, renommiertes Restaurant, Swimmingpool, alle Zimmer mit Blick auf das wunderschöne Taubental. EZ 48 DM, DZ 72, DRZ 108 DM, mit Frühstück.

Essen und Trinken

Wie in Göremeköy kann man in Üçhisar in vielen Pensionen gut essen. Ein schöner Flecken für *tea time* ist der große *Teegarten* mit seinen schattenspendenden Bäumen im Zentrum. Ein ausgiebiges Essen oder auch nur Kleinigkeiten bei traumhafter Aussicht gibt es im *Kale Restaurant,* im Tuffkegel hoch über dem Dorf. Der Rundblick umfaßt das kappadokische Plateau,

Hacı Bektaş Veli - Mystiker und Sozialrevolutionär

Die Legende berichtet, daß *Hacı Bektaş Veli* 1248 in der Region Horasan, in Nordostpersien, geboren wurde. Weiter heißt es, daß er in seiner Jugend auf einer 16jährigen Wanderung über den Irak, Medina, Mekka, Palästina und Syrien nach Anatolien gelangt sei und sich in dem später nach ihm benannten Ort Hacıbektaş niedergelassen habe.

Ob die Route zutrifft, kann bezweifelt werden, es ist aber sicher, daß er in langen Wanderjahren viel Erfahrung und Weisheit sammeln konnte.

Seine Überzeugungen fanden nicht den Beifall der sunnitischen Orthodoxie, stießen aber auf starken Widerhall im Volk von Zentralanatolien. Entsprechend sammelte sich bald eine größere Zahl von Jüngern um ihn, es kam zur Gründung eines Klosters. Hacı Bektaş Veli war ein Gegner der Sunna und der Scharia, den normativen Eckpfeilern des traditionell-islamischen Gesellschaftsverständnisses und Rechtssystem.

In seiner Lehre haben Pflichtgebet, Ramadanfasten, Pflichtwallfahrt und Alkoholverbot keinen Platz. Ferner ersetzte er das Arabische als Kultsprache durch die einheimische Sprache Türkisch.

Hacı Bektaş Veli war auch ein entschiedener Gegner der rigiden Geschlechtertrennung und Benachteiligung der Frauen.

Zentrale Elemente seiner Lehre sind in das Alevitentum eingegangen, weshalb man in Zentralanatolien oft auf die Bezeichnung Bektası-Aleviten trifft.

mehrere Canyons, Göremeköy, Çavuşin, Avanos - und bei klarer Sicht einen majestätischen Erciyes Dağı.

Das renommierteste, aber teuerste Speiselokal von Üçhisar ist das *Bindalı Restaurant* im luxuriösen Kaya Otel.

Organisierte Ausflüge

▸ *Peri Tour Travel Agency,* Tel. 219 22 21, deren Hauptbüro in Ürgüp ist, unterhält in Üçhisar eine Zweigstelle (Preise und Leistungen → Ürgüp).

Leihfahrzeuge

▸ *Haybil Rent a Car,* Tel. 219 23 68 (das Hauptbüro befindet sich in Göreme), Mountainbike 12 DM, Mofa 50 ccm für 23 DM, Roller 80 ccm für 38 DM, Motorrad MZ für 46 DM. Die Preise gelten für freie Kilometerzahl und vollen Tank.

♦ Hacıbektaş

8.000 Einwohner, 48 km NW von Nevşehir

In diesem Landstädtchen, 49 km nördlich von Nevşehir, ist vieles anders als in Nevşehir oder den kappadokischen Kleinstädten Ürgüp und Avanos. Die Bevölkerung von Hacıbektaş besteht nämlich zu 99 % aus Aleviten. Auch im Umland sind 6 von 36 Dörfern vollständig alevitisch.

In Hacıbektaş befindet sich das ehemalige Kloster, die *Tekke,* des berühmten mittelalterlichen islamischen Humanisten, Mystikers und Ordensgründers *Hacı Bektaş Veli,* der in dieser Stadt wirkte und hier wahrscheinlich im Jahr 1333 verstarb (→ Artikel "Hacı Bektaş Veli - Mystiker und Sozialrevolutionär"). Die Tekke mit dem Mausoleum des Ordensstifters ist heute wie viele heilige Stätten des Volksislam offiziell Museum. Dennoch ist sie das vielbesuchte Hauptheiligtum des alevitischen *bel evlatarı*-Zweiges des Bektası-Ordens geblieben. Es gibt entgegen der landläufigen Meinung unter den Bektası auch einen sunnitischen Zweig, der sich *yol evlatarı* nennt, und dessen Gefolgschaft ebenfalls die Türbe des *Hacı Bektaş Veli* verehrt.

Sehenswürdigkeiten

Das ehemalige Kloster, die **Tekke von Hacıbektaş**, ist ein ausgedehnter Komplex, dessen Gebäude drei ineinander übergehende Höfe flankieren. Im mittleren Hof steht ein Brunnen. Das Wasser strömt aus einem Löwenkopf - das Symbol für den von den Aleviten verehrten Kalifen Ali.

Auf der rechten Seite dieses Hofes sind die Küche und die Moschee der Tekke zu finden. Die Küche hatte einen recht hohen Stellenwert, denn das Kloster unterstützte notleidende Menschen nicht nur durch Ratschläge und Geld, sondern auch durch Speis und Trank. Hier begann übrigens die Ausbildung der Derwische. Die Gebäude auf der gegenüberliegenden Hofseite sind heute zum **Museum** umgestaltet, in dem Gegenstände aus dem einstigen Klosterleben präsentiert werden. Dazu zählt auch eine Sammlung von Onyxsteinen. Dies hat eine besondere Bedeutung, denn dieser Stein war das Symbol des Ordens und wurde von den Anhängern des Gründers an einer Halskette getragen. Der Stein kam aus Hacıbektaş. Das Städtchen ist immer noch ein gewichtiges Zentrum der Onyxverarbeitung, wo man Vasen und Schmuck hergestellt werden.

Das Hauptziel der Pilger ist die Türbe, das Grabmal des Hacı Bektaş Veli, in der auch andere Personen, die ihm sehr nahestanden, ihre letzte Ruhestätte gefunden haben. Neben der Türbe liegt ein größerer Platz, auf dem das berühmte Tanzritual der 40 Derwische stattfand.

Übernachten

▸ *Hotel Hünkar,* gegenüber der Tekke, Tel. 384-411 33 44, saubere, einfache Zimmer, einige mit Du/WC. EZ 9 DM, DZ 18 DM.

▸ *Hotel Cem,* an der Straße in Richtung Ankara, 1 km von der Tekke entfernt, Tel. 384-411 24 14, modern eingerichtete Räume. EZ 25 DM, DZ 33 DM, mit Frühstück.

Feste

Mitte August findet alljährlich das *Veli-Fest* zum Gedenken an den Ordensgründer statt.

♦ Kaymaklı und Derinkuyu

Unbedingt zu empfehlen ist ein Besuch der unterirdischen Städte *Kaymaklı*, 20 km südlich in Richtung Niğde, und *Derinkuyu*, auf derselben Strecke weitere 9 km südlich.

Die unterirdischen Städte, von denen es in der Tufflandschaft noch 34 oder sogar mehr geben soll, waren wahrscheinlich schon zur Hethiterzeit bewohnt. Dort fanden später Christen Zuflucht vor den Verfolgungen der Römer. Noch 1839 brachte sich die von ägyptischen Truppen bedrohte Bevölkerung hier in Sicherheit. Die Anlagen sind oft mehrere Stockwerke tief in die Erde gegraben. In Kaymaklı sind bisher fünf Etagen (ca. 35 m tief), in Derinkuyu acht Etagen (ca. 55 m tief) freigelegt worden. Wohnungen, Wasserdepots, Vorratsräume, Weinkeller sowie ein labyrinthartiges Netz von Belüftungsschächten und Gängen - alles, was zum (Über-)Leben erforderlich war - wurde in mühsamer Arbeit ausgehoben. Eingänge konnten mit runden Mühlsteinen versperrt werden, so daß der Feind nicht eindringen konnte. Zu den herausragenden Bauwerken in Kaymaklı gehören eine Kirche mit zwei Apsiden und in Derinkuyu ein ganzes Kloster, dem das erste Irrenhaus der Welt angeschlossen gewesen sein soll. Das ist auf den zweiten Blick allerdings weniger rühmlich, denn psychisch Kranke sollen an Säulen angebunden und entsprechend "therapiert" worden sein. Schule, Versammlungshalle, Kirche und Taufraum sind ebenfalls eine Besichtigung wert. Derinkuyu und Kaymaklı sind täglich zu besichtigen (im Sommer 8 - 20 Uhr, im Winter 8 - 17 Uhr; Eintritt 3 DM). Für Derinkuyu empfiehlt sich eine Taschenlampe, da nicht alle Abteilungen beleuchtet sind. Ein

Rundgang durch die Stockwerke von Kaymaklı dauert 15 bis 20 Minuten.

Doch nicht nur längs der großen Touristenpfade gibt es in Kappadokien Sehenswertes. Auch andere Ausflugsziele sind einen Besuch wert:

♦ Zelve

14 km O von Avanos

Im ehemaligen Kirchen- und Klosterzentrum *Zelve* sind noch nicht alle Kirchen freigelegt worden. Wie Göreme ist dieser Bezirk nach außen abgeschlossen (geöffnet tgl. 8 - 18 Uhr, Eintritt 3 DM). Durch einen dunklen Tunnel kann man von einem Tal ins andere gelangen. Hierfür ist eine Taschenlampe unentbehrlich. Die andere Seite ist aber auch über einen der vielen Pfade oberirdisch zu erreichen.

♦ Çavusın

10 km O von Nevşehir, 3 km N von Göreme

Das Dorf wird im Norden von einer Felswand überragt, die etwa die Form eines Halbbogens hat. Eine Vielzahl von Höhlenwohnungen ist in den Fels gehauen, darunter die *Kirche Johannes des Täufers,* die zu den ältesten Sakralbauwerken im Göreme-Gebiet gehört. Wahrscheinlich wurde sie im 7. Jahrhundert angelegt. An der Außenwand ist nur noch eine Säule erhalten. Im Inneren sieht man von den Wandmalereien fast nichts mehr (geöffnet tgl. 8 - 18 Uhr, Eintritt 1 DM).

Am Ortsausgang in Richtung Avanos liegt rechts auf einer Anhöhe *Çavusın Kilise.* Die Rotbraun- und Grüntöne der Wandgemälde mit Bibelszenen, Heiligen- und Medaillondarstellungen deuten auf eine frühe Entstehungszeit hin. 1,5 km von Çavusın entfernt liegen die Kirchen und Klöster von *Güllü Dere* (Tal). Dort sind Reliefs mit Palmen- und Medaillonmotiven zu finden, die zum Teil hervorragend erhalten sind.

Übernachten

▸ *Green Motel,* großer Garten mit schattigen Obstbäumen, passable Zimmer, Restaurant, Möglichkeit zum Zelten. Pro Person 10 DM.

▸ *Turbel Pension,* am Ortsrand, am Wanderweg in Richtung Ortahisar, schöne Aussicht auf Dorf und umgebende Felswand, einfache Zimmer im Steinhaus; Restaurant. Pro Person 10 DM.

Essen und Trinken

Zusätzlich zu den Restaurants von *Green Motel* und *Turbel Pension* bietet sich für Teepausen das *Panorama Café* an, am Ortsrand, direkt neben dem Wanderweg nach Ortahisar - Teegarten in beschaulich-ländlicher Szene.

♦ Açıksaray

15 km N von Nevşehir

In *Açıksaray* liegen zahlreiche Höhlenklöster dicht nebeneinander im Tuffstein. Ihre Räume, in Stockwerken übereinander angeordnet, umfassen Wohnungen, Küche, Refektorien und Kirche. In manchen Höhlen sieht man Reliefs mit dem im Christentum seltenen Motiv von zwei sich angriffslustig gegenüberstehenden Stieren.

♦ Mazıköy

7 km O von Kaymaklı

In *Mazıköy*, auch *Mataza* genannt, sind in den Felswänden Gräber, Kirchen und Kapellen und unterirdisch eine Stadt angelegt. Die Ausgrabungen sind weniger weit fortgeschritten als in der übrigen Tuffsteinlandschaft. Dennoch sind vier Gräber besonders auffallend: Ihre Außenfassaden haben Säulen, auf denen der Giebel ruht (Eintritt 2 DM).

♦ Nar Gölü

Bisher noch schwer zugänglich ist das Gebiet um *Nar Gölü*, auch *Aci Göl* (Granatapfel-See) genannt, der von kahlen Tuffelsen umgeben ist. Auch hier sind zahlreiche Höhlenkirchen eingegraben. Südlich und östlich des Sees, der 70 m unter dem Meeresspiegel liegt, gibt es heiße Quellen, die von der Bevölkerung wegen ihrer heilsamen Wirkung geschätzt werden.

Dieses Gebiet zwischen Derinkuyu und Ihlara ist schwer zu erreichen. Am besten geht man mit einem Führer hierher, zumal die Klettereien zu einigen Höhlen nicht ungefährlich sind. Am besten erreicht man den See von Derinkuyu aus über Suvermez und Kuyutatlar (Piste!).

Kayseri

496.500 Einwohner, 1.054 m hoch,
326 km SO von Ankara

Die Provinzhauptstadt *Kayseri* liegt in einer baumlosen Steppenlandschaft am Rand des Getreideanbaugebiets von Zentralanatolien, unweit des majestätischen Vulkanbergs *Erciyes Dağı*. Wie früher zählt sie auch heute zu den bedeutendsten Metropolen im Landesinnern: als wichtiger Verkehrsknotenpunkt, als bedeutender Marktort und als überregionales Kultur- und Bildungszentrum *(Erciyes-Universität)*.

Um Kayseri werden außer Weizen, Gerste und Roggen auch Zuckerrüben, Obst und Gemüse angebaut. Ebenso spielt der Weinbau vor allem im Dreieck Kayseri-Nevşehir-Niğde eine nicht unerhebliche Rolle.

Aus der Palette des vielseitigen Handwerks und Kunsthandwerks in und um Kayseri ist die Teppichknüpferei hervorzuheben, mit der sich die Stadt mittlerweile auch einen Namen gemacht hat. *Bünyan* und *Yahyalı* sind alte Teppichknüpfzentren, die typische Muster und Farben hervorgebracht haben, die heute in der ganzen Türkei nachgeahmt werden. Daneben gibt es relativ gut entwickelte Industriebetriebe, in erster Linie Textil-, Leder-, Zucker- und Zementindustrie.

Die weitläufige Stadt ist gerade in jüngster Zeit stark gewachsen. Das seldschukische Kayseri, die alte Stadt, ist nun nach allen Seiten von neueren oder auch ganz neuen Wohnvierteln umgeben.

Das Zentrum mit den für Touristen interessanten Gebäuden wird im Süden von İnönü Bulvarı, im Norden von Park Caddesi und im Osten von Seyyid Burhaneddin Caddesi (in der Fortführung Talas Caddesi) eingegrenzt. Von der Expansion der Stadt bekommt man einen Eindruck, wenn man durch die riesigen Neubauviertel längs der Osman Kavuncu Caddesi in Richtung Ankara/ Adana hinausfährt. An dieser Straße befindet sich auch der große Bushof, der etwa 2 km westlich vom Zentrum liegt.

Die lebendige Stadt mit der beeindruckenden Bergkulisse von *Erciyes Dağı* und zahlreichen gut erhaltenen seldschukischen Bauwerken ist einen Besuch wert. Auch der viel gepriesene Basar hat zwar von seiner Bedeutung als Produktions- und Verkaufsstätte verloren, ist aber immer noch für einen Bummel attraktiv.

Geschichte

Die Vorgängerin der heutigen Stadt war im 2. Jahrhundert v. Chr. *Eusebeia*, die Hauptstadt von Kappadokien. Auf dem Vormarsch der Römer nach Kleinasien wurde sie schnell eingenommen und ging unter dem Namen *Caesarea* in das *Römische Imperium* ein. Zu Beginn des 3. Jahrhunderts hatte sie sich zu einem Zentrum christlicher Gelehrsamkeit entwickelt. Unter dem damals dort amtierenden Bischof *Basilios* wurde neben der alten eine neue Stadt gegründet, die man später mit einem Stadtmauerring umgab. Schwierige Zeiten bahnten sich an. Perser fielen im 6. Jahrhundert ein, Araber stießen im 7. und 8. Jahrhundert mehrmals bis nach Kayseri vor. Seldschuken und vorübergehend auch Kreuzfahrer übernahmen im 11. Jahrhundert die Herrschaft. Eine wirtschaftliche und kulturelle Blütezeit erlebte die Stadt unter der seldschukischen Herrschaft, die sich ab Mitte des 12. Jahrhundert etablierte. Einfälle der Mongolen und ägyptischen Mameluken bereiteten dem Wohlstand allerdings schnell ein Ende. Mit dem 15. Jahrhundert kamen die Osmanen, die für die folgenden Jahrhunderte das Geschehen bestimmten.

Sehenswürdigkeiten

Im Zentrum, südlich vom Cumhuriyet Meydanı, liegt die **İç Kale** aus dem 6. Jahrhundert, die allerdings die Seldschuken stark veränderten. Durch gewaltige Tore betritt man den Innenhof der Burganlage, die vor einigen Jahren mehr schlecht als recht restauriert wurde. Nach Abschluß der Bauarbeiten sollten in den Gebäuden des Innenhofs die Läden der Goldschmiede untergebracht werden. Dies scheint jedoch nicht so recht zu gelingen, da die Mieten relativ hoch sind, und die Anlage - jedenfalls bis jetzt - einen nüchternen Eindruck macht. Auf einer schmalen Treppe kann man zur Burgmauer hochsteigen. Oben hat man ein schönes Panorama der Altstadt und des Bergs im Hintergrund.

Auf der anderen Straßenseite, im Osten der Zitadelle, liegt **Hunat Hatun Külliyesi**, eine Anlage mit Medrese, Mausoleum und Moschee, die um 1273 von der Gemahlin eines Seldschukensultans gestiftet wurde. Heute ist in der Medrese ein Museum eingerichtet, das Grabungsfunde aus der Umgebung zeigt. Hinter diesem Gebäude stößt man auf einen achteckigen Grabbau, der mit Arabesken verziert ist und die Sarkophage der Stifterin und zweier Prinzessinnen birgt. An der Moschee fällt das kunstvoll gestaltete Portal auf.

Etwa 1 km südöstlich der Zitadelle liegt das **Döner Kümbet** (dt. "Sich drehendes Mausoleum"), das ein Seldschukenherrscher 1275 für eine Prinzessin errichten ließ.

Zurück geht es zur Zitadelle. Weiter nördlich liegt an der Einmündung der İstasyon Caddesi in den Cumhuriyet

Blick auf Kayseri

Meydanı die **Sahibiye Medrese** (1267), in der heute Buchläden untergebracht sind. Auf der anderen Straßenseite liegt, etwas weiter der İstasyon Caddesi nach Norden folgend, die **Gıyasiye** und **Şıfahiye Medrese**. Diese Anlage wurde 1205 von einer seldschukischen Sultansfrau gestiftet. Der Komplex beherbergte ein Krankenhaus, eine Koranschule und die erste medizinische Schule in Anatolien. Heute ist sie ein Museum (geöffnet außer Mo und Di tgl. 8.30 - 12 Uhr und 13 - 17.30 Uhr, Eintritt 2 DM).

Südwestlich von hier steht im Atatürk Park die **Kurşunlu Camii** *(Bleimoschee)*, eine osmanische Kleinstadtmoschee aus dem 16. Jahrhundert. *Sinan* war ihr Baumeister.

Im Westen und Südwesten der Zitadelle grenzt unmittelbar das **Basarviertel** an. Im Westen liegt hier der **Bedesten** *(Gedeckter Basar)* und südlich davon die Karawanserei **Vezir Hanı**, deren Innenhof mit Bogengängen eingefaßt ist. Hier ist auch ein Handelszentrum für Wolle und Baumwolle. Tierhäute, die zum Trocknen an den Wänden hängen, werden zum Kauf angeboten.

Weiter im Süden, außerhalb des Basarviertels, liegen **Melek Gazi Medrese** und **Hatuniye Medrese.**

Die **Ulu Cami** *(Große Moschee)*, westlich der Vezir Hanı, stammt aus dem 12. Jahrhundert.

Das **Archäologische Museum** *(Arkeoloji Müzesi)* liegt stadtauswärts. Es ist zu erreichen über die Talas Caddesi und vorbei am *Döner Kümbet* (geöffnet außer Mo und Di tgl. 8.30 - 12, 13 - 17.30 Uhr, Eintritt 2 DM).

Türkische Bäder

In Kayseri gibt es mehrere alte Bäder, die noch in Betrieb sind. Besonders zu empfehlen sind:

▸ *Kadı Hamamı,* Camikebır Mah., schräg gegenüber der Ulu Camii.

▸ *Hunat Hamamı,* Kagnı Pazarı, direkt am *Hunat Hatun*-Komplex.

Diese beiden Bäder sind Doppelbäder mit getrennten Eingängen für Männer und Frauen.

▸ *Selahattin Hamamı,* Kiçikapı, und *Çafer Hamami* sind Bäder mit unterschiedlichen Zeiten für Männer und Frauen.

Umgebung von Kayseri

♦ Talas

In diesem Ort, 5 km südöstlich von Kayseri, haben wohlhabende Türken ihren ständigen Wohn- oder Sommersitz. Schöner Blick auf Kayseri!

♦ Erkilet

Dieser hethitische Ausgrabungsort liegt 13 km nördlich von Kayseri; seine Funde sind im Museum der Stadt ausgestellt.

♦ Kültepe

23 km nordöstlich von Kayseri liegt die Ausgrabungsstätte *Kültepe*, wo man auf die frühhethitische Stadt *Kanesh* (Kanes, 2300 v. Chr.) stieß. Heute sind hier nur einige Fundamente erhalten.

♦ Erciyes Dağı

... bietet vor allem etwas für Wandern, Bergsteigen und Wintersport. Der Berg ist mit 3.917 m die höchste Erhebung in Mittelanatolien. Der Gipfel des ehemaligen Vulkans ist das ganze Jahr über mit Schnee bedeckt. An seiner Nordseite liegt ein ca. ein Kilometer langer Gletscher. Im Laufe der Zeit hat sich der Kraterrand mehrfach gespalten und ist stellenweise eingestürzt. Davon sind mehrere Felszacken zurückgeblieben. Dazwischen hat sich eine Höhle gebildet, die in früherer Zeit byzantinischen Mönchen als Kultstätte diente. An den Wänden sind Inschriften zu erkennen.

Unter Bergsteigern ist die Ost- und Nordwestseite beliebt. Wer den Weg auf der Ostseite wählt, fährt von Kayseri

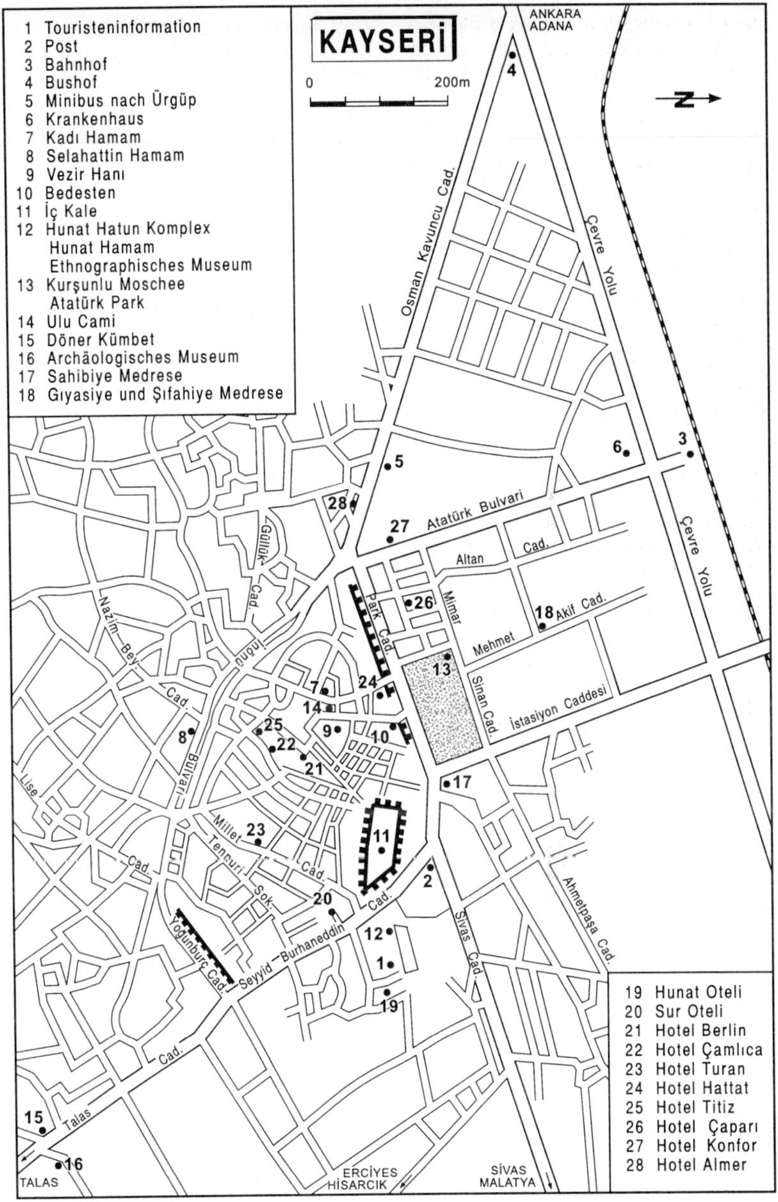
KAYSERİ
0 200m
1 Touristeninformation
2 Post
3 Bahnhof
4 Bushof
5 Minibus nach Ürgüp
6 Krankenhaus
7 Kadı Hamam
8 Selahattin Hamam
9 Vezir Hanı
10 Bedesten
11 İç Kale
12 Hunat Hatun Komplex
Hunat Hamam
Ethnographisches Museum
13 Kurşunlu Moschee
Atatürk Park
14 Ulu Cami
15 Döner Kümbet
16 Archäologisches Museum
17 Sahibiye Medrese
18 Gıyasiye und Şıfahiye Medrese
19 Hunat Oteli
20 Sur Oteli
21 Hotel Berlin
22 Hotel Çamlıca
23 Hotel Turan
24 Hotel Hattat
25 Hotel Titiz
26 Hotel Çaparı
27 Hotel Konfor
28 Hotel Almer
ANKARA
ADANA
Osman Kavuncu Cad.
Çevre Yolu
Atatürk Bulvari
Altan Cad.
Güllük Cad.
Park Cad.
Mimar Sinan Cad.
Mehmet Akif Cad.
İstasyon Caddesi
İnönü Bulvarı
Nazim Bey Cad.
Lise Cad.
Millet Cad.
Tennuri Sok.
Yoğunburç Cad.
Seyyid Burhaneddin Cad.
Sivas Cad.
Ahmetpaşa Cad.
Talas Cad.
TALAS
ERCİYES
HİSARCIK
SİVAS
MALATYA

nach Hisarcık. Von dort sind es noch 12 km bis zur Tekir-Hochebene, auf der sich eine Berghütte mit 120 Betten befindet (→ Kayseri, Übernachten). Es ist auch möglich, von Hisarcık bis zur Hochebene ein Taxi zu nehmen. Von dort erreicht man nach vierstündigem Fußweg das Tal *Seylan Dere*. Rechts der oft schneebedeckten Talsohle beginnt die eigentliche Gipfelbesteigung. Nach etwa zwei Stunden wird der erste Gipfel erreicht. Die eigentliche Spitze liegt weiter westlich. Um dorthin zu kommen, ist ein Paß zu überqueren. An klaren Tagen reicht die Sicht bis zu den Gebirgen *Ala Dağları* und *Hasan Dağları*. Die gesamte Tour, die an der Berghütte beginnt, dauert in der Regel zehn bis zwölf Stunden. Für den Aufstieg rechnet man sechs bis acht, für den Abstieg vier Stunden.

Eine andere Möglichkeit für den Aufstieg bietet sich vom Nordwesten her. Von Kayseri fährt man bis Hacılar, von wo ein fünfstündiger Fußweg nach Aksu Yurdu führt. Dort beginnt auf einer Gletscherhochebene der eigentliche Aufstieg, für den sich mehrere Routen anbieten. Die schwierigste, zugleich eine der schönsten, beginnt links vom Gletscher. Auf- und Abstieg sind in zehn bis zwölf Stunden zu schaffen.

Ob man nun den Berg von Nordwesten oder Osten angeht: zur Ausrüstung gehören auf jeden Fall Eispickel, Steigeisen und Seil. Ausrüstungsgegenstände und Proviant muß man schon in Kayseri besorgen, da man dazu in Hisarcık und Hacılar nicht mehr die Gelegenheit hat. Beim Auf- und Abstieg ist auf Steinschlag zu achten.

In Kayseris Touristeninformation gibt es einen Stadtplan mit einer Übersicht über die Bergregion des Erciyes. Wer Interesse an einer Besteigung hat, kann sich an die Touristeninformation wenden. Hier werden auch Bergführer vermittelt (Besteigungen in Gruppen zu 2 Personen kosten 150 DM pro Tag, bis zu 10 Personen 200 DM pro Tag, über 10 Personen 300 DM pro Tag). Bei Gruppen mit mehr als zehn Personen sind zwei Bergführer erforderlich.

Das *Wintersportgebiet* liegt am Nordhang des Erciyes, auf *Tekir Yaylası* in 2.150 m Höhe, 25 km südlich von Kayseri. Man findet mehrere Skilifte, Skiverleih, Skilehrer und gute Schneebedingungen. Man kann sich in einer Berghütte (s.o.), einem Skihotel oder in den Hotels von Kayseri einquartieren. Zum Skifahren in diesem Gebiet ist die Genehmigung des *Türkischen Skiverbands* (→ Nützliche Adressen und Telefonnummern) einzuholen. Saison ist von Januar bis März. Auch im Sommer ist die *yayla* ein beliebtes Ausflugsziel.

♦ *Develi*

Das Städtchen (22.500 Einwohner, 45 km südlich von Kayseri), liegt am Fuß des gigantischen *Erciyes*. Neben einer schönen Moschee ist hier ein Mausoleum aus seldschukischer Zeit zu besichtigen.

♦ *Sultan Sazlıgı (Sultanssümpfe)*

Südlich von Erciyes Dağı erstreckt sich zwischen Develi und Yahyalı eine etwa 1.000 Quadratkilometer weite Ebene, die zum großen Teil von Seen und Sümpfen eingenommen wird. Im Zentrum dieses hochinteressanten Biotops liegt Yay Gölü, ein ausgedehnter Steppensee (40 km²), an den nach Nordwesten und Süden große Sumpfflächen anschließen, die im Norden auch offene Wasserflächen bilden, während sie im Süden stark verschilft sind.

Die Sultanssümpfe bieten eine außerordentlich reiche Fauna: 251 Vogelarten (119 hier brütend), 16 Säuge-, 3 Amphibien- und 10 Reptilienarten sowie eine sehr große Zahl von Wirbellosen. Man findet hier viele Arten, deren Bestand andernorts gefährdet ist. Auf ornithologisch interessierte Besucher warten - bei etwas Glück - Zwergscharbe, Rallen- und Seidenreiher, Weißkopfruderente, Seeschwalbe, Stelzenläufer, Säbelschnäbler, Spornkibitz, Lachseeschwalbe, Dünnschnabelmöwe, Rosapelikan, Flamingo etc.

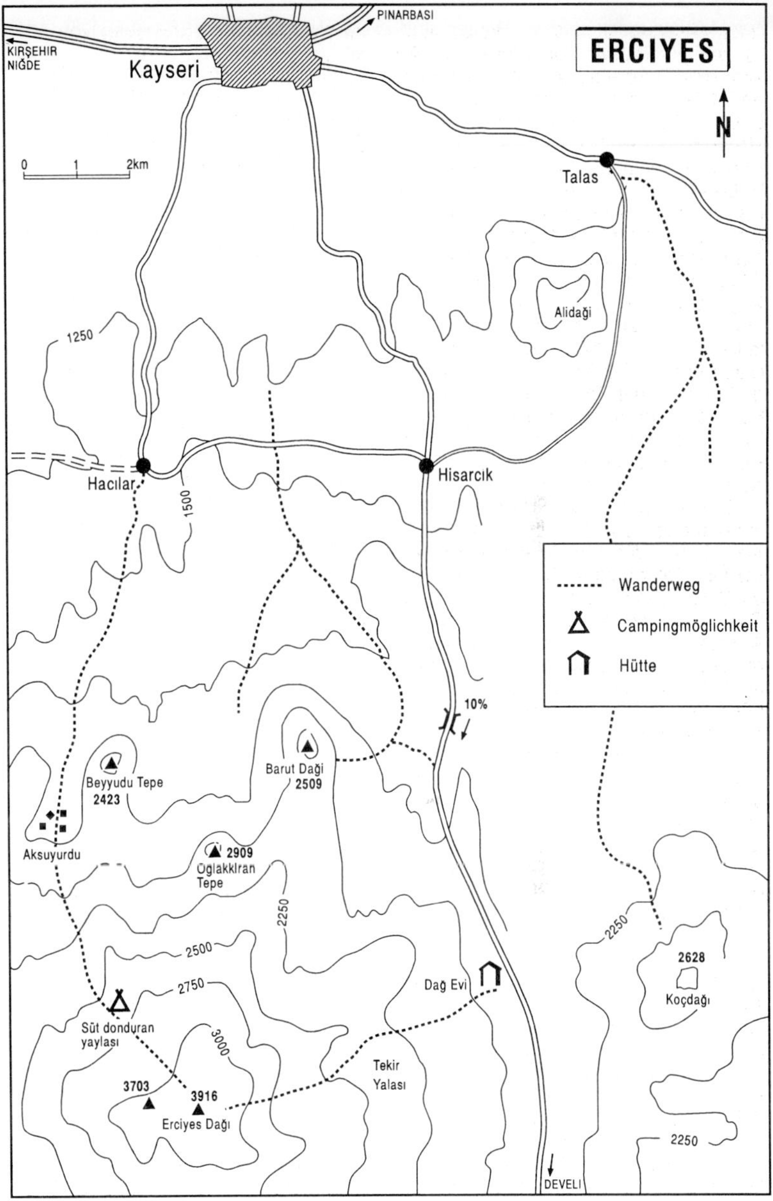
ERCIYES
PINARBASI
KIRŞEHIR
NIĞDE
Kayseri
N
0 1 2km
Talas
Alidaği
1250
Hacılar
Hisarcık
1500
Wanderweg
Campingmöglichkeit
Hütte
10%
Barut Daği
2509
Beyyudu Tepe
2423
Aksuyurdu
2909
Oglakkıran
Tepe
2250
2500
2750
3000
Süt donduran
yaylası
Dağ Evi
2628
Koçdağı
Tekir
Yalası
3703
3916
Erciyes Dağı
2250
DEVELI

Zur Herbstzugzeit und im Winter sind die Sultanssümpfe ein vielbesuchtes Rastgebiet, das von etwa einer halben Million Wasser- und Watvögeln genutzt wird. In der Regel werden die Exkursionen in die Sümpfe vom kleinen tierkundlichen Museum von Ovaçiftlik aus unternommen. Hier werden Touren mit dem Stakboot durch das Schilf angeboten. Recht gut geeignet für Beobachtungen ist auch die Hauptstraße bei Sousalli, die hier direkt am See entlang führt.

Einfache Speiselokale findet man sowohl in Vestilhisar als auch in Develi und Yahyalı. Für Übernachtungen stehen jedoch lediglich zwei sehr einfache Hotels in Yahyalı zur Verfügung.

Die besten Verbindungen hat Yeşilhisar, da es an der Fernstraße Kayseri - Adana liegt (Busse und Minibusse nach Ürgüp, 57 km; Kayseri, 63 km; Niğde, 66 km). Von Yahyalı und Develi gibt es lediglich Minibusverbindungen mit Kayseri.

♦ *Fraktın*

In *Fraktın*, 78 km südlich von Kayseri, sind hethitische Reliefs in den Felsen gehauen. Sie sind als *Yazılı Kaya* (dt. Beschriftete Felsen) bekannt.

♦ *Karatay Hanı*

Diese Karawanserei aus dem frühen 13. Jahrhundert liegt im Dorf Karatayköy, in der Nähe von Elbası. Sie ist über die Straße nach Sivas, von der es nach etwa 30 km rechts in Richtung Bünyan (11 km) abgeht, zu erreichen. Von dort sind es noch einmal 28 km bis zur Karawanserei. Wenn man wenige Kilometer hinter Kayseri rechts in Richtung Elbası abbiegt, ist die Strecke kürzer (44 km).

♦ *Sultan Hanı*

... liegt 50 km von Kayseri entfernt an der Straße nach Sivas beim gleichnamigen Dorf. Sie ist mit einer Fläche von 3.900 m² eine der größten Karawansereien in bestem seldschukischem Stil. Da sie nach dem Erdbeben von 1950 wieder restauriert wurde, ist sie heute in ganz gutem Zustand. Sollte die Eingangstür zur Anlage verschlossen sein, hilft jeder Dorfbewohner gerne weiter. Ein Ausflug dorthin lohnt sich! Zur Karawanserei kommt man mit dem Minibus oder Bus in Richtung Sivas. Allerdings erweist sich die Rückfahrt mit öffentlichen Verkehrsmitteln oft als schwierig. Dann bleibt nur das Trampen oder Taxi übrig.

Touristeninformation

Kaynı Pazarı 61/ Hunat Camii Yanı, Tel. 222 39 03, geöffnet in der Saison tgl. 8.30 - 12, 13 - 17.30 Uhr, im Winter nur Mo bis Fr. Das Personal ist freundlich und hilfsbereit, spricht Deutsch, Englisch und Französisch; es verfügt über nur wenig Informationsmaterial, hält aber eine einfache Karte bereit.

Übernachten

Einfache Kategorie

▸ *Hunat Oteli,* Zengin Sok. 5, nahe Information, Tel. 432 43 19, sehr einfach, ruhige Lage; WC auf dem Flur. EZ 8 DM, DZ 13 DM.

▸ *Sur Oteli,* Cumhuriyet Mah., Talas Cad. 12, Tel. 222 40 80, zentral gelegen, seit vielen Jahren populärer Treff von Rucksackreisenden, alle Zimmer mit Du/WC. EZ 19 DM, DZ 29 DM.

▸ *Hotel Berlin,* Maarif Cad., Yeni Han Cıkmazı 12, Tel. 231 52 46, in einer Sackgasse, ruhige Lage, spartanisch eingerichtet, Du/WC auf dem Flur. DZ mit Frühstück 15 DM.

▸ *Hotel Çamlıca,* Bankalar Cad. (Straße der Banken), Gürcü Sok. 14, Tel. 232 34 93, einfach, Zimmer nur mit Waschbecken. DZ 24 DM.

Untere Mittelklasse

▸ *Hotel Turan,* Turan Cad. 8, Tel. 231 82 14, seit Jahren beliebtes Haus, Zimmer teils mit Dusche, teils mit Badewanne; Dachterrasse. DZ 40 DM.

▸ *Hotel Hattat,* Park Cad., Tel. 231 93 31, alle Zimmer mit Dusche und Balkon. EZ 25 DM, DZ 33 DM, DRZ 44 DM.
▸ *Hotel Titiz,* Maarif Cad. 7, Tel. 222 50 43, alle Zimmer mit Du/WC. EZ 35 DM, DZ 56 DM, mit Frühstück.

Bessere Mittelklasse
▸ *Hotel Çaparı,* Donanma Cad. 12, nahe Düvenönü Meydanı, Tel. 222 52 78, Fax 222 52 82, alle Zimmer mit TV und Du/WC. EZ 42 DM, DZ 56 DM, mit Frühstück.
▸ *Hotel Konfor,* Atatürk Bul. 5, etwas nördlich vom Düvenönü Meydanı, Tel. 320 01 84, Standard wie Çaparı. EZ 33 DM, DZ 50 DM, mit Frühstück.
▸ *Hotel Almer,* an der Südwestecke des Düvenönü Meydanı, Tel. 320 79 70, Fax 320 79 70, Nr. 1 in Kayseri, Klimaanlage, komfortabel eingerichtete Räume mit TV und Mini-Bar. EZ 51 DM, DZ 66 DM, mit Frühstück.

Auf dem Erciyes Dağı
▸ *Kayak Ev,* in 2.200 m Höhe, an der Straße nach Develi, am Ausgangspunkt eines Lifts, einfach, kein Restaurant, aber Kochgelegenheit, über viele Jahre die einzige Übernachtungsmöglichkeit auf dem Berg.
▸ *Hotel Zirve,* in Nachbarschaft zu Kayak Ev, Tel. 342 20 02, Skihotel mit Hallenbad, Drei-Sterne-Luxus-Haus, DZ Mo-Fr 160 DM pro Tag bei Vollpension, am Wochenende teurer; geöffnet vom 1.12. bis 30.4.

Essen und Trinken

Kayseri ist bekannt für *pastırma*, eine Wurst mit Schinkenstückchen und einer besonders würzigen Haut. In der ganzen Innenstadt gibt es zahlreiche Fleischer, vor deren Geschäften diese langen, dunkelroten Würste hängen. Die meisten Geschäfte handeln ausschließlich mit *pastırma* und kleinen rauchigen Würstchen, die der Salami gleichen.

Gut essen kann man in der Millet Caddesi, z.B.:
▸ *Işkender Kebap Salonu,* Millet Cad. 5, an der Zitadelle, gegenüber von Hunat Hatun Külliyesi, preiswerte Kebap-Küche (u.a. leckerer Işkender Kebap), seit Jahrzehnten vor allem bei jungen Reisenden beliebt.
▸ *Merkez Kebap ve Pide Salonu,* in der Nachbarschaft, ähnliches Angebot und ähnliche Preise wie Işkender Kebap Salonu.
▸ *Restaurant Dinçler,* Millet Cad., gegenüber von Divan Pastanesi, über mehrere Stockwerke verteilt, reichhaltiges Angebot, gutes Preis-Leistungs-Verhältnis.
▸ *Divan Pastanesi,* Ecke Millet Cad./ Mevlevi Cad., elegantes Café mit Konditorei, die Nr. 1 in Kayseri.

Einkaufen

Kayseri ist eines der großen Teppichknüpfzentren der Türkei, doch anders als z.B. in Erzurum ist es hier nicht möglich, eine Teppichknüpfschule oder eine Genossenschaft zu besichtigen, da die Teppiche noch nicht maschinell hergestellt, sondern bei Familien in der Stadt oder den Dörfern der Umgebung geknüpft werden. In der Millet Caddesi finden sich einige Großhändler, bei denen man die Ware wesentlich ruhiger betrachten kann als bei den Anbietern im Bereich des Basars, die auffällig viele Schlepper in der Stadt unterhalten. Im Basar gibt es jede Menge Gebrauchsgegenstände, so finden sich hier die meisten Schuh-

Im Teppichladen

und Textilhändler. Außerhalb des Gedeckten Basars *(Bedesten)* gibt es Läden mit Geschirr, Elektrogeschäfte, Gewürzhändler und Fleischer. Im Innenhof der Zitadelle wird täglich ein Obst- und Gemüsemarkt abgehalten.

Treffpunkte

Der Bereich um die Zitadelle und der Park an der *Kurşunlu Camii* mit seinem großen, schattigen Teegarten zählen zu den bekannten Treffs. Nach einem Basarbummel oder Spaziergang läßt es sich hier schön im Freien sitzen. Etwas außerhalb, aber ebenfalls gut besucht, ist der Teegarten an der Sivas Caddesi (Hauptstraße, die vom Zentrum nach Sivas führt).

Feste

Vom 10. Juli bis zum 10. August findet die *Handelsmesse* (*fuari*) statt. Dann fahren vom Uhrturm Minibusse zum Messegelände. Am 9. April feiert man das *Mimar Sinan Fest*. Der Geburtsort von *Mimar Sinan* liegt in der Nähe von Kayseri.

Nützliche Adressen und Telefonnummern

Vorwahl: 352
Touristenpolizei: 336 27 50
Krankenhaus: Atatürk Bulvarı, Tel. 437 49 01
Bushof: 336 43 73
Bahnhof: 231 13 13
THY: Sahabiye Mah., Yıldırım Cad. 1, Tel. 231 10 01
Wanderungen, Bergsteigen: KDK Summit Trekking "The New Alpine Club of Kayseri", Mete Cad. 36/2, 38010 Kayseri, Tel. 352 222 3426, Fax 352 233 5800 (Organisator *Tekin Küçüknalbant*)

Leihfahrzeuge

▸ *Avis*, İstasyon Cad. 73, Tel. 332 22 29

Verkehrsverbindungen

Bus: Vom Bushof an der Ecke Osman Kavuncu Caddesi/ Çevre Yolu bestehen täglich gute Verbindungen zu allen Regionen der Türkei, insbesondere zum nahen Nevşehir. Ansonsten geht es nach Adana über Niğde (18 mal), Antalya (8 mal), Aksaray (3 mal), Denizli (5 mal), İsparta (2 mal), İstanbul (stündlich), İzmir (5 mal) und Konya (3 mal).
Zug: Vom Bahnhof im Nordwesten der Stadt gibt es gute Verbindungen nach Ankara und Sivas.
Flugzeug: Von Kayseri ist nur İstanbul zu erreichen. Auskunft über Flüge erteilt das *THY-Büro* (→ Nützliche Telefonnummern und Adressen).

–▸ Von Nevşehir führt die Straße 765 in Richtung Süden an den unterirdischen Städten *Kaymaklı* und *Derinkuyu* (beide → Umgebung von Nevşehir) vorbei, passiert *Gölcük* und mündet nach ca. 65 km in die Verbindungsstraße 805 Niğde-Kayseri, auf die man rechts einbiegt. Kurz vor Niğde kann man das ehemalige Kloster *Gümüsler* (→ Umgebung von Niğde) besichtigen.

Niğde

64.500 Einwohner, 1.200 hoch,
82 km S von Nevşehir

Die kleine Hauptstadt der gleichnamigen Provinz liegt auf einer Paßhöhe, die im Nordwesten von den Vulkanketten des *Melendiz Dağları* (2.935 m) und im Südosten von *Pozantı Dağı* (2.689 m) überragt wird. Das etwas abseits der Straße liegende Zentrum der Stadt teilt sich in Ober- und Unterstadt. Bereits im Mittelalter hatte Niğde eine große Bedeutung, da es an der Verbindungsstraße vom Mittelmeer über Kayseri nach Sivas lag. Vom Ort aus hat man einen schönen Blick auf das *Ala-Gebirge.*

Im Umland werden neben Getreide alle möglichen Obstsorten angebaut. Dabei überwiegen Äpfel (→ Feste) und

Wein. Neben Rosinen wird auch türkischer Wein produziert.

Niğde ist in jüngster Zeit zu einem recht gut besuchten Ausflugsort aufgestiegen, denn für kunsthistorisch Interessierte hat es einiges zu bieten. Die Stadt ist erheblich gewachsen, obwohl sie nicht zu den wirtschaftlich dynamischen Zentren Zentralanatoliens zählt und fähige junge Leute, sobald sich eine günstige Gelegenheit bietet, nach Adana oder Mersin abwandern.

Der Kernbereich der Stadt befindet sich im Umfeld des Atatürk (Hükümet) Meydanı. Dazu gehören in erster Linie İstiklâl Caddesi und Bankalar Caddesi. Die Bahnhöfe liegen weiter vom Zentrum entfernt: der Bushof weit im Nordosten, der Bahnhof weit im Südosten.

Geschichte

Schon zur Hethiterzeit war die Gegend um Niğde besiedelt. Urkundlich bezeugt ist der Name *Niğde* erstmals 1188/ 1189. Nach den Byzantinern herrschten hier nacheinander Seldschuken (ab 11. Jh.), Mongolen (13. Jh.) und Ilkhandiden (ehemalige Vasallen der Seldschuken) im frühen 14. Jahrhundert. Schließlich fiel die Stadt Ende des 14. Jahrhunderts an das Osmanenreich. Mongolen bedrohten 1401 durch eine kurzfristige Invasion die Herrschaft der Osmanen. Seit dem 18. Jahrhundert verlor die Stadt ein wenig an Bedeutung. Neue Zeiten brachen mit den Verwaltungsreformen 1964/ 65 an, als Niğde Provinzhauptstadt wurde.

Sehenswürdigkeiten

Die Oberstadt ist sicherlich der interessanteste Teil. Auf einem Hügel erhebt sich eine seldschukische **Zitadelle** aus dem 11. Jahrhundert. Sie wurde unter der Osmanenherrschaft restauriert. Ein

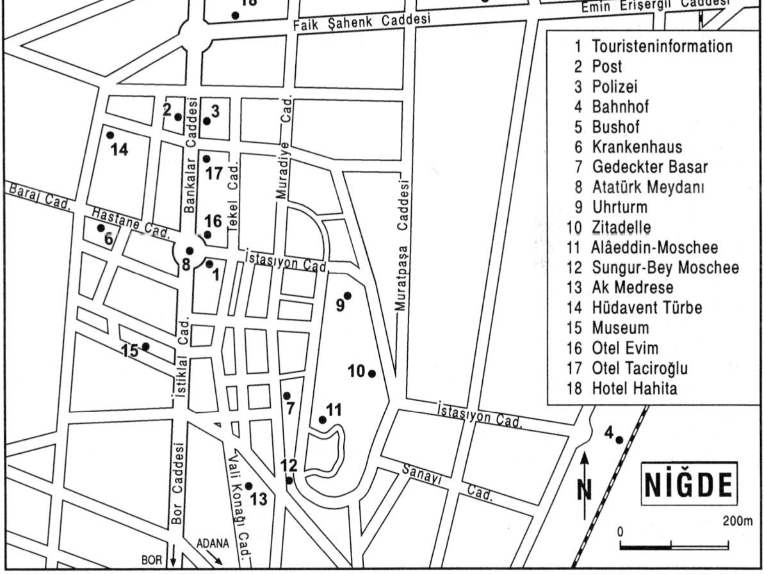

großer, achteckiger Turm und der Uhrturm sind noch in gutem Zustand.

Im Süden der Burganlage steht die **Alâeddin-Moschee**. Im Inneren findet man einen dreischiffigen Gebetsraum aus der Seldschukenzeit (1223) mit gut erhaltenem Eingangsportal.

Am Fuß der Zitadelle liegt der **Gedeckte Basar** *(Bedesten),* ein kleiner überdachter Basar aus dem 16. Jahrhundert mit einer 80 m langen Ladenstraße. Sonntags ist der Basar geschlossen. Daneben steht die **Sungur-Bey-Moschee**, die während der Mongolenherrschaft hier errichtet wurde (1335). Schöne Steinmetzarbeiten schmücken ihren Eingang. Die Moschee ist zu den Gebetszeiten geöffnet.

In der **Ak Medrese**, einer ehemaligen Theologenschule aus dem 15. Jahrhundert, ist heute ein kleines archäologisches Museum mit Funden aus der Umgebung eingerichtet.

Das **Niğde Müzesi**, Öğretmen Okulu Cad., zeigt vor allem volkskundliche Gegenstände und Schätze aus den Kirchen des nahen İhlara-Tals (geöffnet außer Mo tgl. 8 - 17.30 Uhr, Eintritt 2 DM).

Im Westen des Burgfelsens liegt die **Kıglı-Moschee** aus dem 17. Jahrhundert mit mehreren Gräbern im Innenhof.

Am Westrand der Stadt, in der Nähe des Konak-Platzes, sind drei **Grabmäler** zu finden. Das schönste von ihnen ist die **Hüdavent Türbe**, 1322 für eine Prinzessin erbaut. Reliefs mit Tier- und Fabelwesen sowie Arabesken schmükken den Grabbau, dessen achteckiges Fundament in der Höhe in ein Sechzehneck übergeht.

Umgebung von Niğde

♦ *Ala-, Torasan- und Kaldıdağlar*

Etwa 60 km südöstlich beginnt das karge und felsenreiche Gebirge *Aladağlar*, an das sich *Torasan Dağlar* (s.u.) und *Kaldı Dağlar* (s.u.) anschließen. Hier kann man sehr gut wandern. Klimatisch liegt die Region in einer Übergangszone zwischen mediterranem Klima und Steppenklima. Die Sommertage sind heiß und sonnig, die Nächte dagegen kühl. Regen fällt meist im Frühjahr und Winter. Deshalb ist die beste Zeit für Bergtouren zwischen Juni und September.

Orte am Fuß des Aladağlar - Westseite:

Çamardı

... ca. 70 km südlich von Niğde, im Tal, am Westrand des Aladağlar, ist mehr Dorf als Kleinstadt, ein Marktflecken, in dem die Dorfbewohner und Nomaden der Gebirgsregion ihre Einkäufe tätigen. Es gibt zwei sehr einfache Hotels, ein paar Läden sowie einfache Lokale. Von Çamardı bestehen direkte Busverbindungen nach Niğde (Anschluß an Fernbusse nach Nevşehir, Kayseri, Ankara, Mersin, Adana) und Pozantı (Anschluß an Fernbusse nach Adana, Ankara, Konya und Kayseri).

Çukurbağ

Die Trekkingtouren in das Aladağlar beginnen zumeist in Çukurbağ, einem wie eine Oase in bizzarer Berglandschaft gelegenen Dorf, ca. 7 km nordöstlich von Çamardı. Besonderer Popularität erfreut sich sich der mehrtägige Trek auf das Hochtal der Sieben Seen/ Yedi Göller (in ca. 3.000 m Höhe), dessen Route zwischen hohen Bergen hindurchführt. Wenn man die Wanderung erst im Herbst macht, kann es vorkommen, daß die Seen nach der großen Sommerhitze ausgetrocknet sind. Im Bereich der Yedi Göller, aber auch unterwegs, trifft man noch auf Nomaden.

In Çukurbağ gibt es mehrere Führer, die Touristen auf Bergwanderungen begleiten (mit Tragtieren und Proviant). Mehrtägige Treks in das Aladağlar bietet *KDK Summit Trekking "The New Alpine Club of Kayseri"* (→ Kayseri, Nützliche Adressen).

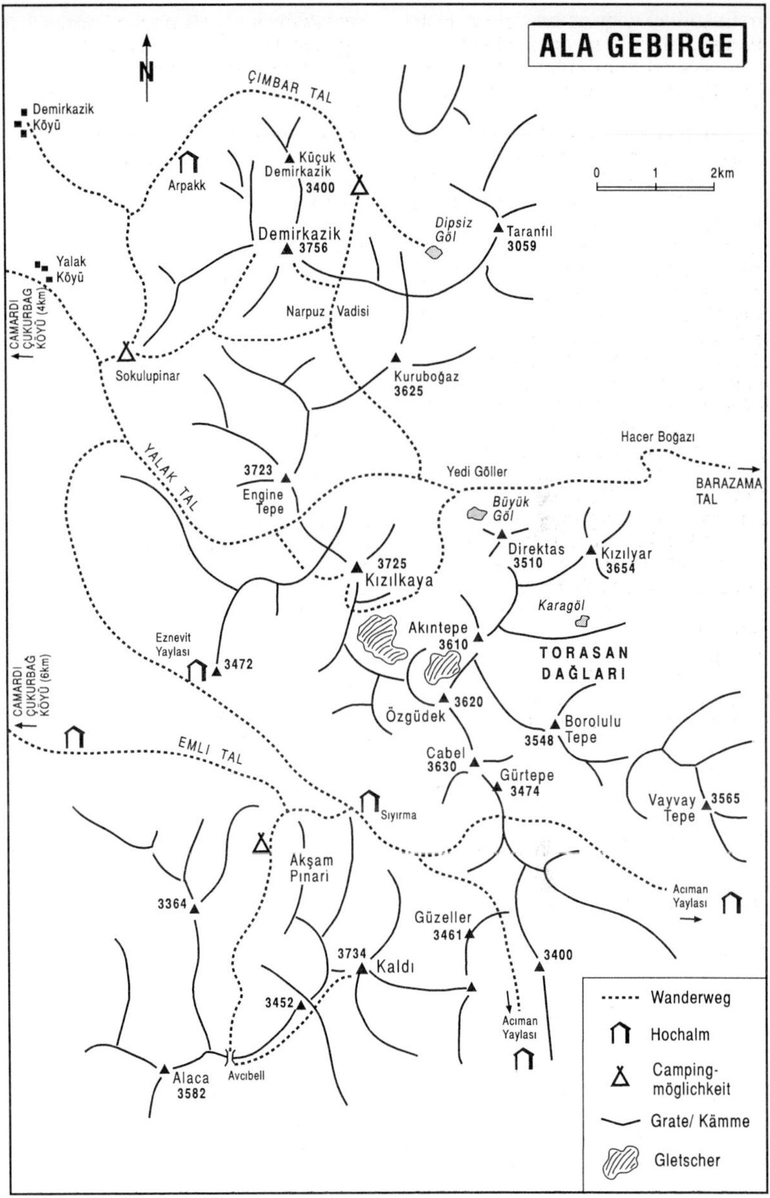
ALA GEBIRGE
N
0 1 2km
ÇIMBAR TAL
Demirkazik Köyü
Arpakk
Küçuk Demirkazik 3400
Demirkazik 3756
Dipsiz Göl
Taranfıl 3059
Yalak Köyü
CAMARDI ÇUKURBAĞ KÖYÜ (4km)
Narpuz Vadisi
Sokulupinar
Kuruboğaz 3625
Hacer Boğazı
BARAZAMA TAL
YALAK TAL
3723 Engine Tepe
Yedi Göller
Büyük Göl
Direktas 3510
Kızılyar 3654
3725 Kızılkaya
Karagöl
Akıntepe 3610
TORASAN DAĞLARI
Eznevit Yaylası
3472
CAMARDI ÇUKURBAĞ KÖYÜ (6km)
3620
Özgüdek
Borolulu Tepe 3548
EMLI TAL
Cabel 3630
Gürtepe 3474
Vayvay Tepe 3565
Sıyırma
Akşam Pınari
Acıman Yaylası
3364
Güzeller 3461
3734 Kaldı
3400
3452
Acıman Yaylası
Alaca 3582
Avcıbell
Wanderweg
Hochalm
Camping-möglichkeit
Grate/ Kämme
Gletscher

In Çukurbağ gibt es zwar kein Hotel, man kann im allgemeinen aber bei den Bergführerfamilien übernachten, die auch für die Verpflegung sorgen.

Demirkazık

In diesem ebenfalls sehr schön gelegenen Dorf, ca. 4 km nördlich von Çukurbağ, treffen sich vor allem die Bergsteiger. Sie wohnen im *Berghotel Demirkazık,* das oberhalb vom Dorf liegt.

Die Szenerie wird von dem herrlichen Blick auf den 3.756 m hohen Demirkazık, im Osten, bestimmt. Im Berghotel gibt es Schlafsaalbetten und ebenfalls sehr preiswerte Doppelzimmer. Es existiert allerdings kein Restaurant, jedoch steht die Küche den Gästen zur Verfügung. Da es auch im Dorf weder Speiselokal noch Lebensmittelladen gibt, müssen die Nahrungsmittel von Niğde oder Çarmardı mitgebracht werden.

Tip: An Literatur für das Aladağlar gibt es *Dubin, M., Lucas, E.*: Wanderhandbuch Türkei, Bremen 1989 (ein kurzes Kapitel zur Region; nur sehr bedingt als Wanderliteratur geeignet) und *Aydıngün, H.:* Aladağlar. An Introduction, Istanbul 1988 (ausführlicher und mit zahlreichen Plänen; in Englisch).

Unternehmungen für Bergsteiger im Aladağları:
Als Ausgangspunkt eignet sich das Dorf *Çamardı* (70 km südöstlich), das von Niğde mit dem Minibus zu erreichen ist (→ Verkehrsverbindungen). Dieser sich nach Osten erstreckende Hochgebirgszug besteht größtenteils aus Kalkgestein. Typisch für die Region sind Karstformen, zwischeneiszeitliche und eiszeitliche Formationen, die durch Einwirkung von Eismassen und Gletschern entstanden sind. Bei Ausflügen in diesem Gebiet ist auch im Sommer alpine Ausrüstung erforderlich.

Yedi Göller Vadisi (Tal der sieben Seen) in 3.100 m Höhe ist von hohen Gipfeln malerisch eingerahmt. Hier sind zu nennen: *Torasan Dağı* (3.374 m), *Karanfıl Dağı* (3.059 m), *Ala Dağı* (3.333 m), *Demirkazık Dağı* (3.756 m), *Lorut Dağı* (3.588 m) und *Ak Dağ* (2.424 m). Die Berggegend ist, mit Ausnahme der *Emli-* und *Barazama-Täler*, nicht bewaldet. Charakteristisch ist alpine Vegetation mit idealen Weidegründen für Bergziegen.

Die meisten Gipfel im *Aladağlar,* wie z.B. *Demirkazık Dağı,* sollten nur Wanderer mit Bergerfahrung angehen. Im folgenden vier Möglichkeiten:

(1) Für die Besteigung des *Demirkazık* kann man das Lager bei *Sokulupınar* (3 Stunden Fußweg von Çukurbağ) aufschlagen. Von dort führen mehrere Routen zum Gipfel. Die bekannteste geht über den *Narpuz-Paß*. Der Abstieg erfolgt auf derselben Strecke. Für Auf- und Abstieg werden neun bis zehn Stunden benötigt.

(2) Der *Demirkazık* kann aber auch von Süden durch das *Narpuz-Tal* angegangen werden. Für das Lager bietet sich das *Tal der sieben* Seen an, das von Çukurbağ in einem zehn- bis zwölfstündigen Fußweg durch das *Yalak-Tal* zu erreichen ist. Wer auf den Gipfel will, geht von diesem Lagerplatz zuerst in Richtung Nordwesten und erreicht über einen Paß das *Narpuz-Tal.* Zum Gipfel führt der Weg über einen Grat. Für Auf- und Abstieg ist ein ganzer Tag erforderlich. Achtung: Auf dem Weg gibt es kein Trinkwasser!

(3) Für die Besteigung des *Kızılkaya* bieten sich verschiedene Routen an. Der meist begangene Weg führt vom Lagerplatz *Sieben Seen* zunächst am linken Ufer eines Gletschersees vorbei. Erst wenn man den 3.500 m hohen Sattel erklommen hat, beginnt der eigentliche Aufstieg von der Südseite her. Da diese Strecke für den Abstieg schwierig ist, sollte man einen anderen Rückweg wählen. Auf- und Abstieg dauern in der Regel zehn bis zwölf Stunden.

(4) Östlich des Lagerplatzes *Sieben Seen* erhebt sich der *Direktas*, für dessen Besteigung sich Süd- und Nordseite gleichermaßen anbieten. Auf- und Abstieg erfordern durchschnittlich sechs bis acht Stunden. Seil und Helm sind notwendig!

Unternehmungen in den Torasan-Bergen:
Dieser Gebirgszug vereinigt sich südlich des *Barazama-Tals* mit dem *Ala-Gebirge*. Als Lagerplatz für Wanderungen und Gipfelbesteigungen eignet sich das *Karagöl-Tal* mit gleichnamigem See. Man erreicht es, indem man dem Bergfuß des *Direktas* folgt. Für den Weg zum Lagerplatz benötigt man zwischen sechs und sieben Stunden. Auch andere Täler, die näher an den Bergen liegen, kommen als Lagerplätze in Frage. Ihr Nachteil ist, daß es hier kein Wasser gibt. Vom *Karagöl-Tal* aus lassen sich die folgenden Gipfel am besten besteigen: *Kızılyar* 3.654 m, *Torasan* 3.499 m, *Boruklo Tepe* 3.548 m und *Kiyina Tepe* 3.625 m.

Unternehmung im Kaldı-Massiv:
Der Weg zum 3.734 m hohen *Kaldı-Gipfel* führt zunächst durch das von Nadelbäumen bewachsene *Emlı-Tal*. Auf der sich anschließenden Hochebene *Sineklı* kann man das Lager aufschlagen. Am Ausgang des Tals, das sich in Richtung Gipfel erstreckt, beginnt der Aufstieg. Für Auf- und Abstieg ist derselbe Weg geeignet.

♦ *Kemerhisar*

19 km südlich von Niğde liegt der Ort *Kemerhisar*, der für sein Heilbad *Kemerhisar Içme* bekannt ist. Etwas außerhalb sind die Überreste des antiken *Tyana* und gut erhaltene Teile einer römischen Wasserleitung zu besichtigen.

♦ *Yeşilhisar*

Vom Städtchen *Yeşilhisar* (13.000 Einwohner, 1.150 m hoch, ca. 66 km nordöstlich von Niğde), hat man Zugang zum Tal *Soğanlı Dere,* das sich westlich des Orts erstreckt. Im Tuffelsen sind viele Höhlenwohnungen und -kirchen, deren Fresken aus dem 8. bis 11. Jahrhundert stammen. Auf dem fruchtbaren Boden im Umland gedeihen Obstbäume. Am Ortsausgang in Richtung Kayseri wird rote Erde abgebaut, die in der örtlichen Ziegelei verarbeitet wird. Vom Ort hat man einen schönen Blick auf die Bergkulisse des *Aladağlar.*

♦ *Gümüşler Manastırı*

6 km nordöstlich von Niğde liegt im gleichnamigen Ort das Kloster *Gümüşler,* das im 11. Jahrhundert im Felsen angelegt wurde. Es wurde 1963 restauriert. So sind die Höhlenräume des Klosters in gutem Zustand. Auffällig sind die besonders schönen Fresken.

♦ *Bor*

Bor (25.000 Einwohner, 14 km südwestlich von Niğde) ist ein Städtchen, das durch das Flüßchen *Human Çayı* geteilt wird. Im Ort gibt es zwei alte Moscheen, *Sarı-Moschee* (1205) und *Kale-Moschee* (1629).

♦ *Bahçeli*

... liegt etwa 25 km südlich von Niğde, umgeben von vielen Obstbaumplantagen. Bekannt ist der Ort wegen der alten römischen Badanlage *Kösk Roma Havuzu*.

Touristeninformation

İstiklâl Cad., Vakıf İshanı 1/D, Tel. 338-232 33 93, sehr hilfsbereites, ein wenig Englisch sprechendes Personal. Man bekommt eine gute Karte der Stadt und einen Übersichtsplan der Aladağlar-Region (geöffnet Mo bis Sa 8.30 - 12 Uhr und 13.30 - 17.30 Uhr).

Übernachten

▸ *Otel Evim,* Hükümet Meydanı, Tel. 338-232 35 36, alle Zimmer mit Du/WC, Restaurant, gutes Mittelklassehotel. EZ 27 DM, DZ 39 DM, mit Frühstück.

▸ *Otel Tacirоğlu,* Bankalar Cad., gegenüber von der Ziraat Bankası, Tel. 338-213 30 47, nicht alle Zimmer mit Du/WC; sauber. DZ mit Du/WC 20 DM.
▸ *Hotel Nahita,* Terminal Cad., Tel. 338-213 14 37, alle Zimmer mit Du/WC, sehr sauber; mit Restaurant und Bar; beste Adresse in Niğde. EZ 27 DM, DZ 38 DM, mit Frühstück.

Essen und Trinken
Im oberen Bereich der Stadt, in der İstasyon Caddesi und ihren Seitenstraßen, liegen die meisten Lokantas und Restaurants. An der Bankalar Caddesi finden sich viele Konditoreien *(pastahane).* Empfehlen kann man die Restaurants *Hünkar*, Bor Cad., und *Şehir*, İstasyon Cad. Beide bieten gute türkische Küche zu zivilen Preisen.

Einkaufen

Das Einkaufsviertel von Niğde befindet sich in der Nähe der Zitadelle. Hier liegt der *Bedesten*, ein kleiner Basar aus dem 16. Jahrhundert mit einer immerhin 80 m langen Ladenstraße. Man handelt größtenteils mit alltäglichen Gebrauchsgegenständen. Direkt daneben ist ein Platz, auf dem der Obst- und Gemüsemarkt abgehalten wird. In den Seitenstraßen finden sich kleine Läden, die von Kupfertöpfen bis zu Elektroartikeln alles verkaufen, was man so braucht oder auch nicht.

Türkische Bäder

▸ *Paşa Hamamı,* Muradiye Cad., neben der gleichnamigen Moschee (vormittags für Frauen geöffnet, nachmittags für Männer).
▸ *Çarşi Hamamı,* in der Nähe des *Bedesten* (geöffnet ab 11 Uhr für Männer und ab 17 Uhr für Frauen).

Feste

Alljährlich findet an jedem ersten Freitag im Juni *Elma Cuması* statt. Am sogenannten "Apfel-Freitag" wird gegessen, getanzt, gesungen, kurz gesagt: gefeiert.

Verkehrsverbindungen

Bus: Vom Bushof am Rand des Stadtzentrums an der Ankara Yolu fahren täglich Busse in alle großen Städte der Türkei, so nach Ankara (12 mal), İstanbul (6 mal), İzmir (3 mal), Adana (5 mal), Mersin (1 mal), Konya (2 mal) und Kayseri (2 mal).
Zug: Die Bahnstation liegt am Ende der İstasyon Caddesi, an der Strecke Adana-Kayseri. Zwei Züge sind zu nennen: *Çukurova Express* (Niğde-Bor-Ulukışla-Çiftehan-Pozantı-Adana), Abfahrt Niğde 4.42 Uhr, an Adana 8.10 Uhr und Abfahrt in Richtung Ankara 23.38 Uhr, in Ankara an 8.05 Uhr. *Erciyes Express* (dieselbe Strecke wie oben), Abfahrt Niğde 6.54 Uhr, an Adana 10.46 Uhr und Abfahrt in Richtung Kayseri 21.55 Uhr, in Kayseri an 24 Uhr.
Minibus/ Dolmuş: Zu den Orten in der Umgebung bestehen gute Verbindungen, so täglich nach Çamardı (häufig). Das erste *dolmuş* fährt um 7.30 Uhr, der letzte um 18 Uhr. Das letzte *dolmuş* von Çamardı fährt um 17 Uhr nach Niğde.

–▸ Die Route setzt sich von Niğde, an unzähligen Apfelbaumplantagen vorbei, in Richtung Süden fort, links mit der Aussicht auf die Ketten vom *Aladağlar* und führt vorbei an *Bahçeli* und *Kemerhisar* (beide → Umgebung von Niğde) über lange Auf- und Abfahrten, bei denen es über zwei Pässe geht. Man kommt an eine Straßenkreuzung, an der es rechts über *Ulukisla* nach *Konya* bzw. *Ankara* geht, links auf unserer Route weiter in Richtung Taurus. Allmählich beginnt sich das Landschaftsbild zu verändern. Es folgen Schluchten, durch die sich Straße, Eisenbahnschienen und Fluß - oft dicht beisammen - zwängen. Schließlich streift man mitten im Taurus das Städtchen *Pozantı* (9.000 Einwohner), das ehemals den Eingang zur *Kilikischen Pforte* kontrollierte. Kurz vor der Ortschaft beginnt eine 14 km lange, gebührenpflichtige Autobahn, die bei *Tekir* wieder auf die Bergstraße trifft. Hier fahren die Lastwagen kolonnenweise. Bäume und Pflanzen am Straßenrand sind schwarz von Ruß der Auspuffgase. Nach 5 km windungsreicher Abfahrt mit starkem Gefälle erreicht man die *Kilikische Pforte* (Gülek Boğazı), hinter der sich das Tal zu einer schmalen Schlucht verengt. Wenige Kilometer weiter werden die Hänge kahler. Der Nadelwald wird von Gebüsch verdrängt. Schon bald ist, falls es die Sichtverhältnisse zulassen, ein erster Blick über die *Kilikische Ebene* bis zum Meer möglich. Ab *Sarıköy* fällt die Straße nach Tarsus ab.

Auf Wiedersehen

Anhang

Sprache/ Sprachführer

Wer das Land und seine Leute kennenlernen will, sollte sich ein wenig mit der türkischen Sprache beschäftigen, denn ein paar Wortbrocken, einfache Redewendungen und kurze Fragesätze erleichtern nicht nur das Reisen im Land, sondern machen kleine, wenn auch bescheidene Unterhaltungen mit den Einheimischen möglich, so daß man sicherlich ein bißchen mehr von Kultur, Lebensweise und Ansichten der Leute mitbekommt, als wenn man stumm durch die Lande zieht.

Zum Erlernen der türkischen Sprache bieten sich Volkshochschulkurse an.

Eine kleine Hilfe ist der folgende Sprachführer, der in jedem Fall erweiterungsbedürftig ist, was den Wortschatz, die Grammatik, den Satzbau u.a. betrifft (→ *Weiterführende Literatur* im Anhang).

Allgemeines zur türkischen Sprache

Sämtliche Wortformen werden im Türkischen mit einer oder mehreren Nachsilbe(n) gebildet, die an ein "Kernwort" angehängt werden, das in der Regel selbst unverändert bleibt (im Deutschen dagegen wird jede Form durch ein eigenes Wort ausgedrückt).

Eine solche Silbe, die für eine ganz bestimmte Form steht, unterliegt jedoch der Veränderung, da sich der Silbenvokal (a, o, u, i, e) immer an den vorhergehenden Vokal klanglich anpaßt. Für diese Vokalharmonie gibt es feste Regeln. Auch die Konsonanten der Silben passen sich lautlich nach bestimmten Regeln an und vervollständigen die klangliche Harmonie des Wortes.

Beim Satzbau stehen die untergeordneten Satzteile normalerweise den übergeordneten voraus. Also umgekehrt wie im Deutschen!

Bei der Aussprache gibt es zwei Grundregeln:
- Das Türkische wird so gesprochen, wie es geschrieben wird.
- Alles wird fast so ausgesprochen wie im Deutschen, allerdings mit einigen Ausnahmen. Die folgenden Buchstaben gibt es im deutschen Alphabet nicht, oder sie werden anders ausgesprochen:

c - wie im Englischen job; eine Verbindung von stimmhaftem *d* in Dame und stimmhaften *j*
ç - wie *tsch* im Deutschen (Großbuchstabe Ç)
ğ - 1. wird nicht ausgesprochen, längt nur den davor stehenden dunklen Vokal (a, i, o, u), dag (Berg) = *daa* (Manchmal als weicher Laut zwischen *ch* und *r* hörbar). 2. nach den Vokalen e, i, o, u ausgesprochen wie ein schwaches *j*, değil (nicht) = *dejil*
h - 1. zwischen zwei Vokalen wie *h* ausgesprochen, postahane (Post) = *postahane.* 2. nach dunklem Vokal am Ende einer Silbe wie *ch* in Krach, tahta (Tafel) = *tachta.* 3. nach hellem Vokal am Ende einer Silbe wie ungefähr *ch* in ich, tarih (Geschichte) = *tarich*
ı - i ohne Punkt wird wie ein dumpfes *e* ausgesprochen, halı (Teppich) = *hale;* Topkapı (Palastanlage) = *Topkape.* Das große I ohne Punkt wird im Türkischen als İ geschrieben, z.B. İstanbul, İzmir.
j - wie das französische weiche *j* in journal, plaj (Strand)
y - wie *j* in ja, yol (Reise) = *jol*
ş - wie *sch* in schön, Kuşadası = *Kuschadasse* (Großbuchstabe Ş)
s - scharfes, stimmloses *s* wie in Wasser oder Soße, sen (du); su (Wasser)
z - weiches, stimmhaftes *s* wie See und Sonne, zaman (Zeit) = *samam*

v - wie *w* in Wasser, Van (Stadt in Ostanatolien) = *wan*; Ausnahme ist die Verbindung *av* vor Konsonanten, ausgesprochen etwa wie ein flaches *au*, kavga (Streit); tavsan (Hase)
Außerdem gibt es noch jede Menge Feinheiten in der Aussprache, die man aber auf der Reise schnell mitbekommt.

Sprachführer

Bank
Bank - *banka*
Bargeld - *nakit para*
Deutsche Mark - *alman markı*
Euroscheck - *evroçek*
Geld - *para*
Geld wechseln (von einer Währung in die andere) - *para degiştirmek*
Geld wechseln (zu Kleingeld) - *para bozdurmak*
Reisescheck - *seyahat çeki*
Scheck - *çek*
Schilling - *Avusturya Şilini*
Schweizer Franken - *İsviçre Frangı*
Währung - *para*
(Wechsel)kurs - *(resmi)kur*

Begrüßung und Abschied
Guten Morgen! - *Günaydın!*
Guten Tag - *Merhaba!* oder *Iyi günler!*
Guten Abend! - *Iyi akşamlar!*
Herzlich willkommen! - *Hoş geldiniz!*
Antwort: Wir sind wohl angekommen! - *Hoş bulduk!*
Auf Wiedersehen! (sagt derjenige, der geht) - *Allaha ısmarladık! (allahsmarladık)*
Gegengruß (sagt derjenige, der bleibt) - *güle güle* (Betonung auf der 2. Silbe, nicht wie im Deutschen *Gülle*)
Gute Nacht! - *İyi geceler!*
Alles Gute! - *Bol şanslar!*

Belästigungen
Hau ab! - *Defol!*
Hilfe! - *İmdat!*
Lassen Sie mich in Ruhe! - *Beni rahat bırakın!*
Mach', daß Du wegkommst! - *Çekil git!*
Schande! - *Ayıp!*

Buchhandlung
Buch - *kitap*
Straßenkarte - *yol haritası*
Stadtplan - *şehir planı*
Zeitung - *gazete*

Dank, Bitte, Wunsch
bitte - *lütfen*
Danke! (Modewort aus Frankreich) - *Mersi!*
Danke! - *Teşekkürler!*
Ich danke. - *Teşekkür ederim.*
Ich möchte ... - ... *istiyorum*
Nein, danke! - *Hayır, teşekkür ederim!*
Noch einmal! - *Bir daha!*
Wiederhole! - *Tekrar et!*
Was heißt ...? - ... *ne demek?*
Wie bitte? - *Efendim?*

Einkaufen
Das ist sehr schön! - *Bu çok güzel!*
Das ist sehr teuer! - *Çok pahalı!*
ein Kilo - *bir kilo*
ein Liter - *bir litre*
ein Meter - *bir metre*
ein Stück - *bir tane, bir adet*
eine Dose - *bir kutu*
eine Flasche - *bir şişe*
eine Packung - *bir paket*
genug - *kâfı*
Gibt es ...? Haben Sie ...? - ... *var mı?*
Ich nehme es. - *Bunu alıyorum.*
noch etwas - *biraz daha*
noch mehr - *daha çok*
Wie teuer ist das? - *Bu kaça? Bu kaç lira?*
Wo kann ich ... einkaufen? - *Nereden ... alabilirim?*
zu viel - *çok fazla*

zu wenig - *çok az*
½ Kilo - *yarım kilo*
1½ Kilo - *bir buçuk kilo*
100 Gramm - *yüz gram*

Entschuldigungen
Entschuldigung! - *Pardon!* (Modewort aus Frankreich)
Entschuldigen Sie bitte! - *Affedersiniz!*

Fahrzeuge
Auto - *otomobil*
Bus - *otobüs*
Campingwagen - *karavan*
Fahrrad - *bisiklet*
Kleinbus - *minibüs*
Motorrad - *motosiklet*
Pkw - *özel oto*
Sammeltaxi - *dolmuş*

Fahrzeugpapiere
Führerschein - *ehliyet*
Versicherungskarte - *sigorta kartı*

Fahrzeugteile
Anlasser - *marş*
Autobatterie - *akümülatör*
Auspuff - *ekzos*
Beleuchtung - *aydınlatma*
Birne - *ampul*
Blinker - *sinyal lambası*
Bremsen - *frenler*
Bremsflüssigkeit - *hidrolik yağ*
Bremslichter - *stop lambaları*
destilliertes Wasser - *damitik su*
Dichtung - *conta*
Ersatzteil - *yedek parça*
Feder - *suspansiyon*
Gang - *vites*
Gang einlegen - *vitese takmak*
Gangschaltung - *vites kutusu*
Gas - *gaz*
Gas geben - *gaz vermek*
Gas wegnehmen - *gazı kesmek*
Getriebe - *sanjiman*
Getriebeöl - *sanjiman yagı*
Hupe - *korna*
Kabel - *kablo*
Kette - *zincir*
Kolben - *piston*
Kugellager - *bilyalı yatak*
Kühler - *radyatör*
Kühlwasser - *radyatör suyu*
Kupplung - *debriyaj*
Kurbelwelle - *krank mili*
Lampe - *lamba*
Leerlauf - *boş vites*
Lenkrad - *direksiyon*
Lenkung - *direksiyon mekanizması*
Lichtmaschine - *sarj dinamosu*
Motor - *motor*
Motorenöl - *motor yağı*
Motorschaden - *motor arızası*
Nabe - *tekerlek yuvası*
Öl - *yağ*
Ölwechsel - *yağ değiştirmek*
Pedal - *pedal*
Rad - *tekerlek*
Reifen - *lastik*
Reifendruck - *lastik havası basıncı*
Rückwärtsgang - *geri vites*
Scheinwerfer - *far (lar)*
Schlauch - *iç lastik*
Schraube - *cıvata*
Schraubenmutter - *somun*
Speiche - *ispit, tekerlek parmagı*
Ventil - *supap*
Ventilator - *vantilatör*
Vergaser - *karbüratör*
Verteiler - *distribütör*
Zündkerze - *buji*

Familie
Dame - *bayan*
Ehefrau - *karı, eş*
Ehemann - *koca*
Familie - *aile*
Frau - *kadın*
Frau/ Dame - *hanım*
Freund - *arkadaş*
Herr - *bay*
Herr/ Mann – *erkek*
Junge - *oğlan*
Kind - *çocuk*

ledig - *bekâr*
Mann - *adam*
Mädchen/ Tochter - *kız*
Mutter - *anne*
Sohn - *oğul*
Vater - *baba*
verheiratet - *evli*

Foto- und Film
Film - *filim*
Farbfilm (positiv) - *renkli filim*
Dia-Film (gibt es im türkischen nicht), verwendet das deutsche oder englische Wort *(slide-film)*

Fragen
Mit wem? - *Kiminle?*
Wann? - *Ne zaman?*
Was ist das? - *Bu ne?*
Was ist geschehen? - *Ne oldu?*
Was kostet das? - *Bu kaça?*
Was? - *Ne?*
Wen? - *Kimi?*
Wer? - *Kim?*
Wie heißt Du (heißen Sie)? - *Ismin (isminiz) ne?*
Wie heißt ...? - *... ne demek?*
Wie lange dauert es? - *Bu ne kadar sürer?*
Wie lange? - *Ne kadar?*
Wie? - *Nasıl?*
Wo bekomme ich ...? - *Nerede ... bulabilirim?*
Wo gibt es ...? - *Nerede ... var?*
Wo ist (sind) ...? - *... nerede?*
Wo sind wir? - *Neredeyiz?*
Wo? - *Nerede?*
Woher? - *Nereden?*
Wohin? - *Nereye?*

Fragen nach dem Weg
geradeaus - *dosdoğru*
links - *sol*
rechts - *sağ*
zurück - *geri*
hier - *burada*
dort - *orada*
in diese Richtung - *bu yöne, bu istikamete*
Wie weit ist es? - *Ne kadar uzakta?*
Wieviel km? - *Kaç kilometre?*
Wo ist (sind) ...? - *... nerede (ler)?*

Gebäude und Einrichtungen
Basar - *çarşı, pazar*
Basar, überdeckt - *kapalı çarşı*
Bibliothek - *kütüphane*
Botschaft - *elçilik*
Burg - *kale*
Denkmal - *anıt*
Einkaufszentrum - *çarşı*
Festung - *hisar*
Haus - *ev*
Kaserne - *kışla*
Kino - *sinema*
Kirche - *kilise*
Konsulat - *konsolosluk*
Markt - *pazar*
Markthalle - *üstü örtülü pazar*
Moschee - *cami*
Museum - *müze*
Palast - *saray*
Rathaus - *belediye sarayı*
Schule - *okul*
Schwimmbad - *yüzme havuzu*
Theater - *tiyatro*

Geographische Begriffe
Alm - *yayla*
Berg - *dağ*
Brücke - *köprü*
Brunnen - *çeşme*
Dorf - *köy*
Fluß - *nehir, çay*
Gebirge - *sıradağ*
Höhle - *mağara*
Meer - *deniz*
Park - *park*
Stadt - *şehir*
Altstadt - *eski şehir*
Neustadt - *yeni şehir*
Stadtzentrum - *şehir merkezi*
Strand - *plaj*
Wald - *orman*

Geschäfte

Apotheke - *eczane*
Bäckerei - *fırın*
Buchhandlung - *kitapçı*
Fleischerei - *kasap (dükkânı)*
Fotogeschäft - *fotoğrafçı*
Gemüsehandlung - *manav*
Kaufhaus - *mağaza*
Konditorei - *pastahane*
Laden - *dükkân*
Lebensmittelgeschäft - *bakkal*
Obstgeschäft - *meyvaci*
Optiker - *gözlükçü*
Reisebüro - *seyahat acentası*
Schreibwarenhandlung - *kırtasiyeci*
Wäscherei - *çamaşırhane*
Zeitungsladen - *gazeteci*

Verkehrsmittel

1. Klasse - *birinci mevki*
2. Klasse - *ikinci mevki*
Abfahrt - *hareket, kalkış*
Ankunft - *varış*
Anlegeplatz - *iskele*
Autofähre - *araba vapuru*
Bahnhof - *istasyon*
Bahnsteig (auch beim Bus) - *peron*
Bushof - *garaj, otogar*
Bus - *otobüs*
Eilzug - *sürat katari, süratlı tren*
Einzelkabine - *tek kişilik kabine*
Eisenbahnfähre - *tren feribotu*
Expresszug - *ekspres*
Fahren Sie nach ...? - *... mi gidiyorsunuz?*
Fahrer - *şoför*
Fähre - *feribot*
Fahrkarte - *bilet*
Fahrplan - *tarife*
Fluggesellschaft - *hava yolları şirketi*
Flughafen - *havaalanı, havalimanı*
Flugzeug - *uçak*
Gemeinschaftstaxi - *dolmuş*
Gepäckaufbewahrung - *bagaj deposu, bagaj emaneti*
Gepäck - *bagaj*
Hafen - *liman*
Haltestelle - *durak, durağı*
Hauptbahnhof - *merkez istasyon, şehir istasyon, büyük istasyon, gar*
Informationsschalter - *danışma gişesi, danışma bürosu*
Ist der Platz noch frei? - *Bu yer hâlâ boş mu?*
Kleinbus - *minibüs*
Linie - *hat*
Passagierschiff - *yolcu gemisi*
Personenzug - *yolcu treni*
Richtung - *yön, istikamet*
Schaffner - *biletçi*
Schalter - *gişe*
Schiffsagentur - *gemi acentası*
Schiff - *gemi*
Schnellzug - *uzağa giden ekspres*
Segelboot - *yelkenli*
Sitzplatznummer - *Yer numarası*
Taxi - *taksi*
Touristenklasse - *turist mevki*
Waggon - *vagon*
Wie weit ist es bis zum Bushof (Bahnhof, Dolmusstand)? - *Buradan otogar (istasyon, dolmuş duragı) nekadar?*
Wo fahren Sie hin? - *Nereye gidiyorsunuz?*
Wo geht es zum Bus (Zug, Dolmuş) nach ...? - *Bu otobüs (tren, dolmuş) nereye gidiyor?*
Zug - *tren*
Zweibettkabine - *iki kişilik kabine*

Optiker

Brille - *gözlük*
Kontaktlinsen - *lens*
Sonnenbrille - *güneş gözlüğü*
Ich bin kurzsichtig (weitsichtig). - *Ben miyobum (hipermetrobum).*

Panne, Unfall

Krankenhaus - *hastane*
Krankenwagen - *ambulans*
Panne - *arıza*
Polizei - *polis*
Reparaturwerkstatt - *tamir atölyesi, tamirathane*

Tankstelle - *benzin istasyonu*
Unfall - *kaza*
Bitte helfen Sie mir! - *Lütfen bana yardım edin!*
Bitte holen Sie einen Arzt! - *Lütfen bir doktor getirin!*
Wo ist eine Reperaturwerkstatt? - *Tamir alelyesi nerede?*
... funktioniert nicht - *... işlemiyor*
... ist nicht in Ordnung - *... bozulmuş*
... tropft/läuft aus - *... damlıyor*
Wieviel kostet es? - *Ne ediyor?*

Post

Brief - *mektup*
Briefmarke - *posta pulu, pul*
Luftpost - *uçak postası*
Münze für Fernsprechautomaten - *jeton*
große Münze - *büyük jeton*
kleine Münze - *küçük jeton*
Päckchen - *küçük paket*
Paket - *paket*
Post - *posta*
Postamt - *postahane*
Postkarte/Ansichtskarte - *kartpostal*
postlagernd - *postrestant*
Telefon - *telefon*
Telefongespräch - *telefon konuşması*
Telegramm - *telgraf*
Was kostet dieser Brief (Karte)? - *Bu mektup (kartpostal) ne kadar?*
nach Deutschland - *Almanya'ya*
nach Österreich - *Avusturya'ya*
in die Schweiz - *Isviçre'ye*
Ist Post für mich da? - *Benim için posta var mi?*

Restaurant

Abendessen - *akşam yemeği*
Bitte eine Tasse (ein Glas, eine Flasche) ...! - *Bir fincan (bir bardak, bir şişe) ... lütfen!*
Chef! - *Şef!* (etwas lässiger)
Danke gleichfalls! - *Mersi, size de!*
Die Rechnung, bitte! - *Hesap, lütfen!*
Eine (zwei) Portion(en), bitte! - *Bir porsiyon (iki porsiyon) lütfen!*
Essen zu sich nehmen - *yemek yemek*
Essen, Mahlzeit, Speise - *yemek*
Frühstück - *kahvaltı*
Getränkekarte - *İçecekler Listesi*
Gibt es in der Nähe ein Lokal? - *Yakında bir lokanta var mı?*
Guten Appetit! - *Afiyet olsun!*
Haben Sie ...? - *Sizde ... var mı?*
Herr Ober! - *Garson!* (in vornehmeren Lokalen)
Ich möchte etwas essen. - *Bir şey yemek istiyorum.*
trinken (Suppe wird auch getrunken) - *içmek*
Mittagessen - *öğle yemeği*
Speisekarte - *Yemek Listesi*
Wo ist eine Toilette? - *Tuvalet nerede?*
Zum Wohl! - *Şerefinize!*

Schreibwarengeschäft

Briefpapier - *mektup kâğıdı*
Briefumschlag - *mektup zarfı*
Kugelschreiber - *tükenmez kalem*

Sonstiges

Batterie - *pil*
Büchsenöffner - *konserve açacağı*
Feuerzeug - *çakmak*
Flaschenöffner - *şişe açacağı*
Kerze - *mum*
Leine - *ip, sicim*
Nadel - *iğne*
Nähgarn - *dikiş ipliği*
Spiritus - *ispirto*
Streichhölzer - *kibrit*
Taschenlampe - *el feneri*
Waschpulver - *deterjan*

Speisezubereitung

am Spieß - *şiş kebabı*
fett - *yağ*
gebacken - *fırında pişmiş*
gebraten - *kızartma, tava*
gefüllt - *dolma*
gegrillt - *cızbız*
gekocht - *pişmiş*
hart - *katı, sert*

kalt - *soğuk*
mager - *yağsız*
mild - *acısız*
salzig - *tuzlu*
sauer - *ekşi*
scharf, bitter - *acı*
süß - *tatlı*
ungesalzen - *tuzsuz*
warm - *sıcak*
weich - *yumuşak*

Geschirr
Flasche - *şişe*
Gabel - *çatal*
Glas - *bardak*
Löffel - *kaşık*
Messer - *bıçak*
Tasse - *fincan*
Teller - *tabak*

Tankstelle
Benzin - *normal benzin*
Diesel - *mazot*
Super - *süper*
15 Liter Diesel, bitte! - *On beş litre mazot, lütfen!*
Ich möchte 20 Liter Super. - *Yirmi litre süper istiyorum .*
Tankstelle - *benzin istasyonu*
Wo ist die nächste Tankstelle? - *En yakın benzin istasyonu nerede?*

Toilettenartikel
Damenbinden - *aybaşı (adet) bezi*
Haarwaschmittel - *saç sabunu*
Kamm - *tarak*
Seife - *sabun*
Shampoo - *şampuan*
Sonnencreme - *günes kremi*
Sonnenöl - *plaj yagı*
Toilettenpapier - *tuvalet kâğıdı*
Zahnpasta - *diş macunu*

Unterkunft
Bad - *banyo*
Bett - *yatak*
Bettbezug - *yatak kılıfı*
Campingplatz - *kamp yeri*
Doppelzimmer - *çift yataklı oda*
Dreibettzimmer - *üç yataklı oda*
Dusche - *duş*
Ein Zimmer mit Bad. - *Banyolu bir oda.*
Ein Zimmer mit Dusche. - *Duşlu bir oda.*
Einzelzimmer - *tek yataklı oda*
Es gefällt mir. - *Beğendim.*
Gibt es heißes Wasser? - *Sıcak su var mı?*
Haben Sie ein freies Zimmer? - *Boş bir odaniz var mı?*
Hotel - *otel*
Ich nehme es. - *Bu odayı tutuyorum.*
Können Sie mir noch ein anderes Zimmer zeigen? - *Bana başka bir oda gösterir misiniz?*
Können wir hier zelten? - *Burada kamping yapabilir miyiz?*
Kopfkissenbezug - *yastık kılıfı*
Laken - *yatak çarşafı*
Pension - *pansiyon*
Waschbecken - *lavabo, leğen*
Wieviel kostet das Zimmer pro Tag? - *Odanın günlük fiyatı ne kadar?*
Wohnwagen - *konut araba*
Zelt - *çadir*

Verständigung
Das ist ... - *Bu ...*
Ich bin 34 - *Ben 34 yaşındayım*
Ich habe nicht verstanden. - *Anlamadım .*
Ich heiße ... - *İsmim ...*
Ich verbringe meinen Urlaub hier. *Burada iznimi geçiriyorum.*
Mir gefällt es sehr gut! - *(Burası) hoşuma gidiyor!*
Schreiben Sie das bitte auf! - *Lütfen şunu yazın!*
Sprechen Sie Deutsch? - *Almanca bilir misiniz?*
Was sind Sie von Beruf? - *Mesleğiniz ne?*
Wie alt sind Sie (bist Du)? - *Kaç yaşındasınız (yaşındasın)?*

Wie bitte? - *Efendim?*
Wie heißt das auf türkisch? - *Bunun türkçesi ne?*
Wie heißt Du? - *İsmin ne?*

Zahlen

0 - *sıfır*
1 - *bir*
2 - *iki*
3 - *üç*
4 - *dört*
5 - *beş*
6 - *altı*
7 - *yedi*
8 - *sekiz*
9 - *dokuz*
10 - *on*
11 - *on bir*
12 - *on iki*
13 - *on üç*
14 - *on dört*
15 - *on beş*
16 - *on altı*
17 - *on yedi*
18 - *on sekiz*
19 - *on dokuz*
20 - *yirmi*
21 - *yirmi bir*
22 - *yirmi iki*
30 - *otuz*
40 - *kırk*
50 - *elli*
60 - *altmış*
70 - *yetmiş*
80 - *seksen*
90 - *doksan*
100 - *yüz*
200 - *iki yüz*
300 - *üç yüz*
1.000 - *bin*
2.000 - *iki bin*
3.000 - *üç bin*
10.000 - *on bin*
25.000 - *yirmi beş bin*
100.000 - *yüz bin*
250.000 - *iki yüz elli bin*
500.000 - *beş yüz bin*
1.000.000 - *bir milyon*
5.000.000 - *beş milyon*

Zeitangaben

MONAT - *ay*
Januar - *ocak*
Februar - *şubat*
März - *mart*
April - *nisan*
Mai - *mayıs*
Juni - *haziran*
Juli - *temmuz*
August - *ağustos*
September - *eylül*
Oktober - *ekim*
November - *kasım*
Dezember - *aralık*

WOCHENTAG - *haftagün*
Montag - *pazartesi*
Dienstag - *salı*
Mittwoch - *çarşamba*
Donnerstag - *perşembe*
Freitag - *cuma*
Samstag - *cumartesi*
Sonntag - *pazar*

UHRZEIT - *saat*
Wie spät ist es? - *Saat kaç?*
Es ist 1 Uhr. - *Saat bir.*
Wann? - *Ne zaman?*
Um 1 Uhr. - *Saat bir.*

ALLGEMEINE ZEITANGABEN
am Abend - *aksamda*
am Morgen - *sabahta*
gestern - *dün*
heute - *bugün*
in der Nacht - *gecede*
Jahr - *yıl*
mittags - *öğlede*
Monat - *ay*
morgen - *yarın, sabah*
morgens - *sabahleyin*
Stunde - *saat*
stündlich - *her saat*

Tag - *gün*
täglich - *her gün*
übermorgen - *öbürgün*
Woche - *hafta*
wöchentlich - *her hafta*

Zur Person
Adresse - *adres*
Deutsche(r) - *Alman*
Deutschland - *Almanya*
Familienname - *soyadı*
Geburtsdatum - *doğum tarihi*
Geburtsname - *kızlık soyadı*
Geburtsort - *doğum yeri*
Mein Name ist ... - *Adım ...*
Name - *adı*
Österreich - *Avusturya*
Österreicher(in) - *Avusturyalı*
Schweiz - *Isviçre*
Schweizer(in) - *Isviçreli*
Vorname - *soyadı*

Verkehrshinweise
Achtung, Zug! - *Dikkat! Tren!*
Durchfahrt verboten! - *Tasıt geçemez!*
Langsam fahren! - *Yavaş!*
Parkplatz - *Park (yeri)*
Tunnel - *Tünel*
Vorsicht! - *Dikkat!*

Zustimmung und Ablehnung
alles klar, gut (wenn ein Thema beendet wird) - *oldu*
einverstanden, in Ordnung - *tamam*
ja (es gibt) - *var*
ja - *evet*
klar, selbstverständlich - *tabii*
nein (es gibt nicht) - *yok*
nein - *hayır*
sehr gut! - *çok iyi!*
vielleicht - *belki*

IM KRANKHEITSFALL

Arzt, Apotheke, Krankenhaus
Arzt - *doktor*
Facharzt - *uzman doktor*
Frauenarzt - *kadın doktoru*
Zahnarzt - *diş doktoru*
Apotheke - *eczane*
Krankenhaus - *hastane*
Ich bin krank. - *Hastayım.*
Wo gibt es hier einen Arzt? - *Burada doktor var mı?*
Rufen Sie bitte schnell einen Arzt! - *Çabuk bir doktor çağırın, lütfen!*
Wo ist ein Krankenhaus? - *Nerede bir hastane vardır?*
Wo ist die nächste Apotheke? - *En yakın eczane nerede (dir)?*

Medikamente und Verbandzeug
Antibiotikum - *antibiyotik*
Aspirin - *Aspirin*
Elastikbinde - *elastik bandaj*
fiebersenkendes Mittel - *ateş düşürücü ilâç*
Heftpflaster - *flâster*
Hustensaft - *öksürük şurubu*
Kohletabletten - *karbon tableti*
Magentabletten - *mide hapı*
Mittel/ Medikament - *ilâç*
Salbe - *melhem*
Schmerztabletten - *ağrı kesici ilacı*
Spritze - *iğne*
Zäpfchen - *fitil*
Antibabypille - *doğum kontrol hapı, bebeği önleyici hap*
Präservativ - *prezerfatif*

Tip: Die Broschüre "Krank in der Türkei" ist kostenlos erhältlich von der Verbindungsstelle Krankenversicherung - Ausland, Bundesverband der Ortskassen, Bonn. Sie enthält eine "Sprachhilfe bei ärztlicher Behandlung", die eine Verständigung mit dem türkischen Arzt - sofern dieser keine Fremdsprache spricht - ermöglicht, so daß dieser seine Diagnose stellen und ein Medikament verschreiben kann.

Flugpreisliste

Die folgende Übersicht gibt Auskunft über Flüge in die Türkei. Die Angaben hierzu wurden uns freundlicherweise von *Travel Overland*, Barerstr. 90, 80799 München 40, Tel. 089/ 27 27 60 (Anrufe werden automatisch weitergeleitet; es ist oft recht schwierig durchzukommen), Fax 30 79 88 68, zur Verfügung gestellt. Dort und auch in anderen Reisebüros werden detaillierte Auskünfte über Flüge und aktuelle Preise gegeben. Stand der Tabelle August 1997.

Erklärungen zur Übersicht:
Die *Gültigkeit* der Tickets ist in Tagen angegeben. Eine Verlängerung eines Linienflugtickets ist nicht ohne weiteres möglich; die Verlängerung eines Charterflugtickets dagegen ist auf Anfrage und gegen Aufpreis möglich (allerdings nur direkt bei Buchung).

Die *Preise* gelten für Hin- und Rückflug, und zwar in der billigsten Klasse *(economic class)*. Bei Charterflügen sind keine Festpreise angegeben, da sich die Preise je nach Saison (Abflugstermin) ändern. Angegeben in der Tabelle sind nur die Mindestpreise. Alle Charterpreise sind Veranstalterpreise. Die Tickets werden also direkt vom Veranstalter bezogen und nicht von der Fluggesellschaft direkt.

Kinderermäßigungen sind von Veranstalter zu Veranstalter verschieden. Kinder unter 2 Jahren haben keinen Anspruch auf einen Sitzplatz und zahlen deshalb nur einen stark reduzierten Preis (um die Prozentzahl in der Spalte verringert sich der Flugpreis bzw. der dort angegebene Preis ist zu zahlen). Kinder von 2 bis 12 Jahre haben Anspruch auf einen Sitzplatz, erhalten dafür aber auch nur eine geringere Ermäßigung.

In der Spalte *Flugtag* ist angegeben, wie oft in der Woche die jeweilige Stadt angeflogen wird.

Nach İzmir/ Antalya/ Dalaman

Fluggesellschaft	Abflugsort	Zwischen-Stopps	Gültigkeit	Preise (DM)	Ermäßigung Kind - 2 J.	Ermäßigung Kind - 12 J.	Flüge pro Woche
İstanbul Airlines	Stuttgart, München, Nürnberg	keine	365	ab 445,-	60,-	275,-	4
Türkish Airlines	Berlin,	keine	30 T	ab 533,-	90 %	50 %-	7
	München	keine	30 T	ab 566,-	90 %	50 %	7
	Frankfurt	keine	30 T	ab 550,-	90 %	50 %	7

Nach İzmir

Fluggesellschaft	Abflugsort	Zwischen-Stopps	Gültigkeit	Preise (DM)	Ermäßigung Kind - 2 J.	Ermäßigung Kind - 12 J.	Flüge pro Woche
Lufthansa	Berlin, München, Frankfurt	keine	365 T	ab 595,-*	-	-	7
	Berlin, München, Frankfurt	keine	180 T	ab 777,-	90 %	50 %	7

Verwendete Abkürzungen

Bul. Bulvarı (Boulevard)
Cad. Caddesi (Straße)
Mah. Mahallesi (Viertel)
Mev. Mevkii (Platz)
Mey. Meydanı (Platz)
Sok. Sokak (Straße, Gasse)

R Route

N Norden, nördlich
S Süden, südlich
W Westen, westlich
O Osten, östlich
SW Südwesten, südwestlich
NO Nordosten, nordöstlich

EZ Einzelzimmer
DZ Doppelzimmer
DRZ Dreibettzimmer
VRZ Vierbettzimmer

Mo montags
Di dienstags
Mi mittwochs
Do donnerstags
Fr freitags
Sa samstags
So sonntags

tgl. täglich
stdl. stündlich

THY Turkish Hava Yol (Türkische Luftverkehrsgesellschaft)
TML Turkish Maritime Lines (Türkische Schiffahrtsgesellschaft)
TCDD Türkische Eisenbahngesellschaft
TTOK Türkischer Touring- und Automobilclub

→ Verweiszeichen; anstatt von "siehe"

♦ ein Ort, der nicht unmittelbar an der Route liegt

▬▸ Weiterfahrt

Bildnachweis

Schwarzweißfotos
Türkisches Fremdenverkehrsamt, Frankfurt: Titelfoto, S. 202
Hans-Joachim Ehrig: S. 25, 109, 249, 291
Ulrike Roppelt & Hendrik Bachmann: S. 48, 111, 251, 293, 328, 331, 433, 438, 439, 442

Farbfotos
Türkisches Fremdenverkehrsamt, Frankfurt: S. 6 und 7, 12 und 13
Ulrike Roppelt & Hendrik Bachmann: S. 15

Alle übrigen Fotos stammen von den Autoren.

Dankeschön

Bedanken möchten wir uns bei allen Briefeschreibern, die mit ihren Ergänzungen, Anregungen und Verbesserungen zur Aktualisierung und Erweiterung des Türkei-Handbuches beigetragen haben. So bei

Dietmar Bach, Hemmersdorf SL
Urs Bachofner, CH-Schaffhausen
Dr. Frank Becker, München
Cezmi Belik, TR-Kaş
Rosali Biesel, Frankfurt
Iris Bösler, Göttingen
Christel Brüggenbrock & Oliver Müller
Luc Buseyne, B-Reningelst
Demir Derihan, Kusadaşı
Christa Dörr, Burgwedel
Stephanie u. Richard Forest, Ickingen
Peter Gallinger, F-Les Vans
Kay Gastinger u. Guro Hagemo, Ilmenau
Rainer Göttlinger, Nürnberg
Angelika Haucke, Berlin
Heidrun Heindel, TR-Icmeler
Ralf Herr, Donaueschingen
Katharina Korhof, Rappbach
Lucie Kort, Saalweiler
Sebastian Krahl, Hetzles
Hans-Peter Krämer, Ochsenfurt
Heide Lange, Berlin
Andreas Lingel, Affalterbach
Renate Meier-Belik, TR-Patara
Frank Nesemann, Heidelberg
Kathrin Ott, Oberglatt
Michael Päsold, Aulfingen
Farke Petersen, Berlin
H. u. O. Poettering, Hamburg
Ulrich Rentsch, Braunschweig
Erika Schade, Nürnberg
Gerhard Schiele, Kempten
Heike Schinnenburg, Gehrden
Christoph Schlemmer, München
Ute Schmid, Schorndorf
Volker Schmidt, Diez
Harry Schmitz, Oldenburg
A. Schumacher, Köln
Bernd Ternes, Schüttorf
Karina Tokur, Datça
Esther u. Ado Trautmann, CH-Kreuzlingen
Walter aus Alanya
Anni Weider, Bachrain
Arnd Weißhaupt, Schwelm
Utz-Wolfgang Yersin, Berlin
Sabrina Zimber, TR-Bozburun

DANKESCHÖN möchten wir allen sagen, die uns bei dieser Ausgabe mit Rat und Tat zur Seite standen, so

dem *Türkischen Fremdenverkehrsbüro,* Frankfurt, für das ausführliche Informationsmaterial und die Dias,

dem *Ministerium für Kultur und Tourismus,* Ankara, für das ausführliche Informationsmaterial und die Kupferstiche,

Klaus Holdefehr und *Eberhard Schmitt-Burk,* die uns bei der Recherche tatkräftig unterstützt haben,

den *Türkischen Fremdenverkehrsbüros* in der Türkei

und *unseren Freunden* in der Türkei.

Literaturverzeichnis

Kultur, Politik, Wirtschaft

GROTHUSEN, K.-D.: Die Türkei in Europa. Beiträge des Südosteuropa-Arbeitskreises der Deutschen Forschungsgemeinschaft zum IV. Internationalen Südosteuropa Kongreß der Association Internationale d 'Etudes du Sud-Est Europeen. Göttingen 1985 (sehr umfangreich, deckt mehrere Bereiche des Kultursektors ab; wegen des hohen Preises wurde dieses Buch leider nur in wenigen Universitätsbibliotheken angeschafft)

HÜTTENROTH, W.-D.: Türkei. Wissenschaftliche Länderkunde Bd. 21. Darmstadt 1982

KÜNDIG-STEINER, W.: Die Türkei. Raum und Mensch, Kultur und Wirtschaft in der Gegenwart und Vergangenheit. Tübingen, Basel 1977 (Daten reichen nur bis Anfang der siebziger Jahre)

Geographie, Natur und Umwelt

HÖHFELD, V.: Türkei. Schwellenland der Gegensätze. Gotha 1995 (auch ausführliche Kapitel zur sozioökomischen Entwicklung sowie ein kurzer Abriß der politischen Geschichte)

KASPAREK, A. UND M.: Türkei. Reiseführer Natur. München u.a. 1990 (breitet kenntnisreich das Vogelleben in den türkischen Nationalparks aus; die Flora wird nur am Rande erwähnt)

KASPAREK, M.: Die Vögel der Türkei - eine Übersicht. Heidelberg 1992

KÜRSCHNER, H. u.a.: Pflanzen der Türkei, Ägäis, Taurus, Inneranatolien. Wiesbaden 1995 (eine sorgfältige botanisch-wissenschaftliche Arbeit)

Geschichte und Politik

BUHBE, M.: Türkei, Politik und Zeitgeschichte. Opladen 1996 (z.Z. aktuellste Publikation zur politischen Situation mit Daten bis Ende 1995. Systematische Darstellung der politischen Geschichte der Türkei vom Ende des Osmanischen Reichs bis in die Gegenwart mit vielen Details.)

INTERFOBI/ INSTITUT FÜR INTERKULTURELLE FORSCHUNG UND BILDUNG (HRSG.): Frieden für Kurdistan. Demokratie für die Türkei. München 1996 (Essays zu zentralen polischen Problemen und Kurzdarstellung der sozialen Bewegungen; Autoren und Autorinnen alle aus der Türkei)

MATUZ, J.: Das Osmanische Reich. Grundlinien seiner Geschichte. Darmstadt 1985; unveränderte Neuauflage 1994 (übersichtlich aufbereitet und gut zu lesen; auf dem Weg zum Standardwerk)

HEINRICH, B., ROTH, J.: Partner Türkei oder Foltern für die Freiheit des Westens. Reinbek 1973 (vor allem auf die Situation vor und während des verdeckten Militärputsches von 1971 bezogen)

Wirtschaft und Gesellschaft

ARSLAN, R.: Die staatliche Steuerung der Industrialisierung in der Türkei (1923-1990). Neuried 1995.

BOROTOW, M.: Die türkische Wirtschaft im 20. Jahrhundert (1908-1980). Frankfurt 1987

KESKIN, H.: Die Türkei - vom Osmanischen Reich zum Nationalstaat. Berlin 1981 (kein Geschichtsbuch und politisches Buch im engeren Sinne; vielmehr ging es dem Autoren darum, die historischen Ursachen für die ökonomische Unterentwicklung der Türkei herauszufinden und diese Entwicklung für die nachosmanische Zeit im Detail darzustellen)

KLEFF, H.-G.: Vom Bauern zum Industriearbeiter. Zur kollektiven Lebensgeschichte der Arbeitsmigranten aus der Türkei. Ingelheim 1985

PAULI, C.: Türkei - Hinter den Kulissen eines Wirtschaftswunders. Frankfurt 1990 (Darstellung der wirtschaftlichen Entwicklung der Türkei in den achtziger Jahren von einer gesellschaftskritischen Position)

SÖNMEZ, E.: Die Türkei-EG. Die Türkei als ein an die EG assoziiertes Land und die Probleme einer Vollmitgliedschaft. Berlin 1994

STEINHAUS, K.: Soziologie der türkischen Revolution. Zum Problem der Entfaltung der bürgerlichen Gesellschaft in sozioökonomisch schwach entwickelten Ländern. Frankfurt 1967 (Basislektüre für den Einstieg in Frage der politischen und sozialen Entwicklung der Türkei; zentrales Thema sind die Atatürkschen Reformen in der 20er und 30er Jahren)

Ethnologie, Minderheiten

ADELMANN, K.: Minderheiten und Menschenrechte in der Türkei: Eine Materialsammlung. Frankfurt 1995

BRUINESSEN VAN, M.: Agha, Scheich und Staat. Politik und Gesellschaft Kurdistans. Rieden 1989 (Der Autor führt seit Jahren eingehende Studien durch und kann sich auf einen großen Fundus eigener Erfahrungen stützen; sehr ausführlich wird auf Stammesphänomene in der kurdischen Gesellschaft eingegangen)

HINZ-KARADENIZ, H., STOODT, R. (Hrsg.): Kurdistan. Politische Perspektiven in einem geteilten Land. Gießen 1994 (eine sehr umfangreiche Darstellung des gesamten Komplexes Nordwest-Kurdistan, so u.a. auch ein kritischer Aufsatz zur Ideologie und Rolle der PKK)

STEIN, G.: Endkampf um Kurdistan? Die PKK, die Türkei und Deutschland. Bonn 1994

YONAN, G.: Ein vergessener Holocaust. Die Vernichtung der christlichen Assyrer in der Türkei. Göttingen 1989

Archäologie

AKURGAL, E.: Ancient Civilizations and Ruins of Turkey. Istanbul 1985 (stellt alle bekannten archäologischen Stätten in der Türkei vor; das Schwergewicht liegt auf der griechischen und römischen Epoche)

derselbe: Kunst in der Türkei. Würzburg 1980

BAMMER, A.: Architektur und Gesellschaft in der Antike. Wien u.a. 1985

derselbe: Ephesos. Stadt an Fluß und Meer. Graz 1988 (Ephesos mit den Mitteln der Archäologie, Architektur, Sozial- und Kulturgeschichte betrachtet; weit über herkömmliche Archäologie hinausgehend)

GAMMER-WALLERT, I. (HRSG.): Troia. Brücke zwischen Orient und Okzident, Tübingen o.J. (Troja wissenschaftlich betrachtet; mit einem Überblick über neuere Forschungsergebnisse)

RADT, W.: Pergamon, Köln o.J.

Islam

DURUGÖNÜL, E.: Über die Reislamisierung in der Türkei als sozialreligiöse Bewegung. Frankfurt 1995

ENDRESS, G.: Einführung in die islamische Geschichte. München 1982

MONTGOMERY, W.W.: Der Islam I. Stuttgart 1980

WEDEL, H.: Der türkische Weg zwischen Laizismus und Islam. Zur Entwicklung des Laizismusverständnisses in der türkischen Republik. Opladen 1991

Türken in Deutschland

GOLDBERG, A., ŞEN, F.: Türken in Deutschland. Leben zwischen zwei Kulturen. München 1994 (enthält alle wichtigen Daten, vom Typus einer Einführung)

HABBE, CH. (HRSG.): Ausländer, die verfemten Gäste. Reinbek 1982

MATTER, M.: Fremde Nachbarn. Aspekte türkischer Kultur in der Türkei und BRD. Marburg o.J.

STEINHILBER, B.: Grenzüberschreitungen: Remigration und Biographie. Frauen kehren zurück in die Türkei. Frankfurt 1994

Frauen

ABADAN-UNAT, N. (Hrsg.): Die Frau in der türkischen Gesellschaft. Frankfurt 1985

AKKENT, M. u. FRANGER, G.: Das Kopftuch, Frankfurt 1987

Akkent, M., Neusel, A., Tekeli, S.: Aufstand im Haus der Frauen. Frauenforschung aus der Türkei. Berlin 1991. Berlin 1991

BAUMGARTNER-KARABAK, A.: Die verkauften Bräute. Türkische Frauen zwischen Kreuzberg und Anatolien. Reinbek 1978

GÖLE, N.: Republik und Schleier. Die muslimische Frau in der modernen Türkei. Berlin 1995 (eine außerordentlich kenntnisreiche und systematische Untersuchung, die Autorin, eine Istanbuler Professorin, hat in Paris studiert)

ÜCÜNCÜ, S.: Die Stellung der Frau in der Geschichte der Türkei. Ein historischer Überblick von den alten Turkvölkern bis heute. Frankfurt 1984

Handwerk, Musik und Kunst

AKDEMIR, H.: Die neue türkische Musik. Berlin 1991

BRENNER, K.: Dörfliche Musik aus dem Distrikt Bodrum, Südwest-Türkei. Münster 1992

INCIRICI, T.: Musik der Türkei. Dortmund 1980 (ein kurzer, einführender Text, leicht lesbar).

MUSEUM FÜR KUNSTHANDWERK DER STADT FRANKFURT (HRSG.): Türkische Kunst und Kultur aus osmanischer Zeit. Recklinghausen 1985 (zwei dicke Bände zu einer umfangreichen Ausstelllung, die praktisch alle Aspekte osmanischer Kultur beleuchten, z.B. auch die Malerei, Kalligraphie und die zahlreichen Handwerke)

REINHARD, K.: Türkische Musik. Berlin 1962

SA, PALASAR: A History of Turkish Painting. Istanbul, Genf 1987 (mittlerweile auch ins Deutsche übersetzt; eine sehr umfangreiche Darstellung von Musik, Theater und Tanz)

Türkische Küche

BASTANOGLU, S.: Türkische Küche. Köln 1985

HALICI, N.: Das Türkische Kochbuch. Augsburg 1995 (Neben zahlreichen Rezepten eine interessante Einleitung zu verschiedenen Themen, z.B. zu historischer Entwicklung der türkischen Küche, Mahlzeiten und Sitten, Speisefolgen)

KNICH, H. (HRSG.): Türkisch kochen. München 1993 (zahlreiche Rezepte mit einem kurzen Hintergrundkapitel)

Sprache

ERHARD, M., HALICI, N.: Türkei - Walk & Talk, München 1991 (ansprechend aufgemachter, praktischer Sprachführer)

HARKORT-LIEBE, K.: Türkisch für Deutsche. Frankfurt 1992

TEKINAY, A. UND O.: Günaydın. Einführung in die moderne türkische Sprache. 3 Bde., 1985 ff. (ein Lehrgang mit vielen Illustrationen, Fotos, Karikaturen, Gedichten, Anekdoten und Liedern)

Bildbände

DIMITRIOU, S. & KLAMMET, G.: Die türkische Westküste. Stuttgart 1983

derselbe: Die türkische Südküste. Stuttgart 1978

GERMESIN, E., ROTH, H.-G.: Türkei. Luzern 1985

GSELLMAN, H.: Türkei. Köln 1987

GUATTI, A.: Türkei. Wien, München 1985

IMHOF-LEUTHOLD: Unbekannte Türkei. Wo Ost und West sich begegnen. München 1970

MÜLLER, G. u.a.: Türkei. München, Luzern 1986

NEUMANN-ADRIAN, M. u.a.: Istanbul. München 1986

NEUMEISTER, W. U. AMODE, W.: Traumstraßen durch die Türkei. München 1987

WAGNER, J. U. H. u.a.: Die türkische Südküste. Stuttgart 1978

Kunst- und Kulturführer

BEAN, G.E.: Ägäische Türkei von Pergamon bis Didyma. Bd. 1. Stuttgart 1987

derselbe: Die türkische Südküste von Antalya bis Alanya. Bd. 2. Stuttgart 1986

derselbe: Jenseits der Mäander. Karien mit dem Vilayet Mugla. Bd. 3. Stuttgart 1985

derselbe: Lykien. Bd. 4. Stuttgart 1986

HELL, V. & H.: Türkei I. Istanbul und die vordere Türkei. Mainz 1987

dieselben: Türkei II. Nordtürkei, Südosttürkei. Mainz 1986

KOENIGS, W.: Westküste. ArteLimes. München 1993 (konventionelle, kenntnisreiche Archäologie)

WAGNER, J.: Südküste. ArteLimes. Zürich und München 1997 (reiner archäologischer Führer; auf diesem Gebiet sehr sorgfältig)

Fachausdrücke und Fremdwörter

Agora - antiker Marktplatz bwz. antike Markthalle
Apsis - runder oder eckiger, nischenartiger Abschluß einer Kirche
Aquädukt - Wasserleitung
Arabeske - Stilisiertes Blattrankenornament
Arkade - Säulenreihe mit Bogenabschluß
Basilika - Halle, Kirchenbau mit überhöhtem Mittelschiff
Basar - auch Bazar, orientalischer Markt, Geschäftsviertel
Camii - Moschee, islamisches Gebetshaus
Cella - Hauptraum eines Tempels, in dem die Kultstatue stand
Derwisch - Angehöriger eines islamischen Ordens
Emir - Titel arabischer Stammesführer und Fürsten
Ethnographie - Völkerkunde
Fayence - Tonware aus naturfarbigem Ton mit einer wasserundurchlässigen, weißen Zinnglasur; meist auch mit blauer Farbe bemalt
Freske - Wandmalerei auf frisch, aufgetragenem noch feuchtem Putz
Gobelin - gewebter Bildteppich
Gymnasion - Turnhalle in griechischer und römischer Zeit
Hamam - türkisches Bad
Han - Herberge, Reiseunterkunft für Karawanen
Hippodrom - Pferdebahn in der Antike
Hüyük - Siedlungshügel
Ikone - Kultbild der Ostkirche
Imam - Geistlicher, Vorbeter in der Moschee
Imaret - Armenküche
Iwan -Hörsaal in der Medrese
Kaaba - Hauptheiligtum des Islams in Mekka
Kale - Burg, Festung
Kalif - oberster geistlicher Führer im Islam
Kalligraphie - Schönschreibkunst
Kapitell - oberster Abschluß einer Säule
Karawanserei - siehe unter Han
Katholikos - Oberhaupt der armenischen Kirche
Kibla - Gebetsrichtung nach Mekka
Kilise - Kirche
Kiosk - kleines Gartenhaus
Külliye - gemeinnützige Gebäude, die eine osmanische Moschee umgeben
Liwan - ein hoher, meist überwölbter Raum, dessen Außenseite offen ist und einen großen Bogeneingang bildet
Manastir - christliches Kloster
Mausoleum - großer Grabbau
Medrese - Schule für Recht, Medizin und Religionswissenschaften
Megaron - Einraumhaus
Mescit - kleine Moschee
Mihrab - Gebetsnische in der Wand, die nach Mekka ausgerichtet ist
Minare - auch Minarett; der schlanke Turm der Moschee, von dem der Muezzin zum Gebet ruft
Minbar - auch Mimbar, Kanzel in der Moschee
Moschee - islamisches Gotteshaus
Muezzin - islamischer Gebetsrufer, der fünfmal am Tag vom Minarett die Aufforderung zum Gebet ruft
Naos - Innenraum des griechischen Tempels
Nekropole - Friedhof
Odeion - Konzerthaus, Konzerthalle, ein Gebäude für musikalische Aufführungen
Padischah - Fürstentitel, vor allem bei osmanischen Sultanen
Pavillon - kleiner Bau, Gartenhaus
Peristyl - ein von Säulen umgebener Raum eines Hauses
Samowar - Gerät zum Aufbrühen von Tee
Sarkophag - Sarg
Sarayi - auch Serail, Palast
Spolie - Steine aus einem antiken Gebäude, die in einem Bauwerk verwendet wurden

Stalaktiten - Tropfsteine, auch zapfenförmige, herunterhängende Verzierungen an Gewölben
Stele - antikes Pfeilerdenkmal
Sultan - Titel des weltlichen Herrschers im islamsichen Orient
Tambour - zylinderförmiges Bauelement zwischen Kuppelträger und Kuppel, meist mit Fenstern versetzt
Tekke - islamisches Kloster
Tepe - Hügel, Berg
Türbe - Grabmahl
Tumulus - großer Grabhügel
Wesir - Minister, Berater des Sultans
Zisterne - Anlage zum Auffangen und Speichern von Regenwasser
Zitadelle - große Befestigungsanlage

Sach- und Personenregister

Ortsregister

Kalender 1997

September

Wo	36	37	38	39	40
Mo	1	8	15	22	29
Di	2	9	16	23	30
Mi	3	10	17	24	
Do	4	11	18	25	
Fr	5	12	19	26	
Sa	6	13	20	27	
So	**7**	**14**	**21**	**28**	

Oktober

Wo		41	42	43	44
Mo		6	13	20	27
Di		7	14	21	28
Mi	1	8	15	22	29
Do	2	9	16	23	30
Fr	3	10	17	24	**31**
Sa	4	11	18	25	
So	**5**	**12**	**19**	**26**	

November

Wo		45	46	47	48
Mo		3	10	17	24
Di		4	11	18	25
Mi		5	12	**19**	26
Do		6	13	20	27
Fr		7	14	21	28
Sa	**1**	8	15	22	29
So	**2**	**9**	**16**	**23**	**30**

Dezember

Wo	49	50	51	52	1
Mo	1	8	15	22	29
Di	2	9	16	23	30
Mi	3	10	17	24	31
Do	4	11	18	**25**	
Fr	5	12	19	**26**	
Sa	6	13	20	27	
So	**7**	**14**	**21**	**28**	

Kalender 1998

Januar

Wo	1	2	3	4	5
Mo		5	12	19	26
Di		**6**	13	20	27
Mi		7	14	21	28
Do	**1**	8	15	22	29
Fr	2	9	16	23	30
Sa	3	10	17	24	31
So	**4**	**11**	**18**	**25**	

Februar

Wo		6	7	8	9
Mo		2	9	16	23
Di		3	10	17	24
Mi		4	11	18	25
Do		5	12	19	26
Fr		6	13	20	27
Sa		7	14	21	28
So	**1**	**8**	**15**	**22**	

März

Wo		10	11	12	13	14
Mo		2	9	16	23	30
Di		3	10	17	24	31
Mi		4	11	18	25	
Do		5	12	19	26	
Fr		6	13	20	27	
Sa		7	14	21	28	
So	**1**	**8**	**15**	**22**	**29**	

April

Wo		15	16	17	18
Mo		6	**13**	20	27
Di		7	14	21	28
Mi	1	8	15	22	29
Do	2	9	16	23	30
Fr	3	**10**	17	24	
Sa	4	11	18	25	
So	**5**	**12**	**19**	**26**	

Mai

Wo		19	20	21	22
Mo		4	11	18	25
Di		5	12	19	26
Mi		6	13	20	27
Do		7	14	**21**	28
Fr	**1**	8	15	22	29
Sa	2	9	16	23	30
So	**3**	**10**	**17**	**24**	**31**

Juni

Wo	23	24	25	26	27
Mo	**1**	8	15	22	29
Di	2	9	16	23	30
Mi	3	10	17	24	
Do	4	**11**	18	25	
Fr	5	12	19	26	
Sa	6	13	20	27	
So	**7**	**14**	**21**	**28**	

Juli

Wo		28	29	30	31
Mo		6	13	20	27
Di		7	14	21	28
Mi	1	8	15	22	29
Do	2	9	16	23	30
Fr	3	10	17	24	31
Sa	4	11	18	25	
So	**5**	**12**	**19**	**26**	

August

Wo		32	33	34	35	36
Mo		3	10	17	24	31
Di		4	11	18	25	
Mi		5	12	19	26	
Do		6	13	20	27	
Fr		7	14	21	28	
Sa	1	8	**15**	22	29	
So	**2**	**9**	**16**	**23**	**30**	

September

Wo		37	38	39	40
Mo		7	14	21	28
Di	1	8	15	22	29
Mi	2	9	16	23	30
Do	3	10	17	24	
Fr	4	11	18	25	
Sa	5	12	19	26	
So	**6**	**13**	**20**	**27**	

Oktober

Wo		41	42	43	44
Mo		5	12	19	26
Di		6	13	20	27
Mi		7	14	21	28
Do	1	8	15	22	29
Fr	2	9	16	23	30
Sa	3	10	17	24	**31**
So	**4**	**11**	**18**	**25**	

November

Wo		45	46	47	48	49
Mo		2	9	16	23	30
Di		3	10	17	24	
Mi		4	11	**18**	25	
Do		5	12	19	26	
Fr		6	13	20	27	
Sa		7	14	21	28	
So	**1**	**8**	**15**	**22**	**29**	

Dezember

Wo		50	51	52	53
Mo		7	14	21	28
Di	1	8	15	22	29
Mi	2	9	16	23	30
Do	3	10	17	24	31
Fr	4	11	18	**25**	
Sa	5	12	19	**26**	
So	**6**	**13**	**20**	**27**	

Kalender 1999

Januar

Wo	53	1	2	3	4
Mo		4	11	18	25
Di		5	12	19	26
Mi		**6**	13	20	27
Do		7	14	21	28
Fr	**1**	8	15	22	29
Sa	2	9	16	23	30
So	**3**	**10**	**17**	**24**	**31**

Februar

Wo	5	6	7	8
Mo	1	8	15	22
Di	2	9	16	23
Mi	3	10	17	24
Do	4	11	18	25
Fr	5	12	19	26
Sa	6	13	20	27
So	**7**	**14**	**21**	**28**

März

Wo	9	10	11	12	13
Mo	1	8	15	22	29
Di	2	9	16	23	30
Mi	3	10	17	24	31
Do	4	11	18	25	
Fr	5	12	19	26	
Sa	6	13	20	27	
So	**7**	**14**	**21**	**28**	

April

Wo		14	15	16	17
Mo		5	12	19	26
Di		6	13	20	27
Mi		7	14	21	28
Do	1	8	15	22	29
Fr	2	9	16	23	30
Sa	3	10	17	24	
So	**4**	**11**	**18**	**25**	

Reise Know-How

Reise Know-How Bücher werden von Autoren geschrieben, die Freude am Reisen haben und viel persönliche Erfahrung einbringen. Sie helfen dem Leser, die eigene Reise bewußt zu gestalten und zu genießen. Wichtig ist uns, daß der Inhalt nicht nur im reisepraktischen Teil „Hand und Fuß" hat, sondern daß er in angemessener Weise auf Land und Leute eingeht. Die Reihe Reise Know-How soll dazu beitragen, Menschen anderer Kulturkreise näher zu kommen, ihre Eigenarten und ihre Probleme besser zu verstehen. Wir achten darauf, daß jeder einzelne Band gemeinsam gesetzten Qualitätsmerkmalen entspricht. Um in einer Welt rascher Veränderungen laufend aktualisieren zu können, drucken wir bewußt kleine Auflagen.

SACHBÜCHER:

Die Sachbücher vermitteln KNOW-HOW rund ums Reisen: Wie bereite ich eine Motorrad- oder Fahrradtour vor? Welche goldenen Regeln helfen mir, unterwegs gesund zu bleiben? Wie komme ich zu besseren Reisefotos? Wie sollte eine Sahara-Tour vorbereitet werden? In der Sachbuchreihe von Reise Know-How geben erfahrene Vielreiser Antworten auf diese Fragen und helfen mit praktischen, auch für Laien verständlichen Anleitungen bei der Reiseplanung.

Welt

Achtung Touristen
DM 16,80 ISBN 3-922376-32-0
Äqua-Tour (Rad & Bike)
DM 28,80 ISBN 3-929920-12-3
Auto(fern)reisen
DM 34,80 ISBN 3-921497-17-5
Die Welt im Sucher
DM 24,80 ISBN 3-9800975-2-8
Fahrrad-Weltführer
DM 44,80 ISBN 3-9800975-8-7
Motorradreisen
DM 34,80 ISBN 3-921497-20-5
Um-Welt-Reise (Reise Story)
DM 22,80 ISBN 3-9800975-4-4
Wo es keinen Arzt gibt
DM 26,80 ISBN 3-922376-35-5

REISE STORY:

Reise-Erlebnisse für nachdenkliche Genießer bringen die Berichte der Reise Know-How Reise Story. Sensibel und spannend führen sie durch die fremden Kulturbereiche und bieten zugleich Sachinformationen. Sie sind eine Hilfe bei der Reiseplanung und ein Lesevergnügen für jeden Fernwehgeplagten.

STADTFÜHRER:

Die Bücher der Reihe Reise Know-How City führen in bewährter Qualität durch die Metropolen der Welt. Neben den ausführlichen praktischen Informationen über Hotels, Restaurants, Shopping und Kneipen findet der Leser auch alles Wissenswerte über Sehenswürdigkeiten, Kultur und „Subkultur" sowie Adressen und Termine, die besonders für Geschäftsreisende wichtig sind.

Europa

Amsterdam
DM 26,80 ISBN 3-89416-231-7
Baltikum – Estl./Lettl./Litauen
DM 39,80 ISBN 3-89416-196-5
Bretagne
DM 39,80 ISBN 3-89416-175-2
Budapest
DM 26,80 ISBN 3-89416-212-0
Bulgarien
DM 36,80 ISBN 3-89416-220-1
Dänemark-Handbuch
DM 32,80 ISBN 3-923716-13-3
Estland
DM 26,80 ISBN 3-89416-215-5
Irland-Handbuch
DM 36,80 ISBN 3-89416-194-9
Lettland
DM 26,80 ISBN 3-89416-216-3
Litauen mit Kaliningrad
DM 29,80 ISBN 3-89416-169-8
London
DM 26,80 ISBN 3-89416-199-x
Madrid
DM 26,80 ISBN 3-89416-201-5
Mallorca
DM 29,80 ISBN 3-927554-17-0
Mallorca für Eltern und Kinder
DM 24,80 ISBN 3-927554-15-4
Oxford
DM 26,80 ISBN 3-89416-211-2
Paris
DM 26,80 ISBN 3-89416-200-7
Portugal-Handbuch
DM 34,80 ISBN 3-923716-05-2
Prag
DM 26,80 ISBN 3-89416-204-X
Rom
DM 26,80 ISBN 3-89416-203-1
Schottland-Handbuch
DM 36,80 ISBN 3-89416-179-5
Schweden-Handbuch
DM 36,80 ISBN 3-923716-10-9
Skandinavien – der Norden
DM 36,80 ISBN 3-89416-191-4
Tschechien
DM 36,80 ISBN 3-89416-600-2
Türkei-Handbuch
DM 36,80 ISBN 3-923716-02-8
Türkei West & Südküste
DM 32,80 ISBN 3-923716-11-7
Ungarn
DM 32,80 ISBN 3-89416-188-4

Europa

Warschau/Krakau
DM 26,80 ISBN 3-89416-209-0
Wien
DM 26,80 ISBN 3-89416-601-0
Zypern-Handbuch
DM 32,80 ISBN 3-923716-04-4

Deutschland

Berlin mit Potsdam
DM 26,80 ISBN 3-89416-226-0
Frankfurt/Main
DM 24,80 ISBN 3-89416-207-4
Mecklenburger Seenplatte
DM 24,80 ISBN 3-89416-221-X
München
DM 24,80 ISBN 3-89416-208-2
Nordfriesische Inseln
DM 19,80 ISBN 3-89416-601-0
Nordseeinseln
DM 29,80 ISBN 3-89416-197-3
Nordseeküste Niedersachsens
DM 26,80 ISBN 3-89416-603-7
Ostdeutschland individuell
DM 32,80 ISBN 3-921838-12-6
Ostfriesische Inseln
DM 19,80 ISBN 3-89416-602-9
Ostharz mit Kyffhäuser
DM 19,80 ISBN 3-89416-228-7
Oberlausitz
DM 24,80 ISBN 3-89416-165-5
Ostseeküste/Mecklenburg-Vorpom.
DM 19,80 ISBN 3-89416-184-1
Mecklenburg/Brandenburg Wasserwandern
DM 24,80 ISBN 3-89416-221-X
Rügen/Usedom
DM 19,80 ISBN 3-89416-190-6
Freistaat Sachsen
DM 26,80 ISBN 3-89416-177-9
Land Thüringen
DM 24,80 ISBN 3-89416-189-2
Westharz mit Brocken
DM 19,80 ISBN 3-89416-227-9

Afrika

anische Reise
Story)
6,80 ISBN 3-921497-91-4
benteuer Afrika
& Bike)
8,80 ISBN 3-929920-15-8
Afrika
6,80 ISBN 3-921497-11-6
en individuell
6,80 ISBN 3-921838-10-x
ührer Ägypten: Kairo
32,00 ISBN 3-921838-91-6
ührer Ägypten: Luxor, Theben
29,80 ISBN 3-921838-90-8
ir & die Königsstädte Marokkos
29,80 ISBN 3-921497-71-x
, Luxor, Assuan
26,80 ISBN 3-921838-08-8
erun
39,80 ISBN 3-921497-32-9
a
39,80 ISBN 3-921497-45-0
agaskar, Seychellen,
ritius, Réunion, Komoren
36,80 ISBN 3-921497-62-0
okko
44,80 ISBN 3-921497-81-7
ria – hinter den Kulissen
e Story)
26,80 ISBN 3-921497-30-2
nsSahara
29,80 ISBN 3-921497-01-9
esien
44,80 ISBN 3-921497-74-4
esiens Küste
29,80 ISBN 3-921497-76-0
stafrika
49,80 ISBN 3-921497-02-7
Wolken der Wüste
se Story)
24,80 ISBN 3-89416-150-7
babwe
34,80 ISBN 3-921497-26-4

Asien

Bali & Lombok mit Java
DM 39,80 ISBN 3-89416-604-5
Bangkok
DM 26,80 ISBN 3-89416-205-8
China Manual
DM 44,80 ISBN 3-89416-167-1
China, der Norden
DM 39,80 ISBN 3-89416-229-5
Sprachbuch China
Hoch-Chinesisch (Mandarin), Kantonesisch, Tibetisch
DM 24,80 ISBN 3-922376-68-1
Indien, der Norden
DM 44,80 ISBN 3-89416-223-6
Reisen mit Kindern in Indonesien
DM 26,80 ISBN 3-922376-95-9
Jemen
DM 39,80 ISBN 3-921497-09-4
Kambodscha
DM 29,80 ISBN 3-89416-219-8
Komodo/Flores/Sumbawa
DM 36,80 ISBN 3-89416-605-3
Ladakh und Zanskar
DM 36,80 ISBN 3-89416-176-0
Laos
DM 29,80 ISBN 3-89416-218-x
Malaysia & Singapur mit Sabah & Sarawak
DM 36,80 ISBN 3-89416-178-7
Myanmar (Burma)
DM 29,80 ISBN 3-9800464-3-5
Nepal-Handbuch
DM 36,80 ISBN 3-89416-193-0
Phuket (Thailand)
DM 29,80 ISBN 3-89416-182-5
Singapur
DM 26,80 ISBN 3-89416-210-4
Sri Lanka
DM 39,80 ISBN 3-89416-170-1
Sprachbuch Südostasien
Indonesisch, Thai, Tagalog
DM 24,80 ISBN 3-922376-33-9
Sulawesi (Celebes)
DM 36,00 ISBN 3-89416-172-8
Thailand Handbuch
DM 36,80 ISBN 3-89416-171-X
Vietnam-Handbuch
DM 36,80 ISBN 3-89416-195-7

Ozeanien

Australien-Handbuch
DM 36,80 ISBN 3-923716-03-6
Australien-Outback
DM 36,90 ISBN 3-923716-08-7
Australien Nationalparks
DM 29,80 ISBN 3-923716-12-5
Neuseeland
DM 32,80 ISBN 3-923716-09-5
Neuseeland (Reise Story)
DM 24,80 ISBN 3-921497-15-9
Bikebuch Neuseeland (Rad & Bike)
DM 36,80 ISBN 3-929920-16-6

Rad & Bike:
Reise Know-How Rad & Bike sind Radführer von lohnenswerten Reiseländern bzw. Radreise-Stories von außergewöhnlichen Radtouren durch außereuropäische Länder und Kontinente. Die Autoren sind entweder bekannte Biketouren-Profis oder „Newcomer", die mit ihrem Bike in kaum bekannte Länder und Regionen vorstießen. Wer immer eine Fern-Biketour plant - oder nur davon träumt – kommt an unseren Rad & Bike-Bänden nicht vorbei!

Amerika

Atlanta & New Orleans
DM 28,80 ISBN 3-89416-230-9
Durch den Westen der USA
DM 39,80 ISBN 3-927554-20-0
Durch die USA mit Flugzeug und Mietwagen
DM 36,80 ISBN 3-927554-10-3
Amerika von unten (Reise Story)
DM 22,80 ISBN 3-9800975-5-2
„Und jetzt fehlt nur noch John Wayne..." (Reise Story)
DM 22,80 ISBN 3-927554-18-9
USA/Canada
DM 44,80 ISBN 3-927554-19-7
Canada Ost/USA
DM 39,80 ISBN 3-927554-22-7
Durch Canadas Westen m. Alaska
DM 36,80 ISBN 3-927554-03-0
Hawaii
DM 36,80 ISBN 3-89416-860-9
Brasilien
DM 39,80 ISBN 3-929920-11-5
Costa Rica
DM 36,80 ISBN 3-89416-166-3
Ecuador/Galapagos
DM 36,80 ISBN 3-921497-55-8
Guatemala
DM 36,80 ISBN 3-89416-214-7
Mexiko
DM 36,80 ISBN 3-9800975-6-0
Panama
DM 36,80 ISBN 3-89416-225-2
Radabenteuer Panamericana
(Rad & Bike)
DM 28,80 ISBN 3-929920-13-1
Traumstraße Panamerikana
(Reise Story)
DM 24,00 ISBN 3-9800975-3-6
Peru/Bolivien
DM 34,80 ISBN 3-9800376-2-2
Trinidad & Tobago
Barbados, St Lucia, Grenada, St. Vincent & die Grenadinen
DM 36,80 ISBN 3-89416-174-4
Venezuela
DM 39,80 ISBN 3-921497-40-x
Sprachbuch Lateinamerika
Spanisch, Quechua, Brasilianisch,
DM 24,80 ISBN 3-922376-18-5